第四届中国石油石化健康、安全与环保(HSE)技术交流大会论文集

HSE

徐凤银　康　剑　张　舒　云　箭　黄　凌　等编著

中国石化出版社
HTTP://WWW.SINOPEC-PRESS.COM

图书在版编目(CIP)数据

第四届中国石油石化健康、安全与环保(HSE)技术交流大会论文集 / 徐凤银等编著. — 北京：中国石化出版社，2023.7
ISBN 978-7-5114-7088-1

Ⅰ.①第… Ⅱ.①徐… Ⅲ.①石油化工企业-安全生产-中国-文集 ②石油化工企业-安全管理-中国-文集 ③石油化工企业-生态环境建设-中国-文集 Ⅳ.①F426.22-53 ②TE687-53

中国版本图书馆 CIP 数据核字(2023)第 114463 号

中国石化出版社出版发行
地址:北京市东城区安定门外大街 58 号
邮编:100011 电话:(010)57512500
发行部电话:(010)57512575
http://www.sinopec-press.com
E-mail:press@sinopec.com
北京科信印刷有限公司印刷
全国各地新华书店经销
*
880×1230 毫米 16 开本 34.25 印张 1021 千字
2023 年 7 月第 1 版　2023 年 7 月第 1 次印刷
定价:298.00 元

《第四届中国石油石化健康、安全与环保(HSE)技术交流大会论文集》

编　委　会

序

党的十八大以来，习近平总书记站在统筹中华民族伟大复兴战略全局和世界百年未有之大变局的高度，不断强化和推进安全生产、生态文明建设和绿色低碳高质量发展。党的二十大报告也提出：“推动绿色发展”“提高公共安全治理水平”“推进健康中国建设”，为全面加快提高石油石化企业生产本质水平，深度推进绿色低碳发展，着力提升员工健康指明了前进方向、提供了根本遵循。

伴随全球新一轮科技革命和产业变革，石油石化行业HSE领域的新技术、新理论正以前所未有的速度不断升级拓展，HSE管理工作呈现由人海战术向智慧战术转变、由粗放型向精细化转变、由被动应对向主动预防转变、由经验判断向科学决策转变的良好发展态势。在当前“双碳”目标和能源安全保障的双重要求下，技术创新升级和理论创建发展是提升石油石化行业HSE技术和管理水平的必由之路。为全面贯彻落实党的二十大精神和党中央国务院关于安全生产、生态文明建设和绿色低碳高质量发展等系列重要要求，中国石油、中国石化、中国海油、国家管网、国家能源、中国中化、延长石油全面围绕保障国家能源安全、端牢能源饭碗的责任使命，不断加大HSE管控力度，深化技术创新，推动HSE管理数字化、智能化转型，在安全生产、减污降碳、职业健康等领域不断取得新突破，成效显著。

中国石油学会认真贯彻中国科协“科创中国”行动计划，充分发挥全国一级学会的纽带桥梁和平台优势，为聚焦石油石化行业HSE新技术创新、新理论发展和新领域探索，助力实施提质增效，支持石油石化产业高质量绿色发展，组织召开了本次“中国石油石化健康、安全与环保(HSE)技术交流大会”。本次大会论文集系统地梳理了近年来我国石油石化行业HSE综合建设、安全技术与管理、环保技术与管理、职业健康保护、技术装备推广应用等领域的重大创新成果与关键技术、人工智能与大数据领域的最新研究进展与应用成果，提出了一系列具有广阔应用前景的先进技术，分享了HSE新认识、新技术、新突破及新经验，对持续推动我国石油石化行业HSE发展，稳妥有序地推进碳达峰、碳中和目标的实现都具有十分重要的意义。

感谢中国石油学会会议组委会在认真审核筛选大会论文的基础上，优选部分论文汇编出版本论文集。特向参与论文撰写和编写出版做出积极贡献的同志表示祝贺，向参与本次大会的各石油化工企业、高校、研究院所及相关单位领导、专家与科技工作者表示衷心的感谢。

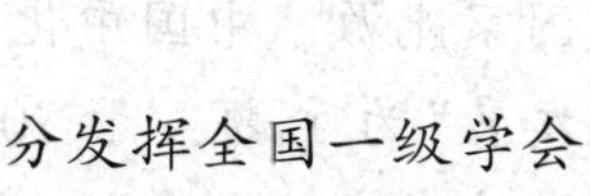

中国工程院院士

前　言

当今世界正面临百年未有之大变局，伴随全球新一轮科技革命和产业变革，石油石化行业HSE生产的新技术、新理论正以前所未有的速度不断升级拓展，实现HSE管理工作由人海战术向智慧战术转变、由粗放型向精细化转变、由被动应对向主动预见转变、由经验判断向科学决策转变等已成为石油石化行业HSE技术创新升级和理论创建发展的必由之路。

近年来，我国安全生产、污染防治、职业健康等领域发展取得了长足进步，构建了安全第一、预防为主的大安全大应急框架，形成了精准治污、科学治污、依法治污、低碳转型的高质量发展的生产方式，推行了危害识别、医防协同、医防融合的职业健康机制和公共卫生体系，有力支撑并保障了国家能源安全和绿色转型。

党的二十大报告提出"推动绿色发展""提高公共安全治理水平""推进健康中国建设"，为全面加快提高石油石化企业生产本质水平，深度推进绿色低碳发展，着力提升员工健康指明了前进方向、提供了根本遵循。为全面贯彻落实党的二十大精神和党中央国务院关于安全生产、生态文明建设和绿色低碳高质量发展等系列重要计划要求，聚焦石油石化行业HSE新技术创新、新理论发展和新领域探索的最新成果，更好地服务于石油石化行业HSE管控工作，中国石油学会、中国石油、中国石化、中国海油、国家管网、国家能源、中国中化、延长石油以"数字化智能化赋能石油石化企业本质安全绿色健康发展"为主题，于2023年7月5日–7日举办"中国石油石化健康、安全与环保(HSE)技术交流大会"。通过聚焦国内外HSE的前沿理论和技术，探讨HSE理论与技术的发展方向，共享最新技术成果和HSE范例，籍以推动我国石油石化行业HSE理论和技术全面提升，为石油石化企业在"双碳"背景下实现高质量发展提供支撑。

本次大会得到了国家有关部委、中国石油、中国石化、中国海油、国家管网、中国大唐、国家能源、中国中化、中国中煤、延长石油、大专院校和科研院所等各单位各领域广大HSE专家和科技工作者的大力支持。大会共征集论文620篇，中国石油学会学术交流部组织专家认真审核，择优收入95篇辑册成集并公开出版发行。全集共分四篇，分别为HSE综合建设篇、安全技术与管理篇、环保技术与管理篇、职业健康保护篇，由徐凤银整体策划，康剑、张舒、云箭、黄凌等负责审稿，徐凤银最终审定，内容涵盖HSE综合建设、安全技术与管理、环保技术与管理、职业健康保护、技术装备推广应用等领域。

该论文集的作者都是我国石油石化行业HSE管理与技术研究的直接参与者和骨干，他们中有声名卓著的专家、教授，也有新成长的中青年专家学者，他们为大会提供了最新的科研成果和技术方法，展现了我国石油石化行业近年来HSE理论的创新与技术进步的良好发展前景。本论文集展示的HSE理论、方法与技术成果对推动我国石油石化HSE事业发展，稳妥有序推进碳达峰、碳中和目标的实现具有十分重要的意义。

本书编委会

2023年7月

目　录

第一篇　HSE 综合建设篇

第二篇　安全技术与管理篇

第三篇　环保技术与管理篇

第四篇　职业健康保护篇

第一篇 HSE 综合建设篇

健康、安全与环境(HSE)体系的形成和发展是石油勘探开发多年管理工作经验积累成果，是经过半个多世纪的理论升华，逐渐形成的三位一体的管理体系。但是，由于石油石化产业链长、业务范围广生产工艺复杂等原因，导致部分行业 HSE 管理体系运行效果不佳，增加了生产运行的 HSE 风险。本篇从近年来世界和国内石油石化行业生产的特定场景入手，依次介绍了 HSE 建设领域的新技术、新应用和 HSE 效果评价的新方法等。

安全源于责任　发展源于安全

桑运超

（中国石油庆阳石化公司）

摘　要　近年来，国家针对当前安全生产形势，相继出台了《刑法修正案（十一）》和新《安全生产法》，不断强化了生产经营单位安全生产的主体责任，加大了对安全生产违法行为的责任追究力度。总书记的安全生产重要论述和指示批示中也多次强调要健全安全生产责任体系，统筹发展、安全两件大事。对于企业来说，就是要强化安全生产责任的主体落实，做到安全投入到位、安全培训到位、基础管理到位、应急救援到位，确保安全生产。只有这样，企业才有生命力，才能长效发展。本文就当前形势下如何有效落实好企业主体责任进行了阐述。

关键词　安全责任；发展与安全；安全意识；安全培训教育；安全文化

安全是座山，承担着对企业和国家的责任，保护每名员工的生命，维护企业利益和国家财产安全。安全是温馨的港湾，饱含着父母的叮咛和妻儿的期盼，蕴含着家人的寄托和希望，保住安全方能对妻儿老小尽责、才能尽享美好的生活。安全是副沉甸甸的担子，承载着权利和义务，履职尽责是对广大员工的保护，守好安全底线方能保住一方平安。

细数历年全国“安全生产月”主题，先后五次以“安全责任”为题，为什么“安全责任”会高频出现，循环出现，其中道理耐人寻味。翻出这些年我们分享学习过的所有事故通报，几乎所有事故原因里都有一条“安全责任落实不到位”，可能就是这个原因吧。事故发生不是偶然，而是必然，归根到底主因是企业没有落实安全生产主体责任。

安全源于责任，企业是安全生产责任的主体，企业只有落细落实安全生产主体责任，才有生命力，才能长效发展，要落实好安全生产主体责任，知责是前提，担责是关键，履责是根本，如何全面落实企业安全生产主体责任，应做好以下几个方面。

一是强化安全意识培植，彻底消除“意识隐患”。无数的事故充分证明，“意识隐患”才是安全的大敌，才是事故发生的导火索。“意识隐患”这一顽疾一天不除，落实安全主体责任永远是水中月，镜中花。因此，对待安全生产工作，只有永存敬畏之心，只有思想上高度重视，弄清“安全”与“生产”的关系，牢固树立安全为了生产，生产必须安全的意识，把安全主体责任根植于心、践之于行，尤其是各级“一把手”要保持清醒的头脑，切实履行第一责任人的职责，安全责任落实要从企业到部门、从部门到运行部到班组，形成“重心下沉，关口前移，监督有效，保障有力”的格局；形成我的安全我负责，你的安全我有责，企业安全我尽责的良好氛围，切实根除“意识隐患”，真正把安全责任融在内心，融在骨子里，融在血液中。

二是加强安全教育培训，提升全员安全素质。安全管理，培训先行。安全培训教育是安全管理的基础和源头，是一个企业是否能长治久安的前提。这既是国家法律法规的要求，也是企业生存发展的需要，更是职工自我保护的需要。因此培训工作，就要紧紧围绕安全环保宗旨，以服务生产经营、提升员工技能素质为目标，以转变培训方式、提升培训效果为重点，以落实培训直线责任、建立培训需求矩阵为抓手，以政治理论、政策法规、标准规范、企业管理、技术创新、操作技能等为主要内容，采取多种形式，分批分层次开展全员培训，构建一把手负责员工培训教育的体系，为企业有质量、安全平稳运行、有效益可持续发展提供人力资源保障。

三是隐患排查要彻底，治理隐患要坚决。堤溃蚁穴，气泄针芒。无数血的教训告诉我们，隐患是事故的温床，隐患是事故的根源。我们应牢固树立“隐患就是事故”的风险意识，牢固树立“天下之事，必作于细”的理念，对待安全隐患排查治理，绝不能搞“打太极”“拉锯战”，更不能虎头蛇尾、隔靴挠痒。我们要将隐患排查治理工作贯穿于生产作业的全过程、全方位，一方面要定期不定期开展自查自纠，加大隐患排查奖惩力度，鼓励员工举报安全生产重大事故隐患和非法违法行为，及时发现并排除重大事故隐患，制止和惩处非法违法行为，激发全员开展隐患排查治理的积极性、主动性，提高立足岗位保安全的自觉性和主动性。做到先安全后生产，不安全不生产。将安全隐患控制在萌芽状态，真正做到防微杜渐、防患未然，坚决遏制事故的发生。

四是培植安全文化，推动自主管理。安全文化建设是企业预防事故的基础性工程，加强安全文化建设，不仅是贯彻落实习近平总书记新时代特色社会主义思想的具体体现，是大力发展先进文化的重要内容，更是落实党的二十大精神、实现高质量发展的内在要求。企业安全管理短期靠管理，中期靠制度，长期靠文化。优秀的安全文化，具有强大的凝聚力和感召力，它能不断教育引导广大员工从文化的高度来认识安全生产工作。因此，不论是提高安全管理水平，还是提高职工的安全素质，安全文化都是根本所在。要更好地预防事故的发生，就需要从提高人的安全素质出发，大力倡导安全文化，用文化力量凝聚人，用文化作用引导人，从而实现安全生产管理的规范化、科学化，达到本质安全的目的。安全文化并不是一日之功，而在于企业在目标一致的追求更高的安全绩效过程中，基于所建立的完善的本质安全体系并严格执行，才能形成的文化沉淀。需要我们要时刻保持清醒头脑，认清阶段性、把握规律性、提高预见性、增强主动性，将安全文化建设贯穿到企业安全生产工作的始终，让安全文化内化于心、外化于形、固化于制，融入每个员工的骨血之中，成为企业全体员工的行动自觉。这样，才能使安全文化建设成为一种无形的推动力量，保障企业实现高质量、可持续稳定发展。

安全是效益之本，安全是生命之源，安全是企业的命脉。没有安全，企业无从发展，更谈不上高质量发展。前车之鉴，后事之师。我们应深刻从同行业和企业历史上发生的事故中汲取教训，得到警醒，受到启迪，谋长远之策，建久安之势，摒弃安全生产工作中的形式主义、官僚主义，充分发挥主观能动性，时刻把安全生产主体责任牢抓于手，铭记于心，落实于行，并不断查补工作中的短板，探索工作中的新路径，不断提高工作的针对性、有效性，推动安全生产工作切实堵漏洞、见成效。唯有如此，企业才能安全、健康、长远地发展。

炼化企业规范化内审模式创新与实践

李　冀　曾　武　张　毅

（中国石油独山子石化公司）

摘　要　独山子石化公司科学运行一体化体系，精益抓实体系审核工作，以审促管、以审促改，以审促提升。坚持问题导向、目标导向、结果导向，通过强基础，补短板，抓落实，从治理、机制和制度层面揭示问题，提出建议，促使基础管理螺旋式上升，波浪式前进。通过“换位体验，反哺赋能”，使审核人员保持活力和创造力。

关键词　体系；规范化；内审；创新

引言

中国石油独山子石化公司坚持不懈开展 QHSE 体系审核、安全诊断评估，建立常态化隐患治理保障机制，经过多年锲而不舍的追求和实践，体系内审紧盯各类风险，以强烈的底线思维及时消除事故隐患，浇筑公司高质量发展、高水平安全强劲引擎，保持了持续稳定向好的安全生产形势，具有鲜明管理特色，

1　内涵和创新点

公司按照“审核力度不减、标准不降、效果不差”的“三不”原则，规范审核组织、规范问题整改、规范责任落实，不断创新审核理念、审核手段、审核成果应用，强化组织领导，抓住重点环节，提高工作效率，提升发现问题的质量、层次和水平。

始终将创新思想贯穿于审核全流程，使审核工作更加有价值。强化审核顶层设计，愿景驱动、目标牵引，以风险导向推行清单式、督导式审核，通过“换位体验，反哺赋能”，保持审核员队伍的活力和创造力。坚持问题导向、目标导向、结果导向，在深度、广度上下功夫，从治理、机制和制度层面揭示问题，将 PDCA 管理模式、系统观念融入经营活动的全链条中，深度剖析管理缺失，提出改进建议，推进专业基础管理螺旋式上升，波浪式前进。

2　主要做法

2.1　加强顶层设计，抓谋划高位部署

2.1.1　明确审核目标，实施“三规范”

领导重视，是推动内审工作的关键。始终将审核专业排名争第一，企业排名保前三为目标，制定提升措施。一是规范组织形式，聚焦“精准、差异、有效”审核要求，规范化、模板化、标准化开展审核工作；二是规范问题整改，充分利用体系审核的有效手段，找准问题根源，对症下药；三是规范责任落实，主动曝光有制度不执行、执行不到位的人员和单位。完善《内部审核管理程序》，明确各部门职责，细化审核策划、审核实施、审核通报、问题整改、审核人员选用具体要求，为规范化内审提供制度保障。

2.1.2　细化审核方案，运用“目标制+菜单制”

在正确的时间、正确的阶段，用正确的方法，解决正确的问题。制定“目标制+菜单制”审核方案，涵盖了计划任务完成及整治效果、隐患问题和整改措施“两个清单”更新及落实、阶段性成果验收总结等情况，结合阶段重点工作动态更新。根据上级加强工艺过程生产受控管理的相关要求，制定了重点内容涵盖工艺防腐管理、防高低压互窜管理、8 项操作禁令落实情况的审核方案；根据上级重视球罐区风险隐患排查的相关要求，审核方案中补充了包含高危泵、关键机泵、阀门防泄漏、球罐紧急切断阀等情况的排查和整治内容。

2.1.3　加强内审指导，突出“六关注”

公司建立内审“现场+远程”监督指导工作机制，采取本部二级单位现场服务、塔石化远程服务的工作方式，实现南北疆一体化协同。内审督导人员指导直属单位进行方案策划，关注方案内容符合性；主动进行审核前培训授课，关注培训实效性；参加直属单位现场审核，关注现场审核实施与方案内容一致性；指导审核讲评，关注讲

评内容深刻性；把关严重问题责任落实，关注审核问题追溯性；跟踪问题整改，关注问题闭环整改及时性。

2.2 强化“四突出”，优化审核方案，抓重点全力推进

2.2.1 突出“五个重点”方案，开展“风险导向”审核

内部审核的主要目标就是促进企业做好风险管理，领导关注的重点、员工关心的热点、管理工作的难点就是内部审核的重点，正确把握审核方向，审核价值才会凸显。公司通过“专业分组审核+滚动分散审核+集中审核+交叉审核+专项审核”等多种审核方式，统筹组织内审，内审方案明确了生产运行、工艺技术、设备、电气、仪表等 14 个专业 57 项审核重点，核心内容突出重大风险管控、重点工作落实、重要制度执行、重点严重问题整改。

2.2.2 突出“四着眼”需求，推进清单式审核

实现内部审核全覆盖不可能一蹴而就，要分清主次，搭建框架，抓住关键环节，公司通过“清单式”审核方案策划，推进内审标准化作业、规范化实施。一是着眼“应该干什么”，以审核重点内容为目标靶向，围绕“装置设备零泄漏、施工作业零伤害、生产指挥和操作零违章”本质安全目标，关注“显性问题”，精准查找“隐性短板”。二是着眼“干了什么”，以危险作业为审核主线，梳理检维修、项目建设、危险作业以及现场监督等管理现状，力求精准迅速锁定审核重点，实现有的放矢、靶向施策。三是着眼“干得怎么样”，以责任落实为评价依据，重点核查安全承包、安全生产记分、高风险作业区长挂牌、重大隐患挂牌治理和安全生产 15 条硬措施落实，关注领导干部安全环保责任正面清单和基层岗位 HSE 行为负面清单，提高审核的针对性和有效性。四是着眼“怎么样去审”，编写“一专业一方案”，突出重点领域、关键岗位、薄弱环节，深挖受审核单位短板、差距、漏洞，提高查核问题精准度。

2.2.3 突出“三张卷”应对，引入督导式审核

借鉴重大危险源企业部级督导工作模式，策划“督导式”审核方案。一是“开卷考试”，事先主动告知各部门和单位按问题清单、风险清单与责任清单内容加强监督检查，积极发挥内部审核基础性源头性自我监管作用。二是“考同一张卷”，明确清单列举的问题也是各级的核查重点。三是“按答卷计分”，凡清单中列举的问题，企业内部审核发现并整改到位的，原则上将不再作为问题在核查报告中予以反映，引导内部审核主动做好清单自查工作。

2.3 坚持“三导向”，强化现场审核，抓过程紧盯落实

2.3.1 坚持问题导向，发现深层次问题

找对了问题，也就找到了解决问题的方向或路径，问题也就解决了一半。审核发现某单位阀门法兰泄漏超标已紧固修复，现场核实连保温都未拆除；某装置开停工操作卡描述盲板数量与现场偏差 10 余块，典型的能量隔离不到位；某站队真空泵 2019 年故障至今未修复；某装置回流泵电机振动值达到 C 区，报警 15 小时 31 分，近两个班次未处理，这些问题都触碰到了安全红线和合规底线。坚持问题导向，下足绣花功夫，从不同角度剖析其原因，化问题为资源、借助问题优化管理、驱动改进管理，完善相应的体制、机制、制度，达到发挥审核建设性作用的目的。

2.3.2 坚持目标导向，提高审核质量

审核不仅是要发现问题，还要指出怎么解决问题，要让受审核单位知道应该遵守哪些法规制度、哪些地方存在控制缺陷、哪些地方存在较大风险，知道触碰红线会受怎样处罚，知道系统内外最佳实践经验。念好“严、深、细、实”四字诀，“严”字当头抓落实，“深”处发力补短板，“细”字着手堵漏洞，“实”字为基抓弱项，公司科学运行一体化体系，精益抓实体系审核工作，以审促管、以审促改，以审促提升。

2.3.3 坚持结果导向，强化审核过程管控

对审核重点内容细化，定责任人，定任务指标，现场审核结束后责任人要拿出对相关主题的审核结论。审核小组分专业明确作业模拟人员，问题对接会上责任人员要对作业模拟开展情况进行专项汇报。提升发现问题和解决问题的强烈意愿和水平，在监督环节下力气，在预防环节下功夫，及时识别潜在风险，有效防范事故发生。

2.4 深入剖析，抓重点巩固成效

2.4.1 规范报告内容，用好问题资源

每一次的内审总结都是对公司现阶段 QHSE 管理体系运行情况的验证总结，通过认真总结分析，下一阶段的审核方向才会更明确、审核目标才会更精准，审核效果才会更显著。公司规范个

人、专业、公司三个层级审核总结报告内容框架，个人总结要对审核重点项要逐一进行反馈审核结果，专业总结要披露发现的问题，真实客观通报存在的突出问题和普遍问题，公司总结要严肃通报审核发现，对屡查屡有典型问题追责记分，从系统管理角度，深入分析企业 HSE 管理存在的短板，提出针对性改进措施。

2.4.2　加强问题归因分析，分类制定解决措施

审核专业性的体现之一就是发现别人看不到的问题，如果审核发现问题和各职能部门自查发现问题雷同，审核报告里反映的问题大多是违反某某制度要求、某某不规范、某某有待加强等，那么管理层慢慢就会对审核发现熟视无睹。要加强审核发现问题分析和归纳提炼。一是系统性分析，将问题分门别类、由表及里，力求反映具有普遍性、前瞻性的问题，尤其是体制、机制和制度性的问题；二是专业专项分析，专业部门总结审核发现的规律性问题，分析管理薄弱环节，倒查专业制度、流程设计及执行中的不足。对某一项主观因素导致失误、某一项办法未制定完善或未执行到位，提出个性化解决办法，即一对一的问题解决方式。对体制、机制、制度因素问题，向上向下求解，向受审核单位、上级主管部门提出改进和完善的建议。

2.4.3　强化问题双轮驱动，提升安全管理水平

发现问题和结果运用是两个驱动。发现问题是驱动审核工作进步的最直接的力量，也是驱动审核方法和技术改进、驱动信息技术应用、驱动审核创新的最直接力量。如果内部审核不能发现问题，尤其是发现管理者未能察觉且风险较大的问题，内部审核就不能实现提升风险管理能力的目的。结果运用的驱动也就是审核增值目标的驱动，因为审核结果被人接受并在组织产生效能后，内部审核才能实现价值。

3　实施效果

3.1　担使命，严监督，助发展，筑牢安全环保基石

一年两次全覆盖体系审核贯穿于公司日常生产经营活动的全流程，构成了公司狠抓安全环保工作的基本脉络，成为公司 QHSE 工作转变观念、强化责任、提升管理的重要抓手。安全风险分级防控和隐患排查治理双重预防机制进一步健全完善，安全生产责任实现从全员有责向全员履职转变，以高质量审核助推公司安全环保形势持续稳定好转，公司实现 A 级及以上事故为零目标。

3.2　强基础，补短板，抓落实，内部审核成效明显

规范审核组织形式，以标准规范审核，以制度指导审核，提高审核效率，保证审核质量。规范问题整改，健全机制，抓整改守土有责。规范责任落实，建立明确预防机制、监督机制和纠错机制，严格执行程序，严格照章办事，让制度发力，让禁令生威。

3.3　抓规范，强制度，夯责任，促进审核纵深发展

在外部监管和强化组织管理背景下，落实主体责任，强化合规审核，树牢底线思维，强化红线意识，主动通报假巡检、假记录、假整改等隐蔽问题，体现了刀刃向内的勇气和决心。高质量的内审有效提升了企业的综合管理水平，无论是从事“治已病”还是“防未病”，内部审核都为推动企业的稳健发展默默贡献力量。

炼化企业施工管控信息化平台成果介绍

程旭东　田学志　赵　哲

(中国石油大连石化公司)

摘　要　在国家加快布局、推进“工业互联网+安全生产”的大背景下，中国石油大连石化公司以理念创新、技术革新积极探索解决特殊作业许可与作业过程管理顽疾的途径，主导开发了具有完整知识产权的“施工作业管控信息化平台”系统，本文对当前施工作业管理存在的主要问题进行了总结归纳，对“施工作业管控信息化平台”的开发背景、设计理念、基础配置、及实施保障进行了介绍，展示了开发成果。

关键词　炼化企业；施工管理；管控信息化平台

引言

施工作业安全一直是石油石化行业 HSE 体系管理中较薄弱的一环，也是现阶段行业中管理的重点与难点。施工作业信息化管控平台是用创新的管理理念、现代化的管理手段，将施工作业风险管控的关键环节、重点内容信息化、标准化、规范化、模块化、智能化，通过采用多维度的数据分析模式和规范的管理流程，将施工作业风险管控相关参与人员的经验智慧、用大数据进行固化并且能够持续迭代提升，实现了人与系统的有机结合，为最终实现高质量的施工作业风险管控结果提供支撑。

本项目的建成不仅能够很好地提高企业施工作业风险的管理质量、管理效率，而且能够不断更新迭代，具有高度的可靠性和可延续性，有助于持续提高企业的施工作业安全管控水平，有助于保障企业的安全生产。

1　施工管控信息化平台简介

1.1　项目实施背景

工业和信息化部、应急管理部 2020 年 10 月 10 日印发了《“工业互联网+安全生产”行动计划(2021—2023 年)》，2021 年 9 月 10 日应急管理部印发了《“工业互联网+安全生产”特殊作业许可与作业过程管理系统建设应用指南(试行)》。两份文件把“工业互联网+安全生产”定义为“新型基础设施建设”，是贯彻落实习近平总书记关于“深入实施工业互联网创新发展战略”、“提升应急管理体系和能力现代化”“从根本上消除事故隐患”的重要指示精神，推进《关于深化新一代信息技术与制造业融合发展的指导意见》扎实落实的指导性文件和行动指南。

正是在国家加快布局、推进“工业互联网+安全生产”的大背景下，中国石油大连石化公司以理念创新、技术革新积极探索解决特殊作业许可与作业过程管理顽疾的途径，通过自主创新，开发了具有完整知识产权的“大连石化公司施工作业管控信息化平台”系统。

1.2　当前施工作业管理存在的主要问题

国内绝大多数危化品企业在加强施工作业安全管理方面，均已制定并实施了工作前安全分析(JSA)和作业许可管理制度，一部分企业已尝试通过信息化解决施工作业风险管控问题。但从管理实践看，现阶段采用其他的信息化手段和管理方式普遍存在四个方面的问题：

一是，JSA、作业许可、监护检查表风险辨识不一致、执行环节混乱的问题。主要原因是，系统初始逻辑设计存在缺陷，没有将三者进行逻辑关联，导致出现此类问题。

二是，JSA 分析质量难于保证，遗漏重大风险，JSA 分析效率不高，认可程度低、推行难度大的问题。主要原因是，JSA 分析的人员素质无法保证都达到一个较高水平，未建立 JSA 数据库或对JSA数据库简单“抄袭使用”，导致出现此类问题。

三是，作业许可管理质量、开票效率不高的问题。主要原因是，既没有作业许可的每项风险消减措施落实与责任人员一一对应的逻辑设定，也没有采用多人同步进行措施核实确认的技术手段，导致出现此类问题。

四是，JSA分析成果不能有效积累，数据库无法实现有效迭代更新的问题。主要原因是，没有应用JSA数据库的，JSA分析成果无法累积、整合、梳理、提炼。应用了JSA数据库的，没有设计数据库数据迭代提升的逻辑功能，也没有支撑JSA数据库数据迭代更新的管理机制。

上述问题的存在，导致施工作业风险管控容易出现系统性问题，亟待需要通过理念创新和新技术的应用进行破解，以提高施工作业风险管控的效率和效果。

1.3 设计理念

以JSA为龙头、以信息化为支撑，对JSA、作业许可、监护检查表进行系统性融合。建立逻辑清晰、责任明确、风险辨识全面，可不断迭代提升的标准化、规范化、模块化、智能化施工作业风险管控系统。实现JSA分析完毕，同步生成作业许可和监护检查表，达到施工作业风险管控高质、高效的目标。

2 主要做法

2.1 聚焦六个方面解决施工管理顽疾

2.1.1 以理念创新、信息化应用解决人为失误

以系统化、结构化思维，以JSA为龙头，通过计算机设定的逻辑顺序引导与辅助，在完成JSA的同时，相关的信息数据自动映射到作业许可与监护检查表，从而保证“三表融合”，内容对应协调一致，解决了JSA、作业许可、监护检查表风险辨识不一致、执行环节混乱的问题。解决了手续缺失、票证错误和人为失误问题。

2.1.2 数据支撑保证风险辨识“基本面”

以“共建、共享、共赢”的互联网平台思维建立和使用云端JSA双模数据库、事故事件数据库，实现资源的整合与共享，解决了JSA分析质量难于保证，遗漏重大风险，JSA分析效率不高，认可程度低、推行难度大的问题。

2.1.3 “一站式”标准输出提升工作效率

在输出实现JSA完成的同时，作业票及相关配套文案构建同步完成，相关手续“一站式”标准输出，提高效率，将管理精力从低端、低效的事务性工作解放出来。解决了作业许可管理质量、开票效率不高的问题。

2.1.4 明确标准保证票证“合规”

按照“标准化”的要求，以国家及上级部门的法规、标准、制度要求为基石，将系统内相关内容进行规范化、标准化、合规化、具体化，解决了施工票证不合规、不落地的问题。

2.1.5 责任归位强化措施落实

同时，按照“见人、见事、见管理”管理思路，辨识过程中明确作业票中每一项措施由哪个具体岗位落实，责任人员不明确不能输出作业手续，解决了责任不清晰、执行力不强的问题。

2.1.6 “开放”平台实现成果迭代更新

相关数据在系统“云端”公开、共享，成果累积，随时调用，实现“一次做好，次次做好”，迭代提升。JSA分析成果不能有效积累，数据库无法实现有效迭代更新的问题。

2.2 夯实三个系统基础

在JSA分析过程中，通过“JSA双模数据库”“多关键词检索的事故事件案例数据库”等10个子数据库为JSA分析过程高效、效果高质提供保障。

2.2.1 建立自主知识产权的基础数据库

建立以“项目名称”为检索条件的JSA数据库，主要应用于JSA分析过程中的“粗选”环节，通过选择与具体项目相类似的JSA数据库项目，初步构建JSA分析框架，降低修改量，提高效率和质量。没有对应项目数据库时，需重新分析、构建。

针对动火、受限、高处、脚手架、管线/设备打开、吊装、挖掘、车辆八大类特殊作业类型，编写数据库条款，数据库由“危险源”与“防

范措施”组成，“危险源”即为具体的风险辨识，为体现风险辨识的准确性和针对性，“危险源”描述采用“由于…，导致…”的模式，便于使用者清晰的了解风险状况，“防范措施”的编制主要考虑“实际性”与“合规性”，满足“实际性”，结合事故案例与基层实际，有效防控“危险源”，体现“合规性”，参照了国家规范于企业制度的具体要求，并对于规范、制度的强制条款给与标签显示，使操作者使用过程中一目了然。论证、编制“危险源”条目337项，“防范措施”776条。

2.2.2　建立事故类型数据库

建立了可多关键词检索的施工作业事故事件案例数据库，能够通过多个关键词的检索条件的设置，实现历史事故事件的精准定位，为JSA分析团队提供案例支援，为提高JSA分析的质量。同时，事故事件案例数据库也可输出，作为“工前喊话”的素材。

2.2.3　建立多类型数据库

以标准化、流程化、规范化、具体化为指导思想，对于施工管理全范围、全流程、全要素进行梳理，分别建立了PPE及安防器具库、机具分类库、方案列表、事故案例库、风险分析关系库、施工作业风险级别库、违章检查标准库、施工质量库、施工作业标准库、施工表单库等。

2.2.4　数据库的复盘、完善

为持续提升数据库的有效性和适宜性，在JSA表单中，设置“工后复盘”模块，通过每日的“工后复盘”进行检验、分析、改进。每日施工结束，属地单位对属地自查、外部检查发现的人的不安全行为、物的不安全状态及作业程序合规性问题，从“JSA分析是否有遗漏”“安全交底是否有效”“措施落实是否彻底”“动态监管是否到位”四个方面进行分析。对JSA分析有遗漏的，对现有数据库进行评估，对数据库遗漏的，进行补充、完善、固化，实现JSA数据库持续的动态升级。

同时，为确保JSA数据库的合规性，在国家标准、行业标准、公司制度修订后，及时对数据库相应条款进行修正、更新。

2.3　输出成果对比

以“气分11#球罐拆安消防环管作业”为蓝本，进行JSA、作业许可、监护检查表三融合的成果与传统作业票证的对比展示。

2.3.1　施工管控信息化平台中的JSA模式

工作步骤	危害因素	“人机料法环”属性	危险源(危害因素及后果描述)	风险削减措施\作业许可类型	PPE及安防器具	初始风险等级	动静态	作业类型	风险管控人员
第1步：施工准备		人员	1. 由于施工作业人员不熟悉作业环境，没有将作业步骤与作业环境进行有效结合分析风险，导致风险辨识有遗漏	1. 属地通过安全交底、安全教育、共同看活等途径，将作业环境向施工人员交代清楚，施工人员把作业步骤合理分解，双方将作业步骤与作业环境相结合，编制高质量JSA	无	Ⅱ	静态	一般作业	设备员
		人员	2. 由于工前喊话走形式、施工方未进行有效的二次确认，导致后续在施工作业过程中发生安全事件	2.1　工前喊话时，作业人员对二次确认结果进行通报，对本工种作业风险进行讲解，属地积极参与	无	Ⅱ	静态	一般作业	设备员
		人员		2.2　管理人员认真进行初始作业条件确认，开具相应作业许可证，严禁无票作业和虚假确认	无	Ⅱ	静态	一般作业	作业批准人

续表

工作步骤	危害因素	"人机料法环"属性	危险源(危害因素及后果描述)	风险削减措施\作业许可类型	PPE 及安防器具	初始风险等级	动静态	作业类型	风险管控人员
第 2 步：环管拆除	高空坠落	人员	1. 由于攀爬脚手架未步进式使用安全带导致人员坠落	1. 攀爬脚手架过程中，使用步进式安全带	安全带	Ⅲ	动态	高处作业	监护人
	高空坠落	机具	2. 由于零散件、工具摆放不当，导致高空落物	2. 零散件、工具放置在工具桶中，工具桶系挂牢固	工具桶	Ⅱ	动态	高处作业	监护人
	高空坠落	人员	3. 由于高空作业过程安全带双钩同时脱离导致人员坠落	3. 高空作业过程中严禁安全带双钩同时脱离	安全带	Ⅲ	动态	高处作业	监护人
	高空坠落	方法	4. 由于拆除的管线没有采取固定措施，导致管线掉落	4. 做好管线加固，捆扎牢固	无	Ⅲ	动态	高处作业	监护人
	高空坠落	环境	5. 由于管线拆除后产生新的孔洞，未及时封堵，导致人员坠落	5. 管线拆除产生的新孔洞及时封堵	无	Ⅲ	动态	高处作业	监护人
第 3 步：使用吊车配合吊运环管	车辆伤害	机具	1. 由于车辆未经过三级检查，两级贴标导致不合格吊车进入现场	1. 车辆进入现场严格执行三级检查，两级贴标	无	Ⅰ	静态	车辆装置	设备员
	高空坠落	机具	2. 由于吊装作业使用不合格吊装器具，导致物体坠落	2. 作业前检查吊带、钢丝绳等吊装索具完好	无	Ⅱ	静态	吊装作业	设备员
		方法	3. 由于吊物捆绑不合理导致吊物坠落	3. 使用卸扣单点吊装，吊装点缠绕两圈		Ⅲ	动态	吊装作业	监护人
	机械伤害	环境	4. 由于吊臂活动范围内违规站人导致人身伤害	4. 吊车周围设置警戒线严禁无关人员进入	警戒线	Ⅲ	动态	吊装作业	监护人
	物料泄露	环境	5. 由于吊运管线过程碰撞安全阀及管线导致设备损坏物料泄漏	5. 吊物拴好溜绳控制吊物摆动，听从指挥，严禁野蛮作业	溜绳	Ⅲ	动态	吊装作业	监护人
第 4 步：环管安装			同第 2 步中的 1、2、3	同第 2 步中的 1、2、3	—				
第 5 步：作业结束	其它(无人监管)	人员	1. 由于作业票未及时收回导致现场作业无人员监护	1. 作业完毕，作业票及时回收关闭	无	Ⅲ	动态	一般作业	监护人
	其它(无人监管)	人员	2. 由于收票后施工人员未全部撤离现场导致施工作业人员行为无人监管	2. 施工人员全部离场后，监护人方可收票离场	无	Ⅲ	动态	一般作业	监护人

续表

工作步骤	危害因素	"人机料法环"属性	危险源(危害因素及后果描述)	风险削减措施\作业许可类型	PPE及安防器具	初始风险等级	动静态	作业类型	风险管控人员
作业全过程	火灾爆炸	环境	1. 由于作业环境发生危险物料泄漏未及时发现导致着火爆炸、人员伤害	1.1　确保施工期间球罐无物料移动及现场切水、转流程等操作	无	Ⅲ	动态	全过程	工艺员
		机具		1.2　确保现场固定式报警器完好	无	Ⅰ	静态	全过程	安全员
		环境		1.3.1　无固定报警器方向，需配备区域式报警器	区域报警器	Ⅰ	静态	全过程	安全员
		环境		1.3.2　罐组之间围堰两侧分别设置 1 台区域报警器	区域报警器	Ⅲ	静态	全过程	安全员 设备员
		环境		1.3.3　根据风向动态调整区域报警器位置	区域报警器	Ⅲ	动态	全过程	监护人
		机具		1.4　便携式报警器完好：双方监护人各配备 1 台四合一报警器	四合一报警器	Ⅰ	静态	全过程	安全员
	中毒窒息	人员	2. 由于作业环境发生危险物料泄漏人员未及时、正确撤离导致人员伤害	2. 每日工前喊话时将逃生路线、紧急集合点向施工作业人员告知	无	Ⅰ	静态	全过程	设备员
选用数据库	危害因素		危险源(危害因素及后果描述)	风险削减措施\作业许可类型	PPE			作业类型	

1. 工作步骤、"人机料法环"属性

每个工作步骤需从"人、机、料、法、环"五方面进行风险辨识，不可逾越，确保在作业步骤划分合理的前提下，实现风险分析不遗漏重要方面。

1）危害因素

JSA 中的"危害因素"直接关联至新版《作业许可证》的"危害因素"，也可作为第二模式 JSA 数据库的检索词，调用以"危害因素名称"为检索条件的 JSA 辨识过程数据库，上图最后两行展示的内容即为调用此库的逻辑。

2）危险源(危害因素及后果描述)、风险消减措施

这两项直接关联至新版《作业许可证》，对内容完全相同的危险源及风险消减措施进行合并，只显示一条，实现逻辑清、无遗漏，并且简洁有效。

3）PPE(个人防护装备)及安防器具

直接关联至新版《作业许可证》，由属地指定的管理人员进行确认，如案例模拟中指定"安全员"进行核实确认。

4）防范措施"动静分离，协调统一"

通过信息化手段实现对 JSA 分析成果的"分拣"。"静态"属性内容，直接关联至新版《作业许可证》中，作为对应岗位人员对作业许可初始条件进行核实验证的确认项。"静态"属性和"动态"属性内容均关联分列至《监护检查表》，做为监护人进行过程管控的依据。

5）作业类型

这一项直接关联至新版《作业许可证》"作业类型"项。

6）初始风险等级、风险管控人员

"静态"属性的内容根据"初始风险等级"直接确定由属地哪个具体岗位进行作业许可初始条件的确认(注：设备员、工艺员、安全员)。Ⅰ级、Ⅱ级风险由单岗位进行确认。Ⅲ级、Ⅳ级风险由双岗或多岗位进行确认，本例中的Ⅲ级风险由安全员和设备员进行确认。

2.3.2 施工管控信息化平台生成的作业许可证

作业许可证

作业许可证编号：XXXX-DH-202011-05

<table>
<tr><td rowspan="12">申请人填写</td><td>属地单位</td><td>四联合车间</td><td>施工单位：</td><td>中油一建</td><td>JSA 编号：</td><td>JSA2020-665</td></tr>
<tr><td>作业区域</td><td colspan="2">气分球罐</td><td>作业地点：</td><td colspan="2">11#球罐</td></tr>
<tr><td>作业内容</td><td colspan="5">拆按消防环管</td></tr>
<tr><td rowspan="8">作业类型</td><td colspan="5">□动火作业　级别：○一级○二级○特级　类型：○明火○非明火</td></tr>
<tr><td colspan="5">□进入受限空间作业　环境：○一般○特殊</td></tr>
<tr><td colspan="5">□高处作业　级别：○一级○二级○三级○特级　环境：○一般○特殊</td></tr>
<tr><td colspan="5">□管线/设备打开作业○需要佩戴防护用具○无需佩戴防护用具○确认无介质</td></tr>
<tr><td colspan="5">□挖掘作业　方式：○机械　○人工</td></tr>
<tr><td colspan="5">□吊装作业　○需要方案　○无需方案</td></tr>
<tr><td colspan="5">□射线作业　○X 射线　○γ 射线</td></tr>
<tr><td colspan="5">□车辆进装置　□危化品装卸车</td></tr>
<tr><td>有效期限</td><td colspan="5">2020 年 11 月 9 日 8 时 30 分至 2020 年 11 月 9 日 16 时 30 分</td></tr>
<tr><td>行车路线</td><td colspan="6"></td></tr>
<tr><td>配套文案</td><td colspan="4">从数据库中选择：方案、专项方案、应急预案、演练记录、盲板表、脚手架检查表等</td><td>□</td><td>作业批准人</td></tr>
<tr><td>PPE 及安防器具</td><td colspan="4">除常规个人防护外的特殊防护用品，例如：呼吸器、缓降索、接火盆、电缆过道器等本例中：安全带、四合一报警器、区域报警器、工具桶、警戒线、溜绳</td><td>□</td><td>安全员</td></tr>
<tr><td>机具设备</td><td colspan="4">独立于 JSA 分析，从名称数据库中选择：名称(数量)；本例：50 吨吊车(1 台)</td><td>□</td><td>设备员</td></tr>
<tr><td>危害因素</td><td colspan="2">危险源《危害因素及后果描述)</td><td colspan="2">削减措施</td><td colspan="2">管控负责人</td></tr>
<tr><td>车辆伤害</td><td colspan="2">由于车辆未经过三级检查，两级贴标导致不合格吊车进入现场</td><td colspan="2">车辆进入现场严格执行三级检查，两级贴标。</td><td>□</td><td>设备员</td></tr>
<tr><td>高空坠落</td><td colspan="2">由于吊装作业使用不合格吊装器具，导致物体坠落</td><td colspan="2">作业前检查吊带、钢丝绳等吊装索具完好。</td><td>□</td><td>设备员</td></tr>
<tr><td rowspan="3">火灾爆炸</td><td colspan="2" rowspan="3">由于作业环境发生危险物料泄漏未及时发现导致着火爆炸、人员伤害</td><td colspan="2">确保现场固定式报警器完好。</td><td>□</td><td>安全员</td></tr>
<tr><td colspan="2">无固定报警器方向，需配备区域式报警器</td><td>□</td><td>安全员</td></tr>
<tr><td colspan="2">罐组之间围堰两侧分别设置 1 台区域报警器</td><td>□</td><td>安全员
设备员</td></tr>
<tr><td>中毒窒息</td><td colspan="2">由于作业环境发生危险物料泄漏人员未及时、正确撤离导致人员伤害</td><td colspan="2">每日工前喊话时将逃生路线、紧急集合点向施工作业人员告知</td><td>□</td><td>设备员</td></tr>
<tr><td rowspan="3">施工准备不充分、不具体</td><td colspan="2">1. 由于施工作业人员不熟悉作业环境，没有将作业步骤与作业环境进行有效结合分析风险，导致风险辨识有遗漏。</td><td colspan="2">1. 属地通过安全交底、安全教育、共同看活等途径，将作业环境向施工人员交代清楚，施工人员把作业步骤合理分解，双方将作业步骤与作业环境相结合，编制高质量 JSA。</td><td>□</td><td>设备员</td></tr>
<tr><td colspan="2" rowspan="2">2. 由于工前喊话走形式、施工方未进行有效的二次确认，导致后续在施工作业过程中发生安全事件。</td><td colspan="2">2.1　工前喊话时，作业人员对二次确认结果进行通报，对本工种作业风险进行讲解，属地积极参与。</td><td>□</td><td>设备员</td></tr>
<tr><td colspan="2">2.2　管理人员认真进行初始作业条件确认，开具相应作业许可证，严禁无票作业和虚假确认。</td><td>□</td><td>作业批准人</td></tr>
</table>

气体检测	分析点名称	11#球罐作业区						
	检测时间	检测结果					检测人/确认人	备注
		氧气/%	可燃气 LEL/%	有毒有害气体/ppm		是否合格		
监护	本人已阅读许可并且确信所有条件都满足，并承诺坚守现场，履行监护职责。 属地监护人：　　作业监护人：							
作业单位	作业单位申请人：							
	一般作业							
	特种作业人							
	特殊工种							
	驾驶员：							
	车牌号：							
相关方	本人确认收到此项作业许可证，了解该作业对本单位的影响，将安排人员对该作业给予关注，并和相关各方保持联系。 单位：　　监护人：　　确认人：							
会签	本人确认此项作业程序符合大连石化公司相关管理规定，现场风险削减措施已经落实。 当班班长：　　属地项目负责人(设备员)：　　工艺员：　　安全管理：							
批准	本人已经审核过此项作业许可证的相关文件，检查过现场，确认安全措施已落实，同意实施作业。 本许可证是否可以延期　☒是　☑否　　最多延期次数：0 次 批准人：　　年　月　日　时							
延期	第一次工作延期从　　年　月　日　时　分至　　年　月　日　时　分 申请人：　　属地单位监护人：　　相关方：　　批准人：							
取消	原因： 批准人：　　年　月　日　时　分							
关闭	□许可证到期同意关闭。 □作业完成，已经确认现场没有遗留任何隐患，并已恢复到正常状态，同意关闭。 申请人：　　批准人：　　年　月　日　时　分							

XXXX-DH-202011-058

(1) 新版《作业许可证》只对作业初始条件的确认负责，不对作业过程中的风险动态管控负责(除气体检测外)。

(2) 新版《作业许可证》的风险消减措施全部来自于 JSA 分析，没有“两层皮”的问题。不相关内容不列出，风险消减措施简洁且针对性强，直指核心。

(3) 新版《作业许可证》的版式调整(与老版相比，将“危害因素”与“作业类型”进行位置互换)，真正体现了“以风险管控为核心”，逻辑清晰、措施具体、责任明确、使用便捷。

(4) 按“分布式”的措施确认的设计，新版《作业许可证》中的“机具设备”可从作业许可页面调用“机具设备数据库”进行选择，包括数量，并自动输出到《监护检查表》的“静态”确认栏，在明确责任、确保确认质量的同时，实现了作业许可初始条件确认环节的效率大幅提高。

(5) 新版《作业许可证》中的“配套文案”可从作业许可页面调用“配套文案数据库”进行选择，如施工方案、专项方案、应急预案、演练记录、交底记录、《能量隔离清单》、《脚手架检查确认表》等，实现施工手续“一体化”生成。此项由作业批准人进行核实确认，并自动输出到《监护检查表》的“静态”确认栏。

(6) 新版《作业许可证》中，每项内容均明确了具体负责确认此项工作的岗位名称(注：Ⅰ级、Ⅱ级风险由单岗位确认；Ⅲ级、Ⅳ级风险由双岗位或多岗位确认)，责任清晰明确，实现了措施落实效果和监管追责两者的互恰，为确保工作质量提供了机制支持。同时，实现了各岗位对风险消减措施的“分布式”确认，将大大提高工作效率。这个机制的设立，将实现作业许可确认环节的工作效率和工作效果的"双提升"，解决我们一直想解决，但一直未解决的问题。

3 由 JSA 自动输出的监护检查表

在 JSA、新版《作业许可证》完成的同时，同步自动生成《监护检查表》，无需另行编制，用于监护人履职，在作业过程中实施"动态监管"。

生成的《监护检查表》(略)。

4 结论

具有"一体化融合、双模式支撑、分布式确认、运营式维护"特点的中国石油大连石化公司施工作业管控信息化平台，正是在国家加快布局、推进"工业互联网+安全生产"的大背景下，以理念创新、技术革新为指引，积极探索解决特殊作业许可与作业过程管理的顽疾，实施后效果显著。

通过系统的逻辑关联，流程设定，解决了 JSA、作业许可、监护检查表内容不一致的问题，为确保执行环节的一致提供了基础。

通过"多模数据库""JSA 分析团队"双支撑，为基层在 JSA 风险过程中辨识 JSA 分析中提供强力支持，通过作业类型"必选项"的自动呈现，守住施工"基本盘"，通过"人、机、料、法、环"流程引导，避免遗漏风险，通过统一、标准化的数据规范语言描述，提升专业水平。

通过前置管理，信息共享解决作业许可管理质量、开票效率不高的问题。借助"手持机端"实现分布式确认，通过"责任到人"，明确作业票中每一项措施由哪个具体岗位的哪个具体人员负责落实，解决了责任不清晰、执行力不强的问题，在确保确认质量的同时，作业许可初始条件确认环节的效率得到提高。

形成的 JSA 分析成果，系统将储存保留，实现了数据的累积、整合、梳理、提炼，有效迭代更新，达到系统"越用越好，越好越用"的目标。

本平台通过理念创新与信息化技术应用，规范、优化了施工作业风险管控流程，减少了人为错误，但其作为一种施工作业风险管理的工具，只是提高了施工作业风险管理的质量和效率，并不能确保施工作业安全的完全受控。施工作业风险管控的效果，根本上取决于企业自身的安全管理理念、安全管理体系的系统化建设程度以及安全管理制度是否得到贯彻执行。

参 考 文 献

[1] 工业和信息化部．应急管理部关于印发《"工业互联网+安全生产"行动计划(2021—2023 年)》的通知．工信部联信发〔2020〕157 号．2020.

[2] 应急管理部办公厅关于印发《"工业互联网+危化安全生产"试点建设方案》的通知应急厅．〔2021〕27 号．2021.

[3] 应急管理部危化监管一司关于印发《"工业互联网+危化安全生产"特殊作业许可与作业过程管理系统建设应用指南(试行)》三项指南的通知．2021.

风险如风　天天预控

王和琴　张　成

（中国石化中原油田分公司）

摘　要　本文以某公司乙二醇装置爆炸事故为案例，展开了分析。认为任何事故的出现都有其根本的原因，除了人的不安全行为之外，涉及物的不安全状态、环境因素、管理缺陷都可以归结为管理因素。管理者需要结合自己的岗位特点，全面辨识岗位风险，开展分级管控，采取有效的措施，确保风险受控，并结合企业的特点，制定岗位的安全生产责任制，使得每个岗位都有自己的安全职责，每个岗位都能严格落实自己的岗位职责，就能有效地控制风险，防止事故的发生。

关键词　安全；海因里希法则；风险防控

引言

习近平总书记高度重视和关注统筹发展和安全的关系。针对近期一些重大事故，做出重要指示，明确提出“时刻绷紧”“落实到位”“彻底排查”“坚决防范”的严格要求。要以“时时放心不下”的责任感，持续抓好安全生产。今年“5.1”期间，发生了几起事故，按照应急管理部领导的要求，应该做以下5个方面的反思。一是思想上没有树立起风险的意识。双氧水已经不是第一次发生事故，对双氧水风险认知和管控水平如此之低，属于“典型的好了伤疤忘了疼”。“这种对风险不了解、不辨识、不重视、不管控的情况，在其他一些地区和企业不同程度的存在，已经成为引发事故的重要原因”。二是行动上说一套做一套。现在看来，一些事故发生是即使是“想到了”风险，但是行动上没有“做到”有效防控。事发单位，“5.1”期间停用A套装置，改为B套装置，生生制造出更大风险；当天，安排数人聚集到高危装置现场研究检维修事宜，而事故中伤亡的主要就是这些人。三是抓落实上仍然浮于表面。有些地区和企业对部里安排的工作，不及时做、不认真做，措施跑不到前面，事故就跑到前面。四是生产管理上仍然“只包不管”。事发单位事故发生后，现场和伤亡人数都搞不清楚。事发单位相当数量的企业在规划设计、工艺装置、本质安全水平、安全管理等方面标准低下，集团公司对一些收购、兼并、重组的企业，只包不管，风险底数不清，安全管理体系不统一，监督指导不到位，管理没有穿透力，不平衡不充分矛盾突出。五是安全整顿提升上依然不彻底。体量大并不能成为事故居高不下的理由。

这些问题，归根到底是“安全意识不牢固、安全责任不落地、安全监管斗争精神不足的表现”。这些问题在当前的企业中都或多或少的存在，因而也就造成了让人“睡不着”时刻“战战兢兢”，经常梦中惊醒，经常出现事故的局面。伟大领袖毛主席教导我们说：“不论做什么事，必须知道那件事的规律。”“我们不能要求事实上的常胜将军，这是从古以来就很少的。我们要求在战争过程中一般地打胜仗的勇敢而明智的将军——智勇双全的将军。要达到智勇双全这一点，有一种方法是要学的，学习的时候要用这种方法，使用的时候也要用这种方法。什么方法呢？那就是熟识敌我双方各方面的情况，找出其行动的规律，并且应用这些规律于自己的行动。”毛泽东告诉我们认识规律的三个要素。所谓“情形”，是指事情的外部特征，是有形的，可见的；所谓“性质”，是指事情的内部属性，是指此事情区别于他事情的本质特征，是无形的，不可见的；所谓“关联”，是指此事情与他事情之间的关系，这些关系错综复杂，我们要善于把握那些本质的、关键性的关系。因此针对事故，分析安全事故的类型及其成因，并做出针对性的控制措施是防范事故最有效的方法。

从安全管理的角度来讲，目前盛行的安全管理方法不能说是不多，各式各样的手段不能不说是齐全，但是，事故却依然是层出不穷，究其原因，还是没有按照习总书记要求的做到“人民至上、生命至上”，还是没有实事求是，脚踏实地，严格落实“三管三必须”，还没有落实“双重预防机制建设”，还没有真正掌握事故发生的“规律”。某企业“618”事故的处理建议告诉我们，风险辨识是风险控制的前提和基础，辨识不出风险，分辨不出风险的等级，不能采取有效的措施控制风险才是最大的风险。

1 典型案例

近日，《某有限公司“6·18”1#乙二醇装置爆炸事故调查报告》(以下简称“调查报告”)，该事故导致1人死亡，1人受伤，直接经济损失约971.48万元。经调查，对某原董事长、现总经理、副总、安全经理等20人进行责任追究。

1.1 事故经过

2022年6月17日20时，1#乙二醇装置进行交接班，运行情况正常。运行丙班值班长陈平，精制工段内操(装置控制室操作员)班长李某杰、外操(装置控制室外操作员)张某渊、田某、张某，氧化工段内操班长严某新、外操朱某、叶某等11人当班。6月18日3时48分左右，田震在精制塔T-450区域巡检时，听到“砰”的一声异响，发现管道P-4507上的换热器E-453工艺水出口管道弯头处喷出大量热蒸汽(约104℃)，立刻通过对讲机报告给李某杰；李某杰和张某渊赶到现场查找泄漏点，现场弥漫热蒸汽，无法靠近确认泄漏点位置……陈某要求现场的2名作业人员撤离……陈某通过对讲机要求张磊把精制塔T-450西南侧约45m左右的消防炮打开(环氧乙烷与水稀释比例需达到1：24相对安全)，同时要求外操人员立即全部返回1号控制室，准备佩戴空气呼吸器到现场排查泄漏点……爆炸导致乙二醇装置界区外卫六路西侧管架上的氮气管道(*DN*80)脱落，在该处车内休息的上海某建筑装饰工程有限公司(以下简称某公司)驾驶员魏某某(图5中5#位置)撤离过程中被脱落的氮气管道砸伤，经抢救无效死亡。乙二醇装置操作工叶某在撤离过程中受伤。

魏某某有关情况：2022年6月17日，鲁重公司板车驾驶员魏某某驾驶板车(车牌号为：鲁H606P9)为某公司1#炼油装置配送空气预热器。当晚21时左右配送卸货完毕，随后驶离1#炼油装置现场。直至6月18日5时35分左右被消防救援人员发现仰面躺在卫六路上。鉴定结论为“符合遭钝性物体作用致头部损伤死亡”。调查报告显示，该鲁重公司货车司机17日下午进场配送货物，作业结束将车停在厂区内，在车上休息。撤离时，被掉落管道砸中死亡。事故直接原因为环氧乙烷精制塔T-450塔釜至再吸收塔T-320的管道P-4507由北向南第三夹具处发生断裂，管道内工艺水(约104℃)大量泄漏，导致塔釜内溶液漏空(约68.37t)后，环氧乙烷落到塔釜底部，沿管道P-4507断口处泄漏至大气中，遇点火源起火爆炸。大火导致塔内环氧乙烷发生自分解反应，造成环氧乙烷精制塔爆炸。间接原因为四点：安全生产主体责任不落实；安全风险辨识不到位；设备完整性管理不规范；厂区封闭化管理存在漏洞。值班长陈某初期处置有效，人员疏散及时，未发现陈某现场处置过程中存在不当之处。

1.2 调查报告提出的事故责任的认定以及对事故责任者的处理建议

顾某，某公司化工部乙二醇联合装置设备运行管理组组长。违规在管道P-4507上实施3处以上带压堵漏作业，管道“带病”运行直至断裂；违规补签《设备变更申请审批表》；未组织分析管道重复泄漏原因并采取有效措施。对事故发生负有直接责任，建议移交司法机关处理。

吴某君，中共党员，时任公司党委书记、董事长，安全生产第一责任人。安全生产履职不力，未认真吸取事故教训，有效督促、检查本单位安全生产工作，未及时消除生产安全事故隐患。对事故发生负有领导责任，建议给予记过处分。建议市应急局依据相关法律法规对其给予行政处罚。

管某民，中共党员，公司总经理。安全生产履职不力，未认真吸取事故教训，有效督促、检查本单位安全生产工作，未及时消除生产安全事故隐患。对事故发生负有领导责任，建议给予记过处分。

金某，中共党员，公司副总经理，分管公司设备动力管理工作。安全生产履职不力，未能及时消除生产安全事故隐患，对公司化工部违反安全生产管理规定失管失察。对事故发生负有领导责任，建议给予记过处分。

金某敏，中共党员，公司副总经理，分管公司工艺管理、安全生产工作。督促隐患治理不力，对化工部违反安全生产管理规定失管失察。对事故发生负有领导责任，建议给予记过处分。

刘某春，中共党员，公司副总工程师、设备动力部总经理。履行岗位职责不到位，隐患排查治理工作不力，对化工部乙二醇联合装置违规带压堵漏失管。对事故发生负有责任，建议给予记大过处分。

张某军，中共党员，公司生产部副总经理(主持工作)。对化工部乙二醇联合装置生产运行安全风险辨识、隐患排查督促检查不力。对事故发生负有责任，建议给予记大过处分。其他13名受到处分的人员，一个根本的原因就是风险辨识不到位，隐患排查治理不彻底等。

2 海因里希法则的初步分析

海因里希法则是1941年美国安全工程师海因里希(W. H. Heimrich)统计大量机械伤害事故后得出的结论。当时，海因里希统计了55万件机械事故，其中死亡、重伤事故666件，轻伤事故48334件，其余则为无伤害事故。从而得出一个重要结论，即在机械事故中，伤亡、轻伤、不安全行为的比例为1∶29∶300，国际上把这一法则叫事故法则。这个法则的精髓就是，在机械生产过程中，每发生330起意外事件，有300件未产生人员伤害，29件造成人员轻伤，1件导致重伤或死亡。

海因里希法则针对的是机械伤害的统计分析，用在机械行业，应该是有很好的指导意义的，但是对于其他行业来讲，可能就不一定那么好用，那么准确。就是在这种不好用、不准确的思想的鼓动下，一些人开始怀疑海因里希法则，面对着其他人眼对海因里希法则的引用，更是“心烦至极”。于是，在没有法则指导的情况下，一些违章行为屡禁不止，而在屡禁不止的情况，又没有发生事故，于是乎，就更助长了一些违章者的违章行为，而且有时他们会理直气壮的说“我师父就是这样做的，一辈子了，没出过事。”“我参加工作以来，就是这样做的，也没有出过事。”……

历史上就有一个真是的案例。有一个单位在开安全会，教育大家一定要注意抽油机平衡块对人的伤害，在这个课堂上，一名员工在玩手机(不知道他是否听到了平衡块对人的伤害的讲述)，但是也没有人去深究。一周后，这名员工被抽油机平衡块挤压死亡。或许是，他第一次被平衡块挤压，亦或许是他曾经经历过平衡块挤压，但是没有数据证明这一些了……每当发生类似悲剧的时候，都会引发我们对安全的感叹，但在感叹过后，他们仍然还要挤在随时发生不测的环境里。这才是最大的悲剧！

我和我的团队曾经对现场的违章行为编撰了一本书《油气田企业典型违章行为汇编》，准确地记录了油气田现场施工典型的违章行为，想以此来消减“低老坏”，见到了一定的效果，但是，慢慢的这些违章行为在没有发生事故的阶段又会阶段性的再生。但是，这些数据跟海因里希法则的符合性不大，也是消减违章行为缺少理论支持的依据。

3 基于数理统计分析模型 $p_n=1-(1-p)^n$

结合人的安全信息处理模型，探究 n 的数据表；形成不同作业环节的 n 的优化控制点；结合

实际优化 n 值在 30～300。并与风险矩阵有机结合，做到风险等级的准确预判。设计发生事故的概率为 50%，在没有采取任何风险控制措施的情况下，随着操作的不断重复，发生事故的可能性，在不断升级。

当 $n=1$，$p1=1-(1-0.5)1=0.5$

$n=10$，$p10=1-(1-0.5)10=0.9990$

$n=30$，$p30=1-(1-0.5)30=0.999999999$

$n=300$，$p300=1-(1-0.5)300\approx 1$

概率	1	10	30	300
1	0.01	0.096	0.26	0.95095
10	0.1	0.6513	0.9576	1
20	0.2	0.8926	0.9987	1
30	0.3	0.9717	0.99998	1
40	0.4	0.99395	0.9999998	1
50	0.5	0.9990	0.999999999	1
60	0.6	0.99989	1	
70	0.7	0.999994	1	
80	0.8	0.99999989	1	

从计算中可以看出，当发生事故的概率为 0.5，完成一次动作，发生事故的概率为 50%；当连续重复同样的动作 10 次时，发生事故的概率为 99.9%；当连续重复同样的动作 30 次时，发生事故的概率就大于 99.999999%。即时是概率为 10%的操作，当不断循环到 300 次时，其发生事故的可能性已经高达 99.5%。

依次类推。因此，在风险管控的过程中，一旦掌握了事故发生的概率，如何有效控制动作的频次是非常重要的，只有不发声类似的动作，才能控制住事故。因此，在事故等级的划分上，应该结合实际，对风险的等级开展动态的识别，可以按周、月、季、年分类系统分级。对于现场员工来讲，按照周、月分级更为实用。

就是现场员工每周对自己工作的风险，进行分类分级，针对风险等级制定相应的应对措施，并严格落实。基层单位每月对自己工作风险分级分类管控；二级单位每季度对自己的风险分级分类管控；油田每年度对自己的风险分级分类管控。关键是明确风险的等级，明确准确的管控措施，确保措施真正到位，责任真正到人。

但是，现实工作中，不动作是不可能的，要生产就必须要动作，那怎么办呢？那就需要有有力的控制措施做个保障。

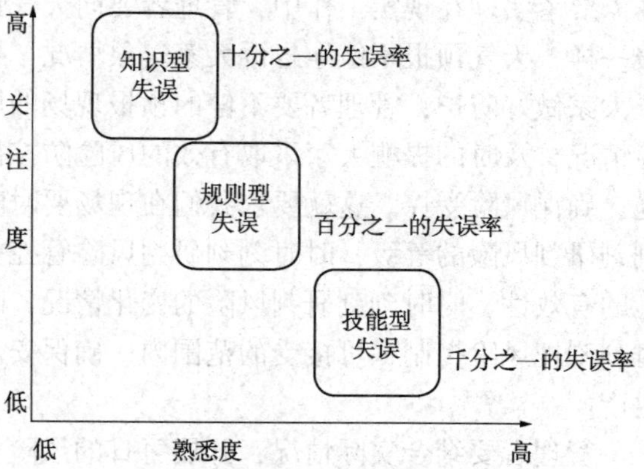

图 1　人因失误类型

4　人因失误类型

从“人因失误类型”看（图 1），不论是知识性、规则型还是技能型都存在着事物的本性，即时是最低的失误类型，也达到了千分之一，这个数字依然是不容乐观的。究其原因，不外乎是人的知行不合一的本性。

这里引用一段王阳明的理论，证实人本身存在的事故隐患。王阳明说：“知是心的本源，心自然能知。看见父母自然知道孝顺，看见兄长自然知道恭敬，看见小孩落井自然有同情之心。这就是良知，不必向外求取。如果良知显露，又无私欲迷惑，正是《孟子·尽心上》所谓‘充其恻隐之心，而仁不可胜用矣。’但是，对于平常人而言，不可能没有私欲迷惑，因此，必定用‘致知’‘格物’的功夫，从而战胜私欲恢复天理。如此，人心的良知就再无迷惑，能够彻底显露，这就是致良知。能致其知定可诚其意。”但是对于平常人来说，如何才能实现战胜私语恢复天理呢？这就要培训，就要明责，就要履职尽责，就要辨识风险，管控风险，就要排查隐患，治理隐患。

5　结论

风险无时不在，风险需要时时防控。《安全生产法》对企业主要负责人在安全生产中如何履职做出了具体的规定，以推动企业各级领导干部、特别是主要负责人的安全履职。就是要求企业的主要负责人，要经常的下基层，实事求是的开展调查研究，没有调查研究就没有发言权。要站在实事求是的高地上，讲改革、讲生产、讲效益、讲提升、讲贡献、讲晋级……离开实事求是，必然会导致事故。管理者需要引领，工作责任需要落实。在现实工作中，管理者要向天气预报一样，天气预报不停地告诉大家气象情况，提醒大家做好防护；管理者要不停的预报现场的风险情况，及时的提醒大家采取有效的风险防控措施，确保风险受控。这就要求我们在现场要时时刻刻研判风险的等级，时时刻刻研判风险管控措施的有效性，时时刻刻研判风险的变化情况，时时刻刻把风险控制在可接受的范围内，确保安全生产。

管理者要结合实际情况，开展每日的风险辨识和月度的风险分级管控，坚持每天一辩识，每天一分级，每月以清零，真正做到风险受控。任何事故的出现都有其根本的原因，除了人的不安全行为之外，涉及物的不安全状态、环境因素、管理缺陷都可以归结为管理因素，因此，简单讲，事故的成因就是人的不安全行为和管理缺陷在特定的时间内的交集。在这三个因素中，缺少任何一个因素，都不会造成事故。因此，管理的职责就是切断人的不安全行为、管理缺陷、特定时段的链接，保障现场的安全。要在风险辨识上真抓实干。要结合自己的岗位特点，全面辨识岗位风险，开展分级管控，采取有效的措施，确保风险受控。

要在责任落实上真抓实干。风险辨识清楚了，分级管控措施明晰了，关键的就是谁来落实这些管控措施，这就要求结合企业的特点，制定岗位的安全生产责任制，使得每个岗位都有自己的安全职责，每个岗位都能严格的落实自己的岗位职责，就能够有效的控制风险，防止事故的发生。在认真吸取事故教训上真抓实干。习总书记强调，安全生产在抓落实上还有很大的差距。我们要拿出和事故赛跑的劲头，持之以恒，真抓实干。在防范风险上，要对标对表，用心用情用力，一项一项抓落实、求实效。

参 考 文 献

[1] 孙广宇. 在全国危化品安全风险防控紧急视频会上的讲话[R]. 2023. 05. 03

[2] 上海石化“6. 18”事故调查报告。

[3] 罗云. 现代安全管理[M]. 北京：化学工业出版社，2010.

[4] 王和琴，张同国，付允杰. 油气田企业典型违章行为汇编[M]. 北京：中国石化出版社，2023. 02.

管道企业 QHSE 管理体系审核实践分析与改进

洪　娜[1]　宁双生[2]　杨　伟[1]

（1. 国家管网集团西部管道乌鲁木齐输油气分公司；2. 国家管网集团西部管道公司）

摘　要　本文从国家管网集团 QHSE 管理体系量化审核实践出发，介绍了管道企业审核实施的特点和策略，统计分析了 2023 年针对西部管道公司审核发现的问题类型和数量，总结归纳了公司在生产运行、管道线路管理和质量安全环保管理三个方面最突出的典型问题，在此基础上，西部管道公司从 QHSE 管理体系建设和执行、责任落实、提升人员能力素质、审核问题整改策划、企业文化等方面提出了系统改进对策，分享了 QHSE 管理体系的审核实践经验，以期为其他企业提供借鉴。

关键词　QHSE 管理体系；审核；分析

为确保安全生产，减少事故发生，国际石油天然气行业率先构建并开始应用 HSE 管理体系。HSE 管理体系因其现代化的理念和显著的管理成效，在国际著名石油公司中得到了普遍关注和广泛应用，这套管理体系对石油石化行业产生了重要影响。国内中国石油、中国石化、中国海油三大石油公司自 20 世纪 90 年代引入 HSE 管理体系，纷纷建立自身的 HSE 管理体系。目前国内的很多专家学者在 QHSE 管理体系方面展开了诸多研究，取得了一定研究成果，但也存在一些不足之处，比如国内的很多研究局限在 QHSE 管理体系开发与建设方面的研究，而专门针对于应用与实践方面的研究相对而言比较匮乏，缺乏针对具体企业 QHSE 管理系统的优化研究，以及 QHSE 体系审核发现问题的研究分析。

审核作为现代企业建立和保持自身管理制度持续有效运行的主要手段，它区别于传统的安全检查，不只限于对发现的问题进行立即纠正，还注重分析和追溯问题背后的深层次管理原因，从管理制度的顶层设计上对问题根源加以改进，是一项科学、严谨的用于改进管理系统的工具，已经成为了广为人知的评价管理体系的符合性和有效性的专用术语。

本文从国家管网集团公司 QHSE 管理体系审核实践出发，研究分析审核发现的实际问题，探讨优化管道企业 QHSE 管理体系的具体方法。

1　审核背景介绍

国内长输油气管道企业，从 2000 年后也开始陆续推行实施 HSE 管理体系。2020 年，随着三大石油公司油气管道基础设施资产及人员相继完成划转，国家石油天然气管网集团有限公司（以下简称“国家管网集团”）正式成立，标志着我国油气体制机制改革迈出关键一步。国家管网集团成立后，全面推进 QHSE 管理体系建设，迅速组织整合安全生产制度标准，通过安全生产队伍“三湾改编”工作，完成了对 QHSE 管理体系审核标准的修订升级，建立了与集团公司相统一、与自身业务相适应的 QHSE 管理体系及审核标准，持续实施 QHSE 管理体系审核以推动 QHSE 管理体系不断提升，保障本质安全和输油气业务安全平稳运行。

2　审核策划特点

为了确保审核的实施效果，集团公司进行了充分的审核策划和准备，对审核工作细节进行了周密安排，2023 年度审核在总体上呈现出以下几个方面的特点：

1. 突出专业管理体系化思维

充分结合上年度审核情况确定审核重点内容，把队伍能力建设、风险防控策划、资源调配、目标与指标管理、现场管理、持续改进等体系管理与支持性要素融入专业业务管理进行系统审核，工艺、生产、管道等专业风险管理内容要侧重审核，切实推动风险管理与专业管理有机融合，系统评价企业体系建设与落地执行情况，推动 QHSE 管理在业务中落地。

2. 优化审核人员安排

按照人员专业组成合理、新老搭配适宜的原

则，组建精干高效的审核组，确保按期保质完成审核任务。审核组组长由集团公司安全环保部领导担任，总体领导组织审核工作。专家组长主要由监督分中心相关负责人担任，负责审核工作组织及技术和质量把关。技术专家由第三方技术支持机构具有相应能力和经验的资深专家担任，负责提供技术支持。审核员从所属企业、监督分中心等相关专业人员中抽调，优先选用参加过集团公司体系审核培训及具有审核工作经验的人员，负责根据专业分工，完成相应体系要素的审核工作。审核组分成 3 个小组，专业小组长由具有集团公司体系审核工作经验的骨干人员担任。审核组设联络员一名，由监督分中心相关业务人员担任，协同审核组长、专家组长开展具体工作。

3. 加强审核前培训

为进一步提升审核员审核能力和审核质量，统一思想、统一行动，4 月上旬现场审核启动前对审核员组织开展审核前集中培训，根据全要素审核和专项审核分类审核工作需要，对集团公司审核方案、量化审核清单、工作流程、审核检查表编制、审核追溯、审核发现描述、审核数据分类、审核打分等具体审核要求和技能开展培训，提升审核员的实战能力。

4. 强化对文审的策划和实施

编制文审资料清单，提前与企业进行沟通对接并收集相关资料，在现场审核前，审核组集中对企业的相关管理制度，按照 5W2H 的原则，评审文件的符合性和可操作性；对春秋检、完整性管理、合规清单等相关运行控制管理方案和报告，按照相关 QHSE 风险控制要求，评审符合性和有效性，形成文审问题清单。

5. 审核时间长，随机性强

二级单位和基层单位按照随机抽选的方式，在首次会上由集团公司与所属企业共同见证完成抽样。西部管道公司共审核 17 天，审核对象包括企业机关、2 个二级单位、2 座站场及 1 个维抢修队，审核过程中随机抽查少人站、施工项目等进行四不两直检查。2022 年以来发生事故的企业增加抽样数量，对事故二级单位及基层单位进行审核。

6. 全方位现场查证

审核过程中开展领导访谈，企业副总师及以上领导原则上全部访谈，至少不低于 80%。落实“三管三必须”要求，机关职能部门全部审核。强化对重点场所、要害部位和关键环节的审核，审核中除运用访谈、现场观察、查阅资料等一般审核方法外，至少开展一次应急演练、一次基层各工种人员能力实操或模拟测试、一次高危作业签票模拟、一次“四不两直”抽查。审核过程中审核组对管道企业落实和推进 2023 年 HSE 重点工作情况、上年度体系审核问题整改情况等进行复核验证。

7. 管理追溯助力提升

审核组组织对问题清单进行逐项讨论确认，在审核两级机关前组织对现场发现问题进行统计归类，明确管理追溯方向，重点对两级机关、基层单位、生产现场的重复性问题，审核发现的共性、屡查屡有、涉及禁令、符合较大及以上事隐患判定标准的问题或典型问题，从职责落实、制度规程、能力培训、资源配置、检查考核等方面深刻剖析管理原因，从体系上查找管理根源，提出改进建议。

8. 审核与指导相结合

审核过程中，审核组应做到“边审核边指导”，审核员应就审核发现问题与企业员工进行交流沟通，共同查找问题出现的原因并指导改进。审核查证结束后，审核组要对审核发现问题与企业充分沟通并确认，确保发现问题符合企业生产经营管理实际情况。

3 审核总体情况

本次审核共发现问题 378 项，其中管道线路管理、机械设备管理、电气管理、仪表自控管理、环保与健康管理 5 个专业问题数量为 246 项，约占问题总数的 65%(图 1)。

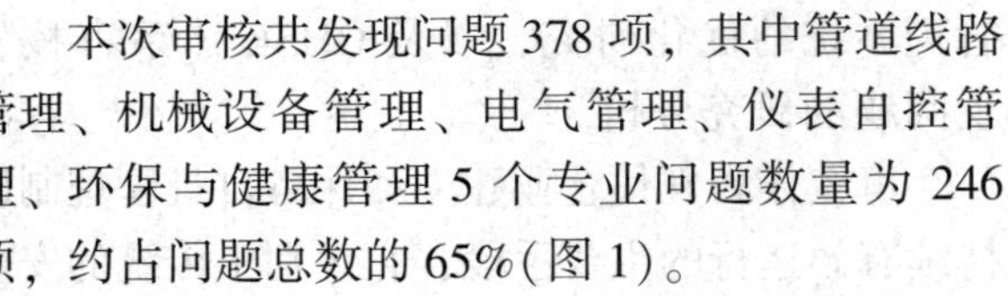

图 1　西部管道公司专业问题数量分布图

从问题在体系要素分布情况来看，油气储运设施管理、生产运行管理、环保与监控、能力与培训、承包商管理等 5 个要素问题数量数量为 279 项，约占问题总数的 73.8%(图 2)。

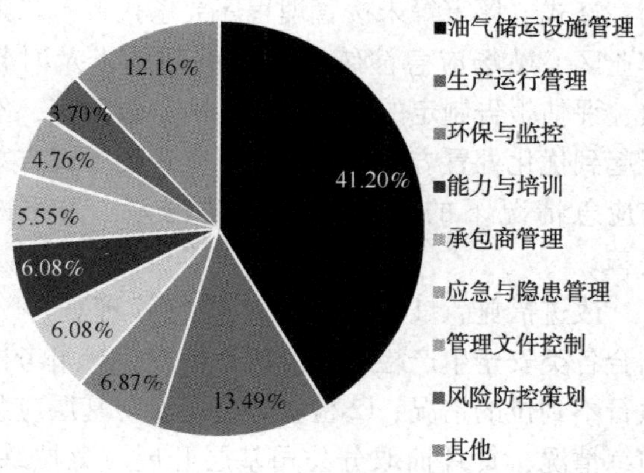

图 2　西部管道公司问题在体系要素分布情况分布图

文件执行不到位、设备设施次标准状态、管理文件缺失占问题主要原因，其中文件执行不到位约占问题总数的 79%，说明此次审核更注重从日常管理资料挖掘问题，现场发现的设备设施次标准状态多为“低老坏”问题(图 3)。

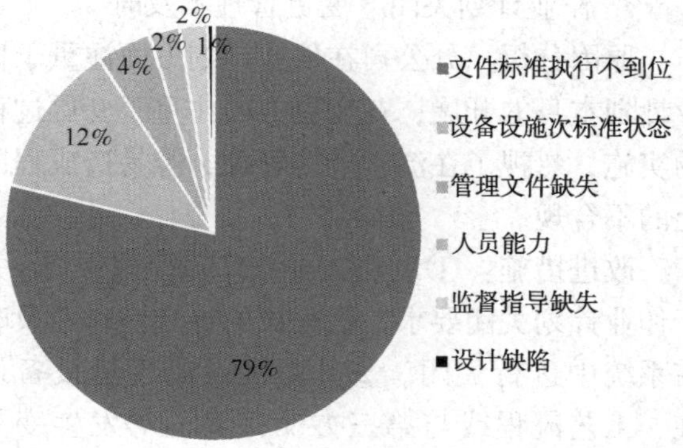

图 3　西部管道公司问题原因分析

4　典型问题分析

西部管道公司通过归纳总结，发现在生产运行、管道管理和安全管理方面存在着一些发生频率较高、在基层单位较为普遍、屡查屡范的典型问题。

4.1　生产运行

本次审核共发现问题生产运行类问题 194 项，占总数的 51.32%。按专业划分为工艺管理、设备管理、压缩机管理、电气管理、仪表自控管理、应急管理、调控管理 7 个专业；按照问题分级，轻微问题 31 项，一般问题 163 项(图 4)。

1. 工艺管理要求未能有效落实

原因分析：工艺管理管理文件执行不实不细，现场执行存在一抓就紧，一放就松的情况比较突出；管理文件执行的力度随时间不断衰减的

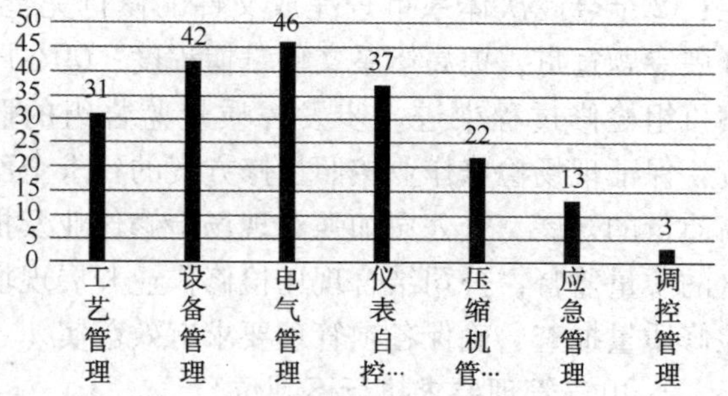

图 4　生产运行类各专业问题数量分布图

情况依然存在，文件的执行依靠人的主管能动性较多，存在部分业务场景无管理文件支持或有要求但可操作行不强的情况；非重点站场容易出现管理短板，两级机关对此类站场的检查督导相对较少，不利于现场管理水平的整体提高。

改进措施：①继续加大工艺飞检力度，举一反三，将本次检查出的问题完善到飞检检查目录；②主动介入集团信息系统建设，依靠信息系统，提升文件执行力度，减少文件执行质量对人的依赖；③结合文件和操作规程修订，不断提升管理文件的可落地性和可操作性；④增加对非重点站场的管理监督力度，在各类检查中要将非重点站场进行分批覆盖，确保监督力量的全覆盖。

2. 设备管理执行存在偏差

原因分析：一是集团规范制度、公司程序文件及规程培训不全面，尤其是岗位变动或人员调整后，开展相关文件宣贯培训有遗漏，在执行文件时有偏差；二是未严格执行文件管理要求，针对设备维检修、数据分析、变更管理等基础性工作，重视程度不够，工作实施时重开展、轻过程，对夯实基础性工作、支撑设备平稳安全运行认识不到位。

改进措施：①加强集团规范制度、公司程序文件及规程培训，每月抽查机关及作业区专业人员对程序文件及规程掌握，并在调度例会中进行通报，确保人人掌握相关管理要求。②制定维检修标准方案、视频抽查、维检修报告审查、现场检查等方式确保维检修质量、夯实基础性工作。

3. 压缩机管理执行监督不到位

原因分析：一是对集团及公司体系文件宣贯学习力度不足；二是在执行管理要求过程中存在偏差；三是公司、分公司对管理要求执行的监督不到位。

改进措施：①对照此次体系审查的问题组织开展自查自改，举一反三避免同类问题再次发

生；②结合此次体系审查完成文件的修订完善，开展专题宣贯，提高体系文件掌握程度；③在压缩机组检修过程中进一步发挥质量监督组的职责，保证现场检修作业按照检修方案的要求全面高质量的开展，分公司加强对现场检修作业及报告的质量监督，公司结合现场检修作业开展现场检修质量抽查，确保各项管理要求有效落实。

4. 电气管理要求执行不到位

原因分析：一是对电气程序文件、操作规程及规范未有效掌握；二是在执行管理要求过程中存在偏差，履职尽责不到位；三是对承包商作业未严格履行审核、验证的工作要求；四是公司、分公司对电气管理要求执行监督不到位。

改进措施：①分公司组织电气规程、规范再学习，并进行测试，提高员工的理解掌握程度；②对照电气管理要求及发现问题组织各分公司开展举一反三、自检自查，落实管理要求。③加强对承包商作业管理，作业区派专人跟踪、验证，提高责任心履行签字负责制，对未按照管理要求执行的承包商进行处罚，对未履责责任人根据作业区绩效考核内容进行扣分。④分公司加强对作业区电气管理的检查、监督、指导；公司不定期前往各分公司站场对电气管理工作进行抽查，发现的问题限期整改，并进行公司范围内举一反三。

5. 仪表自动化管理要求未能有效执行

原因分析：一是两级机关专业人员对集团及公司文件宣贯学习力度不足；二是基层一线员工对制度文件掌握不够，未能有效熟悉文件规定及要求；三是两级机关近年来因疫情影响现场检查频次不足导致有效监督不够，作业区属地管理责任落实不到位。

改进措施：①两级机关制定制度文件学习计划，将相关内容补充至各类培训、专题宣贯等内容中，做到制度文件加学习；②基层单位将制度文件的学习放到E类日常学习计划中，同时根据仪表自动化检修等工作进度对照文件要求完善相关记录；③两级机关制定基层抽查检查的计划，保持每季度覆盖2~3家分公司的检查频次，并对检查结果在调度例会中通报，作业区主管领导要定期对文件执行情况进行自查自检。

6. 基层应急演练未能与现场处置方案有效结合

原因分析：一是现场处置方案的制定基本原则、格式、评审等未按管理程序要求执行；二是作业区、站场应急演练后发现的问题未及时整改、评估报告制定的整改措施无法有效落实，不能起到优化处置方案的效果；三是现场处置方案与应急情况下的实际操作存在偏差，需不断完善。

改进措施：①修订完善《应急管理程序》，结合各类安全生产检查验证执行情况，严肃考核执行不到位的情况；②检查分公司参与基层应急演练情况，每月抽取分公司基层开展应急拉练，关注演练存在问题及整改落实情况，重点检查演练作用于处置方案的效果，通过演练完善了处置方案的那些内容；③组织分公司开展现场处置方案评审，结合站场实际，对现场处置方案、应急处置卡中涉及的汇报程序、处置原则等重点内容进行评审和完善，确保现场处置方案、应急处置卡具备较强的实际操作性，并执行到位。

7. 作业计划关闭、变更管理不及时

原因分析：分公司在作业计划方面注重于作业计划本身的开展，在变更方面注重于变更过程的实施，忽视了在流程上的管理，容易造成程序上的不合规。

改进措施：①严格按照《调度管理程序》关于作业计划关闭要求，已完成的计划性作业及时在系统中进行关闭。②凡是涉及到现场设备设施、工艺流程或与第三方交接界面等发生变更的，及时履行变更手续，并在相应的流程图、协议中等及时进行更新，避免后续出现资料与现场不符的情况。

4.2 管道线路管理

本次审核共发现管道线路管理类问题84项，占总数的22.22%。按专业划分为阴保防腐、第三方施工、防汛地灾、高后果区管理、管道保护、检测修复、阴保防腐6个专业。按照问题分级，轻微问题18项，一般问题66项(图5)。

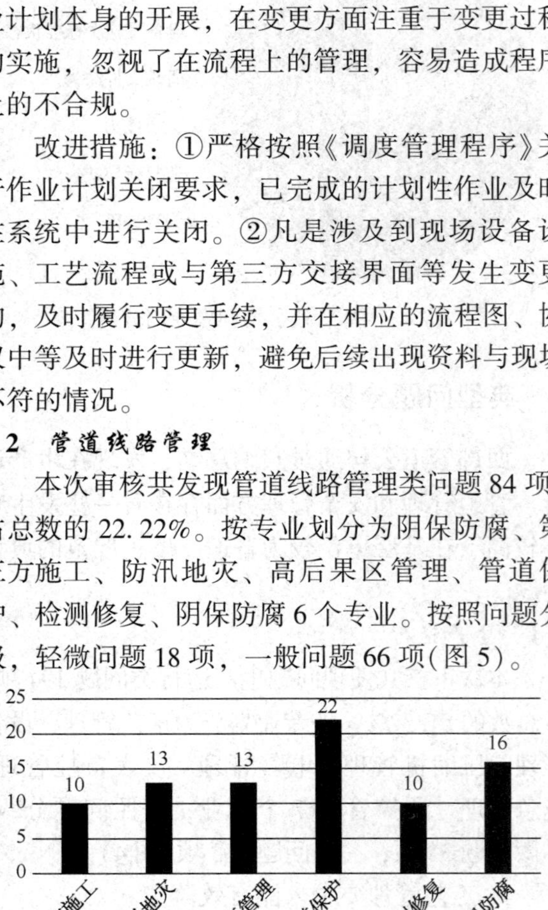

图5　管道管理类各专业问题数量分布图

1. 阴保管理过程管控存在不足

原因分析：一是程序文件要求建立台账、记录，但未明确相关表单指向，程序文件要求未与信息系统有效结合，各系统未打通接口。在设施完好性方面要求不够细致，未提供完好性判定标准。二是程序文件流程宣贯学习不到位，文件执行存在偏差。

改进措施：①修改程序及流程文件，相关台账、记录明确填报系统指向。明确设施完好性等标准方便基层执行。②加大文件流程宣贯力度，保证执行与要求保持一致。针对管理上存在的问题，举一反三，开展调查研究，继续扩大范围收集汇总管理问题后，进行针对性、逐项解决。

2. 第三方施工管理监督指导不到位

原因分析：一是公司与集团公司文件承接有缺失，分公司对公司程序文件履行不到位。二是对第三方施工管理重视程度不够，对于外部风险管控责任重大的思想认识不足，对于基层的主动服务意识淡薄。

改进措施：①全面承接集团文件，对快速评估表的风险类型进行细化，丰富施工类型，合理赋值，科学开展风险评估工作。监督指导分公司按照程序文件要求做好风险评估和逐级审批工作。②提升思想认识，专业人员组织开展第三方施工专项培训，定期组织对基层单位的工作指导和帮扶，每周收集第三施工信息，并对施工信息进行核查，对发现的问题及时整改。

3. 防汛地灾管理执行存在偏差

原因分析：一是监督管理不到位，未按管道防汛管理程序、地质灾害防治管理程序要求督促现场开展防汛检查、地灾设施维护，同时对防汛总结、预案培训演练管理把关不严。二是公司程序文件修订不及时，缺少防汛物资配备标准、地灾风险点责任人落实，导致未全面落实。

改进措施：①开展汛前、汛期现场检查，对防汛物资、防汛演练、地灾风险点管控等进行重点检查，及时整改存在的问题；加强审核，完善总结分析模板内容，分公司、管道部加强对基础资料管理、防汛总结等过程资料进行审核，确保资料准确、总结全面。②根据流程运营工作安排，防汛地灾管理全面执行集团及公司编制的 L5/L6 活动指导书，组织做好培训宣贯、指导、应用反馈和文件完善，确保集团公司要求在基层得到全面执行落地。

4. 管道检验检测管理不到位

原因分析：对年度检查报告、定期检验报告的审核不到位，对定期检验发现的问题未及时整治。

改进措施：①严格对管道定期检验相关报告进行集中审查。②建立管道定期检验发现问题清单，明确整改时间节点，定期开展定期检验发现问题整改回头看工作。

5. 高后果区管理未严格执行要求模板

原因分析：公司高后果区识别报告、一区一案未按照集团线下发的模板执行；对高后果区识别相关结果和报告的审核不严。

改进措施：①按照集团公司最新下发的高后果区识别报告模板和高后果区风险管控方案模板开展 2023 年高后果区相关报告的编制；②严格做好管道高后果区识别结果及相关报告的审查，编制审查表单，报告编制质量纳入管道管理考核。

6. 管道巡护工作落实不到位

原因分析：基层作业区对集团和公司相关文件要求落实不到位，巡护方案的编制质量不高。

改进措施：①结合集团公司管道巡护标准化管理手册的要求对巡护方案进行更新完善。②编制公司巡护标准化管理手册，严格落实日常监督检查机制，将管道巡护质量与红旗选树指标挂钩，真正意义上将方案与实际工作相结合，指导基层管道管理人员落实好各项工作。

4.3 质量安全环保管理

本次审核共发现质量安全环保管理类问题 106 项，占总数的 28.04%。按专业划分为安全管理、环保健康管理、综合管理、工程项目管理等 5 个专业。按照问题分级，轻微问题 45 项，一般问题 61 项(图 6)。

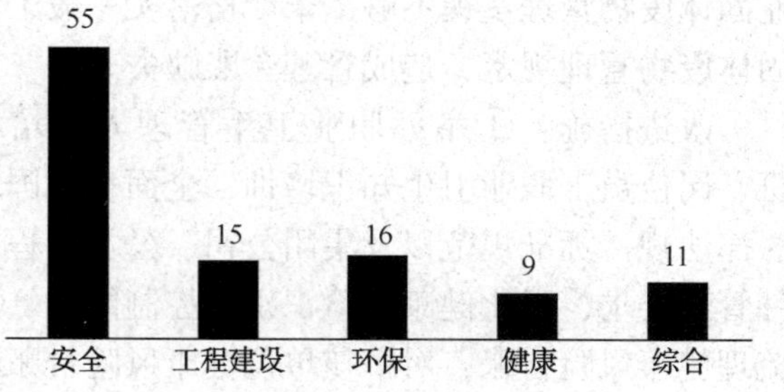

图 6　质量安全环保类问题

1. 安全管理不到位

原因分析：一是公司体系文件修订不及时；

现场处置方案和应急处置卡编制未结合本单位实际；应急演练不规范，演练评估不严肃，制定的整改措施和建议不具有可执行性；二是培训实施过程管理缺失监督，各层级培训数量多，效果验证少。三是承包商过程把关不严；四是风险台账更新过程把关不严，两级机关审核不到位。

改进措施：①以优化集团公司 5.0 安全环保流程 L3/L4 文件为契机，全面对标国家法律法规、集团公司管理制度、流程活动间的差异，进一步修订完善体系文件；组织开展应急预案培训工作，促进各级人员系统掌握应急有关知识和应急处置有关要求，进一步规范应急演练评估有关做法；对照发现问题系统修订现场处置方案和应急处置卡，其他单位"举一反三"排查和整改。②组织培训矩阵进行完善；建立低代码平台，对培训开展情况进行记录，及时展示分析；管业务必须管培训，各层级对业务范围内培训质量负责，培训后必须及时考核，确保培训效果和质量。③严格执行集团公司下发的《承包商管理十项措施》；各单位每季度组织召开安委会，通报承包商绩效考核结果，及时应用考核。策划组织承包商专项审核，各部门对业务范围内的项目、承包商进行监督考核。④结合集团公司流程完善，对风险管理流程进行修订完善；组织各单位重新对风险台账进行梳理完善；结合各岗位工作实际，建立岗位风险清单。

2. 职业健康及环保管理存在不足

原因分析：一是岗位员工健康风险辨识能力不足，职业卫生定期培训有效性不足，自我保护意识不强，对职业病危害存在麻痹和侥幸心理。二是职业卫生监管有待加强，基层安全员职业卫生专业知识欠缺，分公司职业卫生管理人员履职不到位，未能及时消除职业病危害。三是一般工业固体废物管理重视不够，未严格落实一般工业固体废物管理规定，造成管理台账缺失。

改进措施：①举办职业卫生管理人员培训班、岗位员工职业卫生知识培训，全面普及国家法律法规、标准规范以及集团公司、公司制程文件管理要求，强化健康风险识别、控制能力。②梳理健康风险台账，对审核单位健康风险台账进行专项评审、其他单位全面参与并举一反三，全面辨识各工作场所、工作区域健康风险，针对性制定管控措施，并对风险控制措施落实情况进行常态化监督检查。③开展一般工业固体废物管理专项整治，通过"监督+辅导"的方式，增强一般工业固体废物管理能力，建立健全工业固体废物产生、贮存、处置全过程管理台账，推动一般工业固体废物管理规范化。

5　系统改进对策

做好审核问题整改的闭环管理，是确保管理体系 PDCA 不断循环改进的关键环节。西部管道公司针对审核发现的 378 项问题，深入剖析问题的对标偏差、查找根因和管理追溯，分级分类明确针对性整改措施，确保问题整改责任到人、措施有效、节点明确、系统整改，纳入集团公司督办系统进行闭环管理。同时，在研究分析典型问题、短板问题、专业问题的基础上，以 QHSE 管理体系持续优化为目的，提出系统性改进对策。

5.1　加强 QHSE 管理体系建设和执行

一是坚持以解决现场存在的问题为导向，强化顶层设计，结合文审及体系现场审核发现，按照 5W2H 原则，持续承接落实集团公司管理制度，组建流程运行团队，梳理关键性条款、差异性条款，开展现有制程文件合规、流程质量审查，明确改进方向，提炼经验做法，完善相关管理要求，确保可操作性。二是强化 QHSE 管理体系落地执行。打铁还需要自身硬，要居安思危，主动作为，强化体系文件、标准规范的日常学习，练好业务管理基本功，要学以致用。三是体系审核的终极目标是让体系运行更加平稳。针对集团公司审核问题一方面立查立改，及时解决问题。另一方面建立长效问题整改机制，强化管理追溯和"举一反三"排查整改，实行问题整改"回头看"和现场验证，组织业务主管部门对标整改，落实整改方案和整改资源，确保体系审核问题整改到位。进一步消除管理短板、夯实管理基础，打造"体系执行示范作业区"，持续推进体系文件的执行落地，切实提升安全管理水平。

5.2　强化责任落实

一是充分应用集团公司"一岗一清单、一岗一培训、一岗一考核"建设成果，确保岗位责任识别到位、管控到位。二是加强各业务部门直线责任和属地责任落实，将风险防控、责任落实、能力培训、监测检查、持续改进等体系要素管理充分融入各业务运行过程中，推动业务管理持续改进，提升业务管理成效。三是研究制定公司级以上审核问题整改思维导图和工作流程，组织业务科室系统分析问题产生原因，制定专项提升方案，明确问题整改责任人和完成时间，整改方案经本级安委会或党委会审核后实施，确保措施准确、可执行。三是两级机关业务部门指派专人到被审核作业区驻站指导审核问题整改工作，帮扶期 3 个月，确保整改工作见到实效。

5.3 提升人员能力素质

一是加强人员能力培训，完善员工能力配套建设，将培训矩阵、需求分析、计划制定、组织实施、效果评估进行有机融合，重点做好关键岗位、管理人员、技术人员和基层操作人员培训，持续提升员工能力。二是瞄准"三种能力"薄弱点提升，面向全体一线员工，开展岗位安全意识大提升、事故案例再学习、岗位风险再辨识等五项冬训活动，促进基层员工安全生产综合能力大提升。三是要强化审核员培养，分层级建立审核员队伍，参与日常专业管理和体系审核，不断改进业务管理方法，提升安全管理水平。四是开展全员履职能力评估工作，发挥专业团队优势，录制精品课程，举办安全管理培训班，为专业技术人员、基层安全员讲授安全环保政策法规、制度标准及技术工具，持续开展注册安全工程师培训，专业安全与安全专业共同发力，实现"人人都是安全员"。

5.4 加强问题整改策划

一是各业务部门加强对本业务领域问题整改的统筹与指导，组织对共性问题、系统性问题、高风险类问题等制定统一的整改方案及标准，注重制度、标准、资源、能力等方面的根本原因分析及预防措施策划，明确整改标准和要求，通过完善管理流程和工作标准，实现问题分级治理和验证，定期召开审核问题整改推进会，切实加强问题整改的运行监控和效果评价，确保整改成效。二是系统改进体系执行问题，基层作业区加强基层标准化管理建设，全面梳理基层工作的种类和数量，从具体工作出发，明确每一项工作流程的管理体系要求和执行标准，汇编形成基层岗位作业指导书以及岗位作业卡、操作卡和应急处置卡等标准化文件成果，不断强化员工掌握"应该干什么、为什么要干、怎么干、什么时间干、干到什么程度"。在体系执行过程中，由专业部门给予指导和监督，及时纠偏。三是将重复发现问题纳入日常监督检查的重点，通过 QHSE 管理体系审核、日常监督检查等核实现场问题整改情况，指导基层单位做好日常的管理和自查。同时完善绩效考核细则，将屡查屡有、屡改屡犯的责任单位、责任人纳入考核，确保整治工作取得实效。

5.5 培育良好 QHSE 企业文化

优化审核管理，弱化问题追责，建立"让问题浮出来"的企业文化，让审核变成科学系统的管理调研，而不是传统的安全检查，让各级员工做到"愿意发现问题、善于发现问题、切实解决问题"，让 QHSE 管理体系审核立足于服务基层、服务生产，以业务管理有效落地和保障安全生产为目标，促进 QHSE 管理体系不断优化完善。

6 结论

集团公司 QHSE 管理体系审核实践表明，QHSE 管理体系能够切实帮助企业改善安全管理绩效。QHSE 管理体系的有效运行依赖于各级员工能够很好地掌握和贯彻体系管理要求，有效地执行体系能够避免绝大部分审核问题的产生，企业在应用 QHSE 管理体系和实施管理体系审核时必须采取多种措施，提升全员的体系执行力，提高自身的标准化管理水平，将体系管理要求贯彻落地的"最后一公里"打通，才能确保 QHSE 管理体系在审核中完成良性的 PDCA 循环并不断得到优化完善，达到审核的最终目的。

参 考 文 献

[1] 李洪昌，程大伟．有效开展 QHSE 管理体系审核做法[J]．广州化工，2011，(39-17)：163-165.

[2] 冯尧．L 管道公司 QHSE 管理体系优化研究[d]．北京：中国石油大学，2020 年．

炼化企业特殊作业风险管控技术研究与应用

徐中轩[1]　韩丽娟[1]　王宏刚[2]

(1. 中国石油集团安全环保技术研究有限公司；2. 中国石油抚顺石化分公司)

摘　要　根据炼化企业生产安全事故的统计分析及防范重点，对炼化企业特殊作业预约环节风险管控现状及存在的问题进行分析，从方案指导、风险分析、监督检查、系统建设、指标引导等环节着手，以作业风险管控关口前移为核心，研讨特殊作业风险管控技术及应用。

关键词　特殊作业；技术标准；风险分析；绩效指标

随着炼化企业检修周期延长、老旧装置增多，以及近几年企业纷纷开展的安全环保隐患治理项目、新改扩建项目等，特殊作业数量整体呈现上升趋势。仅 2023 年 4 月以来，化工企业的特殊作业、检维修作业数量环比上升了 20%，安全风险管控难度不断加大。部分企业因施工组织不合理、工作效率低、有效工作时间段等原因，造成作业数量及作业风险大幅度增加。2023 年盘锦“1 · 15”事故是检维修环节，鲁西“5 · 1”事故是检维修准备阶段；淄博峻辰“4 · 29”事故是 VOC 改造动火作业，这与 2021 年沧州“5 · 31”等多起事故类似。企业如何降低作业频次、加强作业安全风险辨识、评估和管控，制定作业方案和应急处置措施，实现作业安全等工作的重要性日益凸显。

对某炼化企业近十年的生产安全事故进行统计，企业共发生各类生产安全事故事件 3141 起，其中 809 起事故事件涉及特殊作业，占比 25.7%。118 起亡人事故中，51 起事故和特殊作业活动直接相关，占比 43.2%。按照特殊作业分类，以这些事故的作业伤亡人数的占比作为事故发生的可能性，以每起伤亡事故的平均死亡人数作为事故后果的严重程度，各类特殊作业事故的人员伤亡风险如图 1 所示，图中越靠近右上角红色区域作业类型的伤亡的风险越高，越靠近左下角绿色区域作业类型的伤亡风险越低。

从统计结果看，受限空间、高处作业、吊装作业风险较高，是诱发亡人事故的主要作业类型，从后果严重程度看，动火作业容易诱发群死群伤事故。这与应急管理部发布的全国化工事故分析报告中爆炸、中毒和窒息、机械伤害、高处坠落是化工事故防范重点的结论一致。

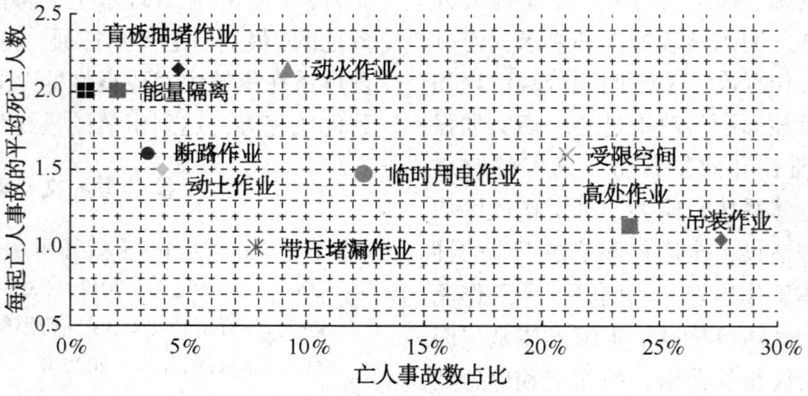

图 1　各类特殊作业的人员死亡风险图谱

事故的发生都是多因素叠加、多个安全屏障失效导致的，针对特殊作业事故，由专家通过人工标注的形式，提取导致屏障失效信息及事故关联的管理要素。

从管理要素排序(图 2)看，突出的问题是制度和规程不落实、危害辨识和控制措施走过场、安全职责不清及组织混乱等，这些问题大多指向预判风险、制定管控措施、落实作业前各项准备等，在作业许可管理全流程中属于作业预约管控的范畴。

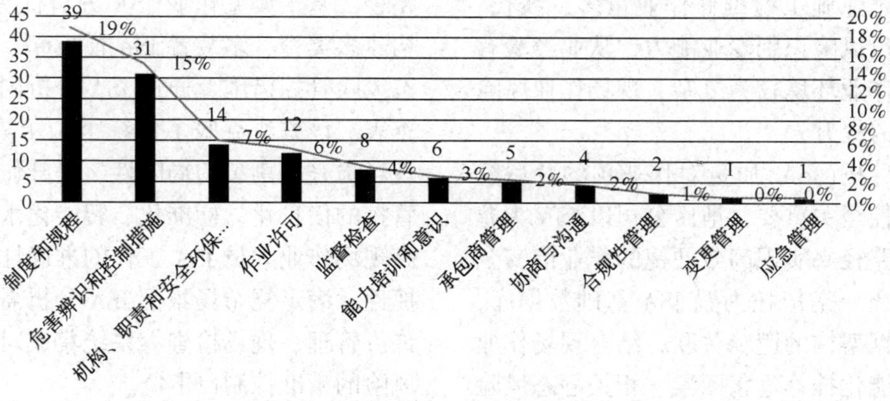

图 2　影响事故的管理要素排序

1　作业风险管控技术研究与应用

围绕作业环节全过程管控，研究建立合规作业的业务规则，规范作业许可流程和落实关键风险控制。从作业申请、作业审批、作业中操作到作业关闭整个作业许可管理流程看，作业预约是全流程的核心，从方案指导、风险分析、监督检查、系统建设、指标引导方面着手，可实现风险隐患抓早抓小，提前防范，源头管控(图 3)。

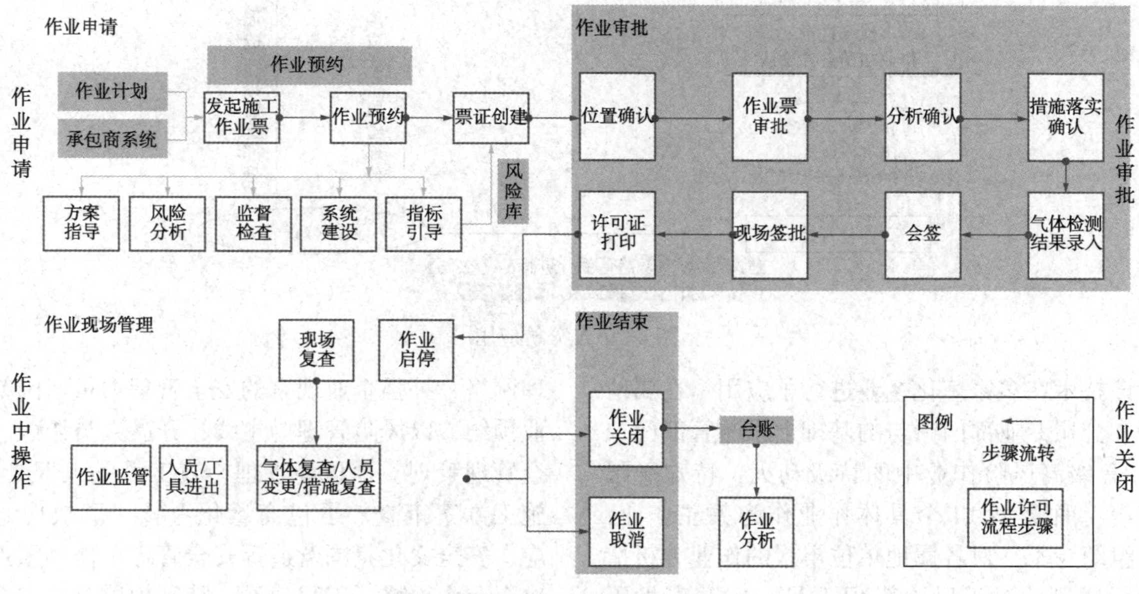

图 3　作业许可管理流程

1.1　方案指导

近年来，全国已发生多起因作业关键环节技术要求不清晰、施工组织不合理导致的生产安全事故，带来严重的人员伤亡和经济损失，同时造成不良的社会影响。想要提高检修管理水平，需结合当前政策、法规和技术发展趋势，制定详细的技术性指导文件。

结合特殊作业特点，研发各类型作业技术指导意见，突出关键环节管理。编制《炼化企业油品储罐清理和浮盘拆除作业安全指导意见书》《内浮顶储罐整改与运维管理指导手册》《炼化企业带压开孔和密封作业安全管理指导意见》等，指导承包商作业方案编制及地区公司作业方案审核。以带压开孔和密封作业为例，在参考国家标准、行业标准的基础上，编制指导意见，规范了作业适用范围、管理原则、前期准备、作业实施、完成验收等具体工作要求。

这些技术标准在各地区公司检维修和工程建设项目中得到广发应用，从工作流程、关键节点方面有效指导了特殊作业方案的编制，为作业风险管控提供了依据。

1.2　风险分析

目前，各企业施工检维修作业量多、线长、面广，基层人员风险识别专业能力、从业经验有所欠缺，加之作业环境较为复杂，现场作业风险的管控效果亟需提升。

工作安全分析(JSA)质量对作业预约及后续流程的风险受控至关重要，地区公司以JSA为龙头，设计两条路径来实现高效便捷的作业前安全风险分析。路径一是依托内置JSA基础数据库，实现多层级数据架构的逻辑关联，结合现场作业场景特点，智能化推荐危害因素、相关静态风险管控措施，并通过JSA分析同步生成作业许可；路径二基于典型作业JSA分析优秀结果的积累，构建多类型、多装置JSA模板库，智能化推荐动态风险管控措施，通过JSA分析同步生成监护检查表。该方法克服了传统JSA工具与作业许可、现场检查表割裂的局限性，提升作业全周期风险管控的信息化、标准化、智能化水平，大幅度提高现场作业人员JSA工作的准确性、针对性、便捷性，满足复杂场景下JSA分析需求，并与作业许可管理、现场检查等系统集成对接，实现作业风险的精准控制(图4)。

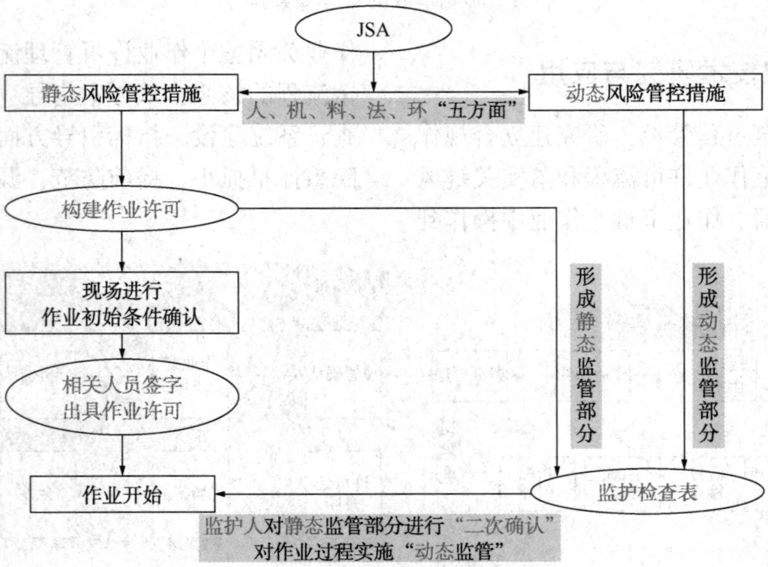

图4　JSA分析应用

该技术在多家炼化企业进行了应用。在属地分析、公司专业部门参与的基础上，监管部门选取Ⅲ/Ⅳ级高风险作业中的特级动火、特殊受限空间等7种类型14个具体作业作为关注作业，再次组织专家，对各属地单位申报的作业分析情况进行研判，对于风险辨识不足、方案审批不严、管控措施不细的作业及时叫停，促进各属地单位提高工作的计划性、统筹性。

1.3　监督检查

炼化企业特殊作业风险较高，属于非常规作业，具有时间紧、任务重、人员多、组织复杂等特点。借鉴第三方安全监管技术在炼化企业现场的丰富工作经验，可以协助企业提前做好方案规划，解决人员数量及能力不足、专业水平欠缺的问题。

通过建立以安全专业化管理团队为核心的第三方监管，结合企业及承包商监督，建立一体化安全专业监管模式，形成从检查范围、检查内容、标准要求、人员安排、时间进度等一体化管理网络，补强企业现有的安全管理力量。围绕作业预约，以风险管理为主线，开展人员访谈、安全管理策划、承包商管理、施工设备入厂管理、施工方案审查、承包商量化考核、事故应急响应、安全文化氛围营造等安全管理工作。重点解决企业大检修、工程建设、特殊敏感时段安全管理人员数量缺乏、专业能力不足、关键环节风险管控不到位、制度执行不严不实等问题。

自2018年起，开展检修作业安全监管技术市场应用，累计服务系统内公司20余家，仅在2022年就服务6家企业，有效推动了重点时段、重点企业、重点项目的安全风险管控措施落实。

1.4　系统平台

针对检修作业，企业小众系统和专项技术较多，但是技术分散，各个系统之间也存在逻辑标准不统一、交互困难的问题，缺乏从项目管理层面出发，实现检修计划、实施、验收全过程智能化的综合平台。

按照“工业互联网+安全生产”的要求，搭建信息化管控平台，开发运用作业预约系统平台，将作业预约系统和网络平台有机结合，实现作业从计划、实施、验收的全过程追溯及数据可视化，推动安全监督管理由“人防”向“技防”的有效转变。该平台具备计划编制、审批，作业全过程管理等功能，可实现合理检修计划、细粒度管控工作流程。解决项目管理低效率、程序不规范和风险防控能力不足等问题，实现现场作业、文件资料、管理手段、管理流程、执行过程的规范化。检修目标、任务、项目管控的定量化。根据平台应用情况，公司及时出台《关于进一步加强作业预约及作业许可安全管理的通知》，规范地区公司预约管理、JSA分析、系统填报、加急作业、升级作业、系统建设等各个环节管理，进一步完善作业预约管控流程。各相关单位和部门信息共享、协同配合，提高了作业预约的管理效率和精细化程度。

作业预约系统平台在三十余家地区公司中得到推广应用，有效解决了信息传输、数据反馈、实时查看、标准统一等问题，对于平台信息查询、数据统计、多维度分析等功能的应用，对于后续施工作业，尤其是作业过程的监督检查也起到了指挥棒作用，全面提升了公司作业风险管控能力。

1.5 指标引导

《炼油和石油化工行业过程安全绩效指标》(API754)依据海因里希事故金字塔预测关系，将过程安全绩效指标分为四个层级，其中事故事件属于第一级、第二级指标，对这些指标的分析可以得到经验教训，避免事故事件的再次发生，但此类分析属于回顾性分析，是滞后性指标。作业许可合格率属于第四级指标，为领先性指标，细化完善这一类指标，可以协助企业识别和纠正屏障体系中的薄弱点，不仅有利于和其他企业对标，还可以大大提升企业过程安全文化，大幅度提高过程安全绩效。

细化作业分类，将特殊作业分为计划检修、抢修、项目施工三大类，其中计划检修细分为转产清理、设备检验、日常维护、缺陷及故障、停工检修，项目施工细分为隐患治理、技措项目、投资项目、非生产项目等，详细的作业分类便于数据统计、明确分工、落实直线责任。

企业将各类特殊作业划分为不同风险等级，对于重大危险源罐区、危险介质未退料设备管线、周末、节假日、特殊敏感时段特殊动火等地区公司升级管理，针对事故多发，风险较高的特级动火、特级受限等七种类型作业炼化公司升级管理。

对作业风险管控的关键要素进行梳理，设置作业预约、作业管控2个一级指标，加急率、预约作业执行率等10个二级指标，以绝对指标和相对指标相结合的方式，从数据质量、专家研判、统计分析、典型事故四个方面，引导各地区公司自主建立安全绩效指标，不片面追求作业数量下降及自查问题数量，更关注作业风险管控总体效果。

该指标体系在企业KPI指标设置、对标分析、生产经营会、专业例会以及年度业绩排序中已经得到应用，各属地单位还增补了集中限时用火、零违章作业、培训合格率、自查问题率等指标，根据每日作业量指标下达施工作业计划，专业部门进行资源统筹，监管部门提供支持，确保作业预约准确、资源充分利用、执行过程高效。

某炼化企业从2018年开始进行特殊作业风险控制技术研究与应用，定制化开发出方案指导、风险分析、监督检查、系统建设、指标引导等关键技术，为企业作业风险防控提出了整体解决方案。从应用结果看，作业数量已经连年出现下降。2022年该企业三十家地区公司共开具作业许可票39.7万项，较2021年的47.1万项同比减少15.7%，周末、节假日期间预约作业数量为1.2万项，同比下降41.0%，企业整体重大特事故得到有效遏制(图5，图6)。

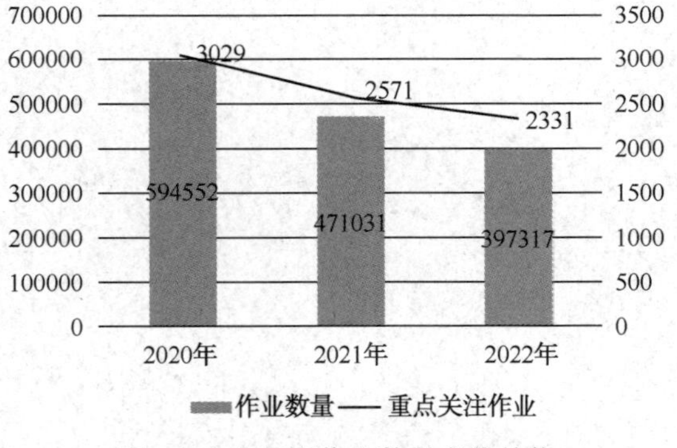

图5 企业年度作业数量变化趋势

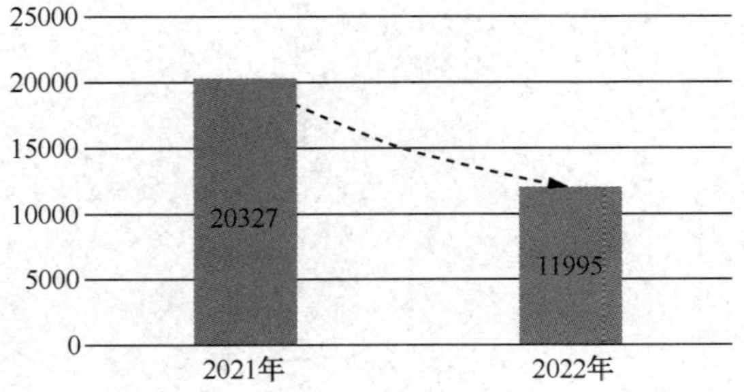

图6 周末节假日作业数量

2　结论

通过炼化企业特殊作业风险管控技术研究及应用，在标准流程方面，明确了技术要求，构建了层级健全、覆盖全面的作业预约管理网络，完善了危险作业预约管理机制，提升作业预约有效性。实施作业预约信息风险分析、研判通报机制，精准评估作业数量和风险分析质量，落地了危险作业过程风险管控措施。搭建的作业预约管理系统，针对作业预约管理各个环节，应用新一代数字技术，提高了业务系统集成与协同能力，立足现场管理，服务基层管控。通过安全绩效指标的建立及引导，明确作业分类分级，捕捉了领先指标，促进企业关注作业预约、条件确认、过程管控、改进提升等 PDCA 循环的各方面指标，实现了压减非必要作业、提高工作效率、管控作业风险、保障作业安全的总体目标。

参 考 文 献

[1] 孙广宇．在全国危化品安全风险防控紧急视频会上的讲话．应急管理部，2023-5-13.
[2] 国务院安委会办公室．关于辽宁省盘锦浩业化工有限公司“1.15”重大爆炸着火事故的通报．(安委明电〔2023〕2 号).2023-1-19.
[3] 刘梦怡．2019 年全国化工事故分析报告．发布全力遏制化工事故，五大防范对策出台．消防界(电子版)，2020.6(17)：54~57.
[4] 耿来红，等．典型化工工艺热安全性分析研究概述．广东化工，2023.50(07)：96~98.
[5] 王明章．石化企业电子作业许可系统研发与应用．安全、健康和环境，2022.22(03)：13~18.
[6] 王昭华．石化企业承包商及直接作业环节监管策略研究．安全、健康和环境，2020.20(04)：48~52.
[7] 卢献瑞．石油化工企业作业许可管理研究．化工设计通讯，2018.44(07)：186~187.
[8] 应急管理部工业和信息化部．“工业互联网+安全生产”行动计划(2021—2023 年).2020-10-10.
[9] 刘涛，于富强，王永胜．“工业互联网+安全生产”在工程建设企业项目安全管理中的实践．安全、健康和环境，2022.22(09)：46~50.
[10] 张晓华，刘勃．工艺安全绩效指标介绍．安全、健康和环境，2012.12(02)：21-24+31.

智慧管网技术体系发展趋势探索

李晓丹[1,2] 段庆全 黄 鑫 孙 霞

(1. 中国石油大学(北京)安全与海洋工程学院;
2. 应急管理部油气生产安全与应急技术重点实验室)

摘 要 现阶段我国油气智慧管网尚处于起步阶段，存在智慧管网尚无统一定义、理论和技术体系建设尚不完善等关键问题，还具有着较大的发展空间。基于此，本文借鉴智慧电网、智慧城市、智慧矿山、智慧航运、智慧交通等国内先进行业的技术体系架构以及各专家学者提出的现有智慧管网技术体系构建方案建议，采用构建韦恩图及知识图谱的方法对智慧管网的技术体系进行了补充和完善。该体系将智慧管网的关键技术划分为感知层、传输层、数据层、算法层和应用层五个层次，该体系将随着智慧管网研究和建设实践的深入而不断完善。

关键词 智慧管网；技术体系；智慧化

近年来，随着中国管道工业的快速发展以及物联网、大数据、人工智能等新技术的兴起，智慧管网这一概念逐渐在管道行业得到广泛传播。我国长输油气管道行业经过半个世纪的发展历程，经历了自动化、信息化、数字化、智能化阶段，智慧管网建设正在全面兴起，并稳固推进典型场景落地实施，助力产业转型升级。智慧管网建设是多项技术功能目标的智能化生产联动，强调多功能、多场景互联、互通、互动的融合有机协同。然而，现阶段我国油气智慧管网尚处于起步阶段，管网智慧化建设存在智慧管网尚无统一定义、理论和技术体系建设尚不完善等关键问题。基于此，依据智慧电网、智慧城市、智慧矿山、智慧航运、智慧交通等国内先进行业的技术体系架构以及各专家学者提出的现有智慧管网技术体系构建方案建议，对智慧管网的技术体系进行了补充和完善，以期对智慧管网建设提供参考。

1 智慧管网的内涵

“智慧”的本意是对人的思维能力与决策能力的评价，当用于形容人以外的其他对象或系统时，通常是指该对象或系统具有类似于人的感知、分析、综合、判断及决策能力。但因这些“智慧”的系统建立在计算机、互联网、物联网、云计算、大数据、人工智能等现代计算技术、信息技术、决策技术的基础上，故其在许多方面的能力可能超越专业人员，可谓源于人而高于人。

智能化是由现代通信与信息技术、计算机网络技术、行业技术、智能控制技术汇集而成的针对某一个方面的应用，而智慧化就是升级版的智能化。智慧化是指人机环境系统之间的交互角色最优化，取长补短、优势互补，除了必要的计算机知识、数学算法外，还应把哲学、心理学、生理学、语言学、人类学、神经科学、社会学、地理学等融为一体。智慧化不是指某一个具体的系统或者具体的设备具备了智能，而是从整个系统层面，具备了某种智慧。分析对比国内先进行业的智慧化概述如表1所示。

表1 国内先进行业的智慧化概述

先进行业	智慧化概述	关键技术
智慧城市	运用物联网、云计算、大数据、空间地理信息集成等新一代信息技术，促进城市规划、建设、管理和服务智慧化的新理念和新模式	物联网、云计算、大数据、空间地理信息集成
智慧电网	将现代先进的传感测量技术、通信技术、信息技术、计算机技术和控制技术与物理电网高度集成而形成的新型电网	传感测量技术、通信技术、信息技术、计算机技术和控制技术

续表

先进行业	智慧化概述	关键技术
智慧矿山	以矿山数字化、信息化为前提和基础，对矿山生产、职业健康与安全、技术支持与后勤保障等进行主动感知、自动分析、快速处理，建设智慧矿山	物联网、大数据、云计算、移动通信
智慧交通	在智能交通的基础上，在交通领域中充分运用物联网、云计算、互联网、人工智能、自动控制、移动互联网等技术，通过高新技术汇集交通信息，对交通管理、交通运输、公众出行等交通领域全方面以及交通建设管理全过程进行管控支撑	物联网、云计算、互联网、人工智能、自动控制、移动互联网

目前，针对智慧管网的宏观设计较多，但具体的实现方法相对较少。首先需要确定何谓智慧管网。因为不同国家的油气管网发展阶段不同，在管网建设中面临的关键技术问题也不同，因此在国际范围内尚未形成统一的智慧管网的定义。

2019 年，中国石油管道公司在中国智能管道大会上提出了油气智慧管网的定义：智慧管网是在标准统一以及管道数字化的基础上，以数据全面统一、感知交互可视、系统融合互联、供应精准匹配、运行智能高效、预测预警可控为目标，通过“端+云+大数据”体系架构集成管道全生命周期数据，提供智能分析与决策支持，用信息化手段实现管道的可视化、网络化、智能化管理，具有全方位感知、综合性预判、一体化管控、自适应优化的能力。

吴长春等人提出智慧管道是指在全生命周期各个阶段(包括规划、可行性研究、设计、施工、投产试运、运营维护、改扩建、废弃处置等)，综合应用控制、监测、检测、预测、仿真、优化、人工智能、大数据分析、计算机、数字化、多媒体、互联网、物联网、移动通信等技术，按相关组织或人员的合理意愿和预期目标，以全自动或人机交互方式实施各种计划、作业、监控、管理业务的油气管道。

智慧管网具有数据全面统一、感知交互可视、系统融合互连、供应精准匹配、运行智能高效、预测预警可控的特征，能够为管道运营提供智能分析和决策支持。智慧管网具备全面的感知及响应能力、全面的可靠性评价及预测能力、全面的仿真与优化运行能力及全面的知识应用与辅助决策能力这四方面的能力。智慧管网的主要建设目标，包括构建数字孪生管网系统、建立企业级工业互联网云平台与构建管网人工智能大脑系统这三方面。

结合智慧管网已有的定义、特征、能力与建设目标，尝试提出统一智慧管网定义：智慧管网是在标准统一和管道数字化的基础上，采用“端+云+大数据”体系架构保存管道全生命周期数据，运用物联网、云计算、大数据、人工智能等关键技术，使资料由分散向集中、由纸质向数字化转变，风险管控模式由被动向主动转变，信息系统由孤立分散向集中集成转变，资源调配由局部优化向整体优化转变，运行管理由人为主导向系统智能转变，以数据全面统一、感知交互可视、系统融合互联、供应精准匹配、运行智能高效、预测预警可控为目标，用信息化手段大幅提升质量、进度、安全管控能力，实现管道的可视化、网络化、智能化管理，最终形成具有全面感知、综合预判、智能优化、一体化管控、自适应调整能力、安全高效运行的管网。

2　智慧管网关键技术

2.1　现有技术

目前，管网已开展站场智能运行体系、管道智能防控体系研究与实践，初步形成了涵盖站场智能运行、设备全面感知、管道风险智能管控等关键技术的技术体系，为管道安全平稳高效运行提供了有力保障。

韦恩图能够使人们快速得出两个或两个以上集合的公共部分、展示在不同的事物集合之间的数学或逻辑联系，尤其适合用来表示集合之间的“大致关系”，从而得出问题的最优解，其应用范围十分广泛。因此，通过总结各专家学者提出的现有的管网关键技术与各行业智慧化关键技术，构建了智慧管网关键技术韦恩图(图 1)与各行业智慧关键技术韦恩图(图 2)。

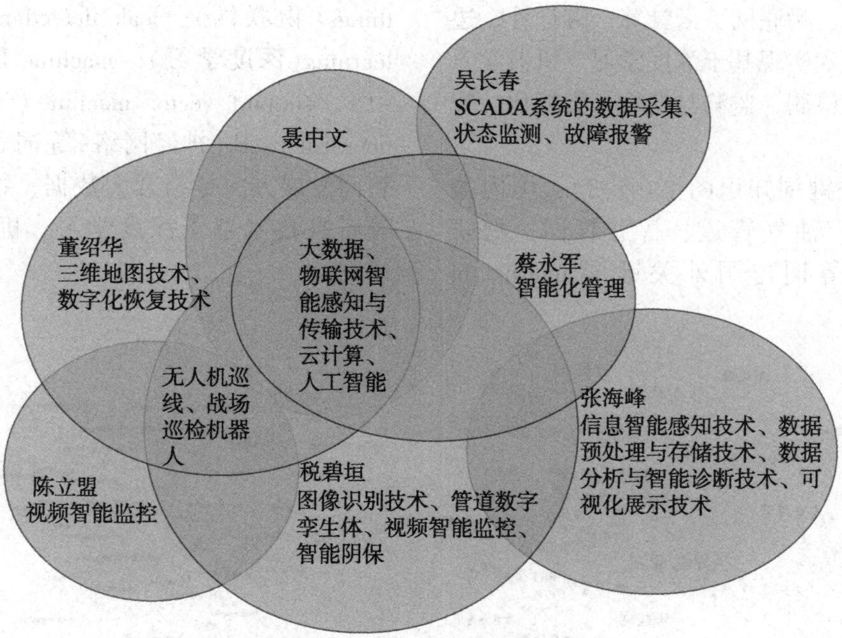

图 1　各专家学者提出的智慧管网关键技术韦恩图

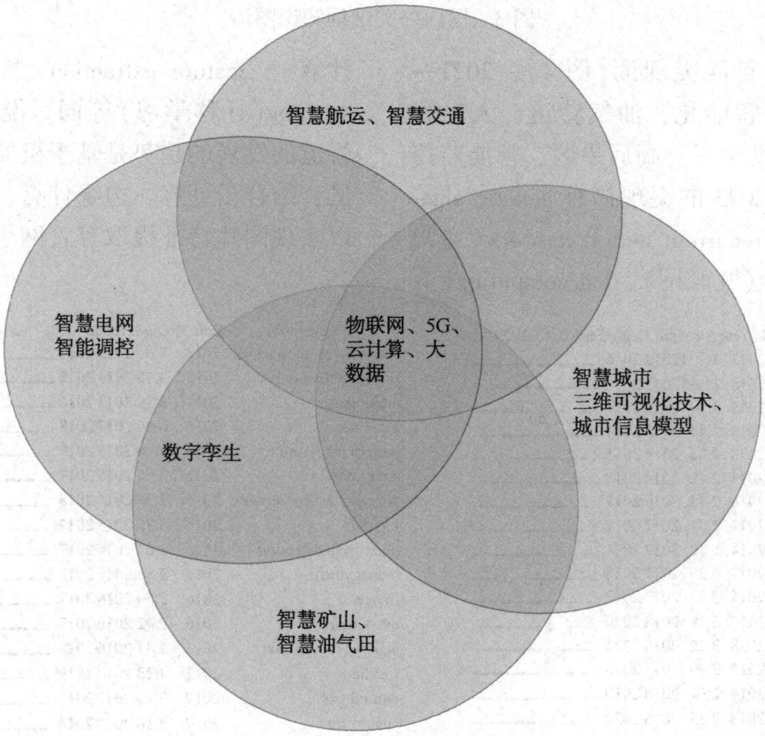

图 2　各行业智慧关键技术韦恩图

通过图 1、图 2 可知，智慧管网正在应用及未来可能加以应用的关键技术包括物联网智能感知与传输技术、大数据、云计算、人工智能、5G 移动通信技术、数字孪生等新兴信息技术。

2.2　关键技术趋势预测及探索

知识图谱的数据来源可包括论文、书籍、报纸等多个方面，在此重点分析智慧管网研究特征与热点演化，因此数据主要从国内外的文献数据库中获取。中国文献主要来源于中国知网，所选主题为智慧管网、智能管网、智慧管道、智能管道，共找到 1046 篇文献；国外文献来源于 Web of Science 核心合集数据库，所选主题为 Smart Pipeline or Intelligent Pipeline，限制语种为 English，限制文献类型为论文 or Meeting or 综述论文，检索结果共包括 1937 篇文献。通过检索 2013—2023 年这十年间国内外关于智慧管网的 3000 多篇相关文献，通过关键词聚类呈现及突现词分析得出未来智慧管网的研究领域及发展趋势：结合大数据、物联网、云计算、雾计算、边缘计算等新兴技术实现基于深度学习、机器学习算法的智慧管道检测、监测与巡检等智能化、智慧化应用。

由国内外关键词知识图谱(图 3)，国内关键词智能管道、油气管道、智慧管网、物联网、深度学习等词与国外关键词 internet of things(物联网)、leak detection(检漏)、deep learning(深度学习)、machine learning(机器学习)、support vector machine(支持向量机)、neural network(神经网络)等词表明了未来智慧管网发展方向是结合大数据、物联网、云计算等新兴技术基于深度学习、机器学习算法的研究。

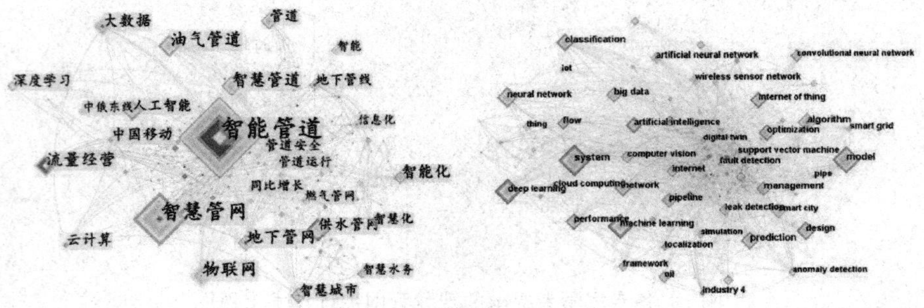

图 3 国内外关键词知识图谱

由国内外智慧管网突现词(图 4)，2021—2023 年的突现词有智能化、油气管道、人工智能、智能调控、深度学习、高后果区、智能监控等词，国外 2021—2023 的突现词有 genetic algorithm(遗传算法)、recurrent neural network(递归神经网络)、internet(互联网)、fog computing(雾计算)、feature extraction(特征提取)、transfer learning(迁移学习)等词。说明智慧管网、智慧管道的发展的趋势是基于机器学习、深度学习算法、结合云计算、边缘计算、雾计算等技术手段以实现图片特征提取等管网生产建设中的需求。

Keywords	Year	Strength	Begin	End	2013-2023
智能管道	2013	36.94	2013	2016	
流量经营	2013	11.65	2013	2016	
能力开放	2013	3.14	2013	2014	
后向收费	2013	2.44	2013	2014	
云计算	2013	2.73	2014	2015	
地下管线	2014	2.42	2014	2018	
城市安全	2016	2.72	2016	2017	
智慧管网	2014	5.71	2017	2019	
物联网	2014	5.17	2017	2021	
智能管网	2017	4.39	2017	2018	
燃气管网	2015	2.82	2017	2018	
智慧管道	2017	5.58	2018	2020	
智能	2018	3.22	2018	2021	
智能化	2017	2.99	2018	2023	
大数据	2014	2.91	2018	2019	
中俄东线	2018	2.88	2018	2020	
油气管道	2014	7.77	2019	2023	
人工智能	2017	4.78	2019	2023	
智能调控	2019	2.64	2019	2023	
管道安全	2019	2.56	2019	2020	
深度学习	2017	3.94	2020	2023	
高后果区	2020	2.66	2020	2023	
智能监控	2021	2.87	2021	2023	
油气储运	2021	2.39	2021	2023	
智慧供热	2021	2.25	2021	2023	

Keywords	Year	Strength	Begin	End	2013-2023
support vecton machine	2013	3.6	2013	2014	
implementation	2013	3.46	2013	2018	
architecture	2013	3.39	2013	2016	
pipeline	2015	6.06	2015	2018	
pattern recognition	2015	3.16	2015	2017	
smart city	2015	2.58	2015	2017	
wireless seosor netwotk	2015	2.38	2015	2018	
big data	2016	3.35	2015	2017	
pedestrian detection	2016	3.03	2016	2017	
management	2016	2.88	2016	2018	
image	2016	2.59	2016	2017	
exoaction	2016	2.42	2016	2017	
activity recognition	2016	2.41	2016	2018	
location	2017	4.28	2017	2019	
natural gas	2017	3.13	2017	2018	
smart grid	2017	2.56	2017	2018	
district beating	2018	2.61	2018	2019	
thing	2019	3.2	2019	2021	
genetic algorithan	2019	3.01	2019	2020	
recurrent neural network	2019	3.58	2019	2020	
intcrnet	2019	4.21	2020	2021	
transfcr leaming	2019	4.35	2020	2021	
fog computing	2020	2.37	2020	2021	
intelligtnt system	2020	2.37	2020	2021	
feature extraction	2020	3.58	2021	2023	

图 4 国内外智慧管网突现词

3 智慧管网技术体系

管网系统与电网系统虽然在基础设施形态、输送介质特性等方面存在差异，但二者目的都是要安全可靠又经济高效地为用户提供持续的能源供应，故将油气管网与电网进行比较，然而，目前智慧电网的建设远快于油气智慧管网，因此，智慧管网技术体系建设应该充分借鉴智慧电网已有的技术体系架构，从传感量测层、边缘计算层、信息连接层、数字平台层、跨域智能层这五个层次构建技术体系。

对比分析各先进行业智慧体系架构层次（表 2）以及各专家学者提出的智慧管网关键技术，并结合已有的智慧管网整体架构提出了包括感知层、传输层、数据层、算法层和应用层五个层面的智慧管网技术体系架构示意图如图 5 所示。

表 2　国内先进行业的智慧体系架构层次表

参考行业	体系架构层次
智慧电网	传感量测层、边缘计算层、信息连接层、数字平台层、跨域智能层
智慧工地	数据采集与感知层、数据传输层、监控中心、数据中心、平台功能、应用层
智慧城市	数据获取层、数据存储层、数据分析层、应用层
智慧矿山	感知执行层、接入层、边缘层、智能化煤矿工业互联网平台层、综合管控平台

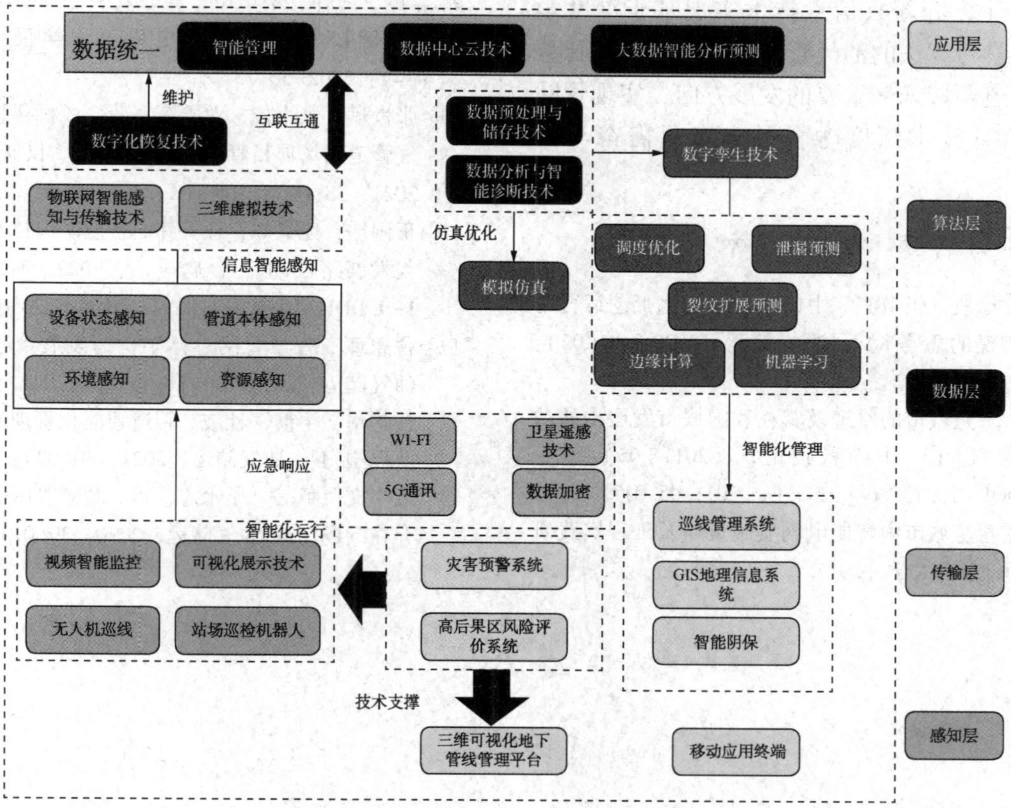

图 5　智慧管网技术体系架构示意图

其中，感知层的管道本体感知、设备状态感知、周边环境感知及资源感知利用的技术有光纤预警、超声检测、漏磁检测、视频智能监控、无人机巡线、站场巡检机器人等。

传输层用到的技术包括 5G 移动通信、Wi-Fi、数据加密、卫星遥感等；数据层的关键技术包括数字化恢复技术、数据预处理与储存技术、数据中心云技术、数据分析与智能诊断技术等。

算法层包括机器学习、模拟仿真、裂纹扩展预测、调度优化、泄漏预测、边缘计算等技术。

应用层包括巡线管理系统、智能阴保、移动应用终端、GIS 地理信息系统、灾害预警系统、高后果区风险评价系统等。

4　总结

（1）智慧管网是一种整合了传感器、通信、多媒体、计算机等信息技术，通过实时数据采集、网络通信、数据管理与处理等手段，实现对管道运行、维护、管理的全面监测和分析的智能化管理模式的管网系统。

（2）本文在智慧管网的技术架构层面梳理和完善了油气管网建设过程中的关键技术及未来在管道方面发展的热点关键技术，从感知层、传输层、数据层、算法层和应用层这五个层次构建了智慧管网的技术体系。该体系包括光纤预警、漏磁检测、视频智能监控、无人机巡线、5G 移动通信、数据加密、卫星遥感、数字化恢复技术、数据分析与智能诊断技术、模拟仿真、泄露预测、智能阴保、移动应用终端等关键技术，关键技术的突破程度决定智慧管网“智慧化”的程度。

（3）本文通过韦恩图法对比分析了各专家学者提出的智慧管网现有技术及各先进行业的智慧化关键技术，为管网的技术体系构建提供了借鉴思路；通过构建智慧管网知识图谱预测关键技术发展趋势：结合大数据、物联网、云计算、雾计算、边缘计算等新兴信息技术实现基于深度学习、机器学习算法的油气管网智慧化应用。智慧管网是管道领域未来重要的发展方向，实现管网与新兴信息技术深度融合是未来亟需奋斗的目标。

参 考 文 献

[1] 宫敬，徐波，张微波．中俄东线智能化工艺运行基础与实现的思考[J]．油气储运，2020，39(02)：130-139.

[2] 史璐．智慧城市的原理及其在我国城市发展中的功能和意义[J]．中国科技论坛，2011(05)：97-102. DOI：10.13580/j.cnki.fstc.2011.05.017.

[3] 田伟．智慧城市中智能电网实施策略及工程实践研究[D]．东南大学，2017.

[4] 谭章禄，吴琦．智慧矿山理论与关键技术探析[J]．中国煤炭，2019，45(10)：30-40.

[5] 熊峰．智慧交通在城市搭建中的应用[J]．工程建设与设计，2023，No.497(03)：180-182.

[6] 蔡永军，蒋红艳，王继方，等．智慧管道总体架构设计及关键技术[J]．油气储运，2019，38(02)：121-129.

[7] 吴长春，左丽丽．关于中国智慧管道发展的认识与思考[J]．油气储运，2020，39(04)：361-370.

[8] 帅健，王伟，梅苑，等．基于知识图谱的管道完整性管理研究特征与热点演化[J]．油气储运，2021，40(12)：1349-1357.

[9] 李鹏，习伟，蔡田田，等．数字电网的理念、架构与关键技术[J]．中国电机工程学报，2022，42(14)：5002-5017.

[10] 张世斌，张小俊，贾立东，等．浅析智慧工地在油气管道站场项目管理中的应用[J]．仪器仪表用户，2021，28(04)：109-112.

[11] 王国法，庞义辉，任怀伟．智慧矿山技术体系研究与发展路径[J]．金属矿山，2022，No.551(05)：1-9. DOI：10.19614/j.cnki.jsks.202205001.

[12] 税碧垣．智慧管网总体架构与发展策略思考[J]．油气储运，2020，39(11)：1201-1218.

[13] 钱建华，牛彻，杜威．管道智能化管理的发展趋势及展望[J]．油气储运，2021，40(02)：121-130.

[14] 聂中文，黄晶，于永志，等．智慧管网建设进展及存在问题[J]．油气储运，2020，39(01)：16-24.

基于物联网的加油站一键报警系统

杨 浩 张耀坤 梅栩华

（中国石油湖北销售公司）

摘 要 针对目前加油站安全管理上普遍存在的风险，设计出基于物联网的加油站一键报警系统，提出了加油站物联网感知、网络和应用三层架构，构建了加油站一键报警系统模型。基于该模型，结合现有物联网感知设备、物联网设计理念与物联网相关技术，实现了加油站在遇到不同应急场景时的一键报警功能，同时将相关报警信息以短信、定制语音的方式传递至多个接受终端，为加油站处理应急事件提供保障。系统运行表明，该系统能够实现加油站的一键报警功能，提高加油站信息化和应急管理水平，保留后续接入 AI 智能风险数据识别系统扩展，实现联动应急响应。

关键词 物联网；一键报警系统；物联网感知设备；物联网设计理念；物联网相关技术；AI 智能风险数据识别系统

物联网(IoT)是指通过各种信息传感器、射频识别技术、全球定位系统、红外感应器、激光扫描器等各种装置与技术，实时采集任何需要监控、连接、互动的物体或过程，采集其声、光、热、电、力学、化学、生物、位置等各种需要的信息，通过各类可能的网络接入，实现物与物、物与人的泛在连接，实现对物品和过程的智能化感知、识别和管理。物联网即“万物相连的互联网”，是互联网基础上的延伸和扩展的网络，将各种信息传感设备与网络结合起来而形成的一个巨大网络，实现任何时间、任何地点，人、机、物的互联互通。本文就针对加油站一键报警系统进行探讨，并预留相关接口将数据上传给智慧加油站 AI 管理平台，实现加油站的应急联动处理。

1 国内加油站安防领域现状

近年来，国家对危化品行业监管政策呈现日益趋严趋紧态势，地方政府对加油站运营提出诸多严格规定，并要求在安全管理方面加大“人防”和“技防”投入与建设，以确保成品油销售业务安全、平稳和受控运行。加油站安全风险等级高，作为社会公共服务窗口，应加强安全管理“技防”能力建设。

目前，国内加油站普遍存在以下三方面问题：

(1) 报警方式：部分加油站只能通过电话方式报警，没有实现与所属地的公安机关实时动态联动。一旦发生紧急情况，出于员工人身安全考虑，不宜采用电话报警，缺少简单、高效、隐蔽报警手段。

(2) 视频监控：部分加油站的视频监控范围存在盲区，不能及时发现异常状况或突发情况。一旦发生紧急情况，不能第一时间将报警信息推送给上级应急处置部门。

(3) 员工数量：部分加油站员工数量呈递减趋势，单站配备人员数量偏少，安防力量薄弱。一旦发生紧急情况，不能够第一时间处理和救援。

依据全国安全防范报警系统标准化技术委员会发布的国标 GA 1551.3—2019《石油石化系统治安反恐防范要求 第 3 部分：成品油和天然气销售企业》中“7.3.6 中政策规定要求：加油(气)站应安装紧急报警装置，安装位置应隐蔽并便于操作”，加油站一键报警系统通过一键报警装置实现与所属地的公安机关实时联动，第一时间将报警信息推送给上级应急处置部门进行处置，以便及时应对和展开救援，保障加油站人员的生命财产安全。

2 加油站一键报警系统架构

加油站一键报警系统建设本着“全面性、高效率、易实施”的原则，以人员入侵行为和意外事件的全面防范为基本要求，建立起“人防部署到位、技防能力完善、防护体系先进、应急处置高效”的集管理、防范、控制于一体的安全保障体系，对各类事件做到预知、预判、预防、预警和有效处置，切实加强安全保障能力和应急响应能力。基于物联网的加油站一键报警系统的系统架构如图 1 所示。

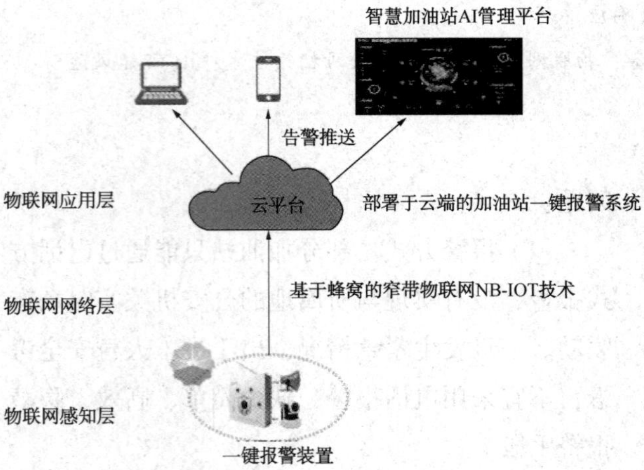

图 1　基于物联网的加油站一键报警系统架构

2.1　物联网感知层

物联网感知层是物联网的核心，是信息采集的关键部分。感知层位于物联网三层结构中的最底层，其功能为“感知”，即通过传感网络获取环境信息。加油站一键报警系统依靠部署在加油站的一键报警装置实时获取加油站的安全状况等。

2.2　物联网网络层

物联网网络层作为纽带连接着感知层和应用层，它由各种私有网络、互联网、有线和无线通信网等组成，相当于人的神经中枢系统，负责将感知层获取的信息，安全可靠地传输到应用层，然后根据不同的应用需求进行信息处理。加油站一键报警系统的一键报警装置基于蜂窝的窄带物联网 NB-IoT 技术，避免复杂的安装布线以及具有超高密集的连接数，依托 NB-IoT 无线网络的超强信号覆盖范围，将物联网感知层的数据推送给部署于云端的加油站一键报警系统。

2.3　物联网应用层

物联网应用层位于物联网三层结构中的最顶层，其功能为“处理”，即通过云计算平台进行信息处理。应用层与最低端的感知层一起，是物联网的显著特征和核心所在，应用层可以对感知层采集数据进行计算、处理和挖掘应用，从而实现对加油站现场的实时监测控制、精确管理和科学决策。加油站一键报警系统通过对采集数据的处理分析，将相关报警信息以短信、定制语音的方式传递至多个接受终端，在上级应急处置部门中实时显示报警状态，并推送给加油站所属地的公安机关，实现应急处置多方联动。其中报警信息显示加油站站点信息、位置信息、人员信息等。

加油站一键报警系统预留相关接口将数据上传给智慧加油站 AI 管理平台，通过大数据、AI 等技术分析处理，结合智慧加油站 AI 管理平台的 AI 智能风险数据识别系统，实现加油站联动应急响应，第一时间识别并推送相关风险，保障加油站员工的生命财产安全。

3 加油站一键报警系统的响应流程

在面对突发情况时，加油站员工通过随身携带的一键报警装置对加油站发生的安全隐患、人身伤害等进行快速报警。依托 NB-IoT 无线网络传输给加油站一键报警系统，系统在接收到前端报警后，通过编号确定报警人员、报警站点位置信息，定位一键报警装置，及时快速响应，将报警信息实时推送给所属公安机关，同时调用加油站监控摄像头资源推送给上级应急处置部门，并报警鸣笛吓退不法分子。加油站一键报警系统的响应流程如图 2 所示。

系统通过定期对平台的报警数量、位置、性质等进行分析统计，并生成报表推送给上级应急处置部门进行决策部署，对薄弱环节进行及时有效的整改完善。

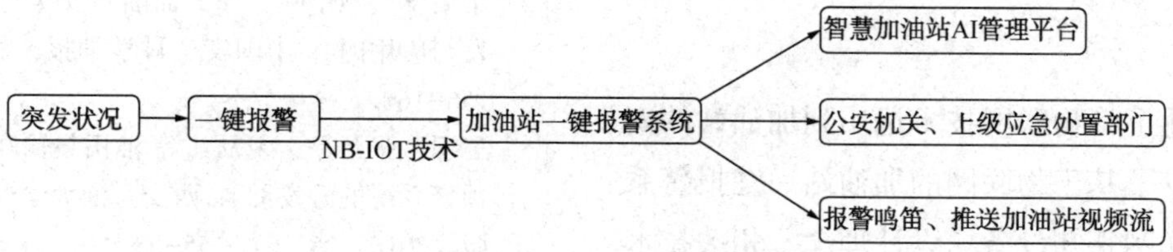

图 2 加油站一键报警系统的响应流程

4 加油站一键报警系统的特点

加油站一键报警系统充分考虑各加油站现场实际情况，前端设计采用一键报警装置，后台系统部署在云端，实现快速、实时、稳定地接收报警信息，并将相关报警信息推送给所属地的公安机关以及上级应急处置部门，实现加油站应急联动处置。

加油站一键报警系的特点主要有以下五个方面：

（1）先进性：在较少资金投入的前提下，系统采用当今先进的技术和设备，一方面能反映系统所具有的先进水平，另一方面又使系统具有强大的发展潜力和拓展功能，尽可能在短时间内与社会发展相适应。

（2）可靠性：系统设计时在成本接受的条件下，从系统结构、设备选择、产品供应商的技术服务等各方面均满足要求，使得故障发生的可能性尽可能少。即便是出现故障时，影响面也尽可能减小。

（3）安全性：对于安全防范系统，其本身的安全性能不可忽视，系统设计时已采取多种手段防止各种形式与途径的非法破坏。

（4）可扩充性：系统设计时充分考虑了今后的发展需要，具有预备容量的扩充与升级换代的可能，并预留相关接口将数据上传给智慧加油站 AI 管理平台。

（5）规范性：在系统的设计与施工过程中已参考各方面的标准与规范，严格遵从各项技术规定，做好系统的标准化设计与施工。

5 加油站一键报警系统的意义与作用

针对当前严峻的安全生产形势，为加强安全管理工作，消除安全风险隐患，营造安全和谐的经营环境，贯彻落实习总书记关于安全生产、应急管理、防灾减灾工作重要论述，牢固树立安全发展理念，加油站一键报警系统的构建与应用，具有重要现实意义。

5.1 建设加油站一键报警系统的意义

党的二十大报告中提到“坚持安全第一、预防为主，建立大安全大应急框架，完善公共安全体系，推动公共安全治理模式向事前预防转型”，以及“建设现代化产业体系，坚持把发展经济的着力点放在实体经济上，推进新型工业化，加快建设制造强国、质量强国、航天强国、交通强国、网络强国、数字中国”，加强平安中国和数字中国建设，已经成为国家社会主义现代化建设和高质量发展的重大战略决策与部署，推进加油站数字化建设，运用一键报警系统，有利于加快加油站的信息化建设进程，能够顺应时代发展趋势和方向，促进企业更好、更快、更安全发展。

加油站一键报警系统以加油站安全管理作为起点，依托可靠先进的物联网感知设备以及系统，以物联网相关技术赋能加油站的安全生态建设，提供一种新型的加油站安全领域解决模型，并为后期的智慧加油站建设提供夯实的基础。

5.2 加油站一键报警系统的作用

加油站一键报警系统实现加油站与公安机关、上级应急处置部门之间的联动。面对突发状况时，加油站工作人员通过一键报警装置推送报警信息，第一时间将加油站位置信息、人员信息等相关信息推送给公安机关以及上级应急处置部门，实现了加油站安防领域的应急处置多级联动，有效提升了加油站应对突发事件的应急处置与救援能力。

6 结束语

本文阐述了将物联网技术运用到加油站的安防领域，研发了基于物联网的加油站一键报警系统，基于物联网感知设备、设计理念、相关技术等，结合加油站现有安防领域的面临的问题，实现了与公安机关、上级应急处置部门之间的联动，能够及时有效地处理应急情况，已在所属地多个单位加油站投入运行，具有典型示范应用价值和较好的社会效益与经济效益。

参 考 文 献

[1] 陈丽，刘彤．通用型物联网综合信息管理平台设计[J]．物联网技术，2012(12)：44-47.

[2] 康荣学，鲍军胜，等．加油站安全监控预警系统研发与应用[J]．中国安全科学学报，2008，18（7）：156-160.

[3] 王源，张乃禄，魏磊，等 油田集输联合站安全监控预警系统的开发[J]．西安石油大学学报：自然科学版，2010，25(6)：55-58.

[4] 桑海泉，谷海波，康荣学．加油站安全监控预警与应急 管理系统[J]．火灾科学，2010(4)：55-60.

[5] Intelligence G. The mobile economy 2020[J]. London: GSM Association, 2020.

[6] Fan X, Mandal K, Gong G. Wg - 8: A lightweight stream cipher for resource - constrained smart devices [C]//International Conference on Heterogeneous Networking for Quality, Reliability, Security and Robustness. Springer, Berlin, Heidelberg, 2013: 617-632.

企业安全环保履职能力建设与评估

李 进

（中国西南油气田公司勘探开发研究院）

摘 要 目前，企业不仅注重本企业人员的安全环保履职能力，也开展了承包商安全环保履职能力评估，针对企业开展的 QHSE 履职能力评估实践过程中，存在评估工作开展不平衡、不系统、不专业，评估质量有待提高等问题，结合企业 QHSE 履职能力评估工作的具体方法，提出一套基于安全的 QHSE 履职能力评估要求，包括深化评估的具体内容、统一评估标准、扩展评估方式、延申评估人员，图形化评估流程及把控评估的关键点，以期为提升企业整体的安全环保管理水平提供具有实操意义的工作运行模式。

关键词 企业员工；承包商人员；QHSE 履职能力评估

新修订的《中华人民共和国安全生产法》明确了“三管三必须”基本要求，强调了“全员安全生产责任制”，这就要求企业各级员工要具备相应的安全履职能力。在发生事故的各种原因中，人的因素占了很大的部分，因此企业员工是否具备与所从事工作相匹配的知识、技能和意识，就成为安全生产的关键。公司推进的安全环保履职能力评估正是为了解决这一关键问题，符合安全管理深入开展的趋势，是对安全生产的积极探索，并将企业的安全管理从单一的安全和环境管控上升到了人力资源胜任力评价的范畴。本文从企业员工及承包商人员的角度，提出一套基于安全的 QHSE 履职能力评估方式方法，从而进一步用科学的工具和手段对各类人员的安全环保履职能力进行有效地测量和评定。

1 QHSE 履职能力评估现状分析

1.1 企业员工

从近年中国石油企业的生产安全事故分析和 QHSE 体系审核发现，部分企业的员工安全环保能 力与岗位需求不相匹配，部分员工的“三违”行为表面上看似责任心和违章问题，实际上是能力不 具备造成的。企业能力评估不到位，以宣贯代替培训，以数量代替效果，以课堂学习代替实际操练，甚至为取证而培训、为考试而学习。尤其是一些新员工、新提拔的基层管理人员，培训考核不严格，未能从源头上把控安全素质关，岗位风险管控能力不足岗位安全环保职责未得到有效履行。

中国石油 2014 年发布的《中国石油天然气集团公司员工安全环保履职考评管理办法》及 2015 年发布的《中国石油天然气集团公司领导干部安全环保履职能力评估工作实施指南》对 QHSE 履职能 力在评估内容、评估标准、评估实施和结果应用等方面有一定要求，具有引领指导性意义。在企业 实际操作过程中，由于对要求的理解存在差异，导致 QHSE 履职能力评估 实际效果有待进一步提升。

从企业开展的人员 QHSE 履职能力评估工作现状来看，突出问题表现如下：

1. 评估工作开展不平衡

企业评估流程不统一，评估标准有高有低、程度有深有浅，评估结果在指导企业人员任职履职、指导员工培训、强化安全环保责任落实方面效果不够突出，需要进 一 步规范 QHSE 履职能力评估工作，以确保在岗人员的安全环保综合能力满足岗位风险管控的需求。

2. 评估工作开展不系统

企业对在职人员评估工作开展的多，职务调

整或提拔前开展得少；未从在制度层面明确管理岗位、关键岗位的范围，评估对象“一刀切”，增加了评估工作范围，加大了工作难度；QHSE 履职能力评估作为企业人员能力测评管理工作的重要组成部分，没有与现有人事系统的测评考核工作实现有效衔接，未真正将 QHSE 履职能力评估结果作为绩效奖金兑现、职级升降、岗位调整或岗位退出的依据，评估工作存在应付现象。

3. 评估工作质量不高

未依据被评估对象的岗位，对其知识储备、专业技能的需求等方面针对性制定评估表单，仅是拿着通用的访谈清单，进行评估。个别企业评估标准不完善，甚至无评估标准，更多的是凭经验；有的企业用通用的评估标准和方式评估所有人员，未遵循“分层级、分专业”的原则开展；有的企业以考核结果评估员工，缺乏过程跟踪等。评估工作走形式、敷衍应付现象较为突出。

4. 对评估工作重视度不够

部分企业对 QHSE 履职能力评估工作的重要性认识不到位，工作积极性不高；部分企业仅靠安全管理部门推动评估工作，人事部门、劳资部门对履职评估工作的主导性不够、参与度不高，履职评估工作不规范。

1.2 承包商人员

企业未定期对承包商人员开展履职能力评估，承包商也只是按照企业的管理模式、管理方法等要求下进行，承包商人员流动性大，更换频繁，企业对承包商只要保证安全作业提出要求，未对承包商人员的安全履职能力开展过评估。

2 QHSE 履职能力评估主要做法及关键控制点

总结近年来开展的企业 QHSE 履职能力评估实践工作，针对上述问题，为进一步提升企业人员 QHSE 履职能力工作效果针对企业生产、技术、设备等安全环保等关键岗位人员，在细化评估内容、定性分析评估标准、增加评估方式等方面开展研究和改进提升，尤其是完善和强化 QHSE 履职能力评估过程关键控制点的确定和把控。

2.1 分层级、分专业细化 QHSE 履职能力评估的具体内容

评估标准制定要遵循“分层级、分专业”的原则。企业员工层级主要有：领导干部、一般管理人员、操作人员；承包商人员层级主要有：项目负责人、关键岗位人员等；专业主要有：生产、技术、设备、仪表、电气、安全、环保等。

2.2 各层级人员评估的关键控制点

领导人员评估关键控制是：安全领导能力、风险掌控能力、安全基本技能、应急指挥能力。

一般管理人员评估关键控制点是：安全表现、安全技能、业务技能、应急处置能力。

操作人员评估关键控制点是：安全意识、风险控制能力、QHSE 技能、应急处置能力、业务操作能力。

承包商人员评估关键控制点是：基本条件、能力考核。

3 QHSE 评估内容及流程

3.1 QHSE 评估基本内容

安全环保履职能力评估的内容主要包括：

1. QQHSE 意识

要有做好 QQHSE 管理工作的主观意识；要有参与 QQHSE 管理的主动行为；要有 QQHSE 管理执行的示范带头效应。

2. QQHSE 能力

运用 QQHSE 管理工具防控风险的技能；有效的 QQHSE 生产决策和实际技能；业务范围内的 QQHSE 生产组织技能；紧急情况下的应急指挥和处置能力。

3. QQHSE 执行力

严格落实 QQHSE 重点工作部署和制度要求；开展现场检查或审核；督促落实各项整改措施；分管业务的 QQHSE 表现。

企业领导干部、一般管理人员、操作人员、承包商人员评估主要分别包括以下几方面内容，具体内容见表 1。

表 1　安全环保履职能力评估内容

序号	评估对象	评估内容	备注
1	领导人员	安全领导能力	也可结合企业实际情况，考虑其他评估内容
2		风险掌控能力	
3		安全基本技能	
4		应急指挥能力	
5	一般管理人员	安全表现	
6		安全技能	
7		业务技能	
8		应急处置能力	
9	操作人员	安全意识	
10		风险控制能力	
11		QHSE 技能	
12		应急处置能力	
13		业务操作能力	
14	承包商人员	基本条件	
15		能力考核	

针对每一项评估内容又可以分别从多个不同的维度进行考虑。领导人员的安全履职能力评估可以划分能力所对应的维度，每种能力分别多个维度进行考虑，领导人员安全履职能力评估从 4 个方面 12 个维度进行，领导人员安全履职能力评估内容如图 1 所示；一般管理人员的安全履职能力评估可以从 4 个方面的 8 个维度进行，一般管理人员安全履职能力评估内容如图 2 所示；操作人员安全履职评估从 5 个方面 11 个维度进行，操作人员安全履职能力评估内容如图 3 所示；承包商人员的安全履职能力评估可以从 2 个方面的 7 个维度进行，承包商人员安全履职能力评估内容如图 4 所示。

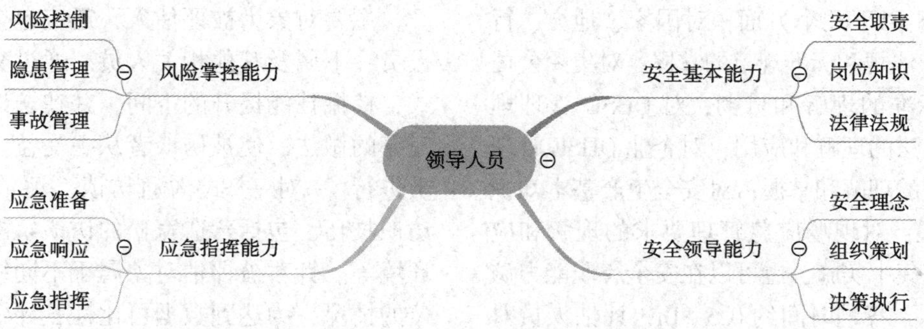

图 1　领导人员安全履职能力评估内容

图 2　一般管理人员安全履职能力评估内容

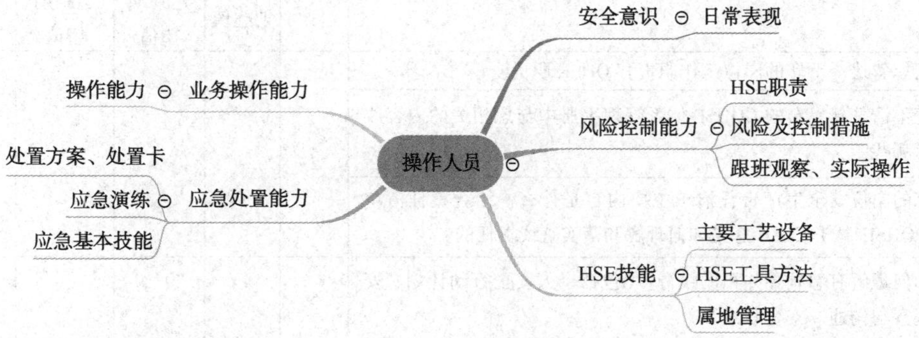

图 3　操作人员安全履职能力评估内容

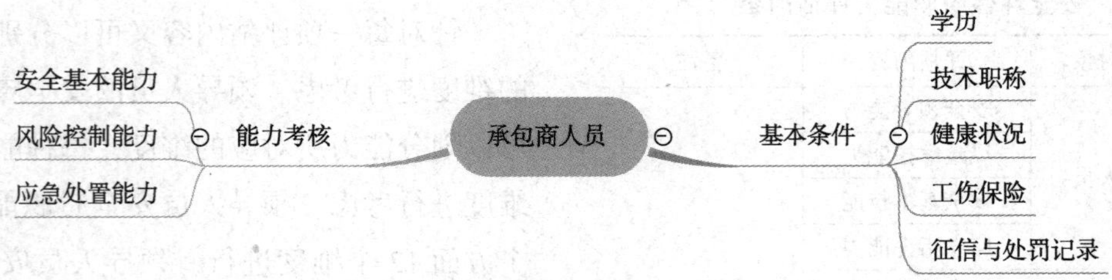

图 4　承包商人员安全履职能力评估内容

3.2　扩展 QHSE 履职能力评估方式，使其更全面、系统性

评估方式主要有 4 种，包括知识测试、能力测评、跟班观察和沟通访谈。

1. 知识测试

分专业开发知识测试题库，试题内容应包括安全环保通用知识和专业要求，试题类型可包括选择、填空、判断、简述等形式。试题量应满足随机抽取要求，并定期更新完善。QHSE 知识测试范围包 含但不限于以下几个方面：对国家、地方、行业 QHSE 法律法规和标准规范的掌握；对集团公司规章制度和标准的理解和贯彻；对 QHSE 管理理念、工具与方法的理解和应用；对企业 QHSE 管理体系规章制度的理解和掌握；对安全生产基本知识的理解和掌握；对现场应急管理要求的理解和应用。测试可以集中实施，也可以在安全履职能力访谈结束后答题，答题时间约 0.5~1h，评估人员对答卷进行评分，作为整体评估结果的一部分。

2. 能力测评

包括 4~5 种能力。评估工作组按照能力评估标准，运用沟通访谈、现场观察、资料查阅等方式，根据被评估人的理解掌握程度、工作执行落实情况和效果等进行评价和打分。

3. 跟班观察

评估工作组在场站随机对被访谈操作人员，抽调操作规程，跟班观察被访谈人员的日常检查、维护、操作，发现其不安全行为，找出其短板。

4. 沟通访谈

主要对象为被评估人，还应包括其上级管理人员、下属及其他相关人员。通过交流沟通的方式，挖掘技能提升的空间，并在访谈中沟通更加完善的做法，使被访谈者从中受益。对被评估人员进行“一对一”式沟通访谈，评估人员要注意访谈技巧，包括营造宽松的访谈氛围和谐的沟通环境等。针对被评估对象属于不同级别、不同岗位的情况，为达到数据可比性，评估小组可选用科级干部(生产、非生产)、一般管理人员(生产、非生产)、操作人员、承包商人员 QHSE 履职能力沟通样表，具体示例见表 2。

表 2　科级干部履职能力评估沟通表(生产与安全类)

姓名						单位/职务		
评估组						评估时间		
评估项目	序号	评估、沟通内容(包括但不仅限于)	赋分	评价得分				
				0~1	1~2	2~3	3~4	4~5
				未达到期望值	少部分达到期望值	大部分达到期望值	完全达到期望值	超出期望值
安全领导能力	1	请您叙述一下您的岗位工作职责和 QHSE 职责？ 清不清楚新发布的 QQHSE 体系管理手册中与您相关的内容改动了哪些？ 您的岗位安全生产责任清单主要内容是什么？结合责任清单及 QQHSE 责任书谈谈您是如何理解和落实直线责任的？	5					
	2	如何理解有感领导并积极践行？(包括个人安全行动计划、安全观察与沟通、安全联系等)	5					
	3	今年单位重点 QQHSE 工作有哪些？您分管业务领域安全环保能力提升 2.0 主要内容及落实情况如何？	5					

续表

姓名				单位/职务				
评估项目	序号	评估、沟通内容(包括但不仅限于)	赋分	评价得分				
				0~1	1~2	2~3	3~4	4~5
				未达到期望值	少部分达到期望值	大部分达到期望值	完全达到期望值	超出期望值
安全领导能力	4	您了解本单位或分管业务的事故、事件吗？您有没有亲自组织过事故、事件调查？你单位事故、事件是否有隐瞒不报的情况？	5					
	5	您是如何理解和落实的新《安全生产法》中“党政同责、一岗双责、失职追责”、“三管三必须”、“安全生产是全体员工共同的责任”等法规要求的。	5					
	6	您了解本单位的 QHSE 培训计划吗？这些计划是你组织制定或参与的吗？你亲自给直接下属做过 QHSE 培训吗？	5					
	7	您对员工反映安全环保问题持何态度？您是如何响应员工反映的安全环保问题？	5					
	8	您对本单位的安全环保履职评估和考核工作熟悉吗？您对直接下属进行过安全环保履职评估和考核吗？	5					
	9	结合本单位或业务实际谈谈对生产与安全的关系认识	5					
风险掌控能力	10	您是怎么理解双重预防机制的？	5					
	11	您单位或分管业务对识别出来的危害进行了评估吗？您的业务范围主要 QQHSE 风险及管控措施有哪些？是否存在重大安全环保隐患？是否采取有效措施对重大风险隐患进行控制到风险可接受的程度？	5					
	12	您是否清楚您单位或分管业务的安全环保管理现状？突出短板、主要隐患是什么？是否制定了改进措施？	5					
	13	谈谈您对常态化疫情防控的理解、执行情况。	5					
	14	您了解本单位或分管业务的承包商管理吗？你组织过对承包商的检查、评估吗？您认为承包商管理如何改进？	5					
	15	您熟悉本单位或分管业务涉及的天然气、加臭剂等物质的特性吗？是否采取有效发防范和防护措施？	5					
安全基本能力	16	您是否组织或参与了本单位安全隐患排查整治工作？	5					
	17	您参加过 QHSE 培训吗？您单位或分管业务开展过适用标准规范梳理吗？	5					
	18	您对安全工具方法的理解掌握情况(任选三项)：承包商管理、作业许可管理、事故事件调查分析、工艺安全管理、JSA、PHA、PSSR	5					
应急指挥能力	19	您熟悉本单位的应急组织、预案等吗？您在应急组织中的角色和职责是什么？	5					
	20	您对本单位或分管业务最担心、认为现场最可能发生什么紧急情况？您亲自组织过应急演练吗？	5					
合计得分(百分制)			100					

4.3 QHSE 评估流程

员工安全履职能力评估可以按照图 5 所示的工作流程来开展，包括成立评估组、编制评估方案、准备评估标准和工具、实施评估、评估结果分析及反馈、结果应用等工作内容。

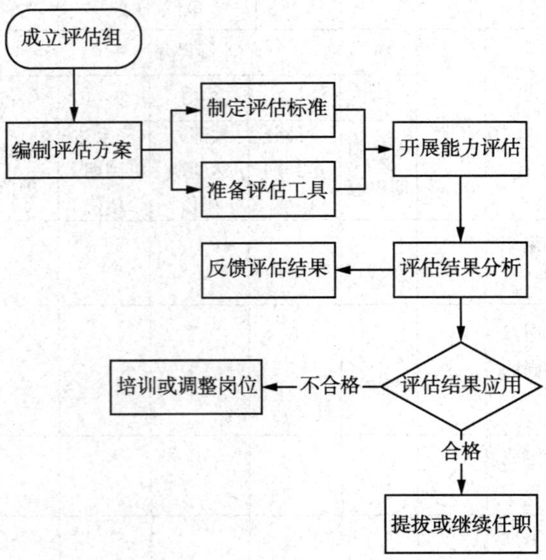

图 5　QHSE 评估流程

5　QHSE 评估实践及结果应用

在企业实施人员 QHSE 履职能力评估工作中，有几个关键点对评估的准确性影响很大，需要在执行过程中得到重视。

（1）人员的重视和亲自参与决定履职评估工作的质量。各业务部门积极参与，系统组织策划企业年度能力评估工作方案，各层级业务部门组织对本部门人员的 QHSE 履职能力进行评估，质量安全环保部门提供技术支持，参与能力评估工作。

（2）评估标准针对性更强。根据不同岗位需求，分层级分专业编制评估内容和评分标准，同时加大考核力度。对关键岗位人员，以及转岗、重新上岗的员工做到 100% 评估。对于科级人员每年评 估一次。对其他本企业员工及承包商人员，每三年一个循环开展评估。

（3）评估更客观。评估人员在评估中需从帮助被评估者提升能力的角度出发，不单是为了评估而评估，要让被评估者在评估中对安全管理知识有所收获，避免被评估者对评估的抵触情绪。

（4）评估准备要充分。在实施评估前，评估小组必须获得相关的信息资料，如岗位职责（QHSE 职责）、安全责任书、安全生产责任清单等。有效合适的数据是掌握企业人员 QHSE 履职能力总体 状况，做好数据分析十分必要。

（5）评估结果得到有效应用。针对评估对象分别从多个维度进行评估，发现其在岗位安全履职方面存在的不足和薄弱环节。企业针对履职评估发现的不足，制定切实可行的改进措施和提升计划并付诸实施，被评估人的直线领导要对其改进落实情况进行督导和跟踪。针对履职评估发现的普遍性问题，纳入企业培训计划并开展针对性的专项培训。对评估结果“不称职”或急需能力提升的人员，应重点关注，采用培训及个性化辅导等方式，要求其限期整改提高，并适时开展二次评估，验证和督促其补齐短板，达到提升岗位安全履职能力的目的。可依据评估结果对人员进行评优提拔、诫勉谈话、重新评估等。

6　结束语

企业通过此套具有实操性的工作运行方法开展全员安全履职能力评估，能够清楚掌握企业各级员工员、承包商人员安全技能现状和岗位安全责任制落实情况，可以为下一步人员调整优化、开展专项培训、促进职责落实等方面提供必要的依据和参考。实践证明，通过开展安全履职能力评估，有助于企业整体 QHSE 履职能力得到进一步提升。

参 考 文 献

[1] 全国人民代表大会常务委员会．中华人民共和国安全生产法：中华人民共和 国主席令 第十三号[EB/OL].

[2] 卫红霞．落实主体责任要做好“三个必须”[J]．班组天地，2020(05)

[3] 邓元胜，邢海平，王莉．企业员工安全履职能力的多维度评估[J]．化工安全与环境，2023，36(02)：82-84.

[4] 杜民，李娜，申伟平．石油企业管理人员 QHSE 履职能力评估实践[J]．油气田环境保护，2021，31(02)：57-62.

油气田企业 HSE 管理风险自查研究

吴萌西

（中国石油西南油气田公司天然气经济研究院）

摘　要　HSE 管理水平的高低是决定油气田企业是否能够可持续、高质量发展的重要因素。针对油气田企业对 HSE 管理风险的自查，通过收集、分析油气田企业相关法律法规，结合油气田企业的行业特点，从安全与技术管理、环保技术与管理和职业健康保护方面提出对 HSE 风险管理的优化，促进油气田企业 HSE 风险防范制度建立和机制完善，为油气田企业日常运行和 HSE 管理风险排查提供参考。

关键词　油气田企业；HSE 管理水平；风险自查

1　HSE 管理体系概念

HSE 管理体系最早于 20 世纪 80 年代提出，指的是健康（Health）、安全（Safety）和环境（Environment）三位一体的管理体系。经多年发展后，目前已经成为企业自律和约束的行为准则和国际石油企业的重要管理体系之一。中国石油天然气集团有限公司于 1997 年颁布了石油天然气行业标准 SY/T 6276—1997《石油天然气工业健康、安全与环境管理体系》，并经过数次修订，使 HSE 理念不断延伸，对健康安全环境管理的事故所带来的损失的认识走向更深入、更全面的分析。油气田企业通过不断探索、学习、继承与创新，以继承发扬岗位责任制等传统管理做法为基石，积极引进国际先进 HSE 管理思想和方法，与企业安全环保管理实际碰撞和融合，保留传统管理中的优良实践，实现了企业的不断自我突破与持续提升改进。

HSE 管理体系的宗旨在于追求“零事故、零伤害、零损失”，主要作用在于事前风险分析，根据油气田企业的实际情况，分析自身活动可能造成的危害，从而采取一定的防范措施，最大限度地不发生事故、不破坏自然环境、不损害员工健康。HSE 管理体系强调以人为本的管理原则，认为事故预防是管理的重点，强调管理者应意识到自身的责任，调动全员参与，不断提高管理质量，明确安全目标，重视对安全隐患的治理。

HSE 管理体系以健康、安全、环保为目标，贯穿油气田企业的日常化运营，通过对评价体系、管理、审核等一系列流程的改善与补充，不仅能够使油气田企业维持正常的经济效益，还能够促进企业 HSE 管理体系的有效运营，对油气田企业的可持续发展具有重要的意义。与传统的管理模式比较，HSE 管理体系中不仅强调生产安全，还提出应当保障员工的人身安全以及企业的生存安全，根据油气田企业的运营特点，从安全、环保、健康等方面入手，形成了集员工安全、环境保护为一体的新型管理模式。

2　油气田企业 HSE 管理风险自查

2.1　安全与技术管理自查

我国油气田企业严格落实安全生产责任制，致力于消除工作中存在的安全隐患，重点做到“安全生产，文明生产”。HSE 管理体系突出了风险管理的中心地位，通过事先深入细致的风险识别分析，采取有针对性的管理和技术手段来预防安全生产，并强调了在发生紧急事件时，当预防措施失效时如何进行紧急处置，以确保在紧急事件中及时、有序地采取应对措施，避免事件的进一步发展，减少损失。

1. 含硫油气田安全风险管理

硫化氢是具有刺激性和窒息性的有害气体，作用于人的中枢神经系统。如果吸入的硫化氢浓度特别高，强烈刺激颈动脉窦，会反射性地引起呼吸停止，也可以直接麻痹呼吸中枢，而立即引起窒息，造成闪电式中毒死亡。因此，油气田企业需要树立程序化、规范化管理理念，对现场监督人员和作业人员进行严格培训，比如学习硫化氢中毒自救和他救的知识。同时，其他到访人员应该知道有关出口路线、紧急集合区位置、适用的警报信合在紧急情况下的响应方法和个人防护用品的适用。

2. 防火防爆安全管理

针对防火防爆安全管理，需要对油气田企业以下几点严格自查。第一，油气田企业厂区是否设有符合紧急疏散要求、标识明显、保持畅通的出口，并设置符合要求的应急照明设施；按照国家机关规定配置消防设施和器材、设置消防安全标识，配置消防设施和器材、消防安全标识，并做好日常维护、保养保证其功能正常运行。第二，是否设置消防组织机构，是否设立专人从事厂内消防工作。第三，灭火器等相关整理记录文件是否完备、齐全，包括负责人员、维护企业、有效日期等。第四，是否建立健全各项消防安全制度和保障消防安全的操作规程；是否设置消防安全管理人员并拟订年度消防工作计划。第五，是否编制综合应急预案和专项应急预案并按隶属关系报有关主管部门备案，是否按照应急预案要求每半年进行一次应急演练；是否储备符合要求的消防水源。

3. 危险化学品管理

油气田企业危险化学品安全管理过程中，大多数事故发生的原因都是因为人员操作和人员管理失误造成，给企业带来了巨大的经济损失。因此，油气田企业危险化学品管理是保障企业生产、工作的前提，是促进油气田企业安全生产和发展进步的基础。首先，对于油气田企业来说，最重要的一点是完善对危险化学品安全管理相关的法律法规。其次，在其生产运行中，需要对一些落后的生产工艺和陈旧老化的安全设施进行升级改进，配套齐全的设施，提高设备质量，避免生产运行时设备高负荷运行，造成安全事故的发生。同时，提高安全生产管理监督力度，完善安全管理规章制度，严惩违规行为。最后，油气田企业除了重视生产，还需要加强危险化学品安全教育，提升相关管理人员和操作人员的危险化学品知识和自身防护意识。对于相关操作及管理人员，其在对危险化学品进行安全处理过程中，需要严格遵守相关的标准和规范，配备个人安全防护用品，了解和掌握其中存在的问题，认清特性。尤其是对氧化性、可燃性等危险因素进行分析研究，保障制造商、进口商的信息安全，促进危险化学品形式的有效执行。

4. 电气安全管理

近年来，油气田企业已经越来越发展成为我国经济的支柱产业。该产业在生产过程中具有自动化程度高、连续性强、易燃易爆炸等特点。安全事故的发生不仅会带来重大的损失，还会导致人员伤亡。因此，油气田电气安全设计目前越来越受到高度重视，设计人员对电气安全的系统设计也受到了人们的普遍关注。所以油气田企业在电气安全自查方面需要做到以下几点。第一，油气田企业是否制定电气管理制度、操作规程，变配电所(站室)、电气设备、线路安装、验收、运行、检修等资料档案是否完整准确。第二，电气设备、建筑、储罐和金属管道涉及危险物质的是否接地，包括设置在爆炸危险场所的电气设备金属外壳、金属机架等；接地装置、过电压保护、防雷装置是否定期检查和测量接地电阻值，是否将结果记录归档。第三，爆炸危险场所用的防爆电气设备是否设置标明防爆检验合格证号和防爆类型、等级的铭牌；防爆电气设备的运行操作人员是否较好完成日常检查工作，对主要设备填写岗位运行记录或检查记录；是否建立防爆电气设备档案。

2.2 环保技术与管理自查

随着全球经济的发展，能源、环境问题越来越突出，节约能源、保护环境的呼声越来越高。石油企业作为重要的能源产业，如何应对以实现其可持续发展，已经成为世界各大能源公司面对的共同课题。在“双碳”背景和《关于开展石油和化工行业安全环保提升专项行动的通知》下，油气田企业需要做到严格的环保技术与管理自查，规范现场安全环保管理，强化企业运行过程中突发事件的应对处置能力，提升油气田行业的安全环保管理水平，推动实现碳达峰碳中和。第一，树立安全发展、绿色发展、可持续发展理念，引导企业对油气“生、产、储、销”全过程实施绿色运行，全面提升行业绿色可持续发展水平。第二，落实主体责任。强化全员安全意识，健全安全生产责任体系，强化安全教育和操作技能培训，提高员工的安全意识和自我保护能力。第三，加强污染防控。加强废水、废气分类收集、分质处理，加强污染治理设施运行管理，确保达标排放；强化无组织排放管理，做好挥发性有机物、有毒有害及恶臭气体的收集和治理，避免发生废气扰民问题，逐步改善环境质量。

2.3 职业健康保护自查

近年来，我国现代化工业发展速度逐步加快，油气田工业发展步伐不断加快，在安全管理、环境管理和健康管理等方面更为成熟，开始朝着系统化方向发展。但是油气田行业属于风险系数较高的行业，在企业生产过程中，做好职业健康管理是一项持续性工作，只有长期、高效地做好该项工作，才能为安全管理、环境管理和健康管理提供有效保障。油气田企业需要对广大员工的身体健康进行有效维护，对企业员工进行大规模体检，主要包括血压血糖、身高、视力等；对广大职工基本工作性质展开各类毒害性气体、化学药剂、放射源检测。例如，缺乏胃肠检查、X 射线检测等。日常工作中为本企业员工建立健康档案并保存完好，确保企业员工健康档案是否完善、准确。同时，对本企业员工进行职业病防护方面的教育、培训，例如有效防护硫化氢中毒，防止长期处于噪声环境对听力的影响等，使员工充分认识职业病的对人体的危害，积极、正确的佩戴、使用劳保设施。

3 结语

油气田企业生产工艺复杂、涉及有毒有害易燃易爆物质众多，正常生产运营中 HSE 风险自查极为重要。现阶段，不论是集团公司还是基层企业，都需要从安全与技术管理、环保技术与管理和职业健康保护等方面提升 HSE 管理水平，促进企业 HSE 风险防范制度的建立和完善，有效防范和遏制安全、环保和职业健康重大风险事故的发生，助推油气田企业可持续高质量发展。

参 考 文 献

[1] 刘天柱，孙启猛，孙佑安，等．石化企业 HSE 管理风险自查研究［J］．山东化工，2022，51(22)：186－188. DOI：10.19319/j.cnki.issn.1008－021x.2022.22.012.

[2] 郭一帆，聂普选，曹进安，等．HSE 管理体系在石化行业运行过程中存在的问题及对策［J］．化工管理，2023(14)：50-52. DOI：10.19900/j.cnki.ISSN1008-4800.2023.14.015.

[3] 季博卿．HSE 管理体系在石油企业安全管理中的实施［J］．现代职业安全，2023(01)：76-78.

库车山前“三超”气井修井井控风险防控配套工艺技术

徐鹏海　张宏强　张　梁

(中国石油塔里木油田公司)

摘　要　塔里木油田库车山前属于典型的“三超”气田，气井生产工况极为苛刻、复杂。近年来，随着库车山前开发的不断深入，油管渗漏、断裂、变形等管柱失效事件逐年增加，管柱失效导致的井控风险进一步加大，尤其是一级井屏障失效后，A 环空高压气体可能窜通至外环空或地面，井控、环保风险不可接受，大修作业是恢复井屏障的唯一途径。为了安全、高效实施库车山前高压气井大修作业，以井筒为研究对象，分析了不同井屏障状态下的井控风险、压井配套工艺技术、井控风险防控配套技术。研究结果表明：① 结合单井井屏障状态，选择合理的压井工艺是大修井成功的前提；② 带压作业是处理浅部管柱断脱、循环压井短路这一类井的安全、有效的方式。结论认为：正反挤压井，正反循环压井、带压作业处理浅部断脱管柱等工艺技术对山前大修井压井及井控预防是有效的。近年来，经过探索，形成了库车山前“三超”气井不同井屏障失效状态下的压井配套工艺技术，保障了库车山前大修井安全、高效。

关键词　库车山前；高压气井；井控；压井

塔里木油田库车山前“三超”气井具有地层压力超高(≥120MPa)、储层埋藏超深(≥6000m)、地层温度超高(≥165℃)的特点，井筒、地质条件异常复杂。井身结构多为塔标Ⅰ、塔标Ⅱ结构，尾管以5½in、7in 套管为主，完井油管大多采用 4½in+3½in+2⅞in 复合油管组合，配套井下安全阀及液压永久式封隔器，井下安全阀最小内径为 65.08mm，完井油管最小内径为 59mm。近年来，随着气田开发的不断深入，部分井出现油管柱失效、井筒堵塞、二级井屏障退化或失效等，井屏障失效带来的井控风险极高，高压气井的安全隐患日益突出。此外，井屏障失效严重影响了单井的安全平稳生产，制约了气田的高效开发，大修作业是解决这类问题最根本的手段。库车山前大修井主要分为油套连通导致井控风险较高的橙色井大修隐患治理和长停井复产两类，其中因油套连通导致井控风险较高的橙色井大修占比超过 90%。这类井因油套连通，面临 A 环空高压天然气窜通至外环空或地面的风险，压井难度大、施工费用高、井控风险高。为了确保大修井的安全作业，从安全、科学、效益等角度探索大修作业井控风险防控配套工艺技术，达到安全大修和高效复产的目的。

1　“三超”气井大修井控难点分析

1.1　油套连通井

高压气井油套连通的原因很多，包括油管腐蚀穿孔、油管断裂、油管挂渗漏、封隔器失效等。其中，油管腐蚀穿孔、油管断裂失效(图 1)是导致山前高压气井油套连通的主要原因，该类井大修主要存在两方面技术难题，一是正挤压井导致 A 环空超压；二是管柱失效方式、失效位置各不相同，常见的管柱失效有断脱、腐蚀穿孔、破裂变形等，这类井最大的难题是压井短路，换装井口、漏点以上管柱处理作业期间井控风险极高。

1.2　长停井

长停井主要由于井筒堵塞、产层砂埋、井口水合物、低温低产无法正常开井生产等，该类井大修主要存在 3 方面技术难题：一是压井困难，正挤压井地层不吃液，只能采取连续油管压井；二是井筒杂质多，不适用于绳缆作业；三是针对管柱断点浅且无法实施有效压井的极端情况，如井筒堵塞，这类井在作业期间随时面临堵塞点以下的圈闭压力瞬间释放，井控突发无预见性，井控安全无法保证。

图 1 油管常见漏点的几种形式图

2 “三超”气井修井压井配套工艺技术

2.1 高压气井压井配套工艺技术

针对山前高压气井不同井屏障失效的情况，形成了正挤压井、连续油管辅助压井、堵塞器+置换压井、反循环+正挤压井等压井方式(图 2)，有效应对各类井控风险，针对不同压力系数的井和压井的需要，选用气田水、有机盐水、钻井液作为压井液。

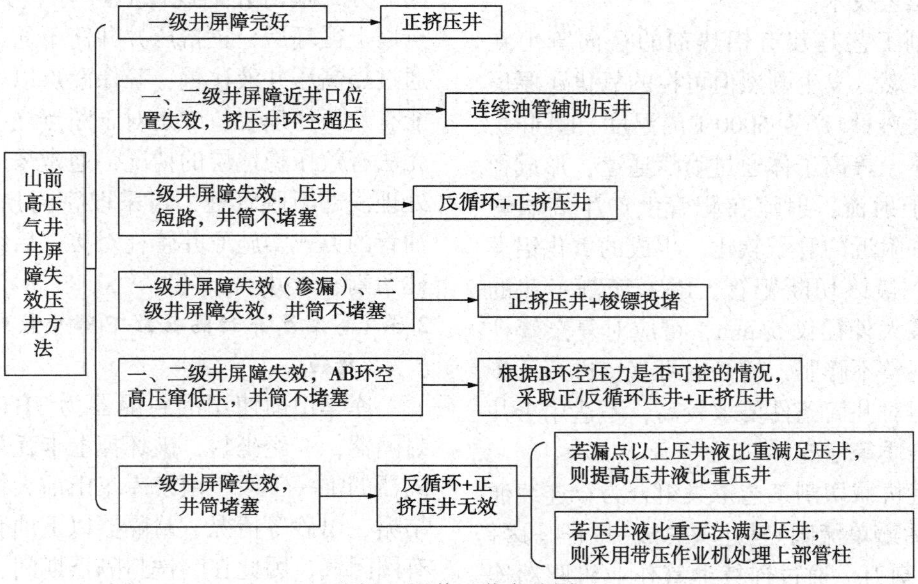

图 2 压井工艺方法图

管柱浅断点且井筒堵塞的井，无法有效实施压井，且堵塞情况不明，可能面临圈闭压力释放的，需要带压作业处理浅部断点管柱后再实施原井管柱对接(图 3)；带压作业具备整套内、外防喷装备，外防喷井控装备如工作防喷器、安全防喷器等，内防喷工具如电缆桥塞、陶瓷破裂盘等，能有效应对各类异常突发的井控风险。2021 年以来，先后在 KS24 井、KS2-2-20 井、KS2-1-14 井成功实施，为库车山前浅部管柱断点的高压气井大修作业开创了先河。

2.2 封隔器上部原井管柱处理井控防控配套工艺技术

库车山前“三超”气井建井选用进口液压永久式封隔器，这种封隔器具有耐高温、可靠性高等特点，这类井大修作业完井管柱处理最理想的方式就是在封隔器以上进行管柱切割，一旦目标实现，即可实现深部压井，这对后续井控防控工作是最有利的。但目前库车山前多数大修井均面临管柱渗漏、断脱，这类井面临正挤超压，循环压井短路，即使压井成功，在后续换装井口、漏点以上管柱处理作业期间井控风险极高。

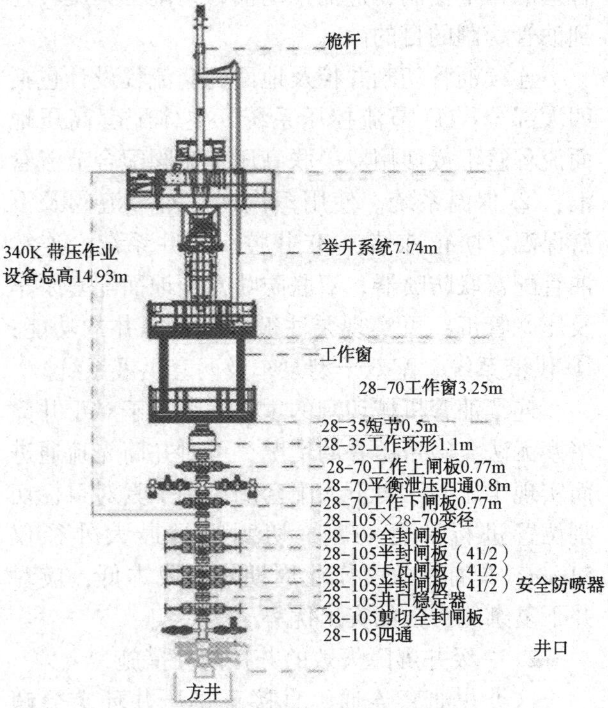

图 3 带压作业设备安装图

1. 一级井屏障完好的井控防控措施

常用的方法有切割弹切割和倒扣两种方法。因受制于井下安全阀通径的影响，切割弹切割需要先倒扣起出井下安全阀，再实施原井管柱对扣，最后下切割弹进行油管切割，这种切割弹切割管柱作业工序多，用时 12~15d；针对老井油管倒扣，难以保证在理想的目标位置实现，管柱多处倒松扣的概率较高，极易导致井下二次复杂。针对上述管柱切割处理的技术短板，通过技术引进及攻关研究，探索出 RCT 切割和连续油管切割配套工艺技术。

RCT 切割工艺是装有铝热剂的径向割炬在 1200℉下被点燃，发生剧烈但可控的氧化还原反应，释放巨大热量(产生 6000℉的温度)的同时，产生等离子体。等离子体通过喷嘴通道，形成径向聚焦等离子射流，射流在靶管上产生高温融物，将切割头附近的管子软化，生成的氧化铝类似高速喷砂，最终切断靶管。RCT 切割工艺的优势是工具最大外径仅 54mm，可应对复杂管柱结构；切口规整不膨胀，切割后可直接进行下步打捞作业；但对井筒条件要求较高，不适用于井筒有冰堵、杂质等情况。

连续油管机械切割工艺工具组合为：连续油管+接头+双活瓣单流阀+马达头总成+螺杆马达+锚定器+机械割刀。通过连续油管作业机驱动连续油管及机械割刀工具串到达目标位置后，通过地面泵注设备泵注工作液驱动螺杆马达，再通过合理的排量控制，进而带动油管切割工具旋转达到油管切割的目的。

连续油管切割井控及地面配套流程设计包括四大部分：① 节流控压系统。主体配套高压地面流程管汇或使用双串联高压节流阀配合节流管汇；② 保温系统。使用蒸汽锅炉对节流阀及下游保温，防止冻堵；③ 井控、压井系统。连续油管配双联防喷器、双联防喷盒；地面配套泵车及压井管汇，可实现泵注循环、挤压井的功能；④ 供液系统。配双千型泵车及两套供液系统。

连续油管机械切割的主要优势在于对于井筒堵塞无法实施挤压井的情况，可对井筒先疏通进而实现半压井，再下入配套的切割工具对目标切割位置进行油管切割，切割工具最大外径仅 54mm，具有高效、作业周期短、成本低，应对井下复杂能力强的突出优势。

2. 一级井屏障失效的井控防控措施

这类井油套连通，直接正挤压井环空会超压，严重者 A 环空高压天然气窜通至外环空，井控风险极高。这类井需要先进行反循环节流脱气，将漏点以上的 A 环空建立液柱，再进行正挤压井。

压井结束后，在观察安全换装井口的时间后，通过正循环测算油气上窜速度，若满足安全换装井口时间的情况下即可正常实施下步作业。但这类井通常会面对以下几种特殊异常复杂情况：① 储层物性好、地层压力窗口窄，循环即漏失，这类井通常采取静止侯堵或吊灌+液面监测的方式摸清井下规律后进行下步作业；② 漏点以上循环后，正挤压井井筒不通，这类井一是通过提高压井液比重，确保漏点以上压井液比重能有效压稳地层；二是对于断点浅、压井液比重无法有效压稳地层的情况，通常采取带压作业机处理浅部断脱管柱，再采取密封捞筒+伸缩管+油管的方式实施原井管柱对接，后续正常进行管柱切割、压井。

2.3　高压气井封隔器及下部管柱处理井控防控措施

库车山前使用的封隔器为 THT 液压永久式封隔器，一经坐封，破坏掉上卡瓦是高效处理封隔器的唯一手段。由于库车山前大多数井有井筒结垢、出砂等情况，封隔器以下油套空间通常都有圈闭气，因此在套铣封隔器期间，要重点做好泥浆工坐岗，一旦发现溢流，可采取节流循环脱气的方式释放圈闭气；对于封隔器坐封位置较高，封隔器以下尾管较长，原井压井液无法有效压稳井筒的情况，可采取提高压井液比重的方式直至压稳地层。

封隔器以下尾管处理期间，也会随时面临圈闭气释放导致的溢流风险，在每趟打捞作业期间，要结合井况合理配置打捞管柱，如管柱内配置浮阀以实现内防喷的功能，打捞管柱增加循环接头以应对遭遇突发溢流后有可用的压井通道。

3　现场应用

现场应用案例 1：克深＊＊井完钻井深 6467.6m，气藏中部地层温度为 155.28℃，地层压力为 103.51MPa，压力系数为 1.69，井口关井压力 84MPa(图 4)。本井投产初期低温低产，井口有水合物被迫关井，措施作业证实井筒有冰堵且杂质较多，油管鞋处严重砂埋，主力产层段无产量贡献，需要通过大修作业恢复单井生产能力。

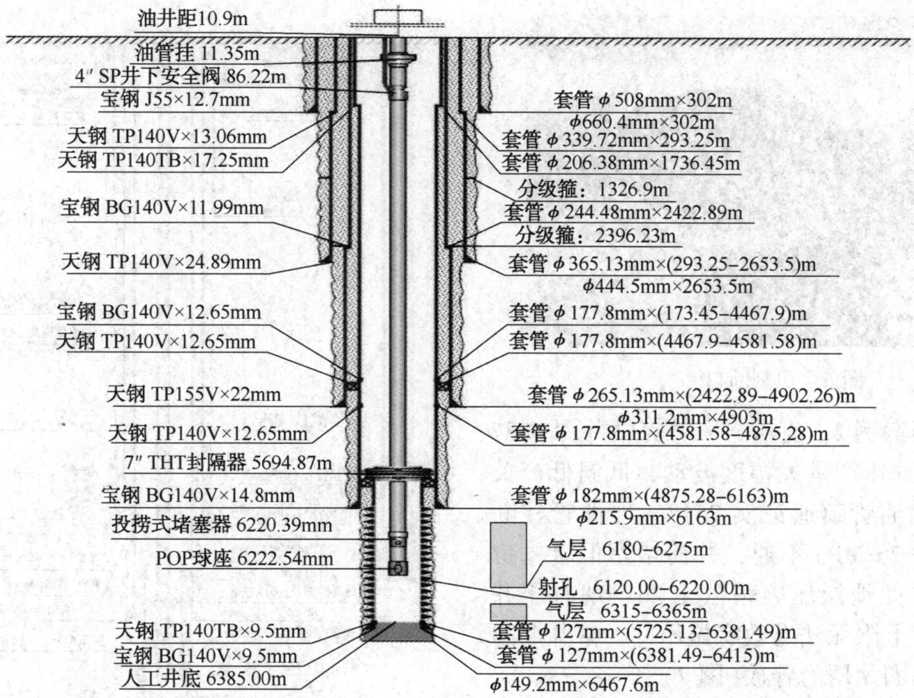

图 4　井身结构图

对该井进行无固相有机盐水正挤压井，最高泵压至 95MPa，地层不吸液。开井放喷，持续有天然气喷出，伴有水合物和地层砂，证实井筒堵塞，但与地层仍有连通通道。该井井筒条件异常复杂，无法实施挤压井，绳缆作业不适用，只能通过连续油管压井、切割作业。

大修前，安装连续油管切割配套装备，通过放喷降低井口压力至 40MPa，下连续油管疏通至目标切割深度后泵注密度 1.2g/cm^{3}无固相有机盐压井液半压井；带压下连续油管机械切割工具在预定切割目标位置实施油管切割(图 5)，切割断口平整(图 6)；切割后采用压井液压井，井筒稳定。后续套铣封隔器期间，发生圈闭气溢流，采用节流循环脱气的方式成功实施压井。本井首次在库车山前实施连续油管压井、切割，连续油管切割工艺助力本井创山前大修作业最快记录。证实了该工艺在超深高温高压气井完全适用。

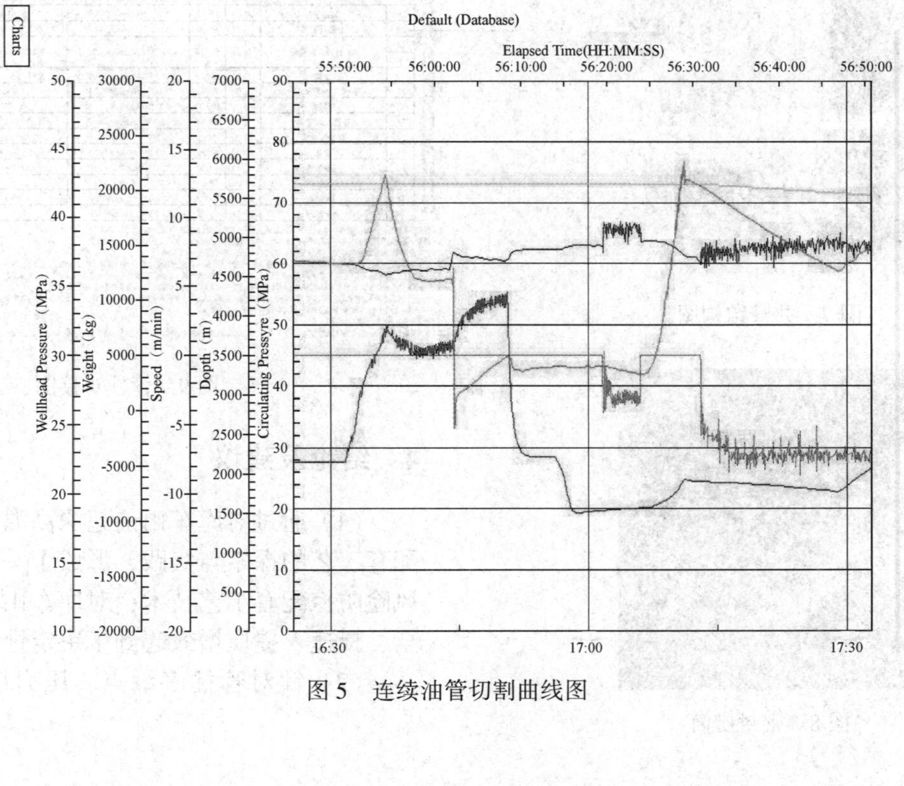

图 5　连续油管切割曲线图

图 6　切割断口

现场应用案例 2：克深＊＊井完钻井深 6887 m，投产初期油压产量大幅度波动，低温低产关井。前期连续油管疏通证实 2518m 处油管柱断脱，井筒试挤 75 MPa 不通，井筒堵塞但堵塞位置不确定，本井地层压力系数 1.26，现有压井液体系的比重上限无法有效实施压井，修井期间可能随时面临圈闭压力释放(图 7)。

使用 340 K 带压作业机带压起出浅断点管柱，采用密封捞筒+伸缩管+油管的方式实施原井管柱对接(图 8、图 9)，坐油管挂，回装采气树。再采用 RCT 切割工艺实施原井管柱切割，封隔器处理采用“套铣+打捞”的方式，顺利实施复杂大修作业。本井的成功实施进一步证实“带压作业+复杂大修”配套工艺技术是针对库车山前浅部管柱断脱井大修作业最安全、高效的手段。

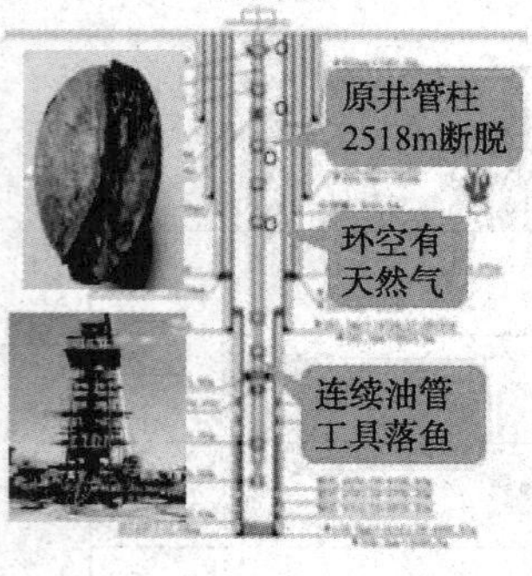

图 7　井身结构图

图 8　密封捞筒

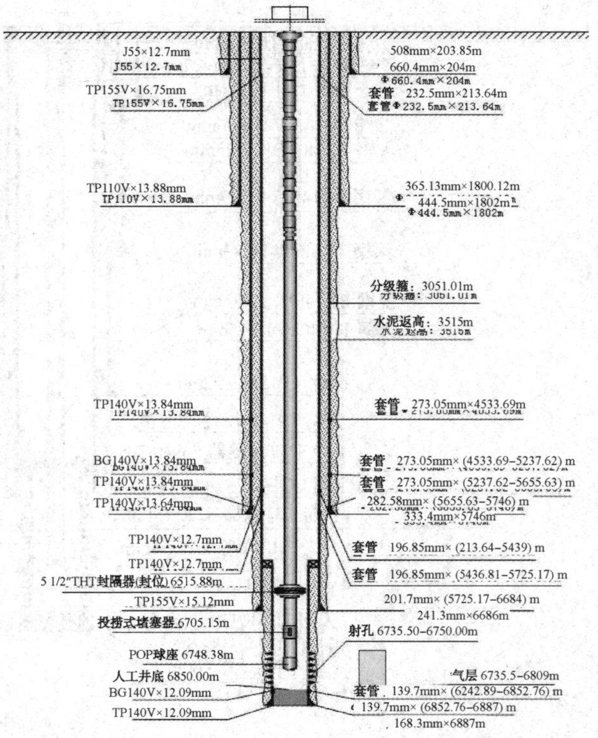

管柱	序号	名称	内径	外径	上扣扣型	下扣扣型	数量	长度	下深
	1	油补距					1	9.30	9.30
	2	原井油管挂	103.00	276.00	5 7/8" ACME P	5" 12.7mmBEAR B	1	0.35	9.65
	3	原井双公短节	88.90	127.00	5" 12.7mmBEAR P	4 1/2"12.7mmBEAR P	1	0.65	10.30
	4	调整短节	88.90	114.30	12.7mmBEAR B	12.7mmBEAR P	4	5.91	16.21
	5	新4 1/2"油管(12.7mm)	88.90	114.30	12.7mmBEAR B	12.7mmBEAR P	12	117.50	133.71
	6	4 1/2"油管(12.7mm)	88.90	114.30	12.7mmBEAR B	12.7mmBEAR P	168	1645.13	1778.84
	7	变扣(新)	88.90	114.30	4 1/2"12.7mmBEAR B	4 1/2"9.65mmEEAR P	1	1.50	1780.34
	8	原井4 1/2"油管(9.65mm)	95.00	114.30	4 1/2"9.65mmBEAR B	4 1/2"9.65mmEEAR P	71	695.10	2475.44
	9	7#变扣	95.00	114.30	4 1/2"9.65mmBEAR B	4 1/2"EUE P	1	0.69	2476.13
	10	陶瓷破裂盘	101.00	140.00	4 1/2"EUE B	4 1/2"EUE P	1	0.48	2476.61
	11	6#变扣	94.00	114.30	4 1/2"EUE B	4 1/2"9.65mmBEAR P	1	0.64	2477.45
	12	5#变扣	94.00	114.30	4 1/2"9.65mmBEAR B	4 1/2"9.65mmBGT–2 P	1	0.64	2478.29
	13	4 1/2"伸缩管	89.00	138.00	4 1/2"9.65mmBGT–2 B	4 1/2"9.65mmBGT–2 P	1	3.73	2482.02
	14	4 1/2"伸缩管	89.00	133.00	4 1/2"9.65mmBGT–2 B	4 1/2"9.65mmBGT–2 P	1	3.62	2482.64
	15	4 1/2"伸缩管	89.00	133.00	4 1/2"9.65mmBGT–2 B	4 1/2"9.65mmBGT–2 P	1	3.73	2489.37
	16	4#变扣	97.00	114.30	4 1/2"9.65mmBGT–2 B	4 1/2"7.37mmBGT–2 P	1	0.65	2490.02
	17	4 1/2"伸缩管	89.00	133.00	4 1/2"7.37mmBGT–2 B	4 1/2"7.37mmBGT–2 P	1	3.73	2493.75
	18	3#变扣	92.00	114.30	4 1/2"7.37mmBGT–2 B	4 1/2"9.65mmBGT–2 P	1	0.62	2494.37
	19	2#变扣	89.00	114.30	4 1/2"9.65mmBGT–2 B	4 1/2"9.65mmBEAR P	1	0.51	2494.88
	20	1#变扣	89.00	114.30	4 1/2"9.65mmBEAR B	4 1/2"12.7mmBEAR P	1	1.50	2495.38
	21	密封捞筒	87.00	165.00	4 1/2"12.7mmBEAR B	/	1	1.38	2497.76
	22	原井4 1/2"油管(9.65mm)残体	95.00	114.30	4 1/2"9.65mmBEAR B	4 1/2"9.65mmBEAR P	1	1.13	2498.89
	23	原井4 1/2"油管(9.65mm)	95.00	114.30	4 1/2"9.65mmBEAR B	4 1/2"9.65mmBEAR P	18	177.29	2676.18
	24	原井4 1/2"油管(8.56mm)	97.18	114.30	4 1/2"8.56mmBEAR B	4 1/2"8.56mmBEAR P	355	3501.02	6177.20
	25	变扣	74.22	131.00	4 1/2"8.56mmBEAR B	3 1/2"7.34mmBEAR P	1	0.54	6177.74
	26	原井3 1/2"油管(6.45mm)	76.00	88.90	3 1/2"7.34mmBEAR B	3 1/2"7.34mmBEAR P	34	337.53	6515.27
	27	上提升短节	74.22	88.90	3 1/2"7.34mmBEAR B	3 1/2"7.34mm VAMTOP	1	0.99	6516.26
	28	5 1/2"THT封隔器	58.62	110.74	3 1/2"7.34mm VAMTOP	3 1/2"7.34mm VAMTOP	1	0.88	6515.87
	29							1.42	6517.29
	30	变扣	74.22	101.00	3 1/2"7.34mm VAMTOP B	3 1/2"7.34mm VAMTOP	1	0.48	6517.77
	31	原井3 1/2"油管(6.45mm)	76.00	88.90	3 1/2"6.45mmBGT1 B	3 1/2"6.45mmBGT1 P	19	186.48	6704.26
	32	变扣	62.00	109.00	3 1/2"6.45mmBGT1 B	2 7/8"5.51mmFOX P	1	0.44	6704.71
	33	投捞式堵塞器	52.00	93.00	2 7/8"5.5mmFOX B	2 7/8"5.51mmFOX P	1	0.45	6705.16
	34	双公短油管	62.00	73.02	2 7/8"5.51mmFOX B	2 7/8"5.51mmFOX P	1	1.87	6707.03
	35	变扣	59.00	93.20	2 7/8"5.51mmFOX P	93.2*10mmBT–FJ P	1	0.53	6707.56
	36	直连油管	73.20	93.20	93.2*10mmBT–FJ B	93.2*10mmBT–FJ P	4	36.01	6745.56
	37	变扣	59.00	93.20	93.2*10mmBT–FJ B	2 7/8"5.51mmFOX P	4	0.54	6746.10
	38	短油管	62.00	73.02	2 7/8"5.51mmFOX B	2 7/8"5.51mmFOX P	1	2.01	6748.11
	39	POP球座	35.81	95.25	2 7/8"5.51mmFOX B	/	1	0.27	6748.38

图 9　管柱对接图

4　结论及建议

(1) 通过对库车山前超深高温高压气井大修配套工艺的探索与实践，形成了一套系统的井控风险防控配套工艺技术，对库车山前大修井的安全、提速、提质增效起到了决定性作用。

(2) 针对管柱多漏点、压力敏感的高压气井，压井期间通常需要多次压井以确保井控安全，这就需要大量的压井液，出于成本及保护储层的角度，目的层可溶性屏蔽暂堵工艺亟需研发。

（3）随着库车山前开发的不断深入，气藏压力不断衰竭，出于保护储层的角度，负压修井配套工艺技术有待持续攻关。

参 考 文 献

[1] 宋晓俊，黄钟新，任亮，等．油套窜通高压气井安全生产措施[J]．天然气技术与经济，2016，10(1)：54-56.

[2] 曾努，曾有信，廖伟伟，等．克深区块高温超高压气井环空压力异常风险评估[J]．天然气技术与经济，2017，11(1)：21-23.

[3] 何银达，罗超，周忠明，等．异常高压高产气井修井工艺技术在KL203井的应用[J]．油气井测试，2008，17(1)：60-61.

[4] 吴青芳，赵杏林．连续油管过封隔器切割技术的应用及效果[J]．中国石油和化工标准与质量，2018(7)：171-172.

[5] 蒲洪江，伍强，杨永华，等．8000m连续油管在超深高含硫气井的应用与实践[J]．钻采工艺，2015，38(2)：111-113.

[6] 曹学军，周赟，傅伟，等．连续油管带压作业技术在特殊复杂井况中的应用[J]．天然气勘探与开发，2012，35(2)：50-52，56.

[7] 张宝，匡韶华，魏军会，等．连续油管解堵技术在克深区块超深高压气井中的应用[J]．油气井测试，2017，26(6)：41-43.

[8] 冯广庆，谢宇．高温高压油气井井下作业技术在迪那2气田的应用[J]．油气井测试，2007，16(4)：39-41，43.

[9] 胡旭光，罗园，刘贵义，等．气井带压作业油管内密封工具应用现状与发展趋势[J]．天然技术与经济，2022，16(5)：32-37.

录井异常预报技术在塔里木油田的应用

郑鹏飞　王国瓦　胡　伟

(中石油塔里木油田公司)

摘　要　塔里木油田勘探开发由寻找相对浅层的大型碎屑岩均质孔隙型构造油气藏，逐步向超深的裂缝型非均质油气藏转变，超深层油气藏具有超高压、高含硫等特点，给安全钻探带来极大风险，对录井工艺和装备的要求越来越高。由此，塔里木油田针对钻井安全保障进行系统攻关的强化录井技术，在完善坐岗记录和钻井工程异常预报的基础上，研发出智能化工程录井预警技术，为破解超深度勘探开发地质、钻井难题提供了更加有利的保障和支撑。

关键词　录井技术；异常预报；智能化；模糊理论；专家系统

目前，塔里木油田已进入超深层勘探开发阶段，其钻探过程具有储层压力高、裸眼段长、井控风险高等危险因素，且随着国民经济的发展，社会对安全环保的日益重视，“安全发现”“健康环保”等理念逐渐深入到油田勘探开发生产的各个环节，综合录井作为钻井现场唯一具有实时监控功能的先进技术服务，其保障生产的重要性凸显。通过坐岗记录和录井仪器对工程参数的监测，综合录井队能够及时对钻井复杂情况进行异常预报，特别是对井喷量的早期预警，为及时应对各类复杂工程，避免事故发生，加快勘探开发钻完井进程提供了强有力的技术保障。塔里木油田在开展人工异常预报的基础上，组织研发了智能工程录井预警系统，该系统应用独有的录井参数处理方法，建立了独有的多参数预警模型，可以解决微小参数异常和无法多参数联合判断的问题，使预警更加及时、准确，同时也避免了由于现场技术人员缺乏经验而导致的异常漏报、误报现象的发生。内容介绍工程异常预报与智能工程录井预警系统在保障钻井安全中的作用与功能。

1　塔里木油田事故复杂情况分析

塔里木油气勘探异常复杂，主要原因在于塔里木油田勘探具有点多、面广、线长等显著特点，地表环境具备山地纵横、流动沙漠和浮土巨厚地区等恶劣条件。异常复杂的地貌特征、构造条件和工程因素(超深、复合盐层超高压、小井眼、超高压气藏)，造成塔里木油田勘探综合勘探费用高。

通过对塔里木油田现场提交的事故复杂异常预报进行统计分析，事故及复杂情况主要集中在井漏、井涌(溢流)、卡钻(遇阻)、钻具刺漏这四大类，发生的因素包括异常地层、工程施工失误、钻井设计与实际不符、突发事件等。

2　工程异常预报和事故隐患预测

2.1　钻井工程参数异常预报方法

鉴于塔里木油田事故较为复杂，由于综合录井仪检测到的参数异常变化与工程事故有直接或间接的关系，因此，工程异常可根据参数的变化规律进行预测。录井仪对钻井工程参数的连续检测和记录包括：大钩负荷、钻压、立压、泵冲、转盘转盘转矩、出口流量、钻时、钻进费用等。利用综合录井仪的的异常变化，可以对多种工程事故进行直接或间接的预报。

1. 钻具类事故复杂

钻具类事故复杂主要有三种：断裂、钻孔、脱扣，最常见的是钻孔断裂。从钻具受力情况分析，存在着轴向拉力和压力、弯曲力矩、离心力、扭力、纵向振动振动和动载等作用力，这些交变载荷是钻具事故发生时钻柱疲劳所致的主要原因。钻具类事故复杂导致的参数变化见表 1。

表1　钻具类事故复杂录井参数变化表

事故复杂类型	工程参数								地质参数		气体参数	
	钻重	悬重	立管压力	泵速	扭矩	流量	钻速	超拉力	岩屑	出口钻井液	烃类	非烃
钻具刺漏			↘	↗	↗	出↗ 入↗	↘		量减		↘	↘
起下钻断钻具		↓			↓			↓				
钻进断钻具	↓		↓	↗	↓	出↑ 入↑		↓	量减	有铁屑	↘	↘

注："↓"指下降；"↑"指上升；"↗"指增大；"↘"指减小；"~"指波动或跳变；"出"指钻井液出口；"入"指钻井液入口。

导致断钻具事故多是由于钻进过程中发现钻具刺漏不及时，或钻进时因顿钻、溜钻引起扭矩急剧升高及起钻过程中遇卡后的强行提拉操作等。

发生钻具刺漏的原因是由于使用的钻具比较陈旧，钻井液对钻具有一定的腐蚀作用或钻进时使用的钻井液有较高的泵压。

2. 钻遇阻事故复杂

卡钻是井下较严重的事故，处理难度大。卡钻形成原因非常复杂，各种卡钻产生的机理不同，处理的方法也各异。卡钻的形成通常与砂岩缩径、泥岩垮塌及井斜度有关；当井筒内出现井眼缩径或井壁垮塌，将导致下钻时遇阻，上提钻具时遇卡；如果处理不当，将引起卡钻事故。在钻进和起下钻过程均可能发生卡钻。

起钻过程中，由于井下钻具总体积和质量不断减少，悬重呈逐渐下降的变化，这种变化是一种缓慢的变化；出现遇卡情况时，悬重会出现异常增大和波动，大于钻具的实际悬重，同时扭矩也会有较大幅度的震荡。

下钻过程中，井下钻具总体积和质量不断增加，悬重呈逐渐增加的变化趋势。发生遇阻时，悬重出现异常的下降，且悬重值小于钻具实际质量。发生卡钻时，悬重出现突然减少并小于钻具实际负荷，而同时在上提时大钩负荷又增加且远大于钻具实际负荷，出现上不能提，下不能放的情况。

钻进过程中，随着井深的不断深入悬重持续增加。出现卡钻异常时，悬重和扭矩出现异常波动。其后，上提钻具时悬重异常增加，且远大于钻具的实际负荷，下放钻具钻头未到井底前悬重降低，发生钻具上不能提，下不能放的卡钻事故。卡钻类事故复杂引起的参数变化总结见表2。

表2　卡钻类事故复杂的参数变化

事故复杂类型	工程参数								地质参数	气体参数	
	钻重	钻压	悬重	立管压力	扭矩	出口流量	钻速	超拉力	岩屑	烃类	非烃
起钻卡钻			↗~		↑			↑			
下钻遇阻			↘~								
下钻卡钻			↘		↑	↘					
钻进卡钻	~	↗		↗	~	↘	↘		量减	↘	↘

注："↓"指下降；"↑"指上升；"↗"指增大；"↘"指减小；"~"指波动或跳变。

3. 钻头类事故复杂

钻头是破碎岩石的主要工具，能准确判断钻头的使用情况，能避免掉牙轮等复杂的井下事故，对提高机械钻速和安全钻进具有十分重要的意义。钻头异常在钻井事故中所占比重较大，做好钻头异常预报对安全钻井具有十分重要的意义。钻头异常型一般有掉牙轮（牙轮钻头）、掉牙、堵水眼、掉水眼、钻头泥包、钻头老化终结。

钻头老化终结：当钻头使用到一定程度时，钻头上的牙齿就会脱落或磨平，这时机械钻速明显降低，钻进成本就会增加。

堵水眼：一般是由于下钻过程中没有做好防范措施，或者钻井液中的大颗粒物体钻入时堵住了水眼，导致钻井液无法循环，只有起钻通水眼，这样就会增加一次起钻和下钻，对钻井时效造成影响。

水眼掉落：由于水眼安装不到位，钻井液顺着水眼的四周向外渗漏，最后将水眼刺掉。钻头掉水眼后，水马力下降，脱落的水眼造成钻头不佳，导致钻速下降，钻头使用寿命降低。

钻头泥包：钻遇大段泥岩时，由于钻头选型不合理或转盘转速、钻压、泵压等工程参数搭配不合理，钻头会出现泥包现象，泥包后钻头机械钻速降低会影响钻井周期，且如果用泥包钻头会诱发井涌甚至井喷。钻头事故复杂导致的参数变化小结见表 3。

表 3　钻头类事故复杂的参数变化

事故复杂类型	工程参数							地质参数		气体参数	
	大钩负荷	立压	泵速	扭矩	钻时	流量	钻速	岩屑	其他	烃类	非烃
掉水眼		↓	↓	↗		↑	↓			↘	↘
堵水眼		↑		↗		↓		量减		↓	↓
钻头终结	~	↗		↗	↘		↓	细小	有铁屑	↘	↘
钻头泥包		↗		↘ ~	↘		↓		泥岩	↘	↘

注：“↓”指下降；“↑”指上升；“↗”指增大；“↘”指减小；“~”指波动或跳变。

4. 其他工程异常

钻井现场除上述工程异常外，还经常出现以下几类异常情况(表 4)：

溜钻一般是送钻不均匀，在钻头上超压钻进，导致钻具压缩，井深突然增大的现象。顿钻一般是在钻头提离井底后，由于刹把没有控制好，钻具自然下落，突然在钻头上施加超限钻压，造成钻具受压，井深突然增大的现象。经常出现溜钻顿钻，会损害钻头的使用寿命，使生产时效降低，甚至对钻具造成损害。

表 4　工程异常的参数变化

事故复杂类型	工程参数							地质参数	气体参数	
	大钩负荷	钻压	悬重	扭矩	流量	钻速	超拉力	岩屑	烃类	非烃
溜钻	↓	↑	↓	↑			↓			
放空	↑	↓	↑						↗	↗
快钻时	↑	↓		跳变	↑	↑				
井壁垮塌	↗↘			↗		↓	↗ ↘	大、多	↗	↗

注：“↓”指下降；“↑”指上升；“↗”指增大；“↘”指减小。

井壁坍塌一般是由于地层与钻井液性能不匹配，工程中钻具组合不当等原因造成的。当发生井壁崩塌时，会导致钻进及循环工况异常，严重时会造成卡钻。

在砂泥岩剖面钻到储层或盐层时，钻进速度加快；在碳酸盐岩剖面钻到缝孔发育的储层段时，也易出现放空或钻速加快的情况。对快钻时、放空的及时预报，可使工程施工人员有充分的准备时间，应对可能出现的井涌、井喷、井漏、盐水侵、油气侵等情况。

2.2　钻井液参数异常预报方法

钻井液参数主要包括钻井液的入、出口密度、温度、电导率、流量、钻井液体积等。钻井液参数的变化通常直接反映井下地层液体的活跃情况及井筒与地层压力的平衡情况；此外，由于气测参数来自于从井内返出的钻井液中，也能反映出地层的一些情况，所以综合录井常把气测参数和钻井液参数一起进行分析，通过坐岗实时记录钻进及起下钻过程中的钻井液参数变化。重视钻井液和气测参数异常的分析可以对多种地质异常情况进行早期预报，对于避免井喷等重大事故的发生，及时处理油气浸、水浸，为安全施工创造条件。

1. 井漏的预报

井漏是钻井液从井眼漏入洞穴、孔洞性岩层、裂缝性的和高孔隙度的地层而大量损失或全部损失的一种钻井复杂情况。以漏速快慢可区分为渗漏、小漏、大漏和只进不出。钻井液消耗大于井筒内容积的增加量与地面、管线循环过程中正常消耗量的总和，排除其他地面因素，可判为井漏。井漏在高渗透型砂岩或孔洞、裂缝发育地层易发。井漏类事故复杂引起的参数变化总结见表 5。

表 5　井漏复杂的参数变化

事故复杂类型	工程参数				地质参数	气体参数		钻井液参数
	钻重	悬重	立压	流量	岩屑	烃类	非烃	总体积
下钻井漏		↗	↘	出↘入↗				↘
起钻井漏		↘	↘	出↘入↗				↘
钻进井漏	↗		↘	出↘入↗	量减	↘	↘	↘
循环井漏			↘	出↘入↗	量减	↘	↘	↘

注：“↓”指下降；“↑”指上升；“↗”指增大；“↘”指减小；“出”指钻井液出口；“入”指钻井液入口。

下钻过程中由于激动压力过大可能引起井漏。在下钻过程中，井内钻具的刚性体积不断增加，相同体积的钻井液被置换出来进入循环池(计量罐)。如果下入钻具返出的钻井液量小于下入钻具体积或不返钻井液就可能是井漏。

起钻过程中判断井漏主要是观察灌钻井液情况，一般提出 3~5 柱钻具，要灌入 1 次钻井液，灌入量可根据实际钻具体积计算得到，如果起出 3~5 柱钻具后，灌入量大于钻具体积量或更多就可能是井漏。

2. 井涌(溢流)的预报

当地层的孔隙压力大于井深的钻井液压力时，地层孔隙中的流体就会进入井中，发生井侵，最常见的井侵是气侵、盐水侵。当发生井侵时，井口返出的钻井液量比泵入的钻井液多，停泵后井口钻井液自动溢出，产生溢流。当溢流进一步加强，钻井液不断从井口涌出时，就成了井涌。高压地层流体进入井筒后，从井口不受控制地喷出，形成井喷式喷涌。总之，井侵、溢流、井涌、井喷失控反映了井下、井口在地层压力失去平衡后出现的种种现象和事故发展变化的轻重不同。

起钻过程中，井内钻具体积不断减少，通过灌注泵，同体积的钻井液从计量罐进入井内以维持井内压力平衡，但由于异常地层压力及起钻引起的抽吸的诱导作用，使地层孔隙压力大于井内钻液压力时，地层孔隙中的可动流体进入井内，发生溢流，进一步加强形成井涌。

下钻井涌的原因是下钻时钻井液液柱压力大于地层压力以及下钻速度过快产生压力激动引发，当钻井液漏失使井筒液面下降到不能平衡地层压力时，地层流体侵入到井筒中，最终发生井涌。

钻进过程中，在钻遇异常压力层段(如油气层)时，当地层孔隙压力大于该深度钻井液压力，地层孔隙中可动流体将进入井内，导致出口流量增大，循环池液面上升，若是钻遇油气层则通常会表现为气体全量显著增加，发生井侵，最终发生井涌(表 6)。

表 6　井涌复杂的参数变化

事故复杂类型	工程参数			地质参数	气体参数			钻井液参数			
	悬重	立压	流量	岩屑	烃类	非烃	全烃	进/出口密度	进/出口温度	进/出口电导率	总体积
起钻井涌	↘		出↗入↗	大、多	↗	↗	↗	↘	升高	↘	↗
下钻井涌	↗		出↑	大、多	↗	↗	↗	↘	升高	↘	↗
钻进井涌		先↗后↘	出↗入↗	大、多	↗	↗	↗	↘	升高	↘	↗
盐侵								↗		↗	
油气侵			出↗				↗	↘	升高	↘	↗
水侵			出↗			↗		↘		↗	↗

注：“↓”指下降；“↑”指上升；“↗”指增大；“↘”指减小；“出”指钻井液出口；“入”指钻井液入口。

3 智能工程录井预警技术

3.1 智能工程录井预警的技术思路

在人工异常预报的基础上，要实现对钻井事故和复杂情况的智能预报，需要在分析大量综合录井现场数据信息的基础上，总结出一套完整有效的事故异常预报方法，最终开发出具有工程事故早期自动化、智能化、给与一定程度或意义上的报警、控制事故发展、将损失降到最低程度的预警系统。

1. 主要内容和重点

智能工程录井预警技术研究的主要内容是通过数学方法和人工智能技术解决事故预报这一难题。重点是建立通过综合录井参数进行事故预报的数学模型，并根据现场使用需要的不断进行完善。

模糊数学是研究和处理模糊性现象的数学，模糊数学把传统数学从二值逻辑的基础扩展到连续值上来，本身具有着深远的意义。钻井事故本身具有很大的不确定性和随机性，应用模糊理论解决无疑是很好的解决方案，根据工程事故发生的规律，运用模糊数学、统计理论建立起工程事故预报模型，从而对录井采集参数进行实时的工程事故预警(图 1)。模糊推理技术解决了传统录井技术不能及时发现微小异常和无法多参数联合判断和不能预报事故程度的问题，预警更及时、准确。

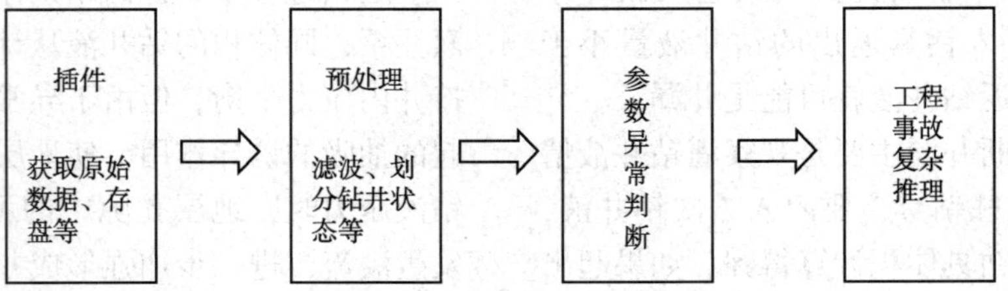

图 1 系统简要处理流程图

专家系统结合了人工智能技术与计算机技术，是一种模拟人类专家解决领域问题的计算机程序系统。它可以高效、准确、周到和不知疲倦地进行工作，解决实际问题时不受周围环境的影响，也不会遗漏忘记。通过知识库的升级，可以不断吸收新的专家知识和经验，使系统的预警能力逐步增强，从而实现钻井事故和复杂情况的准确预测。

智能工程录井预警系统的研究重点主要有以下方面：

(1) 根据大量现场数据和信息分析、研究，构建可靠的事故预报模型。

(2) 良好的可定制性，根据现场情况对模型进行修正，通过多种途径扩充知识库，不断提升预报水平。

该技术具有数据插件技术和可定制模型两项创新技术。数据插件技术是指预警软件获取录井实时数据的一种技术，可以适用于多种国内外录井仪器，使该系统具备良好的兼容性和通用性。可定制模型是指预警软件的事故预报模型可以由现场人员进行创建，由使用者结合实际情况对预警过程进行有效干预和定制，从而不断提高预报准确率，逐步提高智能化水平。

智能工程录井预警技术作为石油钻井事故复杂智能预警系统，实现了工程录井预警的智能化。在实际工作中解决了进行人工异常预报的几项难题：

(1) 通过数据获取插件可以与塔里木油田各型号综合录井仪无缝挂接，解决了通用性问题。

(2) 预处理功能有效滤除传感器跳变等干扰因素。

(3) 完整记录钻井过程中各种信息便于后期查询。

(4) 预警模型以知识库形式保存，便于改进完善和分享。

3. 智能工程录井预警系统详细设计

智能工程录井预警系统是具有创新概念的录井专用软件，以智能化、自动化的方式对钻井现场工程事故进行预警，从而实现对原始工程数据的有效利用，降低钻井工程风险，充分发挥综合录井指导安全优化钻井的功能，扩大综合录井仪的应用范围。

该系统可应用于商用和个人电脑，目前的主流电脑都能满足要求。软件系统采用模块化设计，主程序通过调用各功能模块来完成数据的计算分析，以及预警结果的显示和输出等功能。软件整体的工作框架如图2所示。

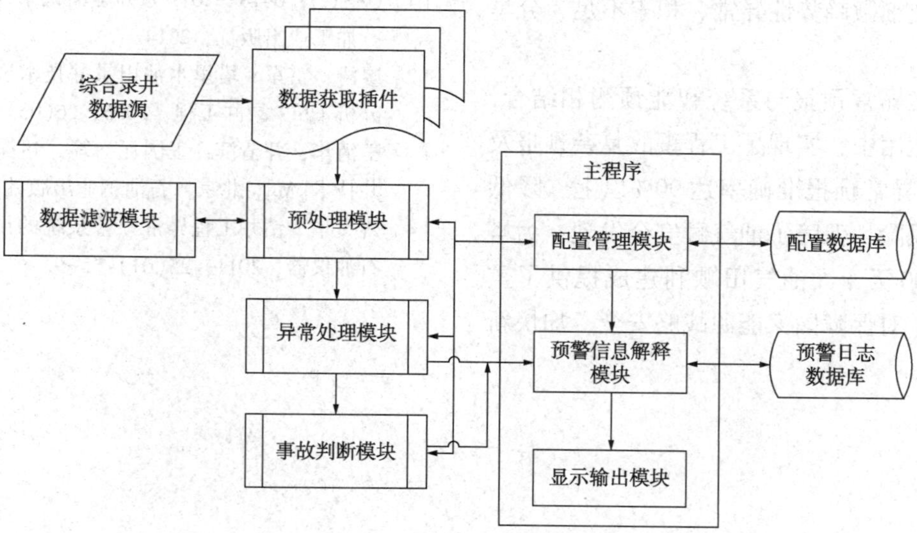

图2　软件总体工作框架

软件系统整体按功能可划分为四大组成部分：主程序、预处理模块、异常处理模块、事故判断模块和数据插件模块。本系统的系统界面(图3、图4)设计采用开放结构，主窗口和停靠窗口可按需要进行添加、编辑和删除等操作，窗口内显示对象也可按需要添加、编辑和删除，实现界面完全定制，具有可视化、直观化、定制化等特点，操作方便快捷，经过简单培训即可掌握方法。

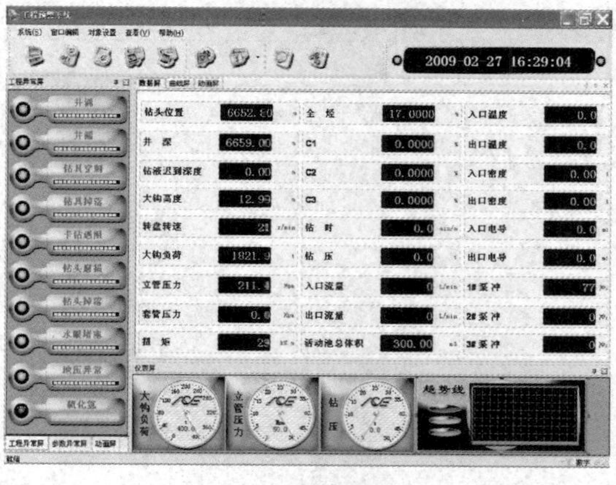

图3　软件系统整体界面(工程异常屏、数据屏、仪表屏)

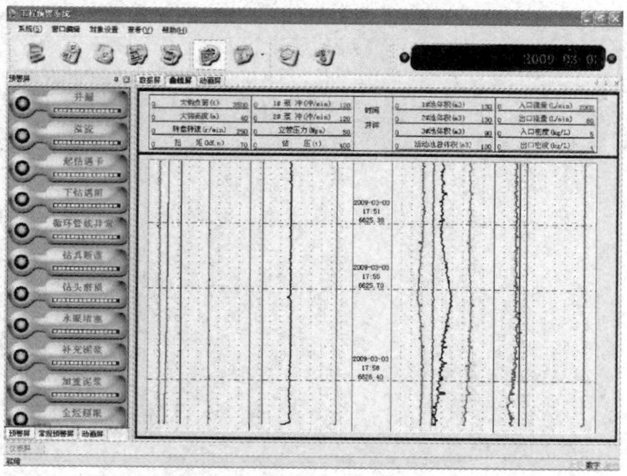

图4　软件系统整体界面(动画屏、曲线屏、仪表屏)

3.2　智能工程录井预警技术存在的问题

智能工程录井预警系统能够满足日常生产的需要，在钻井工程异常预报方面发挥了显著的作用，但在应用中还发现了以下几点不足，作为下一步研究攻关的方向：

(1) 钻井操作、状态转换、划眼等误报率较高。

(2) 起下钻过程中井漏与溢流的监测不够智能。

(3) 随钻地层压力监测模块有待进一步研究。

(4) 早期溢流预警不够精准。

(5) 定向井、水平井、特殊工艺井预警准确率低。

4　结论

塔里木油田为准确预报钻井复杂建立了一套录井预警方法，并研发出智能化工程录井预警系统，在油田得到全面推广应用。该系统在人工预报的基础上，实现了钻井工程事故复杂预报的自动化、智能化，同时也弥补了专家预报经验难以共享的不足，解决了人工经验判断准确率不稳定、难以发现细微趋势性异常、积累不足、分享困难等问题。

通过人工异常预报与系统智能预测相结合，在钻井现场运用中，实现了工程事故复杂预报及时率100%，异常预报准确率达90%以上，降低了钻井施工风险，保障了油气藏安全发现，为塔里木油田3000万t大油气田顺利建成提供了重要技术支撑，对保障国家能源战略安全，加快新疆经济发展具有十分重要的意义。

参 考 文 献

[1] Q/SY TZ 0418—2019 录井坐岗记录规范[S]. 北京：石油工业出版社，2014.

[2] 廖涛，雷军. 塔里木油田录井技术现状及市场需求分析[J]. 录井工程，2015，26(03)：9-12.

[3] 王清华，郭清滨，王国瓦，等. 超深复杂油气藏录井技术[M]. 北京：石油工业出版社，2017.

[4] 姚文华. 钻井工程异常预警系统的设计与应用[J]. 石油仪器，2011，25(01)：5-9.

油田常用20#钢管的剩余强度评价与水压爆破试验验证

张　平

（中国石油大港油田公司）

摘　要　通过应用国内外主流评价方法分别对8根预制缺陷的20#钢管进行剩余强度计算，并应用非线性有限元数值模拟，将计算结果、数值模拟结果与钢管实物水压爆破试验结果进行对比验证。通过研究分析，针对20#钢管的失效压力预测，修正的ASME B31G计算方法较为准确、安全可靠，适用于工程。非线性有限元法更接近于实际，所得结果的精确度和可信度更高。但实际工程应用较为复杂。而API579-1的计算结果偏于保守，BS7910和PCORRC的计算结果危险性较大。

关键词　油气集输管道　管道失效　剩余强度　风险评价 安全

国内外一直在进行腐蚀管道剩余强度评价方面的研究，国外自20世纪70年代初期就开始对含体积型缺陷管道的剩余强度评价方法进行研究，基于Kiefner和Maxey等人建立的半经验断裂力学关系式，形成了以ASME B31G为代表的评价标准和规范。对于含体积型缺陷管道的剩余强度，目前国际上主流的评价方法有美国机械工程师学会制定的ASME B31G—2009《确定已腐蚀管线剩余强度的手册》和API 579-1/ASME FFS-1—2007《适用性评价 规范》和英国标准学会制定的BS 7910—2005《焊接结构缺陷验收方法指南》等标准，还有Stephens用腐蚀缺陷的壳体单元模型制定的PCORRC方程。国内制定的相应标准有GB/T 19624—2004《在用含缺陷压力容器安全评定》和行业标准SY/T 6477—2000《含缺陷油气输送管道剩余强度评价方法 第1部分：体积型缺陷》等。这些标准和规范都不相同且研究对以高级别钢为主，针对油田常用的20#腐蚀管道剩余强度评价研究内容较少。大港油田陆上油气集输钢制管材90%以上为20#钢，大港油田集输管道每年失效700次左右，其中95%以上的失效事件是由于腐蚀造成的，因腐蚀失效导致的安全环保风险问题较为突出，因此，亟需开展大港油田含腐蚀缺陷的钢制管道剩余强度评价，建立具有较好适应性的含腐蚀缺陷的钢制管道剩余强度评价方法，确定长期服役管道的安全承载能力，为管道的检测、维修提供必要的决策支持，保证管道安全、高效地运行。

本研究采用本研究采用API579-1、BS7910—2005、PCORRC、ASME B31G—2009传统计算方法和ASME B31G—2009修正计算方法及非线性有限元法分别对8根20#钢含体积型缺陷的钢管进行剩余强度计算，并将计算结果与钢管实物静水压爆破试验结果进行对比分析，总结了6种计算方法对预测不同钢级钢管爆破压力的适用性

1　爆破压力计算方法

1.1　传统ASME B31G标准

在传统B31G失效压力计算中，流变应力S_{flow} = 1.1SMYS，SMYS为材料最小要求屈服强度。为了使计算结果更贴近于实际爆破压力，本文中均采用材料实测屈服强度代替SMYS。管道失效压力计算公式为：

$$z = \frac{L^2}{Dt} \tag{1}$$

当$z \leqslant 20$时，缺陷为短缺陷时：

$$P_f = \frac{2S_{flow}t}{D}\left[\frac{1-\dfrac{2d}{3t}}{1-\dfrac{2d}{3tM}}\right] \tag{2}$$

当$z>20$时，缺陷为长缺陷时：

$$P_f = \frac{2S_{flow}t}{D}\left(1-\frac{d}{t}\right) \tag{3}$$

式中：L为缺陷轴向长度；D为钢管外径；t为钢管壁厚；P_f为失效压力；d为缺陷深度；M为鼓胀因子，$M=(1+0.8z)^{\frac{1}{2}}$。

1.2 修正 ASME B31G

在 ASME B31G—2009 中的修正失效压力计算中，流变应力仍采用 1.1SMYS，将鼓胀因子修改为：

当 $z \leqslant 50$ 时，

$$M = (1 + 0.6275z - 0.003375z^2)^{\frac{1}{2}} \tag{4}$$

当 $z>50$ 时，

$$M = 0.032z + 3.3$$

$$P_f = \frac{2S_{flow}t}{D}\left(\frac{1 - 0.85\frac{d}{t}}{1 - 0.85\frac{d}{tM}}\right) \tag{5}$$

1.3 API 579-1

API 579-1 第五章(局部金属损失评估)中，对钢管失效压力的计算未采用流变应力，而使用了材料屈服强度 σ_S，失效压力计算公式为：

$$P_f = \frac{\sigma_S t}{R + 0.6t}\left(\frac{R_t}{1 - \frac{1}{M_t}(1 - R_t)}\right) \tag{6}$$

$$M_t = \left\{\begin{array}{l} 1.001 - 0.014195\lambda + 0.29090\lambda^2 - \\ 0.096420\lambda^3 + 0.020890\lambda^4 - \\ 0.003054\lambda^5 + 2.957\times10^{-4}\lambda^6 - \\ 1.8462\times10^{-5}\lambda^7 + 7.1553\times10^{-7}\lambda^8 - \\ 1.563\times10^{-8}\lambda^9 + 1.4656\times10^{-10}\lambda^{10} \end{array}\right\} \tag{7}$$

式中：P_f 为管道失效压力；R 为钢管内半径；t 为钢管壁厚；R_t 为钢管最小剩余壁厚与原始壁厚之比；M_t 为鼓胀因子，$\lambda = \frac{1.285L}{\sqrt{D_t}}$，当$\lambda>20$时，$M_t$ 的计算公式中使用=20；λ；L 为为缺陷轴向长度；D 为钢管外径。

1.4 BS 7910

BS 7910 附录 G(管道和压力容器腐蚀评价)中，将腐蚀分为单一缺陷和联合缺陷两种情况处理，并在计算公式中采用抗拉强度 σ_u 代替流变应力，含单一腐蚀缺陷管道和压力容器的失效压力公式为：

$$P_f = \frac{2\sigma_u t}{D - t}\left(\frac{1 - \frac{d}{t}}{1 - \frac{d}{tM_t}}\right) \tag{8}$$

$$M_t = \sqrt{1 + 0.31\left(\frac{L}{\sqrt{Dt}}\right)^2} \tag{9}$$

式中：P_f 为管道失效压力；t 为钢管壁厚；D 为钢管外径；d 为缺陷深度；M_t 为鼓胀因子；L 为缺陷轴向长度。

1.5 PCORRC

Stephens 用腐蚀缺陷的壳体单元模型制定了极限状态函数，这个模型就叫做 PCORRC。PCORRC 采用抗拉强度 σ_u 和鼓胀因子 M 计算失效压力，计算公式为

$$P_f = \frac{2\sigma_u t}{D - t}\left(1 - \frac{d}{t}M\right) \tag{10}$$

$$M = 1 - \exp\left(-0.175\frac{L}{\sqrt{\frac{D}{2}(t - d)}}\right) \tag{11}$$

式中：P_f 为管道失效压力；t 为钢管壁厚；D 为钢管外径；d 为缺陷深度；L 为缺陷轴向长度。

1.6 非线性有限元分析方法

非线性有限元分析方法中的失效准则及相关模拟条件参考文献，根据管道尺寸和腐蚀坑尺寸，建立腐蚀管道有限元模型。在管道腐蚀坑周围细化网格，以提高腐蚀坑应力的计算精度(图1，图2)。

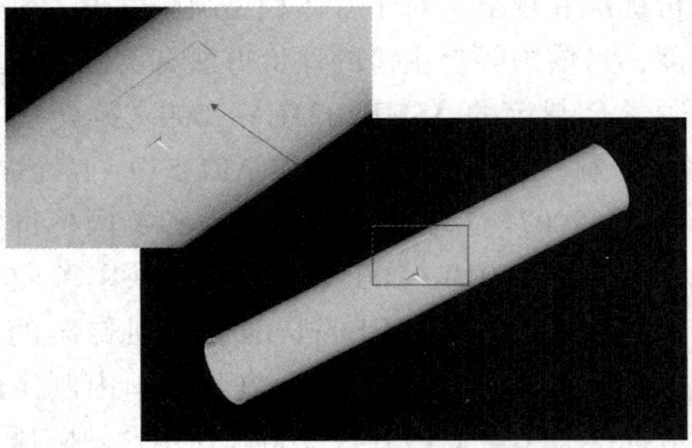

图1　腐蚀管道有限元模型

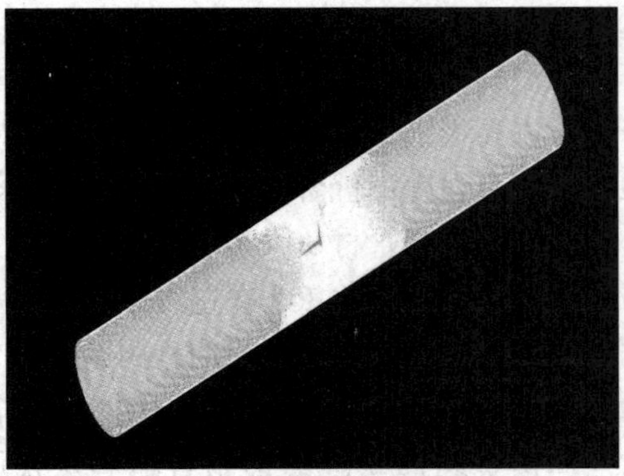

图2　腐蚀管道网格模型

2　含腐蚀缺陷管道的剩余强度评价方法筛选

2.1　油田常用20#钢剩余强度评价方法适用性优选

选取油田常用20#钢管材开展剩余强度评价准确性及保守性分析，应用的ASME B31G、API579-1等五种评价方法对60组不同形状、不同管径的体积型缺陷进行了剩余强度计算，不同方法的计算结果差异较大，且随着管径的减小其计算结果的差异越大。结合相关文献中的中高强度钢的爆破实验数据分析，修正的ASME B31G计算结果的准确性和保守性最优(图3)。

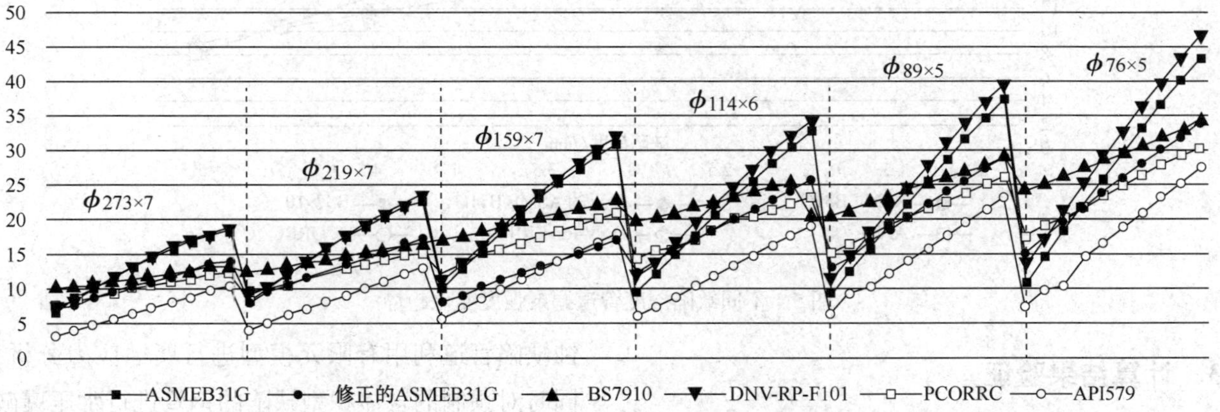

图3　不同形状的体积型缺陷剩余强度评价结果分布统计

2.2　腐蚀缺陷尺寸对剩余强度的影响规律

随着腐蚀缺陷深度和长度的增大，油气管道的失效压力均越来越低，但不同腐蚀缺陷长度和深度影响油气管道失效压力的变化趋势差异很大，对失效影响的临界值为160mm，在临界值之内缺陷长度和等效应力成正相关，超过该临界值后，管道的剩余强度将不再变化。缺陷深度：针对低压管道，管道失效临界深度为设计壁厚的80%(图4，图5)。

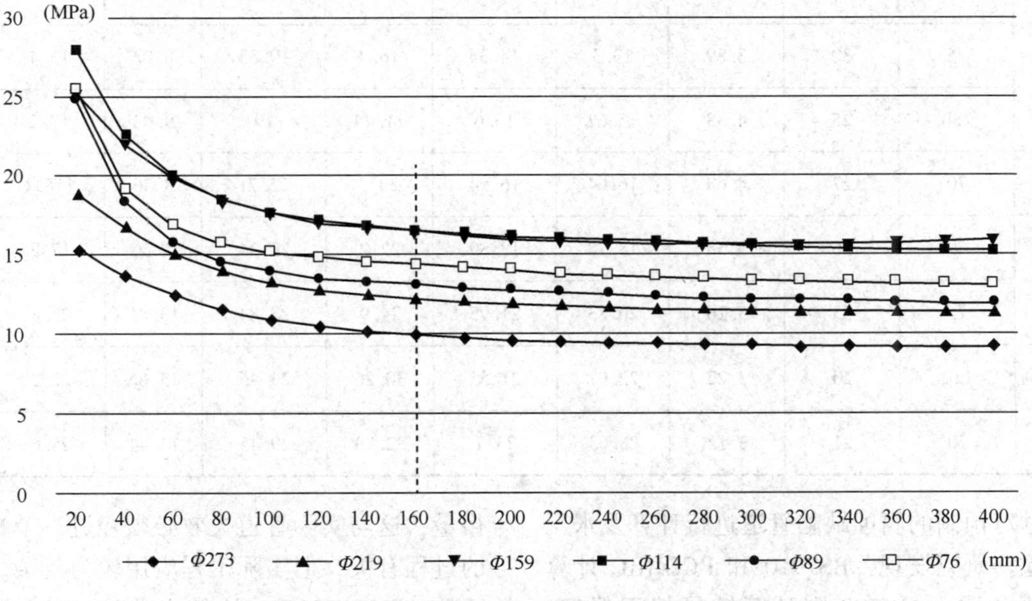

图4　不同管道规格的管道剩余强度随缺陷长度变化的趋势

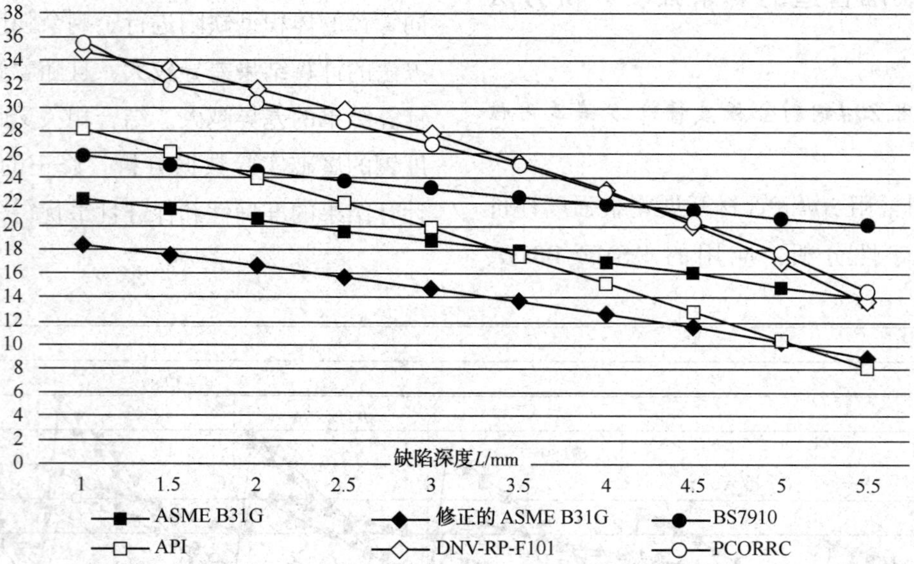

图5　不同缺陷深度管道剩余强度变化趋势

3　计算结果验证

选取油田常用20井钢管材，管道规格 Φ219mm×7，Φ159mm×7、等四种规格管道共计8段管道完成了腐蚀缺陷预制，对预制腐蚀缺陷管道利用有限元模型进行腐蚀应力分析，同时对预制的含体积型缺陷的钢管进行水压爆破试验(图6、图7)，并将试验结果与上述5种方法的计算结果及非线性有限元法模拟结果进行对比分析，结果见表1。

表1　8根含体积型缺陷20井钢管的爆破压力计算结果及水压爆破试验压力的统计结果

规格/mm	长度/mm	宽度/mm	缺陷深度/mm	ASMEB 31G	修正的ASME B31G	BS7910	PCORRC	API 579	有限元分析	爆破压力
219×7	130	32m	5. 34	10. 1	9. 24	14. 3	10. 61	4. 31	9. 6	8. 1
219×7	75	30	3. 89	13. 3	14. 34	16. 7	19. 33	8. 02	15. 4	17. 2
159×7	130	25	4. 38	15. 62	15. 6	11. 44	19	9. 43	17. 2	16. 2
159×7	70	27	4. 68	16. 64	16. 94	20. 7	22. 71	8. 36	118. 1	17. 1
114×6	125	26	3. 58	18. 78	18. 89	22. 2	22. 24	12. 22	17. 9	16. 9
114×6	75	25	3. 26	20. 83	21. 95	24. 9	28. 84	13. 81	22. 8	20. 8
76×5	110	20	3. 22	22. 07	21. 55	30. 26	23. 46	13. 66	22. 2	21. 2
76×5	70	21	3. 12	23. 63	23. 7	32. 09	29. 45	14. 44	25. 6	22. 6

通过对预制的腐蚀缺陷管道进行计算及水压爆破试验，研究发现，BS7910和PCORRC计算结果偏于危险，API579则计算结果偏于保守，修正的ASME B31G计算结果较接近爆破实验结果，非线性有限元法的预测结果会有一定的安全裕量，这与实际管道失效必须经过一个塑性硬化的过程有关，但实际工程应用较为复杂。因此修正的ASME B31G方法较为准确、安全可靠，更适用于工程。

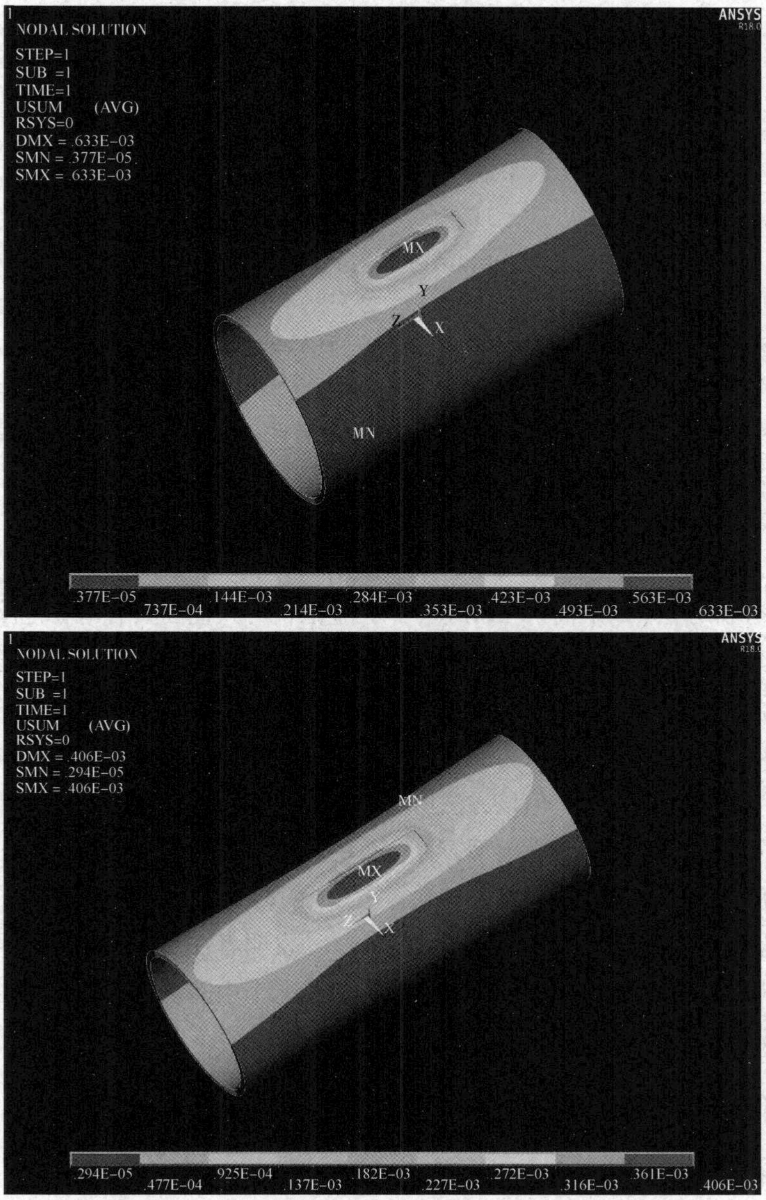

图6 预制1#管道腐蚀坑位移云图 预制3#管道腐蚀坑位移云图

4 结论

(1) 通过对国际常用的剩余强度评价方法适用性分析及试验验证，修正的B31G评价方法较适用于油田常用20#管道剩余强度评价。

(2) 针对低压油集气集输管道，管道外腐蚀(面蚀)腐蚀深度<60%管道壁厚的情况下，在采取一定管道修复措施，管道的剩余强度仍可满足生产要求。

(3) 结合管道检测数据，通过开展钢制管道剩余强度评价，为因腐蚀造成管道缺陷的维修提供了理论基础，可以有效的防止事故的发生，或是控制故事的发生，从而达到减少事故，降低经济损失的目的。

参 考 文 献

[1] SME B31G, Manual for Determining the Remaining Strength of Corroded Pipelines[S]。

[2] API 579 -1/ASME FFS -1, Recommended Practice for Fitness-for-service[S]

[3] BS 7910, Guide on Methods for Assessing the Accept ability of Flaws in Fusion Welded Structures[S]

[4] GB/T 19624, 在用含缺陷压力容器安全评定[S].

[5] SY/T 6477, 含缺陷油气输送管道剩余强度评价方法[S].

[6] STEPHENS D R, LEIS B N. Material and Geometry Factors Controlling the Failure of Corrosion Defects in Piping[M]. USA: ASME, PVP, 1997

关于 LEC 评价修正方法的探讨

沈海凤　张　亮

(中国石油大港油田公司)

摘　要　作业条件危险分析(LEC)方法作为风险评价的方法，由于操作容易、简单实用而被广泛应用。然在其实际应用中，各因素取值偏差影响到风险评价结果的准确性。为了使得风险评价结果更加符合企业风险管控实际，在实践基础上，笔者结合大港油田公司实际提出 LEC 修正方法，力图更真实地反映风险评价的结果，并为深化生产安全风险分级管控提供科学的评价方法。

关键词　危害因素；LEC 评价；风险等级；实际水平；修正

作业条件危险分析方法(以下简称 LEC 法)适合企业对安全风险等级进行半定量化的评价，实际应用中，很多企业的管理人员和岗位员工不了解该方法制定的初衷和内涵，只是认为该方法操作容易、简单实用而被广泛应用。但该方法由于仅仅是一种基于风险初步评价的数学模型，存在着主观随意性较强，因此取值有明显偏差等缺陷，影响到风险评价结果准确性，严重限制了评价结果对于企业日常生产安全风险管控的指导意义，有必要结合实际加以改进并使用。

1　原始 LEC 法简介

1980 年，美国的 K·J·格雷厄姆和 G·F·金尼针对人们在具有潜在危险环境中作业的危险性，提出了将作业环境的危险性作为因变量(D)，事故或危险事件发生的可能性(L)、暴露于危险环境的频率(E)及危险严重程度(C)为自变量，以三个分值的乘积来评估作业条件危险性的大小，即 $D=L\times E\times C$。

1.1　事故发生的可能性(L)

发明者在 0.1~10 根据可能性的大小相应的确定七个中间值。具体见表 1。

表 1　事故发生的可能性(L)

分数值	事故发生的可能性	分数值	事故发生的可能性
10	完全会被预料到(1 次/周)	0.5	可以设想，但很不可能(1 次/20 年)
6	相当可能(1 次/6 个月)	0.2	极不可能(1 次/大于 20 年)
3	不经常，但可能(1 次/3 年)	0.1	实际不可能
1	完全意外，有极少可能(1 次/10 年)	—	—

1.2　人员暴露于危险环境中的频繁程度(E)

发明者以 0.5 和 10 为参考点，在 0.5~10 根据人员在危险作业环境中暴露的情况进行划分并确定了六个分值。具体见表 2：

表 2　人员暴露于危险环境中的频繁程度(E)

分数值	人员暴露于危险环境中的频繁程度	分数值	人员暴露于危险环境中的频繁程度
10	连续暴露	2	每月一次暴露
6	每天工作时间内暴露	1	每年几次暴露
3	每周一次或偶然暴露	0.5	非常罕见的暴露(<1 次/年)

1.3 发生事故可能造成的后果

发明者将轻微伤害的可能结果分值规定为1，以此作为打分的最小参考点，而将造成许多人死亡的可能结果的分值规定为100，作为打分的最大参考点，在1~100根据不同后果插入相应的中间值。具体见表3：

表3　发生事故可能造成的后果(C)

分数值	发生事故可能造成的后果	分数值	发生事故可能造成的后果
100	大灾难，许多人死亡，或造成重大财产损失	7	严重，重伤，或造成较小的财产损失(损工事件—LWC)
40	灾难，数人死亡，或造成很大财产损失	4	重大，致残，或很小的财产损失（医疗处理事件—MTC，限工事件—RWC）
15	非常严重，一人死亡，或造成一定的财产损失	1	引人注目，不利于基本的安全健康要求(急救事件—FAC 以下)

1.4 生产作业条件危险性(D)

发明者规定了将上述3个潜在危险性作业环境的自变量分值相乘得到的乘积，即可得到该作业活动的危险性分值，根据不同得分区域的危险性分值划分了对应的风险等级。具体见表4：

表4　作业条件危险性大小(D)

分数值	风险级别	危险程度
>320	5	极其危险，不能继续作业(立即停止作业)
160~320	4	高度危险，需立即整改(制定管理方案及应急预案)
70~159	3	显著危险，需要整改(编制管理方案)
20~69	2	一般危险，需要注意
<20	1	稍有危险，可以接受

2　原始 LEC 法存在的主要问题

(1) 没有明确与前期危害因素辨识结果相结合。

(2) 针对可能性(L)取值，没有考虑到企业的实际管控水平。

(3) 不能找到在人、物、环、应急等环节上存在的管理缺陷，没有为下一步实施纠正措施降低风险提供依据。

3　修正思路

(1) 针对影响特定事故发生的人的、物的、环境的、应急等四个方面的因素，建立具有普遍适用特征的管理系数打分标准。

(2) 针对已经建立的某一特定事故的危害因素集合，采取预先分析与现场查验相结合等方式，具体分析所在单位当前对该类作业活动的实际管控水平。

(3) 依据打分标准对其符合程度进行打分，得到一个管理系数，将管理系数与依据 LEC 评价方法得到的原始分值相乘，得到修正后的作业条件危险性(D)的数值。

4　修正方法

(1) 依据 GB/T 13861—2009《生产过程危险和有害因素分类与代码》，结合多年事故管理的经验，本着普遍适用的原则，将人员管理内容分为8个方面、将设备设施管理内容分为五个方面、将作业环境管理内容分为四个方面、将应急管理内容分为六个方面作为打分的标准条款。

(2) 按照人的管理、物的管理、环境管理、应急工作管理等四个方面对影响事故发生的重要程度，人为设定一个权重系数范围，其中完全符合管理要求时取最小数值，不符合管理要求时取最大值，处于二者中间情况时依据实际情况适度取值，形成了可以适应各种生产安全事故类型的安全管理系数赋值标准，具体见表5。

表 5　安全管理系数赋值标准

危害因素分类	序号	管理措施	分值权重	得分
人的管理 M_1	1	接受培训并考核合格持证上岗	0.91~1.4	
	2	了解作业活动具有的风险	0.91~1.4	
	3	掌握施工方案、作业许可及操作规程	0.91~1.4	
	4	工艺纪律得到严格遵守	0.91~1.4	
	5	操作技能熟练，胜任独立操作要求	0.91~1.4	
	6	个人防护用品配备与佩戴齐全有效	0.91~1.4	
	7	现场监护职责能够得到有效落实	0.91~1.4	
	8	生理和心理素质满足上岗要求	0.91~1.4	
	小计			
物的管理 M_2	1	设备设施设计先进、性能优良、本体无缺陷	0.92~1.3	
	2	安全防护设施、装置、附件等齐全完好	0.92~1.3	
	3	针对原材料物理性能实施了有效的防护技术手段	0.92~1.3	
	4	针对化学品危险性能实施了有效的防护技术手段	0.92~1.3	
	5	针对上述物的问题能够得到及时解决	0.92~1.3	
	小计			
环境管理 M_3	1	作业现场综合性工作环境保持良好	0.94~1.1	
	2	室外操作遇到恶劣天气立即停止作业	0.94~1.1	
	3	设备设施平面布局合理，有足够的操作空间	0.94~1.1	
	4	人机工程学优良，无强迫体位操作	0.94~1.1	
	小计			
应急管理 M_4	1	应急组织机构健全，职责分工明确	0.93~1.2	
	2	各级应急预案与处置方案(卡)齐全、有效	0.93~1.2	
	3	各级应急预案与处置方案(卡)培训演练到位	0.93~1.2	
	4	资金投入能够保证应急物资齐全有效	0.93~1.2	
	5	员工队伍素质高，应急响应执行力强	0.93~1.2	
	6	发现问题能及时提出并得到纠正	0.93~1.2	
	小计			
管理修正系数 $M= M_1\times M_2\times M_3\times M_4$				

（3）依据安全管理系数赋值标准，针对企业具体作业活动对人的管理、物的管理、环境管理以及应急管理实际表现进行打分，得到一个安全管理系数，将其与依据 LEC 评价方法得到的原始分值(D)相乘，并得到一个修正后的、更加准确的作业条件危险性(D_1)的数值。

$$D_1=M\times D$$

式中：D_1 为修正后的作业条件危险性；D 为修正前的作业条件危险性；

$$M=M_1\times M_2\times M_3\times M_4$$

其中，M 为安全管理系数；M_1 为作业人员管理系数；M_2 为作业设备设施管理系数；M_3 为作业环境管理系数；M_4 为应急管理系数。

（4）同时记录不符合标准的具体问题，以提供下一步纠正的对象。

5　调整生产作业条件危险性(D)赋值含义

为了有利于验证修正效果，我们将原始的作业活动危险性分值对应的风险等级及危险程度描述进行调整，使其更加符合现行国家和中石油管理要求。具体见表 6。

表 6 调整后的作业条件危险等级(D)

颜色	分值	风险等级	危险程度
红色	>320	重大风险	不可接受，立即停止作业(制定管理方案及应急预案，并立即整改)
红色	160~320	重大风险	不可接受，需立即整改(制定管理方案及应急预案)
橙色	70~159	较大风险	有条件接受，需要整改(制定纠正预防措施)
黄色	20~69	一般风险	有条件接受，需要进一步完善现有预防措施
蓝色	<20	低风险	可以接受，保持现有预防措施

6 引用一起真实的抽油机机械伤害事故案例进行验证

6.1 作业活动基本情况

某年某月某日，某采油队维修班对某抽油机井实施电机更换作业活动。作业人员共计 5 人，其中技术员肖某参加工作两年。涉及的固定设备为游梁式抽油机，移动设备为汽车吊等。主要作业步骤包括：使用刹车系统将曲柄停留在平衡位置、切断电源、挂上刹车辅助保险、拆卸旧电机、安装新电机、找同心度、摘掉刹车保险、松开刹车、安装电机皮带、送电、启动抽油机恢复生产等。

6.2 事故发生经过

工作过程中，在现场人员安装新电机环节，停留在上止点的曲柄发生旋转并击中站在旋转半径范围内的技术员肖某，送医院抢救无效遇难身亡。

6.3 事故原因分析，包括：人的因素 5 项(略)；物的因素 3 项(略)；环境因素 2 项(略)；应急因素 4 项(略)。

6.4 初始评价

假设前提：假如时光可以倒流，现在让我们回到该起事故发生之前，针对此类作业活动，使用原始 LEC 法对该作业活动风险进行初始评价，过程如下：

(1) 事故类型：机械伤害。

(2) 危害因素：见调查报告事故原因分析。

(3) 评价方法：LEC 法

(4) 原始值取值过程

① 事故发生可能性(L)：依据事故发生时间以及之前历史上发生的抽油机机械伤害事故概率数据，平均每 3 年发生一起亡人事故。此时，L 取值为 3。

② 人员暴露于维修环境的频次(E)：对于抽油机维修作业，依据实际工作制度和维护需求，平均每周一次或偶然暴露。此时，E 取值为 3。

③ 发生事故可能导致的后果：一旦发生曲柄意外转动可能导致的后果为一人死亡。此时，C 取值为 15。

④ 该作业条件危险性：$D=LEC=3\times3\times15=135$。

按照调整后的危险性等级划分标准(表 6)，抽油机电机更换潜在的机械伤害风险等级为：较大风险。对应危险程度：有条件接受，需要整改(制定纠正预防措施)。

(5) 评价满意度：不满意。理由有：

① 危险性数值偏小，风险等级偏低。

② 实际管理现状未与评价方法相结合。

③ 未找出导致事故发生的具体管理缺陷，影响了下一步纠正措施的制定。

6.5 修正评价

1) 根据管理系数权重赋值标准(表 5)，具体取值见表 7。

表 7 此次事故根据管理系数权重赋值标准的取值

危害因素分类	序号	管理措施	分值权重	得分
人的管理 M1	1	接受必要的培训并考核合格持证上岗	0.91~1.4	1.1
	2	了解作业活动具有的风险	0.91~1.4	1.2
	3	掌握施工方案、作业许可及操作规程	0.91~1.4	1.2
	4	工艺纪律得到严格遵守	0.91~1.4	1.2
	5	操作技能熟练，胜任独立操作要求	0.91~1.4	1.2
	6	个人防护用品配备与佩戴齐全有效	0.91~1.4	1
	7	现场监护职责能够得到有效落实	0.91~1.4	1.3
	8	生理和心理素质满足上岗要求	0.91~1.4	1
		小计(平均)		1.15
物的管理 M2	1	设备设施设计先进、性能优良、本体无缺陷	0.92~1.3	1.2
	2	安全防护设施、装置、附件等齐全完好	0.92~1.3	1.2
	3	针对原材料物理性能实施了有效的防护技术手段	0.92~1.3	不涉及
	4	针对化学品危险性能实施了有效的防护技术手段	0.92~1.3	不涉及
	5	设备设施及物料存在隐患能够及时发现和整改	0.92~1.3	1.2
		小计(平均)		1.2
环境管理 M3	1	作业现场综合性工作环境保持良好	0.94~1.1	1
	2	室外操作遇到恶劣天气立即停止作业	0.94~1.1	1
	3	设备设施平面布局合理，有足够的操作空间	0.94~1.1	1
	4	人机工程学优良，无强迫体位操作	0.94~1.1	1.1
		小计(平均)		1.03
应急管理 M4	1	应急组织机构健全，职责分工明确	0.93~1.2	1.1
	2	各级应急预案与处置方案(卡)齐全、有效	0.93~1.2	1.1
	3	各级应急预案与处置方案(卡)培训演练到位	0.93~1.2	1.1
	4	资金投入能够保证应急物资齐全有效	0.93~1.2	1.1
	5	员工队伍素质高，应急响应到位	0.93~1.2	1.1
		小计(平均)		1.1
管理修正系数 $M=M_1\times M_2\times M_3\times M_4$				1.56

(2) 管理修正系数 M=人员管理系数 M_1×设备管理系数 M_2×环境管理系数 M_3×应急管理系数 $M_4=1.15\times1.2\times1.03\times1.1=1.56$

修正后的作业条件危险性 $D_1=M\times D=1.56\times135=211$

(3) 修正后的风险等级。按照调整后的危险性等级划分标准(表 6)，修正后的抽油机电机更换活动潜在的机械伤害风险等级由较大风险提高到重大风险，对应危险程度为：不可接受，需立即整改(制定管理方案及应急预案)。

(4) 修正评价过程发现的主要管理缺陷表现在：

① 人的管理方面：员工不完全掌握抽油机作业安全风险以及防控措施、操作规程没有得到有效执行、现场监督监护责任不落实、安全培训教育未发挥有效作用等。

② 物的管理方面：抽油机刹车保险装置设计存在缺陷、抽油机刹车系统维护保养不到位、企业针对设备设施隐患排查不及时等。

③ 环境管理方面：传统的抽油机电机安装工艺存在这强迫体位，影响了人员正确站位。

④ 应急管理方面：没有针对机械伤害突发

险情制定应急预案或处置措施、人员缺乏有效的应急演练、面对突发险情不能够实施有效处置措施等。

(5) 评价满意度：满意。理由有：

① 评价结果为重大风险，风险等级符合中国石油和大港油田公司实际要求。

② 通过修正过程找出了导致事故发生的具体管理缺陷。

7 结束语

本文在梳理原始的 LEC 评价方法形成背景的基础上，依据事故致因理论，结合国家标准和企业安全生产实际，针对被评价对象的人、物、环境以及应急管理等现状，对 LEC 评价法各项取值进行了适当的修正，力求降低评价人员主观因素的影响，一定程度上提高了风险评价的准确性，解决了长期困扰企业缺乏科学的风险评价方法的难题，同时提高了风险纠正预防措施针对性和有效性。

油气企业温室气体排放盘查与核算研究

刘亚萍　金文玉　于　泳

(中国石油大港油田公司)

摘　要　简要介绍了温室气体排放的盘查与核算的意义、流程和方法，以华北地区某油气企业为例，详细地叙述了该油气企业温室气体排放的盘查方案、温室气体排放源的识别、温室气体固定与移动燃烧源和逸散排放源的量化以及汇总与分析，完成了2021年企业层面的碳盘查与核算工作，实现了企业温室气体的可检测、可报告、可核查的目标，为后续碳排放权履约和交易等碳资产管理奠定了基础。

关键词　油气企业；温室气体；排放盘查；核算碳资产管理

随着国家节能减排目标措施不断深入，油气行业作为主要高耗能、高排放和高污染行业之一，在节能减排领域必将面临更严峻的挑战。尤其是2017年全国性碳市场的建立，标志着我国即将进入全面碳约束时代。各油气企业面临的首要问题就是掌握自身的温室气体排放情况，明晰主要排放源，制定切实可行的减排路径。目前，国内已经投入的碳资产交易产品包括碳配额(必须完成的温室气体减排指标)和核证减排量(可用以抵消控排企业实际排放量)，因此，企业的碳排放权亦可成为一种资产，即碳资产。

温室气体(GHG)的统计和核算是碳交易的基础工作。根据《京都议定书》的规定，有六种温室气体需要统计并核算，分别是：CO_2(二氧化碳)、CH_4(甲烷)、N_2O(氧化亚氮)、HFCs(氢氟碳化物)、PFCs(全氟化碳)、SF_6(六氟化硫)。

油气企业具有投资及资产规模庞大、下设分支机构数量多且分布地域跨度大的特点，排放总量大，给油气企业的温室气体(GHG)排放核算增加了难度。本文以华北地区某油气企业为例，对该企业所辖区域GHG排放量进行统计并核算，最终以CO_2当量的形式计算其2021年度的GHG排放总量，给油气企业减排方案提供建议。

1　温室气体核算流程

1.1　组织边界的确定

组织边界的选择可采用财务控制权法和股权比例法(表1)。油气企业应以企业法人或视同法人的独立核算单位为边界，核算其生产系统产生的温室气体排放。生产系统包括直接生产系统、辅助生产系统、以及直接为生产服务的附属生产系统，其中辅助生产系统包括动力、供电、供水、化验、库房、运输等，附属生产系统包括生产指挥系统(厂行政管理部门)和厂区内为生产服务的部门和单位(如职工食堂)。企业厂界内生活能耗导致的排放原则上不在核算范围内。

表1　组织边界(按照财务/股权划分)

核算类别	财务核算定义	股权比例法	财务控制权法
集团公司/子公司	母公司能够直接对这家公司的财务与运营决策作出决定，并从其经营活动中获取经济利益。一般情况下，这一类型也包括母公司享有财务控制权的法人合资企业、非法人合资企业及合伙企业。集团公司/子公司实行完全合并，意味着将各子公司的收入、费用、资产与负债分别100%纳入母公司的损益账户和资产负债表，当母公司的权益不等于100%时，合并后的损益账户和资产负债表要扣除少数所有者的利润和净资产	股权比例的温室气体排放	100%的温室气体排放

续表

核算类别	财务核算定义	股权比例法	财务控制权法
关联公司	母公司时公司的运营与财务改策有重大影响，但对公司没有财务控制权。通常情况下，这一类型也包括母公司有重大影响但没有财务控制权的法人合资企业。非法人合资企业及合伙企业。财务核算时采用股权比例法确认母公司持有的关联公司的利润和净资产份额	股权比例的温室气体排放	0%的温室气体排放
合作方享有共同财务控制权的非法人合资企业/合伙企业/业务	按比例对合资企业/合伙企业/业务进行合并，各合作方对合资企业的收入、支出、资产与负债享有相应比的利益	股权比例的温室气体排放	股权比例的温室气体排
固定资产投资	母公司既没有重大影响也没有财务控制权，这一类型也包括上述情况的法人合资企业、非法人合资企业和合伙企业。财务核算时对固定资产投资采用成本/分红法，这意味着只有收取的红利被认定为收入，投资作为成本处理	股权比例的温室气体排放	0%的温室气体排放
特许	特许机构是独立的法律实体。大多数情况下，特许经营的授权人对持许业务没有股权或控制权。因此，合并的温室气体相放数据不应当包括特许业务。但是，如果特许权授予人享有股权或运营/财务控制权，那么按照权益或控制权法进行合并时适用同样的规则	股权比例的温室气体排放	100%的温室气体排放

1.2 排放范围的识别

排放范围一般是指直接排放、间接排放、特殊排放、封存等内容，也可以参考《温室气体核算体系》即 GHG Protocol。其针对温室气体核算与报告设定了三个范围：范围1，直接温室气体排放；范围2，电力产生的间接温室气体排放；范围3，其他间接温室气体排放。

范围1排放是来自企业拥有和控制的资源的直接排放，是企业一系列活动的直接结果。分为固定燃烧、移动燃烧、无组织排放、过程排放四个领域。固定燃烧来源包括用于加热建筑物的锅炉、燃气炉和燃气热电联产(CHP)工厂。最常见的燃料是天然气、液化油气气(LPG)、瓦斯油(又名红色柴油)和燃烧油(又名煤油)。移动燃烧来源包括燃烧产生温室气体的燃料的企业拥有或租赁的所有车辆。通常，这些车辆将是由汽油或柴油发动机驱动的汽车、货车和卡车。无组织排放来自有意或无意的泄漏，例如：设备的接缝、密封件、包装和垫圈的泄漏，使用冷藏和空调设备过程中产生的氢氟碳化物(HFC)排放，以及天然气运输过程中的甲烷泄漏。过程排放是指在工业过程和现场制造过程中释放的温室气体。例如：在化学制剂制造过程中产生CO_2。

范围2排放是企业由购买的能源(包括电力、蒸汽、加热和冷却)产生的间接排放。企业通过核算范围2的排放，可以评估改变用电方式和温室气体排放成本的相关风险与机会。

范围3排放是企业价值链中发生的所有间接排放。例如：乘飞机出差、上下班乘公交通勤、其他组织负责的运输等。进行 GHG 核算时，通常只对直接 GHG 排放和间接 GHG 排放进行统计核算，范围3只在明确要求时才计入组织排放。

1.3 排放源的识别和气体种类

油气企业应核算的排放源类别和气体种类包括：

(1) 燃料燃烧CO_2排放，主要指石油天然气生产各个业务环节化石燃料用于动力或热力供应的燃烧过程产生的CO_2排放。

(2) 火炬燃烧排放，出于安全等目的，石油天然气生产企业通常将各生产活动产生的可燃废气集中到一至数只火炬系统中进行排放前的燃烧处理。火炬燃烧除了CO_2排放外，还可能产生少量的CH_4排放，石油天然气生产的火炬系统需同时核算CO_2和CH_4排放。

(3) 工艺放空排放，主要指石油天然气生产各业务环节通过工艺装置泄放口或安全阀门有意释放到大气中的CH_4或CO_2气体，如驱动气动装置运转的天然气排放、泄压排放、设备吹扫排放、工艺过程尾气排放、储罐溶解气排放等。石油天然气生产企业业务环节较多且各具特色，其工艺放空排放应区分不同业务环节分开核算。

(4) CH_4逃逸排放，主要是指石油天然气生产各业务环节由于设备泄漏产生的无组织CH_4排放，如阀门、法兰、泵轮密封、压缩机密封、减压阀、取样接口、工艺排水、开口管路、套管、储罐泄漏及未被定义为工艺放空的其他压力设备泄漏；石油天然气生产企业业务环节较多且各具特色，其逃逸排放应区分不同业务环节分开核算。

(5) CH_4回收利用量，主要指企业通过节能减排技术回收工艺放空废气流中携带的CH_4从而免于排放到大气中的那部分CH_4。CH_4回收利用量可从企业总排放量中予以扣除。

(6) CO_2回收利用量，主要指企业回收燃料燃烧或工艺放空过程产生的CO_2作为生产原料或外供产品从而免于排放到大气中的那部分CO_2。CO_2回收利用量可从企业总排放量中予以扣除。因缺乏适当的核算方法暂不考虑CO_2地质埋存或驱油的减排问题。

(7) 净购入电力和热力隐含的CO_2排放，该部分排放实际上发生在生产这些电力或热力的企业，但由核算主体的消费活动引起，依照约定也计入核算主体名下。

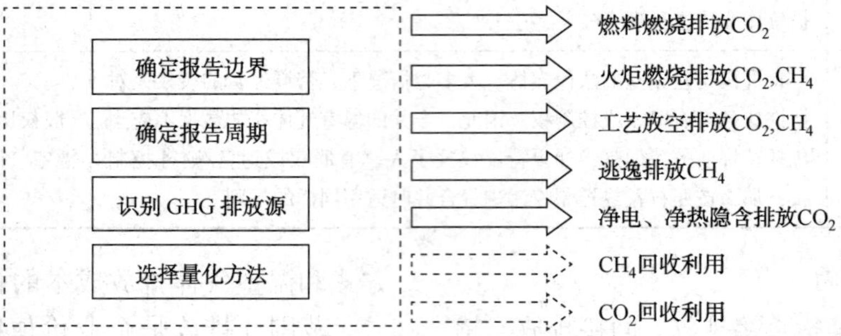

图 1　石油天然气生产业务温室气体排放源及气体种类示意图

1.4　核算方法

在确定了核算边界以后，可采取以下步骤核算温室气体排放量：

(1) 识别企业所拥有的温室气体排放业务环节，确定排放源类别及气体种类。

(2) 选择相应的温室气体排放量计算公式。

(3) 获取活动水平和排放因子数据。

(4) 将收集的数据代入计算公式从而得到温室气体排放量结果。

(5) 按照规定的格式，描述、归纳温室气体排放量计算过程和结果。

核算主体的温室气体(GHG)排放总量等于化石燃料燃烧CO_2排放量，加上火炬燃烧排放量，加上各个业务环节的工艺放空排放和逃逸排放之和(其中非CO_2气体应按全球增温潜势，即GWP值，折算成CO_2当量)，减去企业的CH_4和CO_2回收利用量，再加上企业净购入电力和净购入热力的隐含CO_2排放量。公式如下：

$$E_{GHG}=E_{CO_2\_\text{燃烧}}+E_{GHG\_\text{火炬}}+\sum_s(E_{GHG\_\text{工艺}}+E_{GHG\_\text{逃逸}})s-R_{CH_4\_\text{回收}}\times GWP_{CH_4}-R_{CO_2\_\text{回收}}+E_{CO_2\_\text{净电}}+E_{CO_2\_\text{净热}}$$

式中：E_{GHG}为企业温室气体排放总量，吨CO_2当量；$E_{CO_2_\text{燃烧}}$为企业由于化石燃料燃烧活动产生的CO_2排放，tCO_2；$E_{GHG_\text{火炬}}$为企业因火炬燃烧导致的温室气体排放，tCO_2当量；$E_{GHG_\text{工艺}}$为企业各业务类型的工艺放空排放，tCO_2当量；$E_{GHG_\text{逃逸}}$为企业各业务类型的设备逃逸排放，tCO_2当量；s为企业涉及的业务类型，包括油气勘探、油气开采、油气处理、油气储运业务；$R_{CH_4_\text{回收}}$为企业的CH_4回收利用量，tCH_4；GWP_{CH_4}为CH_4相比CO_2的全球变暖潜势(GWP)值。根据IPCC第二次评估报告，100年时间尺度内1tCH_4相当于21tCO_2的增温能力，因此GWP_{CH_4}等于21；$R_{CO_2_\text{回收}}$为企业的CO_2回收利用量，tCO_2；$E_{CO_2_\text{净电}}$为企业净购入电力隐含的CO_2排放，tCO_2；$E_{CO_2_\text{净热}}$为企业净购入热力隐含的CO_2排放，tCO_2。

1.5　GHG 排放量的量化与汇总

根据组织边界内排放源的活动水平，查表计算出排放因子和全球暖化潜值(*GWP*)，通过温室气体排放量计算公式，计算出各排放源的GHG，并按照分类进行统计、核算、汇总、分析，从而得到该企业在某完整周期内的GHG排放量。因此结合上文分析，可通过图2流程开展GHG统计与核算工作。

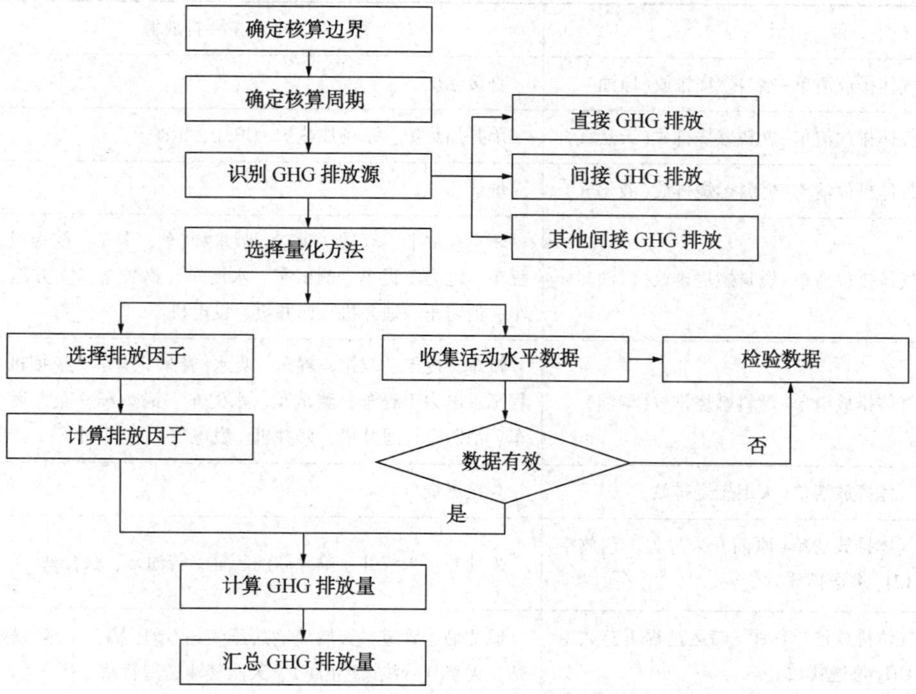

图 2 GHG 排放统计与核算流程

2 油气企业 GHG 排放的盘查与核算

2.1 盘查准备工作

在做 GHG 盘查前要确定好核算边界、核算周期、范围及主要生产设施。本次盘查对该油气企业 2021 年全年的 GHG 排放进行核算，即可造成温室气体排放物质的量的收集须涵盖 2021 年 1 月 1 日到 2021 年 12 月 31 日；该油气企业以法人边界范围内所有生产设施产生的温室气体排放量进行核算，主要生产工艺包括集输布站、集油、原油脱水及污水处理、原油输送、供水及注水。主要生产设施为直接生产设施，包括抽油机、电潜泵、加热炉、输油泵、注水泵、压缩机；辅助生产设施，包括供电、供水、检测设备、运输、发电机；附属生产设施，包括职工食堂、机关办公场所。在该企业地理边界内的生产设施及其配套设备均由该企业运营，可根据营运控制权法进行核算。为了方便核算并真实、完整反映该企业的 GHG 排放水平，本次核算直接 GHG 排放、间接 GHG 排放。

2.2 识别 GHG 排放源

2.2.1 直接 GHG 排放源的识别

油气企业主要产生直接 GHG 排放的设备、设施和过程包含以下几类：来自于固定排放源的排放，如发电机泵、锅炉、灶具等消耗燃料所引起的排放；企业自有或控制的移动燃烧排放源，如通勤车、工程车、叉车、油罐车、消防车等；来自于在设备联接点、封口、包装等处有意或者无意的逃逸排放，如使用冷藏和空调装置产生的氢氟碳化物排放、石油开采过程中的 CH_4 泄漏、天然气运输过程中的 CH_4 泄漏、以及其他直接的二氧化碳和甲烷逃逸。

2.2.2 间接 GHG 的排放源的识别

油气企业是工业生产企业的间接 GHG 排放，通常包括外购电力、外购热力，不涉及外购蒸汽。本次核算的企业，直接生产设施、辅助生产设施及辅助生产设施均使用外购电力，且有部分场所在冬季需要供暖，因此还涉及外购热力。

2.2.3 建立温室气体排放清单

根据该油气企业的实际情况，对所辖区域的排放源进行识别，可以得到温室气体排放清单，见表 2。组织企业所辖各分支机构填报 2021 年温室气体排放清单，在确定的核算范围内对相应的能耗指标源数据进行填报，同时提高数据颗粒度，细化排放活动和排放设施，以便于后期进行统计工作、高能耗设备效率提升、更详尽的报告提供数据支撑。

表 2　温室气体排放清单

目　录		主要排放源
表 1-1	温室气体排放清单-燃料燃烧排放(原油)	直接燃烧
表 1-2	温室气体排放清单-燃料燃烧排放(天然气)	单井加热炉、站场加热炉、炉灶、锅炉
表 1-3	温室气体排放清单-燃料燃烧排放(液化气)	炉灶
表 1-4	温室气体排放清单-燃料燃烧排放(汽油)	轿车、皮卡、双排、罐车、吸水/粪车、卡车、挖掘机、吊车、电焊工程车、电力工程车、测试车、水泥车、锅炉车、立方运、压裂车、地锚车、消防车、通井机、修井机、发电机
表 1-5	温室气体排放清单-燃料燃烧排放(柴油)	轿车、皮卡、双排、罐车、吸水/粪车、卡车、挖掘机、吊车、电焊工程车、电力工程车、测试车、水泥车、锅炉车、立方运、压裂车、地锚车、消防车、通井机、修井机、发电机
表 2	温室气体排放清单(火炬燃烧排放)	直接燃烧
表 3	温室气体排放清单(原油开采过程工艺放空排放和 CH_4 逃逸排放)	采油井、采气井、单井储油装置、转油站、联合站
表 4	温室气体排放清单(油气储运过程工艺放空排放和 CH_4 逃逸排放)	原油输送管道、天然气输送压气站/增压站、天然气输送计量站/分输站、天然气管线(逆止阀)、天然气输送清管站
表 5	温室气体排放清单(油气处理过程工艺放空排放和 CH_4 逃逸排放)	天然气处理
表 6-1	温室气体排放清单-间接排放(购入电力)	采油(抽油机、电潜泵、水力泵井、常规螺杆泵、电潜螺杆泵)、单井增注(离心式增注泵、柱塞泵)、场站(原油提升泵、压风机、污水提升泵、表活剂灌搅拌机、表喂泵、表希泵、采暖泵、掺水泵、倒罐泵、反洗泵、辅剂罐搅拌机、辅剂计量泵、高压柱塞泵、供水泵、管道泵、计量泵、精细提升泵、精细外输泵、螺杆泵、螺杆压缩机组、曝气机、清砂泵、清水泵、杀菌剂搅拌机、上料器、收油泵、输油泵、输油除砂泵、熟化罐搅拌机、双螺杆混输泵、脱水提升泵、喂入泵、喂液泵、污水泵、污水提升泵、污水回收泵、下料器、消防水泵、小沉砂池螺杆泵、压缩机组、油水泵、增压泵、注水泵、柱塞泵、办公用电)、其他辅助用电(办公用电)、线变损及其他
表 6-2	自发电	光伏发电、天然气发电
表 6-3	温室气体排放清单-间接排放(购入热力)	采暖、制冷、浅层制热

2.3　直接 GHG 排放的量化

2.3.1　燃料燃烧 GHG 排放的量化

企业的化石燃料燃烧 CO_2 排放量基于企业边界内各个燃烧设施分品种的化石燃料燃烧量，乘以相应的燃料含碳量和碳氧化率，再逐层累加汇总得到，公式如下：

$$E_{CO_2-燃烧} = \sum_j \sum_i \left(AD_{ij} \times CC_{ij} \times OF_{ij} \times \frac{44}{12} \right)$$

式中：$E_{CO_2-燃烧}$ 为企业的化石燃料燃烧 CO_2 排放量，tCO_2；i 为化石燃料的种类；j 为燃烧设施序号；$AD_{i,j}$ 为燃烧设施 j 内燃烧的化石燃料品种 i 消费量，固体或液体燃料(t)，其他气体燃料以气体燃料标准状况下的体积(万 Nm^3)，非标准状况下的体积需转化成标况下进行计算；$CC_{i,j}$ 为设施 j 内燃烧的化石燃料 i 的含碳量，固体和液体燃料(t 碳/t 燃料)，气体燃料(t 碳/万 Nm^3)；$OF_{i,j}$ 为燃烧的化石燃料 i 的碳氧化率，取值范围为 0~1。

该企业燃料燃烧排放的活动水平数据为原油、汽油、柴油和天然气的净消耗量和相应的低位发热量，燃料燃烧排放因子数据为上述燃料的单位热值含碳量和碳氧化率，数据和来源见表 3，根据公式计算出 4 类燃料燃烧 CO_2 的排放量。

表 3　4 类燃料燃烧 CO_2 的排放量

燃料品种	净消耗量			低位发热量			单位热值含碳量		碳氧化率/%		CO_2排放量/t
	数据来源	数值	单位	数据来源	数值	单位	数据来源	数值	数据来源	数值	
原油	其他方式	74089	t	指南缺省值	42.62	GJ/t	指南缺省值	0.0201	指南缺省值	98	228066.1
天然气	其他方式	6145.46	万 Nm^3	指南缺省值	389.31	GJ/万 Nm^3	指南缺省值	0.0153	指南缺省值	99	132876.45
汽油	相关方结算凭证	855.71	t	指南缺省值	44.8	GJ/t	指南缺省值	0.0189	指南缺省值	98	2603.54
柴油	相关方结算凭证	871.76	t	指南缺省值	43.33	GJ/t	指南缺省值	0.0202	指南缺省值	98	2741.79
	合计										366287.88

2.3.2　火炬燃烧排放

石油天然气生产企业火炬燃烧可分为正常工况下的火炬气燃烧及由于事故导致的火炬气燃烧两种，考虑到两种火炬气的数据监测基础不同，建议分别核算；另外，考虑到石油天然气生产企业火炬气 CH_4 含量较高且火炬气燃烧不充分，因此石油天然气生产企业的火炬燃烧排放应同时考虑 CO_2 及 CH_4 排放。公式为：

$$E_{GHG\_火炬}=E_{CO_2\_正常火炬}+E_{CO_2\_事故火炬}+(E_{CH_4\_正常火炬}+E_{CH_4\_事故火炬})\times GWP_{CH_4}$$

式中：$E_{CO_2\_火炬}$ 火炬燃烧产生的 CO_2 排放，tCO_2；$E_{CO_2\_正常火炬}$ 为正常工况下火炬系统产生的 CO_2 排放，tCO_2；$E_{CO_2\_事故火炬}$ 为由于事故火炬产生的 CO_2 排放，tCO_2；$E_{CH_4\_正常火炬}$ 为正常工况下火炬系统产生的 CH_4 排放，tCH_4；$E_{CH_4\_事故火炬}$ 为事故火炬产生的 CH_4 排放，tCH_4。

1. 正常工况火炬温室气体排放

计算公式为：

$$E_{CO_2\_正常火炬}=\sum_i\left[Q_{正常火炬}\times\left(CC_{非CO_2}\times OF\times\frac{44}{12}+V_{CO_2}\times 19.7\right)\right]_i$$

$$E_{CH_4\_正常火炬}=\sum_i\left[Q_{正常火炬}\times V_{CH_4}\times(1-OF)\times 7.17\right]_i$$

式中：i 为火炬系统序号；$Q_{正常火炬}$ 为正常生产状态下第 i 号火炬系统的火炬气流量，万 Nm^3；$CC_{非CO_2}$ 为火炬气中除 CO_2 外其他含碳化合物的总含碳量，t 碳/万 Nm^3，OF 为第 i 号火炬系统的碳氧化率，如无实测数据可采用缺省值 0.98；V_{CO_2} 为火炬气中 CO_2 的体积浓度，取值范围为 0~1，如火炬气中 CO_2 的体积浓度为 2%，则 V_{CO_2} 取 0.02；V_{CH_4} 为火炬气中 CH_4 的体积浓度；$\frac{44}{12}$ 为碳与二氧化碳转换系数；19.7 为 CO_2 气体在标准状况下的密度，t/万 Nm^3；7.17 为 CH_4 气体在标准状况下的密度，t/万 Nm^3。

2. 事故火炬温室气体排放

目前我国石油天然气生产企业由于事故导致的火炬气燃烧一般无具体监测，直接获取火炬气流量数据非常困难，建议以事故设施通往火炬的平均气体流量及事故持续时间为基础估算事故火炬燃烧量，并进而估算事故火炬燃烧的 CO_2 和 CH_4 排放量：

$$E_{CO_2\_事故火炬}=\sum_j GF_{事故,j}\times T_{事故,j}\times\left(CC_{(非co_2)j}\times OF\times\frac{44}{12}+V_{(co_2)}j\times 19.7\right)$$

$$E_{CH_4\_事故火炬}=\sum_j\left[GF_{事故,j}\times T_{事故,j}\times V_{CH_4}\times(1-OF)\times 7.17\right]_j$$

式中：j 为事故次数；$GF_{事故,j}$ 为核算期内第 j 次事故状态时的火炬气流速度，万 Nm^3/h；$T_{事故,j}$ 为核算期内第 j 次事故的持续时间，h；$CC_{(非CO_2)j}$ 为第 j 次事故火炬气中除 CO_2 外其他含碳化合物的总含碳量，t 碳/万 Nm^3；OF 为火炬燃烧的碳氧化率，如无实测数据可采用缺省值 0.98；$V_{(CO_2)j}$ 为第 j 次事故火炬气中 CO_2 的体积浓度；V_{CH_4} 为事故火炬气中 CH_4 的体积浓度。

该企业火炬燃烧排放的活动水平数据为正常工况下的火炬气燃烧量和火炬气 i 中 CO_2 的体积浓度、火炬气 i 中 CH_4 的体积浓度和火炬燃烧的碳氧化率，数据和来源见表 4(没有发生事故导致的火炬气燃烧量)。

表 4　2021 年度火炬燃烧排放活动水平数据和排放因子数据及来源

火炬气流量/万 Nm^3	数据来源	除 CO_2 外其他含碳化合物的总碳量/(t 碳/万 Nm^3)	数据来源	火炬气 i 中 CO_2 的体积浓度/%	数据来源	火炬气 i 中 CH_4 的体积浓度/%	数据来源	碳氧化率/%	数据来源	CO_2 排放量/t
545.8	其他方式	5.54	实测值	2.73	实测值	91.33	实测值	98	指南缺省值	12659.93

2.3.3　油气开采业务温室气体排放

油气开采业务发生的化石燃料燃烧 CO_2 排放在“燃料燃烧 CO_2 排放”下核算；油气开采业务发生的火炬燃烧排放在“火炬燃烧排放”下核算。油气开采业务工艺放空 CH_4 排放及 CH_4 逃逸排放主要发生于原油开采中的井口装置、单井储油装置、接转站、联合站及天然气开采中的井口装置、集气站、计量/配气站及储气站等。它们的核算方法如下：

1. 油气开采业务工艺放空排放

油气开采工艺放空 CH_4 排放可根据油气开采环节各类设施的数量及不同设施的工艺放空排放因子进行计算：

$$E_{CH_4\_\text{开采放空}} = \sum_j (N_{umj} \times EF_j)$$

式中：$E_{CH_4\_\text{开采放空}}$ 为油气开采环节产生的工艺放空 CH_4 排放量，tCH_4；j 为油气开采系统中的装置类型，包括原油开采的井口装置、单井储油装置、接转站、联合站及天然气开采中的井口装置、集气站、计量/配气站、储气站等；N_{um_j} 为第 j 个装置的数量，个；EF_j 为第 j 个装置的工艺放空 CH_4 排放因子，tCH_4/(年·个)。

2. 油气开采业务 CH_4 逃逸排放

油气开采业务 CH_4 逃逸排放可根据油气开采环节各类设施的数量及不同设施的 CH_4 逃逸排放因子进行计算：

$$E_{CH_4\_\text{开采逃逸}} = \sum_j (N_{um\,oil,\,j} \times EF_{oil,\,j}) + \sum_j (N_{gas\,oil,\,j} \times EF_{gas,\,j})$$

式中：$E_{CH_4\_\text{开采逃逸}}$ 为原油开采或天然气开采中所有设施类型(包括原油开采的井口装置、单井储油装置、接转站、联合站及天然气开采中的井口装置、集气站、计量/配气站、储气站等)产生的 CH_4 逃逸排放，tCH_4；j 为不同的设施类型；$N_{um\,oil,j}$ 为原油开采业务所涉及的泄漏设施类型数量，个；$EF_{oil,j}$ 为原油开采业务中涉及到的每种设施类型 j 的 CH_4 逃逸排放因子，tCH_4/(年·个)；$Num_{gas,j}$ 为天然气开采业务所涉及的泄漏设施类型数量，个；$EF_{gas,j}$ 为天然气开采业务中涉及到的每种设施类型 j 的 CH_4 逃逸排放因子，tCH_4/(年·个)。

该企业原油开采过程工艺放空排放和 CH_4 逃逸排放活动水平数据为原油开采过程 CH_4 排放量和逃逸排放量，数据和来源见表 5。

表 5　2021 年度原油开采过程排放活动水平数据和排放因子数据及来源

装置类型	装置数量/个	数据来源	工艺放空			逃逸			合计 CO_2 排放量/t
			CH_4 排放因子	数据来源	CO_2 排放量/t	CH_4 排放因子	数据来源	CO_2 排放量/t	
井口装置	4347	生产记录	—	指南缺省值	—	0.23t/年·个	指南缺省值	20996.01	20996.01
单井储油装置	133	生产记录	0.22t/年·个	指南缺省值	614.46	0.38t/年·个	指南缺省值	1061.34	1675.8
接转站	29	生产记录	0.11t/年·个	指南缺省值	66.99	0.18t/年·个	指南缺省值	109.62	176.61
联合站	25	生产记录	0.45t/年·个	指南缺省值	236.25	1.4t/年·个	指南缺省值	735	971.25
合计			—	—	917.7	—	—	22901.97	23819.67

2.3.4　油气储运业务 CH_4 逃逸排放

油气储运业务 CH_4 逃逸排放主要来自原油和天然气输送过程中的逸散和泄漏损失。成品油输送过程中逸散损失很低，因此不要求计算成品油输送的 CH_4 逃逸排放。原油输送过程中产生的 CH_4 逃逸排放主要源于原油输送管道的泄漏，可根据原油输送量估算，公式如下：

$$E_{CH_4\_\text{油输逃逸}} = Q_{oil} \times EF_{CH_4\_\text{油输逃逸}}$$

式中：$E_{CH_4-油输逃逸}$为原油输送过程中产生的 CH_4 逃逸排放，tCH_4；Q_{oil} 为原油输送量，亿 t；$EF_{CH_4-油输逃逸}$为原油输送的 CH_4 逃逸排放因子，tCH_4/亿 t 原油。

天然气输送环节的逃逸排放主要来源于阀门、压气站/增压站、计量站/分输站、管线（逆止阀）等设施的泄漏，可以根据各设施的数量及不同设施的 CH_4 逃逸排放因子进行计算：

$$E_{CH_4-气输逃逸} = \sum_j (N_{umj} \times EF_i)$$

式中：$E_{CH_4-气输逃逸}$为天然气输送过程中产生的 CH_4 逃逸排放，tCH_4；N_{umj} 为天然气输送过程中产生逃逸排放的设施 j（包括天然气输送环节中的压气站/增压站、计量站/分输站、管线逆止阀等）的数量，个；EF_j 为每个设施 j 的 CH_4 逃逸排放因子，tCH_4/（年·个）。

该企业油气储运过程工艺排放和 CH_4 逃逸排放活动水平数据为原油、天然气储运过程中 CH_4 排放量和逃逸排放量，数据和来源见表 6。

表 6　2021 年度油气储运过程排放活动水平数据和排放因子数据及来源

类型	装置类型	输送量/亿 t	数据来源	工艺放空			逃逸			合计 CO_2 排放量/t
				CH_4 排放因子	数据来源	CO_2 排放量/t	CH_4 排放因子	数据来源	CO_2 排放量/t	
原油输送	原油输送管道	0.03938006	生产记录	—	—	—	753.29 吨/亿吨	指南缺省值	622.96	622.96
	装置类型	装置数量/个	数据来源	CH_4 排放因子	数据来源	CO_2 排放量/t	CH_4 排放因子	数据来源	CO_2 排放量/t	合计 CO_2 排放量/t
天然气输送	天然气输送压气站/增压站	1	生产记录	10.05t/年·个	指南缺省值	211.05	85.05t/年·个	指南缺省值	1786.05	1997.1
天然气输送	天然气输送计量站/分输站	13	生产记录	13.52t/年·个	指南缺省值	3690.96	31.5t/年·个	指南缺省值	8599.5	12290.46
天然气输送	天然气管线（逆止阀）	10	生产记录	5.49t/年·个	指南缺省值	1152.9	0.85t/年·个	指南缺省值	178.5	1331.4
天然气输送	天然气输送清管站	0	生产记录	0.001t/年·个	指南缺省值	0	0t/年·个	指南缺省值	0	0
合计										15618.96

2.3.5　油气处理业务温室气体排放

油气处理业务发生的化石燃料燃烧 CO_2 排放在“燃料燃烧 CO_2 排放”下核算；油气处理业务发生的火炬燃烧排放在“火炬燃烧排放”下核算；油气处理业务工艺放空排放和逃逸排放核算方法如下。

1. 油气处理业务工艺放空排放

油气处理业务的工艺放空排放主要发生在天然气处理的过程中，产生的温室气体包括 CH_4 和 CO_2。每种温室气体的核算方法如下：

（1）天然气处理过程工艺放空 CH_4 排放。天然气处理过程工艺放空的 CH_4 排放，主要发生在乙二醇脱水装置乙二醇的再生阶段，其 CH_4 排放量可采用以下公式计算：

$$E_{CH_4-气处理放空} = Q_{gas} \times EF_{CH_4-气处理放空}$$

式中：$E_{CH_4-气处理放空}$为天然气处理过程中工艺放空 CH_4 排放，tCH_4；Q_{gas} 为天然气处理量，亿 Nm^3；$EF_{CH_4-气处理放空}$为天然气处理过程中工艺放空 CH_4 排放因子，tCH_4/亿 Nm^3。

（2）天然气处理过程工艺放空 CO_2 排放。天然气处理过程中酸气脱除（包括胺、膜和分子筛等工艺）、CO_2 脱除等工艺还可能产生 CO_2 排放，其 CO_2 排放量可根据酸性气体去除设备的进口、出口气体流量及气体中 CO_2 体积浓度并利用以下公式来计算 CO_2 排放量。

$$E_{CO_2-酸气脱除} = \sum_{k=1}^{N} (Q_{in,k} \times V_{CO_2,in,k} - Q_{out,k} \times V_{CO_2,out,k}) \times \frac{44}{22.4} \times 10$$

式中：$E_{CO_2-酸气脱除}$为酸气脱除过程中产生的 CO_2

年排放量，tCO_2；k 为脱酸设备序号；$Q_{in,k}$ 为进入第 k 套酸气脱除设备处理的气体体积，万 Nm^3；$V_{CO_2,in,k}$ 第 k 套酸气脱除设备入口处(未处理)气体中 CO_2 体积浓度，取值范围 0~1；$Q_{out,k}$ 为经过第 k 套酸气脱除设备处理后的气体体积，万 Nm^3；$V_{CO_2,out,k}$ 为经过第 k 套酸气脱除设备处理后的气体中 CO_2 体积浓度，取值范围 0~1；44 为 CO_2 气体的摩尔质量，kg/kmol。

2. 油气处理业务 CH_4 逃逸排放

油气处理业务的 CH_4 逃逸排放主要发生在天然气处理环节，天然气处理过程的 CH_4 逃逸排放可根据天然气处理量估算，公式如下：

$$E_{CH_4\_气处理逃逸} = Q_{gas} \times EF_{CH_4\_气处理逃逸}$$

式中：$E_{CH_4\_气处理逃逸}$ 为天然气处理过程 CH_4 逃逸排放，tCH_4；Q_{gas} 为天然气的处理量，亿 Nm^3；$EF_{CH_4\_气处理逃逸}$ 为单位天然气处理量的 CH_4 逃逸排放因子，tCH_4/亿 Nm^3 天然气。

该企业油气处理过程工艺排放和 CH_4 逃逸排放活动水平数据为天然气处理过程中 CH_4 排放量和逃逸排放量，数据和来源见表 7。

表 7 2021 年度油气处理过程排放活动水平数据和排放因子数据及来源

天然气年处理量/亿 Nm^3	数据来源	工艺放空			逃逸			合计 CO_2 排放量/t
		CH_4 排放因子	数据来源	CO_2 排放量/t	CH_4 排放因子	数据来源	CO_2 排放量/t	
6.4018	生产记录	13.83t/亿 Nm^3	指南缺省值	1859.27	40.34t/亿 Nm^3	指南缺省值	5423.22	7282.49

2.4 能源间接的 GHG 排放量化

企业净购入的电力消费引起的 CO_2 排放以及净购入的热力消费引起的 CO_2 排放分别按以下公式计算：

$$E_{CO_2\_净电} = AD_{电力} \times EF_{电力}$$

$$E_{CO_2\_净热} = AD_{热力} \times EF_{热力}$$

式中：$E_{CO_2\_净电}$ 为企业净购入的电力消费引起的 CO_2 排放，tCO_2；$E_{CO_2\_净热}$ 为企业净购入的热力消费引起的 CO_2 排放，tCO_2；$AD_{电力}$ 为企业净购入的电力消费，MW·h；$AD_{热力}$ 为企业净购入的热力消费，GJ；$EF_{电力}$ 为电力供应的 CO_2 排放因子，tCO_2/MW·h；$EF_{热力}$ 为热力供应的 CO_2 排放因子，tCO_2/GJ。

电力供应的 CO_2 排放因子等于企业生产场地所属区域电网的平均供电 CO_2 排放因子，应根据主管部门的最新发布数据进行取值。热力供应的 CO_2 排放因子应优先采用供热单位提供的 CO_2 排放因子，不能提供则按 0.11tCO_2/GJ 计。

该企业净购入电力产生的排放的活动水平数据为购入电量，电力排放因子来自国家发展改革委发布的《2011 年和 2012 年中国区域电网平均二氧化碳排放因子》中 2012 年华北区域电网平均 CO_2 排放因子数据，数值为 0.8843$kgCO_2$/kW·h，净购入热力产生的排放活动水平数据为购入热力，数值为缺省值 0.11tCO_2/GJ，数据和来源见表 8。

表 8 2021 年度净购入电力产生的排放活动水平数据和排放因子数据及来源

项目	净购入量			排放因子			CO_2 排放量/t
	数据来源	数值	单位	数据来源	数值	单位	
购入电力	相关方结算凭证	1000161.1	MW·h	采用国家最新发布值，目前采用 2012 年华北区域电网平均 CO_2 排放因子数据	0.8843	tCO_2/MW·h	884442.46
热力	相关方结算凭证	204593.84	GJ	指南缺省值	0.11	tCO_2/GJ	22505.32
合计	906947.78						

2.5 GHG 排放汇总与分析

该企业没有工业生产过程的排放，没有其他环节 CO_2 回收利用。汇总以上量化结果，该油气企业 2021 年共排放 GHG1333240tCO_2，排放比例依由大到小的排序分别为外购电力 GHG 排放(66.3%)、原油燃烧 GHG 排放(17.1%)、天然气燃烧 GHG 排放(10%)、外购热力 GHG 排放(1.7%)、井口装置(1.6%)、天然气输送 GHG 排放(1.2%)、火炬燃烧 GHG 排放(0.9%)和天然气年处理量、柴油汽油燃烧、单井储油装置、联合站、原油输送、接转站等 GHG 排放(1.2%)。由于电力作为主要 GHG 排放,因此降低 GHG 总量排放应减少电力的使用。目前该企业电力主要用于生产、照明和冬季取暖,因此从节能低碳角度考虑,应进一步优化生产工艺流程,冬季供暖电锅炉运行参数,实现管理节能。

3 结语

本文以华北某油气企业为例,说明了各排放源的 GHG 排放量的计算及核算方法,可以有发现企业碳排放的源头,有效地为企业节能减排工作提供方向性的指导工作,促使企业有意识的进行节能减排工作,同时,在准确核算的基础上,可按需输出盘查报告或接受第三方核查,实现对企业 GHG 排放的"可监测、可报告、可核查"的目标,为后续的碳排放权履约、碳排放权交易等碳资产管理工作奠定基础。同时,通过对 GHG 的量化,可以为企业节能减排工作提供科学决策依据。

参 考 文 献

[1] ISO 14064 - 1: 2018 Preview Greenhouse gases - Part1: Specification with guidance at the organization levelfor quantification and reporting of greenhouse gas emissionsand removals.

[2] ISO 14064 - 2: 2019 Preview Greenhouse gases - Part2: Specification with guidance at the project level forquantification, monitoring and reporting of greenhousegas emission reductions or removal enhancements[S].

[3] Intergovernmental Panel on Climate Change [IPCC] 2016.

[4] Working group I contribution to the IPCC fifth assessmentreprot, climate change 2013: The Physical ScienceBasis.

[5] 全国碳排放权交易第三方核查参考指南[M]. 国家发展与改革委员会.

[6] ISO 14064 - 3: 2019 PreviewGreenhouse gases - Part 3: Specification withguidance for the verification and validation of green-house gas statements.

关于建设油田数智化车务管理系统的思考与建议

叶万青　尹洪石　张菊红

(中国石油大港油田公司)

摘　要　本文主要对大港油田车务管理现状及如何建设数智车务管理系统进行了简要概述，重点对油田车务管理现状、数智车务管理系统建设与深度应用进行了系统调研、梳理与分析，并就改进油田车务管理、推进数智车务管理系统建设等方面进行了深入思考，并提出了一些建设性构想和建议。

关键词　车务管理；改革；数智化建设；建议

近年来，大港油田积极践行“数智中国石油”发展战略，打造以“六化”为标志的数智油田生态，即“数字化、自动化、一体化、无纸化、智能化、扁平化”。2020 年以来，大港油田按照集团公司数字化转型、智能化发展试点工作统一部署，全面启动了数智油田建设，2022 年完成了以“四新”为主要特征的数智油田 1.0 建设，有力促进了公司提质增效和高质量发展。但由于油田车务管理归核化改革相对迟缓，方向尚不明朗，造成数智车务管理建设的紧迫性在一定程度上弱化；随着油田公司车辆整体老化问题日益突出、驾驶员队伍结构老龄化、自然减员造成缺员等问题日趋严重，各二级单位普遍存在等待车辆报废、驾驶员自然减员后车辆服务业务外包思想，致使数智车务管理系统建设内生动力不足，建设需求与意愿不高；加之现阶段车辆监控、调度等系统功能相对单一，且独立运行，互不关联，无一套较为完善的数智化应用系统可供接入车务全过程管理，功能开发、应用不充分，车辆监控、调度等系统安装、运行费用过高，在一定程度上影响了数智车务管理系统功能的深度开发与应用。从根本上来说不是数智车辆管理系统实际需求不足，而是实际需求受到上述诸多因素的制约。随着油田公司车务改革持续深入，数智车务管理系统建设势在必行，并将随着时间的推移变得更加迫切。

1　大港油田公司车务管理现状调查分析

调查研究是获得真知灼见的源头活水，是我们做好各项工作的出发点和根基，更是我们改革决策的落脚点。2021 年以来，笔者在油田公司上级有关部门的鼎力支持下，对油田公司下属 31 个单位、车辆服务承包商的车务管理现状以及车辆、驾驶员等情况进行了深入调查，现将有关情况做如下说明：

1.1　基本情况调查

1.1.1　驾驶员队伍情况

据初步统计，目前油田公司现有准驾人员 2080 人，人员分类情况如下：

按准驾证类别划分：职业驾驶员 1891 人占比 91%，非职业驾驶员 189 人占比 9%。

按用工性质划分：合同化、市场化驾驶员 1571 人占比 76%，项目用工、业务外委或劳务输入驾驶员 509 人(主要为同欣集团、运输公司等)占比 24%。

按照年龄划分：40 岁以下 271 人占比 13%，40 岁(含 40 岁)至 50 岁 925 人占比 44%，50 岁(含 50 岁)至 55 岁 520 人占比 25%，55 岁(含 55 岁)至 60 岁 364 人占比 18%，驾驶员平均年龄 47.4 岁(油田公司合同化、市场化驾驶员平均年龄已超过 50 岁)。

按照职业禁忌证体检结果划分：患高血压或低血压驾驶员近 117 人，双耳语频平均听阈超过标准的 9 人，患器质性心脏病 4 人，另有突发脑梗 3 人。

1.1.2　车辆管理情况

油田公司及所属单位共有各类运行车辆 1955 台，车辆分类情况如下：

按照车辆性质划分：油田公司自有车辆 1649 台占比 84%，外租、外雇车辆 306 台(主要为同欣集团、运输公司、首汽集团等)占比 16%。

按照车龄划分(油田公司自有车辆)：车龄 1 至 10 年(不含 10 年)859 台占比 52%，车龄 10 至 15 年(不含 15 年)的 554 台占比 34%，车龄 15 年及以上的 239 台占比 14%。

按照车辆使用现状划分(油田公司自有车辆)：正常使用的 1575 台占比 96%，待报废仍在使用 37 台占比 2%，停驶 37 台占比 2%。

1.1.3　车务管理现状

截至 2022 年年底，车务管理中心负责油田公司机关用车服务、各单位通勤班车服务，同时承接了天津储气库分公司、天然气公司、第四采油厂(滩海公司)的车务管理业务，其他各二级单位仍由各自运行管理，油田公司车务管理整体专业化、规范化管理水平不高。

1.1.4　车务管理智能化建设现状

目前，油田公司车务管理智能化建设，仅在车辆监控方面得到普遍应用，即车辆监控系统(含重点车辆的视频监控系统)，其主要用于车辆交通违章行为查纠、车辆合规管理(行驶里程比对、“三交一停”执行情况等)，功能过于单一，无法融入车务全过程管理。此外，由于车辆调度系统安装与运行费用较高，尚未得到广泛应用。

1.2　现阶段存在问题分析

1.2.1　改革方向不明朗，各单位车务管理规模小而散，影响数智车务管理系统功能开发与应用。目前，油田公司对车务管理整体改革的方向仍不十分明朗，各单位车务管理规模小而散，无法较好地实施高效管理，造成数智车务管理建设的紧迫性在一定程度上虚化、弱化。目前整体的管理水平不高，特别是道路交通专业化管理水平有所下滑，如能通过车务改革推动资源整合，对各单位车辆进行集中统一管理，不仅有利于各单位人力资源的优化提升，将各单位负责车辆、交通管理的人员充实到各生产管理岗位，而且有利于车务管理中心发挥其专业管理作用，推动数智车务管理系统建设与应用，进而实现车务管理集约化、规范化、标准化。

1.2.2　“等”的思想在一定程度上影响了数智车务管理系统建设进程。通过调查分析，笔者发现油田公司驾驶员队伍老龄化问题突出，年龄在 50 岁及以上的驾驶员占比 42.5%。同时，车辆老化问题更为突出，使用年限在 10 年及以上的车辆占公司自有车辆总数的 47%，更有 37 台待报废仍在使用。这在一定程度上造成各单位车务管理采取了“等”的思维模式，即等待驾驶员退休自然减员、车辆老化报废后车务服务整体外包的思想，致使数智车务管理系统建设内生动力不足，建设需求与意愿不高。但笔者认为决策者还需考量权衡，车辆运输服务外包是否是最优方式，是否能够实现一包了之，油田公司车务服务业务统一外包还是各单位各自为政等一系列问题均有待深入思考和解决。

1.2.3　油田公司现阶段广泛应用的车辆监控系统、个别单位接入的车辆调度系统，存在功能单一、独立运行、互不关联等系统性问题，系统功能尚无法满足数智化建设要求，目前尚无一套较为完整成熟的数智化应用系统可应用于车务管理。

2　建设数智车务管理系统的几点思考

2.1　总体构想

2.1.1　从油田公司层面有序推进车务改革。由车务管理中心通过与各单位协商全面接收各单位车务管理业务，实现集中统一管理。同时，由车务管理中心对接收的车辆安全技术性能、车辆运行成本等进行全面综合评估，科学实施报废，可通过租赁等形式弥补车辆不足问题，实现资产轻量化。驾驶员接收问题由油田公司综合考量后出台相关政策，驾驶员不足部分可通过劳务输入等形式予以补充。同时根据实际需要和科学规划，接收部分单位的车库、车场，为下步数智车务管理建设预留充足的发展空间。

2.1.2　车务管理中心试点先行先试。以车务管理中心(客运公司)现阶段管理规模和管理模型，由信息中心提供技术支持，试点开发、应用并逐步完善数智车务管理系统，实现车务调度、车辆监控、安保管理、系统分析评价等功能开发与应用，进而形成统一、规范、标准化、集约化管理模式。

2.1.3　结合油田公司车务改革有序推进数智车务管理建设。按照车务管理中心数智车务管理系统运行模式，根据改革进度，稳步有序推广和深度应用数智车务管理系统。

2.2　数智车务管理系统建设的思考

2.2.1　系统架构

数智车务管理系统构架主要包括综合管理、运行调度管理、安全监控管理、安保管理、分析评价管理五个系统模块。

2.2.2　综合管理模块

综合管理模块涵盖组织机构、管理人员管理及权限设置、车辆管理、驾驶员管理四个分模块。

1. 组织机构分模块

(1) 运行调度组织机构：调度部门为直线管理部门，负责总体生产运行调度、跨分公司(项目部)的协调调度；分公司(项目部)为具体运行调度的执行单位，负责权限范围内的协调调度，如图 1 所示。

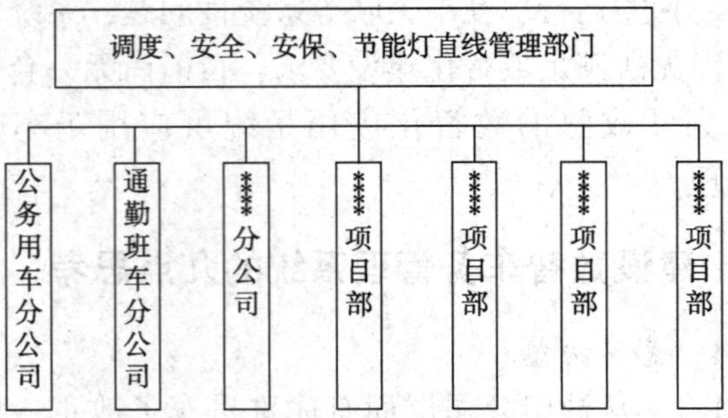

图 1　各直线业务组织机构图

(2) 安全监控组织机构：安全监督管理部门为直线监管部门，负责二级单位车辆监控平台的管理，负责单位所属车辆的监控，针对发现的各类违章行为提出处理意见。分公司(项目部)负责本级监控平台的运行管理及所属车辆的监控，发现各类违章行为立即向安全监督管理部门报告(图 1)。

(3) 安保组织机构：安保管理部门，负责二级单位安保设施运行情况的管理。分公司(项目部)负责安保监控设施的使用与维护管理(图 1)。

(4) 分析评价组织机构：节能部门负责下达单车油耗指标，并对单车油耗进行分析考核；安全监督管理部门负责分公司(项目部)HSE 业绩考核及 HSE 先进单位、安全文明驾驶明星的考核与评选。分公司(项目部)负责车辆、驾驶员档案的建立与更新，负责加油数据(录入)、行驶里程、路单数量等数据的汇总统计，结合本单位(本项目部)考核办法，设置各项考核指标权重，并实施内部考核与兑现(图 1)。

2. 管理人员及权限设置分模块

依照组织机构，运行调度直线部门的业务管理人员的权限最高，可查阅、修改下属单位录入的数据、信息，但系统必须保留修改痕迹、修改依据、修改人及修改时间，并对修改结果负责。分公司(项目部)相关业务管理人员对本单位业务数据、信息录入、修改情况负责。上级业务管理人员在修改下级单位有关数据、信息前应提前与下级单位业务人员进行沟通确认(图 2)。

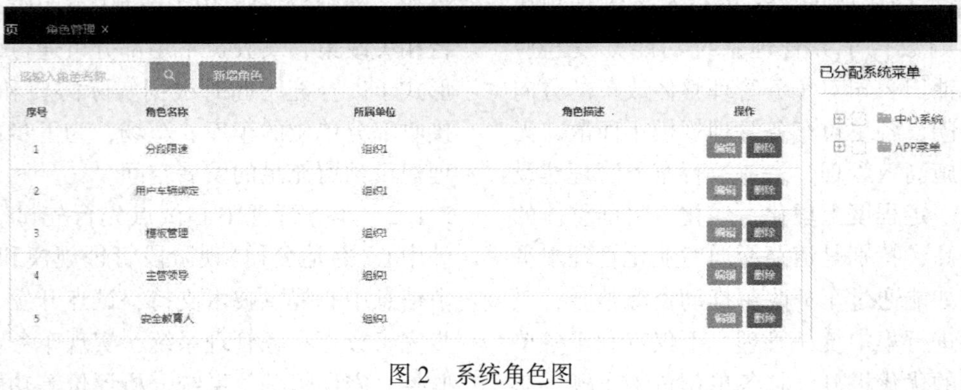

图 2　系统角色图

3. 车辆管理分模块

该分模块主要包括车辆基本信息、车辆保险、车辆年检、车辆维修保养等内容。分公司(项目部)建立并完善车辆管理档案等基本信息，及时录入并更新车辆年检、保险、维修保养等信息，系统应具备批量导入功能。行驶里程信息由系统自动生成并录入(图 3)。

4. 驾驶员管理分模块

该分模块主要包括驾驶员基本信息、培训教育、职业禁忌证体检、违章等内容。分公司(项目部)建立并完善驾驶员档案基本信息，及时录入并更新驾驶员培训教育情况、职业禁忌证体检结果、违章行为判定与处理情况等信息，具备批量导入功能。驾驶员路单、行驶里程等信息由系统自动生成并录入(图 4)。

图 3　信息模块录入界面

图 4　驾驶员信息模块录入界面

2.2.3　运行调度模块

运行调度模块是数智车务管理系统的核心，其是否能够连续可靠运行直接关系到其他模块的运行与实际应用。

1. 职责分工

（1）运行调度部门负责运行调度组织机构的设置，设定各级运行调度人员的管理权限，制定运行调度流程，划定车辆回场指定停放地点。

（2）分公司（项目部）负责车辆管理档案、驾驶员档案等基本信息的录入与更新。驾驶员档案应明确准驾车型，车辆管理档案应明确驾驶员能力要求，按照“一人一机”定机或限定数名驾驶员准予驾驶，各级运行调度人员应匹配调度。

2. 运行调度流程

（1）分公司（项目部）内部运行调度流程：用车单位通过系统提交用车申请→分公司（项目部）运行调度人员统筹调度下达派车任务→驾驶员通过手机短信或微信等形式接收出车任务→出车时驾驶员刷脸验证（指纹识别）、酒精检测、重点人员血压监测合格后领取车辆钥匙（车库钥匙）、行驶证和内部准驾证→出车执行任务→驾驶员完成出车任务后将车辆停放在指定停放地点→驾驶员刷脸验证（指纹识别）完成“三交”（即交车辆钥匙（车库钥匙）、行驶证和内部准驾证），操作界面、内部运行调度流程图分别如图 5、图 6 所示。

PC 端

手机 APP 端

图 5 PC 端、手机 APP 端操作界面

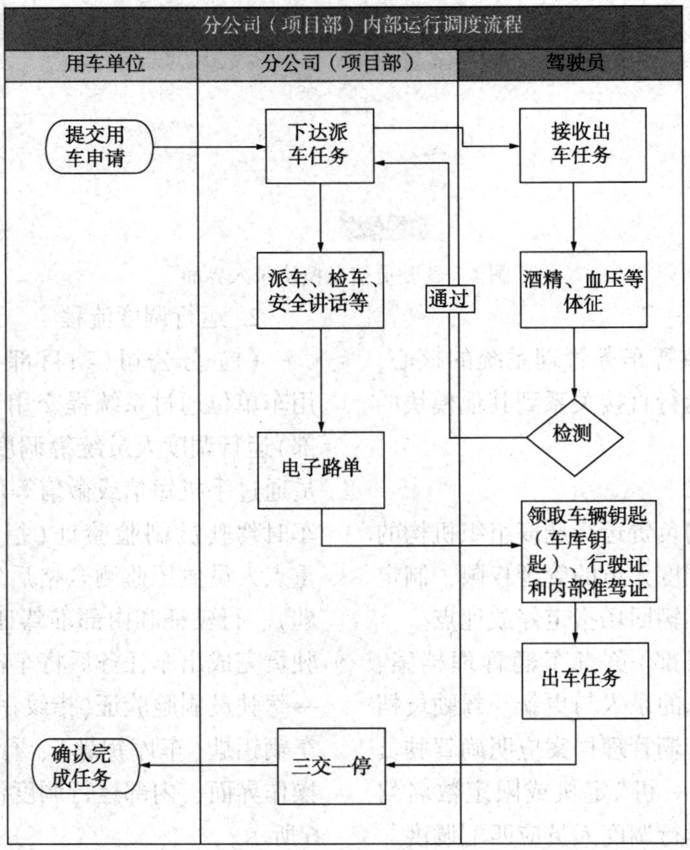

图 6 内部运行调度流程图

（2）跨分公司（项目部）运行调度流程：用车单位通过系统提交用车申请→二级单位运行调度人员与各分公司（项目部）协调并确定车辆与驾驶员后下达派车任务→驾驶员通过手机短信或微信等形式接收出车任务→出车时驾驶员刷脸验证（指纹识别）、酒精检测、重点人员血压监测合格后领取车辆钥匙（车库钥匙）、行驶证和内部准驾证→出车执行任务→驾驶员完成出车任务后将车辆停放在指定停放地点→驾驶员刷脸验证（指纹识别）完成"三交"（即交车辆钥匙（车库钥匙）、行驶证和内部准驾证）如图 7 所示。

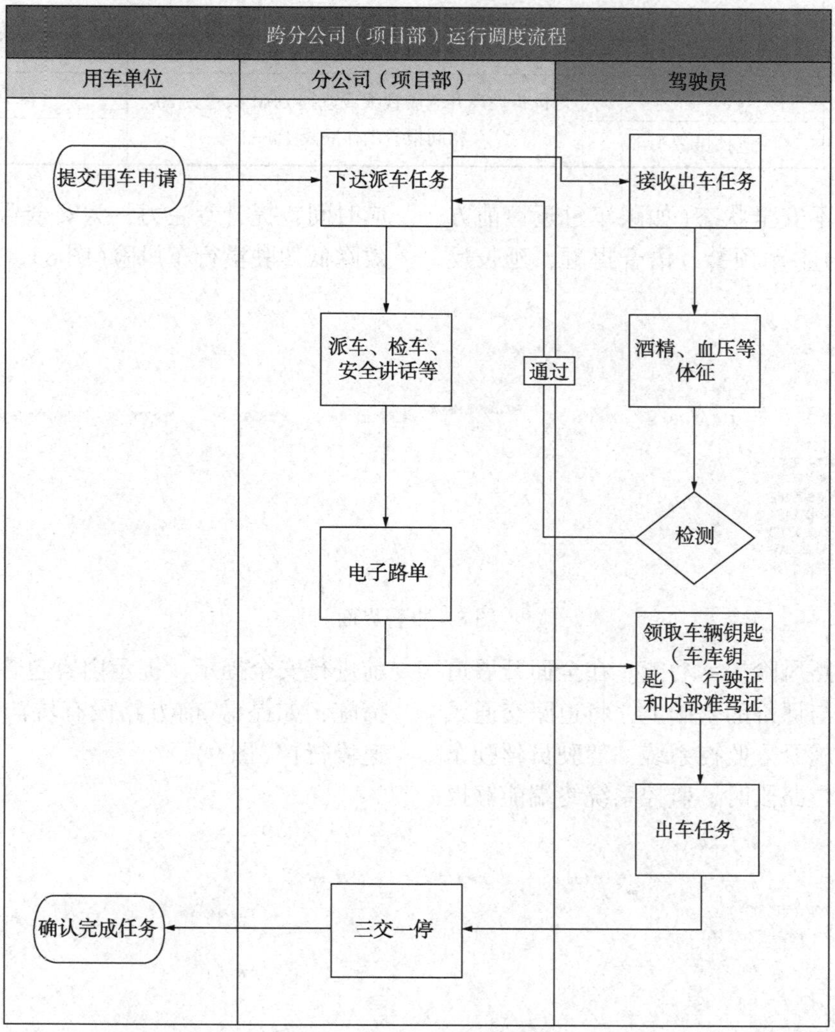

图 7　跨分公司运行调度流程图

3. 运行调度实施过程中几个关键问题有待解决

（1）驾驶员出车前酒精检测、重点人员血压监测能否实现。

（2）数智车务管理系统中局部出现故障，相关调度人员如何通过系统进行远程解锁，以便工作任务顺利完成。

（3）调度人员下达出车任务时，针对特殊天气、夜间行车、特殊道路风险进行安全交底，如何将安全交底内容与出车任务一并下达。

（4）为有效的提升车辆的使用效率，需要驾驶员与车辆建立一定的逻辑绑定，以实现智自动派车、固定派车、临时派车、合并用车等功能。

2.2.4　安全监控模块

目前，车辆安全运行监控模块内容较为完善，主要继承并使用北斗卫星车辆监控系统（大中型客车视频监控系统），基本可以通过系统对重点车辆驾驶员的不安全行为（如打哈欠、闭眼、抽烟、打电话）的主动监测，车辆安全管理者可实时掌握车辆及驾驶员状况，实现车辆精准定位，准确预警提醒，实现违章驾驶员锁定，违章行为监管非现场化（表 1）。

表 1　视频监控报警判定及警报提示

报警类型	驾驶员状态	监测依据	语音提醒
疲劳驾驶报警	打哈欠	司机张开嘴巴 1s，相同报警动作间隔 10s	请勿疲劳驾驶
	闭眼	司机闭眼 3s，相同报警动作间隔 10s	请勿疲劳驾驶
抽烟报警	抽烟	司机抽烟 5~30s，相同报警动作间隔 20s	请勿抽烟
打电话报警	打电话	司机电话放耳边 10s，相同报警动作间隔 20s	请勿拨打电话
分神驾驶报警	抬头/低头/左转头/右转头	司机抬头/低头/左转头/右转头 3s，相同报警动作间隔 30s	请专心驾驶
驾驶员异常报警	驾驶员离开	司机头像离开驾驶视线或遮挡 DSM 摄像头 20s，相同报警动作间隔 15min	未检测到驾驶员
	遮挡摄像头		摄像头遮挡

车辆行驶中不安全状态(如跟车过近、前方行人、偏离车道)主动预警、语音提醒，延长反应时间，提升专注力，为安全驾驶保驾护航，有效降低驾驶员行车风险(图 8)。

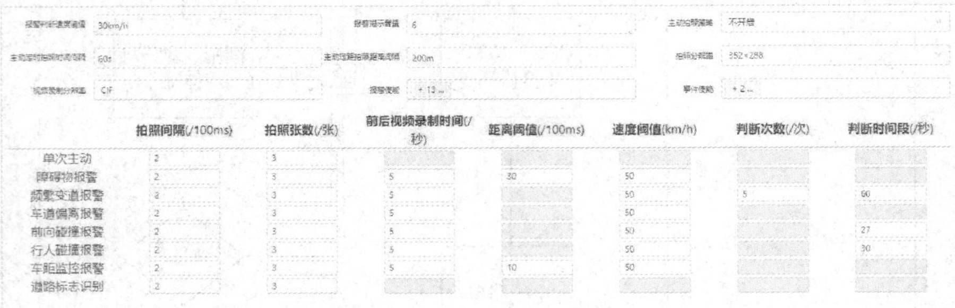

图 8　报警界面

建议增加道路风险提示功能。在全面开展道路交通风险辨识与评价的基础上，将道路交通风险点位、管控措施录入监控系统，驾驶员驾驶车辆行驶至风险点位路段时，监控系统终端能够提前进行安全提示，提示内容包含道路风险及管控措施，如提示“前方路段有坑洼或高路拱，请减速慢行！”(图 9)

图 9　报警提示界面

2.2.5　安保模块

车务管理单位有别于一般生产经营单位，往往需要根据用车单位需求提前出车，甚至由于紧急任务需要半夜或凌晨出车执行任务，所以为了推进车务智能化高效管理，需要对分公司（项目部）车辆停放地点、调度场所进行数智化改造。在车辆指定停放地点应用刷脸验证（指纹识别）、车辆牌照识别等智能门禁系统，同时完善车辆停放地点视频监控探头点位、视域，实现无死角、全方位监控，进而提升安保防恐的技防措施，确保安保可靠。

结合车务改革及车务业务接收情况，科学合理设置、整合车辆停放地点，驾驶员可结合自身家庭住址情况，选择就近将车辆停放在指定的车辆停放地点，便于驾驶员上下班和更加便捷快速执行出车任务，提升突发紧急状态下的应急反应速度。系统必须具备车辆未在指定时间、指定停放地点停放时自动报警功能。系统必须具备驾驶员取还钥匙及证件管理，自动记录取、还时间，实现车辆回场位置比对，自动上报报警信息，实现管理人员远程巡检，解决三交一停管理不严等问题。（图 10）

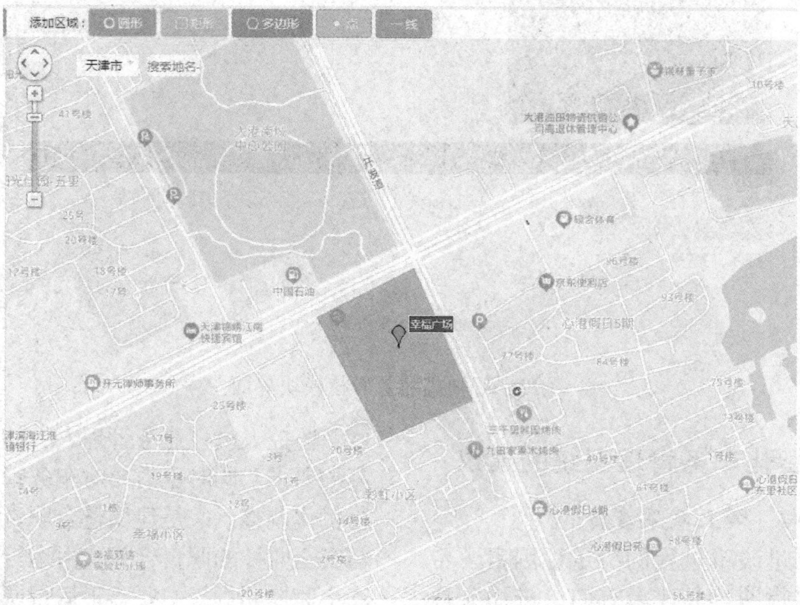

图 10　车辆三交一停定位

2.2.6　分析评价模块

1. 油耗分析与考核

分公司（项目部）指定专人负责车辆加油信息录入，通过比对行驶里程核算单车百公里油耗。节能部门、分公司（项目部）可通过长周期统计分析，可以弱化各种干扰因素，核算的单车百公里油耗指标也将更加准确（图 11）。

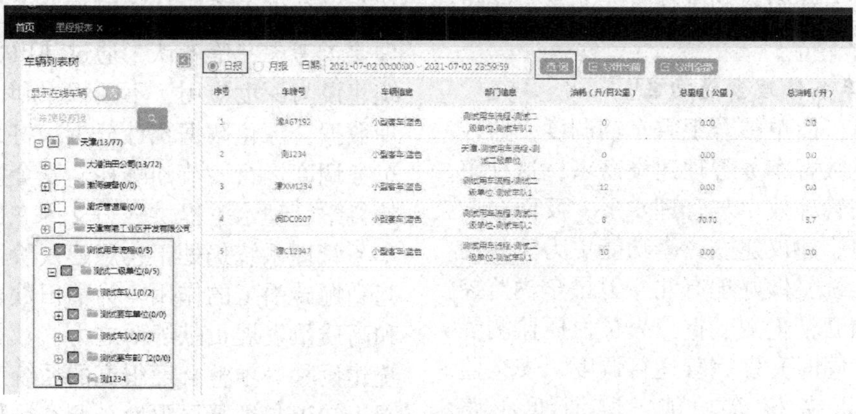

图 11　分析评价模块界面

2. 驾驶员绩效考核兑现

数智车务管理系统可提供高级检索功能，按照驾驶员设定时间区间对路单、行驶里程进行汇总统计。同时，分公司（项目部）可结合自身考核规定设置各项指标权重，系统将直接核算出驾驶员月度、季度、年度考核分值和业绩奖金等数据，为科学实施绩效激励政策提供有力支撑。用车结束后，依据驾驶行为、车内环境等因素，用车人可通过移动端进行驾驶员评价，为管理人员对驾驶员精细化管理提供依据(图 12)。

图 12　驾驶员绩效考核模块界面

3　关于建设数智化车务管理系统的建议

3.1　明晰改革方向，加大政策支持

上层决策是推进改革进程的决定性因素，希望油田公司进一步指明车务改革方向，进而实现油田车务管理水平全面提升。改革往往伴随各种矛盾、问题，油田公司有力的政策支持是车务改革的定海神针，也将在最大程度上消减矛盾和问题，使车务改革行稳致远。鉴于此，希望油田公司在数智车务管理系统建设中给予一定软硬件设施投入，特别是在数智车务管理系统业务人才培养方面给予大力支持。

3.2　完善数智车务管理系统功能

就目前而言，简单整合现有车辆调度、监控系统已无法满足数智车务管理建设需求，这种整合不但不能提升管理效率与管理水平，反而会增加基层工作负担。建议建立一套功能更为完善的数智车务管理系统，做好现有北斗卫星车辆监控系统接口，增加酒精检测、重点人员血压监测等事前管控措施，同时开发完善运行调度、安全监控、安保、分析考核等功能，取消纸质路单、“三交一停”等记录，系统可自动生成相关记录，不断简化、优化车务管理工作。

3.3　提升车务管理人员基本素养

随着数智车务管理系统全面应用，对运行调度、监控人员、业务管理人员的业务能力提出了更高的要求，同时也需要对车务管理人员职能分工进行优化调整。一是建议整合职责分工，将运行调度与安全监控的职责合并，由运行调度人员同时担负安全监控职责，主要鉴于运行调度人员最清楚驾驶员的出车任务、行驶路线及其可能存在的主要风险，更便于对驾驶员进行有效监控。二是建议选拔优秀人才充实车务管理岗位，并开展车务管理人员的文明礼仪、调度与监控业务能力等培训与考核。

通过对油田公司车务管理现状的调查分析，从长远角度来看，从今后更加适应科学高效的管理要求考虑，笔者认为通过油田数智车务管理系统建设与深度应用，不断积累和丰富车务运行管理数据，深化数据统计分析，将为全面提升油田车务调度运行、节油降耗、安全监控与绩效考核的科学管理水平提供强力支撑。虽然提出的数智车务管理系统仍处于构想建议阶段，但还是希望起到抛砖引玉的作用，为油田数智车务管理建设和高质量发展贡献绵薄之力。数智化车务管理系统建设是一项整合度很高的系统工程，笔者难免囿于知识与视野局限性，调查分析的系统性、全面性仍有疏漏，望读者指正。

基层单位安全监管长效机制建设的探索与实践

曹进安　郭一帆　郑　杰

（中国石油庆阳石化公司）

摘　要　炼化企业生产过程工艺复杂，伴随有高温高压、易燃易爆、有毒有害、能量集中、过程联动性强等特点，生产运行要求严格，维护检修过程高风险作业频率高，加强过程管理，有效管控作业风险对于保护人员生命安全和企业安全生产意义重大，基层单位作为各项工作的直接参与者和执行者，面临着巨大的风险和挑战，对于如何加强基层单位过程监管有效防范化解各类风险，已成为当前炼化企业安全管理的重要问题之一。本文针对炼化企业基层单位特点，结合当前严格监管阶段要求，分析存在问题，细化梳理各项有效举措，实时探索实践基层单位监管机制建设，持续加强过程监管和引导，确保安全生产全面受控。

关键词　安全生产　过程监管　管理提升

运行一部按照公司“树正气，严管理，提素质，增效益”的总体要求，深刻认识安全生产的基础工作依然薄弱，安全环保面临的形势依然严峻的具体问题，针对安全环保管理处于严格监管阶段的现状，结合运行部生产实际，坚持“重排查，促履职，强监管，促提升”的原则，探索完善基层单位监管机制建设，总体形成了“监管 1+12，自查 1+18”的日常监管机制，助推责任落实与工作推进，保障装置安全、平稳、长周期运行。

党的十八大以来，习近平总书记高度重视安全生产工作，做出一系列关于安全生产的重要论述，一再强调“要统筹发展和安全”，2021 年《中华人民共和国安全生产法》第三次修正，使得安全理念得以更新，安全策略提出了新的转变，安全方法论有了新的突破，明确了“三个必须”，明确了管理职责与责任体系，对炼化企业安全管理能力提出新的更高要求。但目前行业还出严格监管阶段，各种安全环保隐患依然存在，各类违规违章依然没有杜绝，如何强化过程监管，促进规范化管理成为必须考虑的问题，运行一部根据生产实际与现阶段管理特点，探索开展安全监管机制建设与完善工作，逐渐形成了行而有效的安全监管机制。

1　“监管 1+12，自查 1+18”安全监管机制内涵

“监管 1+12，自查 1+18”安全监管模式是遵循集团公司“四精”管理要求，落实公司“坚持红线意识强化工作核心，推动安全环保管理再上新水平”，“突出抓好 QHSE 管理，推动环保治理和安全管理再上新台阶”具体工作安排，切实加强过程管理，促进全员履职，推进精益化管理的基本体现。

“监管 1+12”即 1 个核心风险管控，12 个方面重点监督，突出监督监管，强化风险管控，促进管理提升。检维修作业是炼化企业生产过程中的重要环节，也是事故的多发地带，作业往往在解决问题、新改扩建的过程中也伴随着新的风险和具体问题，运行一部以现场作业风险管控为核心贯穿始终，按照年度重点工作安排，结合每月生产状况及季节特点等差异性因素，制定每月重点监督工作，形成了“1+12”年度监督计划，确保现场作业风险得到有效管控，各项重点工作能工有效落实，阶段性问题积风险隐患能够得到排查整治。

“自查 1+18”即 1 个专项排查，18 个方面基础工作监管，突出自我排查，强化工作落实，促进岗位履职。建立层层单位自查督办机制，定期开展综合检查，结合运行部生产实际及板块公司当期工作安排，每月确定一个专项排查，结合已固化 18 个方面基础工作，组织管理人员、技术人员开展综合大检查，有效推进各项具体工作落实落地，不断查漏补缺，完善工作落实机制，切实推进全员落实岗位职责。

2　安全监管长效机制建设的探索与实施

2.1　制定计划，规范机制，突出重点，强化适用性

以问题为导向深入分析基层单位检查、排查、审核存在问题，梳理突出存在问题，分析得出由此剖析安全监管过程存在症结，基层单位监管还存在计划性不强、覆盖面不全、标准化不高、参与度不足、制度不完善等问题。

1. 制定两个计划，抓基础工作落实，强风险过程管控

（1）HSE 监督计划。突出监督监管，强化风险管控，促进管理提升。自 2020 年起梳理制定年度 HSE 监督计划，逐步形成了以作业风险管控为 1 个核心，12 个方面重点监管方面有序推进的监督计划体系。以推进基层安全管理人员履职为契机，与公司监管机制相结合，细化、强化自我监管的薄弱环节，明确监督频率、监督整改、监督考核工作要求。雅阁执行监督计划，定期汇报安全监督工作开展情况，针对突出问题组织或参与制定管控方案，补齐安全生产管理短板。对年度执行情况进行统计分析，持续优化计划内容，拓展监管覆盖面，推动安全监管机制 PDCA 循环。

（2）综合检查计划。突出自我排查，强化工作落实，促进岗位履职。结合单位以往综合检查内容不确定、重点不突出、参与不积极、整改不及时、验证不严格等问题，规范检查表内容细分 18 个方面具体工作，每月设定 1 个专项排查，解决覆盖不全，重点不突出，检查不全面问题。明确整改、验证责任人，增加整改确认及验证项，检查问题及计划执行与业绩考核挂钩，强化计划执行，提高管理人员、技术人员参与程度。问题整改情况与标杆创建紧密结合，有效推进基础工作落实，强化全员过程履职。

2. 完善制度体系，强计划执行落实，严过程考核兑现

为确保两个计划有效落实，规范开展，自 2020 年始修订完善综合管理制度，对制度内各项细则进行重复项删减合并，遗漏环节增补完善，对描述不清、界定不严的部分进行修改，统一问题界定标准及考核原则，修订作业实施管理、QHSE 管理及综合检查管理等专项细则，对计划的实施落实奠定坚实基础和制度保障。

强化过程兑现，计划执行、问题整改与业绩考核及标杆创建紧密结合。监督、检查问题严格兑现考核，典型及严重问题升级处理并与安全记分衔接。修订问题整改专项管理细则，每周进行通报督办，有效提升全员重视程度，督促全员高质量开展基础工作，计划实施过程严管理、硬兑现的机制逐步得到完善。

3. 靠实具体责任，促全员岗位履职，促综合管理提升

检查情况依照奖励类、处罚类、通报类进行区分，每月进行统计通报，每季度按问题总数与季度奖挂钩考核兑现，充分调动管理人员、技术人员检查问题的积极性，有效提高检查标准。监督、检查问题与标杆班组创建、劳动竞赛有机结合，班组重视程度提升，员工主动落实工作积极性增强，充分调动员工的主观能动性，激发员工的内在动能，由被动管理向主动提升逐步转变。

通过计划推动、制度保障、过程督办，逐步靠实部门、班组、员工的主体责任，监管检查过程引导员工主动揽责、主动履职，督促全员高质量开展基础工作，强化岗位履职，提高基层综合管理水平。

2.2　落实监督计划，加强过程监管，强化教育引导

HSE 监督计划制定实施三年时间，计划内容逐步规范，监管形式有效固化，制度体系日益完善，在推进安全管理人员履职的同时，有效管控各类风险，促进管理提升，突出表现为五个方面。

1. 计划性，重点突出，过程规范

HSE 监督计划的制定有效避免了监督过程随意、内容片面、执行不规范等问题，有效循迹管理提升轨迹。抓住一个核心风险管控，分阶段实施重点内容及重点风险监督监管，更具科学性和合理性，实施过程能够与基层生产实际紧密结合，更具适用性。

计划的制定与实施，可以促进监管过程与重点工作开展结合，促进制度规范落实落地，实践过程中形成了年度计划表、考核曝光通报、风险问题清单、季度分析报告等规范性文件，基层监督管理机制等到进一步完善。问题分析数据能够为下一步工作提供有效支持和指导，形成有效的 PDCA 循环。

2. 规范性，依规依章，严肃考核

制度的完善和修订有效保障了 HSE 监督计划的执行，确保了过程有规可依，有章可循。定期开展制度修订完善工作，能够确保实施激励与约束、管理与监督机制，充分调动全体员工积极性，推进各项工作协调发展，目前运行部运行部综合管理制度共包括 36 项细则，为有效贯彻、落实公司各项工作部署，进一步结合生产实际与基层特点开展管理工作起到了重要推动作用。

制度的制定与完善，清晰界定的组织与个人安全生产责任，避免推诿扯皮与责任不清，将安全生产监督责任细化到个人。自 HSE 监督计划实施以来，运行部已经完成了从计划制定、过程实施、问题督办、通报考核、销项验证等全过程的管理细则修订完善，新增承包商管理、QHSE 活动管理、问题整改管理、体系审核管理等细则，HSE 监督管理制度体系逐步得到完善。

3. 教育性，现场沟通，教育引导

HSE 监督与安全培训教育紧密结合，结合安全观察与沟通，坚持“发现问题，解决问题，交流沟通，培训提升”的原则，在现场进行监督的同时开展安全教育，结合现场进行教学，让员工从思想上重视安全管理工作，消除对监督检查的抵触情绪。

HSE 监督交流是对计划性培训的补充，实践发现现场交流培训员工更乐于接受，具有见实景、显疑点、能对比、强交流、易理解的特点，能够加深对制度规范的理解和认识，对于引导和教育员工积极履职、正确履职具有良好的助推作用。

4. 警示性，典型曝光，全员监督

为进一步加强信息共享，强化警示提醒作用，在工作场所开设 QHSE 专栏、部门内网发布通报专篇，已到达对照问题学制度的目的，问题与制度条款一一对应，清晰明了，使员工知规范，晓禁令。目前累计发布通报材料 78 份，涉及问题及制度条款 638 项，点击浏览 2284 人次，占比 88.73%，做到了数据信息的有效运用，起到了良好的警示提醒作用。

HSE 监督实施过程对激励机制进行完善，建立员工查问题、查违章的反馈机制，安全人员进行核实、整理，问题注明排查人员信息进行奖励公示，已做学习交流，依照问题等级划分标准兑现奖励，有效提升员工学制度积极性，促进履行岗位监管责任，助推全员监管，不做“旁观者”的安全文化形成。

5. 促进性，总结固化，管理提升

HSE 监督检查对员工排查问题能力提升具有促进作用，能够督促员工严格落实岗位责任制，提高岗位责任意识，通过岗位实践，提高发现问题的能力。其次以问题通报形式唤起员工荣誉感，有效的融入标杆班组建设活动，强化归属感和集体感。再者公示以图文并茂的形式更利于员工理解，加深影响，使员工主动整改问题并排查类似问题，避免类似问题重复出现。全体员工之间形成以主动排查问题隐患的良好氛围，并形成一套自主实用的排查方法，以监督检查为手段，逐步在全员之间形成“全员参与”“宁可说错、不可放过”的工作态度，以达到管理提升的目的。

有效建立监督工作循环改进机制，定期对监督工作进行总结分析，总结固化好的做法，持续弥补短板，提高工作质量，不断优化、调整以更好的适应基层生产实际，强化监督机制管理提升。数据分析能够找到高频问题领域，针对性调整监督计划、管控措施、制度细则、培训内容等，达到监督机制成果运用，促进管理提升。

2.3 开展综合检查，强化工作落实，促进主动履职

1. 每周检查，靠实人员责任，建立长效机制

结合隐患排查治理工作，建立周四综合大检查固定工作，逐步梳理总结出 18 个方面具体检查内容，高度涵盖基础工作全过程。有效督促班组、岗位主动履职，促使全员形成定期“照照镜子，整整衣冠”的自我排查、工作改进意识，对标杆班组创建和劳动竞赛起到良好的助推作用。

实施过程修订专项管理细则，靠实全员责任，管理人员深度参与，亲自带队进行全专业全方位排查督促，强化有感领导践行。排查问题质量及数量与业绩挂钩，问题整改、验证具体到人，定期进行通报公示，从制度上保障，立足岗位责任，有效推进综合检查工作持续开展。

持续推进使全员适应并融入综合检查工作，能够于晓引起员工关注和重视，不断固化工作机制，已成为基层单位自主排查、主动改进、自我提升的主要工作形式，对基层单位合规化管理，督促岗位履职，促进管理提升起到积极影响(表 1)。

表 1　综合大检查通报清单(局部)

序号	检查内容及整改要求	班/组	奖惩情况	查组人员	整改负责人	是否整改	整改确认人	整改验证人
一、转动设备								
1	MTBE206-P103B 轴承箱底部排油堵头渗漏			李海涛	包明	是	李海涛	朱新航
二、大型机组								
1								
三、安全附件及安全系统								
1	5 月 6 日稳定框架三层 E311 上水压力超下限，经查询为岗位人员调整冷后温度导致上水压力不足			郭一帆	杜小兵	是	辛江飞	郭一帆
四、生产运行								
1	常压 E112 脱后原油线导淋管帽缺失			郭一帆	刘龙	是	刘小荣	郭一帆

2. 专项检查，突出重点领域，动态调整实施

确保系统性、全面性开展综合检查工作，在确保 18 个方面基础工作常态化检查的基础上增加专项排查，根据近期工作开展完成情况，针对反复出现的问题，制定专项检查计划，与综合检查同步实施，重点领域同类问题深度排查，有效对综合检查内容进行完善和深化，动态调整有效确保工作适用性和针对性，有力促进问题质量提升，强化问题追溯。2023 年 1~5 月份开展专项检查 8 次，共计排查问题 53 项，目前全部完成整改(表 2)。

表 2　专项检查计划开展表

序号	月度	周次	内容
1	2 月	第 5 周、第 7 周	安全附件
2	2 月	第 8 周、第 9 周	春季防化冻
3	3 月	第 10 周、第 11 周	静电接地(释放器、校验卡、连接件、接线、焊点等)
4	3 月	第 12 周、第 13 周	安全附件及安全系统专项检查(与第 32 期排查结合，重点检查：安全阀、切断阀、液位计、温压表、联锁、报警系统、视频监控系统等)
5	4 月	第 14 周、第 15 周	转动设备
6	4 月	第 15 周、第 16 周	构建筑物(本体、防火、用电、使用情况)、职业健康
7	5 月	第 17 周、第 18 周	异味治理、清洁生产(地沟、采样、导淋滴漏等)
8	5 月	第 19 周、第 20 周	记录台账、应急管理

3. 统计分析，做实基础工作，持续完善改进

综合大检查工作开展之后，依据问题清单建立问题台账，定期更新，督促整改并反馈，问题清单定期分析通报，以数据为指导，发现基础工作薄弱环节及待提升部分，从管理措施、工作方法等方面进行改进，持续推进各项基础工作落实。

结合分析结果，对综合检查计划、实施、总结等方面进行持续改进，针对存在问题，制定下一步检查重点，促进检查机制自我完善(图 1)。

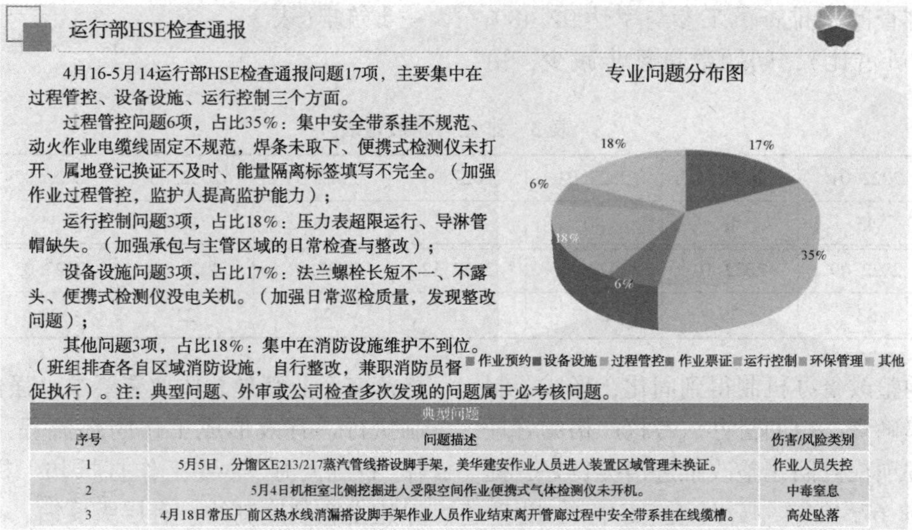

运行部HSE检查通报

4月16-5月14运行部HSE检查通报问题17项，主要集中在过程管控、设备设施、运行控制三个方面。

过程管控问题6项，占比35%：集中安全带系挂不规范、动火作业电缆线固定不规范，焊条未取下、便携式检测仪未打开、属地登记换证不及时、能量隔离标签填写不完全。（加强作业过程管控，监护人提高监护能力）；

运行控制问题3项，占比18%：压力表超限运行、导淋管帽缺失。（加强承包与主管区域的日常检查与整改）；

设备设施问题3项，占比17%：法兰螺栓长短不一、不露头、便携式检测仪没电关机。（加强日常巡检质量，发现整改问题）；

其他问题3项，占比18%：集中在消防设施维护不到位。（班组排查各自区域消防设施，自行整改，兼职消防员督促执行）。注：典型问题、外审或公司检查多次发现的问题属于必考核问题。

典型问题		
序号	问题描述	伤害/风险类别
1	5月5日，分馏区E213/217蒸汽管线搭设脚手架，美华建安作业人员进入装置区域管理未换证。	作业人员失控
2	5月4日机柜室北侧挖掘进入受限空间作业便携式气体检测仪未开机。	中毒窒息
3	4月18日常压厂前区热水线消漏搭设脚手架作业人员作业结束离开管廊过程中安全带系挂在线缆槽。	高处坠落

图 1　综合大检查月度问题分析(部分)

4. 推拉并举，优化奖惩分配，促进主动履职

为充分调动全员参与积极性，修订部门综合管理办法，不断优化奖惩分配制度，具体细化管理人员、技术人员检查跟踪工作内容，强化岗位履职，充分发挥自身专业优势纵向排查挖隐患，发现各类存在问题，提前消除。

建立员工排查奖励机制，鼓励全员深度参与。岗位员工主动作为横向排查，自我改进，达到互补增效的目的，同时有效促进岗位履职。

3　安全监管长效机制建设实施效果

(1) 安全监管长效机制建设实施以来，前期预防及督察整改工作得到有效落实，公司部门监督检查通报问题明显减少，数据统计显示自2022年来问题由平均28项/月下降至17项/月左右。具体数据如图2所示：

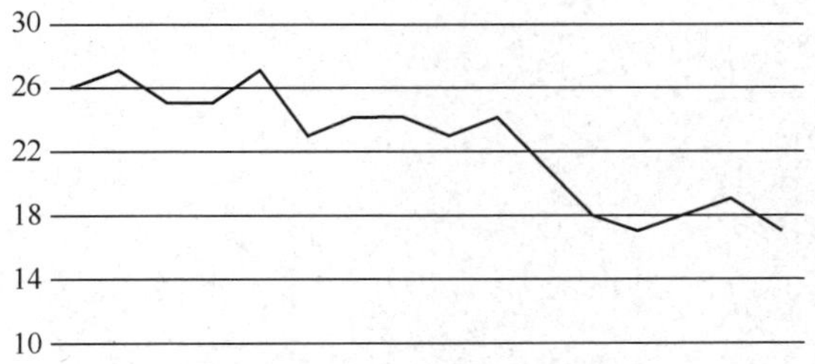

图 2　HSE 监督检查通报问题数量趋势图

(2022 年 1 月—2023 年 4 月)

(2) 综合检查排查有效促进基础工作落实，工作规范性得到提升，低老坏问题得到有效整治，排查问题也有所降低，由平均46项/月逐步下降至30项/月左右(图3)。

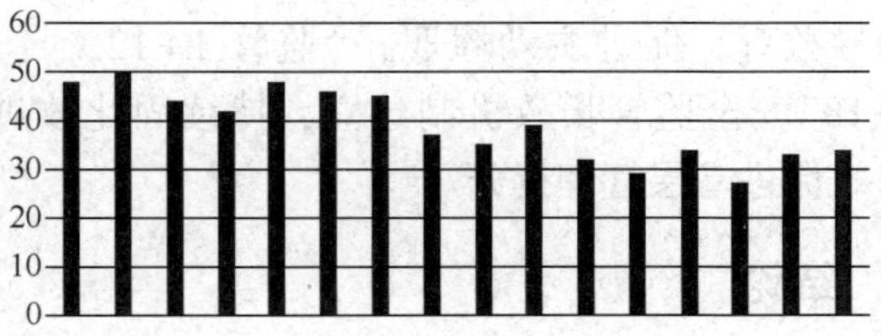

图 3　综合大检查通报问题数量趋势图

(2022 年 1 月—2023 年 4 月)

(3) 隐患排查工作突显出覆盖全面，发现及时，处理得当，重点区域有效管控的趋势，本年度共计发现一般隐患19项，较大隐患1项，完成治理18项。隐患台账其中有18项为岗位人员日常巡检发现，切实说明岗位人员工作能力大幅提升，安全监管长效机制建设取得良好效果。

(4) 监督监管效用发挥明显，现场作业风险得到有效管控，现场作业管控问题逐步得到控制，作业过程重大隐患、典型问题得到有效削减，监护人风险辨识能力得到明显提升，履职能力逐步提高，全员主动参与监督意识大幅提高。第三方监督通报问题数量由平均每周10项降至4~5项，通报较多问题如过程管控、作业票证等占比明显降低(图4)。

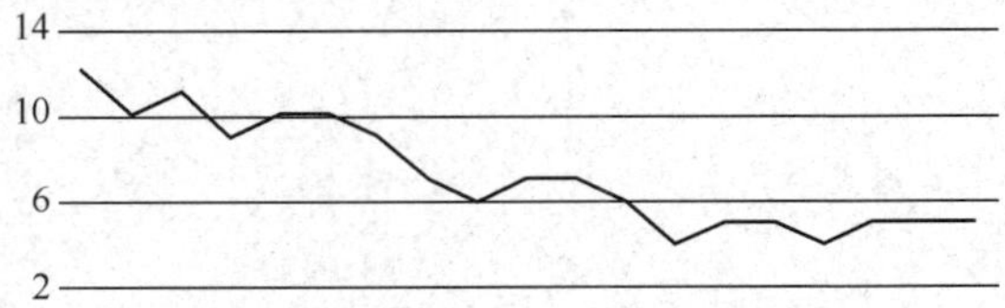

图 4　安全监督部周通报问题数量趋势图(2023 年)

(5) 员工主动履职，自查排查积极性有效提高，基础性排查问题排查员工参与率达 92.48%(发现问题人员占比)，问题数量逐步减少，由 37 项/月逐步下降至 20 项/月左右，排查关口进一步筑牢(表 3)。

表 3　排查问题数量表

日期	2022.01	2022.02	2022.03	2022.04	2022.05	2022.06	2022.07	2022.08
数量	45	46	40	43	38	36	35	36
日期	2022.09	2022.10	2022.11	2022.12	2023.01	2023.02	2023.03	2023.04
数量	33	35	33	28	24	22	23	22

(6) 问题整改督办机制得到固化，形成了制度保障、清单确责、定期督办、考核严格的管理机制，目前各项检查问题整改推进情况良好，提前整改率约 67.42%，按时整改率约提升 8.31%，主管因素导致超期整改问题得到杜绝。

(7) HSE 监督与综合排查紧密结合，相互补充，从监管督促与主动作为两方面发力，强化引导教育，促进主动履职，“监管 1+12，自查 1+18”安全监管长效机制建立，持续固化改进，有效促进基层管理提升。

4　结论

目前炼化企业安全环保工作仍处于“严格监管阶段”，建立安全监管长效机制能够有效对基层工作进行管理和引导，安全监管机制有效运行，可以更好的发挥制度对人的制约作用，与公司监督监管形成有效互补。机制运行要抓住“人”这个核心，以问题为抓手、为导向，严格落实企业管理总体部署要求，强化反馈整改机制执行，有效形成工作闭环流程，避免监督工作“石沉大海”导致工作打折扣、机制失效，确保建立有制度制约、有层级反馈、有优化改进的安全监管长效机制。要强化数据结果的运用，持续完善管控措施、制度体系，针对性开展教育引导，提升员工主管能动性，逐步实现监管监督向自我约束转变、提升，促进企业安全文化建设，形成有效的良性循环促进模式，确保安全生产全面受控。

参 考 文 献

[1] 周秀丽. 浅谈现场安全管理 3 个长效机制建设[J]. 现代职业安全，2021(2)：58.

[2] 杨波，熊运涛，张伟. HSE 监督检查技巧与方法[J]. 现代职业安全，2013(2)：85-87.

[3] 殷勇. 新常态下石油企业如何提升领导干部安全环保履职能力[J]. 化工管理，2015(22)：75-76.

炼化企业双重预防机制设计与构建

王　剑　王嘉悦

（昆仑数智科技有限责任公司）

摘　要　近年来，石化行业重特大事故时有发生，国家层面开始重新思考和定位当前的安全监管模式和企业事故预防问题，新《安全法》强制推行双重预防机制，遏制重特大事故。本文详细描述了基于企业全员理念参与构建风险分级管控、隐患排查治理的双重预防机制，探索了风险管控与隐患治理业务执行模式，提出了面向炼化企业通用的双重预防管控平台的业务架构和功能架构构建方法，为炼化行业提升双重预防机制工作的科学性、规范性提供有益借鉴，为炼化企业提升本质安全水平、绿色生产提供可落地的数字化管控方案。

关键词　双重预防；风险辨识；风险分级管控；隐患排查治理；风险数据库

2015 年 12 月，习近平总书记在 127 次中央政治局常委会上指出："对易发重特大事故的行业领域采取风险分级管控、隐患排查治理双重预防性工作机制，推动安全生产关口前移"。2020 年 2 月中办、国办印发《关于全面加强危险化学品安全生产工作的意见》，4 月国务院安委会印发《危险化学品安全专项整治三年行动计划实施方案》，做出一系列决策部署，防控危险化学品重大安全风险，坚决遏制重特大安全事故。2021 年 9 月 1 日，新《中华人民共和国安全生产法》修订施行，其中第四条就明确规定：要求生产经营单位必须构建安全风险分级管控和隐患排查治理双重预防机制，同时要求负有安全生产监督管理职责的部门应当将重大事故隐患纳入相关信息系统。

炼油化工行业生产过程复杂，涉及的危险化学品易燃易爆、有毒有害，一旦发生事故破坏力强，社会影响大，一直以来都受到党中央、国务院高度重视。炼化企业通过实施安全风险分级管控和隐患排查治理双重预防机制，能够有效减少各类安全事故的发生，目前炼化行业仍存在双重预防机制的责任落实不到位、对风险分级认知不足、对风险分级认知不足等不足，本文从"工业互联网+危化安全生产"的视角，研究基于全厂智能化建设实现双重预防机制设计与平台构建，对于炼化企业有着积极意义。

1　双重预防机制

双重预防机制就是构建安全风险分级管控和隐患排查治理。构建安全风险分级管控和事故隐患排查治理双重预防机制是有效防范遏制生产安全事故的关键途径，是实现安全管理关口前移、风险隐患源头治理的内在要求，也是解决"想不到""管不到"问题，遏制重特大事故的根本之策。

"双重预防"是指两道防线，把风险识别全、管控好，避免风险管控措施缺失或不足，使风险受控，这是第一重"预防"；在生产运行过程中对风险管控措施进行排查，及时发现及治理隐患，以确保管控措施有效，预防事故的发生，这就是第二重"预防"。双重预防机制的原理就是把对安全风险的管控挺在隐患形成前面，把对隐患的排查治理挺在事故发生前面（图 1）。

1.1　风险与隐患

风险是指生产安全事故或健康损害事件发生的可能性和后果的组合。风险有两个主要特性，即可能性和严重性。在安全生产过程中风险是无处不在的，风险是不以人的意志为转移并超越人们主观意识的客观存在。日常工作中，需要通过风险管控措施来降低风险的等级，把风险降低到可以接受的程度。

隐患是指生产经营单位违反安全生产法律、法规、规章、标准、规程和安全生产管理制度的规定，或者因其他因素在生产经营活动中存在可能导致事故发生的物的危险状态、人的不安全行为和管理上的缺陷。简单的讲隐患就是需要投入人、财、物去解决的问题。

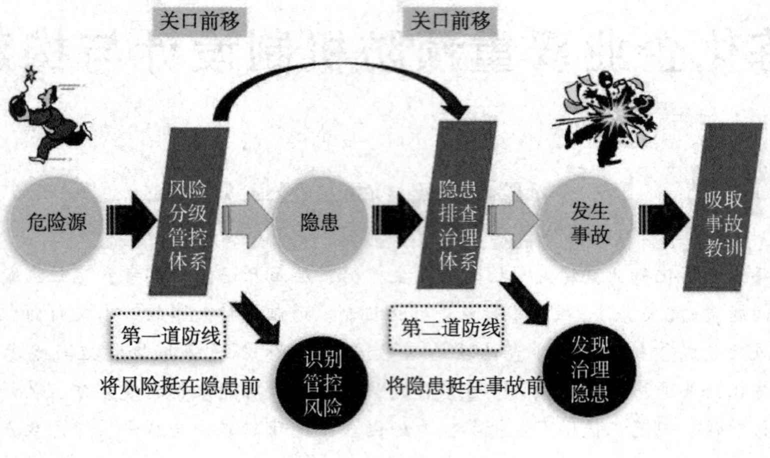

图 1　双重预防机制原理

1.2　风险分级管控

风险分级管控，是指日常工作中的风险管理，包括危险源辨识、风险评价分级、风险管控，即辨识风险点有哪些危险物质及能量；在什么情况下可能发生什么事故，运用风险评价准则对风险点的风险进行评价分级，然后由不同层级的工作人员对风险进行管理控制，保证风险管控措施有效。

构建安全风险分级管控和事故隐患排查治理双重预防机制是有效防范遏制生产安全事故的关键途径，是实现安全管理关口前移、风险隐患源头治理的内在要求，也是解决“想不到”“管不到”问题，遏制重特大事故的根本之策。

根据风险矩阵可将风险等级按照严重程度依次划分为重大风险、较大风险、一般风险、低风险，分别对应红色、橙色、黄色、蓝色。风险等级对应的管控层级分为公司级、生产部级、装置级、岗位级，风险管控责任人详见表 1。

表 1　风险等级定义表

序号	风险等级	颜色	管控层级	风险管控责任人
1	重大风险	红色	公司级	公司主管副职、专业部门正职
2	较大风险	橙色	生产部级	专业部门副职、生产部正职
3	一般风险	黄色	装置级	生产部主管副职、工程师、值班长
4	低风险	蓝色	岗位级	班长

应急管理部《危险化学品企业双重预防机制数字化建设工作指南(试行)》中要求企业应根据安全风险辨识结果，选择可能造成爆炸、火灾、中毒、窒息等严重后果的事件作为重点管控的安全风险事件。企业可根据安全管理实际补充其他安全风险事件。

根据数字化建设工作指南要求，结合炼化企业实际需求，建议将初始风险为重大风险(红)、较大风险(橙)进行分级管控，一般风险(黄)、低风险(蓝)暂不进行管控。

根据风险分级管控的基本原则，风险越大，管控级别越高，上级负责管控的风险，下级必须负责管控，并逐级落实具体措施，对应初始风险等级需要管控层级如下：

(1) 重大风险/红色：公司级、生产部级、装置级和岗位级都需要管控。

(2) 较大风险/橙色：生产部级、装置级和岗位级都需要管控。

1.3　隐患排查治理

某个风险管控措施一旦失效、管控不力或者执行不到位，那么这个风险管控措施就会转化为隐患。或者说，风险管控措施失控，意味着风险等级提升，这个失控的风险控制措施就是隐患。隐患排查治理就是对风险管控措施进行全面检查，及时发现风险管控措施所存在的缺陷，对排查出的隐患进行整改与闭环管理。

隐患类型包括安全、工艺、电气、仪表、消防、总图、设备等。隐患来源包括日常排查、综合性排查、专业性排查、季节性排查、重点时段及节假日前排查、事故类比排查、复工前排查、外聘专家诊断式排查以及管控措施失效等类型。

2　双重预防系统设计与实现

2.1　业务架构设计

风险分析人员对清单进行电子化管理，清单包括：风险分析对象、单元/区域、作业活动清单、设备设置清单。风险辨识的范围涵盖工艺、动设备、作业活动、公用工程、建筑物、装卸车等全过程，风险分析工具支持危险与可操作性分析(HAZOP)、故障模式与影响分析(FMEA)、危害分析(HAZID)、工作危害分析(JHA)、安全检查表(SCL)和故障假设分析(What-if)六类。风险分析结果经过组织内部完成质量审核确认后，支持在线直接分析或线下分析后通过内置模板直接导入系统。

隐患管理者可在线对日常排查、管控措施排查制定排查清单，并对排查清单明确岗位人员的排查任务；隐患排查人员通过智能巡检APP、双重预防移动端APP实现周期性的隐患排查；现场岗位专业人员通过智能巡检移动端APP，将巡检结果反馈至双重预防系统平台(图2)。

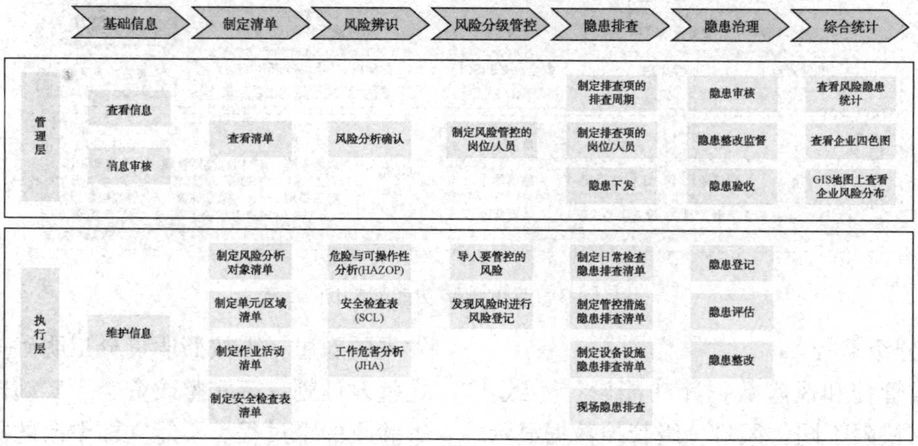

图2　双重预防系统业务架构图

风险管理层实时监控预警的动态风险，及时督促隐患整改；风险分析人员对“老查老有”的隐患在线使用原因树WhyTree、5M1E或5WHY对隐患开展根原因分析、对“老查老有”隐患进行彻底解决。

管理者通过查看风险统计、隐患统计进行同比、环比辅助企业落实监督考核责任，推动安全生产有效落地；管理者通过查看企业四色图，可以一目了然的知道“红橙黄蓝”四色安全风险空间分布图；管理者通过操作地图就能看到各生产运行部、各部门、各装置、各单元/区域下的风险分级管控及隐患排查治理情况，也可以查看具体风险点的实际分布位置、动态风险等级，可随时调出风险点的风险告知及应急处置卡、风险点关联的隐患及治理情况、风险点关联的隐患排查内容及排查情况、风险点附近的视频监控信息。

2.2　功能架构组成

双重预防系统共包括10个核心功能模块：清单管理、风险辨识、风险数据库、风险分级管控、隐患排查、隐患闭环治理、隐患根原因分析、可视化动态风险监控、企业四色图和风险隐患统计等(图3)。

2.2.1　清单管理

设备设施清单包括风险分析对象、作业活动清单、单元/区域清单、设备设施清单、风险点清单和危险源清单6类。设备设施清单数据为设备主数据，通过调用综合数据库提供的数据接口以Web Service形式进行采集。设备设施的内容包括：单位、风险分析对象、单元/区域、设备设施编号、设备位号、设备设施名称、设备设施类型、规格型号、是否特种设备等。

2.2.2　风险辨识

风险登记可记录在隐患排查或日常发现的隐患中分析出来的风险等级高的风险，也可以作为“中转站”将风险辨识的结果转入到风险登记中，目的是用户可以将导入或登记的信息在此补全后转入风险数据库进行分级管控。

2.2.3　风险数据库

风险辨识完成后，将需要进行管控的风险按照“管工作管安全”、4分(类别、层级、等级、专业)原则和属地管理将风险清单分配到每一个人(纵向到底、横向到边)，明确对应的企业、部门、车间、班组和岗位人员分级管控的范围和责任，将责任分解到各层级岗位，确保安全风险管控措施有效实施。上一级负责管控的风险，下一级必须同时负责管控，并逐级落实具体措施。

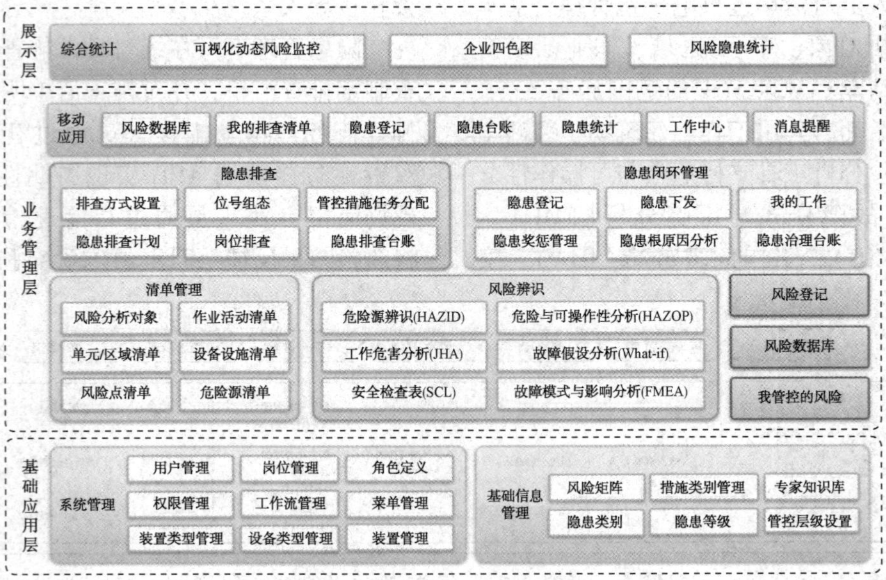

图 3　双重预防功能架构图

2.2.4　风险分级管控

风险分级管控和风险数据库功能设计一致，区别在于数据权限不同，风险分级管控数据显示的是本人所管控的动态风险数据。

2.2.5　隐患排查

对"风险分级管控清单"中的所有管控措施要明确具体排查的岗位或排查人员、排查方法/依据、排查周期等，并将排查工作融入到企业日常检查(如日常隐患排查、综合性隐患排查、专业性隐患排查、季节性隐患排查等)、合规性排查、巡检等工作中。岗位/人员进行定期开展排查，并记录排查结果，对排查过程中发现的隐患要及时上报整改，完成隐患治理闭环管理。

将管控措施相关联的位号(包括工艺位号和设备位号)组态到双重预防系统中，并与管控措施关联，实现自动从 MES 系统中获取位号的实时值，当满足失效规则时，关联的管控措施自动调整为失效状态。位号组态的数据可以从 MES 系统中直接获取，也可以在双重预防系统中自行组态。

通过设定好排查内容和规则，实现具备条件的措施排查项优先选择软件自动排查，包括联锁类、自动控制类、数据显示类和报警类。

2.2.6　隐患闭环治理

通过个人上报、隐患排查、日常检查等途径发现的隐患，需按照职责分工明确整改责任，制定整改计划、落实整改资金、实施监控治理和复查验收的全过程。不能立即整改的隐患，需制定临时管控措施。对于重大及较大风险的隐患和重大隐患，同一部位反复出现的隐患，要进行隐患的根原因分析。

2.2.7　隐患根原因分析

根本原因分析，是一项结构化的问题处理法，用以逐步找出问题的根本原因并加以解决，旨在找到问题的根本原因，是分析问题、解决问题的一种"治本"的方式。对于发现的隐患，技术人员通过系统化的问题处理过程，包括确定和分析问题原因，找出问题解决办法，并制定问题预防措施，从而改变表现、性能或业绩等，防止不良或非预期的后果出现。

2.2.8　企业四色图

根据双重预防信息建设要求结合炼化企业实际，可基于企业 GIS 地图、三维数字化工厂或平面图绘制企业风险分布图，并关联风险点实现风险动态四色图。企业四色为风险点下分析风险的最大风险，风险值包括重大风险(红色)、较大风险(橙色)、一般风险(黄色)、低风险(蓝色)。

2.3　数据集成实现

双重预防信息系统依托全厂智能化平台建设，实现与企业综合数据库、行政办公、移动应用、智能巡检、安全环保管控、三维数字化工厂、短信平台、统建 HSE、视频监控系统以及政府应急管理等外部系统存在数据交互，具体数据流向如图 4 所示。

图 4　双重预防系统数据集成图

3　智能化提升

3.1　风险分级管控与隐患排查治理业务融合

风险管控措施是否有效与管控措施的隐患排查构建关联关系，当对管控措施进行隐患排查时，如果发现隐患，则系统中该管控措施置于失效状态，该管控措施所属风险点的风险等级自动升高；当该管控措施的隐患治理完成后，双重预防系统中该管控措施恢复到有效状态，则对应的风险点的风险等级按有效措施重新自动计算至可接受的等级。

3.2　风险管控措施纳入到智能巡检系统

将双重预防系统中需要定期巡检状态的管控措施纳入到日常巡检路线中，在智能巡检系统中自动关联隐患排查，发现隐患时在双重预防系统实现隐患闭环治理，此方案设计属于技术创新，在炼化行业内存在双重预防机制落地具有较大意义。

3.3　管控措施隐患自动排查

针对企业应将安全风险管控措施作为隐患排查任务这一明确要求，炼化企业岗位人员对管控措施进行隐患排查时，手动观察类检查居多，且隐患排查任务量大，在规定的时间内巡检无法完成这些难题。因此通过智能化平台，依据事先设定好的排查内容和规则，实现联锁类、自动控制类、数据显示类和报警类等利用软件进行自动排查，可以大幅降低岗位人员巡检工作强度。

4　结束语

在推进新型工业化的道路上，我国炼化行业正在向装置大型化、炼化一体化、产业集群化方向发展，防控危险化学品重大安全风险，坚决遏制重特大安全事故，责任重大。基于保障本质安全的要求，炼化企业必须严格落实双重预防机制建设，对工艺和设备等开展安全风险辨识、风险分级管控清单，并对较大风险、重大风险进行动态风险管控，把风险防控落实到岗，落实到人，落实到每一个零部件和每一道工序，实现企业风险底数更清楚、管控责任更明确。

参 考 文 献

[1] 王海腾，马旺．石化企业构建双重预防机制的必要性和实践探讨[J]．中国石化，2018，44(04)：130-134.
[2] 高旭．炼化企业双重预防机制的现状及改进措施[J]．劳动保护，2021(012)：000.
[3] 黄典剑．安全风险分级管控和隐患排查治理双重预防机制建设探讨[J]．中国安全生产，2017(7)：3.
[4] 赵金萍，杨涛，冯百侠．化工企业建立双重预防体系存在的问题及建议[J]．华北理工大学学报：社会科学版，2020，20(1)：5.
[5] 李浩．石化企业安全生产风险，隐患的双重预防[J]．石油化工安全环保技术，2021，37(3)：5.
[6] 刘智宽．安全生产双重预防机制的信息化平台构建探索[J]．安全与健康，2021.

大数据分析在 HSE 管理中的应用实践

徐非凡　杨厚天　田衍亮

(中国石油集团川庆钻探工程有限公司)

摘　要　大数据时代已经到来，运用大数据等信息技术来提高健康安全环保管理水平十分必要，采用大数据分析方法，尝试从事故事件、违章隐患、动态风险和短板要素四个方面，量化评价公司健康安全环保管理情况，挖掘公司健康安全环保管理的规律特点和趋势变化，分析原因，提出建议，并阐述了开展数据分析的意义，指出了持续改进数据分析和健康安全环保管理的意见和建议。

关键词　数据；分析；HSE(健康、安全与环境)风险；管理

在大数据时代，数据是重要的生产要素。随着更加严格的健康安全环保监管要求，将大数据应用到 HSE 管理中，可以从大量的数据中寻找规律和趋势，从而有的放矢，有效消除和控制风险，遏制事故的发生，提升 HSE 业绩。本文分享了事故事件、违章隐患、动态风险管理和短板要素提升中数据分析的应用实践。

1　数据分析 HSE 管理中应用

1.1　事故事件管理

1.1.1　事故数据分析

分级、分类统计分析事故发生时间、岗位、工况、伤亡情况、地点或区域等维度分析事故数据。对比分析近三年事故起数、类别变化，分析事故变化趋势和特点，查找内在规律和不足，制定针对性事故预防措施，提高事故预防和管理能力(表 1)。

从交通事故统计表中可以看出，事故发生时间段集中在 11：30—13：30(4 起)和下午 15：30—18：00(4 起)两个时段，发生天气主要是在阴雨天(5 起)，发生路段主要是在弯道(5 起)。

主要原因：阴雨天气；十字路口、弯道、坡道等高风险路段交通风险较大，午饭和长时间工作后等驾驶员易产生困乏、精神注意力不集中现象。

改进措施：应进一步加强本单位所属车辆及承包商车辆监管，严肃查处超速、疲劳驾驶等违法驾驶行为。针对高风险路段和驾驶员易困乏时段，利用车载监控系统及时进行风险提示，督促驾驶员雨雪等恶劣天气下，严格落实减速等安全规定。

表 1　近三年交通事故数据统计表

事故	2022 年		2021 年			2020 年		
事故时间、天气	1 月 5 日 15：30，晴天	11 月 15 日 16：56，晴天	2 月 25 日 13：30，阴天	4 月 16 日 11：30，阴天	6 月 12 日 17：54，阵雨转阴	7 月 5 日 11：30，雨天	9 月 30 日 16：53，雨天	12 月 22 日 12：20，晴天
道路状况	油田公路石子泥土路面	县道与国道交叉十字路口	县乡道一右转弯处	国道一右转弯处	国道下坡	县乡道一弯道处	省道左转弯处	城市道路一弯道处

1.1.2　事件数据分析

从近三年生产安全事件总起数、事件上报单位、事件类别、级别、事件发生频次、发生时间(季度、月份、时段)、区域、岗位等维度对比分析，通过多维度对比分析，分析各维度数据变化规律、趋势、特点和原因，制定针对性预警提示及防范措施。

1. 事件类别对比分析

2022 年工业生产安全事件 1873 起占比

64.59%，比 2021 年增加 326 起，增幅 21.07%；其他事件 837 起占比 28.86%，比 2021 年减少 171 起，降低 16.96%；道路交通事件 174 起占比 4.19%，比 2021 年增加 7 起，增幅 4.19%；火灾事件 16 起占比 0.55%，比 2021 年增加了 5 起，增幅 45.45%。工业安全、道路交通和火灾事件的增加，提示我们必须持续强化作业现场安全管控，狠抓现场监管人员责任落实，从而减少工业生产安全事件的发生(图 1)。

2. 发生频次对比分析

2022 年平均每天发生事件 7.95 起，比 2021 年增加了 6.1%；平均每天发生损工事件 2.78 起，比 2021 年增幅 23.6%。平均每天发生事件起数和损工事件起数都呈逐年上升趋势，需要我们高度关注，及时发现事故苗头并预警提示、治理，严防“量变”引发“质变”(图 2)。

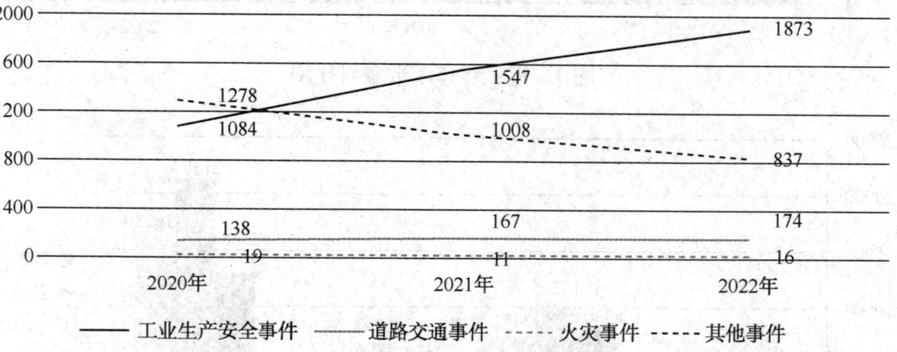

图 1　近三年事件分类对比图

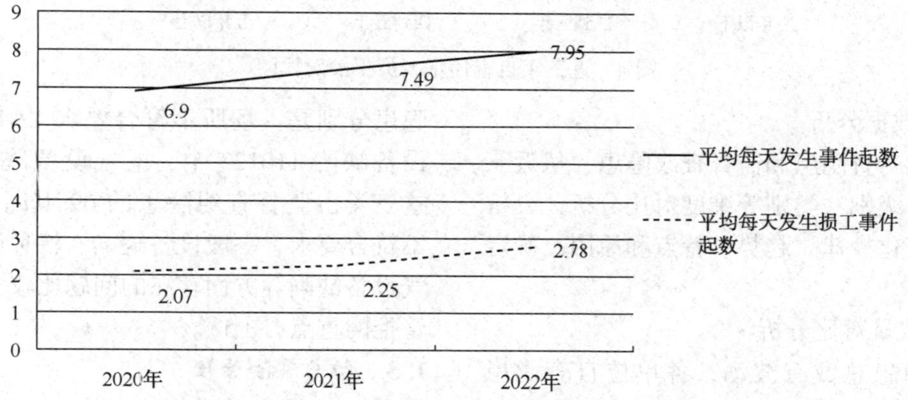

图 2 近三年每天发生事件对比图

1.2　违章隐患管理

1.2.1　违章数据分析

按各单位查纠违章和监督查纠违章，从近三年违章总数、级别、类别、工龄等维度对比分析，分析各维度数据变化规律、趋势、特点和原因，采取针对性管理措施。

1. 违章数量对比分析

近三年查纠违章总数、各单位自查违章起数、监督查纠违章起数有波动。2022 年各单位自查和现场监督查纠违章起数比 2021 年均有所下降。其中自查减少 12451 起，降低 27.93%，监督查纠减少 8098 起，降低 21.03%。主要原因：公司加大了违章记分考核力度，让员工违章后能直接感觉“后果严重性”。各单位应持续保持严抓严管的高压态势，进一步减少现场违章数量(图 3)。

2. 违章人员工龄对比分析

近三年自查和监督查纠违章人员工龄五年以上的最多，2022 年自查违章中，五年以上工龄员工违章 16230 起，占自查违章 50.5%，这类员工违章原因主要是“无畏”。2022 年监督查纠违章中，一年以下工龄员工违章数量增加了 265 起，增幅 8.9%，新员工违章原因主要是“无知”。各单位需进一步强化此两类人员安全警示教育和技能培训，现场作业过程中针对性开展行为安全审核和传帮带，严格 HSE 绩效考核兑现，让老员工知敬畏、新员工懂安全(图 4)。

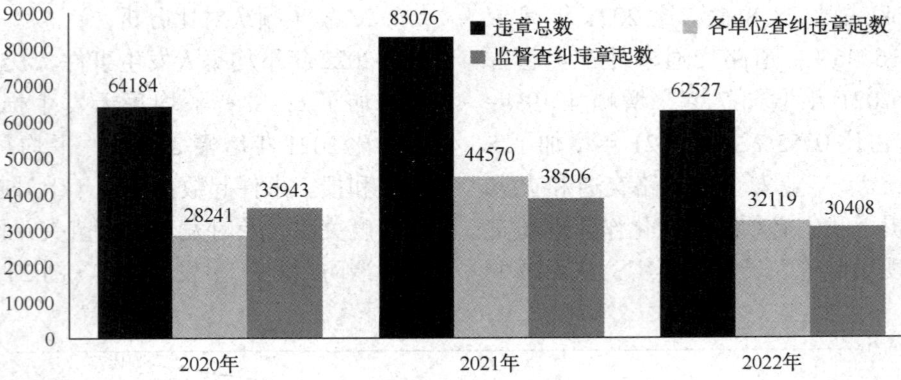

图 3　近三年违章数量对比图

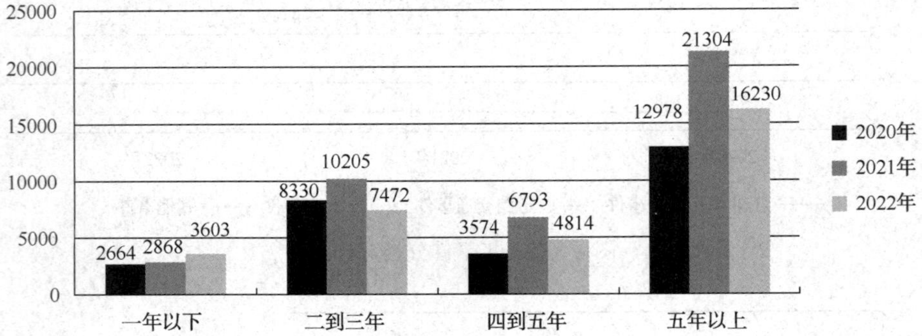

图 4　近三年自查违章人员工龄对比图

1. 2. 2　隐患数据分析

按各单位自查隐患和监督查改隐患，从近三年隐患总数、级别、类别等维度对比分析，分析各维度数据变化规律、趋势、特点和原因，确定下步管理重点。

1. 隐患数量对比分析

近三年隐患总数有波动，各单位自查隐患数、监督检查隐患数不均衡。2022 年自查隐患数量比 2021 年下降 251244 个，降低 38. 75%，监督查改隐患增加 22763 个，增幅 5. 6%。主要原因有两个方面：一是图省事，有些单位未将自查隐患全部录入系统；二是各单位隐患查纠积极性不强，还是处于隐患排查“依靠监督”的状态。后续各单位需强化查纠主体责任，公司在 2023 年进一步优化 QHSE 责任书中隐患量化查纠指标，并严格考核。

2. 隐患类别对比分析

2022 年各单位自查数量最多的三类隐患分别是：一般设备缺陷 143487 个、特种设备缺陷 58111 个、场所不符合要求 57893 个，这三类占自查隐患的 66. 5%；监督检查数量最多的三类隐患分别是：场所不符合要求 121804 个、一般设备缺陷 110123 个、电气设备缺陷 38335 个，这三类占监督查纠隐患的 69. 1%。反映出场所不符合要求、一般设备缺陷、特种设备缺陷、电气设备缺陷等方面存在的问题比较多，仍是后期管控的重点(图 5)。

1. 3　*动态风险管理*

1. 3. 1　人员风险数据分析

从近三年违章记分 6 分以上人员数、事故责任人员数、新员工人数、转岗人员数、流失员工数、患有疾病人员数等维度对比分析人员风险，分析各维度数据变化规律、趋势、特点和原因，制定管控措施。

违章记分 6 分以上人员的风险。近三年违章记分 6 分以上人员数量波动较大。但 2022 年违章记分 6 分以上人员 3956 人，比 2021 年减少了 3047 人，降低 43. 51%。出现大幅下降，一方面是 2022 年查纠违章总起数比 2021 年下降 24. 7%，另一方面也说明公司严肃处理违章记分 6 分以上人员，起到了警示作用，2022 年违章记分 6 分以上人员数量大幅下降(图 6)。

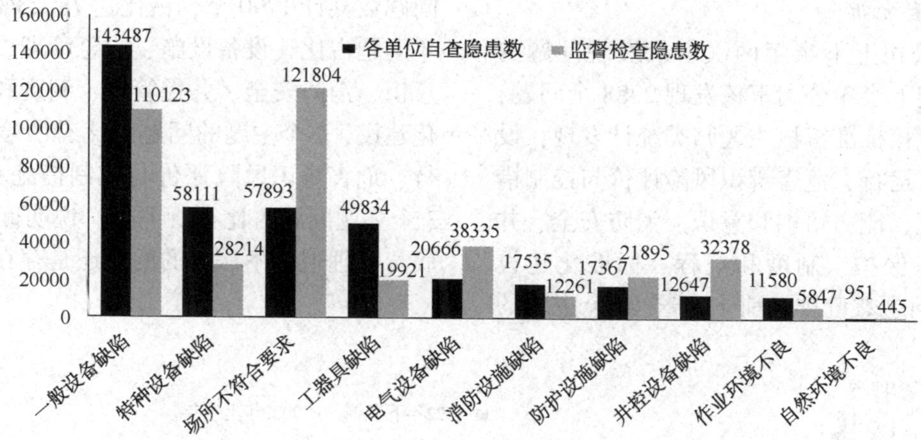

图 5　近三年发现隐患分类对比图

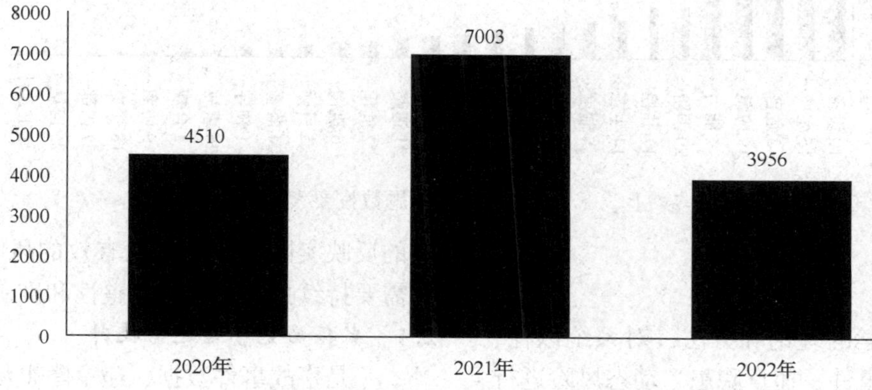

图 6　近三年违章 6 分以上人员数量对比图

管控措施：一是继续做好违章记分结果的运用，从技能水平、安全意识、身体状况、性格特点、家庭情况等多方面分析违章高发人员违章原因，有效落实警示教育、脱产培训、家属告知等措施。二是持续加大违章查处力度，鼓励立足岗位、属地查纠上报违章，定期开展针对性专项违章查纠，严格按要求确定违章级别和记分分值，持续降低违章记分 6 分以上人员数量。

1.3.2　工艺风险数据分析

从近三年“四新”试验数量、井控重点井数量、溢流井次、二级单位级应急预案启动次数等维度分析工艺风险，分析各维度数据变化规律、趋势、特点和原因，制定针对性管理措施。

新技术、新工具试验的风险。近三年试验次数呈逐年增加的趋势，2022 年比 2021 增加 5.23%。新技术、新工具的试验，由于具有试验性质，不可预见性因素比较多，试验中易发生人员伤害风险。

管控措施：一是新技术、新工具试验严格落实“四新”管理要求，编制试验方案并按要求审批。二是认真落实工艺危害分析，完善技术规程，并组织开展针对性培训后方可实施试验。三是加强试验过程管理，试验过程中出现异常情况，及时启动相应应急处置方案。

1.3.3　管理风险数据分析

从近三年队伍跨区域调整数量、基层队站主要负责人变更不足 1 年数量、制度实施不足 1 年数量、特殊作业数量等维度分析管理风险，分析各维度数据变化规律、趋势、特点，制定管控措施。

队伍跨区域调整、基层队站主要负责人变更的风险。近三年整建制队伍跨区域调整次数逐年增加，2022 年比 2021 年增加 41.3%。每年基层队站主要负责人调整不到 1 年的人数也有所增加。

管控措施：结合工作量，适当调整管理力量，以“一队一单”的形式梳理评估队伍跨区域调整钻井队变更风险，制定针对性防范措施并交底，抓好新调整基层队站负责人上任前安全履职能力评估和培训考试，抽调骨干驻井帮促，确保平稳过渡。

1.4 短板要素分析

2022 年公司上下半年两次审核发现问题的数据分析。把下半年公司审核发现 2288 个问题，按公司量化审核标准审核主题归类统计发现：设备设施、生产运行、危害辨识风险评价与控制措施、应急管理、能力培训和意识、消防安全、井控管理、生态保护、制度和规程、标准化建设 10 个主题的问题数量排名前十，这 10 个主题的问题数共计 1790 个，占比达 78.23%。对比上半年问题占比，设备设施、应急管理、能力培训和意识、消防安全、井控管理、制度和规程、标准化建设，7 个主题的问题占比有所增加，生产运行、危害辨识风险评价与控制措施和生态保护，3 个主题问题占比有所下降。说明问题整改不彻底，管理追溯不深入的问题还是存在(图 7)。

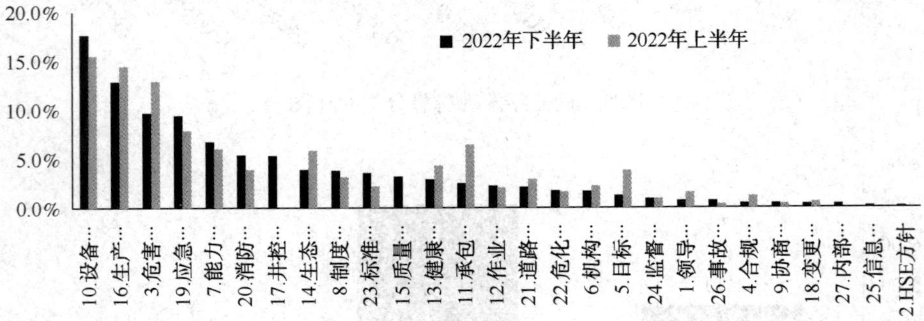

图 7　上、下半年审核发现问题数按要素对比图

2　认识和思考

通过运用科学的理论和方法，对系统以往、正在发生的事故事件、违章隐患、动态风险进行分析的基础上，运用预测技术的手段，对系统未来事故变化规律做出合理研判，制定 HSE 风险管控对策措施和针对特定的安全问题实施各种 HSE 方案，防范各类风险、杜绝事故发生，实现 HSE 目标，是 HSE 管理价值所在。随着信息技术、网络技术、数据处理分析技术的不断发展，HSE 管理模式需要从传统方式向数字化、信息化方式转变。HSE 管理数字化、信息化建设的目的是为了提升企业的 HSE 风险管理能力，从某种程度上讲，HSE 管理数字化、信息化水平是其管理现代化程度的重要标志。

HSE 管理中运用大数据思维，从多个维度统计分析事故事件、违章隐患、动态风险、短板要素数据或信息，挖掘数据反映的规律、特点、不足和趋势，可以准确把握事故事件管理、违章隐患管理、动态风险管理、短板要素提升中存在的规律和趋势。可以给管理者提供较为客观的信息和判断，使各级管理者更好的利用数据做出更科学的决策，提前采取针对性防范措施，有的放矢精准防控风险，有利于减少事故伤亡和损失，有助于 HSE 管理能力的提升。

为继续做好 HSE 管理数据分析，准确、真实的反映实际情况，采取有效的风险防范措施，还需要持续提升数据的完整性和准确性。

2.1 数据的完整性还需提升

一是事故事件数据、违章隐患数据来源于集集团公司 HSE 信息系统和公司预警系统，受现场条件限制，有些事件、违章、隐患没有录入系统，统计的数据可能不完整。二是动态风险数据是通过年度统计对比分析的，没有系统导出，2020 年、2021 年的部分数据统计不完整。

2.2 数据的准确性还需提升

一是事故事件数据、违章隐患数据的分级分类，凭录入者经验分类，缺少标准规范指导，分级分类的正确性还需要核实把关。二是动态风险数据，存在重复统计计算的可能性，同一井的数据，好几个单位都上报，存在重复统计，动态风险数据统计截止时间有差异，有些项目，统计人员理解有偏差，存在统计不正确的可能性。

3　改进建议

3.1 持续加强基础管理

应用分析结果，持续加强事故事件、隐患违章和动态风险管理，完善相关管理流程、管理制度和标准规范，指导事故事件、违章隐患、动态风险管理。一是事故事件管理，建议细化事故事件分类的标准，分类不细、分析的维度太少，不利于准确分析和预警提示。二是违章隐患管理建议细化违章隐患的分类，建议增加分类的维度，分类维度的增加有利于运用违章隐患数据，发现整改共性问题、重复性问题。三是动态风险管理，建议规范动态风险的划分标准、时间节点和管理流程，根据不同专业、单位特点，细化动态风险分析维度。

3.2　持续推进标准化建设

推进事故事件、违章隐患、动态风险管理的标准化，完善事故事件、违章隐患、动态风险录入或填报模板，一是事故事件管理，建议完善事故事件填报或录入的模板，增加时间、专业、工况、区域、受伤者工龄等分类项目。二是违章隐患管理，建议增加违章隐患分类的维度，建议细分违章类别、增加违章员工岗位、用工性质、区域等分类项目。三是动态风险管理，考虑不同单位、专业业务风险特点，完善统计模板及表格。

3.3　持续推进数字化建设

大数据经过必要的数据处理和分析之后，便能获得更强的决策力、洞察发现力和流程优化能力，需要持续推进数字化建设，建立模型、算法及系统或软件，协助完成数据录入、审查、统计分析及运用，实现数据采集便捷准确、数据处理快捷高效，数据分析准确，数据结果可视化展示。将数据挖掘、机器学习、智能分析应用于数据分析中，进一步拓展数据分析层次及维度，深入的数据分析，挖掘数据之间的联系和关系，更准确的反映现场实际情况，更及时的指导工作。

3.4　运用数据分析结果

事故事件、违章隐患、动态风险分析的结果，数据的特点、趋势，从不同维度反映事故事件、违章隐患、动态风险的大小或高低，要运用分析的结论和数据分析结果，加强 HSE 管理，采取针对性防范、改进措施，有的放矢，精准施策，提高管理能力和应对风险的能力，防范各类事故发生。

4　结论

HSE 管理在实现科学化、体系化管理之后，量化管理是未来的趋势。大数据在 HSE 管理领域的应用实践，关键是 HSE 数据加工处理的能力。运用大数据思维，通过事故事件、违章隐患、动态风险、短板要素数据不同维度的分析，查找管理的薄弱环节，发现了各主题管理规律、趋势和不足，需要持续强化管理、推进标准化、数字化、智能化，完善管理体系，提高 HSE 管理水平。

参 考 文 献

[1] 高彩慧 . HSE 管理体系运行成熟度评价体系的研究[D]. 上海：华东理工大学，2013.

钻井能效评价方法优选与应用

张　健　李　辉　周小靖　伍　鹏　于佩航

(中国石油集团川庆钻探工程有限公司)

摘　要　本文通过对常用多指标综合评价方法进行对比分析，优选出了适用于钻井作业生产特点的能效评价方法，并通过实例计算验证了该方法的可操作性，为钻井企业科学开展能效对标工作奠定了良好的理论基础。同时介绍了如何利用现代化信息手段科学高效地开展钻井能效评价与对标工作，并给出了钻井能源管控信息平台的功能设计思路。

关键词　钻井作业；能效评价；对标管理

对标管理的理念是对比标杆找差距，企业通过对标能够更清楚的认识自己，从问题和差距入手改善和提高企业的整体水平。标杆管理可以为企业打造合适自己发展的模式。企业要想获得成功，最简单、快速、有效的方法就是向同行业中最顶尖的企业学习。钻井作业过程能源消耗量大，导致二氧化碳直接排放量大。能效对标方法的引入有利于钻井企业发现自身的问题，找出差距，通过认识和分析这些差距，能够有效地提高企业的能效水平，降低企业碳排放总量。但是，能效对标的核心和难点在于选定标杆，因此，如何找到一种适用于钻井作业生产特点的能效评价方法就显得尤为重要。

1　常用评价方法对比

目前，随着各类相关学科的相互交叉引用，多指标综合评价的方法越来越多，这些评价方法无论从理论依据，适用对象还是解决问题的思路都不尽相同，各有特点，在进行综合评价之前，有必要对各种评价方法进行了解，分析各自的优越性及局限性，从而选择适合该项目的最优方法进行评价。下面将简要介绍目前常用的几种综合评价法：层次分析法、模糊综合评价法、数据包络法、应用统计法、结构方程模型及灰色关联分析法等。

1.1　层次分析法(AHP)

层次分析法的基本思想就是将组成复杂问题的多个元素作为一个整体权重进行判断，转变成对这些元素进行“两两比较”判断，然后再转化成对这些元素的整体权重进行排序判断，最后确立各元素的权重。优点：将定性问题定量化，统一处理定性、定量因素，具有较强的实用性。不足：一是，指标过多时容易出现标度麻烦和判断混乱等问题，且工作量较大；二是，对判断矩阵的一致性讨论得较多，而对判断矩阵的合理性考虑得不够；三是，没有充分利用已有定量信息，对于既有定性指标也有定量指标的问题讨论得不够。

1.2　模糊综合评价法(FCE)

模糊综合评价法是一种基于模糊数学的综合评标方法。该综合评价法根据模

糊数学的隶属度理论把定性评价转化为定量评价，即用模糊数学对受到多种因素

制约的事物或对象做出一个总体的评价。模糊综合评价法的优点包括：第一，模糊评价通过精确的数字手段处理模糊的评价对象，能对蕴藏信息呈现模糊性的资料做出比较科学、合理、贴近实际的量化评价；第二，评价结果是一个矢量，而不是一个点值，包含的信息比较丰富，既可以比较准确地刻画被评价对象，又可以进一步加工，得到参考信息。不足之处在于：计算复杂，当指标集个数较大时，在权向量和为 1 的条件约束下，容易产生结果出现超模糊现象，分辨率差，无法区分谁的隶属度更高，甚至造成评判失败等现象。

1.3　数据包络法(DEA)

数据包络法是运用数学工具评价经济系统生产前沿面有效性的非参数方法，它适应用于多投入多产出的多目标决策单元的绩效评价。这种方法以相对效率为基础，根据多指标投入与多指标产出对相同类型的决策单元进行相对有效性评价。该方法可以有效减少分析者主观意志的影

响，它对相同类型的部门间相对有效性研究效果较明显，也是处理一类多目标决策问题的好方法。但数据包络法在模型建设过程中仍存在一些不足：一是，指标的选择不当可能会导致无解以及精度不高的缺陷；二是，在权重的精细选择上可能存在较大的评价误差。

1.4 应用统计法

应用统计方法是一种不依赖于专家判断的客观方法，优点是可以排除评价中的人为因素的干扰和影响，而且比较适宜于评价指标间彼此相关程度较大，且数据量较充分的对象系统的综合评价。该方法在评价过程中的还存在不足之处，这种方法对数据量的要求较高，且要求数据具有随机性，而且必须真实可靠，这是进行定量分析的基础。

1.5 结构方程模型(SEM)

结构方程模型是一种实用性较强的线性统计建模技术，适用于复杂多变数据的处理和分析。结构方程模型是建立在传统统计方法的基础上，对探索性因子分析、验证性因子分析、路径分析、等一般多元统计分析方法的改进和提高。

1.6 灰色关联分析法(GRA)

灰色关联分析法是将评价指标原始数据进行归一化处理，计算关联系数、关联度，以及根据关联度的大小对指标进行排序的一种方法。关联分析方法是一种非统计方法，对数据量没有太高的要求，在系统数据资料较少和条件不满足的情况下，同样具有较强的实用性。

几种评价方法的优缺点对比情况如表 1 所示：

表 1　常用综合评价方法对比表

序号	方法名称	优点	缺点
1	层次分析法	可将定性问题定量化，对多层指标分析有优势	指标过多时容易出现判断混乱，且工作量较大
2	模糊综合评价法	对模糊性资料具有较强的量化功能，评价结果容易加工	计算复杂，指标权向量为 1 时易出现超模糊现象，分辨力差
3	数据包络法	受主观意志影响较小，常用于多投入多产出的决策单元	只能做出决策单元的有效与否，无法进行精确排序
4	应用统计法	可完全排除人为影响	数据量要求高，且需数据具有随机性
5	结构方程模型	适用于复杂多变数据的处理和分析	可能产生无法解释的结果，且需要满足变量正态分布的假设条件
6	灰色关联分析法	无主观意志影响，数据量要求不高	对多层次的复杂指标体系，关联度模型可能存在不足

钻井作业的能效是对整个钻井过程用能状况的综合反映，它受多种因素的影响，且各因素之间的联系难以精确定量和不完全确知，仅仅依靠定性方法和一般的数学方法很难做出合理，准确的判断，且钻井作业可用于对比分析的指标和数据较少，因此，灰色关联分析法在评价钻井企业能效方面具有一定的适应性和科学性。

2 能效评价步骤及案例

运用灰色关联分析法对钻井作业能效水平进行评价主要分为确定评价指标、指标归一化处理、计算关联系数、计算关联度、关联度排序五个步骤。下面以某钻井公司为例详细说明钻井作业的能效评价方法。

2.1 确定评价指标

从某钻井公司所属 40 支钻井队中筛选可进行能效评价的队伍，并确定能效评价指标，其筛选的条件主要包括以下几个方面：

(1) 具有以往柴油机和泥浆泵能效监测数据。

(2) 能源消费品种基本相同。

(3) 被监测设备类型相同，例如：被监测设备均为柴油机，或者被监测设备均为柴油发电机组。

(4) 对异常数据进行判别并剔除。

根据上述筛选条件，该公司共筛选出可进行能效评价的队伍 5 支，确定能效评价指标 4 个，筛选结果见表 2。

表 2　能效评价单位筛选结果

序号	二级单位名称	序列代号	δ	δ_o	η_d	η_p
			kg/m	kg/m	%	%
—	—	—	$X_i(1)$	$X_i(2)$	$X_i(3)$	$X_i(4)$
1	钻井一队	X1	259.18	177.88	39.60	73.70
2	钻井二队	X2	261.58	179.52	40.10	72.00
3	钻井三队	X3	208.50	143.10	39.80	74.20
4	钻井四队	X4	271.10	186.05	37.20	73.70
5	钻井五队	X5	255.98	175.68	40.50	64.30
6	最佳值	X0	208.50	143.10	40.50	74.20

注：δ 表示单位进尺综合能耗；δ_o 表示单位进尺柴油消耗；η_d 柴油机运行效率；η_p 泥浆泵运行效率。

构造理想对象，把各个评价对象中每一项指标的最佳值作为理想的指标值。最佳值从参加比较的被评价对象中选取，对不同影响因素而言，有的指标以最大为好，有的指标则以最小为好，以最佳值为基础，便可构造理想对象的指标值。

2.2 指标归一化处理

本次指标归一化处理采用被评价的钻井队各能效指标分别除以该序列所有数值之和，并用小数的形式表示，处理结果见表 3。

表 3　能效指标归一化处理结果

序号	二级单位名称	序列代号	δ	δ_o	η_d	η_p
—	—	—	$X_i(1)$	$X_i(2)$	$X_i(3)$	$X_i(4)$
1	钻井一队	X1	0.206	0.206	0.201	0.206
2	钻井二队	X2	0.208	0.208	0.203	0.201
3	钻井三队	X3	0.166	0.166	0.202	0.207
4	钻井四队	X4	0.216	0.216	0.189	0.206
5	钻井五队	X5	0.204	0.204	0.205	0.180
6	最佳值	X0	0.166	0.166	0.205	0.207

2.3 计算灰色关联系数

把灰色关联系数计算公式应用到该钻井公司各评价对象的计算中，得到两级最小差与两级最大差分别为：

$$|x_0(k)-x_i(k)|=\begin{Bmatrix}0.040, & 0.040, & 0.004, & 0.001\\ 0.042, & 0.042, & 0.002, & 0.006\\ 0.000, & 0.000, & 0.003, & 0.000\\ 0.050, & 0.050, & 0.016, & 0.001\\ 0.038, & 0.038, & 0.000, & 0.027\end{Bmatrix}$$

则，$\min_i \min_k |x_0(k)-x_i(k)|=0$；

$\max_i \max_k |x_0(k)-x_i(k)|=0.05$

取 $\rho=0.5$，将两级最小差与两级最大差代入下式：

$$\alpha_{ik}=\frac{\min_i\min_k|x_0(k)-x_i(k)|+\rho\max_i\max_k|x_0(k)-x_i(k)|}{|x_0(k)-x_i(k)|+\rho\max_i\max_k|x_0(k)-x_i(k)|}$$

得到：

$$\alpha_{ik}=\begin{Bmatrix}0.383, & 0.383, & 0.856, & 0.959\\ 0.372, & 0.372, & 0.938, & 0.811\\ 0.998, & 0.998, & 0.887, & 0.987\\ 0.334, & 0.334, & 0.604, & 0.959\\ 0.398, & 0.398, & 0.985, & 0.478\end{Bmatrix}$$

则各评价对象的关联系数值整理见表 4。

表 4　关联系数表

序号	评价对象	δ	δ_o	η_d	η_p
1	钻井一队	0.383	0.383	0.856	0.959
2	钻井二队	0.372	0.372	0.938	0.811
3	钻井三队	0.998	0.998	0.887	0.987
4	钻井四队	0.334	0.334	0.604	0.959
5	钻井五队	0.398	0.398	0.985	0.478

2.4 计算灰色关联度

将上述关联系数值代入下式：

$$R_i = \frac{1}{n}\sum_{k=1}^{n}\alpha_{ik}$$

得到各评价对象的关联度值见表5。

表5 关联度表

序号	评价对象	代号	关联度值
1	钻井一队	R1	0.645
2	钻井二队	R2	0.623
3	钻井三队	R3	0.968
4	钻井四队	R4	0.558
5	钻井五队	R5	0.565

2.5 关联度排序

按照表5中关联度值的大小，得到该钻井公司各评价对象的灰色关联度次序为：R3>R1>R2>R5>R4。由此可见，由于钻井三队的关联度与理想对象的关联度最接近，亦即钻井三队的能效水平高于其他几个参评钻井队，可以考虑从影响钻井三队能效水平的因素着手分析，有效提高该钻井公司内部的能源利用水平。

3 能源管控信息平台

随着信息化时代的到来，利用计算机强大的运算能力，快速分析能效指标，精准筛选标杆对象，可有效提高能效评价工作的科学性与时效性。根据钻井生产能效评价与对标管理需求，钻井能源管控信息平台在功能上至少应包括设备管理、实时监控、经济运行分析、能效水平分析、钻井能效指标查询、能耗统计分析、标准表管理7个功能模块。

3.1 设备管理

对管控对象的基本信息进行管理，管控对象包括新加入管控行列的钻井队或已加入管控行列的钻井队的开钻新井。该功能模块对管控对象的基本信息进行管理，主要包括：井号、井型、区块名称、设计井深、钻井队号、钻机类型、用能类型，以及配套的主要供用能设备信息。

3.2 实时监控

对钻井作业中用能设备的实时能耗数据进行实时显示，并对柴油发电机组、发动机组、电动泥浆泵、变压器等重点用能设备的能效指标进行实时在线计算并显示。

3.3 经济运行分析

对主要用能设备的运行指标进行分析，可手动设置任意时间区间(最小单位为分钟)，对主要用能设备(柴油发电机组、电动机、变压器、电机)的经济运行指标进行在线计算，绘制指标随时间的关系曲线。

3.4 能效水平分析

对作业队的能效水平进行对标分析，通过设置对标井队的边界条件(区块名称、井型、钻机类型、井深尺寸、钻井技术等)，运行能效水平评价计算模型，选出标杆钻井队，为下一步开展对标活动奠定基础。

3.5 能耗统计分析

通过设置新井位的所属区块名称、井型(直井/斜井/水平井/定向井/从式井)与用能方式(柴油/网电/混合)，系统从钻井能效指标数据库调取同区块同井型的历史数据记录进行统计分析，按照用能类型(柴油/电力/天然气/混合)分别计算各类型钻机的单位进尺综合能耗平均值，并用条形图展示统计结果。

3.6 钻井能效指标查询

对钻井能效指标数据库进行查询，该数据表的数据来源于钻井作业完成后，对用能设备的实际能耗数据统计后生成。

3.7 标准表管理

对数据规范表进行管理，包括“各能源折标准煤参考系数”“钻井能耗设备分类”“钻井作业最佳节能实践库”的管理。当国家或行业相关部门发布新的能耗标杆数据，或者通过节能实践获得更佳的节能实践经验时，可随时钻井作业最佳节能实践库进行更新。

4 结论

根据钻井生产能耗影响因素复杂、能效指标多样且各因素之间的联系难以精确定量等诸多特点，本文通过对比认为灰色关联分析法在评价钻井企业能效方面具有一定的适应性和科学性，并通过某钻井公司能效评价活动的具体演练，进一步验证了本文钻井作业能效评价方法的可操作性。同时，通过选择合理可行的钻井生产能效标杆筛选方法，结合现代化信息手段，可进一步科学高效地开展能效评价与对标管理工作。

参 考 文 献

[1] 王莲芬. 网络层次分析法(ANP)的理论与算法[J].

系统工程理论与实践，2001，(3)：44-50.

[2] LesFrair. Student Peer evaluations using the analytic hierarchy Process method. Frontiers in Education Conefrence，2005，(2)：43-45.

[3] Ong S K，Koh TH，lice AYC. Assessing the Environment all impact of Materials Processing Techniques[J]. Mufti - Disciplinary Engineering，2010，20(2)：53-55.

[4] Zhu Q，Geng Y. Integrating Environmental Issues into Supplier Selection and Management[J]. GMI，2001，(35)：77-79.

[5] Smith PN. Multi-Criterion project evaluation involving uncertainty and impression [J]. Transactions of Mufti-Disciplinary Engineering，2005，19(2)：43-53.

[6] 候杰泰，等. 结构方程模型及其应用[M]. 北京：北京教育出版社，2004：16-17.

伐毛洗髓式隐患排查治理体系方法研究与探索

孙辽东　张　毅　韩文辉　张　良　龚贤忠

（中国石油独山子石化公司）

摘　要　大型炼化企业危险化学品生产工艺复杂多样，生产条件苛刻，涉及物料易燃易爆、有毒有害，特别是生产、储存设施能量集中，隐患排查不彻底、不系统，一旦发生事故，往往造成严重后果。企业传统的、片面的、被动式的隐患排查模式，造成隐患屡查屡有，且整改不够系统和彻底，伐毛洗髓式隐患排查模式坚持以“问题导向、系统思维、科学方法、突出重点、全面排查、分级治理”六个原则，系统的、科学的开展隐患排查治理工作，摸清自家的底细，排查深层次的隐患，利用管理学的思维进行提升，实现“发现一类隐患、提升一类管理，杜绝一类事故”的目标，实现企业管理提升，为企业创造更大的经济效益。

关键词　石油化工企业；隐患排查治理；管理学

1　伐毛洗髓式隐患排查治理体系的思路

1.1　通过系统思维，解决运动式、应付式隐患排查模式

坚持以“问题导向、系统思维、科学方法、突出重点、全面排查、分级治理”六个原则，通过横向的“专业+专项+重点”方式进行排查，专业排查主要包括安全基础管理、生产管理、设备管理、仪表管理、电气管理、应急与消防管理、危险化学品管理、应急与消防管理等方面，专项排查主要是防互窜、防冻凝、防泄漏、防腐蚀、接地、配电室、联锁等专项的排查，重大检查主要包括重大时段和重点区域，重点时段排查主要是指国家重大活动、节假日前对装置生产是否存在异常和事故隐患、备用设备状态、备品配件、生产及应急物资储备，保运力量安排等方面的排查，重点区域主要是针对危险源固有风险较大的区域，比如老旧装置、高危细分领域、空分装置、加氢装置等开展检查。系统性的隐患排查，分工协作，系统的排查装置运行过程中的风险，坚持侧重于现场设施的完整性，对关键装置、重点部位加以特别关注，制定固定的排查频次，有效防范各类事故发生。全周期隐患排查是通过对装置设计、建设、运行、报废不同时段隐患的特点，制定针对性的隐患排查内容，有的放矢、源头管控，开展装置全生命周期隐患排查。

1.2　通过管理思维，解决隐患排查屡查屡有，螺旋不上升的问题

对隐患产生的根源进行分析，从认知层面、方法流程、职责分工、教育培训、监控落实、管理改进“6 个维度”对隐患产生的根源进行分析，并提出解决造成同类隐患解决办法，通过先进学习、提高认知，梳理流程、简单高效，文件修订、明确分工；人员培训、能岗匹配；监督落实、过程管控；发现漏洞、持续改进等一些列的措施，排查一批隐患，提升一类管理，杜绝隐患重复出现（图 1）。

2　伐毛洗髓式隐患治理的实施办法

伐毛洗髓式隐患排查治理重点抓住两条线。一是多专业无死角全面的隐患排查模式，主要开展专业排查、专项排查、重点时段排查、重点区域排查。二是要贯穿装置运行的全生命周期，从设计阶段、建设阶段、运行阶段、报废过程全生命周期开展隐患系统的隐患排查，打破以往碎片式的隐患整治模式，加入管理思维开展隐患治理，让隐患排查插上“管理的翅膀”，通过“6 个维度”深入分析隐患产生的来源，并从源头上进行消除隐患产生的原因，彻底的消灭隐患，杜绝事故。

2.1　横向上，多专业无死角进行隐患排查

1. 业务融合，交叉比对，在专业排查上下功夫

按照专业分工每年至少开展一次多专业的全面隐患排查，对照《危险化学品企业安全风险隐患排查治理导则》应急〔2019〕78 号相关内容，结合企业实际业务，编制企业内部的风险隐患排查内容，每年由企业主要负责人牵头开展全面的的隐患排查，隐患排查至少要包括安全基础管理、

安全生产信息、生产管理、设备管理、仪表管理、电气管理、应急与消防管理、危险化学品管理、应急与消防管理等的内容。可以成立专业专家团队，多专业共同发力，针对装置隐患特点，评选出专业重大排查的内容并进行排查。各单位上报的Ⅲ级、Ⅳ级根据风险矩阵、国家法律法规要求及影响大小等内容进行排序，突出核心风险重点辨识，参加隐患排查风险开展风险辨识与隐患排查工作；重点对可能导致火灾爆炸、中毒窒息等重大事故的风险进行评估；指导各基层单位开展风险排查工作，确保排查的深度和广度；针对评价出来的大隐患制定防范措施、修订操作规程和应急预案等内容。

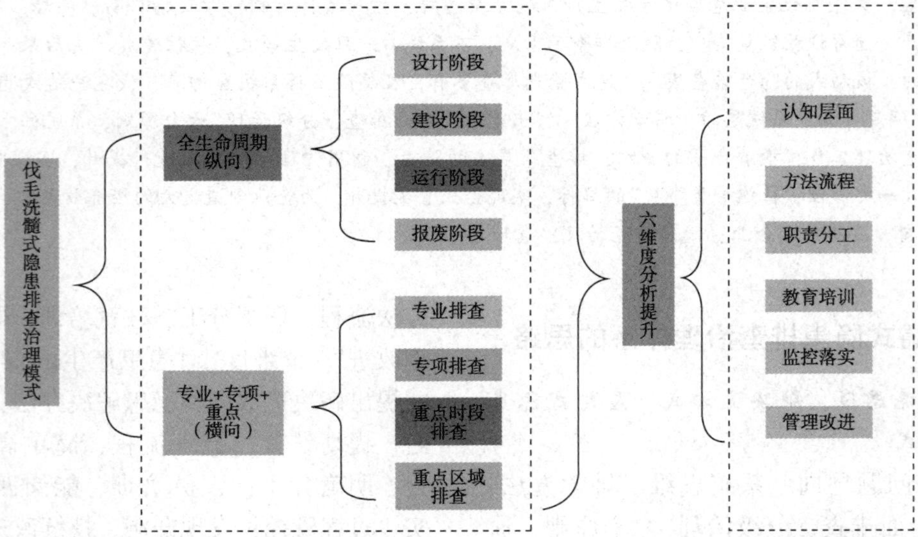

图 1　伐毛洗髓式隐患排查治理模式

树牢“全员、严管、科学”的安全理念，推进风险分级防控和隐患排查治理双重预防工作整体质量和综合效能的持续提升，夯实安全基础，落实靶向思维、聚焦重点、精准施策，通过系统梳理分析历史上企业内外的隐患、事件、事故、维修作业、维护项目等数据，确定 2022 年风险隐患排查治理的 25 个重点领域，达到重点领域的风险要全部识别清晰、管控到位、心中有数；隐患落实防范到位、有序治理、彻底消除；杜绝已排查重点领域风险和隐患屡查屡有的现状。通过持续完善双重预防机制，增强各层级风险管控能力，提升隐患治理效率，快速向“工艺技术零缺陷、设备设施零泄漏、生产过程全受控、员工技能都达标、专业管理无盲区”的新时代优秀企业的本质安全标准迈进。

建立属地横向摸底、专业纵向排查、全员自查保底的立体化隐患排查工作机制。按照“业务归类、聚焦重点、结合日常、精准实施”原则，将工艺流程类似，风险内容相近的直属单位归类，推动同类业务单位之间的交流，确定相同相近风险排查主题，重点划分炼油业务单元(含炼油一部、炼油二部)、烯烃业务单元(含乙烯一部、乙烯二部)、树脂橡胶业务单元(含聚烯烃一部、聚烯烃二部、橡胶部)、储运业务单元(含储运一部、储运二部)、公用工程系统业务单元(含热电厂、公用工程部)共 6 个业务单元。针对不同业务单位特点，编制季度重点排查内容，具体内容如图 2 所示。

2. 技术支持，精准实施，在专项排查上下功夫

针对专业排查的问题及装置运行过程中存在的问题，查找企业在安全生产管理的薄弱环节，可能造成重大事故隐患的方向，进行精准实施，开展专项排查。如开展过程安全信息的专项排查，对 PID 图符合性的全面排查，按照流程图和现场一一对应，不落一条线、一个阀门，从 PID 图到现场核对；开展注剂(水)点管线冲刷减薄隐患、注剂口评价等方面进行排查；对装置高温、高压、烃类气体冲刷腐蚀排查、存在气液两相的部位、原油硫含量酸值上升管线腐蚀排查，找出易腐蚀部位；开展易腐蚀、冲刷、振动管道专项排查、现场小节管管控、异种钢焊接部

位、贴壁腐蚀部位、存在腐蚀设备管线等内容专项排查；对联锁上下位及设计蓝图的一致性，直接或间接参与联锁参数控制的调节阀完好性开展专项排查；对特种设备压力容器安全附件完好性，管道检验信息档案，特种设备档案资料、压力管道注册信息专项排查。

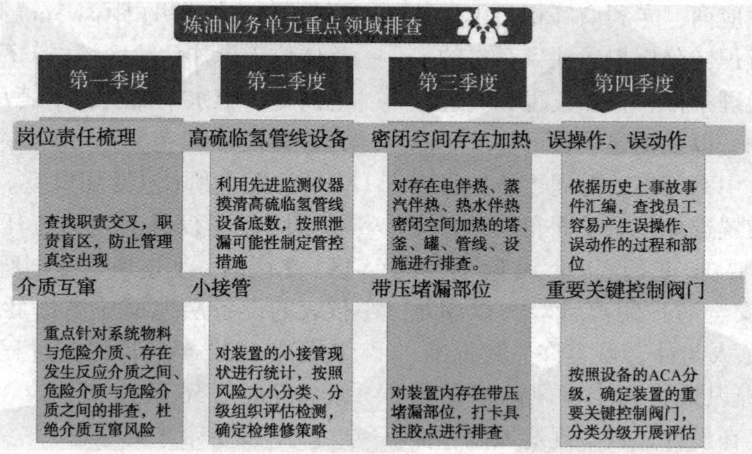

图 2　重点领域排查内容

3. 重点时段，精心布置，在应急准备上下功夫

国家重大活动、节假日，企业人员放假，应急准备工作不到位，紧急情况下宜造成物资缺失、隐患失控、人员不足等事故隐患，因此要根据其特点，在重点时段开始之前，要对装置生产是否存在异常和事故隐患，备用设备状态是否正常，备品配件、生产及应急物资储备是否充足，保运力量安排是否到位，化工三剂是否配备等方面的排查，确保在重点时段生产物资充足、生产允许风险受控、人员保运力量到位。

4. 重点区域，难点攻克，在诊断评估上下功夫

重点区域主要是针对危险源固有风险较大的区域，开展诊断式评估，如围绕老旧装置、燃气、高危细分领域等重点内容，组织多部门、多区域对标式隐患排查，专业干部500余人次开展技术培训，确保排查人员技术过硬，标准统一，着力找准排查整治切入点，全面提升工作精准度。同步实行“清单化”管理，排查问题全部录入双重预防平台，持续更新隐患台账。

针对存在可燃气体、粉尘爆炸风险较大的生产单元，成立风险评估小组，评估小组人员全部是公司专业技术能力较强的专家，对单位开展为期10~15天全面的排查评估，从装置建设期的设计图纸、装置经过的历次大修改造、装置目前的管控水平，深挖设计缺陷、变更隐患、违规隐患、管理隐患，通过系统的诊断评估，发现深层的隐患，并加以治理。

5. 分类施策，靶向治理，在保障实效上下功夫

坚持“五定”工作原则，推进专项隐患整治力度。针对公司评定的下来的隐患清单，每天落实隐患治理进度，每周对完成情况进行通报，确保隐患得到快速治理。

2.2　纵向上，全周期全方位进行隐患排查

隐患的产生是伴随着装置设计、运行、报废全生命周期过程的，任何一个隐患未得到有效的管控，均会演变成事故风险。因此隐患排查，要伴随着装置的全生命周期过程，根据不同时期的隐患产生的特点，制定出不同的排查方向和内容，并加以源头管控，杜绝隐患产生。

1. 设计阶段阶段重点排查本质安全设计方面的隐患

事后诸葛亮，不如未雨绸缪。设计阶段从总平面布局、外部安全防护间距、工艺选择、本质安全设计方面考虑。将隐患排查的重点放在设计阶段，就抓住了隐患治理的根本。只有提前投入，提前行动，才能把事故隐患消灭在萌芽状态。按照金字塔法则系统设计1分安全性，等于10倍制造安全性，等于1000倍应用安全性。意为企业在生产前发现一项缺陷并加以弥补，仅需1元钱；如果在生产线上被发现，需要花10元钱的代价来弥补；如果在市场上被消费者发现，

则需要花费 1000 元的代价来弥补。安全要提前做、提前控，预防为主，尽可能把任何问题都消灭在萌芽状态。

在建设项目前期论证或可行性研究阶段，公司组织设计单位、供应商、专利商等相关单位及人员充分开展危害辨识，分析拟建项目存在的工艺危害、当地自然地理条件、自然灾害和周边设施对拟建项目的影响，以及拟建项目可能发生的泄漏、火灾、爆炸、中毒等事故对周边防护目标的影响进行合理的装置选址、总平面布局。并按照 GB/T 37243 的要求进行定量风险评价(QRA)，开展外部安全防护距离计算，以满足 GB 36894 所规定的个人与社会可容许风险标准。编制拟建项目危害辨识报告和定量风险评估报告，指导装置建设，在设计过程中规避风险，提升装置的本质安全水平。2022 年组织新、改建项目 4 项，识别风险 1235 项，通过对风险识别，提出改进建议 482 项，如通过对炼厂干气回收利用项目碳二装置危险与可操作性分析，识别出Ⅰ级风险 3 项，Ⅱ级风险 188 项，Ⅲ级风险 42 项，提出Ⅱ级风险建议数 121 项，Ⅲ级风险建议数 62 项，通过对胺液再生单元风险分析及综合全厂胺液利用，提出胺液系统处理建议，通过减少现场危险源的方式，最大限度实现了本质安全，并优化了投入成本。

2. 建设时期重点排查按图施工、设备管材质量、施工质量、隐蔽工程存在的缺陷

建设项目严格按照国家法规、规范、标准和设计要求进行施工，保证施工质量。工程监理和工程承包商建立健全工程质量保证体系，监督体系有效运行。组织工程监理对进场的各种设备、材料、预制件、半成品及工程实体的质量状况进行检查；并对查出的问题下整改通知书，督促及时整改。督促工程承包商按照《工程质量监督计划书》的要求进行报验。参与关键质量控制点的验收，抽查其他质量控制点，并签署施工过程资料。组织三查四定，并督促承包商落实整改。

2.3 运行阶段严格管控，主要消灭运行过程中新产生的隐患

1. 对标国家标准、行业标准，排查依法依规隐患，国家标准

近些年国家法规、国家标准、行业标准更新比较快，如果不及时对标，现场将会出现一些不满足标准类隐患，企业根据法规标准的变化，选择适用于本企业的标准规范，进行对标排查，对排查的问题隐患，逐项进行整改，消除现场依法合规类隐患！如某装置对标排查过程中发现 6/0.4kV 配电室与冷油泵房相连(共用墙体)，西侧临近轻油泵房(距离 3m)，南侧面向装置区，整体位于爆炸危险区域内，配电室地面与装置区地面在一个水平面上，不满足《爆炸危险环境电力装置设计规范》GB 50058—2014 第 5.3.5“变电所、配电所(包括配电室)和控制室应布置在爆炸性环境以外，当为正压室时，可布置在 1 区、2 区内。变电所、配电所和控制室的电气和仪表的设备层地面应高出此面 0.6m。”的要求。装置在 2022 年对标排查过程中发现，不满足国家标准规范 56 条。

2. 变更带来的隐患

装置在运行过程中，最大的风险隐患是变更带来的，通过对事故调查统计分析 80%以上的事故的原因均有变更管理的要素，因此在装置运行过程中要重点辨识变更这一因素带来的隐患，从工艺生产偏离原设计指标，如原料性质的变化、工艺指标的变更等，到装置的扩能改造、技术革新、产品的升级等变更均应进行充分的识别其中的隐患，对变更的有效执行过程进行排查。在企业变更排查过程中，发现变更程序未认真履行、变更过程未开展危害分析、危害分析不全面、防范措施不到位、防范措施未长期执行，针对变更管理开展隐患排查，发现问题 925 项问题。

3. 排查同行业事故类比带来的隐患

事故类比法隐患排查是通过借鉴事故提升企业管理的有效手段，充分利用事故事件资源，开展有效的隐患排查，通过一起事故事件，消除一批事故隐患。例如 2021 年 12 月 13 日上午 9 时 39 分，云南石化公司渣油加氢装置二系列在操作调整进料量过程中，由于操作失误，操作员工 3min 内分 4 次将阀门开度从 35.4%调整至 20%，导致进料泵低流量联锁停运，反应进料切断阀和调节阀联锁关闭。炼油一部对加氢装置对进行事故类比法隐患排查，发现高压窜低压重点风险评价，共计排查窜压点 57 处，如加氢进料泵停，若泵出口总管切断阀未关闭，单向阀失效，反应物料可能通过泵体以及泵出口最小回流保护线反窜至加氢原料缓冲罐，造成原料缓冲罐快速超压，导致发生火灾爆炸事故。高压注水泵故障停

机，可能导致高压反应产物反窜至注水罐，造成注水罐超压破裂泄漏；对三套操作规程（卡）进行排查，共计排查 16 项事故处理操作卡、6 项开停工操作卡，发现问题 7 项，如 200 万加氢裂化装置的生产恢复操作卡中有反应进料流量低低三取二联锁切除的操作要求，未识别到联锁切除后防窜压的保护措施失效的风险。通过事故类比法排查，消除现场事故隐患，举一反三，有效防止同类事故的重复发生。

2.4　停产装置消除危险源，消灭遗留隐患

1. 停用装置的隐患排查

针对长期停用装置，长时间的失修，装置内残存的物料能量一旦失控意外释放，可能造成事故，针对停用装置的特点，制定针对性的隐患排查方案。如停用装置内危险物料是否彻底清理并在系统最近点进行盲板隔离，盲板材质、壁厚是否满足要求，盲板是否每个大修周期进行检查更换，装置内的受限空间（地下泵房）是否上锁，下水系统是否隔离，严禁随意拆除停用装置的设备、管道、阀门等强制性要求，为了确保异常情况下的险情处置，现场消防设施是否完好。

2. 拆除前的隐患排查

停用装置拆除过程，是及其复杂的过程，由于装置运行时间常、基础资料信息缺失、人员变更等因素，导致现场很多风险隐患遗留，如果在拆除前未及时识别和发现隐患，拆除过程中就可能造成一定的安全事故。因此对拆除装置实施开展充分的风险辨识和隐患识别，梳理装置塔、容器、机泵、压缩机、管线清单，编制装置拆除前验收表（表 1），逐台设备进行检测，编制防硫铁化合物自燃方案，确保现场拆除过程中无能量的意外释放。

表 1　炼油厂一、二白土、蜡精制装置拆除前验收表

拆除验收装置名称：一、二白土、蜡精制装置　　　　验收时间：

项目	验收内容	检查方法	车间确认人	负责处室	处室确认人	结论	备注
工艺能量隔离	装置内单体设备、管线放空检测、无放空的管线中段开口检测	查现场		技术			
	执行防 FeS 自燃方案	查方案		技术			
	拆卸塔、容器人孔时做好个人防护	查现场		安全			
	停工吹扫确认各工艺管线和塔器设备放的空，扫的净，装置内工艺管线低点放空打开，畅通无油污	查现场、记录		技术			
	装置内存放化工三剂已全部处理	查现场		技术			
	系统线与装置所有管线盲板隔离并刷红漆表示	查现场		技术、调度			
	装置所有的地漏、下水井、管沟、隔油池检测验收合格	查现场		安全环保			
	塔（上下）人孔、容器、储罐人孔打开通风，确认无油料、气体检测合格	查现场		技术			
仪电隔离动设备	装置检修作业区所属动设备已断电	查现场		机动			
	装置内照明电路电源已经停电隔离	查资料		机动			
	装置配电室电源上级供电侧解除接线	查现场		机动			
	装置内仪表相关工艺联锁设备电源解除	查现场		机动			
	装置内仪表相关工艺联锁解除	查现场		机动			
	装置内 UPS 等电源放电完成	查现场		机动			
	所有散拆的动设备本体油品排放干净	查现场		机动			
	电缆沟位置和要求已做好交底和处置要求	查现场		机动			

2.5 "6维度"开展隐患治理管控

通过对历年来体系审核问题隐患大数据分析发现，隐患的治理多以点对点的整改为主，包括上级政府部门的隐患排查，也多数依据检查专家的个人经验，很少企业运用科学的管理思维去剖析隐患产生的根源，进而杜绝同类事故隐患的重复发生。独山子石化公司引入"6维度"管理流程，通过认知层面、方法流程、职责分工、教育培训、监控落实、改进管理进行管理判标，查找隐患产出的深层次的原因，并加以弥补，从而从隐患产生的源头上杜绝隐患产生。从而通过排查一类隐患，达到提升一类管理的目的。

3 实施效果

3.1 源头隐患得以控制

从项目设计开始至装置报废拆除结束，针对不同时段隐患产生的特点，开展有系统的、针对性的隐患排查，企业排查隐患的方式更加科学、合理，节约更多的时间和精力，为企业高质量发展提供有力的帮助，独山子石化进五年内安全生产事件较之前大幅降低。新建装置实施变更梳理大幅减少，新新建装置隐患大幅减少。

3.2 现存隐患得以治理和管控

通过"6维度"隐患治理管控，有效地解决隐患治理的最后一个环节，实现了管理提升，通过分析隐患产生的根源，解决隐患产生的原因，解决一类管理的缺陷，提高企业整体管理水平，通过近三年的努力，产生隐患的根源不断被消除，企业员工整体能力得到大幅提升。

第二篇 安全技术与管理篇

我国石油化工企业的安全技术和管理体系由于起步较晚，还存在安全管理制度的不完善、安全意识的淡薄和安全防护技术落后等问题，与欧美等发达国家相比仍存在较大差距。本篇从近年来我国石油石化行业安全技术与管理入手，列举了安全风险识别、安全体系建设、安全技术发展、智慧化安全防护、安全事故剖析、安全应急处置等领域的新进展，并依次介绍了无人机安全巡检、安全风险评估、安全风险预测技术、大数据安全隐患管理技术、虚拟现实培训技术等。

黏土海床下抛锚对海管安全影响模拟分析

梁　鹏　张梦玥　庞洪林　刘爱明　高　阳

（中海石油（中国）有限公司天津分公司）

摘　要　船舶落锚损伤是造成海底管道第三方破坏的主要因素，因此确定落锚贯入深度对海底管道安全运行意义重大。为此以霍尔锚为例，基于渤海海域环境条件，分别研究了不同地质特征参数对落锚贯入深度的影响，对比分析了Young公式和能量法公式计算结果的差异，使用软件ABAQUS建立有限元计算模型，基于CEL法进行黏土条件下的落锚贯入深度数值模拟。结果表明：使用Young公式得到的数值较小，且不能反映落锚深度与土质特征参数的关系；黏土的黏聚力越大，贯入深度越小；黏聚力越大，理论公式与有限元结果越接近。

关键词　船舶落锚；贯入深度；霍尔锚；黏聚力

随着全球油气资源开采进度的加快，海底管道已逐渐形成庞大的海底管网系统，海底管道的安全运营直接影响着世界经济和全球生态环境。近年来世界航运业的发展速度迅速，船舶抛锚作业频次不断增加，引发海底管道落锚损伤事故偶有发生，船舶抛锚作业已成为造成海底管道第三方破坏的主要因素。因此船舶落锚贯入深度的研究直接影响着海底管道埋设深度，对海底管道安全运行意义重大。

国内外学者针对船舶落锚的运动过程、触底速度以及贯入深度展开了一系列理论和试验研究，主要基于运动定律、经验公式和能量法等计算原理。Wierzbicki等研究了海底管线受坠物影响下的管体损伤深度。Young在土壤侵彻试验的基础上总结出不同土质条件下的贯入深度经验公式。本田启之辅总结出不同水深、不同锚重下船锚的下落速度极值。黄小光、刘润等基于动力学分析方法，针对海底悬空管道的抛锚撞击过程展开了数值模拟，探讨了撞击速度和管道上方保护层对管道应力的影响，通过落锚模型试验并结合理论研究方法拟合出贯入深度的计算公式，并使用数值模拟方法研究了贯入深度与触底动能间的关系。落锚贯入深度的影响因素很多，主要有锚型、锚重、触底速度、海底土质特征等。现有计算落锚贯入深度的理论研究方法主要有经验公式法、牛顿定律法和基于DNV规范的能量法。本文基于渤海海域环境条件，以霍尔锚为例，计算不同锚重下的触底速度，对比分析Young公式和能量法在不同黏土海床条件下的落锚贯入深度，总结出不同锚重条件下土壤黏聚力对贯入深度的影响，为海底管道安全运营提供理论支持和技术参考。

1　触底速度计算方法

要计算落锚的贯入深度，应先求取船锚触及海床表面时的瞬时速度，即触底速度。本文的研究范围是渤海海域，水深大多在20~30m，商船抛锚作业主要采用浅水抛锚的方法。触底速度计算方法有多种，本文使用牛顿平衡方程公式和本田启之辅公式进行计算。

1. 牛顿平衡方程公式

忽略次要因素的影响，锚在水中受到重力、海水浮力和海水阻力的作用。

其中锚所受的阻力 F_D 与锚的速度、挡水面积和海水拖曳力系数有关，如下式：

$$F_D = \frac{1}{2}\rho_w C_D A v^2 \tag{1}$$

由式(1)可看出，F_D 随着落锚的速度增大而增大，当其受力平衡时，达到锚的自由沉降速度。此时满足：

$$F_D = W - F_B \tag{2}$$

因此自由沉降速度 v_r 为：

$$v_r = \sqrt{\frac{mg - F_B}{\rho_w C_D A/2}} = \sqrt{\frac{mg - \rho_w \dfrac{m}{\rho_s} g}{\rho_w C_D A/2}} = \sqrt{\frac{2mg(\rho_s - \rho_w)}{\rho_s \rho_w C_D A}} \tag{3}$$

式中：m 为锚的质量，kg；ρ_s 为锚的密度，一般取为 7850kg/m^3；ρ_w 为海水密度，一般取为

1025kg/m³；C_D为拖曳力系数，为无量纲参数，取0.6~2.0；A为挡水面积，即船锚迎水方向的投影面积，计算公式参见式(4)，m²；v为锚的运动速度，m/s。

$$A=(D+C\sin 45°)B \tag{4}$$

式中：C为锚的厚度，m；D为锚爪的长度，m；B为锚的宽度，m。

2. 本田启之辅公式

日本学者本田启之辅在《操船通论》中总结出锚在下落过程中速度极值v_r与船锚质量的估算公式，如下式：

$$v_r=4.7\times\sqrt[6]{M} \tag{5}$$

式中：M为锚的质量，kg。

2 落锚贯入深度计算方法

2.1 经验公式

1997年，Young根据已有试验数据针对不同性质的地质条件，给出了物体贯入土壤深度的经验公式(简称Young公式)。Young公式为计算物体贯入土体深度的经典公式，以触底速度61m/s为分界点，本文计算的海域水深较浅，锚触底速度不会达到61m/s，使用如下公式计算：

$$z=0.0008SN\left(\frac{m}{A_p}\right)^{0.7}\ln(1+2.15v^2\times10^{-4}) \tag{6}$$

式(6)中：z为贯入深度，m；N为物体的形状系数；S为土体系数；m为船锚质量，kg；v为船锚接触土体时的速度，m/s；A_p为船锚的投影面积，m²。

土壤参数S的取值取决于海底不同底质条件，对于淤泥条件可取10~20，对于砂质条件可取6~9，对于软泥条件可取20~30，淤泥和砂混合底质可取8~15，淤泥占主要则建议取15，砂占主要则建议取8，也可按混合比例内插取值。日本专业技术人员在投锚试验中确定了形状系数N，对后续研究提供了重要的参考价值。在试验中，形状系数N平均值为9.61，标准差为1.98，说明投锚试验结果集中程度较高。

2.2 能量法公式

DNV规范中给出了落锚贯入深度的能量法计算公式。根据能量守恒原理，落锚的冲击能量与海底底层土体吸收的能量相等，由此计算得出船锚贯入深度。

落锚的冲击能量包括锚本身的动能和其携带的附加水动能。当锚的体积较大时，附加水动能不可忽略，因此，锚的冲击总能量如下式：

$$\begin{aligned}E_E&=E_p+E_A=0.5(m+m_a)v_r^2\\ m_a&=\rho_w C_a V\end{aligned} \tag{7}$$

式中：E_E为锚触底时的冲击总能量，kJ；E_p为锚触底动能，kJ；E_A为附加水动力能量，kJ；m_a为附加水质量，kg；C_a为附加质量系数，该值取决于物体的几何形状，根据工程经验，本次计算取1.5；V为附加水体积，m³。

对于黏土土质，地质钻孔中无内摩擦角参数，可参考ASCE规范中对土壤垂向弹簧系数公式：

$$Q_d=N_c cD+N_q\bar{\gamma}HD+N_\gamma\gamma\frac{D^2}{2} \tag{8}$$

式中：Q_d为弹簧系数；N_c、N_q、N_γ为承载力系数；c为土壤黏聚力，kPa；H为海管深度，m。

对于黏土不考虑后面两项，因此公式变成：

$$Q_d=N_c cD \tag{9}$$

因此，贯入深度z可根据下列公式得出：

$$E_p=0.5Q_d z^2=0.5N_c cDz^2 \tag{10}$$

3 落锚贯入深度计算

3.1 计算参数选择

1. 土质参数

落锚的贯入深度受海底土质影响较大。根据实际项目中地质钻孔资料显示，海底土质主要分为砂土和黏土。砂土的含沙量大，根据砂质颗粒大小分为细砂、粗砂等。黏土的含沙量少，颗粒之间的附着性强，根据泥质松软程度分为软泥、淤泥、硬质淤泥等。黏土的特征参数是黏聚力c，代表土壤颗粒之间的附着程度。

2. 船锚参数

船锚触底速度、锚的质量、锚的体积、锚的投影面积等都是计算落锚贯入深度很重要的基础参数。本文使用商船抛锚常用的霍尔锚进行计算，根据《钢制海船入级规范》和《GB/T 546—2016 霍尔锚》，获取不同吨位船舶对应的锚重和锚的尺寸参数。

富志禹等通过对不同锚重级别对应系数尺寸进行计算统计，得到霍尔锚锚重与投影面积的估算式：

$$A_p=2.124\left(\frac{m}{\rho_s}\right)^{\frac{2}{3}} \tag{11}$$

3.2 理论公式计算

通过牛顿平衡方程公式和本田启之辅公式计

算得出不同锚重下的触底速度与冲击总能量，结果对比如图3和图4所示。两种方法计算得到的触底速度的差值百分比为1.90%，冲击总能量差值百分比为3.75%。两种公式计算结果相近，选取数值较大的本田启之辅公式计算结果进行下一步贯入深度的计算。

使用Young公式分别计算了不同锚重下四种类型土质的贯入深度，并绘制成曲线，如图1所示。从图中可以看出，软泥、淤泥、硬质淤泥和砂质土的贯入深度依次减小。Young公式虽然是根据落锚试验结果拟合得到的，但该公式中与土体性质相关的参数S为经验值，不能定量反映落锚深度与黏土黏聚力的关系，因此造成该公式的局限性。

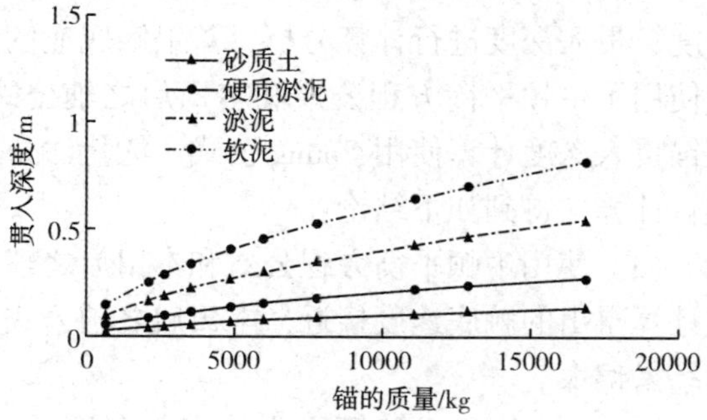

图1　Young公式结果对比

使用能量法公式计算时，对于黏土选取为黏聚力为4kPa、6kPa、8kPa、10kPa、12kPa、14kPa的土质进行贯入深度计算，结果如图2所示。从图2中可以看出，对于黏土土质，随着黏聚力的增大，贯入深度依次减小。因为土壤黏聚力越大，其抗剪切能力越大，抵抗落锚冲击的能力越大，因此锚的贯入深度越小。图3为能量法公式与Young公式在黏土土质下的对比图，从该图中看出，使用Young公式计算得出的黏土贯入深度均小于能量法结果，说明能量法较经验公式法更保守。

3.3　有限元建模计算

基于ABAQUS显示动力学分析建立落物撞击管状结构物模型，与现有碰撞试验结果及上述理论公式计算结果比较，验证有限元模型可靠性。

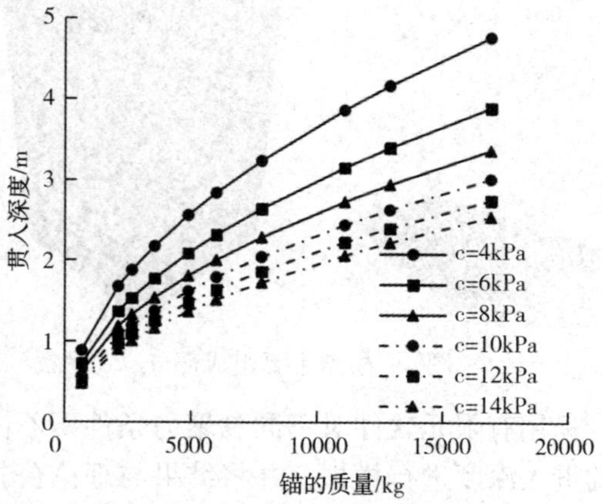

图2　黏土土质下贯入深度对比

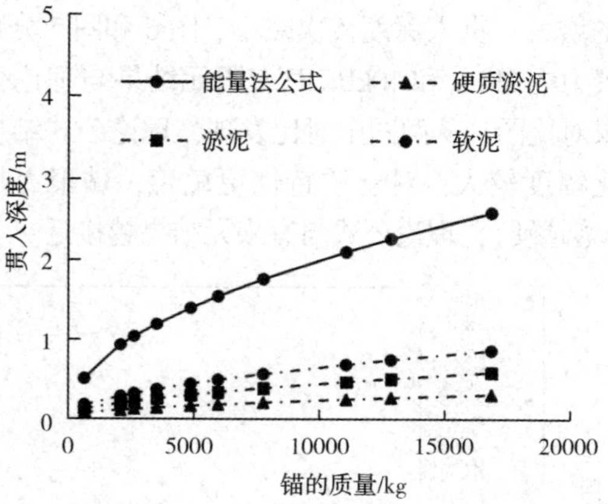

图3　黏土土质能量法与Young公式对比

考虑有限元边壁尺度效应等影响，分析了合理的边界处理方式以及土体建模尺寸，采用耦合的欧拉-拉格朗日方法对落锚、土体间的相互作用进行模拟。经分析，0.66t船锚模拟贯入土体尺寸为10m×10m×10m，2.1t到12.9t船锚模拟贯入土体尺寸为10m×10m×15m，16.9t船锚模拟贯入土体尺寸为14m×10m×15m。参考选取工程实际中土体特征值赋予材料属性，见表2。由于应用Mohr-Columb模型模拟土体时黏聚力及内摩擦角不能为0，这里取1代替。

表1　土体模型参数

土体类型	密度/(kg/m^3)	弹性模量/MPa	泊松比	摩擦角/(°)	黏聚力/kPa
黏土	1611	2.5	0.3	1	1~14

为保证模拟准确度，经网格收敛性分析，对小于3.54t落锚模拟时，土体全局网格尺寸0.1，局部细化网格尺寸0.05；对大于3.54t其余落锚工况，土体全局网格尺寸0.2，局部细化网格尺

寸 0.1。锚的模型和土体模型如图 4 所示。

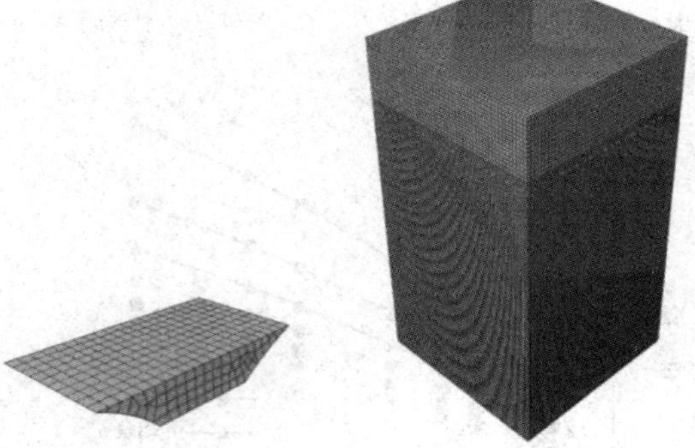

图 4　模型主要组成部分

运用有限元软件对不同黏聚力条件下不同锚重的贯入深度进行模拟，并将结果与理论公式进行对比，如图 5 所示。从图 5 中可以看出数值模拟的结果与理论公式结果趋势一致，即随着黏聚力的增大，贯入深度依次减小。图 6 和图 7 分别为黏聚力为 2kPa 和 10kPa 时有限元结果与理论公式结果对比图。从两图中对比发现，理论公式结果的变化幅度较大，对土质特性更敏感；黏聚力越大(土壤越硬)，理论公式与有限元结果越接近。

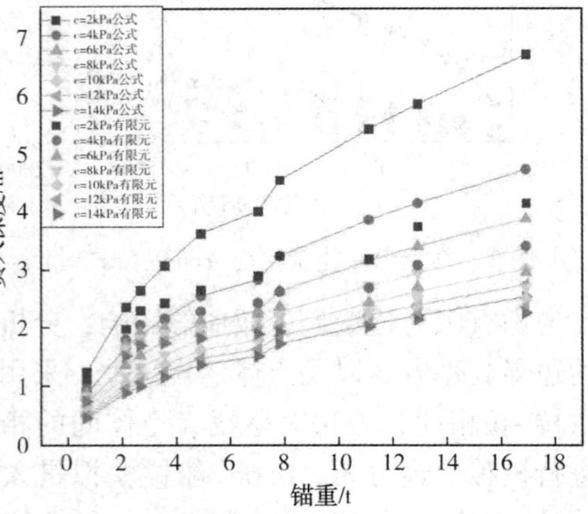

图 5　有限元结果与理论公式结果对比图

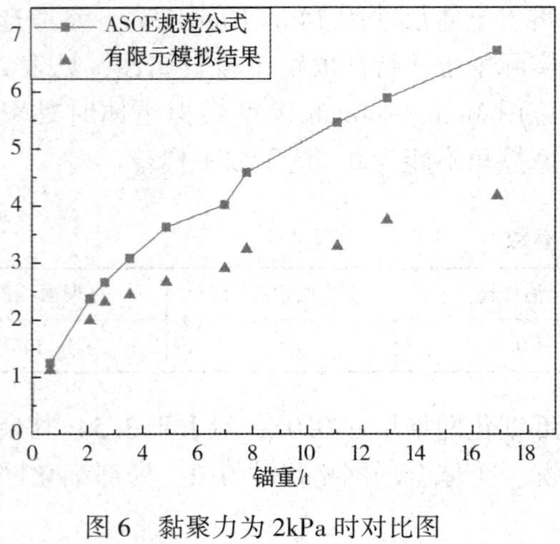

图 6　黏聚力为 2kPa 时对比图

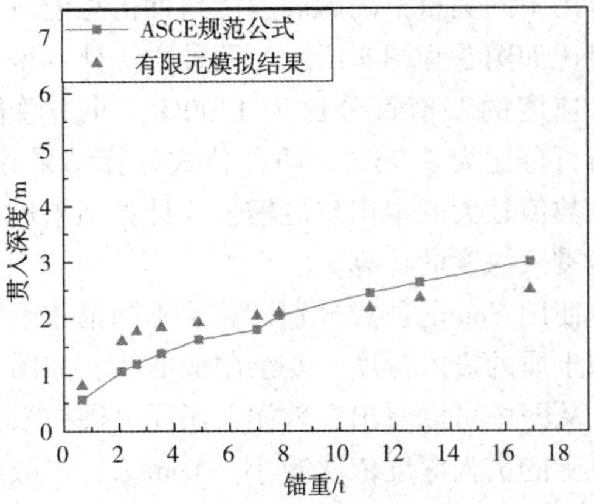

图 7　黏聚力为 10kPa 时对比图

4　结论

本文对不同锚重在黏土海床条件下落锚触底速度、贯入深度进行计算分析，落锚触底速度计算使用了牛顿平衡方程公式和本田启之辅公式，落锚贯入深度计算使用 Young 公式、能量法公式进行计算，得到如下结论：

(1) 使用牛顿平衡方程公式和本田启之辅公式计算得出的触底速度接近，本田启之辅公式计算结果偏大。

(2) Young 公式计算得到的贯入深度偏小，且该公式中与土体性质相关的参数 S 为经验值，不能反映落锚深度与土体强度的关系，因此该公式具有一定局限性。

(3) 对于砂土，内摩擦角越大，土质颗粒越大，贯入深度越小；理论公式结果的变化幅度较大，对土质特性更敏感；黏聚力越大(土壤越硬)，理论公式与有限元结果越接近。

参　考　文　献

[1] WIERZBICKI T, SUH M S. Indentation of tubes under combined loading [J]. International Journal of Mechanical Sciences, 1988, 30(3/4): 229 - 248.

[2] YOUNG C W. Penetration Equation[R]. SAND97-2426 Unlimited Release UC-705, 1997: 4-12.

[3] 本田启之辅. 操船通论[M]. 东京：成山堂书店，2008：119-120.

[4] 黄小光，孙峰. 基于 ANSYS/LS-DYNA 的海底管道受抛锚撞击动力学仿真[J]. 2012，27(5)：41-44.

[5] 张磊. 基于船舶应急抛锚的海底管道埋深及保护研究[D]. 武汉：武汉理工大学，2013.

[6] 李东学，李亚斌，等. 船锚触底贯穿量计算方法[J].　中国航海，2016，39(1)：85-87.

[7] 冯士伦，朱晓宇，等. 抛锚贯入深度计算方法比较研究[J]. 海洋技术学报，2020，39(2)：91-97.
[8] 刘润，汪嘉钰，别社安. 船舶抛锚过程中落锚贯入深度研究[J]. 天津大学学报(自然科学与工程技术版)，2020，53(5)：508-516.
[9] DNV-RP-F107. Risk assessment of pipeline protection [S]. 2010.
[10] DNV-RP-F114. Pipe soil interaction for submarine [S]. 2017.
[11] 中国船级社. 钢制海船入级规范[S]. 2018.
[12] 国家技术监督局. GB/T 546—2016 霍尔锚[S]. 北京：中国标准出版社，2016.
[13] 富志禹，于洋. 船用锚水平投影面积估算[J]. 船海工程，2018，47(4)：72-76.

测井用新型放射性防护服的研究

许先俊　郑伟群　刘君华　李华锋

(中国石油集团测井有限公司)

摘　要　石油测井使用的放射源活度较大，目前使用的铅衣防护服防护效果不佳，其原料铅是一种对环境和人不友好的物质；防辐射服多是针对低能射线的单一射线防护服。在对伽马源^{137}Cs和中子源^{241}Am-Be射线分析的基础上，本文利用MCNP模型，同时采用无毒物质钨合金、轻质高效物质氧化钆及碳化硼，设计了一种中子/γ一体化辐射防护材料，对其厚度和屏蔽效果进行了研究，并将MCNP模型模拟结果和实际试验结果进行了比较和验证，两种物质符合较好。结果表明13mm厚的复合屏蔽材料对γ射线和中子剂量的屏蔽率的值分别为20.52%和30%，同时该屏蔽材料制成的防护服样品质量约6.5kg，满足石油测井穿戴性的要求。

关键词　屏蔽材料；防护服；MCNP；氧化钆；钨合金

石油勘探和开采活动中，大量使用放射性同位素进行测井施工。在测井施工过程中使用的放射性同位素：伽马源^{137}Cs和中子源^{241}Am-Be分别为Ⅳ类源和Ⅱ类源，具有较高的电离辐射剂量。这类核辐射产生的各种高能射线(γ射线及中子射线等)不但造成了一种新的环境污染(核污染)，还对机体组织的危害相当大。石油测井使用放射性源的场景是移动式的，需要兼顾放射源安全和操作方便，为提高辐射防护水平和施工效率，必须同时满足放射性防护的有效性和操作人员的穿戴舒适性；另外，石油测井使用的传统防护服的屏蔽材料是铅金属橡胶，铅金属是美国ATSDR组织列出的第二大有毒有害物质。这就对防护服的屏蔽效率、物理性能、屏蔽材料的设计、组合、功能和结构一体化等提出了更高的要求。

1　核辐射防护服现状

传统的辐射防护材料一般是由铅、铁和混凝土等制备而成，而随着各种有机或无机高分子材料被不同学者相继研发使用，也逐渐被加入到放射性屏蔽材料的领域。采用新型复合金属材料、高分子聚合物、稀土元素复合材料等屏蔽材料制作的防护服，以取代传统铅金属防护服。

国外在辐射防护服研制方面处于领跑局面，γ射线防护方面，美国Radiation Shield Technologies公司通过对高分子材料聚乙烯和聚氯乙烯进行改性，研究出了具备重金属防护特性的屏蔽材料，用该类材料制备的防护服质量仅为传统铅防护服的20%~30%，厚度为0.38mm时该防护服对130keV的γ射线的防护效率达50%。德国Medical index公司使用钨金属作屏蔽材料的原料，研制出了X、γ射线防护服；中子防护方面，日本东丽公司将硼的化合物粉末与聚乙烯树脂共聚，采用熔融皮芯复合纺丝工艺研制了防中子辐射纤维材料，用该纤维材料加工成的屏蔽材料具有较好的防护中子辐射的效果，其热中子屏蔽率可达40%。由于辐射防护的具有特殊的作用和地位，所以各国对其核心技术都采取一定的保密措施。

国内在辐射防护方面处于跟跑状态，在γ射线防护方面，较多的采用含铅防护服，如张家港普泰核护、郑州波尔登研制的γ防护服在军事、石油测井等领域应用较广。也有新的屏蔽材料用以取代铅，陈辛等制备了一种钨/镍合金，其屏蔽效果比铅屏蔽材料的要好很多，河南双辐的中子防护服也有投入应用，多用于核电站等领域，所涉的防护中子能级为热中子。

石油测井辐射防护现状：石油测井所用的放射源种类较多，勘探开发测井一次用源可能在一枚以上；所用放射源的能级较高，如^{137}Cs的γ射线能量为0.662MeV，^{241}Am-Be的中子平均能量为4.5MeV。防护服类型多为铅橡胶防护服，质量6~10kg，这类防护服主要是针对γ射线进行防护，0.5mmPb的屏蔽效率约5.6%；对中子射线的防护更弱，且有伴生γ射线。一次测井中子源照射的有效剂量分别为157.63μSv，按照每年80

口井计算，中子源测井总的年有效剂量为12.61mSv，而很少有公司配备和采取减少中子辐射照射的防护用品，研究发现多地油田测井工作人员中均有少数人员个人年有效剂量大于5mSv。

综合上述调研，认为国内目前的防护服防护目标多为单一射线，防护的射线能级较低，所以制备屏蔽性能优良的复合辐射防护材料，成了本文研究的重点——屏蔽效率较高的中子/γ一体化防护服，以期在石油测井中能最大限度地减小辐射给人体带来的危害。

2 复合防辐射屏蔽材料选取与设计

2.1 射线分类分析

^{137}Cs是石油测井常用的γ放射源，半衰期约30.17年，衰变产物为^{137m}Ba(图1)，衰变产生0.662MeV的γ射线，该能级的γ射线与物质的相互作用方式主要有光电效应和康普顿散射。对于^{137}Cs源，使用时主要需要防护的射线为0.662MeV的γ射线。

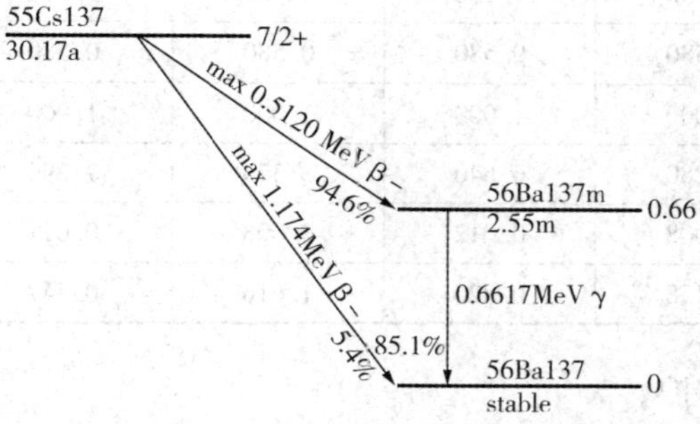

图1　^{137}Cs的衰变图

强度为20居里的^{241}Am-Be的照射能量分析见表1，一次装源和取源的测井活动中，该中子源主要发生中子射线照射和γ射线照射。

表1　^{241}Am-Be一次装源和取源的辐射剂量分析

射线类别	有效剂量/μSv	占比/%	平均能量	占比/%
中子照射	36.66	60	4.50MeV	—
γ照射	24.08	40	26.34KeV	2.4100
			32.18KeV	0.0174
			33.20KeV	0.1260
			43.23KeV	0.0730
			55.56KeV	0.0181
			59.53KeV	35.900
			98.97KeV	0.0203

分析表1，在实际使用中需要对平均能量为4.50MeV的中子射线和占γ射线总能量90%的59.53KeV能级的γ射线进行防护，既可以最大程度的削弱人体接收的^{241}Am-Be中子源的辐射剂量。

2.2 复合屏蔽材料

对中子和伽马射线有屏蔽作用的复合屏蔽材料是本文研究的主要对象，采用MCNP(Monte Carlo n-particle transport code)模拟程序进行材料屏蔽性能研究。对于窄束γ射线，在透射过吸收体时，在受照物质的吸收作用下，γ射线的强度会在入射时强度的基础上按照指数模式变弱，由公式(1)表示：

$$I=I_0e^{-\mu d} \tag{1}$$

屏蔽率S采用下列公式2：

$$S=\left(1-\frac{I}{I_0}\right)\times100\% \tag{2}$$

式中：I为有屏蔽材料时某点的粒子强度；I_0为无屏蔽材料时该点的粒子强度。d表示制备样品的厚度。线性衰减系数μ的大小表示的是该材料屏蔽γ射线的性能高低，其大小程度由入射光子的强度和受照体的密度大小来决定。将吸收体的线性衰减系数和其密度做除法运算，得到质量衰减系数μ_m，用以评价吸收体屏蔽性能的指标，其单位为cm^2/g，由于得到的这一指标与吸收物体的密度大小无关，可以方便的对实际应用屏蔽材料做出考量。

2.2.1 屏蔽材料选取思路

1. 筛选γ射线屏蔽元素

大多数原子序数较大的元素(铅、钨、钽、铋、铁、稀土元素等)都具有较好的γ射线防护效果，尤其是铅屏蔽材料具有屏蔽性能好、价格便宜，但是铅及含铅化合物废料有毒不环保、不容易加工、废料回收困难；钽、铋、铁的防护效果不如铅和钨。钨的密度高、无毒，防护效果比铅优。用MCNP模型模拟钨和铅的γ射线屏蔽效果，从表2得知，当光子能力高于0.5MeV时，钨的衰减系数明显高于铅的，所需材料厚度较小，这是因为钨的高密度特性弥补了原子序数较小的特点。

另外，具某公司的钨合金产品试验结果看，对于^{137}Cs，在同样的铅当量屏蔽效果下，钨合金制备屏蔽材料质量减轻约比传统铅橡胶材料质量减轻 20%~30%，厚度可减少 60%。

表 2　钨和铅的衰减特性

能量	衰减系数		衰减 10 倍所需厚度	
	钨*	铅	钨*	铅
0.1MeV	64.8	60.4	0.036	0.038
0.2MeV	11.5	10.6	0.20	0.22
0.5MeV	2.14	1.70	1.08	1.35
1.0MeV	1.08	0.77	2.14	2.98
1.25MeV	0.929	0.598	2.48	4.62

注：* 合金：90%的钨、6%的镍、4%的碳。

稀土元素对低能 γ 射线具有较好的防护效果(图 2)。利用 WinXCom 软件模拟 0~100KeV 范围内的各屏蔽元素的质量衰减系数，对于 ^{241}Am-Be 中子源的主要 γ 射线 59KeV，钆元素具有更强吸收峰，吸收效果理想。

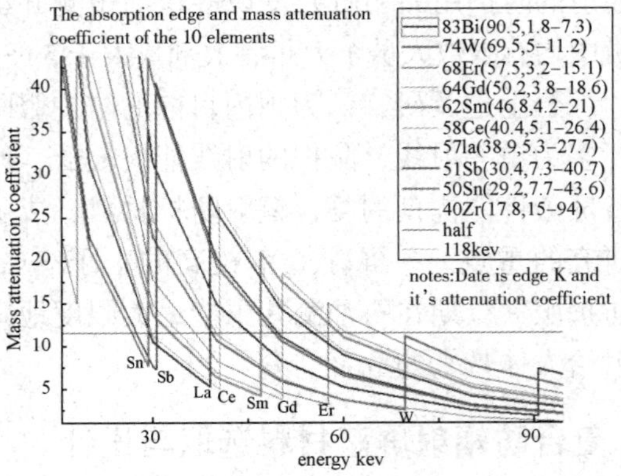

图 2　各防护元素的质量衰减系数

使用 MCNP5 软件对 59KeV 能级 γ 射线进行模拟计算，各防护元素屏蔽性能参数见表 3。

表 3　各屏蔽元素的屏蔽性能参数

屏蔽层	^{241}Am-Be/γ 射线 59KeV						
	铅	氧化铒	氧化钆	氧化钐	氧化铈	钨	锑粉
材料密度 ρ	11.340	8.640	7.400	8.350	7.130	19.340	6.690
I	0.580	0.580	0.580	0.580	0.580	0.580	0.580
I_0	1.000	1.000	1.000	1.000	1.000	1.000	1.000
μ_m	4.770	10.150	8.830	8.280	6.640	3.370	7.290
厚度/cm	0.010	0.006	0.008	0.008	0.012	0.008	0.011
粉体面积质量/kg	1.142	0.537	0.617	0.658	0.820	1.616	0.747

总体上，对低能 γ 射线，稀土元素的屏蔽效果较金属元素明显优异。特别是对于 59KeV 的 γ 射线同样的屏蔽率，氧化钆的粉体面积质量较传统材料铅、钨和锑粉轻 17%~62%不等，且氧化钆本身的质量衰减系数 μ_m 明显大，氧化钆材料密度 ρ 也是较低的。

综上，通过质量衰减系数对比，氧化钆具有吸收很强的 59KeVγ 射线的吸收能力，可以弥补钨的吸收边局限性，另外氧化钆的密度约 7.40g/cm^3，远低于铅和钨的密度。对于 662KeV 的 γ 射线，钨具有较铅更强的屏蔽能力，且在质量、厚度及环保上较铅有明显优势，故可使用氧化钆和钨合金复合进行 59KeV 和 662KeVγ 射线防护。

2. 筛选中子射线屏蔽元素

中子是一种不带电的中性粒子，按能级的大小可分为高能中子(>10MeV)、快中子(0.5~10MeV)、中能中子(1~0.5MeV)和慢中子(<1KeV)。中子与物质发生两种相互作用：快中子的散射和减速；慢中子的吸收，或产生 γ 射线。对于石油测井所用的 20 居里^{241}Am-Be 中子源进行防护，首先要对快中子进行减速，然后对慢中子和伴生 γ 射线进行吸收。

氢元素做成的材料是相对较好的中子减速物质，表 4 是常见元素的快中子慢化到热中子所需碰撞次数。

表 4　常见元素将中子能量从 1MeV 慢化到 0.025eV 所需要的碰撞次数

元素	H	D	He	B	C	O	Fe	U
质量数	1	2	4	10	12	16	56	238
碰撞次数	18	24	41	65	111	146	485	2088

常见的含氢量较高的物质见表5，聚乙烯是碳氢化合物，在表中几种物质中含氢量最高，而且聚乙烯复合材料具有良好的机械加工及热加工性能，可方便地加工或组装成各种形状；通过偶联剂改性稀土颗粒的尺寸等方法可以改善与聚合物相容性问题；聚乙烯对核辐射有较强的耐受力，在长期核辐射条件下，其物理机械性能相当稳定，所以本文当中选取聚乙烯作为制备屏蔽材料的基体。

表5　一些屏蔽材料中的含氢量

材料	化学组成	含氢原子数(原子/cm^3)
水	H_2O	6.7×10^{22}
石蜡	$(—CH_2—)_n$	8.15×10^{22}
聚乙烯	$(—CH_2—CH_2—)_n$	8.3×10^{22}
聚氯乙烯	$(—CH_2CHCl—)_n$	4.1×10^{22}
有机玻璃	$(C_4H_8O_2)_n$	5.7×10^{22}
石膏	$CaSO_4\cdot2H_2O$	3.25×10^{22}
高岭土	$Al_2O_3\cdot2SiO_2\cdot2H_2O$	2.42×10^{22}

天然B中^{10}B的含量约20%，^{10}B的热中子吸收截面很高，约$3837cm^2$。含B的化合物碳化硼(B_4C)具有较高的热中子吸收截面，硼俘获中子放出的γ射线能量约0.47MeV，易于屏蔽。碳化硼聚乙烯复合材料方便加工成型，性能稳定。

稀土元素钆(Gd)作为高Z元素有较高的γ射线屏蔽能力，其同位素^{157}Gd的热中子吸收截面约为^{10}B的66倍(图3)。通常以氧化钆(Gd_2O_3)形式存在于天然环境中，无环境污染性，热稳定性强；俘获中子后放出的γ射线能量和铅的几乎接近。所以Gd_2O_3兼具热中子俘获和中能γ射线屏蔽能力，具有良好的替代铅作为放射性射线屏蔽材料的潜力，为提高中子吸收效果，可以选用稀土钆和碳化硼作填料，与聚乙烯作基体制备屏蔽材料。

2.3　屏蔽结构设计

复合材料采用"重-轻-重"的结构进行设计，外层重元素钨合金进行γ射线屏蔽和中子减速，中间层氧化钆和碳化硼聚乙烯进行热中子吸收，内层钨合金对剩余的γ射线和中子防护产生的次生γ射线进行屏蔽。

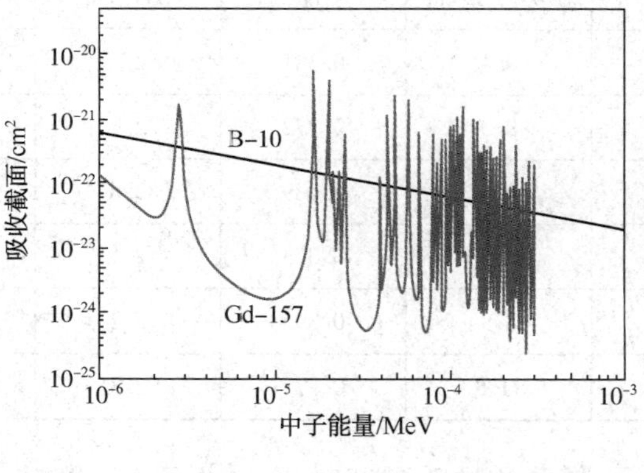

图3　硼与钆的中子吸收截面

通过对比国内外的防护产品和使用的放射源，发现可参考屏蔽效果的目标较少，本次复合屏蔽材料设计屏蔽目标是：①能屏蔽^{137}Cs中伽马剂量18%~23%，能屏蔽镅铍中子源中伽马87%~95%；②屏蔽^{241}Am-Be源中子能量28%~35%，防护服样品总质量小于8kg。

2.4　复合材料屏蔽性能MCNP5模拟

γ和中子屏蔽性能测试的MCNP5模型如图4所示，该装置右侧圆形开口(直径10cm)处放置屏蔽材料，所用探测器分别为中子探测器和碘化钠探测器，放射源是2居里^{241}Am-Be和2居里^{137}Cs，为模拟石油测井现场，屏蔽材料距离放射源1m处。

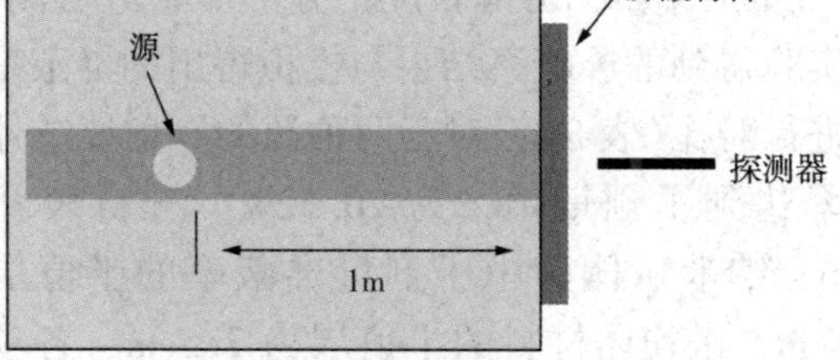

图4　屏蔽性能测试模型

利用MCNP5模型对不同厚度的复合屏蔽材

料进行模拟测试，其中氧化钆粉末和碳化硼粉末有纳米级和微粉级别两种，用以比较颗粒物理形态对屏蔽性能的影响。为保证复合材料的力学性能等，钨合金粉末与橡胶，氧化钆粉末、碳化硼和聚乙烯采取适当的添加比例。

试验步骤：

(1) 确定钨合金粉末的最大添加比例，分成1~100份进行添加试验，添加100份钨合金粉时，确定了单层的最佳γ射线防护厚度，钨元素的质量分数为89%，密度为8.12g/cm^3。

(2) 选择不同比例的氧化钆粉末、碳化硼和聚乙烯基体进行混合制备防中子和γ射线材料，经模拟认为如下质量分数的材料效果好：10% $Gd_2O_3$20%B_4C70% PE。其次比较纳米粉和微粉的屏蔽效果区别，材料密度为2.31g/cm^3。

(3) 根据所定的目标确定复合材料的γ和中子复合屏蔽材料的最佳组合。

不同厚度的含钨橡胶层的屏蔽性能见表6，根据屏蔽指标，3mm厚度既可能达到2种源的γ射线总体屏蔽率。

表6　不同厚度含钨橡胶层的屏蔽效率

材料厚度/mm	计数	误差	屏蔽率/%
0	6.60×10^{-6}	0.0011	
2	5.58×10^{-6}	0.0022	15.45
2.5	5.34×10^{-6}	0.0021	19.09
3	5.13×10^{-6}	0.0023	22.27
3.5	4.90×10^{-6}	0.0023	25.76
4	4.61×10^{-6}	0.0024	30.15

表7为中子射线模拟屏蔽结果，在外层和内层分别为2mm、1mm钨橡胶层情况下，达到90%中子剂量屏蔽率和半值层所需要的厚度。B_4C含量越高，达到半值层及90%的厚度越薄，氧化钆含量高低对屏蔽效果影响不明显，可能是和中子能量太高有关系。图5模拟过程中考虑到快中子和慢中子的总的屏蔽情况，依据防护目标，将中间层厚度预定为10mm，预计中子剂量屏蔽效率29%。

表7　复合材料^{241}Am-Be中子屏蔽(MCNP模拟计算结果)

钨橡胶层/mm	中间层 Composition & content/%(wt)	S90%，n/cm	Σ/cm^{-1}	*HVL*/cm	R^2
2(外)+1(内)	10%Gd_2O_3/10% B_4C/80% PE	9.1	0.381	2.5	0.994
2(外)+1(内)	20%Gd_2O_3/10% B_4C/70% PE	9.3	0.372	2.7	0.994
2(外)+1(内)	30% Gd_2O_3/10% B_4C/60% PE	9.8	0.289	2.8	0.995
2(外)+1(内)	10%Gd_2O_3/5% B_4C/85% PE	9.2	0.373	2.6	0.996
2(外)+1(内)	10%Gd_2O_3/20% B_4C/70% PE	8.9	0.395	2.2	0.996
2(外)+1(内)	PE	11.3	0.275	3.3	0.995

3　复合材料屏蔽性能实验测试结果

确定各层材料的厚度为：最外层2mm，中间层10mm，最内层1mm。复合材料整体的厚度为13mm，做成18cm长度正方形形状进行测试。将实验得到的屏蔽率结果与模拟得出的屏蔽率数据进行对比(表8)，对于两种源的γ射线总体屏蔽率达到了预期值，为20.52%。分析表9及图6，纳米粉体的中子剂量屏蔽率的半值层为2.4cm，微粉体材料的半值层为2.5cm，各项屏蔽性能纳米粉体率占优。研究表明纳米Gd_2O_3对复合材料的性能提升明显优于微米Gd_2O_3，且在较薄的材料厚度时(6cm以下)，填料的纳米处理对复合材料辐射屏蔽性能的提升尤为明显。

根据我们内部的测试数据不同厚度的屏蔽性能，决定使用10mm厚度的氧化钆、碳化硼和聚乙烯作中子屏蔽材料，此时实际防护效果为30%，符合设计目标。同时我们认为大于10mm时由于质量过高，不利于穿戴舒适性。

最终，为满足石油测井放射源使用场所的工作要求，设计了由上述复合材料组成的防护服样品，样品总量约6.5kg，从防护效果测试和穿戴性上接近预期目标。

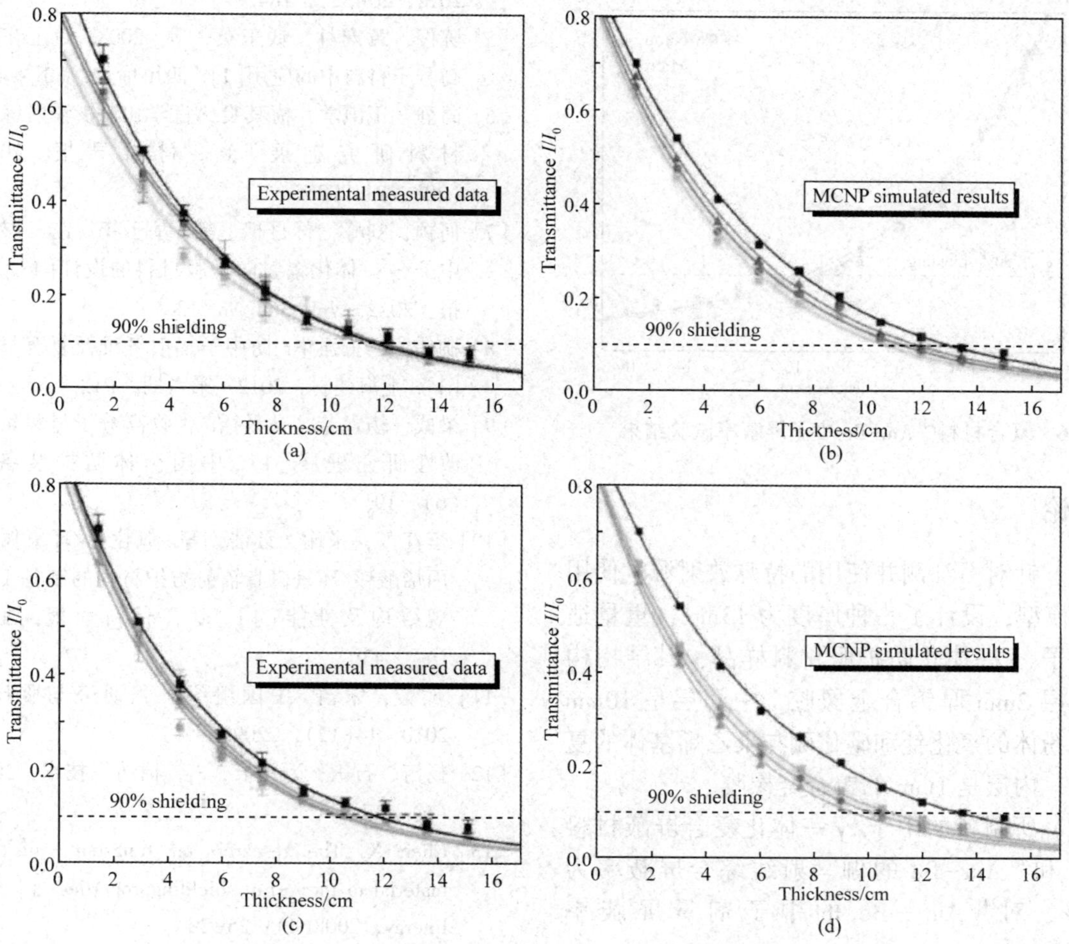

图 5 复合材料^{241}Am-Be 中子屏蔽模拟结果

表 8 复合材料 γ 射线屏蔽性能模拟值与实验值对比

	材料厚度/mm	计数	误差	屏蔽率/%
模拟值	0	6.60×10^{-6}	0.0011	22.73
	13(2+10+1)	5.10×10^{-6}	0.0024	
实验值	0	69.88μGy/h	—	20.52
	13(2+10+1)	55.54μGy/h	—	

表 9 复合材料中子屏蔽性能实验值

材料厚度/mm	中间层组成和含量/%(wt)	S90%/n(cm)	Σ/cm^{-1}	*HVL*/cm	R^2
13(2+10+1)	Nano10%Gd_2O_3/10% B_4C/80%PE	9.5	0.303	2.6	0.987
13(2+10+1)	Nano20%Gd_2O_3/10% B_4C/70%PE	9.8	0.285	2.8	0.986
13(2+10+1)	Nano30%Gd_2O_3/10% B_4C/60%PE	10.4	0.264	3.1	0.985
13(2+10+1)	Nano10%Gd_2O_3/5% B_4C/85%PE	10.1	0.291	2.7	0.992
13(2+10+1)	Nano10%Gd_2O_3/20% B_4C/70%PE	9.2	0.320	2.4	0.994
13(2+10+1)	micro10%Gd_2O_3/20% B_4C/70%PE	9.2	0.319	2.5	0.991
	PE	11.3	0.259	3.5	0.995

注：^{241}Am-Be 中子源，源标号：402 * *，活度 $6.4*10^{10}$Bq；Nano 表示填料颗粒为纳米粉体；micro 表示填料颗粒为微粉体。

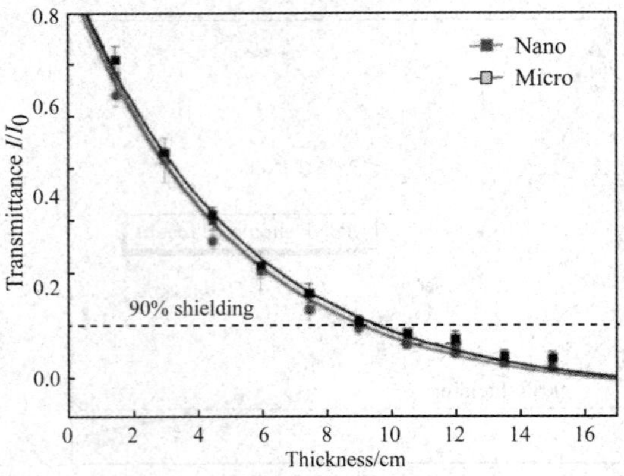

图 6　复合材料^{241}Am-Be 中子屏蔽率试验结果

4　结论

(1) 针对石油测井使用的特殊放射源，使用 MCNP 模型，设计了一种厚度为 13mm，重量适中的中子/γ 一体化防护服材料样品，其结构构成是外层 2mm 厚钨合金橡胶，中间层是 10mm 厚纳米粉体的氧化钆和碳化硼与聚乙烯基体的复合成分，内层是 1mm 的钨合金橡胶。

(2) 所制备的中子/γ 一体化复合屏蔽材料对^{137}Cs 和^{241}Am-Be 的伽马射线综合屏蔽率为 20.52%，对^{241}Am-Be 的中子剂量屏蔽率为 30%。

(3) 采用纳米粉体可以有效提升复合材料的中子屏蔽率，填料的分散性提高有利于增大与中子作用的概率。纳米材料的小尺寸效应、表面与界面效应和量子尺寸效应在提高防护材料的屏蔽效果和其他性能上具有较大潜力。

(4) 采用无毒物质钨和低密度氧化钆，提高了对环境的友好型，符合社会发展需求，可预见轻质无铅高效的一体化复合屏蔽材料具有良好的应用前景。

参 考 文 献

[1] 李利娜，孙润军，陈美玉，等. 辐射防护材料的研究进展[J]. 合成纤维，2019(10)：21-25.

[2] Nambiar S，Yeow J T W. 2012. Polymer-Composite Materials for Radiation Protection[J]. Acs Appl Mater Interfaces，4(11)：5717-5726.

[3] 李江苏，戴耀东，张瑜，等. 聚丙烯酸钐/环氧树脂辐射防护材料的制备工艺及性能[J]. 原子能科学技术，2011，45(1)，117.

[4] 董宇，戴耀东，常树全，等. WO_3/CeO_2/环氧树脂基辐射防护材料的制备及性能研究[J]. 材料导报，2012，26(S2)，184.

[5] 陈俊，黄宏林，钱玉英，等. 2008. 稀土在防辐射高分子材料中的应用[J]. 四川稀土，(3)：14-17.

[6] 高静，丁谦学，梅其良，肖学山. 核辐射综合屏蔽材料研究进展[J]. 材料导报，2023，37(20)：21120255

[7] 何颖，刘峰，蒋丹枫，等. 基于钨/钆三层结构的中子/γ 一体化辐射防护服材料的设计[J]. 材料导报，2022，Vol. 36，No. 13.

[8] 柳伟钧，王强华. 防中子辐射纤维及复合材料开发[J]. 上海建材，2012，第六期，P12.

[9] 梁威，杨青芳，马爱洁. 生物高分子材料聚乳酸的改性研究进展[J]. 中国个体防护装备，2004(6)，19.

[10] 李江苏，张瑜，孙浩，等. 氧化钐/环氧树脂与聚丙烯酸钐/环氧树脂辐射防护材料的制备工艺、微观结构及性能[J]. 复合材料学报，2011，28(1)，43.

[11] 熊俊，宋涛. 中国组织工程研究与临床康复，2010，14(12)，2209.

[12] 杨涛，石敏，万星辰，等. 棉纺织技术，2020，48(6)，17.

[13] Chen X. The research on tungsten - nickel alloy material to theγ-ray shieldingproperties[J]. Jiangxilinergy，2008(4)：25-28.

[14] 伏亚萍，严源，喻正伟，等.^{241}Am-Be 中子源测井的辐射剂量估算与防护措施探讨[J]. 中国辐射卫生. 2022 年 4 月第 31 卷第 2 期.

[15] 耿雪. 2011—2013 年某油田测井放射工作人员个人剂量监测结果分析[J]. 工业卫生与职业病，2015，41(1)：61-62，65. DOI：10. 13692/j. cnki. gywsyzyb. 2015. 01. 018.

[16] 麦维基，贾育新，刘小莲，等. 南海石油测井放射工作人员受照剂量分[J]. 中国辐射卫生，2013，22(3)：295-296.

[17] 田崇彬，马军营，楚彩芳，等. 2008—2011 年某油田测井放射工作人员个人剂量监测结果分析[J]. 中国职业医学，2013，40(4)：380-381.

[18] 赵盛，霍志鹏，钟国强，等. 中子及伽马射线复合屏蔽材料的研究进展[J]. 功能材料，2021，52(3)，3001.

[19] D´MELLOW B，THOMAS D J，JOYCE M J，et al. The replacement of cadmium as a thermal neutron filter[J]. Nuclear Instruments and Methods in Physics Research Section A：Accelerators，Spectrometers，Detectors and Associated Equipment，2007，577(3)：690-695.

[20] MA Z X，ZHANG Q T，LIU J L，et al. Preparation

of luminescent polystyrene microspheres via surface-modified route with rare earth (Eu^{3+} and Tb^{3+}) complexes linked to 2, 2′-bipyridine [J]. Rare Metals, 2015, 34(8): 590-594.

[21] 唐国宏，张兴华，陈昌麒. 碳化硼超硬材料综述[J]. 材料导报，1994(4): 69-72.

[22] 赵盛，霍志鹏，钟国强，等. 改性钆/硼/聚乙烯纳米复合材料的制备及对中子和伽马射线的屏蔽性能[J]. 高等学校化学学报. 2022, 43(6), 20220039.

[23] 项长龙，滕晓波，贾清秀. 高能辐射防护纤维材料的研究进展[J]. 北京服装学院学报(自然科学版). 1001-0564(2020)01-0091-09.

[24] 张晶晶. 硅橡胶基复合材料的制备及防辐射性能研究[D]. 成都理工大学. 2020.

[25] 张磊，贾铭椿，龚军军，等. 基于MCNP的快速计算γ射线质量衰减系数的方法研究[J]. 海军工程大学学报，1009-3486(2018)05-0106-07.

[26] 何国龙. 碳化硼_铅复合屏蔽材料的制备与性能研究[D]. 大连理工大学. 2013.

[27] 龙鑫曦明，潘蕾，张浩然，等. 中子辐射防护用B_4C/PI复合材料的制备及性能研究[J]. 功能材料，2096-8000(2022)10-0050-07.

化学品安全技术说明书知识图谱研究

李少鹏[1] 覃 飙[2] 叶晓俊[3] 穆 帅[4]

(1. 中国石化工程建设有限公司；2. 中国人民大学信息学院；
3. 清华大学软件学院；4. 中国石油化工集团有限公司)

摘 要 针对化工园区内生产、储存的危险化学品种类多、数量大的特点，本文构建了化学品安全技术说明书(MSDS)的知识图谱，采用本体集成的融合策略，即以其中一个版本MSDS的知识图谱为全局模式，其他版本MSDS知识图谱的局部模式向其补充和映射，以丰富和完善MSDS知识图谱全局模式。本文采用实体标注方法求解从局部模式到MSDS全局模式的知识图谱概念映射，并提出了基于字符匹配的实体自动标注实现机制。与基于深度学习的实体标注模型进行对比，本文提出的实体自动标注方法其性能一直优于基于深度学习的模型；在词袋数据量小时，其准确率比基于深度学习的模型稍低一些；当词袋数据达到一定量后，其准确率和基于深度学习的模型基本相等，这为化工园区的危险化学品管理和安全使用提供了一个新方法。

关键词 知识图谱；本体；实体标注；映射；词袋

1 引言

近年来，我国化工园区发展迅速，化工园区的数量与日俱增。园区内危化企业众多，生产、储存的危险化学品种类多、数量大，安全问题成了化工园区发展的大患。“8·12天津滨海新区爆炸事故”“3·21响水化工企业爆炸事故”等事故调查报告均指出危险化学品存在管理不到位、未按照其固有技术指导书进行安全使用等问题。而化学品安全技术说明书(MSDS)是化学品生产、储存和销售企业按法律要求向政府、机构、客户或公众提供的有关化学品特征的一份综合性法律文件。化学品生产商和进口商用MSDS文档来阐明化学品的理化特性(如pH值、闪点、易燃度和反应活性等)以及对使用者的健康可能产生的危害(如致癌性和致畸性等)，包括安全使用化学品的指引、潜在的可能由化学品引发的危害，及给操作人员、运输/存储人员和应急救援人员的安全处理方法等。因此基于MSDS构建知识图谱，并为园区各种人员提供图形化展示方式，对落实新生产安全法等具有现实意义。

化工领域多个国际组织和各国政府都非常重视MSDS文档的注册管理，研究机构也重视MSDS文档管理工具的研发。例如，在上海有机所网站就可以看到两千多种MSDS文档❶。虽然MSDS文档格式和基本内容在相应的网站上有非常详细的描述❷，但是因为各国政府对编制MSDS文档的标准有可能不同，特别是这几年化学品更新太快，导致同种化学品存在多个版本的MSDS文档，如有供研究用的MSDS版本、国家权威机构注册管理的MSDS版本、国际组织维护的MSDS版本等。MSDS均包括以下十六项内容：化学品及企业标识、危险性概述、成分/组成信息、急救措施、消防措施、泄漏应急处理、操作处置与储存、接触控制/个体防护、理化特性、稳定性和反应性、毒理学资料、生态学资料、废弃处置、运输信息、法规信息以及其他信息，但这十六项内部的细节不完全相同。例如上海有机所的MSDS版本没有采用图片来传递相关信息而仅仅采用文字进行描述；中国MSDS注册中心的MSDS版本对一些重要的地方是采用危化品图标来进行警示标注。另外不同网站的MSDS采用的描述手段还不一样，但大部分组织的MSDS管理系统是通过文档方式来管理不同版本的MSDS。如何自动化的确定不同组织MSDS文档的相同点和不同点，需要有自动化方式对其内容进行组织和分析，自然语言处理技术特别是机器学习技术为其提供了新思路。

由于化学品的纯物质有数百万种，其中常见

❶ http://www.organchem.csdb.cn/ssdb/main/msds_introduce.asp

❷ http://www.hgmsds.com/msds-knowledge2

的近3000种，混合物可能有上千万种，因此构建融合多种版本的MSDS知识库成为一种现实需要。工业界已经推出了许多通用的知识图谱应用及其开发工具，比如Google的Knowledge Graph、百度的“知心”❶、DBPedia、YAGO和Freebase等。面向领域的知识图谱构建近几年也在各个领域得到重视，特别是面向中文知识图谱的构建工具也日趋成熟，例如OpenKG❷是一个面向中文域的开发知识图谱的社区项目，其网站上已收集了大量的中文知识图谱。

在构建MSDS知识库时必然会面临不同版本MSDS的知识图谱融合问题。不同版本MSDS知识图谱融合的关键问题是求解从局部模式知识图谱概念到MSDS全局模式知识图谱概念的一到多映射。本文提出基于字符匹配的实体自动标注方法来求解该问题。实验结果显示本文提出的实体自动标注方法其性能一直优于基于深度学习的模型；在词袋数据量较小时，其准确率稍低于基于深度学习的模型；当词袋的数据达到一定量后，其准确率和基于深度学习的模型基本相等。

2 MSDS知识图谱构建技术

知识图谱是结构化的语义知识库，在逻辑结构上可分为模式层与实例层两个层次。

（1）模式层构建在实例层之上，是知识图谱的核心，通常采用本体库来管理知识图谱的模式层。本体是结构化知识库的概念模板，通过本体库而形成的知识库不仅层次结构较强，并且冗余程度较小。本文采用本体概念构建知识图谱的模式层：实体—关系—实体，实体—属性—属性值，使用这两种模式层来具体描述MSDS文档结构的知识图谱。

（2）实例层主要是由一系列的事实组成，而知识将以事实为单位进行存储。本文采用(头实体、关系、尾实体)和(实体、属性、属性值)这样的三元组来表达事实，并采用图数据库作为MSDS文档内容数据的存储介质。

基于上述两类模式概念，通过分析MSDS文档的内容，本文把化学品的名称作为中心实体，其大标题作为基本实体，小标题作为属性实体，每个小标题对应的内容作为属性值实体。以化学品甲醇为例，甲醇是其中心实体，大标题“危险性概述”是基本实体，其小标题“紧急情况概述”为属性实体，其属性值为“高度易燃液体和蒸气，吞咽会中毒，皮肤接触会中毒，吸入会中毒”。因此，“高度易燃液体和蒸气，吞咽会中毒，皮肤接触会中毒，吸入会中毒”中的实体是属性值实体。通过这样的思路就可构建一份MSDS文档的知识图谱。通过类似的方式可以构建大量MSDS文档的知识图谱，从而完成某个组织管理的一个版本MSDS知识图谱构建，然后把它们存储到图数据库中，例如采用图数据库NEO4J❸来存储MSDS的知识图谱。

图1是甲醇的知识图谱示例，可以看出其中心结点是“甲醇”，十六个小标题是一跳(one hop)结点，描述的是实体—关系—实体模式层。图2展开的是“急救措施”这个属性实体得到的知识图谱，可以看到它的属性值实体，描述的是实体—属性—属性值实例层。通过展开这些实体，可以看到甲醇MSDS的所有内容都呈现在知识图谱中，因此采用这两个层次的结构把一份MSDS文档构建为知识图谱应该是无损的。

3 MSDS知识图谱的融合

3.1 模式映射

业界已经有很多组织对MSDS文档进行管理，给每个组织的MSDS构建一个版本的知识图谱，这个思路是可行的，但由于这些知识图谱之间的异构性就无法面向化工园区这样的机构使用统一的方法对园区的各种MSDS进行综合分析和利用。因此如何在一个知识库中高效的融合存储不同组织的MSDS知识图谱，就需要解决不同版本MSDS内容之间的映射关系。把不同组织的知识图谱构建在同一个模式下，也就是对不同版本MSDS的知识图谱进行融合，即通过本体实现不同版本MSDS的集成，使之在一个全局模式下对各种异构的MSDS知识图谱进行统一的存储和访问。

本文以在国家有关部门注册的MSDS为主版本，其构建的MSDS知识图谱的模式为全局模式，其他组织提供的MSDS文档构建的知识图谱的模式为局部模式，通过局部模式向全局模式映射和补充，最终形成一个集成的MSDS知识图谱。应该说各个组织的MSDS文档都满足国家相应标准，但国家标准只规定了MSDS由十六部分

---

❶ http://baike.baidu.com/view/10972128.htm

❷ http://www.openkg.cn/

❸ https://neo4j.com/

信息组成，每个部分的标题、编号和前后顺序不应随意变更。标准对于 MSDS 的十六部分中各个部分内容有相应的规定，但企业对于 MSDS 各个部分的子标题都可根据自己的理解进行定制。因此不同组织的 MSDS 文档描述方式虽然不一样，但基本结构大体一致，当然会出现有组织在 MSDS 描述中添加一些个性化的内容，有的组织则删除了标准中可能与其 MSDS 描述不相关的结构。因此本文将 MSDS 文档中的十六部分大标题和其各自下面的小标题作为本体的概念，而各个小标题下的 MSDS 描述具体内容作为实例，通过模式层和实例层进行 MSDS 知识图谱的构建。因此不同版本的 MSDS 知识图谱的融合也采用自顶向下方法，即先进行本体集成，然后是实例的集成。

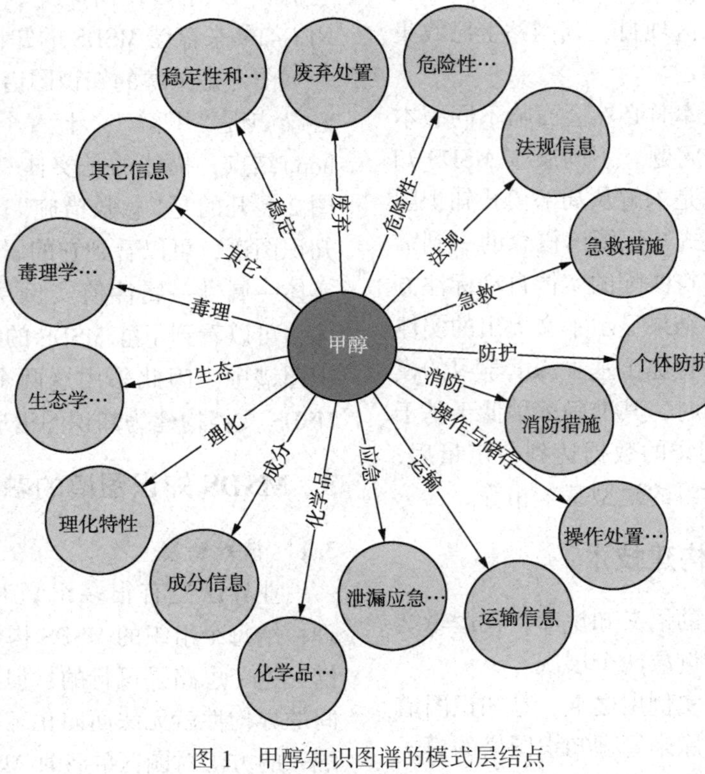

图 1　甲醇知识图谱的模式层结点

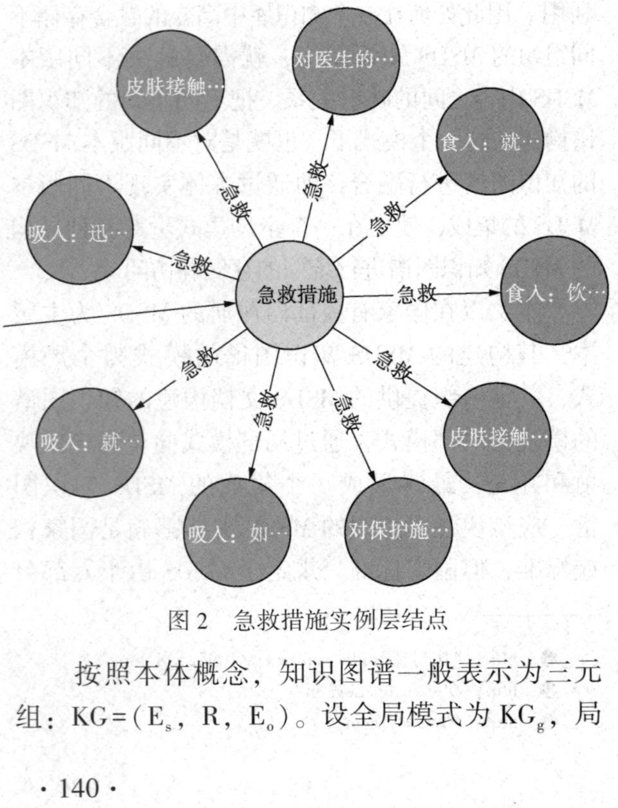

图 2　急救措施实例层结点

按照本体概念，知识图谱一般表示为三元组：KG=(E_s，R，E_o)。设全局模式为 KG_g，局部模式为 KG_1，任何模式的实体都包含主语实体 E_s 和宾语实体 E_o。基于本体的 MSDS 知识图谱全局模式集成分两种情况：第一种情况是全局模式中没有相应的描述，此时需要对全局模式进行补充；第二种情况是全局模式中有相应的描述，但是和局部模式之间是异构的，此时要找到局部模式向全局模式的映射。对于全局模式的补充情况，可先为各个版本的 MSDS 分别整理出它们的大标题和小标题。因为各种版本 MSDS 大标题一般都有十六个，所以不需要对主版本的全局模式进行补充，但不同版本 MSDS 大标题下面的小标题可能不同，因此只需要用其他版本的小标题对主版本相应大标题下面的小标题进行补充。换句话说，对全局模式的补充是因为局部模式的内容比全局模式更丰富，需要在全局模式的基础上集成其他版本 MSDS 知识图谱时就要对该 MSDS 模式层的实体-关系-实体进行补充。比如在 KG_1 中

有一个属性实体 e_1“侵入途径”，而在 KG_g 中没有对应属性实体 e_g，此时就可以在 KG_g 中补充一个属性实体 e_g“侵入途径”，可以表示为：$e_1 \in E_1 \to E_g = E_g \cup \{e_1\}$。

下面讨论模式集成的第二种情况，即其他版本 MSDS 的知识图谱向主版本知识图谱的标题概念映射，通过这个映射来把局部模式内容集成到全局模式下统一管理，从而完成多种版本的 MSDS 知识图谱集成。局部模式概念到全局模式概念的映射有如 4 种情况。

1. 概念完全相同的融合

比如在局部模式 KG_1 中有一个属性实体 e_1“相对分子质量”映射为全局模式 KG_g 中的属性实体 e_g“相对分子质量”，可以看到不同版本中的这两个实体的字符串完全相同，并且它们的内涵也完全相同，其映射可以表示为：$E_1 = E_g$。这种情况在 MSDS 知识图谱融合的时候比较容易，因为这部分的概念完全相同，因此只需直接管理这种等值关系即可。

2. 概念等价的一一映射

比如在局部模式 KG_1 中有一个属性实体 e_1“危险性类别”映射为全局模式 KG_g 中的属性实体 e_g“GHS 危险性类别”，这两个实体概念内涵等价，但他们描述的字符串有区别的，虽然它们在两个模式中分别表示，但因表示相同的概念，其局部模式概念到全局模式概念映射可以表示为：$E_1 \to E_g$。在不同版本的 MSDS 中，其十六个大标题的描述一般完全相同，但有时可能有一些差别，此时就可以采用这种概念等价的一一映射来处理。

3. 多概念合并的多到一映射

比如在局部模式 KG_1 中有两个属性实体 e_{11}“生物降解性”和 e_{12}“非生物降解性”映射为全局模式 KG_g 中的属性实体 e_g“持久性和降解性”，这三个概念描述的字符串不同但在内涵上有交集。通过分析发现这三个实体有如下特点：$e_{11} \subset e_g$ 和 $e_{12} \subset e_g$，并且有 $e_{11} \cup e_{12} = e_g$。因此局部模式概念到全局模式概念的映射可以表示为：$E_{11} + E_{12} \to E_g$，其处理逻辑如下：把 e_{11} 和 e_{12} 的属性值实体合并到 e_g。这种概念和映射是可以进行推广的，上面是两个局部模式的概念可以合并为一个全局模式的概念，当然就存在局部模式的多个概念能够合并为全局模式的一个概念。因此多概念合并的多到一映射推广的形式化表示为：

$e_{11} \subset e_g$，…，$e_{1n} \subset e_g$，并且有 $e_{11} \cup \cdots \cup e_{1n} = e_g$。映射可以表示为：

$$E_{11} + \cdots + E_{1n} \to E_g$$

4. 复杂概念分解的一到多映射

比如在局部模式 KG_1 中有个属性实体 e_1“刺激性”映射为全局模式 KG_g 中的两个属性实体 e_{g1}“眼睛刺激或腐蚀”和 e_{g2}“皮肤刺激或腐蚀”，这三个概念描述的字符串不同但内涵有交集。通过分析发现这三个概念有如下特点：$e_{g1} \subset e_1$ 和 $e_{g2} \subset e_1$，并且有 $e_{g1} \cup e_{g2} = e_1$；因此局部模式概念到全局模式映射可以表示为：$E_1 \to E_{g1} + E_{g2}$。此时要把一个局部模式的概念分解成两个概念，然后把它们分别映射到全局模式的一个概念。还比如局部模式 KG_1 中有个属性实体 e_1“应急行动”映射为全局模式 KG_g 中的三个属性实体 e_{g1}“作业人员防护措施、防护装备和应急处置程序”、e_{g2}“环境保护措施”和 e_{g3}“泄漏化学品的收容、清除方法及所使用的处置材料”，可以发现 $e_1 \cap e_{g1} =$“应急”，$e_1 \cap e_{g2} = \varnothing$，$e_1 \cap e_{g3} = \varnothing$。通过分析发现这四个概念有如下特点：$e_{g1} \subset e_1$，$e_{g2} \subset e_1$，$e_{g3} \subset e_1$ 并且有 $e_{g1} \cup e_{g2} \cup e_{g3} = e_1$；因此局部模式概念到全局模式映射可以表示为：$E_1 \to E_{g1} + E_{g2} + E_{g3}$。此时要把一个局部模式的概念分解成三个概念，然后把它们分别映射到全局模式的一个概念。上面是局部模式的一个概念可以分解成两个或者三个概念，然后把它们分别映射到全部模式的一个概念，当然就存在局部模式的一个概念分裂成多个概念，然后把它们分别映射成全局模式的一个概念。因此概念分解的一到多映射推广的形式化表示为：

$E_{g1} \subset e_1$，…，$e_{gn} \subset e_1$，并且有 $e_{g1} \cup \cdots \cup e_{gn} = e_1$。映射可以表示为：

$$E_1 \to E_{g1} + \cdots + E_{gn}$$

概念分解的一到多映射情况比较复杂，3.2 节将介绍一种自动化方式。总之，通过对一定量的不同版本 MSDS 文档结构的分析比较，我们发现各个组织的 MSDS 文档结构的模式基本是固定的，通过上述介绍的四种局部模式概念到全局模式映射方法就可将各个版本 MSDS 知识图谱集成到一个全局模式的 MSDS 知识图谱中，通过这种全局模式就可实现对各种异构的 MSDS 知识图谱的统一组织、存储和管理。

3.2 实体自动标注

在确定知识图谱集成的全局模式后，就可依

照这四种局部模式概念到全局模式映射把各个其他版本的 MSDS 知识图谱向全局模式进行映射(见 3.3 节的算法 2)。下面重点讨论上面提到的"概念分解的一到多映射",也就将局部模式中复杂概念对应的实例进行分类并映射到全局模式相应的概念上的方法。在 MSDS 知识图谱中,小标题即概念作为属性实体,小标题对应的内容作为属性值实体。前面 MSDS 知识图谱模式层映射已经研究了小标题的映射,下面就把小标题对应的多个概念内容分解后分类到全局模式的概念中。

序列标注是自然语言处理的基本问题,在序列标注中对每个实体打一个标签;打标签实际上就是对自然语言序列中的实体进行分类,要完成局部模式的 MSDS 知识图谱向全局模式的概念分解的一到多映射,在完成概念的映射后,接下来实现概念对应内容的分类。思路就是把一个局部模式概念对应的内容分成几部分,分别归类到全局模式对应的概念。这个问题可借助序列标注方式实现,其解决思路是给局部模式概念对应的内容分别标注为对应全局模式的概念;这样就自然对 MSDS 局部模式复杂概念中对应的内容按照全局模式的概念进行了分类。

可采用流行的命名实体标注方法(BIO 标注法)解决上述概念分解的一到多映射问题,即把局部模式的属性值实体映射到全局模式的属性实体,也就是对其他版本 MSDS 知识图谱进行实体标注,然后根据标注的结果来决定一个局部模式的属性值实体映射到全局模式的那个属性实体。需要对其他版本所有 MSDS 文档进行人工标注吗?显然不需要,只对其中少部分 MSDS 文档进行人工标注,剩下的对绝大部分 MSDS 文档可采用程序进行自动化标注。

对于 MSDS 知识图谱的自动化标注,可通过 Brat 文本标注工具先把打标的结果存储到一个词袋 entity_ class,结合词袋 entity_ class 就可以设计自动化标注算法,算法流程如算法 1 所示。该算法首先读入事先构建的词袋 entity_ class,它由 key 和 value 对组成,其中 key 是词即实体,value 是对该实体标注的类型即小标题。接着读入要标注的文档并转换成需要的格式;对每一行采用后向最大匹配分词算法分词,分词得到的每一个词如果在 entity_ class. key( )中,就把其标注为对应的 value 即小标题;最后把标注的结果存盘。

```
算法 1 autoLableTool
    读入词袋 entity_ class //由 key 和 value 对组成,key 是词,value 是类型 enity_ class[key]
    将原始的 MSDS 文档转换为 txt 文档;
    将 txt 文档转换成按小标题分段的文档 contents;
    for line in contents
        对文本采用后向最大匹配分词算法分词得到分词结果 segments;
        for token in segments
            if token in entity_ class. keys( )
                把该 token 自动标注为 enity_ class[token]
    将自动标注的结果写入到. ann 文件中
```

算法的有效性依赖于手工对 MSDS 文档打标构建词袋的完备性,因为自动化标注算法是基于字符匹配原理的,因此本文设计了一个自动标注工具 autoLabelTool,将算法标注的输出结果输入到 Brat 工具中,通过进一步的人工筛查,以有效的丰富 MSDS 实体识别所用的词袋。人工筛查结束后,就同时完成了三件事情,第一件事情是构建词袋结束,第二件事情是 autoLabelTool 算法调试结束,第三件事情是写代码把 Brat 工具修正的结果(. ann 和 . txt),转换为下游模型训练的数据格式,供后面进行模型训练来预测实体标注的类型。

为验证自动化标注算法的有效性,本文选择基于深度学习模型的实体自动标注模型 BERT+BiLSTM+CRF❶。该模型在 2019 年中国计算协会(CCF)大数据与技术智能大赛❷中获得单模第一、综合第二的好成绩,且其代码框架非常清晰

❶ https://zhuanlan. zhihu. com/p/100884995

❷ https://www. datafountain. cn/competitions/361

易懂，代码的复用性与解耦性强，因此本文就修改该模型，使它适配 MSDS 实体自动标注，即先采用前面提出的 autoLabelTool 标注后，输入到 Brat 进行修正后的数据训练该深度学习模型 BERT+BiLSTM+CRF，得到一个训练的模型，后面采用该模型对其他大多数文本进行自动标注。本文提到两个自动标注工具，一个是本文开发的 autoLabelTool，一个是 BERT+BiLSTM+CRF，在后面的实验中会比较这两个工具自动标注的效果。

3.3 知识图谱融合

基于前面的 MSDS 文档的命名实体识别，本节主要研究根据实体标注的结果构建全局模式的知识图谱，即从局部模式到全局模式的四种映射，再加上采用局部模式对全局模式的补充，共五种情况的 MSDS 知识图谱的自动构建和融合。

局部模式 MSDS 知识图谱向全局模式知识图谱补充和映射，因为每种版本 MSDS 都按照一定的格式书写，所以一种 MSDS 的局部知识图谱向全局模式知识图谱的补充和映射基本是固定的。根据 3.1 节的基于本体的 MSDS 知识图谱全局模式构建五种情况，本文提出的构建算法 2 genChemKG 对这五种情况分别进行处理。如果是局部模式对全局模式的补充（即 $E_g = E_g \cup \{e_l\}$），则在全局模式知识图谱中增加属性实体，然后把其对应的属性值实体也加入知识图谱，并加上属性实体到属性值实体之间的关系。如果局部模式和全局模式是概念完全相同的映射（即 $E_l = E_g$），直接构建属性实体和属性值实体。如果局部模式到全局模式是概念等价的一一映射（即 $E_l \rightarrow E_g$），则局部模式的属性实体换成全局模式的属性实体，而属性值实体不变。如果局部模式到全局模式是多概念合并的多到一映射（即 $E_{l1}+E_{l2} \rightarrow E_g$），则把局部模式的属性实体 E_{l1} 和 E_{l2} 删除，同时把它们对应的属性值实体连接到全局模式的属性实体 E_g。如果局部模式到全局模式是概念分解的一到多映射的情况（即 $E_l \rightarrow E_{g1}+E_{g2}+\cdots E_{gn}(n \geqslant 2)$），则采用的策略是把其文本输入提前训练好的 BERT+BiLSTM+CRF 模型进行标注，然后根据标注的结果把局部模式的属性值实体连接到对应的全局模式属性实体。

```
算法 2 genChemKG
For 任意一个化学品安全技术说明书
    将其原始 MSDS 文档转换为 txt 文档；
    将原始的 txt 文档转换成按小标题分段的文档 contents；
    for line in contents
      if Eg=Eg∪{el}, then
        在全局模式知识图谱中增加局部模式的属性实体；
        把其对应的属性值实体也加入知识图谱；
        并加上属性实体到属性值实体之间的关系；
    else El=Eg, then
      直接构建属性实体和属性值实体；
    else if El→Eg, then
      局部模式的属性实体换成全局模式的属性实体而属性值实体不变；
    else if El1 + El2→Eg, then
      把局部模式的属性实体 El1 和 El2 删除；
      而把它们对应的属性值实体连接到全局模式的属性实体 Eg；
    else
      把其文本输入训练的 BERT+BiLSTM+CRF 模型进行标注；
      根据标注的结果把局部模式的属性值实体连接到相应的全局模式属性实体；
```

如果把算法 2 genChemKG 倒数第 2 句的“把其文本输入训练的 BERT+BiLSTM+CRF 模型进行标注”换成“把其文本输入 autoLableTool 进行标注”就成了另一个算法 genChemKG-aLT，该算法采用 3.2 节提到的采用字符匹配的序列标注来标注 MSDS 文档。

算法 2 的 genChemKG 中，深度学习模型要预训练，然后把预训练的模型加载到 genChemKG 算法中来，以便根据该模型标注的结果构建和融合其他版本 MSDS 的知识图谱。在该知识图谱集成后，就可查询每个 MSDS 的各种特性和 MSDS 之间的各种关联关系；还可进行如知识图谱推理、面向知识图谱的图嵌入学习、构建化工园区相应的 MSDS 知识图谱管理系统和知识图谱问答系统等基于 MSDS 知识图谱的各种领域应用了。

4 实验

本文需要解决的关键问题是 MSDS 知识图谱局部模式概念到全局模式概念的映射过程中的实体标注，对算法的比较要从两个方面进行，第一是算法的性能，第二是算法的准确率。因此本实验要比较 genChemKG 和 genChemKG-aLT 在进行实体标注时的性能和准确率，实验中采用的数据集是上海有机所网站上面的 MSDS，要把这些 MSDS 的知识图谱集成到中国 MSDS 注册中心版 MSDS 的知识图谱中。算法 genChemKG 给出采用深度学习模型 BERT+BiLSTM+CRF 标注 MSDS 的方法，而算法 genChemKG-aLT 给出采用 autoLabelTool 标注 MSDS 的方法。上海有机所网站上的 MSDS 一共有 2000 多份，本文一共整理了相对比较完整的 1800 份，其一部分用来标注、构建词袋或训练模型，其余的用来测试。

由于 BERT+BiLSTM+CRF 只需要训练一次就可以一直用，因此在比较两个算法性能的时候不把训练深度学习模型 BERT+BiLSTM+CRF 的时间算上。模型加载很快，且只需要加载一次就可以一直用，因此模型加载的时间也不考虑。从上海有机所的 1800 份 MSDS 文档中随机选择 50 份来进行人工标注并同时构建词袋 entity_ class，这 50 份标注的 MSDS 文档同时用来训练 BERT+BiLSTM+CRF 模型，而构建的词袋 entity_ class 用来调试本文提出的 autoLableTool。本文对这 50 份 MSDS 文档进行标注时并不需要对全文进行标注，只需要标注其中的复杂概念分解的一到多映射部分，因此工作量并不是太大。

本文首先比较分别采用两种算法进行标注的准确率，在图 3 中，50c 表示对模型 BERT+BiLSTM+CRF 进行训练时，人工标注 50 份 MSDS 文档，其中 c 表示 copy；同理 100c 表示人工标注 100 份上海有机所的 MSDS 文档，150c 和 200c 有类似的意思。需要强调的是，本文采用 50 份标注的 MSDS 文档进行训练时，也采用这些标注的数据构建词袋 entity_ class。算法 genChemKG-aLT 的准确率是随着标注的 MSDS 文档的份数增加而增加的，这是由于下面的原因。genChemKG-aLT 中的 autoLabelTool 本质上是采用字符匹配，字符匹配是精确匹配的，比如“限制空间”、“有限区域”和“工作场所”等，它们都是小标题“环境保护措施”的相关实体，但从字符的角度看差距是明显的。如果一个实体没有枚举进词袋 entity_ class，genChemKG-aLT 是无法正确标注该实体的；当然随着词袋中枚举的相关实体数量增加其准确率也是相应提升的，这是因为该词袋对实体的覆盖率提升了。正如在图 1 中看到的，标注的 MSDS 文档份数愈多，genChemKG-aLT 的准确率越高。

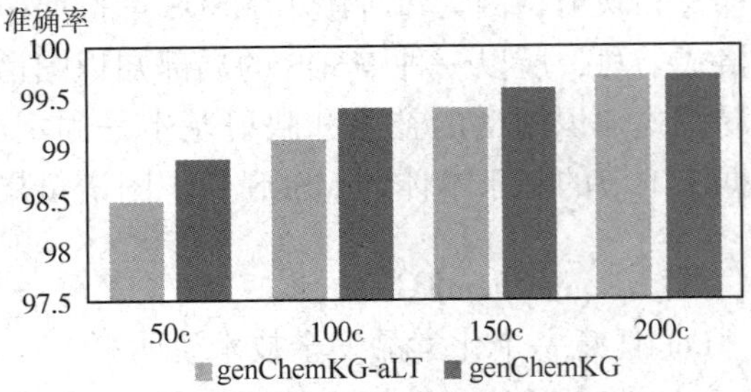

图 3　算法 genChemKG 和算法 genChemKG-aLT 的准确率对比

从图 3 可以看到，当采用 50 份 MSDS 文档进行标注和构建词袋时，算法 genChemKG 的准确率是明显高于算法 genChemKG-aLT 的，原因如下：genChemKG-aLT 是采用字符匹配来进行实体标注，因此没有进入词袋 entity_ class 的实体，genChemKG-aLT 是不可能正确标注的。然而 genChemKG 是采用深度学习模型 BERT+BiLSTM+CRF 进行标注的，深度学习模型可能发现新实体，并对这些新实体正确标注。BERT+BiLSTM+CRF 模型是 2019 年 CCF 大数据与技术智能大赛的一个优秀的模型，它的目的是从提供的金融文本中识别出现的未知金融实体，包括金融平台名、企业名、项目名称及产品名称；因此 BERT+BiLSTM+CRF 有能力识别文本中出现的未知实体。比如本文标注了“限制空间”和“有限区域”，通过训练后，genChemKG 正确标注了“工作场所”，这就是深度学习的神奇之处，是字符匹配无法比拟的。深度学习模型能够发现新实体，而字符匹配是不可能发现新实体的，这是字符匹配和深度学习最本质的区别。

但随着采用的 MSDS 文档进行标注和构建词袋的份数增加，可以看到 genChemKG-aLT 和 genChemKG 的准确率差距逐步缩小；当采用 200 份标注 MSDS 进行词袋构建时，这两个算法的准确率基本相等。这是因为随着构建词袋的 MSDS 份数增加，词袋覆盖率就进一步增加；另外，这是一个领域知识图谱，所以那些术语变化不是太大。当采用 200 份标注 MSDS 构建词袋时，一般描述的实体就基本被覆盖了，只剩下那些不常见的实体不被覆盖和标注，而这些不常见的实体由于非常少见而导致 genChemKG 也无法正确预测出来，也就更无法正确标注了；由此导致 genChemKG-aLT 和 genChemKG 的准确率基本相等。

本文也比较了两种方法的性能，从图 4 可以看到，这个两个算法标注一份 MSDS 的时间都非常稳定，这是因为由于如下原因：第一，每份 MSDS 需要标注的部分并不多；第二，对于 genChemKG-aLT 由 50 份文档组成的词袋和由 200 份文档组成的词袋相差并不大；第三，对于 genChemKG 由 50 份文档组成的训练数据和由 200 份文档组成的训练数据的模型实际上相差不大，因为 200 份文档所标注的比 50 份文档所标注的新实体多不了多少。算法 genChemKG-aLT 比算法 genChemKG 快的根本原因在于前者简单直接，后者相对来说要复杂很多，因此所需时间相对就多一些。这里还要强调的是深度学习模型 BERT+BiLSTM+CRF 的训练和加载时间都没有考虑，如果算上的话，genChemKG-aLT 的速度还要快很多。

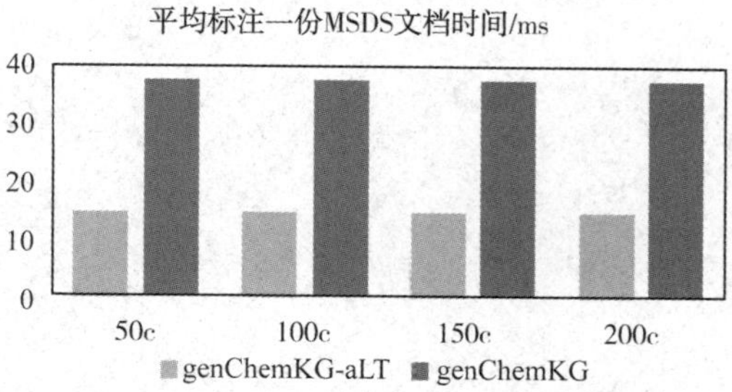

图 4　算法 genChemKG 和算法 genChemKG-aLT 的标注时间对比

通过算法 genChemKG-aLT 和算法 genChemKG 在标注时间和准确率上的对比，本文发现对于特定领域的文档，由于专业术语比较固定，采用深度学习方法进行标注和采用字符匹配方法进行标注在准确率方面的差距其实不大，当然在标注数据量小的时候，深度学习方法是有一定优势的。但在性能上，字符匹配方法由于相对简单所以运行的更快一些。

5　总结和展望

本文介绍了一种 MSDS 知识图谱全局模式构建和其他版本 MSDS 知识图谱与其融合和集成的方法，也就是说 MSDS 知识图谱的局部模式向其全局模式映射并进行补充和完善，最终形成一个集成的全局模式。本文以在国家主管部门注册的 MSDS 为主版本，首先构建其知识图谱并作为全局模式，再以上海有机所等 MSDS 知识图谱局部模式和全局模式的融合，验证了本文研发的一种实体标注工具实现局部模式向全局模式映射的有效性，其中概念分解的一到多概念映射方法与 CCF 竞赛中表现很好且基于深度学习的实体标注工具进行了对比实验，实验结果显示本文提出的实体标注工具在性能方面一直比基于深度学习的实体标注工具好，且手工标注 MSDS 版本达到一定数量时，本文提出的实体标注工具和基于深度学习的实体标注工具在准确率上基本一致。

未来工作一方面是通过集成更多版本 MSDS 知识图谱，以完善不同 MSDS 知识图谱版本间的补充和映射方式及其算法，丰富 MSDS 知识图谱的局部模式到全局模式映射关系；另一方面是基于基础的 MSDS 本体，面向化工园区一线人员和专业人员从多种应用角度探讨关于 MSDS 知识图谱的应用模式及其在事故预防服务等领域的应用方法。

参 考 文 献

[1] Bizer C, Lehmann J, Kobilarov G, et al. DBpedia—A crystallization point for the Web of data[J]. Web Semantics: Science, Services and Agents on the World Wide Web, 2009, 7(3): 154-165.

[2] Suchanek FM, Kasneci G, Weikum G. Yago: A core of semantic knowledge[C]. In: Proc. of the 16th Int'l Conf. on World Wide Web, ACM Press, 2007: 697-706.

[3] Bollacker K, Evans C, Paritosh P, et al. Freebase: A collaboratively created graph database for structuring human knowledge[C]. In: Proc. of the 2008 ACM SIGMOD Int'l Conf. on Management of Data. ACM

Press，2008：1247-1250.

[4] 杨玉基，许斌，胡家威，等. 一种准确而高效的领域知识图谱构建方法[J]. 软件学报，2018，29(10)：2931-2947.

[5] 王鑫，邹磊，王朝坤，等. 知识图谱数据管理研究综述[J]，软件学报，2019，30(7)：2139-2174.

[6] Doan A，Madhavan J，Domingos P，et al. Learning to map between ontologies on the semantic web. In：Proc. of the 2002 International Conference on the World Wide Web[C]，Honolulu，Hawaii，2002：662-673.

[7] Kalfoglou Y，Schorlemmer M. Ontogoly mapping：The state of the Art. The Knowledge Enginerring Review，2003，18(1)：1-31.

[8] 肖仰华，知识图谱概念与技术[M]. 北京：电子工业出版社，2020：160-185.

[9] 官赛萍，靳小龙，贾岩涛，等. 面向知识图谱的知识推理研究进展[J]. 软件学报，2018，29(10)：2966-2994.

[10] 杨东华，何涛，王宏志，等. 面向知识图谱的图嵌入学习研究进展[J]，软件学报，2022，33(9)：3370-3390.

[11] 刘宝珠，王鑫，柳鹏凯，等. KGDB：统一模型和语言的知识图谱数据库管理系统[J]，软件学报，2021，32(3)：781-804.

[12] Zhang J，Zhang X，Yu J，et al. Subgraph Retrieval Enhanced Model for Multi - hop Knowledge Base Question Answering[C]. The 60st Annual Meeting of the Association for Computational Linguistics，2022：5773-5784.

[13] Cao S，Shi J，Yao Z，et al. Program Transfer for Answering Complex Questions over Knowledge Bases[C]. The 60st Annual Meeting of the Association for Computational Linguistics，2022：8128-8140.

基于地面-井下工程参数精确测量的井控早期预警技术研究

耿浩男

（中国石油集团长城钻探工程有限公司工程技术研究院）

摘　要　川渝页岩气各区块整体地层层系相似，目的层为志留系龙马溪组，目的层之上发育8套气层，其中4套气层含H_2S，同时存在6套易漏地层，多压力体系导致了气侵、溢流频繁发生。加之部分队伍因场地限制井控设备配备不足，重浆储备不到位，若现场发现气侵、溢流不及时，处置措施不当，极易引起井涌甚至井喷等钻井事故发生，严重危害现场人员的生命安全。因此，气侵、溢流早期预警对提高井控安全具有重大意义。本文通过研制出钻井液出、入口高精度流量监测及环空动液面监测装置，针对主流型号随钻测量仪器，搭载井下随钻工程参数测量仪，实现了实时测量井下内外环空压力、温度、扭矩等参数；针对不同钻井工况，研发了风险预警与优化模型，集成了井控实时数据远传监控、风险预警、智能灌浆等系统，实现了井控早期预警监控和精确处置。通过在威204H19-2井的现场应用，实现了早于地面设备5min发现长兴组气侵，气侵损耗时间较邻井节省2.95天。

关键词　川渝页岩气；井控；气侵溢流；早期预警；精确处置

近年来，随着经济高速发展对能源的迫切需求以及国际局势的不确定性，我国面临严峻的能源安全和环境挑战，发展页岩气等新兴替代能源是国家制定的重大战略决策。目前中国石油天然气集团对中国页岩气的勘探开发主要集中在四川盆地南部和重庆西部。随着川渝页岩气勘探开发向深层的不断深入，部分井区埋深超过3500m，压力系数超过2.0，井控风险异常严峻。因此，如何及时发现气侵、溢流，实现井控早期预警监控和精确处置具有重大意义。

1　川渝页岩气井控风险概况

川渝页岩气构造纵向上具有多产层、多压力系统特征。实钻资料表明，沙溪庙组、自流井组、须家河组、雷口坡组、嘉陵江组、飞仙关组、长兴组、龙潭组、茅口-栖霞组均出现过气测异常或气侵，而且发生过井涌、井喷等现象，雷口坡-龙马溪组均存在异常高压。

1.1　非目的层井控风险

（1）漏转溢风险。上部非目的层含多个气层，压力窗口窄、埋深浅，一旦钻遇大漏，很容易发生漏转溢的井控风险。

（2）钻遇异常高压风险。雷口坡、长兴、茅口、栖霞、龙马溪等层位多井次钻遇异常高压。

（3）钻遇硫化氢风险。根据区域7口探井气组分分析资料，4口井在嘉陵江、茅口及栖霞组发现硫化氢，其中2口井在茅口组含量分别为$1687mg/m^3$、$10121mg/m^3$，属于中低含硫。

1.2　目的层井控风险

（1）工区目的层埋深2200~3800m，压力系数1.1~2.0，其中威204井区、自207井区埋深超过3500m，压力系数超过2.0。钻遇断层，存在漏转喷风险，同时也存在异常高压风险。

（2）压裂窜层导致溢流，目的层天然裂缝发育，压裂人工造缝与天然裂缝连通，存在压窜井控风险。

1.3　工厂化压裂作业井口失控风险

地面高压管线爆裂、刺穿，造成高压流体失控或人员伤害，连续油管作业时井口防喷盒泄漏、连续油管断裂、单流阀失效等问题出现时存在井口失控风险。

2　工区内气侵、溢流监测现状

目前，川渝页岩气的气侵、溢流监测预警工作，主要还是依靠传统的人工坐岗和综合录井仪的实时监测与预报。

2.1　人工坐岗

井控装置安装完成后安排专人24h坐岗，定时记录钻井液灌入量及钻井液增减量，发现溢流、井漏及油气显示等异常情况，应立即报告司钻和值班干部。

2.2　综合录井仪的实时监测与预报

录井工作人员通过综合录井仪传感器测量液面高度、气测全烃及组分、进出口流量、进出口电导率等参数，分析各参数变化情况，结合当前工况，对气侵、溢流等异常情况做出综合判断。

以上两种监测方法在川渝地区现场应用比较广泛，但微小溢流往往靠人工监测难以发现，无法实现溢流的早期预警，而综合录井仪器同样存在测量精度不足，溢流预警滞后，误报率高等诸多问题。因此，形成一种有效的井控预警技术至关重要。

3　井控早期预警技术内容

本技术通过研制出钻井液出、入口高精度流量监测及环空动液面监测装置，搭载井下随钻工程参数测量仪实时测量井下内外环空压力、温度、扭矩等参数；针对不同钻井工况，研发出风险预警与优化模型，集成井控实时数据远传监控、风险预警、智能灌浆等系统，实现井控早期预警监控和精确处置。

3.1　钻井液流量精确测量技术

1. 入口高精度流量监测装置

川渝页岩气 311.1mm 井段井控风险高，使用水基钻井液，入口处采用电磁流量计传感器测量，安装于泵上水管线中。川渝页岩气 215.9mm 井段使用油基钻井液，不导电，不能采用电磁流量计传感器测量，仍使用泵冲计算方法(图 1)。

2. 出口高精度流量监测装置

出口处选用双管型、U 形科氏质量流量计，精度最高可达 0.2%(图 2)。

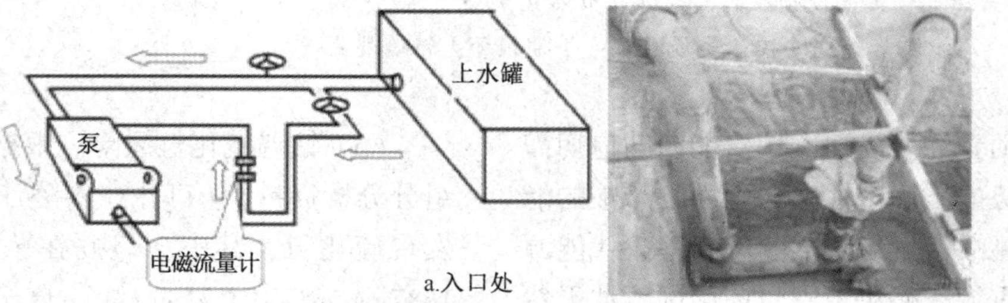

a.入口处

图 1　入口高精度流量监测装置

图 2　出口高精度流量监测装置

3. 智能灌浆流量测量装置

通过在计量罐灌浆电机上安装电磁流量计，测量灌入量或倒出量，辅助展示井深、钻头位置、钻具组合等信息，为科学灌浆和坐岗提供软硬件支撑(图 3)。

图 3　智能灌浆流量测量装置

3.2　地面-井下井控工程参数测量与采传技术

1. 在线环空动液面监测装置

由液位仪、发射枪、辅助设备组成，测量液面深度，实现实时井内液面监测(图 4)。

图 4　在线环空动液面监测装置

2. 井下工程参数测量与智能传输

(1) 悬挂式仪器(从上到下)：脉冲器+发电机+整流短节+主控短节+探管+数据处理短节+接收短节+尾椎。

(2) 脉冲序列：制定了测斜序列、定向序列、井控风险监测序列和报警序列。提高外环空压力的传输频率（最快 15s 一组）和精度（0.2MPa），并开发井下风险判断算法，降低井控预警反应时间(图 5)。

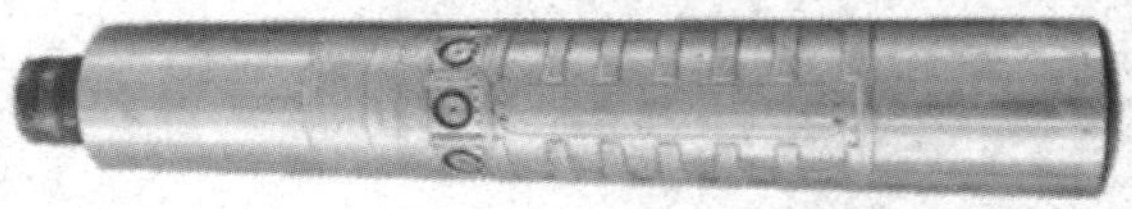

图 5　井下工程参数测量短节

3. 地面-井下工程参数采集与远传系统

以 GW-DrillingAnywhere 系统为基础，整合现场综合录井、高精度出入口流量、井下工程参数、井口灌浆等数据，在井场实现多专业数据共享；针对重点井，将现场实时数传输至公司各级 EISC，多层级监控(图 6)。

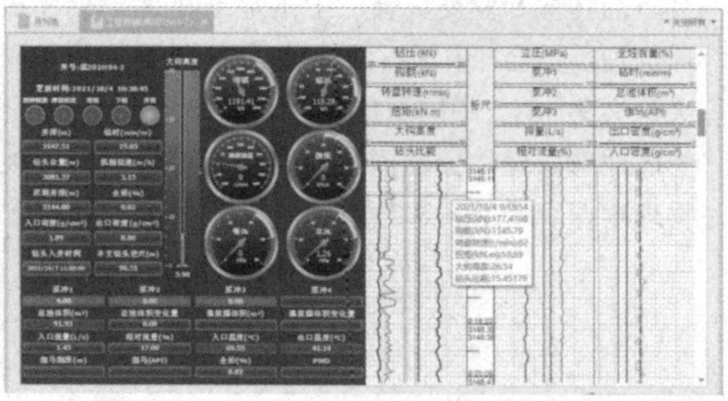

图 6　地面-井下工程参数采集与远传系统

3.3　井控风险监测与参数优化系统

1. 钻进工况井控风险预警模型与系统

集成出入口流量差模型、井底 ECD 监控模型，同时展示全烃、罐体积、钻时、扭矩等数据，综合监控井控风险(图 7)。

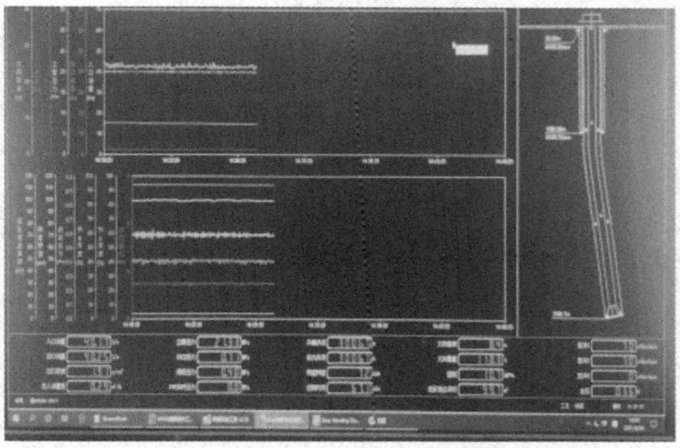

图 7　井控风险预警系统

2. 循环工况单根峰、后效自动监测模块(图 8)

4　现场应用情况

2021 年 5~6 月，井下随钻工程参数测量仪在威 204H19-2 下井服务 5 趟钻，应用 850h，安全进尺 2200m。通过异常参数监测分析，19-2

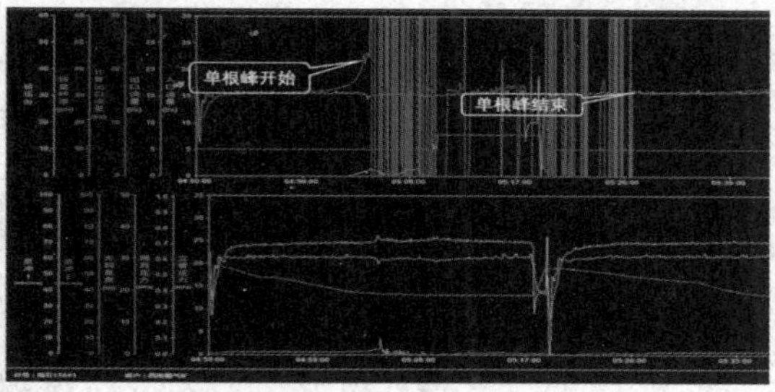

图 8　单根峰、后效自动监测模块

井 311.1mm 井眼划眼时间仅为 1.5h，较平均值降低 80.8%，完井周期缩短 4.8%；通过井控风险预警和辅助精细控压施工，气侵损耗时间较威 204H19-3 井节省 2.95d。

1. 井控风险预警(长兴组气侵)

钻进至 2823.56m，外环空压力由 54.3MPa 下降至 54.01MPa(压力下降 0.29MPa)，判断气侵发生；随后录井监测到出口流量增加，全烃上升，随即关井。系统监测早于地面设备约 5min 发现气侵(图 9)。

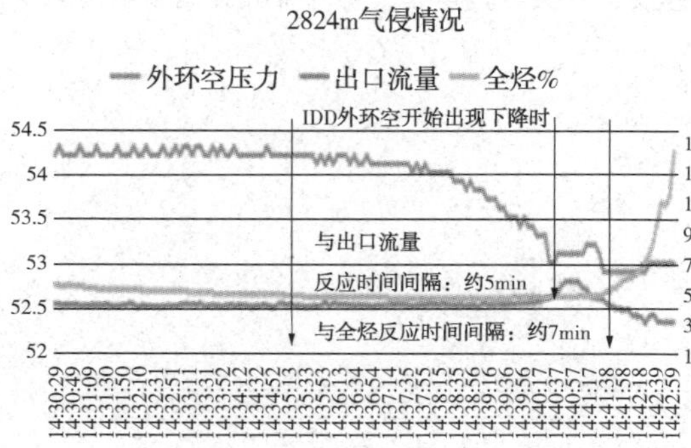

图 9　H19-2 井长兴组气侵预警

2. 实现茅口组辅助精细控压施工

综合分析气侵(2866m)前后井底压力变化，确定平衡地层压力值，制定报警阈值。实时监控井底压力变化，通过软件计算，配合旋转防喷器、节流管汇，给出精确的泥浆密度和地面回压，实现安全精细控压施工(图 10)。

5　结论

现场应用表明，基于地面-井下工程参数精确测量的井控预警技术，通过精确测量外环空压力变化来进行井控风险预警具有显著效果，但同时存在短节测量处理数据多、序列传输针对性不足、地面软件数据处理不及时等问题。下一步系统将从井下数据测量频率、井下数据传输效率、井控预警算法、传输序列等方面改进，提高井控预警响应效率。

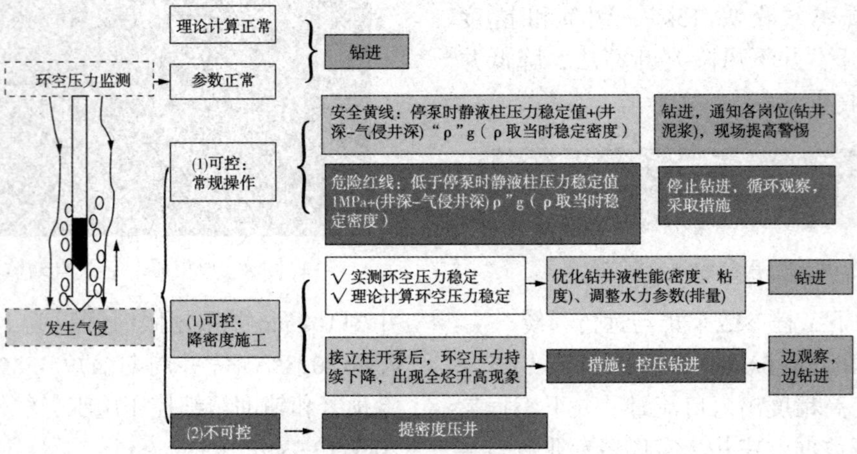

图 10　H19-2 井茅口组精细控压施工

参　考　文　献

[1] 刘振武，撒利明，杨晓，等. 页岩气勘探开发对地球物理技术的需求[J]. 石油地球物理勘探，2011，46(05)：810-818+836+667.

[2] 顾雯，巫芙蓉，杨容，等. 四川盆地渝西地区深层页岩气地质、工程甜点表征技术[A]. 中国石油学会石油物探专业委员会、中国地球物理学会勘探地球物理委员会. 中国石油学会 2021 年物探技术研讨会论文集[C]. 中国石油学会石油物探专业委员会、中国地球物理学会勘探地球物理委员会：石油地球物理勘探编辑部，2021：4.

基于简易控压的侧钻井动态井控技术研究

郭修成　高海军

（中国石油集团长城钻探工程有限公司）

摘　要　简易控压钻井技术是一种可有效降低窄密度窗口地层钻井风险减少非生产作业时间的钻井技术。该技术利用泥浆泵代替了回压补偿装置、使用自动节流管汇及地面控制软件的联合工作来实现井底压力连续控制的目标，能够提高钻井效率，降低非生产时间。采用控压钻井技术控制井口压力(或回压)以及钻井液密度和流速相结合的方法来控制环空压力走势，由于能够控制和调整回压，控压钻井具有动态控制井涌的能力，而不必关闭井口，简易精细控压动态井控立足于一次井控，降低井控风险。

关键词　简易控压钻井；动态井控；电动节流阀；ECD；侧钻井试验

1　控压钻井技术原理和发展过程

国际钻井承包商协会给定的控制压力钻井(Managed Pressure Drilling，以下简称MPD)的定义：控制压力钻井是一种精确控制环空压力剖面的钻井过程与方法。在常规钻井过程中，起下钻、活动钻具、开停泵以及泵排量的变化都会造成井底压力大幅波动，直接导致窄密度窗口地层钻进涌、漏复杂问题频发，控压钻井技术利用旋转防喷器、电控系统、决策分析系统、数据采集系统压补偿装置、钻井液脉冲井底压力随钻监测系统(以下简称PWD)等仪器设备及相关地面控制软件协同工作实现井底压力的连续控制。起钻过程中全井段的带压起钻工作强度较高，且起下钻铤等大尺寸钻具不能通过开口旋转防喷器进行带压起钻作业。钻完井过程中如何维持井下压力的连续控制，目前有采用井下封井器和重浆帽两种方法带压起钻到一定井深再替入重浆帽维持井下压力的连续控制是常用的方法。合理设计高密度钻井液的性能体积直接关系到带压起钻的井段长度，利于整个过程压力控制的平稳，且能够适当减少劳动强度，提高钻井效率。

在钻井过程中所遇地层通常分为四种情况：①原始地层的孔隙压力和坍塌压力(确切地应称为井眼稳定性压力)接近，有时甚至低于坍塌压力，而破裂压力较高，形成的安全钻井密度窗口较宽，采用常规钻井技术就可以实现钻井施工；②进入开发中后期的油气田，地层原始压力系统已经发生了巨大的变化地层孔隙压力衰竭口，地层岩石的应力状态发生了改变，地层的孔隙压力、坍塌压力和破裂压力三者彼此接近，安全钻井密度窗口较窄，采用常规钻井技术很难在各压力系统之间建立平衡，钻井过程中极易出现地层垮塌、破裂和钻井液漏失现象；③针对碳酸盐岩地层，储集油气的空间通常是裂缝或溶洞，在这种地层条件下钻井，钻井液极易与储集空间发生重力置换而发生漏失或油气侵，钻井安全操作窗口相当窄，甚至窗口为零；④在海上尤其是深水地层钻井，海底泥线以下的海床，地层非常薄弱，安全钻井密度窗口也较窄。

若在窄密度窗口的地层采用常规钻井时，极易产生井涌或井漏、压差卡钻、油气侵等钻井复杂出现无法继续钻进。通常采用增加套管层次的方法对地层进行封隔以延深钻井进尺。但是随着层次增多，套管尺寸必须逐层缩小，这将可能导致在未钻达目的层时就已经没有可以继续钻进的井眼尺寸而不得不提前完钻，甚至井眼报废，而控压钻井动态井控系统却是解决窄密度窗口安全钻井的重要手段。

2　控压钻井技术提高动态井控

2.1　简易控压钻井技术介绍

控压钻井技术是在欠平衡钻井技术基础上发展起来的，以井控技术的进步为核心，可以有效降低钻井风险、减少非生产时间的钻井技术。控制压力钻井并不是某种新的钻井原理，而是以常规钻井的井筒内压力控制技术为基础，对井控装置和井控工艺进行了改进和强化，是钻井和井控技术的更高层次。在整个钻井作业过程中正常钻进、接单根、起下钻、循环钻井液或停泵，都能精确控制井底压力，使其维持恒定。

在控压钻井过程中，一旦探测到地层大量流体涌入井筒，一个最重要的决定是是否采用动态井控技术，还是采用传统井控方法；动态井控只适用于某一尺寸、流速、以及流体持续涌入的时间，涌入流体的压力必须充分小于控压钻井地面设备所能承受的压力限度，在保持井得到控制的同时将涌入地层的流体安全地循环出井筒：这一决断取决于地面峰值压力和流速(流量)的量值，当涌入流体的性质特征在设备承受限值以内时，动态井控可以给予一个迅速响应，同时能够显著减少非生产时间。

随着我国经济的不断发展，钻井技术也在逐渐的得到发展，为我国的工业发展做出了巨大的贡献。MPD 技术已经被逐渐应用到钻井过程当中，所有的现代油气井钻井技术均包含控压钻井技术，控压钻井技术能够有效的解决复杂钻井问题，还能显著减少非生产时间，极大的提高了生产效率。以确定井底压力目的为基础，达到有效控制环空液压剖面达到动态井控的目标。控压钻井技术在我国已经初具规模，并在实际应用中有很好的效果，但因为相对昂贵的机械设备，所以在很大程度上限制了控压钻井技术被广泛应用。因此，在发展工艺合理的简化，并且可以被控制，以优化压力钻井机械钻速和经济合理化的设备分配以提高其适用性，经济性使它们更广泛的应用。在原有的控压钻井基础上，研发简易控压钻井技术的更新需求迫在眉睫。以降低成本、提高安装效率为目标，针对侧钻井成本低，周期短等特点研发了新一代简易控压钻井技术方案应用于侧钻井控压钻井动态井控施工(图1)。

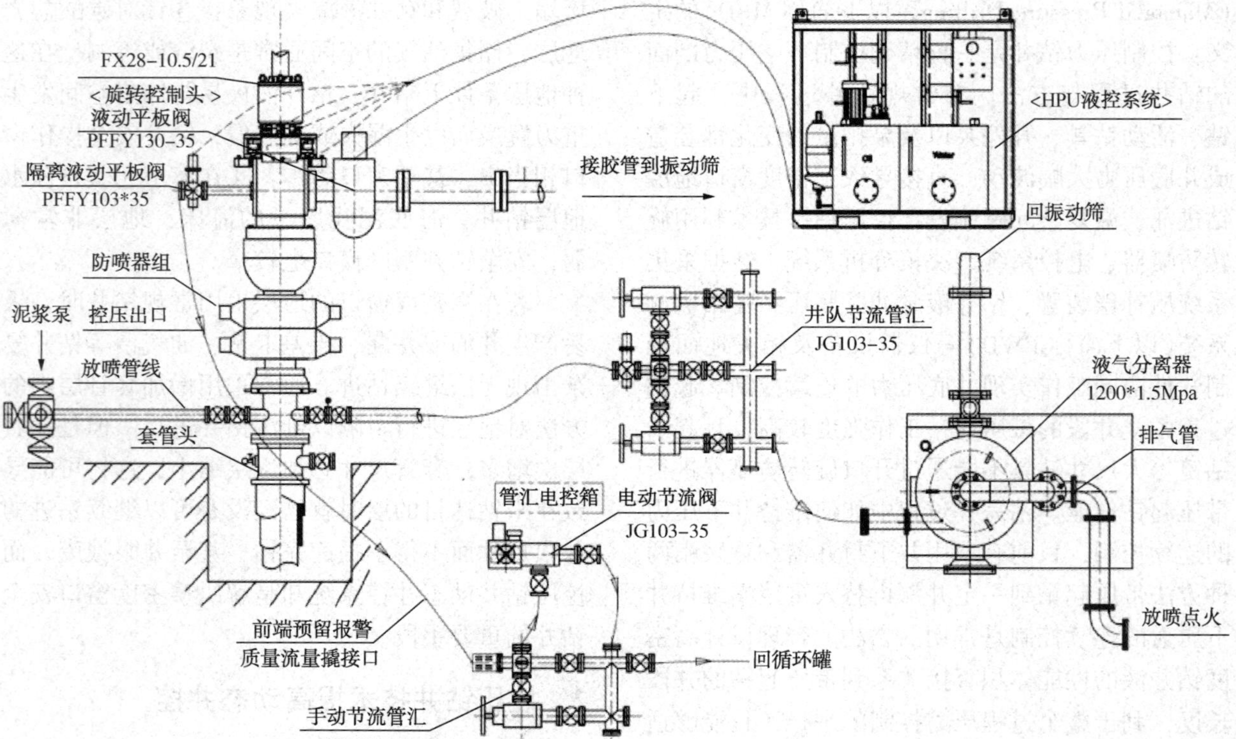

图1　简易自动控压钻井流程图

2.2　简易控压钻井控制系统

本系统集合了控制、传动、采样、防护四大部分。控制部分分为就地操作中心单元(IPC)、防爆电器单元、数据采集单元以及通信单元；传动部分分为力矩倍增系统，伺服驱动系统；防护为 IP65 防护标准。可实时监测现场实际套压及节流阀开度，并形成相应记录曲线。

远控及操作台具有两种传输方式，可连接电脑操控节流阀传输数据、记录数据，也可由操作台节流阀传输数据、记录数据。

本系统分为手动控制和自动控制两大控制方式，可人为调节节流阀开度进行控压，也可设定

额定套压进行自动控压(图 2)

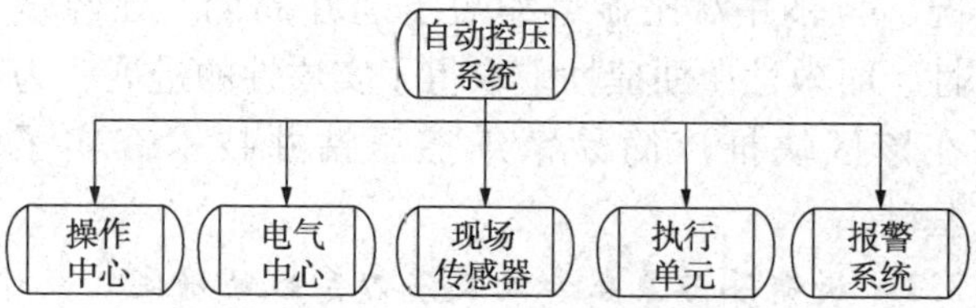

图 2　自动控压系统组成图

2.3　简易控压钻井主要设备

2.3.1　主要控压设备

主要由旋转防喷器、节流管汇＊2 组成如图 3 所示，其中双通道节流管汇由一个直通道和一个手动控压通道组成，满足现场部分要求较低的简易控压。单通道节流管汇由一个电动控压通道及控压电控箱组成，其使用可与多通道节流管汇并联组成自动控压通路，满足现场自动控压的需求。单通道节流管汇体积小，质量轻，方便于现场各井位之间的调度(图 3)。

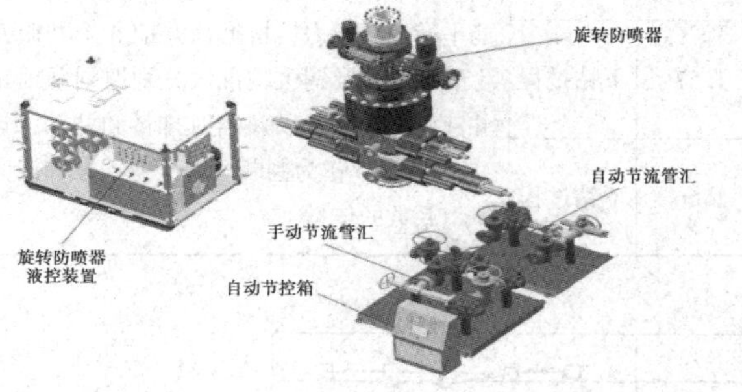

图 3　主要设备布置图

2.3.2　主要节流设备

节流阀是通过改变节流截面或节流长度以控制流体流量的阀门。将节流阀和单向阀并联则可组合成单向节流阀。节流阀和单向节流阀是简易的流量控制阀，在定量泵液压系统中，节流阀和溢流阀配合，可组成三种节流调速系统，即进油路节流调速系统、回油路节流调速系统和旁路节流调速系统。

控制器通过模拟量采集模块采集压力信号数据之后，首先确定数据有效性，然后根据有效数据进行运算，计算出相应的开关量。根据这个开关量计算阀门的开关度，通过驱动器控制伺服电机运转，从而调节节流阀的开关，达到稳定管道工作压力的目的。电机工作方式分为自动控制和手动控制两种方式。

单通道自控节流管汇采用单独撬装，可单独使用，也可以与双通道节流管汇组合使用。(图 4)控压范围：0～12.5MPa，电驱控压精度：±0.25MPa，节流阀响应速度<5s，电动控制响应时间<1s，适用工作温度范围：−29～104℃(图 5)。

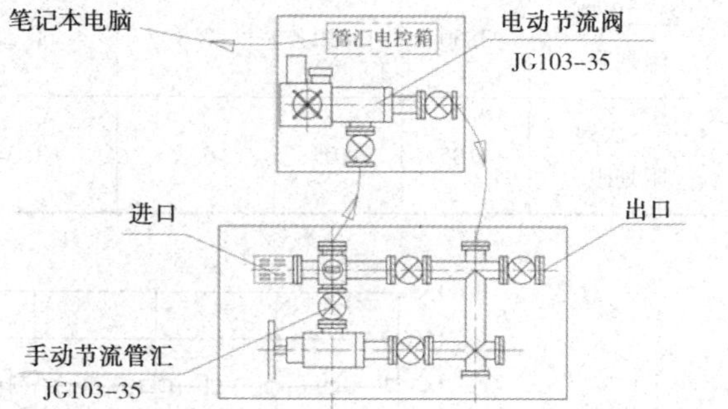

图 4　电控节流管汇连接图

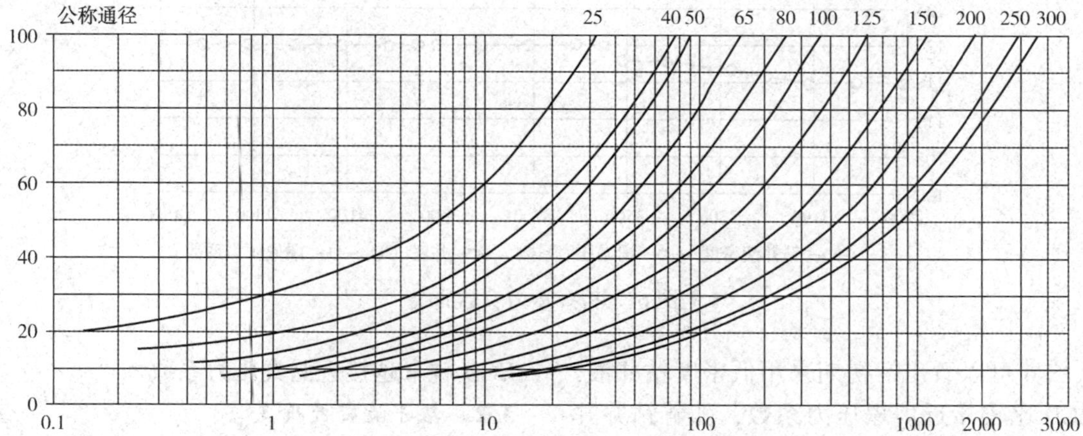

图 5　节流阀 CV 流量特性图(X 轴为压力和公称通径，Y 轴为开度百分比)

3　简易控压钻井动态井控实例

由于苏里格气田下部地层中的石盒子组，持续多年开采，造成地层亏空，地层压力系数逐年改变。由于压裂等原因，造成地层承压能力降低，当钻进时，高漏速及失返性漏失时有发生。

在钻遇泥岩时，机械钻速明显降低，且泥岩造浆能力强，同时伴随着大量掉块返出，导致钻井液无法快速稳定井壁，使井壁极易垮塌，如不及时处理会造成一系列难以解决的复杂情况。针对苏里格地区顽固泥岩井段垮塌的抑制和预防等问题长期以来没有尚好的解决方案，通过对苏 10-XX-XXCH 井采用简易精细控压钻井，找到了技术突破点。

苏 10-XX-XXCH 井设计井深 4405m，开窗点 2921m，在井深 3908~4105m 井眼环境极为复杂，多次划眼遇阻、卡钻、憋堵，失返性漏失，历经 3 次填井侧钻无法有效解决泥岩段垮塌问题。最终在第 4 个井眼使用简易控压技术配合钻井施工，整段施工仅轻微渗漏，无划眼等复杂情况，与邻井对比显著缩短了建井周期。在经济性、时效性、便捷性上取得了实质性的进展，为在该区块推广简易精细控压钻井技术夯实了基础。

3.1 坍塌压力系数和漏失压力系数的确定

从表 1 可以看出，第一次划眼前，正常钻进，井壁稳定，因此，井壁坍塌压力系数小于 1.48；从第三次划眼可以看出，井壁坍塌压力系数 1.34 仍然不能平衡坍塌压力，因此坍塌压力系数介于 1.34~1.48，平均值 1.41。从第三次侧钻时，钻井液密度和钻井液排量及性能可知，漏失压力系数不低于 1.66。

表 1　实际工况

	钻达井深	发生井深	排量/(L/s)	密度/(g/cm^3)	井底 ECD	发生工况	备注
第一次遇阻划眼	3908	3908	6.3	1.18	1.48	下钻过程	苏 10-XX-XXCH 井共计 3 次填井侧钻，其中钻井液密度最高达到 1.34g/cm^3 仍不能平衡地层压力，根据该井前 3 个井眼发生的划眼以及漏失情况，分别取划眼前钻井液密度，性能以及当时排量和井深，计算井底 ECD 作为判断坍塌压力系数和漏失压力系数的依据
第二次遇阻划眼	3850	3832	7.8	1.22	1.57	下钻过程	
第三次遇阻划眼	4105	4105	6.3	1.34	1.66	下钻过程	

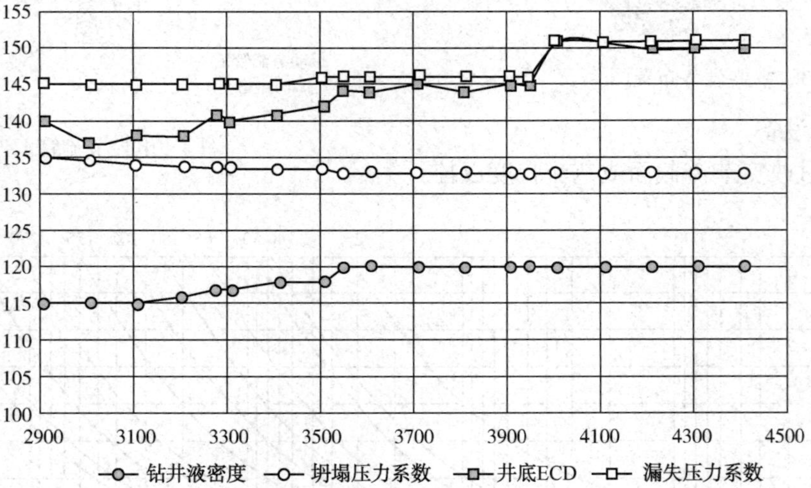

图 6　井深/压力实数曲线

从图 6 可以看出，初期采用低密度钻井液，井底 ECD 比较靠近坍塌压力系数，随着钻井井段的延长，钻井液密度从 1.15g/cm^3 提高至 1.20g/cm^3，循环压耗逐渐增加。循环压耗的增加有两方面的因素一是密度提高，黏度自然提高；二是井深增加，循环压耗增加。造成井底 ECD 越来越接近漏失压力系数。

3.2 钻井液密度确定

苏 10-XX-XXCH 井采用复合盐钻井液体系，按照现场实际的钻井液性能，分别按照不同排量计算井底 ECD，水力参数的计算结果如表 2 所示：

表 2　不同排量下的钻井液密度推荐范围

排量/(L/s)	排量/(m^3/min)	井深/m	井口套压/MPa	推荐钻井液密度范围/(g/cm^3)	备注
9.21	0.553	4420	0	1.10~1.28	
10.73	0.644			1.08~1.19	
12.24	0.734			1.09 以下	
13.76	0.826			无	

3.3　简易控压钻井动态井控施工过程

苏 10-XX-XXCH 井填井后钻进至 3551m，钻遇泥岩，返出细小掉块，立即控压 1MPa，提高井底 ECD，增加当量密度为 0.03；提高钻井排量，采用提高井口套压验证井底承压能力，套压提高 0.5MPa，控压 1.5MPa 钻进发生渗漏，漏失体积为 2.2m^3，立即降低套压至零，漏失停止。钻穿泥岩井段后，短起下验证井壁稳定性，控压 3MPa 短起，发生渗漏，漏失速度 0.2m^3/min，共漏失约 2m^3，套压降为 2MPa，控压起钻正常，起钻至 2000m(套管内)后，压重浆，根据压井作业程序，根据重浆从环空返出的高度，井口控压值分为 3MPa、1.5MPa、0MPa，之后接立柱、测斜等停泵后控压 2MPa，起钻过程中控压 3MPa，下钻控压 3MPa。

在本井完井过程中，进行替氯化钾洗井作业，因氯化钾密度仅为 1.03，不能平衡地层孔隙压力。在静止时发现有轻微溢流，立即进行井口控压实施动态井控，控压 1.5MPa 后返出量正常，解除井控风险，后续施工持续控压至下压裂管串结束，未发生异常。

3.4　控压钻井周期和邻井对比

经过简易控压动态井控试验井和邻井建井周期对比，试验井相对于设计建井周期提前 7 天，两口邻井均超过设计建井周期 10 天(表 3)。从数据对比中可以看出，简易控压钻井动态井控在钻机提速，降低井控风险，缩短钻井周期、降本增效上有显著的效果。

表 3　施工周期对比

井号	施工井段/m	段长/m	设计建井周期/d	实际建井周期/d	周期差值	备注
控压钻井动态井控试验井	2910~4405	1495	42	35	-7	
邻井 1	2981~4182	1201	28	48	+10	划眼
邻井 2	3010~4482	1472	32	42	+10	划眼

4　简易精细控压动态井控试验结论

(1) 精准的水力学计算是简易控压钻井合理确定控压参数的前提，在判断与提前预防井下复杂情况的基础上，缺少自动监测的辅助条件。因地层流体侵入井筒或漏入地层，如何确定在不同条件下环空压力剖面与地层压力之间计算的复杂关系，是简易控压动态井控成功实施的关键。

(2) 控压起钻作业通过地面循环系统可以控制井口套压增加井底压力当量，在起钻停止井下循环时，可通过重浆帽补充循环压耗，保持井底压力大于地层坍塌压力，小于井底漏失压力，处于平衡状态。在保证井壁稳定，下钻时摩阻正常，正常下钻到底，未划眼，循环 2 周未见掉块，证明简易控压起下钻时保证了井壁的稳定性和平衡性。同时在应对溢流、井涌等井控复杂情况时，能快速平衡地层孔隙压力，为落实现场一次井控提供了既有效、又快捷的处理措施。

(3) 通过苏 10-XX-XXCH 井的简易控压钻井动态井控施工，结合获取地层压力参数与不同工况需求可实现实时计算，确定并调整简易控压钻井的控制参数。其中井下 ECD 的可调节有效范围应较宽、操作性强。在井口回压安全范围内控制井底处于微过或溢漏平衡点状态。简易控压钻井技术提高了储层水平井段的延伸能力，避免了环空与地层复杂流动情况出现，一定程度上解决了裂缝性储层窄安全密度窗口钻进压力难控制所致的一系列问题，同时该项技术具备操作与设备要求简单费用与组织难度低的特点，适合在苏里格地区的侧钻水平井和常规水平井推广应用。

参 考 文 献

[1] 周英操，杨雄文，方世良，等. PCDS-Ⅰ精细控压钻井系统研制与现场试验[J]. 石油钻探技术，2011，39(4)：6.

[2] 王江帅，李军，何岩峰，等. 变梯度控压钻井井控过程中井口回压变化规律[J]. 石油学报，2021，42(11)：1499-1505.

[3] 石林，杨雄文，周英操，等. 国产精细控压钻井装备在塔里木盆地的应用[J]. 天然气工业，2012，32(8)：6-10.

[4] 李智鹏，戴积军. 控压钻井技术提高动态井控[J]. 科技信息：石油与装备，2013(5)：2.

[5] 姜智博，周英操，刘伟，等. 精细控压钻井井底压力自动控制技术初探[J]. 天然气工业，2012，32(007)：55-58+111-112.

[6] 魏立明，王星，马金山，等. 精细控压钻井用电液动平板阀：，CN112343543A[P]. 2021.

[7] 刘伟，王瑛，郭庆丰，等. 精细控压钻井技术创新与实践[J]. 石油科技论坛，2016，035(004)：32-37.

[8] 孙海芳，李祥银，韩烈祥，等. 川庆精细控压钻井技术在南堡潜山裂缝性油气藏中的应用研究[C]//深层，深水，非常规钻井技术研讨会暨钻井研究院. 中国石油学会，2012.

[9] 周英操，蒋宏伟，王凯，等. 一种钻井环空压力精细控制系统：.

[10] 余金海，孙宁，刘健. 精细控压钻井控压响应时间浅析[J]. 石油钻采工艺，2011，33(2)：5.

[11] 陈若铭，伊明，杨刚. 精细控压钻井系统[J]. 石油科技论坛，2013，32(3)：4.

基于深度学习的视频智能识别技术的石油工程安全管理应用研究

焦玉锋 王晓鄂 郭 杰 唐艳军 蔡菊花

（中国石化经纬有限公司中原测控公司）

摘 要 为切实加强直接作业环节安全监督管理，全过程、全方位、全天候监控生产作业现场和生产经营活动的安全状况，及时发现事故隐患和"三违"现象，遏制和杜绝事故，石油工程各地区公司目前已在国内各油气田的钻井、井下作业、测井等野外油气专业施工队伍配备了现场安全视频监控系统。利用人工智能深度学习技术进行视频实时分析，实时报警，变被动监控为主动发现，及时准确地发现作业现场隐患和违章行为，自动对作业现场发出报警信息，自动将违章过程记录下来，可极大地减少安全事故发生的概率，保证安全生产管理的质量和效率，减轻安全管理人员劳动强度，减少安全生产管理成本，从而整体提高公司的安全生产水平，具有很大的经济效益和社会效益。

关键词 深度学习；视频监控；石油工程

在石油工程领域，钻井井场安全事故会直接影响到生产作业进度、钻井成本和作业人员的人身安全等，钻井井场的安全生产具有不可忽视的重要意义。从事故中得到的经验教训告诉我们，研究探讨井场事故发生的致因机理和风险因素，找准预防事故的重点，由针对性、有重点地加强预防，才能做到防患于未然。

为进一步完善安全生产事故隐患排查治理运行机制，目前多数施工作业现场都采用安全管理人员施工作业现场巡查安全隐患或者违章作业，或者安全生产管理人员通过人工的方式检索回放现场安全视频监控数据进行安全隐患或者违章作业的排查，或者安全生产管理人员通过人工的方式实时浏览远传回地区公司基地集中监控管理的视频数据进行安全隐患和违章作业排查。

这些人工的安全生产巡检方式都是通过被动行为排查安全隐患，人工巡检的工作模式效率低下，准确率和及时性都比较低，特别是人工浏览实时视频的工作方式受安全管理人员的工作状态影响非常大，安全管理人员无法保持长时间的注意力的高度集中，很容易错过安全隐患或者违章作业的发生，无法满足安全生产管理的需求。

利用人工智能深度学习技术进行视频实时分析，实时报警，变被动监控为主动发现，及时准确的发现作业现场隐患和违章行为，自动对作业现场发出报警信息，自动将违章过程记录下来，可极大地减少安全事故发生的概率，保证安全生产管理的质量和效率，减轻安全管理人员劳动强度，减少安全生产管理成本，从而整体提高公司的安全生产水平，具有很大的经济效益和社会效益。

1 深度学习技术研究

从 1956 年 Dartmouth College（美国达特茅斯学院）夏季的会议，首次提出人工智能的概念，人工智能就是让机器获得像人类一样具有思考和推理机制的智能技术。

1970 年代，科学家们尝试通过知识库加推理的方式处理人工智能问题，通过构建庞大复杂的专家系统来模拟人类智能。这些明确指定规则的方式最大的难题就是，很多复杂、抽象的概念很难用具体的代码来实现。比如人类对图片的识别、对语言的理解过程，根本无法通过既定规则模拟。为了解决这类问题，一门通过让机器自动从数据中学习规则的研究学科诞生了，被称为机器学习，并在 1980 年代成为人工智能中的热门学科。

在机器学习中，通过神经网络来学习复杂、抽象逻辑的研究方向，称为神经网络。随着存储技术、运算速度的大幅提升、算法瓶颈的突破，2012 年开始，深度学习的应用效果极为显著，应用深层神经网络技术在计算机视觉、自然语言处理、机器人等领域取得了重大突破，部分任务上甚至超越了人类智能水平，开启了以深层神经网络为代表的人工智能的第三次复兴。深层神经网络也被称为作深度学习。一般来讲，神经网络和深度学习的本质区别并不大，深度学习特指基于深层神经网络实现的模型或算法。人工智能、机器学习、神经网络和深度学习的之间的关系如图1所示。

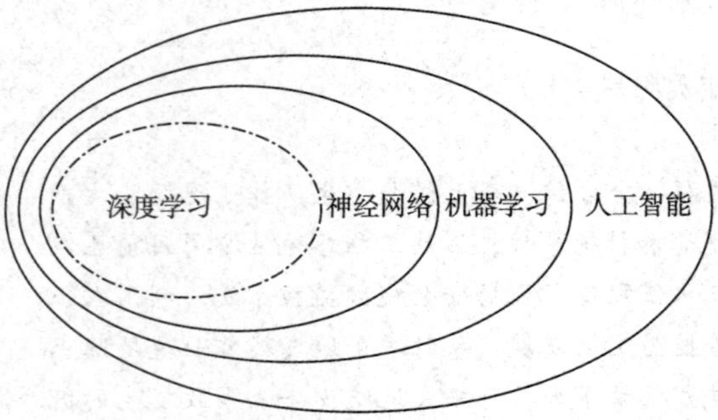

图1　人工智能、机器学习、神经网络和深度学习

1.1　深度学习的特点

1. 数据量

早期的机器学习算法比较简单，容易快速训练，需要的数据集规模也比较小，如1936年由英国统计学家Ronald Fisher收集整理的鸢尾花卉数据集Iris中包含3个类别花卉，每个类别有50个样本。随着计算机技术的发展，算法设计越来越复杂，对数据量的需求也越来越大。1998年由Yann LeCun收集整理的MNIST手写数字图片数据集共包含0~9共10类数字，每个类别多达7000张图片。随着神经网络的兴起，尤其是深度学习，网络层数一般较深，模型的参数量可达百万、千万甚至十亿个，为了防止过拟合，需要的数据集的规模通常也是巨大的。如2010年发布的ImageNet数据集收录了共14197122张图片，整个数据集的压缩文件大小就有154GB。图2、图3列举了一些数据集的样本数和数据集大小随时间的变化趋势。研究数据量需求较少的算法模型是非常有用的一个方向。

2. 计算能力

计算能力的提升是第三次人工智能复兴的一个重要因素。1980年代就已经提出了现代深度学习的基础理论，但直到2012年，基于两块GTX580 GPU训练的AlexNet算法发布后，深度学习的潜力才真正得以发挥。传统的机器学习算法并不像深度学习这样对数据量和计算能力有强烈的要求，通常在CPU上串行训练就可以得到满意结果。深度学习非常依赖并行加速计算设备，目前的大部分神经网络都使用NVIDIA GPU和Google TPU等并行加速芯片训练模型。如围棋程序AlphaGo Zero在64块GPU上从零开始训练了40天才得以超越所有的AlphaGo历史版本；自动网络结构搜索算法使用了800块GPU同时训练才能优化出较好的网络结构。

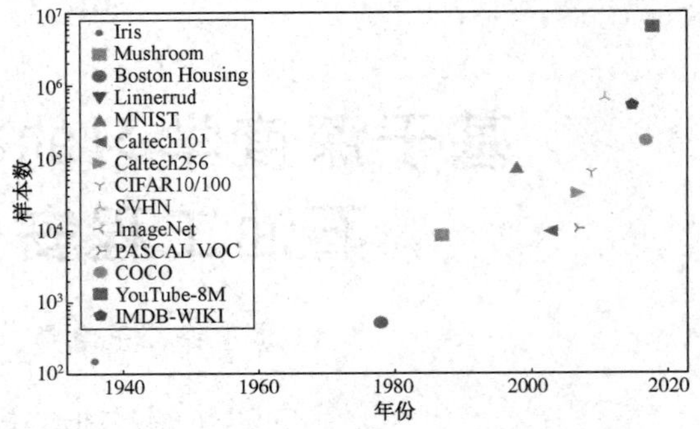

图2　数据集样本数趋势

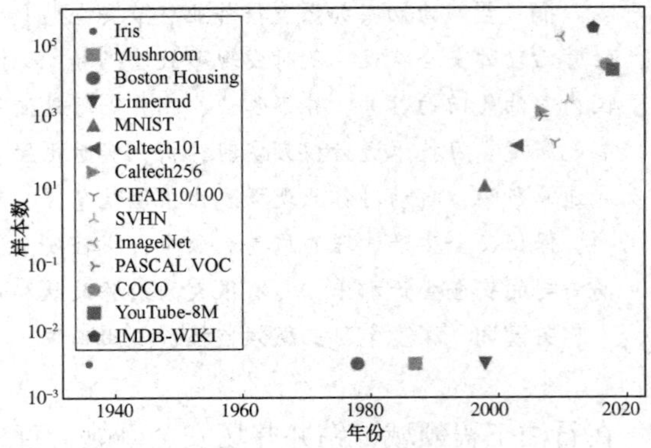

图3　数据集大小趋势

图4列举了从2008年到2017年NVIDIA GPU和x86 CPU的每秒10亿次的浮点运算数(GFLOPS)的指标曲线。可以看出，x86CPU的曲线变化相对缓慢，而NVIDIA GPU的浮点计算能力指数式增长，这主要是由日益增长的游戏计算量和深度学习计算量等业务驱动的。

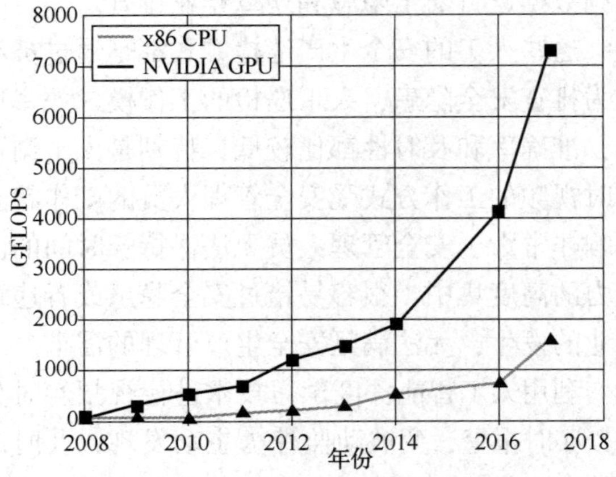

图4　NVIDIA GPU FLOPS趋势
(数据来自NVIDIA)

3. 网络规模

早期的感知机模型和多层神经网络的层数只有1层或者2~4层，网络参数量只在数万个左右。随着深度学习的兴起、样本数据量和计算能力的提升，AlexNet（8层）、VGG16（16层）、GoogLeNet（22层）、ResNet50（50层）、DenseNet121（121层）等模型相继出现，同时输入图片的大小也从28×28逐渐增大，变成299×299等，这些变化使得网络的总参数量可达到千万级别，如图5所示。

网络规模的扩大，使得神经网络的容量相应扩大，从而能够学习到更复杂的数据模态，模型的性能也就随之提高；另一方面，网络规模的增大，意味着更容易出现过拟合现象，训练需要的数据集和计算能力也会变大。

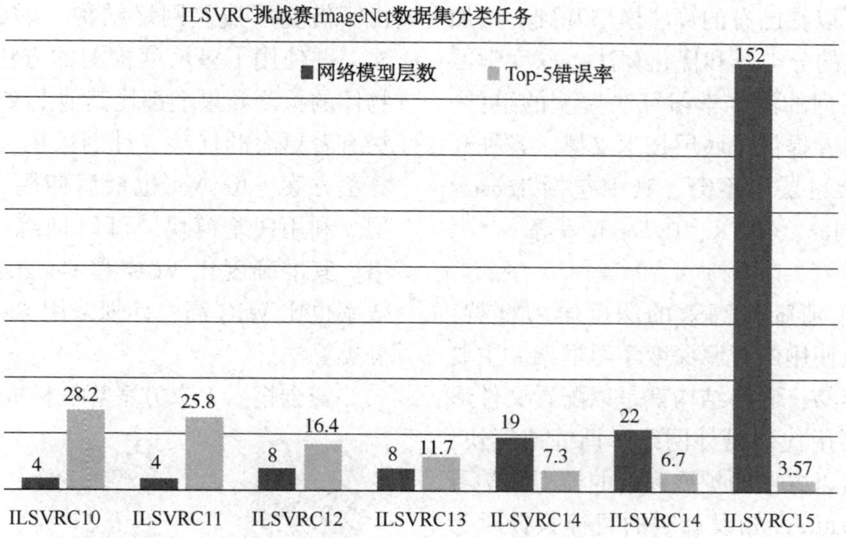

图5　网络层数变化趋势

1.2　深度学习应用

深度学习算法已经广泛应用到人们生活的各个方面，例如手机中的语音助手、智能辅助驾驶、人脸支付等。深度学习主要被应用在计算机视觉、自然语言处理和强化学习等方面。

1. 计算机视觉

图片识别是常见的分类问题。神经网络的输入为图片数据，输出值为输入图片数据样本属于每个类别的概率分布。通常选取概率值最大的类别作为样本的预测类别。图片识别是最早成功应用深度学习的任务之一，典型的深度学习模型有VGG系列、Inception系列、ResNet系列等。

目标检测是指通过算法自动检测出图片中物体的大致位置，然后用边界框（Bounding box）表示，并分类出边界框中物体的类别信息，如图6所示。常见的目标检测算法有RCNN、Fast RCNN、Faster RCNN、Mask RCNN、SSD、YOLO系列等。

图6　目标检测效果图

2. 自然语言处理

机器翻译在传统的算法上通常是基于统计机器翻译模型，这也是Google翻译系统在2016年前采用的技术。2016年11月，Google基于Seq2Seq模型开发了Google神经机器翻译系统（GNMT），首次实现了源语言到目标语言的直译技术，在多项任务上获得了50%~90%的效果提升。常用的机器翻译模型有Seq2Seq、BERT、GPT、GPT-2等。

聊天机器人也是自然语言处理主流任务之一，机器自动学习与人类对话，对于人类的简单诉求提供自动回复。常应用在咨询系统、娱乐系统、智能家居等中。

1.3　深度学习开发框架

神经网络一般包括训练、测试两大阶段，训

练就是把训练数据和神经网络模型（AlexNet、RNN等神经网络训练框架Caffe等）用CPU或GPU提炼出模型参数的过程。测试就是把测试数据用训练好的模型（神经网络模型+模型参数）运行后对比结果。而caffe，keras，tensorflow等深度学习框架就是把训练过程所涉及的环节数据进行统一抽象，形成可供使用框架。算法框架的出现降低了深度学习入门的门槛，可以依据需要，使用已有的算法模型，通过训练得到算法模型的参数；也可以在已有的算法模型基础上增加layer、选择需要的分类器和优化算法。深度学习框架提供了一系列的深度学习算法模型的组件，为算法模型的研究提供了底层技术支撑。各种开源深度学习框架也层出不穷，其中包括TensorFlow、Caffe、Keras、CNTK、PyTorch等等。

1. Caffe

Caffe是一个清晰而高效的深度学习框架，也是一个被广泛使用的开源深度学习框架。主要优势为：上手容易，网络结构都是以配置文件形式定义，不需要用代码设计网络。训练速度快，组件模块化，可以方便的扩展到新的模型和学习任务上。但是Caffe开始设计时的目标只针对于图像，没有考虑文本、语音或者时间序列的数据，Caffe对卷积神经网络的支持非常好，但是对于时间序列RNN，LSTM等支持的不是够友好。Caffe是一个清晰而高效的深度学习框架，也是一个被广泛使用的开源深度学习框架，

2. Tensorflow

TensorFlow是相对高阶的机器学习库，可以方便地用它设计神经网络结构，而不必为了实现高效率而亲自写C++或CUDA代码。它支持自动求导，不需要再通过反向传播求解梯度。其核心代码和Caffe一样是用C++编写的。用户可以在一个硬件配置较好的机器中用Python进行实验，并在资源比较紧张的嵌入式环境或需要低延迟的环境中用C++部署模型。

总的来说，TensorFlow就是为了快而设计的，TensorFlow能够在较少的代码中构建模型。然后应用这个模型，进行扩展做出产品。因此，我们能够在几十甚至几百个机器的集群上进行训练。从而用该模型实现非常低延迟的预测。

2　石油工程应用方式

基于深度学习的智能视频分析技术，主要是对现场安全视频监控视频数据的图形化处理、进行目标分类和目标检测等的智能识别算法的模型的构建、训练和应用。

在石油工程钻井作业现场的生产环境，选取安全帽和工衣穿戴、人员倒地、危险区域停留等场景开展智能视频技术的研究。

2.1　算法模型构建和训练

1. 安全帽和工衣穿戴算法构成

由于目标检测算法中one-stage的YOLO V3由于借鉴了残差网络结构，形成更深的网络层次，并使用了多尺度检测的方法，在mAP及小物体的检测效果上都比其他上文所提及的检测算法有着更大的优势，计划采用YOLO V3为检测算法方案。ResNet也最后使用了全局均值池化层。利用残差模块，可以训练152层的残差网络。其准确度比VGG和GoogLeNet要高，计算效率也比VGG高，计划采用ResNet50作为主要分类算法。

安全帽、工衣方案算法构成如图7所示：

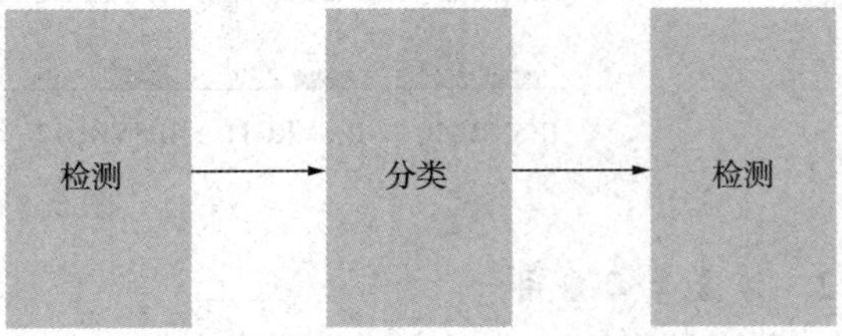

图7　安全帽工衣检测方案构成

首先使用YOLO v3检测并定位出人体，并将该检测框中的内容截出，作为分类算法的输入。我们将工衣、安全帽作为人体的特殊属性，使用分类算法推演得到人体上存在这两类属性的概率值。同时，我们会在截出的内容上再做一次检测，本次检测的目标是安全帽。二次检测的目的是为了尽量提升目标检测算法在小目标物检测上的效果。

工衣具有显著的颜色信息，因此可以直接将分类算法的结果视为工衣检测的结果。但由于安全帽检测属于典型的小目标物检测，为了进一步提升效果，我们会综合分类算法和二次检测两个模型的结果，并将结果加权求和，得到最后的安全帽检测结果。

2. 人员倒地和危险区域停留算法构成

使用YOLO作为人体关键点检测的主要算法。因此与安全帽检测、人体检测这两类任务稍有区别的地方仅在于训练数据的标注。模型结构

方面不需要做额外的改动。

如图8所示，一个人的关键点共有14个，分别为头(1个)、肩(2个)、手臂(4个)、胯(3个)、腿(4个)，并且存在着严格的拓扑关系。因此对于检测算法来说，只需要将这14个点类别于坐标检测出来即可，后续跌倒和站立的判断可以通过这14个点在垂直方向上(y轴)的距离进行判断。

图8　标注样例

危险区域停留识别本质上是目标检测应用场景中特异化的一种，但是这类应用存在着检测目标不明确的问题，同时二维图像中可能存在目标于禁区重叠的情况。

我们将人视为禁区中的目标，因此禁区检测这一应用在此方案中可以被抽象为图像特定区域中的目标检测。借鉴自顶向下的设计思路，我们通过检测人体，并定位双脚，从而判断此人是否处在禁区中。

对于跌倒检测和危险区域停留检测来说，这两个应用的方案逻辑是一致的，都是经过两个检测算法后再根据目标物坐标做逻辑判断(图9)。

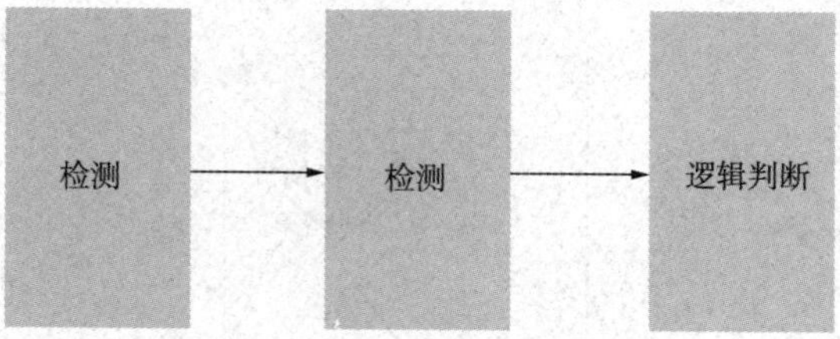

图9　跌倒检测、禁区检测方案构成

2.2　智能识别应用部署方式

基于深度学习的视频智能识别技术要充分利用现有的井场安全视频监控系统，设计合理的部署方案可以有效提高智能识别模型的工作效率。设计边缘计算与集中计算两种部署方式。

1. 边缘计算智能识别方案

在作业现场部署适当GPU计算能力的边缘计算服务器结合前期开发的违章作业智能识别算法模型对作业现场10路左右的安全视频监控数据进行实时智能分析检测违章作业。同时将违章作业前后的数据和违章描述信息保存到本地服务器(图10)。

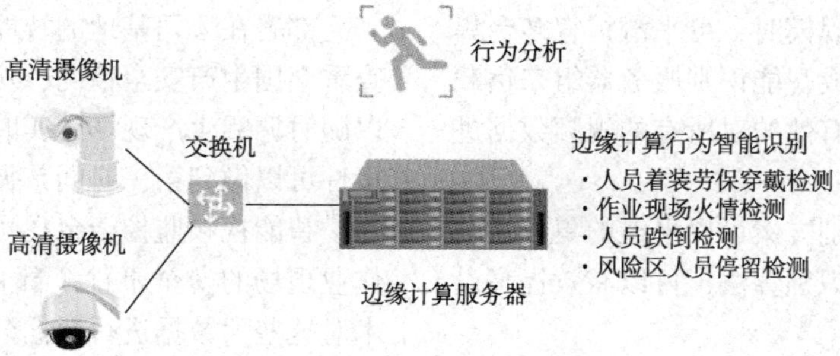

图10　边缘计算智能识别方案

边缘计算智能识别方案的特点：

(1) 边缘计算智能识别设备可同时对多路监控数据进行多中违章行为的智能识别，并可对监控历史数据进行违章作业智能识别。

(2) 边缘计算智能识别设备可以平滑的集成后期开发的新的违章行为识别算法，可以有效提高设备的使用效率。

(3) 只发送违章作业信息的网络传输方式，对互联网络的要求不高，可以充分将作业现场的安全视频监控系统应用到了公司安全生产管理中。

(4) 边缘计算智能设备在发现违章作业后可实时通过现场报警设备发处“在哪里发生了什么违章行为”的语音报警信息。

边缘计算智能识别方案适用的使用场景：

(1) 所有具有安全视频监控系统的钻井作业

现场。

(2) 网络条件差的作业现场，只传输智能识别结果。

(3) 无网络条件的作业现场，由安全管理人员拷贝智能识别结果。

2. 集中计算智能识别方案设计

在生产过程中需要将重点井、风险井等进行安全视频监控的远程传输到公司安全视频监控平台，对于这些安全视频监控数据可用 GPU 算力较强的服务器进行集中的违章作业智能识别，同时将违章作业前后的数据和违章描述信息保存到本地服务器并推送公司违章作业智能识别平台中，与违章作业智能识别系统报警模块联动，向作业现在发出语音报警信息(图 11)。

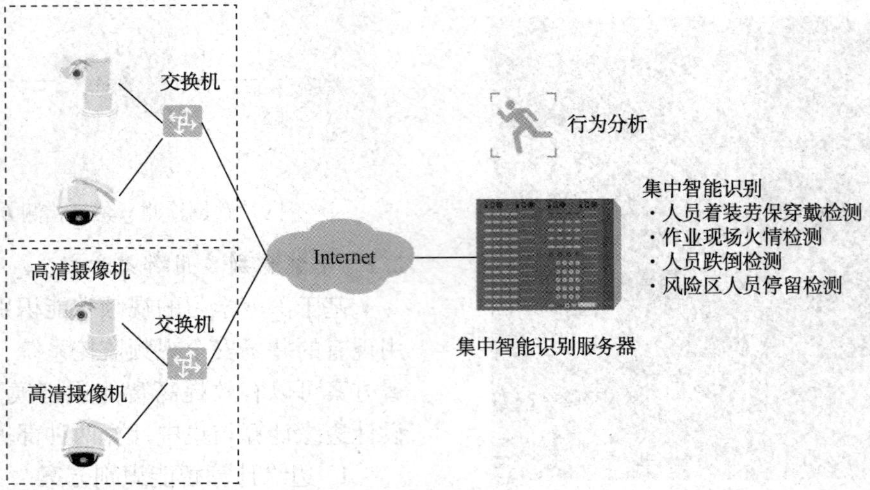

图 11　集中计算智能识别方案

集中智能识别方案的特点：

(1) 集中智能识别方案可同时对多个作业现场传输回来的监控数据进行多种违章行为的智能识别，并可对监控历史数据进行违章作业智能识别。

(2) 在集中智能识别服务器的计算能力满足不了现有的视频数据规模时，可平滑扩容多台集中智能识别服务器组成智能识别服务器组来负载均衡视频数据，从而有效的对所有的视频数据进行智能识别。

(3) 集中智能识别方案可以平滑的集成后期开发的新的违章行为识别算法，可以有效提高设备的使用效率。

(4) 集中智能识别方案在发现违章作业后可向作业现场返回报警信息与现场的报警模块联动，由现场报警模块发生出在哪里发生了什么违章行为的报警信息。

集中智能识别方案适用的使用场景：

集中智能识别方案适用的使用场景为公司基地对网络传输的多个作业现场的多路视频数据集中智能识别。

2.3　智能视频监控平台

智能视频监控平台用于综合管理各类边缘计算设备，集中计算设备，设备运行情况进行 24h 自动监控，运维事件、安全事件消息推送，存储记录各类违章作业行为，为用户提供视频监控浏览和违章作业记录浏览查询功能，统计分析各类违章作业行为并生成相应报表，推送违章记录至相关人员及生产管理信息系统。

部署在公司基地的智能视频监控平台可全局查看全国生产安全情况，对区域重点监控井场可以随时调阅生产现场的实时视频，应对突发安全事件可以做到第一时间掌握现场情况。

智能视频监控云台还可对大量的全国各施工作业现场的安全事件全部自动汇总后利用 BI 技术对这些大数据进行数据分析和挖掘，最终可以做到安全事件溯源分析。

3　结语

基于深度学习的视频智能识别技术在石油工程领域的应用，自动识别发现安全隐患和违章作业行为并实时对作业现场发出语音报警信息，及时制止违章作业行为，可极大地减少安全事故发生的概率，为建立安全事故快速反应机制提供技术手段，从而整体提高石油工程领域的安全生产水平，具有很大的经济效益和社会效益。

页岩气储层呼吸效应的识别与处置

辛晓霖　国洪云　杨光伟　王　建

（中国石油集团长城钻探工程有限公司）

摘　要　页岩气钻井中经常发生因地层呼吸效应引发钻井液外溢的现象，其发展初期特点与溢流极其相似，极易与溢流相混淆。井控工作是钻井工程的重点工作。当井口出现外溢时，从表面现象上很难判断是地层回吐还是真正出现溢流，一旦将溢流错误当做地层呼吸回吐，就会带来极大的井控风险。本文讲述了呼吸效应的机理及危害，对比分析了呼吸效应与溢流的区别，并针对地层呼吸效应的识别做好井控工作，建立了钻井液外溢的诊断识别与处置程序，准确识别呼吸效应，防控井控风险，提高钻井液外溢的处置效率，实现优快钻井。

关键词　页岩气；呼吸效应；地层回吐；溢流；井控风险。

1　引言

地层呼吸效应是指在正常钻井过程中，井筒压力超过地层破裂压力造成钻井液漏失进入地层，停止循环后，漏失的钻井液重新回流进入井筒，在井口观察到钻井液外溢和泥浆池体积增加的现象。

最近发生在西南地区的某井使用密度 1.85g/cm^{3}油基钻井液，Φ215.9mm 钻头四开控压钻进过程发生井漏，立即停止钻进，降排量循环未漏，总池体积上涨 4m^3。现场判断为循环压耗降低导致地层回吐前期漏失的 3.7m^{3}钻井液，将溢流现象错误判断为呼吸回吐，要求继续循环观察。最终池体积上涨 19m^{3}后关井，套压 17.54MPa，池体积增量 22.6m^3，后经工程师法压平。该次井控事件溢流量及井控风险巨大、影响极其恶劣、教训极其深刻。

目前，石油行业对地层呼吸效应的研究较少，现场的工程技术人员对呼吸效应的认识有限，极易将溢流现象和呼吸效应相混淆，错误地判断现场实际情况，进而制定错误技术措施，增加非生产时间和事故复杂处理难度，影响钻井安全生产。为确保高效安全的进行钻井作业，需要正确甄别判断地层呼吸效应回吐与真正的溢流，因此全面深入的研究识别地层呼吸效应并制定出正确处置技术措施，具有非常重要的现实指导意义。

2　地层呼吸效应的机理及危害

2.1　呼吸效应的机理

对地层呼吸效应机理的研究可分为四个阶段：湿页岩的塑性变形；钻井液的压力-密度-温度特性；热效应；开停泵的压力波动导致的地层天然、诱导裂缝的开启和闭合，后者被业界广泛认为是引发地层呼吸效应的主要机理。

页岩气储层天然微断层和裂缝等地质构造作用形成弱面结构导致裂缝、层理发育，承压能力弱于正常地层，易引发微井漏。在正常钻井过程中，因环空密度大、循环压耗大等因素，使得当量循环钻井液密度（Equivalent Circulating Density，简称 ECD）接近或超过地层裂缝的开启压力，钻井液进入井筒附近地层而产生少量漏失现象；在停止循环 ECD 降低时，地应力迫使裂缝闭合，之前漏失于裂缝中的钻井液被挤出、回吐进井筒而产生一定钻井液增量，与溢流的现象类似，如图 1 所示。这样只要存在稳定的裂缝，每次循环时都会漏失一定量的钻井液，而当停泵时漏失的泥浆又返回井筒造成井口钻井液外溢。

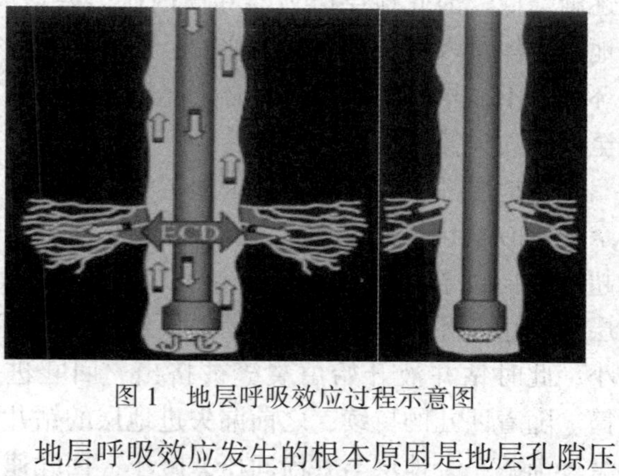

图 1　地层呼吸效应过程示意图

地层呼吸效应发生的根本原因是地层孔隙压力和破裂压力间的密度窗口窄，井内压力变化达到或超过地层压力窗口，导致正常钻进或循环时发生漏失，停泵后钻井液回吐进井筒形同溢流。因裂缝存储空间及地层与井筒的压差较小，所以漏失和回吐量也较少，且几乎相等。在不同的ECD作用下，地层诱导形成的微裂缝或原生微裂缝的开启与关闭能较好地解释这一现象背后的机理。

2.2 呼吸效应的危害

在页岩气钻井过程中遇到这种现象时，若被错误判断为地层流体侵入井筒造成的溢流、井涌现象，就会采取控压循环、提高钻井液密度的措施，从而增大井底压力，使更多的裂缝张开并吞入更多钻井液；停泵时回吐量也更大，使地层呼吸效应加剧甚至引发井筒的恶性漏失，导致钻井事故复杂。若被错误判断为地层呼吸效应，继续正常钻进而不进行关井压井处理，极易错过溢流关井的最佳时机，导致井喷甚至井控失控等险情的发生，危及人民群众的生命安全。

3 地层呼吸效应与溢流对比

从现场实际情况看，呼吸效应回吐和溢流初期的现象非常相似，均表现为停泵时井口钻井液自动外溢，但呼吸效应的外溢会逐渐减小至停止，而溢流则会越来越严重。下面从地层呼吸效应与溢流的发展过程、关井套立压、井筒压力变化等方面进行对比分析。

3.1 发展过程对比

就溢流发展过程而言，因钻遇异常高压地层、设计钻井液密度偏低等特殊情况，使得液柱压力无法平衡地层压力，导致地层流体侵入井筒。随着地层流体的持续侵入，井筒内钻井液与地层流体混合后密度逐渐降低，井筒液柱压力也逐渐降低，因此地层压力与井筒内压力差增大，地层流体侵入量和侵入速度增加，形成了恶性循环。若不在早期加以控制，必定会恶化为井喷甚至是井喷失控事故。

就地层呼吸效应而言，因地层安全密度窗口窄，ECD会因循环压耗、压力激动等达到或略超过地层破裂压力，使部分钻井液漏失进入地层。停止循环后，循环压耗消失导致井底压力减小，此时钻井液开始由裂缝被挤出、回吐进井筒。随着回吐的持续，之前漏失进地层的钻井液量逐渐减小，地层与井筒间压差减小，回吐速度逐渐减小，至之前漏失的钻井液全部回吐到井筒中后，回吐停止。

对比呼吸效应与溢流的发展过程可以发现，两种情况下钻井液外溢速度、外溢量与时间关系都是有规律可循的。溢流导致的钻井液外溢是流量逐渐增大的，其发展趋势是井涌、井喷、井喷失控，而地层呼吸效应导致的钻井液外溢是溢流量逐渐减小的，最终停止外溢。因此，呼吸效应和溢流导致的钻井液外溢速度及外溢量的发展过程趋势如图2所示。外溢速度越来越快，外溢量持续增多则为溢流；外溢速度逐渐减小，外溢量趋于恒定则为地层呼吸回吐。

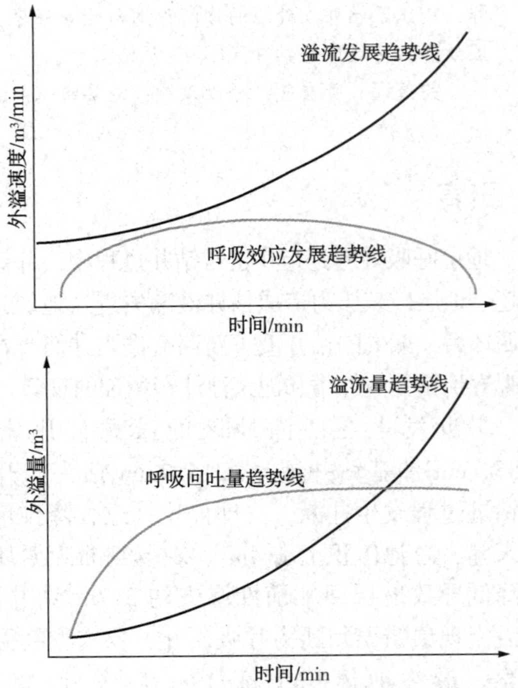

图2　呼吸效应和溢流的外溢速度及外溢量随时间变化关系示意图

3.2 井筒压力变化对比

存在呼吸效应的地层，由钻进循环状态进入停泵状态后，ECD的降低过程是一个缓慢、逐渐变化的过程，而不是典型接单根时的快速、立即下降。井筒压力的缓慢下降是因为钻井液从裂缝中流回入井筒，延缓了正常情况下井筒压力的快速下降。当再次开泵时，ECD开始逐渐增加，已闭合的裂缝再次开启吸入一定量钻井液，延缓了开泵压力的快速上升。由此可知，在地层没有发生呼吸效应的情况下，接单根作业过程的压力分布近似四边形，而地层存在呼吸效应的情况下，井筒压力的分布则呈现出近似不规则的圆形，这将很容易就能识别出是否发生地层呼吸效应，如图3所示。

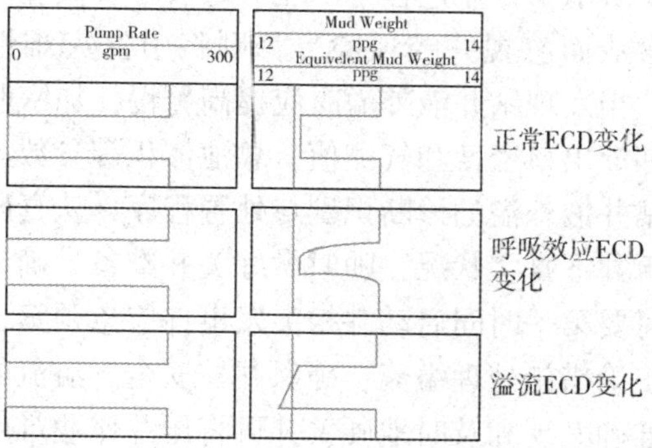

图3　停泵后，正常、呼吸效应、溢流三种情况下ECD变化示意图

3.3　井筒内流体情况对比

井筒内流体的变化主要是流体的性质、密度等。溢流是地层流体侵入井筒导致环空钻井液密度降低，井筒压力低于地层压力，地层流体持续侵入井筒流体导致的钻井液外溢。而呼吸效应中回吐的是之前漏失进地层中的钻井液，回吐前后钻井液密度及性能是保持不变的。两者初期在井口的表现形式均为井筒内原始钻井液外溢，难以有效区分井下状况。呼吸效应回吐完成时，井筒压力达到平衡，回吐的钻井液量小于或等于之前的漏失量，而溢流时井筒内的压力失稳越来越严重，外溢的钻井液量要大于漏失量，甚至全井筒喷空。

3.4　关井套立压对比

由呼吸效应和溢流的发生过程可知，两者最本质的区别是呼吸效应的整个过程中没有地层流体的参与，而溢流发生的根本原因是地层流体的侵入。

在钻井液停止循环过程中，钻柱内、环空中以及地层这三处压力的关系满足式(1)。

$$P_{sp}+P_{hi}=P_{p}=P_{sa}+P_{ha} \tag{1}$$

式中，P_{sp}为关井立管压力，MPa；P_{hi}为钻柱内静液柱压力，MPa；P_{p}为地层压力，MPa；P_{sa}为关井套管压力，MPa；P_{ha}为环空内气液混合静液柱压力，MPa。

由式(1)可知，如果是地层呼吸效应，则回吐进井筒的是原钻井液，则P_{hi}和P_{ha}必然相等，因此P_{sp}和P_{sa}也相等。如果是溢流，则地层流体与环空中钻井液混合，此时P_{ha}减小，对应的P_{sa}增大。

综合以上分析可知，呼吸效应与溢流的区别具体见表1。

表1　溢流与呼吸效应的参数区别对照表

表征参数	溢流	呼吸效应
钻井液密度	减小	不变
外溢速度	逐渐增大	逐渐减小至停止
外溢量	持续增多	逐渐增多至恒定
关井套立压	关井立压不等于关井套压	关井立压等于关井套压
机械钻速	加快	无变化

4　呼吸效应的识别与井控风险的防控

4.1　地层呼吸效应的识别

为有效识别地层呼吸效应，首先准确记录套管内停泵时的回流量，将该值作为因设备原因而客观存在的回流量基值。钻进过程中，每次停泵前，记录钻井液的吸入和回吐量及回流时间，以此作为后续钻进期间停泵回流量的基值。通过比较钻井液的开泵漏失量和停泵回流量，判断钻进地层是否发生呼吸效应。

当地层发生呼吸效应时，记录此时的停泵回吐量，作为判断溢流与呼吸效应的关键参数，为异常情况的判断提供参考；同时根据井控细则要求“溢流应在2m^{3}以内发现”的要求，取回吐量和允许溢流体积的最小值作为钻井液外溢的阈限值ΔV_0。若停泵后外溢量≤ΔV_0，则认为地层存在呼吸作用，若停泵后钻井液外溢量>ΔV_0，则认为地层流体侵入井筒发生溢流。此外，当钻井液性能、钻具组合、机泵条件发生变化时，应在未钻进新地层的条件下，重新测定不同排量下的回吐量阈限值ΔV_0，以保证该参数的准确可靠，避免误判导致钻井措施失效，造成更大的事故复杂。

在钻井过程中出现停泵钻井液外溢现象时，需要立即判断钻井液外溢是地层呼吸效应还是真正的溢流，若是呼吸作用可继续正常钻进，否则应立即关井处理。在正常钻进工况下无需考虑回流量，池体积的总量立即执行溢流关井程序。识别呼吸效应的主要方法是开泵时必定有漏失现象，停泵时池体积逐渐增加至漏失量并保持恒定。若关井检查，关井立压值与套压值大致相等，且不超过循环时环空压耗，放出部分泥浆后关井套压减小。若关井套立压不等，则认为发生溢流，立即关井检查。

4.2　井控风险的控制

正确区分呼吸效应和溢流引起的井口外溢现象，对安全快速钻进和防范井控风险至关重要。通常情况下，按照集团公司“发现溢流立即正确关井，疑似溢流立即关井检查”的要求，停泵时发现钻井液外溢应立即关井检查，通过控压节流将井底钻井液循环出井口，检查返出流体来判定是地层呼吸还是真正的井涌。根据返出钻井液返出量、持续时间、关井套立压等综合判断井筒内压力情况，按正确程序进行诊断识别与处置，如图4所示。作业过程中不能对地层呼吸效应习以为常从而忽视井控风险，否则将引发灾难性后果。当发现钻井液外溢时应提高警惕，加密监测钻井液出口密度和气测值、总池体积等参数，按照钻井液外溢的诊断识别与处置程序，认真研判分析井下真实状况，随时做好关井准备。确认溢流时要第一时间启动井控突发事件应急预案，采取正确措施处理溢流，确保井控安全。溢流的早期准确发现和及时地硬关井可将压井作业难度与风险降到最低。

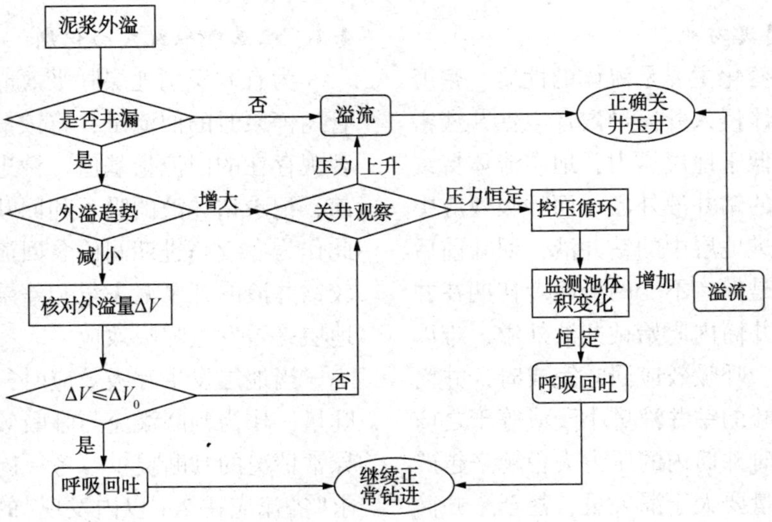

图4　钻井液外溢的诊断识别与处置程序

4.3　呼吸效应与溢流发生实例

宁X井三开钻进至3612.37m，实际水平段长度912.37m，龙马溪组，钻井液密度1.94g/cm^3，循环2.5h后短起至3573.64m时发生溢流，经3次压井后险情解除。本井自3244m开始发现漏失，钻井液密度1.94g/cm^3，钻进至3612m共漏失钻井液43.8m^3。原因分析：短起完第一个立柱后，钻井液总池体积上涨3.99m^3，此时坐岗工认为是停泵钻井液回吐。经7min坐卡瓦卸立柱后，总池体积再次上涨3.78m^{3}仍未断流，坐岗工才汇报溢流实施关井程序，如图5所示。因所钻地层龙马溪组钻井液密度窗口窄，开泵漏失，停泵返吐；钻井队把溢流错误判断为钻井液回吐，导致溢流量大，关井套压高，处理难度大。

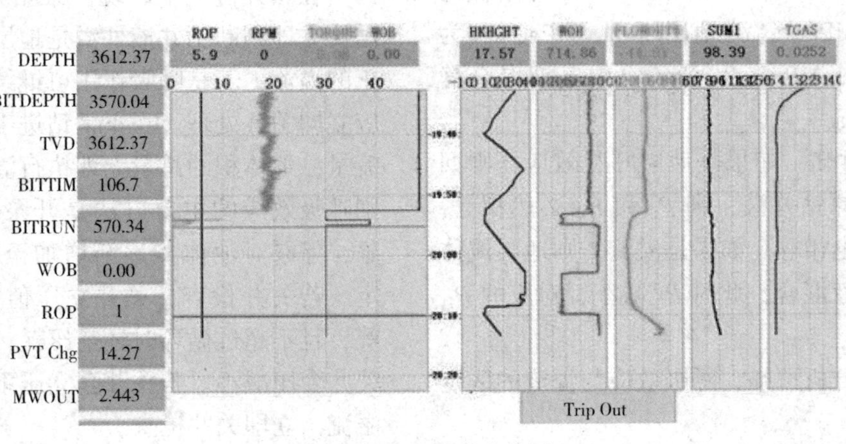

图5　起钻溢流关井曲线图

井队人员井控安全意识淡薄，没有意识到溢流误当作钻井液返吐会导致的严重后果。在钻井过程中未确定正常钻进期间的停泵回吐量阈限值及持续时间，导致在发生钻井液外溢后没有参考值，仅靠人为经验造成误判，引发重大井控险情。若按照钻井液外溢的诊断识别与处置程序，在发现钻井液外溢量超过阈限值 ΔV_0，立即关井再检查确定钻井液外溢事件具体类型，采取相应措施进行处理，则事故风险将得到较大化解。

5 结论

（1）呼吸效应的机理是开停泵的压力波动导致的地层天然、诱导裂缝的开启和闭合。页岩气储层微裂缝发育，密度窗口窄，易发生地层呼吸效应。

（2）正常停泵过程的压力分布近似四边形，而地层存在呼吸效应时的井筒压力的分布则呈现出近似不规则的圆形，但目前实现困难。

（3）地层呼吸效应导致的钻井液外溢速率逐渐减小，外溢量趋于恒定，结果趋于缓和；溢流引发的外溢速率与外溢量均逐渐增大，结果愈演愈烈。

（4）持续记录停泵回流量数据作为异常情况的参考值，设定停泵外溢量阈限值机制，疑似溢流立即关井检查，确定外溢事件类型，采取相应措施正确处置。

（5）建立钻井液外溢诊断识别与处置程序，以井漏、外溢速率、外溢量、关井压力、池体积等关键参数进行区分，做好溢流早发现早处理工作。

参考文献

[1] Ozdemirtas M, Babadagli T, and Kuru E. Numerical Modelling of Borehole Ballooning/ Breathing-Effect of Fracture Roughness[C]. Canadian International Petroleum Conference, Calgary, Alberta, June 2007.

[2] 骆奎栋. 深水钻井地层呼吸效应实验及安全密度窗口分析[D]. 中国石油大学(北京), 2020.

[3] 王岳. 应力敏感裂缝性地层漏失规律[J]. 新疆石油地质, 2015, 36(4): 450-453.

[4] 郭艳利，孙宝江，高永海，等. 碳酸盐岩储集层钻井井涌特征及井涌风险评价[J]. 石油勘探与开发, 2017, 44(3): 431-438.

[5] 李成. 深水钻井地层呼吸效应的机理及识别研究[D]. 中国石油大学(华东), 2017.

[6] 李成，吴谦，苑晓荣. 基于事件树的深水钻井呼吸效应识别研究[J]. 石油工业技术监督, 2016, 32(7): 60-62.

控压固井技术在马探1井的应用

汪良波

(中国石油集团长城钻探工程有限公司钻井技术服务公司)

摘　要　马探1井是集团公司重点探井，设计井深5980m，实际井深5877m，四开采用149.2mm井眼悬挂5in尾管固井；钻井施工钻井液密度1.52g/cm^3，地层压力系数1.60，地层漏失压力系数1.80，停泵溢流或气侵，大排量循环存在漏失，是一个典型的窄密度窗口问题。本井应用控压固井技术，利用地面回压、循环压耗、钻井液密度等多种方式调整井底压力，使得在下套管，固井过程中井底压力保持在地层压力和漏失压力之间，解决因窄密度窗口造成的固井过程中漏失和气侵问题，提高固井成功率。

关键词　窄密度窗口；控压固井；带压下套管；窄环空间隙

1　马探1井概况

1.1　基本情况

马探1井属于辽河坳陷西部清水洼陷北侧马南1块，设计井深5980m，实际井深5877m，钻探目的层是沙三层位，钻探目的是探索清水洼陷深层资源潜力，实现规模高度成熟天然气的突破，开拓新的勘探领域。该井为辽河油田第一深井，油藏埋藏深度深，地质情况不清楚，钻井过程中存在异常压力地层，井控风险较大。本井在设计初期，采用控压钻井技术提高解决钻井过程突发的压力异常问题，提高井控安全。

1.2　井身结构

井身结构数据见表1。

表1　井深结构数据表

序号	井眼尺寸/mm	井段/m	套管尺寸/mm	套管下深/m	水泥返深/m
1	660.4	58	508.00	57.33	地面
2	444.5	1500	339.7	1497.41	地面
3	311.1	3900	139.7	3895.01	地面
4	215.9	5400	177.8	5399.65	地面
5	149.2	5877	127	5857	地面

2　施工难点

2.1　钻进过程中存在漏失情况

在钻进至井深5716m、5791m、5823.93m和5844.6m时，钻井液密度1.53~1.55g/cm^3，均发生渗漏，通过降低排量4.5~6.7L/s后稳住漏失，并随后加入随钻堵漏剂，将排量提高至9~10L/s的钻井排量。

2.2　停泵后效全烃值较高

停泵后全烃值统计见表2。

表2　后效统计表

井段/m	钻进时烃值情况	起钻前测后效全烃值
5400~5440	≤3.8%	从起值到高峰13min，最高全烃值28%，油气上窜速度0.42m/min(峰值持续4min)
5440~5603	≤2%	从起值到高峰13min，最高全烃值100%，油气上窜速度1.53m/min(峰值持续5min)
5603~5806	≤1%	从起值到高峰55min，最高全烃值94%，油气上窜速度0.24m/min(峰值持续14min)
5806~5872	≤1%	从起值到高峰19min，最高全烃值100%，油气上窜速度1.16m/min(峰值持续3min)
5877		从起值到高峰30min，最高全烃值13.8%，油气上窜速度2.79m/min(峰值持续6min)
		从起值到高峰39min，最高全烃值65.8%，油气上窜速度0.11m/min(峰值持续28min)

2.3 环空间隙较窄

从实测井径数据可知，最小井径井位147.19mm，最大井径为157mm，平均井径为157.3mm从甲方处库存套管了解可知，127mm尾管最大接箍尺寸为142mm，套管本体与环空间隙为12mm，套管接箍与环空间隙仅为4.5mm。因此下入尾管后，尾管与井壁见环空间隙很小(表3、表4)。

表3 井径数据表

井深(上端)/m	井深(下端)/m	井径/mm
5400	5425	156.26
5425	5450	147.65
5450	5475	136.12
5475	5500	148.11
5500	5525	147.19
5525	5550	150.04
5550	5575	149.02
5575	5600	146.79
5600	5625	148.97
5625	5650	150.60
5650	5675	152.22
5675	5700	154.05
5700	5725	151.21
5725	5750	154.84
5750	5775	152.30
5775	5877	156.79

表4 井径统计表

类别	平均井径/mm	平均井眼扩大率/%	段长/m
裸眼段	151.3	1.4	477.00

2.4 实钻预测地层压力窗口情况

1. 实测地层压力

本井在5872m进行了关井地层压力测试，实测数据如图1所示。

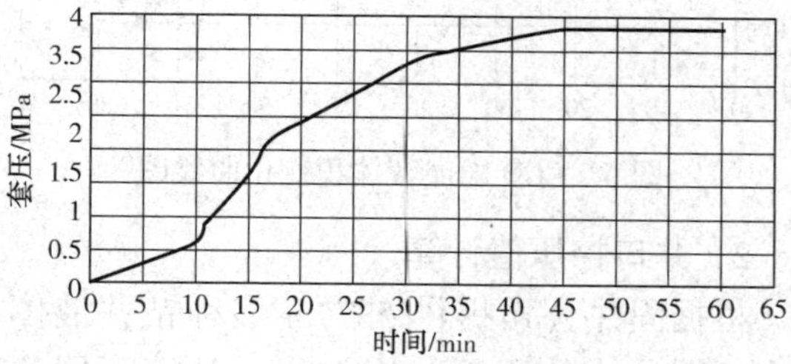

图1 关井压力及曲线图

井深5872m，泥浆密度1.54g/cm³，钻进排量9.01L/s，立管压力18MPa，计算井底ECD为1.745g/cm³，关井进行压力测试，关井60min，测得套压为3.8MPa，地层压力为93.0MPa，地层压力系数1.60。

2. 动态承压试验

在井深5877m，钻头位置5295m，密度1.54g/cm³，排量0.64L/s(48冲)情况下，用控压钻井设备做地层动态承压试验，井口控压缓慢逐步升至6MPa后，池体积开始下降，计算井底ECD为1.80，即漏失压力系数1.80。具体数据如图2、图3所示。

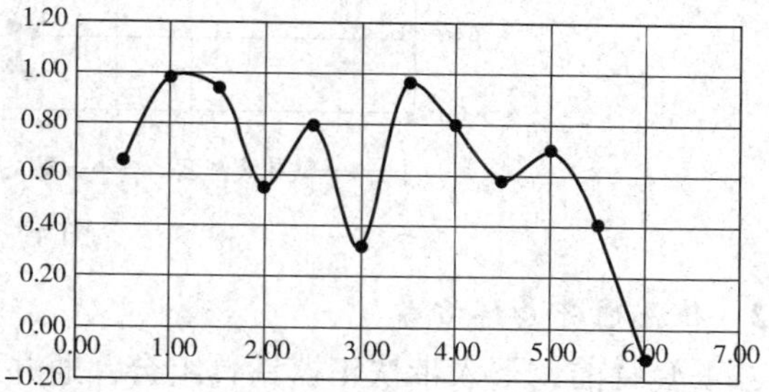

图2 套压与池体积变化量关系图

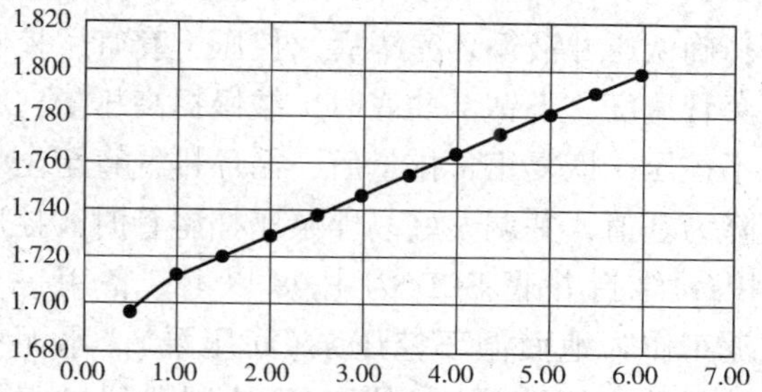

图3 套压与井底ECD对应图

3. 模拟计算井底压力ECD

根据实际钻进过程中出现漏失的井深以及当时的各项参数，利用水力参数计算软件结果，计算井底ECD的变化情况，如图4所示。

从以上三种情况可以看出，在钻进过程中，停泵气侵，钻进时发生漏失，特别是5700m之后井段，是典型的窄密度窗口施工难题。固井时，采用高密度水泥浆体系，再加上149.2mm的井眼中下入127mm(5in)尾管，环空间隙小，循环压耗更高，更加易发生漏失。

3 马探1井控压固井方案

3.1 施工目的

整个固井过程中保持井底压力平衡，维持井底压力大于地层压力，小于漏失压力。既不发生气侵，也不发生漏失，提高固井成功率。

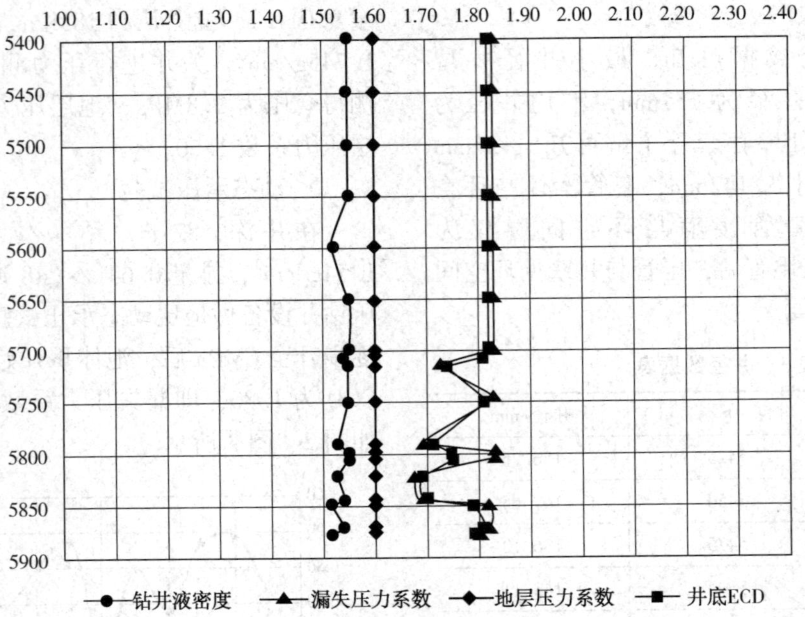

图 4　地层压力曲线图

3.2　控压固井总体方案

下套管前，下入带扶正器钻具组合，通井两次，确保井眼畅通。

下完井管串至压井液下部过程中，分段循环，确认压井液循环完毕后，控压下套管，控制下套管速度，下钻至井底时，缓慢提高排量，井口不控压，恢复正常排量后，循环排气直至全烃值降为基值，并调整好。停泵座挂尾管时，控压7MPa，维持井底 ECD 为 1.68 以上。备用一台水泥车作为地面循环控压泵(回压泵)。水泥车开始顶替水泥浆时，根据套压控制曲线进行控压，停泵投塞时，控压不超过 7MPa。顶替水泥碰压停泵后，井口控压 7MPa，通过备用水泥车提供排量；上提中心管后，开泵循环，井口不控压。整个控压过程中井口套压不超过 8.75MPa(图 5)。

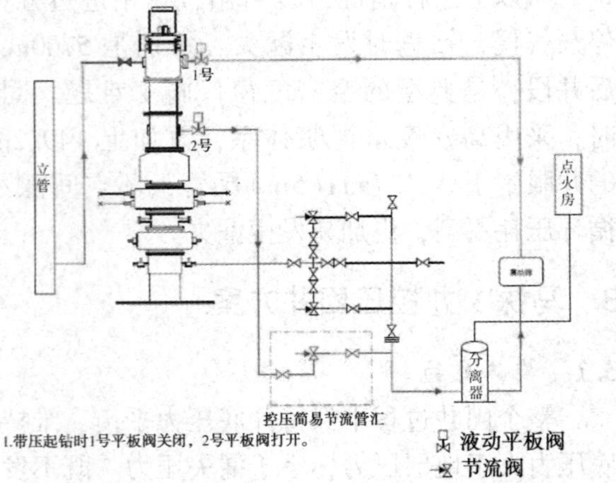

图 5　控压固井流程图

1. 完井管串组合

入井管串结构：旋转引鞋+套管 1 根+浮箍+短套 1 根+浮箍+套管 1 根+浮箍+套管 1 根+碰压座+套管串+悬挂器+101.6mm 钻杆。

2. 水力参数计算

考虑到固井时，维持井底压力平衡减少气侵的风险，同时根据动态承压试验的结果，维持井底压力 ECD 在 1.68~1.75，可以满足固井井控安全和固井成功。因此结合固井水力参数计算和施工工序，分别计算固井过程中动态 ECD 和井口套压值。

1）固井水泥浆参数计算

固井过程中动态 ECD 随注替体积变化曲线如图 6 所示。

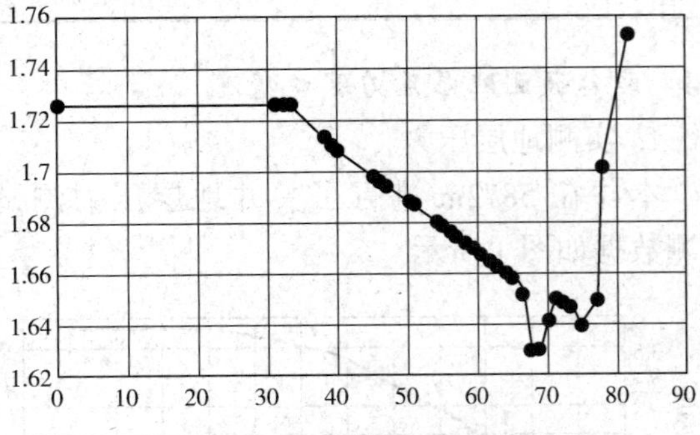

图 6　ECD 随注替体积变化曲线图

2）井口控压值计算

根据固井公司提供 5877m 多种钻井液体系下在不同注入体积下井底 ECD，计算不同注入体积下井口控压值范围为 2.9~6.9MPa，具体数据见表 5。

表5　井口压力计算表

顶替体积/m^3	计算ECD/(g/cm^3)	目标ECD/(g/cm^3)	井口最小控压值/MPa	井口最大控压值/MPa	固井流程
0	1.726	1.68	0.0	1.4	0.4m^3/min排量注稀泥浆
31.018	1.726	1.68	0.0	1.4	
31.098	1.726	1.68	0.0	1.4	0.4m^3/min排量注冲洗液
32.098	1.726	1.68	0.0	1.4	
33.087	1.726	1.68	0.0	1.4	0.4m^3/min排量加重隔离液
38.03	1.713	1.68	0.0	2.1	
39.018	1.71	1.68	0.0	2.3	
39.65	1.708	1.68	0.0	2.4	0.4m^3/min排量注冲洗液
39.834	1.708	1.68	0.0	2.4	0.4m^3/min排量注水泥
45.031	1.698	1.68	0.0	3.0	
46.018	1.696	1.68	0.0	3.1	0.4m^3/min排量替压塞液
46.834	1.695	1.68	0.0	3.2	
47.018	1.695	1.68	0.0	3.2	0.4m^3/min排量替泥浆
50.234	1.688	1.68	0.0	3.6	
51.018	1.687	1.68	0.0	3.6	0.4m^3/min排量顶替缓凝药水
54.234	1.681	1.68	0.0	4.0	
55.018	1.679	1.68	0.1	4.1	0.4m^3/min排量顶替泥浆
55.098	1.679	1.68	0.1	4.1	
56.252	1.677	1.68	0.2	4.2	
57.405	1.675	1.68	0.3	4.3	
58.559	1.672	1.68	0.5	4.5	
59.713	1.67	1.68	0.6	4.6	
60.866	1.667	1.68	0.7	4.8	
62.02	1.665	1.68	0.9	4.9	
63.174	1.662	1.68	1.0	5.1	
64.328	1.66	1.68	1.2	5.2	
65.481	1.658	1.68	1.3	5.3	
66.635	1.652	1.68	1.6	5.7	
67.789	1.63	1.68	2.9	6.9	
68.942	1.63	1.68	2.9	6.9	
70.096	1.642	1.68	2.2	6.2	
71.25	1.65	1.68	1.7	5.8	
72.403	1.648	1.68	1.8	5.9	
73.557	1.647	1.68	1.9	5.9	
74.711	1.64	1.68	2.3	6.3	
75.864	1.649	1.68	1.8	5.8	
77.018	1.75	1.68	0.0	0.0	

续表

顶替体积/ m^3	计算 ECD/ (g/cm^3)	目标 ECD/ (g/cm^3)	井口最小控压值/ MPa	井口最大控压值/ MPa	固井流程
77.058	1.65	1.68	1.7	5.8	0.2m^3/min 排量顶替泥浆
77.947	1.702	1.68	0.0	2.8	
81.503	1.753	1.68	0.0	0.0	

4　控压固井施工过程

(1) 4 月 11 日至 4 月 16 日，常规下尾管至 5380m。

(2) 至 4 月 17 日，安装旋转总成，走地面循环控压 4MPa，下尾管至井底。

(3) 至 4 月 18 日，固井循环，控压固井，井口控压 0~2.9MPa。

(4) 至 4 月 19 日，固井侯凝，循环测后效，未见全烃。

(5) 至 5 月 3 日，固井测声幅合格，拆设备。

在实际固井施工过程中，为了实现精细压力控制，专门购置高精度压力表，分度为 0.1MPa。控压指挥人员与固井总指挥人员建立密切沟通机制，及时追踪注替量的变化和返出体积变化，按照给定井口压力值施工，整个施工压力曲线严格控制在计算范围。具体如图 7~图 9 所示。

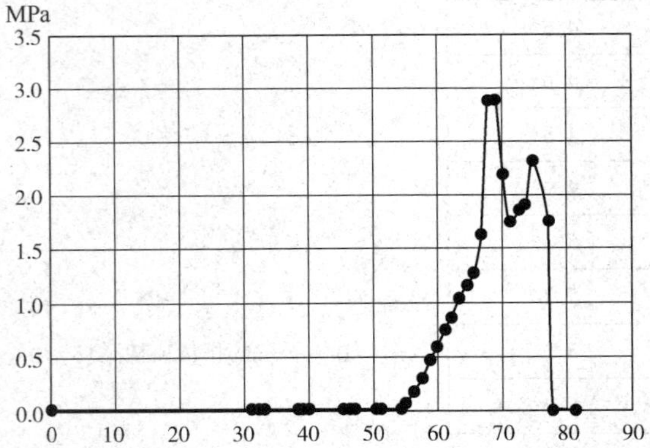

图 7　注替过程中井口压力实际控制曲线图

图 8　控压作业施工图

图 9　压力表

5　结论与认识

(1) 该井是辽河油田目前第一深井，也是第一口动态控压固井。驾 102 井使控压固井技术实现了从无到有的阶段，主要实现静态单点控压固井。马探 1 井实现了从静态到动态，从点到面的动态控压固井技术跨越。

(2) 判断准确的压力窗口，为控压固井成功提供保障。控压固井前，通过对控压钻井过程中的漏失点和关井压力点进行压力分析计算，并利用循环动态承压试验进行校核，准确的判断了压力窗口，为控压固井成功提供了保障。

(3) 控压固井可以有效解决窄密度窗口固井难题。密度窗口为 1.60~1.80，通过降低钻井液密度，优化水泥浆柱组合以及动态控制井口套压，将井底 ECD 控制在 1.68 附近，解决了固井过程可能出现的停泵气侵和大排量循环顶替时的漏失的窄密度窗口难题。

(4) 控压固井技术可以有效提高固井成功率。从固井测声幅结果来看，固井合格率为

84.48%，固井合格。

参 考 文 献

[1] 刘洋，陈敏，吴朗，等. 四川盆地窄密度窗口超深井控压固井工艺［J］. 钻井液与完井液，2020，37(02)：216-220.

[2] 张华，丁志伟，肖振华，等. 窄密度窗口及小间隙超深井尾管固井技术［J］. 钻井液与完井液，2018，35(4)：88-91.

[3] 郭继刚. 精细动态控压固井技术在顺南区块的应用［J］. 钻井液与完井液，2016，33(5)：76-79.

[4] 罗双平，杨哲，舒畅周焱. 精细控压固井在S T 7井的应用实践　石油工业技术监督，2020，36(11)：31-43.

[5] 胡锡辉，唐庚，李斌，等. 川西地区精细控压压力平衡法固井技术研究与应用[J]. 钻采工 艺，2019，42(2)：14-16.

乌兹别克斯坦气田连续油管气举作业井口安全风险分析及对策

张福杰　刘　磊　张永衡

（中国石油长城钻探工程有限公司测试公司）

摘　要　井口安全风险是连续油管气举作业安全风险的重要部分，乌兹别克斯坦气田因高压、高含硫化氢，一旦井口发生泄漏会产生较大的安全风险，如果预防措施不到位、现场处理方法不正确或不及时，会产生安全事故，严重的会造成井喷、设备损毁、人员伤亡等重大事故。本文结合乌兹别克斯坦气田连续油管气举作业经验，对连续油管气举作业井口安全风险进行分析，对井口安全风险防控技术措施、作业异常情况处理方法进行探讨，以供参考。

关键词　连续油管；气举；硫化氢；井口；风险；防控

乌兹别克斯坦天然气储量丰富，年产量约610亿m^3以上。产层岩性以灰岩为主，含少量页岩、石膏及泥质，地层温度100~125℃，地层压力22~64MPa，单井日产气量10~130万m^3，地层硫化氢含量从0.0004%到7.5%，二氧化碳含量0.02%~14%。目前多数区块属于开发中后期，地层压力系数较低，在酸化作业后需要氮气诱喷，或生产时井筒积液致使产量下降时需要氮气举升排液，目前年均连续油管气举作业量在20井次以上。因地层高含硫化氢、含泥质等原因，致使连续油管气举作业过程中出现连续油管腐蚀损伤严重、井口防喷盒密封能力降低造成含硫化氢天然气泄漏，以及连续油管在井口位置遇卡率上升等问题。以上问题对连续油管气举作业井口安全带来极大挑战，因此对连续油管气举作业井口安全风险进行分析，对防控措施及异常情况处理方法等进行探讨具有重要意义。

1　连续油管气举作业井口安全风险分析

连续油管气举作业井口安全风险高，主要体现在管子损伤严重、井口密封能力降低、井口遇卡率上升等方面。具体原因分析如下：

（1）气举诱喷时，井内的硫化氢、二氧化碳及携带上来的残余酸液与连续油管长时间接触，对管子造成腐蚀，致使管子外壁产生腐蚀凹坑或沟槽，通过防喷盒时容易造成密封不严，影响井口密封效果。如腐蚀严重时管子可能会出现漏点，起出井口后发生泄漏或折断。

（2）气举作业时地层返出泥质黏附在连续油管管壁，造成管子外径偏大，加剧防喷盒胶皮磨损，影响井口密封。

（3）管子通过注入头时管壁上的泥质黏附到夹持块上致使夹持块不能直接与连续油管接触，摩擦力降低，容易造成夹持力不足，从而出现溜管情况。同时夹持块上堆积泥质后，夹持空间减小，严重时会造成管子被夹扁（图1、图2）。

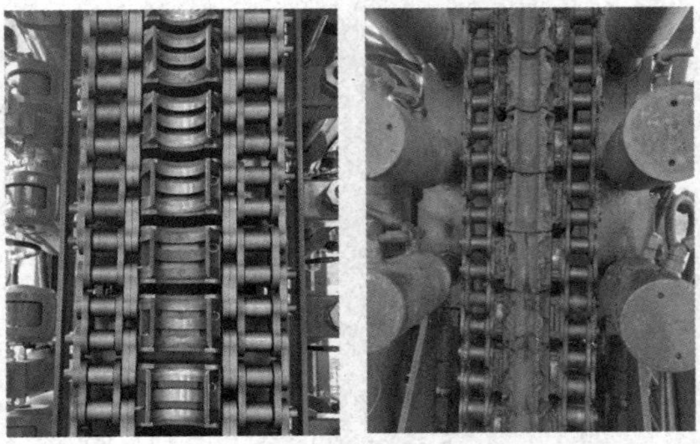

图1　干净的夹持块与堆积泥质的夹持块

图2　正常管子与被夹扁管子

(4) 管子通过防喷盒时管壁上的泥质有时会被刮下，在防喷盒、防喷器以及井口内形成堆积卡住连续油管。

2 井口安全风险防控技术措施

2.1 配套装备的优选

(1) 井口防喷装置：针对硫化氢含量较高的高压气井作业时，建议选用双防喷盒组合。这样井口密封多了一层屏障，在第一套防喷盒密封失效时可以立即启动第二套防喷盒，确保井口压力控制。同时针对井况，改进井控装置的维护保养计划，缩短井控装置内密封件更换周期，定期对井控装置本体进行探伤。

(2) 井口摄像头：在注入头上配套安装井口摄像头，控制室内可以实时监控防喷盒和注入头上夹持块清洁情况，及时发现防喷盒刺漏以及夹持块泥质堆积。如果夹持块上泥质堆积太多，可暂停起下管，安排操作人员及时清理夹持块(图3)。

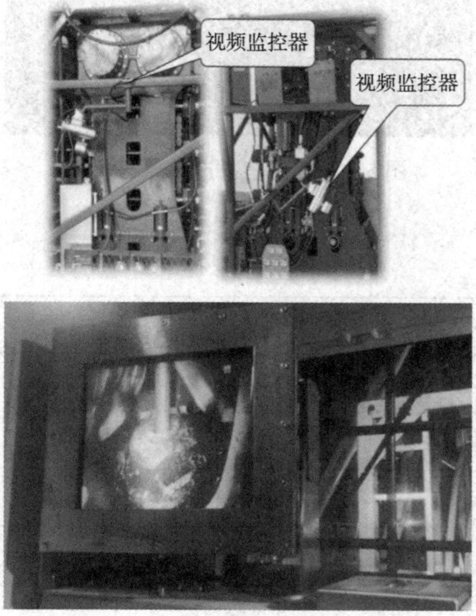

图3 井口摄像头实时监测

(3) 管子润滑设备：起下管过程中保持良好的管子润滑，下管时对即将进入注入头和防喷盒的管子进行润滑，将管子表面的泥质湿润软化，有利于刮泥环以及防喷盒提前将泥质刮除，减少对防喷盒胶皮的磨损。

(4) 油管探伤仪：实时或定期使用探伤仪检测连续油管情况，实时掌握管子的使用状态，提前观察出缺陷，预判由缺陷造成的各种风险，避免作业时出现刺漏或断裂(图4)。

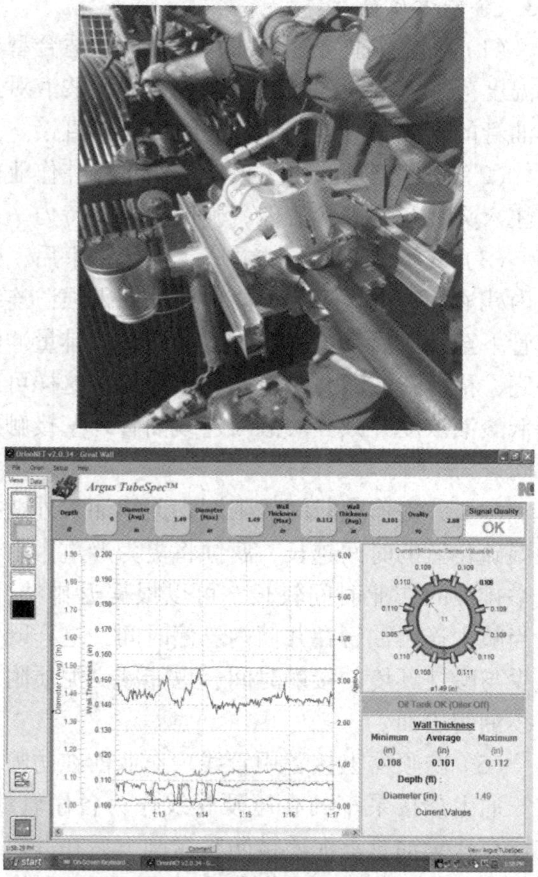

图4 滚筒上安装连续油管探伤仪及探伤仪工作界面

2.2 管子的选择

H_2S 和 CO_2 溶解在地层水后表现出较强的酸性腐蚀，针对连续油管应用于酸性环境的情况，Tenaris 和 NOV 公司分别开发了高铬耐蚀合金连续油管 HS-80CRA 和 QT-16Cr80，Cr 含量达到 15%~22%，而普通合金 Cr 含量为 0.5%~0.7%。不同材质连续油管耐蚀性能见表1。

表1 不同材质连续油管耐蚀性能对比

材质	全面腐蚀深度/in	平均点蚀深度/in
QT-16Cr80	无全面腐蚀	无点蚀
13Cr	只有点蚀	0.023
QT-900	0.006	全面腐蚀
HO-70	0.004	全面腐蚀

注：按 ASTM B117 进行 500h 盐水喷雾测试的结果。

目前国产高铬耐蚀合金连续油管也已经投入使用，具有较好的耐蚀性能。除了上述的高铬耐蚀合金连续油管外，针对油气井腐蚀环境，国内外管子制造厂家相继开发了镍基合金连续油管，钛合金连续油管和复合连续油管(非金属连续油管)。

2.3 操作方法的改进

(1) 酸化作业缓蚀剂加入的确认。适合型号和温度范围缓蚀剂的加入，能有效减缓酸液对连续油管的腐蚀，对连续油管的防护最为直接。

(2) 定期清理注入头夹持块。每口井作业前对注入头夹持块进行清理，确保有效夹持力。

(3) 气举前适量冲洗井底。酸化结束后，井筒内残液的酸浓度仍然很高，腐蚀性很强，连续油管下至井底后，可视情况适量进行大排量冲洗井底，稀释残酸液并快速循环出井筒，这样可以降低酸液浓度并减少酸液与连续油管外壁接触的时间。

(4) 井底作业时间的限制。连续油管外壁接触湿硫化氢的时间越长，腐蚀将更为严重。由于气举排液的作业时间较长，可以根据返排情况，适当减少连续油管在井筒内悬停时间，这样既能减少与酸性环境的接触时间，也能减少泥质附着连续油管表面。

(5) 防喷器上接备用管线。作业前在防喷器的三通上连接泵车的高压硬管线作为备用管线，这样在连续油管上泥质被防喷盒刮下后在井口形成堆积时，有第二通道来进行解堵解卡处理(图5)。

(6) 利用数采监测软件，密切注意起下管过程中载荷变化情况，如出现异常，及时停止起下管，采取上下活动连续油管及泵注解堵剂冲洗井口操作，尤其是冲洗防喷盒胶芯位置尤为重要。

图5　防喷器三通连接高压管线

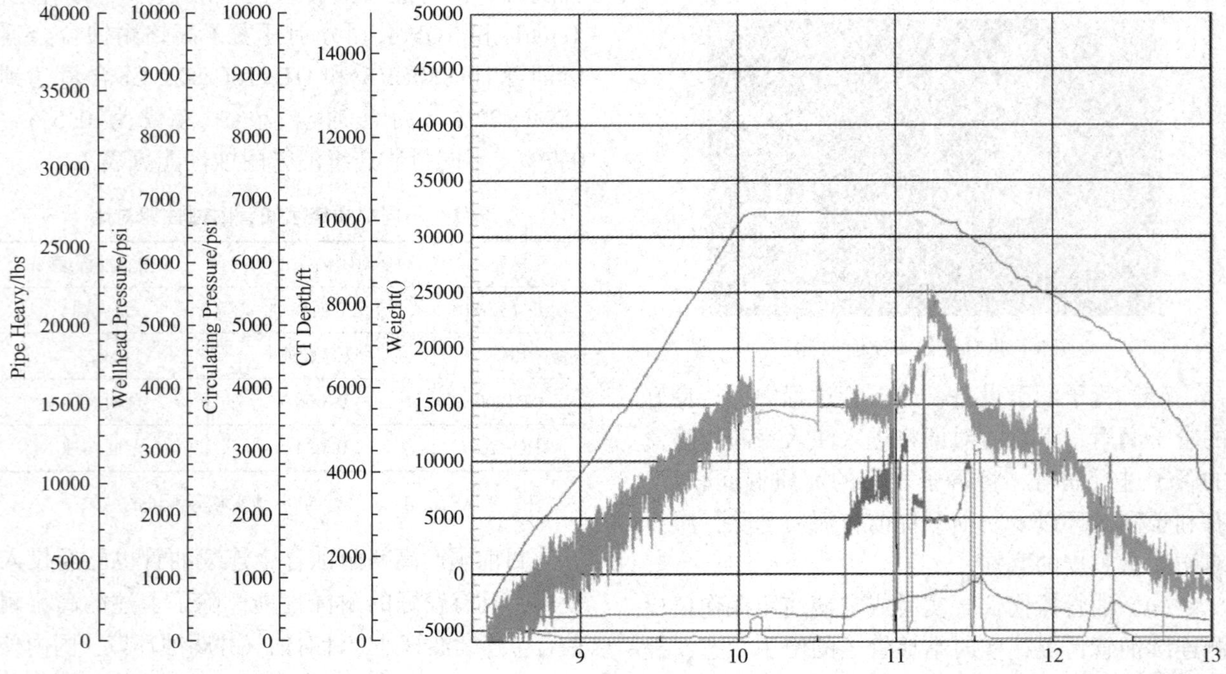

图6　数采系统监测载荷

3 异常情况处理方法

3.1 注入头夹持块脏物清理

（1）发现注入头夹持块的沟壑已经被泥质填满后，停止起下管，打上刹车。

（2）安排操作人员利用高压水枪或手工清洗注入头夹持块上附着的泥质。

（3）该段夹持块清理后，转动注入头链条，继续清洗直至所有夹持块都清理干净。

3.2 防喷盒刺漏处理

（1）快速增加防喷盒压力，同时发出安全警报，危险区域人员禁入，观察泄漏情况。

（2）如果继续泄漏，停止起下连续油管，关闭卡瓦半封闸板，手动锁紧。

（3）半封闸板以上压力泄除。

（4）检查并更换防喷盒胶芯。

（5）通过 BOP 上三通对防喷盒试压。

（6）打开卡瓦半封闸板，继续作业。

3.3 防喷盒上部连续油管出现穿孔处理

（1）发现连续油管出现泄漏时停止注入头和滚筒操作，同时发出安全警报，危险区域人员禁入。

（2）尽可能降低泵压，观察泄漏情况。

（3）如果穿孔很小，或是仅引起轻微的漏失，则继续起出连续油管，同时将泵注液体换成清水或者中性液体。

（4）如果穿孔很大，泄漏严重，则将穿孔段连续油管下入井筒内，关闭卡瓦半封闸板进行压井。

（5）压井成功后，起出连续油管进行维修或更换。

3.4 连续油管在井口遇卡处理

（1）停止注入头和滚筒操作，通知相关方人员。

（2）从防喷器三通连接的备用管线处泵注解堵剂进行浸泡和冲洗。

（3）如不能解卡，关闭半封闸板，闸板以上井口泄压。

（4）将防喷盒夹紧力释放，从防喷器三通口尝试小排量泵注解堵剂浸泡和冲洗。

（5）如还未能解卡，在确认防喷器闸板密封效果后，打开防喷盒清理致卡物。

4 结论

本文基于乌兹别克斯坦气田连续油管气举作业井口安全风险，通过分析提出防控技术措施，总结出以下结论：

（1）乌兹别克斯坦气田连续油管气举作业，因地层压力高、高含硫化氢和二氧化碳、含泥质等原因，致使连续油管气举作业风险较高、防控技术难度大。

（2）针对作业风险，从连续油管装备的优选、管子的选择、操作方法的改进等方面提出技术建议，对作业过程中出现的异常情况处理方法进行详细阐述。

（3）连续油管作业数据采集与监测系统、管子疲劳寿命监测与分析系统，井口摄像头等的使用，对作业风险防控具有较大的帮助。

（4）本文阐述的乌兹别克斯坦气田连续油管气举作业井口安全风险分析及防控措施，对类似井况作业具有一定的指导意义。

参 考 文 献

[1] 鲜宁等. 连续油管在酸性环境下的腐蚀与防护及其研究进展[J]. 天然气工业，2011，31(4)：113-116.

[2] 董志华，E. J. Walker. 影响连续油管寿命的因素[J]. 国外石油机械：1995 年 03 期.

[3] 徐艳丽. 提高连续油管使用寿命的方法[J]. 石油机械：2002 年 11 期.

[4] 赵章明. 连续油管工程技术手册[M]. 北京：石油工业出版社，2011. 5.

[5] 黄裕航. 连续油管失效分析与使用措施[J]. 天然气工业，2014，34(增刊)：115-118.

快试型密封装置提高高温高压井试油管柱完整性

赵宇光　王德有　张显文　庞立源

（中国石油集团长城钻探工程有限公司）

摘　要　随着石油天然气勘探开发的深入，探井试油井下管柱的密封完整性越来越受到关注。在井下DST测试作业施工过程中，油套压窜漏常有发生，尤其是在高温高压复杂井况下，DST井下测试作业过程中油套压窜漏风险较高，会造成测试作业失败。测试后压井困难甚至无法有效压井导致较高井控风险。目前井下测试管柱的密封完整性检验验证还存在设备和工艺的缺失，针对此问题，通过创新研发新型工具5in APR密封接头，提高了APR测试管柱工具串密封性，降低了窜漏风险，消除了井控风险隐患，达到了提高试油成功率的目的。通过现场9井次的应用，充分证明了其可靠性和有效性，能在高温、高压、高含硫化氢井作业中有效提高井下测试管柱的密封性、安全性和完整性。

关键词　密封性；完整性；井控风险；测试管柱；窜漏

随着石油天然气勘探开发的深入，高温高压高含硫深井和超深井也越来越多，这些井的风险极高，油气公司越来越关注这些复杂油气井在钻井、试油及开发过程中是否安全可控。APR井下测试是探井试油的必不可少的关键环节，井下管柱的密封完整性，是保证复杂井试油成功的重要保障，油公司对探井作业成功率要求也越高，也应增强井控风险控制。提高DST井下作业施工质量是在稳住市场份额的重要保障。

目前高温高压气井套压异常现象是普遍存在的。各大气田对气井套压问题的重视程度正在逐渐增加，国内部分气田已经认识到套压的危害，开展了部分针对性研究，且对井下管柱完整性研究及应用均有一定的成效。这种情况下，如何突出自己的技术优势，是至关重要的。因此，需要在井下管柱上提高安全稳定性，提高井下工具作业成功率及施工效果，提高技术优势和市场竞争力。

在井下DST测试作业施工过程中，油套压窜漏常有发生，尤其是在高温高压复杂井DST井下测试作业过程中油套压窜漏的风险较高，而一旦发生有套窜漏，会导致压井困难甚至压井失败导致井喷。目前试油现场的井下测试的一般操作是：在入井前井下工具分成若干工具串进行调试试压，然后上钻台连接到一起入井，现行施工工艺未能对工具串之间的连接处进行试压；尤其是不能对测试阀以下的工具串连接处进行试压，在加压射孔、测试、酸化等作业过程中工具串连接处可能发生油套窜漏，给DST作业带来井控风险，甚至造成测试作业失败。

目前没有相应的工具和工艺技术验证管柱工具串之间的密封性。针对此问题，通过创新研发新型工具5in APR密封接头，提高了APR测试管柱工具串密封性，降低窜漏风险，降低井控风险隐患，满足了甲方的施工要求，达到了高质量施工的目的。为高温高压复杂井DST井下测试作业管柱完整性的提升有着重要的意义，同时对DST作业的井控能力提升有着重要的借鉴意义。

1　5in APR密封接头工具研制

1.1　设计原则与创新点

（1）便于工具连接、拆卸以及运输。

（2）试压验封操作简单、安全、便捷。

（3）工具易于保养。

（4）压力等级不能低于APR测试工具。

1.2　工具设计

（1）紧密围绕现场作业实际情况和作业需求进行设计5in APR密封接头工具，通过技术讨论，工具设计原则要具备合理性和方便操作，工具内外径与APR测试工具一致，工具适用于高温高压、含H2S、酸化等环境下。

（2）工具设计参数要满足工作压力105MPa，工作温度满足177.67℃。材质选择P110钢级材质，进行工具表面镀镍和磷化处理，适用于含

H_2S 的原油、泥浆、水天然气环境，符合 NACE MR0175 标准，根据设计原则和工具参数设计 5in APR 密封接头，设计的工具结构如图 1 所示。

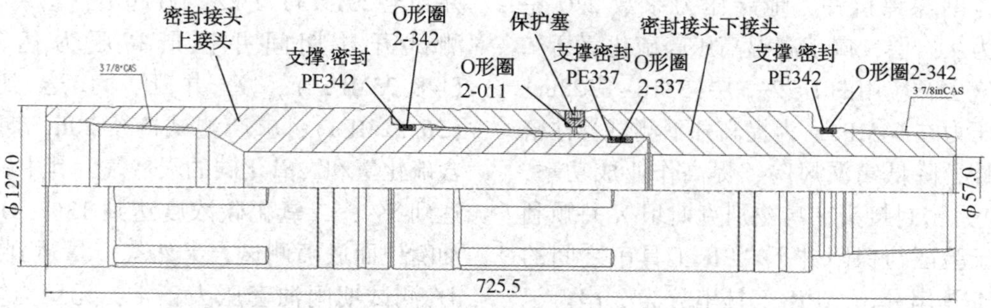

图 1　5in APR 密封接头工具设计图

1.3　设计论证

论证 5in APR 密封接头工具在现场作业的适用性和便捷性，以现场作业实际情况和作业需求出发进行讨论 5in APR 密封接头工具设计图是否存在不足，校核密封接头的工具参数、性能指标均满足现场密封试验的目的，且能有效解决作业需求。但在现场作业实际情况中，密封接头工具在上提至钻台过程中上接头和下接头分别与两工具串相连，以往护丝无法对密封接头上接头芯轴进行有效保护，易造成芯轴损伤，影响接头密封效果和屈服强度。针对此项问题设计了专用的上接头护丝，解决了上接头难以保护的问题，上接头护丝如图 2 所示。

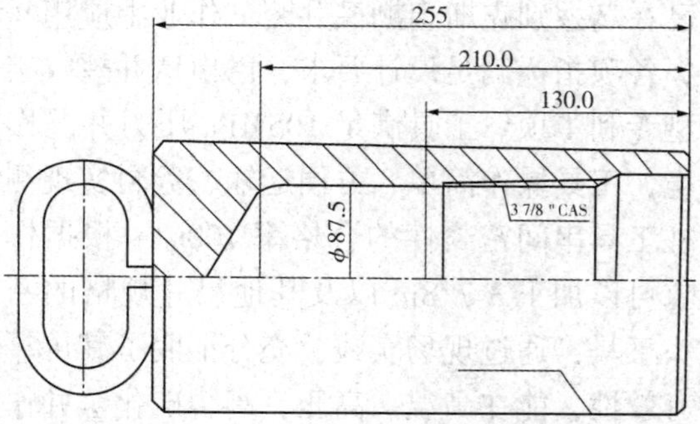

图 2　上接头护丝设计图

2　密封接头工具说明

2.1　5in APR 密封接头工具概述

5in APR 密封接头是一种用于地层测试管柱的密封性能验证工具。将 5in APR 密封接头连接在任何两个 APR 工具管串之间，通过密封接头的加压孔向管串通径内加压并检查其密封性，在钻台试压合格后入井。密封接头主要由上、下接头和保护塞组成。

2.2　5in APR 密封接头工具技术参数

5in APR 密封接头适用于 H_2S 的原油、泥浆、水、天然气环境，复合 NACE MR0175 标准，工具技术参数见表 1。

2.3　操作方法

（1）根据作业要求将 5in APR 密封接头连接在两个测试管串之间，对管柱或工具两端进行封堵，在操作间按试压要求进行试压。

（2）试压合格后在钻台进行连接，连接后在加压孔处连接试压管线，对 5in APR 密封接头上下接头连接处进行压力测试，验证管柱工具串的密封性。

（3）验封合格后，在加压孔处拧上保护塞，实现 5in APR 密封接头连接处的双重密封。

表 1　5in APR 密封接头工具技术参数

最大外径/mm	通径/mm	总长/mm	总长/mm	最大工作压差/MPa	抗拉屈服强度/kN	最高工作温度/℃(℉)	连接螺纹
127.0(5in)	57.0(2.24in)	725.5(28.56in)	725.5(28.56in)	105	3069	204(+400)	3⅞inCAS

3 现场应用案例

3.1 井下工具串结构

X井为勘探评价井，地层压力系数2.0左右，储层为灰岩层，属于高温高压高硫化氢高二氧化碳的气层，应用的DST-2层(3316~3328m)预估地层压力在64MPa，为提高井下测试管柱密封的完整性，降低窜漏风险，提高作业成功率，2019年10月密封接头在乌兹别克斯坦X井顺利应用，用于验证与保障井下APR工具串之间的密封性。工具串井下APR工具串分为3串。工具串结构如下：

(1)密封接头下部+RD取样器+液压旁通+震击器+RTTS安全接头+RTTS封隔器+变扣接头+变扣接头。

(2)密封接头下部+LPR-N阀+RD循环阀+电子压力计拖筒+密封接头上部。

(3)变扣+OMNI阀+RD循环阀+密封接头上部。

3.2 作业过程

对各组井下工具串进行分别功能调试和按要求试压，试压调试合格后，将3组工具串上提至钻台进行连接，根据5in APR密封接头上下部连接扣型及材质施加额定上扣扭矩，密封接头连接如图3所示。

通过密封接头上的加压孔，对两工具串上下连接处进行试压验封，试压介质为液压油，试压4000psi(28MPa)，稳压10min，验封合格。密封接头试压验封作业如图4所示。

图3　密封接头连接作业

下入测试管柱，通过校深、调整管柱、坐封井下测试管柱结构如图5所示。

5in APR密封接头从2019.10.28 11：00入井，至2019.11.1 22：00起出，总共用时107h，测试开井期间井控最高压力达到7000psi(48.25MPa)，关井压力达到8200psi(56.52MPa)，求产测试持续20h，期间产出高含硫化氢和二氧化碳的天然气，其中硫化氢含量达到5%，二氧化碳浓度达到13%，10mm固定油嘴地面放喷测试，天然气产量达到80万m^3/d。测试期间油套压力正常，无压力窜漏现象。测试作业结束，起出井下测试工具，对密封接头进行检查，拆开检查密封接头上下部分连接处，无任何硫化氢，二氧化碳和高密度压井液(2.15g/cm^3)，仅有入井试压时存留的液压油，说明工具串连接处连接紧密，无任何泄漏。

图4　密封接头试压验封作业

4 结论

(1)该5in APR密封接头从2019年10月至今已在乌兹别克斯坦勘探井测试作业中应用9井次，各项指标满足设计要求，已申请并授权实用新型专利1项。工具满足105MPa压力井况作业环境，工具操作简单、方便运输、验封实现测试管柱工具串间密封性的合格率100%。根据作业需求可以加工3 7/8in以及其他尺寸规格的密封接头工具，通过现场实践，充分证明了其可靠性和有效性，能在高温、高压、高含硫化氢井作业中有效提高井下测试管柱的密封性、安全性和完整性，该工具的研制在DST作业中具有明显的推广和应用价值。

(2)在DST井下测试作业中，需要提高5in密封接头在井下测试作业的使用率，保证测试管柱工具串的密封性，降低井控风险，提高DST测试工艺的完整性，提高客户的满意度。

序号	名称	扣型	外径mm	内径mm	单长m	深度m
1	油补距				9.00	9.00
2	直管挂		226	76	0.26	9.26
3	变扣接头	4-1/2in seal lock公*3-1/2in seal lock公	88.9	76	0.31	9.57
4	压缩距				-1.3	8.27
5	油管	3-1/2in seal lock母*公	88.9	76	2989.08	2997.35
6	定位短油管	3-1/2in seal lock母*公	88.9	76	1.04	2998.39
7	油管	3-1/2in seal lock母*公	88.9	76	19.17	3017.56
8	变扣接头	3-1/2in seal lock母 × 3-7/8in CAS公	127	57	0.40	3017.96
9	OANI阀	3-7/8in CAS	127	57	5.81	3023.77
10	RD循环阀	3-7/8in CAS	127	57	1.09	3024.86
11	密封接头	3-7/8in CAS	127	57	0.61	3025.47
12	LPR-N阀	3-7/8in CAS	127	57	4.82	3030.29
13	RD循环阀	3-7/8in CAS	127	57	1.09	3031.38
14	电压托筒	3-7/8in CAS	127	57	0.72	3032.10
15	密封接头	3-7/8in CAS	127	57	0.61	3032.71
16	RD取样器	3-7/8in CAS	127	57	2.09	3034.80
17	液压旁通	3-7/8in CAS	127	57	2.11	3036.91
18	震击器	3-7/8in CAS	127	57	1.57	3038.48
19	RTTS安全接头	3-7/8in CAS母 × 4-5/32-8UN公	127	57	0.92	3039.40
20	7* RTTS封隔器	4-5/32-8UN母 × 3-1/2in IF公	146	57	1.60	3041.00
21	变扣接头	3-1/2in IF公 × 3-1/2in EUE公	73	57	0.24	3041.24
22	变扣接头	3-1/2in EUE母 × 3-1/2in seal lock公	108	57	0.41	3041.65
23	油管	3-1/2in seal lock母*公	73	62	37.77	3079.42
24	变扣	3-1/2in seal lock母 × 2-7/8in EUE P	89	56	0.51	3079.93
25	减震器	2-7/8in EUE B × P	102	48	25	3082.11
26	筛管	2-7/8in EUE B × 枪扣	93		1.15	3083.26
27	点火头+安全枪	枪扣	127		1.74	3085.00
28	射孔枪	枪扣	127		5.00	3090.00
29	点火头+筛管	枪扣	127		1.30	3091.30
30	枪尾	枪扣	102		0.13	3091.43

图 5　井下测试管柱结构图

参 考 文 献

[1] 田晓冬. 井筒完整性研究现状及进展[J]. 西安文理学院学报(自然科学版), 2018, 21(5): 107-114.

[2] 冯耀荣, 付安庆, 王建东, 等. 复杂工况油套管柱失效控制与完整性技术研究进展及展望[J]. 天然气工业, 2020, 40(2): 106-114.

[3] 吴志均, 段德祥, 王文广, 等. 明格布拉克构造“五高”深井试油测试技术[J]. 油气井测试, 2020, 29(2): 13-20.

[4] 李君, 韦庆胜, 李天怡, 等. 提高气井完井管柱气密封性能措施的研究与应用[J]. 油气井测试, 2012, 21(4): 61-63.

[5] 孟文波, 刘康, 孟祥瑜, 等. 深水测试管柱螺纹连接密封性能分析[J]. 石油机械, 2016, 44(4): 24-27.

[6] 赵宏平. 典型密封接头零件加工工艺研究与钻孔专用夹具设计[J]. 煤矿机械, 2020, 41(8): 87-89.

基于微信小程序的“岗位掌上安全”平台搭建及应用

王海洋　曹　斌

（延长油田股份有限公司）

摘　要　为推动“工业互联网+安全生产”技术和应用创新，探索实施岗位差异化精准培训，基于微信小程序搭建“岗位掌上安全”平台，提出“学、练、考”相结合理念进行系统设计，根据岗位业务推送标准操作、风险防范、应急处置等应知应会知识，配套开发语音点读功能、在线评测，可实现岗位员工个人自学、查阅标准、流程对照、线上考试，有助于增强从业人员安全意识及素养的提升。

关键词　安全；培训；岗位掌上安全；学习平台

安全教育培训是实现安全生产的重要基础工作，是企业落实安全生产主体责任的重要内容，是减少三违及事故发生的有效手段。按照《“工业互联网+安全生产”行动计划（2021—2023年）》（工信部联信发〔2020〕157号）提出的互工业联网与安全生产协同发展思路，探索构建“工业互联网+安全生产”教育培训平台，有效解决日常培训内容缺乏针对性、覆盖面不全、效果评价机制不健全等问题，让岗位员工可以体验不受时间、地点限制的安全培训模式，尤其是针对年龄偏大、文化水平低的一线员工，系统增设置一键语音点读功能，让其“无障碍”利用业余时间参加安全学习。

1　平台设计

1.1　需求分析

以笔者所在的石油开采企业为例，结合生产实际，以及安全教育培训现状，存在以下几方面需求。

（1）石油开采企业是没有围墙的工厂，岗位一线操作工工作场所大多在偏远山区，集中培训需要消耗大量人力、物力，且难以做到全覆盖、不漏一人。

（2）岗位一线操作工普遍学历较低，通过语音点读等人性化培训手段，帮助其理解教材内容，提升安全素养和操作技能。

（3）增加手机学习适用性，选择普遍接受的平台，减少安装、更新等程序，提搞在线学习平台的推广。

（4）设计多层级管理权限，分公司、厂级、队站三级管理员，针对性推送学习内容，实现差异化培训。

（5）开发“学、练、考”模块，满足学习者的个性化需求。

1.2　架构设计

岗位掌上安全的总体架构主要分为微信小程序客户端、PC客户管理端和服务器数据安全管理三大部分。其中微信小程序客户端部分主要利用微信小程序的MINA框架通过封装微信客户端提供的文件系统、网络通信、任务管理、数据安全等基础功能，对提供一整套JavaScript API，进而实现微信小程序端的课程学习、课后练习、在线安全考试等功能；PC客户端采用，来进行学习课程资源、考试和用户的管理。小程序端和PC端的信息请求数据都是通过服务器端应用程序进行解析，并根据消息类别和内容选择相应的逻辑处理模块进行处理，处理完成的数据进行封装与安全加密后推送至微信小程序端或PC客户端。具体架构如图1所示。

1.3　技术支持

考虑到“岗位掌上安全”的同时在线使用人数较多，系统访问压力较大，在服务器端采用Redis内存数据结构存储，用作分布式的内存键值数据库、缓存和消息代理；Redis具有高性能、高可用、易扩展等特点，用过系统的缓存服务器、消息中间件和Session共享，从而降低多用户同时在线访问对系统资源产生的挤兑。

系统采用微服务架构应用程序拆分为多个小

型的、独立的、可复用的服务(例如本系统中将题库、练习、积分、用户等独立拆分，组织考试时调用各独立服务组合成考试管理)，每个服务都有自己的职责、接口和数据存储，并通过轻量级的协议进行通信。微服务架构可以提高应用程序的可扩展性、可维护性和故障容错性。

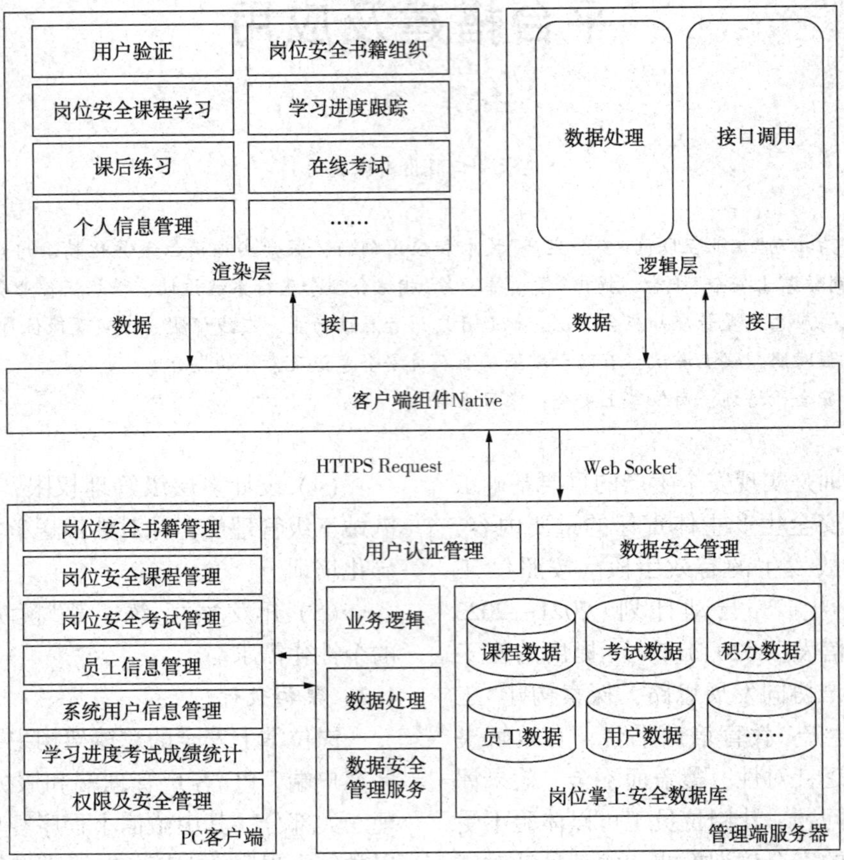

图1　“岗位掌上安全”基本框架

2　功能实现

2.1　平台首页

打开微信扫描二维码启动“岗位掌上安全”小程序，在进入平台登录界面后，输入员工编号(或注册手机号)和密码才能登录，企业外部人员可点击游客模式进入系统浏览。登录“岗位掌上安全”小程序后，底部导航四个模块，分别是平台首页、题库练习、在线考试、个人中心，整体设计简洁有序、美观大方，如图2所示。

2.2　课程学习

“岗位掌上安全”默认打开课程学习模块，分为必学课程、选学课程。平台管理员可根据员工所在岗位业务进行学习任务配置，可实现差异化学习定制。依次点击书籍→章节→课程，进入学习内容页面。可通过播放语音或浏览图文的形式进行学习，学习完成后点击最下方的按钮确认学习完成，系统将记录学习进度，如图3所示。

图2　平台首页

2.3　题库练习

依据学习模块的内容，可批量上传练习题库。用户可选择所需练习题进行测评，答题结束后可对错题进行解析，方便岗位学习掌握，如图4所示。

图 3　课程学习

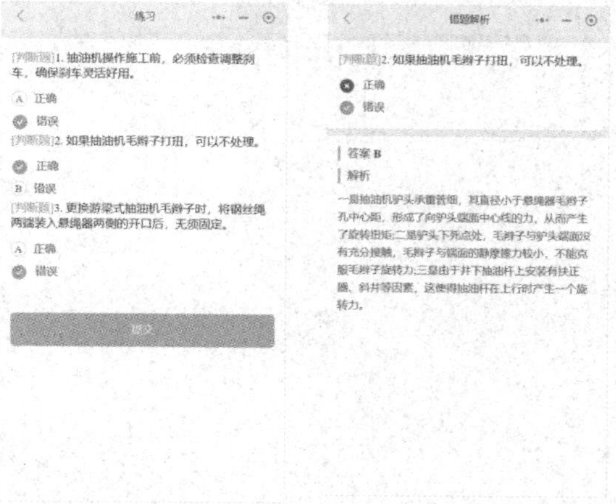

图 4　题库练习

2.4　在线考试

在考试页面点击“去考试”选项进入答题界面，答题完成后点击最下方“提交”按键，完成考试。系统自动展示本次考试的用时、正确率、正确与否等信息，点击题目序号，查看正确答案与解析，如图 5 所示。

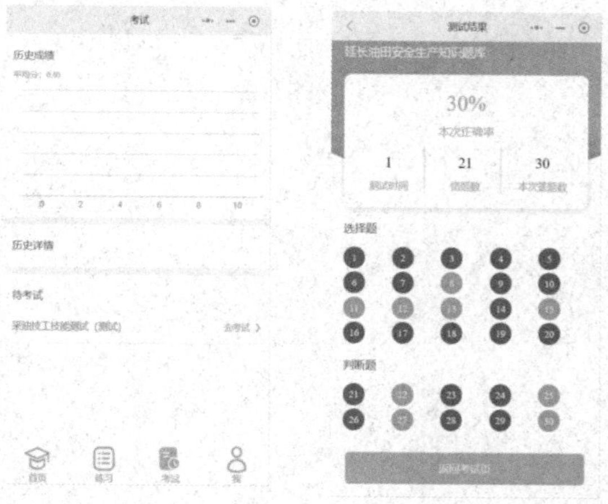

图 5　在线考试

2.5　个人中心

点击主页面下方的“我”进入个人中心页面，通过该页面可以查看到个人信息及学习进度。点击姓名后的小图标，可对个人信息及登录密码进行修改，如图 6 所示。

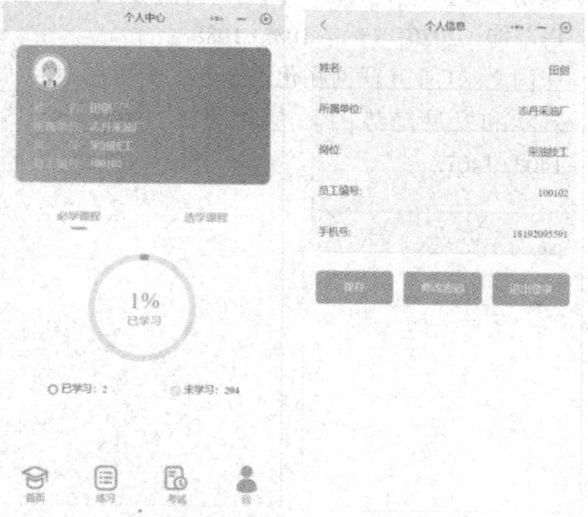

图 6　个人中心

3　效果及展望

“岗位掌上安全”依托微信平台小程序搭建、应用，管理员可将学习内容上传云服务器，根据岗位性质实行差异化管理，具备在线学习、进度跟踪、课后练习、考试提升等功能；具有操作简单、使用方便等特点，且不占用手机内容。该平台自运行以来，受到基层岗位员工一致好评，单日访问量达 3 万多人。特别是将《延长油田岗位安全生产指导手册丛书》教材内容上传后，配套语音点读功能，有助于深度推广“岗位描述”“手指口述”，提升岗位员工安全素养和操作技能。

下一步，将设计新增视频学习模块，上传录制课件、标准化操作、事故警示案例等培训视频，丰富在线安全学习资源。同时，将进一步优化平台服务器内存，满足岗位员工同时在线学习、考试需求。

4　结束语

“岗位掌上安全”是一款自主研发的微信小程序，以“干什么、学什么、练什么”为培训原则，顷力打造专属安全学习“云”平台。依托“岗位掌上安全”学习平台，推送标准操作、风险防范、应急处置等知识，实行差异化安全培训；岗位员工可以用通过微信扫码登录平台，随时随地点读学习、在线练习、远程考试，满足员工安全学习网络化需求。

参 考 文 献

[1] 崔洋. 基于微信小程序的安全培训系统[J]. 电力安全技术，2023，(1)：62-65.

[2] 陈鹏. 基于微信小程序的安全培训系统设计[J]. 上海节能，2020，(9)：1086-1088.

[3] 张国之. 工业互联网在化工企业安全生产中的研究现状和发展趋势[J]. 应用化工，2022，51(5)：1403-1407.

[4] 姚冰. 工业互联网在石化企业生产安全管理中的探索与实施[J]. 化工安全与环境，2022，(30)：22-24.

[5] 卞平官. 工业互联网+危化安全生产管控平台的搭建及应用[J]. 武汉工程大学学报，2022，44(5)：578-584.

[6] 倪红军，李霞. 基于微信小程序的高校实验室安全教育平台构建[J]. 实验室研究与探索，2020，39(12)：280-284.

基于测井作业监督结果的安全管理绩效评价方法研究

乔伟刚　郭　磊　辛守涛　孙善超

（中国石油集团测井有限公司）

摘　要　中国石油集团测井有限公司质量安全监督中心测井作业现场监督检查发现了大量违章，建立了监督问题数据库，通过对监督数据进行科学分析，对指导公司各单位提升安全管理水平具有重要意义。本研究基于G1法、熵权法和TOPSIS理论，搭建了测井作业安全管理绩效评价模型。数据处理上将监督检查作业队数量、各分公司工作效率纳入指标调整系数，在原有评价方案的基础上，设计了多种系数调整评价方案，通过实例应用验证，分析结果表明基于TOPSIS的安全管理绩效评价方法层次清晰、维度全面、方更科学，能够反映各分公司的安全管理绩效水平和现场事故隐患程度，为各分公司制定相应的改进措施提供科学依据。

关键词　安全管理；绩效评价；TOPSIS；熵权法；G1法；组合赋权

随着测井公司监督检查工作精细化程度的不断深入，监督检查问题数据量不断增加，从复杂海量的数据中挖掘安全管理绩效信息和问题成为当前安全管理工作的挑战。张志玲认为通过总结和分析数据信息可以加快信息服务平台建设，降低潜在安全风险，充分发挥数据的应用价值。蒋勋等人研究表示从数据中获取信息量大、精确性高、多维度的情报，能够在保证在不失时机的前提下降低决策的不确定性，进而实现决策的科学化。因此，许多学者运用不同的数据分析、评价方法对安全管理绩效考核数据进行了研究。于海洋等利用熵权和TOPSIS方法构建了包括人员因素、设备因素、制度因素和组织因素的航空安全管理能力综合评价模型，探究影响安全管理能力的关键因素。黄玉杰等将SWOT法与TOPSIS分析法结合，对核电企业的安全管理进行了量化分析，进一步健全了企业的安全管理体系。董家成等运用改进FMA和模糊TOPSIS法为建筑工程施工现场划分了风险水平，为安全管理决策与应急疏散分析提供了有效支持。因此，科学有效的评估方法对安全管理具有重要的作用，对安全管理过程绩效进行科学合理的评价，有助于确定安全监管的重点，提高监管能力。

1　研究背景

2022年上半年，质量安全监督中心对11个分公司开展现场监督检查5436井次、扣减安全生产记分1848分，发现问题12607项，面对复杂庞大的检查数据，一套科学有效的安全管理量化绩效评价方法是正确对比分析问题的基础，只有对相关监督检查数据信息进行全面、准确的分析，筛选出当前阶段的安全监管薄弱环节和问题，开展有针对性的整改、优化和提升，才能促进公司安全管理绩效的持续提升。

基于TOPSIS的安全管理绩效评价研究工作主要分为三个环节。首先，建立安全管理绩效评价体系与模型，包括：①建立评价指标体系；②融合主观赋权的G1法和客观熵权法的指标权重计算；③构建基于TOPSIS方法的安全绩效数据计算模型。然后，通过11个分公司2022年第三季度的安全绩效数据对评价体系和数据分析方法进行验证。最后，通过数据结果的对比分析，讨论确定最优评价方案。

2 安全管理绩效评价体系的建立

2.1 建立安全评价指标体系

安全管理绩效评价指标的选择需要做到科学、全面、系统。本研究综合现有安全管理绩效评价方法与评价指标的分析，最终以放射源管理、民爆品管理等9类重点风险领域为一级指标，每类作业中的人的不安全行为、物的不安全状态、环境不良及管理缺陷为4个二级指标，整体安全管理绩效评价指标体系如图1所示。

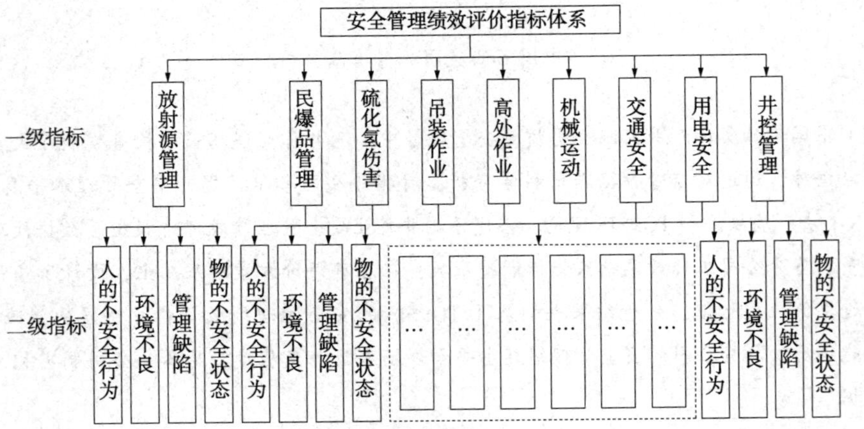

图1　安全管理绩效评价指标体系

2.2 指标权重的确立

评价指标权重设置是否合理将直接影响安全管理量化考核的客观性和准确性。目前，常见的权重赋权方法以及各自的特点见表1。主观赋权法评价指标权重的大小以实际问题为政策导向，更加符合评价主体的主观意愿。客观赋权法能够对被评价对象进行有效的区分，但并不能反映出参与决策者对不同指标的重视程度，并且会有一定的权重和与实际指标相反的程度。针对主客观赋权方法的特性，多数学者建议将主观随机性控制在一定范围内，以实现主客观赋权的中正，即兼顾主观权重和客观权重的优缺点，从主观和客观两方面进行组合赋权，以弥补单一赋权带来的不足。因此，本研究采用基于主观赋权的G1法和客观熵权法的组合赋权法。

表1　权重赋权方法及特点

分　类	典型方法	特　点
主观赋权法	AHP法、G1法	属性权重是由决策专家根据经验主观判断而得到，体现的是属性指标自身的重要性程度，一般不受属性取值的影响，在根据决策者意图确定权重方面要比客观赋权法具有更大的优势，但客观性较差
客观赋权法	熵值法、变异系数法、粗糙集	属性权重由各属性的实际数值计算得到，属性权重一般会受到属性的数值影响，稳定性弱于主观权重，且会随着被评价对象的变化而变化，通常不能直接反映属性自身的重要性
综合权重融合法	权重平均法、线性加权法	主客观相结合的组合赋权方法，可以弥补单一赋权带来的不足

2.2.1 G1法确立主观权重

G1法是一种主观赋权方法，其主要观点是通过对指标体系中的每层指标进行对比来确定重要程度，G1法的计算分为2个步骤。

(1) 评估指标顺序关系确定。由质量安全监督中心负责人员对指标重要程度进行排序，若指标 x_i 相对某评价准则的重要程度不劣于 x_j 时则记为 $x_i \geqslant x_j$。

(2) 评估指标重要程度赋值。两个相邻评估指标 x_j^* 和 x_{j-1}^* 之间重要的相对程度用 A_k 表示，其计算方法为：

$$A_k = \frac{\mu_{j-1}}{\mu_j} \tag{1}$$

式中：μ_j 为第 j 个指标的权重。其中，μ_j 的计算式为：

$$\mu_j=[1+\sum_{k=2}^{m}(\prod_{j=k}^{m}A_j)]^{-1} \text{ 且 } \mu_{j-1}=A_j\mu_j \tag{2}$$

2.2.2　熵权法确立客观权重

20 世纪 40 年代 C. E. Shannon 将熵引入信息论中，用来度量信息的不确定性，一般来说，评价指标的信息熵越小，表明指标值的变异程度越大，提供的信息量越多，在综合评价中其权重也就越大。熵权法是基于评价指标实际数据的一种客观评价方法。熵权法的计算分为 3 个步骤。

（1）原始数据预处理。汇总各二级分公司的安全管理绩效评分数据，根据评价指标，建立初始评价矩阵：

$$X=(x_{ij})_{m\times n}=\begin{bmatrix} x_{11} & \cdots & x_{1n} \\ \vdots & \ddots & \vdots \\ x_{m1} & \cdots & x_{mn} \end{bmatrix} \tag{3}$$

式中：x_{ij}表示第 i 个评价对象的第 j 个指标的原始数据，m 表示评价对象个数，n 表示评价指标数。指标按照性质可以被分为正向指标和负向指标。

正向指标计算公式：

$$y_{ij}=\frac{x_{ij}-\min\limits_{1\leqslant i\leqslant m}\{x_{ij}\}}{\max\limits_{1\leqslant i\leqslant m}\{x_{ij}\}-\min\limits_{1\leqslant i\leqslant m}\{x_{ij}\}} \tag{4}$$

负向指标计算公式：

$$y_{ij}=\frac{\max\limits_{1\leqslant i\leqslant m}\{x_{ij}\}-x_{ij}}{\max\limits_{1\leqslant i\leqslant m}\{x_{ij}\}-\min\limits_{1\leqslant i\leqslant m}\{x_{ij}\}} \tag{5}$$

式中：y_{ij}表示经标准化处理后的评价指标数据，进而可以得到安全管理绩效标准化矩阵：

$$Y=\begin{bmatrix} y_{11} & \cdots & y_{1n} \\ \vdots & \ddots & \vdots \\ y_{m1} & \cdots & y_{mn} \end{bmatrix} \tag{6}$$

对标准化矩阵元素进行归一化处理：

$$p_{ij}=\frac{y_{ij}}{\sum\limits_{i=1}^{m}y_{ij}} \tag{7}$$

式中：p_{ij}表示第 i 个评价对象的第 j 个指标的归一化值。

（2）计算评价指标信息熵：

$$e_j=-\frac{1}{\ln(m)}\sum_{i=1}^{m}p_{ij}\ln(p_{ij}) \tag{8}$$

（3）计算评价指标熵权：

$$\beta_j=\frac{(1-e_j)}{(n-\sum\limits_{j=1}^{n}e_j)} \tag{9}$$

式中：β_j 表示第 j 个评价指标熵权，进而可以得到安全管理绩效评价指标集的客观权重向量 β：

$$\beta=(\beta_1,\ \beta_2,\ \cdots,\ \beta_n) \tag{10}$$

2.2.3　组合赋权

本部分采用线性加权的方法组合赋权确定指标综合权重，主客观权重组合的基本原则是最小化主客观权重结果之间的异质性，一方面可以避免判断过于主观的情况，另一方面也可以避免客观赋权忽略指标属性，导致权重分配不合理的情况，以获得更有效的指标权重，线性加权组合赋权的公式为：

$$a_i=k_1\mu_i+k_2\beta_i \tag{11}$$

式中：k_1、k_2 的值根据实际情况进行比例分配，在本项目中，根据文献研究和实际情况多次调整，最终为主观权重赋值 0.3，客观权重赋值 0.7。

2.3　TOPSIS 分析方法

TOPSIS 法也称为“优劣解距离法”，是一种基于原始数据的综合评价方法，适用于比较多个评价对象间的相对优劣，能够更好地体现对各二级分公司安全管理绩效量化评分的公平性。算法步骤如下：

（1）构建加权判断矩阵：

$$S=YW=\begin{bmatrix} y_{11} & \cdots & y_{1n} \\ \vdots & \ddots & \vdots \\ y_{m1} & \cdots & y_{mn} \end{bmatrix}\begin{bmatrix} \omega_1 & \cdots & 0 \\ \vdots & \ddots & \vdots \\ 0 & \cdots & \omega_n \end{bmatrix}=\begin{bmatrix} S_{11} & \cdots & S_{1n} \\ \vdots & \ddots & \vdots \\ S_{m1} & \cdots & S_{mn} \end{bmatrix} \tag{12}$$

式中：B 表示加权判断矩阵；W 表示评价指标权重矩阵；ω_n 表示各指标的组合权重；S_{mn} 表示第 m 个评价对象的第 n 个指标加权值。

（2）确定“正理想值”S^+、“负理想值”$S-$：

$$S^+=\max_{1\leqslant i\leqslant m}S_{ij}=(S_1^+,\ S_2^+,\ \cdots,\ S_n^+) \tag{13}$$

$$S^-=\min_{1\leqslant i\leqslant m}S_{ij}=(S_1^-,\ S_2^-,\ \cdots,\ S_n^-) \tag{14}$$

（3）计算待评价对象与“正理想解”和“负理想解”的欧式空间距离：

$$D_i^+=\sqrt{\sum_{j=1}^{n}(S_j^+-S_{ij})^2},\ i=1,\ 2,\ \cdots,\ m \tag{15}$$

$$D-_i=\sqrt{\sum_{j=1}^{n}(S-_j-S_{ij})^2},\ i=1,\ 2,\ \cdots,\ m \tag{16}$$

（4）计算相对贴近度：

$$C_i=\frac{D_i^-}{D_i^+ + D_i^-} \tag{17}$$

式中：C_i 表示第 i 个待评价对象的相对贴近度，$0\leqslant C_i\leqslant 1$，$C_i$ 且越大，D_i^+ 表明越小，评价对象越优。

3　实例应用分析

3.1　方案设计

由于各分公司规模(测井作业队伍数量)、工作量和施工方式不一等现实情况，对各二级分公司检查频率也不完全一致，针对该问题本研究引入检查作业队数量、工作效率(投产作业队平均测井工作量)两个因素对安全管理绩效数据进行调整。

针对检查覆盖率的问题，本研究提出以下四个研究方案。

方案 1：不考虑检查覆盖率、工作效率等因素，只将安全管理绩效评价指标作为分析指标，得出每个分公司在各个指标下的贴进度及排名。

方案 2：将检查作业队数量、工作效率作为安全管理绩效评价的指标，与评价指标一起进行赋权、TOPSIS 法计算，获得最终的贴近度及排名。

方案 3：将工作效率、评价指标的总扣分与各分公司的检查作业队数量相除结果纳入评价指标，与评价指标一起进行赋权、TOPSIS 法计算，获得最终的贴近度及排名。

方案 4：首先对各指标的得分进行调整，运用调整系数法，将调整后的各指标得分与工作效率带入计算，获得最终的贴近度及排名，调整算法为：调整后得分 = 原始得分 -(检查作业队数量 - 状态正常作业队数量)×0. 3。

3.2　原始数据收集与分析

本研究选取 2022 年第三季度 11 个分公司监督检查数据，其中，以民爆品管理、放射源管理两项扣分指标为例进行计算，验证 G1-熵权-TOPSIS 法的有效性，分析各公司在这两项指标下的排名情况，各分公司在民爆品管理、放射源管理下的扣分情况见表 2。

表 2　第三季度各分公司数据统计

分公司	放射源管理	民爆品管理	投产队伍	工作效率/%
A	30. 95	46. 6	707	16. 72
B	4. 8	4	84	16. 89
C	4. 4	4. 2	76	14. 67
D	10	120. 15	136	16. 11
E	5. 1	3. 8	191	5. 19
F	0. 6	1. 2	74	3. 22
G	10. 6	10. 05	102	12. 74
H	12	1. 2	78	6. 39
I	5	11. 55	161	6. 37
J	6	9. 5	202	10. 02
K	1. 9	0. 8	99	13. 85

3.3　权重计算

将原始数据按照各方案带入上述公式，由于方案 1 中只有一个指标，所以其权重均为 1，其余方案的指标权重见表 3~表 5。

3.4　基于 TOPSIS 的安全管理绩效评价

3.4.1　方案 1 和方案 2 对比结果

方案 2 在方案 1 的基础上，加入了两个变量，分别为作业队数量、工作效率，各分公司分别在安全管理过程绩效评价方案 1 和方案 2 下的贴近度、得分(贴近度×100)、排名情况分别如图 2、表 6、图 3、表 7 所示。

表 3　方案 2 中各指标的权重

权重	放射源管理评价体系			民爆品管理评价体系		
	放射源管理	检查作业队	工作效率	民爆品管理	检查作业队	工作效率
客观权重	0. 1	0. 67	0. 23	0. 09	0. 67	0. 23
主观权重	0. 45	0. 21	0. 32	0. 31	0. 15	0. 22
组合权重	0. 34	0. 35	0. 29	0. 35	0. 35	0. 3

表 4　方案 3 中各指标的权重

权重	放射源管理评价体系			民爆品管理评价体系		
	放射源管理	检查作业队	工作效率	民爆品管理	检查作业队	工作效率
客观权重	0. 08	0. 71	0. 21	0. 08	0. 71	0. 21
主观权重	0. 45	0. 21	0. 32	0. 45	0. 21	0. 32
组合权重	0. 34	0. 37	0. 29	0. 34	0. 37	0. 29

表5　方案4中各指标的权重

权重	放射源管理评价体系		民爆品管理评价体系	
	放射源管理	工作效率	民爆品管理	工作效率
客观权重	0.74	0.26	0.33	0.67
主观权重	0.58	0.42	0.58	0.42
组合权重	0.63	0.37	0.51	0.49

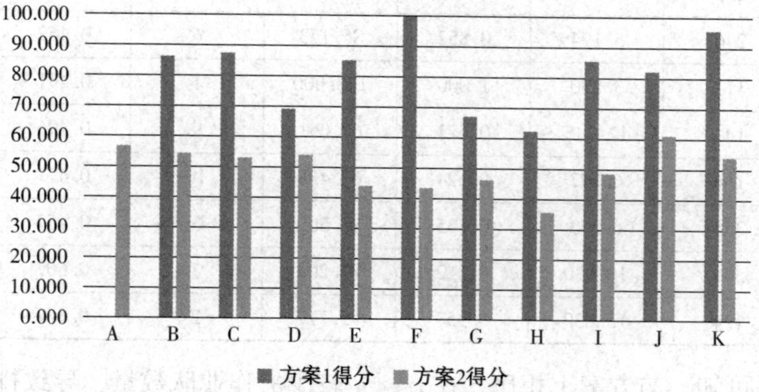

图2　各分公司分别在方案1和方案2下的放射源管理得分情况

表6　各分公司分别在方案1和方案2下的放射源管理得分及排名表

公司	指标			方案1			方案2		
	放射源管理	作业队	工作效率	贴近度	得分	排名	贴近度	得分	排名
A	30.950	996	16.721	0.000	0.000	11	0.567	56.741	2
B	4.800	89	16.893	0.862	86.161	4	0.543	54.315	3
C	4.400	114	14.671	0.531	87.479	3	0.531	53.053	6
D	10.000	229	16.110	0.690	69.028	8	0.541	54.053	5
E	5.100	246	5.194	0.852	85.173	6	0.440	44.021	9
F	0.600	112	3.230	1.000	100.000	1	0.435	43.503	10
G	10.600	140	12.745	0.671	67.051	9	0.463	46.293	8
H	12.000	166	6.397	0.624	62.438	10	0.357	35.666	11
I	5.000	355	6.373	0.855	85.502	5	0.486	48.619	7
J	6.000	555	10.030	0.822	82.208	7	0.611	61.127	1
K	1.900	124	13.859	0.957	95.717	2	0.541	54.072	4

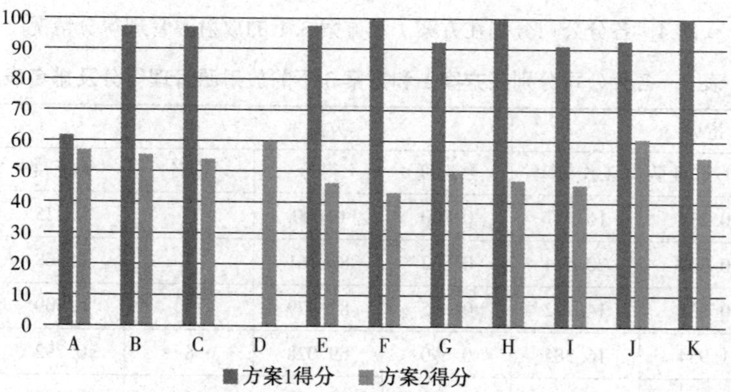

图3　各分公司分别在方案1和方案2下的民爆品管理得分情况

表 7　各分公司分别在方案 1 和方案 2 下的民爆品管理得分及排名表

公司	指标			方案 1			方案 2		
	民爆品管理	作业队	工作效率	贴近度	得分	排名	贴近度	得分	排名
A	46.600	996	16.721	0.000	0.000	11	0.569	56.907	3
B	4.000	89	16.893	0.862	86.161	4	0.554	55.362	4
C	4.200	114	14.671	0.531	87.479	3	0.539	53.913	6
D	1.350	229	16.110	0.690	69.028	8	0.599	59.877	2
E	3.800	246	5.194	0.852	85.173	6	0.462	46.212	9
F	1.200	112	3.230	1.000	100.000	1	0.431	43.121	11
G	10.050	140	12.745	0.671	67.051	9	0.496	49.589	7
H	1.200	166	6.397	0.624	62.438	10	0.471	47.130	8
I	11.550	355	6.373	0.855	85.502	5	0.457	45.740	10
J	9.500	555	10.030	0.822	82.208	7	0.607	60.719	1
K	0.800	124	13.859	0.957	95.717	2	0.547	54.697	5

由上述分析结果可知，与方案 1 相比，在方案 2 下，各分公司的放射源管理及民爆品管理得分及排名都产生了变化，各公司的得分波动较小，得分均集中在 40～60 分段，由于作业队数量和工作效率的影响，分公司 A、D、G 及 J 排名均上升，而分公司 F，虽然其扣分数量少使其在方案 1 中获得第一名，但由于其低工作效率和较少的作业队数量，导致排名下降。

3.4.2　方案 1 和方案 3 对比结果

方案 3 在方案 1 的基础上，加入了两个变量，分别是工作效率、扣分数除以作业队数量，各分公司分别在安全管理过程绩效评价方案 1 和方案 3 下的贴近度、得分、排名情况分别如图 4、表 8、图 5、表 9 所示。

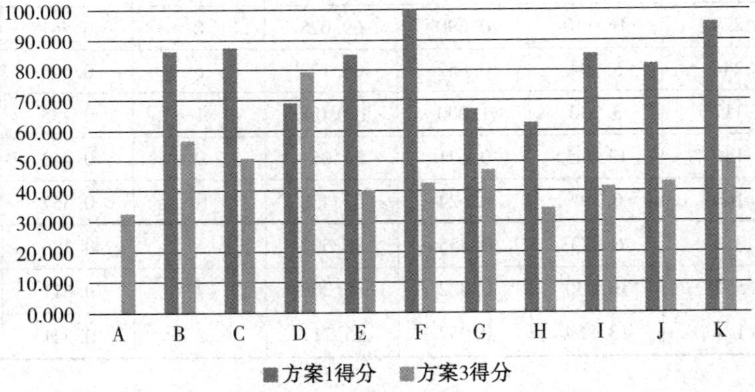

图 4　各分公司分别在方案 1 和方案 3 下的放射源管理得分情况

表 8　各分公司分别在方案 1 和方案 3 下的放射源管理得分及排名表

公司	指标			方案 1			方案 3		
	放射源管理	扣分/作业队	工作效率	贴近度	得分	排名	贴近度	得分	排名
A	30.950	0.234	16.937	0.000	0.000	11	0.325	32.482	11
B	4.800	0.309	20.644	0.862	86.161	4	0.568	56.807	2
C	4.400	0.232	14.792	0.875	87.479	3	0.509	50.950	3
D	10.000	1.934	16.385	0.690	69.028	8	0.792	79.202	1
E	5.100	0.115	5.094	0.852	85.173	6	0.402	40.187	9
F	0.600	0.045	3.224	1.000	100.000	1	0.425	42.492	7

续表

公司	指标			方案 1			方案 3		
	放射源管理	扣分/作业队	工作效率	贴近度	得分	排名	贴近度	得分	排名
G	10.600	0.433	13.537	0.671	67.051	9	0.471	47.147	5
H	12.000	0.219	6.232	0.624	62.438	10	0.342	34.235	10
I	5.000	0.121	6.552	0.855	85.502		0.414	41.406	8
J	6.000	0.083	10.061	0.822	82.208	7	0.431	43.067	6
K	1.900	0.060	14.077	0.957	95.717	2	0.498	49.811	4

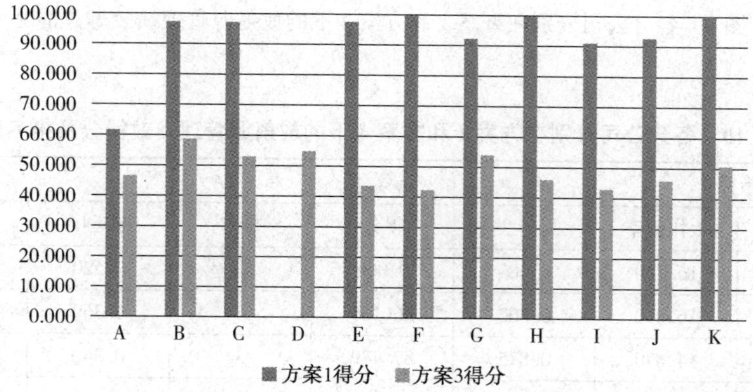

图 5　各分公司分别在方案 1 和方案 3 下的民爆品管理得分情况

表 9　各分公司分别在方案 1 和方案 3 下的民爆品管理得分及排名表

公司	指标			方案 1			方案 3		
	民爆品管理	扣分/作业队	工作效率	贴近度	得分	排名	贴近度	得分	排名
A	46.600	0.234	16.937	0.616	61.625	10	0.466	46.557	6
B	4.000	0.309	20.644	0.973	97.319	5	0.586	58.615	1
C	4.200	0.232	14.792	0.972	97.151	6	0.530	52.974	4
D	120.150	1.934	16.385	0.000	0.000	11	0.548	54.832	2
E	3.800	0.115	5.094	0.975	97.486	4	0.435	43.531	9
F	1.200	0.045	3.224	0.997	99.665	2	0.423	42.346	11
G	10.050	0.433	13.537	0.922	92.250	8	0.539	53.919	3
H	1.200	0.219	6.232	0.997	99.665	2	0.459	45.940	7
I	11.550	0.121	6.552	0.910	90.993	9	0.429	42.912	10
J	9.500	0.083	10.061	0.927	92.711	7	0.458	45.839	8
K	0.800	0.060	14.077	1.000	100.000	1	0.506	50.620	5

由分析结果可知，与方案 1 相比，在方案 3 下，各分公司的放射源管理及民爆品管理的得分及排名产生了变化，由于指标扣分/作业队的结果影响，分公司 B、D、G、J 在两项检查项的排名均上升，分公司 D 以其超高的数值使其在两项检查项中位居前列，方案 3 与方案 2 相比，各分公司的排名变化幅度较小，其中分公司 A 排名仅在民爆品管理中排名略有上升，分公司 I 在两项考核项中排名均有下降。

3.4.3　方案 1 与方案 4 的对比结果

方案 4 在方案 1 的基础上，分别对放射源管理扣分和民爆品管理扣分进行调整，并加入了工作效率，各分公司分别在安全管理过程绩效评价方案 1 和方案 4 下的贴近度、得分、排名情况分别如图 6、表 10、图 7、表 11 所示。

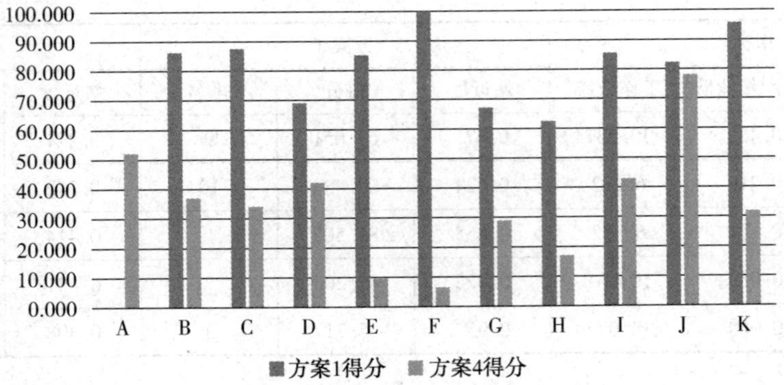

图6　各分公司分别在方案1和方案4下的放射源管理绩效得分情况

表10　各分公司分别在方案1和方案4下的放射源管理绩效得分及排名表

公司	指标		方案1			方案4		
	放射源管理	工作效率	贴近度	得分	排名	贴近度	得分	排名
A	-38.950	16.720	0.000	0.000	11	0.520	52.045	2
B	-3.600	16.890	0.862	86.161	4	0.369	36.940	5
C	-8.200	14.670	0.875	87.479	3	0.340	33.998	6
D	-22.100	16.110	0.690	69.028	8	0.420	41.992	4
E	-10.500	5.190	0.852	85.173	6	0.095	9.497	10
F	-10.800	3.230	1.000	100.000	1	0.064	6.411	11
G	-4.700	12.750	0.671	67.051	9	0.289	28.893	8
H	-17.400	6.400	0.624	62.438	10	0.170	16.974	9
I	-50.800	6.370	0.855	85.502	5	0.429	42.862	3
J	-99.600	10.030	0.822	82.208	7	0.780	77.973	1
K	-6.500	13.860	0.957	95.717	2	0.318	31.822	7

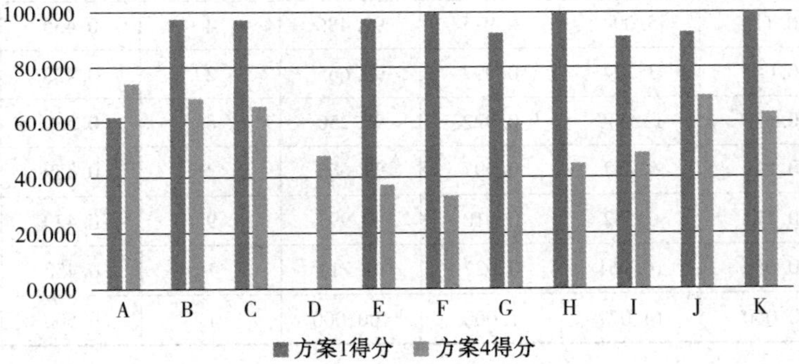

图7　各分公司分别在方案1和方案4下的民爆品管理绩效得分情况

表11　各分公司分别在方案1和方案3下的民爆品管理绩效得分及排名表

公司	指标		方案1			方案4		
	民爆品管理	工作效率	贴近度	得分	排名	贴近度	得分	排名
A	-23.300	16.72	0.616	61.625	10	0.741	74.057	1
B	-4.400	16.89	0.973	97.319	5	0.686	68.608	3
C	-8.400	14.67	0.972	97.151	6	0.658	65.768	4
D	88.050	16.11	0.000	0.000	11	0.476	47.614	8

续表

公司	指标		方案 1			方案 4		
	民爆品管理	工作效率	贴近度	得分	排名	贴近度	得分	排名
E	-11.800	5.19	0.975	97.486	4	0.372	37.195	10
F	-10.200	3.23	0.997	99.665	2	0.332	33.223	11
G	-5.250	12.75	0.922	92.250	8	0.595	59.468	6
H	-28.200	6.40	0.997	99.665	2	0.447	44.709	9
I	-44.250	6.37	0.910	90.993	9	0.486	48.609	7
J	-96.100	10.03	0.927	92.711	7	0.696	69.581	2
K	-7.600	13.86	1.000	100.000	1	0.634	63.442	5

由分析结果可知，与方案 1 相比，在方案 4 下，分公司 A、D、G、I、J 的排名均上升，在经过得分调整和考虑工作效率之后，从图 6、图 7 可以看出，J 分公司绩效得分位居前列，两项考核表现均较好，分公司 A 的排名分别从 11 位和 10 位上升至第 2 位、第 1 位，且分公司 I 的排名也略有上升，而分公司 F 因其低工作效率使其排名下降至末位。

3.5 结果分析

综合以上分析结果，将检查作业队数量和工作效率纳入绩效评价中，以解决检查覆盖率不一致的问题，方案 2、方案 3、方案 4 的绩效得分情况与方案 1 相比，各分公司的绩效排名进行了不同程度的调整，说明该方法对各分公司绩效评价具有一定的作用，通过调研和对质量安全监督中心相关人员的咨询，在实际情况中，分公司 A 与 I 在安全管理过程中表现较好，用此验证各方案与实际情况的对比，通过对各个方案的对比，在方案 4 中分公司 A 和 I 的排名均上升，对其排名调整有积极意义，所以方案 4 与实际情况更相符。

4 结论

本研究结合测井公司管理特点和实际情况，构建了基于 TOPSIS 的安全管理绩效评价模型，并设计了多种数据调整方案，以解决各分公司规模、工作量、检查覆盖率不一致带来的问题。研究建立了安全管理过程绩效评价指标体系，通过 G1 法、熵权法得到组合权重，避免了由于主观或客观带来的权重分配不合理问题，改善了评价结果的客观性和可靠性；在此基础上，利用 TOPSIS 方法得到各分公司在放射源管理及民爆品管理下的评价结果，并以此对各公司进行排名，通过各分公司得分及排名的对比分析，确定了最优评价方案。基于 TOPSIS 的安全管理绩效评价模型可有效促使各分公司发现自身安全管理缺陷，及时采取改进措施，提升各分公司的安全管理能力，降低风险发生概率。

参 考 文 献

[1] 张志玲 . 农业大数据在农业经济管理中的应用分析［J］. 现代化农业，2023，(05)，79-81.

[2] 蒋勋，张志祥，朱晓峰，等 . 大数据驱动智库应急决策的情报架构［J］. 情报理论与实践，2019，42(08)：25-32+16.

[3] 于海洋，薛聿涵 . 基于熵权 TOPSIS 的航空公司安全管理能力综合评价［J］. 项目管理技术，2023，21(02)：101-105.

[4] 黄玉杰，阳富强，林子燚 . 核电企业安全管理 SWOT-TOPSIS 模型及应用［J］. 福州大学学报（自然科学版），2023，51(01)：104-110.

[5] 董家成，关罡 . 建筑施工现场危险区域主客观双线路风险评估研究［J］. 安全与环境工程，2021，28(02)：50-58+79.

[6] 杨雨淇，王朕卿 . 基于 SC-MCO 法的煤炭企业安全绩效评价方法［J］. 北方经贸，2022，No. 450(05)：109-111.

[7] Gu Y，Xie J，Liu H，et al. Evaluation and analysis of comprehensive performance of a brake pedal based on an improved analytic hierarchy process［J］. Proceedings of the Institution of Mechanical Engineers Part D Journal of Automobile Engineering，2021(5)：095440702098773.

[8] Delgado A，Romero I. Environmental conflict analysis using an integrated grey clustering and entropy-weight method：A case study of a mining project in Peru［J］. Environmental Modelling & Software，2016，77(Mar.)：108-121.

[9] 罗樟圳，江海凡，付建林，等 . 基于组合赋权的离散车间生产计划综合评价［J］. 系统仿真学报，

2021，33(08)：1856-1865.

[10] 李志军，向建军，盛涛，等．基于 G1-变异系数-KL 改进 TOPSIS 雷达对抗干扰有效性评估[J]．北京航空航天大学学报，2021，47(12)：2571-2578.

[11] 赵蒙，王明宇，殷双斌．基于主客观组合赋权的变权 TOPSIS 弹道目标威胁评估模型[J]．军事运筹与评估，2023，38(01)：27-33.

[12] 陈刘瑜，李希建，毕娟，等．基于 AHP-TOPSIS 的冲击型煤与瓦斯突出倾向性预测[J]．中国安全科学学报，2020，30(04)：47-52.

长输管道维抢修作业安全问题分析与对策

杨志华　席利军　杨德钺

（国家管网集团东部原油储运有限公司）

摘　要　从JSA分析、安全交底、作业许可、安全监管及挖掘、动火、吊装现场管控等8个方面，对原油长输管道维抢修过程中经常出现的安全“低、老、坏”风险问题进行一一分析，并从三个方面给出对策措施，以达到有效防范、控制和降低作业安全风险，实现维抢修作业规范化和标准化，有效规避作业风险事件（故）的发生。

关键词　管道；作业；安全问题分析；对策

原油长输管道维抢修过程中存在诸多安全风险，科学、严格、全面有效的安全管控是作业顺利完成的保障，尤其全面提升作业现场动火、挖掘、吊装、受限空间、管线打开、临时用电等高风险（特殊）作业的风险识别、分析、评估水平与风险管控能力，是有效防范、控制和降低原油管道泄漏处置作业安全风险的重要手段。本文结合笔者多年来维抢修作业实践，对原油长输管道维抢修作业过程中安全管控典型问题进行归纳分析，提出合理的管理策略，以推进管道维抢修作业安全管控标准化建设。

1　维抢修作业安全问题分析

1.1　JSA分析不严格

JSA（作业安全分析）是目前国内外石油化工行业对于直接作业环节较为常用的一种安全管理工具。它通过借助整个JSA团队的力量，事先或定期对作业中存在的危害进行识别、评估并制定控制措施，从而最大限度地消除和控制风险，是作业前必须进行的关键环节和作业许可证签发的主要依据，是维抢修作业安全管控的基石。通过对维抢修队伍作业前JSA分析活动进行检查，发现存在以下问题：

（1）分析小组成员对作业活动涉及的区域环境、设备、工艺流程和操作规程相关的知识、技能掌握不够，造成风险识别不齐全、风险的可能性和严重性取值不准确。

（2）分析小组未严格审查作业计划安排，分解作业任务过于笼统或过于细密，作业任务的关键环节不清楚，不利于每步作业风险识别与评价。

（3）相同作业参照已经完成和使用过的JSA，未组织相关的分析小组成员进行重新审核，确认其有效性。

（4）未成立风险分析小组（或所成立的小组流于形式）开展JSA活动，由个别安全管理人员编制JSA表。

（5）分析人员进行危害因素辨识时未结合作业实际，区分同一作业活动在不同作业人员、区域、装置、环境下的危害因素变化情况。

（6）分析人员未能细致全面实地考察作业现场，未识别出作业环境中存在的“特殊危害因素”，并制定有针对性的有效补充安全控制措施。

1.2　安全技术交底不规范

安全技术交底是落实作业人员安全生产责任的重要环节，是保证作业安全的重要措施，它让作业人员了解和掌握该作业的安全技术操作规程和注意事项，减少因违章操作而导致事故的可能。但在实施过程中，通常会存在以下问题：

（1）作业管理单位未能向承包商（作业单位）的所有现场负责人、技术管理人员、安全管理人员进行书面交底，并由双方确认签字。

（2）承包商（作业单位）技术负责人或作业负责人对有关作业安全的技术要求未向有关作业的所有人员做出书面详细说明，并由双方确认签字。

（3）承包商（作业单位）未能在作业中时间、空间、人员、环境及气候等一项或多项发生重大变化时，重新进行安全技术交底。

（4）安全技术交底内容不全面，对作业场所存在的危险点、作业过程中存在的危险因素识别不全，针对危险点的具体防范措施、作业过程中的安全注意事项交底不细致。

(5) 安全技术交底中，对作业时可能发生的紧急情况(含事故)及发生事故后采取的避险和急救措施可操作性不强。

1.3 作业许可办理流程不严谨

作业许可是对高风险作业(指 GB 30871 规定的特殊作业及经风险识别存在较大及以上风险的作业项目)和高风险的非常规作业进行风险控制的重要手段，它不仅是很好的风险控制工具，也是促进全员参与安全管理的有效手段。作业许可管理包括作业前的风险辨识、许可条件确认、许可证的申请、审批、实施、关闭、取消等内容。在实际作业许可办理流程中存在以下问题：

(1) 对作业许可申请人、审批人、监护人、监督人这四类人员是否取得相应资质审核不严格。

(2) 作业审批人在收到申请人的作业许可申请后，未组织作业申请人及作业涉及相关人员，集中对许可证中提出的安全措施、作业方法进行书面审查，或审查不严格流于形式。

(3) 作业许可证中关于作业过程的风险识别不齐全，未识别出特殊风险点、交叉作业等相关风险，未制定相应的风险控制措施。

(4) 作业前，审批人未组织作业单位现场负责人及有关专业技术人员、监护人，对许可证列出的有关安全措施逐条确认，未在现场审批作业许可证。

(5) 作业许可证填写不规范，许可证填写日期空白或与实际不符，许可证日期、编号内容等有涂改现象。

1.4 挖掘作业安全管控不到位

埋地原油管道维抢修作业时需要对管道进行挖掘，挖掘作业往往是埋地管道维抢修作业中的难点，主要原因是地下管道(或其他障碍物)埋设具体情况不明、地质悄况复杂、开挖作业面狭窄等，为保障挖掘过程中作业人员的安全，必须对作业坑开挖全过程进行严格监管，做好作业坑放坡、支撑、坑边堆土、逃生通道设置等各项安全防护措施。在实际挖掘作业中，可能会存在以下问题：

(1) 挖掘作业前 JSA 分析不全面，作业许可审批人未组织相关人员对开挖现场进行认真踏勘，对土质类型、地下水位、管道埋设情况、是否存在其他障碍物等信息掌握不全。

(2) 当地下设施位置和深度不明时，未使用手工工具(例如铲子、揪、尖铲)进行挖掘，以暴露所有地下设施并确认其准确位置和深度。

(3) 对作业坑地质、水文等情况掌握不全，作业坑开挖放坡不够或没有采取必要的支护，造成作业坑坍塌，作业坑内未设置合理的集水坑及抽水设备，造成作业坑内大戳积水。

(4) 挖出物或其他物料堆放点距离坑、沟槽边沿不足 lm，堆积高度超过 1.5m，坡度大于 45°。

(5) 作业坑内修筑或搭设的逃生通道方向、坡度、宽度及防滑措施不符合安全管理要求。

1.5 动火作业现场安全管控不到位

动火作业是指在具有火灾爆炸危险场所内进行的涉火作业，原油管道维抢修作业通常要涉及不同作业环境的动火，由于作业环境不同，每次动火作业的危险性不尽相同，这就需要根据现场实际制定具体的安全管控措施。安全管控措施涉及作业现场警戒、作业人员资质审查、劳保穿戴、工机具符合性检查、作业坑挖掘、气体检测、消防器材(设施)配置、安全监护、作业许可办理等环节，都需要在动火作业过程中进行严格的安全管控。在实际动火作业中，可能会存在如下问题：

(1) 作业人员所系扎安全带(绳)为非阻燃材料，且逃生绳上尤其防滑脱设置(如绳结)。

(2) 作业坑内小型灭火器、灭火毯等消防器材数量配备不足，放置位置不合理，当突发着火情况时，作业人员不能及时取用。

(3) 作业坑内未能根据现场情况在管道两侧设置 2 处逃生通道，通道坡度过大(大于 30°)、踏步高度过高且松垮、防滑措施不当。

(4) 未对作业坑可能产生的油、水处置做出预判，作业坑底部未设置集油、集水坑，未采取降水措施。

(5) 动火作业前，对不小于动火点 10m 范围内环境气体检测不细致，如原油泄漏清理覆盖后，可燃气体可能在局部聚集，动火时发生局部闪爆。

(6) 监护人现场经验不足，对作业区域的环境和工艺情况掌握不够，判断和处理异常情况的能力欠缺。

1.6　吊装作业现场安全管控不到位

吊装作业在维抢修作业过程中起着至关重要的作用，吊装作业的合理安排规划、起重机械设备工具的安全管理与使用决定着维抢修作业的效率和安全性。原油管道泄漏处置通常会使用汽车起重机、电葫芦及简易起重设备等，吊装作业技术难度高、起重设备结构复杂，零部件较多，如起重吊装设备、钢丝绳、揽风绳、吊钩、索具等各种机具，同时又是由司机、指挥、司索等多工种配合协同的作业，作业过程涉及起升运行、变幅、回转等多种动作，尤其原油管道泄漏处置现场多存在作业场地狭窄、有时作业场地上方还存在高压架空线路等不利因素，作业环境复杂风险较大，易发生安全事故，这就要求在吊装作业过程中要对其进行严格的安全把控。在实际吊装作业中，可能会存在以下问题：

(1) 吊装作业现场安全警戒范围未覆盖整个吊装作业吊臂回转半径区域，非吊装作业人员进入到吊装作业区域内。

(2) 作业前，吊车司机未参加安全技术交底，也未对作业现场实地勘察，对作业现场的危险有害因素及控制措施不了解，不熟悉吊装作业要求。

(3) 起重指挥人员指挥信号不规范，非起重指挥人员参与指挥，易造成起重司机误操作。

(4) 利用兜底吊法进行绑扎时，兜底绑扎点未能保持被吊物体的水平，起吊后发生倾斜甚至滑脱。

(5) 吊装作业前，未对吊带进行严格安全检查，将存在严重磨损、切口、撕断、吊带纤维软化、老化、弹性变小等不符合安全要求的的吊带用于吊装作业中。

(6) 人员与吊物未能保持一定的安全距离。放置吊物就位时，未用牵引绳或撑竿、钩子辅助就位。

(7) 正式起吊前未进行试吊(起升高度不超过0.5m)，作业人员未能全面掌握全部机具、地锚受力情况。

1.7　安全监管人员自身管理不严

各级安全监管人员承担着检查确认安全措施落实、人员资质和设备符合性等的重要职责，作用发挥得强弱直接影响到作业过程安全管理的力度，也影响责任制的落实。因此，坚持按照“谁的工作谁负责、谁的业务谁负责、谁签字谁负责”的原则，严格履行作业过程的各级安全监管人员职责，是实现高风险作业全过程风险可控的关键。在实际作业安全监管中可能会存在以下问题：

(1) 作业前，作业许可证有关审批人员未对许可证列出的相关安全措施现场逐条确认就签字审批。

(2) 安全监管人员自身安全意识不强，如不按规定穿戴安全防护用品等。

(3) 现场监督(监护)人员对作业中出现的“三违现象(如打磨不带护目镜、安全帽不系下颌带等违章行为)不能及时纠正或制止违章行为。

(4) 对作业现场安全措施要求标准降低、监管把控放松(如作业坑开挖坑边堆土距离、高度，作业坑逃生通道的坡度、宽度等不达标)。

(5) 监督(监护)人员在作业过程中不到现场监督(监护)或擅离监督(监护)岗位。

1.8　其他常见问题

“违章指挥、违章操作、违反劳动纪律行为”是作业发生安全事故的主要因素，“低、老、坏”是作业过程中“低标准、老毛病、坏习惯”的简称，是滋生“三违”现象的源头，低标准行为就是执行过程中的打折扣行为，而“老毛病、坏习惯”表现在作业中就是习惯性违章，这种习以为常的违章难以发现，并具有很强的传染性，表现在管理上就是熟视无睹，得过且过，以下为作业过程中常出现的“三违”、“低、老、坏”现象。

(1) 作业中所用工机具未按作业现场标准化管理要求放置。

(2) 作业票证、过程资料等记录不及时、不齐全，未按要求妥善保管。

(3) 作业中产生的含油污废料等垃圾未采取单独隔离存放，作业后未做到工完、料尽、场地清。

(4) 在有水的环境中作业，打磨机、照明等用电工机具、设备线路浸泡于水中，未采取架空等防水措施。

(5) 乘坐车辆交通运输时，后排乘坐人员不系安全带。

(6) 为方便使用设备、工机具等，工具车等设备设施未按要求停放于作业现场上风向区域。

2　安全管理对策

以全面贯彻党中央要求树立和增强安全底线

思维，定期对风险全面排查，由此及彼、举一反三重要指示要求，发挥领导干部安全引领作用，落实全员安全生产责任制，以问题为导向、以结果为导向，加强直接作业监管，加大对“三违”和“低老坏”现象的处罚力度，确保作业安全，持续提升本质安全管理水平。

（1）持续强化作业现场全过程各项安全措施有效落实。作业前要做好现场气体和环境侦检、JSA分析、方案制定与审批、安全技术交底、作业许可证办理、管控措施落实与确认、班前喊话等规范动作；要检查确认作业坑开挖符合作业要求，必要的逃生通道、安全支护措施等符合规范要求；要做到作业有方案、操作有规程、风险有控制、应急有措施。作业中要严格执行作业指导书和安全操作规程，杜绝“三违”行为，要强化双检测、双监护管理，确保气体检测可靠性和现场监护到位，实现作业过程本质安全。作业后要加强作业现场检查确认，确保作业人员、设备机具及相关附属设施安全有序撤离，现场不留安全环保隐患和死角。

（2）持续加强现场作业环节的检查督导。要充分发挥各级安全监管人员的安全引领力作用，在做好日常安全管理的基础上，通过采取“四不两直”、交叉检查、旁站监护、对高风险作业实施远程视频监控等方式，重点加强直接作业现场的安全检查和督导工作，尤其是加强承包商现场作业和业务外包现场作业安全监管，对检查发现的典型问题进行集中通报，对现场出现的严重违规行为进行严肃问责处理，促进作业现场安全管理水平的提升。

（3）全面推进维抢修作业现场安全管控标准化建设进程。将标准化要求落实到每一项专业、每一个岗位和每一道工序，实现目视形象标准化和岗位作业标准化。明确维抢修队标准化建设标准，以强化风险管控为核心，以落实安全生产责任制为重点，以达标考核为手段，持续提升维抢修作业安全管控标准化建设工作，从基础工作、基本素质、基础资料、常规作业、非常规作业、安全目视化标准建设等工作入手，实现维抢修作业安全管控标准化目标。

3　结语

原油管道维抢修作业过程各环节安全管控措施与有效防范、控制和降低作业安全风险密不可分，这要求维抢修队伍对客观存在的作业风险采取工程技术措施、管理措施、个体防护等方法来规范自身作业安全管理，实现维抢修作业规范化和标准化，以规避、降低、减缓、转移作业中存在的风险，消减作业风险事件发生的可能性或减少作业风险事件发生时造成的人员伤亡、财产损失、环境污染、救援作业受阻等损失。

参 考 文 献

[1] 中国石化管道储运有限公司．管道抢维修技术(第一版)[M]．北京：中国石化出版社，2020：282-364.

基于标准差的安全管理评价方法应用研究

孙大鹏　何　豹　熊　胜　曹冠平　卢卫东

（中国石油集团测井有限公司）

摘　要　问题隐患数量的较大波动反映了安全管理中监督对象存在问题，而波动幅度的增大可能会对安全系统的稳定性产生重大影响甚至破坏。为了衡量安全管理系统的稳定性，我们采用了数学模型中的标准差来得出所需的结果。通过计算标准差，我们可以定量评估问题隐患数量在不同时间段内的变化趋势，进而判断安全管理系统的稳定性以及是否需要采取相应的改进措施。

关键词　标准差；监督对象；安全管理

随着中国石油集团在安全管理上的不断发展，各油田技术服务业务子公司成立了专业的安全监督机构，针对不同的基层单位和监督对象，如何有效地判断其安全管理的稳定性和变化趋势，对于提高安全管理水平具有重要意义。中油测井质量安全监督中心（简称中心）在开发基于监督数据的安全评价（预警）系统过程中，经常用到数学模型对监督检查产生的海量数据进行分析，在数据统计和分析方面，标准差（Standard Deviation）是一种常用的指标，能够反映数据的离散程度和稳定性。本文将介绍如何在标准差的基础上，进行算法改进，实现安全管理系统稳定性判定、异常监督对象筛选、安全管理趋势分析等应用。

1　应用

1.1　评价安全管理系统稳定性

传统数据分析中我们判断监督对象时，采用的是线性方法，就是在一定的监督周期内发生问题数量和严重程度来评价安全管理水平，问题越多，问题越严重就代表监督对象安全管理水平较差，反之说明安全管理水平较高，通常我们会认为安全管理水平较差的单位发生事故的风险增加。

问题隐患数量的较大波动反映了安全管理中监督对象存在问题，而波动幅度的增大可能会对安全系统的稳定性产生重大影响甚至破坏。为了衡量安全管理系统的稳定性，我们采用了数学模型中的标准差来得出所需的结果。通过计算标准差，我们可以定量评估问题隐患数量在不同时间段内的变化趋势，进而判断安全管理系统的稳定性以及是否需要采取相应的改进措施。

1.2　识别异常数据

对比各个监督对象问题隐患数据，如果个别数据点偏离平均值，甚至超过了正常差值，我们就认为该数据点出现异常，也就是该监督对象安全管理出现问题，需要进一步分析原因，根据情况发出预警。对监督对象内部各单元进一步分析，精准定位找出异常点，并作相应的处理。

1.3　确定安全管理变化趋势

如果标准差值逐渐变大，说明系统波动加剧，表示安全形势正在逐渐恶化。标准差值逐渐变小，说明系统波动减小，安全管理系统趋于稳定，说明标准差可以确定未来系统变化趋势。

2　方法

应用之一是利用监督检查的问题隐患数据来评价区块安全管理系统稳定性。

2.1　公式

标准差是统计学中一个非常重要的概念，它可以用来测量一组数据的离散程度，通常用于评估一个过程或者数据集合的稳定性和可靠性。

总体标准差：

$$\sigma = \sqrt{\frac{\sum_{i=1}^{n}(x_i - u)^2}{n}}$$

式中：x_i 为单次测量值；u 为总体平均值；n 为测量次数或者总体样本数。

标准误差：

$$\sigma_n = \frac{\sigma}{\sqrt{n}}$$

详细解读：

（1）对于特定的数据集合，计算每个数据点与总体平均值的差异：$(x-\mu)$。

（2）对每个差异值进行平方运算，得到差异值的平方：$(x-\mu)^2$。

（3）对所有差异值的平方进行求和操作，用 $\sum((x-\mu)^2)$ 表示。

（4）将求和结果除以总体样本数 n，得到平均差异值：$\sum((x-\mu)^2)/n$。

（5）对平均差异值进行开方运算，即求平方根，得到总体标准差 σ。

总体标准差的值越大，表示数据点相对于平均值的差异程度越大，数据分布越分散。而总体标准差的值越小，则表示数据点相对于平均值的差异程度越小，数据分布越集中。总体标准差可以帮助我们了解数据的离散程度，并在比较不同数据集的分布时提供一个有用的统计度量。

2.2　实验数据来源

基于监督现场检查的问题隐患，中心建立了数据库，根据问题的严重程度分成四个等级分别是轻微问题隐患积 0.5 分、一般问题隐患积 2 分、较大问题隐患积 4 分、重大问题隐患积 6 分，监督管理机构会按照不同的基层单位，对不同周期的内问题隐患进行分级，并求和，结果会反映出被检单位的安全管理状况。

针对 2022 年各区块安全管理稳定性进行分析，选取了如下数据：

（1）单次测量值 x_i 来源于对各区块月度问题隐患质量积分的求和。

（2）总体平均值 u 是单次测量值的月平均值。

（3）测量次数 n 为监督检查的月数。

总体标准差分析(表 1)。

表 1　总体标准差分析

片区	1月	2月	3月	4月	5月	6月	7月	8月	9月	10月	总计	总体标准差
大庆				221	139	166	92	107	41	113	879	53.05
华北				67	143	104	114	133	164	157	882	35.17
吉林				55	91	98	102	81	98	164	689	32.03
辽河				220	244	237	193	217	158	222	1491	25.37
青海				139	91	77	132	80	105	134	758	25.20
塔里木				87	49	88	119	78	48	44	513	24.41
天津				192	255	219	146	206	153	188	1359	32.63
吐哈				104	68	63	120	121	117	48	641	27.11
西南				268	225	180	192	186	109	81	1241	63.19
新疆				177	136	186	237	287	272	128	1423	55.52
长庆				581	416	520	618	592	768	620	4115	92.63
总计				2111	1857	1965	2110	2106	2039	1928	14116	

标准误差分析(表 2)。

表 2　标准误差分析

片区	总体标准差	标准误差
大庆	53.05	20.05
华北	35.17	13.29
吉林	32.03	12.11
辽河	25.37	9.59
青海	25.20	9.53
塔里木	24.41	9.23
天津	32.63	12.33
吐哈	27.11	10.25

续表

片区	总体标准差	标准误差
西南	63.19	23.88
新疆	55.52	20.98
长庆	92.63	35.01

2.3　算法改进

通过计算得出长庆、西南数值较大总体事故隐患风险较大，辽河、青海、塔里木数值较低，总体事故隐患风险较小，考虑到队伍数量和现场检查次数影响，该数值只说明总体事故隐患风险，并不能反映各区块的实际安全管理水平，从监督数据库中我们进一步提取现场检查次数这个数据，对标准差算法进行优化，计算每百次检查标准差。

$$\sigma_t=\sigma_n\times\frac{100}{m}$$

式中：σ_t 为每百次检查标准差；m 为检查次数。

百次检查标准差分析(表3、图1)。

表3　百次检查标准差分析

片区	总体标准差	标准误差	检查次数	每百次检查总体标准差
大庆	53.05	20.05	593	8.95
华北	35.17	13.29	247	14.24
吉林	32.03	12.11	342	9.37
辽河	25.37	9.59	708	3.58
青海	25.20	9.53	738	3.41
塔里木	24.41	9.23	446	5.47
天津	32.63	12.33	506	6.45
吐哈	27.11	10.25	465	5.83
西南	63.19	23.88	952	6.64
新疆	55.52	20.98	1292	4.30
长庆	92.63	35.01	2412	3.84

2.4　结果分析

基于标准差的方法进行一定的算法改进，具体包括选择合适的参数和引入新的指标。通过这些改进，该方法可以更加精准地判断系统的稳定性，找出异常数据并进行分析，同时可以对不同监督对象的安全管理变化趋势进行评估。通过对检查次数这个参数的引入，对总体标准差进行了算法改进，图1中左侧柱体是引入检查次数优化后的计算结果，变化还是比较明显的，长庆、新疆等区块的计算结果出现了明显的下降，这也说明这几个区块的安全管理比较稳定，数值较大几各区块反映出他们一年中安全管理波动较大，以下为大致原因。

2.4.1　人员变动

安全管理涉及许多人员，包括安全专业人员、管理人员、员工等等。如果这些人员出现变动，例如新员工的加入、关键人员的离职或调动，可能会对安全管理造成波动。

2.4.2　技术变化

随着技术的不断发展，安全管理也需要不断更新和升级。如果新技术的应用不当，或者旧技术的使用方式过时，可能会导致安全问题的出现，从而影响安全管理。

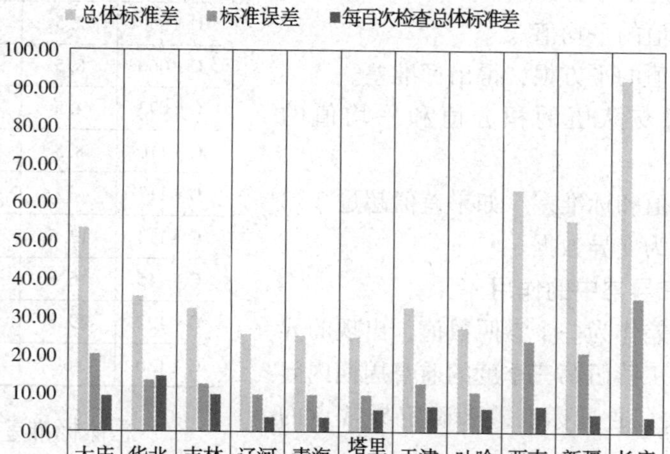

	大庆	华北	吉林	辽河	青海	塔里木	天津	吐哈	西南	新疆	长庆
总体标准差	53.05	35.17	32.03	25.37	25.20	24.41	32.63	27.11	63.19	55.52	92.63
标准误差	20.05	13.29	12.11	9.59	9.53	9.23	12.33	10.25	23.88	20.98	35.01
每百次检查总体标准差	8.95	14.24	9.37	3.58	3.41	5.47	6.45	5.83	6.64	4.30	3.84

图1　标准差分析

2.4.3　环境变化

环境因素也可能影响安全管理，测井行业队伍变化较大，这种变化不光体现在人员方面，一支队伍在变换作业区块的同时也面临着环境的变化，交通环境、居住环境、地理环境、地方风俗等，这些因素都会导致分公司面临新的风险和威胁，从而需要重新评估和更新安全管理。

2.4.4　制度变化

地方政府法规和甲方标准的变化也可能对安全管理产生影响。比如新的制度要求项目部采取新的安全措施，项目部可能需要进行调整和改进，以符合新的要求。

2.4.5　内部流程变化

企业内部流程的变化也可能影响安全管理，测井公司重组后机构变化较大，这也带来了一些业务流程的变化，例如业务模式的改变、工作流程的优化等。这些变化可能会带来新的安全问题，需要企业重新评估和更新安全管理。

3　应用拓展

标准差模型的另外两种应用是识别异常数据和分析安全管理变化趋势。

3.1　识别异常数据

标准差除了能判断系统稳定性外，还可以利用标准差计算离散度的方法来找出异常点，基于监督数据分析，在安全管理里面这个异常点可以是某个作业小队，也可以是我们测井行业中几大风险点之一，标准差分析方法应用到正在开发的监督数据的安全评价(预警)系统中可以使预警方向更加具体化，以长庆区块测井一线队伍为对象，时间是2022年第三季度，判断异常的步骤如下：

(1) 计算该季度各支队伍问题记分平均数。

(2) 计算每支队伍与平均数的差值。

(3) 将每个差值平方。

(4) 计算差值的平均值。

(5) 取平均值的平方根，得出标准差。

(6) 计算每支队伍的积分值和平均值的差值。

(7) 比较差值和标准差，如果差值超过2~3个标准差，就视为变异数据。

3.1.1　标准差在异常中的作用

表4中标准差作为一个参照数值，出现的异常点代表这些施工队伍第三季度的监督周期内问题隐患风险较大，通过标准差来确定异常点的阈值：

表4

队号	问题质量计分	总体标准差	计分平均值	平计差	异常点判定
C*221	4	5.44	8.43	4.43	正常
C*292	21	5.44	8.43	12.57	异常点
C*296	4.5	5.44	8.43	3.93	正常
C*297	25.5	5.44	8.43	17.07	异常点
C*321	7	5.44	8.43	1.43	正常
C*554	16	5.44	8.43	7.57	正常

续表

队号	问题质量计分	总体标准差	计分平均值	平计差	异常点判定
C*560	7	5.44	8.43	1.43	正常
C*560	6	5.44	8.43	2.43	正常
C*565	14.5	5.44	8.43	6.07	正常
C*565	2.5	5.44	8.43	5.93	正常
C*716	4	5.44	8.43	4.43	正常
C*719	8.5	5.44	8.43	0.07	正常
C*719	4	5.44	8.43	4.43	正常
C*006	7	5.44	8.43	1.43	正常
C*006	2	5.44	8.43	6.43	正常
C*010	10	5.44	8.43	1.57	正常
C*014	4.5	5.44	8.43	3.93	正常
C*020	3	5.44	8.43	5.43	正常
C*024	18	5.44	8.43	9.57	正常
C*024	4	5.44	8.43	4.43	正常
C*031	11	5.44	8.43	2.57	正常
C*035	20	5.44	8.43	11.57	异常点
C4*052	2	5.44	8.43	6.43	正常
C*058	7	5.44	8.43	1.43	正常
C*058	2	5.44	8.43	6.43	正常
C*059	6.5	5.44	8.43	1.93	正常
C*059	2.5	5.44	8.43	5.93	正常
C*060	8.5	5.44	8.43	0.07	正常
C*073	4.5	5.44	8.43	3.93	正常
C*110	8.5	5.44	8.43	0.07	正常
C*113	7	5.44	8.43	1.43	正常
C*114	12.5	5.44	8.43	4.07	正常
C*115	16.5	5.44	8.43	8.07	正常
C*122	29.5	5.44	8.43	21.07	异常点
C*130	6	5.44	8.43	2.43	正常

总体标准差×2+积分平均值=19.31

当一个季度内某支作业队积分总数超过19.31时，就判定为异常点。

3.1.2　异常点的处理

(1) 及时发现异常点，反馈到预警系统中，并发给监督对象管理层和下一批监督员手中，在检查中给予更多的关注。

(2) 对异常对象的开展分析找出原因，包括发现问题隐患的特征、施工地点、施工内容、时间、涉及违章的行为等诸多内容，并进一步处理。

在对表中异常点 C＊297 队详细分析后发现该队在 9 月份刚好经历了公司审核，因为检查项目多，监督投入力量较大，导致同期问题暴露比较集中，问题类型在管理缺陷、人的不安全行为、环境缺陷、物的不安全状态四个方面分布比较平均。

在对另一个异常点 C＊122 队详细分析后发现该队管理缺陷类问题比较多，具体体现：

① 带班队长在管理经验、方法方面有待提高。

② 队伍责任分工还需进一步明确，并要落实到人，适当采取一些内部奖惩措施。

③ 队伍内部缺乏有效的沟通交流以及协作机制。

④ 队长还要加强督导和关键环节的监管。

（3）对发生异常的监督对象采取相应的措施并进行改进和优化，这里涉及很多安全管理办法包括建立健全规章制度、加强培训教育、加大安全投入等。基于安全监督角度参考如下措施：

① 实行差异化监管，对于问题突出的监督对象，监管部门应该采取差异化的监管方式，对其进行更加细致、全面的监管。

② 加大监管力度，在安全积分方面严肃处理，发布预警信息，进行安全信息公开。

③ 协助异常点出现施工队所在的二级单位建立安全意识，问题突出单位应当加强对安全意识的宣传教育，使员工形成安全生产的习惯和意识，强化安全文化建设，降低安全事故的发生概率。

④ 监督单位加强对监督对象培训和技术支持，提高员工和作业经理的安全管理能力和技能水平，杜绝三违，降低人为因素对安全生产的影响。

⑤ 跟踪问题隐患整改进度，考察问题整改质量，形成 PDCA 闭环管理。

3.2　安全管理变化趋势

相较于标准差在安全管理系统稳定性和识别异常数据这两个应用，判断安全管理变化趋势也有一定的帮助。

3.2.1　原理

标准差可以用来确定变化趋势。如果标准差逐渐增大，则表示系统波动逐渐加剧，变化趋势为上升，表明被监督的单位安全形势出现恶化，事故隐患风险增加；如果标准差逐渐减小，则表示系统波动逐渐减弱，变化趋势为下降，说明被监督单位安全形势趋于稳定，事故隐患风险逐步减小。在一定程度上可以帮助预评价（预警）系统预测被监督单位的安全管理变化趋势。

3.2.2　步骤

（1）提取西南区块固定时间段（2022 年 6 月、7 月、8 月）的问题数据。

（2）计算这段时间的标准差值。

（3）再提取固定时间段后一个月数据和前两个月数据（2022 年 7 月、8 月、9 月）

（4）继续计算标准差。

（5）重复上述步骤一直计算到 2023 年 4 月。

（6）将每次计算结果制成趋势图展开分析。

（7）特殊情况，因 2022 年 12 月中心指标考核，考虑到压力情况，本月数据不参与分析。

说明：西南区块施工受季节因素影响较小，故提取西南数据做分析（图 2）。

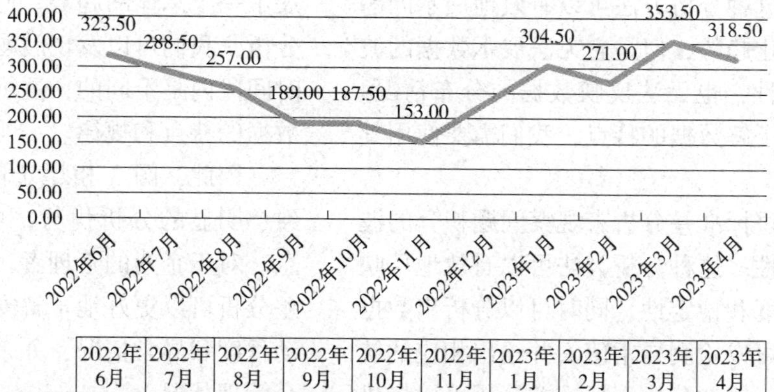

	2022年6月	2022年7月	2022年8月	2022年9月	2022年10月	2022年11月	2023年1月	2023年2月	2023年3月	2023年4月
问题隐患积分	323.50	288.50	257.00	189.00	187.50	153.00	304.50	271.00	353.50	318.50

图 2　问题隐患积分

3.2.3　结果分析

首先，我们可以通过图2中的问题积分来观察数据的总体变化趋势。从图中可以看出，2022年7月到2023年4月的问题质量积分整体呈现出先增加后减少的趋势。其中，2022年6月和2023年3月的问题积分分别达到了次高值和最高值，分别为323.50和353.50。这可能表明在这两个月中问题数量增多。

其次，我们可以通过标准差分析结果来观察每隔三个月时间段内数据的变化情况。从图3中可以看出，不同时间段内的数据变化情况差异较大。例如，2022年7月、8月、9月的标准差为41.52，说明2022年7月到9月的问题质量积分波动较大，而2022年9月、10月、11月数据中的标准差为16.63，说明2022年9月到11月的问题积分波动较小。从2022年9月开始到2023年2月，标准差出现了次高值和最高值，说明这两个月安全形势恶化，事故隐患风险增高。由于这段时间处于测井行业的收工期和开工期，人员、心理、设备、环境等因素变化较大，所以安全管理状况出现较大波动，实际情况也验证了标准差分析方法的合理性。

进一步分析图2和图3的关系，我们可以将图3中的标准差与对应时间段内的问题积分进行对比。通过这种方法，我们可以观察到问题积分波动较大的时间段是否对应着标准差较大的时间段，从而确定问题积分的波动是否具有一定的周期性。这种周期性规律的发现，为预警系统开发提供了重要数据支持。

其他原因分析，图3在2022年10到1月和2022年11月到2023年2月出现两次标准差高值，反映出这段时间监督更换和力量投入的问题；同时也拓展了标准差公式在监督绩效考核方面的应用前景。

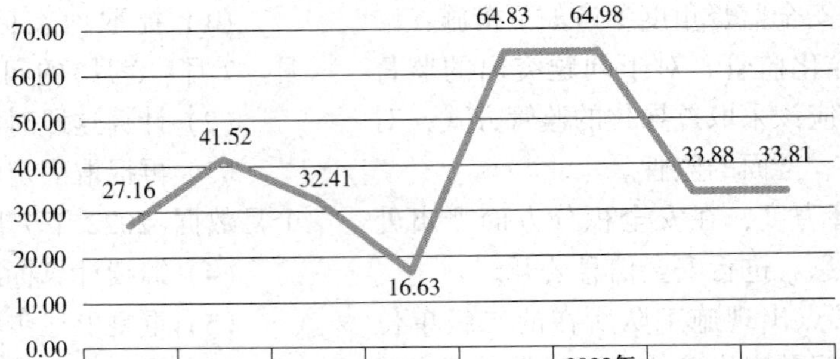

	2022年6、7、8月	2022年7、8、9月	8、9、10月	9、10、11月	10、11、2023年1月	2022年11月、2023年1月、2月	2023年1、2、3月	2023年2、3、4月
标准差分析结果	27.16	41.52	32.41	16.63	64.83	64.98	33.88	33.81

图3　问题积分标准差趋势分析

3.2.4　方法比较

图2是通过线性分析来观察问题积分随时间的变化趋势。这种分析方法可以有效地展示问题积分的月度变化趋势，但是它无法展示数据的波动程度和稳定性，也无法反映数据的分布情况。为了更全面地了解数据的特点，我们需要使用其他统计方法。

图3是通过标准差分析来观察问题积分的波动程度和稳定性。这种分析方法可以有效地反映数据的波动程度和稳定性，同时可以分析出数据的分布情况，可以检测异常值，并给出相应的统计指标。相比于线性分析，标准差分析可以提供更丰富的信息，更全面地了解数据的特点。

另外，标准差分析是基于问题质量积分的分析，它考虑了问题质量积分的变化趋势，可以更准确地描述数据的波动情况和趋势，而不是仅仅展示一个总体的趋势。通过对数据标准差的趋势分析，我们可以发现问题积分的波动程度在不同时间段内是不同的，这可以帮助我们进一步了解数据的特点和规律。

因此，图3相比于图2具有更加全面、细致、明显的分析优势，可以提供更多有用的信息。对于企业的管理者，通过对问题数据的标准差分析可以更好地了解安全管理的变化趋势、波动程度和异常情况，并采取相应的措施来改善安全管理状况。

3.3　判断测井主要风险点安全管理状况

目前中油测井主要存在6类能导致亡人事故

和造成社会影响的风险点，分别是吊装作业、放射性物品管理、高处作业、交通安全、井控管理和民爆品管理，利用标准差方法对上述风险点问题隐患按月统计检查发现的问题数量做分析，能体现出公司在这几类风险点的安全管理状况。

3.3.1　步骤方法

（1）从数据库中提取公司在这6类的问题数据，从2022年7月初至2023年4月底。

（2）按月、按类整理问题发生数量。

（3）计算6类问题发生数量的标准差。

（4）作图比较。

表5为6类问题的数据分析，图4为标准差分析点。

表5　6类问题的数据分析

年月	吊装作业	放射性物品管理	高处作业	交通安全	井控管理	民爆物品管理
2022年7月	59	58	17	77	77	50
2022年8月	36	28	15	74	56	49
2022年9月	60	73	9	59	55	51
2022年10月	50	40	22	61	44	35
2022年11月	52	26	28	48	60	37
2022年12月	22	16	6	18	29	16
2023年1月	18	23	4	54	33	4
2023年2月	39	29	8	74	49	29
2023年3月	51	41	14	87	60	42
2023年4月	68	24	10	90	56	40
总计	455	358	133	642	519	353
标准差分析	15.60	16.79	7.11	20.20	13.25	14.53

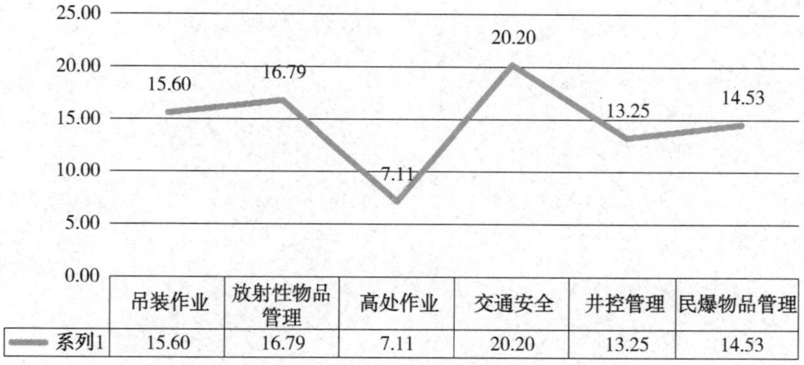

图4　标准差分析风险点

3.3.2　结果分析

（1）从数据总计结果对比来看，各类风险点中交通安全出现的问题隐患数量最多，其次是井控管理和吊装作业，高处作业问题隐患最少。总计是指各个月份数据的累计总和，反映了每个风险领域在整个时间段内的问题隐患总量。而标准差是用来衡量数据的离散程度，反映了每个风险点在不同月份间的波动性。

（2）标准差分析数据方面：

吊装作业：标准差为15.60，表示吊装作业在各个月份之间的表现较为不稳定，存在较大的波动。

放射性物品管理：标准差为16.79，说明放射性物品管理的工作表现在各个月份间也存在较大的波动性。

高处作业：标准差为7.11，高处作业的工作表现相对稳定，波动较小。

交通安全：标准差为20.20，交通安全工作的表现波动最大，存在较大的不稳定性。

井控管理：标准差为13.25，井控管理的工作表现相对稳定，波动较小。

民爆物品管理：标准差为14.53，民爆物品管理在各个月份间的工作表现存在较大的波动。

(3) 从总计数据和标准差分析结果来看，交通安全问题隐患数量最多且波动性较大，需要重点关注和改进。放射性物品管理在总计上并不突出，但通过标准差分析发现其存在较大的波动性，也需要监督和管理部门有针对性地关注和改进。

(4) 总计和标准差分析提供了不同的视角来评估和比较数据。总计关注问题隐患数量的总体情况，而标准差关注问题隐患的波动性。这两个指标相互补充，可以为我们提供更全面的数据分析和决策依据。

4　结论与讨论

标准差分析对于监督数据的应用与分析有着非常现实的意义，本文在对标准差公式进行介绍和拓展的基础上，对该数学方法在评价安全系统稳定性、识别异常数据和安全管理变化趋势方面进行了实践应用。

在对安全系统稳定性评价应用中，对标准差原始公式进行了优化，合理地找出了波动较大的区块，并总结了 5 点引起波动的主要原因。

在识别异常数据方面，结合过往经验和实际情况，利用标准差方法确定了问题积分的异常阈值，找到了事故隐患风险较高的基层队伍，总结数据异常的原因，还给出了具体的整改意见。

在安全管理变化趋势分析方面，我们得出了西南区块从 2022 年 7 月到 2023 年 4 月安全管理形势随着月度变化的波动程度和稳定性周期规律，还判断了测井主要风险点安全管理状况。总之，关于标准差分析方法在安全管理方面的应用还在持续地研究和探索中。

参 考 文 献

[1] 张帼奋，等．概率论、数理统计与随机过程．
[2] 高连如，张兵，张霞，等．基于局部标准差的遥感图像噪声评估方法研究．

管道储运企业重大危险源辨识问题刍议

杨德铖　杨志华　于雁飞

（国家管网集团东部原油储运有限公司）

摘　要　管道储运企业进行重大危险源评估时，在辨识范围、单元划分、存她计算原则、修正参数确定及风险基准等方面常存有一些疑虑或困惑。从安全风险管理角度，结合法规标准对相关问题进行分析和探讨，提出了合理可行的建议，为管道储运企业重大危险源辨识与评估工作提供参考。

关键词　管道储运企业；重大危险源辨识；评估

危险化学品具有易燃易爆、有毒有害的危险特性，一旦泄漏或失去控制容易引发燃烧、爆炸或者中毒事故，造成人员伤亡和财产损失。危险化学品数量越多，则其潜在的危害程度越大，如果发生事故会造成群死群伤以及巨大的经济损失，因此，危险化学品重大危险源的管理对于防止重特大事故具有非常重要的意义。GB 18218—2018《危险化学品重大危险源辨识》已经发布，但由于该标准是危险化学品辨识的通用标准，未对具体装置设施的辨识进行详细规定，并且辨识涉及物质危险性类别、装置和设施平面布置、外部安全防护距离和风险基准等多个因素，过程较为复杂。笔者从重大危险源基本概念和管理目的出发，结合国家现行的相关标准，参考与评估机构的研究和讨论，对原油管道储运企业在重大危险源辨识和评估过程中遇到的实际问题进行分析，提出了合理用行的建议，为相关标准完善和实际工作提供参考。

1　概念分析

危险源为可能导致人身伤害(或)健康损害的根源、状态或行为，或其组合，通常与某种类型的能量有关。因此，重大危险源具有较大的某种能量的聚集，失控后可能导致严重的人员伤亡和财产损失。危险化学品重大危险源是指长期地或临时地生产、储存、使用和经营危险化学品，且危险化学品的数觉等于或超过临界量的单元。根据定义，其判定包括两个条件：一是生产和储存的物质必须是危险化学品，即列入《危险化学品目录》(2015 版)；二是生产和储存设施的危险化学品实际存在比较大，且能够构成重大危险源。

综上所述，危险化学品重大危险源生产和储存介质本质危险性高，通常具有易燃、易爆和毒性；且实际存在量大，泄漏后极易发生重特大事故，造成群死群伤。因此，以此为基本出发点，应对生大危险源进行系统管理，从危险装置和设施中辨识重大危险源，并根据物质危险性、存量大小以及周边人口等进行分级，采取技术、监控和管理等措施进行重点管控，以确保危险化学品企业的安全生产。

2　辨识问题分析及对策

2.1　外管道辨识

原油长输管道系统主要功能为从油田、码头等输送原油至炼化企业，一般由外管道和输油站库组成，外管道为原油输送的通道，输油站库则主要实施加压、加热、储存、流程切换以及自动控制等功能。由于外管道属于危险化学品的运输，且为危险物质的线性分布，因此，原油外管道是否属于重大危险源的辨识范围，如何进行单元划分，具有以下几种观点：

2004 年国家安监总局发布的 56 号文规定重大危险源申报范围分为：贮罐区(贮罐)、库区(库)、生产场所、压力管道、锅炉和压力容器等共 9 种。此处规定的重大危险源是一个广义范畴，包括但不特指危险化学品重大危险源，其中原油长输管道属于压力管道重大危险源类别。但 56 号文已经废止，目前重大危险源管理一般特指危险化学品重大危险源。

2012 年发布的浙江省安监局 145 号文规定，危险化学品重大危险源辨识范围包括生产、储存、使用或者搬运(长输管线)场所和设施。长输管线“危险化学品的存在数量应当是发生事故后管道所能泄漏出的危险化学品最大量”。据此判断，原油管道属于危险化学品重大危险源辨识范围，但实际存在量的计算仅规定“事故泄漏最大量”，未明确具体泄漏事故场景。管道失效后果的定量计算必须通过有代表的失效场景建立数学模型，从而计算泄漏量。而管道泄漏场景根据孔径大小可分为小孔泄漏(0~5mm)、中孔泄漏(5~50mm)、大孔泄漏(50~100mm)和完全断裂4种场景，同时还需考虑泄漏位置、截断阀设置、管道沿线高程、紧急切断系统的响应时间以及应急抢修等多种因素。因此，根据“泄漏最大量”来判定原油长输管道是否属于重大危险源，标准不明确且可操作性不强。

而GB 18218—2000规定：本标准不适用于危险物质的运输。GB 18218—2009也规定：本标准不适用于危险化学品的运输。GB 18218—2018更是明确规定：本标准不适用于危险化学品的厂外运输，包括铁路、道路、水路、航空、管道等运输方式。并目根据GB 18218单元划分的原则看，危险化学品重大危险源强调“区域”概念，主要为装置、设施或罐区，考虑的是区域危险化学品能量集中对周边防护目标的重大影响，而原油长输管道即使常年运行，也属于危险化学品的“线性储存”，具有线路长，经过地区多，周边防护目标散乱等特点。

综上所述，建议不将原油长输管道纳入危险化学品重大危险源的辨识范围，对于人口密集区的管道，可进行高后果区识别和管理。

2.2 单元划分

2.2.1 输油泵、阀组和计算等单元划分

输油站库主要实施加压、加热、储存和流程切换等功能，主要包括输油泵区、阀组区、计量区和储罐区等。根据GB 18218—2018的单元划分原则，装置和设施以切断阀为界划分为生产单元，储罐区以防火堤为界划分为储存单元，此划分原则主要针对炼化企业装置和罐区。从严格意义来说，输油泵、阀组和流量计等均属于生产设备，平面布置占地较少，工艺管道原油储存相对临界量很小，对于站库重大危险源的判定和分级影响不大，而输油站库原油储存量主要为储罐区。因此，建议在输油站库面大危险源辨识中，输油泵、阀组和流量计以及涉及的工艺管道可不纳入辨识范围，仅将储罐区划分单元进行辨识即可。但需注意，如果储罐区构成了重大危险源，那么输油泵、阀组及其他辅助设施作为同一系统也应纳入重大危险源的安全管理范围。

2.2.2 罐区单元划分

GB 18218—2018提出储罐区以罐区防火堤为界限划分为独立单元。而罐区是由一个或若干个油罐组成的储油罐区域，罐组是由一条闭合防火堤围成的一个或几个油罐组成的储罐单元。因此，从严格意义上来说，罐区由罐组构成，罐组之间由环形消防道路隔开。罐区不存在统一防火堤，罐组才具有闭合防火堤。因此，建议原油储罐区每个单独罐组划分为一个辨识单元。

2.3 罐组计算

2.3.1 原油临界觉确定

根据GB 30000.7—2013，易燃液体分为以下4类：类别1：闪点<23℃且初沸点≤35℃；类别2：闪点<23℃且初沸点>35℃；类别3：23℃<闪点≤60℃；类别4：60℃<闪点≤93℃。

根据GB 18218—2018，易燃液体危险化学品类别及其临界量见表1。

表1　危险化学品类别及其临界量

类　别	符号	危险性分类	临界量/t
易燃液体	W5.1	一类别1	0
W-物理危险性 符号一类别2和3.	W5.2	一类别2和3，具有引发重大事故的特殊工艺条件，包括危险化工工艺、爆炸极限范围或附近操作、操作压力大于1.6MPa	50
工作温度高于沸点	W5.3	一不属于W5.1或W5.2的其他类别2	1000
	W5.4	一不属于W5.1或W5.2的北他兴别3	5000

根据表1，原油沸点高于35℃，且管输原油工作温度低于沸点，排除W5.1分类；原油管道非危险化工工艺，不存在爆炸极限范围或附近操作，储罐区操作压力一般小于1.6MPa，排除W5.2分类。

根据W5.3和W5.4分类，原油临界量确定

方法如下：若闪点大于60℃，属于易燃液体类别4，不属于重大危险源辨识范围；若闪点<23℃，临界量为1000t；若闪点大于23℃且≤60℃，则临界量为5000t。建议在储存原油种类较多时，按低闪点原油进行辨识；另外，若企业未提供具体原油闪点数据，则临界量按1000t考虑。

2.3.2　原油实际存在量确定

原油实际存在量确定中存在两个问题：

一是原油管道中间站场设置的旁接油罐和泄放罐是否纳入实际存在记计算。两种罐类型涉及两种不同的原油输送工艺，一种是旁接油罐输送工艺，旁接油罐是中间站与上下两站的输量不平衡时，油罐起缓冲作用，容量按2h的最大管输量考虑，一般低液位运行；另外一种是密闭输送工艺，也称从泵到泵工艺，整个管道构成一个统一的水力系统，为防水击破坏，常在中间站设泄放罐，罐容根据瞬态水力分析确定，正常运行时泄放罐不储存原油，仅作事故状态下泄放使用。从重大危险源的概念分析和辨识目的出发，由于旁接油罐和泄放罐正常运行时不储存原油或存量很少，目主要承担管道运输功能，建议此两种罐不纳入实际存在忙的计算。

二是储罐容量计算采用何种储罐液位进行计算。原油管道首站和末站一般都设置有大型储油罐区，为防止储罐发生溢流事故，储罐一般设有安全罐位、报警罐位、联锁罐位和设计罐位，液位随之逐渐升高。安全罐位为日常运行最高罐位，一般低于报警罐位；设计罐位为设计储存高液位，一般由罐壁高度、安全裕量和10~15min储罐最大进液量等计算。根据GB 18218—2018，危险化学品储罐实际存在量按设计最大量确定，因此，建议储罐罐位按设计储存高液位考虑。

3　分级问题分析及对策

3.1　危险化学品校正系数确定

重大危险源分级需要确定危险化学品校正系数，GB 18218—2018规定易燃液体校正系数见表2。

表2　危险化学品校正系数

类　别	符　号	校正系数β
易燃液体	W5.1	1.5
	W5.2	1
	W5.3	1
	W5.4	1

根据表2的分析，原油属于易燃液体W5.3或W5.4分类，因此校正系数取1。

3.2　厂区外暴露人员校正系数确定

重大危险源发生事故后，其严重程度与周边人口分布直接相关。GB 18218—2018规定，分级必须确定厂区外暴露人员校正系数，此系数根据重大危险源厂区边界外向外扩展500m范围内常住人口数量确定。在此解释中，“厂区边界”和常住人口两个定义存在一定的分歧。

3.2.1　厂区边界的确定

GB 18218—2018中未对厂区边界的起算点进行明确规定，容易引起分歧。如图1，某输油站平面布置东北角为罐组1，东南角为罐组2，西北角为辅助区，西南角为工艺区，罐组1构成重大危险源，需对其分级。

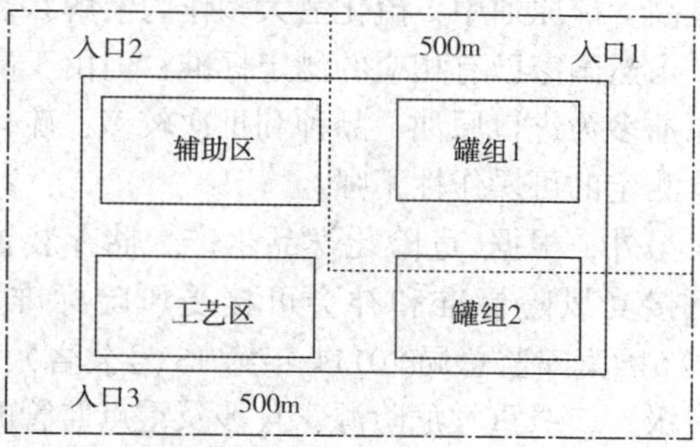

图1　厂区边界确定示例

如图1所示，若从紧邻罐组1的厂区边界扩展500m，则仅包括人口1；若从整个厂区边界扩展500m，人口数量则为人口1、人口2和人口3的总和。对于大型输油站库，由于罐组较多，平面布置占地较大，对于单个罐组重大危险源分级，建议通过相邻罐组的厂区边界扩展确定暴露人员系数，且与厂区边界不相邻一侧，建议按罐组防火堤扩展500m。

3.2.2　常住人口的界定

GB 18218—2018未对常住人口给出具体的定义，从字面理解，专指居民区。但根据新发布的GB 36894—2018《危险化学品生产装罚和储存设施风险基准》，防护目标分为高敏感防护目标、重要防护目标和一级防护目标，并未局限于居民区。如综合文化活动中心属于高敏感防护目标，但其基本不涉及常住人口。因此，建议确定暴露人员校正系数时，不能局限于居民区人数，应考虑引起人员聚集场所(如商场、公园人员健身场所等)的人数。

4　评估问题分析及对策

4.1　定量风险评估要求

关于重大危险源是否需要开展定扭风险评估，国家相继发布一系列相关文件和标准，不同的阶段要求不一致，因此引起一些歧义。

关于重大危险源开展定辽风险评估的要求，2011年发布的安监总局第40号令和GB/T 37243—2019两者规定基本一致：涉及毒性气体或易燃气体且设计最大量与其在GB 18218中规定的临界量比值之和≥1，需要进行定量风险评估以确定外部安全防护距离。据此规定，原油储罐重大危险源不需开展定量风险评估。但另外一种观点认为高含硫原油中大都溶解硫化氢气体，应该考虑硫化氢量与其临界值之比之和是否≥1。但是高含硫原油中，硫化氢大多作为溶解状态存在，虽然国家已有相应的测定标准，但由于高含硫原油多为进口原油，品种和批次较多，硫化氢含量测定的可操作性不强。

另外，根据《危险化学品生产、储存装置个人可接受风险标准和补会可接受风险标准(试行)》(国家安监总局20111年第13号公告)，构成一级、二级重大危险源，且涉及重点监管的危险化学品的生产、储存装置，应当选用定量风险评价法确定外部安全防护距离，据此公告规定，原油储罐重大危险源需开展定量风险评估。但根据文件发布的时间顺序，笔者认为，安监总局2014年发布13号公告，主要规定个人可接受风险标准和社会可接受风险标准，以及外部安全防护距离计算推荐方法。但新版标准GB 36894—2018和GB/T 37243—2019发布以后，更新了风险基准和安全防护距离的计算流程和推荐方法，应按最新国家标准执行。

因此，除地方政府特殊要求，建议原油储罐重大危险源可不开展定期风险评估，外部安全防护距离执行相关标准规范有关距离的要求。

4.2　个人和社会风险基准要求

安监总局第40号令第13号公告和GB 36894—2018相继发布我国个人风险基准和社会风险基准。三个规定中，社会风险基准是一致的。第13号公告和GB 36894的个人风险基准一致，但比40号令里规定的个人风险基准高一个数量等级(风险要求比40号令低一个数量级)。因此，在原油储罐重大危险源定记风险评估中，应采用40号令规定的个人风险基准。

5　结论

根据GB 18218—2018《危险化学品重大危险源辨识》等相关标准和安全有关文件，对原油长输管道重大危险源辨识和评估过程中遇到一系列问题，如辨识范围存在争议，生产区和储罐区单元划分边界不准确，原油临界记确定方法较复杂，特殊储罐是否纳入计算观点不一致暴露人员校正系数确定存在分歧及定量风险评估要求存在争议等，笔者根据标准文献研究和现场实际经验为基础，提出了合理建议，力求使原油长输管道重大危险源辨识和评估工作更为合理和规范。

GB 18218—2018《危险化学品重大危险源辨识》是通用性规范，规定了危险化学品装置、设施重大危险源辨识的原则性要求和方法。但由于危险化学品装置、设施涉及石油、石化和化工等多个行业，且涉及多种类型的生产装置、工艺设备和储存设施等。GB 18218很难涵盖所有装置和设施辨识的细节，也很难解决辨识过程中存在的有关问题，但重大危险源的准确辨识和评估是进行有效安全管理的前提条件，因此，建议GB 18218根据装置和设施分类，编制具体辨识导则或标准附件，详细指导具体辨识和计估工作，如可以制定原油长输管道重大危险源辨识导则等。

重大危险源辨识和评估涉及我国危险化学品"两重点一重大(重点监管危险化学品、重点监管危险化工工艺和重大危险源)"管理体系，国家相继出台了很多法律法规、政策性文件和标准规范，这些法规标准之间既有传承，也有一些冲突和不一致的地方，建议尽快综合和吸收这些法规标准要求，并与国际上日前较为通用的过程安全管理方法相结合，尽快修订《危险化学品重大危险源监督管理暂行规定》或将其升级为标准，从而更好地指导原油长输管道重大危险源以及其他类塑重大危险源管理工作。

参　考　文　献

[1] 王永强，刘承明，杜洪斌，等. 危险化学品重大危险源辨识中的问题和对策[J]. 中国安全生产科学技术，2013，9(6)：115-119.

[2] 中华人民共和国国家质量监督检验检疫总局. 职业健康安全管理体系要求：GB/T 28001—2011[S]. 北京：中国计划出版社，2011.

[3] MARVIN RAUSAND. RISK ASSESSMENT: THEORY, METHODS, AND APPLICATIONS[D]. NORWEGIAN: NORWEGIAN UNIVERSITY OF SCIENCE AND TECHNOLOGY, 201 1: 66.

[4] 国家市场监督管理总局．危险化学品重大危险源辨识：GB 18218—2018[S]．北京：中国标准出版社，2018.

[5] 国家安全生产监督管理局等10部委．危险化学品目录(2015版)[Z]，2015.

[6] 国家安全生产监督管理局．关于开展重大危险源监督管理工作的指导意见(安监管协调字〔2004〕56号)[Z]，2018.

[7] 国家安全生产监督管理局．关于宣布失效一批安全生产文件的通知(安监总办[2016]13号)[Z]，2016.

[8] 浙江省安全生产监督管理局．浙江省危险化学品重大危险源监督管理实施细则(试行)(浙安监管危化〔2012〕145号)[Z]. 2012.

[9] 国家能源局．油气输送管道风险评价导则：SY/T 6859—2012[S]. 北京：石油化工出版社，2012.

[10] 国家市场监督管理总局．化工企业定量风险评价导则：AQ/T 3046—2013[S]. 北京：石油化工出版社，2013

[11] 中华人民共和国国家质量监督检验检疫总局．危险化学品重大危险源辨识：GB 18218—2009[S]. 北京：中国标准出版社，2009.

[12] 中华人民共和国国家质量监督检验检疫总局．油气输送管道完整性管理规范：GB 32167—2015[S]. 2015.

[13] 中华人民共和国建设部．石油天然气工程设计防火规范：GB 50183—2004[S]．北京：中国计划出版社，2004

[14] 中华人民共和国国家质量监督检验检疫总局．化学品分类和标签规范第7部分：易燃液体：GB 30000. 7—2013[S]．北京：中国计划出版社，2013.

[15] 国家安全生产监督管理局．重点监管危险化工工艺目录(2013年完整版)[Z]，2013.

[16] 中华人民共和国工业和信息化部．石油化工储运系统罐区设计规范：SH/T 3007—2014[S]. 北京：中国石化出版社，2014.

[17] 国家市场监督管理总局．危险化学品生产装置和储存设施风险基准：GB 36894—2018[S]. 北京：中国标准出版社，2018.

[18] 国家安全生产监督管理局．危险化学品重大危险源监督管理暂行规定(安监总局令第40号)[Z]，2011.

[19] 国家市场监督管理总局．危险化学品生产装置和储存设施外部安全防护距离确定方法：GB/T 37243—2019[S]. 北京：中国质检出版社，2019.

[20] 中华人民共和国国家质量监督检验检疫总局．原油硫化氢、甲基硫醇和乙基硫醇的测定：GB/T 26983—2011[S]. 北京：中国质检出版社，2011.

[21] 国家安全生产监督管理局．危险化学品生产、储存装置个人可接受风险标准和社会可接受风险标准(试行)(安监总局2014年第13号公告)[Z]，2014.

[22] 中国石化管道储运有限公司．管道抢维修技术(第一版)[M]．北京：中国石化出版社，2020：282-364.

计算机视觉技术在测井现场作业人员不安全行为管理中的应用

陈建华　肖文杰　魏　龙

（中国石油集团测井有限公司）

摘　要　测井作业人员的不安全行为管理是测井作业安全管理中复杂棘手的问题。利用计算机视觉技术替代安全监督管理人员实施现场监管，有利于提升测井作业现场安全管理效率，实现自动化安全测井作业。针对测井作业安全管理现存问题，提出一种基于计算机视觉技术的测井作业人员不安全行为管理方法。首先对测井作业现场人员所处位置及运动轨迹进行视频信息的采集、处理以及算法的识别和推理，再根据目标对象的行为进行安全判断与预警，以期达到自动识别和监测潜在不安全因素的效果。相比传统安全管理方式，采取机器学习算法进行测井作业现场安全管理能进一步提升测井作业现场视频监控设备的利用率以及规范测井作业人员的不安全行为，对提升测井作业现场安全管理的智能化和自动化有显著作用。

关键词　计算机视觉技术；测井作业安全管理；行为识别；自动化

现阶段，测井作业现场的安全管理总体上还是基于专业化监督、QHSE体系审核与专项检查等方式展开，较多地依赖于安全管理相关人员的主观依据进行决断。虽然与传统模式相比已经加入了大量摄像监控设备等电子技术，期望实现代替人工安全监督的目标，但总体来讲，测井作业现场的安全管控还不够自动化和智能化，只能做到对危险行为的“可见”却不能做到“理解”，随之带来的弊端则是导致安全投入与安全效益的边际效用递减，“低老坏”问题依旧突出，安全事故尚未根本上杜绝。安全事故的发生不仅会对测井作业人员造成严重影响，还会造成工期拖延、经济损失，甚至会影响企业的稳定长远发展。调查显示，事故发生的原因90%是人员的不安全行为，但是由于受人的主观意识影响较大，如何运用技术手段减少测井现场作业施工中人员的不安全行为是测井现场安全管理的焦点问题。

一些学者将目光转移到信息化、数字化、智能化安全管理。但目前国内测井作业现场的安全管控方式大多为在测井作业现场安装监控摄像头，行车记录仪、车辆GPS定位等技术来辅助安全监督管理人员管理测井作业现场，这一举措虽在一定程度上缓解了人工进行安全巡检的巨大压力，但由于监测图像与视频等采集的信息和测井作业现场未能达到良好的衔接，安全监管的实时性差，自动化程度低，因此，测井作业安全管理时效并不显著。计算机视觉技术在近几年取得了巨大进展，并已落地成为具体应用，如人脸检测、劳保穿戴检测等。监控技术的普及为计算机视觉算法提供丰富的影像资料作为训练样本，从而使测井作业安全管理能够减少施作业人员的不安全行为、保证测井作业的安全生产。

本文基于计算机视觉技术，提出一种安全管理方法，用于测井作业人员位置及运动轨迹的识别与预测，通过对测井作业人员位置与运动轨迹进行信息采集、处理以及算法识别及推理，判断出测井作业人员所处位置以及预测其运动轨迹的危险程度，在必要时及时发出预警通知并采取相应措施。弥补了规章制度难以量化和实效性差的问题，实现智能化、高效、实时、精准的测井作业安全管理。

1　基于计算机视觉技术的测井作业人员不安全行为管理可行性分析

1.1　测井作业人员不安全行为分析

通过对各类规范、文献以及现阶段所发生的生产安全事故的总结，主要将测井作业现场公认的人员不安全行为分为两类：第一类是避免作业人员出现在其不应出现的位置，即不安全区域的管理；第二类是避免作业人员自身行为对其造成潜在危害，即作业人员位置及运动轨迹的管理。本文主要利用计算机视觉技术对测井作业现场的相关人员进行不安全行为的检测、识别、跟踪及预测。

1.2 计算机视觉技术应用于测井作业人员不安全行为的可行性分析

计算机视觉技术是人工智能技术中的一个重要分支，利用摄像头电子设备取代“人眼”进行监管工作，用各种算法代替“大脑”进行思维活动。而我们要做的就是通过信息处理使计算机达到“智能化”，再搭配摄像头与图像采集等多种设备进行信息收集，达到计算机视觉技术代替人眼进行测井作业现场安全管理的实际效果。计算机视觉技术广泛应用于诸多领域。在公共安全领域，该技术广泛用于动态人脸和图像的识别；在公共交通领域，该技术主要用于车辆与路口的感知、身份的识别等；在医疗领域，其主要用于病理、病变的检测，图像的分析、建模与仿真；在工业和农业领域，其主要用于产品的质量检测等。

借鉴计算机视觉技术在诸多领域中的应用，提出基于计算机视觉技术的测井作业人员不安全行为的安全管理方法，将其应用于测井作业施工区域中人员不安全行为的检测、识别、跟踪及预测，利用机器替代安全监督管理人员在测井作业现场实施安全监管，实现对测井作业现场不安全隐患的“可见”与“理解”，实现“智能化”实时安全管控，提升测井作业安全管理实效。具体来讲，就是通过摄像机等电子摄影设备拍摄测井作业过程中施工人员的各种具体操作画面，对其中的人员进行定位和算法识别，利用计算机的机器学习技术自主判断测井作业人员所处位置和其运动轨迹是否存在潜在危险，进而代替人力做出测井作业现场安全管理的判断，是否需要发出安全预警告知相关工作人员。通过这样的方式以期在测井作业安全管理中应用计算机视觉技术来达到操作便捷、反馈实时等要求，实现安全测井作业的目的。

现阶段，计算机视觉技术是人工智能领域中发展最广、技术较为成熟的方向。研究表明，机器视觉能力已经在大量单项视觉任务中超过人类视觉精度水平，由此可见，计算机视觉技术可在测井施工现场大规模推广与实施。

在测井作业现场应用计算机视觉技术辅助安全管理，有利于提高测井行业整体信息化水平，避免浪费大量人力资源进行人工监督检查，为测井作业安全管理提供一个全新的方向和思路，实现测井作业的“智能化”发展。计算机视觉技术具有较好的实际操作性及较低的监管成本，将该系统在测井作业现场布设好之后，无需过多的人工参与即可进行测井作业全过程无间歇监管工作。与传统的安全管理模式相比，既提升了测井作业现场的安全管控实效，又更好地将测井作业安全管理成本控制在理想范围内，切实提升了测井作业现场安全管理水平。现阶段的计算机视觉技术发展较为完善，处理图像和视频的延迟率很小，可以实现实时监控，且监控的覆盖率高，有效提升测井作业现场安全管理效率。

2 基于计算机视觉技术的测井作业人员不安全行为管理研究

将计算机视觉技术与测井作业人员不安全行为管理结合，对安全事故易发但管理难度较大的人员定位、不安全行为识别两类关键因素展开研究，以期对测井作业现场人员不安全行为的精确管理，实现高效、可视化测井作业安全管理。

2.1 测井作业人员的定位问题

测井现场作业场景相对固定，现阶段对于作业人员的定位技术主要包括室外定位技术和室内定位技术两种形式，室外定位技术主要采用安装在工程车辆上的 GPS 来实现，该技术已经相对成熟并且已经实现广泛应用；而室内定位技术在结合实际综合考虑了精度、受环境影响大小、成本价格和是否适用于复杂场景等多要素后，最终确定选用计算机视觉技术进行定位(表 1)。计算机视觉技术精度高，仅需要监控视频即可展开工作，还能够顺利应用于复杂场景，优势突出。

表 1　室内定位技术利弊对比分析

定位技术	优　点	弊　端
红外线技术	精度高、隐蔽性强	成本高，不适用复杂环境
超声波技术	精度高、适用范围广泛	受温度和湿度环境影响
RFID 技术	部署简单、可穿透障碍物	精度一般，不适用于大型设备
蓝牙技术	体积小、距离短、不受视线影响	受环境影响较大，不适用复杂环境
WiFi 和超宽带(UWB)技术	精度高、穿透力强、安全性高、抗干扰能力强	部署复杂，成本较高，易影响测井地面等许多系统工作
计算机视觉技术	适用于大型场景、精度高	受光线因素影响

2.2 测井作业人员的不安全行为安全管理

国内外大量的调查统计表明，70%~90%的安全事故是由人的不安全行为引起的。海因里希在其事故法则基础上又深入研究，提出了“事故致因理论”，认为人的不安全行为是事故发生的第一要因。因此，想要提升测井作业现场安全管理实效，就必须重点着手于现场测井作业人员的安全管控。据调查分析，测井公司可致员工伤害事故的前五类作业分别为电离辐射伤害、火工品作业、吊装作业、高空作业和机械伤害事故，可将这些伤害事故划分为多个不安全区域，逐一进行安全管理。当测井作业人员位置处于不安全区域内时，视为出现不安全行为，例如行走在无防护措施的临边井台、在行车过程中未系好安全带、进入特殊作业区域等。利用计算机视觉技术进行现场测井作业人员的定位以及不安全行为的识别，实现对测井作业人员不安全行为的安全管理。

2.2.1 测井作业人员不安全区域的安全管理

将测井作业人员的不安全区域主要分类为电离辐射区域、装炮区域、坠物区域、高空区域和机械伤害区域。距离危险区域越近，危险系数越高，因此，可以对这5个区域分别分类规定警告范围与危险范围，警告范围在危险范围外部设置，对电离辐射区域和装炮区域，当无关人员进入警告范围时，则由系统发出危险信号，提醒测井作业现场管理人员要求无关人员撤离该区域；对坠物区域、高空区域和机械伤害区域，当作业人员进入警告范围时，则由计算机系统对其进行警告提醒；当作业人员穿过警告范围进入危险范围时，则由系统发出高度危险信号，要求作业人员撤离该区域，从而避免事故的发生。

测井作业现场的监控设备采集信息，传输给计算机视觉系统，系统在自动识别和将其划定具体不安全区域后，根据预先训练好的算法规则，自动识别采集信息中存在的不安全区域信息，将识别结果同测井作业人员所处位置进行对比，根据设定范围判断所监控的测井作业人员是否处于警告范围和危险范围内，并根据其危险距离的大小适时发出警告或撤离指令，确保人员安全。具体实施路径如图1所示。

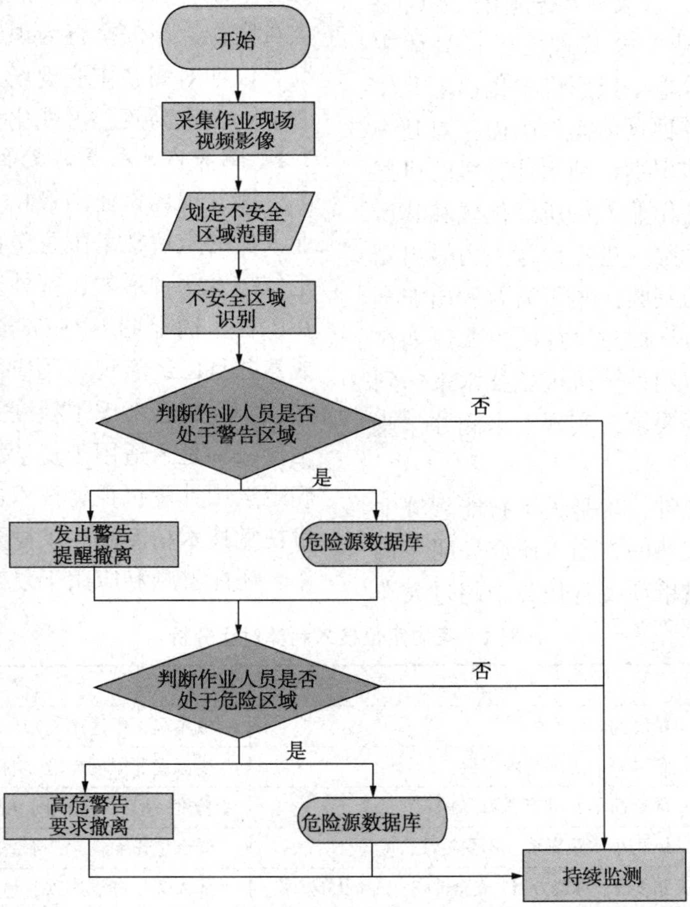

图1　人员不安全区域安全管理实现路径

2.2.2　测井作业人员位置及运动轨迹的安全管理

通过分析测井作业人员的运动轨迹可以实现预测其运动方向的效果。通过短时间内连续对同一目标对象进行定位，将这些位置点进行连接，便可以得到作业人员这段时间内的具体运动轨迹，运动轨迹是由多个时间节点的多个不同位置组合而成的，因此也更全面地表达出目标对象的行为，从而对后续的安全监测工作提供便利条件。除了需要监测测井作业现场操作人员的运动方向外，还需要监测作业人员的运动速度，速度越快则意味着系统为该目标进行预警的时间越短，该目标面临危险的程度则越大。通过分析目标对象的运动方向和速度，预测其将来可能的运动位置。

测井作业现场监控设备将采集的信息传输给计算机视觉系统，系统会对现场测井作业人员的位置进行定位与识别，并判断其是否处于不安全区域。持续监控人员的位置，可获得其运动速度、推算出其运动轨迹等信息，辨别其是否存在危险，若存在危险则按照危险源数据库的经验采取算法对其进行轨迹修正与调整，并及时向该人员发出警报提醒，实现确保测井作业人员人身安全的效果。当然，在这个阶段，由于人的主观性较强，会增加其运动的不确定性，对目标对象运动轨迹的预测是较难实现的一个难题，还需要进行深入研究。预期实现路径如图 2 所示。

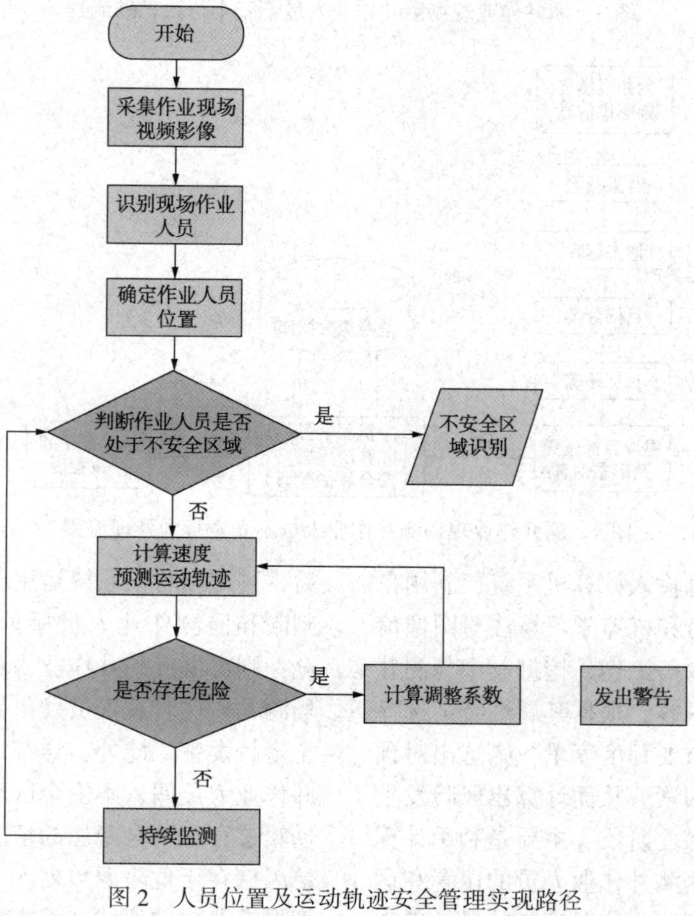

图 2　人员位置及运动轨迹安全管理实现路径

2.3　计算机视觉技术在测井作业人员不安全行为管理中的实施路径

通过测井作业现场已架设的监控设备与计算机视觉技术结合应用，对测井作业人员的具体行为进行机器识别与判断，依靠计算机视觉技术对测井作业人员的不安全行为进行识别、感知与评估，实现测井作业现场的安全监测、控制和预警，提升测井作业人员在测井作业现场的安全性。基于计算机视觉技术的测井作业人员不安全行为管理主要分为 3 个阶段，即信息采集阶段、信息处理阶段和信息应用阶段。

（1）信息采集阶段，主要是通过各种影像采集设备采集测井作业人员工作图像和视频，将该信息输入计算机，利用计算机视觉技术对其进行图像的数据增强、尺寸调整和归一化预处理，对处理后的可用数据进行基于卷积神经网络

(CNN)的分类目标识别算法，从而实现对采集图像的分类处理，并开展算法训练，使其转化为能够被计算机视觉系统识别和应用的信息，具体运作过程如图3所示。

(2) 信息处理阶段，主要应用物体识别、物体跟踪和动作识别技术，实现计算机自动识别和处理测井作业现场潜在的安全隐患问题。通过辨别现场采集的影像信息，识别出哪些作业人员的行为和运动轨迹是存在危险的，并根据算法进行对作业人员后续行为的分析与检测和运动轨迹的预测，从而掌握作业人员在测井作业现场的测井作业动态，确保作业人员与潜在的安全隐患保持安全距离，实现对测井作业现场的动态监测。建立测井作业危险源数据库，对已经发生过的危险情景进行建模并结合计算机视觉技术实现目标对象的自动检测，通过规则推理，预测潜在危险，其主要实现方式如图4所示。

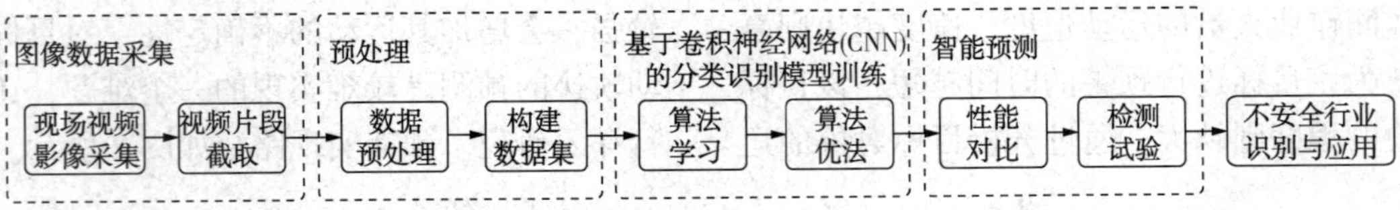

图3　测井作业现场测井作业人员不安全行为识别流程

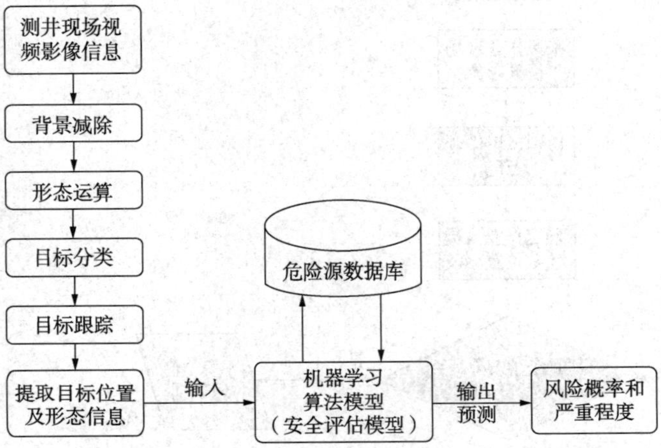

图4　测井作业现场测井作业人员不安全行为处理流程

将采集的影像信息输入计算机系统，利用自然语言处理工具(NLP)和机器学习算法对图像信息进行分析和信息抽取等工作，挖掘其中与测井作业安全事故相关的内容，根据其属性特征选择算法进行属性定义与重要程度度量，筛选出对预测方案有较大影响的因素，从而计算出风险发生的概率和严重程度。在此阶段，主要是利用计算机视觉技术识别和监测测井作业人员的位置和运动轨迹，从而有效监控测井作业现场的异常工作状态，为后续工作打好坚实的技术基础。

(3) 信息应用阶段，首先选择合适的机器学习算法，将测井作业现场的具体信息输入计算机系统，通过算法自动识别出该行为的潜在危险源以及严重程度，将决策结果输出，并将整个体系运用于基础的事故案例中进行反复训练与预测，不断提升计算机精度与准确性。做好以上工作之后，则可以将该系统运用于实际测井作业现场中判断和监测作业人员所处环境是否安全，若安全，则可继续测井作业；若不安全，则立即向现场测井作业管理人员发出警报，及时防止各类安全事故发生。此外，详细记录好测井作业现场测井作业人员闯入不安全区域的行为及其位置与运动轨迹存在安全隐患的情况，将其作为潜在事故诱因储存于危险源数据库中，从而得到对危险程度更专业化的评估。基本运行流程如图5所示。

3　计算机视觉技术在测井作业安全管理中的缺陷与解决措施

3.1　计算机视觉技术在测井作业安全管理中的缺陷分析

将新兴的计算机视觉技术应用于测井作业人员不安全行为的安全管理中，提出消除测井作业现场安全隐患的方法，在实际应用过程中存在以下缺陷：

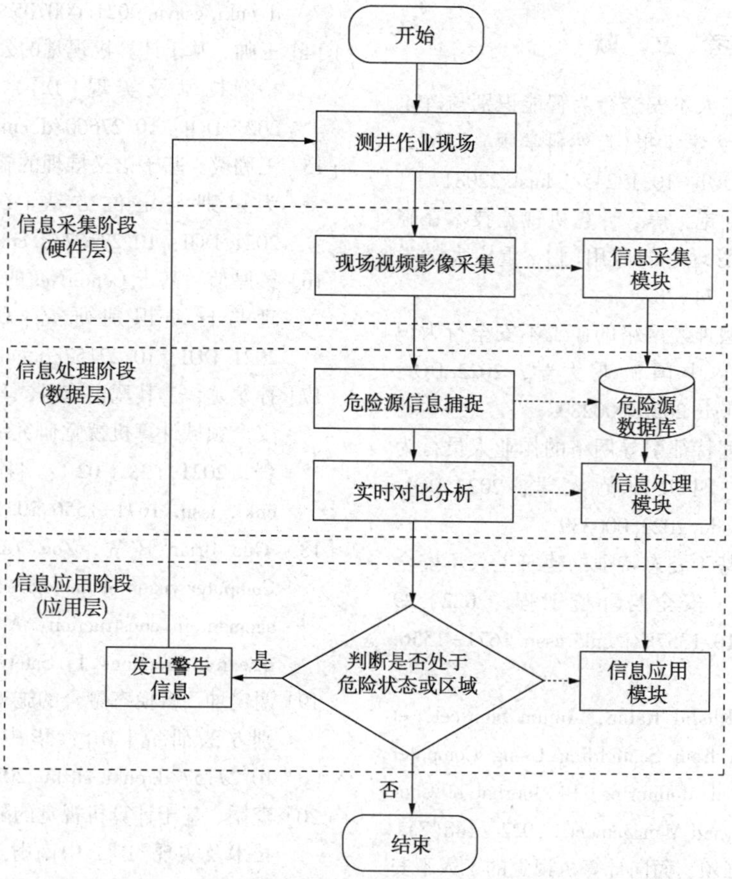

图5 基于计算机视觉技术的测井作业人员不安全行为管理基本运行流程图

一是提出将计算机视觉技术用于测井作业安全，管理测井作业人员的不安全行为只对最基本的人员的行为和运动路径进行研究，而未能对复杂环境下人的不安全行为进行深入探讨。

二是只提出了基于计算机视觉技术的测井作业安全管理的路径设想，未将其应用于实际测井作业现场进行检验，实际应用过程的精确性等需要通过大量的数据进行验证，作为该方法持续改进完善的依据。

3.2 计算机视觉技术在测井作业安全管理中的持续改进措施

针对上述缺陷，后续对计算机视觉技术在测井作业安全管理中的应用研究主要采取以下措施：

（1）进一步研究计算机视觉技术在特殊项目测井作业过程人员不安全行为中的应用，从单一目标对象拓展至多个目标对象，逐渐扩大安全管理范围，从而实现计算机视觉技术与测井作业安全管理的多方位结合，并通过实际应用来判断该方法的实效。

（2）不只将视线局限于人员不安全行为，还可拓展至监测危险品使用、地面系统、井下仪器等目标对象的安全隐患，从而形成较为系统的测井作业安全管理系统。

（3）计算机视觉技术在测井作业领域应用尚不成熟，后续研究将尽力提升算法计算精度和模型信息识别的准确性。通过提升对测井作业人员不安全行为识别的准确性，使所提出的方法更具有适用性。

4 结论

本文提出了充分利用测井作业现场已有的视频采集设备采集的图像信息，通过计算机视觉技术进行测井作业人员不安全行为识别的方法。初步探讨了该方法实现的可行性与技术实现路径，尤其在易引发安全事故但管理难度较大的人员定位、不安全行为识别两类关键因素识别方面提出了较为详细的应用流程。该方法的提出在传统测井作业施工区域上引入计算机视觉技术，量化人的主观不确定性，改变传统人工监督检查模式，实现人力监管的解放，为实现数字化安全管理提出了新的思路，对提高安全生产的可靠性与科学性，切实提升测井作业安全管理的实际效率具有重要的借鉴意义。

参 考 文 献

[1] 方伟立，丁烈云．工人不安全行为智能识别与矫正研究[J]．华中科技大学学报(自然科学版)，2022，50(08)：131-135. DOI：10.13245/j.hust.220817.

[2] 周兆银，田书函，谢艳，等．计算机视觉技术在施工人员不安全行为管理中的应用[J]．重庆大学学报，2022，45(S1)：74-78.

[3] 程昱昊．基于轻量型神经网络的矿工不安全行为识别算法研究[D]．中国矿业大学，2022. DOI：10.27623/d.cnki.gzkyu.2022.000289.

[4] 李代强．基于多尺度特征引导网络的作业人员行为识别研究[D]．四川师范大学，2022. DOI：10.27347/d.cnki.gssdu.2022.000339.

[5] 段品生，周建亮．基于姿态特征的建筑工人不安全行为刻画方法[J]．安全与环境工程，2022，29(03)：1-8. DOI：10.13578/j.cnki.issn.1671-1556.20210652.

[6] Khan Muhammad，Khalid Rabia，Anjum Sharjeel，et al，. Fall Prevention from Scaffolding Using Computer Vision and IoT-Based Monitoring[J]. Journal of Construction Engineering and Management，2022，148(7).

[7] 张知田，郁润，郭红领．面向计算机视觉的工人不安全行为结构化描述方法研究[C]//中国图学学会建筑信息模型(BIM)专业委员会．第七届全国BIM学术会议论文集．第七届全国BIM学术会议论文集，2021：517-521. DOI：10.26914/c.cnkihy.2021.044806.

[8] Kong Ting，Fang Weili，Love Peter E D，et al，. Computer vision and long short-term memory：Learning to predict unsafe behaviour in construction[J]. Advanced Engineering Informatics，2021，50.

[9] Liu Wenyao，Meng Qingfeng，Li Zhen，et al，. Applications of Computer Vision in Monitoring the Unsafe Behavior of Construction Workers：Current Status and Challenges[J]. Buildings，2021，11(9).

[10] Chian Eugene，Fang Weili，Goh Yang Miang，et al，. Computer vision approaches for detecting missing barricades[J]. Automation in Construction，2021，131.

[11] 杨鹏，孟宪兴，王志泉，等．基于计算机视觉的化工企业人员不安全行为自动识别技术研究[J]．山东化工，2021，50(14)：134-135+137. DOI：10.19319/j.cnki.issn.1008-021x.2021.14.054.

[12] 杜俊凤．基于计算机视觉的建筑工人临边作业不安全行为识别研究[D]．四川师范大学，2021. DOI：10.27347/d.cnki.gssdu.2021.000852.

[13] 宋知霖．基于深度学习的不安全驾驶行为检测算法研究[D]．沈阳工业大学，2021. DOI：10.27322/d.cnki.gsgyu.2021.000705.

[14] 王帅．基于计算机视觉的公共场所行人不安全行为检测技术及实现[D]．中南财经政法大学，2021. DOI：10.27660/d.cnki.gzczu.2021.002386.

[15] 王璐璐．基于语义推理的施工危险区域工人侵入行为识别与定位方法[D]．华中科技大学，2021. DOI：10.27157/d.cnki.ghzku.2021.005668.

[16] 彭厚信．基于CenterNet的建筑工人不安全行为推理与自动识别研究[D]．华中科技大学，2021. DOI：10.27157/d.cnki.ghzku.2021.005416.

[17] 孙龙龙，王其宽，施凯，等．基于知识图谱的建筑安全领域计算机视觉研究综述[J]．安全与环境工程，2021，28(02)：44-49. DOI：10.13578/j.cnki.issn.1671-1556.2021.02.006.

[18] Guo Brian H W，Zou Yang，Fang Yihai，et al，. Computer vision technologies for safety science and management in construction：A critical review and future research directions[J]. Safety Science，2021，135.

[19] 谢定坤．多模态融合的施工现场工人不安全行为识别方法研究[D]．华中科技大学，2020. DOI：10.27157/d.cnki.ghzku.2020.001027.

[20] 李韬．基于计算机视觉的隧道施工不安全行为侦测技术及实现[D]．中南财经政法大学，2020. DOI：10.27660/d.cnki.gzczu.2020.002531.

[21] Weili Fang，Lieyun Ding，Peter E. D. et al，. Computer vision applications in construction safety assurance[J]. Automation in Construction，2020，110(C).

[22] Weili Fang，Peter E. D. Love，Hanbin Luo，et al，. Computer vision for behaviour-based safety in construction：A review and future directions[J]. Advanced Engineering Informatics，2020，43(C).

[23] Hanbin Luo，Jiajing Liu，Weili Fang，et al，. Real-time smart video surveillance to manage safety：A case study of a transport mega-project[J]. Advanced Engineering Informatics，2020，45.

[24] 王垚．有限空间作业不安全行为图像识别技术研究[D]．西安建筑科技大学，2019. DOI：10.27393/d.cnki.gxazu.2019.001623.

[25] Weili Fang，Botao Zhong，Neng Zhao，et al，. A deep learning-based approach for mitigating falls from height with computer vision：Convolutional neural network[J]. Advanced Engineering Informatics，2019，39.

[26] Weili Fang，Lieyun Ding，Hanbin Luo，et al，. Falls from heights：A computer vision-based approach for safety harness detection[J]. Automation in Construction，2018，91.

民爆物品全流程信息化管理

冯　胜　古术航

（昆仑数智科技有限责任公司）

摘　要　民爆物品管理是地震勘探行业安全管理中非常重要的环节，在地震勘探作业现场采用手写纸质班报的方式记录民爆物品的发放和使用情况，工作量巨大且物品编码易抄错，资料难以保存，数据不易查询，给安全部门的管理工作造成极大的不便。通过对民爆物品的使用过程进行全流程的信息化管理，彻底解决了这些痛点，现场作业人员能够快速完成班报的记录，各级安全管理部门能对民爆物品的使用情况进行实时监控和查询，大幅提升了民爆物品管理的水平。

关键词　民爆物品管理；信息化

1　背景与问题

民用爆炸物品，是指用于非军事目的、列入民用爆炸物品品名表的各类火药、炸药及其制品和雷管、导火索等点火、起爆器材（以下简称“民爆物品”）。近些年，国务院发布的《民用爆炸物品安全管理条例》和公安部颁发的《从严管控民用爆炸物品十条规定》，对民爆物品的运输、爆破作业、存储、涉爆单位人员管理、民爆物品流向管理、民爆物品末端管控等都有着严格的要求和规定。在石油物探行业，民爆物品被用于制造人工震源，由于生产需要，每年会使用大量的炸药和雷管。但由于民爆物品自身具有巨大的破坏力和潜在的危害性，很容易导致安全事故或者被不法分子利用制造恐怖事件，因此，公安部门一直将民爆物品列为重点的监管对象，民爆物品管理也是物探公司 HSE 管理工作的重中之重。

为强化对民爆物品的管理，公安部要求各涉爆单位使用北京创新京安丹灵科技股份公司的《民用爆炸物品管理信息系统》，实现民爆物品出入库、运输、领用、发放等各个环节的管理，采集涉爆人员 IC 卡信息、扫描爆炸物品信息、相关时间和用途，并在 3 日内上报公安厅和公安部。但是在物探作业现场，由于作业工区面积大、施工周期长，民爆物品终端库房往往离下药地点比较远，现场下药人员无法直接从库房领药，需要由押运人员对民爆物品进行转运后再交给下药人员，而且由于每天民爆物品用量都为预估，可能存在当天领用的民爆物品无法用完需要回库的情况。针对这一段的管理，我们称之为“末端管理”。由于末端管理属于行业特色，公安部的民用爆炸物品管理信息系统并没有管理到这一级。所以，民爆物品末端管理一直以来都是通过传统纸质记录的方式进行管理。

通过传统手段对民爆物品进行管理，存在着诸多不便与难题：

（1）民爆物品现场使用的各环节通过纸质班报记录，手写内容非常多，抄录炸药、雷管编码容易出错、不易保存、查询困难。

（2）民爆物品信息统计汇总、查看、追溯困难，给安全管理工作造成极大困难。

（3）收工后的民爆物品数据核对工作量大、效率低，严重消耗人力和时间资源。

（4）涉爆人员由各二级单位自行管理，人员信息查询、共享困难，跨单位协调手续烦琐。

2　民爆物品管理信息化解决方案

2.1　总体情况

为了解决上述问题，我们开发了民爆物品信息化管理系统，运用云计算、移动应用、数据库、二维码技术实现民爆物品末端管理全流程的信息化、智能化，使得物探队 HSE 管理员、队领导、物探处领导、公司总部领导各层级能够对民爆物品使用情况实时监控，对于有问题的数据可以追溯到每一步的操作人，大大提高工作效率，降低安全风险。

系统分为两部分，民爆物品管理 APP（图 1）和民爆物品管理系统 PC 端（图 2）。民爆物品管理 APP 安装在定制的智能防爆手持机（以下简称“手持机”)上，用来采集现场民爆物品使用数据及电子班报填写，然后将数据传输至民爆物品管理系统 PC 端，系统后台对数据进行汇总和处理，形成结构化数据，可供民爆物品查询、使用情况追踪、数据汇总和统计分析。

图 1　民爆物品管理手持机 APP

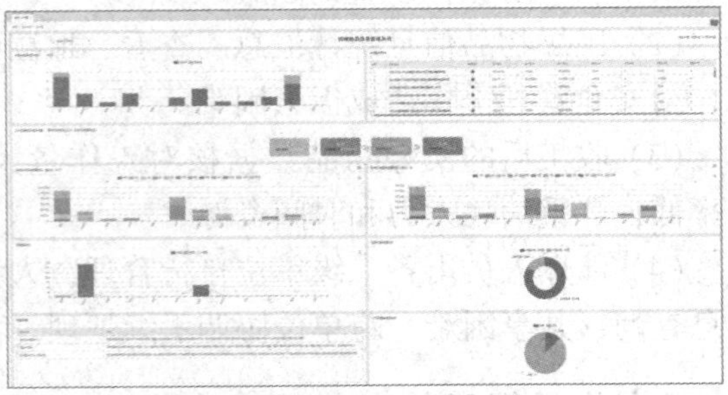

图 2　民爆物品信息管理系统 PC 端

2.2　总体流程

通过条码扫描、数据传输、智能终端与数据库技术相结合，建立了无纸化录入、智能化查询的民爆物品信息管理系统，实现了民爆物品的全过程数字化管理(图 3)。

(1) 民爆物品入库

库管员使用手持机扫描炸药、雷管的外箱条码，根据统一的编码规则，系统能够自动生成每箱炸药、每盒雷管的单管/单发明细编码，无需拆箱/盒对炸药、雷管的编码明细进行逐一登记，对于大批量炸药和雷管入库，可以扫描箱/盒首尾码，进行批量入库。

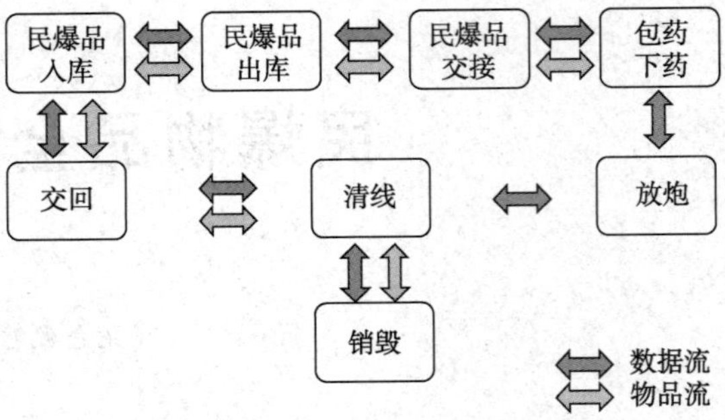

图 3　民爆物品管理总体业务流程

(2) 民爆物品出库

库管员通过勾选编码或者扫码识别的方式完成出库数据的记录，同时手持机将出库信息生成二维码，押运员(接收人)通过自己的手持机扫描库管手持机二维码即可完成接收。

(3) 下药现场交接

押运员通过押运车将民爆物品运输到现场，将炸药、雷管分批发给井监，同时在手持机上以勾选或者扫码的方式完成发放记录的录入。押运员每次发药，都会在自己手持机上生成二维码，二维码中包含相关的民爆物品编码和接收人信息，井监通过自己的手持机扫描押运员提供的二维码，即可快速完成民爆物品接收数据的记录。

(4) 下药班报填写

下药人员每完成一口井的下药工作，都需要在手持机上选择相应任务，勾选使用的民爆物品编码，以此完成下药数据的记录。

(5) 剩余物品交回

当日领取的民爆物品如果没有全部使用，需要退回。退回时操作方式与出库、交接基本一致，最终剩余的民爆物品数据会回到库管员的手持机中。

(6) 操作数据上传及数据核对

作业人员将当日的工作数据导出，通过 U 盘或网络传输的方式交给项目管理员，由项目管理员收集后统一上传至 PC 端。系统将上传的数据解析完成后，会生成当日民爆物品数据的核对表，自动检查每一笔发放记录的发出人数据与接收人数据是否一致，以及当日总出库记录与总消耗记录是否一致。不一致的数据会在核对表中给出明确提示。

(7) 数据统计及班报打印

出库、交接、下药、放炮等数据均有对应的报表功能供用户查询，并提供多种查询条件进行数据筛选。对于关键的业务数据，直接在系统中提供了可视化的展示，帮助管理者直观了解关键业务的完成情况。对于有需求的项目，还可以将各工序的数据按照相关文件规定的版式导出为pdf文档。

2.3 关键技术

（1）数据同步与交接(图4)

①作业现场：施工人员通过手持机记录班报，由于手持机设备无射频元件，无法通过网络或蓝牙实现数据传输，因此在进行民爆物品交接时，通过扫描二维码进行数据交互。

②系统后台：作业人员回到队部后，通过U盘转存或者网络将采集回的数据回传至后端系统。

图4　数据同步与交接示意图

（2）智能防爆手持机(图5)

①定制化防爆智能手持机，去除3g/4g/5g、Wi-Fi、蓝牙等射频硬件元件，保障设备符合涉爆场所安全规定。

②通过防爆认证，防水、防尘、防跌落，能够满足物探野外恶劣工作环境。

图5　智能防爆手持机

3　应用效果

通过多年的建设、运行与迭代，民爆物品信息管理系统已经在某石油勘探公司全面应用，每年支撑该公司60多个涉爆作业项目的民爆物品数字化管理，所有民爆物品都能够通过公司网络查看到当前所处的操作环节以、操作时间和责任人，提升了监管力度、规范了工作流程、提高了现场作业效率、降低了管控的压力和风险。应用效果主要包括以下几个方面：

（1）规范了涉爆人员和证件的管理

建立了公司统一的涉爆人员库，将人员和涉爆相关证件信息进行统一管理，实现了基层物探队、物探处、公司总部三级管理模式，便于人员在不同单位、项目间进行调配。将人员涉爆证件与手持机中的操作权限进行结合，保证符合要求的人员才能进行相应功能的操作。

（2）明确了各操作环节的责任人

对操作人员实行一人一机(手持机)，人人都有独立的账号密码，员工仅能登录自己的账号进行操作，所有操作数据都保存在自己的账号下。明确了每个环节、每个炸药/雷管的责任人。

（3）实现了班报的数字化管理

响应公司无纸化办公的号召，使用电子班报全面取代纸质班报，操作人员只需要在手持机上通过扫描、勾选、点选的方式即可完成班报的填写，大大提高了数据的准确性，杜绝了修改、补录班报带来的各种问题与风险，提高了作业人员的工作效率。数字化的班报方便存储、查询和管理。必要时，电子班报可随时下载、打印、存档。

（4）提高了民爆数据核对的效率

每天项目收工数据上传完成后，系统能够实时出具数据核对结果，可以对各类涉爆人员的数据进行核对，并将有问题的数据标记出来，方便对问题数据进行追踪，从而保证每天的民爆物品使用数据前后一致、账物相符，同时也大大降低了核对人员的工作量。

（5）民爆物品使用情况可追溯

电子化的民爆物品的交接、使用数据，可通过时间、使用人、民爆物品编号等各种维度对民爆物品的使用情况进行追溯，方便后续问题查证。

（6）涉爆作业项目监控与预警

系统根据一定的规则对项目状态进行提示与

预警，对存在问题的项目用红色图标进行状态指示，如项目数据多日未核对、手持机数据多日未上传、项目中有涉爆人员证件将要过期等信息进行提示，使得问题能及早得到重视与解决。

(7) 通过大数据分析，有效提升公司民爆物品监管水平

通过建设物探队、物探处、公司三级的民爆物品监控平台，对涉爆人员和民爆物品信息进行统计与分析，使得物探队能够对民爆物品的库存、消耗、涉爆人员的工作量、任务完成情况各维度数据进行统计与跟踪；物探处能够掌握涉爆项目总体运作情况，对存在风险的问题进行跟踪与处理，了解物探处涉爆人员使用情况；公司总部能够掌握公司民爆物品总体使用情况，并有针对性的对重点项目进行跟踪。降低了人工收集、汇总数据的工作量，提高了数据的真实性与准确性，有效提升了公司民爆物品监管水平(图6)。

图6　民爆物品监管平台

4　总结与展望

石油物探企业每年需要消耗数万吨炸药和数百万发雷管，采用传统纸质记录的方法，需要耗费大量的人力、物力和时间，并且数据难以查询和追溯，通过应用民爆物品信息管理系统，很好地解决了海量民爆物品信息的记录与存储、现场民爆物品信息的快速交换、班报记录的电子化等难题，使得涉爆信息的查询、追踪与统计效率大幅提升，打通了民爆物品管理末端从民爆物品出库、现场交接、下药、回收、销毁等全流程的信息流转，实现了民爆物品管理的最后“一公里”的信息化，提高了石油物探企业的民爆物品管理智能化水平，有效降低了民爆物品管理的风险。

随着企业业务的发展以及信息化水平的不断提升，为了进一步提升民爆物品智能化管理水平，降低民爆管理风险，民爆物品信息化管理应该朝以下几个方向发展：

(1) 大数据技术应用：面对如此多的民爆物品及其使用、流转产生的数以亿计的交接数据、班报、井位数据、人员数据，需要深入应用大数据技术，更好地满足数据采集、存储、处理和监管展示的需求。

(2) 引入人工智能技术：在大数据的基础上，探索人工智能技术在涉爆作业风险管控和预警方面的应用，帮助管理者快速发现涉爆作业中的潜在风险，及时做出相应的预案。

(3) 系统应用集成与数据共享：与企业生产、物资等信息系统互联互通，消除数据孤岛，有效发挥数据价值。

参　考　文　献

[1] 民用爆炸物品安全管理条例 . http：//www. gov. cn/zhengce/zhengceku/2008 - 03/28/content _ 6262. htm. 2008.

[2] 邱阳，王英，侯文平，等 . 民爆物品智能化系统在油气田勘探开发中的探索与应用——以某石油涉爆企业民爆物品智能化管理为例[C]. 第七届数字油田国际学术会议论文集 . 2021：162-167.

[3] 从严管控民用爆炸物品十条规定 . http：//gaj. wulanchabu. gov. cn/default. php? mod = article&do = detail&tid = 19502. 2015.

驾驶员安全驾驶能力提升与对策研究

邓又俊　艾望希　李振霄

（中国石油集团测井有限公司）

摘　要　测井公司因施工区域广、道路风险类型复杂多变、驾驶人员技能参差不齐等因素，道路交通风险防控难度很大，交通安全形势严峻。中国石油集团测井有限公司通过组建专业培训评估团队、创新培训资源建设、创新培训组织形式、创新效果评估方式等特色化培训评估方式，开展了驾驶员防御性驾驶能力培训和评估工作，并对实施效果进行检查和对策建议。实施效果表明，特色化培训评估方式能有效提高驾驶员的安全驾驶能力，提升公司道路交通安全管控的水平。

关键词　防御性驾驶；特色化培训评估

中国石油集团测井有限公司（以下简称“公司”）主要从事国内外油气田测井、录井、射孔、测试等完井工程技术服务和技术咨询。服务覆盖中国石油集团公司16个油气田、中国石化、中海油、延长石油等国内市场和中亚、南亚、中东、非洲、南美19个国家海外市场。公司有各类驾驶员2200余名，在用车辆2800余台，年行驶约3300万km。由于测井施工区域广、道路风险类型复杂多变、驾驶人员技能参差不齐等因素，道路交通风险防控难度很大，交通安全形势严峻。

交通风险是一个人-车-路的动态综合反应结果，在事故的统计分析中，人的因素是事故发生的主要原因。因此，开展驾驶员防御性驾驶能力培训和评估，提高驾驶员的驾驶态度、行为规范和技能水平，能有效降低交通事故的发生率和伤亡程度，减少财产损失，提升公司道路交通安全管理水平。

1　防御性驾驶技术

1.1　防御性驾驶

防御性驾驶是一种驾驶行为方式，强调驾驶员应主动预测、评估和避免危险情况的出现，并采取相应的措施防止交通事故的发生。这种驾驶行为方式可以通过培训和教育来改变（图1）。

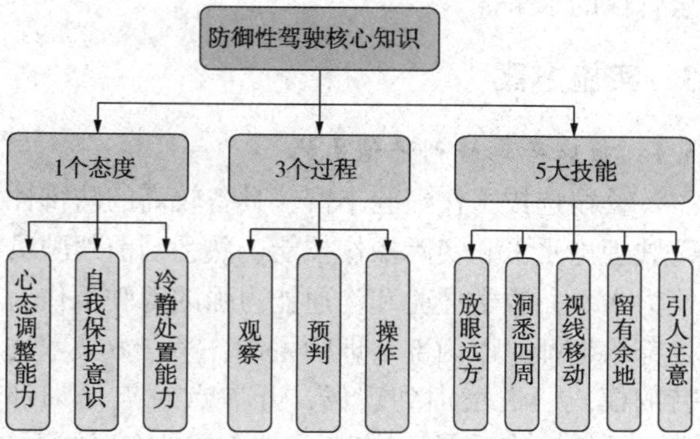

图1　防御性驾驶核心知识框架

1.2　国内外研究现状

目前研究主要集中在防御性驾驶理论和实践方面。Jain，A认为防御性驾驶培训可以提高驾驶员的安全驾驶技能，并且在驾驶模拟器上的防御性驾驶培训效果更好。王方洁等认为防御性驾驶培训可以显著改善A1驾驶员的安全驾驶行为，对提高驾驶员的安全意识具有积极影响。Graham认为防御性驾驶课程可以提高驾驶员对交通风险的认知，并促进其采取更加安全的驾驶行为。在石油行业中，驾驶员经常要驾驶重型特种车辆，道路交通环境复杂、大规模作业、跨区作业常态化，防御性驾驶更为重要。国内一些大型石油企业已经开始积极开展防御性驾驶培训和考核工作，并将其纳入到驾驶员安全管理体系中。

以上研究表明，防御性驾驶对提高驾驶员的安全驾驶技能和安全意识具有显著影响。同时，对驾驶员进行防御性驾驶培训可以降低交通事故率，提高交通安全水平。

2　公司驾驶员培训评估现状

石油测井被称为“车轮上的行当”，驾驶员需要在复杂且高风险的环境中驾驶，交通安全是风险防控的工作重点。2022年以前，公司驾驶员安全驾驶能力培训和评估主要由各二级单位自主实施，主要是基于传统交通理论和规定的操作培训。虽然有助于驾驶员掌握基本驾驶技巧和交通安全规则，但许多驾驶员在实际行驶中容易依赖自己的经验，而没有注意到道路风险的动态变化。驾驶员的驾驶技能和安全意识也难以得到有效、全方位的检测评估，如驾驶员预估判断不精准、应对能力较弱等问题，严重制约公司整体交通安全提升。

为了改变传统培训评估方式，公司根据测井行业特点，经过细致策划，结合防御性驾驶技术，开展了驾驶员防御性驾驶能力培训和评估。帮助驾驶员形成安全驾驶意识，掌握防御性驾驶技能，打造本质安全员工，提升公司道路交通安全管控的水平。

3　实施方案

3.1　组建专业培训评估团队

公司选拔工作经验丰富、具备较高的防御性驾驶理论水平和实际操作技能、熟悉当前驾驶员能力水平、教学经验和沟通能力强的驾驶员作为内部培训师。以内部培训师主讲，第三方技术支持的模式，送培训到现场，开展点对点培训评估，严控工作质量。同时，建立内训管理体系，包括内训师的岗位职责、评估标准、激励和考核机制等，确保培训评估工作和投入在预期期限内有效实施。有力促进驾驶员防御性驾驶能力持续提升(图2)。

图2　防御性驾驶专业评估团队

3.2　创新培训资源建设

3.2.1　培训内容贴近实际，增强实用性

团队对公司二级单位的道路风险识别情况进行了调查与研究，并对实际道路进行了勘查。掌握当地人文、气候及其他等影响驾驶安全的环境特性，并及时纳入培训教材，使培训内容更有针对性(图3)。

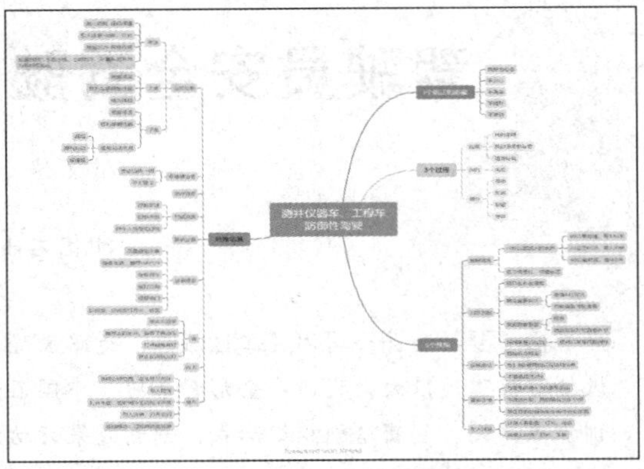

图3　贴近实际的知识体系

3.2.2　添加多媒体元素，增加课程吸引力

团队利用5W1H模型，即Who(谁)、What(什么)、When(何时)、Where(何地)、Why(为什么)和How(如何)，进行防御性驾驶课程开发，确保课程内容的全面性；采用图像、动画和视频等多媒体元素增加课程的吸引力；结合实际案例和原因分析，让驾驶员更好地理解防御性驾驶的必要性和重要性(图4)。

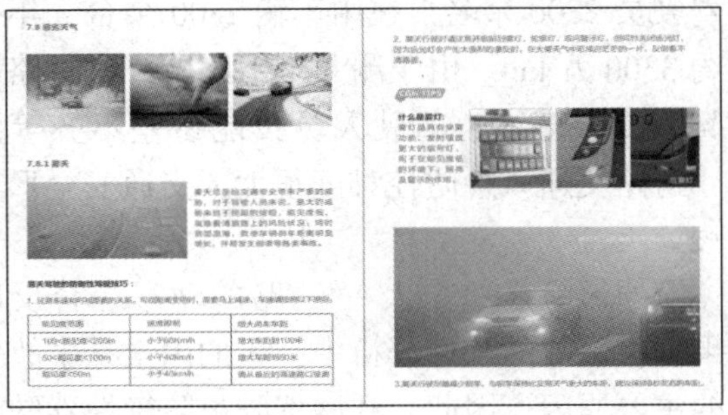

图4　特色化培训课件

3.3　创新培训组织形式

一是转变培训角度增加主动性。以驾驶员家庭幸福角度为出发点，以“改变从‘心’做起”“安全从‘我’做起”“安全是回家最近的路”为口号，设身处地站在员工立场和角度开展培训；二是互动式培训提高参与度。打破以往“一人在台上讲，大家在台下听”模式，结合身边事故案例，教师与学员互相讨论、畅所欲言，让知识入脑入心、内化于心、外化于行；三是启发式方式指出问题，提高接受意愿。每名驾驶员评估结束后以沟通讨论的形式，指出亮点和不足，为驾驶员持续提升提供准确遵循；四是道路实操培训。内训师与驾驶员同车，及时发现并指出驾驶员的操作错误、不规范行为和安全隐患，同时讲解正确的操作方法和注意事项，以帮助驾驶员纠正和规范

其驾驶行为(图5、图6)。

图5　互动式培训

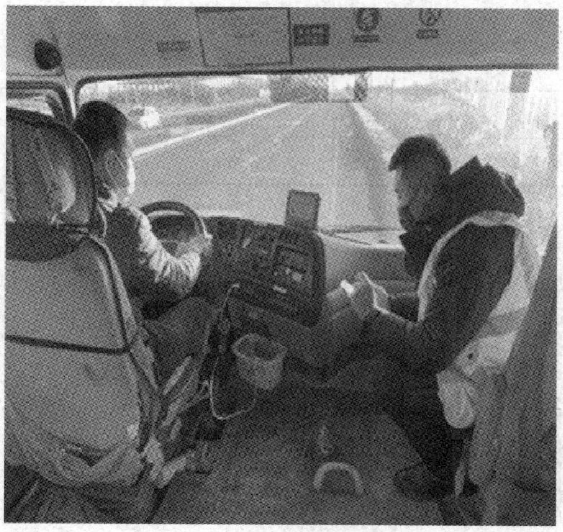

图6　道路实操培训

3.4　创新效果评估方式

评估采用专业评估分析软件(符合国际驾驶培训协会IVV认证)进行数据跟踪和记录，评估路段包含城市、村镇、山地和典型井区道路等。团队根据预设的检查表对驾驶员的驾驶行为打分，记录评估里程、评估轨迹和驾驶行为，如超速，急加速，急刹车等。利用高级算法进行安全行为分析，找出共性问题或突出问题点，为进一步提升和改善提供数据支撑。创新引入“盲评环节”，随机抽取各单位驾驶员日常行车监控资料，从驾驶员信息、驾驶表现情况雷达图、行驶轨迹等多方面综合判断驾驶员驾驶能力，解决考试与实际“两张皮”问题，有效增强评估客观性与准确性(图7、图8)。

4　实施效果

2022年，评估团队历时近7个月，遍布全

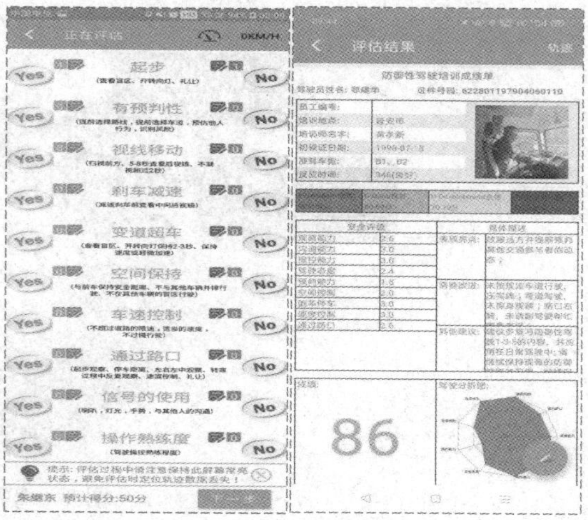

图7　专业评估软件

图8　日常行车监控视频评估

国13个省市自治区，对公司16家二级单位1905名驾驶员进行了防御型驾驶培训评估。

4.1　驾驶员整体成绩概况

由图9可以看出，驾驶员大于90分(优秀)有255人，占比13.39%；80～89分(良好)有1480人；占比77.69%；70～79分(合格)有166人；占比8.71%；小于70分(不合格)有4人，占比0.21%，防御性驾驶能力达到优秀和良好水平的驾驶员超过90%。

4.2　近4年对比数据

通过对近4年驾驶员评估数据分析(表1)，经过防御性驾驶能力培训和评估方案实施后，2022年驾驶员平均分高于过去三年的平均分，优秀率明显提升，及格率和不及格率明显下降(图10)。表明防御性驾驶培训和评估能够帮助驾驶员提高驾驶技能和安全意识，提高驾驶能力水平(说明：因疫情影响，2022年评估人数较2021年少)。

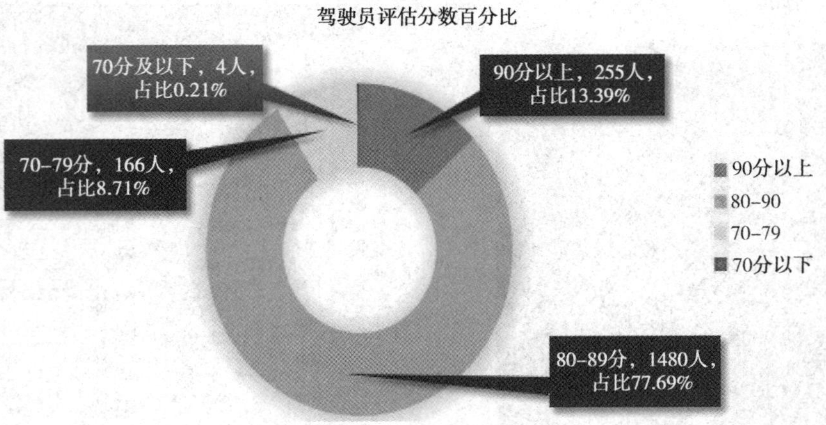

图 9　驾驶员评估分数百分比

表 1　近 4 年驾驶员能力评估情况

	人数	优秀率/%	良好率/%	合格率/%	不合格率/%	平均分
2022 年	1905	13. 39	77. 69	8. 71	0. 21	85
2021 年	2064	8. 24	79. 89	11. 68	0. 19	84
2020 年	1224	8. 09	71. 49	18. 38	2. 04	83
2019 年	1189	7. 32	50. 04	36. 75	5. 89	80

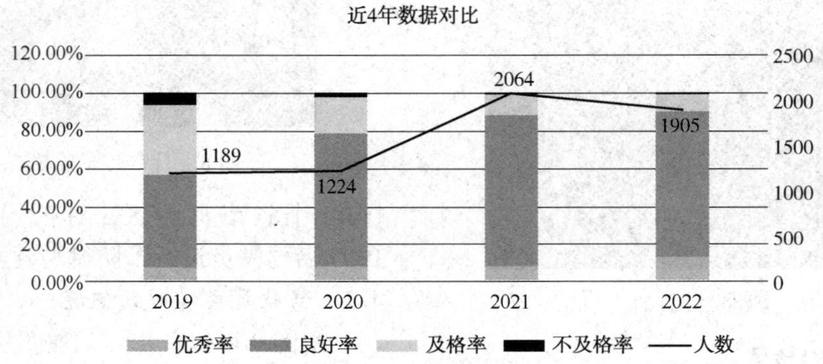

图 10　近 4 年驾驶员能力评估对比

5　改进措施

经过实施效果分析，公司驾驶员防御性驾驶能力在同行业中位于前列水平，远高于其他央企、国企和中国石油集团其他企业。这次由专业团队全权实施的培训评估工作，为公司提供了许多宝贵经验，同时也揭示出一些需要改进和完善的问题。

(1) 建立驾驶员培训评估档案。记录每位驾驶员的培训情况、学习成绩、考核结果等。对驾驶员做出量身定制的评估和建议，包括技能方面的提高、心理素质的调整等个性化方案。利用评估档案对驾驶员进行持续跟踪评估，及时发现和纠正不足，提高培训的针对性和有效性。

(2) 开展车辆设备检查评估。特别是针对那些可能对驾驶员造成安全隐患的部分，如车轮、制动系统、灯光、安全带等。通过加强对车辆设备的检查，杜绝物的不安全状态对驾驶安全的影响，从而减少交通事故的发生率。

(3) 开展驾驶员管理诊断。针对基层单位对驾驶员的日常行车和工作生活管理情况开展分析和诊断，以便及时发现和纠正问题，帮助基层单位改进管理方法，提高管理效率。

(4) 科技赋能交通安全。创建 VR 模拟驾驶与实操交替训练方式，在 VR 虚拟环境中还原模拟历年交通事故，构建动态风险，让驾驶员充分感受视觉、听觉、触觉等全方面体验，帮助掌握防御性驾驶操作要点。考核驾驶员在不同风险场景下的防御性驾驶能力，帮助管理人员更好地分析驾驶行为，对不安全行为针对性纠正。建立基于道路风险识别的车载终端，将道路风险识别结果应用在车载终端上，有效降低因反应时间过短、预判失误等原因导致的行车风险隐患。

6 结束语

综上所述，经过防御性驾驶能力培训和评估工作，公司驾驶员安全驾驶能力得到了全面提升，表现为驾驶员的驾驶态度、行为规范和技能水平均有了明显改善。评估结果和实施经验为公司塑造本质安全型员工的路径方法研究，全面提高总体安全管理水平提供了重要参考。

参 考 文 献

[1] Jain A, Bhardwaj A, & Yadav R. (2021). A Driving Simulator Study to Investigate the Effectiveness of Defensive Driving on Driver Behavior and Safety.

[2] 王方洁，曾一岸，等. 防御性驾驶培训对晋 A1 驾驶员驾驶行为的影响研究[J].

[3] Graham J R, Cohen S, & Miller J D. (2019). Can defensive driving courses improve young drivers' perceptions of traffic risk.

[4] 董吉平，张磊. 国内外石油行业驾驶员防御性驾驶培训对比研究[J]. 公路与汽运，2019，39(1)：44-48.

[5] 刘江. 基于行为评价的危险驾驶员安全驾驶培训研究[J]. 中国安全科学学报，2019，29(4)：146-151.

炼油污水装置优化运行管理实践与探讨

冯超群　赵剑涛　王　波　曹东俊

(中国石油长庆石化公司)

摘　要　长庆石化公司污水处理装置1997年建成投运，后经几次技术改造以满足排放标准升级要求。文章从水质、水量、水温三方面分析运行中存在主要问题，并采取相应措施进行改进。通过几年的运行大数据系统分析，改进效果明显。同时总结出运行管理提升的一些思路，为老污水装置运行管理提升起到一定的启示和借鉴作用。

关键词　污水；优化；管理；效率

长庆石化公司低浓度污水处理装置1997年建成投运，设计处理能力250m³/h，原设计采用“老三套”(即隔油、气浮、生化)工艺，2008年引入MBR(膜生物反应器)+RO(反渗透)处理工艺，2013年采用臭氧催化氧化技术对RO浓水进行处理，2020年针对外排水总氮提标，新增生物脱氮塔和纤维滤布滤池，处理后出水可满足国家及地方污水排放标准要求。

1　污水处理工艺及运行过程中存在问题

1.1　工艺流程简介

1.1.1　工艺流程示意图(图1)

1.1.2　设计进出水水质(表1)

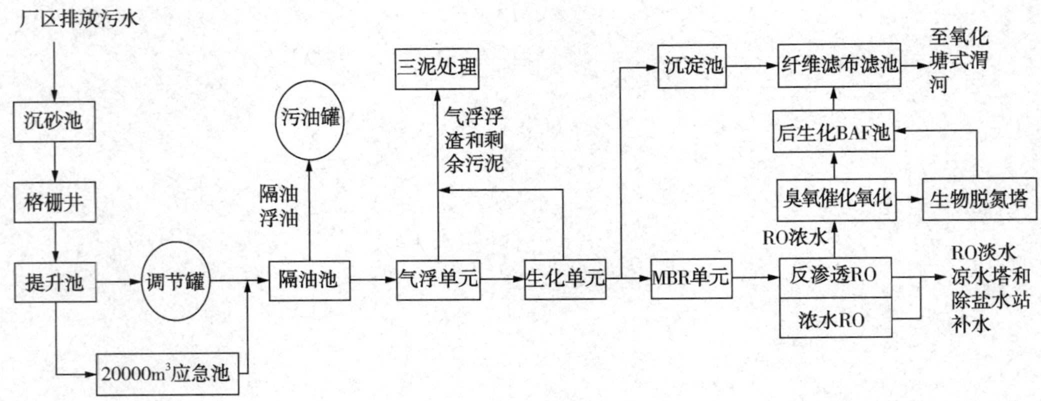

图1　低浓度污水装置流程示意图

表1　污水装置各段设计进出水水质

项目	pH值	COD_{Cr}	氨氮	石油类	挥发酚	硫化物	总氮
单位		mg/L	mg/L	mg/L	mg/L	mg/L	mg/L
提升来水	6~9	≤800	≤65	≤500	≤40	≤25	—
MBR产水	6~9	≤50	≤5	≤0.4	≤0.5	≤0.3	—
外排污水	6~9	≤50	≤5	≤3	≤0.3	≤0.5	≤15

1.2　生产运行中存在主要问题

1.2.1　来水水质、水量不稳定

污水装置1997年建成投运，上游各装置就地直排，通过重力流汇入总管网，能耗相对较低。缺点是水质、水量异常时无法及时排查处理，易导致生化系统冲击。在汛期因雨污管网互串，封堵不彻底。导致提升池来水量成倍增加，造成应急缓冲能力严重不足。

1.2.2　MBR产水水质较差，膜污堵问题比较严重

受前端各单元运行效果不佳和水质频繁波动

影响，2017 年之前生化系统进水油含量按照≤20mg/L 执行时，合格率≤70%。其造成生化系统处理效率和 MBR 产水都同步出现波动，经常出现 COD 超设计指标（≤50mg/L）；同时 MBR 系统也存在清洗频次较高的问题。

在夏、冬季由于温差较大，生化系统水温最高可达 43℃，低温达到 26℃，水温变化对生化系统运行效率的影响也非常明显，尤其是低温工况下 MBR 会出现跨膜压差升高，膜通量明显下降。

1.2.3　装置自动化程度低

装置因建设时间较长，升级改造主要集中在末端回用上，所以自动化程度偏低，监测、监控仪表配置不足，需现场调节和操作的工作量偏大，导致员工操作调整过程中容易出现疏忽和误操作。在线监测主要集中在生化进水、MBR 出水和外排水，前端主要靠员工巡检检查，导致污水异常问题难以及时发现处置。

2　原因分析及管控措施

2.1　水质管控

2.1.1　上游建立管控考核机制

频繁的水质波动易造成生化系统冲击，冲击后长时间无法正常排水，回流循环处理必然造成前端存储设施高液位，应急缓冲能力下降，严重时影响到上游正常排水。为此建立上游排水异常管控考核机制，督促其建立规范有序排放的意识。在实际运行中取得效果较为明显。对于老旧污水装置，建议将地下汇总集输方式改为独自管输，方便运行监管和 VOC 治理工作。

2.1.2　建立水质异常应急处置方案，设置关键水质观察点

为确保水质异常能够及时发现处置，在提升泵出水、均质罐出水点设置类似于洗手台的观察点，配置快开阀和取样瓶。员工巡检时检查表观水质，技术人员随机抽查。观察点排水口设置存水弯有效防止异味散发。但是仅依靠人工监控仍存在空缺期，所以增加来水水质在线监测设施也已列入检修计划。

同时归纳总结编制提升来水、MBR 产水、外排水水质异常三套应急处置方案，以排查、切断、稀释、恢复为主要应对措施，水质异常管控能力得到明显提高。

2.1.3　物化段加强收油收渣排泥，优化运行管控

物化段收油排泥工作都采用手动操作，存在收油质量不佳的问题。根据各收油排泥点油泥含量，优化收油排泥频次，注重收油质量监督检查，改善提升较为明显。

气浮单元将刮渣机连续运行改为间断运行，由易腐蚀的普通碳钢更换为不锈钢材质，故障率明显降低。但是这导致操作调整工作量增加，计划在刮渣机操作柱增加自控模块实现自动运行。同时要根据水量、水质变化及时调整加药量。

从表 2 中可以看出，2018 年至 2021 年，气浮出水油含量均值由 19.59mg/L 降至 12.51mg/L，下降幅度非常明显。按照≤20mg/L 统计，合格率从 69.9%逐步上升至 90.57%。COD 和氨氮也是逐年下降，说明前端从上游管控到物化段优化调整效果都非常明显。其中 2019 年气浮出水氨氮及 COD 较其他年份明显偏高主要是受大检修影响。

表 2　2018-2021 年气浮出水水质分析表

时间/年	油含量/（mg/L）	COD/（mg/L）	氨氮/（mg/L）	总氮/（mg/L）	油含量分析样次	油含量超标样次	合格率/%
2018	19.59	348	17	/	1455	438	69.90
2019	16.28	426.3	26.24	31.29	1425	340	76.14
2020	12.42	383.2	22.44	29.42	1459	161	88.97
2021	12.51	319.16	22.39	23.52	1453	137	90.57

2.1.4　生化段升级改造及优化运行

2019 年在一组好氧池内设置聚乙烯环+聚氨酯泡沫填料，工艺原理基于 MBBR 技术，属于活性污泥法与生物膜法结合技术，对于提升生化系统污染物去除效率有一定帮助。

2020 年对缺氧池进行改造，将原设计的二沉池出水回流至缺氧池，更改为 MBR 膜池活性污泥和好氧池末端活性污泥回流至缺氧池，以增加硝态液回流效率。同时增设潜水推进器，防止污泥沉积。改造完成后，缺氧池反硝化速率明显

提升，总氮去除效率得到明显提升。改造后流程及控制参数如图2所示。

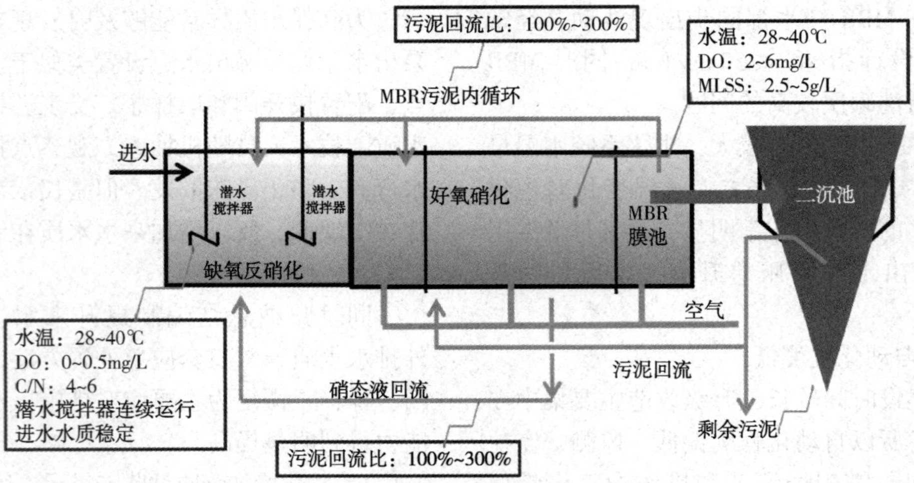

图2　生化系统运行流程示意图

通过上述措施的逐步落实，结合日常的生化系统优化运行调整，污水系统运行效果逐年提升。从表3数据来看，以MBR产水COD及氨氮超标情况来分析，超标取值范围分别是≥50mg/L和≥2mg/L。2018年各发生4次，2019年内受大检修期间排水异常影响，氨氮超标频次较高，持续时间也较长。2020年仍会出现氨氮冲击，但是超标值均值和最大值较之前均有明显降低，说明整体管控效果仍有提升空间。COD从2020年至今未发生冲击事件，2021年也只发生一次氨氮冲击事件，说明前端整体水质管控取得一定成效。

表3　2018—2021年MBR产水水质冲击情况统计表

时间/年	分析项目	分析次数	均值/(mg/L)	超标取值/(mg/L)	超标次数	超标均值/(mg/L)	最大值/(mg/L)	冲击次数
2018	氨氮	146	0.64	≥2	10	8.8	22.34	4
	COD	150	30.36	≥50	28	67.92	165	4
2019	氨氮	142	2.34	≥2	34	8.77	35.24	5
	COD	139	28.25	≥50	9	171.55	636	3
2020	氨氮	158	0.59	≥2	10	5.06	8.94	4
	COD	159	19.13	≥50	1	68	68	0
2021	氨氮	137	0.45	≥2	4	7.22	11.34	1
	COD	136	17.07	≥50	0		45	0

备注：2019年大检修期间水质异常导致超标样次较多。

再从表4中MBR出水数据来看，MBR产水COD均值从2018年开始由30.36mg/L逐年下降17.07mg/L。这就是得益于前段整体的水质优化，同时从2019年9月检修完成后，2#好氧池的升级改造，缺氧池的整体升级改造都对生化系统稳定高效运行具有积极的作用，从总氮数据来看，缺氧池反硝化效率大幅提升。总氮下降幅度较大，效果明显。从浊度的均值变化来看，MBR膜的运行工况也有较为明显的改善。

表4　MBR出水数据分析表

时间/年	pH值	油含量/(mg/L)	COD/(mg/L)	氨氮/(mg/L)	电导率/(μs/cm)	浊度/(NTU)	总氮/(mg/L)
2018	7.73	0.26	30.36	0.64	2371	1.01	—
2019	7.66	0.36	23.81	0.42	2460	0.62	16.6

续表

时间/年	pH 值	油含量/(mg/L)	COD/(mg/L)	氨氮/(mg/L)	电导率/(μs/cm)	浊度/(NTU)	总氮/(mg/L)
2020	7.82	0.2	19.13	0.59	2803	0.68	10.29
2021	7.75	0.26	17.07	0.45	2642	0.43	8.15

2.2 水量管控

对于汛期来时水量大、水量异常无法及时排查的问题，建立上游排水管控考核机制，专人负责在汛期和水量异常期间现场进行监督检查。同时雨污封堵不彻底也是水量异常的重要影响因素，要确认雨污封堵能够达到彻底阻断，并且不断优化完善雨污分流流程和封堵方式，方便员工操作执行。

为提高除油、收泥效果，前端三具 5000m^3 均质罐平常都在用，但长时间运行底部均存在积泥问题，雨季无法有效快速降低液位，导致实际应急缓冲能力非常有限。针对该问题改进运行方式，将两具均质罐处置保持空罐备用，一具均质罐保持单罐低液位运行，根据来水量及时调整加工量，强化物化段收油排泥。通过严格操作条件后发现对实际运行并无影响，自此应急缓冲能力得到大幅提升。

从图 3 可以看出 2015 年至 2021 年，污水处理量从 334t/h 降至 230t/h，管控前后总降幅达到 104t/h。污水处理量的下降使得各单元处理负荷均降低，处理效率有效提升。再结合技术改造及前端优化等措施实施，MBR 进水水质有了大幅提升，这从文章前面数据就可以看出。MBR 运行工况的改善对于提升运行效率和减缓膜污堵都有着非常积极的作用，这也是 MBR 产水量逐年提升的一个重要原因。在 MBR 膜箱数量无变化的情况，2015 年到 2021 年，MBR 产水量呈逐年上升趋势，2019 年开始出现 MBR 产水量大于污水处理量的情况。这主要是通过细化管控措施后，MBR 产水能力得到保障，加大高品质雨水收集回用所致。所以从整体数据来看，近几年水量管控效果非常的明显。

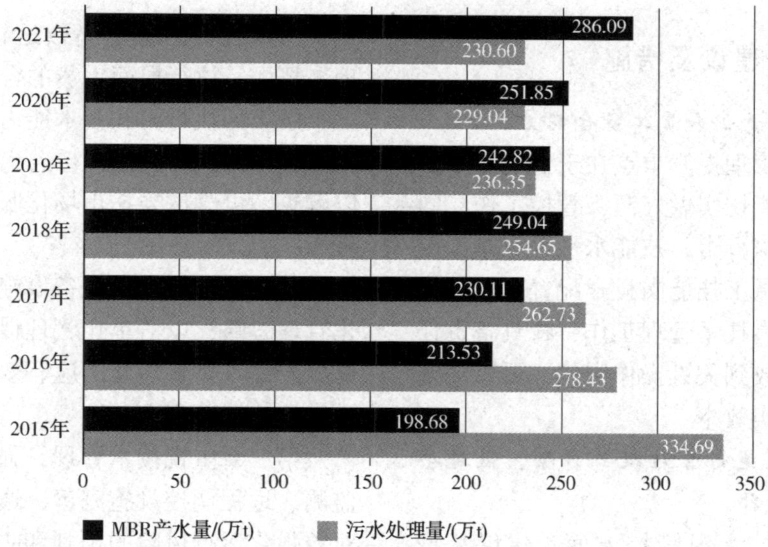

图 3 2015—2021 年污水处理量及 MBR 产水量

2.3 水温管控

随着 VOC 治理要求的不断严格，从前端到生化系统已全部进行加盖密封，导致夏季水温高达 43℃，而冬季水温低至 26℃。炼化污水中一般都包含常压电脱盐污水，在冬季采取切掉 1~2 组换热器，将 60t/h 污水由 30℃ 提高至 50~65℃。可将整体污水水温提升 2~6℃，生化水温可调节至 30~32℃，达到比较适宜的温度范围。

夏季一般会采取将雨水存放在氧化塘内(30℃)，或者引入低温的市政中水水源(26℃)，对生化系统进行降温，降温的同时兼具稀释的作用，但是因降温水量较小，实际降温幅度较小。但是在生化水温到 43℃时，对比 MBR 产水水质发现波动较小，分析主要因前端整体水质、水量管控较好，生化段负荷较低。在高温状态下 MBR 及 RO 膜通量有所增加，RO 预处理段和膜微生物污染明显加重，这是值得关注并加以防范的。

2.4 提升装置自控率、降低设备故障率

针对班组员工日常调节频繁、工作量大、经常操作出问题的位置，通过2016年和2019年两次大检修，增加自控阀、变频器、在线监测仪表等设备设施。结合升级改造，逐步提升装置自控程度和可操作性，也大幅降低人员误操作风险，同时也减少员工工作量。同时积极推进落实设备精细化管理，气浮刮渣机、气浮机、MBR系统等关键设备的故障率逐年降低。

2.5 细化管理制度，强化工艺纪律

在具备完善的、可操作性强的操作规程和生产运行管理制度外。操作运行管理提升的做法是针对生产中出现的问题和历年经常发生的操作问题，注重对操作变动、季节变化、生产波动等特殊情况下的环保风险研判，制定相应控制措施，及时下发生产指令督促执行。以此方法不断补充完善操作管理要点，填补管理中缺失部分。对于下发指令要立即进行抽查，对于典型问题立即通报考核，确保指令的严肃性、考核的时效性得到同步提升。

3 运行管理提升建议及措施

3.1 强化污水管控意识和员工综合能力提升

污水装置运行管理提升重点在于自上而下的管控意识提升，才能切实做好源头管控工作。同时员工的责任心、执行力、技能水平等也是关键的影响因素。强化员工技能岗科学配置和培训提升，让专业的人从事技术管理工作，将具备责任心和执行力的人员放到关键操作岗位，可以大幅提升工作的执行落实效率。

3.2 统筹梳理制定运行管理提升方案，促进全员管理意识提升

在水质、水量、水温管控方面，建议从操作、技术、管理三个层面统筹梳理制定精细化管理清单。

在操作方面按照全流程分单元建立操作目标、操作要点、异常处置内容的清单，对水质、水量、回用率以及COD排放量等关键参数进行定期统计排名和通报考核。分析改进不良操作习惯，逐步减少操作层面导致的生产指标差异。

在技术方面按照全流程逐个分析各单元存在问题并制定改进提升措施，如收油质量提升、气浮效率提升、膜清洗效果提升等。重点梳理日常关注较少的薄弱环节，确保每个单元的处理效率实现最大化。

在管理方面从碳减排、水平衡、能耗分析、加工费核算等方面制定工作计划。从设备的预知性检维修、动静设备管理、关键设备特护、过滤器清理等方面制定工作计划。从自控调整、在线监测的配置方面制定自动化、智能化水平提升计划。

3.3 强化工艺技术精细化管理，提升异常工况预判处置能力

技术人员要注重用数据分析来指导日常生产调整，确保能够通过分析一个阶段或季节水量、水质、水温的变化，准确分析出生产问题原因或工艺风险，并制定措施加以防范落实。日常应建立前后提升应急存储空间运行思路，强化防洪防汛和应急缓冲能力。同时需针对上游来水水质、过程水水质、外排水水质异常完善相应的应急预案，以此来提升对水质异常的应急处置能力和环保超标风险防范能力。

4 结论

污水装置的稳定高效运行首先必须重视管理、技术、执行层面人员的合理优化配置，加强三个层级的执行力和技术能力。注重让全员建立污水有序排放管控意识。若人员力量不足问题难以解决，可尝试委托市场化服务，以提高运行管理水平。

其次在现有人员设备设施基础上，建立精细化管理思路，以清单化管理促进精细化管理，以充分发挥现有各单元的应有效能为目标，强化改进措施持续落实。

第三要重视技术管理，强化关键设备、在线监测、远程调控设施完善，通过大量数据分析比对，强化运行风险的预判和防范，尤其是要注重生化系统关键运行数据管理分析。

第四是要重视应急管理，总结梳理完善应急预案，强化执行落实可以快速准确发现、判断、处置异常情况，有效降低外排超标、生化冲击等环保事件发生的风险。

第五是老旧污水装置从自动化、智能化、合理性等方面都与新建装置有明显差距。应当优先考虑运用重管理、轻改造的思路去解决一些实际问题。在核算单元处理效率明显不足时，定性定

量的进行准确分析，明确定位功能和中长期目标，同时结合后期运行管理难度和可操作性确定技改路线，避免出现提标空间不足、适用性较差等问题。

参 考 文 献

[1] 尹真真，赵丽，范围，等．城市生活污水厂处理工业废水的运营管理对策[J]．中国给水排水，2020，12(24)：54-59.

[2] 刘平养，李慧，刘葭．我国中小城镇污水处理厂管理运营的市场化模式探讨[J]．中国给水排水，2010，01：157-159.

海底高温油气管道隆起屈曲安全性分析

曾　欢　梁　鹏　李少芳　庞洪林　杨小乐

(中海石油(中国)有限公司天津分公司)

摘　要　针对海底埋设高温油气管道发生隆起屈曲的问题进行了理论分析和数值计算，在单层海底管道隆起屈曲经典理论的基础上，重点研究了双层海底管道隆起屈曲的有限元分析方法。以某海底管道为研究对象，应用工程软件 JPKPipecalc 及 ABAQUS 软件分别进行隆起屈曲分析，并对计算结果进行对比。结果表明：数值模型能够准确地模拟海底管道隆起屈曲，且有限元计算软件 ABAQUS 计算结果较工程软件 JPKPipecac 保守。

关键词　油气管道；隆起屈曲；数值模拟；有限元分析

由于海洋油气资源的开发利用和对生产工艺的要求，为避免原油中的石蜡沉积固结，减小输送油气难度，管道所输送介质需要维持在最低限度以上，工作压力标准不断提高，输送过程中产生的高温高压应力不断给管道带来结构屈曲的问题。面对高温载荷下海底管道发生屈曲的风险，工程师从设计阶段就应用了各种有效的方法，大部分方法获得了成功，但也有一些管道出现了严重的屈曲甚至破坏。美国矿产资源管理服务公司(Minerals Management Service)对墨西哥湾油气田海底管道在1967—1987年间发生失效事故进行统计，20年间发生屈曲失效事故多达690例，由此可见海底管道发生屈曲失效事较为频繁。针对高温高压作用导致海底管道发生屈曲采取了各项措施，仍有部分海底管道在高温高压作用下发生屈曲甚至破坏。刘润、夏秋玲等人针对高温埋设管线的隆起屈曲开展过相关研究。

海底管道的破坏不仅会带来巨大的经济损失，还会造成海洋生态环境的大灾难，同时产生极其严重的社会影响。因此，研究海底管道热屈曲的发生机制，控制热屈曲的方法，以及热屈曲过程中管土相互作用的机理都具有重要理论意义和工程价值。

本文针对海底埋设双层管道发生隆起屈曲的问题进行了理论分析和数值计算，在单层海底管道隆起屈曲经典理论的基础上，重点研究了双层海底管道隆起屈曲的有限元分析方法。

1　海底管道隆起屈曲理论模型

实践表明，当管道温度升高到一定程度，大于土体的约束力时，缺陷管道就会发生屈曲。管道发生屈曲有两类激发方式：一类是初始缺陷，另一类是干扰力。对于无缺陷的理想管道，在受到较高温度后，若对管道施加某一方向的干扰力，管道也会沿这个方向屈曲，具体内容可参考结构力学的压杆稳定中的第一、第二类屈曲问题。

DNV-RP-F110 规范指出外力和初始几何缺陷是触发管道热屈曲的两个基本原因，图1为海底埋设管道初始缺陷的结构示意图。

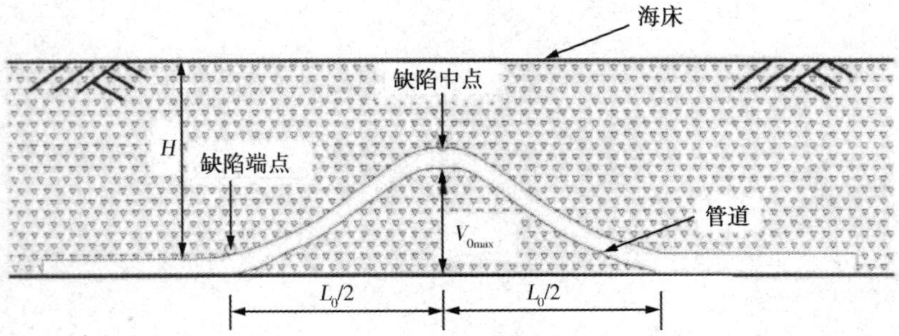

图1　海底埋设管道初始缺陷结构示意图

图中 L_0 为初始几何缺陷的轴向长度，H 为管道埋深，如图所示设置缺陷端点和缺陷中点为参考点。

工程实践表明掩埋管道的实际形状是弯曲的，具有初始缺陷的。初始缺陷使得管道具有初始变形，因此，当温度逐渐升高时，管道比较容易发生垂向屈曲。管道上覆土体对管道具有约束作用，土体性质不同，受力也不同，黏性土体使用公式(1)计算：

$$\frac{F_v}{\gamma' HD}=1+0.1\frac{D}{H}+\frac{2c_u}{\gamma' H}\left(\frac{H}{D}+\frac{1}{2}\right) \tag{1}$$

式中，γ'为土体容重，N/mm^3；D 为管道的直径，mm；H 为管道的埋置深度，mm；c_u 为土体的不排水剪切强度，kPa。

2 DNV 规范中埋地管道隆起屈曲的校核准则

目前国际上海底管道设计最常使用的设计标准主要有 DNV、API 以及 ASME 规范，其中针对高温/高压下的海底管道整体屈曲设计应用最广泛的是挪威船级社所发布的 DNV RP F110。

F110 操作规程中提供了裸置于平坦海床上、裸置于不平坦海床上和埋地管道三种设计方案的程序和标准，本文根据 F110 埋地管道的设计方案及校核标准对某油田双层保温海底管道进行校核计算。

埋地管道的总体屈曲行为与管土相互作用模型密切相关，然而管土相互作用的不确定性通常很难量化，需要通过大量的工程判断来确定。通常，埋地管道隆起屈曲涉及的管土相互作用分量为土壤抬升抗力、土壤向下及轴向抗力。

2.1 土壤抬升抗力

埋地管道的土壤抬升抗力 R_{max} 包含两部分，一部分源于管道上部的覆土层重力，另一部分源于土壤摩擦力。土壤抬升抗力可以由式(2)表示：

$$R_{max}=\left(1+f\frac{H_c}{D}\right)(\gamma' \cdot H_c \cdot D) \tag{2}$$

式中：H_c 为管道埋深；γ 为单位土壤水下质量；D 为管道直径；f 为土壤摩擦抗力系数。

2.2 土壤向下抗力

对埋地管道进行覆土回填，沉降开始时土壤向下刚度受管道沉降抗力的控制，管道沉降抗力随接触面积增加而增加。当管道埋入约一半时，土壤承载能力的增加不明显，土壤向下刚度随沉降深度增加而增加。通常土壤向下抗力可以按式(3)计算：

$$R_V(z)=\frac{1}{2}N_\gamma \cdot \gamma' \cdot B(z)^2+N_q \cdot (p_0'+a) \cdot B(z) \tag{3}$$

式中：Z 为管道沉降深度；$B(Z)$ 为管道接触宽度，$B(z)=2\cdot\sqrt{z\cdot(D-z)}$；$p_0'$为埋入部分管道压力，$p_0'=\gamma_2'\cdot H_2+\gamma_1'\cdot(H_1+D)$；$a$ 为土壤吸力；N_q 为管道底部土壤的承载力系数。

2.3 土壤轴向抗力

管道发生任何屈曲模式时都会引起轴向的管土作用，它影响着管道的后屈曲形态。轴向管土作用对于管道载荷的建立十分重要，尤其是在屈曲发生后管道端部受力计算中。

$$T_u=\pi Dac+\pi DH_c\bar{\gamma}\frac{1+k_0}{2}\tan\varphi \tag{4}$$

式中：c 为回填后的土壤黏度；$\bar{\gamma}$ 为土壤单位容重；k_0 为土壤压力因子。

2.4 校核准则

管线采用挖沟自然回填埋设，操作工况下的管线上方会有 1.5m 的盖土，因此需要校核海管垂向下沉和上浮的稳定性。

(1) 下沉校核中，假设海管内部充满海水；

(2) 上浮校核中，假设海管内部介质为空气。

上浮校核准则如式(5)所示：

$$\gamma_{se}-R_v<\gamma_p<\gamma_{se}+R_v \tag{5}$$

其中，γ_{se} 为土壤等效单位容重，其表示如式(6)：

$$\gamma_{se}=\frac{G_s\gamma_w(1+W)}{1+G_sW} \tag{6}$$

式中：G_s 为土壤容重；γ_w 为海水单位质量；W 为土壤含水量；γ_p 为海管单位长度的重力；R_v 为海管单位长度的约束反力。

DNV 中规定，当埋设管道由温度产生的膨胀力大于管道土壤抬升抗力时，管道发生屈曲。在本文的研究中，管道受到土壤摩擦力及重力的作用，当其产生向上的位移时，管道即发生屈曲，此时的温度即临界屈曲温度。

3 海底管道隆起屈曲数值模拟

3.1 管道基本参数

选取某油田高温油气管道作为算例，该管线

为双层保温管，管线数据见表 1，操作数据见表 2。

表 1　管线数据

项目	描述	管线/mm
内管	外径	168.3
	壁厚	14.3
外管	外径	273.1
	壁厚	14.3

表 2　操作数据

描述	内管	外管
设计温度/℃	96	33
安装温度/℃	10.2	10.2
设计压力/MPa	9.5	0
介质密度/(kg/m^3)	900	N/A

3.2　基于 JPKPipecalc 软件的计算

在工程设计中，管道隆起屈曲通常应用 JPKPipecalc 软件进行计算。通过对管道、土壤及管道不直度等工程参数的计算，对海底管道隆起屈曲进行工程分析。但对于双层保温管道，该软件应用等效计算的方法，通过等效单管数据对双层管道进行计算。

由于算例为双层海底管道，故根据等效原理计算得出单层管数据见表 3。等效的原理为刚度等效，等效单层管的外径与双层管外管外径相等，壁厚根据刚度等效原则计算得出，即双层钢管内外钢管的的抗弯刚度之和与等效单层管的抗弯刚度相等；与此同时钢材密度和介质的密度也进行了等效。

表 3　双层管道等效数据

等效单层管计算结果		
等效单管直径	mm	273.1
等效单管壁厚	mm	17.4
等效钢材密度	kg/m^3	9646.8
等效介质密度	kg/m^3	374.0

根据管道的相关数据，应用 JPKPipecalc 软件对该管线进行隆起屈曲计算，该油田双层海底管线在 1.5m 覆土层高度的条件下，考虑 3mm 腐蚀裕量，当管道初始不直度为 0.3m 时，临界隆起屈曲温度为 95.6℃，反算计算得出该双层保温管的临界温度为 143.93℃，即在 96℃的设计温度下，该管道不会发生隆起屈曲。

3.3　基于 ABAQUS 软件的计算

在本文的有限元模型中，采用的缺陷类型为管道与海床接触的均匀缺陷，一段 200m 的直管道铺设在有初始缺陷的刚性海床上，并形成和刚性海床一样的形状。其中管道用管单元模拟，模型中的管道划分为 200 个 PIPE21 单元，内外管相互作用中用管中管单元模拟（本文采用 ITT21）；海床固定，且用离散刚性单元模拟，模型中的海床被划分为 200 个 R2D2 单元。海床和管道作用使用管土作用单元 PSI24。温度载荷是具有初始缺陷的双层管道隆起屈曲的最大原因。本文中对温度载荷作如下分析：管道铺设在海床上，定义管道和海床之间有摩擦的相互接触，管道两端轴向固定，内管受温度载荷作用，计算其应力状态。

有限元分析模型计算分为两个分析步，第一步在内外管道上施加均布的自重和覆土载荷，第二步通过定义温度场变量来逐步增加内管的温度载荷。在分析过程中逐渐升高管道内的温度，当管道垂向移动发生跳跃式增长(即发生了隆起屈曲)时，其对应的温度即为管道隆起屈曲临界温度载荷，相对应的轴向力即为临界轴力。双层海底管道内管屈曲前后应力分布对比图如图 2 所示。

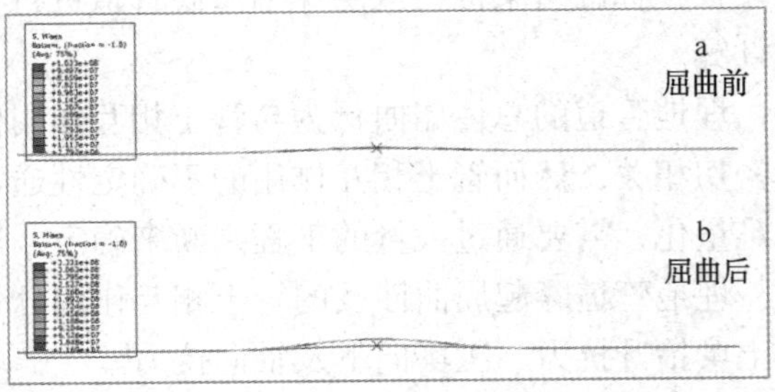

图 2　双层海底管道内管屈曲前后应力分布对比图

利用 3.2 节参数分别建立双层管和单层管两个计算模型，分析管道在 0.3m 初始缺陷条件下临界隆起屈服温度见表 4。

表 4　不同计算模型临界屈服温度计算结果

计算模型	临界隆起屈服温度/℃
JPKPipecalc	143.93
ABAQUS 等效单层管模型	141.62
ABAQUS 双层管模型	132.42

由表 4 所示，由于 JPKPipecalc 只能对单层管进行分析，对比 JPKPipecalc 与 ABAQUS 等效单层管模型计算结果可以发现，两个模型计算结

果非常接近，证明了 ABAQUS 建立模型的准确性。而对比 ABAQUS 双层管模型与 JPKPipecalc 和 ABAQUS 等效单层管模型计算结果可以发现，双层管模型临界温度较低，说明 ABAQUS 双层管模型计算结果更为保守。

4 结论

本文针对双层海底埋设管道发生隆起屈曲的问题进行了理论分析和数值计算，在单层海底管道隆起屈曲经典理论的基础上，重点研究了双层海底管道隆起屈曲的有限元分析方法。此方法可以对双层管线的内、外管分别进行计算，并充分考虑了长输管道的几何非线性与土壤边界的非线性。通过分析某油田双层管道，得到以下结论：

(1) 参照 DNV-RP-F110 规范，应用 JPK-Pipecalc 软件对双层保温海底管线计算的结果表明，在 1.5m 覆土层高度的条件下，考虑 3mm 腐蚀裕量，当管道不直度为 0.3m 时，临界隆起屈曲温度为 95.6℃，反算计算得出该双层保温管的临界温度为 143.93℃，即在 96℃的设计温度下，该管道不会发生隆起屈曲。

(2) 本文应用 ABAQUS 软件通过有限元分析的方法模拟了双层保温海底管道和等效单层海底管道在温度载荷下内、外管各自的屈曲过程。结果表明：对比 JPKPipecalc 与 ABAQUS 等效单层管模型计算结果可以发现，两个模型计算结果非常接近。而对比 ABAQUS 双层管模型与 JPK-Pipecalc 和 ABAQUS 等效单层管模型计算结果可以发现，双层管模型临界温度较低，说明 ABAQUS 双层管模型计算结果更为保守。

参 考 文 献

[1] 张永胜．世界石油储量问题探析[J]．特区经济，2011，(3)：18-20.

[2] Stelios Kyriakides，Edmundo Corona. Mechanics of offshore pipelines; volume 1 buckling and collapse [M]. Elsevier Science，2008.

[3] 刘梁华，张世富．海底管道发展现状浅述[J]．中国储运，2011，(1)：108-109.

[4] Zhang J，Stewart DP，Randolph MF. Modeling of shallowly embedded offshore pipelines in calcareous sand [J]. Journal of Geotechnical and Geoenvironmental Engineering，2002，128(5)：363-371.

[5] 刘润，李成凤．高温高压下海底管道水平向整体屈曲研究现状分析[J]．天津大学学报(自然科学与工程技术版)．2020，53(01)：1-16.

[6] 夏秋玲．高温埋设管线的隆起屈曲分析[J]．海洋工程装备与技术．2018，5(01)：1-5.

[7] 黄钰，孙国民，余志兵．隆起屈曲对海底管道近岸段设计的影响[J]．中国海洋平台．2021，36(05)：81-84.

[8] 戚晓明．海底埋设管道隆起屈曲分析及敏感性研究[J]．中国石油和化工标准与质量．2019，39(08)：96-97.

[9] Det Norske Veritas. Global Buckling of Submarine Pipelines Structural Design Due to High Temperature /High Pressure：DNV-RP-F110[S]. 2007.

液化石油气长输管道安全风险识别及管控

高　猛

（中国石油大庆炼化公司）

摘　要　大庆炼化公司与大庆石化公司有3条液化石油气长输管道，此管道具有长距离、高压力、输送易燃易爆介质等特性，一旦泄漏，极易造成人员伤亡、污染环境、企业经济损失和居民生活受干扰等不良影响。随着近些年安全环保相关法规的修订完善，要求愈来愈严，企业违法违规的代价越来越大。本文从长输管道本体安全风险、环境安全风险等方面系统阐述了风险类型、识别方法和评价方法，围绕"管道、安全、环境"的理念开展风险识别和管控工作。

关键词　安全风险；环境安全风险；操作安全风险；风险管控措施

1　管道运行状况

大庆炼化公司原油加工量为500万t/a，根据其相关装置的生产规模和产品方案，2005年一期聚丙烯投产后有9万t/a的丙烷产品，2007年丙烷产品为8.75万t/a，2006年有28万t/a的MTBE剩余C4，2007年有21万t/a的液化气，在大庆炼化公司30万t/a的聚丙烯投产后，大庆炼化公司内部所产的丙烯不能满足要求，这一部分丙烯需要外购。

2004年，大庆炼化公司与大庆石化公司新建3条液态长输互供管线，管道建成后，按照就近合理优化的原则，为降低管理维护成本，由大庆炼化公司于大庆石化公司分段进行管理，炼化公司负责维护至炼化24km范围的管线。在距离炼化公司8km处采油二厂有一个中心阀室，设有中间阀，可以切断流程。3条管道均是压力管道，每条管线的运行压力不同，液化气的运行压力0.6MPa，丙烯的运行压力1.0MPa，丙烷的运行压力1.5MPa，并且当前时期，管线已经连续运行超十年以上，丙烷长输线已运行17年之久。在2018年对三条长输互供管线进行检测，无明显缺陷或问题，但管线一旦发生泄漏，仅能通过收油线泄至储罐内，通过火炬线泄压，泄压时间长，存在较大的安全风险。

2　研究内容

液化石油气长输管道距离长，途经南三路、乘风湖、钻井一公司材料库、坦克旅、油田三元采出站、中央排水干渠、萨大路、光明村以及厂西生活区等地形地貌复杂，社会环境多样等问题，本文从管道制造与施工缺陷、管道腐蚀、第三方破坏、自然灾害等方面综合识别分析长输管道面临的安全风险及管控措施。

3　风险管理和管控方法

石油天然气长输管道设计和建设一般采用埋地敷设方式，需要穿越山地、平原、水田等各类地形地貌，其钢制材质的性质决定其本身也有腐蚀风险，基于油气长输管道输送介质的高压易燃易爆特性，另外外部破坏、地灾的威胁，设计、施工的问题和运行过程中误操作的影响，都使得长输管道面临大量的安全风险。对管道进行科学的风险评价是经过长期的管理实践，总结研究出的降低管道安全风险，减少安全事故，提高管道安全运行和保障企业效益的科学手段。

3.1　风险管理的概念

长输管道的风险管理作为一种科学的管理方法，首先是管道管理者在对长输管道运营中面临的各种潜在风险进行判断和评价的基础上，制定出相应的风险控制措施，从而达到最大限度的辨别潜在风险因素，将管道的风险控制在可以接受的范围内，来保证管道长期、经济、安全的运行。

3.2　风险管理的特点

（1）复杂性。不可知因素带有极强的复杂性，风险管理就是要及时预防不可知因素的发生，再加上油气长输管道途径环境的复杂性，因此长输管道风险管理所要处理的风险问题包括相当多的方面，比如自然环境、人为因素、技术因素等，又一定程度上增加了影响因素的复杂性。由于管道需要在今后几十年甚至更长的时间里长期运营，因此管道运行管理风险比设计或施工等过程复杂得多，风险量大得多。

（2）社会性。长输互供线跨让胡路区、红岗区、龙凤区等多个行政区，途中要经历不同政府的管辖、经历不同的居住群体就会涉及到不同的生活习惯，这也会增加管道风险管理的社会性，再加上沿途居民教育程度等因素，对管道的安全性具有一定影响，因此管道风险管理具有一定的社会性。

（3）全局性。长输管道风险管理是管理者从全过程、全时段的观点出发进行全局性的综合管理，而不能把各阶段或各个过程分割开来进行风险管理，这就要求在风险管理过程中具备一定的全局性、大局观。

3.3　风险类型

外腐蚀、内腐蚀、第三方破坏、施工缺陷、地质灾害是造成长输管道事故的五大风险因素。

（1）外腐蚀。主要是由于管线金属材质与外部的环境比如土壤、大气等腐蚀性介质相接触引起的腐蚀，同时，由于有些管线外部有保温层，可能会由于其他因素引起水分在保温层下聚集（有时候还会因为管内介质与外部环境温度的不同而使得外部水分液化）造成高腐蚀区域，对管线产生保温层下腐蚀。外腐蚀是管道腐蚀的主要因素，诱发管线腐蚀泄漏。

（2）内腐蚀。管线内流体性质不同所发生内腐蚀的类型也不一样，包括酸性腐蚀、氯离子引起的腐蚀、微生物腐蚀、应力腐蚀、焊接腐蚀等。除非确定管线内部流体是哪类流体，否则很难明确说明内腐蚀的形式，最终诱发管线腐蚀泄漏。

（3）第三方破坏。第三方破坏包括非第三方故意的破坏。由于工程施工、土地耕种等在管道附近的人为正常活动而导致的管道系统发生破坏称为非第三方故意破坏，会致使管道本体的破坏或性能受到严重的影响。第三方破坏在整个管道潜在风险因素中占有相对较高的比例，管线遭到破坏导致的泄漏相对较为严重。

（4）施工缺陷。长输管道也不同程度的存在设计或施工造成的缺陷。管材在制造过程中可能存在材质和焊缝检测不严导致质量问题的发生，管道建设施工过程中的焊接缺陷时有发现，特别是由于补焊、返修等操作的不规范造成的过度打磨、焊缝夹渣等风险较大。同时管道也存在施工不合规造成的管道凹坑缺陷或其他应力集中情况，易造成附近位置质量较差的焊缝发生失效导致管线泄漏。

（5）地质灾害。大庆地区幅员辽阔，各区域自然条件差异巨大，地震、暴雨、冲沟等各种自然灾害频繁发生，地质灾害也是威胁管道安全的一个重要因素，不但会破坏管道输送系统，造成管道泄漏的直接损失，还会带来环境污染等严重的次生事故灾害。地质灾害是具有比较大的破坏性地导致管道事故的因素，其中地震、洪水、塌陷是对陆上管道造成破坏的重要地质灾害类型。

3.4　风险管控

炼化公司有事故水泵房两座，两台事故水泵P-99#、P-206#泵均可以实现长输管线注水，P-99#的扬程200m，流量160m^3/h，相比较P-206#的扬程160m，流量160m^3/h更快更便捷，当丙烯、丙烷、液化气长输线发生泄漏时，利用事故水泵P-99#泵向炼化进行水顶。

管道泄漏是我们无法预知的，根据具体泄漏点的位置，泄漏量等情况，应急处置的方式也有不同。当泄漏点瞬时量较小时，适合用注水的方式处理。当泄漏点在中心阀室至炼化方向，则对8km管线进行工艺处置，向泄漏管线内注水，计算注水量达到要求后关闭中间阀保证泄漏点位置达到可控状态；当泄漏点在中心阀室至炼化方向，无论在任何位置泄漏，都将按照管线全长24km进行工艺处置，计算24km的注水量，达到要求后关闭阀门保证泄漏点位置达到可控状态。注水时间及注水量见表1、表2。

表1　注水时间明细表（8km，中间阀至炼化）

序号	介质名称	管径/mm	密度/ρ	容积/m^3	存油量/t	水顶用时/h
1	丙烯	200	0.51	250	128	1.6
2	丙烷	100	0.51	63	32	0.4
3	液化气	200	0.59	250	148	1.6

表2　注水时间明细表(全长24km)

序号	介质名称	管径/mm	密度/ρ	容积/m^3	存油量/t	水顶用时/h
1	丙烯	200	0.51	754	384	4.7
2	丙烷	100	0.51	188	96	1.2
3	液化气	200	0.59	754	444	4.7

4　研究结论

本文对炼化公司至石化公司液化石油气长输管道风险管理进行了研究，论述了长输管道风险管理的特点和类型，介绍了常用的长输管道风险评价，在风险管理的理论指导下，主要形成了以下风险管控措施：

(1) 针对第三方损坏，继续执行和完善"一段一策"的巡护方案，将识别出的高风险管段纳入重点巡护方案，确保巡护质量。利用好技防手段，在长输互供线上紧盯参数变化，实时监控管道动态变化。

(2) 针对制造与施工缺陷，严格执行缺陷修复计划，及时完成管道已知缺陷点的开挖验证和修复工作，消除施工期间造成制造与施工缺陷带来的管道本体风险。

(3) 针对外腐蚀，积极开展外防腐层检测，对检测出的防腐层漏点及时开挖修复。定期开展全线杂散电流检测，对排流器的排流效果进行检测，对未响应的外腐蚀点加强监控。

(4) 针对内腐蚀，定期清管，加强对腐蚀点的监控，对检测出的内腐蚀损失点，根据轻重缓急及时泄压、开挖验证并进行修复，对未响应的内腐蚀点加强监控。

(5) 针对地质灾害，加强对管道沿线易受地质灾害管段的识别和管理，一旦发现水土流失或水工损坏损毁及时处理，做好临时保护或风险减缓措施，防止灾害扩大。

(6) 当出现管线泄漏需要应急处置时，采取向管道内注水时间的方式防止泄漏，安全性更高。当大面积泄漏甚至断裂时，采取向丙烯球罐泄压的方式进行。

参考文献

[1] 张华兵，基于失效库的在役天然气长输管道定量风险评价技术研究学.
[2] 董绍华．中国油气管道完整性管理20年回顾与发展建议.
[3] 陈朋超．油气管道全生命周期完整性管理体系的构建.
[4] 辛艳萍．中国油气管道技术现状与发展趋势分析.
[5] 冯庆善．长输油气管道的完整性管理.
[6] 马涛．成品油长输管道风险管理研究.
[7] 杜旭峰．输油管道风险管理及HSE管理体系的应用研究.
[8] 张彦华，秦昕，李红克．基于风险的管道完整性概念分析.
[9] 潘家华：油气管道的风险分析．油气储运.
[10] 郭磊，周利剑，白楠，等．长输油气管道完整性管理信息化实践.

无人机自主飞行技术在气田生产巡检中的应用

刘欣欣　汪　洋　黄　丽

（中国石油西南油气田公司）

摘　要　本论文主要开展无人机自主飞行技术的应用分析，一方面可开展日常巡检，减少部分区域人工巡检频率，降低作业风险；另一方面可进行应急处置，快速抵达目的地开展现场勘查，保障“巡检+应急”工作的安全性及高效性，通过探索一种片区管理新模式，进一步提高气田智能化管理水平，降低含硫气尤其是高含硫气田生产区域安全风险。

关键词　无人机自主飞行；片区管理新模式

1　现状分析

川东北气矿集、输气管道主要分布在四川盆地东北大巴山南麓，地面海拔300~900m左右，高山、沟谷、河流众多，地质灾害相对频繁。目前，有河流穿跨越41处，地质灾害敏感点27处。传统的人工巡护方法工作量大、条件艰苦、风险较高，易受自然条件的制约，亟需利用无人机“视野范围广、巡检效率高、信息反馈及时，几乎不受地形限制”等优势辅助人工开展日常巡检及应急处置工作。

2　技术解决方案

研究一套无人机自主飞行架构，利用预设轨迹飞行、远程灵活控制、实时视频回传等功能组成的无人机自主飞行系统，实现第三方施工隐患识别、场站环境、甲烷泄漏监测等多元应用，无线通信覆盖区域内，减少人工到场频次，降低人工巡检作业风险，保障天然气安全平稳生产。

2.1　确立通信组网模式

实时通信组网模式是无人机实现自主飞行的基础，为彻底解决山区信号较差的问题，突破实时通信瓶颈，采用两种组网模式，可实现无缝切换，确保无线信号覆盖半径可达10~30km。

（1）4G链路通信模式：无人机搭载4G通信模块，利用运营商网络接入云服务器。

（2）微波链路通信模式：无人机搭载微波通信模块，利用微波基站与停机坪进行通信，停机坪充当通信中继(图1)。

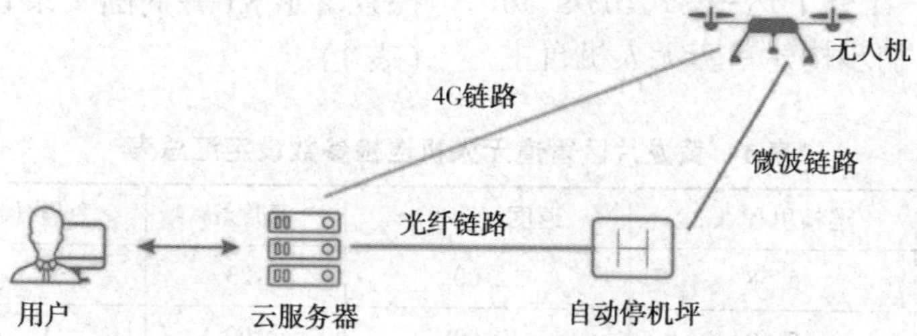

图1　4G、微波链路组网图

2.2　确立无人机软硬件功能设计

2.2.1　无人机

选用多旋翼无人机，实现低空、精细化巡检作业，可配备4G、微波通信模块，实现两种组网模式的无缝切换；挂载质量为3kg，可适配高清摄像头、激光甲烷检测仪等。

2.2.2　机库

机库主要包含三类用途：一是作为供电源，为无人机充电，气象站供电；二是作为通信枢纽，微波链路中转站、为气象站供网；三是作为保护屏障，一方面利用RTK+视觉引导技术，确保无人机精准降落，另一方面装配烟感、温度传感器、水淹传感器、断路器，一旦检测到异常情况将采用断电处理，温湿度超标，会自动启动空调降温。

2.2.3　气象站

气象站作为无人机自主飞行的环境条件判断，可通过地方气象台与内设环境监测传感器数据联合监测风速、风向、雨淋、温度、湿度、光照。

（1）工作环境检查标准如下：

（2）工作风速：0~12m/s(0~6 级)；

（3）工作温度：-20~60℃；

（4）工作湿度：10%~90%(无凝结)；

（5）电磁干扰：0~100A/m(工频磁场)；

超出标准无人机将无法起飞或临时迫降。

2.2.4　软件功能设计

利用机组精细管理+预设飞行轨迹+制定飞行任务三个模块实现无人机自主飞行，运用手动接管模块实现应急情况下人工介入。

2.3　确立无人机自主飞行模式

采用两种飞行模式，可实现无缝切换。

（1）常规巡检模式：可远程控制无人机的飞行，下达巡检任务、一键起降、实时视频回传等功能。

（2）应急接管模式：遇到紧急情况需要飞手直接介入，可通过手动摇杆对无人机进行实时接管。

3　现场试验

通过前期"考察+整合+研发"思路，开展无人机、停机坪、气象探测器、通信基站、选型和适配，利用"状态总览+任务下达+模式切换"功能架构开展软件设计，初步构建一套无人机自主飞行架构，同时选取一个无人值守站进行部署。

3.1　现场部署

硬件部署方案：机库、气象站部署在黄龙X1井(海拔约682m)，中继站部署于场站周围制高点(海拔约712m)，租赁运营商500M链路1条。

软件部署方案：软件平台搭建于黄龙中心站及调控中心。

通过建设无人机机库、气象站、微波中继站、远控平台等软硬件，上线预设飞行、精准降落、自动充电等功能，自主实施半径5km范围内飞行任务。在中心井站和100km以外的调控中心，都能对巡航在井站、管道的无人机实时发布启停指令并操控飞行，先后试飞36次，初步形成1套符合川东北地貌特征飞行参数标准(图2)。

图2　黄龙X1井现场建设情况

3.2　管道巡检试验情况

3.2.1　飞行参数探索

选取地势平缓、山地上坡、山地下坡为试验区域，管道桩、管道标识牌、堡坎为关键要素，从速度、高度、变焦倍数、角度四个维度入手，探索黄龙X1井周围7条管线巡检最优飞行参数(表1)。

表1　黄龙片区管道无人机巡检参数设定汇总表

序号	管道名称	巡检里程/km	速度/(m/s)	高度/m	变焦/倍	角度/(°)
1	黄龙N1井支线	5.58	12.00	123	1	90
2	黄龙N2井支线	5.69	12.00	100	1	90
3	黄龙N3井支线	5.6	12.00	100	1	90
4	黄龙N4井支线	5.73	12.00	100	1	90
5	黄龙N5井支线	5.32	10.00	100	1	90
6	黄龙N6井支线	5.91	12.00	100	1	90
7	黄龙N7井支线	5.94	12.00	123	1	90

3.2.2　巡检效果

根据设定飞行参数开展巡检，可通过实时回传视频分辨出标识牌及管桩，快速发现管道两侧的地质灾害、施工、爆破等隐患(图3)。

图3　无人机回传图像

3.3　场站巡检试验情况

3.3.1　飞行参数探索

选取黄龙X2试验区域，该场站硫化氢含量为$70g/m^3$，为高含硫无人值守场站。以场站围墙、井口装置区、工艺区、污水罐、分离区、放空区为关键要素，从速度、高度、变焦倍数、角度四个维度入手，探索黄龙X2井巡检最优飞行参数(表2)。

表2　黄龙片区管道无人机巡检参数设定汇总表

序号	巡检要素	速度/(m/s)	高度/m	变焦/倍	角度/(°)
1	场站围墙	10	35	10、40	45
2	井口装置区	10	35	40	45
3	工艺区	10	35	40	45
4	污水罐	10	35	20、40	45
5	分离区	10	35	20	45
6	放空区	10	35	40	45

3.3.2　巡检效果

根据设定飞行参数开展巡检，可辨识井口控制器阀位指示牌状态、井口压力表指针范围、场站及放空区围墙外观等(图4)。

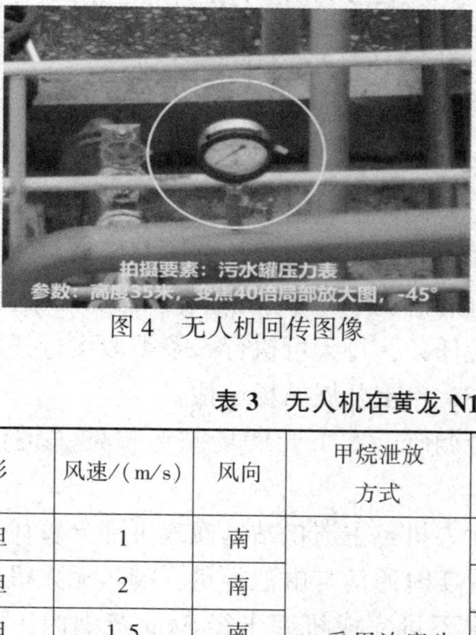

图4　无人机回传图像

3.4　甲烷泄漏检测试验

3.4.1　管道泄漏试验

试验地形选择：平坦、灌木丛；

管线选择：黄龙N1井支线；

飞行速度：本次实验为模拟管道巡检，设为5-10m/s进行实验；

飞行高度：70~100m；

挂载倾斜角度：90°；

试验方式：针对于不同地形使用不同飞行参数对泄漏点的情况进行统计(表3)。

表3　无人机在黄龙N1井支线开展激光甲烷检测试验数据汇总表

地形	风速/(m/s)	风向	甲烷泄放方式	单位时间内无人机经过次数	单位时间内检测到次数	飞行高度/m	飞行速度/(m/s)	成功率/%
平坦	1	南	采用浓度为100%甲烷气瓶做泄放试验	10	1	100	10	10
平坦	2	南		10	1	70	10	10
平坦	1.5	南		10	3	70	7	30
平坦	2	南		10	9	70	5	90
灌木丛	2	南		5	3	100	10	60
灌木丛	2	南		5	3	85	5	60
灌木丛	2	南		5	5	70	5	100

综上所述，最优激光测漏管道飞行参数为飞行速度5m/s，飞行高度70m，灌木丛比平坦地形检测效果更准确。

3.4.2　场站泄漏试验

试验场站选择：黄龙X2井工艺区。

飞行速度：飞行速度越低，产生的晃动越

小，激光甲烷检测设备由晃动产生的误差越小，检测精度越高。因此，本次试验飞行速度约0.5m/s。

飞行高度：本次试验是在井站内工艺区上方飞行，站内存在高30m的避雷针，存在碰撞风险，因此将高度控制在距离井站地面50m以上(包含50m)。

试验一：飞行高度对检测准确性的影响：

1min内针对同一泄漏点现场设置飞行高度为50m、100m并逐一实验(角度为90°)(表4)。

表4　无人机在黄龙X2井工艺区开展激光甲烷检测试验数据汇总表

序号	高度/m	检测时间/s	首次检测到甲烷气体耗时/次	检测总次数/次	最高浓度/ppm*	最低浓度/ppm
1	50	60	6	12	50000	841
2	100	60	8	7	50000	516

注：*1ppm=10^{-6}。

随着高度的增加，检测到甲烷泄漏的次数将减少，检测的耗时将增加。

试验二：拍摄角度对检测准确性的影响：

1min内针对同一泄漏点设置拍摄角度为45°和90°，并逐一实验，对首次检测出甲烷泄漏情况耗时及总体检测次数进行统计(表5)。

表5　无人机在黄龙X2井工艺区开展激光甲烷检测试验数据汇总表

序号	角度/(°)	检测时间/s	首次检测到甲烷气体耗时/s	检测总次数/次	最高浓度/ppm	最低浓度/ppm
1	45	60	无	0	无	无
2	90	60	6	19	50000	516

同一时限内，拍摄角度为90°时，检测出甲烷泄漏的次数最多，检测耗时最少。

3.5　探索无人机自主巡检的片区管理新模式

3.5.1　日常巡检

(1) 确立工作流程

航线规划-自主起飞-自动巡飞-巡航抓拍-自动回航-巡检报告生成-异常点统计-人工复核-异常点上报

(2) 自主开展管道巡检

经调研，人工开展管道巡检的关键内容见表6。

表6　人工开展管道巡检的关键内容

序号	巡检内容	无人机是否能替代人工巡检
1	管道桩、牌、堡坎完整性	√
2	管道50m范围内是否存在塌方	√
3	管道50m范围内是否存在第三方施工	√
4	管道50m范围内是否存在违章建筑	√
5	裸露在地面上的管道是否存在破损	50%，若被植被遮挡，无法查看

续表

序号	巡检内容	无人机是否能替代人工巡检
6	对支干上的阀室气体泄漏进行检测	√
经测算，可替代率为91.7%		

无人机自主巡检管道模式相对成熟，可基本替代人工，受实时通信与电池容量影响，无人机在满电的情况下可执行机库半径5km范围内管道巡检任务，每天可执行5条类似飞行任务。

(3) 自主开展站场巡检

经调研，人工开展场站巡检的关键内容见表7。

无人机自主巡检站场模式可部分替代人工巡检，受实时通信与电池容量影响，无人机在满电的情况下可完成机库半径5km范围内，单个场站12个关键点位巡检，每天可执行5条类似飞行任务。

3.5.2　应急处置

遇到紧急情况，可直接远程控制无人机起飞，通过手动摇杆或虚拟方向控制台实时接管无人机，抵达目的地，开展应急勘查工作。

表7　人工开展场站巡检的关键内容

序号	巡检区域	巡检内容	无人机是否能替代人工巡检
1	放空火炬	火炬在放空时的燃烧情况	√
2	污水罐	液位显示清晰且在液位计绿色区域内；液位不超高	×
3		设备完好、确认无积水、无漏液	√
4		压力表示值在量程1/3~2/3内	√
5	井口控制器阀位	能辨识阀门开关牌	√
6		阀位指示状态	×
7	井口压力表	压力表示值在量程1/3~2/3内	√
8	场站及放空区围墙	查看墙体局部的损坏、浸水情况	√
9	黄龙X2来气和南坝脱水站来气气动执行机构	能辨识阀门开关状态	√
10	分离器	分离器液位计显示清晰、准确，且在液位计绿色范围；地面上是否存在积水情况	√
11	温泉X井出站阀门	能辨识开关牌开关状态	√
12	甲烷气体检测	甲烷气体浓度在安全范围内	√
13	仪表间	机柜照明灯、设备（交换机、路由器、变送器、模块等）状态指示灯显示正常	×
14	油料房	高位油箱油位不低于1/3	×
15	高压环网室区	配电柜带电指示器各相指示灯工作状态正常，机柜风扇过滤网无堵塞	×
16		回路通电正常；应急灯工作正常	×
经测算，可替代率为56.25%			

3.6　在片区管理新模式中的作用

无人机自主飞行技术可应用于无线信号覆盖范围的片区巡检。针对于管道巡检，根据91.7%的人工替代率，可利用无人机执行飞行任务基本替代人工巡检；针对于场站巡检，根据56.25%的人工替代率，可利用无人机执行飞行任务减少人工巡检频次，稳步推进传统人工巡检模式向“人机结合”巡检模式转变，实现片区智能化管理。

4　在高含硫气田生产中的应用

铁山坡气田飞仙关组气藏位于四川省达州市万源市及宣汉县境内，气藏硫化氢含量约为14%~15%，二氧化碳含量约为8%~9%，属于高含硫化氢、中含二氧化碳的气藏，加强无人机巡检与人工巡检的结合，利用无人机巡检的优势，提高场站及管道巡检质量、效率的同时也能够有效降低人身安全风险。

4.1　人工巡检及风险分析

传统场站巡护模式，以人工巡护为主，高含硫无人值守站一般为一日一巡，铁山坡1号井站、2号井站（1号阀室）、铁山坡清管站为无人值守场站，由于巡检需查看设备较多，巡检时间一般较长，且铁山坡气田硫化氢含量较高，一旦发生泄漏，巡检人员安全风险较高。

传统管道巡护模式，以人工徒步和定点看护为主，一般管段每周一次，高后果区每日两巡。传统的人工巡线中间存在间歇空档期，无人巡查，对管线两侧远距离情况也观察不到，且工作量大。

4.2　实施方案

1号机库拟建设于1号井附近，1号中继站拟建设于3号阀室至4号阀室之间山地（1号机库主要负责脱水站至4号阀室之间的无人机巡检工作）。

2号机库拟建设于5号阀室附近，2号中继站拟建设于4号阀室至5号阀室之间山地（2号机库主要负责4号阀室至清管站之间的无人机巡检工作）（图5）。

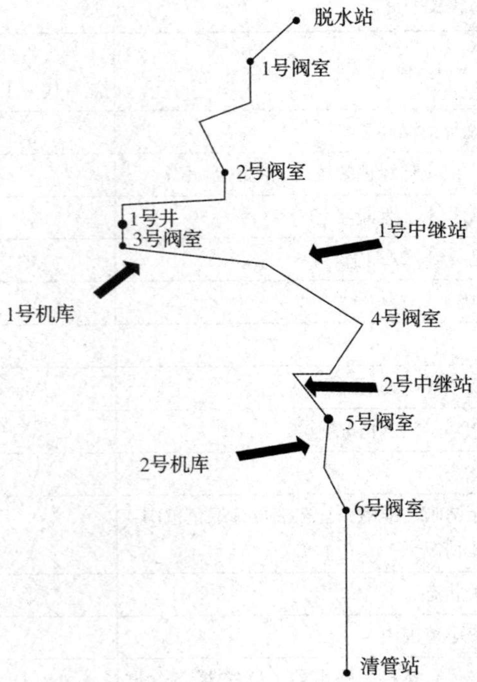

图5　无人机机库实施方案

4.3　巡检功能

4.3.1　场站巡检

通过两套无人机巡检系统，可实现无人机在铁山坡气田16.4km范围内的远程控制，通过实时查看飞行轨迹、实时视频回传、异常报警情况等信息开展场站巡检工作。

利用无人机搭载双光云台实时对场站外部地质环境(如山体滑坡、水毁灾害等)进行监测；对场站及放空区周边安全设施及环境(如围墙、围栏、大门等)、周边人员活动对场站的影响情况进行监控；使用双光云台变焦等功能对场站内部及放空区主要设施设备外观、运行情况或其他异常情况等进行检查和记录。

所有飞行数据均存储在数据分析与展示平台中，当日提交无人机巡检日报，每周提供无人机巡检小结，每月提供无人机巡检月度总结报告。月度总结报告包括：巡检所发现的问题明细、问题分布位置、问题实景图片，问题排查对接情况清单等。

4.3.2　管线巡检

通过两套无人机巡检系统，可实现无人机在铁山坡气田16.4km范围内的远程控制，通过实时查看飞行轨迹、实时视频回传、异常报警情况等信息开展各类管道巡检工作。

实现对管道隐患的自动识别，包括对修路、建房、钻孔以及第三方施工设备占压管道(如铲车、推土机、打夯机)等异常行为进行识别，以达到有效防止第三方破坏事件发生；对管道地面水保设施、地质灾害的发生、露管等情况进行识别分析。

利用无人机搭载高清摄像机拍摄管道周边50m范围内的地形地貌、社会环境情况的高清影像图，形成影像资料，影像资料中标注出管道位置，帮助业务部门了解管道周边环境变化情况，便于后期使用及周边环境变化对比。

利用无人机挂载激光甲烷测漏仪器，对管线上方是否存在天然气泄漏进行激光检测，在大数据分析平台进行实时浓度值显示，从而及时发现管道气体泄漏地点，及时进行预警。

所有飞行数据均存储在数据分析与展示平台中，当日汇报无人机巡检情况，每周提供无人机巡检小结，每月提供无人机巡检月度总结报告。月度总结报告包括：巡检所发现的问题明细、问题分布位置、问题实景图片，问题排查对接情况清单等。

4.4　巡检频次

场站巡检：无人机视频三天巡检两次，人工巡检一次。

管道巡检：无人机两日一巡，其中，无人机视频巡检与激光甲烷挂载巡检交替进行。

5　结论与展望

根据前期大量试验数据，可规划以机库为圆心，方圆5km范围内“管道+站场”巡检任务(以自主起降无人机电池续航时间为准)，利用“人机结合”的模式，合理规划人工与无人机的巡检频次，有效降低50%人工巡检作业风险，将运维重点由常规巡检向复杂问题处置转移，提升异常处置效率，开启片区管理新模式。

下一步无人机自主飞行技术可与光纤振动预警、次声波泄漏检测等系统联动，构建多系统联合预警体系，保障高含硫气田安全平稳生产，助推气矿成为高含硫气田安全清洁高效开发以及“油公司”模式下智能化气矿建设的标杆和典范。

高温高压含硫气井完整性风险定量评价新方法

汪传磊[1,2] 王昱棋[1] 刘欣洁[1] 谭 勇[3] 刘祥康[1]

(1. 中国石油西南油气田工程技术研究院；2. 国家能源高含硫气藏开采研发中心；3. 东营市洁东石油技术开发有限公司)

摘 要 目前高温高压含硫井完整性评价主要是基于两道独立的井屏障原理，定性分析各个井屏障部件是否满足要求，采用国际通用的“红绿灯”式的分级方法，进行分级管理。本文在此基础上，首次基于传统的安全风险定量评价方法，引入“失效概率+失效后果”的评价思路。失效概率评价是通过识别气井泄漏途径，采用故障树分析法，建立全井屏障系统失效概率计算模型；借助国际上通用的井屏障数据库，根据实际井况，采用层次分析法，对其进行修正，用于计算全井屏障失效概率；失效后果评价是模拟计算气井失效后的最大泄漏量，定量分析失效造成的燃烧爆炸和硫化氢中毒伤亡后果。综合失效概率和失效后果，按照事故伤亡的分级标准，对气井完整性风险进行定量评价，制定合理的整改计划和措施，将风险控制在合理的、可接受的范围内，对于经济合理地保障高温高压含硫井安全平稳生产具有重要意义。

关键词 井完整性；含硫气井；失效概率；故障树分析；失效后果；定量评价

伴随着四川盆地天然气发展进入黄金时代，中国石油西南油气田公司打造“西南增长极”，建设“气大庆”的历史契机，高温高压含硫气仍是增储上产的排头兵。该类气井井筒压力高(>50MPa)，井筒温度高(>150℃)，并且含硫化氢(>20g/m^3)，井屏障长期处于恶劣的腐蚀环境，井完整性失效风险高。加之川渝地区人口密度相对较大，部分气井周围居住了相当数量的人口，一旦井内流体泄漏至地面，影响的后果巨大。当前高温、高压、含硫井的完整性评价方法已经广泛应用于川渝和塔里木油田的“三高”气井完整性评价，评价结果为定性的评价，对生产管控和整改措施的制定指导决策有限。油气管道、场站已形成了成熟的安全风险定量评价方法，广泛用于完整性管理，因此引入“失效概率×失效后果”经典的安全风险定量评价思路，建立一套适用于川渝高温高压含硫气井的完整性风险定量评价方法，科学的开展井完整性风险分级，制定合理的整改计划和措施，将井完整性风险控制在合理的、可接受的范围内，对于实现气田安全效益开发具有重要意义。为此，笔者将高温高压含硫气井完整性风险作为井屏障失效发生泄漏的可能性与天然气发生泄漏后产生后果的组合变量，即失效概率和失效后果量化后的乘积。

1 井完整性风险定量评估程序

气井可以看作是由于多个井下屏障部件和井口屏障部件组成的承压系统，因此基于经典的风险评价理论，可以将井完整性风险分为两部分：一个是井屏障部件失效导致的泄漏事件发生的可能性，即失效的概率；二是一旦地下天然气发生泄漏，其后果严重程度和损失的大小；两者的乘积即为井完整性风险。初次评价计算后，提出相应的控制措施，根据整改措施的落实和实施，在进行反复计算评价，最终得到受控后的井完整性风险评价结果(图1)。

川渝地区山区人口密度相对较大，部分含硫气井周围都居住了相当数量的人口。气井内的流体介质主要有甲烷和硫化氢。其中甲烷是一种易燃易爆的气体，一旦泄漏到空气中，与空气混合后，遇到火源时就会发生燃烧爆炸，产生的热辐射和冲击波破坏力极大，造成人员烧伤或者死亡。硫化氢是一种无色、有臭鸡蛋味的剧毒气体，泄漏后随风扩散，极易在低洼处积聚，造成人员和家畜中毒死亡。10ppm的硫化氢含量就会使人有强烈的刺热感，超过此浓度必须戴防护用具；100ppm以上含量就会产生致命性的伤害。为此，笔者在对气井泄漏造成的后果进行定量评价时，主要考虑甲烷燃烧爆炸和硫化氢致伤(死)。

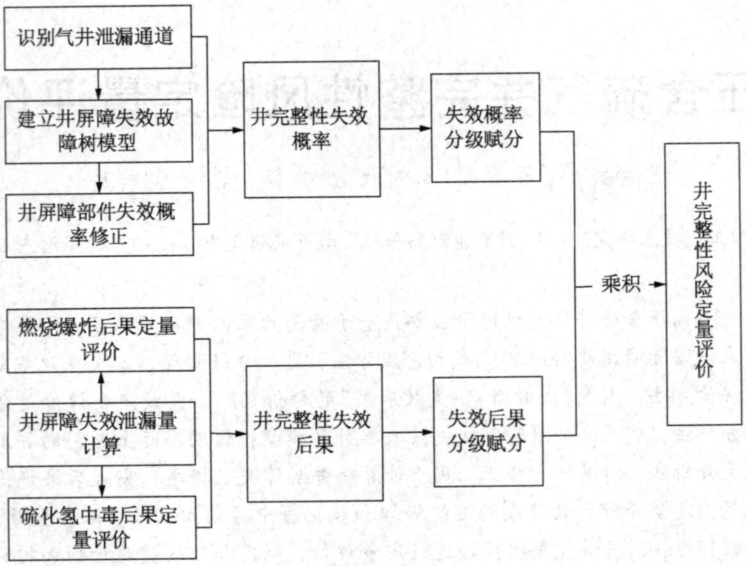

图1　气井安全风险定量评价程序

2　井屏障失效概率计算

2.1　构建井屏障失效故障树

以典型高温高压含硫井为例(图2)，主要识别以下几类风险：

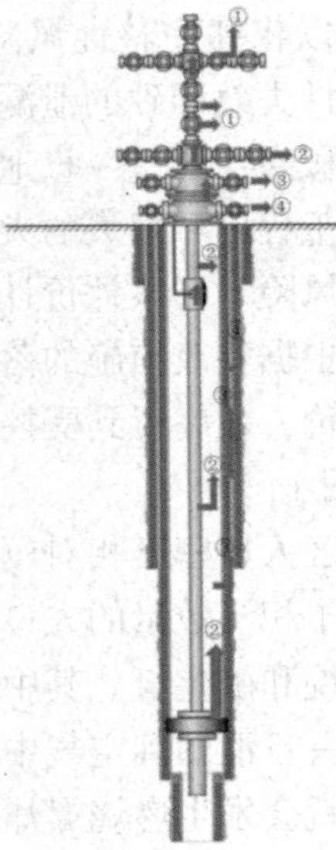

图2　典型高温高压含硫井的泄漏通道示意图

(1) 采气树外漏：①采气树主阀外漏；②采气树主阀内漏→其他阀门外漏；③连接法兰外漏。

(2) 从A环空泄漏：

① 井下安全阀内漏→井下安全阀以上油管泄漏→油管挂密封失效→A环空控制阀门外漏；

② 封隔器失效→油管挂密封失效→A环空控制阀门外漏；

③ 安全阀和封隔器之间油管泄漏→油管挂密封失效→A环空控制阀门外漏。

(3) 从B环空泄漏：A环空带压→油层套管失效→油层套管固井质量差→B环空控制阀门外漏。

(4) 从C环空泄漏：B环空带压→技术套管失效→技术套管固井质量差→C环空控制阀门外漏。

采用故障树分析(FTA)法描述井屏障失效事件，故障树分析法(FTA)把最不希望发生的故障状态或事件作为故障分析的目标，再通过对可能造成故障或事件的各种因素进行分析，画出逻辑框图(即故障树)，从而确定造成故障或事件原因的各种组合方式及其发生概率，计算出故障或事件概率。因此计算建立井完整性失效概率的故障树模型时，将井内流体泄漏至地面作为顶上事件，根据不同的泄漏通道确定基本事件。以上述泄漏途径(1)为例，绘制故障树(图3)，其中逻辑代表“与”门，逻辑代表“或”门。

2.2　井完整性失效概率计算

为了定量的描述井屏障失效的形式，将井屏障可能的泄漏尺寸分为4个等级，每个等级定义一个典型的泄漏尺寸(表1)。每种典型泄漏孔径的泄漏概率分别用P_1、P_2、P_3、P_4表示。

表1　典型的井泄漏尺寸分级

泄漏等级	泄漏尺寸面积/cm^2	典型孔径面积/cm^2	典型泄漏孔径/mm
1	<0.5	0.5	8
2	0.5~5	5	25.4
3	5~15	15	43.7
4	>15	50	80

目前国内并没有完整的井屏障失效概率数据库，笔者借助国际通用的 Wellmaster2013 和 DNV 的井屏障失效数据库表 2。

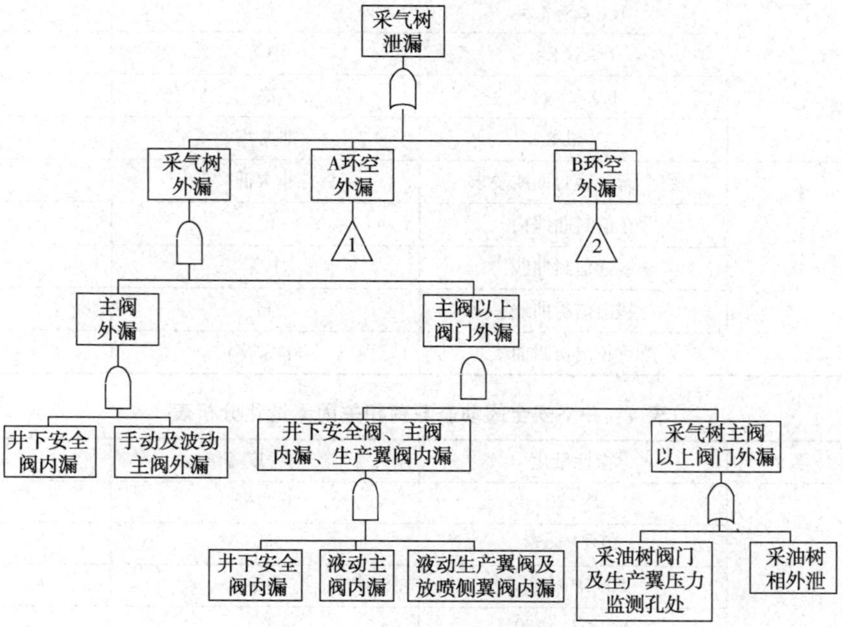

图 3　采气树泄漏故障树示例

表 2　(部分)典型井屏障部件失效概率数据

井屏障部件	失效模式	数据来源	失效可能性(泄漏尺寸)/年			
			P1 (<0.5cm²)	P2 (0.5~5cm²)	P3 (5~15m²)	P4 (>15cm²)
井下安全阀	井下安全阀内漏	WellMaster 2013	1.46E-02	—	—	1.04E-02
	井内流体泄漏至安全阀控制管线	WellMaster 2013	2.39E-03	—	—	—
	安全阀控制管线与油管头连接外漏	DNV inhouse	2.22E-03	—	—	—
采油树	手动及液动主阀外漏	OREDA Vol 2 2015	3.85E-03	—	—	—
	液动主阀内漏	SINTEF PDS Data Handbook 2013	5.57E-03	—	—	5.95E-03
	采油树阀门及生产翼压力监测孔处外漏	OREDA Vol 2 2015	1.29E-02	—	—	—
	采油树帽外泄	OREDA Vol 2 2015	7.88E-04	—	—	—
	液动生产翼阀及放喷侧翼阀内漏	SINTEF PDS Data Handbook 2013	5.57E-03	5.95E-03	—	—
	采油树与油管头连接法兰失效	OGP 434-1 2010	1.35E-04	1.60E-05	1.60E-05	—
封隔器	7.5in 及以上油管封隔器泄漏	WellMaster 2013	2.75E-03	—	—	1.64E-03
	7.5in 以下油管封隔器泄漏	WellMaster 2013	1.83E-03	—	—	1.09E-03
	套管封隔器	WellMaster 2013	9.26E-04	—	—	1.54E-04
油管	气井油管泄漏/km	WellMaster 2013	4.7E-04	—	—	1.11E-04
	油井油管泄漏/km	WellMaster 2013	1.57E-03	—	—	3.5E-04

根据实际井况，建立井屏障部件失效影响因素集，采用层次分析法对其进行修正。以井下安全阀为例，一般要考虑抗拉强度和信封曲线等力学因素，考虑产量、含水、关井方式、调产频率等动态载荷因素，考虑温度、压力、腐蚀性产出物等井况参数相关因素，建立量化分析表(表 3~表 5)；结合专家意见，确定对各个影响因素的权重标度，表 6 为建立矩阵计算对应影响因素加权分值之和即为修正系数。

表 3　井下安全阀安全系数相关因素量化分析表

安全系数相关因素	指标量化	影响程度等级	量化值
抗拉安全系数	$S\geqslant 2.4$	非常低	0.8
	$1.6\leqslant S<2.4$	低	1
	$1\leqslant S<1.6$	中等	2
	$0.8\leqslant S<1$	高	5
	$S<0.8$	非常高	20
信封曲线	完全满足信封曲线要求	非常低	0.8
	在信封曲线内	低	1
	接近信封曲线	中等	2
	超出信封曲线	高	5
	严重超出信封曲线	非常高	20

表 4　井下安全阀动态载荷相关因素量化分析表

动态载荷相关因素	指标量化	影响程度等级	量化值
产量	$P_r<20$	非常低	0.5
	$20\leqslant P_r<50$	低	1
	$50\leqslant P_r<100$	中等	1.5
	$100\leqslant P_r<200$	高	2
	$P_r\geqslant 200$	非常高	4
关井方式	从未硬关井	低	1
	硬关井次数较少	中等	1.5
	硬关井次数较多	高	5
	硬关井次数非常多	非常高	10
调产频率	调产非常少	非常低	0.5
	调产幅度较小	低	1
	调产幅度一般	中等	1.5
	调产次数较多且幅度较大	高	5
	调产次数非常多且幅度非常大	非常高	10

表 5　井下安全阀井况参数相关因素量化分析表

动态载荷相关因素	指标量化	影响程度等级	量化值
产量	$P_r<20$	非常低	0.5
	$20\leqslant P_r<50$	低	1
	$50\leqslant P_r<100$	中等	1.5
	$100\leqslant P_r<200$	高	2
	$P_r\geqslant 200$	非常高	4
关井方式	从未硬关井	低	1
	硬关井次数较少	中等	1.5
	硬关井次数较多	高	5
	硬关井次数非常多	非常高	10
调产频率	调产非常少	非常低	0.5
	调产幅度较小	低	1
	调产幅度一般	中等	1.5
	调产次数较多且幅度较大	高	5
	调产次数非常多且幅度非常大	非常高	10

表6　井下安全阀权重划分表

影响因素	权重标度	子项指标因素	标度值
安全系数	9	抗拉安全系数	1
		信封曲线	1
动态载荷	2	产量	2
		关井方式	4
		调产频率	5
井况参数	4	安全阀环境温度	1
		安全阀环境压力	1
		腐蚀性产出物	4
		环空保护液腐蚀性	4
设备来源	7	设备来源	4
		相关应用经验	6
设备现状	4	测试结果	6
		服务年限	4

利用上述方法，根据实际井况计算采气树、油管柱、套管柱、完井封隔器等井屏障部件的失效修正系数，结合井屏障失效概率数据库，代入失效故障树，计算全井屏障失效概率。

3　失效后果定量评价

失效后果定量评价是整个含硫气井井完整性风险定量评价中必不可少的一部分，井内的含硫气体泄漏至地面主要考虑燃烧爆炸和硫化氢中毒导致的重伤或死亡，其造成的损失与泄漏量大小密切相关

3.1　井完整性失效泄漏量计算模型

含硫气井井屏障失效后的泄漏量取决于压力源地层的供给能力。根据经典的一点法产能试井方程，计算原始地层压力条件下的无阻流量 Q_{AOF1}。

$$Q_{AOF1}=\frac{18\times Q_1}{\sqrt{1+\frac{352\times(P_0^{\ 2}-P_{wf1}^{\ \ 2})}{P_0^{\ 2}}}-1} \tag{2}$$

式中：Q_1 为试油测试产量，m^3/d；P_0：原始地层压力，MPa；P_{wf1}：试油测试时井底流压，MPa。

根据目前的生产状况，计算当前地层压力下的无阻流量 Q_{AOF2}。

$$Q_{AOF2}=Q_{AOF1}\times\frac{P_2}{P_0} \tag{3}$$

式中：P_2 为气井当前地层压力，MPa。

考虑井内的含硫气从不同孔径泄漏出来均为临界流，结合四川油气田孔板流量计产量计算公式，计算气井当前无阻流量下的泄漏面积 S_x。

$$S_x=\frac{\pi\times Q_{AOF2}}{400\times K\times\left(1+\frac{P_{上}}{0.0980665}\right)} \tag{4}$$

式中：S_x 为泄漏面积，cm^2；K 为修正系数，14.5~15，上温较低、上压较高时取15，反之取14.5；$P_{上}$ 为大气压力，0.101MPa。

对比表1典型的泄漏面积，当 S_x 小于典型泄漏面积时，则该井典型泄漏尺寸的泄漏量（Q_{s1}、Q_{s2}、Q_{s3}、Q_{s4}）等于泄漏面积 S_x 对应的流量 Q_{AOF2}；当 S_x 大于典型泄漏面积时，其典型泄漏面积对应的泄漏量 Q_s 用式(5)进行计算。

$$Q_{s(y)}=Q_{AOF2}\times\frac{S}{S_x} \tag{5}$$

式中：$Q_{s(y)}$ 为典型泄漏面积对应的泄漏量，m^3/d；S 为典型泄漏面积，cm^3。

结合井完整性失效概率，利用式(6)计算气井的泄漏量 Q_s。

$$Q_s=\frac{P_1\times Q_{s1}+P_2\times Q_{s2}+P_3\times Q_{s3}+P_4\times Q_{s4}}{P} \tag{6}$$

3.2　燃烧爆炸后果定量评价

燃烧爆炸后果主要有两种：瞬时泄放后果和持续泄放后果，只有当泄漏孔径大于6.35mm，并且3min的泄漏量超过4540kg，则可认为是瞬时泄放，否则认为是持续泄放。通过计算，一般的含硫气井的泄放均认为是持续泄放。可燃气体泄放至地面，必须经过点火才能产生燃烧爆炸的影响，人的点火概率是0.01/人，而0~t时间内

的点火概率可由式(7)计算。

$$P(t)=1-e^{-nwt} \tag{7}$$

式中：n 为人数；w 为人 1min 内的点火概率；t 为时间，min。

表 7　人为点火概率计算

人数	1min	5min	10min	30min	60min	120min	240min	360min
1	0.010	0.048	0.095	0.259	0.451	0.698	0.907	0.973
2	0.020	0.095	0.181	0.451	0.698	0.909	0.991	0.999
3	0.030	0.139	0.259	0.593	0.835	0.972	1.000	1.000
4	0.039	0.181	0.329	0.699	0.909	0.992	1.000	1.000
5	0.049	0.221	0.393	0.776	0.950	0.997	1.000	1.000
10	0.095	0.393	0.632	0.950	0.997	1.000	1.000	1.000
15	0.139	0.527	0.776	0.988	0.999	1.000	1.000	1.000

结果显示，当一口井周围仅有 1h，6h 内的点火概率 0.97；当一口井周围有 10 人是，1h 内的点火概率为 0.99。因此为了使评价结果更保守安全，气井持续泄放后的点火概率均取 1。

利用成熟的安全危险分析软件 TNO effects 9.0，模拟计算含硫气井泄漏爆炸的影响范围，拟合了不同爆炸质量的影响范围模型，式(8)~式(11)，用于定量评价燃烧爆炸造成的人员伤亡情况。

$$M_e=0.0816V_1-3\times10^{-8}V_1^2+93.282 \tag{8}$$

$$轻伤：R_1=4.670979\sqrt[3]{M_e} \tag{9}$$

$$重伤：R_2=3.500174\sqrt[3]{M_e} \tag{10}$$

$$致死：R_3=2.452384\sqrt[3]{M_e} \tag{11}$$

式中：V_1 为泄漏量，m^3/d；M_e 为参与燃烧爆炸的质量，kg；$R_{1\sim3}$ 为分别为轻伤、重伤、致死的半径，m。

3.3　硫化氢中毒后果定量评价

美国石油学会(API)空气模拟工作小组(AQ7)给出了硫化氢暴露半径的计算模型，如式(12)，选择空气紊流程度为 D 级的扩散状态作为计算条件，即风速 8.045km/h 作为白天硫化氢连续释放条件；风速 3.540km/h(2.2mile/h)作为夜晚硫化氢连续释放条件。

$$ROE=\lg^{-1}[A\times\lg(M_{H_2S}\times35.3172)+B] \tag{12}$$

式中：A、B 为硫化氢浓度影响暴露半径的线性回归系数；M_{H_2S} 为硫化氢的释放量，m^3/h。

根据白天和夜晚不同浓度硫化氢所对应的暴露半径的线性回归系数，结合气井周围人居条件，定量评价硫化氢中毒后果，表 9 计算了不同泄漏量、不同浓度硫化氢条件下的 100ppm(重伤)的影响半径。

表 9　不同泄漏量、不同浓度硫化氢条件下的 100ppm(重伤)的影响半径

泄漏速度/(m^2/d)	不同浓度(g/m^3)100ppm 硫化氢半径(m)				
	5	15	30	45	60
10	0.21	0.43	0.67	0.88	1.07
50	0.60	1.24	1.95	2.55	3.08
100	0.95	1.95	3.08	4.03	4.87
500	2.74	5.65	8.92	11.66	14.10
1000	4.32	8.92	14.10	18.43	22.28
5000	12.50	25.81	40.79	53.30	64.45
10000	19.75	40.79	64.45	84.22	101.83
50000	57.14	117.99	186.44	243.64	294.59
100000	90.29	186.44	294.59	384.98	465.48
500000	261.19	539.33	852.19	1113.67	1346.53

4　井完整性风险分级

按照石油行业对事故失效概率等级的划分，赋予分值，见表 10。

表 10　事故发生频率等级赋分表

概率等级		概率	情况说明
分值	描述		
1	非常低	$X<10^{-4}$	国内没有先例
2	低	$10^{-4}\leqslant X<10^{-3}$	国内有先例
3	中等	$10^{-3}\leqslant X<10^{-2}$	油田公司有先例
4	高	$10^{-2}\leqslant X<10^{-1}$	预期会发生
5	非常高	$X\geqslant10^{-1}$	在生命周期内经常发生

按照《中华人民共和国安全生产法》的要求，对井完整性失效造成的后果进行赋分，见表11。

借鉴石油行业对事故风险的分级要求，建立井完整性失效频率和失效后果风险矩阵(表12)，对高温高压含硫气井完整性风险实施定量分级管理。

表11 事故发生频率等级赋分表

分值	严重等级	人员伤害
1	轻微	3人以下轻伤
2	一般	3人以下重伤，或3人以上轻伤
3	较大	3人以下死亡，或3人以上10人以下重伤，或10人以上轻伤
4	重大	3人以上10人以下死亡，或10人以上50人以下重伤
5	特别重大	10人以上死亡，或50人以上重伤

表12 含硫气井井完整性风险矩阵

失效后果		失效可能性				
		1	2	3	4	5
		非常低 $X<10^{-4}$	低 $10^{-4}\leqslant X<10^{-3}$	中 $10^{-3}\leqslant X<10^{-2}$	高 $10^{-2}\leqslant X<10^{-1}$	非常高 $X\geqslant 10^{-1}$
1	轻微	1	2	3	4	5
2	一般	2	4	6	8	10
3	较大	3	6	9	12	15
4	重大	4	8	12	16	20
5	特别大	5	10	15	20	25
低度风险			中度风险		高度风险	

5 应用实例

5.1 实例井基本情况

MX021-H2井位于四川盆地川中地区，井深6300.00m(垂深4572.8m)，根据该井完井试油资料，地层静压为73.7MPa，测试日产量为$28.8\times10^4m^3$。投产前A环空异常带压44.62MPa、硫化氢含量$10.2g/m^3$，B环空异常带压10.1MPa，C环空异常带压3.2MPa。通过对气井的风险识别，该井主要为第一井屏障失效，导致A环空异常带压；浅层气上窜导致B环、C环空异常带压。

5.2 井完整性失效概率

根据实际井况，计算采气树、井下安全阀、油管柱、完井封隔器、油层套管修正系数见表13。

表13 MX021-H2井屏障部件失效概率修正系数

井屏障部件	修正系数
采气树	0.941
井下安全阀	0.954
油管柱	1.239
完井封隔器	0.921
油层套管	0.976

根据气井泄漏通道，建立失效故障树模型图4~图6，计算全井失效概率$P_1=1.01\times10^{-2}$，$P_2=5.42\times10^{-8}$失效泄漏风险等级为高，评分为4分。

5.3 失效后果评估

计算本井泄漏速度$Q_{平均}=15.81$万m^4/d，泄漏后的致死半径25m，重伤半径80m，结合本井周围人居情况，致死半径范围无人居住，重伤半径范围有1户居民，常住2人。根据《中华人民共和国安全生产法》，该井一旦发生泄漏事故，造成的后果的等级为一般事故，失效后果评分为2分。

5.4 井完整性风险分级及削减措施

综合计算该井完整性风险得分8分，为中等风险。鉴于该井所属的管理单位建有生产井应急救援队，并配备压裂车、压井液等专项应急物资，应急响应时间最快1h，因此该井风险可接受。建议该井编制专项应急预案，在生产期间连续监测环空压力，保留环空泄压管线，井口周围连续监测可燃气体，一旦报警立即启动应急预案。

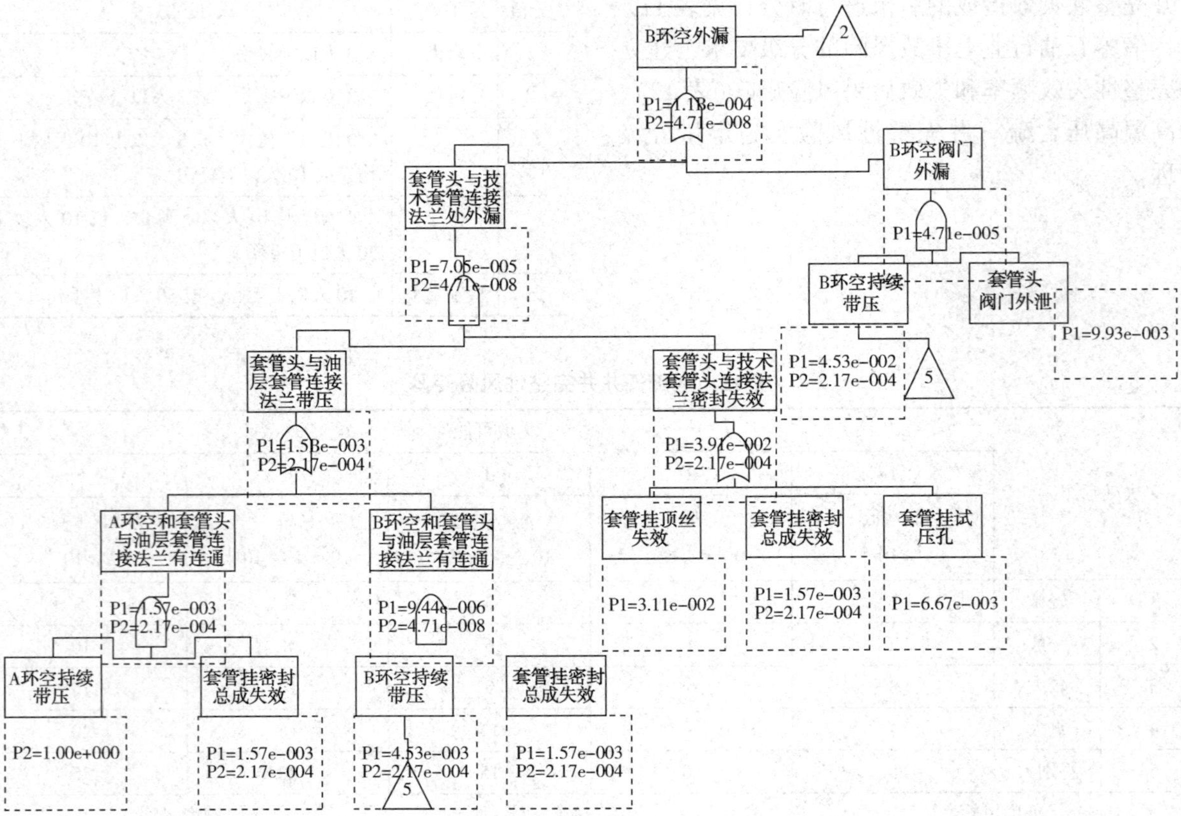

图 4　B 环空泄漏故障树模型

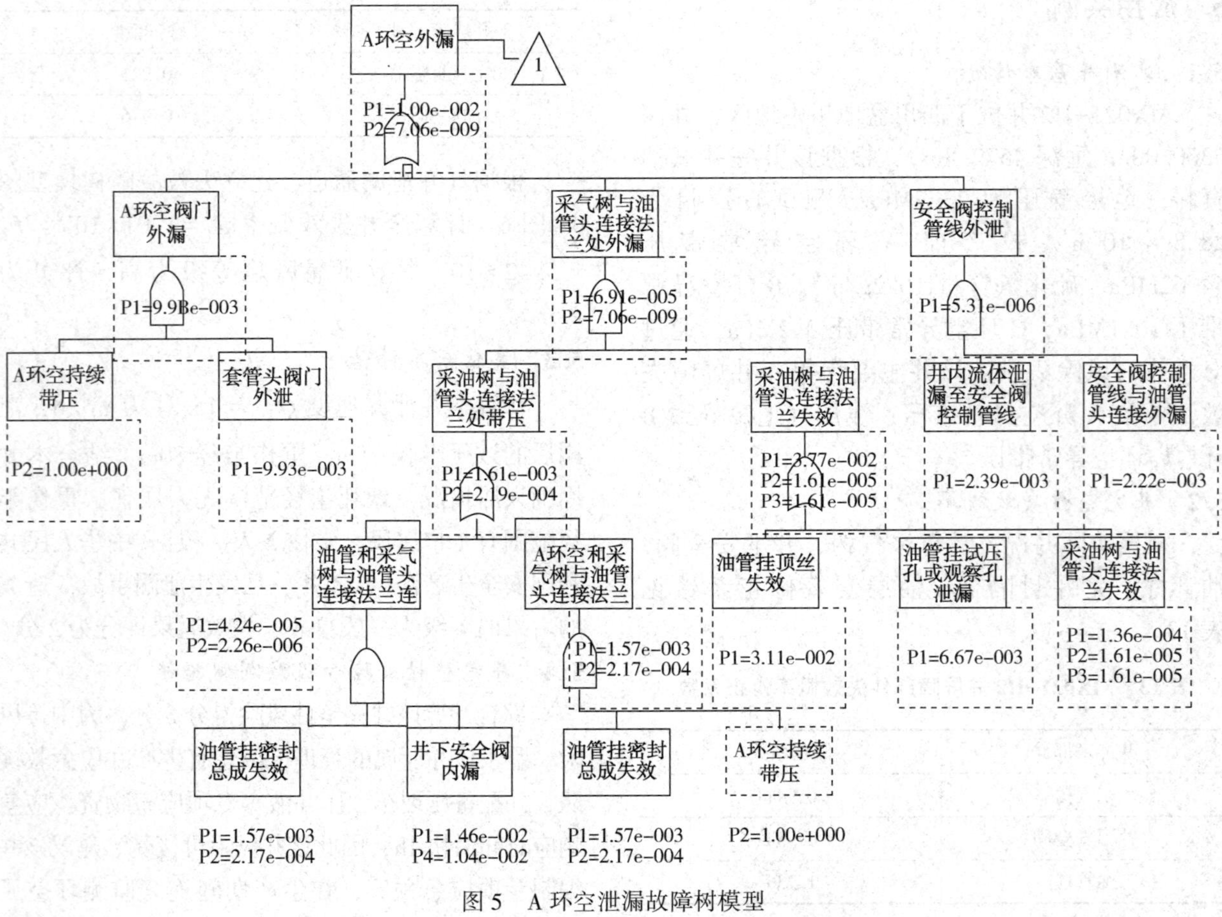

图 5　A 环空泄漏故障树模型

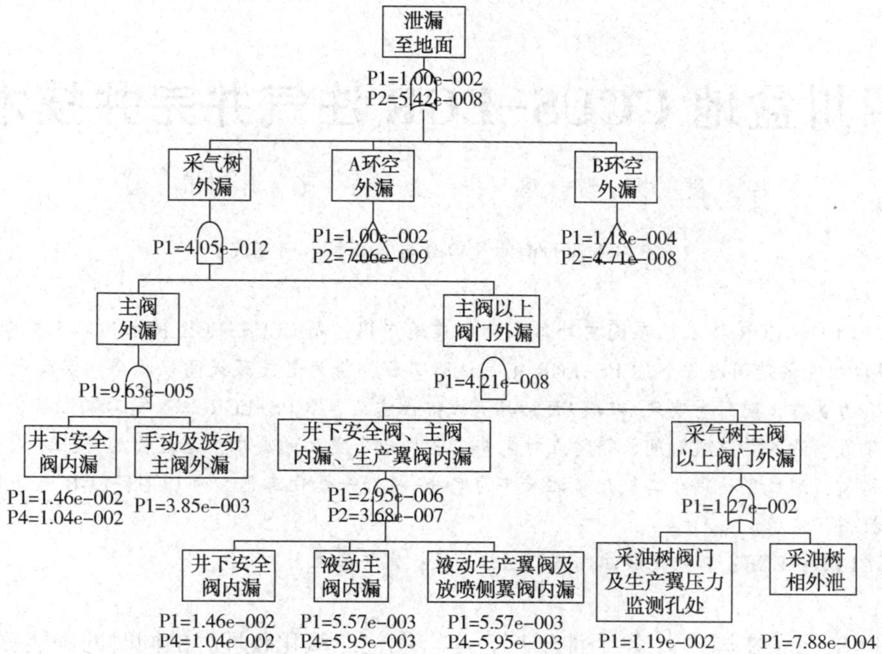

图 6　气井泄漏至地面故障树模型

6　结论与建议

（1）首次将“失效概率×失效后果”风险评价理论引入井完整性定量评价，建立了高温高压含硫气井完整性定量风险评价程序，与传统的井屏障定性评价形成互补，进一步提高井完整性评价的科学性。

（2）基于国际通用的井屏障失效概率数据库，结合实际井屏障服役工况，修正单个屏障部件的失效概率，以此建立全井筒屏障系统的失效概率和最大泄漏量计算模型，定量评价气井泄漏产生的燃烧爆炸和硫化氢中毒后果。

（3）该方法不仅适用于拥有两道井屏障的高温高压含硫气井，同样可以适用储气库注采井、仅拥有一道井屏障的关停井、非常规气井等不同类型气井开展井完整性风险定量评价。

参　考　文　献

[1] 马新华．四川盆地天然气发展进入黄金时代[J]．天然气工业，2017，37(2)：1-10.

[2] 吴奇，郑新权，张绍礼，等．高温高压及高含硫井完整性指南[M]．北京：石油工业出版社，2017：14.

[3] 董绍华，韩忠晨，费凡，等．输油气站场完整性管理与关键技术应用研究[J]．天然气工业，2013，33(12)：1-7.

[4] Q/SY 1646—2013，定量风险分析导则[S]．北京：中国石油天然气集团公司，2013.

[5] 翟国昌．硫化氢的职业危害与防护[J]．现代职业安全，2015，(12)：106-108.

[6] 周海京，遇今，等．故障模式、影响及危害性分析与故障树分析[M]．北京：航空工业出版社，2003：86.

[7] 吴奇，郑新权，邱金平，等．高温高压及高含硫井完整性指南[M]．北京：石油工业出版社，2017：57.

[8] Hammad，Aleksandar，Imdad. WELLMASTER[R]. Norway：Exprosoft，2013.

[9] J. R. Nichol，S. N. Kariyawasam. Risk Assessment of Temporarily Abandoned or Shut-in Wells [R]. United States：Minerals Management Service，2000.

[10] 刘祥康，汪传磊，丁亮亮，等．高温高压含硫气井屏障部件失效概率分析[J]．科学技术与工程，2021，21(12)：4905-4910.

[11] 冯文兴，项小强，闫啸，等．高压天然气管道泄漏燃烧爆炸后果[J]．油气储运，2010，29(12)：903-904.

[12] 赵文胜，任常兴，王丽，等．基于点火概率的油气管道泄漏风险矩阵评估[J]．消防科学与技术，2019，38(02)：273-276.

[13] SY/T 5087—2005，含硫化氢油气井安全钻井推荐作法[S]．北京：国家能源局，2005.

[14] Q/SY 1646—2013，生产安全风险防控导则[S]．北京：中国石油天然气集团公司，2015

四川盆地 CCUS-EGR 注气井完井技术

彭　庚　杨　建　唐　庚　龚　浩　张　林　田　璐

(中国石油西南油气田公司工程技术研究院)

摘　要　CCUS-EOR 技术已在国内外各个油田广泛应用，而 CCUS-EGR 技术仍处于探索研究阶段。WLH 气田茅口组气藏是国内首个 CCUS-EGR 先导试验工程，将为老气藏提高采收率、实现气藏综合效益最大化提供有力支撑，同时对实现“双碳”目标具有战略性意义。CCUS-EGR 注入气二氧化碳含量高、茅口组气藏含硫化氢、注入井服役时间长等特点对完井工艺提出了更高的要求。通过优选完井方式，优化完井管柱及井口材质，形成了适用于二氧化碳注入井的完井-投产一体化工艺，为 CCUS-EGR 先导性试验工程的顺利推进提供了支撑。

关键词　CCUS-EGR；二氧化碳注气井；完井方式；完井管柱

CCUS-EOR 技术已在国内外各个油田广泛应用，而 CCUS-EGR 技术仍处于探索研究阶段，20 世纪 80 年代以来，德国、荷兰和澳大利亚等国家启动了 CO_2-EGR 相关研究和试验(表 1)，试验对象包括砂岩和碳酸盐岩气藏，其储层普遍埋深在 4000m 以内，孔隙度 $\phi \geqslant 10\%$，渗透率 $K \geqslant (10 \sim 1000) \times 10^{-3}\ \mu m^3$，前期国外实践结果表明注二氧化碳埋存的同时的确能够增加天然气产量，但施工成本及现场施工参数不明，提高采收率效果不清；国内开展了气藏 CCUS-EGR 相关室内试验及数值模拟研究，但缺少 CCUS-EGR 矿场试验项目，亟需通过矿场实践加快技术成熟和产业化发展。

表 1　国外 CCUS-EGR 项目实例

气藏名称	国家	时间	CO_2 来源	岩石类型	孔隙度/%	渗透率/$10^{-3}\mu m^2$	埋深/m	地层温度/℃	注气速度/(kt/d)	注气时地层压力/MPa	封存量/Mt
K12-B	荷兰	2004	气田伴生 CO_2(13%)	砂岩	10~15	5~50	3800	132	0.1~1.0	4.0	8
Hungary	匈牙利	1986	—	砂岩	—	5~40	700~850	—	—	2.5	15
Otway	澳大利亚	2007	气田 CO_2	—	13.8	700	2000	85	0.1~0.2	11	0.1
M4	马来西亚	2015	气田伴生 CO_2(70%)	碳酸盐岩	28	100	—	—	—	—	500
Long Coulee Glauconite F Pool	加拿大	2002	—	砂岩	12~22	10~100	1400	39	—	1.0	—
Altmark	德国	2008	附近电厂	砂岩	21	11	3400	—	0.167	3.0~5.0	0.1
Suffield Upper Mannvil le I Pool	加拿大	1988	—	—	26	>2000	1117	—	—	—	—

四川盆地气藏类型丰富，数量多，且多数气藏处于开发中后期，CCUS-EGR 潜力巨大，为验证全流程技术路线，为后续规模化开展 CCUS-EGR 项目建设扫清技术壁垒，在 WLH 气田茅口组气藏开展国内首个 CCUS-EGR 先导试验工程，该气藏具有二氧化碳“源汇”较匹配、储量规模和采出程度适中的优势。通过先导试验，落实主体工艺技术和经济可行性，将为老气藏提高采收率、实现气藏综合效益最大化提供有力支撑，同时对实现“双碳”目标具有战略性意义。

二氧化碳注入井与常规天然气井存在明显区别。注入气二氧化碳含量高且茅口组气藏含硫化氢，注入过程中的压力波动导致注气井长期要承受交变载荷。同时，CCUS-EGR 是一项长期工程，要求二氧化然注气井气密封性好，服役时间长，对完井工艺提出了更高的要求。

1　概况

WLH 茅口组气藏位于川东古斜中隆高陡断

褶带中部，储层裂缝较发育，储集空间以溶蚀孔、洞为主，裂缝受构造部位、断层所控制，储集类型为裂缝-孔洞型，岩性为硅质云岩、泥晶生屑灰岩等。储层埋深 3477m，气藏温度 85.13℃，气藏硫化氢含量 7.45~17.17g/m³，二氧化碳含量 29.96~74.22g/m³，该气藏于 20 世纪 70 年代开发，地层原始压力 54.64MPa，目前地层压力 7.93MPa。

当温度超过 31.2℃，压力超过 7.38MPa 时，二氧化碳会进入超临界状态，如图 1 所示，该相态下二氧化碳具有密度大、黏度低的特性，是实现 CCUS-EGR 的基础，因此 WLH 气田茅口组气藏 CCUS-EGR 工程以超临界状态注入二氧化碳。气藏方案设计以边部注入二氧化碳，中部采气的方式，如图 2 所示，前期部署两注两采，共计 4 口井的注采井网。先导性试验期间，设置单井注气规模为 4 万 m³/d，单井采气规模为 11 万 m³/d，先导性试验结束后，提高注气规模至 15 万 m³/d，采气规模维持在 11 万 m³/d，井口回注压力 18MPa。

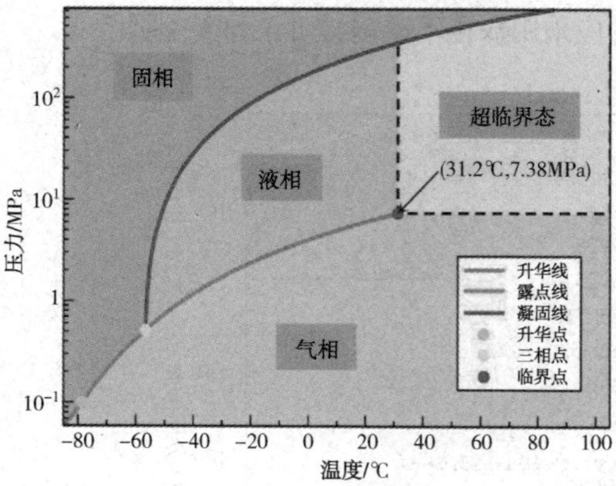

图 1　CO_2 相态变化图

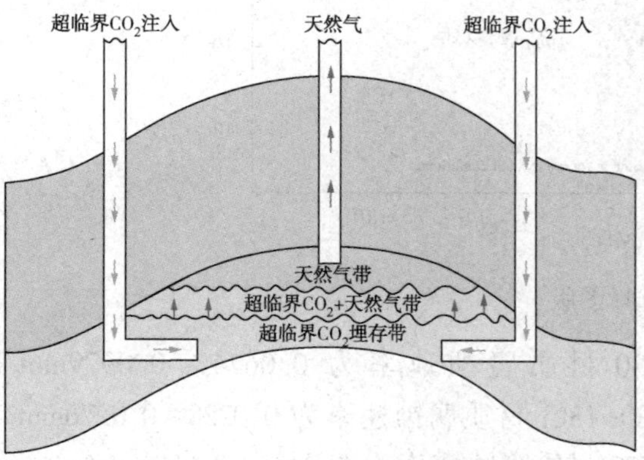

图 2　CCUS-EGR 垂向示意图

2　完井方式选择

为有效地保障 CCUS-EGR 先导性试验工程的顺利实施，延长气井寿命和保证注气量，需选择合理的完井方式以充分发挥气层的潜力，使完井管柱既能满足注气需要，同时还要为一些必要的井下作业措施创造良好条件。因此，二氧化碳注入井的完井方式力求满足以下要求：

(1) 气层和井筒之间应保持最佳的连通条件，气层所受的损害最小。

(2) 气层和井筒之间应具有尽可能大的渗流面积，气流入井的阻力最小。

(3) 应能有效地控制气层出砂，防止井壁坍塌，确保气井长期生产。

(4) 能满足增产措施的要求。

(5) 满足气藏高含 H_2S、CO_2 腐蚀介质的要求。

(6) 施工工艺简便，经济效益要好。

根据茅口组岩石力学试验数据，如表 2 所示，WLH 气田茅口组气藏岩石抗拉强度 10.48~11.22MPa，抗压强度 426.73~464.56MPa，泊松比 0.276~0.294，弹性模量 34.02~37.95GPa。根据 Mohr-Coulumb 井壁稳定性分析表明，茅口组井壁稳定性条件较好，适用于包括裸眼完井、射孔完井在内的多种完井方式。

表 2　茅口组岩石力学试验数据

层位	抗拉强度/MPa	抗压强度/MPa	泊松比	弹性模量/GPa
茅口组	11.22	426.73	0.294	34.02
	10.48	464.56	0.276	37.95

茅口组气藏产少量凝析水，水型为 $NaHCO_3$ 型，圈闭范围内无底水分布，完井方式可以不考虑地层水的影响。原始地层压力 54.6MPa，目前地层压力 7.93MPa，前期生产过程中地层未出砂，后期最大注气压力 18MPa，未超过原始地层压力，井壁稳定，但考虑长期注入工况压力波动产生的交变载荷可能导致井壁掉块，因此为支撑井壁及防止异物入井堵塞储层，完井方式采用筛管完井。

3　完井管柱及井口选择

3.1　完井管柱

确定气井油管尺寸必须考虑的几个因素：气

井理论产气量、携液能力、冲蚀条件、摩阻损失、能保证动态监测仪器在油管中的正常起下以及气井增产措施和修井作业等诸多因素，其主要选取原则为：

(1) 满足气井单井配产及油管抗冲蚀能力要求。

(2) 井筒压力损失相对较小，能够实现开发设计的要求。

(3) 能够满足增产措施等工况对油管强度的要求。

(4) 所选用的油管尺寸，要求具有与其成熟配套的井下工具。

(5) 满足气井效益开发需求，降低生产建设成本。

根据地质与气藏工程方案部署，注入井最大注气规模为15万m^3/d，计算分析不同管径油管的最大注产气量下的井筒压力损失，如图3所示，综合考虑油管强度的要求和井筒压力损失相对较小，推荐采用内径62mm及以上油管，满足注气量及生产要求。此外，若完井过程中储层污染严重，需采用ϕ50.8mm连续油管进行解堵酸化，用酸强度0.5~1.0m^3/m，施工排量1.0~2.0m^3/min。同时，对于二氧化碳回注井，生产管柱需满足安全注入要求，防止二氧化碳窜漏。综合考虑注气工艺、储层改造等因素，选择ϕ73mm，钢级80及以上的气密封扣油管，可满足先导性试验要求。

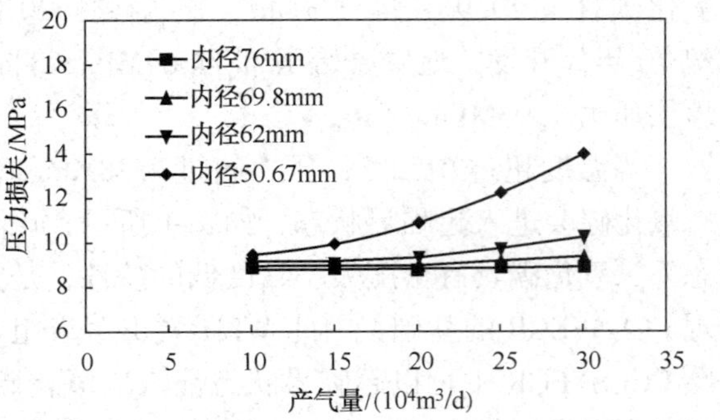

图3　井筒内压力损失计算结果

卧龙河茅口组气藏卧67井区气藏温度85.13℃，目前生产井硫化氢含量2.6~18.45g/m^3，分压0.006~0.043MPa，二氧化碳含量26.36~70.12g/m^3，分压0.047~0.125MPa。根据NACE MR0175标准规定，气藏P_{CO_2}/P_{H_2S}=2.9~7.83，腐蚀类型均以硫化氢腐蚀为主，根据材质选择图版，油管应采用双相不锈钢材质，如图4所示。

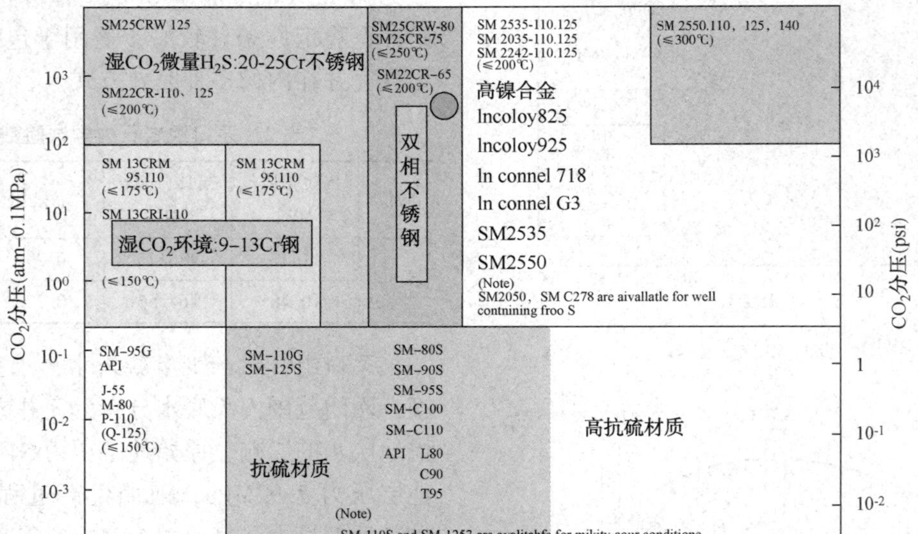

图4　油管材质选择图版

基于材质防腐，应选择双相不锈钢材质，但成本较高，难以满足先导性试验要求。为考察二氧化碳注入井井下管材的耐蚀性能，开展了不同腐蚀环境下，N80、L80-13Cr和2532材质的腐蚀评价实验，结果如表3所示。实验结果表明：N80材质腐蚀速率为0.0674~0.0979mm/a，L80-13Cr材质腐蚀速率为0.0228~0.0276mm/a，2532材质腐蚀速率为0.0013~0.003mm/a。当二氧化碳分压超过11MPa时，N80钢级油管腐蚀速率大于行业标准0.076mm/a；L80-13Cr和

2532 材质在不同二氧化碳分压下腐蚀速率均低于 0.076mm/a，满足标准要求。结合选材图版、实验结果以及完井成本等因素，推荐采用 L80-13Cr 油管。

表 3　不同腐蚀环境下井下管材腐蚀评价实验结果

序号	油管材质	实验温度/℃	H_2S 分压/MPa	CO_2 分压/MPa	实验周期/d	腐蚀速率/(mm/a)
1	N80	56	1	5	7	0.0674
2	N80	56	1	8	7	0.0705
3	N80	56	1	11	7	0.0979
4	L80-13Cr	56	1	5	7	0.0228
5	L80-13Cr	56	1	8	7	0.0246
6	L80-13Cr	56	1	11	7	0.0276
7	2532	56	1	5	7	0.0013
8	2532	56	1	8	7	0.0015
9	2532	56	1	11	7	0.0030

本着技术可靠、经济可行的原则，结合 CCUS-EGR 注气井特点，采用完井-投产一体化工艺，生产管柱结构为 ϕ73mm L80-13Cr 油管(气密封扣)+井下安全阀+ϕ73mm L80-13Cr 油管(气密封扣)+完井封隔器+球座，如图 5 所示，其中井下安全阀和封隔器材质不低于油管材质。

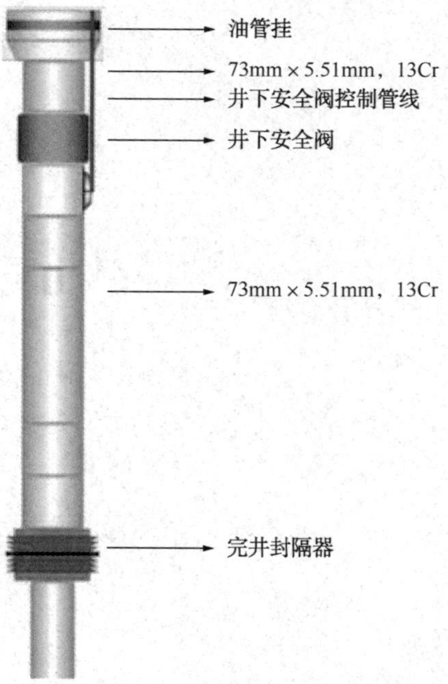

图 5　完井管柱结构示意图

3.2　采气井口

根据气藏工程方案，注入井井口最高注气压力 18MPa，单井注采量 15 万 m^3/d，目前地层压力 7.93MPa，因此采用 35MPa 压力等级采气井口。茅口组地层温度 85.13℃，采气井最大配产 11 万 m^3/d 时井口温度 24℃左右。根据 GB/T 22513 标准，结合该地域最低温度记录，考虑一定的安全系数，井口装置温度级别选择 P-U 级(-29～121℃)。茅口组气藏最大关井压力下，二氧化碳分压 0.047～0.125MPa，硫化氢分压 0.006～0.043MPa，同时考虑到注入过程为纯二氧化碳，后期生产井二氧化碳分压会逐步升高，因此根据 Q/SY 01037—2022 标准见表 4，推荐采用 FF 级井口装置。

综上所示，茅口组气藏推荐采用压力等级 35MPa，温度级别 P-U 级及以上，材料级别 FF 级及以上，规范级别 PSL3G 及以上，性能级别 PR2，“十”字型采气井口装置。

4　结论

(1) 综合考虑井壁稳定、地层出砂、地层水等因素的影响，同时为防止注气过程压力波动产生的交变载荷导致井壁掉块，二氧化碳注气井完井方式采用筛管完井。

(2) 针对注气井二氧化碳含量高、储层含硫化氢等特点，并考虑完井成本等因素，油管材质优选 L80-13Cr，井口采用 FF 级采气井口。

(3) WLH 气田茅口组气藏是国内首个 CCUS-EGR 先导试验工程，对老气藏提高采收率、实现气藏综合效益最大化具有重要意义，应加强 CCUS-EGR 注气井完井工艺技术研究，尽快形成完井配套技术，为后续规模化应用提供指导。

表4　采气井口材质选择标准

材料类别	工况特征	P_{H_2S}/MPa	P_{CO_2}/MPa
AA	一般使用-无腐蚀	$<0.345\times10^{-3}$	<0.05
BB	一般使用-轻度腐蚀	$<0.345\times10^{-3}$	<0.21
CC	一般使用-中到高度腐蚀	$<0.345\times10^{-3}$	≥0.21
DD	酸性环境-无腐蚀	$<0.345\times10^{-3}$	<0.21
EE	酸性环境-轻度腐蚀	$\geq0.345\times10^{-3}$	<0.21
FF	酸性环境-中到高度腐蚀	$\geq0.345\times10^{-3}$	≥0.21
HH	酸性环境-严重腐蚀	$\geq0.345\times10^{-3}$	≥0.21

参考文献

[1] Hamza A, Hussein I A, Al-Marri M J, et al. CO_2 enhanced gas recovery and sequestration in depleted gas reservoirs: A review[J]. Journal of Petroleum Science and Engineering, 2020, 196: 107685.

[2] 刘树阳，赵常忠，张倩，等. CO_2-EGR 中 CO_2 天然气体系体积特性及弥散特性实验研究[C]//二氧化碳捕集利用与封存产业技术创新战略联盟. 二氧化碳捕集利用与封存产业技术创新战略联盟，2014.

[3] 秦积舜，李永亮，吴德斌，等. CCUS 全球进展与中国对策建议[J]. 油气地质与采收率，2020(1): 20-28.

[4] 向勇，侯力，杜猛，等. 中国 CCUS-EOR 技术研究进展及发展前景[J]. 油气地质与采收率，2023，30(2): 17.

[5] 熊友明，刘理明，张林，等. 我国水平井完井技术现状与发展建议[J]. 石油钻探技术，2012，40(1): 6.

[6] 郭建华，佘朝毅，唐庚，等. 高温高压高酸性气井完井管柱优化设计[J]. 天然气工业，2011，31(5): 3.

威远泸州区块页岩气集输干线工程建设安全网格化监管方法试点

王　东　王　俊　郭梦宇

（中国石油西南油气田公司）

摘　要　安全网格化监管方法是一种整合作业现场安全管理人力资源，实现全覆盖、无盲区作业前安全条件确认放行的预防性监管措施。该方法是在作业现场巡回监督管理的基础上，将作业现场全覆盖划分为若干个网格责任管理片区，并为每个网格责任片区配置“片区长”，对进入网格责任片区的作业人员及作业活动实施全过程安全监管。输气管理处在威远、泸州页岩气集输干线工程开展了安全网格化监管试点，并取得了良好成效。

关键词　作业现场；网格化；安全监管

1　引言

安全网格化监管方法是在工程建设和检修作业现场的有益尝试，该方法顺应工程施工项目中甲乙方一体化管理要求，促进属地单位和施工方有机融合、风险共防、责任共担，从机制上改变当前部分企业工程项目“甲方管乙方、自己管自己”的传统安全管理模式，通过整合现场人力资源，有效解决施工现场各级监管资源分散、监管力量不足的实际问题，消除安全管控盲区，提升现场安全管控力度和精细度，确保施工作业过程安全风险全面受控，对压实属地单位安全监管主体责任和施工单位现场过程管理主体责任有极大的推动作用。为有效探索建设项目安全网格化监管方法，输气管理处安排威远、泸州页岩气集输干线工程进行试点。

1.1　实施背景

1.1.1　外部环境

行业快速发展导致管道建设项目多、任务重。为降低我国油气对外依存度，消除国家能源安全重大隐患，逐步加大西南页岩气开发力度、加快川渝等四大主力气区上产。为满足增量上产需求，川渝地区将规划和新建逾千公里大口径、高压力、长距离净化气管道，管道建设面临项目多、任务重、要求高等多头并进的挑战。

1.1.2　内部环境

一是安全监管资源分散、现场监管力量不足。为满足上产需求，西南分公司正着力打造“高、中、低压”三套管网新格局，输气管网范围、管网里程、输配能力、运行压力都将进一步提升。目前天然气管道建设、停气碰口等项目较多，建设任务较重，涉及施工单位多、作业人数多、人员组成复杂，建设单位与承包商双方各级安全监管资源较为分散，达不到甲乙方一体化管理要求，现场管理压力较大。

二是现场作业安全管控存在盲区。随着工程建设现场监管体系发展不断深入，监管范围不断扩大、监管力度持续加强，由此引申出一些问题：一是部分单位的职能出现交叉现象，多头监管使得综合监管难以得到有效的实施和落实；二是建设项目涉及的施工单位较多，不能做到各施工队伍监管力度统一、标准统一，部分项目上对作业人员资质、作业许可、作业现场等方面的安全管控仍存在盲区。

1.2　工程概况

线路始于四川威远输气站、止于重庆江津增压站，途经4市、7县（区），全长211.3km（四川148.4km，重庆62.9km）。其中威远-泸县段线路设计压力6.3MPa，管径D1016mm，总长99.6km，设计规模100亿m^3/a；泸县-江津段线路设计压力12MPa，管径D1219mm，总长111.7km，设计规模350亿m^3/a。新建泸县站、永川站2座；扩建威远输气站、江津增压站2座；沿线新建阀室10座（含1座新增川渝界D1219截断阀室）。

2　网格化监管实施

本次试点工作以“网格化区划、动态化覆盖、精细化管理、目标化考核”为原则，结合威远、泸州页岩气集输干线工程实际，深入开展了现场调研，研究制定了《安全网格化管理试点方案》。按照“网中有格、格中有责、责任到人”的工作思路，按作业面的不同属性划分片区，构建了覆盖全干线、责任到人、职能到位的安全生产网络，建立了一种监督和管理相互交叉、有机结合、互相弥补的监管模式。

2.1　划分监管网络，明确安全监管职责

2.1.1　全面覆盖，合理划分网格责任片区

站场以本辖区为单位绘制输气管线、输气(配气)站、阀室网格图，界定网格范围，建立网格档案，做到人进图、图进网格，实现干线工程建设无盲区、全覆盖。综合考虑作业面数量，作业面连续性，作业面长度，同一作业面内机组数量、作业性质等方面，以约 5~8km 作为一个片区(优先考虑完整覆盖一个作业队，站场(包含改扩建)单独作为一个片区，定向钻、隧道施工单独作为一个片区)，将安全网格划分为 27 个片区(表 1)。

表 1　网格片区划分及片长配置表

区号	承包商	桩号	长度	片长数量	区号	承包商	桩号	长度	片长数量
1	四川油建	威远站	/	1	15	中油一建	A2C126-A2C164	6.551	1
2	四川油建	A1A001-A1A050	7.9	1	16	中油一建	A2C164-A2C191	5.40	1
3	四川油建	A1A050-A1A104	7.9	1	17	中油一建	A2C191-A2C218	5.1	1
4	四川油建	A1A104-A2A015	8.1	1	18	辽河油建	A3A034+1-A3A066	4.852	1
5	四川油建	A2A015-A2A099	8.1	1	19	辽河油建	A3A066-A4A102	4.312	1
6	四川油建	A2C218-A2D030	4.58	1	20	辽河油建	A4A001-A4A030	4.876	1
7	四川油建	A2D030-A2D076	7.5	1	21	辽河油建	A4A030-A4A073	5.085	1
8	四川油建	泸县站	/	1	22	大庆油建	A4A073-A4A111	5.002	1
9	四川油建	A3A001-A3A034	7.55	1	23	大庆油建	A4A111-A4A161	5.023	1
10	管道局	A2B001-A2B084	9.503	1	24	大庆油建	A4A161-A4A199	5.143	1
11	管道局	A2B084-A2B132	6.308	1	25	大庆油建	A4A199-A4A236	5.134	1
12	中油一建	A2C001-A2C051	7.399	1	26	穿跨越	沱江定向钻、濑溪河定向钻	/	2
13	中油一建	A2C051-A2C089	7.291	1	27	北京中铁隧	长江隧道	/	2
14	中油一建	A2C089-A2C126	5.047	1	/	/	/	/	/

2.1.2　坚持原则，严格配置网格监管力量

根据《网格化管理试点方案》，严格落实网格监管力量的配置工作，每个网格责任片区配置 1~2 名片长。27 个网格片区共配备 29 名片长，54 名网格员，并建立了片长、网格员台账，以推动安全网格化监管工作规范化开展。为确保网格化监管机制正常运转，实行网格员储备机制，每个施工单位设置 1~2 名备用网格员。

2.1.3　职责梳理，有效明确安全监管责任

整合网格内施工力量、设备设施、工艺流程等信息，理清网格内每个监管对象对应的负有安全生产监督管理的岗位，定岗定责，明确片长工作职责、管理权限及义务，通过网格定人、人员定责，建立“横向到边、纵向到底”的网格化责任体系，落实网格化监管责任。

2.1.4　强化适用，动态调整网格监管工作

随着工程推进，施工力量会随工程进度需要进行调整，片区间工作量也会逐渐失衡。针对此问题，联合项目部 QHSE 监督与管理部每月对片区工作量进行统计分析，及时重组网格并调整网格划分，重新设置片长及网格员。

2.2　对标管理制度，细化现场检查标准

2.2.1　细化检查标准，夯实管理基础

梳理分析历年 QHSE 体系审核、专项检查等发现的工程建设相关共性问题，查清制度执行过程中的主要原因，结合 27 个片区工程实际，优化管理流程，从人、物、环、管等方面针对性编制各片区检查标准，确保网格化监管工作有法可

依、有章可循。

2.2.2　现场对标检查，提升监管质效

片长和网格员严格根据编制的检查标准对负责的片区现场进行检查，降低了人员能力、素质差异对检查结果的影响。在监管过程中，检查人员结合现场实际，记录检查表内容不合理之处，并将其不断补充、调整、完善。

2.3　创新监管方式，助推监管效能提升

2.3.1　强化信息引导，推动现场自主管控

片长及网格员督促施工单位在每个建设现场加密警示标识、物理隔离，在管道高后果区等部位增加管道标示桩、设置宣传警示牌及区域风险导图，强化信息告知，推动施工现场安全风险自主化管控。

2.3.2　现场实时监控，动态抓拍违章作业

为切实解决施工现场点多、面广导致的监管难题，在27个片区各现场部署监控摄像头，确保监控无死角，保证对施工现场24h实时监控。在此基础上，各施工现场结合实际情况，布设1~2名电子网格员，通过监控摄像，运用无人机航拍等措施，对现场违章作业情况动态抓拍上报(图1)。

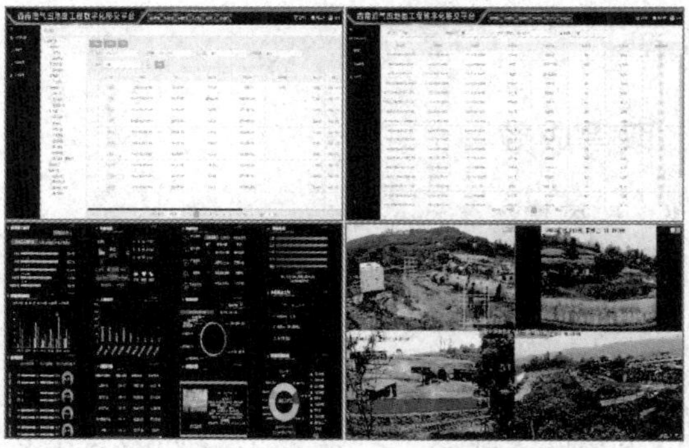

图1　数字信息化监控平台

2.3.3　应用信息系统，实现现场全面监管

结合工程建设监管实际需求，构建具备快速感知、实时监测、超前预警、联动处置和系统评估等五种新型安全能力的数字信息化监控系统，并与人员管理、工程进度管理、焊口检测管理等相关联，形成全覆盖综合监管。建立资质临期预警系统，自动识别比对施工企业资质以及关键人员信息，对资质有效期不足两月的单位和人员及时预警提醒。

2.4　强化队伍建设，打造专业监管团队

2.4.1　注重人员选拔，建立专业监管队伍

按照集团公司通知要求对监管人员资格条件严格把控，要求片长和网格员熟悉施工风险和掌握安全管控措施以外，还应具备相应任职资质和基层从业经验。项目联合QHSE管理委员会从各施工单位推荐的60名人员中，结合各片区实际情况选拔出29名片长，由建设项目部统一培训合格上岗。

2.4.2　深入宣传倡导，营造专业监管生态

为让安全生产理念深入人心，根据作业与风险特点对各级人员进行安全防范、安全操作常识的宣传。对《关于转发集团公司〈工程建设及大检修作业现场安全网格化监管方法实施指南(试行)〉的通知》(安委会办〔2021〕31号)，以及《关于工程建设现场试点开展安全网格化监管的通知》(司基建〔2021〕164号)进行宣贯、学习，强调安全网格化重要意义，内部逐层宣贯，将安全网格化监管要求传递到一线机组、台班。

2.4.3　深化培训学习，提升队伍专业能力

建设项目部邀请分公司HSE监督中心、华成监理公司共同对安全网格员进行为期两天的分批上岗培训，重点培训集团公司年度事故事件分享、作业许可管理、施工现场常见问题、安全网格员工作职责、纪律、考核等内容，对培训合格的安全网格员发放上岗证，并统一制作下发“安全网格员”袖标。此外，综合汇总监管过程中发现的典型问题，建设项目部组织开展交叉学习、典型事故事件现场学习、交流讨论会等专项活动34次，梳理分析监管能力上需提升之处，并针对性进行强化。

2.5　片长牵头组织，落实现场监管责任

2.5.1　紧扣职责，贯彻落实检查工作

通过工作清单的形式贯彻落实监管职责，按照工作清单对施工现场进行全覆盖、全过程、无盲区安全监管。一查人，检查入场人员劳保穿戴、入场HSE培训、特种作业人员资质、安全监护人员履职等情况；二查物，检查工器具合格性、设备状态、目视化标识、气体检测仪器有效性等情况；三查环境，检查作业区域警示、消防及应急通道通畅性等情况；四查管理，检查作业许可票证合理性、能量隔离措施落实、安全技术交底、风险防控措施监督落实等情况。通过对作业现场以上内容的检查，确保人、物、环、管四方面现场风险得到有效管控。片长每日填写《安全网格化片长工作记录》，确保监管工作有迹可循、有源可溯，每日对检查情况进行梳理分析，

制定下一步管理重点。

2.5.2　全面巡查，强化风险作业管理

严格落实风险作业安全检查，建设项目部和监理根据风险作业公示内容安排抽查和驻点监督。片长每日对责任网格内所有风险作业全面巡查，通过对作业票数量进行盘点，与风险作业公示内容对比，核实是否存在未如实上报的风险作业。

2.5.3　五方联动，精细排查治理隐患

由片长牵头沟通，建设单位、监督单位、监理单位、施工单位、属地单位“五方联动”查隐患、找问题，共排查出施工现场问题隐患227项。监管人员现场排查发现问题后，在信息系统移动端进行记录，上传问题照片或视频，判定问题分类、级别，并按规定向建设项目部上报；建设项目部对各片区上报问题进行汇总和梳理分析，制定合理的监控措施，定人员、定时间、定职责、定措施、定标准立项治理；施工单位对发现的现场问题组织治理，对不能立即治理的问题落实监控措施。针对未立即整改的隐患问题，网格员紧抓整改工作“回头看”，持续跟进问题整改进度，督促施工单位落实隐患整改，目前227项隐患问题已全部整改完成(图2)。

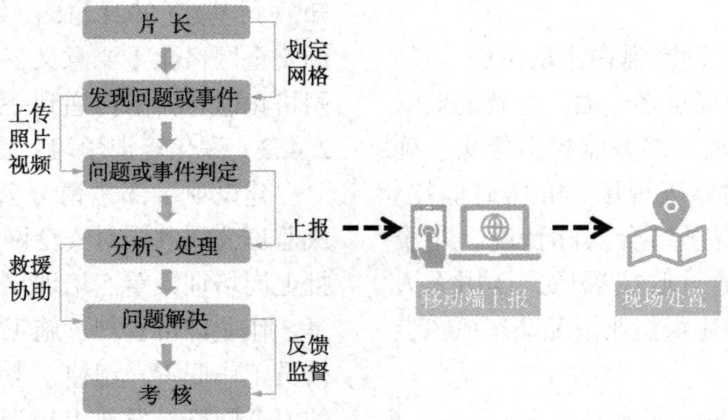

图2　问题处置流程图

2.6　坚持奖优罚劣，激发担当作为动力

2.6.1　健全机制，优化考核工作方式

以“优者奖”促进担当有为，立好激励标尺，以“劣者汰”倒逼履职尽责，划好惩罚底线。制定《威远、泸州区块页岩气集输干线工程安全网格化监管片长考核制度(试行)》，对网格员采取“积分制”考核模式，并构建“排查报送、处置反馈、信息管理、督查考核、奖惩表彰”配套工作机制，保障安全网格化的正常运转。

2.6.2　奖惩结合，强化考核结果运用

每名片长设定5个积分，每月考核后重新计分，存在未履职到位情况的，每个问题扣减1个积分。扣减达到3个积分，由建设项目部责令参建单位HSE总监(或分管安全领导)对其进行见面谈话，并取消片长当月待遇；扣减达到5个积分的，撤销片长职务，更换片长。

对发现重大隐患、及时制止严重违章，避免事故发生的；或在任职期内，经评估工作绩效优异的，给予片区长通报嘉奖或颁发流动红旗等额外奖励。

3　取得成效

3.1　安全意识深入人心

项目人员养成了良好的安全生产习惯，安排安全生产工作作为每天上班的第一件事，时刻关心安全，牢记安全，真正做到不安全不生产。各级人员积极实施以“零”事故为目标的安全管理理念，从上到下形成了“一切事故都可以预防”的共识，安全生产由“被动监管”向“自主管理”转变，日常隐患排查治理由“消极应对”向“自查自纠”转变。

3.2　风险管控能力提升

现场作业人员辨识、防控业务管理范围内风险的能力提高。业务范围内安全环保风险和形势分析到位，对各类检查、审核发现的问题进行分析及有效整改，及时采取风险防控措施和隐患治理措施，控制和消除安全环保风险和隐患。能够按照分管业务要求落实相关QHSE要求，监管部门坚持重心下移、关口前移，清楚现场施工的关键工序和关键环节，主动深入施工现场，开展监督检查，帮助和协调解决施工过程中存在的问题，不断夯实基层现场安全环保风险控制工作，现场风险得到有效控制。

问题数量逐步下降，风险程度降低。自实施网格化监管试点工作以来，从监督站检查发现问题分析，工程建设问题数量逐月下降，2022 年 1 月检查发现问题 104 项，4 月检查发现问题 71 项，问题数量下降 31.7%。说明试点项目人员安全管理水平稳步提升，风险管控能力增强，安全环保形势平稳可控。通过安全网格化监管，安全生产建设的责任意识提高了，安全生产建设自觉性增强，生产建设伤亡事故明显减少(图 3)。

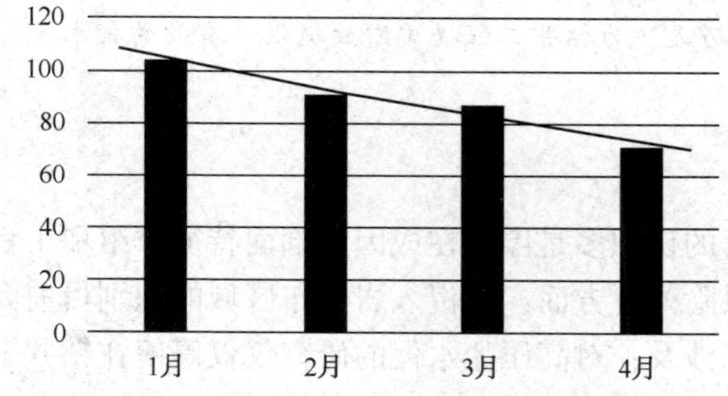

图 3　2022 年监督站检查工程现场发现问题数量变化

3.3　各项资源有效整合

安全网格化监管实现了“零”事故目标，充分整合各方资源，充分调动质量安全环保科、QHSE 监督站、建设项目部、监理、施工方和现场操作人员的力量，依托统一管理模式，建立了一种监督与管理相互交叉、有机结合、互相弥补的形式，使网格之间能够进行更有效的信息交流，资源共享。

3.4　安全管理逐步智能化

干线中重点区域质量安全环保风险管控实现“事前预测、预警、预防”，完成数字化转型，实现“全面感知、智能预警、多级协同”一体化管理，建成 QHSE 智能化管控体系，实现 QHSE 数字化监管。推动油公司“大监督”模式，建成质量安全监控多级协同、集中管控新机制，采用物联网、工业视频等数字化技术，实现 QHSE 监督远程跨地域，“两个现场”安全受控，实现从“事中监督、事后处置”向“事前预测、预警、预防”的模式转变。

3.5　试点干线顺利建成

威远–泸县段线路总长 99.6km，全线共计 8 个阀室，穿越大中型河流 3 条，穿越铁路 8 条，穿越高等级公路 20 条，跨越 50 个行政区域，用时 5 个月高效顺利建成，管线建设过程中无人身死亡事故、无人身群伤事故、无重大火灾事故、无设施重大损害事故发生，开创了天然气长输管线建设历史先河。

参　考　文　献

[1] 周育山．对基层安全生产网格化监管的几点思考[J]．湖南安全与防灾，2018(3)：2.

[2] 王培宏．特种设备网格化监管的探索与启示[J]．中国质量技术监督，2012(8)：2.

[3] 徐铭，陈凯，施翔，等．安全生产网格化监管在基层水管单位的应用实践[J]．江苏水利，2019(12)：3.

异常地质体识别技术在钻井风险预测中的应用
——以塔里木盆地塔河南为例

王彦秋　闫顺来

(中国石油塔里木油田公司)

摘　要　塔里木盆地塔北地区部分地层异常地质体局部发育，钻井复杂工况频发；为保障钻井安全，降低钻探成本，通过分析复杂工况处测井、取心资料，识别主导地质因素，采用相应地球物理属性分析，对诱发工程风险的多种异常岩性体进行了刻画；发现本征值加强相干属性对二叠系漏失段的预测、振幅类属性对高压盐水层和侵入岩体的预测均具有明显效果；实践表明，该系列方法对塔北地区地质异常体预测的准确率达95.6%，钻完井费用单井节约额可至899.57万元，为钻井工程提质增效提供了有效的技术保障。

关键词　裂缝预测；振幅属性；钻井风险；塔河南地区

塔里木油田塔河南地区系塔里木盆地轮南低凸起南缘至阿满过渡带北部范围内的塔里木河以南区域(图1)。该区所开发油藏属于超深超压碳酸盐岩油藏，地质情况复杂，存在多套异常地层。非目的层异常岩性主要有二叠系火成岩、奥陶系桑塔木组高压盐水层和不规则侵入岩等。该类异常岩性会导致各种钻井、固井和完井的工程复杂，如井漏、溢流等，进而导致钻井成本增加、造成钻井工程事故。对以上异常地质体的精准预测，避免事故发生、降低成本，确保钻井顺利施工，具有重要意义。

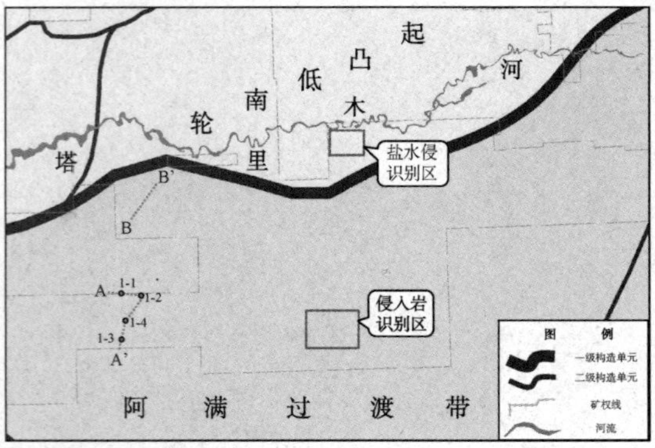

图1　塔里木塔河南地区位置图

目前，国内外针对影响钻井风险的相关地质因素已做了大量研究，但已有的各项研究对塔里木油田塔河南地区多套异常岩性风险层段预测的针对性不强，对二叠系火成岩段的预测主要为用于速度建模的地震相识别，暂未涉及用于规避钻井风险的火成岩段裂缝发育情况的预测；对侵入岩的认识多是停留在成因、剖面特征介绍和工程风险处置方面，对侵入岩分布区域的识别目前尚未涉及；对高压盐水侵的研究仅仅停留在钻井工程风险处置领域方面，地震特征及区域性分布预测鲜有提及。因此，如何在钻前准确预测上述异常岩性地层风险，进而有的放矢的推动钻井高效钻进一直是塔里木油田亟需解决的问题。本文通过对塔河南地区钻探工程事故的分析，运用地球物理方法，对诱发工程风险的多种异常地质体进行钻前预测，可以有效降低塔北地区钻探风险，具有实际的应用价值。

1　方法原理

研究区异常地质体物理特性表征为三种：一是致密火成岩裂缝发育区，二是灰泥岩地层含盐水，三是低速灰泥岩地层中侵入高速辉绿岩。第一种可用AFE属性识别，后两种可用均方根振幅属性识别。

1.1　AFE属性

AFE(Automatic Fault Extraction)系paradigm软件的断层、裂缝优化提取模块，其基本方法是在本征值相干算法的基础上，应用滤除噪声和加强相干特征的方法，产生两种断层拾取数据体，以此对断层、裂缝进行识别。

本征值相干算法借助相邻地震道振幅值交会图，明确一个主方向轴(major axis)和一个最小方向轴(minor axis)。检验相邻道振幅值的一致性，样点或以主方向轴或以最小方向轴分别列成直线。其主轴和最小方向轴则借助两个不同比列的向量指示。其核心是利用致密岩层含裂缝后阻抗差异增大，振幅存在高值的特点如式(1)。

$$A=R*A_i=\frac{\rho_2v_2-\rho_1v_1}{\rho_2v_2+\rho_1v_1}A_i \tag{1}$$

式中：A，A_i 为地震波在两种介质的振幅，m；R 为反射系数；ρ_1，ρ_2-介质密度，g/cm^3；v_1，v_2 为波在介质的传播速度，m/s。

1.2 均方根振幅

均方根振幅(RMS)是平均地震反射波振幅值平方和的算术平方根如式(2)，它对各种地质异常体或地层变化都有响应，比如地层的尖灭、砂岩透镜体、油气藏充注、侵入岩岩墙及边界等。当正常地层中侵入或沉积有异常岩性或者有油气水聚集时，均方根振幅属性均能识别出异常。

$$A=\sqrt{\frac{\sum_{i=1,n}A_i^2}{n}} \tag{2}$$

式中：A 为地震振幅值，m；i 为地震道；n 地震道数。

2 火成岩工程风险及预测

塔北地区二叠系火成岩发育钻井施工过程中漏失量大，甚至发生失返性漏失，尤其是塔河南区块火成岩段平均单井漏失 2 次，漏失钻井液 456.41m^3，下套管和固井期间漏失明显，正注反挤效果差，平均固井成功率仅为30%。

二叠系易漏层段实钻井经测井、取心发现二叠系井漏为典型的钻遇较大天然裂缝发生的压差性漏失，其主要特点表现为：①常见于缝宽较大的高角度裂缝(图 2、图 3)；内部存在大量微裂纹沟通的孔隙(图 4)；②钻进中常现扭矩变化；③失返性漏失量大；④承压性弱，堵漏困难，易复漏。

针对该裂缝发育类型采用本征值加强相干 AFE 算法对裂缝进行识别，分析发现易漏失井断裂发育，且 AFE 属性识别的裂缝发育段(灰黑色表示裂缝发育程度，黑色指示裂缝发育，白色为不发育)与各井实钻漏失点吻合较好(图 5 中 1-2、1-3、1-4 井)，未漏失井(图 5 中 1-1 井)亦无 AFE 响应。

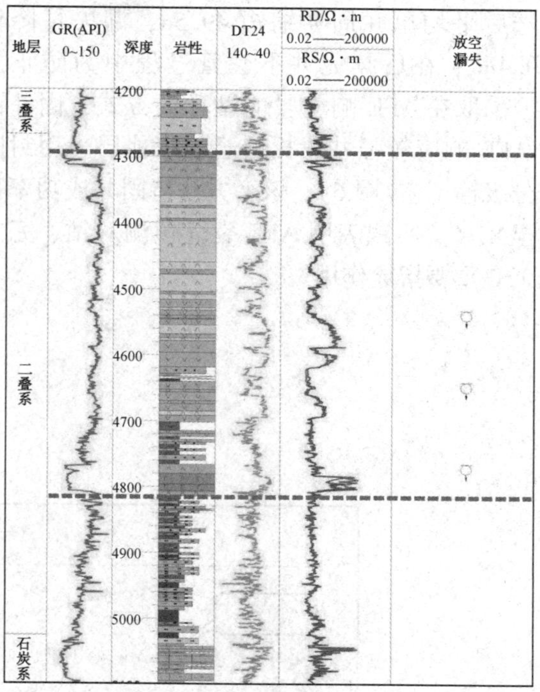

图 2 塔河南 1-4 井二叠系井漏情况图版

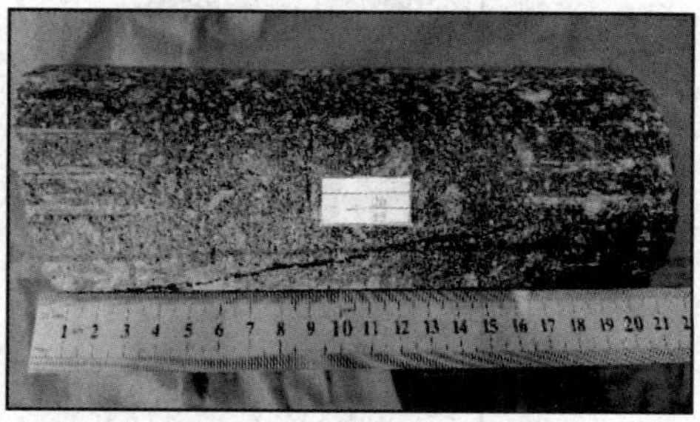
图 3 塔河南 1-4 井二叠系井漏段取心

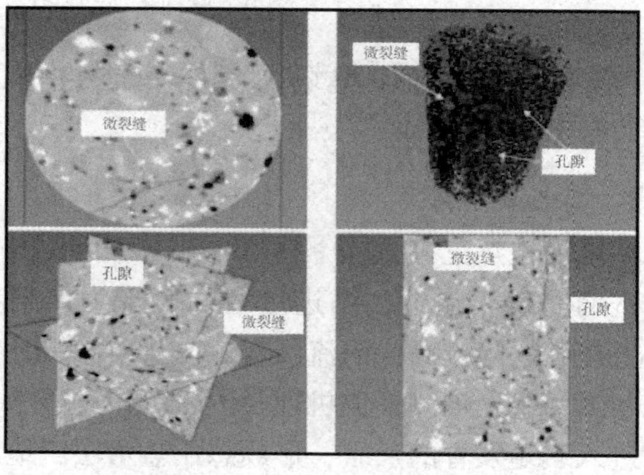

图 4 塔河南 1-4 井二叠系井漏段 CT 扫描

钻井过程中针对 AFE 裂缝响应段采用白沥青等封堵防塌剂加量≥3%，对同开次二叠系、石炭系地层实施控制密度 1.26~1.28g/cm^3，K+ 含量采用 2.5~3 万 mg/L 左右，沥青类封堵防塌剂≥3%，以增强钻井液抑制和防塌性能，工艺优选后平均单井周期缩短 49.5d，漏失量降低 959.4m^3；在后续完井下套管过程中为防止漏失，采取在 AFE 响应段前循环的方式，固井前对 AFE 响应较强井段提前至稳定地层采用封隔式分级箍工艺(图 6)，该套方法将固井成功率提升至 87%。实践表明 AFE 裂缝预测对钻、完井施工有重要指导作用。

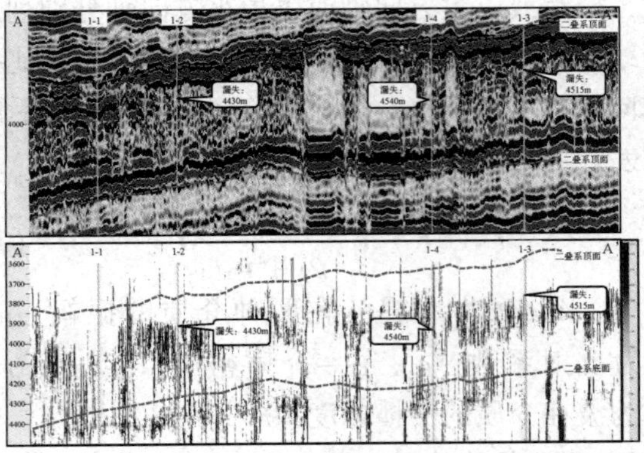

图 5　塔河南某井区二叠系 AFE 裂缝预测

注：剖面位置见图 1 中 A–A′，色棒指示裂缝相对发育程度

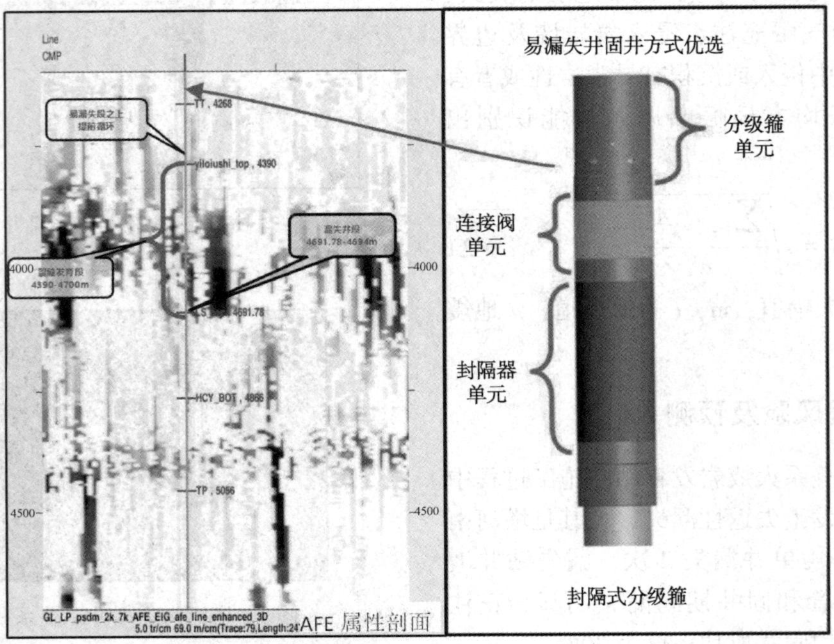

图 6　塔河南 1–12 井二叠系 AFE 裂缝预测指导完井施工

3　铁热克阿瓦提–桑塔木组异常岩性体工程风险及识别

3.1　高压盐水层

区内铁热克阿瓦提–桑塔木组累计 18 口井钻进期间发生溢流，钻进过程中表现为氯根升高，施工风险极高；溢流段岩性以灰质泥岩、含泥灰岩为主，推测形成机理为围岩沉积过程中排水进入裂缝发育的灰岩，形成憋压盐水层，地震反射表现为强振幅反射条带(图 7)，揭示灰岩含水后速度降低与围岩产生阻抗差异，通过对溢流层段 RMS 属性提取发现发生溢流(图 8，蓝色井点)均井位于暖色区域，未发生溢流井(图 8，红色井点)均位于冷色区域，吻合程度较高，具有可靠应用价值。

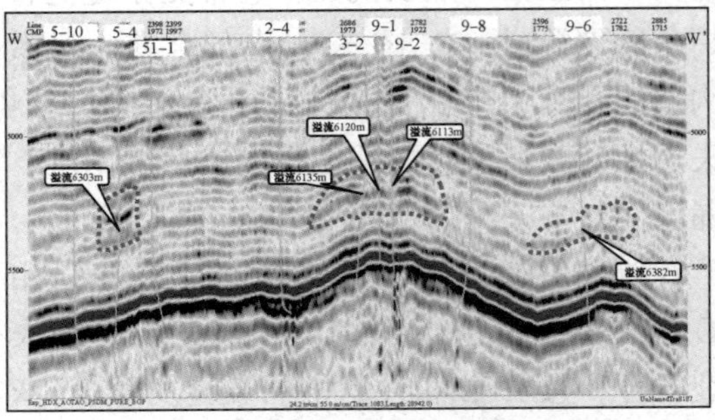

图 7　塔河南地区盐水侵溢流井地震强振幅包络响应剖面

3.2　侵入岩

区内 34 口井次在桑塔木–一间房组钻遇侵入岩(岩性为辉绿岩)，其中 2 井次发生垮塌、

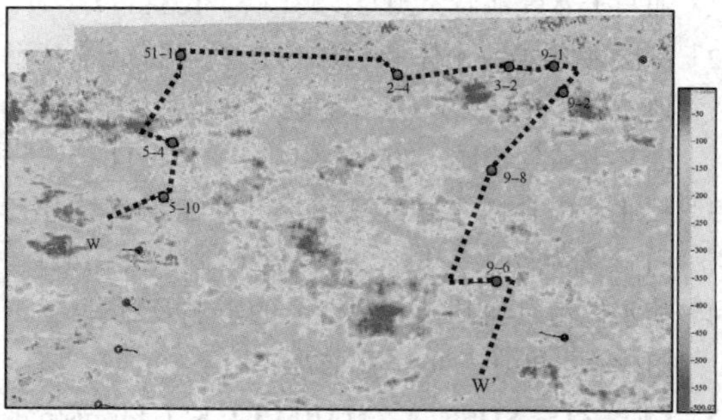

图 8　盐水侵溢流井地震响应 RMS 属性分布图

注：区域位置见图 1 中“盐水侵识别区”

回填，平均单井处理复杂耗时 8d，因此在侵入岩发育层段钻进风险极高，尤其是在一间房侵入岩发育段中完施工。

桑塔木组辉绿岩(6000m/s)速度明显高于围岩(4600~4900m/s)，正演表明侵入岩发育层段与围岩存在较大阻抗差异，呈强振幅反射特征；位于一间房组顶面侵入岩速度虽然与围岩(5900~6000m/s)相近，但受上覆地层低速影响，振幅能量亦有增强，且会使同相轴发生上移(图 9)。

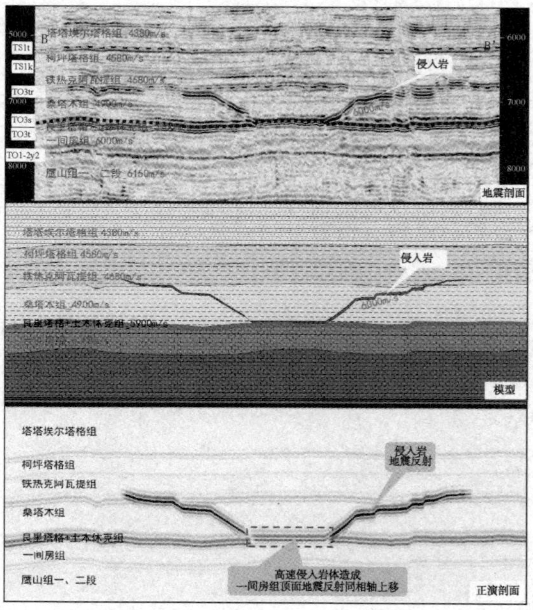

图 9　塔河南区侵入岩正演响应特征

注：剖面位置见图 1 中 B-B′

针对上述该层段侵入岩与围岩物理性质差异，采用 RMS 振幅属性对区内侵入岩发育区域进行预测，如图 10 所示剖面(C-C′、D-D′)中具强振幅反射特征的侵入岩通过 RMS 振幅属性提取可预测其侵入岩区分布区(图 11，暖色区域为侵入岩发育区)。实钻表明侵入岩段预测符合率达 100%，为该段地层工程钻进避免了突发风险。

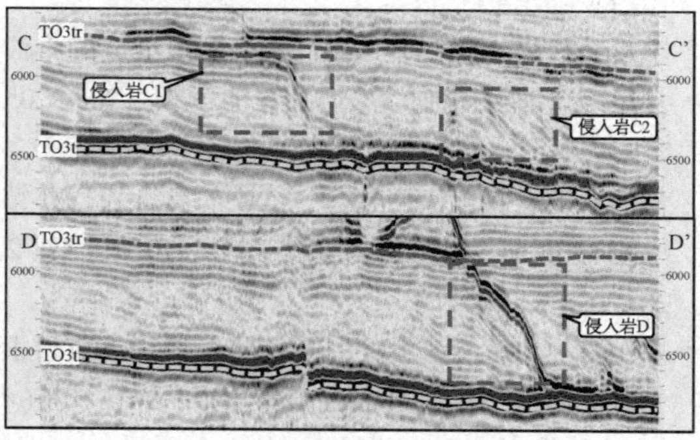

图 10　侵入岩响应剖面和 RMS 提取时窗

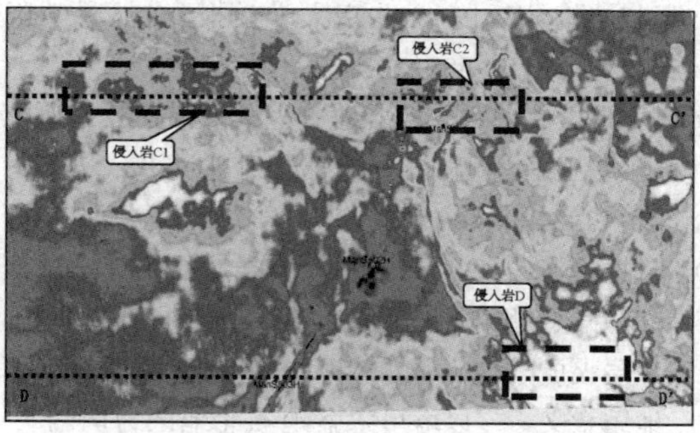

图 11　侵入岩 RMS 属性分布图

注：分布图中 C-C′、D-D′导航线分别对应图 10 剖面 C-C′、D-D′；区域位置见图 1 中“盐水侵识别区”

3　结论

(1) AFE 属性和 RMS 振幅属性对塔北地区二叠系裂缝及奥陶系特殊岩性体均具有较好的预测效果，该系列方法对塔北地区裂缝及地质异常体的综合预测准确率达到 95.6%。

(2) 近三年来，塔北地区地震资料解释对异常风险的预测研究与钻井施工工艺的优选相结合，在非目的层段为钻井工程降低了钻、完井风险和成本，提升了施工效率，是地震地质工程一体化成功成果的重要体现，极具推广价值。

参　考　文　献

[1] 叶浪 . 基于地震资料的钻井工程风险预测研究[M]. 东营：中国石油大学，2017.

[2] Arstad I. Regulations concerning risk analysis and their application in environmental safety protection in Norway [J]. Marine Pollution Bulletin，1994，29(6-12)：330-333.

[3] Oyvind Lauridsen，Einar Ravnaas. Trends in Risk Levels on the Norwegian Continental Shelf [C]，SPE 74068，2002.

[4] 孙宁，于炳忠 . 钻井工程中应用可靠性技术的几点

认识[J]. 石油工业技术监督，1997，13(2)：10-11.

[5] 李琪，常笃，徐英卓，等. 基于知识集成的石油钻井风险管理系统研究[J]. 石油学报，2009(05)：755-759.

[6] 何沙，王志明. 基于层次分析法的高含硫气井钻井风险评价研究[J]. 钻采工艺，2010，33(2)：28-30.

[7] 基于多种地震反演方法的哈拉哈塘地区火成岩识别及速度建模[J]. 东北石油大学学报，2016，40(4)：54-63.

[8] 塔里木盆地早二叠世玄武岩火山机构的三维地震解释与结构分析[J]. 北京大学学报(自然科学版)，2018，54(3)：555-562.

[9] 塔中地区二叠系火成岩地震识别及描述技术研究_以顺北工区为例[J]. 地球物理学进展，2019，34(4)：1434-1440.

[10] 哈拉哈塘Y工区二叠系火成岩地质统计学反演研究[J]. 能源技术与管理，2021，46(1)：10-12.

[11] 深层火成岩侵入体和相关构造发育特征及其石油地质意义——以塔里木盆地顺北地区为例[J]. 石油与天然气地质，2022，43(1)：105-117.

[12] 深层火成岩侵入体和相关构造发育特征及其石油地质意义——以塔里木盆地顺北地区为例[J]. 石油与天然气地质，2022，43(1)：105-117.

[13] 顺北油田含侵入岩区域超深井安全高效钻井技术[J]. 石油钻采工艺，2020，42(2)：138-142.

[14] 盐水侵污对油基钻井液性能的影响及机理[J]. 油田化学，2019，36(4)：571-581.

[15] GERSZTENKORN A，MARFURT K J. Eigenstructure based coherence computations as an aid to 3D structural and stratigraphic mapping[J]. Geophysics，1999，64(5)：1468-1479.

[16] 徐希坤，王庆华. 本征值相干技术在青东地区的应用[J]. 石油天然气学报，2008(6)：265-267.

[17] 刘其. 塔河油田奥陶系碳酸盐岩储层预测新进展[J]. 西部探矿工程，2010，23(6)：70-72.

[18] 尹志军，黄述旺. 用三维地震资料预测裂缝[J]. 石油勘探与开发，1999，26(1)：78-80.

[19] 杨春惠，张伟，高建波. 均方根振幅在乌伦古坳陷东部地区储层预测中的应用[J]. 科学技术与工程，2012，29(12)：7493-7499.

LNG 高压泵急停故障分析及解决建议

王庆军[1]　崔　均[1]　李东旭[1]　赖亚标[2]　王世超[3]

（1. 国家官网集团大连液化天然气有限公司；2. 中海福建天然气有限责任公司；3. 中国石化青岛液化天然气有限公司）

摘　要　某接收站 LNG 高压泵正在运行过程中，突然显示泵井液位不稳，最后 DCS 上显示自动停车，本文介绍了高压泵故障现象，分析了自动停车的原因并提出解决建议。

关键词　LNG 高压泵；故障现象；自动停车；原因分析；解决建议

天然气作为清洁能源其中的一种，已经开始被广泛应用，中国也正在成为世界天然气第二大进口国，进口渠道其中之一是海运到 LNG 接收站，再使用高压泵升压，气化，输送到远端用户。

高压泵是接收站重要设备，工作在温度-160.5℃，运行工况相对苛刻。目前国内 LNG 接收站在役的高压泵主要为国外进口，厂家为 Ebara、Nikkiso 和 JC Carter；为了打破技术壁垒和垄断，国内已有泵厂产品通过鉴定并在试用，并有数个工厂在研制和试制中。高压泵因其特殊的运行工况，无法采用常规手段对泵运行状态监测，只能依靠安装在泵体出口锥段低温振动探头对泵进行监测。在此监测条件下，分析泵故障，是一大难点。

本文试图通过对高压泵结构、设计参数、流程的分析讨论高压泵 A 运行中自停，拆检发现中间轴承，平衡盘严重损坏原因，寻找当前存在的不足和设备现有条件下的最优运行、维护、检修模式，尽可能延长高压泵使用寿命。

1　基本情况

某 LNG 接收站并联安装 7 台高压泵，常规运行在 1~4 台，余下为备用。其中 P-1401A 高压泵发生了在运行中自停现象，至此之前设备已安全平稳运行了近 13000h。泵性能参数见表 1，各泵具体流量下运行时间见表 2。

表 1　泵参数表

名称	入口压力/MPag	入口饱和蒸汽压差/MPag	设计流量/(m^3/h)	最小流量/(m^3/h)	扬程/m	轴功率/kW	额定功率/kW	效率/%	额定电流/A	启动电流/A	汽蚀余量/m	电压/V
数值	0.8	0.1	435	166	2342	1764.2	2096	73.1	242.5	1506	1.74	6000

表 2　高压泵运行流量与时间对照表

流量范围/(t/h)	P-1401A	P-1401B	P-1401C	P-1401D	P-1401E	P-1401F	P-1401G
<100	0	48	312	293	0	1825	0
100~110	0	152	96	77	0	310	0
110~120	0	193	166	201	0	84	0
120~130	1147	352	791	263	0	144	0
130~140	1178	3357	1192	8042	0	496	0
140~160	2524	2549	5161	4218	366	1751	20
160~180	3278	4308	4218	3609	690	1488	0
180~200	2946	4191	4489	1734	807	846	0
≥200	1605	1562	2862	2530	1	384	0
合计	12678	16712	19287	20967	1864	73284	20

7 台泵是并列安装运行，简易工艺流程如图 1、图 2 所示。

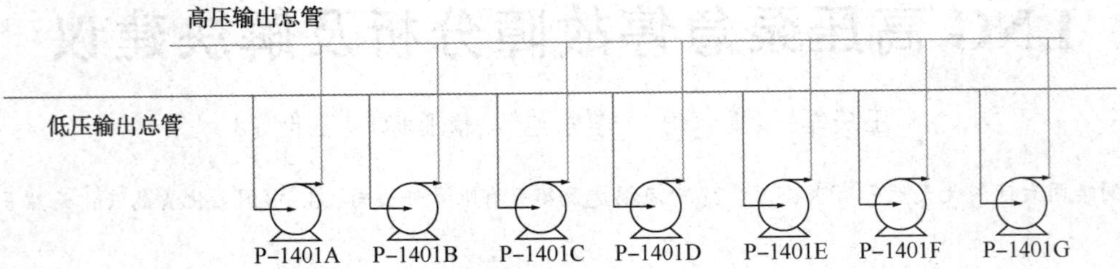

图 1　泵工艺流程

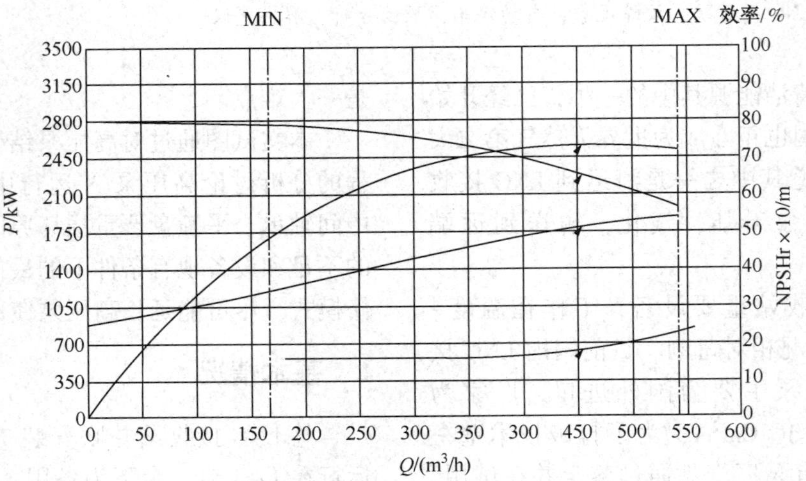

图 2　泵性能曲线

2　故障期间运行现象

2.1　故障的出现

从 2011 年 12 月投产运行后，P1401A 泵运行 12600h 以上，运行工况详见表 1 数据，同时因为下游的用量以及泵系统维护等问题，泵启停和升降温相对频繁，运行中电流、流量、出口压力、振动和声音都正常。

2019 年 11 月 11 日 17 点 22 分 DCS 发现高压泵 P1401A 自动停机，停机前后泵井液位有频繁的波动。

2.2　故障期间运行现象

泵自停前，泵井液位不稳定，波动较大且频繁(图 3)；此时稳定外输 2200WNm^3/d，共有四条线外输，运行高压泵为 P-1401A/C/E/F。

从图 4 可以看出：高压泵 P-1401A 在 15：55 左右流量开始下降(但其他泵在增加)，至 16：00 趋于稳定，持续大约 10min(至 16：10)流量恢复至正常值。但从 16：10 至 P-1401A 停止流量一直存在波动现象。

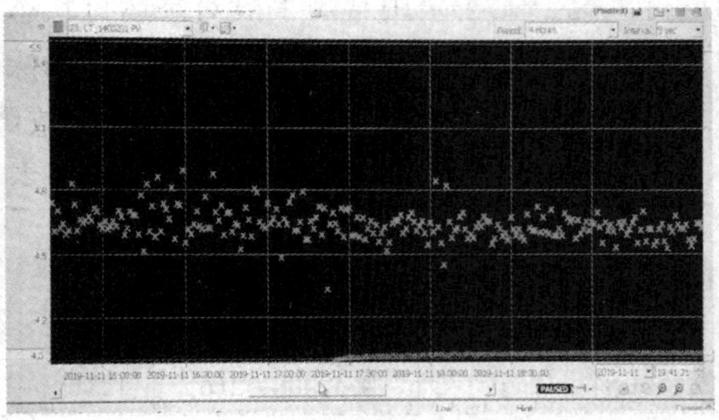

图 3　高压泵 P1401A 泵井液位

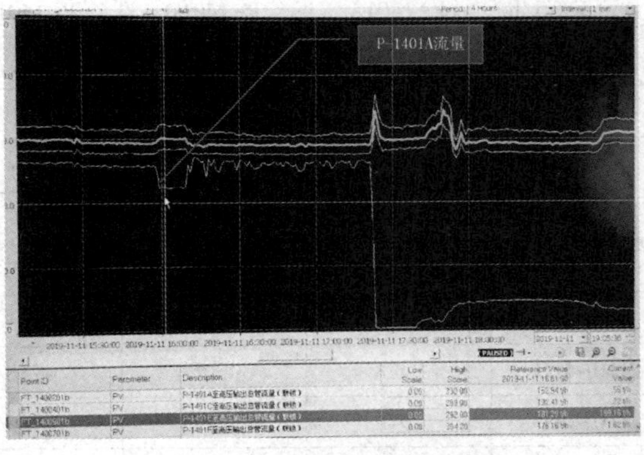

图 4　高压泵 P1401A 出口流量曲线

从图 5 看出：高压泵 P-1401A/C/E/F 在 15：55 左右出口压力开始下降，至 16：00 趋于稳定，持续大约 10min（至 16：10）压力恢复至正常值，直至 P-1401A 停车。

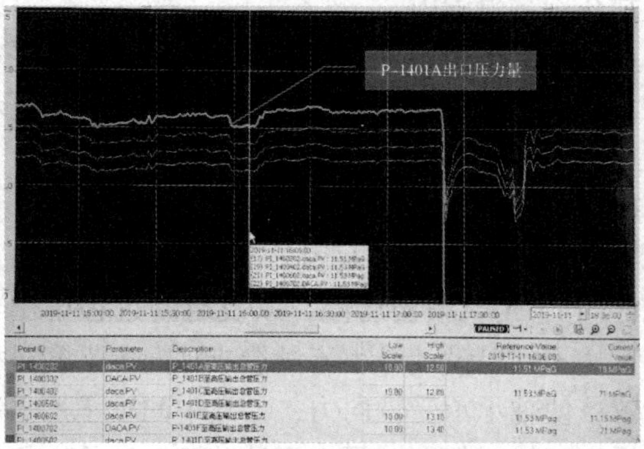

图 5　高压泵出口压力曲线

3　泵体结构及维修检查

3.1　泵的结构

P1401A 离心泵为立式、15 级带有诱导轮，电机与泵共轴并且整个电机转子和定子浸泡在 LNG 介质中。在顶部、中部和底部设置三组轴承，用于承载转子的径向力。

为保证电机冷却，在电机下端设计与平衡盘想通的通孔，顶端设置了减压孔和回流管，减压孔讲泵出口高压液体与电机内部冷却液压力平衡，回流管将电机内部介质引流到第三级叶轮出口处，使得电机内部的液体介质得以循环流动，有效地带走电机产生的热量，避免电机顶端介质因电机发热产生汽化的现象。

运行中泵的轴向力是通过平衡盘与特殊设计的末级叶轮之间间隙的变化来平衡。由于推力平衡机构的上部磨损环直径大于下部磨损环直径，因此潜液泵工作过程中受到液压合力竖直向上，使转子向上移动，导致推力平衡机构和静态止推片之间的轴向间隙减小，平衡腔的压力增大。当平衡腔的压力增大至大于液压合力时转子部件又向下移动，推力平衡机构和静态止推片之间的轴向间隙增大，平衡腔压力减小。经过推力平衡机构反复连续的自调节可以使泵的轴向力完全平衡（图 6、图 7）。

3.2　泵解体检查

针对泵的具体情况，对泵进行解体维修，发现如下现象：

（1）泵与电机间轴承严重损坏。

（2）平衡盘严重磨损，轴承滚珠进入到平衡盘内部（图 8）。

（3）末级叶轮严重磨损，背侧盖板已经融化（图 9）。

（4）泵与电机间轴承位置泵轴磨损严重，有宽 30mm，深 5mm 沟槽（图 10）。

（5）除第 8 级外，其余各级叶轮密封环都比壳体密封环突出 1cm。

（6）整个转子存在下沉现象。

（7）泵平衡盘与电机之间节流套磨损严重。

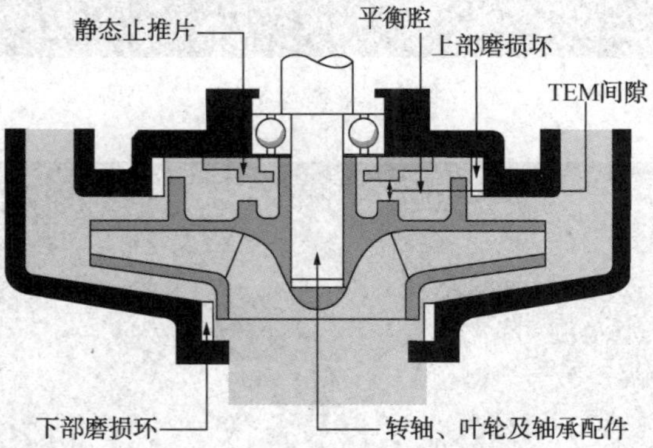

图 6　泵轴向力平衡机构图

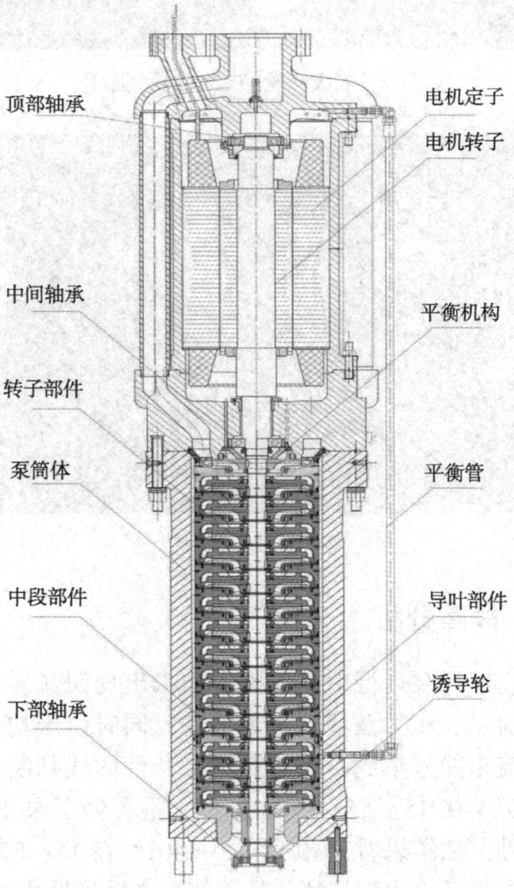

图 7　泵结构图

图 8　平衡盘损坏

图 9　末级叶轮(TEM 叶轮)损坏

图 10　轴承损坏

4　故障分析

综合泵运行中其他因素均未出现明显异常，仅流量、压力及液位出现波动，同时由于功率、电流未能采集到，无法对比泵特性曲线判断 P-1401A 在 15：55~16：10 左右是否偏了泵正常特性。从结果看，高压泵 P-1401A 在 15：55 左右可能已经出现损坏，从而使得之后流量及液位波动，直至最后泵抱死造成连锁停车。根据以往经验，高压泵液位波动主要原因是入口过滤器堵塞导致泵井顶部压力较低，无法使得顶部 BOG 顺畅排向再冷凝器，同时引起再冷凝器波动。P-1401A 入口压力正常，且再冷凝器液位、压力都在正常范围内。

轴向力平衡不完全，使轴承在轴向力不平衡状态运转，导致轴承过度疲劳损坏，使得转子动平衡破坏，造成转自整体下沉。

4.1　故障根源

基于 P1401A 泵拆解检查，判断故障根源为：P1401A 泵频繁启停，以及启动过程中出口流量达不到泵设计最小流量造成轴向力平衡机构失效，使轴承承受轴向力，导致中间轴承严重磨损损坏，使得整个转子支撑被破坏，转子大幅度下移，造成平衡盘和末级叶轮严重磨损、轴及轴承衬套等处摩擦副接触、摩擦，最终叶轮口环与壳体口环黏连在一起抱死。

4.2　轴向力分析计算

4.2.1　高压泵轴向力平衡原理

高压泵轴向力的平衡结构采用平衡盘来平衡轴向力，通过平衡盘间隙的变化达到轴向力的动态平衡。

转子部件总的轴向力为：

$$F=F3+F4+F5-F2-F1 \tag{1}$$

其中，由于区域 2 和区域 3 压力均为 P2，面积相等，这两个区域对前后叶轮盖板的力是相反的，两者抵消。总的轴向力为：

$$F=F4+F5-F1 \tag{2}$$

由此可见，轴向力决定于 $F4$、$F5$ 和 $F1$。

高压泵起泵前，转子受自重影响，转子落至最低位置，间隙 A 达到最大值 AMAX，间隙 B 也达到最大值 BMAX。启动瞬间，区域 1 受到前面所有叶轮扬程产生的作用力 F1，区域 4 和区域 5 受到平衡回液孔与之相连的前三级叶轮产生的作用力 F4 和 F5，F1>F4+F5，轴向力向上指向电机侧，推动转子上浮，间隙 A 由 AMAX 慢慢变小。同样，间隙 B 由 BMAX 慢慢变小，介质通过间隙 B 节流降压，区域 4 中的压力 P3 数值逐渐增大并接近 P2，区域 5 中的压力 P4 依然为前三级叶轮产生的作用力，导致 F4+F5 慢慢变大。当转子上浮至最大极限，间隙 A 变为零，间隙 B 变小至 BMIN，轴承承受了转子向上瞬时最大轴向力。此时，F4+F5 已经增大到大于 F1，转子开始向下移动，间隙 A 和间隙 B 慢慢变大，间隙 B 节流降压能力下降，区域 4 中的压力 P3 由 P2 减小并接近 P4，F4+F5 慢慢变小。当间隙

A 和间隙 B 变大到 AMAX 和 BMAX 值时，F1 已经增大到大于 F4+F5，转子开始上浮。如此反复多次，调整至 F4+F5 与 F1 相等，轴向力得到平衡，转子平稳运转(图 11)。

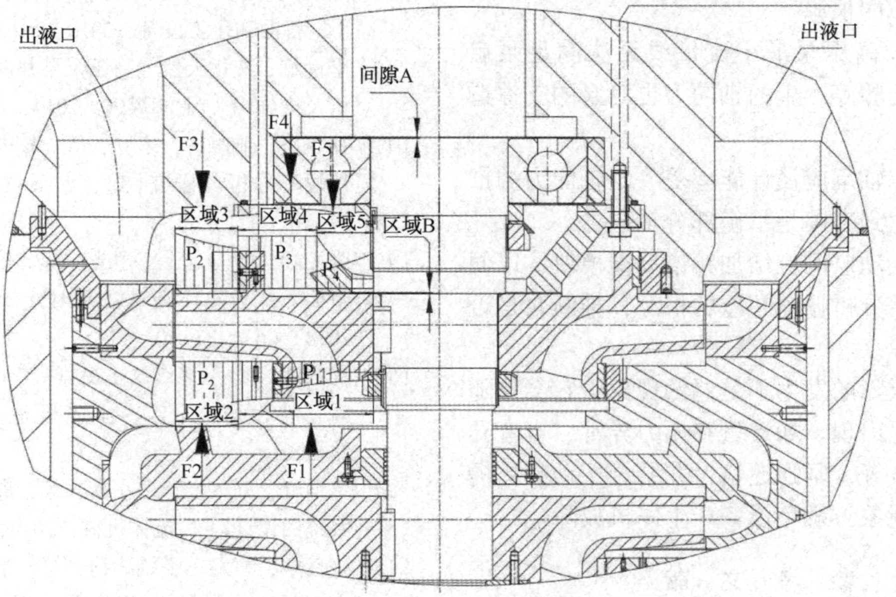

图 11　高压泵末级叶轮区域压力分布

4.2.2　高压泵轴向力模拟分析

采用 UG 10.0 软件对 LNG 高压输送泵整个流体域进行三维建模。流体域由进水段、诱导轮及 15 级叶轮、15 级导叶及叶轮前后腔间隙、出水段和后端平衡部件组成。图 12 中序号 1 处为前密封环间隙，序号 2 处为导叶与转轴间隙间隙，序号 3 处为平衡盘间隙。

转子上浮至最大高度时，间隙 A 和间隙 B 达到最小间隙，对小流量和额定流量轴向力进行模拟计算。

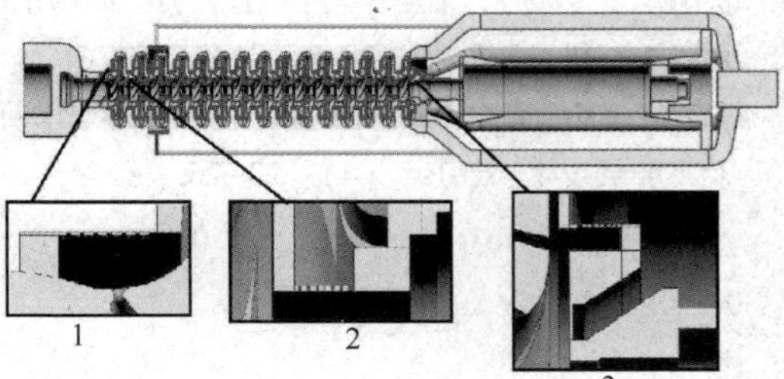

图 12　高压泵水力模型总装剖视图

对泵小流量点和额定点运行时轴向力计算，计算分析如图 13、图 14 所示。

经计算得知，额定流量转子轴向力为 32686.4N，小流量点转子轴向力为 136784.4N，小流量点转子轴向力瞬时最大值是额定流量点轴向力瞬时最大值的 4.2 倍左右，小流量点运行时转子轴向力对轴承的冲击破坏力远远大于额定点运行时转子轴向力。

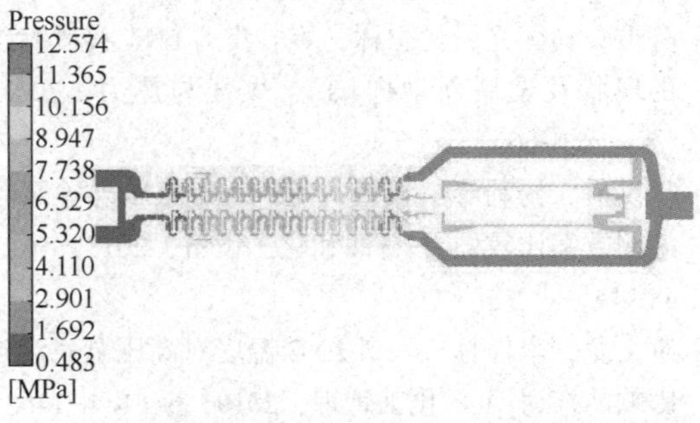

图 13　泵小流量点(230m^3/h)的压力分布图

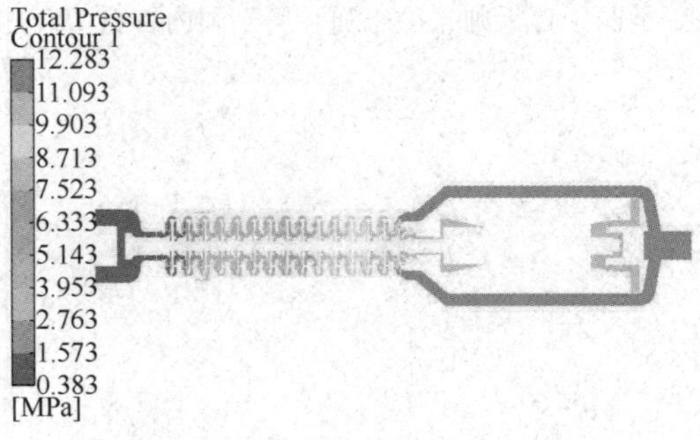

图 14　泵额定流量点(450m^3/h)的压力分布图

5 结论

(1) LNG高压泵频繁起停过程中产生的轴向力对泵整体支撑造成巨大冲击，是泵在运行中突然发生故障的根源。

(2) LNG高压泵最小流量线无法满足泵启动条件造成的骤停产生的轴向力也对泵的支撑造成巨大冲击。

(3) 支撑轴承应设计能承受一定轴向力的推力轴承，以达到启停是平衡部分轴向力。

(4) 泵振动监测应增加频谱反馈模块，以便根据振动频谱分析振动超差的根源，推断泵是否出现早期故障。

(5) 泵故障的发生不是偶然现象，它会伴随其他异常情况出现。如流量和压力异常、声音异常、功率异常等，坚强巡检，并结合振动频谱提前预判异常现象，避免设备产生停机故障。

参考文献

[1] 周华，张一范，陈帅，等. LNG接收站试运投产中高压泵的冷却技术[J]. 流体机械 2013，41(1)：56-58.
[2] 王立昕，田士章，等. LNG接收站投产运行关键技术[M]. 北京：石油工业出版社，2015. 14.
[3] 陈雪，马国光，付志林，等. 我国LNG接收站终端的现状及发展新动向[J]. 煤气与热力，2007，8(8)：63-66.
[4] 丁洪霞，杨利峰，崔胜，等. LNG高压外输泵预冷检测方案比较[J]. 石油和化工设备，2013，16(4)：48-49.
[5] 童文龙，李佳林. 入口LNG温度对高压泵稳定运行影响的探讨[J]. 化工管理，2019，6：144-146.
[6] 彭超. 多台LNG高压泵联动运行的优化与改进[J]. 天然气化工，2019，9：110-116.
[7] 王学丽，曹天帅，冷志强，等. 国内首台LNG接收站用大型LNG高压外输泵的国产化工程应用[J]. 通用机械，2019，(9)：28-32.
[8] 顾安忠，鲁雪生，等. 液化天然气技术手册[M]. 北京：机械工业出版社，2010. 1.
[9] 陈经锋. 延长LNG高压泵大修周期的可行性分析[J]. 石油和化工设备，2016，19(3)：42-45.
[10] 李世斌. 液化天然气高压泵泵井液位波动的原因分析及措施[J]. 上海煤气，2014，(1)：7-10.
[11] 孔令杰，雒晓辉，宋立，等. 核电厂离心泵叶轮裂纹故障分析与研究[J]. 水泵技术，2019，(4)：37-40.
[12] 张翊勋，罗志远，王争光，等. 核主泵流体静压轴封插入件和静环座碰磨原因分析[J]. 水泵技术，2018，(6)：37-40.
[13] 虎兴娜. DG型多级泵平衡盘-转子系统启动过程的瞬态特性研究[J]. 流体机械，2019，47(6)：24-28.
[14] 雪增红，刘兴发，白小榜，等. 离心泵轴向力测试系统的设计[J]. 流体机械，2018，46(2)：46-49.
[15] 张忆宁，曹卫东，姚凌钧，等. 不同叶片出口角下离心泵压力脉动及径向力分析[J]. 流体机械，2017，45(11)：34-40.
[16] 李俊庆，王忠军. 重整P-205B泵轴承过热原因分析及处理方法[J]. 石油化工设备，2017，46(4)：68-70.
[17] Johann Friedrich Gulich. Centrifugal Pumps[M]. Library of Congress Control Number：2010928634.
[18] 梁武科，何庆南，董玮，等. 高压离心泵进口压力与轴向力特性关联[J]. 机械科学与技术，2020，01.
[19] 刘在伦，卢维强，赵伟国，等. 理性泵平衡孔和背叶片对轴向力特性影响[J]. 排灌机械工程学报，2019，37(10)：834-840.
[20] 邱靖松，王世杰. 轴承串对轴向力的均压作用仿真分析[J]. 机械工程师，2019，(10)：59-61.
[21] 薛自华. 多级离心泵轴向力及平衡鼓尺寸计算研究[J]. 水泵技术，2019，(4)：23-26.

海水泵轴承支撑板断裂分析

刘久刚　王庆军　丁　超　崔　均　李东旭　佟奕凡　王天铭

（国家管网集团大连液化天然气有限公司）

摘　要　某LNG接收站长轴立式混流海水泵正常检修时，发现轴承支撑板断裂，此泵材质为双相不锈钢，从断口位置、断口外观、断口微观、断口组织、焊缝成型、受力情况以及金相检验方面分析，表明焊缝过度打磨产生的微裂纹在交变载荷作用下产生疲劳断裂。

关键词　海水泵；轴承支撑板；交变载荷；疲劳断裂

某LNG接收站一台SPV型立式混流海水泵于2011年10月组装完成后投用，用于将海水送到ORV气化器使低温的LNG气化。泵垂直于海面组装，其支撑板一端焊接在泵提升管筒体内侧，另一端焊接在泵轴的轴承座外壁，从而支撑与保证泵轴的运行。该海水泵系日本酉岛泵制造有限公司（TORISHIMA PUMP MFG. CO.，LTD）产品。泵轴、轴承座、支撑板和筒体材料均为SUS329J3L，支撑板与轴承座及筒体的焊接使用药芯焊丝和二氧化碳保护焊，焊丝材料标准及牌号为AWS A5.22-1995 E2209T0-1。

在海水泵累计平稳运行到1.6万h进行计划检修过程中，发现第三节提升管的轴承座共三条支撑板中有一条支撑板断裂后丢失，其他两条支撑板在连接轴承座的焊缝端根部也存在贯穿性裂纹。单提升管内的其他节轴承座的支撑板未发现裂纹。为分析海水泵轴承支撑板的断裂原因，对断裂的支撑板进行失效原因分析。

1　泵情况简介

1.1　泵设计参数

额定流量：$8913m^3/h$；

最小流量：$6000m^3/h$；

转速：740r/min；

扬程：32m；

泵送介质：海水；

泵重：13200kg；

电机功率：1150kW。

1.2　泵体结构

水泵是单级竖轴驱动，叶轮是混流型，壳体是扩散碗型。4根泵轴串联，泵轴之间通过壳型联轴器连接。该泵轴承是陶瓷，由介质直接进行润滑。可更换的耐磨环分别配备在叶轮和壳体上。水力轴向推力和转子质量由泵轴承支撑。轴密封型式是填料密封。

2　断裂现象

检修时发现从入口计算第三节轴承座3根支撑板全部断裂，其中一根脱落，位置如图1所示，局部的破坏状况如图2照片所示。图2清楚地显示轴承座的三条支撑板之一（1#）的两端分别在轴承座和筒体内壁焊缝处断开。

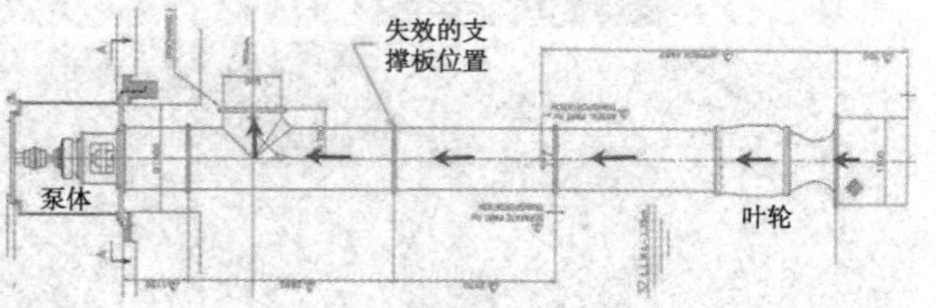

图1　海水泵轴承断裂部位结构

图2　泵筒体内损坏的支撑板照片

3　断裂原因分析

3.1　断口外观检查

通过对3个支撑端口部位检查发现断裂位置都在靠近焊缝与支撑板过渡区处，两端断口的断裂性质相同，外观现象是外表有一定的屈服韧性，中间是脆性断裂；都呈现出经历了长时间低应力裂纹扩展历程，并且两端断口都呈现出以反复弯曲为主，兼有一定扭转的多裂纹源疲劳断裂形貌。

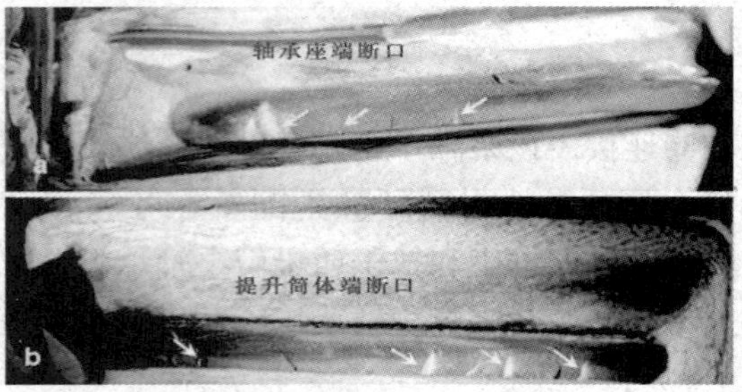

图3　支撑板断裂两端的宏观断口照片

检查发现焊缝和根部母材有严重打磨的痕迹，并有腐蚀坑和打磨造成的缺陷如图4所示。

图4　支撑板轴承座端断口周边焊缝的腐蚀坑与打磨损划伤

同时检查3#支撑板靠轴承座侧断口宏观形貌，所显示的断口宏观现象与1#板断口相同，如图5所示。

图5　3#支撑板轴承座端断口形貌

整个断口大致可以分为裂纹源区、裂纹扩展区和瞬断区，为分析端口断裂的更详细信息，将图5的左半部的放大为图6，可以清楚见到裂纹扩展情况。

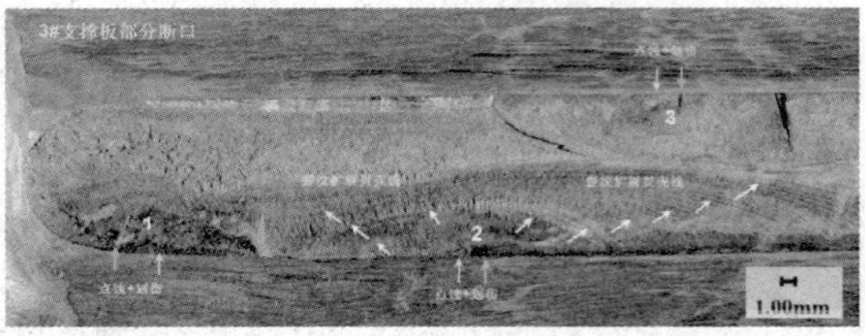

图6　支撑板轴承座端断口的左半部的放大图

将图6中2#裂纹源进一步放大，更清楚地显示疲劳裂纹是从表面裂纹源向支撑板内部扩展的。

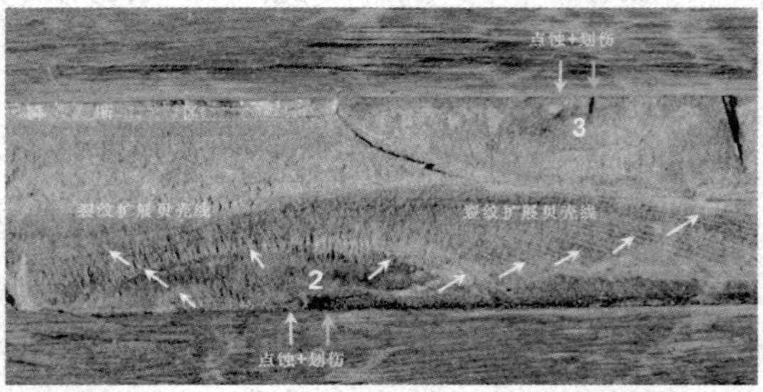

图7　在图6中2#裂纹源放大500倍的形貌

图8说明焊缝根部与支撑板连接处的过渡圆弧的几何应力集中，以及过渡区焊后的打磨形成的磨痕和划伤是造成多裂纹源扩展的原因，以及打磨破坏了表面光洁度，使得抗海水腐蚀很好的双相不锈钢在打磨或损伤处容易产生点蚀，并形成疲劳裂纹。

图8　支撑板两端焊缝接头处打磨痕迹的放大像

3.2　断口的微观检查

为分析支撑板破坏的微观断裂特征，将其中3#断口在扫描电镜(SEM)下观察。断口上所有裂纹源的断裂形貌与特征大致相同。图9是一代表性的裂纹源区在400x下看到的典型形貌。也证实了宏观检查结论。

裂纹源区的断裂表面有一定程度的研磨现象，这是因为裂纹起始后在交变载荷反复作用下初始缝隙细小的裂纹面张合移动磨檫的结果，特别是在有腐蚀的情况下，腐蚀产物会参与研磨。

图 9　断口裂纹源区附近在高倍电镜下看到的腐蚀坑和划伤(400 倍)

对 3#支撑板断口中的裂纹源区进行能谱(EDS)，详见图 10。图中显示除了支撑板的基体元素外，氯元素和钠元素在断口面的残留应当是点蚀坑形成的产物，表明裂纹源区有腐蚀产生。

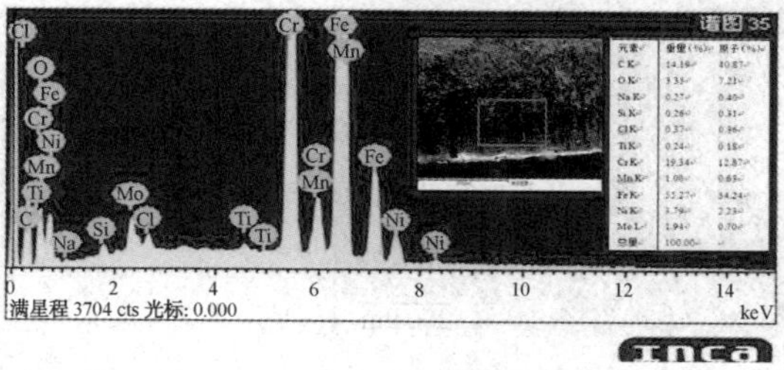

图 10　裂纹源区腐蚀产物的 EDS 分析结果

为详细分析端口的断裂形成原因，使用扫描电镜对疲劳裂纹扩展区放大 1200 倍和 3000 倍进行观察，发现整个断口约 90% 面积的裂纹扩展区是解理断裂形貌，同时在图 12 中具有材料疲劳断裂典型特征的微观花样——疲劳辉纹。

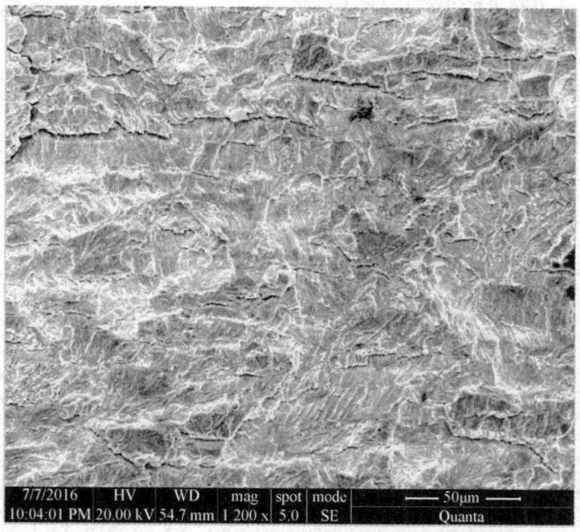

图 11　SEM 1200X 下看到的裂纹扩展区微观疲劳形貌

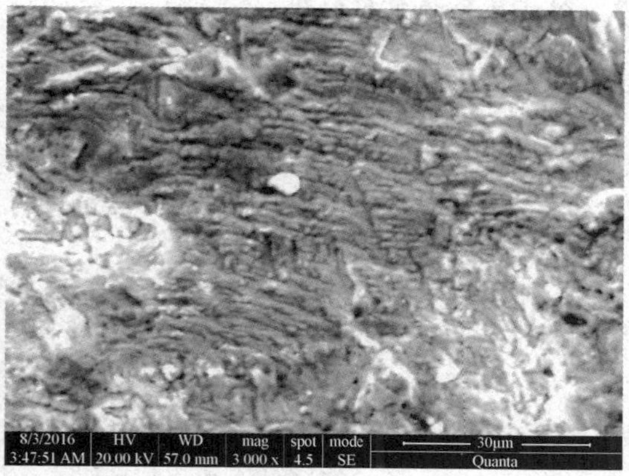

图 12　SEM 3000X 下看到的裂纹扩展区典型微观疲劳特征——疲劳辉纹

对断口上最后打开的瞬断区进行电镜观察，图 13 是最后打开的窄条带瞬断区在 SEM 高倍下所看到的图像，与图 14 中支撑板材料一次拉伸试样断口的微观形貌完全一致，不再是解理断裂的形貌，而是典型的一次断裂特征——韧窝破坏形貌。

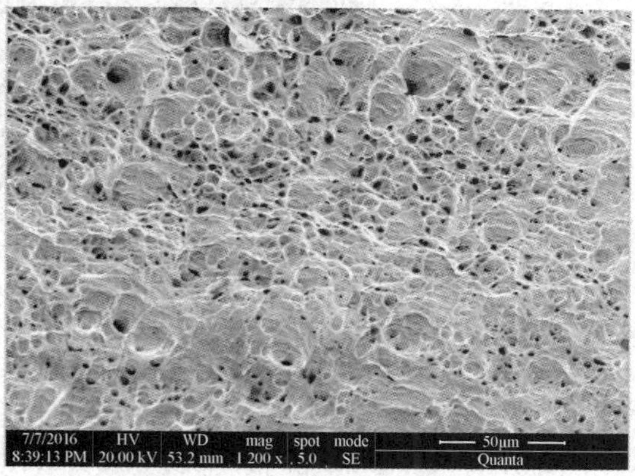

图 13　SEM 在人工打开断口瞬断区看到的典型韧窝形貌

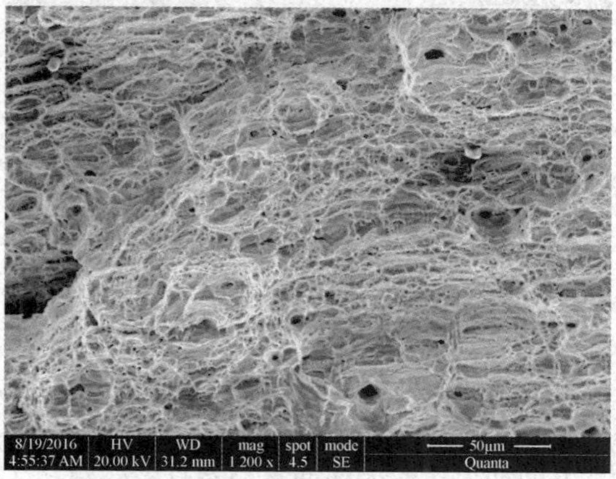

图 14　SEM 在支撑板材料拉伸试样断口上看到的韧窝断裂形貌

3.3 材料的金相组织检验

3.3.1 材料金相组织

为了了解断裂材料的冶炼、加工、热处理和焊后材料组织和缺陷状况。对支撑板材料的夹杂物、金相组织和焊缝连接处的材料的质量进行了金相检验。

图 15a 和 15b 分别是支撑板母材的纵向(长度方向)与横向(厚度方向)夹杂物的代表性视场，材料的夹杂物都很小、数量也比较少，不够评级。

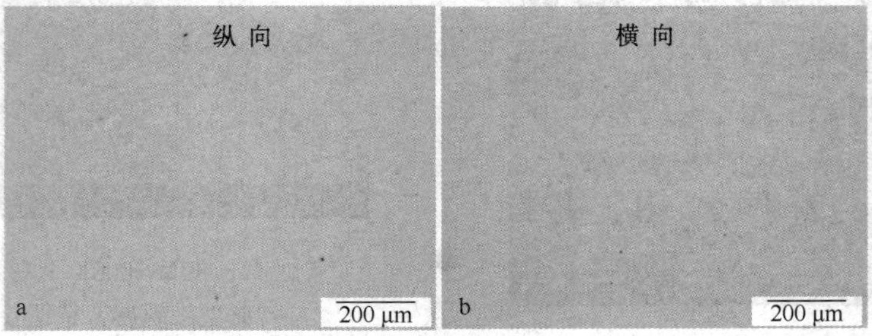

图 15　支撑板母材的横向与纵向夹杂物分布(100 倍)

金相组织检查：图 16a 和 16b 分别是支撑板材料纵向与横向金相组织的放大图。可以清晰地看出，该材料为约 60%α 相铁素体与 40%γ 相奥氏体的双相不锈钢，奥氏体 γ 相呈长条状或岛状，间隔分布在铁素体中，该材料负荷双相钢金相组织。

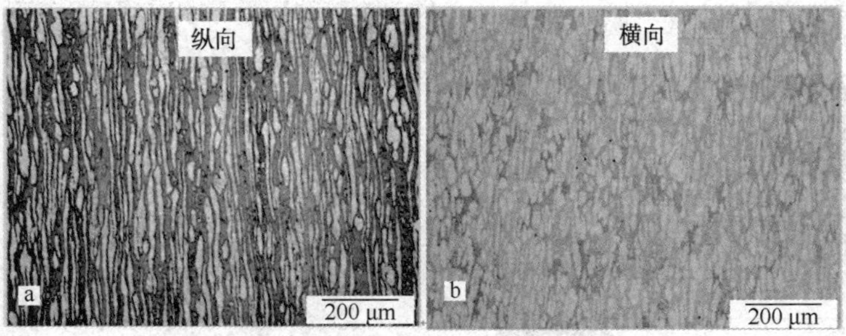

图 16　支撑板材料的横向与纵向金相组织

3.3.2 焊缝连接处的金相组织

将断裂支撑板焊接接头的根部从断口面横向切开，常规侵蚀后检查焊接接头的焊接质量。图 17 是焊缝与支撑板连接部位的局部截面放大图。

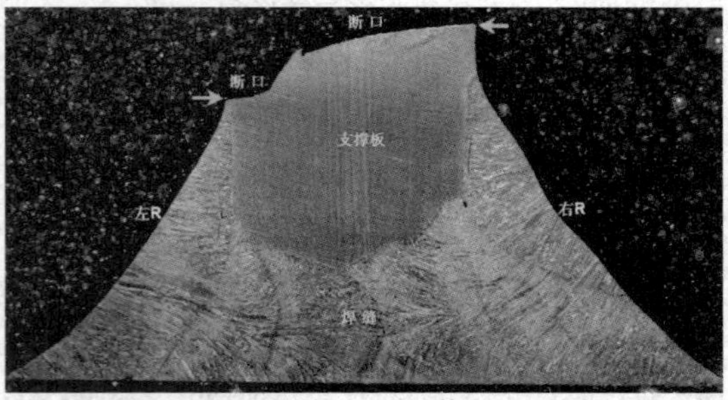

图 17　焊缝与支撑板的连接部位的截面放大图

图 17 显示，支撑板的断裂位置基本处于焊接接头过渡部位，但左右两侧并不对称，左侧一小部分断面低于右侧断面。因为打磨原因，左右两侧的弧形 R 不对称。该处既是焊接接头根部 R 的末端，也是支撑板的热影响区附近，位于焊接接头根部横截面最小的位置。图中底部焊缝没有发现开坡口的迹象。将焊接接头的焊接金属和支撑板母材的连接部位进一步放大，检查焊缝的融合情况和组织变化，发现整个焊缝融合较好，没有明显的内部缺陷，结合部较窄。图 18 给出了一个局部的金相照片。

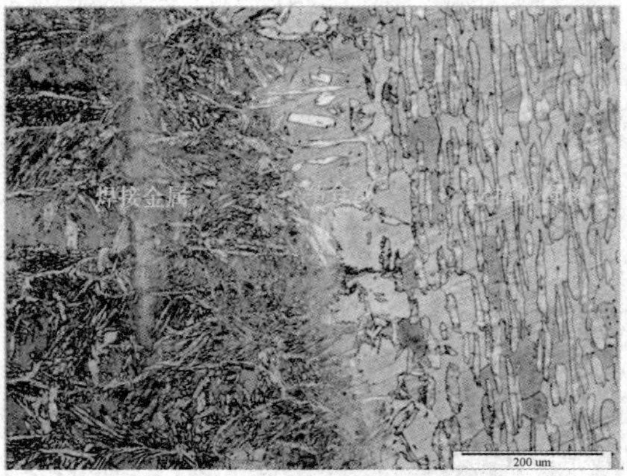

图 18　焊缝与支撑板连接部位的局部放大图像

检查焊缝热影响区附近支撑板的金相组织，并与远离热影响区的材料金相组织比较。图 19 给出了这两个部位金相组织的比较，说明材料在焊接过渡区没有过热现象。

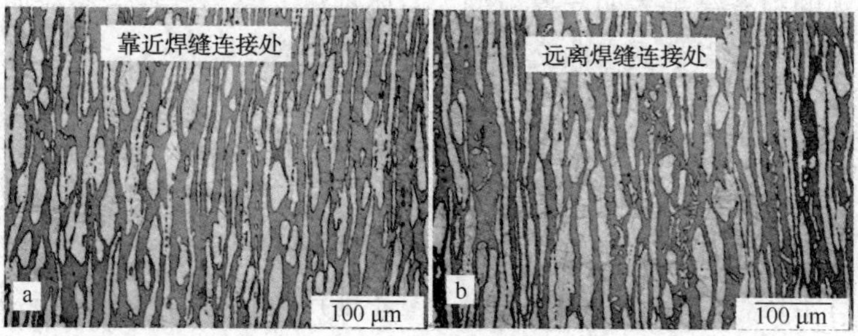

图 19　焊缝热影响区附近与远离焊缝连接处支撑板母材的金相组织

3.4　材料力学性能检验

为了验证材料是否符合交货的标准要求，分别对材料进行了力学性能、硬度检验和化学成分分析。

3.4.1　材料的力学性能(表 1)

表 1 的检验结果表明，支撑板材料满足 JIS G4304—2005 标准中各项指标的要求。

表 1　支撑板材料的力学性能

支撑板母材	屈服强度/MPa	抗拉强度/MPa	伸长率/%	断面收缩率/%
试样 1	538.0	778.0	40.6	69.7
试样 2	536.0	776.0	42.4	72.8
试样 3	538.0	785.0	45.7	72.5
平均值	537.3	779.7	42.9	71.7
《JISG 4304—2005》标准值	≥450	≥620	≥18	—

3.4.2　硬度检查

材料的表面硬度往往可以综合反应材料的强度和韧性，也是材料抵抗外载破坏的重要指标，为此我们沿支撑板纵向取较大矩形截面，磨平后在 XHB-3000 型标准布氏硬度计上进行硬度测试，测试位置和数值用照片插进表 2。

表 2　材料的硬度检验结果

项目	布氏硬度/HBW
支撑板硬度	
硬度平均值	228
JIS G4304—2005 标准值	≤302

3.4.3　化学成分分析

从支撑板靠近断口部位取下一段截面，制成符合成分分析的标准样品，用 Q8 magellan 火花直读光谱仪进行成分分析。结果列入表 3。

表 3　材料的化学成分　　%(质量分数)

材料 化学成分	C	Si	Mn	P	S	Cr	Ni	Mo	N
支撑板材料	0.025	0.31	0.92	0.020	0.006	22.01	5.24	3.20	0.18
《JIS G4304—2005》标准值	≤0.030	≤1.00	≤2.00	≤0.040	≤0.030	21.00~24.00	4.50~6.50	2.50~3.50	0.08~0.20

分析表明，支撑板材料的化学成分符合 JIS G4304—2005 标准对 SUS329J3L 钢的要求。

4　断裂原因分析

(1) 从宏观和微观的检查结果表明支撑板的断裂是多裂纹源、低应力幅、以承受弯曲交变荷载为主的疲劳破坏。

这种交变载荷的来源只有两种可能：一是电机运行时引起的振动，二是水泵运行时在支撑板附近形成紊流，旋涡的作用施加交变压力到支撑板上产生的振动。从日常运行检查，电机及泵体运行平稳；因此只有紊流造成了断裂。

根据泵体结构，第三节提升管筒体的轴承座支撑板，正好处于海水平面附近，产生紊流的可能性完全存在。水泵运行和启停泵过程中，水流遇到的支撑板就像叶轮中的导叶，阻碍水流的稳定流动，并且该支撑板上部邻近90°的转弯出口，水流被迫改变方向和流速，从而激发紊流生成旋涡，形成涡流激振，作用于支撑板上产生脉动弯曲交变应力。这是支撑板交变载荷的主要来源。

(2) 关于多疲劳源的产生。材料和构件的疲劳断裂对应力、环境和表面光洁度等都很敏，表面严重损伤引起的应力集中点是多疲劳裂纹源的起始位置。支撑板产生多裂纹源的疲劳破坏与弯曲疲劳载荷所作用的危险截面的位置和状态有关。支撑板在紊流作用下产生弯曲疲劳载荷，最大弯矩出现在固定支撑板的两端焊接接头上，两端在焊接后，不适当的打磨造成的磨痕和划伤，更加重了局部的应力集中，从而成为疲劳裂纹源形成的有利位置。图20a和20b是焊缝根部表面打磨的两张照片，显示打磨非常严重。

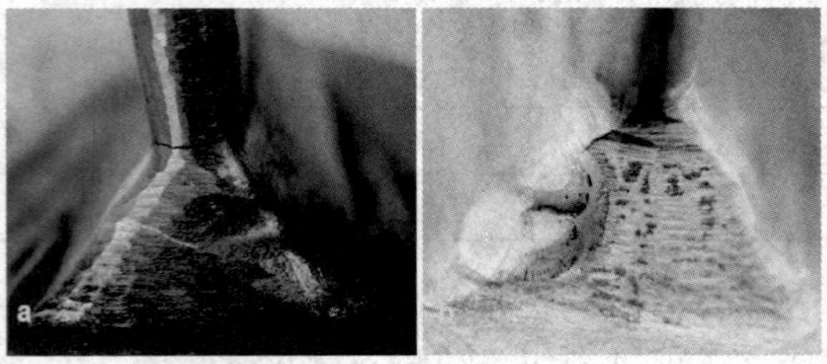

图20　焊缝根部的严重打磨照片

严重的打磨，不仅破坏了表面的光洁度，形成了严重划伤和沟槽，增加局部的应力集中，而且打磨破坏的外表面降低了抗腐蚀优良的双相钢材料在海水氯离子中抵抗点蚀的能力。

5　结论及建议

(1) 轴承支撑板的断裂是多裂纹源、低应力幅、承受弯曲交变荷载为主的疲劳破坏。焊缝与支撑板过渡区的严重磨痕和划伤以及此处产生的腐蚀坑，是引起疲劳裂纹萌生、形成多疲劳源的起始位置。

(2) 提升管内涡流产生的交变压力对支撑板的反复作用是产生弯曲交变疲劳载荷的来源。

(3) 建议在维修中，增加支撑板刚度，并避免迎水面产生涡流，控制焊缝根部的打磨程度，不能产生严重磨痕和划伤，并圆滑过渡。在焊缝和支撑板过渡区进行喷丸强化。

(4) 避免泵入口堵塞，稳定水泵的流量和流速。

参 考 文 献

[1] 吴波，刘冬桂．海水立式斜流泵的综合腐蚀控制[J]. 水泵技术，2008，(3)：36-40.

[2] 张艳，张霁菁，王印培．某海水泵叶片断裂失效分析[J]. 金属热处理，2007，32(增刊)：377-380.

[3] 吕良兴，周和荣，肖葵，等．DP600双相钢在两种盐雾试验条件下的腐蚀行为对比研究[J]. 材料研究学报，2019，33(12)：897-908.

[4] 张洪兰，樊希春．海水泵的腐蚀问题与对策[J]. 农业装备与车辆工程，2009，217(8)：60-61.

[5] 丁洪霞，杨廷胜，孟繁菊，等．海水泵关键过流部件选材及制造工艺探讨[J]. 石油和化工设备，2013，16：34-35.

[6] 徐海波，方福胜，王文祥．海洋平台海水泵材料的选择[J]. 油气田地面工程，2013，32(1)：，7-9.

[7] 康涛，陈斌，赵征志，等．780MPa级冷轧双相钢的组织调控与工艺优化[J]. 上海金属，2019，41(3)：7-11.

[8] 秦建，董显，路全彬，等．双相钢焊接接头微观组织表征及性能分析[J]. 焊接，2019，(4)：54-60.

[9] 金传伟，张珂，吴园园．透射-电子背散射衍射技术表征双相钢中马氏体-奥氏体岛的相结构及晶粒取向[J]. 冶金分析，2019，39(12)：1-7.

[10] 陈猛，葛宁，薛志勇．浅谈双相钢在海水泵蝶阀上的应用[J]. 天然气技术与经济，2017(1)：48-49.

[11] 王子健，万林林，高自成，等．海水泵用UNS S32760超级双相不锈钢焊接接头的组织和性能[J]. 热加工工艺，2018，47(9)：219-221.

[12] 吴波，刘冬桂．海水立式斜流泵的综合腐蚀控制[J]. 水泵技术，2008，(3)：36-40.

[13] 高勤一．UNS S32750超级双相不锈钢焊接工艺[J]. 金属加工：热加工，2015，(20)：62-63.

[14] 王曰义．海水冷却系统的腐蚀及其控制[M]. 北京：化学工业出版社，2006.

[15] 张恒，叶文荣，孙斌，等．HDR 双相不锈钢海水管路的腐蚀与预防[J]．腐蚀与防护，2013，34(1)：45-46.

[16] 姜成军，蒋晓东．海水泵系统可靠性分析[J]．水泵技术，2009，(3)：16-23.

[17] 张游祖．流体引起的振动[J]．热力发电，1981，(6)：30-36.

[18] 曲扬，王波，宁少予．卡门涡频率计算在水电站水轮机结构设计中的应用[J]．水利科技与经济，2002，8(2)：117-118.

[19] 唐国强．立管涡激振动数值模拟方法及物理模型实验[D]．大连：大连理工大学，2015.

[20] 李朋．深水海洋输流立管涡激振动及干涉试验研究[D]．青岛：中国海洋大学，2012.

[21] 唐洪涛．不可压缩平板边界层从层流突变为湍流的机理及湍流特性[D]．天津大学博士论文，2007.

[22] 秦紫瑞，王君涛，郭珊，等．耐海水泵用新型双相不锈钢的研究[J]．化工机械，1996，23(6)：330-318.

[23] 薛恩臣，彭日辉，陆正良，等．不锈钢管材焊接区裂纹事故分析机器端口姓毛的研究[J]．钢铁研究学报，1982，(00)：69-76.

[24] 胡建其．双相不锈钢在水泵上的应用及加工工艺研究[D]．长沙：中南林业科技大学，2014.

[25] 王仓，黄龙飞，王燕秋．超级双相不锈钢 S32750 焊接工艺的探讨[J]．能源合作与管理，2011，(1)：62-63.

[26] 程巨强，弥国华，刘志学，等．S32760 超级双相不锈钢管材焊接接头组织及腐蚀原因分析[J]．焊管，2014(5)：20-23.

[27] ASM Metals Handbook，Vol 13，Corrosion，2009.

油气田过程安全的再实践与再认识
——以塔里木油田为例

张景山　娄尔标　周小君

（中国石油塔里木油田公司）

摘　要　过程安全自20世纪80年代成为一门独立的学科后，在国内外取得了长足的发展，特别是在化工领域，但在油气工业徘徊不前，虽然部分油气田进行了试点，但均未持续巩固，以致偃旗息鼓。本文在以往油气田过程安全管理实践的基础上，对过程安全在油气田的实施进行了分析，提出了深入推进过程安全的解决方案，以巩固油气田的安全基础，提升油气田的本质安全水平。

关键词　油气田；过程安全；风险管理

自20世纪70年代，世界上发生了一系列重大的工艺安全事故，欧美国家开始推进过程安全，制定发布了诸如OSHA 29 CFR Part 1910.119、API RP581等过程安全标准规范。国外一些公司也依据这些标准建立公司的工艺安全管理制度，如杜邦安全管理体系、BP安全管理体系等，过程安全得以执行落实。我国在2010年发布了推荐性标准规范《化工企业工艺安全管理实施导则》，国家安监总局2013年发布了《安全监管总局关于加强化工过程安全管理的指导意见》，2022年发布了国标《化工过程安全管理导则》，为过程安全在国内的实施提供了指引。

在国内，过程安全主要是要求化工企业，油气田企业成功应用的案例很少。中石油自2010年与杜邦公司安全提升合作以来，把过程安全纳入推进的重要内容，形成了一系列标准规范和做法，取得了一定的成效，但存在不成系统孤岛式、执行不力悬空式等问题，过程安全缺乏统一的管理，缺乏系统的推进，导致历年审核，过程安全类问题占据较大比例。塔里木油田自2007年进行安全文化建设，过程安全也取得了较大进展，但近年来，由于一系列的变动，导致过程安全力度衰减，安全的基础不稳不固。

过程安全在油气工业的推进还任重道远，但油气工业具有优良的安全传统、严格的企业管理和良好的经济基础，具备过程安全实施的前提条件，因而必须理清思路，汲取经验教训，巩固以往成果，更加有力的推进过程安全，强化过程安全管理，丰富HSE管理体系的内容，保障油气工业安全可持续发展。

1　油气田过程安全的实践和再实践

自2007年以来，塔里木油田推进安全文化建设，过程安全是其两个核心内容之一，取得了一系列的成效，如图1所示。

1.1　过程安全的实践

1.1.1　建立了过程安全管理体系

建立了基于风险的涵盖技术、设备、人员的10个过程安全管理要素，过程安全管理体系基本建立。

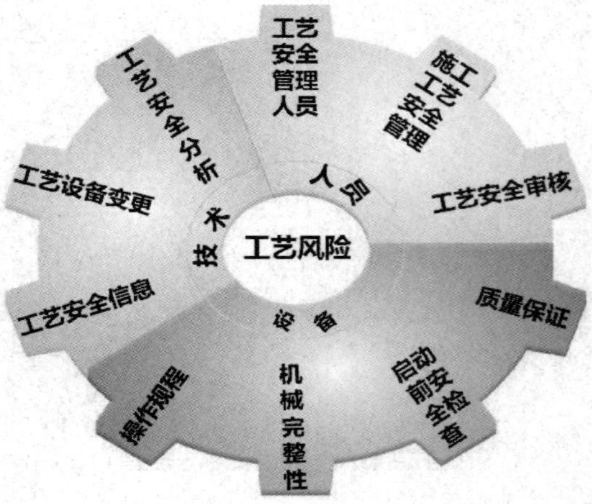

图1　塔里木油田工艺安全管理模型

1.1.2　建全了过程安全管理标准规范

制定发布了覆盖所有过程安全要素的标准规范，支撑了要素的执行落实见表1。

表1 过程安全标准规范表

序号	标准名称
1	工艺安全分析管理规范
2	投运前安全审查管理规范
3	工艺和设备变更管理规范
4	工艺安全信息管理规范
5	操作规程管理规定
6	设计与施工工艺安全管理规范
7	油气处理站场工艺安全管理规范
8	油气站场操作规程编制导则
9	油气田地面工程项目安全设计规范
10	油气田地面工程本质安全技术导则

1.1.3 开展了大规模的过程安全培训，提升了过程安全涉及的管理和技术人员能力

过程安全正确执行的关键是人，必须抓住过程安全管理人员的能力提升这一核心，持续开展过程安全培训，确保人员能力满足过程安全管理的要求。

1.1.4 形成了一系列最佳实践

（1）建立工艺安全信息规范，要求工艺流程图、MSDS等必须齐全，夯实了过程安全基础。

（2）全面开展工艺危害分析，设计阶段必须100%进行HAZOP分析，在役装置定期开展周期性工艺危害分析，消除了大量的潜在隐患问题，为工艺装置全生命周期的风险管控提供了可靠的依据。

（3）建立变更管理规范，从工艺装置的设计、施工到运行、报废的全生命周期实施变更管理，有效的管控了过程风险。

（4）设备管理提档升级，完整性管理更加规范。建立了《质量保证手册》和《机械完整性管理指南》，强化设备的选型、制造、安装、调试到运行、维护的全生命周期管理。

（5）全面落实确认制，所有新改扩建项目投产、年度停产检修后投产等必须进行投运前安全审查，确保安全投运，强化了关键环节风险管控。

1.2 过程安全的再实践

在经过7年的探索和沉淀后，塔里木油田结合企业特点对过程安全进行了深化、优化和再，丰富和发展了油气田过程安全。

1.2.1 结合数字化转型，实现工艺安全信息的数字化

所有的工艺安全信息实现了电子化，并形成数据库。未来工艺安全信息随着工艺装置的全数字化，也将以全数字化存在。

1.2.2 工艺危害分析向定量化发展，精准管理过程风险

对于重大危险源，采用LOPA、SIL和QRA等定量工艺危害分析方法，更加精准的识别和管控过程安全风险，既避免过度设计，又杜绝风险失控。

1.2.3 拓展过程安全应用领域，全面推进过程安全

在钻试修井业务领域推进过程安全，强化变更、工艺危害分析、投运前安全审查等标准规范在钻试修井领域的执行落实，提升钻试修井领域过程安全风险防控水平。

1.2.4 深化资产完整性管理，井筒完整性、站场完整性取得新进展

推进井筒完整性、管道完整性和油气站场完整性，形成了井筒完整性技术标准和管道、站场完整性管理体系，从地下到地上的油田资产完整性得到全面强化，夯实了过程安全的硬件基础。

1.2.5 突出本质安全，强化安全设计，从源头提升过程安全

突出本质安全，筛选本质安全技术系列，并在设计中应用，持续提升油气田本质安全水平。强化安全设计，规范采标，规范专家技术审查，持续提升设计安全性。油田工艺装置的“优生优育”保证了过程安全水平不断提升。

1.2.6 开展过程安全智能化研究，过程安全智能化建设取得新进展

开展过程安全智能化研究，形成了过程安全全要素的智能化解决方案，并在人工智能与过程安全结合方面取得了初步进展。

2 油气田过程安全问题分析

过程安全虽然在油气田有所进展，但各油气田执行程度不一，过程安全问题、隐患数量大，过程安全事故依然频发，甚至发生严重事故，暴露出油气田过程安全存在诸多问题，如图2所示。

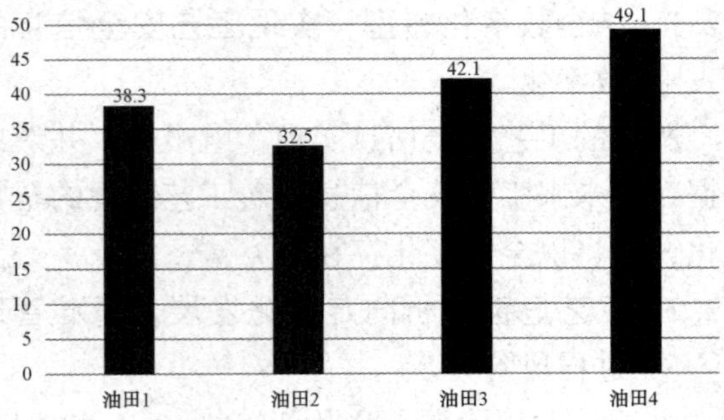

图2　审核过程安全问题占比图

2.1　存在的主要问题

2.1.1　从上至下对油气田过程安全的重要性、必要性缺乏足够的认识，导致过程安全徘徊不前

过程安全源自化工行业，且油气行业存在“易燃易爆、有毒有害、高温高压”的固有危险，在油气开采、处理、储运的过程中有工艺流程、设备设施，也适用于过程安全。过程安全管控的是火灾、爆炸、中毒等大风险，预防的是火灾、爆炸、中毒等大事故。各级管理者不厌其烦的强调安全的重要性，但对过程安全认识不足。目前安全管理过于强调责任、追责，对于油气行业过程安全这一专业重视不够，建设不够，安全需要过程安全这一技术性、专业性较强的学科支撑。过程安全管理的缺失恶果已由油气行业近年发生的重大事故凸显。

在国家层面，对油气田的安全监管从非煤矿山行业向危化品行业转变，表明对油气田过程安全的认识有重大突破，油气田也要适应这一重大转变。

2.1.2　从总部层面缺乏系统，顶层设计存在缺陷

在总部层面，强调的是QHSE管理体系，把过程安全的各个要素打碎分散到安全管理体系中，导致过程安全管理没有合力。同时总部只是在审核时或者事故之后强调过程安全，缺乏制度安排，仅有些过程安全的标准规范，没有系统性。同时，安全管理过分强调体系的PDCA，而不是安全管理的实质性要素，易陷于“两张皮”的窠臼。

2.1.3　过程安全管理悬空，逐级弱化、边缘化

在总部层面，过程安全没有明确管理职责。随着“管行业必须管安全，管业务必须管安全，管生产经营必须管安全”的落实和安全部门职责角色的转换，过程安全管理愈加悬空化。安全部门没有对过程安全统一、统筹管理，业务部门尚未对过程安全了解，更不用说在本业务领域实施了，导致过程安全两管两不管，孤悬于空中。

在油田层面，同样面临以上问题，甚至对于过程安全直接是两不管，更为关键的是油田要直面过程安全风险，管理的缺失可能造成重大的过程安全风险。

在实践中发现，大多数油气田未建立过程安全管理体系，过程安全管理分散于各个业务部门，而各个业务部门的过程安全管理内容尚不明确，也无相关标准规范，导致业务的过程安全风险管理悬空。

塔里木油田自2015年进行安全管理改革后，过程安全管理未明确归口部门，由业务部门管理各自业务的过程安全，但是业务部门对过程安全了解不深，依然我行我素，过程安全未与业务有机融合，事实也证明过程安全风险失控，发生了严重的过程安全事故。

在油气田基层单位，机械执行过程安全标准规范，如工艺设备变更，变更的风险识别不准确，仅是走程序。基层单位疲于应付大量的迎接检查、填报资料等繁杂的工作，过程安全的基础工作无人问津、无人关注，过程安全风险防控的第一到屏障岌岌可危。

2.1.4　过程安全自身存在不足，还需要持续发展完善

过程安全的方法和做法大多基于化工行业，不完全适用于油气行业。油气行业有自身的特点，相较于化工行业，工艺不复杂，装置规模不大，设备设施数量少，过程安全的方法和做法必须要与之相适应。同时，随着油气行业数智化建设，过程安全也要向数智化发展。

2.2　问题原因分析

上述问题究其原因，一是安全管理原地踏步，发展到体系阶段后再无建树，不能适应新形势新时代。二是安全的基础不牢，好的做法继承和固化不够，原有的基础就未打牢。三是对安全技术重视不够，科技兴安尚未落到实处。四是全员安全能力不足，矩阵式安全培训未长期坚持，管理者的安全领导力，员工的安全能力不能满足安全的要求。

3　油气田过程安全的再认识和建议

十余年的过程安全实践经验告诉我们，过程安全是适于油气田，在油气田过程安全做到好的时候，过程安全事故就会较少，当过程安全被弱化时，过程安全事故就会频发，这一点已被血淋淋的事实证明。

3.1 对油气田过程安全的再认识

过程安全对于油气田绝不是可有可无，而是必然选择、必由之路，过程安全做好，油气田安全发展才能有基础。对过程安全的认识是持续深化的过程。

3.1.1 必须培养过程安全文化

文化具有持久性，一旦形成就会稳定发挥作用。过程安全建设必须要持之以恒，过程安全就不会因人员更替、组织变化而被边缘化。

3.1.2 必须建立过程安全体系

过程安全要制度化，有机嵌入油气田企业管理之中，融入油气田企业日常运营之中，过程安全是企业不可分割的整体管理的一部分，从而使过程安全落地实处。

3.1.3 必须始终聚焦过程安全风险防控

安全风险防控是安全管理的核心，过程安全风险防控又是安全风险管理的核心，必须始终牢记油气田存在“易燃易爆、有毒有害、高温高压”的固有危险，在油气田全生命周期聚焦于过程安全风险防控，特别是要突出本质安全和科技兴安。

3.1.4 必须始终做好过程安全人员培养

要做好过程安全，必须要有合格的人员。过程安全人员要按照矩阵式培训的要求进行培训，并注重复习培训，保证人员能力满足过程安全管理的要求。

3.1.5 必须实现过程安全的数智化

油气行业数智化浪潮已经到来，过程安全必须要适应数智油气田的大背景、大环境，实现过程安全的数智化，更好的保障和支撑油气田可持续发展。

3.2 建议

3.2.1 将过程安全纳入油气田安全管理体系

一是明确油气田要实行过程安全管理，二是要对过程安全在油气田实施进行针对化研究，三是让过程安全成为油气田企业管理的一部分。

3.2.2 对过程安全实施统一的管理

建立过程安全管理、支持和执行职责明确的、分配合理的直线组织，对油气田过程安全进行统一管理，避免过程安全的分段、分层、分散的碎片化管理，确保过程安全落地生根，筑牢安全风险防控屏障。

3.2.3 对过程安全进行监测

建立过程安全指标，实时跟踪指标动态，及时进行预警，指导过程安全持续提升。同时将过程安全纳入审核、检查之中，持续改进过程安全。

4 过程安全展望

过程安全是过程工业安全的核心内容之一，过程安全是汲取了诸如工业史上最严重的印度博帕尔事故的教训发展而来，并不断优化，已被化工行业证明是行之有效的管控过程安全风险的管理学科。油气工业虽然实施过程安全较晚，但事实也证明过程安全对于油气工业的固有安全风险防控也是卓有成效。因此，过程安全管理适于所有的具有潜在危险性的过程工业，需要注意的是每个过程工业必须找到适于自身的适用的方法。

可以预见，无论是基于认识的提升，还是迫于事故的巨大压力，所有的过程工业企业将会实施过程安全管理，过程安全将得到极大的发展。过程安全是动态发展的，过程安全将撷取技术进步和事故、隐患资源的成果，不断完善其身。同时，过程安全在过程工业企业的最佳实践也将丰富过程安全的内容，过程安全将走上日臻成熟的道路。

5 结语

（1）过程安全适用于所有的过程工业，是管控过程安全风险的有效方法。

（2）过程安全必须适应行业的特点，一行业一策。

（3）过程安全的核心是风险管控，必须牢记初心，方得始终。

（4）过程安全必将向数智化发展，实现数智过程安全。

参考文献

[1] 粟镇宇. 工艺安全管理与事故预防[M]. 中国石化出版社，2007.

[2] Center for Chemical Process Safety 编著. 基于风险的过程安全[M]. 白永忠，韩中枢，党文义. 中国石化出版社，2013.

[3] 孟波，张景山，张卫朋等. 工艺装置全过程安全管理[J]. 现代职业安全，2011：48-50.

[4] 张景山，孙凤枝，牛明勇等. 精益思想在工艺安全管理中的应用——以塔里木油田工艺安全管理探索与实践为例[M]. 2018 全国安全文化优秀论文集，2019：357-360.

复杂超深高压气井安全压井工艺技术

涂志雄　王雪松　于小童　范大彬　司　想　张　超

(中国石油塔里木油田公司)

摘　要　塔里木油田库车山前裂缝性致密砂岩气藏埋藏深、压力高、流体介质复杂(深度6000~8882m、温度130~190℃、压力70~143MPa)，气井生产过程中存在油管柱堵塞、短路、错断、环空超压等问题，给修井作业带来了极高的井控风险。为此，针对不同的井况，形成常规压井、高密度压井液循环压井、带压作业起管柱后压井、连续油管定点循环压井为核心的4种压井工艺技术，压井成功率100%。

关键词　三超气井；压井；高密度压井液；带压作业；连续油管作业；现场应用

1　引言

井下作业压井是在井内重新建立液柱压力来平衡地层压力，把侵入井内的地层流体循环出来或者压回地层，压井的成功与否直接关系到井控的安全。常规的压井方式有正循环法、反循环法、吊罐法、压回法和置换法。塔里木油田库车山前裂缝性致密砂岩气藏埋藏深、压力高、流体介质复杂(深度6000~8882m、温度130~190℃、压力70~143MPa)；生产过程中井口压力高，日产气量大，同时还存在油管柱堵塞、短路、错断、环空超压等问题。常规的压井方式无法压稳地层，容易气侵，存在较大井控风险。因此，超深高压气井安全压井问题，是塔里木油田开发过程中亟待解决的技术难题。为此，针对塔里木油田复杂超深高压气井不同的井况，形成了常规压井、高密度压井液循环压井、带压作业起管柱后压井、连续油管定点循环压井为核心的4种压井方法，截止2022年12月底，库车山前共272口井，36口井开展过大修作业，均未发生过井控风险事件，压井成功率100%。

2　压井方法

2.1　常规压井方法

库车山前高压气井封隔器上部油套环空保护液密度通常为1.1~1.4g/cm^3，地层压力系数1.1~1.95MPa。仅仅通过油管挤压井，无法平衡地层压力。通常需要在位于封隔器上部的油管位置进行穿孔或者切割(油田目前常用切割技术见表1)，建立油套循环压井通道。

表1　油田目前常用切割技术

切割工艺	技术优点	技术缺点	切割断口
机械切割(MPC)	(1)适用于井斜较大或井眼轨迹复杂井； (2)可监控进程、断口光滑平整、不伤外层管柱； (3)切割速度快，作业时间一般小于10min； (4)适用于$2\frac{7}{8}$in~7in等一系列管柱切割。	(1)机械式内割刀切割性能欠佳，难以切割厚壁管材； (2)由于工具外径较大，不适于切割内径很小的钻杆或小尺寸油管或连续油管。	
切割弹	(1)具有良好的切割性能； (2)适用于直井(电缆)、斜井(电缆或连油)、水平井(连续油管)切割作业。	(1)火工品作业； (2)切口呈喇叭状，不利于后续处理； (3)安全阀内径受限，小尺寸切割弹切割不断大尺寸油管。	
化学切割RCT(化学置换、镁粉等)	(1)切割速度快，一般小于1min； (2)切割断口光滑平整，无喇叭口状； (3)镁粉切割不涉及火工品，可切割不锈钢、高铬合金、铝钛合金、内涂层等管材。	(1)化学置换切割涉及火工品； (2)扶正支撑臂存在收回困难导致遇卡； (3)化学置换切割产物有一定的毒性； (4)管壁水泥块会影响镁粉切割效果。	

通过采用能够平衡地层压力的压井液挤压井或者循环压井，来压稳地层，确保后续修井作业的安全。压井液密度计算与附加值的选取，是根据塔里木油田井控实施细则的规定，根据地质设计提供的最高地层孔隙压力或实测地层压力的当量密度值为基准，再增加一个安全附加值：

a. 密度附加值：气井为 0.07g/cm^3～0.15g/cm^3，油水井为 0.05g/cm^3～0.10g/cm^3；

b. 压力附加值：气井为 3.0MPa～5.0MPa；油水井为 1.5MPa～3.5MPa。

2.2 高密度压井液循环压井方法

部分高压气井生产管柱在封隔器上部出现穿孔或者断脱见图 1，采用常规压井方法压井时，穿孔或者断脱位置出现短路，导致该点以下油套环空无法循环，无法压稳地层，存在井控风险。

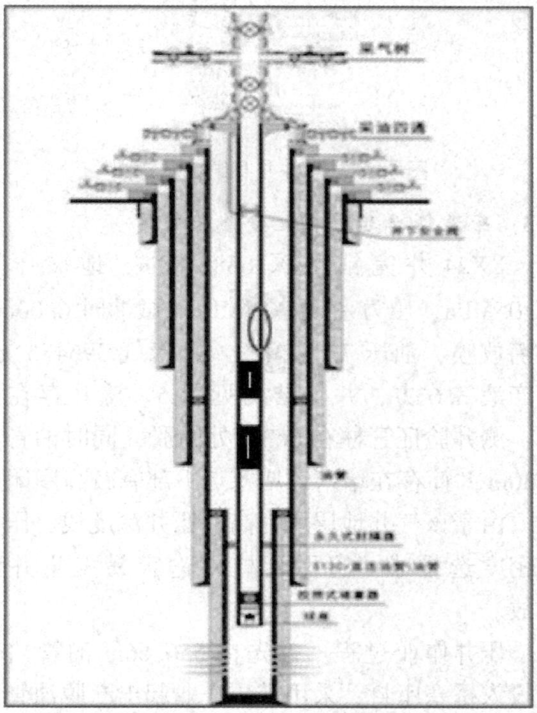

图 1　油管柱错断(位置深)

通过循环测漏或者工程测试，确定油管短路具体深度及压力，采用更高密度压井液压稳地层，为后续作业提供安全保障，高密度压井液计算方法见式(1)、式(2)：

$$P_i = P_e - \rho_a \times (H_a - H_i) / (10.1972 \times 10) \quad (1)$$

$$\rho = P_i / H_i \times 10.1972 \times 10 + 密度附加值 \quad (2)$$

式中：ρ 为设计高密度压井液，g/cm^3；ρ_a 为环空保护液密度，g/cm^3；P_e 为产层静压值，MPa；P_i 为油管短路位置压力，MPa；H_i 为油管短路深度，m；H_a 为封隔器深度，m。

2.3 带压作业起管柱配合压井方法

部分高压气井油管柱穿孔或者断脱点距离井口较近见图 2，目前库车山前使用最高压井液密度 2.65g/cm^3，高密度压井液压井不能满足压井要求。

采用带压作业机，在半压井状态下，起出上部断脱油管，修整鱼头后，下入对接管柱连接井内落鱼管柱，在靠近封隔器上部油管位置进行穿孔或者切割(同时避免伤害套管)，建立油套循环通道，进行压井。

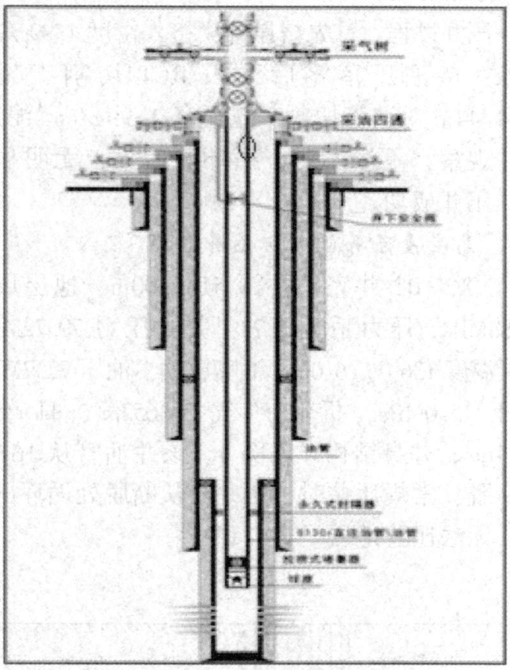

图 2　油管柱错断(位置浅)

2.4 连续油管压井方法

部分高压气井，油管、A 环空、B 环空、C 环空相互连通，压井过程中，井口泵压较高，B、C 环空对应套管头压力等级较低，压井过程中出现 B、C 环空超压带来的井控风险，库车山前高压气井井口示意图详见图 3。

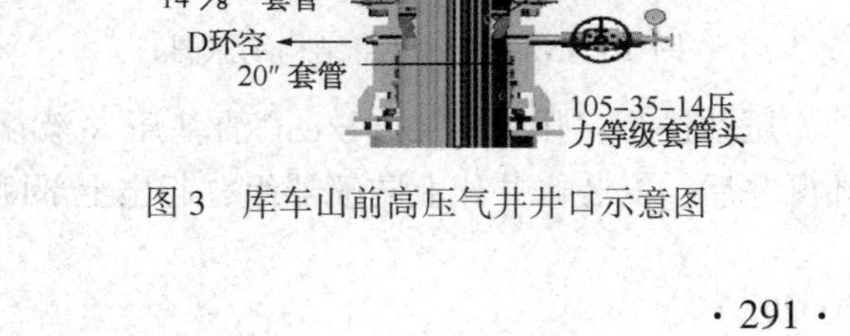

图 3　库车山前高压气井井口示意图

下入连续油管至产层位置，通过连续油管泵注压井液，油管节流循环控制压力进行压井，解决压井过程中井口套管头超压问题。

3　现场应用效果

3.1　常规压井方法应用

XX104 井完钻井深 6618.00m，地层压力 118.64MPa，压力系数 1.90MPa，地层温度 144.2℃。5.0mm 油嘴放喷，油压 54.0MPa，套压 15.0MPa，折日产气 149708m^3，日产油 76.5m^3，日产水 7.44m^3。

压井过程：首先挤压井，挤入密度 1.99g/cm^3 泥浆；待油压落零后下入 RCT 切割工具在 6234.44m 对油管切割；正循环 1.99g/cm^3 泥浆；敞井观察，不溢不漏，循环测后效，无明显后效，压井成功。

3.2　高密度压井液循环压井应用

XX2-B2 井完钻井深 5185.00m，地层压力 85.88MPa，压力系数 1.73，关井压力 70.72MPa，地层温度 136℃。6.0mm 油嘴放喷，油压 72.7MPa，套压 15.0MPa，折日产气 364652m^3，日产液 49.4m^3，井身结构详见图 4。该井油管从 1670m 处断脱，常规压井时，压井液从断脱处循环出井口，无法压稳地层。

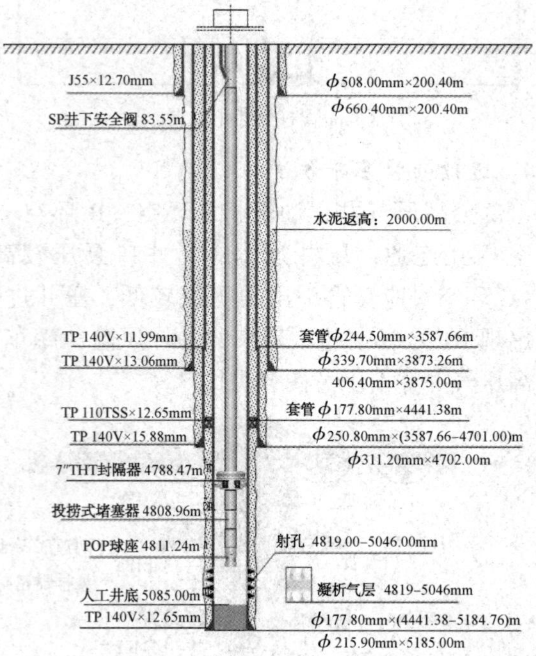

图 4　XX2-B2 井井身结构示意图

压井过程：用密度 2.4g/cm^3 油基压井液循环压井后，安装修井作业防喷器组，起出上部断脱油管；下入油管带卡瓦捞筒打捞下部油管，对封隔器上部第一根油管切割；再用 1.95g/cm^3 油基压井液压井循环压井；敞井观察，不溢不漏，循环测后效，无明显后效，压井成功。

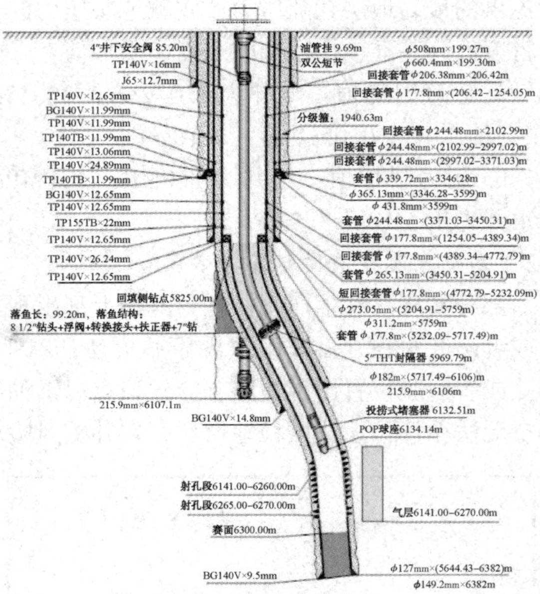

图 5　XX24 井井身结构示意图

3.3　带压作业起管柱配合压井应用

XX24 井完钻井深 6382.00m，地层压力 95.05MPa，压力系数 1.51MPa。试油时 6.00mm 油嘴放喷，油压 76.41MPa，日产气 396456 方，日产液 3.6 方，井身结构见图 5。该井存在问题：测井验证管柱在 663m 处断脱，同时油管在 3730m 井筒存在堵塞，堵塞点下部有较高圈闭压力。由于该气井地层压力高，压井深度浅，压井液密度选择难，起下管柱中途容易发生井喷事故。

压井作业过程：首先在 556.66m 油管内带压投入桥塞座封；采用带压作业起出断脱油管后修整鱼头，带压下对接管柱；采用 RCT 切割工具在 5680.82m 点火切割后，采用密度 1.67g/cm^3 油基泥浆循环压井；敞井观察，不溢不漏，循环测后效，无明显后效，压井成功。

3.4　连续油管压井应用

XX2-2-4 井完钻井深 6753.80m，原始地层压力 116.22MPa，目前地层压力 89.7MPa，压力系数 1.30，地层温度 165℃。试油时 7.00mm 油嘴放喷，油压 88.46MPa，日产气 575316 方。该井存在问题：通过泄压诊断测试，油套连通，A、B、C 环空压力互窜，其中油管压力与 A 环空及B环空压力一致较性强。从油管或者环空压井，井口挤注泵压达到98~100MPa，存在B、C环空超压风险，井口油管头、套管头参数详见。

压井过程：首先下1.75″连续油管至5300.5m，从连续油管泵入1.43g/cm³有机盐，通过节流管汇控制井口压力进行循环压井；初步压井结束后油压13.71MPa、A、B环空压力13.69MPa，C环空压力0MPa；起出连续油管后油管，低速正挤入1.49g/cm³的油基泥浆，正循环1.49g/cm³的油基泥浆，通过节流管汇控制井口压力，油压及A、B、C环空压力为0MPa；开井观察，出口无气无液。无明显后效，压井成功。

表2　XX2-2-4井井口油管头、套管头参数表

名称	规格型号
油管头	28-105MPax28-140MPa
03套管四通(A环空)	10¾″x232.5-35MPa(上法兰105MPa)
02套管四通(B环空)	13⅜″x10¾″-35MPa
01套管头(C环空)	20″x13⅜″-14MPa

针对不同的井况，采用常规压井、高密度压井液循环压井、带压作业起管柱后压井、连续油管定点循环压井的4种压井工艺技术，解决了因油管柱堵塞、短路、错断、环空超压等造成的压井困难问题。截止2022年12月底，库车山前共272口井，36口井开展过大修作业，均未发生过井控风险事件，压井成功率100%。该技术的全面推广应用能够确保库车山前复杂超深高压油气井修井作业顺利开展，对油田超深高压气井的安全和高效管理起到了重要作用，具有显著的社会效益。

参考文献

[1] 吴奇. 高温高压及高含硫井完整性指南[M]. 北京：石油工业出版社，2017：1-2.

[2] 王春生，代平，何斌，等. 浅谈库车山前超深高压气井井控安全与储层保护[J]. 钻采工艺，2015，40(4)：28-30，44.

[3] 郑如森，高文祥，王磊，等. 塔里木油田高压气井压井技术[J]. 试油试采技术，2021，30(2)：30-31.

[4] 何银达，吴云才，胡超，等. 塔里木油田高压气井修井技术难点及对策[M]. 北京石油工业出版社，2018：89-114.

[5] 何银达，罗超，周忠明，等. 异常高压高产气井修井工艺技术在KL203井的应用[J]. 油气井测试，2008，17(1)：60-61.

[6] 黎丽丽，彭建云，张宝，等. 高压气井环空压力许可值确定方法及其应用[J]. 天然气工业，2013，33(1)：101-104.

[7] 范伟东，塔河油田高压气井压井技术探讨[J]. 化学工程与装备，2014，11：140-141.

[8] 魏文科，宋宏宇. 不压井作业技术在庆深气田高压气井中的应用——以徐深1-1井为例[J]. 科学技术与工程，2012，12(19)：4776-4779.

[9] 张忠强，方华良，徐优富. 莺歌海盆地高温高压气井井控技术的实践与认识[J]. 海洋石油，2016，36(3)：83-87.

[10] 周鹏遥，程远方，杨向同，等. 连续油管在塔里木油田迪那超高压气井修井作业实践[J]. 内蒙古石油化工，2015，18：69-73.

[11] 袁波，汪绪刚，李荣，等. 高压气井压井方法的优选[J]. 断块油气田，2008，15(1)：108-110.

油气田数字化建设对安全管理提升的促进作用

——以轮古油田为例

王林基[1]　白　雪[2]　侯大炜[1]

(1. 中国石油塔里木油田公司；2. 中国石油独山子石化公司)

摘　要　油气田数字化建设是现代化油田建设的重点工作，也是世界大油气田建设的必然趋势。轮古油田作为塔里木油田开发最早的油田之一，在未对接数字化项目之前，采用无数字化管理，因属地范围大，地下、地面情况复杂，涉及高危作业种类多且频次高，安全管理成为属地部门日常工作的重点，虽强化管理，但安全管理一直存在难点。集团公司推进数字化油田建设后，轮古油田成功对接数字化项目，在基础资料传输、高危作业监护、油井远程启停、安全隐患录入等方面，取得了显著的效果，有效降低了安全风险，减少了安全事故事件发生的次数。

关键词　数字化油田；轮古油田；降低安全风险

1　研究区域概况

1.1　区域背景

轮古油田作为塔里木油田最早开发的油田之一，属地范围大，井位分布分散，部分单井目前仍采用试采，采用临时流程工艺集输，集输工艺与实际需求不配套，油田在经历一次开发后，多数单井、井组进入衰减期，目前以二次采油、注氮气驱开采为主，注氮气会存在萃取作用，导致油品性质逐渐下降，进而影响开采，最终造成地面集输困难，常规采用加入药剂、掺稀等方式开采。属地部门日常巡检以人工巡检为主，安全作业采用旁站监督。

1.2　研究区域安全形势分析

轮古油田地面情况复杂，开采困难，日常生产管理以安全管理为主，下表为轮古油田属地部门2016-2019年高危作业种类数量以及安全事件发生次数统计。

表1　轮古油田2016—2019年作业次数统计

年份	作业总次数	高危作业次数	出现安全事件次数
2016	3469	991	2
2017	3848	1069	3
2018	3960	1085	3
2019	4133	1102	4

表2　轮古油田2016—2019年高危作业次数与作业类型统计

年份	高危作业次数	吊装	工业动火	高处作业	受限空闲	临时用电	管线打开	挖掘作业
2016	991	140	165	143	180	75	153	135
2017	1069	152	183	165	179	85	166	139
2018	1085	142	176	175	181	90	174	147
2019	1102	169	193	183	180	79	155	143

从表1可以看到，属地部门作业总次数多，高危作业次数多，且有随年逐渐升高趋势，安全事件次数与作业总次数呈正相关关系；表2可以看到，高危作业涉及种类多，且数目大。控制管理高危作业，改善日常安全管理形势刻不容缓。

2　油气田数字化进程

2.1　世界大油气田数字化进程

自美国施行页岩气革命以来，数字化就在油气行业中站稳了脚跟。挪威的一家油气公司在2017年制定了完善的发展策略，包含系统的发展数字化油田。数字化已经成为油气行业未来实现企业发展的重要方法，国内外油气公司都将目光放在市场需求上，并在发展过程中不断创新，基于创新数字化技术不断探求新的发展方向，推动企业实现数字化转型。

2.2　中国石油数字化进程

中国石油早在2010年就数字化技术引入石油生产、加工、运输、销售等过程进行了可行性论证。在石油石化行业中，数字化已普遍存在，在上游行业中，在石油勘探、钻井、油气田开发过程中，都不同程度使用数字化，在行业工作效率、安全风险控制等方面有着突出的效果；在中下游行业中，在石油管道输送、石油产品销售等、应急管理等方面已取得一定成效。油气田数字化能够提高生产自动化水平，减少人工操作流程，适应恶劣天气和环境条件的考验，实现对工业全流程的“泛在感知”，获取传统由于成本原因无法在线监测的重要工业过程参数，并以此为基础实施优化控制，达到提高产品质量、节能降耗、强化安全保障能力的目标。

2.3　轮古油田数字化进程

轮古油田已搭乘中国石油数字化建设项目，成功对接A11物联网、梦想云项目，在油气井基础数据(油压、套压、温度等)采集传输、机采井基础数据录取传输(功图、液面等)、异常井异常信息处理、自动启停油气井、高危作业实时监控传输、安全隐患录入等方面已取得不菲成绩。

3　油气田数字化对安全管理的提升作用

3.1　降低人工巡检频次，降低人工劳动强度

目前轮古油田单井已基本覆盖数字化，基本实现单井基础信息采集、传输。轮古油田因属地范围大，以前需专人进行定期巡检，现在基础数据能够远距离传输，根据生产需要，设置监屏岗，对生产数据进行实时监控，当出现异常数据后，处理中心能够实时报警，在由工程师判断后，进行异常处理。根据数字化与生产实际结合情况，优化巡检制度，降低巡检频次，减少在恶劣天气巡检，一方面减少人工巡检频次，降低了人工劳动强度，节省的人工可以在高危作业监护等其他方面发挥作用，另一方面，恶劣天气巡检工作是事故高发的原因之一，减少在恶劣天气巡检次数，能够有效降低事故发生的频率。

3.2　减少人机直接接触，降低事故发生频率

按照风险控制优先顺序，源头是消除危险，停止使用该物资活以无害物资进行代替；降低风险则通过改使用危害性低的物资，将危险源与人员隔离，工程技术控制，管理控制来进行控制；个人防护则通过自身做好防护来进行保护。目前轮古油田已使用机采井基础数据传输、机采井远程启停。当机采井出现异常后，在处理中心将出现异常的单井进行远程关井，异常处理完毕，需要开井时，在确认现场无误前提下，在处理中心的协助下，采用报警提示等方式，当人远离抽油机或者电泵时，再进行启机工作，这样减少人员与仪器设备直接接触，最大限度保护人员安全，有效降低事故发生频率。

3.3　高危作业远程监护，实时督促作业人员，提高安全意识

人的思想意识是决定此项工作能否严格按照要求完成的基础，在现场从事高危工作的人员，如果思想上存在麻痹大意、侥幸心理，那么他离出现事故并不遥远。只有抓紧抓牢抓实人员思想，加强安全意识培养，才能最大程度的避免因人的因素造成的安全事故事件。

目前数字化油田建设已包括高危作业实时远传，除了现场有监护人员外，还会在现场摆设高危作业记录仪，能够将现场的作业情况投送到处理中心，所有人员都可以随时观看，此外处理中心具备存储功能，可以记录下作业的全过程，检查作业队伍是否严格按照操作规程、操作卡、应急预案进行施工，监护人员是否严格遵守监护作业相关要求，同时将操作过程作为作业队伍年底考核的一项要求，督促作业人员警钟长鸣，不可抱有别人看不到我，我处于暗处，就放松心态的想法，降低工作要求，进而引发安全事故。

3.4　加强承包商准入关，让不良企业无处遁形

承包商管理是油田企业管理的重点也是难点。由于部分承包商管理水平受限，HSE体系运行不畅，甚至部分承包商、员工已被列入油田黑名单，在数字化油田建设以前，行为不规范、列入黑名单的员工或承包商会更换公司名称或者在其他属地重新从事相关工作，在接入数字化油田后，所有承包商公司及从业人员均被录入数字化系统，从业者安全行为均被记录在册，当被列入黑名单后，系统会相应记录人员信息，严禁行为不规范、不重视安全的员工及公司再次进入油

田从事相关工作。从源头上把控，提高行业人员安全意识。

3.5 安全隐患便捷录入，随时随地消除安全隐患

安全隐患是造成重大事故的潜在因素，安全隐患也是HSE管理中的重点工作。在数字化油田之前，采用纸质版记录安全隐患，需专门派人整理资料，存在资料多，容易遗忘，造成安全隐患不能及时消除，久而久之造成更大不良影响，在数字化油田之后，员工仅需手持平板终端，将现场遇到的隐患进行拍照上传，处理中心会实时记录隐患录取情况，并对隐患就行分类编号等处理，定期检查，并提醒工作人员及时处理销项，让隐患无处遁形，发现一起解决一起。

4 数字化建设下一步建议

(1) 数字化油田建设已在轮古油田基本普及，已基本满足日常安全管理，但由于轮古油田属地范围大，建设成本高，部分单井还未接入数字化平台，仍然需要人工巡检或者作业。

(2) 轮古油田为碳酸盐岩油气藏，地下情况复杂，存在长时间关井后突然压力上涨等情况，目前轮古油田属地对此部分单井数字化程度不够，仍采用原始巡检方法，对此类井造成的影响，对环境的破坏等不能通过数字化进行提前预警。

(3) 生产运营一体化程度不高，数据采集完至处理中心后，自动处理功能单一，仍需工程师判断，才能确认故障原因，需进一步提高处理中心自行判断能力，加大多学科融合，切实提高处理中心智能、集成处理现场问题能力。

参 考 文 献

[1] 刘中云，李兆敏，赵海洋．缝洞型碳酸盐岩油藏注氮气致稠机理研究[J]．石油钻探技术，2021，49(5)：75-80.

[2] 杜鑫，马骏，斯园园．油气行业数字化创新模式探析[J]．中国高新科技，2021，(5).

[3] 蔡凤翔，姚刚，刘英．数字化在油气生产中的应用探讨[J]．信息系统工程，2022，(1).

[4] 邓爱禹，王和飞，徐大炜．油田企业承包商安全管理现状分析及对策[J]．中国石油和化工标准与质量，2019，(8).

[5] 赖金垚．油田基层站的安全隐患排查及治理措施[J]．化工设计通讯，2019，(4).

高风险作业全过程可视化监控技术研讨

袁晓楠　徐　昊　高清武

（中国石油抚顺石化公司）

摘　要　高风险作业涉及到对人员和设备的潜在威胁，如建筑施工、石油开采等。这些作业环境中的潜在风险不可忽视，因此采取有效的监控措施是至关重要的。随着信息技术的快速发展，可视化监控技术已经成为高风险作业安全管理的关键工具。通过可视化监控技术获取作业现场的各种数据，对作业过程进行全面分析和监测，以及实时预警和决策支持。因此，本文旨在研究基于高风险作业全过程可视化监控技术，探索其在高风险作业安全管理中的应用和优势。

关键词　高风险作业；实时监控；风险预警；传感器；视频监控；实时数据；安全性；事故风险

高风险作业的安全管理一直是各行业关注的焦点和难题。传统的作业安全管理方法主要依靠人工巡检和手动记录，存在信息获取不全面、反应迟缓、难以分析等问题。而可视化监控技术的应用为高风险作业管理带来了全新的机遇。通过将传感器、网络通信、图像处理等技术与高风险作业结合，可实现对作业现场各种数据的实时监控、分析和预警。同时，可视化监控技术还可以提供直观的作业数据展示和决策支持，为作业管理者提供更好的工具和手段。本文将对高风险作业全过程可视化监控技术的发展现状、关键技术和方法、实验与应用进行探索和总结，旨在促进高风险作业安全管理水平的提升。

1　高风险作业的概述

高风险作业是指那些在执行过程中可能导致人身伤害、环境破坏或财产损失的工作任务。这些作业通常涉及到危险品、高度、高温、高压、射线等潜在的危险因素，如建筑施工、石油开采、核能生产、航空航天等领域。由于这些工作任务的高风险性质，它们对作业人员和环境的安全性提出了严格的要求。因此，为了减少事故的发生和最大程度地保护工作者的生命和财产安全，采取有效的监控措施是至关重要的。

1.1　高风险作业的特点

（1）潜在的危险因素：高风险作业通常涉及到一系列的危险因素，如高温、高压、毒性物质、电击、火灾等。这些因素可能对作业人员造成严重伤害或导致事故发生。

（2）复杂的作业环境：高风险作业往往在复杂的环境条件下进行，例如建筑工地、石油平台、核电站等。这些环境条件可能存在不稳定性、高度变化、气候变化等因素，增加了作业的复杂性和风险性。

（3）人为因素的影响：人为因素是高风险作业事故的主要原因之一。人员疏忽、不正确的操作、缺乏培训和经验等都可能导致事故的发生。因此，对作业人员的行为和状态进行监控和管理至关重要。

（4）作业过程的动态性：高风险作业往往是动态的、不断变化的过程。在执行过程中，可能出现意外情况、突发事件和紧急情况，需要及时的响应和调整。因此，对作业过程的实时监控和控制是必要的。

1.2　高风险作业的挑战

（1）安全风险管理：高风险作业的安全管理需要对各种危险因素进行有效的识别、评估和控制。这需要综合考虑技术、管理和人因素，制定全面的安全策略和措施。

（2）数据获取与分析：高风险作业涉及到大量的数据，包括传感器数据、作业记录、环境监测等。有效地获取、整合和分析这些数据是一项复杂而关键的任务，以便及时识别潜在的安全风险和问题。

（3）实时监控与预警：高风险作业需要实时监控作业现场的各种指标和参数，以便及时发现异常情况并采取相应的措施。同时，及时的预警系统可以提前警示潜在的危险并减少事故的发生。

（4）人员培训与意识：作业人员的培训和意

识对于高风险作业的安全至关重要。作业人员需要具备足够的技能和知识，了解作业过程中的风险，并正确地执行相应的安全措施。

2 可视化监控技术的重要性与应用领域

随着市场竞争的加剧和企业生产规模的扩大，越来越多的企业选择将一些工作外包给承包商进行。然而，承包商的安全生产水平直接关系到企业的安全生产，因此建立一个完善的承包商评估标准体系是十分必要的。

在高风险作业环境中，为了保障作业人员和环境的安全，监控和控制作业过程至关重要。传统的监控方法往往存在信息不准确、实时性差、无法全面把握作业情况等问题。而基于可视化监控技术的研究和应用能够通过实时数据采集、分析和可视化展示，提供全面的作业信息和决策支持。本文将重点探讨可视化监控技术在高风险作业中的重要性和应用领域。

2.1 可视化监控技术的重要性

提供直观的数据展示：可视化监控技术能够将复杂的作业数据转化为直观的可视化图表、动态图像等形式，使管理者和作业人员能够直观地了解作业现场的情况和变化。这有助于及时发现潜在的安全隐患和问题，并采取相应的措施进行预警和控制。

实现实时监测和预警：可视化监控技术能够通过传感器、监控设备等实时获取作业现场的各种指标和参数，并及时反馈给管理者和作业人员。这使得他们能够及时了解作业过程中的变化和异常情况，及时采取措施进行预警和控制，以避免事故的发生和进一步的损失。

支持决策和优化作业流程：可视化监控技术能够为管理者提供丰富的数据和信息，支持其进行准确的决策。通过对作业过程的实时监测和数据分析，管理者可以及时调整作业流程、优化资源配置、制定紧急应对方案等，提高作业效率和安全性。

促进作业人员的培训和意识：可视化监控技术通过可视化的展示和模拟，为作业人员提供丰富的案例和实际场景。这有助于他们更好地理解和应对高风险作业中的安全问题，提高安全意识和操作技能，减少人为因素对作业安全的影响。

2.2 可视化监控技术的应用领域

建筑施工领域：在大型建筑工地中，存在高空作业、起重吊装、安装等高风险作业。可视化监控技术可以实时监测和展示各项指标，如高空作业人员位置、起重设备状态、材料运输情况等，帮助管理者及时发现潜在风险，确保施工过程的安全性和高效性。

石油与化工领域：在石油开采、化工生产等行业中，存在危险品操作、管道泄漏、爆炸等高风险作业。可视化监控技术可以实时监测和展示各种关键参数，如温度、压力、气体浓度等，及时预警潜在危险，并支持管理者做出及时决策和调整。

3 高风险作业全过程可视化监控技术的发展现状

3.1 应用案例

建筑施工领域：在建筑施工中，高空作业、起重吊装等高风险作业需要全程监控。通过传感器和监控设备实时采集作业现场的数据，结合数据处理和可视化展示技术，可以实现对高风险作业的实时监控和预警，提高作业安全性和效率。

石油与化工领域：石油开采、化工生产等领域存在着危险品操作、管道泄漏等高风险作业。通过可视化监控技术，可以实时监测关键参数如温度、压力、气体浓度等，并提供实时预警和决策支持，帮助管理者及时应对潜在风险，保障作业安全。

3.2 挑战与机遇

尽管高风险作业全过程可视化监控技术在上述领域取得了一定的应用进展，但仍面临着一些挑战。

首先，数据采集和传输的稳定性和实时性是关键问题。高风险作业往往具有复杂的作业环境和多变的工况，确保数据的准确采集和实时传输对于有效监控至关重要。

其次，大量的数据处理和分析需要强大的计算和存储能力，以及高效的数据处理算法和技术支持。如何有效处理和分析海量数据，提取关键信息，并将其转化为直观的可视化展示形式，仍然是一个技术挑战。

此外，作业人员对于可视化监控技术的接受程度和技能培训也是一个需要考虑的因素。

然而，面对这些挑战，高风险作业全过程可视化监控技术也带来了广阔的机遇。

首先，随着信息技术和通信技术的不断进

步，数据采集和传输技术得到了极大的提升。传感器技术、物联网技术、无线通信技术等的发展，为高风险作业的全过程监控提供了更为可靠和高效的手段。

其次，数据处理和分析技术的进步，尤其是人工智能、大数据分析等方面的发展，为高风险作业的数据处理和风险识别提供了更多的可能性。通过深度学习、模式识别等算法的应用，可以自动识别和预测潜在的风险，并及时进行预警和干预。

此外，可视化展示技术的不断改进，使得作业人员和管理者可以更直观地了解作业现场的情况和变化。将数据和信息以更直观、沉浸式的方式展示，提供更全面、准确的作业信息。

4　高风险作业全过程可视化监控技术的关键技术和方法

（1）传感器技术：传感器是实现数据采集的基础。高风险作业现场需要安装各种传感器，如温度传感器、压力传感器、湿度传感器等，用于采集作业环境的关键参数。传感器的选择和布局需要根据具体作业要求进行合理规划，以确保数据的准确性和全面性。

（2）无线通信技术：高风险作业现场通常具有复杂的环境和动态的作业条件，传统有线通信方式存在布线困难和数据传输延迟等问题。无线通信技术的应用可以实现数据的远程传输和实时监控，如无线传感网络（WSN）、蜂窝通信网络等，提供高效可靠的数据传输方式。

（3）云计算和边缘计算：海量的数据采集需要强大的计算和存储能力进行处理和分析。云计算和边缘计算技术可以将数据存储和计算任务分布在云端和边缘设备上，实现数据的快速处理和分析，并为实时监控和预警提供支持。

（4）数据清洗和预处理：采集到的数据往往存在噪声和异常值，需要进行数据清洗和预处理，以提高数据质量。数据清洗包括去除噪声、填补缺失值等操作，预处理包括数据平滑、数据变换等操作，以保证后续分析的准确性和可靠性。

（5）数据挖掘和机器学习：数据挖掘和机器学习技术可以从大量数据中发现模式、规律和异常，为作业风险的识别和预测提供支持。常用的技术包括聚类分析、分类分析、关联规则挖掘、异常检测等，通过对历史数据的分析，可以建立模型并进行预测和决策。

（6）实时监控与预警：实时监控是高风险作业全过程可视化监控的核心内容。通过实时采集、处理和分析数据，及时发现作业过程中的异常情况，并进行预警和干预。实时监控可以基于实时数据进行动态监测和预测，帮助管理人员及时做出决策和调整，以降低风险。

（7）数据可视化：数据可视化是将复杂的数据转化为直观、可理解的图形、图表或动画等形式，便于人们理解和分析数据。常见的可视化方式包括曲线图、柱状图、散点图、热力图等。通过合适的可视化方式，可以直观地展示作业过程中的关键参数、趋势和异常情况。

5　高风险作业全过程可视化监控技术的实验与应用

5.1　实验设计

在研究高风险作业全过程可视化监控技术时，合理的实验设计是确保研究结果准确可靠的关键。以下是几个重要的实验设计要点：

（1）实验场景选择：选择具有代表性的高风险作业场景进行实验，考虑到不同行业和领域的特点，如建筑工地、化工厂、电力站等。确保实验场景的真实性和可控性，以便于对监控技术的效果进行评估和比较。

（2）实验参数设置：根据高风险作业的特点和监控需求，合理设置实验参数，包括数据采集频率、传感器布局、监控指标等。参数设置应考虑到安全性、效率和可行性的平衡，以便于提供有价值的监控信息。

（3）对照组设计：在实验中设置对照组，与传统监控方法进行对比。通过对比实验组和对照组的监控效果和性能，评估可视化监控技术的优势和价值。

（4）数据采集：在实验过程中，使用各种传感器和监测设备对高风险作业现场的关键参数进行数据采集。确保数据的准确性和全面性，选择合适的数据采集设备和采集方法。

（5）数据处理与分析：采集到的数据需要经过清洗、预处理和分析等步骤进行处理。清洗和预处理的目的是去除噪声、修复缺失值，使数据质量达到可靠的水平。数据分析的目的是发现潜在的模式、规律和异常情况，为实时监控和预警提供支持。

5.2 实时监控与预警

(1) 实时数据传输与处理：实时监控需要快速、可靠地传输和处理数据。利用无线通信技术和云计算等手段，实现数据的实时传输和处理，以确保监控系统能够及时获得最新的数据，并做出相应的决策和预警。

(2) 监控指标设定：根据高风险作业的特点和需求，设定适当的监控指标。监控指标应包括关键参数的阈值设定和异常检测规则，当监测数据超过预设的阈值或出现异常情况时，触发预警机制，及时通知相关人员并采取相应的措施。

6 未来发展方向与挑战

高风险作业全过程可视化监控技术作为一种创新的安全管理手段，已经取得了显著的进展和应用。然而，随着科技的不断发展和行业需求的不断变化，该技术仍面临着一些挑战和改进的空间。本部分将重点探讨高风险作业全过程可视化监控技术的未来发展方向与挑战，包括技术创新、数据安全性、系统可靠性等方面的内容。

6.1 技术创新

多模态数据融合：未来的发展方向之一是将多种传感器和监测设备的数据进行融合，实现多模态数据的综合分析和展示。通过综合利用图像、声音、振动等多种感知方式，可以更全面地了解高风险作业过程中的情况，并提供更精准的监控和预警。

智能分析与决策支持：随着人工智能和机器学习等技术的快速发展，未来的高风险作业全过程可视化监控技术将更加注重智能化分析和决策支持。通过建立智能算法和模型，可以实现对作业过程中的异常情况的自动检测和预警，并为管理人员提供准确的决策支持。

6.2 数据安全性

随着高风险作业全过程可视化监控技术的广泛应用，数据安全性成为一个重要的挑战和关注点。以下是一些值得关注的方面：

数据隐私保护：在数据采集和传输过程中，需要确保采集到的数据不被未经授权的人员获取和滥用。加密和身份验证等技术可以用于保护数据的隐私和完整性，确保只有授权人员才能访问敏感数据。

网络安全：高风险作业全过程可视化监控技术通常依赖于网络进行数据传输和访问，因此网络安全成为保障系统可靠性和数据安全的重要环节。加强网络安全防护措施，如防火墙、入侵检测系统等，可以有效防范网络攻击和数据泄露风险。

6.3 系统可靠性

稳定性：高风险作业全过程可视化监控技术需要具备较高的稳定性，以应对复杂多变的作业环境和场景。在系统设计和开发过程中，需要考虑各种异常情况和故障，并采取相应的容错和恢复机制，确保系统能够稳定运行。

实时性和可扩展性：高风险作业的特点决定了监控技术需要具备较高的实时性和可扩展性。监控系统需要能够快速响应和处理大量实时数据，同时能够根据需要进行扩展和升级，以适应不断变化的作业需求。

7 结论

高风险作业全过程可视化监控技术在作业安全管理中具有巨大的潜力和广阔的应用前景。通过本文的研究，我们深入探讨了该技术的发展现状、关键技术和方法，并通过实验和应用案例验证了其有效性和可行性。

首先，高风险作业全过程可视化监控技术可以实现对作业现场的实时监测和数据采集，帮助管理者及时了解作业环境的变化和潜在风险的存在。同时，通过数据的可视化展示和分析，管理者可以更加直观地了解作业过程，识别潜在的安全隐患，并及时采取相应的措施进行预警和控制。

其次，高风险作业全过程可视化监控技术还可以提供决策支持和培训教育的功能。通过实时监控和分析数据，管理者可以进行准确的决策，包括调整作业流程、优化资源配置、制定紧急应对方案等。同时，该技术还可以为培训教育提供丰富的案例和模拟场景，帮助作业人员更好地理解和应对高风险作业中的安全问题。

然而，高风险作业全过程可视化监控技术的应用仍面临一些挑战和问题。其中包括数据隐私与安全保护、多源数据的融合与分析、系统的实时性与稳定性等方面。解决这些问题需要跨学科的合作和不断的技术创新，以提高技术的可靠性、实用性和普适性。

总之，高风险作业全过程可视化监控技术是

提升高风险作业安全管理水平的重要手段和工具。通过本文的研究，我们对该技术的发展现状和关键技术进行了深入探讨，并展示了其在实际应用中的优势和潜力。相信随着技术的不断进步和应用的推广，高风险作业全过程可视化监控技术将为各行业的作业安全管理带来更多创新和突破。

参 考 文 献

[1] 张华，陈晓东．基于视频监控的高风险作业全过程可视化研究[J]．煤炭科学技术，2010，38(6)：86-89.

[2] 杨文，黄峰，马云鹏．基于无线传感网络的高风险作业监控系统研究[J]．煤炭科学技术，2012，40(6)：132-135.

[3] 高峰，张利民，张文琪．基于智能算法的高风险作业全过程可视化监控系统[J]．电气自动化，2014，36(5)：67-70.

[4] 刘伟，杨鹏，潘亮．基于物联网的高风险作业全过程监控技术研究[J]．安全与环境工程，2015，22(4)：43-47.

[5] 钟宏伟，王建，张宏伟．基于图像处理的高风险作业全过程监控系统设计[J]．现代制造工程，2016，45(8)：123-127.

[6] 赵新，杨林，郭明霞．基于大数据分析的高风险作业全过程监控技术[J]．安全与环境工程，2018，25(6)：26-31.

[7] 陈晓明，张磊，李静．基于无人机的高风险作业全过程可视化监控系统研究[J]．现代制造工程，2019，48(3)：108-113.

[8] 刘艳，郭卫东，葛强．基于区块链的高风险作业全过程监控技术研究[J]．安全与环境工程，2020，27(6)：25-30.

[9] 王超，李明，韩国杰．基于深度学习的高风险作业全过程图像分析与识别[J]．煤炭科学技术．

试压设施安全防护研究与应用

李喜峰[1]　宋亚楠[1]　范　鹏[1]　侯　林[1]　刘　洋[2]　刘明芳[2]

(1. 中海油田服务股份有限公司；2. 中国船舶集团有限公司)

摘　要　试压设施安全防护研究包括在以清水和氮气为介质及一定压力、常温工况下释放飞出物，击打防护试验靶，从中得出在一定压力下采用何种防护材料能够起到安全防护作用，根据试验研究的结果，编制试压设施建造安全防护技术规范，为建造试压设施单位提供安全防护依据，并填补了国内此领域试验研究的空白。

关键词　试压；试压设施；安全防护；试验靶；技术规范

随着石油勘探开发的技术越来越先进，我国已经向深水和超深井进军，因此石油勘探开发的设备、工具等就要承受更高的压力，为了保证在现场作业中设备、工具能够承受住相应的压力，作业前就要对这些设备、工具进行试压。试压设施是用来对石油勘探、开发中的防喷器、井口工具、井下工具、高压管汇及元件等进行密封效果和承压能力的试验设施，各作业施工单位要建造试压设施，来满足现场作业施工和科学研究的需要。各单位的作业基地都有针对不同试压对象的试压设施，但是每个基地的试压设施建造的都不统一，防护的级别也不明确，有的试压设施安全防护只是用一层铁皮、有的用钢板、有的用内衬木加钢板、大多数只是四周封闭，没有实现本质安全，并且在试压作业过程中也发生了物件飞出，击穿防护墙等事件。试压作业又是属于高风险作业，也被称之为特殊作业，当前试压设施不能满足风险管理的要求，大部分单位试压设施缺乏有效的安全防护措施，不能有效屏蔽高压能量释放，有的设施不能从工程技术方面解决设备的本质安全，因为以前我们建造试压设施时石油行业和其他相关行业都没有一个统一的建造标准或者规范，在国内压力测试的防护安全领域属于空白，为了解决这一现状，于是开展了试压设施安全防护研究。

1　试验方案设计

收集各单位的试压管线、工具、元件等的工作压力参数、易飞出物的尺寸和重量、试压的介质、试压设施建造防护的类型，具体见下表1和表2。

表1　清水试压介质工作压力及飞出物的参数

单位	试压泵最大工作压力/MPa	试压对象	最大试压压力/MPa	试压潜在飞出物件尺寸(内外径、长度)mm、扣型、重量kg	建造防护类型
油化	150	高压钢管汇	100	2寸堵头尺寸：内径：50.8mm，外径：110mm，长度：130mm，扣型：1502，重量：2kg	钢木结构
	150	2寸旋塞	100	2寸旋塞尺寸：内径：50mm，外径：230mm，长度：360mm，扣型：1502，重量：48kg	
	150	活络弯头	100	活络弯头尺寸：内径：50mm，外径：300mm，长度：300mm，扣型：1502，重量：25kg	

续表

单位	试压泵最大工作压力/MPa	试压对象	最大试压压力/MPa	试压潜在飞出物件尺寸（内外径、长度）mm、扣型、重量 kg	建造防护类型
钻井	210	万能防喷器	70	1. 壳体碎裂：直径：1900mm，高度：1900mm，重量：33t； 2. 试压钻具：长度：4500mm，重量：100kg	钢木结构
	210	闸板防喷器	105	1. 旁通盲法兰：直径：300mm，重量：25kg； 2. 试压钻具：长度：4500mm，重量：100kg	
	210	闸板阀	105	1. 试压法兰：直径：300mm，重量：25kg； 2. 注脂单向阀：重量：0.1kg	
	210	高压软管	157.5	1）3/4″试压接头，尺寸：8mm，外径：40mm，长度：50mm，扣型：3/4″NPT，重量：0.01kg； 2）试压盲板法兰：尺寸：外径：290mm，重量：25kg	
	137.9	防喷器	137.9	1/2，3/4，1，1½，2 寸等尺寸接头、堵头等；BOP 试压法兰泄漏、BOP 密封泄漏等	钢木结构
	155.14	防喷器	155.14	1/2，3/4，1，1½，3 寸等尺寸接头、堵头等；BOP 试压法兰泄漏、BOP 密封泄漏等	
	206.85	防喷器	155.14	1/2，3/4，1，1½，4 寸等尺寸接头、堵头等；BOP 试压法兰泄漏、BOP 密封泄漏等	混凝土结构
油生	105	2 寸高压堵头	85	2 寸堵头尺寸：内径：45mm，外径：68mm，长度：177mm，扣型：1502，重量：2kg	混凝土结构
	105	3 寸高压堵头	85	3 寸堵头尺寸：内径：64mm，外径：95mm，长度：194mm，扣型：1502；重量：5kg	
	105	2 寸旋塞阀	85	2 寸旋塞尺寸：内径：45mm，外径：68mm，长度：360mm，扣型：1502；重量：30kg	
	105	3 寸旋塞阀	85	3 寸旋塞尺寸：内径：64mm，外径：95mm，长度：562mm，扣型：1502；重量：49kg	
	24	三维高压舱	20	6mm 堵头尺寸：内径：4mm，外径：6mm，长度：15mm，扣型：M12×1 外螺纹，重量：0.015kg	
中海艾普	207	15K 水下安全测试树	155	1/4 寸堵头，内径：4mm，外径：15mm，长度：205mm，扣型：AUTOCLAVE，重量：5g	钢木结构
	207	15K DST 工具	155	1/4 寸堵头，内径：4mm，外径：15mm，长度：205mm，扣型：AUTOCLAVE，重量：5g	
	155	地面测试设备	138	3″2202 堵头公头：内径：76mm，外径：155mm，长度：28mm，扣型：Fig. 2202，重量 12kg	
	155	地面测试设备	138	3″2202 堵头母头：内径：76mm，外径：170mm，长度：40mm，扣型：Fig. 2202，重量 15kg	
	155	地面测试设备	138	4″2202 堵头公头：内径：102mm，外径：205mm，长度：35mm，扣型：Fig. 2202，重量 18kg	
	155	地面测试设备	138	4″2202 堵头母头：内径：102mm，外径：220mm，长度：50mm，扣型：Fig. 2202，重量 20kg	

表 2　氮气试压介质工作压力及飞出物的参数

单位	试压泵最大工作压力/MPa	试压对象	最大试压力/MPa	试压介质	试压体内体积/L	试压潜在飞出物件尺寸(内外径、长度)mm、扣型、重量 kg	建造防护类型
油生	25	二维高压舱	20	氮气	286	6mm 堵头尺寸：内径 4mm，外径 6mm，长度 15mm，扣型：M12×1 外螺纹，重量：0.015kg	混凝土结构

参照 SY/T 6270—2012《石油钻采高压管汇的使用、维护、维修与检测》管线、弯头、旋塞的尺寸与对应的额定压力关系和 SY/T 5323—2016《石油天然气工业 钻井和采油设备节流和压井设备规范》中的额定工作压力，最大是 138MPa。结合各单位反馈的试压最大工作压力是 155MPa，通常管线的内径尺寸越大，承受压力越小，所以试验进一步分级细化，清水介质分为 100MPa、138MPa、155MPa 以及极限压力 180MPa，气体介质试验增加 2 寸流道飞出物的试验。根据实际需求和建造的材料的选择，具体的试验方案如下表 3、表 4、表 5、表 6。

表 3

规格型号	额定压力/MPa(psi)	内径/mm	出厂壁厚值/mm	使用壁厚极限推荐值/mm
1½″-1502 长半径	105(15000)	38.1	≥10.92	8.26
2″-1502 长半径	105(15000)	47.75	≥11.43	8.38
3″-1502 长半径	105(15000)	69.85	≥13.46	10.67
3″-2002 长半径	140(20000)	76.2	≥30.5	24.92
4″-1002 长半径	70(10000)	95.25	≥15.4	12.32
5″-1502 长半径	105(15000)	90	≥23.5	21.34

表 4

尺寸(最小通径)/mm(in)	额定工作压力/MPa(psi)
52(2 1/16)	103.5(15000)
65(2 9/16)	
78(3 3/16)	
103(4 1/16)	
130(5 1/8)	
46(1 13/16)	138(20000)
52(2 1/16)	
65(2 9/16)	
78(3 1/16)	
103(4 1/16)	

注：不一定每一种端部连接或出口连接(例如法兰、卡箍毂和螺纹)都有本表中规定的孔径与额定压力的组合。

表 5　水介质安全防护试验

序号	压力/MPa	距离/m	试压飞出物	防护类型 1	靶数量	试验次数	防护类型 2	靶数量	试验次数	防护类型 3	靶数量	试验次数
1	180	1	1mm 水流	8mmQ235B 钢板+89mm 松木	2	1	10mmQ235B 钢板+89mm 松木	2	1	20mmQ235B 钢板+89mm 松木	2	1
2	180	1	1/4，1，寸堵头	6mmQ235B 钢板+89mm 松木	4	2	8mmQ235B 钢板+89mm 松木	4	2	10mmQ235B 钢板+89mm 松木	4	2

续表

序号	压力/MPa	距离/m	试压飞出物	防护类型 1	靶数量	试验次数	防护类型 2	靶数量	试验次数	防护类型 3	靶数量	试验次数
3	180	1	1/4，1 寸堵头	203.2mm 钢筋混凝土	4	2	254mm 钢筋混凝土	4	2	381mm 钢筋混凝土	4	2
4	180	1	1 寸堵头	20mmQ235B 钢板+89mm 松木	2	1	508mm 钢筋混凝土+89mm 松木	2	1			
5	180	0.5	1/4 寸堵头	8mm 钢板	2	1	如果能防护，不被击穿，对比 0.5 米和 1 米的击穿能力					
6	180	1	1/4 寸堵头	8mm 钢板	2	1						
7	180	1	1/4 寸堵头	6mmQ235B 钢板	2	1	与试验 2 对比，验证松木的吸能效果					
8	155	1	1，2 寸堵头	8mmQ235B 钢板+89mm 松木	4	2	10mmQ235B 钢板+89mm 松木	2	1			
9	155	1	1，2 寸堵头	92mm+松木 508mm 钢筋混凝	4	2						
10	138	1	3 寸堵头	10mmQ235B 钢板+89mm 松木	2	1						
11	138	1	3 寸堵头	92mm+松木 508mm 钢筋混凝	2	1						
12	100	1	1，2，3 寸堵头	92mm+松木 381mm 钢筋混凝	6	3						
13	100	1	1，2，3 寸堵头	8mmQ235B 钢板+89mm 松木	6	3						

表 6　氮气介质安全防护试验

序号	压力/MPa	距离/m	试压飞出物	防护类型 1	靶数量	试验次数	防护类型 2	靶数量	试验次数	防护类型 3	靶数量	试验次数
1	20/286	1	1/4 寸堵	203mm 钢筋混凝土	2	1	254mm 钢筋混凝土	2	1	381 钢筋混凝土	2	1
2	20/286	1	1/4 寸堵	4mmQ235B 钢板	2	1	6mQ235B 钢板	2	1	8mQ235B 钢板	2	1
3	20/286	1	2 寸堵	8mmQ235B 钢板+89mm 松木	2	1	10mmQ235B 钢板+89mm 松木	2	1			
4	20/286	1	2 寸堵头	92mm+松木 381mm 钢筋混凝	2	1	92mm+松木 508mm 钢筋混凝	2	1			

2　试验设备设施及相关附件的设计、制造

试压设施安全防护试验的技术服务包括高风险作业，特别是超高压容器的设计和制造要有专业资质单位设计和制造，特别是我们要求飞出物飞出的流道要符合堵头的尺寸，完全模拟试压作业工况下飞出物击打目标靶，这就需要一套完整的试验设计方案。经过多方收集信息，利用中国海油招投标系统，最后中国船舶集团有限公司第七一九研究所承担此项试验技术服务。该单位组织超高压、机电等专业工程师设计模拟试压作业工况下飞出物击打防护靶的试验方案。为了进一步模拟真实试压工作飞出物击打防护物体的工况，要求 719 所设计的清水和氮气试验的压力容器要有审核批准过程，设计的飞出物受力要与真实介质流道相符合，飞出物的尺寸及重量参数要与表 3 和表 4 中数据相对应，防护材料要在市面上常见、混凝土要符合建筑标准。以下是试验的压力容器、脱销设施、飞出物、目标靶的设计图纸，见图 1、图 2、图 3、图 4、图 5、图 6、图 7、图 8。

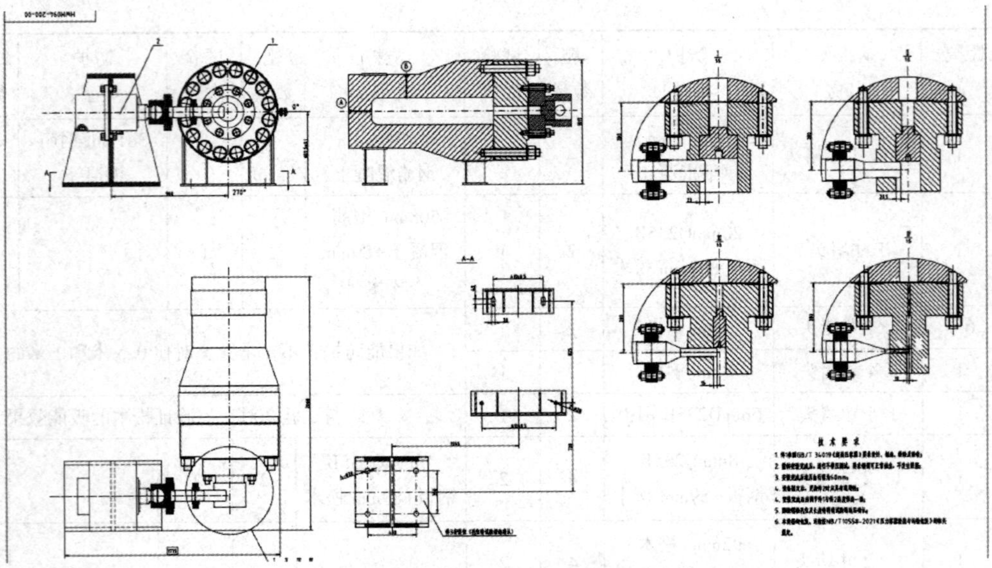

图 1　清水介质试验超高压设备、激发装置及飞出物设计图

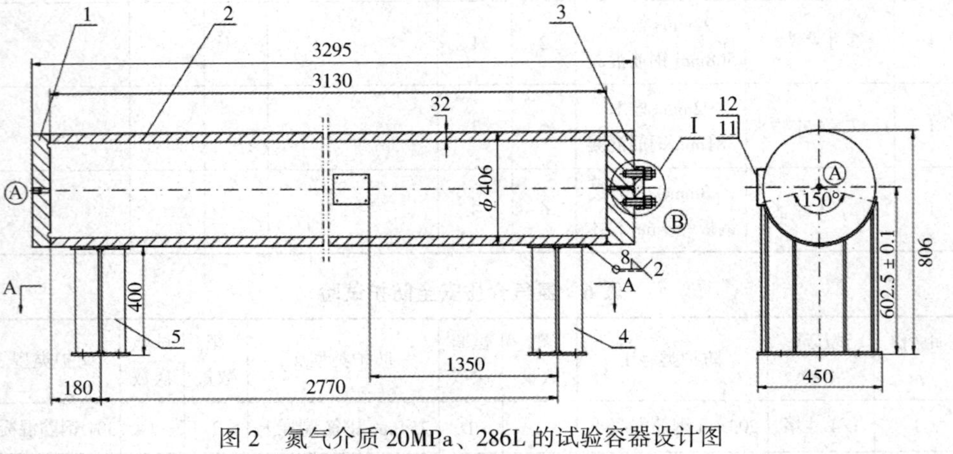

图 2　氮气介质 20MPa、286L 的试验容器设计图

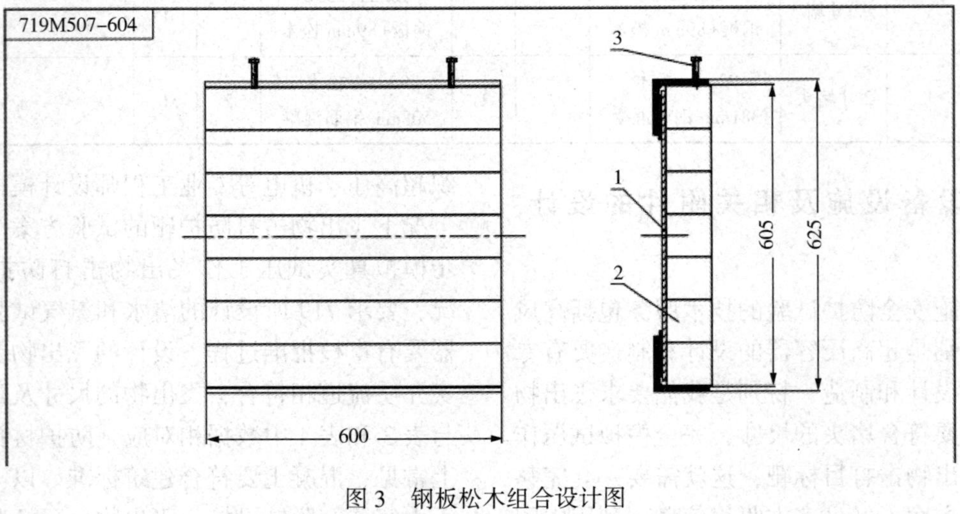

图 3　钢板松木组合设计图

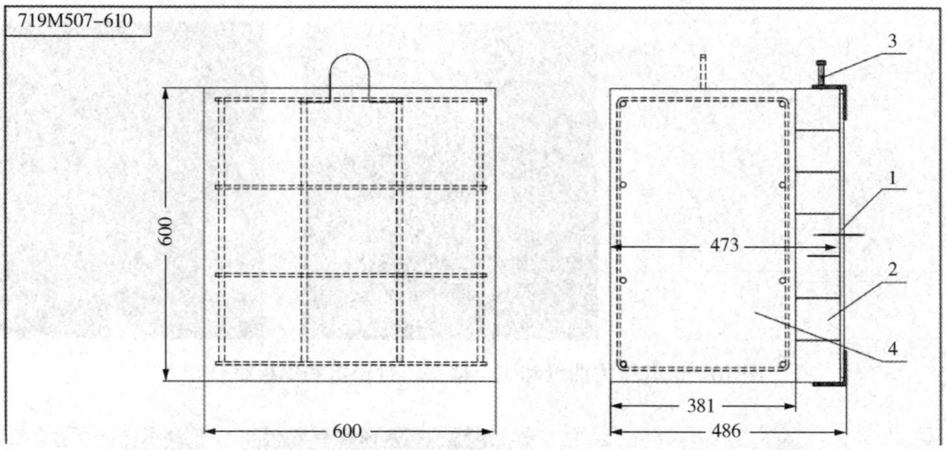

图4　钢筋混凝土松木组合设计图

图5　试验用堵头

图6　不同规格的钢板防护靶

图7　不同规格的钢筋混凝土防护靶

图8　600mm＊92mm＊80mm 的松木方

3　试验过程及结果

通过28组的清水介质和氮气介质加压下飞出物击打目标靶的试验，见图9、图10、图11。得到以下结论：

图9　试验过程中

图 10　试验压力曲线和飞出堵头击打松木和钢板组合靶

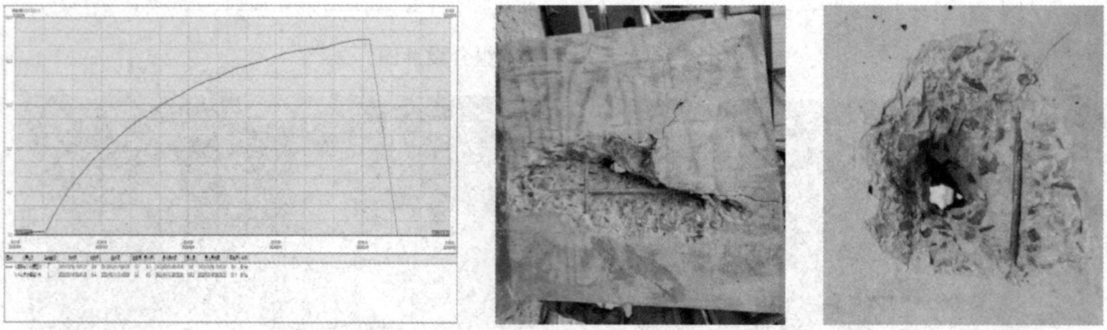

图 11　试验压力曲线和飞出堵头击打后钢筋混凝土靶

A. 0.5m 和 1m 距离击打的效果基本相同，飞出物飞行的距离很短，飞出物的速度基本变化不大，所以动能的变化很小；

B. 1 寸堵头破坏力最大，防护要以他为主，其他进行参考，根据 $E=\frac{1}{2}mv^2$ 和 $F=ma$，并不是质量越大产生的动能就越大，也不是质量越小动能越大，而是质量和速度有个临界点；

C. 21MPa 氮气防护尽管飞出物多数下考虑防护 1/4 寸堵头，但是考虑实际与 2 寸链接较多，试验证明在相同的压力下 2 寸堵头飞出的破坏力较 1/4 寸堵头的大，要以 2 寸试验为主，但是此工况下还没有清水介质 100MPa 下的能量高，氮气防护要以 92 松木+10mm 钢板或者 92 松木+381 钢筋混凝土为主；

D. 100MPa 清水介质防护要以 92 松木+10mm 钢板或者 92 松木+381mm 钢筋混凝土为主；

E. 155MPa 清水介质防护要以 92 松木 10mm+10mm 钢板或者 92 松木+508mm 钢筋混凝土为主；

F. 尽管试验最高的压力是 180MPa，这是从试压作业的实际试验压力机最高参数考虑的，真实的工作压力分级为 ≤100MPa、≤138MPa、≤155MPa，但是 138MPa 与 155MPa 压力接近，建造试压设施时要以 100MPa 和 155MPa 分级为准。

4　应用及意义

根据以上的试验结果，参照各单位建造试压设施的实际情况，编制了企业级的《试压设施建造安全防护技术规范》，并在企业内部发布实施，企业内各单位依据此标准新建、改建本单位的试压设施。规范企业试压设施建造的标准，满足安全防护的要求，为企业员工提供了安全健康的工作场所，符合 ISO 45001 的要求，使企业的试压设施建造在国内、国际同行业内处于领先水平，为企业在国际竞争中提供了良好的基础支撑，同时试压设施安全防护研究与应用填补了石油行业及相关行业在试压安全防护领域的空白。

CI 级柴油机油综合健康指数模型的建立及寿命预测

郑宛镧　杨　琳　曾文强

（中国石油集团川庆钻探工程有限公司）

摘　要　为了降低钻井现场废弃润滑油的危废处理成本，本研究以川渝地区钻井现场 CI 级柴油机油为例，以运动黏度、酸值、硝化等 7 项关键性指标建立综合健康指数（HI）模型。通过划分在用润滑油健康等级，建立了综合健康值与在用润滑油健康状态评估之间的对应关系。依托退化曲线数据库对润滑油使用寿命进行了预测，并与旋转氧弹规律性吻合，表明综合健康指数模型在延长润滑油使用寿命、降低废弃润滑油处理量方面具有良好的应用前景。

关键词　润滑油监测模型；寿命预测；危废处理

近年来随着我国石油工业逐步向高质量发展模式转变，在安全环保数字化、信息化等方面提出了更高的要求。而润滑油作为钻井关键设备运行的重要一环，在减少磨损、降低能耗、延长设备使用寿命等方面发挥着重要作用，关于润滑油监测及管理的研究也日益增多。

润滑油主要是由多种烃类化合物和少量非烃类化合物组成，在使用过程中由于各种物理化学作用会导致其发生劣化，生成如醛、酮、炭黑、树脂、沥青以及各类金属杂质，若不妥善回收处理，会对环境造成严重危害。《国家危险废物名录》中规定，金属、塑料的定型和物理机械表面处理过程中产生的废润滑油、机械设备润滑过程中产生的废润滑油，均属于危险废物，因此润滑油使用单位不可避免地面临着危废处理问题。

研究表明，长久以来以单一的“按期换油”的方式更换润滑油可能会造成以下两种不良影响：一方面，润滑油在使用过程中由于工况条件如温度、设备使用年限、外界污染等影响会发生老化、变质，导致其耐磨性、抗乳化性等不再能满足设备运转要求，引起设备磨损和腐蚀的同时，也加大了后期废弃润滑油的处理难度；另一方面，润滑油使用达到规定的换油时间，但油品使用性能仍处于良好状态，过早更换则会造成油品浪费，增加生产成本的同时，也进一步加大了危废处理量。

目前，利用傅里叶变换红外光谱、元素分析光谱仪等表征技术可有效分析润滑油中基础油性质变化和各类添加剂损耗情况，并从各项润滑油性能指标中精准反应机械设备的润滑状态。本研究以川渝地区钻井柴油机在用润滑油为例，将质量安全管理理念和性能监测技术引入到润滑油的综合评估中，通过建立综合健康指数模型，重点关注运动粘度、酸值、碱值、元素含量等关键指标，以数字化、可视化方法分析出最佳的换油时间，依托润滑油性能监测数据库对目标油品进行寿命预测，为按质换油提供可能，从而达到保障设备稳定运行、减少设备运转能耗、降低废弃润滑油处理量的目的。

1　综合健康指数模型的建立

借助于可靠性维修理论，用劣化值（θ_i）间接反映在用润滑油的性能变化情况，并用权重值表示各个指标对润滑油健康状态的影响程度（W_i）。则在用润滑油健康状态的综合健康指数（HI）综合健康指数（HI）可定义为：

$$HI = \sum_{i=1}^{n} \theta_i \cdot W_i \tag{1}$$

其中，HI 代表在用润滑油综合健康指数；θ_i 代表第 i 个指标的相对劣化值；W_i 代表第 i 个指标的权重值。

以川渝地区多支井队 CI 级柴油机油分析数据为例，遵循单调性、相关性、预测性和鲁棒性四项基本原则，确定以运动黏度、酸值、硝化、烟炱、Fe 元素、碱值、氧化等七项关键指标来计算劣化值，并进行归一化处理得到相对劣化度。其次依照区间层次分析法，解决同层指标之间的不确定性和变异性。作为一种定性和定量相结合、系统化和层次化相结合的分析方法，主要包括目标层、准则层和因素层。通过该方法确定七项关键指标的权重值，并根据公式(1)计算出在用CI级柴油机油综合健康指数。

在建立综合健康指数模型的基础上，结合在用润滑油监测数据库，将润滑油健康状态划分为4个等级，建立健康指数与在用润滑油健康状态评估之间的对应关系，如表1所示。

表1　健康指数与健康状态的对应关系

等级	健康指数	健康状态	健康状况描述
Ⅰ	[0，0.25)	健康	各项指标处于正常状态，油品整体性能良好
Ⅱ	[0.25，0.5)	比较健康	部分指标出现一定程度劣化，油品整体性能仍良好
Ⅲ	[0.5，0.75)	亚健康	部分指标劣化较严重，油品整体性能出现下降
Ⅳ	[0.75，1]	失效	多项指标劣化严重，油品处于临界失效状态

2　健康综合指数模型的验证

为了验证在用润滑油健康模型的可行性，对川渝地区某井队2号柴油机润滑油进行多次监测，并进行不同时段的数据分析。如表2所示，通过综合健康指数(HI)可知，柴油机运行时间越长，综合健康指数越大，柴油机油劣化情况越明显，对设备的磨损越大。

表2　川渝地区某井队2号柴油机油历次监测数据

	2号柴油机(400h)	2号柴油机(731h)	2号柴油机(907h)	2号柴油机(1013h)
运动黏度100℃	13.32	13.73	14.05	14.04
酸值(mgKOH/g)	3.15	4.28	4.06	4.34
碱值(mgKOH/g)	8.74	7.77	7.76	7.70
氧化(Abs/0.100mm)	0.06	0.12	0.13	0.14
硝化(Abs/0.100mm)	0.08	0.16	0.17	0.18
烟负(Abs/0.100mm)	0.05	0.12	0.14	0.15
Fe(mg/kg)	5.00	13.00	16.00	15
HI	0.22	0.56	0.57	0.62

为了进一步验证综合健康指数的合理性和可靠性，使用红外光谱和Fe谱分析对不同时段的润滑油进行表征。Fe谱分析主要用于了解润滑油磨粒尺寸、数量、形貌等情况，可以体现润滑油的衰败程度；红外光谱则具有低成本、快速检测的特点，可用于掌握润滑油中添加剂的消耗和氧化产物的产生情况。各样品红外光谱与Fe谱分析见图1、图2。

由图1可知，不同时段油品的红外图谱上有两处较明显特征峰，一处是1600cm^{-1}附近出现硝基的伸缩振动峰，这通常是油中的氧化物和硝化物所对应的特征峰，表明油中氧化物和硝化物的含量在增加。另一方面，970cm^{-1}附近出现ZDDP添加剂的伸缩振动峰，这类添加剂是柴油机油中的抗氧抗磨剂，用来提升油品的抗氧化和抗磨性能。

同时从图1中可以看出，随着设备运行时长的增加，ZDDP添加剂的特征峰存在不同程度的收缩，即服役油品综合健康指数越大，油品中ZDDP的消耗越大。此外，1600cm^{-1}附近降解产物特征峰与在用润滑油综合健康指数也呈现相关关系，即油品综合健康指数越高，1600cm^{-1}处特征峰越明显，表明油品氧化物和硝化物含量增加。从Fe谱图2可知，随着润滑油使用时间的延长，Fe元素含量明显增多，这会导致润滑油性能下降的同时，也在一定程度上增大了危废处理难度。整体上来看，各时段油品红外光谱和Fe谱分析的结果，与综合健康指数所反映的油品状态基本吻合。

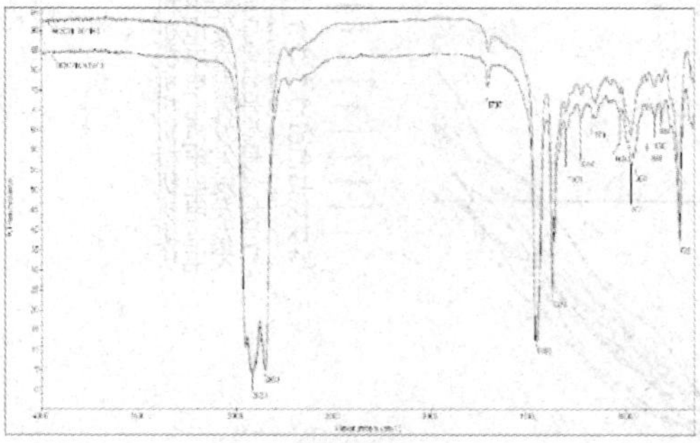

(a)400h油品

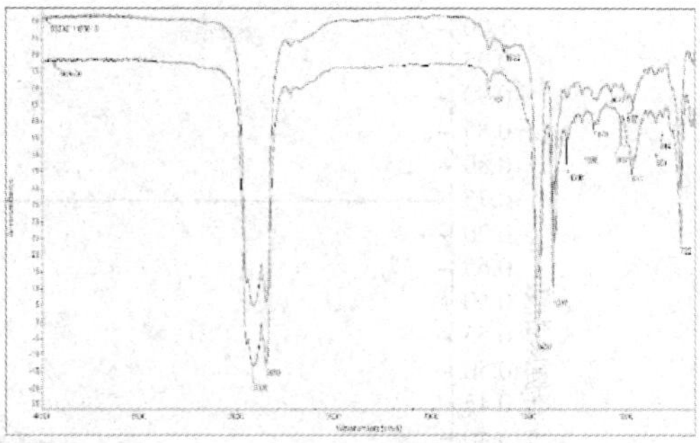

(b)731h油品

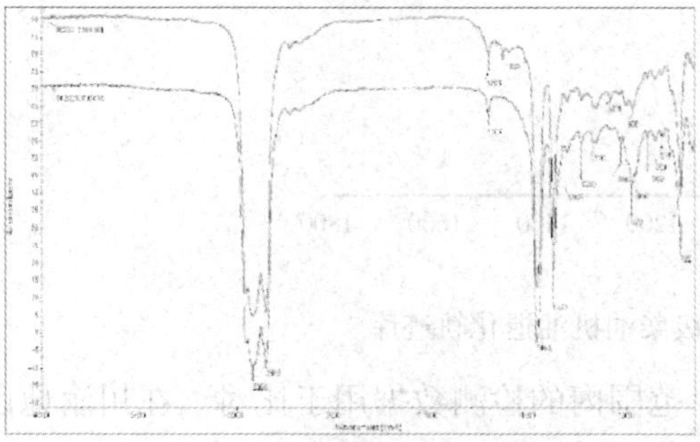

(c)907h油品

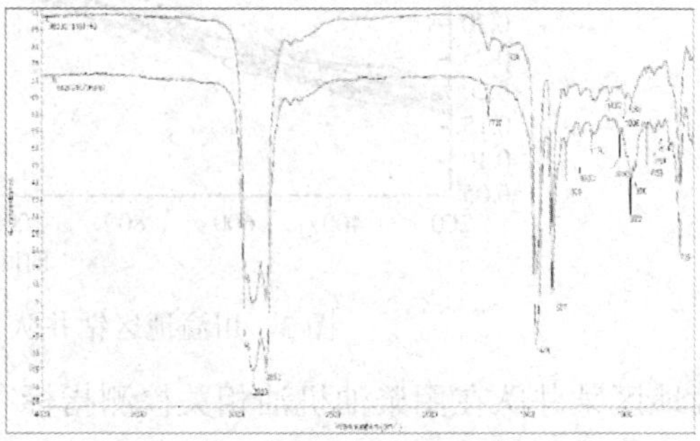

(d)1013h油品

图 1　柴油机油不同时段样品红外光谱图

(a)400h油品

(b)731h油品

(c)907h油品

(d)1013h油品

图 2　柴油机油不同时段样品 Fe 谱图

3　在用柴油机油寿命预测

在确立综合健康指数模型的基础上，根据时间序列预测分析模型 ARMA（Auto Regression Moving Model，ARMA）和已有的监测数据建立 CI 级柴油机油的退化轨迹曲线如图 3。根据表 1 中的定义，综合健康指数大于 0.75 即为油品失效状态，可知 CI 级柴油机油服役寿命在 1450h 到 1550h 区间范围。

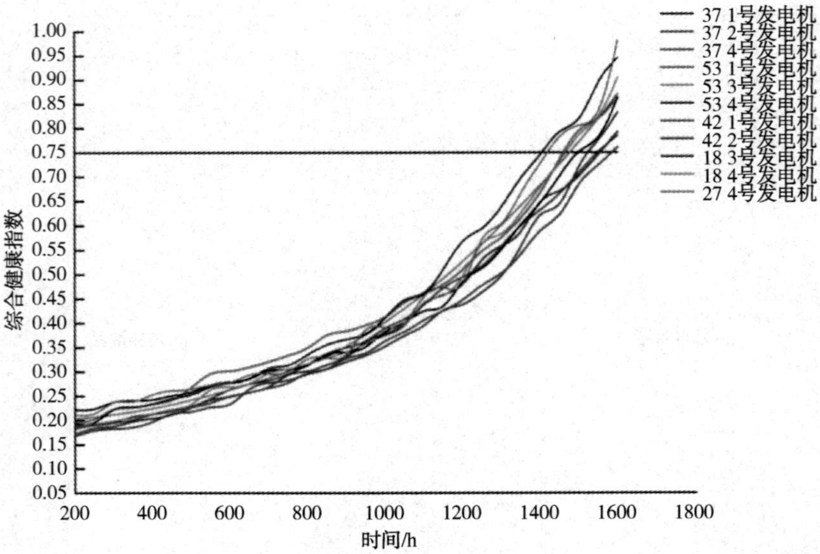

图 3　川渝地区钻井队 CI 级柴油机油退化轨迹库

川渝地区某井队在用柴油机油相关检测指标及服役时间信息如表 3，计算其综合健康指数并代入退化轨迹库中进行匹配。若将相似性时间范围设置为前后 100h，即选取 197h 到 397h 时间范围内的检测数据用于比对。在川渝地区钻井设备 CI 柴油机油退化轨迹库中找到 3 条曲线数据，其检测时间点分别为 278h、327h、373h，剩余寿命值分别为 1090h、1124h、1270h。

表 3　川渝地区某井队 CI 级柴油机油检测数据

设备编号	3 号柴油机(297h、高石梯)						
检测项目	运动黏度 100℃	酸值	碱值	氧化	硝化	烟炱	Fe
检测数据	13.04	3.37	8.67	0.05	0.05	0.03	2.00

根据匹配曲线样本的剩余寿命值以及各样本的权重，利用公式(2)则可推算出该井队目标样本的剩余寿命(RUL)为 1161h。且该目标样本总寿命预测为 1458h，符合 CI 级柴油机油服役寿命在 1450h 到 1550h 的区间范围。以川渝地区钻井现场“按期换油”时长 1000h 计算，若目标样本依照本研究模型进行按质换油，可继续使用 458h，延长使用寿命约 46%，从而明显降低废弃润滑油处理量。

$$RUL=S_1\times W_1+S_2\times W_2+S_3\times W_3 \quad (2)$$

其中，S_1、S_2、S_3分别代表匹配样本的剩余寿命，W_1、W_2、W_3分别代表各样本的权重。

表 4 是对该目标油品旋转氧弹测试情况。旋转氧弹主要用来表征油品的抗氧化性能，可用于反映柴油机油寿命。从检测数据看，旋转氧弹检测结果与剩余寿命(RUL)预测值的规律性基本吻合，从而验证了寿命预测模型的可靠性。

表 4　川渝地区某井队 CI 级柴油机油剩余寿命及旋转氧弹值

	1 号柴油机(602h)	2 号柴油机(440h)	3 号柴油机(297h)	新油
RUL/h	912	1010	1164	1450-1550
旋转氧弹/min	253	300	435	605

4　结论

本研究以川渝地区钻井现场 CI 级柴油机油为例，通过分析 100℃运动黏度、酸值、碱值、氧化、硝化、烟炱、Fe 元素等 7 项影响润滑油性能的重要指标，引入综合健康指数(HI)划分在用润滑油健康等级，并建立了综合健康值与在用润滑油健康状态评估之间的对应关系。通过分析柴油机不同时段在用润滑油的红外光谱和 Fe 谱图像，证明了综合健康指数可以有效反映在用润滑油的劣化情况。根据退化曲线数据库对润滑油使用寿命进行了预测，可延长使用寿命约46%，在降低废弃润滑油处理量方面具有良好的应用前景。

参 考 文 献

[1] 张贤明，焦昭杰，贾玉梅，等．工业污染废润滑油再生技术[J]．环境科学与技术，2008，31(3)：4.

[2] 张驰．傅里叶变换红外光谱技术在润滑油监测中的应用综述[J]．润滑油，2014(4)：5.

[3] 吴琴，张红侠，吕婧妍．全自动综合油料监测系统的功能及应用[J]．2022(S10).

[4] 李秀芳．油液监测技术在空压机故障分析中的应用[J]．润滑与密封，2015，41(3)：116-118.

[5] 庞晋山，贺石中，宁成云．相关性分析在油液监测及故障诊断中的应用[J]．润滑与密封，2016，41(4)：128-131.

[6] 吴磊，温泽峰，金学松．车轮全滑动轮轨摩擦温升三维有限元分析[J]．机械工程学报，2008，44(3)：57-63.

[7] 周平，刘东风，吴千．柴油机油液监测综合评价方法研究[J]．润滑油，2010，25：35-38.

[8] 朱江，高显振，王辉，等．空气压缩机油循环耐久寿命试验方法研究[J]．润滑油，2023，38(1)：5.

智能组网技术在油田生产数据安全传输中的应用

马德忠　陈　宇　刘建忠　张一凡　靳　博

(中国石油新疆油田公司)

摘　要　无线通信已成为提高油田生产自动化水平的关键技术之一，然而随着油田生产数据量的急剧增长，无线通信网络的可靠性也在不断下降，严重影响石油生产数据的传输。为解决这些问题，本文提出了基于无线自组织网技术的油田生产数据传输方案，结构稳定可靠。通过所构建的试验系统测试得出，该技术方案在不同条件下传输能力的各性能均有所提升。

关键词　油田生产自动化；数据传输；无线通信；自组织网

1　引言

随着油田信息化水平的不断提高，油田的采油工艺数据、视频监控数据等生产数据量的急剧增长，可靠有效的无线通信传输已成为提高油田生产自动化水平的关键技术之一。无线通信是利用电磁波信号可以在自由空间中传播的特性进行信息交换的一种通信方式，也是目前信息通信领域中发展最快的技术之一。然而，在日常石油生产数据传输过程中无线通信时常出现故障，具体原因如下：

首先，由于现有油田中的无线网桥建设时间早，使用年限长、设备老化、性能降低，时常出现设备死机、配置参数丢失等现象，故障概率比较高，易造成网络通信中断，数据无法传输等后果，并且出现故障后人工维护时间较长，难以满足油田数据实时传输的需求。

其次，现有无线网桥采用点对点或点对多点传输模式，网络稳健性差。如某油田的基站的无线网桥出现故障，会与所对应的所有客户端网桥网络中断，近1/3的油井数据无法上传；若客户端网桥出现故障，也有几十口油井的生产数据无法上传。

第三，现有基站大多采用网关模式，每个基站对应百余口油井，数据传输可靠性差。若基站出现单点故障，会造成对应的所有油井数据无法传输，严重影响油田的安全生产。

由于传统的无线通信系统采用时分多址(TDMA)或码分多址(CDMA)技术，适用于有中心方式的网络结构，并且要求系统时钟严格同步。这种多址技术难以适应网络拓扑的快速变化，对于突发性较强的油田数据业务会产生较大时延，不适合用在快速多变且有大量数据信息的油田数据传输中。

自组织网络技术是当前无线通信领域一种新的、发展迅速的网络技术。无线自组织网是分布式、无中心、自组织、自愈合、多跳传输的网络，其中每个节点不仅具有发送和接收数据的功能，还具有路由中继传输的功能。自组织网节点之间不存在主从关系，只要具备连接条件，就可以随意部署，操作更为方便，为数据、语音、视频等多媒体业务提供多跳数据传输。

为解决现有传输网络可靠性不高、单点故障影响大面积油井数据上传的问题，确保油田生产数据实时、可靠传输，本文基于无线自组织技术提出了一个更加可靠稳定的油田生产数据传输应用方案，并构建了一套试验系统，现场测试表明所提方案可以有效提高油田生产数据的传输可靠性。本文中的稳定性是指无线通信设备较长时间保持正常工作而不出现传输故障。可靠性是指当单一设备出现故障时，不显著影响全网络数据的正常传输。

本文所提出的方案如下：

(1) 通过引入无线自组织网，实现了无中心多跳传输，构建了具有高度可靠性的无线局域网，可以显著提高采油工艺数据和油田监控视频传输的稳定性、可靠性以及传输速率。

(2) 建立了自适应多链路融合的新型网络传输模式，充分利用有线骨干网资源，多条无线/有线传输链路互为冗余备份，显著降低了单点故障的影响范围，彻底解决了传统网桥等有中心模式下骨干网接入点故障可能造成的大面积数据采集、传输中断的风险。

(3) 采用快速自适应组网协议，解决了一般无线自组网大规模组网情况下传输效率低、网络容量不高的问题，提高了大规模组网能力，可以满足密集井区组网覆盖及接入的需求。

2　总体结构

本文提出的基于无线自组织网技术的油田数据传输应用方案示例，如图 1 所示。

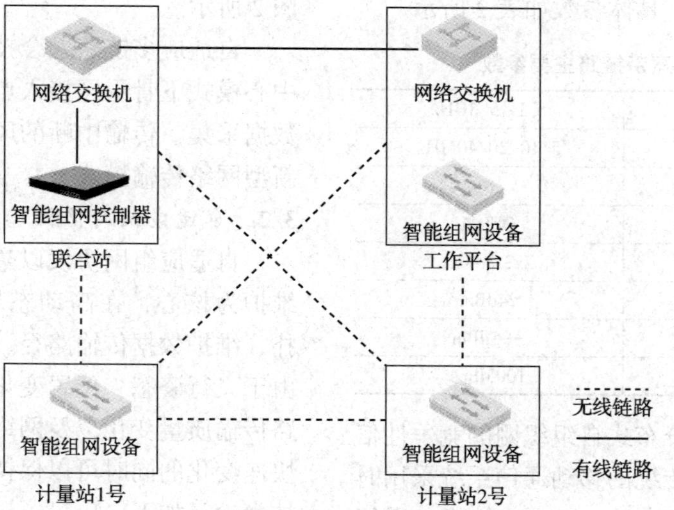

图 1　数据传输应用方案

无线链路是由 3 台智能组网设备和 1 台智能组网控制器构成。其中联合站即油田中的集中处理站，是集输系统中重要组成部分。选取联合站平台，工作平台，1、2 号计量站作为无线组网节点，每个节点部署安装 1 套通用型智能组网设备。

利用联合站通至 1 号平台的空闲光纤，将 1 号平台的交换机与联合站交换机连接构成有线链路。

其中无线链路是利用无线自组织网技术实现，采用扁平化网络结构，是无中心、分布式自组织网络，其协议栈，如表 1 所示。

表 1　自组织网协议栈

层次划分		核心技术
2 层	LLC 层	异构组网
		部署指示
		快速组网与路由协议
		感知型链路自适应
1.5 层	MAC 层	竞争式信道接入控制
1 层	物理层	无线波形

其中物理层使用 OFDM 和 DSSS 双传输波形以提高网络健壮性。在此基础上，为提高传输数据的容量和效率，本方案采用 CSMA/CA 介质访问控制。考虑到油田数据传输的特殊应用场景，本方案基于毫秒级链路感知技术和安全路由交换技术实现逻辑链路层，即一个高效、安全的组网协议和多跳中继的端到端路由技术，它可以面向业务层提供容断通信服务，从而应对极端恶劣环境。最后，为保障处理响应的及时性，无线设备驱动、CSMA/CA 协议、组网及路由协议均以驱动程序形态实现，在系统内核中工作且提供标准以太网传输接口，实现 TCP/IP 协议的透明承载。此外，应用层通过标准 Socket(套接字)接口访问网络传输服务，可复用系统已有的完整 TCP/IP 协议栈传输服务(例如 TCP、UDP、IGMP、ICMP 等标准协议)。

3　技术路线

由于现有油井间传输网络存在可靠性弱和稳定性差的问题，数据传输频繁出现中断，丢失参数，延迟过高等故障，且单一设备出现问题就会影响整个网络的数据传输，本文设计了一种自动适应和调整数据传输路径的网络方案，通过自适应多链路融合和自适应组网协议技术，建立全域覆盖、无盲点的网络架构，提高网络数据传输的可靠性，稳定性。确保业务数据、视频数据的实时传输，提高油井有效生产时率，控制生产管理成本。

3.1　自适应多链路融合方案

本方案充分利用有线骨干网资源，使多条无线和有线传输链路互为冗余备份，进而大大降低了单点故障的影响范围。

传输链路的传输波形选择正交频分复用(OFDM)波形。OFDM具备较高的通信带宽，网络容量大、传输时延低，并具有较好的抗多径衰落性能。可实现高性能的多跳中继视距传输，构建传输网络宽带链路。具体参数如表2所示。

表2　OFDM宽带链路主要参数

工作频率	5.1~5.8GHz
单信道带宽	5/10/20/40MHz
可用信道数	8
调制方式	OFDM
射频通道发送和接收端	2x2 MIMO
最大发射功率	24dBm
最高接收灵敏度	-91dBm
最低传输速率	100Mbps

同时选择适用于分布式自组织网的竞争性信道接入控制技术。因传统的移动通信系统采用时分多址(TDMA)或码分多址(CDMA)技术，适用于有中心的网络结构，要求系统时钟严格同步，难以适应网络拓扑的快速变化和突发性较强的数据业务。因而，本方案采用CSMA/CA多址接入方式，通过RTS/CTS协议解决多跳共享广播信道可能出现“隐藏终端”问题，协议交互过程如图2所示。

自适应多链路融合技术解决了传统网桥等有中心模式下骨干网接入点故障可能造成的大面积数据采集、传输中断的风险，建立了更加稳定的新型网络传输模式。

3.2　自适应组网协议

自适应组网协议以毫秒级快速路径的建立和维护为核心，在高动态环境下快速建立网络拓扑、维护数据传输路径。快速路径技术可以应对由于飞行姿态、位置变化、干扰等因素导致的链路传输质量变化以及网络拓扑变化，在维护拓扑快速变化的同时可以保持较低的协议开销。具体技术途径如下：

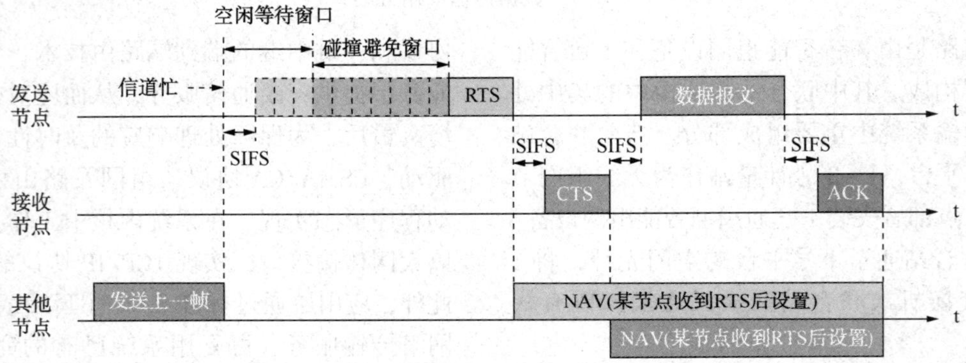

图2　CSMA/CA多址接入协议过程

(1) 链路状态感知技术

如图3所示，在复杂条件下，接收到的无线电信号因为受到周围环境变化、多径效应、噪声和干扰等因素影响而产生快速变化。

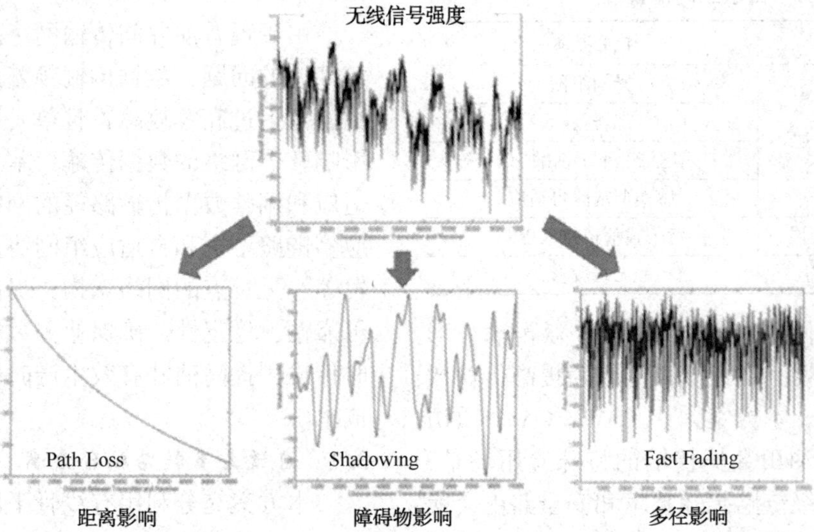

图3　无线信号衰落因素

组网技术需要实现毫秒级及时准确的感知这种变化，并控制物理层工作状态，实现发送状态的自适应调整，充分利用信道资源提供尽可能高的数据吞吐率。链路状态感知技术是整个组网协议的基础，如同一把尺子可以准确测量物理信道的实时状态，为路由选择提供可靠的依据。链路状态感知过程如图 4 所示。

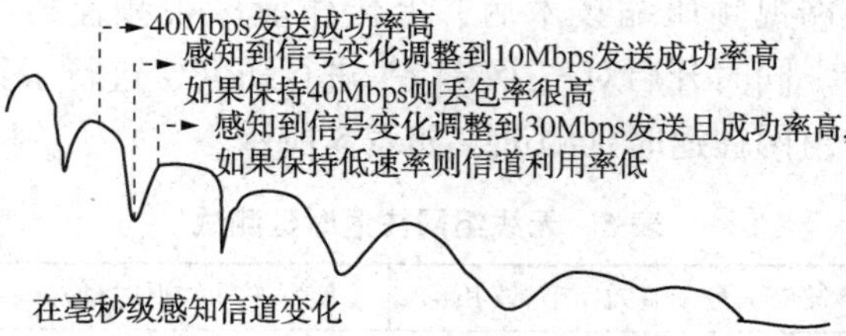

图 4　毫秒级信道感知

链路质量的感知，在传统上仅通过收发功率、路径衰减、噪声水平等指标评定。但这些指标并不能直接反应链路的实际传输效果。在现实中，大概率会出现无线信号强度指示良好，但实际的数据传输带宽却并不高的情况。这是因为这些物理指标只是从一个侧面反应传输质量，而且常以较为宽泛的方式进行评价，不能适应高精度的链路自适应要求。信道智能感知建立以实际传输效率为目标的链路评价体系，首先利用路径衰减、噪声水平预判传输质量范围，然后利用实际的数据传输效果对评价指标进行调整。假设在设备能够提供支持的情况下，可以通过链路测试数据提前获取较为准确的链路质量。根据链路质量动态调整数据传输的功率、速率，并能够为网络组织与路径选择提供依据。

信道智能感知所建立的链路评价体系以及传输控制需要与具体的通信设备相结合。以实现 CSMA/CA 为基础的信道设备为例，可通过 RTS/CTS 感知和实时传输统计的方式获得实时链路通信质量。

RTS/CTS 感知：接收节点通过接收的 RTS 帧计算出当前无线信道的传播损耗，并通过 CTS 帧反馈到发送节点。发送节点根据当前无线信道的传输损耗、本机的发射功率范围、不同数据速率所需的信噪比、链路冗余增益等信息，选择合理的发射功率和数据速率发送数据报文。

实时传输统计：RTS/CTS 所测算的传播损耗为粗粒度感知方法。为适应高精度链路自适应的需求，发送节点可以较短的周期进行发送统计，统计丢包率、实际传输速率等信息，从而进一步调整数据报文的发送控制，增加或减小冗余增益。

（2）拓扑发现协议

拓扑发现包括邻居发现与路径感知两个过程，其设计思路如下：

邻居发现过程：通过节点间周期性的交换信标建立局部拓扑，并逐跳延伸到全网拓扑。在有效控制信标传播范围的同时，快速的评估邻居间的链路质量和节点状态。

路径感知过程：由源节点发起目的节点路径查询，逐跳扩散。目的节点通过路径信标予以回应，从而形成并维护形成从源节点到目的节点的多条可选路径。

（3）梯度路由协议

梯度路由协议并不试图建立端到端的最佳路由，而是建立指向目的节点的梯度方向。数据沿梯度方向逐跳转发，并在每一次转发过程中判决最佳下一跳路径。报文会以水从高处流到低处一样的方式到达目的节点。

由于梯度路由并不寻找最佳路由，所以不会产生较大的协议开销。采用局部逐跳判决的转发方式也能够适应快速变化的网络拓扑。梯度方向天然的形成了局部拓扑中多个传输路径，为快速切换建立了信息基础。以梯度路由构建网络中，增加网络节点数量，可形成更多的传输路径选择，提升网络的抗毁性和可靠性，如图 5 所示。

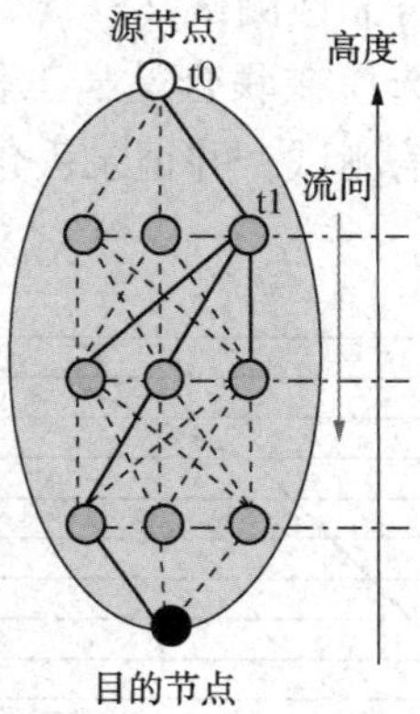

图 5　梯度路由

4　验证方案与结果

为验证无线宽带自组网系统的传输稳定性、可靠性及数据传输能力，我们依托吉庆油田实际搭建了自组网，在其拉油点、工作平台及铁塔上端三处，对平台 3 台摄像机、拉油点 2 台摄像机的视频数据进行接入。具体参数设置，如表 3 所示。

表3　参数设置

最大物理速率	270Mbps@40MHz 带宽
载波频率	5.15~5.35GHz，5.725~5.850Ghz
调制方式	OFDM
带信道带宽	5/10/20/40MHz
最大发射功率	5GHz 频段： 24±1.5dBm@BPSK，20MHz 22±1.5dBm@BPSK，40MHz
接收灵敏度	5GHz 频段： -93dBm@BPSK，20MHz -90dBm@BPSK，40MHz
最大功耗	9W

(1) 传输稳定性测试

为验证无线宽带自组网系统在复杂地形地貌条件下的传输的稳定性，本测试在拉油点与工作平台之间以树林带阻隔。

实际测试发现，自主网两地信号可以直接通讯，测试结果良好，同时说明提出的技术方案在复杂地形下也能够保证数据的稳定传输，如表4所示。

表4　拉油点与工作平台通信结果

测试距离/km	架高/m	发送/接受包数	丢包率/%
5	10	30/30	0
10	20	30/30	0
12	20	30/30	0

(2) 传输可靠性测试

本次测试选择在联合站，工作平台和10个计量站直接通信测试，并记录丢包率，结果，如图6所示。

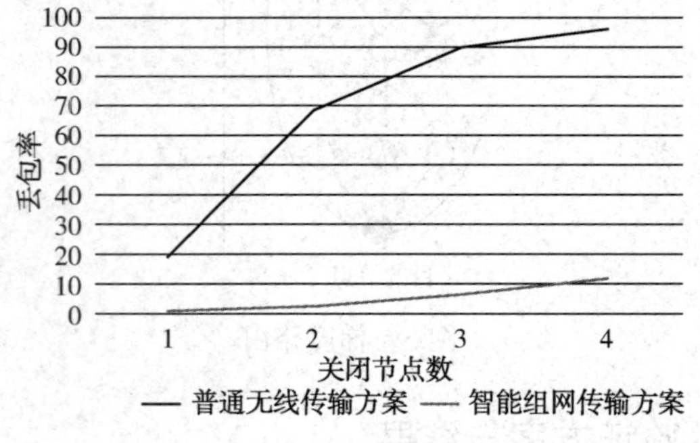

图6　传输可靠性

实际测试，当发生某点故障时，无线宽带自组网设备数路自动由其他链路实现传输，解决了因单点故障业务而中断传输的问题，提升了网络健壮性及传输的可靠性。

进一步测试得出在无线宽带自组网系统，不区分发射设备、接收设备、中继设备，任意设备发生故障后，可以用备用设备快速更换，无需区分设备类型、无需现场调试，无需配置设备参数，即可快读更换。

(3) 传输速率测试

为验证无线宽带自组网系统，传输能力可以满足数据上传、视频传输的业务需求。本测试自组网视频压缩技术后，上传作业区视频监控平台。同时开启对三个摄像头进行访问，进行了无线组网往返时延测试，如表5所示。

表5　无线组网往返时延测试

摄像头编号	有效字节数(Byte)	实际平均往返时延/ms
1	32	273
2	32	209
3	32	176

由测试结果可得，本文所提出的快速自适应组网协议传输时延在ms级别，提升了数据传输速率。

通过上述实验数据可以发现，本文所提出的基于无线自组织网技术油田生产数据传输应用分别在稳定性，可靠性和传输速率方面有较好的提升，可以保证油田生产数据的实际应用。

5　结论

目前无线通信已成为提高油田生产自动化水平的关键技术，但日常石油生产数据传输过程中，随着数据传输量的急剧增长，地形条件愈发复杂等原因，无线通信时常出现故障。因此，本文提出了一个基于无线自组织网技术可靠稳定的油田生产数据传输方案，通过自适应多链路融合和自适应组网协议提升油田生产数据传输的稳定性和可靠性，提高油井有效生产时率，控制生产管理成本。

参　考　文　献

[1] 于开春．油田开发信息化建设与应用实践[J]．软件，2021，42(11)：47-49.

[2] 张瑶．油田新时期下信息化发展研究与思考[J]．信息系统工程，2021(10)：129-131.

[3] 孙晓萍，张小龙．油田信息化建设中数据挖掘技术的应用研究[J]．中国管理信息化，2021，24(13)：124-125.

[4] 杨振华．通信网络技术在智能化油田建设中的应用[J]．信息系统工程，2022(04)：125-128.

[5] 赵鹏 .5G 通信技术在数字油田建设中的应用表现[J]. 中国管理信息化，2021，24(14)：104-105.
[6] 杨天翼 . 通信技术在大庆油田数字化建设中的应用模式探讨[J]. 中国设备工程，2019(12)：19-21.
[7] 蔡宗元 . 浅析卫星通信技术在油田数据传输中的应用[J]. 中国设备工程，2019(21)：130-132.
[8] 王新亚 . 有缆智能分层采油系统井下通信技术研究[D]. 西安石油大学，2021.
[9] 王焱，关健，臧翔 . 无线通信技术在油田自动化中的应用研究[J]. 中国管理信息化，2021，24(02)：129-130.
[10] 秦艳威 . 生产企业网数据传输存在问题及对策[J]. 化学工程与装备，2021(09)：68-70+67. DOI：10. 19566/j. cnki. cn35-1285/tq. 2021. 09. 032.
[11] 刘琛，甘霖，孟鹏云，等 . 油田数字化管理问题及解决对策[J]. 化工管理，2020(36)：185-186.
[12] 蒋洪奎 . 无线通信技术的发展趋势阐述[J]. 电子元器件与信息技术，2020，4(08)：48-49. DOI：10. 19772/j. cnki. 2096-4455. 2020. 8. 022.
[13] 吴晨，杨晨光 . 无线通信技术的发展研究[J]. 无线互联科技，2016(07)：5-6+14.
[14] 邱新平 . 面向 5G 无线通信系统的关键技术探讨[J]. 中外企业家，2020(09)：143.
[15] 滕艳平，周浩令，王海珍，等 . 一种改进的移动无线自组织网络路由算法[J]. 计算机仿真，2022，39(09)：221-225+335.
[16] 朱龙梅 . 移动自组织网络安全性测试研究[J]. 微型电脑应用，2021，37(10)：134-136.
[17] 罗龙，胡凯文，盛丽，等 . 基于鱼群优化的车载自组织网络路由算法[J]. 电子科技大学学报，2021，50(04)：488-495.
[18] 吴亚联，朱紫琦，黄盟标，等 . 基于区块链的车载自组织网络群签名方案[J]. 吉林大学学报(工学版)，2022，52(05)：1161-1167.
[19] 王为 . 车载移动自组织网络延迟容忍路由协议研究——评《移动自组织网络：体系结构与路由技术》[J]. 现代雷达，2021，43(10)：116-117.

管柱力学分析技术在工艺安全上的应用

袁艺绮

(中国石油川庆钻探工程有限公司)

摘 要 试油修井作业是老井挖潜和非常规气井上产的必要作业，其工艺复杂、设备繁复、任务量大决定了安全风险管理的难度巨大。企业在发展过程中实现了从事后解决转变向事前控制、动态管理的思想转变，提出了“技术+管理”的安全生产模式，并利用现代化技术使安全生产科学化、标准化、规范化促使安全生产得到有效发挥。本文结合了管柱力学分析软件，总结了在安全生产过程中需要用到的多个模块，介绍了井下力学四大基本效应，总结了软件使用的方法和特点，希望为企业的安全生产提出一些参考。

关键词 安全生产；软件应用；工艺优化；管柱力学

1 引言

试油修井作业根据油田调整、改造、完善、挖潜的需要，利用地面和井下设备、工具，对油水井采取各种井下技术措施，达到提高注采量，改善油层渗流条件及油水井技术状况，提高采油速度和最终采收率的作业，是完成“维修井筒、处理井下故障、调节生产层位”等任务，贯穿油气田开发全过程的综合作业。

试油修井作业设备众多，操作复杂，主要有修井机、通井机、连续油管作业机、带压作业机、修井辅助设备、工具等。作业工艺复杂、繁多，包含压井、起下管柱、套管刮通洗、射孔、酸化加砂压裂、试井试气测试、检验坐封、找漏找窜、磨铣桥塞封隔器，打捞、封堵开窗侧钻，老井挖潜等20多个工艺。

经过几十年的开发，长庆油田、西南油气田、塔里木油田、青海油田等主力气田进入了开发中后期，面临地层压力低、产量低、产能恢复慢的问题。另外，企业的开发重点，非常规天然气如致密气、页岩气、煤层气等具有异常低孔低渗特点，页岩气储层集中，致密气储层多层分散。对于产能低的老井和非常规天然气井，如果不进行施工改造，其产量很低，可能无法自然生产，无法达到工业开采价值。老井挖潜和非常规天然气井的修井改造任务量持续增加。

试油修井作业面临工艺复杂、设备繁多、改造任务量大等挑战，现场存在各种各样的危险有害因素，一旦发生危险，将严重威胁着作业人员的安全。以往的案例如射孔作业管柱跳出井口、封隔器未能坐封、压裂作业砂堵后管柱屈曲并破裂、连油断裂、连油封隔器提前解封、油管屈曲、尾管悬挂器下部管柱屈曲等造成的井下事故和地面安全事故危害严重，急需提升安全生产工艺确保生产本质安全。

随着企业规模扩大和生产集约化程度的提高，基于超前、动态地管理控制井下安全生产风险因素，提出了技术+管理的方法论。利用现代化的技术以使安全生产科学化、标准化、规范化，促进了安全生产工作得到不断的发挥。从生产者的角度来看，技术方法是最理想的安全风险管控模式，也是企业生产人员最容易接受的方式。

2 油气井管柱力学分析

2.1 油气井管柱力学研究过程

在20世纪20~50年代，国内外学者对油气井管柱力学的研究处于探索阶段。1950年A. Lubinski利用边界条件推导出管柱发生失稳的临界载荷计算公式。1957年Lubinski、Blenkarn等又研究了油管的螺旋屈曲行为。1962年，Lubinski、Althouse、Logan等研究了带封隔器管柱的螺旋屈曲行为，总结出活塞效应、温度效应、鼓胀效应、螺旋屈曲效应四大单轴效应。这些研究后来成为了广泛使用的管柱力学软件的理论基础，为石油工业的安全生产发展奠定了基础，Lubinski等人对四大效应的理解所得的算法广泛应用于石油工业实际生产施工中。

之后的学者在此基础上研究了更多的管柱力学公式，如正弦屈曲的临界荷载公式、微分屈曲公式、螺旋屈曲的临界荷载公式、正弦屈曲和螺旋屈曲的判断方法、摩擦力的影响、强度校核方法和差分求解等公式，丰富并完整了石油井下管柱的力学计算式和受力极限值。

2.2　屈服强度与生产安全

$$\Delta L=\frac{F*L}{E*S}$$

胡克定理，表示应力和应变成正比例关系，其比例系数 E 称为弹性模量。其中，F 为力，S 为受力面积，L 为长度。例如对钢铁 $E=30*106$ 千磅。根据虎克定理，活塞效应、温度效应、鼓胀效应、螺旋屈曲效应的作用应力都可计算出管柱的长度变化，推导出应力-应变曲线，见图 1。

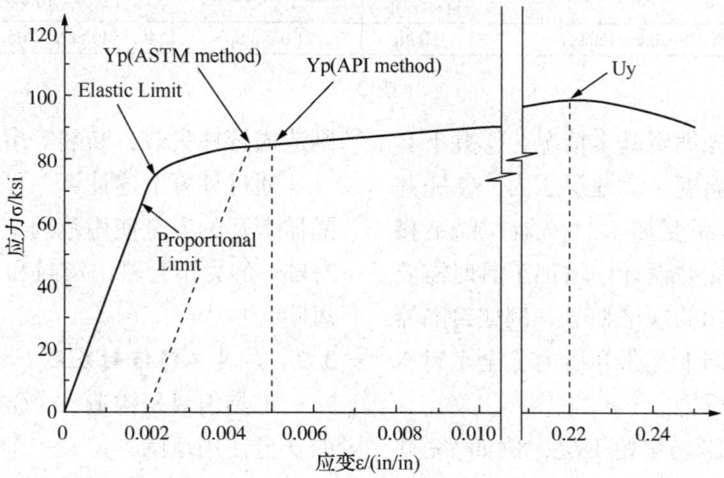

图 1

但如果管柱不是自由体，管柱下端有限位，加载应力作用在管柱上无法产生弹性形变，管柱力没有释放，就可能超过材料的弹性形变极限 Yp。API 标准中，弹性形变极限是屈服强度 Yp，定义应力-应变曲线中过了屈服强度 Yp 以后会发生永久形变，管柱的额定参数无法保证，就无法保证生产本质安全。

管柱力学分析可以算出管柱某点承受的力和管柱的位移，扭矩，磨阻等，其公式与实际情况高度吻合，得出结论可以运用在实际生产中，模拟出井下的各种生产情况，为生产安全提供数据支撑。

3　软件应用

管柱的受力变化和长度变化需要被校核以便选择合适的封隔器、评估可能的管柱失效、准确的管柱赔偿和坐落完井管柱。主要包括管柱受力分析保证管柱和井下设备在生命周期的完整有效；磨阻扭矩分析可以计算管柱是否能够顺利到达井底；热力学分析模拟生产或注入过程中的各管柱内的温度变化曲线；环空压力上升模拟井下流体全部空间中因温度变化引起的压力变化等。

3.1　荷载应用

以封隔器为例进行荷载分析。封隔器芯筒外径 4.5 寸，封隔器密封面内径 4 寸，油管内径 3.958 寸，给封隔器内压 5000psi。手动计算油管传递给封隔器的力如下：

（1）封隔器芯筒外径 4.5 寸，密封面 4 寸，内压 5000psi，实际封隔器受力为封隔器芯筒外径到密封面面积的受力 F_1

$$F_1=5000*0.7854*(4.5^2-4^2)$$
$$=16.5\text{kips，方向向下}$$

（2）封隔器密封面 4 寸，油管内径 3.958 寸，内压 5000psi，相当于封隔器内部缩径，受力为封隔器密封面到油管内径面积的受力 F_2

$$F_2=5000*0.7854*(4^2-3.958^2)$$
$$=1.31\text{kips，方向向下}$$

（3）封隔器受到流体对它的向上浮力 $F_{浮}$ 假设 15.7kips（方向向上），计算油管传递给封隔器的力计算如下

$$F_1+F_2-F_{浮}=1.31+16.5-15.7$$
$$=2.1\text{kips，方向向下}$$

在实际使用软件计算时，可见从套管传递到封隔器的力也是向下 2.1kip，见图 2。

（4）手动计算封隔器传递给 7 寸内径套管的力如下：

封隔器有的向上的力 40. 7kips，封隔器载荷为-40. 7+2. 1=-38. 6kips，方向向上，过封隔器胶筒压差 1803psi，封隔器传递到套管的作用力

F =油管传递到封隔器的作用力

+过封隔器胶筒压差

＊套管内径到插管封隔器密封面面积

F= 38. 6kips + 1803psi ＊ 0. 7854 ＊ (6. 2762 - 42)/1000 = 71. 7kips(含 0. 7kip 自重)，软件上得出封隔器传递给套管作用力 71. 0kip，方向向上，见图 2。

Packer Forces / Movements

MD Top (ft)	Packer	Pickup(+)/ Slackoff(-)	Packer to Casing	Tubing to Packer (Above/Below)	Seal Movement
6800.00	7" × 4"Sealbore Packer	0.0 kip	71.0 kip up	40.7 kip up/2.1 kip down	0.00 in

图 2

使用软件时，首先编辑基本情况：①井下套管情况和井斜度、②温度、③地层压力，④完井管柱设计，在不同的深度加入封隔器、锚定接头、筛管等工具。在完井设计中增加工具时需要添加工具规格型号和扣的规格型号。例如封隔器需要输入半坐封压力即卡瓦张开压力，全坐封压力即封隔器内芯自锁压力。

每次计算需要先建立初始工况，例如“完井下入状态”；再建立新工况，例如“地面加内压 1600psi+8. 9ppg 盐水坐封”。在新工况“地面加内压 1600psi+8. 9ppg 盐水坐封”的界面中输入内压，环空压力，修改温度等。新的工况产生的效应——活塞效应、温度效应、鼓胀效应、螺旋屈曲效应产生的作用力即可叠加到初始轴向力上，可以输出新的受力结果。

管柱受力分析对于井下安全管理十分重要。当管柱下端固定的情况下，如坐封，应力无法释放，集中在坐封处，可能造成解封管柱弹出或者应力传导到地面，对大钩产生上顶力。如果产生了正弦屈曲，即管柱贴向套管的一边，或者产生了螺旋屈曲，即管柱螺旋弯曲贴向管柱四周，轻则在管柱的弹性形变以内不会造成管柱失效，重则造成管柱失效，断裂等事故。

通过计算上述计算，可以判断是否超过了封隔器卡瓦的安全使用范围 120kip，封隔器受向上 71kips 的力不会跳出解封和上移，不会造成安全风险。

3.2　工具工作信封应用

工具信封是构造一个常用工具的压力和荷载的安全使用范围，定义一个初始的工作信封为矩形见图 3，四轴为上部施加的拉力和压缩力、上部压力、下部压力。分析在不同工况下，同一部件的受力极限标示出来见图 4。把同一个部件在不同工况下的受力极限连接起来，定义出一个最小的工作信封，按照同一流程构造整个工作信封，构造出工作信封见图 5 是同一部件在三种工况下的受力极限构造出来的最小工作信封。最后需要实测信封，在室内把封隔器放在不会变形的厚壁套管中坐封，并在最高工作温度下实测承力和承压的点，见图 6。当封隔器荷载为 38. 6kips，过封隔器胶筒上下压差 1803psi 时，刚好在工作信封内，说明该承力和承压是安全的，在该点内不会超过工具的受力极限，见图 7。

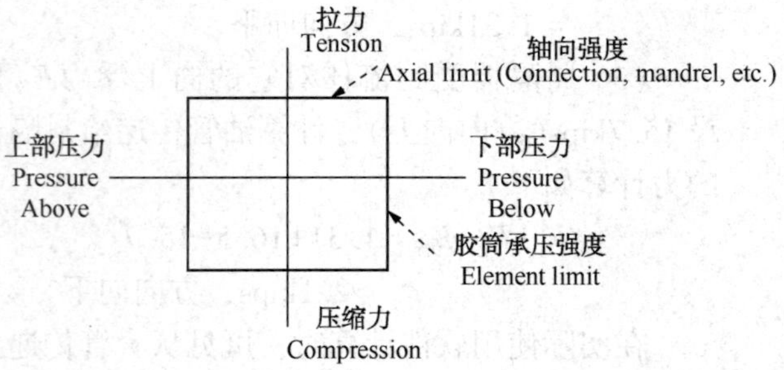

图 3

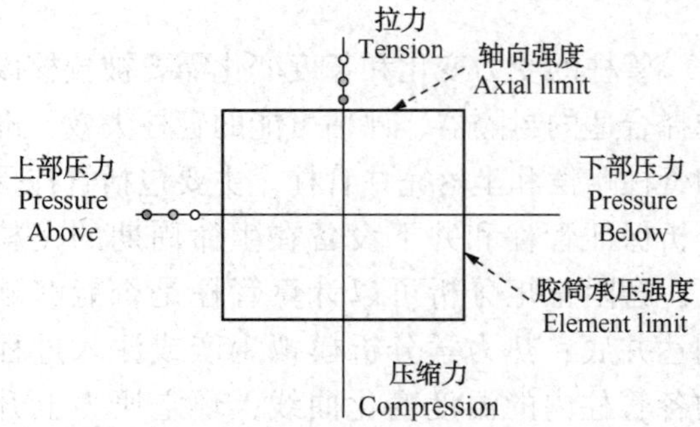

图 4

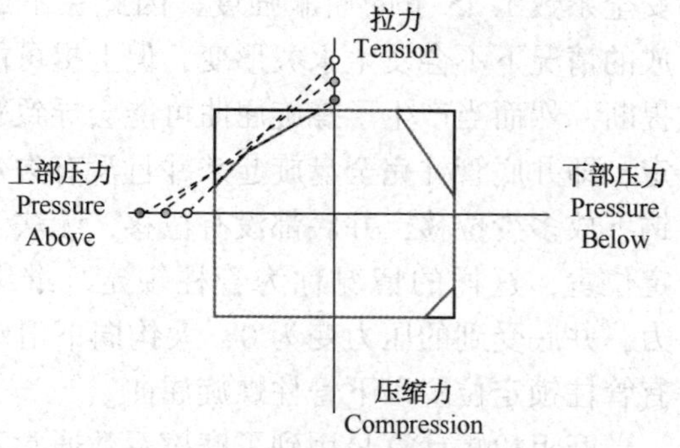

图 5

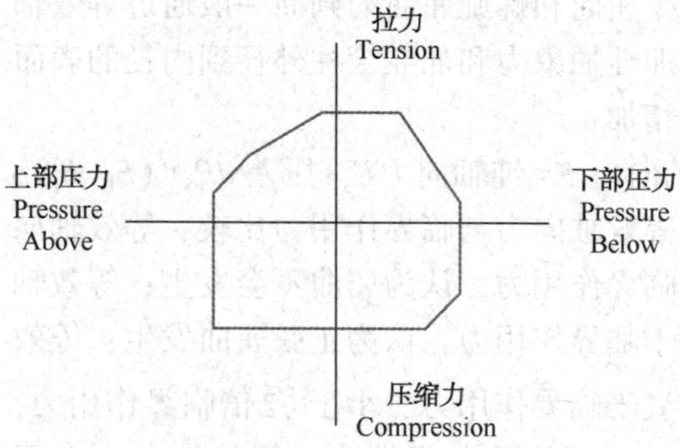

图 6

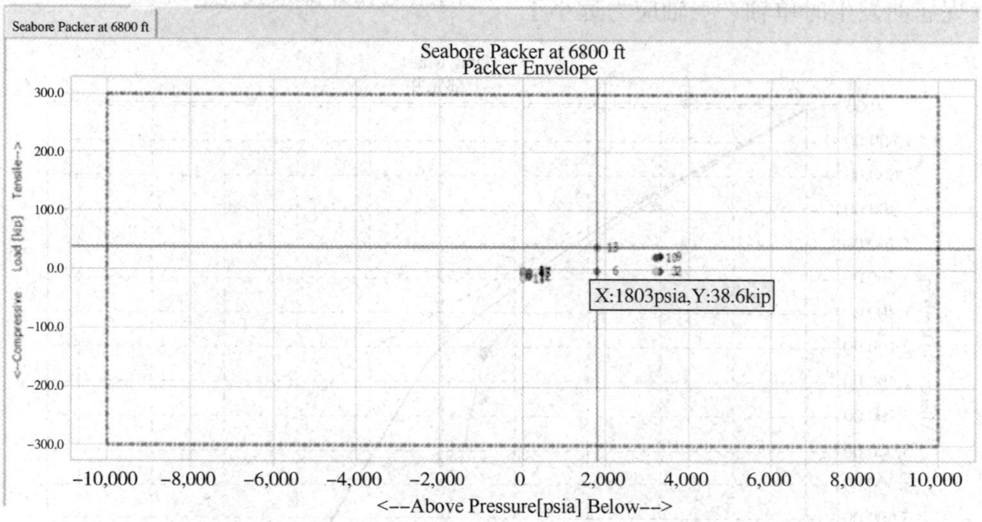

图 7

3.3 摩阻扭矩应用

在下入管柱过程中，有时荷载加在管柱中，管柱在井底的荷载可能高于地面也可能低于地面，关键在于受到的摩阻影响。在弹性形变内可能产生正弦屈曲和螺旋屈曲，见图 8。正弦屈曲是管柱一侧贴在井筒上，旋转时容易磨损套管，完井不旋转时不会磨损套管，但力无法完全传递到井底。螺旋屈曲是正弦屈曲进一步发展，管柱两侧贴在井筒上，旋转时容易磨损套管，完井不旋转时不会磨损套管，但力无法传递。

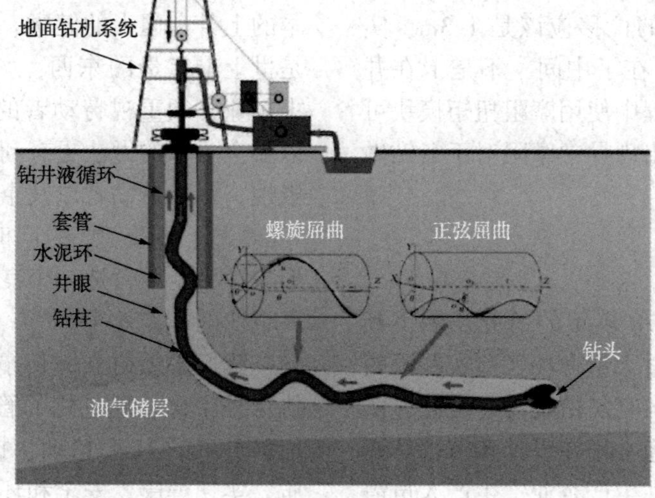

图 8

正弦屈曲和螺旋屈曲的判断一般通过等效轴向力，即纯抽象力和加在管柱外径到内径的表面积受力相加：

等效轴向力 F=纯轴向力F_a+压差 dP、*（S_0-S_i）

把等效轴向力与临界作用力比较，等效轴向力小于临界作用力，认为屈曲不会发生；等效轴向力大于临界作用力，认为正弦屈曲发生；等效轴向力大于临界作用力，小于 $\sqrt{2}$倍临界作用力，认为正弦、螺旋屈曲都发生；等效轴向力大于 $\sqrt{2}$倍临界作用力，认为螺旋屈曲发生。

计算发现屈曲发生时单轴、三轴应力远小于安全系数 1.25 下的屈服强度，因此在不旋转下放的情况下不会发生永久形变，但上提可能导致提断。然而当产生了螺旋屈曲可能会导致管柱锁定，即井底管柱完全盘旋起来并且没有失效，大钩下放多少位移，井底都没有位移，无法下到预定位置，这样的情况称为管柱锁定。继续加应力，井底受到的压力变为 0，大钩向下滑动，所有管柱锁定位置以下管柱螺旋屈曲。

摩阻扭矩计算只用到了摩擦系数通常不太准确，在不同的井深下放、上提管柱并且读出对应的压力和井深来校正，见图 9。

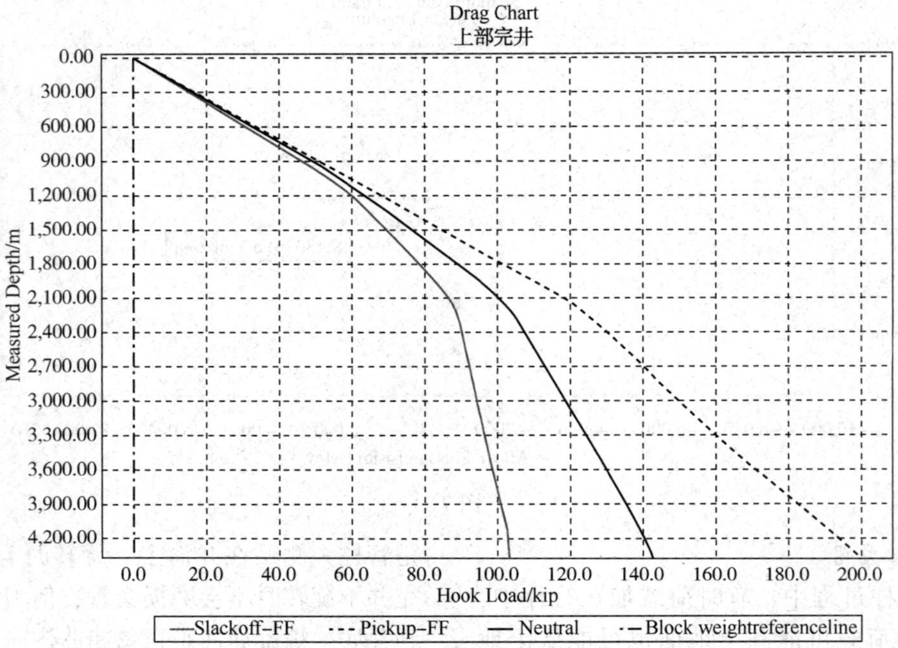

图 9

摩阻扭矩应用对于井下安全工艺提升，可以通过摩阻扭矩确定管柱是否发生卡钻，例如如果下放了一个压力，对应的位移应该是 1.3m，实际只下行 0.3m，说明卡在了中间，不是卡在井底。在施工前和施工过程中使用摩阻扭矩模块可以实时查看摩阻情况，出现异常摩阻对于卡钻做到了预警。

4　结论

管柱力学分析经过 70 多年的研究发展，其公式演变更加复杂，通过大量现场实验实践证明以上公式计算出的情况与真实情况吻合度高，实用性强。管柱力学分析通常用在设计环节，然而作为国内领先的试油修井生产企业，生产人员需基本掌握其原理和方法，运用在复杂完井流程的校正中。为保证企业生产的本质安全，技术+管理方法值得我们学习和借鉴，尽管这可能带来成本的上升，但人的健康、安全、生命和环境无疑是世上最宝贵的东西，“健康、安全”的理念要求企业必须重视劳动者的身心健康及人身安全，以安全为本的做法更有利于鼓励劳动者的生产积极性，保障劳动者以及企业财产的安全，在做到‘零事故、零伤亡’的同时，也能塑造企业良好形象，为企业营造一个良性的工作氛围，从而提高企业的工作效率。

我们必须树立一切事故都可以避免的理念，执行程序化、规范化的管理方法，强化执行力。加强员工的 HSE 培训，提高整体安全意识和素质。实现健康、安全和环保的管理目标。

钻井作业现场实施安全检查方法研究

李洪清

（中国石油川庆钻探工程有限公司）

摘　要　对于一个人，安全意味着健康和生命；对于一个家庭，安全意味着和睦和幸福；对于一个企业，安全意味着形象和发展；对于一个国家，安全意味着和谐和强大。它存在于我们工作和生活的方方面面，毫不夸张的说："没有安全就没有一切"；钻井作业现场的安全检查是对钻井过程中可能存在的安全隐患、有害和危险因素、缺陷是什么等进行查证，以确定隐患或有害和危险因素、缺陷的存在状态，以及它们转化为事故的条件，以便制定整改措施，消除隐患、有害和危险因素，确保生产安全。本人主要对钻井作业现场安全检查类型、内容、重点及方法做了详细阐述。

关键词　安全检查；整改措施；消除隐患

钻井作业是高风险行业，在钻井作业整个过程中，都可能潜在对健康、安全与环境危害的影响因素，识别钻井作业中潜在的HSE风险与危害影响因素，是有效控制和削减钻井过程中健康、安全与环境带来的危害及影响的重要基础。从集团公司到钻井队，不管处于哪个岗位，目前运行的最基础最重要的手段就是进行各种各样的安全检查。那如何做好安全检查是我们每个岗位必须做并要做好的事情。

1　安全检查的类型

定期安全检查：一般是通过有计划、有组织、有目的的形式来实现的，检查周期根据实际情况确定。

经常性安全检查：是采取个别的、日常巡检方式来实现的，在生产过程中进行经常性的预防检查，能及时发现隐患，及时消除隐患、保证生产正常进行。

专项安全检查：工艺、电气、仪表、机械设备、安全设施、压力容器、压力管道、气瓶、危险化学品、叉车、起重设备、防火、防爆和防尘防毒等专业检查。

不定期安全检查：是指在装置、机器、设备开工和停工前、检修中、新装置、机器、设备竣工及试运转时进行的安全检查。

季节性安全检查：根据季节气候、特性不同，组织相应安全检查，如春季防风、夏季防暑高温、秋季防雨、冬季防冻等；

节假日的安全检查：包括节假日前后暂时停产、停工时进行的安全生产综合检查、防火防盗、设备停启前安全状态检查等。

2　安全检查的内容

检查被检方是否坚持"安全第一，预防为主"的安全生产方针、安全机构是否健全，安全管理是否发挥作用，是否将从业人员的安全与健康放在工作首位；从业人员的安全意识和技术条件是否符合规定；检查从业人员是否有较强的责任心，是否掌握安全操作规程和严格遵守安全生产技术规范；是否严格遵守安全生产规章制度；是否正确、合理穿戴和使用个人防护用品、用具等。

2.1　查思想

在生产中人常受到心理因素和生理因素等影响，尤其是从事单调、重复的作业一段时间后便会麻痹、疏忽、侥幸。安全检查就是要通过检查、监督、调查及早发现人的不安全行为，并通过提醒、批评、警告，直至罚款、处分等手段，消除不安全行为，提高工艺操作的准确性，提高设备的可靠度。

2.2　查管理

管理出现漏洞，制度落实不到位，是酿成事故的主要因素。要检查生产人员安全培训制度落实情况，安全操作规程是否健全完善，是否有违章指挥、违章操作的现象。安全检查就是要直接或通过具体问题发现各项管理过程中的缺陷，当然也包括自身安全管理中的缺陷，并及时纠正、弥补。

2.3 查现场

检查安全防护设施是否规范、到位，安全防护设施(如爬梯、走台、栏杆等)是否到位，是保证安全生产的关键设施之一。防护设施的工艺设计是否符合安全生产要求，防护装置是否健全可靠，各种表计是否完好无缺、指示准确等等。现场的工作环境整洁、安全通道畅通、安全标识清晰。

2.4 查违章隐患

检查劳动条件、生产设备、安全卫生设施是否符合要求，职工在生产中是否存在不安全行为和现场设备设施是否存在安全隐患。有些事故是有潜伏性的，但事故的发生也是有规律可循的。按照事故发生的逻辑，观察、研究、制定出防范措施和应急对策。

2.5 查整改

对已经发现的安全隐患及生产存在的问题进行检查落实；是否已采取防护、改进措施，对发生事故是否及时报告认真处理，有没有采取有效措施，防止类似事故重复发生。对曾经发生过事故的部位，是每次安全检查工作的重点。

3 安全检查的流程

检查准备—检查实施—分析判断—整改措施—整改落实—复查验收(见图1)。

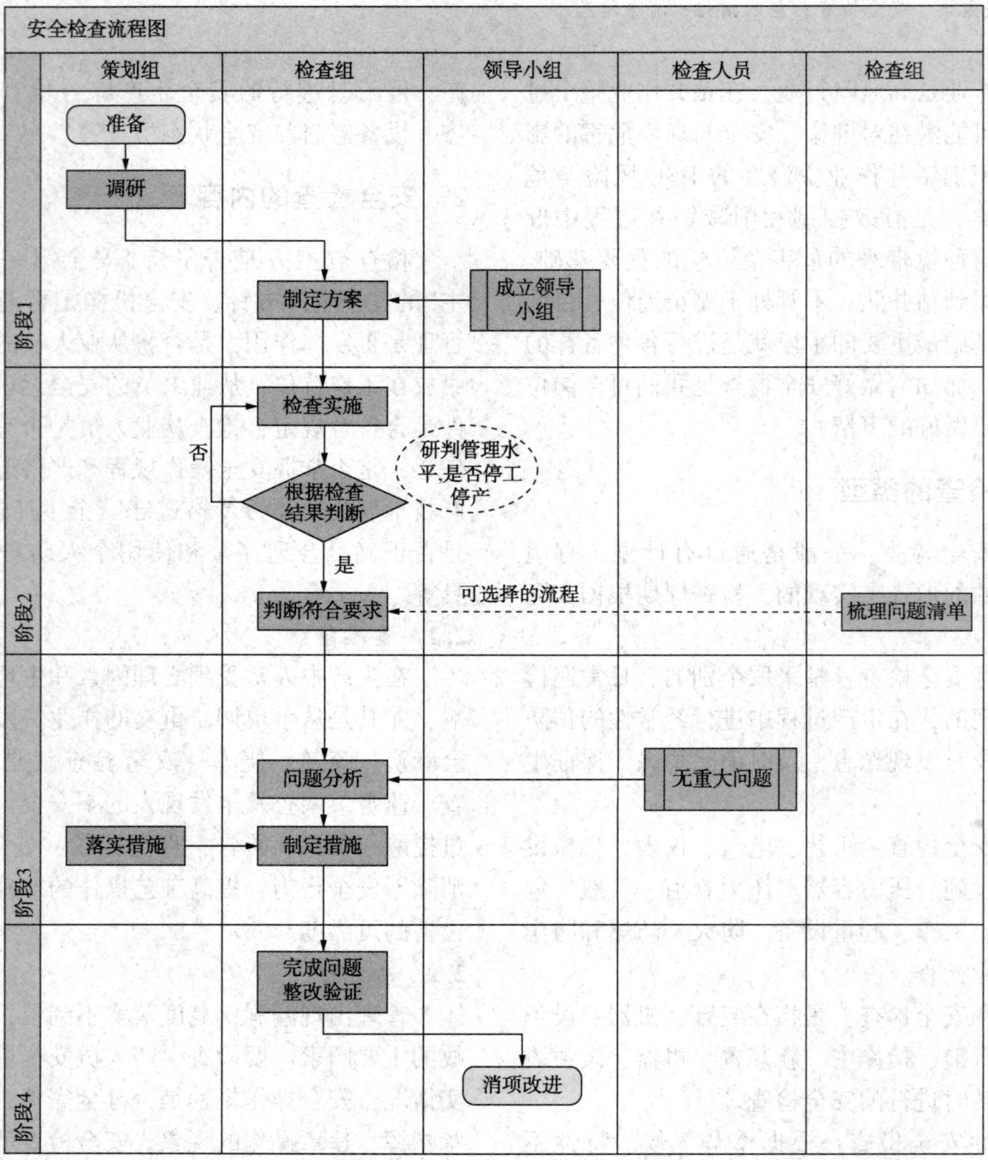

图1

4　安全检查的方法

4.1　明确安全检查的目

的安全生产检查是及时发现隐患，消除不安全因素，推动安全工作的一种行之有效安全生产管理制度。要做好检查工作，不能盲目检查，必须有思路、有计划，根据现场情况列出检查范围，重点查些什么，从哪里入手，要做到心中有数。在检查中常有这样一种情况，参与检查者对本次检查的目的、意义并不十分清楚，时间久了检查的次数多了，这样导致的结果是：被检查方松懈了、厌倦了、思想麻痹了。因此，在每次检查之前，结合实际向检查者和被检查方，讲明检查的目的和意义，做到让参与人员思路清晰，检查有方。

4.2　明确安全检查的重点

参加检查的人员要精干，业务要熟练。如果没有计划、没有耐心，匆忙应付检查，易形成走过场，走形式的检查方式，以致出现漏检和误检的现象。因此，应依据危险因素排查情况及重大危险源列出检查重点，做到有的放矢。针对钻井作业现场，重点从以下三个方面进行安全检查。

4.2.1　人的不安全行为

（1）不按操作规程使用设备设施，操作、站位错误等，见图2、图3。

（2）未严格落实作业许可制度，见图4、图5。

（3）处于不安全位置(如平台护栏、临边、坐在设备设施上)，见图6、图7。

（4）违反规定操作设备，见图8、图9。

图2

图3

图4

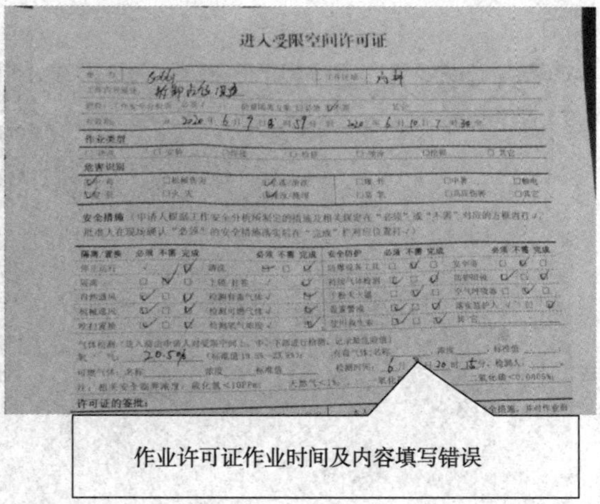
进入受限空间许可证

图5

作业人员站在易滑落的临边位置

图 6

员工坐在循环罐搅拌器上

图 7

换挂吊卡时正对吊环方向硬挂吊环

图 8

井口操作时用脚蹬卡瓦

图 9

4.2.2　物的不安全状态

(1) 安全防护设施缺失、失效或防护不当，见图 10、图 11、图 12、图 13。

绞车防碰装置过卷阀失效

图 10

鼠笼未安装防坠落装置

图 11

二层台逃生装置钢丝绳缠绕

图 12

气动绞车未用时气源截止阀未关闭

图 13

(2) 设备、设施、工具附件有缺陷，设计不当、结构不符合安全要求；通道门遮挡视线；安全间距不够等，见图 14、图 15、图 16、图 17。

(3) 作业场所不符合安全要求，见图 18、图 19、图 20、图 21。

安全阀泄压口朝向人行通道

图 14

节流阀阀位开度不正确

图 15

液压大钳升降液缸未安装保险绳

图 16

方井处未配备防爆风扇和硫化氢监测仪探头

图 17

井口无防滑措施

图 18

方井处电线不防爆、孔洞未遮盖

图 19

阀门等配件摆放堵塞安全通道

图 20

转盘面工具乱摆、无防滑措施

图 21

4.3　管理上的缺陷

（1）技术和设计上缺陷。

（2）安全生产教育培训不够。

（3）劳动组织不合理。

（4）对现场工作缺乏检查或指导错误。

（5）没有安全生产管理规章制度和安全操作规程或不健全。

（6）没有事故防范和应急措施或者不健全。

（7）对事故隐患整改不力，没有抓落实。

4.4　钻井现场安全检查方法

要充分发挥安全检查的作用，就必须有科学合理的检查方法，必须克服形式主义。要提高安全检查的质量，就必须提高安全检查人员的技术素质。这就需要组织安全生产管理人员培训学习，使他们熟悉掌握国家安全生产法律法规、规章制度，熟悉掌握机械、电气防火防爆、特种设备、作业、职业危害等方面的安全生产技术规范。只有安全检查人员专业化，才能提高安全生产检查的质量，才能及时发现生产安全事故隐患，将各类事故消灭在萌芽状态。我们可以采取以下方法进行检查：

4.4.1　带着眼睛看(十看法)

一看规程制度是否完善、执行是否到位；

二看现场是否文明整洁、有无“跑、冒、滴、漏”，职业卫生条件是否符合要求。

三看设备安全情况，如生产使用过程中的防火防爆、泄漏泄压措施、管道、电线放置是否规范合理，特种设备有否安全防护措施等等。

四看物料堆放，是否按品种、按特性等分类安全隔离和合理堆放，储存、摆放是否符合防火、防爆、防腐、防潮、防晒、防倒等安全要求，各种物料的标识是否齐全并清晰醒目。

五看设备维护保养是否到位(包括配套的安全装置、电气设备、消防器材、应急器具、防护用品等)，运行是否安全正常，有否“带病作业”等。

六看厂区、车间的标识是否清楚明显。设备安装、物料摆放是否合理，作业场所各类禁止、警告、指令、指示标志、标识，危险化学品岗位的“安全告知卡”或安全预警牌是否清楚醒目。

七看在岗职工遵纪守规（包括操作）情况是否良好，有否违反劳动纪律和操作规程的现象，如窜岗、离岗、睡岗、开玩笑、玩游戏、抽烟、喝酒、吃零食、干私活、闲谈取乐、不穿工作服等。

八看劳动防护措施是否到位，“台有栏、洞有盖、轴有套、轮有罩”，包括个人防护，（工作服、鞋、帽、手套、口罩、面具和个人卫生等）

九看各类记录，如岗位工艺操作记录、交接班记录、设备检修维护保养记录、巡回检查记录等是否按实记录。

十看职工持证上岗情况，一般岗位的“安全作业证”，特殊工种的“资格证”，是否按要求经培训考试合格后，实行持证上岗。

4.4.2　带着问题走（五问法）

一问问各岗位的安全生产责任制是否落实到位，如设备的维护保养责任、危险化学品的安全管理责任、日常安全检查和监督管理责任等。

二问问新职工进岗是否都进行了安全生产“三级”教育培训，日常的安全
教育是否到位，如安全生产知识、消防安全知识、岗位设备操作、工艺程序、相关注意事项及万一发生事故后的应急措施等。

三问问动火、进入受限空间、登高作业、临时用电等，是怎么做的，按要求进行审批办证的流程等。

四问岗位设备运行是否正常，使用过程中有否发现异常现象，平常发生的故障有哪些。

五问问生产过程中，是否发现工艺技术、操作规程、安全防护措施，安全防护设备使用等有需要完善改进的地方和作业过程中遇到过什么困难、问题，是怎么解决和整改的等等。

4.4.3　带着行动查（八查法）

一查验消防设施及安全防护设备设施、应急设备设施是否按照标准配备完整。

二查验压力容器、高压管汇、仪器仪表是否灵敏正常并安全可靠，有否失灵和腐蚀受损现象，管壁有否腐蚀减薄、锈蚀起皮。

三查验废水、废气、废渣、粉尘、噪音是否超标。

四查验危险品（化学品）瓶、罐、桶万一泄漏后的安全防护设施，如围栏容积、回收、转、储措施等。

五查验逃生滑道、防坠落装置、硫化氢监测仪、点火装置、防爆装置等安全防护设备设施是否能够正常使用。

六查验高危作业、关键作业是否按照规定程序、标准进行作业或者进行模拟作业以确定。

七查验证照，员工该培训是否培训，是否持证上岗，是否在有效期。特种作业人员证件是否齐全。

八查警示标识、标牌。有没有按规定设置安全警示牌、警示标志、风向标等，员工是否知道这些警示、标识的意义及要求，是否具备自我保护的知识和意识。

4.5　发现、分析问题

在钻井作业现场进行安全检查，最终的目的是为了预防安全生产事故事件的发生，为员工提供更好的工作环境和安全保障，所以通过安全检查，我们必须要从制度、思想认识、措施、劳动纪律、事故隐患的整改情况等多方面去发现问题并进行总结分析，关键从以下几个方面去找寻问题的根源。

一找上级公司及公司的安全生产规章制度与钻井作业现场工作实际不相适应的地方及问题。

二找钻井作业现场在劳动纪律、到岗到位、执行制度等方面存在的不足或问题。

三找钻井作业现场现有设备设施在本质上、维护保养上、使用年限上、新度系数、合理运用等方面存在的事故隐患。

四找目前钻井现场生产工艺技术上存在的问题，分析在某些方面存在的事故隐患，掌握其原因，危险程度和可能造成的危害。

4.6　及时提出意见，落实整改

在钻井现场安全检查后，立即组织参检人员与现场的负责人、主要骨干等进行安全检查沟通会议，对查出的违章行为、隐患问题进行沟通、确认和通报；检查人员对存在的违章、隐患进行原因分析，就违章行为纠正、问题隐患整改提出相应的整改意见，并落实整改要求、整改单位或责任人，整改限期等事项。限期到后及时对整改结果进行复查验证和记录。

5　结论

安全检查是钻井作业现场发现和消除违章、事故隐患、落实安全措施、预防事故发生的重要手段，是发动员工共同搞好安全生产的一种形式。在石油钻井作业现场安全管理中，安全检查占有非常重要的地位。各级领导员工做好安全检查是必要的基本技能，掌握安全检查的方法，能够有效、及时的纠正员工违章、整改安全隐患，预防安全生产事故事件的发生；有利于保护员工的生命安全和财产安全，也有利于提升钻井作业现场的安全管理，为员工提供安全、优良的工作环境。

工程监督未来发展思考

肖春学　宋　鑫　陈　余

（中国石油川庆钻探工程有限公司）

摘　要　工程监督目前正处于发展“瓶颈”期，本文介绍了国内外工程监督的发展历程，分析了集团公司工程监督当前发展面临“后劲不足、啃硬骨头、科技替代”三个方面的压力和挑战。同时机遇与挑战并存，提出了“探索一体化监督模式、留住监督人才、推进信息化建设、响应质量强企战略”四个方面的发展对策，助力工程监督行业发展。

关键词　工程监督；监督管理；发展；驻井

对于钻井工程监督，目前钻井技术突飞猛进，数字化、信息化、智能化在石油钻井领域应用越来越多。比如有了 EISC，钻井所有参数甲方尽在掌握，还要监督在现场做什么？对于地质工程监督，录井全部的参数都有了，而且实时远传到后台，监督在现场能发挥多少作用？今后，工程监督在现场会不会沦落为一个工具人？面临如此压力，会不会最终被淘汰埋没在历史长河中？那么值此“生死存亡”关键时刻，工程监督怎样可持续高质量发展？如何与时俱进、绝地反击？如何凤凰涅槃、浴火重生？

随着“质量强国”和“质量强企”战略的相继提出，中国石油集团公司（简称“集团公司”）井筒质量越来越受到广泛关注，现场驻井工程监督也称工程质量监督，履职重点就是井筒质量过程监管。工程监督业务作为一项技术服务，要求从事石油工程监督工作要遵循科学、独立、公平、自主的原则，代表油田建设方，依据相关法律法规、合同、设计及技术标准，对勘探开发工程施工过程进行管控，实现勘探开发投资目的，提高勘探开发投资效益。

1　国内外工程监督的发展

监理产生于 16 世纪到 18 世纪的欧洲。19 世纪初由于工业的迅速发展，为维护工程建设项目业主、设计者、施工单位的各方利益，英国政府以法律手段推出了总承包合同制度，工程监理在英国产生了。工程监理是指针对工程项目建设，社会化、专业化的工程建设监理单位接受业主的委托或授权，根据国家批准的工程项目建设文件，有关工程建设的法律、法规和工程建设监理合同以及其他工程建设合同所进行的旨在实现项目投资目的的微观监督管理活动。随着石油工业发展，工程监督从工程监理中衍生发展而来。

国内最早对石油勘探开发作业项目实行监督管理体制的是中海油，陆上石油最早引进监督管理的是集团公司塔里木油田。2002 年 3 月，中国石油天然气股份有限公司（简称“股份公司”）勘探与生产分公司下发了《中油股份公司勘探与生产工程监督管理办法（试行）》；2002 年 5 月，股份公司在北京勘探开发研究院成立了“中油股份公司勘探与生产工程监督中心”；2002 年 6 月～8 月，股份公司勘探与生产工程监督中心在北京组织了“中油股份公司勘探与生产工程监督中心第一期监督培训班（钻井）”。系列活动表明工程监督体制迈入规范发展阶段。工程监督是指取得股份公司勘探与生产工程监督资格证书并按规定注册的专业人员，属于岗位职务，应按岗位要求持证上岗。工程监督包括物探、钻井、地质、测井、试油和井下作业监督，分为初级、中级和高级监督。

2　工程监督面临的发展挑战

2.1　后劲不足，监督人才匮乏

2.1.1　工程监督人才结构不合理、专业发展不均衡

截止到 2022 年底，集团公司有效持证工程监督 10201 名：分级方面，中、高级监督占比不足 40%，尤其是高级监督仅钻井和物探专业有且较少，监督人才结构不合理。初级监督 6233 名，占比 61.1%；中级监督 3943 名，占比 38.7%；高级监督 25 名，占比仅 0.2%。分专业

方面，井下作业监督和钻井监督较多，物探监督和测井监督相对较少，专业发展极不均衡。井下作业监督3661名，占比35.9%；钻井监督2874名，占比28.2%；物探、测井监督以426名、454名分别占比4.2%、4.5%，见表1。

表1　2022年有效监督统计

专业	初级	中级	高级	小计	占比/%
钻井	1807	1054	13	2874	28.2
地质	690	820	0	1510	14.8
测井	220	234	0	454	4.5
试油	861	415	0	1276	12.5
井下作业	2537	1124	0	3661	35.9
物探	118	296	12	426	4.2
总计	6233	3943	25	10201	100.0
占比/%	61.1	38.7	0.2	100.0	

2.1.2　工程监督上岗率不高，监督管理难度大

2022年集团公司上岗监督7546名，上岗率74%：井下作业监督上岗3338名，上岗率91.2%；测井、物探监督分别上岗240名、249名，对应上岗率52.9%、58.5%，见图1。2022全年集团公司16家油田总计上岗监督统计数据表明：长庆油田上岗监督人数最多，达2343名，上岗物探监督仅37名；南方油田上岗监督最少，仅29名，无物探监督上岗；大庆油田上岗监督486名，无试油监督上岗；塔里木油田上岗监督590名，上岗测井监督仅14名；西南油田上岗监督617名，无测井监督上岗。

《中国石油天然气股份有限公司勘探与生产工程监督管理办法》(油勘(2021)320号)，提出各个专业工程监督配备要求，明确规定须中级以上(含中级)监督住井的相关条件和人数，但是中级及以上工程监督人才总量配置不足，且因监督转岗、监督退休、从事监督管理岗位等原因近26%监督人员流失，不再从事现场监督工作，造成实际现场工程监督上岗率不高，核查发现监督无证上岗在辽河、长庆、吉林等油田比较普遍；监督越级上岗在塔里木、西南等油田时有发生，给监督合规管理造成很大的难度。

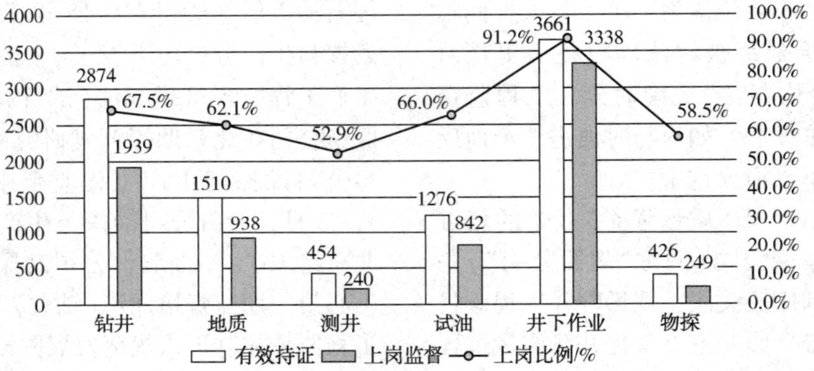

图1　2022年工程监督现状统计

2.2　啃硬骨头，监督技能压力大

按照国家大力提升油气勘探开发和增储上产力度的要求，各油田加大难动用储量(“三低”(低渗透、低压力系数、低丰度)和深层—超深层油气藏)的开发投入和科技攻关力度。塔里木盆地是国内超深层勘探开发的主战场，近三年，塔里木钻探的8000米以上深井占集团公司90%以上，在超深层找到的储量占全国超深层的3/4，超深大斜度、水平井占比大幅增加。为推动国内最大超深油气生产基地建设，塔里木油田迪北侏罗系难动用储量2023年初启动与川庆公司合作开发。

随着石油勘探开发与生产难度不断增加，低渗透、非常规油气开发作业比重持续加大，深井、高温高压和含硫气体等复杂地下条件，以及深水和边远地区及海外恶劣环境，不断向深部复杂构造层系、高难度高风险地区、非常规页岩气、页岩油和致密油等新领域发展，对工程监督处理隐蔽复杂问题的技术能力要求越来越高。需要拓展新领域监督知识，培养一批高水平的中高级监督人员，来保证现场生产质量和作业安全。

2.3　科技替代，削弱监督作用

现在科技日新月异，钻井技术突飞猛进，数字化、信息化、智能化迅速发展。2022年8月，中国石油工程作业智能支持中心(EISC)在北京成立，标志集团公司工程技术业务数字化转型、智能化发展迈出坚实步伐。EISC工作平台的出现，钻井队数字化转型实现工程作业数据实时自

动采集、工程参数智能分析、井控工作超前预警、安全行为智能辨识，并通过司钻领航仪系统，超前判断井下风险、智能推送技术指令，帮助司钻精准操作，形成了专家远程智能指导，现场精准执行的钻井新模式，提升现场作业效率。业主方可以利用 EISC 智能系统远程指挥、监管等。科技替代，改变了工程监督的流程和见证点，一定程度上削弱了现场工程监督的作用。

3 工程监督面临的机遇

质量强企，履职迫切要求。工程监督履职的核心内容就是井筒质量监督，井筒质量指标的实现是集团公司质量强企的重要一环，也是工程监督的岗位责任使命。随着“质量强国”和“质量强企”战略的相继发酵和稳步推进建设，工程监督不但不会被埋没，而且赶上质量强企发展的快车道，越来越受到重视。

4 高质量发展对策

4.1 探索一体化监督模式，发挥一岗多能

4.1.1 跨专业工程监督内部一岗多能

加强地质工程一体化，培养一岗多能工程监督。坚持甲乙方联合、各专业协同、多层级管控，深化地质工程一体化研究和实践，强化“地质兼顾工程，工程服务地质”理念，地上地下统筹考虑，工程超前介入地质，优化钻井设计、固井设计、压裂设计，优选钻井液体系及性能。在工程监督用工总体受限前提下，充分发挥现有工程监督人才，培养和鼓励工程监督跨专业取双证，打造一岗多能的复合型监督人才。例如，鼓励钻井工程监督跨专业取地质专业监督资格，派驻到钻井施工现场可履行钻井和地质工程监督双责，也可弥补集团公司地质监督人才配置的不足；鼓励井下作业工程监督跨专业取试油专业监督资格，扩大监督资格就业面，也可弥补集团公司试油监督人才配置的不足。

4.1.2 工程监督与驻井安全监督一岗双责

驻井安全监督(简称“安全监督”)，是指取得集团公司安全监督资格的人员，属于岗位职务，应按岗位要求持证上岗。分为实习、三级、二级和一级安全监督。安全监督工作是指集团公司及所属企业设立的安全监督机构和配备的安全监督人员(包括聘用其他监督机构中的安全监督人员)，依据安全生产法律法规、规章制度和标准规范，对企业生产建设和经营进行监督与控制的活动。

挖掘第三方驻井安全监督人力资源潜能，选拔经验丰富、责任心强的驻井安全监督，通过培训与考核，使其具备钻井工程监督的相应技能。通过签订驻井安全监督兼钻井工程监督一岗双责协议，实现驻井安全监督增加钻井工程监督履职内容，既能缓解业主方钻井工程监督缺人的现状，减少甲方工程监督用人劳务成本，又能保证钻井施工现场钻井工程监督不缺位，还能提升驻井安全监督的技能和相应收入，保证井筒质量过程监管受控。从 2019 年起，长庆油田工程监督处与长庆石油工程监督公司达成驻井安全监督共享协议，在苏里格气田采气三厂钻井现场试点“驻井安全监督+钻井工程监督”一岗双责新模式，取得较好效果。

4.2 留住监督人才，切实提高监督收入

集团公司工程监督用工性质由内部职工和外聘监督组成：内部职工指的是集团公司内部 ERP 员工，福利待遇较好，岗位相对稳定。外聘监督指的是各监督服务机构提供的劳务监督，这部分监督人员是监督服务机构牟利的劳动力，收入主要靠个人与监督服务机构的谈判和博弈，工资及福利待遇千差万别，工程监督流失较多的主因是外聘监督人员待遇与理想收入存在较大差距，全国工程监督人才市场供不应求，监督本能的逐利行为导致外聘监督频繁跳槽、流动性和流失性均较大。2022 年 12 月当月在岗监督统计表明，见表 2：集团公司在岗监督 4650 名，内部职工 3146 名、占比 67.7%，外聘监督 1494 名、占比 32.1%；长庆油田在岗监督 1087 名，外聘监督 124 名、占比 11.4%；塔里木油田在岗监督 293 名，外聘监督 219 名、占比 74.7%；西南油田在岗监督 392 名，外聘监督 392 名、占比 100%。塔里木和西南油田外聘监督上岗比例较高，据调查显示业主方提供的监督日费比其他油田高 50~100 元，监督收入相对高一点，较容易留住外聘监督人才。

推广日费制监督模式，促进日费制监督管理模式的发展，世界一流油公司工程项目通常采用日费制合同方式，达到控制和降低综合勘探与生产成本的目的。借鉴国内外先进的工程监督薪酬体系，通过监督模式改革，进一步规范工程监督薪酬体制，盘活工程监督人力资源，通过切实提

高外聘监督的收入，缩小外聘监督和内部职工的收入差距。唯才是用、政策导向，让外聘监督在工作过程中更有企业归属感，同时让内部职工更愿意主动投身到现场工程监督岗位，通过高薪养廉，确保整个监督队伍和谐稳定，采用内部转岗和外部引进相结合的方式，广纳工程监督人才良性发展，持续向着"来源广泛受尊稳定、质高量精结构合理、在岗赋能破界提升"的良好局面挺进。

表 2　2022 年 12 月在岗监督统计(单位：名)

专业		钻井	地质	测井	试油	井下作业	物探	总计	占比/%
集团公司	在岗监督	679	475	82	330	3028	56	4650	100.0
	内部职工	155	103	27	78	2770	13	3146	67.7
	外聘监督	524	372	55	252	248	43	1494	32.1
长庆油田	在岗监督	13	6	6	12	1041	9	1087	100.0
	内部职工	0	0	0	0	963	0	963	88.6
	外聘监督	13	6	6	12	78	9	124	11.4
塔里木油田	在岗监督	108	89	5	44	47	0	293	100.0
	内部职工	26	18	4	12	14	0	74	25.3
	外聘监督	82	71	1	32	33	0	219	74.7
西南油田	在岗监督	128	145	10	86	23	0	392	100.0
	内部职工	0	0	0	0	0	0	0	0.0
	外聘监督	128	145	10	86	23	0	392	100.0

4.3　推进信息化建设，加强监督管理

近年来，集团公司不遗余力推进信息化建设：2010 年，股份公司勘探与生产工程监督中心张晓辉等人首次提出建立石油工程监督人力资源管理系统；2013 年，高志强等人提出整合已有的各级监督人力资源系统，建立工程监督网络一体化集成管理协同工作平台；2018 年，包永玲等人提出工程监督资格数字化管理模式，搭建工程监督信息数字化智能管理平台。工程监督管理紧跟时代科研和信息化发展步伐，在前面信息化系统发展铺垫下，2020 年起安检院为勘探与生产工程监督中心建设股份公司工程技术与监督管理平台系统。致力于构建机构管理、监督管理、监督信息、监督月报等业务管理与数据应用一体化平台，该系统架构分为基础数据、业务应用、数据应用三大板块，见图 2。基础数据包括油田、机构、专家、用户、角色、权限等；业务应用包括机构管理、监督评审、监督考核、监督注册、年度考试、油田月报等；数据应用包括数字大屏、监督看板、监督报告、管理工作台、机构工作台、个人工作台等。其中数字大屏充分发挥 EISC 平台作用，分专业对工作量、动用队伍、动用监督进行数据挖掘与可视化呈现。

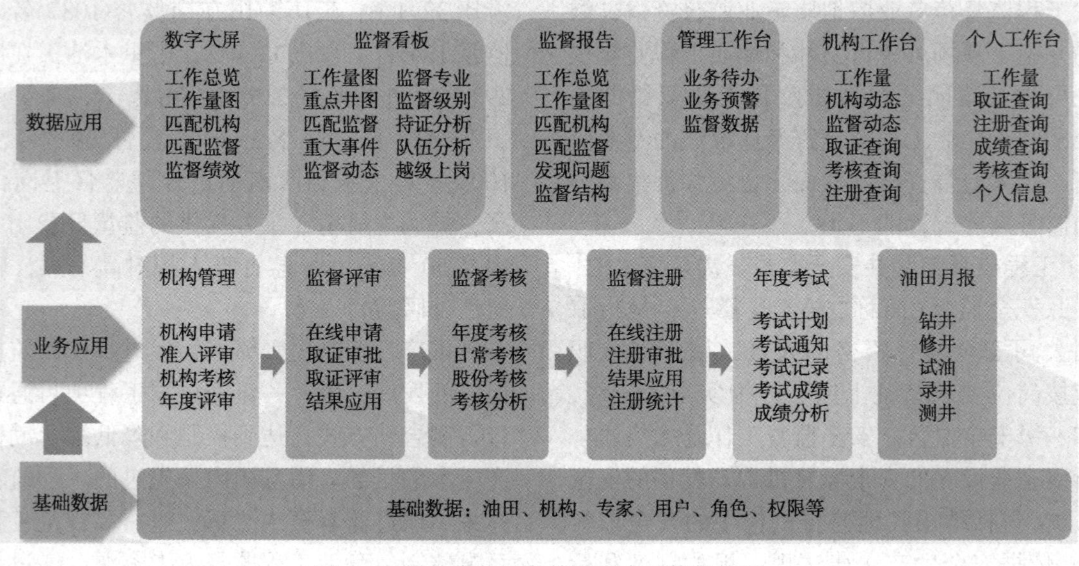

图 2　工程技术与监督管理平台系统架构图

通过开发工程监督服务市场准入机构及年度考核系统，助力形成完善的工程监督服务市场管理体系。该系统是工程技术与监督管理平台系统的子系统，由西安石油大学同步承建，已投用三年。2022年度运用该监督服务机构市场准入考核系统线上评审结果出炉：62家监督服务机构递交申请，按照监督服务市场准入评审流程，见图3，形成全面的准入评审机制，经过专家组会签评审，勘探与生产工程监督中心和股份公司意见综合，最终58家单位通过评审，发放市场准入证82个，其中一年期32个，两年期50个。

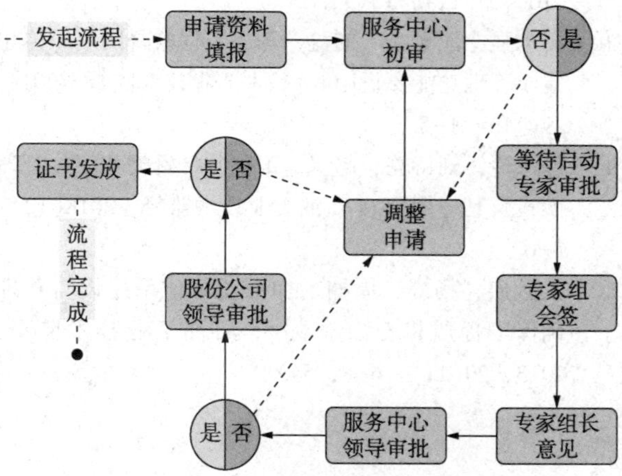

图3　监督服务市场准入评审流程图

近年来，勘探与生产工程监督中心致力于股份公司工程监督管理顶层设计。一是建立了完整的两级监督管理机构，两级管理机构基本健全，油田工程技术处、勘探与生产工程监督中心监督管理单位全部成立了，工程监督管理与集团公司、股份公司质量健康安全环保部的井筒质量管理形成工程质量控制合力；二是建立了完善的工程监督管理制度，有效支撑了监督管理业务，2021年先后印发《中国石油天然气股份有限公司勘探与生产工程监督管理办法》(油勘[2021]320号)和《中国石油天然气股份有限公司井筒质量管理规定》(中油质安[2021]211号)；三是形成了完善的工程监督服务市场管理体系，2020年股份公司出台《中油股份公司勘探与生产工程监督服务市场准入管理规定》，已逐步建立完善的工程监督服务市场准入评审流程和服务机构考核机制。通过推进股份公司工程技术与监督管理平台系统信息化持续建设，不断规范工程监督管理和监督服务机构管理，提升工程监督管理效能，培养工程监督行业核心竞争力。

4.4　响应质量强企战略，监督使命必达

2022年集团公司整体井筒质量指标完成情况：井身及固井质量合格率分别为98.2%、94%。集团公司《关于下达2023年度质量环保节能节水业绩考核目标值的通知》(集团安全环保[2023]2号)，下达中油技服2023年井筒质量考核指标为：页岩油气/致密油压裂丢段比例低于0.5%，井身质量、固井质量合格率分别达到98.2%、95%以上。集团公司《质量强企规划》针对工程质量方面，分析了面临的形势，提出了井筒质量发展的目标与愿景——2025年油气水井工程质量目标：新建油气水井质量明显提升，套损套变井总数控制在1万口以内，页岩油气井压裂丢段的比例低于0.5%，井身质量、固井质量合格率分别达到99%、96%以上；杜绝较大及以上工程质量事故。该规划指出了“十四五”后三年工作部署内容，重点推进落实“一个整治”，即井筒质量集中整治。“十四五”前两年相比“十三五”指标完成情况，集团公司肯定了工程监督对实现井筒质量指标明显改善充分发挥了监督作用，对工程监督给予厚望，并指明了工程监督未来的发展方向：从“严格‘七条红线’考核标准、加强地质工程一体化和新技术研究及应用，强化过程监督，严肃签审验收把关和问题追责”四个方面深化开展井筒质量集中整治，坚持井筒质量问题“零容忍”。强化领导、落实责任，强化监督、严格考核：将质量目标完成情况纳入企业领导人年度考核，质量考核设置为5分，对完不成年度考核指标的单位，涉及井筒质量的，每项扣0.1—2分；涉及发生质量事故的，按照《集团公司质量事故事件管理办法》(中油质安[2022]272号)的事故类别，每起扣0.1—5分。井筒质量目标的逐步提升，以上率下层层传递责任和压力，现场工程监督履行井筒质量过程监督的作用更加凸显。

5　结论与认识

集团公司积极践行质量至上发展理念，坚定“质量是企业的生命，质量是明天的效益，质量是明天的安全”的信念，近年来通过开展油气水井质量三年集中整治(中油质安[2020]28号)、印发质量强企规划，落实井筒质量集中整治，推进质量强企建设。工程监督是油气田企业质量监督重要一环，在经济社会、油气勘探开

发、钻井技术大发展的背影下，直面发展“瓶颈”，勇于接受挑战，化压力为动力，在“探索一体化监督模式、留住监督人才、推进信息化建设、响应质量强企战略”等四个方面精准着力，为集团公司建设基业长青世界一流综合性国际能源公司贡献工程监督力量。

参考文献

[1] 张绍辉，毕国强，杨姝，等．中国石油勘探与生产工程监督服务市场发展现状分析与管理对策[J]．石油工业技术监督，2020，36(11)：5-8.

[2] 廖成锐．国内石油天然气勘探开发工程钻井监督发展对策探讨[J]．石油工业技术监督，2012，28(1)：18-20.

[3] 尤军，刘少亭．石油工程监督体制的实践与认识[J]．石油工业技术监督，2003，19(3)：27-29.

[4] 孙锡忠．我国石油勘探开发行业工程监督(监理)现状与发展[J]．石油钻探技术，2004，32(1)：69-70.

[5] 高振果，毕国强，黄伟和，等．以梯队结构和团队模式推进勘探与生产工程监督工作高质量发展[J]．石油工业技术监督，2020，36(11)：1-4.

[6] 杨德凤，毕国强，高振果，等．以新理念新思想锻造高水平工程监督队伍[J]．中国石油企业，2021(12)：87-90.

[7] 高志强．石油勘探与生产工程监督发展现状与对策[J]．石油工业技术监督，2005，21(6)：41-43+46.

[8] 高振果，黄伟和，毕国强，等．新时代高质量建设工程监督队伍的问题与思考[J]．中国石油企业，2021(12)：4-9.

[9] 张晓辉，刘盈，钟立民，等．石油工程监督人力资源管理系统的设计与实现[J]．石油工业技术监督，2010，26(11)：15-17.

[10] 高志强，汪光太，刘盈，等．工程监督网络一体化集成管理功能探析[J]．石油工业技术监督，2013，29(11)：1-5.

[11] 包永玲，刘诗亮，赵星．工程监督资格数字化管理模式及其应用[J]．石油工业技术监督，2018(12)：1-6.

[12] 王胜启，杨姝，周楠．加强监督体系建设与管理确保工程质量与安全[J]．石油工业技术监督，2013，29(11)：6-8，54.

南缘区块“三高”井井筒落鱼打捞风险分析及控制

王飞文　陈　锐　吴西驰　李　文　刘　涛　相志鹏

（中国石油新疆油田公司）

摘　要　南缘山前冲断带中段埋藏深、压力高、温度高、构造复杂，试油工艺及工具配套面临巨大挑战，前期试油过程中两井次出现了射孔管柱断脱情况。本文针对南缘区块X1井井筒落鱼打捞工艺进行风险分析，讨论了打捞作业中存在的井控风险高，压力窗口窄，钻磨失返风险高等风险，提出“试探性整体打捞、认识落鱼状态后分步实施”的思路，按照“先内后外、能倒不套、能套不磨”处理原则，开展了各工况精细控压计算、作业管柱优选、打捞工具梳理、作业参数确定等论证，制定了打捞落鱼作业阶段的具体实施方案及技术参数。通过施工前充分论证、施工中精细操作、施工后及时总结，提高打捞成功率，保障安全实施。形成了“三高”井落鱼安全打捞的方法及流程，为超深高压气井的打捞作业提供技术支持。

关键词　超深高压气井；落鱼打捞；精细控压；打捞工艺；风险分析

南缘山前冲断带位于准噶尔盆地南部，埋藏深度达8000m、压力高于140MPa、温度高于160℃、含CO_2(0.36-4.43)%。自2019年南缘区块高探1井试油获得高产工业油气流后，逐步开启了南缘区块油气勘探开发的新篇章。由于南缘探区地质条件异常复杂，存在高温、异常高压、窄压力窗口等诸多工程技术难题，使得南缘区块试油工艺及工具配套技术面临巨大挑战。目前，针对不同的储层特征、地质条件及试油目的，现已形成了“阀封”、“光油管”和“试油完井一体化”3套试油模式，并相继完成试油10井15层。然而，阀封工艺在南缘中段试油过程中存在一定风险，部分超7500m深井试油过程中出现了射孔管柱断脱情况。为保证南缘区块油气井后续正常生产，超深高压气井井筒落鱼打捞等井下作业技术研究刻不容缓。

本文以南缘区块“三高”气井X1井为例，分析了该井特点，针对打捞作业难点及风险进行了分析，在保障井筒完整性及井控安全的前提下，开展X1落鱼打捞工艺的制定，通过各工况精细控压计算、作业管柱优选、打捞工具梳理、作业参数确定等论证，形成落鱼打捞作业的具体实施方案及技术参数，对“三高”井井筒落鱼安全打捞都具有一定的指导意义。

1　基本工况

X1井为准噶尔盆地南缘区块中段的一口高温高压高产气井，实际井深大于8000m。采用两阀一封射孔测试联作试油工艺，井身结构如图1所示。

2　井内落鱼状况

试产作业完成后，上提管柱时无无过提吨位显示(上提164t，管柱自重162t)，提出油管柱检查发现RTTS封隔器芯轴上接头公扣端断脱，且断口较为规则平整。结合试产管柱组合，初步判定井筒存在由封隔器胶筒、锥体及卡瓦、油管(19根)及射孔枪组成的落鱼，长度为214.88m。

3　作业风险分析及技术思路

3.1　打捞作业难点及风险分析

由于该井前期试产过程中存在较高的地层压力及井口油压，造成后续打捞作业存在较高的井控风险。其次，在前期采用2.19g/cm³泥浆压井过程中，该井静漏失速度达到0.4m³/h，证明该井存在压力窗口窄(0.023g/cm³)，钻磨失返风险高的风险。使得落鱼打捞作业过程中精细控压作业设计成为重中之重。

3.2　总体方案及技术思路

根据南缘区块前期打捞作业经验，结合本井作业难点及风险，制定了“试探性整体打捞、认识落鱼状态后分步实施”的思路，按照“先内后外、能倒不套、能套不磨”处理原则，总体技术路线如图2所示。

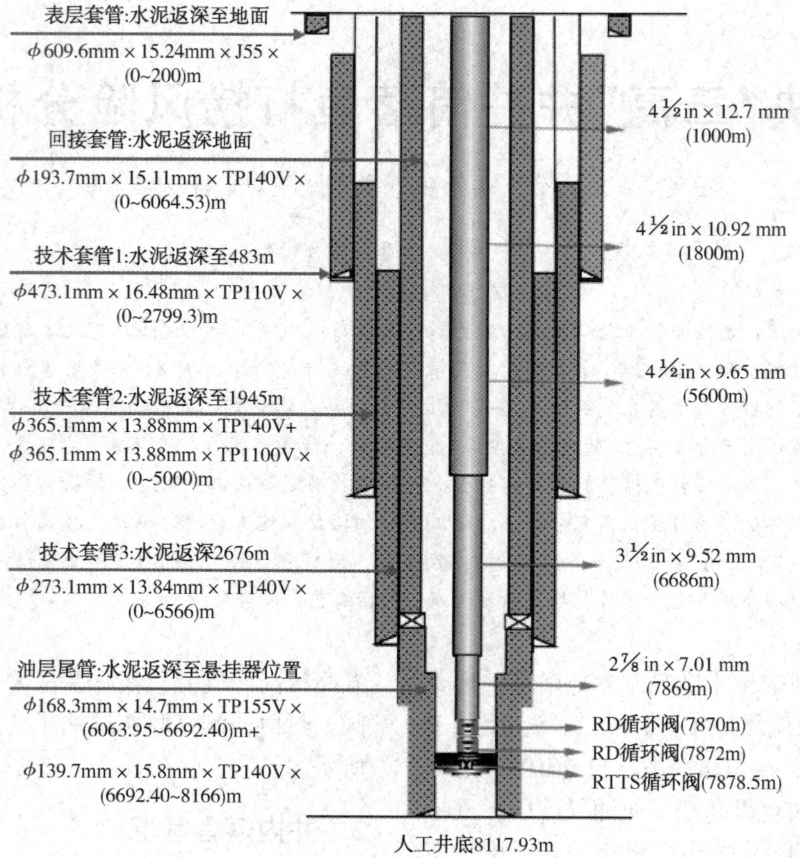

图 1　X1 井试油作业井身结构

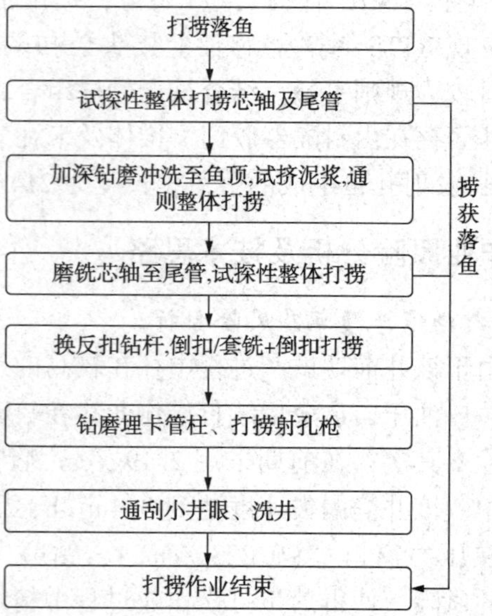

图 2　总体技术思路图

4　精细控压方案设计

在打捞作业过程中，该井井口压力极大，井控风险极高，需要对管柱组合、井底当量 ECD 选择、最低携屑排量设定、精细控压钻进参数等进行设计，以达到井筒精细控压目的。

4.1　打捞管柱优化论证

在精细控压方案设计前需进行打捞管柱优化论证分析，由于该井存在井控风险高、压力窗口窄等问题，井筒管柱在打捞过程中可能受较大载荷作用，为此，应保证井筒管柱尽量采用全新工具，在校核计算时以 2.0 作为管柱单轴及三轴临界安全系数。通过见表 1 中五种钻具组合方式进行优化分析可知，采用全新斜坡(18°)特殊扣型的钻具组合 5，三轴安全系数≥2.00，满足安全作业要求。

4.2　井底当量 ECD 选择

通过现场实际测井分析得到 X1 井地层压力系数为 2.167，且前期采用密度 2.19g/cm^3 的油基泥浆压井，现场实测静漏失达到 0.4m^3/h，在试油层的溢流-漏失当量密度为 2.167~2.19g/cm^3，压力窗口值为 0.023g/cm^3，因此，在精细控压期间，控制井底当量密度设定为 2.17~2.18g/cm^3。

4.3　最低携屑排量

综合考虑泥浆性能、钻屑粒径，模拟钻磨作业临界携屑排量，建立细控压水力参数精细计算模型，进行数值模拟，得到粒径为 2~4mm 时，最低携屑排量在 250~350L/min 范围内，同时满足现场钻进及携岩要求，精细控压水力参数模拟结果，见表2。

表1 不同管柱组合强度校核及优选表

钻具类型	钻杆外径/mm	钢级	壁厚/mm	内径/mm	接头内径/mm	段长/m	悬重/KN	安全系数
组合1 一级钻杆	114.3	S135	8.56	97.18	/	5900	1379.23	1.51
	88.9	S135	9.35	70.2	54	718		
	73.02	G105	9.19	54.64	41.3	1500		
组合2 全新钻杆	101.6	S135	8.38	84.84	65.1	5900	1433.22	1.59
	88.9	S135	9.35	70.2	54	718		
	73.02	G105	9.19	54.64	41.3	1500		
组合3 一级钻杆	114.3	S135	10.92	92.46	65.1	5900	1584.15	1.63
	88.9	S135	9.35	70.2	54	718		
	73.02	G105	9.19	54.64	41.3	1500		
组合4 全新钻杆	114.3	S135	8.56	97.18	/	5900	1379.23	1.92
	88.9	S135	9.35	70.2	54	718		
	73.02	G105	9.19	54.64	41.3	1500		
组合5 全新钻杆	114.3	S135	10.92	92.46	65.1	5900	1584.15	2.09
	88.9	S135	9.35	70.2	54	718		
	73.02	G105	9.19	54.64	41.3	1500		

表2 精细控压水力参数模拟结果

液体密度 ρ/(g/cm^3)	固体颗粒直径 d/mm	重力加速度 g/(m/s^2)	沉降速度 v/(m/s)	环空止动返速 v/(m/s)	最低排量 Q/(L/min)
2.09	4	9.81	0.63	1.07	355.28
2.09	3	9.81	0.55	0.93	307.68
2.09	2	9.81	0.45	0.76	251.22

4.4 精细控压钻进参数设计

由于该井存在较高地层压力和井口油压，为保证后续打捞作业正常进行，根据现有压井液性能指标、钻磨灰塞、打捞磨铣工况特点等基础制定合理施工排量及井口控压值，如图3所示。其中在钻磨灰塞作业过程中，按井深6421m模拟不同排量的循环压耗最终可得：当总压耗≤30.0MPa、环空压耗≤7.0MPa，允许最高排量为480L/min；钻磨期间，井口压力控制在1.0~1.6MPa之间，停泵(换单根)期间井口压力为5.0~5.5MPa之间，设备满足要求。打捞磨铣期间，允许最高排量为180L/min。井口压力处于0~0.5MPa，停泵(换单根)期间井口压力位于6.2~7.0MPa范围内。由于该井压力窗口窄，打捞磨铣作业期间允许排量可低于携屑排量，针对于存在碎屑卡钻风险，可采用优选高强度合金齿磨鞋，低钻压中高转速钻磨，形成小颗粒碎屑，同时在管柱中配置强磁、随钻捞杯，消减碎屑沉降卡钻风险。

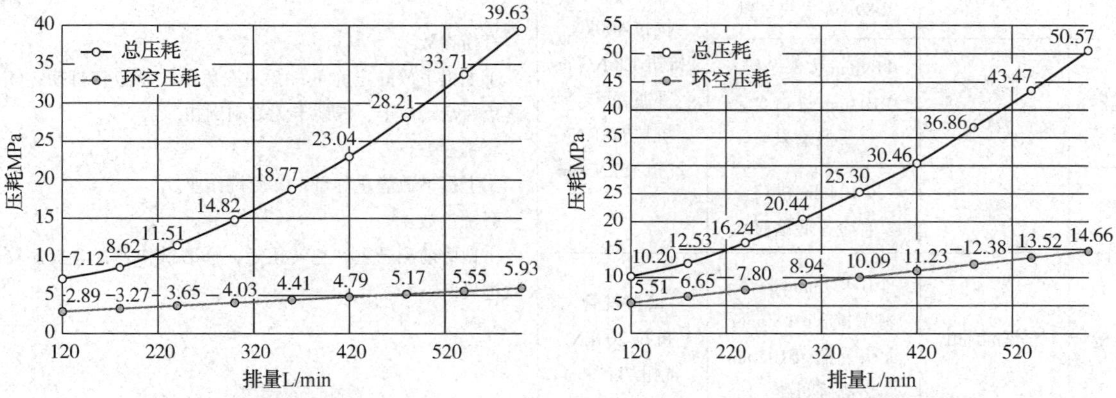

(a)钻磨灰塞阶段(6421m) (b)打捞磨铣阶段(7897m)

图3 总压耗及环空压耗模拟曲线图

5　落鱼打捞方案设计

根据落鱼打捞作业的总体技术方案，按照“试探性整体打捞、验证落鱼埋卡状态后分步实施”作业方式，为了避免反扣磨铣打捞导致落鱼松扣，作业前期采用正扣钻杆作为钻磨、试探性打捞、磨铣芯轴管柱。在确定尾管及射孔枪被的情况后，采用换反扣钻杆套铣打捞。具体的作业设计方案如下：

5.1　试探性整体打捞落鱼

优先考虑整体打捞，采用可退式引筒打捞矛试探性整体打捞封隔器芯轴及尾管，分析认识落鱼状态。

5.2　试探性整体打捞尾管

采用Φ104mm进口合金平底磨鞋，钻磨封隔器芯轴至油管接箍(预计进尺1.1m)以下，下入Φ103mm加长可退式卡瓦捞矛整体打捞磨铣后的$2\frac{7}{8}$″油管本体，此时若遇卡，在-8~8t悬重范围内尝试解卡，无效退出卡瓦捞矛。

5.3　倒扣打捞尾管(未埋卡)/套铣+倒扣打捞尾管(埋卡)

若落鱼没有被埋卡，则更换反扣钻具，分步打捞至埋卡点。若落鱼被泥浆沉淀埋卡，则先采用合金铣鞋套铣环空，后倒扣打捞。可能会出现情况：(1)鱼顶为油管本体，用母锥/公锥倒扣打捞；(2)鱼顶为油管节箍，则用大头公锥倒扣打捞；(3)鱼顶为减震器，用Φ89mm大头公锥(打捞范围71-85)打捞。若无法捞获或套铣、倒扣打捞过程中埋卡严重，套铣后仍无法成功倒扣，则用Φ104mm进口合金平底磨鞋磨铣减震器至油管本体后，继续分步打捞下部油管。

5.4　打捞射孔枪

当通过打捞、钻磨处理至射孔枪后，采用薄壁铣管套铣环空，然后进行打捞。用Φ104/93mm整体薄壁铣管套铣清理射孔枪环空，再根据鱼顶为枪身母扣/射孔枪公接头，对应采用公锥/母锥打捞。

详细打捞方案技术参数如表3所示。若精细控压条件下，出现井漏严重、多次打捞未成或者套铣射孔枪蹩卡严重以及套铣后打捞射孔枪组未成，需磨铣射孔枪(射孔枪硬度高，不具备钻磨性)等异常情况，在综合评估后，终止打捞，转完井作业。

表3　X1井打捞作业详细方案及技术参数

<table>
<tr><th>鱼顶状态</th><th>打捞方式</th><th>打捞工具</th><th>工具参数</th><th>技术参数</th></tr>
<tr><td rowspan="2">封隔器芯轴及钢球</td><td>整体打捞</td><td>Φ102mm可退式引筒打捞矛</td><td>抗拉200kN</td><td>①上提下放静止称重；②冲洗鱼顶；③逐级加压打捞；④尝试提钻。</td></tr>
<tr><td>磨铣</td><td>Φ104mm进口合金磨鞋</td><td>抗拉600kN
抗扭12kN·m</td><td>①钻磨前测悬重、空转扭矩；②钻磨作业；③控制磨铣有效进尺。</td></tr>
<tr><td>尾管</td><td>整体打捞</td><td>Φ103mm加长可退式卡瓦捞矛</td><td>抗拉400kN</td><td>①上提下放静止称重；②冲洗鱼顶；③逐级加压打捞；④尝试提钻，若遇卡则尝试解卡，无效则退出卡瓦捞矛</td></tr>
<tr><td>油管</td><td>倒扣/
套铣+倒扣</td><td>Φ102mm高强母锥/
Φ89mm高强公锥/
Φ89mm大头公锥</td><td rowspan="3">公/母锥：
抗拉400kN
抗扭12kN·m
平底磨鞋：
抗拉600kN
抗扭12kN·m</td><td rowspan="4">打捞参数：
①上提下放静止称重；②冲洗鱼顶；③造扣打捞；④抓获落鱼后活动解卡；⑤解卡无效则倒扣。
套铣参数：
①上提下放静止称重；②套铣作业。
磨铣参数：
①钻磨前测悬重、空转扭矩；②磨铣作业；③控制磨铣有效进尺。</td></tr>
<tr><td>减震器</td><td>倒扣/
磨铣</td><td>Φ89mm大头公锥/
Φ104mm进口合金平底磨鞋</td></tr>
<tr><td>尾管</td><td>磨铣</td><td>Φ104mm进口合金平底磨鞋</td></tr>
<tr><td>射孔枪</td><td>套铣+倒扣</td><td>Φ104/93mm整体薄壁铣管+Φ89mm大头公锥/Φ102mm高强母锥</td><td>薄壁铣管
抗拉200kN
抗扭7kN·m</td></tr>
</table>

6 结语

（1）本文针对南缘高温、超高压、超高产、窄密度窗口井的工况特征及技术难点，根据该井前期试产过程作业特点，分析得出 X1 井后续打捞作业存在井控风险高、压力窗口窄等风险，按照“先内后外、能倒不套、能套不磨”处理原则，确定了 X1 井落鱼打捞作业技术思路。

（2）考虑该井试产过程存在较高的地层压力及井口油压，在进行打捞管柱优化后，分别计算并确定了井底当量 ECD 选择、最低携屑排量设定、精细控压钻进参数设计，以达到井筒精细控压目的，有效削减了后续落鱼打捞作业过程中的井控风险。

（3）为了避免反扣磨铣打捞导致落鱼松扣，在作业前期采用正扣钻杆作为钻磨、试探性打捞、磨铣芯轴管柱。确定尾管及射孔枪状况后，采用换反扣钻杆套铣打捞的打捞作业方式，为后续落鱼安全打捞作业提供了可靠的技术方案。

（4）通过 X1 井落鱼打捞风险分析，建立了落鱼打捞作业井控安全保障措施，形成了“三高”井落鱼安全打捞的方法及流程，为超深高压气井的打捞作业提供技术支持。

参 考 文 献

[1] 付建华，邓乐，陈国庆，等．深井裸眼封隔器分段酸压管柱打捞实践[J]．钻采工艺，2023，46(01)：91-96.
[2] 张武滔，杜汶泽，李军，等．水平井连续油管落鱼打捞技术研究[J]．石化技术，2022，29(07)：73-75+51.
[3] 吴宏．井下复杂落物打捞技术要点分析[J]．中国石油和化工标准与质量，2021，41(07)：181-182.
[4] 郑会川．涠洲 X 油田结垢井的大修打捞技术应用与实践[J]．石化技术，2020，27(11)：80-81.
[5] 彭永洪，魏波，宋雷勇，等．K2 井双重落鱼打捞实践[J]．钻采工艺，2020，43(04)：108-111.
[6] 田云海，夏凌浩．井下作业落物打捞工艺技术研究[J]．化工设计通讯，2020，46(03)：275-276.
[7] 唐寒冰．高压高含硫气井钢丝落鱼打捞[J]．钻采工艺，2020，43(02)：82-85+5.
[8] 杨晶．长落鱼打捞作业在大庆油田的应用[J]．化学工程与装备，2018(08)：154-155.
[9] 任法德．油田井下作业落物打捞方法探讨[J]．石化技术，2016，23(08)：260.
[10] 侯冠中，和鹏飞，祝正波，等．剪切闸板剪断管柱所致落鱼打捞技术应用[J]．海洋工程装备与技术，2016，3(04)：222-226.
[11] 曹珍珍．常用的打捞工具及其工作原理探讨[J]．科技资讯，2015，13(14)：189.
[12] 李超．油田井下落物打捞技术探析[J]．化工管理，2015(14)：257.
[13] 王建军．丢手封隔器的打捞分析与认识——201-21 井打捞分析[J]．中国石油和化工标准与质量，2014，34(02)：107.
[14] 刘先富，梁奇敏，张翼．大尺寸井眼扶正器断裂问题分析与建议[J]．石油机械，2017，45(02)：32-34.
[15] 邓小强，韩虎成，龙庆，等．长庆区域试油压裂井下事故处理工具优选初探[J]．钻采工艺，2010，33(S1)：62-67+9.
[16] 吕凤平．水平井打捞工艺技术新探[J]．石油天然气学报，2009，31(03)：343-345.

动态杂散电流对埋地金属管道腐蚀研究

冉欣潼　王晓坤　朱晨娟　杨丽萍

(中国石油四川石化有限责任公司)

摘　要　电力线路与油气输送管线选址原则趋近，二者多相邻建设形成能源输送走廊。城市交通发展的步伐日益增速，城市人口数量日益扩大，推动着城市现代化的建设。地铁是城市公共交通的核心。本文旨在提出一种基于边界元的油气管道等效计算方法，将油气管道与地铁线路和复杂地质结构进行统一建模，提出基于杂散电流对管道干扰模型的防腐层破损程度判别方法，可以用于判断埋地金属管道全线防腐层破损程度和采取杂散电流防护措施的参考。

关键词　油气管道；地铁线路；杂散电流；边界元；动态干扰

直流牵引供电系统杂散电流问题虽由来已久，日益凸显。为防治杂散电流，在工程设计中，多采取避让的方式选择地铁线路路径或管道路径。但是，随着我国对能源需求的快速增长，油气管道的建设也在迅速增加，城市轨道交通线路和埋地金属管道接近或交错的情况难以避免，直流牵引供电系统杂散电流对埋地金属管道的直流干扰问题亟待解决。国内天然气与消费增长的对比而言，油气管道施工建设增速低于天然气产品的消费增量，我国油气管道建设施工整体来看滞后于天然气行业发展速度。

埋地金属管道被广泛用于输送石油和石油产品，如原油、汽油、柴油、煤油等。这些管道在石油勘探、生产和分销过程中起着重要的作用。埋地金属管道也是天然气输送的主要方式之一。天然气管道用于将天然气从生产地点输送到消费地点，供应给居民、工业和商业用途。

地铁运行时会产生电磁场，导致地下管道周围形成感应电流。这些感应电流可能引起管道金属表面的电腐蚀，导致金属腐蚀速率增加。长期以往，可能导致埋地管道的金属损失加剧，甚至引发管道泄漏或破裂。杂散电流通过地下管道时，可能与地下土壤中的电解质发生反应，形成电解腐蚀环境。这种电解腐蚀会导致管道金属的局部腐蚀和金属离子的析出，进一步加速管道的腐蚀速率。杂散电流产生的电腐蚀和电解腐蚀会削弱管道金属的强度和耐久性，导致管道的腐蚀破坏。这可能导致管道的结构强度下降，甚至引起管道的泄漏或破裂，造成安全隐患。建立直流牵引供电系统杂散电流的分布模型，考虑杂散电流在非均匀介质中的扩散方式，建立杂散电流的扩散及其对埋地金属管道干扰的模型。研究杂散电流对埋地金属管道的影响程度。

图 1　电力线路与油气管道相邻

在杂散电流干扰方面，研究了杂散电流收集系统和牵引供电系统周围土壤电阻率对杂散电流干扰的影响。利用有限元方法建立了地铁中杂散电流场的二维数学模型，该模型可用于确定杂散电流保护范围。根据实际动态地下杂散电流扰动的特点，建立了一个模拟试验台。研究了影响杂散电流干扰的因素，如干扰电压、总干扰时间和一个周期内的干扰时间，并推断出动态直流杂散电流对管道的腐蚀行为。建立了动态杂散电流加速腐蚀试验台，研究了杂散电流的时变规律和管道地电位的变化特征，研究分析了土壤 PH 值、土壤电导率、杂散电流频率和杂散电流密度与管道腐蚀速率之间的相关性。利用数值模拟研究了各种干扰下的管道地电位分布，并设计了各种杂散电流缓解方法。文献提出了一个基于地电位梯度的评估地铁杂散电流扰动程度的模型，并基于该模型研究了过渡电阻对杂散电流扰动的影响。根据对埋地天然气管道的杂散电流干扰的测量，考虑到干扰的程度和范围，分析了管道和地下的相对位置对杂散电流干扰的影响。

在高压直流输电系统的杂散电流干扰方面，采用函数拟合方法得到了高压直流接地极的杂散电流与管道金属腐蚀量之间的关系。高压直流输电系统对埋地金属管道的干扰机理、危害及相应的缓解措施，高压直流输电系统对埋地金属管道干扰的测试方法，探讨了高压直流输电系统对埋地金属管道干扰的计算方法。接地极与管道的垂直距离越短，杂散电流流入和流出的管道靠近接地极的部分越短，对远离接地极的管道的干扰越大，范围越广。以一个直流接地极及其附近的天然气管道为例，分析了管道位置和接地极进线电流对管道的杂散电流干扰。高压直流输电系统与直流牵引供电系统作为杂散电流的来源存在明显的差异，但高压直流输电系统对管道的杂散电流干扰研究可以作为直流牵引供电系统对管道杂散电流干扰研究的参考。

本文研究综合考虑动态杂散电流。提出基于边界元的油气管道数值计算方法。提出基于杂散电流对管道干扰模型的防腐层破损程度判别方法可以用于判断埋地金属管道全线防腐层破损程度是否超过实际使用时间对应的破损程度水平，并且可以对破损严重的区段做出大致定位。基于杂散电流对管道干扰模型的防腐层破损程度判别方法可以作为埋地金属管道采取杂散电流防护措施的参考。

1　动态杂散电流流通原理

为了研究杂散电流对管道产生的影响，将混凝土道床结构和大地等效为层状介质，建立直流牵引供电系统杂散电流在分层介质中的扩散模型。一般情况下，可以将土壤模型分为均匀模型和分层模型两种形式，其中，分层土壤模型又包括了土壤水平分层和垂直分层，通常以土壤电阻率作为分层依据。钢轨由绝缘块与扣件固定，位于混凝土道床上，排流网位于混凝土道床内，而混凝土道床外是土壤，因此可以将混凝土道床和土壤看作水平分层的不同电阻率的双层介质。

为了研究动态杂散电流对土壤环境产生的影响，考虑混凝土道床结构，建立以地电位梯度为判断指标的直流动态杂散电流扩散模型。将混凝土道床结构等效为土壤介质，分别等效为层状介质和块状介质，建立直流动态杂散电流在分块介质中的扩散模型。为计算三维空间内的杂散电流对埋地金属管道干扰，如图 2 所示。

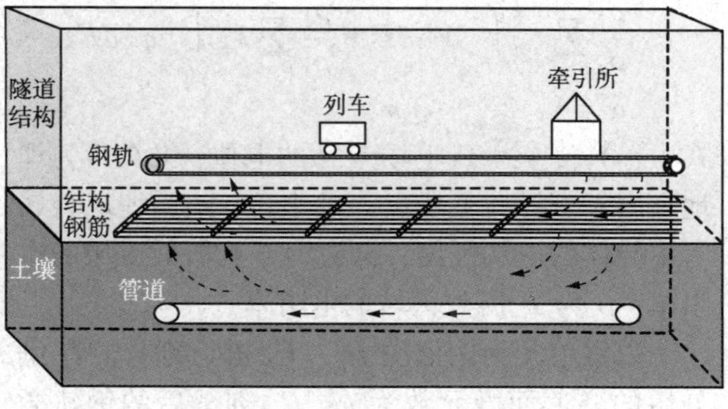

图 2　城市轨道交通供电系统

2　基于边界元的管道防腐破损程度建模

管道杂散电流扩散场模型由区域 Ω_k（$k=1, 2\cdots, 7$）组成，假设 V_k 为 Ω_k 中任意一点的电位，P 点为 Ω_k 内任意一点，则 P 满足控制方程组：

$$\nabla^2 V_k=0,\ P\in\Omega_k \tag{1}$$

其中 P 点满足的边界条件为

$$\begin{cases} V_k=V_l, & P\in\Gamma_{kl} \\ V=0, & P\in\Gamma_\infty \\ \dfrac{1}{\rho_k}\dfrac{\partial V_k}{\partial n}=\dfrac{1}{\rho_l}\dfrac{\partial V_l}{\partial n}, & P\in\Gamma_{kl} \\ \dfrac{\partial V}{\partial n}=0, & P\in\Gamma_0 \end{cases} \tag{2}$$

式中：Γ_{kl}（$l=1, 2, \cdots, 7$；$l\neq k$）为区域 Ω_k 与

区 Ω_l 的交界面。本文规定 Γ_{kl} 正方向为由 Ω_k 指向 Ω_l；Γ_∞ 为无穷远边界；G_0 为地表边界；ρ_k、ρ_l 分别为 Γ_{kl} 两侧的电阻率，n 为交界面的法向。

同理列写 P 点位于 Γ_c 的边界积分方程：

$$\frac{1}{2}\left(1+\frac{\rho_1}{\rho_P}\right)V_1(P)=\left(\frac{\rho_1}{\rho_c}-1\right)\int_{\Gamma_c}V_1q^*d\Gamma+\int_{\Gamma_{45}}\frac{\rho_1}{\rho_5}V^*q_5-\frac{\rho_1}{\rho_4}V_5q^*d\Gamma,\ P\in\Gamma_c \tag{3}$$

式中：$V_k(P)$ 为区域 Ω_k 内场点 P 的电位；$q_k=\partial V_k/\partial \boldsymbol{n}$，$q^*=\partial V^*/\partial \boldsymbol{n}$；$\Gamma_c=\{\Gamma_{1k}\}$ 为所有隧道交界面的集合；Γ_{45} 为埋地金属管道导体表面，管道防腐层面电阻，管道破损值 α 均会影响 Γ_{45}。

同理列写 P 点位于 Γ_{45} 的边界积分方程：

$$\frac{1}{2}\left(1+\frac{\rho_1}{\rho_P}\right)V_{1i}=\sum_{j=1}^{n}\left(\frac{\rho_1}{\rho_{cj}}-1\right)V_{1j}\int_{\Gamma_{cj}}q^*d\Gamma+\frac{\rho_1}{\rho_5}\sum_{\beta=1}^{m}q_{5\beta}\int_{\Gamma_{45\beta}}V^*d\Gamma-\frac{\rho_1}{\rho_4}\sum_{\beta=1}^{m}V_{5\beta}\int_{\Gamma_{45\beta}}q^*d\Gamma,\quad i=1,2,\cdots,n \tag{4}$$

$$\frac{1}{2}\frac{\rho_1}{\rho_4}V_{5\alpha}=\sum_{j=1}^{n}\left(\frac{\rho_1}{\rho_{cj}}-1\right)V_{1j}\int_{\Gamma_{cj}}q^*d\Gamma+\frac{\rho_1}{\rho_5}\sum_{\beta=1}^{m}q_{5\beta}\int_{\Gamma_{45\beta}}V^*d\Gamma-\frac{\rho_1}{\rho_4}\sum_{\beta=1}^{m}V_{5\beta}\int_{\Gamma_{45\beta}}q^*d\Gamma,\quad \alpha=1,2,\cdots,m \tag{5}$$

式中：$V_1(P)$ 为 Γ_c 上场点 P 的电位；$V_5(P)$ 为埋地金属管道导体上场点 P 的电位；q_5 为埋地金属管道导体的电场强度；ρ_P 为场点 P 所处区域的电阻率；ρ_c 为 Γ_c 所处区域的电阻率。

以常单元为例依次 Γ_c、Γ_{45} 进行剖分。Γ_c 剖分后的隧道面微元数为 n；Γ_{45} 剖分后的钢轨微元数为 m。

$$\frac{1}{2}\left(1+\frac{\rho_1}{\rho_P}\right)V_{1i}=\sum_{j=1}^{n}\left(\frac{\rho_1}{\rho_{cj}}-1\right)V_{1j}\int_{\Gamma_{cj}}q^*d\Gamma+\frac{\rho_1}{\rho_5}\sum_{\beta=1}^{m}q_{5\beta}\int_{\Gamma_{45\beta}}V^*d\Gamma-\frac{\rho_1}{\rho_4}\sum_{\beta=1}^{m}V_{5\beta}\int_{\Gamma_{45\beta}}q^*d\Gamma,\quad i=1,2,\cdots,n \tag{6}$$

式中：Γ_{cj} 为 Γ_c 的第 j 个微元；$\Gamma_{45\beta}$ 为第 β 段钢轨微元；V_{1j} 为 Γ_{cj} 的电位；$V_{5\beta}$ 为 $\Gamma_{45\beta}$ 的电位；$q_{5\beta}$ 为 $\Gamma_{45\beta}$ 的电场强度。ρ_{cj} 为 Γ_{cj} 所处区域的电阻率。

3　动态杂散电流与埋地金属管道的防护指标

目前，国内外均无专门针对轨道交通动态直流杂散电流干扰的判断指标，对于直流干扰的评判标准主要是针对稳态直流干扰的，涉及动态直流干扰的不多。

EN50162-2004 对于构筑物有无阴极保护进行规定：(1)对没有阴极保护的物体来说，防护指标为电位偏移，包括了土壤电阻率及 IR 降的存在，允许管地电位最大正向偏移值如表 1 所示；(2)对存在阴极保护的构筑物，如果干扰使管道消除 IR 降电位大于保护电位数值，干扰超出了接受范围，建议采用电流探针法进行干扰可接受程度的测量。一般持续测量 24 小时，测试的结果包括阴极保护电流与杂散电流，并把晚上测试的管道阴极保护相应的探针电流设作基组值。最正电位波动的时间段为探针测试电流相对于基准值降幅最大的时间段。统计探针电流低于基准值不同百分比的累积持续时间，如果超过表 2 中相应的最大可接受程度，那么说明存在杂散电流验证腐蚀的危害。

表 1　EN50162-2004 中无阴极保护埋地或浸没金属结构的可接受电位正向偏移值

金属结构	电介质电阻率/ρ，Ω·m	最大正电位偏移 ΔU/mV（包括 IR 降）	最大正电位偏移 ΔU/mV（不包括 IR 降）
钢铁、铸铁	≥200	300	20
	15~200	1.5ρ	20
	<15	20	20
铅		ρ	
混凝土结构钢筋		200	

表 2　EN50162-2004 中受直流牵引系统干扰的探针电流法评判指标

探针电流相对基准水平的比例/%	最大可接受程度	
	相对于最恶劣时间段的时间比例/%	累积持续时间/s
>70	无限制	
<70	40	1440
<60	20	720
<50	10	360
<40	5	180
<30	2	72
<20	1	36
<10	0.5	18
<0	0.1	3.6

GB 50991—2014 中对于不同的情况明确了

直流杂散电流的干扰程度：(1)埋地管道处于施工设计阶段，当管道附近20m范围内地电位梯度>0.5mV/m时，确认存在直流干扰；当管道附近20m范围内地电位梯度≥2.5mV/m时，应进行管道敷设后可能受到的直流干扰影响评估，根据评估结果预设干扰防护措施。(2)没有进行阴极保护的管道，当管地电位相对于自然电位正向或负向偏移>20mV时，确认存在直流干扰；当任意点的管地电位较自然电位正向偏移≥100mV时，应采取干扰防护措施。(3)已投入运行的阴极保护管道，如果干扰导致管道不满足最小保护电位要求，就应采取防护措施。

澳大利亚标准AS2832.1-2015规定：监测时长较长的管道阴极极化电位，按照埋地金属结构受杂散电流极化时长分为短时间极化和长时间极化。对短时间极化、涂层性能优良的金属构筑物来说，电位高于参考标准的时长不应多于监测时长的5%；高于参考标准+50mV(对钢铁构筑物电位为-800mV)的时长不应多于监测时长的2%；高于参考标准+100mV(对钢铁构筑物电位为-750mV)的时长不应多于监测时长的1%；高于参考标准+850mV(对钢铁构筑物电位为0mV)的时长不应多于监测时长的0.2%。对于长时间极化、涂层性能较差的埋地金属来说，规定其电位高于参考标准的时长不应多于监测时长的10%。

4　埋地金属管道防腐层破损程度判别

目前CDEGS软件广泛应用于杂散电流干扰研究领域，采用CDEGS软件的MALZ模块搭建单列车双边供电模型，钢轨和排流网分别等效为一根导体，列车与牵引所等效为电流源，隧道结构采用土壤块拼接，搭建的是矩形隧道模型。该软件的运行内存有限，因此本次仿真搭建20km的矩形隧道结构，仿真示意图如图3所示。用于验证直流牵引供电系统杂散电流的扩散及其对埋地金属管道干扰模型的准确性。

为检测管道强制电流阴极保护参数，会沿埋地金属管道设置电位测试桩，可利用埋地金属管道的电位测试桩所测管地电位对管道防腐层破损程度进行判别。对于防腐层实际破损程度小于或等于预期破损程度的管道，其管地电位应位于预期管地电位范围内；对于防腐层实际破损程度大于预期破损程度的管道，其管地电位应位于预期管地电位范围外。

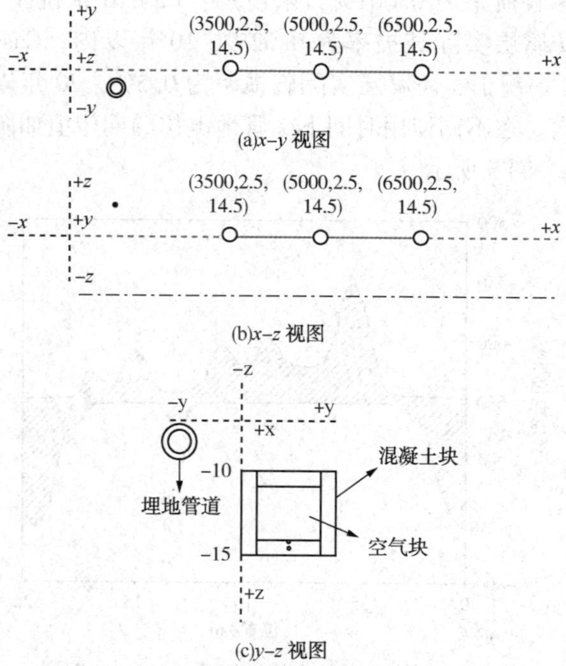

图3　仿真示意图

仿真参数设置如下：隧道块长20km，宽5m，高5m，双边供电距离3km，空气块长20km，宽3.8m，高3.8m，土壤块无限大，钢轨等效纵向电阻0.018Ω/km，排流网等效纵向电阻取0.14Ω/km，钢轨对排流网用涂层等效，钢轨对排流网电阻3Ω·km。

本次仿真令隧道块电阻率分别为500Ω·m，空气块电阻率为3×10^{8}Ω·m，土壤电阻率分别为50Ω·m。列车位于5km处，注入电流为+3000A；牵引所A位于3.5km处，电流为-1500A，牵引所B位于6.5km处，电流为-1500A，计算深度50m。在分块介质扩散模型中，对混凝土与空气、混凝土与土壤的分界面均采用相同大小的正方形微元进行剖分，剖分面积为$1*1m^2$。

对于不同类型防腐层，可以根据所需的保护电流推算不同使用年限下，防腐层的破损率，FBE(熔结环氧粉末)和3PE(三层结构聚烯烃)防腐层不同使用时间的预期破损率如表3所示

表3　FBE和3PE防腐层不同使用时间预期破损率α

防腐层类型	未使用α	使用10年α	使用20年α
FBE	0.003~0.007	0.10~0.30	0.20~0.40
3PE	0.003~0.007	0.03~0.05	0.03~0.07

管道防腐层在正常情况下，防腐层破损率对

应年份如表3所示，Case A 情况下，防腐层实际破损率为0.001%，未使用；Case B 情况下，防腐层实际破损率为0.02%，10年以内；Case C 情况下，防腐层实际破损率为0.5%，20年以内。在不同使用时间下，管地电位的期望值如图4、图5所示。

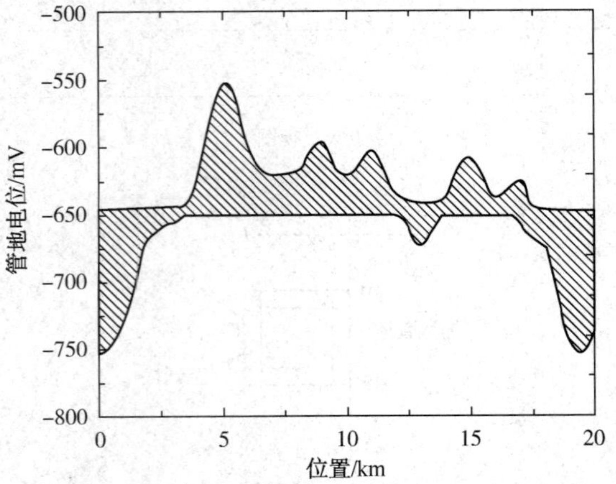

图4　使用10年内管道管地电位期望值

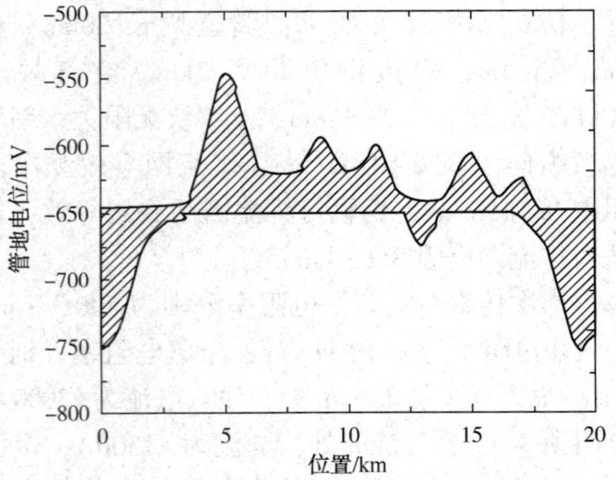

图5　使用20年内管道管地电位期望值

所示的不同情况类型进行仿真，在管道全线每2km设置一个管地电位测量点，基于管地电位偏移情况对防腐层的破损程度进行判别。因为Case B为使用时间小于10年的管道，因此根据使用时间在10年内管道的管地电位期望区间进行判别如图6所示。Case C为使用时间小于20年的管道，因此根据使用时间在20年内的管道的管地电位期望区间进行判别。Case6的管地电位位于使用时间在二十年内的管道期望管地电位范围外，因此Case6管道防腐层破损程度可判别为超过实际使用时间对应的预期程度。Case B防腐层实际破损程度正常，判别结果为正常。Case C防腐层实际破损程度严重，判别结果为

严重。

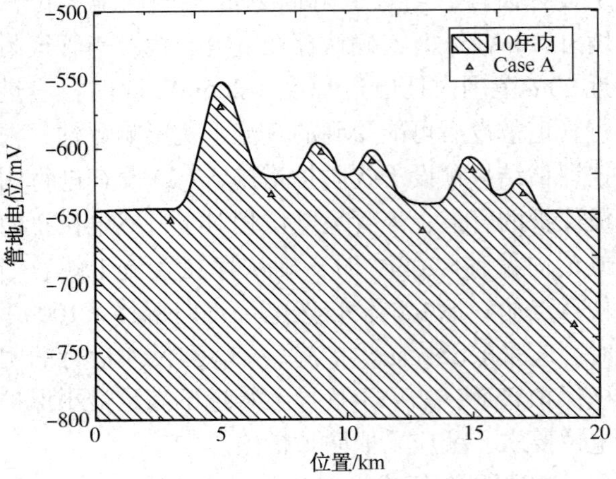

图6　使用10年内 Case B 的判别

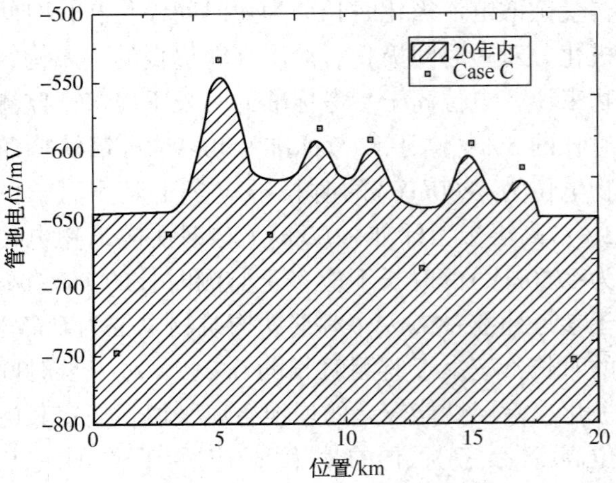

图7　使用20年内 Case C 的判别

5　结论

（1）本文综合考虑的地铁沿线与输油管道的直流干扰，将土壤环境，隧道结构，管状导体考虑为块状介质。

（2）本文提出了杂散电流对管道干扰模型的防腐层破损程度判别方法，基于边界元求解输油管道。

（3）通过计算验证了该判别方法可以判断管道防腐层破损程度处于正常水平或超过正常破损程度，判断结果可以用于选择恰当的杂散电流防护措施。

参 考 文 献

[1] 孟晓波，张波，廖永力，等．直流接地极入地电流对附近埋地管道电位的影响[J]．中国电机工程学报，2019，39(20)：6113-6121，6192.

[2] 牟龙华，史万周，张明锐．排流网情况下地铁迷流

分布规律的研究[J]. 铁道学报，2007，29(3)：45-49.
[3] 王禹桥，黄玉坚，彭成宽，等. 基于地表电位梯度的地铁杂散电流动态干扰范围评估模型[J]北京交通大学学报，2020，11(6)：85-91.
[4] Du Guifu，Wang Jun，Jiang Xingxing，et al. Evaluation of rail potential and stray current with dynamic traction networks in multitrain subway systems[J]，IEEE Transactions on Transportation Electrification，2020，6(2)：784-796.
[5] 胡云进，钟振，方镜平. 地铁杂散电流场的有限元模拟[J]. 中国铁道科学，2011，32(06)：129-133.
[6] 张玉星，杜艳霞，路民旭. 动态直流杂散电流干扰下埋地管道的腐蚀行为[J]. 腐蚀与防护，2013，34(09)：771-774.
[7] 王新华，刘菊银，何仁洋，等. 轨道交通动态杂散电流对埋地管道的干扰腐蚀试验[J]. 腐蚀与防护，2010，31(03)：193-197.
[8] Dawalibi F P，Southey R D. Analysis of electrical interference from power lines to gas pipelines. I. Computation methods[J]. IEEE Transactions on Power Delivery，1989，4(3)：1840-1846.
[9] Christoforidis G C，Labridis D P，Dokopoulos P S. A hybrid method for calculating the inductive interference caused by faulted power lines to nearby buried pipelines[J]. IEEE Transactions on Power Delivery，2005，20(2)：1465-1473.
[10] Christoforidis G C，Labridis D P，Dokopoulos P S. A hybrid method for calculating the inductive interference caused by faulted power lines to nearby buried pipelines[J]. IEEE Transactions on Power Delivery，2005，20(2)：1465-1473.
[11] Southey R D，Dawalibi F，Vukonich W. Recent Advances in the Mitigation of AC Voltages Occurring in Pipelines Located Close to Electric Transmission Lines[J]. IEEE Transactions on Power Delivery，1994，9(2)：1090-1097.
[12] 董亮，石超杰，陈树新，等. 埋地管道受地铁杂散电流干扰的缓解方法及效果数值模拟[J]. 北京交通大学学报，2020，44(3)：19-29.
[13] Yan W，An Y，Hu Y，et al. Research on cylinder Flexible Graphite Earth Electrode (FGEE) used to reduce tower earth resistance[J]. Electric Power Systems Research，2021，196(3)：107268.
[14] 刘瑶，谭松玲，邢琳琳等. 北京埋地燃气管道地铁杂散电流干扰影响现场检测及规律分析[J]. 腐蚀科学与防护技术，2019，31(04)：429-435.
[15] OGUSOLA A，MARISCOTTI A，SANDROLINI L. Estimation of stray current from a DC-electrified railway and impressed potential on a buried pipe[J]. IEEE Transactions on Power Delivery，2012，27(4)：2238-2246.
[16] 马晓华. 上海虹桥机场航油输送管道受地铁杂散电流干扰的检测与防护[J]. 腐蚀与防护，2016，37(05)：364-367+406.
[17] 顾承昱，熊祥鸿，苏磊等. 轨道交通动态杂散电流干扰源定位方法及技术研究[J]. 机车电传动，2022，No.289(06)：116-121.
[18] 吴泳聪，蔡汉生，胡上茂等. 地铁牵引系统对地表电位影响时域仿真[J/OL]. 南方电网技术：1-10.
[19] 白锋，李雄，曹方圆. 高压直流接地极对埋地油气管道腐蚀影响的等效电流研究[J]. 电网技术，2019，43(5)：1834-1840.
[20] 秦润之，杜艳霞，姜子涛，等. 高压直流输电系统对埋地金属管道的干扰研究现状[J]. 腐蚀科学与防护技术，2016，28(03)：263-268.
[21] 顾清林，姜永涛，曹国飞，等. 高压直流接地极对埋地管道的干扰监测及影响规律[J]. 油气储运，2021，40(01)：26-32.
[22] 谭春波，许罡，许明忠，等. 接地极单极大地回路电流运行对天然气管道的影响[J]. 油气储运，2018，37(06)：670-675.
[23] Wu X，Zhang H，Karady G G. Transient analysis of inductive induced voltage between power line and nearby pipeline[J]. International Journal of Electrical Power & Energy Systems，2017，84：47-54.
[24] 王禹桥，黄玉坚，彭成宽等. 基于地表电位梯度的地铁杂散电流动态干扰范围评估模型[J]. 北京交通大学学报，2020，44(03)：30-36.
[25] GB/T 19285—2014，埋地钢质管道腐蚀防护工程检验[S]. 北京：中国标准出版社，2014.
[26] GB/T 21448—2017，埋地钢质管道阴极保护技术规范[S]. 北京：中国标准出版社，2017.
[27] Council of Standards Australia. Cathodic Protection of Metals-Pipes and Cables：AS 2832.1-2015 [S]. Sydney：SAI Global Limited，201
[28] CJJT 49—2020 地铁杂散电流腐蚀防护技术标准[S]. 北京：中国计划出版社，2020.

威远页岩气场站无人值守生产安全管理实践

彭吉庆　张璇缘

(中国石油川庆钻探工程有限公司)

摘　要　页岩气作为非常规天然气，具有较大开发难度。中共中央、国务院印发的《成渝地区双城经济圈建设规划纲要》提出，要发挥长宁-威远、涪陵国家级页岩气示范区引领作用，推动页岩气滚动开发。川庆威远页岩气田积极利用物联网、数字化等相关技术，从标准化设计、自动化控制、数字化管理、规范化操作四个方面建设川庆威远页岩气智能化生产安全管理系统。通过集成门禁人脸识别、周界报警系统、视频监控系统、语音通话系统等技术完善了场站属地安全管理；另一方面，通过将页岩气生产工艺流程中各系统按使用特性和优先级，建成了多级联锁控制的工艺安全自动控制系统。将属地和工艺安全管理高度集成，形成了完备的场站无人值守模式。

关键词　页岩气平台；数字化平台；无人值守；多级联锁；自动控制

与常规气开发相比，页岩气开发最突出的特点是水平钻井和水力压裂加砂技术的使用，因此平台页岩气生产期间始终存在着出砂和出水严重的问题，长此以往，平台管线设备极易产生腐蚀，甚至导致管线设备蚀穿、天然气泄露的发生；此外，由于页岩气平台周围有居民生活，存在非工作人员闯入平台导致事故发生的可能，从而威胁到平台的安全生产。因此，对页岩气平台现场的安全管理、设备的防护等级等安全管控提出了较高的要求，针对属地安全和工艺安全的管理难点，川庆威远页岩气从实际出发，围绕“数字化、信息化、智能化页岩气田”，依托川庆公司一体化信息平台，利用自动感知实时采集油气产业链运行数据，利用全面互联广泛获取内外部数据，运用数字化技术持续优化业务执行和运营效率，以感知、互联、数据融合为基础，实现生产过程“实时监控、智能诊断、自动处置、智能优化”，率先建成了“一个平台、两个中心、三个系统、八个功能”的页岩气智慧气田，实现数据资源共享、可视化地质导向、精益生产管控、风险复杂预警、远程智能支持、智能分析决策以及应急管理指挥，遵循“合理性、先进性、实用性、可靠性、稳定性和可扩展性”，为采输平台提供高质量、高可靠和高稳定的服务，大大减少了场站人员的操作难度，提高了工作效率，为页岩气规模效益开发提供强有力的信息技术支撑。

1　属地安全管理

场站无人值守期间，属地和外来作业人员的违规操作以及场站周边无关人员的闯入，是无人值守生产过程中可能出现的较大安全隐患。为保证无人值守场站的安全生产运行，川庆威远页岩气实践应用了包含准入管理系统、入场提示系统、周界报警系统、语音通话系统和视频监控系统在内的一套完整的场站无人值守属地管理体系，避免由人的不安全行为造成的事故。

1.1　属地安全管理流程

川庆威远页岩气场站围墙四周布设有红外周界报警系统，可以实时监测外来人员闯入情况，并向集气总站中控值班人员提供入侵报警。当人员需要前往川庆威远页岩气204集气站进行现场操作时，首先需要经过门禁系统的审核，在确认为工作人员或具备准入证的外来人员后，门禁系统才会对其放行。随后，在经过入场提示系统的培训后，周界系统会撤下该人员的防御，以保证现场人员的工作可以顺利进行。在现场操作期间，站内的语音对讲系统和视频监控系统持续运行，以方便现场人员与中控平台的交流，并且在监测到现场人员出现不安全的行为时通过语音喊话系统对其进行安全提示。当现场人员完成作业后，周界系统恢复运行，以对场站重新布控，保证其安全、稳定的运行，见图1。

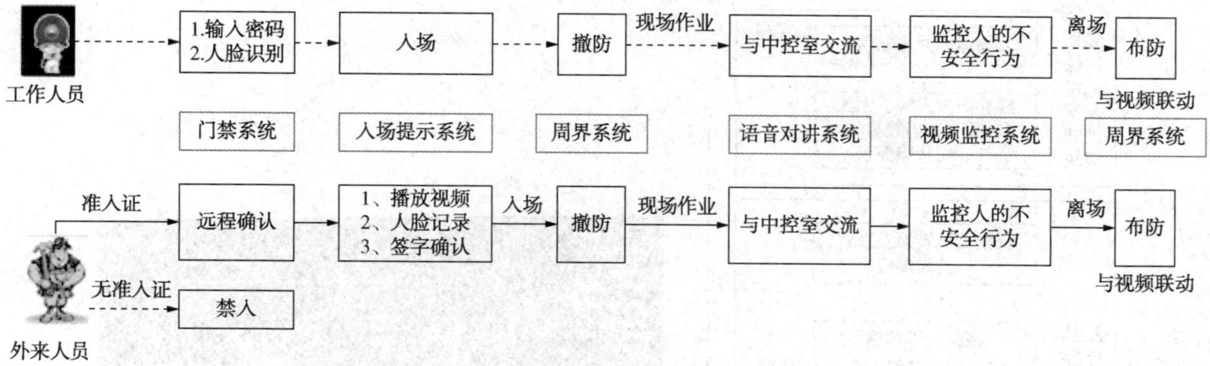

图1 川庆威远页岩气平台人员管理流程

1.2 准入管理系统

入场人员复杂是平台准入管理的主要问题，以往线下人工登记的方式管控覆盖面小、效率低、处理突发情况能力弱。面对这类问题，川庆威远页岩气建立了场站准入和作业许可管理制度，并结合门禁控制系统，实现场站的人员和作业准入的管理。

入场人员在准入系统进行申请，业务人员远程审核通过后便可放行。同时，为规范作业许可和监督认可管理，有效控制作业风险，防止发生各类事故事件，融合作业许可证、作业批准书、施工方案审批书(单)和HSE作业计划书(表)等内容，利用手持终端可实现票证远程申请、签批及监护，方案在线审核、防控措施的制定与落实效率成倍提高，见图2。

图2 川庆威远页岩气平台现场审批流程

1.3 入场提示系统

无人值守主要通过摄像机内置的智能芯片实现采集视频信号的智能分析，从而识别外来人员或可疑目标的入侵。场站通过支持人脸识别，现场呼叫信息和识别信息实时传输的入场提示系统进行无人值守第二道把关。

入场提示系统将信息实时传输到监控平台，与现有门禁系统联动，经系统信息对比确认后系统自动开门或总站人工判断通过后远程开门。当人员到达现场时，对需要进站人员进行人脸识别，并播放入场安全提示音频，在人工判断是否符合进站条件后，再进行远程开门控制，见图3。

图3 入场安全提示系统

1.4 周界报警系统

红外周界报警系统主要由前端探测系统、现场报警系统、传输系统、中心控制系统、联动系统以及电源系统组成，通过使用红外对射对目标进行监测，当目标入侵时阻挡红外光时，红外感应器接收到的红光减少或消失，由此判断入侵并联动报警。红外周界报警系统具有抗干扰能力强、定位准确、扩展性强、可联动报警的功能。场站的四周均建设2.2米高的围墙和防攀爬网，防止外来人员随意进出。同时，在围墙四周设置红外周界报警系统，实时监测外来人员闯入情况，并向集气总站中控值班人员提供入侵报警，同时联动视频监控摄像头自动转向进行实事监控，见图4。

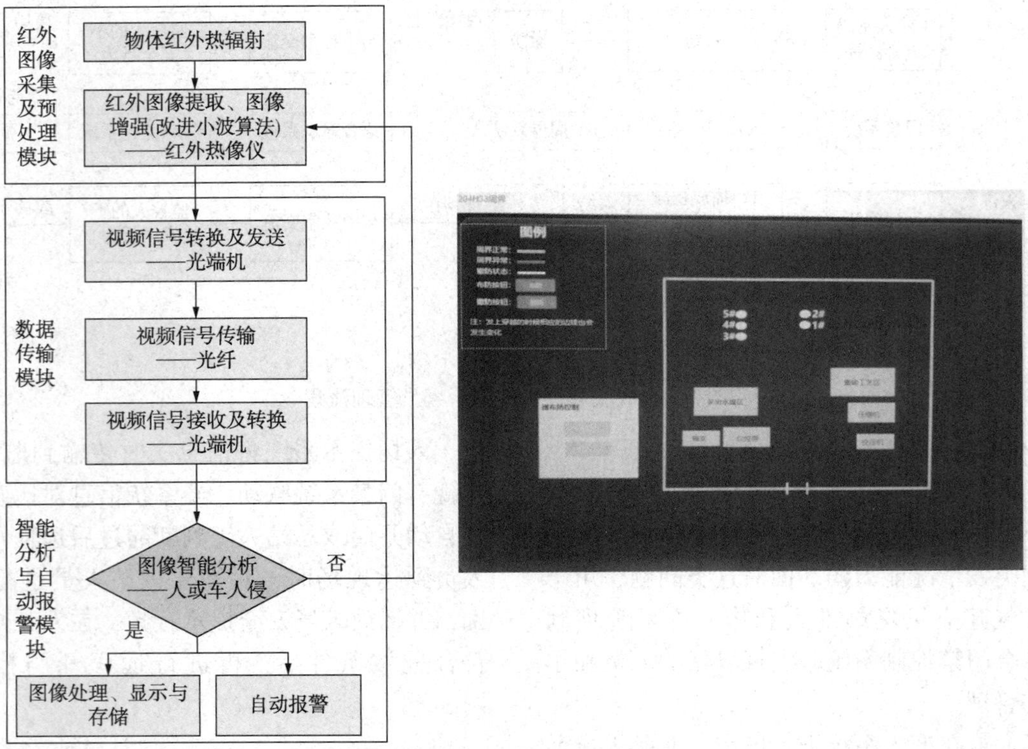

图4　红外周界系统工作原理

1.5　视频监控系统

根据场站的实际大小及增压机分布情况，设置4至8台带云台摄像头，提供全方位、无死角的图像监控，当夜间光线不好的时候设备自动切换为红外模式，保障视频监控24小时正常运行监控。同时设置视频录像机，视频监控回放保存1个月，见图5。

图5　场站视频监控

1.6　语音通话系统

场站设置语音通话系统，采用全数字音频处理技术，具有广播、报警、对讲等功能。分控无设备，无需布线，采取多任务预设管理模式，实现全天候无人值守。当场站中控人员通过视频监控系统和周界系统发现无关人员进入场站时，可以通过语音远程警告。当现场施工作业出现紧急情况时，工作人员也可通过一体化安防主站与集气站中控室进行紧急呼叫，及时将现场情况进行反馈及寻求帮助，见图6。

图6　语音通话系统

2 工艺安全管理

工艺安全的一个基本出发点就是预防工艺物料(或能量)的泄露，威远页岩气场站以计算机技术为核心，采用通信技术、可靠性与容错技术，以及“故障-安全模式”技术实现站内主要设备及相关安全装置的自动化联锁控制，通在监测到出现生产隐患时及时控制并自动调节，确保危险有害物质的隔离和阻断。

平台均按标准模块化建设，按工艺流程分为5大模块，每个模块均实现自动、远程控制，相互之间具有连锁保护功能。依托信息化功能，实现无人值守。

2.1 自动控制联锁流程

平台安全自动控制作业流程按优先级从高到低的顺序将联锁分为三个等级，依次是一级联锁(包含火灾报警按钮和紧急停车按钮)，二级联锁(主要以出站压力为判断依据)，三级联锁(包含阀后压力、分离器液位、增压机和进站压力)，见图7。

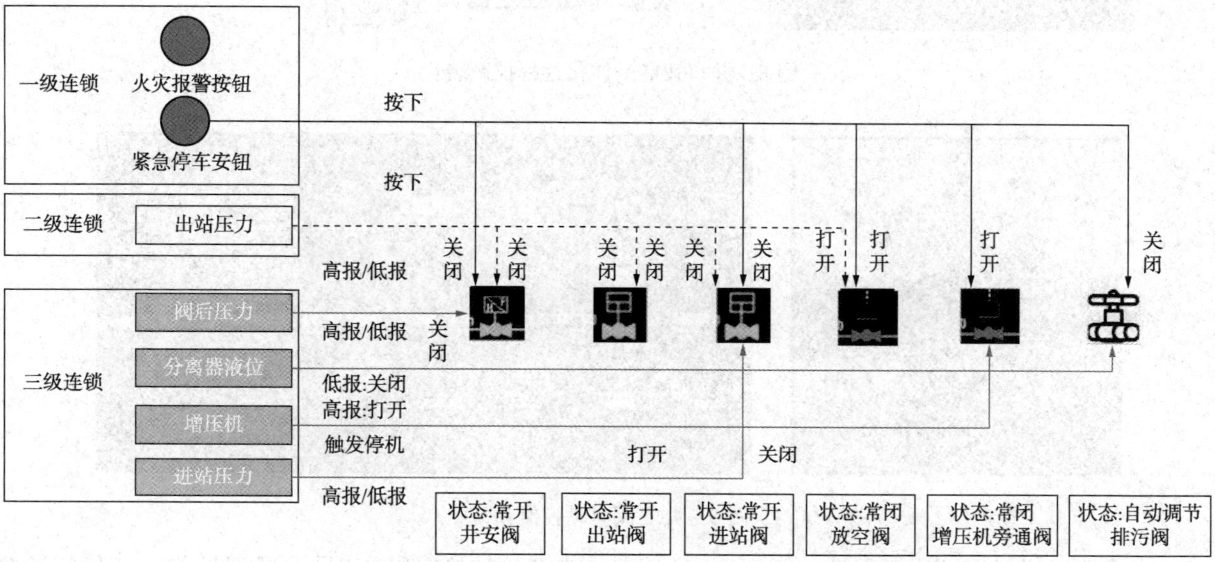

图7 川庆威远页岩气204集气站安全自动控制作业流程

在进行安全管理时，集气站通过将每个模块覆盖在SCADA系统上自动采集现场数据并进行远程实时传输，通过分析处理收集到的阀后压力、分离器液位、进站压力、出站压力等运行参数，判断页岩气的生产状态，当上述数据偏离额定范围时，则自动控制对应井安阀、出战阀、进站阀、放空阀、增压机旁通阀、排污阀等的开关状态，以对生产状态进行自动控制。

同时，视频监控系统除可对人员现场作业进行管理外，激光式云台可燃气监测系统及火焰探测器还可对现场可能出现的燃气泄漏、火灾等事故进行监控预警，当出现泄漏等情况时联锁消防系统进行自动应急处置。在视频监控人员发现类似问题发生时，可通过一级连锁远程控制204集气站的作业，以保证页岩气生产安全平稳运行。

2.2 井口智能控制系统

通过在采气树井口安装气井口智能一体化远程控制装置实现单井产量的自动调整、远程调整、远程开关等功能；在井口安装井安阀，在压力出现异常时自动进行紧急关断，在保证安全的情况下达到无人值守的效果。

2.2.1 井口智能一体化远程控制装置

装置由智能节流调节阀门、智能控制器、太阳能供电系统、通讯、程序软件以及远程控制管理平台等组成，在无充电情况下可以保证至少9天的正常工作，根据井口压力通过RTU进行自动调节开度，保障页岩气安全平稳生产，同时传至中控室进行远程监控及开关控制，见图8。

2.2.2 井口安全阀

利用仪表风压力提供动力气源，根据压力变送器采集的节流后压力以及机械导阀采集的外输压力，当节流后及外输压力出现异常时，紧急关断，保障生产安全，见图9。

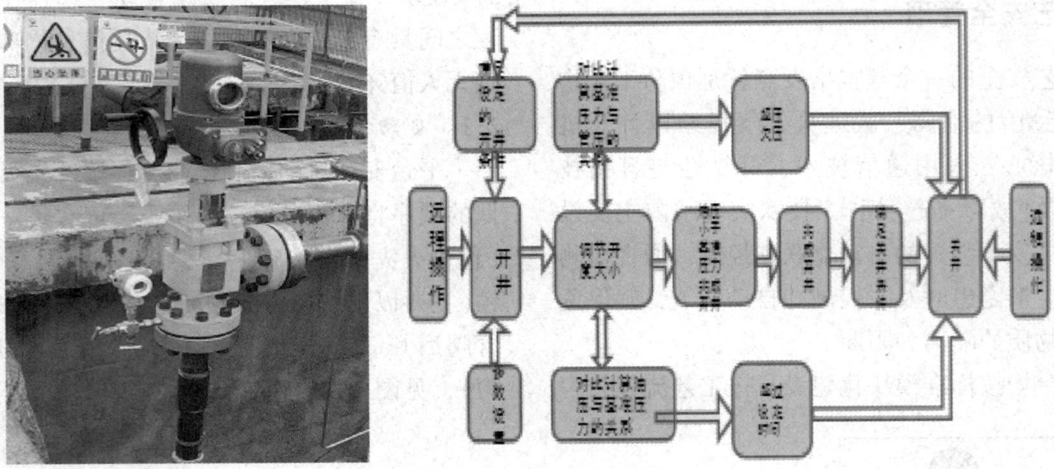

图 8　井口智能一体化远程控制装置

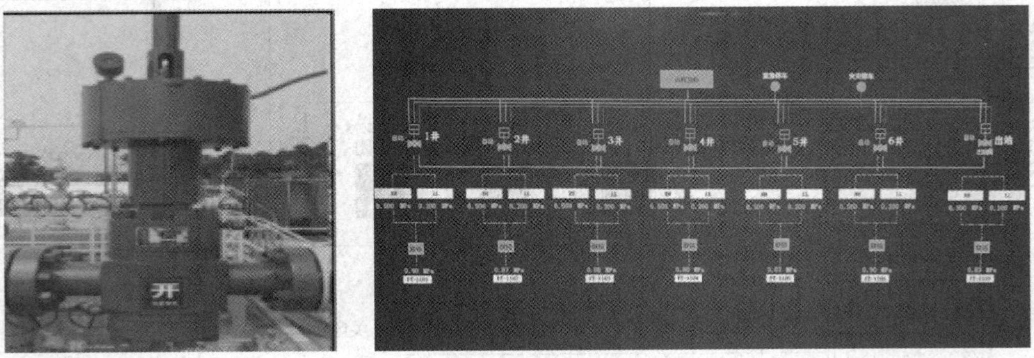

图 9　井安阀自动控制系统

2.3　分离计量升级换代

针对前期页岩气场站地面建设标准针对性不强、投资高、与生产动态变化不匹配等问题，结合实际优化工艺，川庆威远页岩气率先从第一代水套炉加热+轮换计量发展到目前第三代气液两相计量+集中分离，兼顾了精细化管理与降本增效，已成为川南页岩气标杆性工程模板，见图 10。

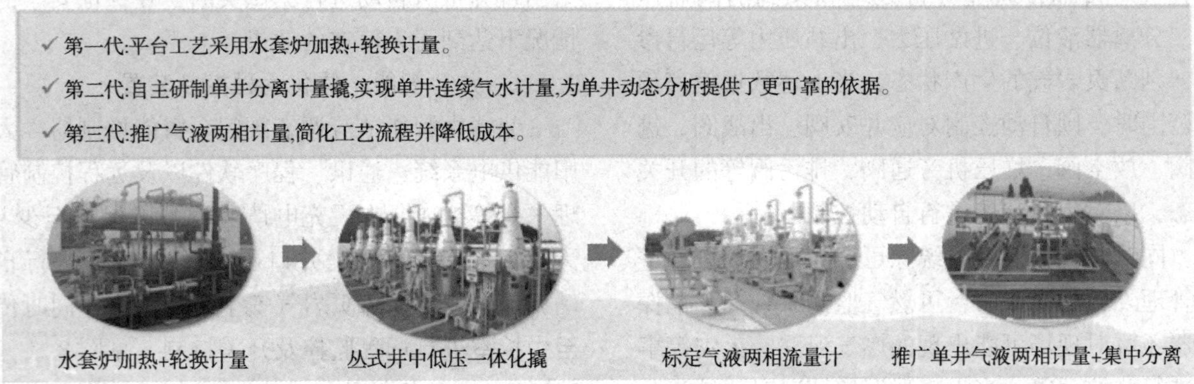

图 10　分离计量优化

气液砂分离器(见图 11)采用双分离通道，有效分离页岩气气、液、砂，而且在高液量下能有效分离。电动+气动阀结合，根据分离器液位计的读数，分离器液位调节阀构成闭环反馈控制，实现自动排液。分离器设置弹簧式安全阀，当出现超压情况时，安全阀起跳自动放空，通过放散管对场站进行泄压。

图 11　气液砂分离器

腐蚀问题常是引发天然气泄漏导致安全生产事故的主要原因，计量撬作为燃气计量装置，主要由阀门、过滤器、调压器、流量计等集中安装在钢制平台上组合而成。由于计量撬上游接收气体直接来自于井口，未经处理的页岩气含水严重，在流经计量撬上的直管、弯管、整流器等位置时，极易对上述设备和管段产生严重腐蚀。

为避免腐蚀对生产的影响和破坏，保证计量流程的安全运行，川庆威远页岩气在使用杀菌剂+缓蚀剂的同时，利用远程腐蚀在线监测技术对管道和设备的壁厚进行实时监测。高分辨率的远程腐蚀在线监测仪可利用超声波检测腐蚀，实时远程监控现场管道出现的腐蚀缺陷，可快速响应管道的壁厚变化，提供快速准确的壁厚测量值，实现远程实时监测管道的壁厚，从而能够快速有效地管理工艺失效，见图 12。

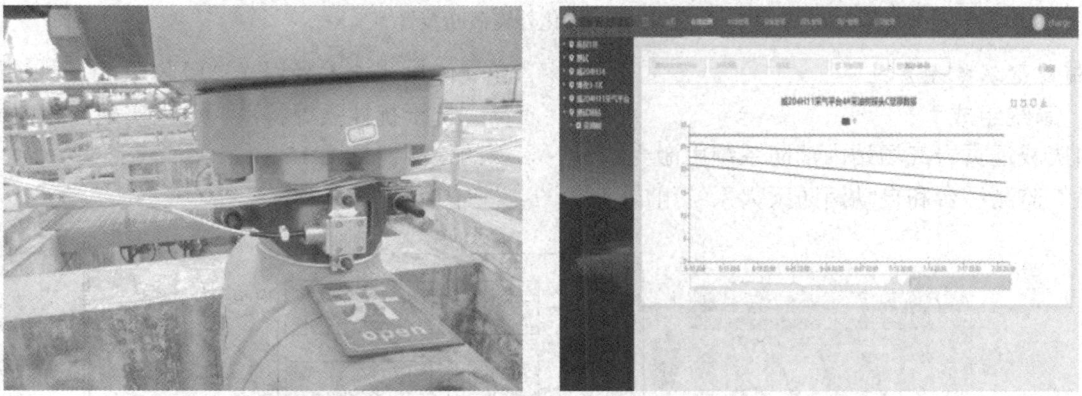

图 12　腐蚀在线监测

2.4　多类机型组合增压

结合区域地质条件差异形成网格化多级增压系统，形成平台一级增压+集气站集中增压的模式，根据不同产量、不同集气半径、不同动态特征匹配不同功率压缩机 50 台以上，形成动态选项模板，在保障页岩气稳产增产的同时，在压缩机操作系统中设置报警、停机参数值。当压缩机出现异常情况，压缩机可实现自动预警及停机动作。在紧急情况下，可在中控室实现远程紧急停机操作。当压缩机停机时，压缩机旁通气动阀自动打开，生产流程自动导入直通流程，保障现场生产安全，见图 13。

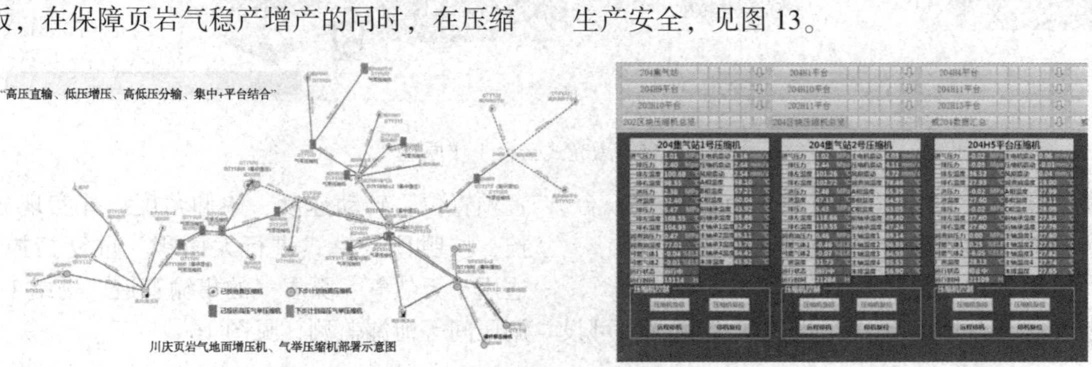

图 13　压缩机运行示意图

2.5　一体化外输截断

清管发球、气流倒换、紧急截断，与井口实现连锁，实现高压及低压超压保护。

在出现气体泄漏情况下，可联合井口保护装置，紧急截断上下游，站内紧急放空，点火器自动点火处置。采用气液联动球阀，就地取气，避免了异常情况下仪表风气压低导致的异常关断，见图14。

图14　一体化外输截断装置

2.6　消防智能控制系统

2.6.1　系统组成

川庆威远页岩气场站内消防系统由激光式云台可燃气监测平台和自动消防灭火系统组成。激光气体检测技术采用光谱吸收原理，具有灵敏度高、抗干扰性强等特点，可以实现场站内微小泄露的检测，见图15。

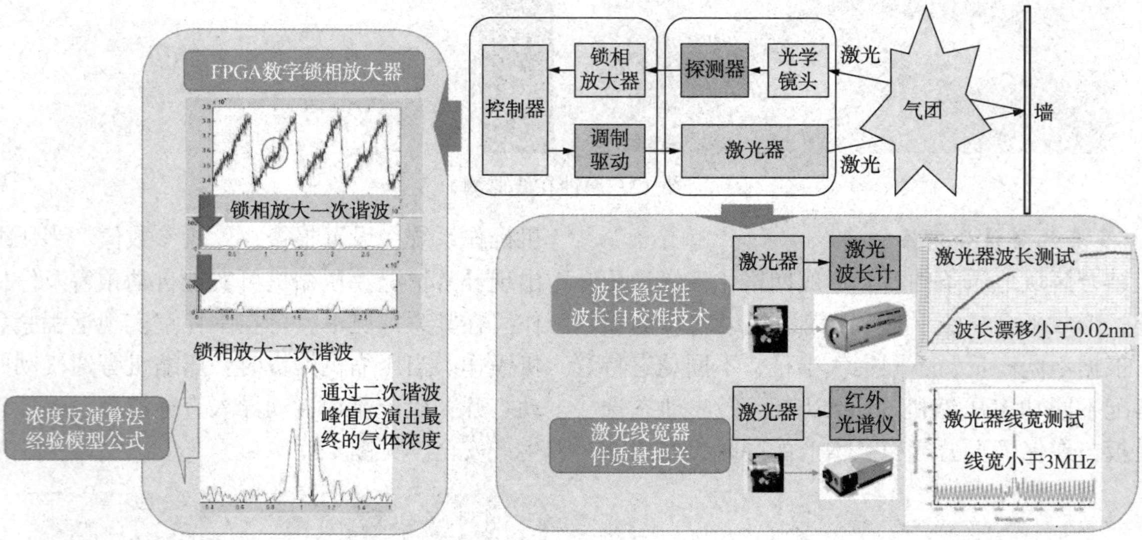

图15　激光式云台工作原理

激光式云台可燃气监测平台由激光式云台、数据传输系统和预警监控终端组成。

(1) 激光式云台

激光式云台即云台式激光气体监测仪，可设置预置位、转动速度、俯仰角度、并实现分级监控，按照预设模式进行大面积、重复扫描监测。适用于天然气、页岩气的集输管道、场站工艺区、调压间等泄漏监测，见图16。

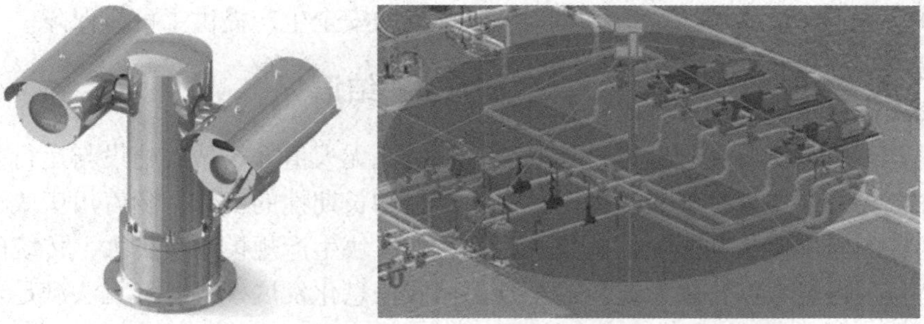

图 16　激光式云台及现场布置覆盖示意图

（2）预警监控终端

可燃气监测软件指燃气泄露监控系统综合管理平台，可设置告警阈值、巡航任务，显示趋势曲线、云台姿势、云台地理位置以及进行告警确认、记录、统计和快速检索，见图 17。

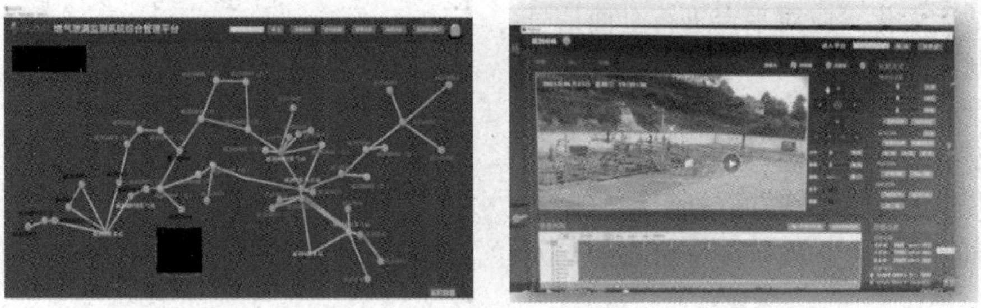

图 17　燃气泄露监控系统综合管理平台

预警监控终端由力控软件和 SCADA 组态平台组成，通过独立设立软件、报警器进行监控的同时，将报警信号通过 PLC 传输到现有软件进行控制联动。

（3）主动灭火系统

利用激光云台对场站进行 24 小时 360 度全方位旋转检测可燃气体泄漏，当系统确认气体泄漏，水雾炮自动转向至泄漏处进行喷洒，降低气体浓度防止闪爆。布置火焰探测器、烟感探测器在箱变及压缩机房内，一旦监测到险情，房内自动喷洒低压二氧化碳，同时联动压缩机停机。同时在紧急情况下也可人员在机房及现场进行手动喷洒，保障页岩气生产现场安全，见图 18。

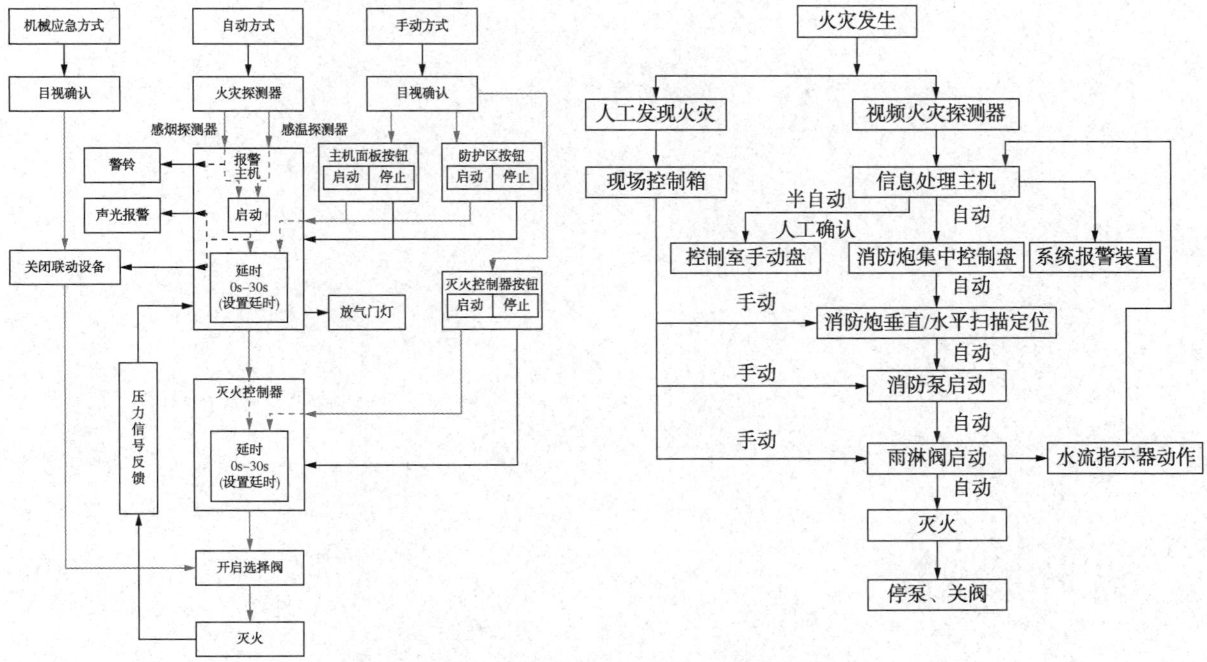

图 18　低压二氧化碳及智能消防灭火系统逻辑示意图

2.6.2　作业原理

平台内最易出现泄露的位置是静密封点处，川庆威远页岩气在进行平台地面设计时，在集气站的井口、分离器、压缩机等关键区域设计安装了固定式可燃气探头。在出现页岩气泄露时，激光式云台通过内置的光学镜头和激光器收集站内出现异常燃气信号，通过数据传输系统传输至预警监控终端，经软件分析后，将判断结果传回集气站的自动消防灭火系统，完成页岩气泄露或火灾的安全应急闭环控制。

3　无人值守总体效果

要实现场站无人化，应对平台进行全面信号采集和远程控制；其次，要提高系统可靠性，在进行系统设计时应采用冗余配置，同时需要考虑工控系统信息安全合规性要求；最后，要实现自控系统与其他系统的高度集成和联动，辅以场站运维技术手段和管理制度，实现安全可靠的无人化监控。

川庆威远页岩气场站将人员和设备的数字化管理手段高度集成，通过多级联锁实现了远程监控与自动控制的联动，以智慧化管理取代了繁琐的分层管理，以自动化控制代替了人员操作，有效提升了无人值守平台的本质安全，为威远页岩气的安全生产提供了可靠保障。

4　结语

无人值守场站的建设与运行是一项兼具技术性和长期性的工作，随着川庆威远页岩气风险合作区块生产规模逐步扩大，传统的烟囱式、补丁式信息化发展模式已经无法满足业务快速发展变化的安全需求，必须在统一的平台环境下，才能形成智能化技术的不断积累和共享，通过实践应用和不断完善，打造出安全可靠的智慧化页岩气气田。

参 考 文 献

[1] 乔亚捷．探讨智慧油田下的无人值守技术[J]．信息系统工程，2019(05)：34.

[2] 蒋林华，柯育华．基于物联网技术的物流实验室远程监控系统[J]．物流技术，2020，v.39；No.406(07)：142-146.

[3] 高畅．油田站场周界安全防护技术应用[J]．油气田地面工程，2021，40(8)：4.

[4] 崔栋．计算机联锁系统关键技术研究[J]．流体测量与控制，2021，v.2；No.4(03)：9-14.

[5] 时国明，周智，苏晔华，等．天然气站场扫描式激光气体监测系统的研制[J]．油气储运，2021，v.40；No.389(05)：554-560.

含硫油井风险因素分析及控制措施

李世勇　黄　超　胡久艳

（中国石油川庆钻探工程有限公司）

摘　要　通过对油井硫化氢综合治理现场 H_2S 检测及治理过程中存在的风险因素分析，特别是 H_2S 浓度严重超标问题，从多方面提出具体的防治措施，研发出多功能型除硫剂，从源头降除硫化氢，并研制出 H_2S 密闭精准快速检测装置，避免逸出硫化氢对人体造成伤害和环境污染，可以达到安全生产的目标，为安全生产提供必要的对策措施。

关键词　硫化氢；检测装置；风险因素；对策措施

随着长庆油田采油五厂作业区的勘探、开采和集输的不断扩大，检测、预防、治理硫化氢气体等有毒气体成为油田安全生产的当务之急。本文有针对性的对姬源油田黄3作业区姬五联硫化氢气体的消除和处理，维护员工身体健康，提高石油产业经济效益。姬塬油田黄3区块部分油水井出现硫化氢气体连年增多的趋势，给油田的生产带来了一定安全隐患，姬五联为麻黄山北作业区最大联合合站，处理液量能力 $5500m^3/d$，麻黄山北作业区有338口油井，实际开井248口，姬五联上游有31口含硫化氢油井，正在投加除硫剂进行治理，但其沿流程的增压站和联合站硫化氢含量仍然超标。

1　生产工艺流程简介

1.1　油井硫化氢浓度检测工艺流程

该工艺拟采用间接测定方法测试油溶硫化氢含量，将定量的氮气、未知浓度 H_2S 含量的原油用泵油机抽入反应装置中，关闭与外界联通的所有阀门，密闭条件下，充入一定量的硫化氢气体，再通过氮气口向该装置内通入一定量的高压氮气，配置成一定摩尔浓度的高压 H_2S 气体。向原油中依次通入 H_2S 气体，N_2 气体，打开泵油机与反应装置间的循环通路，密闭条件下循环搅拌8h至气液平衡，改变实验参数及反应条件，打开该装置气体取样口进行取样，对气体 H_2S 浓度进行分析检测，通过切换阀门一方面可以用硫化氢检测仪对气体 H_2S 浓度进行定量分析检测，气体收集利用气相色谱法检测其成分，见图1。

1.2　除硫剂评价工艺流程

1—量程40至400mL/min转子流量计；2—125mL加酸漏斗；3—500mL磨口平底烧瓶；4—铁架台；5—5号250mL硫化氢吸收器；6—6号250mL硫化氢吸收器；7—7号250mL硫化氢吸收器；8—150mL磨口锥形瓶，亦作碘量瓶，直接用于碘量法测定；9—9号止水夹；10—10号止水夹；11—11号止水夹；12—磁力搅拌器；13—150mL磨口锥形瓶，用于尾气吸收，见图2。

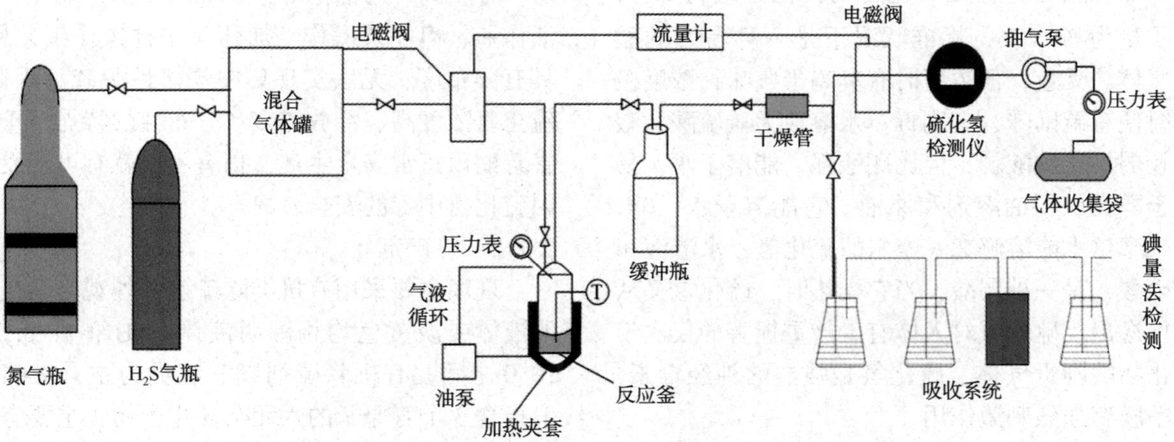

图1　油溶性硫化氢检测工艺流程

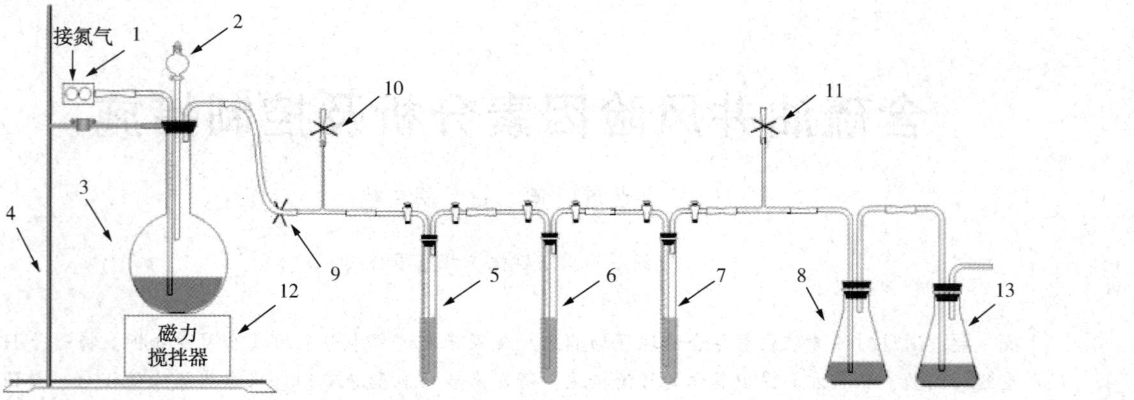

图2　除硫剂评价工艺流程图

1.3　硫化氢现场施工工艺流程

该工艺主要是利用加药装置，从井口地面集输管线中连续投加G732型脱硫剂，脱硫剂随集输管线流经计量站直至联合站，实现沿程原油中硫化氢的去除，该工艺实施简单，脱硫剂与原油充分混合，反应时间充分，能够保障脱硫剂的充分使用，受油井液量波动影响较小，见图3。

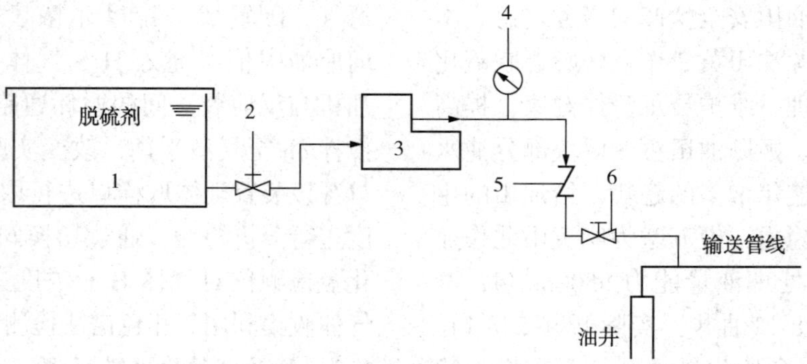

图3　集输管线连续加药去除硫化氢工艺图

1—药剂储存罐；2，6—手动控制阀；3—加药计量泵；4—压力表；5—单向阀

2　危险有害因素辨识与分析

2.1　风险源物质及物理特性分析

现场作业对象主要为高含硫原油、硫化氢和除硫剂。

2.1.1　硫化氢

硫化氢是一种无机化合物，化学式为H_2S，分子量为34.076，标准状况下是一种易燃的酸性气体，无色，低浓度时有臭鸡蛋气味，浓度极低时便有硫磺味，有剧毒。水溶液为氢硫酸，酸性较弱，比碳酸弱，但比硼酸强。能溶于水，易溶于醇类、石油溶剂和原油，它能溶于水，0℃时1摩尔水能溶解2.6摩尔的硫化氢，水溶液叫氢硫酸，是一种弱酸，当它受热时，硫化氢又从水里逸出。硫化氢对人体有着严重损害的仅次于氰化物的剧毒气体，硫化氢是强烈的神经毒素，对粘膜有强烈刺激作用。

在石油行业中对硫化氢不会陌生，在钻采过程中H_2S气体会对生产安全造成很大的威胁，所以对硫化氢的的检测和控制是对生产安全和油田工人安全的保障。硫化氢广泛存在于原油伴生气中，伴随原油生产各个部位和环节，其释放点多，如：单井套管口、原油取样口、各个储油箱量油口、呼吸阀、安全阀、污水泵房、输油泵房、计量间、污油池等，在油箱量油、取样、装油作业、启停泵操作、加药等多种操作工艺中，具有分布广、无法实现集中规模性脱硫。因此，硫化氢浓度高、释放点多、分布性的特点严重危害着油田正常安全生产，稍有不慎就有可能发生因硫化氢中毒的安全事故。

2.1.2　除硫剂

现场主要采用有机类除硫剂，外观为无色透明液体或淡黄色均相澄明液体，pH值在8.0~10.0之间。有机除硫剂以三嗪类为主，三嗪一般指含3个氮原子的六元杂环化合物，主要有三种同分异构体，即1,2,3-三嗪，1,3,5-均三嗪，

1,3,4-三嗪。其包含物料羟乙基六氢均三嗪、四氢噻吩、烯丙基哌、乙二胺、乙醇、弱碱性油田用药剂，它能有效选择性地脱除石油、天然气和污水中的硫化氢和硫醇，它能和原油中的硫化氢、硫醇反应生成稳定的、水溶性的产物可以方便地从系统中清除。脱硫产物热稳定性好，能生物降解。

2.1.3　含硫原油

目前，含硫原油的产量已占世界原油总产量的75%，其中硫含量超过1%的原油占世界原油总产量的55%以上，硫含量超过2%的原油占30%硫在石油中可以呈元素硫、硫化氢、硫醇、硫醚、环硫醚、二硫化物、噻吩及其同系物等形态出现。以上。姬源油田黄3作业区含硫量原油，盐含量高，矿化度在30000mg/L、硫化氢含量最高达3000ppm，首站伴生气 H_2S 含量超2000ppm。高含硫原油在随流程管线输送过程中，部分增压站及站点流程油气分离温度较高，造成一些含硫化氢伴生气被放空，造成安全隐患和环境污染。沉降罐脱水工艺环节中，沉降罐呼吸损耗大，造成硫化氢随呼吸损耗而挥发出来，存在安全隐患。

2.2　风险识别

由于作业对象为硫化氢、除硫剂和高含硫原油，首先是现场在检测硫化氢气体含量期间、评价除硫率以及输油系统的外放口，存在硫化氢逸出风险，其次是原油中含硫化氢严重超标，在油和水中达到饱和甚至超饱和，随着系统的减压有逸出风险，现场生产中有硫化氢气体检测、除硫剂评价、运输、加药等工序，因此有必要从有毒有害气体、药剂泄漏、机械伤害、玻璃器皿划伤、触电、车辆伤害等危害因素逐一进行辨识分析。

2.2.1　有毒有害气体

有毒有害气体是指有毒并对身体有害的气体，硫化氢综合治理现场有毒有害气体主要为硫化氢气体。其发生的原因是高含硫原油中溶解性硫化氢气体的逸出，原油主要有石油、水和伴生气组成的混合物，原油采出及集输系统有多个部分组成，其主要包括地层、井场、增压站、中转站以及集中处理站这几个部分，在这过程出现了体系温度、压力变化很大，含水、含伴生气组分也都不一样，而且在原油加热环节、伴生气气提、减压释放等都可以改变 H_2S 溶解平衡，从而改变 H_2S 的含量。硫化氢来源主要为地层中还含有硫化氢等。

2.2.2　药剂泄漏

在药剂运输过程处理不当，包装相互挤压及暴力碰撞等操作会引起塑料包装桶破裂造成药剂泄漏；药剂在井场储存过程中，保护不当，夏日阳光暴晒引起处理膨胀爆盖等现象，造成药剂泄漏；在从塑料桶向加药罐中转液过程中，防护措施不当，造成药剂洒落；现场施工加药过程中存在管线或者加药装置年久失修、被严重腐蚀、堵塞等，易引起管线刺漏等风险。泄漏的的药剂会对作业人员皮肤造成伤害，同时也会对井场地面及周边环境造成污染。

2.2.3　机械伤害

主要指机械设备运动(静止)部件、工具、加工件直接与人体接触引起的夹击、碰撞、剪切、卷入、绞、碾、割、刺等形式的伤害。各类转动机械的外露传动部分(如齿轮、轴、履带等)和往复运动部分都有可能对人体造成机械伤害。易发生机械危害因素的位置为加药泵电机联轴器周边、加药罐搅料器电机及油井抽油机附近。发生机械伤害的原因主要有以下4点：①机械防护措施不完善；②误入危险区域；③操作失误；④检查、检修不到位。

2.2.4　触电伤害

触电是电击伤的俗称，通常是指人体直接触及电源或高压电经过空气或其他导电介质传递电流通过人体时引起的组织损伤和功能障碍，重者发生心跳和呼吸骤停。人体接触电流时，轻者立刻出现惊慌、呆滞、面色苍白，接触部位肌肉收缩，且有头晕、心动过速和全身乏力。重者出现昏迷、持续抽搐、心室纤维颤动、心跳和呼吸停止。现场发生触电作业主要在加药泵房、利用密闭快速检测装置检测硫化氢过程中、电源控制柜、金属电器表面，主要为设备老化、电线开关破损、安全防护措施缺失、查检修不到位造成。

2.2.5　其他伤害

其他伤害主要指作业现场不常见，但也有可能发生的伤害如山洪、地质塌陷、边坡塌方、大风、雷电、高处坠落、跌伤、动物咬伤、打架斗殴等。

3　对策与措施

避免危险有害事件发生应该从硫化氢产生的

源头、设备设施、工艺技术措施、劳保、人员培训、制度落实、人员安全意识等多方面进行。

3.1 硫化氢防护控制措施

3.1.1 硫化氢产生原因分析

通过对现场采出液水质、有机硫、细菌检测及硫化氢中硫同位素检测等分析研究，得出姬五联黄3区，单井、增压点及对集输管线而言，在整条集输管线中均可能产生硫化氢，产生的主要原因有：

(1) 无机化学成因形成的硫化氢除少部分来自于原油中含有的含硫矿物质在高温或者高压条件下分解以外，其主要来自于硫酸盐的热化学反应，硫酸盐的热化学反应也称为TSR反应。

(2) 水体的整体偏酸性，为产生硫化氢提供了合适的pH环境。

(3) 井组、增压张、三相出口处水样中的硫酸盐还原菌和硫酸根离子含量均很高，是导致硫化氢产生的最直接原因。

(4) 集输管线中所取水样的矿化度均很低，在这样的条件下，使硫酸盐还原菌得到了大量的繁殖。

3.1.2 硫化氢控制措施

针对现场硫化氢产出主要原因为微生物硫酸盐还原茵利用各种有机质或烃类来还原硫酸盐，在异化作用下直接形成硫化氢，硫酸盐热化学还原和岩浆成因，从密闭装置研制、除硫剂研发、加药制度完善方面进行了相关研究和防护。在除硫加评价过程中存在硫化氢泄漏问题进行了碱液二次吸收和在通风橱中进行。

(1) 检测硫化氢过程中硫化氢控制措施(密闭快速检测装研制)

技术人员对现场采用硫化氢测试方法和工艺进行调查，根据现场调查结果，发现外放式检测硫化氢方法，首先检测过程中高含硫原油逸出的硫化氢存在安全隐患，其次对采出液中硫化氢气体间歇溢出，前后测试数据不一致，误差较大。经过对现场采用硫化氢测试方法和工艺进行调查，根据现场调查结果，发现外放式检测硫化氢方法，主要用硫化氢快速检测仪，从不凝气管线出口，进行检测，存在采出液中硫化氢气体间歇溢出，前后测试数据不一致，误差较大，从而影响除硫剂的加药浓度，最终导致硫化氢含量超标。采用外方式检测方法，在不同流程点测试期间，压力和温度存在加大差异，溶解性硫化氢逸出量也不相同，也同真实值相差较远，无法准确指导加药。

室内研制出密闭快速检测装置，采用密闭释放检测法，使现场硫化氢从前期的外放型检测变为在密闭条件下利用比长式取样器进行测试，消除了硫化氢逸出的风险，检测结束后在通过阀门加入除硫剂吸收，不会造成二次污染，见图4、图5、图6。

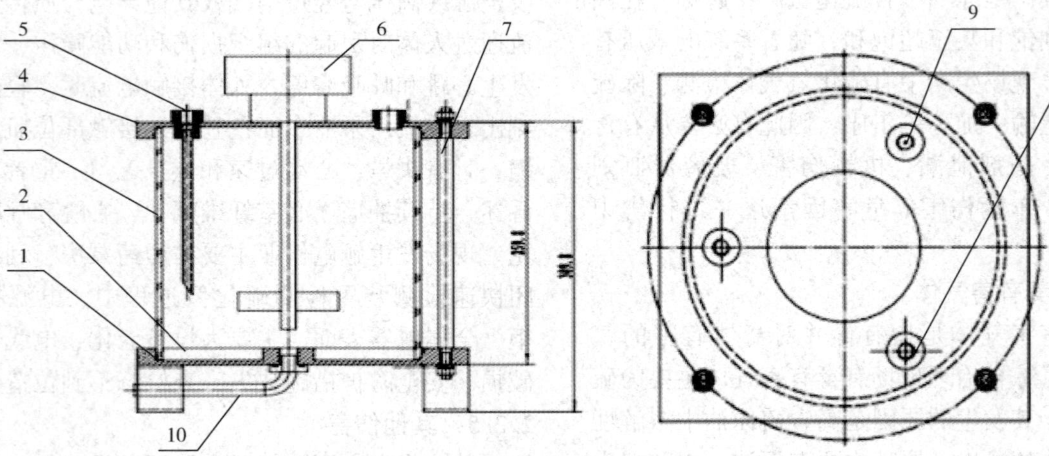

图4 密闭检测装置设计图

1—底座；2—衬板；3—有机玻璃管；4—盖板；5—进样口；6—搅拌机构；7—拉杆；8—取样口；9—排气口；10—放液口

图 5　硫化氢外放式检测和间接法

图 6　密闭检测装置快速检测法

硫化氢的快速测量采用比长式硫化氢检测仪检测。具体测量步骤如下：没有添加脱硫剂前，现场连接采样口，向主反应器中加入 10L 原油，关闭所有阀门并摇匀 5min 后开启测样阀后测量反应器中硫化氢含量，该测量值为原油中本底硫化氢含量。

（2）消除硫化氢（多功能型除硫剂研发）

其次室内研究开发出了杀菌型多功能除硫剂，以创新研发出的复合型除硫剂为主，形成油溶硫化氢综合治理技术，从源头消除硫化氢的产生，完成现场加药工艺和加药制度，在采油五厂、十一厂综合治理 100 余口，治理后单井检测 H_2S 含量≤20ppm，部分单井 H_2S 去除率高达 100%，有效解决了油井硫化氢超标问题，见图 7。

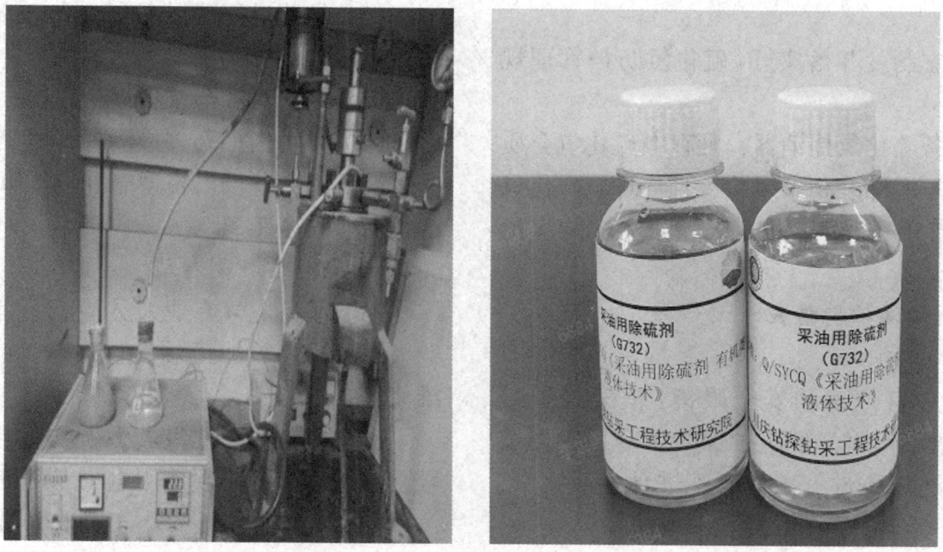

图 7　除硫剂研制评价

室内研制的多功能型除硫剂（G732），采用《采油用除硫剂有机类液体技术规范》Q/SYCQ 17018—2020 企业标准在室内对除硫率进行评价，该样品除硫率为 98.36%，大于标准要求的 95%，有机氯、pH 值及外观均满足要求标准要求，其中凝点为-48℃，满足标准要求的≤-25℃。

在麻北作业区沙五增塬 59-90 井组进行除硫剂现场试验，通过塬 58-89 井、塬 58-90 井油套环空和外输管线进行加药，消除了沙五增井口、沙5增塬59-90来油以及姬五联沙五增来油中H_2S含量超标问题，硫化氢含硫均小于20ppm。

(3) 除硫率测定过程中硫化氢控制措施

该实验应在通风橱内开展，实验前打开通风橱，同时将两个硫化氢报警器置于实验台面上；并检查通风设施和硫化氢报警器，保证工作状态正常方可进行实验；实验过程应监测环境中硫化氢气体浓度，若发生硫化氢浓度达到一级报警值报警时器，立即关闭氮气气源、打开门窗并迅速撤离。

3.1.3　硫化氢防护

(1) 凡涉及硫化氢的生产操作、设备维护保养与检修、现场监督、技术、管理的工作人员，都宜应接收培训，且在考试合格后取证上岗，并定期进行相关知识再培训。

(2) 根据实际需要对井场和站场作业环境硫化氢进行监测。

(3) 站场内应设置风向标，警示标志，并配备足够数量的硫化氢防护设施，包括正压式空气呼吸器、便携式硫化氢监测仪、急救箱等。

(4) 制订硫化氢泄漏事故应急预案并定期进行相关的应急预案演练，应急预案的内容

应符合《含硫化氢的油气生产和天然气处理装置作业的推荐作法》SY/T 6137—2005第7条的要求。

(5) 建立制度并落实好《硫化氢防护管理规定》。

(6) 配备硫化氢捕消器，凡存在硫化氢介质或潜在硫化氢泄漏、积聚风险，且环境中硫化氢浓度可达到150mg/m^3(100ppm)及以上，均应配备硫化氢捕消器。

3.2　除硫剂泄漏控制措施

3.2.1　个体防护

佩戴双边有框架的安全眼镜(框架式护目镜)，穿一般工作服，带防护保护手套，工作场所应有良好通风条件，工作时不进食、不饮水、不吸烟。

3.2.2　处置与储存

操作处置应远离火种，热源，工作场所禁止吸烟。操作人员必须穿戴适当的个人防护设备，避免直接接触。贮存于阴凉、通风良好的库房。存储温度-5℃~40℃。储存时应远离热源、火种，与氧化剂、强酸强碱类、酸性气体分开存放。

3.2.3　泄漏应急

一般在泄漏的地方没有完全处理干净之前，采取对该部分区域限制人员进入的措施，同时为应急处理人员配备相关的出路和防护设备。对泄漏区通风换气，不能污染生活水源和污水系统。小量泄漏：可用干沙或土吸收，并将其放置在密封防渗漏的容器内待处理。大量泄漏：构筑围堤或挖坑收容。用泵转移至槽车，回收处置。避免外泄物流入下水道、排洪沟等限制性区域。

3.2.4　药剂加注

确保操作人员熟悉上述内容，并做好个人安全防护，药剂加注前检查管线连接是否紧密防止漏液，在野外加注药剂时应对药剂储罐进行遮挡，避免阳光直射和高温环境，避免与强酸性、强氧化性药物一同加注，开始加注前做好防火防毒防泄漏应急准备工作，并始终遵守油田安全作业相关规定。眼睛接触，可引起对眼睛的轻微刺激，一旦接触应立即撑开眼皮，用大量水缓和冲洗15分钟以上，如有不适立即就医。

3.3　机械伤害控制措施

(1) 在加药工艺环节，是消除硫化氢的关键环节，避免危害发生，必须严格控制各个环节，降低作业人员劳动强度，从而减少危害事件发生。

(2) 加药过程劳保齐全，严格按照操作规程执行；

(3) 定期对加药泵房进行巡检；

(4) 井场内加药、检测等严禁交叉作业；

(5) 进入井场严格遵守井场规章制度，同抽油机保持安全距离。

3.4　触电伤害控制措施

(1) 坚持电气专业人员持证上岗，非电气专业人员不准进行加药泵、电机、检测装置电机的维修等；

(2) 检查和操作人员必须按规定穿戴绝缘胶鞋、绝缘手套；必须使用电工专用绝缘工具；

(3) 气体检测装置、车辆及人员，须与线路保持安全距离。达不到规定的最小距离时，必须采用可靠的防护措施；

(4) 施工现场临时用电使用必须符合《施工现场临时用电安全技术规范》(JG别46-05)的规定，须保持配电线路及配电箱和开关箱内电缆、导线对地绝缘良好，不得有破损、硬伤、带

电线裸露、电线受挤压、腐蚀、漏电等隐患。

3.5 人员培训及制度落实

人员培训主要不仅包括劳动技能培训、应急操作技能培训，还应包括法律法规培训及思想教育。

现场操作人员必须熟悉作业流程，作业期间严格按照作业计划书和作业指导书要求执行，定期进行隐患自查就整改等。

4 结论

通过对现场主要风险因素原油中溶解的硫化氢进行去除，控制硫化氢含量在安全浓度范围内；同时，利用密闭检测装置杜绝硫化氢检测过程中的泄露风险，并对各个危害主控因素开展分析，逐一制订并落实各项安全对策措施，制定相应的操作规程、规范及标准，指导现场含硫油井安全生产。

参 考 文 献

[1] 郭福军．低效益油井综合治理对策及效果分析[J].《石油石化节能》2018，12.
[2] 周长江．王同义主编。危险化学品安全技术管理．中国石化出版社 2004.
[3] 张键，顾永恩，等．某大型石油石化企业化学有害因素及其危险性的分析[J]．工业卫生与职业病，2015(2).
[4] 任国友．新建石油化工企业的危险有害因素分析[C]．中国职业安全健康协会 2007 年学术年会．2007：167-167.
[5] 李昕．煤液化建设项目危险因素分析及相应对策措施[J]．石油化工安全环保技术，2012，28(5)：11-13.
[6] 李志红．石油化工企业安全事故原因分析及对策研究[J]．石油化工安全环保技术，2013，29(6).
[7] 张土锁．二硫化碳生产过程危险因素分析及预防对策[J]．化工安全与环境，2009(33)：9-10.
[8] 张国欣，陆原，蓝阳．有机胍杀菌剂的制备及在含硫化氢油气田的应用[J]．应用化工，2020，49(S2)：
[9] 刘岩．硫化氢在胜利原油中的溶解及释放行为[J]．油田化学，2020，37(02).
[10] 王志国．油气田原油和伴生气中硫化氢脱除技术研究[D]．中国石油大学(华东)，2017.
[11] 侍雁翔．硫化氢生成机理及影响因素实验研究[J]．中国石油和化工标准与质量，2019，39(12).
[12] 赵德银，等．一种新型气提脱硫工艺在稠油脱除硫化氢中的应用[J]．应用化工，2014(S2).

驻井跟班井控检查技术探析

肖春学　彭远春　缪大东

(中国石油川庆钻探工程有限公司)

摘　要　为了保持川庆公司井控平稳态势，摸清一、二类井控风险井施工现场队伍整体井控管理水平，提出了公司驻井跟班井控检查技术，介绍了公司驻井跟班井控检查的工作方式、主要工作内容、检查流程和检查要点。通过驻井跟班井控检查实践，提炼出典型问题及对策。

关键词　井控风险；井喷；驻井；井控检查；钻井

井控即井涌控制或压力控制。风险是生产目的与劳动成果之间的不确定性。井控风险是指钻井、井下作业等生产活动过程中客观存在的井控安全的不确定性，包括气侵、溢流、井涌、井喷、井喷失控、井喷失控着火等可能造成的人员伤亡、环境污染和经济损失，如博孜 3-1 井井喷事故、罗家 16H 井“12.23”井喷失控事故等。井喷失控风险是集团公司安全“八大风险”之首，也是集团公司环境“六大风险”第一大风险，冬季“8+3”也包括防井喷失控。

为保持川庆公司(简称“公司”)井控平稳态势，真实发现现场井控问题，准确掌握一、二类井控风险井施工现场队伍井控安全管理水平、井控人员技能、井控设备设施可靠性和井控应急能力。根据文件精神，井控检查与井控培训相结合，致力于以查促培提升现场井控能力，驻井跟班井控检查技术脱颖而出。

1　驻井跟班井控检查技术

公司首次在川渝地区、长庆区域、新疆区域和海外项目同步开展一、二级井控风险井全覆盖驻井跟班井控检查。通过实践提炼出驻井跟班井控检查技术。

(1) 明确检查范围：公司所属四个区域一、二级井控风险井全覆盖。

(2) 成立检查组：分区域由科级(或二级工程师)及以上的技术干部带队，注重检查质量，成员分工负责。

(3) 限定检查时间：2022 年 10 月至 12 月。

(4) 规定工作方式：采取驻井跟班检查方式，单井驻井时间不低于 24 小时，至少检查一个白班和一个夜班的工作情况。

(5) 划定工作内容：对班前班后会、巡回检查、钻井液面坐岗、岗位井控履职、井控技能等内容进行全方位检查，针对检查发现的问题提出具体整改意见，并同步开展关键岗位井控履职能力评估抽查工作。

(6) 明确检查流程：驻井跟班井控检查组应根据工作流程开展井控检查工作，工作流程见图 1。

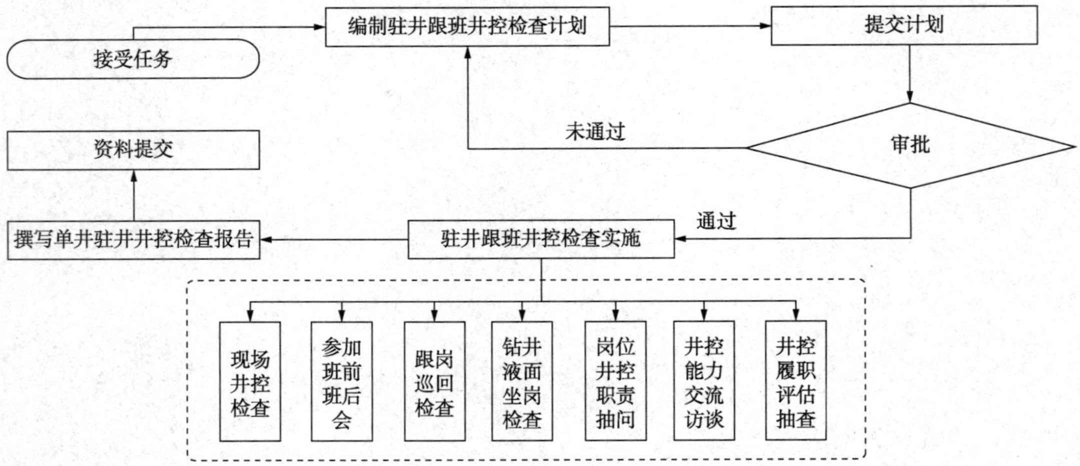

图 1　驻井跟班井控检查组工作流程

（7）提出检查要点：现场井控检查。对现场井控设备设施和井控资料记录等进行一次全方位“盘点”审视，重点检查井控，通过现场存在的硬件井控隐患情况，侧面掌握钻井队各岗位及安全监督井控履职情况。参加班前班后会。旁听列席钻井队召开的班前班后会。班前会重在“班前识别风险”，为“班中防控风险”作铺垫，结合当班工况和生产任务，各岗位识别井控风险是否到位；值班干部及相关方提示井控风险是否全面，针对性防范措施是否明确；传达上级井控文件、案例分享情况；安全监督补充提示井控安全要求等。班后会重在“交班提示风险，班后总结风险”，各岗位交班需要特别提示的井控等风险是否告知，岗位存在的井控问题及当班整改情况，当班井控等风险总结情况。跟岗巡回检查。跟岗巡回检查分接班前跟岗巡检和班中抽查巡岗，针对钻井队生产班组岗位，划分井控巡检区域及列出重点巡检点内容，见表1。液面坐岗检查，按照 Q/SY 02876 执行。岗位井控职责抽问，针对各岗位抽问井控责任清单内容。井控能力交流访谈，面对面进行井控应知应会访谈、提问、交流等。关键岗位井控履职能力评估抽查。根据文件要求，以驻井跟班检查、“四不两直”检查方式开展现场抽查。

表1　跟岗巡回检查重点内容

岗位	井控巡检区域	重点巡检点	巡检内容
司钻	值班房、地质室、钻台和司控台	司控台	操作手柄，“开关”标识，半封手柄处闸板“尺寸”标识，备用手柄处“备用”标识，全封手柄限位装置，无“剪切”控制手柄，仪表，环形压力、管汇压力、储能器压力、气源压力。
副司钻	值班房、远程控制台、防提装置、辅助控制台、方井处、防喷管汇、压井管汇、反循环管线、顶驱和钻台	远程控制台	电源，油箱内油面刻度，远控台闸板手柄、环形手柄工作状态及标识；电、气泵，环形压力、管汇压力、储能器压力、气源压力；蓄能器瓶、截止阀，气管线，油雾器油位，气水分离器，液控管线备用接口防护，液控管线，管排架连接。
		方井处	泥浆伞，防喷器组，泥浆收集罐，固定绷绳、卸扣，手动操作杆，手动开关旋向和圈数挂牌，计数装置，防喷器各连接、密封，方井及 H_2S 探头。
		压井管汇	压井管汇坑，管汇固定，阀门开关状态及挂牌标识。
井架工	液气分离器、钻台和节控箱	液气分离器	底座固定，防坠落装置，固定钢丝绳、正反螺栓、地锚，压力表，安全阀，进排液、排气管线，进液管线保险绳，排气管线火焰监测仪，排污阀。
内钳工	内防喷工具、防喷单根(立柱)和节流管汇	节流管汇	节流管汇坑，管汇固定，阀门开关状态及挂牌标识。
外钳工	死卡和井口工具	死卡	死卡及控制装置，钢丝绳，正反螺栓。
场地工	循环罐、振动筛、放喷管线和风向标	放喷管线	连接法兰螺栓，地脚螺栓及压板，管线、法兰全露，接液坑，自动点火装置，燃烧池，集液池。

（8）要求资料上报：每周五按时向公司井控管理中心汇报当周检查进度；跟班检查结束后撰写单井驻井井控检查报告，每月第一周周五按时上报单井驻井井控检查报告及驻井跟班井控检查月报表。

2　驻井跟班井控检查实践

在公司工程技术处组织下，10月8日公司召开驻井跟班检查工作线上启动会，并建立“驻井跟班检查联系即时通群”。川渝地区成立4个检查组，见表2。长庆、新疆、海外区域同步启动驻井检查工作。其中川渝地区第一组开展驻井井控检查6口井，累计发现问题156个，其中突出问题26个，提出整改提升建议26个，见表3。

表2　川渝地区4个检查组分工

区块	检查组	负责片区	检查组成员
川渝地区	第一组	川西钻探一、二类风险井	彭远春　肖春学　缪大东
	第二组	川东钻探一、二类风险井	庞　平　彭茂桓　王　超
	第三组	机动抽查	叶林祥　胡旭光　任晓彬
	第四组	井下作业一、二类风险井	张　平　胥宏图　杨　军

表3　公司川渝地区驻井跟班井控检查统计表

队号	井号	驻井时间	井控风险	发现问题个数	存在突出问题	整改提升建议
川西80001队	大探1井	10.25-10.27	一类	27	5	2
川西70504队	高石009-H5井	11.10-11.12	二类	22	4	3
川西70581队	高石018-2-H1井	11.12-11.14	二类	25	6	4
川西70526队	蓬探105井	11.17-11.19	二类	24	4	4
川西70562队	自217井	12.08-12.10	二类	30	3	5
川西70541队	高石045-H3井	12.11-12.12	二类	28	4	8
合计	6口井	16天		156	26	26

3　检查评价思考

3.1　亮点呈现

(1) 井控工作关键在领导、重点在基层、要害在岗位的观念深入人心。普遍清楚钻井队长是井控工作第一责任人；司钻是井控溢流关井第一责任人；精细控压作业队是发现溢流第一责任人；无精细控压作业队时，录井队是发现溢流第一责任人。

(2) 大部分钻井液作业队经核实现场钻井液重浆储备的密度、数量及重晶石粉数量符合钻井工程设计要求。

(3) 班前会安全监督对当班井控等风险补充提示和要求到位；班中安全监督巡岗、在关键时刻、关键工序、关键节点监督旁站到位。

(4) 大部分钻井队按照新版井控细则张贴“发现溢流立即正确关井，疑似溢流立即关井检查”溢流关井原则标识牌；钻井队及配合方宣贯张贴起钻“三确认一汇报两核实”等主要内容，重视“杜绝起下钻溢流”专项工作。

3.2　典型问题

(1) 班前班后会方面。部分钻井队未召开班后会，钻井队干部不重视班后会，导致四环节风险缺失“交班提示风险，班后总结风险”两个环节，没有闭环管理。

(2) 岗位履职方面，钻井队及配合单位大部分人员不清楚本岗位井控职责。岗位责任制挂牌为老版本，仅有岗位职责或一岗双责，极少数一岗三责齐全。

(3) 井控能力方面。关键井控岗位人员井控证、硫化氢证过期。外聘工岗位井控应知应会知识学习积极性不高，岗位晋升动力不足。在总体钻工缺人的情况下，外聘工取登高证后可直接上岗井架工，不需要经低岗阶梯式历练，“拔苗助长”式用工，造成岗位自学积极性不高，岗位井控能力参差不齐。

(4) 设备设施配置及安装方面。设备设施配置方面。钻井队已配备二层台机械手，实际投用使用率不高；钻井队液气分离器排气口电子点火装置不能正常使用；液面监测仪器仪表重余，钻井队配置多套液面监测设施，配置的智能化井控坐岗系统未投用。现场安装方面。前期设备安装和设备验收时把关不严，导致固态井控隐患消除困难，如储备罐基础低于循环罐面，放喷管线强行拉弯，放喷管线排污阀出口高于放喷管线，回收罐罐面只有2个呼吸器等。

(5) 资料记录方面。井口装置图标注钻杆母接头端面距钻台面距离不规范，该安全尺寸范围未放大醒目标识；司钻室井口装置图粘贴位置不合理，不便于紧急情况下司钻关井时观察确认。井控履职评估工作开展不扎实，现场评估资料有的未按照文件要求开展，有的未评级或评级不准确。现场井控装备试压报告不规范，试压对象压降后试压值低于额定试压值，顶驱手动、液动旋塞试压曲线显示时间不符合试压规定等。

(6) 安全方面。安全生产培训“走过场”专项整治不彻底。录井队对声光报警仪信号培训告知不到位，告知效果不好；钻井队及配合单位大部分岗位人员对新版井控细则不够熟悉。“积极井控”意识不强。通过防喷演习和防硫演习视频回放，以及见后效后，现场应急关井实战动作不迅速，反应灵敏性不够。现场井控目视化管理存在不足，放喷管线排污阀编号错误，节流管汇闸阀标牌不全或开关标识错误等。新工管理存在漏洞，存在未安排师带徒。

3.3　优化对策

(1) 针对班前班后会缺环节，结合工况，各岗位按照中油技服“四环节”内容和冬季“8+3”文件要求，风险提示重点谈井控风险及控制措施要求，进行风险闭环管理，确保冬季施工安全。

（2）针对岗位井控职责不清楚，一是钻井队依据《岗位井控责任清单》，对本队各岗位员工的井控能力进行全面评估，结合评估结果调整相应岗位井控职责，并备案，做到能岗匹配，照单履职；二是作业队伍加强对各岗位井控职责的宣贯；三是建议作业队伍查漏补缺，在办公区醒目位置粘贴新版井控岗位职责。

（3）针对井控能力不足，一是部分人员井控证和硫化氢证过期，建议给上级部门汇报培训需求，开班及时复培；二是由作业队伍组织岗位技术技能培训，加强对标准、井控实施细则、井控重要文件的学习和理解，掌握岗位应知应会知识，提升岗位井控能力。

（4）针对设备设施配置使用率不高，一是科技是第一生产力，为提质增效和减少员工体力劳动，提高自动化、智能化、信息化设备使用率；二是加强井控设备设施日常检查维护，保证井控设备设施完整性。针对现场安装井控问题，一是及时进行井控隐患整改销项；二是针对现场无法整改的问题，制定防范措施，在下口井设备安装和设备验收时严格按照井控要求执行，提高井控标准。

（5）针对资料记录不规范，一是钻井队及相关方严格按照文件要求扎实开展现场井控关键岗位井控履职能力专项评估工作；二是各单位将川庆公司已发各期《井控重点工作现场监督检查要点》纳入日常检查内容，严格执行防喷器试压作业标准化流程，持续开展现场井控装备试压报告检查验证工作，消除死角，巩固成果，稳步提升现场井控管理工作。

（6）针对安全管理薄弱环节，一是钻井队及各配合单位开展对新版井控细则重温培训，重温并理解起下钻“三确认一汇报两核实”等重要井控文件精神，加强各种工况防喷演习应急演练，并加强对空呼、灭火器使用、检查和标准的培训；二是坚持积极井控理念不动摇，以预防为主，防范在先，注重一级、二级井控，在发现井控隐患时进行整治，去除井喷发生的环境因素，将井喷事故的苗头扼杀在摇篮中，杜绝井喷失控；三是钻井队及各作业队伍应将岗位巡检工作落实、落地，杜绝低、老、坏现场标准化管理问题重复发生；四是针对新工操作时加强监护和培训，安排好师傅老带新，岗位履职能力评估通过后方能独立顶岗；五是在交接班等重要敏感时段加强对司钻操作监护和提醒，确保裸眼段起下钻等关键工序过程安全受控。

4 结论与建议

坚持“不发生、控得住、治得了”的井控理念，川庆公司创新工作方式，首次提出驻井跟班井控检查技术，通过实践逐步探索形成工作标准，经过访谈交流培训进一步增强井控意识，积极宣贯新版井控实施细则，井控帮促狠抓过程管控，更有效提升现场井控能力，确保现场井控安全全面受控。

参 考 文 献

［1］川庆工单质安〔2022〕28 号：《关于进一步加强冬季安全环保工作的通知》

［2］工技处发(2018)89 号：《关于进一步加强井控风险分级管理的通知》

［3］2017 年版：《西南油气田分公司井控风险分级管理办法》

［4］工技处发〔2022〕50 号：《关于下发川庆钻探公司 2022 年特殊敏感时段井控管控措施的通知》

［5］川庆工单工技〔2022〕14 号：《关于开展驻井跟班井控检查工作的通知》

［6］Q/SY 02876—2021：《钻井井控坐岗规范》

［7］川庆工单工技〔2022〕13 号：《关于开展现场井控关键岗位人员井控履职能力评估工作的通知》

［8］2022 年版：《西南油气田公司钻井井控实施细则》

［9］川庆工单工技〔2022〕5 号：《关于进一步强化油气层起下钻作业井控安全的通知》

［10］川庆工单工技〔2022〕12 号：《关于开展“杜绝起下钻溢流”专项工作的通知》

［11］中油技服《关于建立班组作业四环节风险管控机制的通知》

［12］工单质安〔2022〕70 号：《关于开展安全生产培训“走过场”专项整治工作检查的通知》

土壤含水对原油管道流动安全性影响规律分析

李跟臣[1]　段林杰[2]　戴晓迪[1]　徐　亮[1]　黄　鑫[3]　刘月发[4]

(1. 国家管网集团北方管道公司；2. 国家管网集团研究总院；
3. 北方管道公司山东天然气管道公司；4. 中国石油俄罗斯公司)

摘　要　为了提高原油管道流动安全性的准确性，考虑土壤湿度(含水量)这一影响因素，提出了降雨条件下的传热方程及其求解算法，并给出了数值结果。利用数值计算结果研究东北某管道土壤导热系数对原油管道流动安全性的影响，进而得到土壤含水率对管道停输概率的影响规律。研究结果表明：该管道停输7小时后，随着土壤含水率的增加，管道停输过程中发生凝管的概率随之增大；该管道管输过程中进入不稳定工作区后，随着土壤含水率的增加，管道进入不稳定工作区的概率也随之增大，且更为敏感；土壤含水率对管道进入不稳定工作区概率的影响程度明显高于含水率对停输凝管概率的影响。

关键词　原油管道流动安全性；降雨降雪；土壤含水率；管道流动失效概率

我国所产原油80%以上为含蜡原油，含蜡原油凝点高、流变性复杂，给管道输送的安全性带来了诸多问题。国内现有“原油管道流动安全性定量评价体系”能够解决多因素及其不确定性影响下的原油管道流动安全性的定量评价技术难题，使得对于具有不同几何尺寸、处于不同地区和环境下、输送不同性质原油的管道，可以采用相同的标准和流程进行评价。但由于流动安全性定量评价问题的创新性和复杂性，现有方法均没有考虑极端天气等外部环境的影响。含蜡原油的物性和流变性受温度影响很大，而管内油温计算涉及参数还受到许多外部气象因素的影响，例如管外土壤热物性参数导热系数，土壤导热系数取决于土壤的种类及土壤的孔隙度、温度、含水量等因素，而这些因素受到降雨、降雪以及土壤温度的昼夜及季节的波动等气象因素的影响，从而使得土壤导热系数发生变化。因此降雨降雪等气象因素描述的准确性，将影响含蜡原油管道流动安全评价结果。

持续降雨和水田灌溉对原油管道流动临界输量的影响主要来自于土壤湿度和温度的改变。定量评价降雨对土壤热物理特性变化的影响是很复杂的，因为这一影响决定于降水量及其延续时间、土壤的渗透性以及地下水位和地形。此外，雨停之后开始了水分运移的复杂过程，它不仅由湿度的不均匀性引起，而且也由于在管道热力作用下存在温度梯度而引起。由此本文主要考虑湿度(含水量)这一影响因素，利用数值计算方法研究土壤导热系数对原油管道流动安全性的影响，进而得到土壤含水率对管道停输概率的影响规律。

1　热–湿耦合方程的建立

管道的温度方程包括管道和周边环境(土壤)之间的热传递，其中最重要的是确定传热方程及求解非线性传热方程需要的迭代算法。本文给出了原油管道的数学模型，并提出了修改完善后的传热方程及其求解算法，然后给出了数值结果。修正后的热–湿耦合方程将水分迁移方程中的扩散系数由4个减少至2个，并能够准确描述降雨条件下管道沿线温度场分布及水分迁移与分布规律。

对于一维管道原油流动，控制方程组由质量、动量和能量转化规律表示，如下公式：

(1) 连续性方程

$$\frac{\partial(\rho A)}{\partial t}+\frac{\partial(\rho v A)}{\partial x}=0 \tag{1}$$

(2) 动量方程

$$\frac{\partial(\rho v A)}{\partial t}+\frac{\partial(\rho v \cdot v A)}{\partial x}= -A\frac{\partial P}{\partial x}-A\rho g\sin(\theta)-A\lambda\frac{\rho v\times|v|}{2D} \tag{2}$$

(3) 能量方程

$$\frac{\partial(\rho A(E+v^2/2))}{\partial t}+\frac{\partial(\rho Av\cdot(E+v^2/2))}{\partial x}+\frac{\partial(Av\cdot P)}{\partial x}=-\rho Avg\sin(\theta)-\pi Dq \tag{3}$$

式中：A 为管道流通横截面面积；D 为管道内径；g 为重力加速度；P 为压力；q 为每秒单位热交换；T 为原油温度；E 为内能；v 为原油流速；ρ 为原油密度；θ 为管道倾角；λ 为摩擦系数。

对于成品油管道，若能提供简单热量交换方程，则状态控制方程是充足的。然而，对于高含蜡原油，管道和周围环境(见图 1，包括结蜡层、管体、防腐层及多孔介质，即土壤)的热传递在整个数值模拟过程中十分重要。

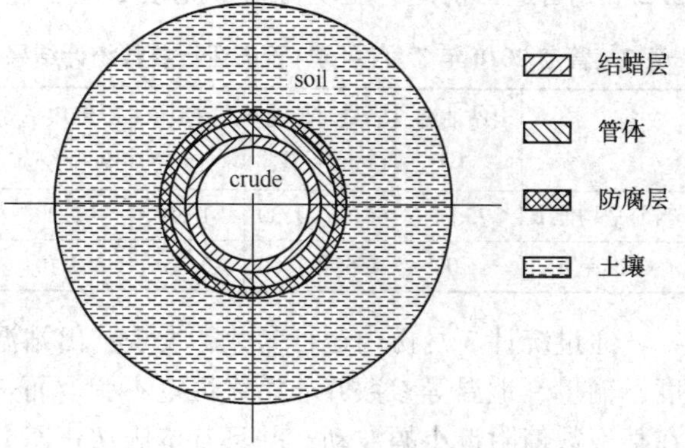

图 1　埋地原油管道截面示意图

因此，描述管道和周围环境热交换的传热方程是必须的，目前应用较多的一维热湿传递模型参见下式。

$$\rho_k C_k \frac{T_k}{\partial t} - \frac{1}{r}\frac{\partial}{\partial r}\left(\lambda_k r \frac{\partial T_k}{\partial r}\right) = 0 \tag{4}$$

式中：$k=1, 2, 3$，分别适用于管壁、防腐层和结蜡层的传热方程，r 为对应的半径；ρ_k、C_k、λ_k、T_k 分别代表在第 k 层密度、热容、热传导系数和温度。然而，该传热方程没有考虑水分的影响，将传统方程经过修正，得到一种不同于传统方程的热—湿耦合方程。

$$\begin{cases} C_{ds}\rho_{ds}\dfrac{\partial T}{\partial t} = \dfrac{1}{r}\dfrac{\partial}{\partial r}\left(\lambda_{ds} r \dfrac{\partial T}{\partial r}\right) - C_w \rho_w \dfrac{\partial(\phi \cdot T)}{\partial t} \\ \dfrac{\partial \phi}{\partial t} = \dfrac{\partial}{\partial r}\left(D_\phi \dfrac{\partial \phi}{\partial r} + D_T \dfrac{\partial T}{\partial r}\right) \end{cases} \tag{5}$$

式中：ds、w 分别代表干燥土和水；ϕ 为体积含水率；D_ϕ 为含水率差别作用下的水分扩散率，且 $D_\phi = 0.0004\exp(0.14611\phi)$；$D_T$ 为温差作用下的水分扩散系数，且 $D_T = 6\times10^{-16}T^{5.9146}$。

热湿耦合方程的边界条件如下：

$$-\lambda_1 \frac{T_1}{\partial r}\Big|_{r=R_0} = \alpha_0(T-T_0) \tag{6}$$

$$\lambda_k \frac{T_k}{\partial r}\Big|_{r=R_k} = \lambda_{k+1}\frac{T_{k+1}}{\partial r}\Big|_{r=R_{k+1}} \quad k=1,2,3 \tag{7}$$

式中：λ_4、T_4 分别表示原油热传导系数和温度，α_0、T_0 分别表示管壁和流体之间热传递系数、管壁温度。最外层边界条件如下：

$$T\big|_{r=R_5} = T_{\text{environment}} \tag{8}$$

$$\phi_w\big|_{r=R_5} = \phi_{\text{wenvironment}} \tag{9}$$

式中，最外层 R_5 土壤温度等于环境温度，含水率等于环境湿度。

2　非线性方程组的求解

为了求解非线性原油管输流动数学模型和热湿耦合方程，本文运用线性搜索迭代方法进行数值计算。通过数值离散，先将原问题转化成 R^N 空间内的非线性方程组，而后进一步转化为无约束优化问题，即：

$$\underset{x}{\text{mix}} F(\hat{x}) \tag{10}$$

目标函数为：

$$F(x) = \sum_{i=1}^{N} r_i(x) \tag{11}$$

式中：$r_i(x)$，$i=1, 2, \cdots(N)$，表示第 i 个离散方程的残差。

由于 BFGS 的算法具有二阶收敛性，搜索方向的选择和近似 Hessian 矩阵的修正都遵循与典型 BFGS 算法相同的规则如下：

$$s_k = -H(x_k)^{-1} g(x_k) \tag{12}$$

$$H_{k+1} = H_k + \frac{q_k q_k^T p_k p_k^T H_k}{q_k^T p_k} - \frac{H_k p_k p_k^T H_k}{p_k^T H_k p_k} \tag{13}$$

式中，$p_k = x_{k+1} - x_k$，$q_k = g(x_{k+1}) - g(x_k)$，且 x_k 代表设计矢量、g_k 代表在第 k 次迭代的梯度矢量。该方法的计算步骤如下：

(1) 从初始设计矢量 x_0 开始，矢量维度为 N，近似逆 Hessian 矩阵的逆矩阵为 B_0；

(2) 计算目标函数，并计算/修正梯度；

(3) 设置搜索方向 $s_k = -B_k g_k$；

(4) 使用信赖域方法或线性搜索找到步长 α；

(5) 更新设计矢量 $x_{k+1} = x_k + \alpha s_k$，计算新点 x_{k+1} 的梯度；

(6) 若不符合终止准则，则返回步骤 2，否则输出结果。

3　土壤含水率对管道流动安全性影响分析

3.1　土壤温度场变化规律

基于所述热-湿耦合方程和迭代算法计算得到降水条件下管道热量传递数值结果。首先，利用热-湿耦合方程找出热动力学影响区域，该区域以外温度保持几乎不变。本文中热动力学影响区域引用崔秀国等开展的中洛输油管道水平方向热力影响范围测定试验及数学模型计算结果，热动力学影响区域约为-10米，即低于地面10米以上的区域温度几乎保持同一数值，计算结果，见图2。

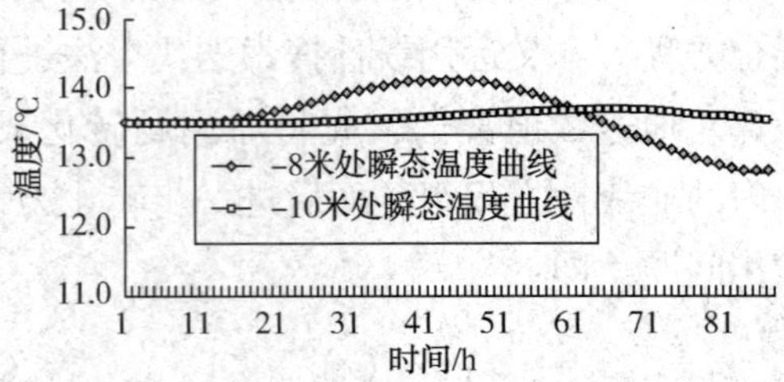

图2　地下不同深度下的瞬态温度曲线

见图3为计算得到的稳定的温度曲线，这是形成管道沿线温度场的重要信息。利用获得的这些信息，能够明确计算管道沿线温度场。之后，将原油视为不可压缩流体，计算流速和压力值。摩擦系数等的详细方程参见文献。

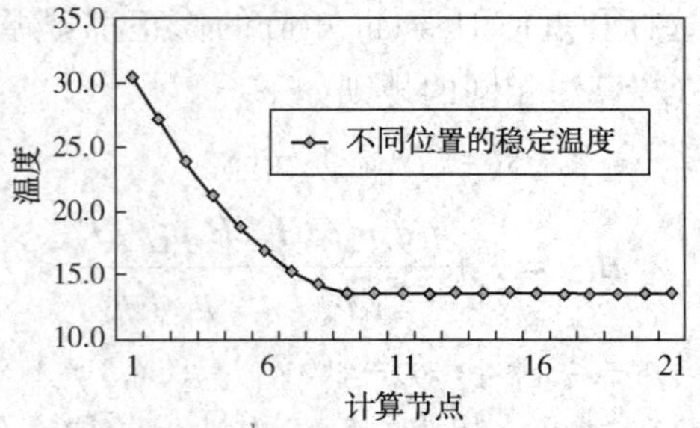

图3　管道纵向稳定温度曲线

3.2　不同含水率下的管道流动失效概率

实际运行过程中，由于很难监测和采集管道沿线土壤含水率的真实数据，也就无法统计土壤含水率的概率分布规律。因此，在一般的管道流动失效概率研究中，通常不考虑土壤含水率的影响。以东北某管道为例，分析其2010年生产运行数据，统计出该管道2010年3月平均出站温度75.0℃，平均输量66.96t/h，平均地温4.3℃，管道埋深1.5m。按照这一运行方案，根据人为假定的几种含水率，计算分析了不同土壤含水率下的管道流动失效概率。

3.2.1　管道概况

管道全长30.14km，为Φ377×7原油管道，目前原油输量在52.5×10^4t/a左右。

见表1是管道及场站的基本信息表，该线油品密度为859.1kg/m3，油品反常点为36℃，凝点为27℃，显触点为35℃。

表1　管道及站场信息表

管外径/cm	管壁厚/cm	站间距/km	大气温度/℃
377	7	10.81	2.1

3.2.2　管道当前运行工况分析，见表2

表2　管道2010年3月(冬季)管道运行参数统计结果

	出站油温/℃	输量/(t/h)	地温/℃	管道埋深/m	总传热系数(W/m² · ℃)
当前平均值 μ	75.00	66.96	4.30	1.50	2.29
标准差 σ	2.00	4.68	1.00	0.15	0.10

通过统计3月份内运行参数，发现：出站温度、输量、地温等参数并非始终恒定不变，而是在某一数值附近小幅波动，并且基本服从正态分布规律(如图4至图7所示)。

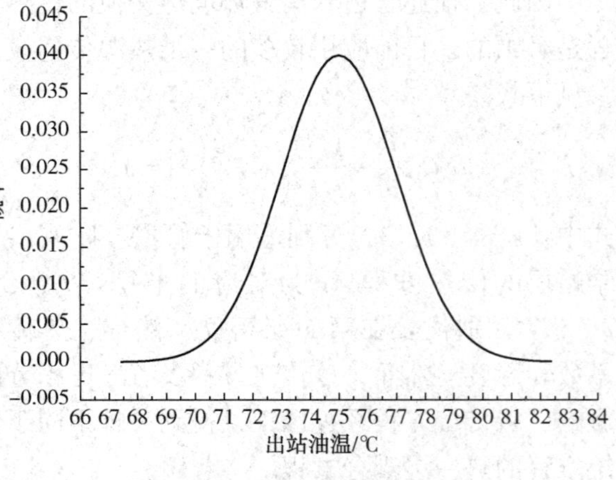

图4　出站温度的概率分布

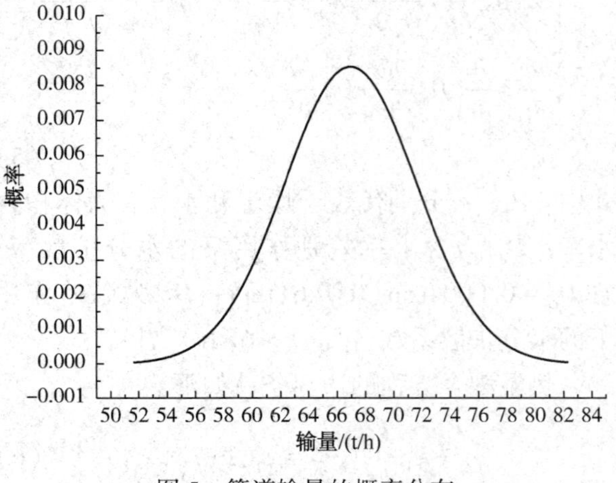

图5　管道输量的概率分布

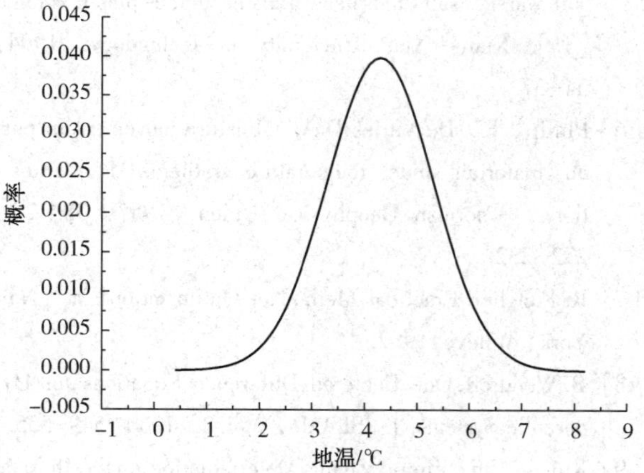

图 6 地温的概率分布

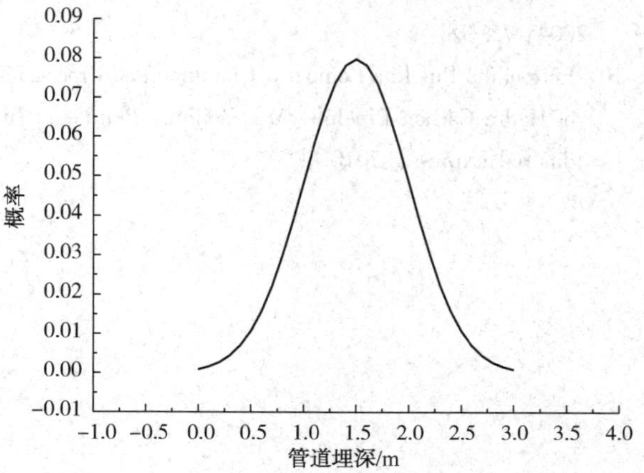

图 7 管道埋深的概率分布

上述分析中的“变量标准差 σ”是基于实际运行数据的概率统计反算获得，是实际生产过程中由于主观（人为操作误差等）或客观（环境变化）因素对管道工艺运行参数的影响和波动规律的真实反映。

3.2.3 计算结果

该管道停输 7 小时后管道凝管概率随土壤含水率的变化规律见图 8，随着土壤含水率的增加，管道停输过程中发生凝管的概率随之增大，在含水率为 0-100%的范围内，停输凝管概率介于 0.001-0.1009。

该管道管输过程中进入不稳定工作区概率随土壤含水率的变化规律见图 9，随着土壤含水率的增加，管道进入不稳定工作区的概率也随之增大，且更为敏感，在含水率为 0-100% 的范围内，管道进入不稳定工作区概率介于 0.0123-0.894。由此可见，土壤含水率对管道进入不稳定工作区概率的影响程度明显高于其对停输凝管概率的影响。

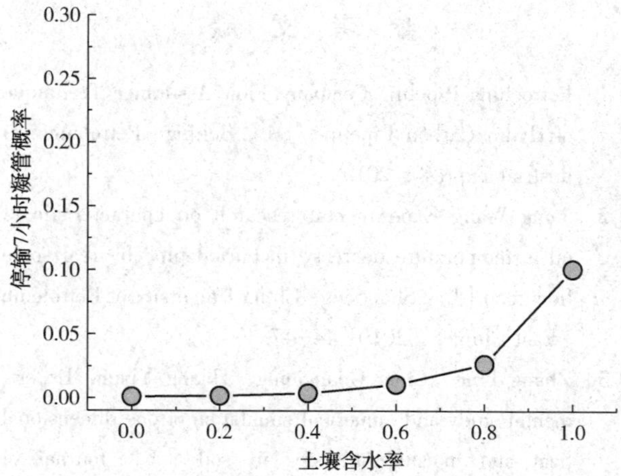

图 8 停输凝管概率与土壤含水率关系曲线

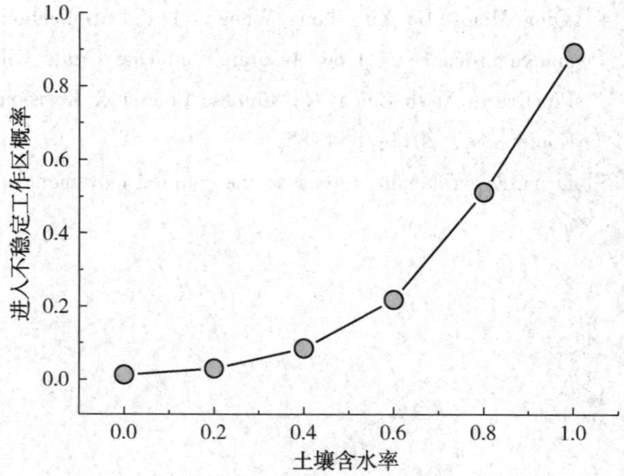

图 9 进入不稳定工作区概率与土壤含水率关系曲线

4 结论与建议

（1）考虑降雨条件下土壤湿度（含水量）这一影响因素，提出了降雨条件下的传热方程及其求解算法，并给出了数值结果。修正后的热-湿耦合方程简化了水分迁移方程中的扩散系数数量，并能够准确描述降雨条件下管道沿线温度场分布及水分迁移与分布规律。

（2）利用数值计算结果研究东北某管道土壤导热系数对原油管道流动安全性的影响，进而得到土壤含水率对管道停输概率的影响规律。研究结果表明：该管道停输 7 小时后，随着土壤含水率的增加，管道停输过程中发生凝管的概率随之增大；该管道管输过程中进入不稳定工作区后，随着土壤含水率的增加，管道进入不稳定工作区的概率也随之增大，且更为敏感；土壤含水率对管道进入不稳定工作区概率的影响程度明显高于含水率对停输凝管概率的影响。

参 考 文 献

[1] Petrochina Pipeline Company. Flow Assurance Technique of Hydro Carbon Pipeline [M]. Beijing: Petroleum Industrial Express, 2010.

[2] Long Wang. Experimental research on characteristic of oil's temperature decrease in buried pipe by real scale flow loop [D]. Shandong: China University of Petroleum (East China), 2010: 44-47.

[3] Zhang Ling, Chen Guangming, Huang Yiyun. Experimental study and numerical simulation of one dimensional heat and moisture transfer in soil [J]. Journal of Zhejiang University (Engineering Science), 2009, 43 (4): 12-15.

[4] Qing Miao, Bo Xu, Long Wang, et al.. Application and Significance of Flow Assurance on One Crude Oil Pipeline in North China[C]. Chinese Control & Decision Conference, 2011: 854-857.

[5] Li Yi. Experimental studies on the coupled movement of soil water, salt and heat transfer under plastic mulch [D]. Xian: Xian University of technology, 1994: 34-37.

[6] Philip J R, De Varies D A.. Moisture movement in porous materials under temperature gradients[J]. Transitions, American Geophysical Union, 1957, 38(2): 222-232.

[7] R. Fletcher. Practical Method of Optimization[M]. New York: Wiley, 1987.

[8] B. Wendroff. One Centered Difference Equations for Hyperbolic Systems[J]. SLAM., Vol. 8, 1960: 549-555.

[9] Xiuguo Cui, Jinjun Zhang. Determination of the thermal influence zone of buried hot oil pipeline on steady operation[J]. Journal of the university of petroleum, 28(2), 2004: 75-78.

[10] Petrochina Pipeline Company. Operation and Processing of Hydro Carbon Pipeline[M]. Beijing: Petroleum Industrial Express, 2010.

防喷自压式光杆密封器的研制与应用

张 军 杨 磊 周明亮

（中国石油新疆油田公司）

摘 要 光杆密封器是抽油井口的重要密封部件，光杆往复直线运动，填料长时间磨擦，逐渐失去密封性能，易造成井口油气渗漏，需要定期旋紧光杆密封器压帽或更换密封填料，确保油井正常生产。常规光杆密封器有效密封周期短，更换填料操作繁琐，不适合间出干磨井和高含水井。生产现场时而发生光杆断脱，常规光杆密封器不具备光杆断脱防喷功能，不符合环保要求。针对常规光杆密封器存在的问题，研制具备光杆断脱自动防喷，利用注料枪填加密封填料，自动压紧填料的新型光杆密封器，取得良好效果。

关键词 防喷；自压；光杆密封器

光杆密封器是光杆相对于抽油井口的直线往复运动密封装置。目前油田生产现场使用的光杆密封器种类较多，主要以胶皮盘根或橡胶皮带为填料，平均更换周期一般在5~20天左右。更换填料过程中操作繁锁，而且密封效果因井状不同差异较大，间出干磨井、高含水井的更换周期大幅缩短，甚至时常出现井口油气泄漏现象，现场员工更换密封填料、环保治理工作量较大，劳动强度较高。常规光杆密封器不具备光杆断脱后的自动防喷功能，时而发生因光杆断脱造成井口密封失效导致的油气泄漏事件。

1 常规光杆密封器

新疆油田生产现场使用的抽油机井口密封装置主要有填加胶皮盘根的光杆密封器（普通盘根盒）与填加橡胶皮带的节能型光杆密封器两种类型。

1.1 普通光杆密封器

普通光杆密封器的结构比较简单，主要由调偏法兰、填料室、压盖、压帽等组成（见图1），其密封填料以单个的胶皮盘根为主，也有塔式整体胶皮盘根。

普通光杆密封器更换填料时需将抽油机停在接近下死点位置，对称关闭胶皮阀门，缓慢卸松压帽，放尽盘根盒内的余压后，将压盖、压帽牢靠固定在悬绳器或光杆上，然后掏取填料室内的旧胶皮盘根，必须掏尽后再加入新盘根。盘根的切口必须在30°~45°，加入时将切口错开180°，加满加平后安装压盖、压帽，打开胶皮阀门，启抽。

实践证明，普通光杆密封器适用于产量稳定，不间出、不干磨的中、低含水井。

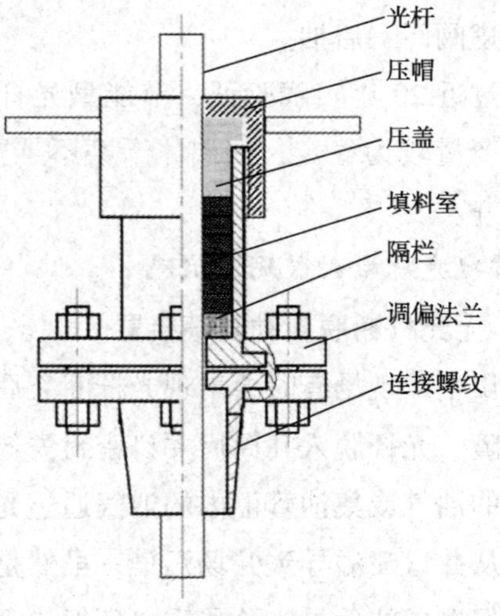

图1 普通光杆密封器图

1.2 节能型光杆密封器

节能型光杆密封器是20世纪90年代末出现的一种填加橡胶皮带的抽油井口密封装置。其结构主要由调偏机构、填料室、皮带旋进压盖、压帽等组成（如图2），其密封填料以单根的橡胶皮带为主，也有用其他材料替代橡胶皮带的。

节能型光杆密封器更换填料时需将抽油机停

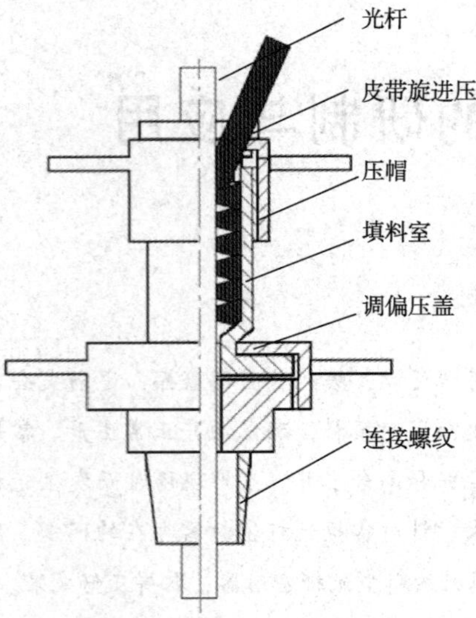

图 2　节能型光杆密封器

在接近下死点位置，对称关闭胶皮阀门，缓慢卸松压帽，放尽盘根盒内的余压后，将皮带从压盖、压帽中抽出，并将压盖、压帽牢靠固定在悬绳器或光杆上，然后掏取填料室内的旧皮带盘根，必须掏尽后再加入新皮带盘根。将皮带的一头穿过旋进压盖压帽，通过旋进压盖将皮带旋入填料室，旋紧压帽压实填料室内的皮带，加满后打开胶皮阀门，启抽。

经过近 20 年实践验证，节能型光杆密封器适用于产量较为稳定，间出、干磨不严重的中、高含水井。

1.3　常规光杆密封器现实状况

1.3.1　无光杆断脱自动防喷装置

油田生产现场有时会出现光杆断裂后脱入井筒的故障，光杆脱入井筒后井口密封失效，造成井筒内的油气或集油管汇内的油气通过光杆让出的通道从井口喷溢导致井场污染。虽然是小概率事件，但造成的后果十分严重，环保治理工作量巨大。大多数油田采取在悬绳器与光杆密封器之间的光杆上安装防喷备卡的方式预防光杆断脱造成的油气泄漏，但由于抽油机底座高度、井口高度、悬绳器长度以及抽油机冲程等多方面因素影响，部分抽油井口光杆密封器上端面与驴头运行至下死点位置时的安全距离不足 400mm，无法安装光杆防脱备卡。常规的光杆密封器不具备光杆断脱后的自动防喷功能，不符合安全环保与精细管理的要求。

1.3.2　有效密封周期短

普通光杆密封器采用胶皮盘根密封，平均更换周期一般在 3~15 天左右；节能型光杆密封器采用橡胶皮带密封，平均更换周期一般在 5~30 天左右；两种常规光杆密封器的平均更换周期一般在 5~20 天时间。密封效果因井状不同差异较大，间出干磨井、高含水井的更换周期大幅缩短，有些井甚至一日一换，时常出现井口油气泄漏，现场员工更换密封填料、环保治理工作量较大，劳动强度较高。

1.3.3　更换填料操作繁琐

两种常规光杆密封器更换填料时必须将抽油机停在接近下死点位置，通过“卸”、“挂”、“掏”、“压”、“紧”等步骤完成操作。

“卸”是指关闭胶皮闸门后，缓慢卸压盖、压帽，放尽密封器内的余压，然后卸掉压盖、压帽。“挂”是指将压盖、压帽牢靠悬挂在悬绳器或光杆上，防止压盖、压帽滑落砸人，为此生产一线的采油员工发明了各种各样的悬挂装置辅助操作。“掏”是指掏取填料室内的旧填料，必须掏尽后再加入新填料，掏出的废旧填料一定程度上会造成原材料浪费和环境污染。“压”是指将加入填料室的新填料压平压实；倘若光杆不对中，掏取旧填料十分困难，加入新填料更加困难，为此一线员工发明了各种各样的填料掏取、压实工用具。“紧”是指通过人工旋紧光杆密封器上的压帽、压盖将密封填料压紧压实达到密封效果，并且在密封周期内需要人工定时旋紧压盖保证密封效果。

生产现场的操作员工在紧光杆密封器压帽时多采用加力杠，很少考虑密封填料的松紧度对抽油机系统效率的影响，多数情况下密封填料过紧，光杆与填料的摩擦增大、磨损加巨，遇到抽油井间出造成光杆与填料干磨迅速老化失去密封性能。这也是生产现场光杆密封器泄漏油气、填料更换周期短的一个重要原因。

针对上述常规光杆密封器存在的问题，依据目前比较成熟的碎料密封技术和球体防喷原理研制新型光杆密封器。经过两年多的研究设计、改进完善，研制出一种具备光杆断脱自动防喷功效，利用注料枪填加密封填料，自动压紧密封填料的防喷自压式光杆密封器。

2 防喷自压式光杆密封器

2.1 结构

自压式光杆密封器主要由副压盖、弹簧、弹簧隔栏、主压盖、主压盖隔栏、填料室、填料丝堵、密封填料、填料室底隔栏、调偏法兰、调偏压盖、偏心胶垫、底座、底座隔栏、带孔隔板、防喷球室、防喷球、底座管螺纹等部件组成。(见图3)

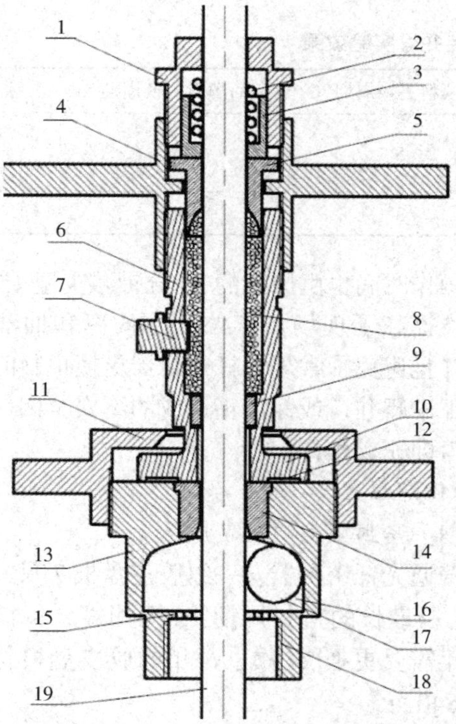

图3 防喷自压式光杆密封器

1—副压盖；2—弹簧；3—弹簧隔栏；4—主压盖；5—主压盖隔栏；6—填料室；7—填料丝堵；8—密封填料；9—填料室底隔栏；10—调偏法兰；11—调偏压盖；12—偏心胶垫；13—底座；14—底座隔栏；15—带孔隔板；16—防喷球室；17—防喷球；18—底座管螺纹

密封填料由废旧橡胶颗粒、石墨粉、锂基润滑脂按比例混合而成，耐油、耐磨、耐高温，粒径2~6mm，塑料桶罐包装，桶罐直径略小于注料枪的填料管直径，便于往注料枪内充填填料。填料由注料枪通过填料丝堵挤入填料室。注料枪由枪头端盖、填料管、活塞、后端盖、顶丝杆组成。(见图4)

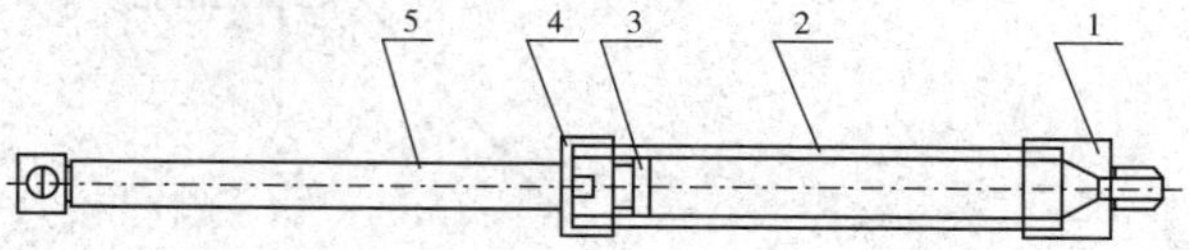

图4 注料枪

1—枪头端盖；2—填料管；3—活塞；4—后端盖；5—顶丝杆

2.2 特点

防喷自压式光杆密封器实现了更换或添加填料不再掏取废旧盘根，以及对光杆对中度的严格要求，操作便利，提高工效，避免了原材料浪费和环境污染。填料更换周期内不再需要人工进行旋紧盘根的操作，由弹簧自动压紧压实密封填料。

在光杆断裂落入井筒的瞬间，井筒内的气液通过带孔隔板上的孔道涌入防喷球室，防喷球在气液压力和浮力的顶托作用下封堵光杆让出的通道，实现防喷功能，避免大量油气泄露导致环境污染事故。

自压式光杆密封器适用于压力系数高、有自喷能力，驴头运行至下死点时悬绳器与盘根盒之间安全距离小于400mm，不具备安装光杆防脱备卡的抽油井。并且适用于间出干磨或高含水抽油井，以及因高含水造成的光杆易腐蚀油井与密封填料更换周期短的抽油井，石墨颗粒对于光杆有一定的防腐保护作用。

3 防喷自压式光杆密封器应用效果

3.1 防喷功能

为了验证防喷自压式光杆密封器的防喷效果，利用闲置工艺流程清水循环，采用打气泵加压，压力与抽油井现场压力一致，保持在0.6~1.0MPa之间，并设计滑轮吊装光杆、人工抽离光杆密封器模拟抽油井光杆断脱的实况进行实验评价。(见图5)

光杆脱离密封器的瞬间，防喷球在气液压力的顶托作用下立即封堵光杆让出的通道，压力保持不变，防喷功能较好。防喷球及气液随光杆上下运动一直处于运动状态，有效预防冬季冻凝，适合北方油田四季使用。

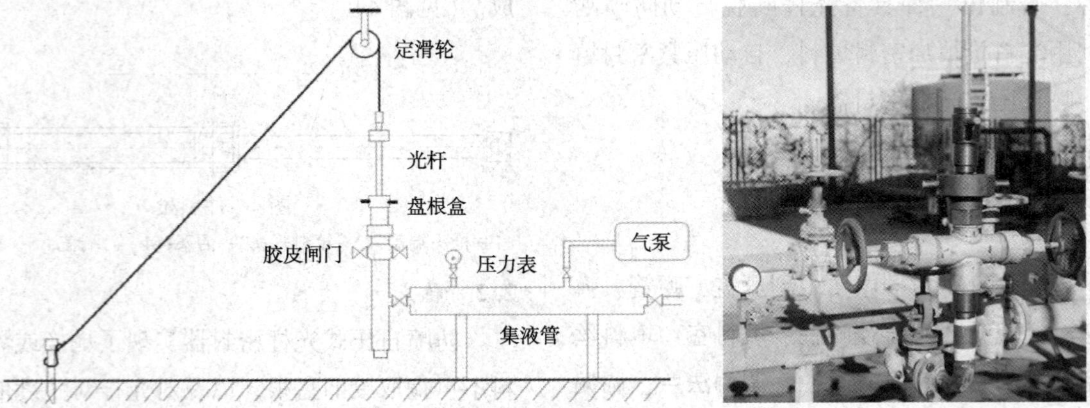

图 5　模拟抽油井光杆断脱试验装置

3.2　有效密封周期

防喷功能实验成功后，选取陆梁油田石南21井区两口抽油井进行现场实验，追踪效果。

表 1　防喷自压式光杆密封器安装井号实验效果

序号	井号	产液量(t/d)	含水井(%)	产气量(m^3)	安装时间	前期填料更换周期(d)	安装后填料更换周期(d)	备注
1	SN6885	32	96	372	2018/9/10	5	152	高含水井 光杆腐蚀
2	SN6280	7.6	31	4652	2018/10/3	3	46	间出干磨

两口抽油井进行实验前均使用节能型光杆密封器，由表 1 可以看出，SN6885 井含水 96%，由于高含水造成光杆有一定的腐蚀现象，每 5 天更换一次填料，井口光杆密封器时常出现油气泄漏。SN6280 井含水 31%，伴生气量 4652m^3，功图显示供液不足，井口间出干磨现象严重，每 3 天更换一次填料，时常出现光杆发烫、填料老化失效，井口光杆密封器大量油气泄漏。使用防喷自压式光杆密封器后，填料更换周期分别由 5 天延长至 152 天、3 天延长至 46 天，实验近半年以来，取得了较好的密封效果。

3.3　更换填料操作简便

防喷自压式光杆密封器更换填料时将抽油机停在任意位置，通过“松”、“注”两个步骤完成操作。“松”是指对称关闭胶皮阀门后，缓慢卸松主压盖，放尽填补室内的余压，再卸松副压盖，释放弹簧张力。“注”是指卸掉填料丝堵，装好注料枪挤注填料。注料枪的容积与填料室的有效容积相同，挤注完枪体内的填料后，取下注料枪，装好填料丝堵，调整好主、副压盖松紧度，打开胶皮阀门，启抽。

避免了常规光杆密封器更换填料时必须遵循的“卸”、“挂”、“掏”、“压”、“紧”等操作步骤。操作时间也由原来的 30 分钟减少至 15 分钟左右，提高了现场员工的工作效率和抽油井时率。并且避免了常规光杆密封器更换填料时，操作员工攀爬井口或保温箱造成的不安全因素，站在井口即完成操作。

3.4　经济效益

（1）密封填料材料费用：

普通光杆密封器：一组胶皮盘根 7 只，每只 5 元，以最长的密封周期 15 天测算，每口抽油井每年需要更换 24 次。每年的胶皮盘根材料费用为 840 元。

节能型光杆密封器：一根专用的 0.9 米橡胶皮带，每根 30 元，以最长的密封周期 30 天测算，每口抽油井每年需要更换 12 次。每年的专用橡胶皮带材料费用为 360 元。

防喷自压式光杆密封器：一袋颗粒料 500 克，每袋 30 元，以目前最长的密封周期 152 天测算，每口抽油井每年需要更换 2.4 次。每年的密封填料材料费用为 72 元。

密封材料费用比为：11∶5∶1。

（2）提高开井时率

常规光杆密封器更换填料操作时间 30 分钟以上，防喷自压式光杆密封器加注填料 15 分钟，每次更换填料可节约 15 分钟以上。普通光杆密封器每年需要更换密封填料 24 次，每次 30 分钟，每年更换密封填料需要停机：24×30 = 720 分钟；节能型光杆密封器每年需要更换密封填料 12 次，每次 30 分钟，每年更换密封填料需要停机：12×30 = 360 分钟；防喷自压式光杆密封器每年需要更换密封填料 2 次，每次 15 分钟，每年更换密封填料需要停机：2×15 = 30 分钟。由此可见，使用防喷自压式光杆密封器每口抽油井每年可提高开井时率 5~12 小时以上。

4　结论

目前，碎料密封技术是一项比较成熟的密封技术，可在油田逐步推广。大量的抽油机废旧皮带、废旧轮胎都可以用成型的颗粒机进行加工制作，对于废物利用找到了一条可行的途径，有益于环境保护。防喷自压式光杆密封器具备光杆断脱自动防喷功能，适用于各类抽油井口，密封周期长，更换填料操作简便，安全可靠；消除了间出干磨井、高含水井密封周期短、易出现井口油气泄漏的问题，节约材料费用，增加抽油井开井时率，具有较好的经济效益和社会效益。

参 考 文 献

[1] 谢玉东，许国华．多功能光杆密封器的研制与应用效果分析[J]．科学与财富．2017 年第 04 期．

[2] 刘洪俊．抽油机井口盘根盒跑油的原因分析及治理措施[J]．化学工程与装备．2016 年 02 期．

原油拉运智能安防调度系统的研究与应用

陈亚颐　黄大勇　再开日亚·安尼娃尔　尹　权　张　乐　木塔里甫·木拉提

(中国石油新疆油田公司)

摘　要　面对能源安全、环保和快速高效的信息化发展，边远油区依靠人工指挥油罐车拉油的传统原油运输方式已不适应时代发展需要。针对目前原油运输过程中存在的安全问题，提出了一种原油拉运智能安防调度系统，该系统以GPRS和视频监控等技术为基础，实现原油装卸过程中精细化、规范化管理，实现油罐车轨迹跟踪、实时定位、实时监控与报警等功能，可以有效的解决原油在运输过程中的安全隐患，保障能源运输安全。

关键词　能源安全；油罐车；视频监控；智能锁；过程监控

随着国家对安全、环保要求的日益提高，油罐车在装卸、运输成品油过程中产生的环境污染和安全风险逐渐引起了人们的重视。油田边远地区油井由于地理位置处在各采油作业区边远位置且分布稀疏，建设输油管道性价比极低，故采用抽油机井旁大罐储油定时或定量油罐车拉油方式进行存储和运输。现阶段原油运输制度依靠采油工定时查看油罐的液位进行运输调度，且在原油运输过程中存在油品被偷盗的问题，需专人跟随油罐车进行规范检查和签封，流程繁杂，存在因装卸油流程缺乏有效监管，关键环节不受控，易出现漏查而导致着火爆炸等安全隐患。

当前原油运输行业发展迅速，单纯依靠人工指挥油罐车拉油的方法不适应时代发展需要。原油运输过程中采用一次性签封，签封的验证和加注过程复杂，运输较为复杂，且传统的物理铅封受材质、设计、纸质信息传递及人为施打等客观条件约束，存在较高的破解风险，且手工填写拉油票，信息只能人工报表填报，信息化程度不高且存在数据错误、造假的风险，已不能满足能源运输安全及企业的经营管理需要。随着企业管理信息化、自动化、集成化的快速发展，铅封的有效性、准确性及过程信息动态高效传递等关键问题亟待解决，拥有一套可对成品油运输车辆进行实时监控的智能信息系统成为原油运输管理不可或缺的重要辅助手段。

油罐车作为一种专门运输易燃易爆化学品的典型危险品运输车，其运输过程中的安全性至关重要，以此为目的本文借助物联网技术设计了一个原油运输监管系统对油罐车驾驶员和远端的监管中心提供帮助。该油罐车监管系统设计主要包括油管液位监测、运输任务智能调度、原油运输过程监控的油罐车运输安全的计算机软件设计，最终通过物联网将油罐车、驾驶员、储油罐和监管中心四者相互关联，来确保油罐车的运输安全和对意外情况提供及时处理，使原油运输管理更加标准化、程序化、制度化。

1　系统架构

原油拉运智能安防调度系统由边远井储油罐区监控系统、油罐车监控系统、拉油调度指挥系统及智能终端四部分组成，四部分相互配合，实现整个拉油过程全程监控和记录，实现智能联控，如图1所示。

边远井储油罐监控系统：由液位计和控制箱(Effice-E312)组成；液位计实时测量罐体内液位；在有网环境下，相关数据进行实时回传，在无网环境下，通过Effice-E312对实时采集数据进行存储，在运油过程中，由手持终端通过WiFi连接Effice-E312进行数据获取，并在有网环境下进行回传。

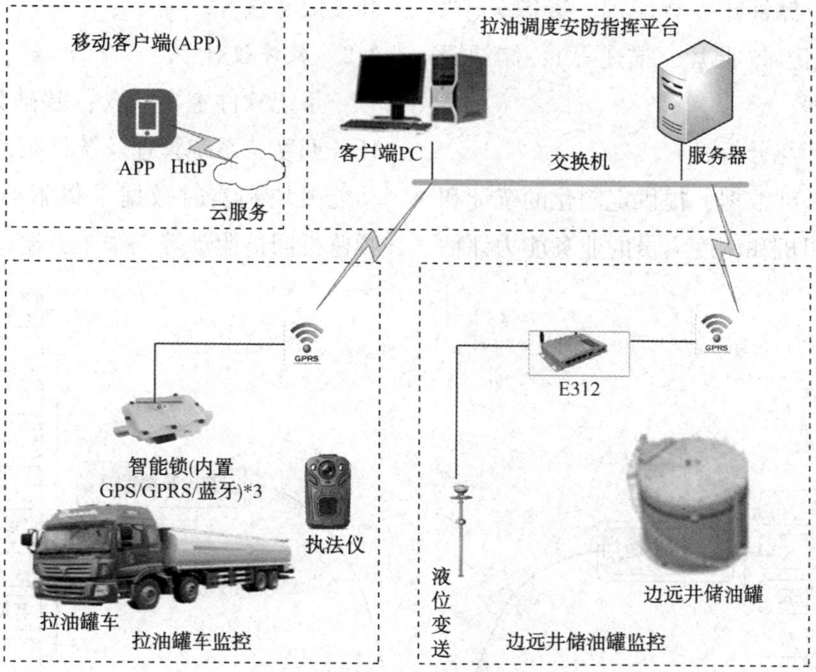

图1　系统架构

油罐车监控系统：由智能锁、执法记录仪组成；智能锁实现对注油孔、观察孔和卸油孔进行监测；执法记录仪由司机持有实现对装卸油过程进行监测；智能锁在有网环境下可实现实时回传当前油罐车注油孔、观察孔和卸油孔状态；智能锁居于GPS功能，实时回传智能锁的位置。

油罐车调度指挥系统：通过实时接收油罐处Effice-E312、智能终端以及智能锁实时回传数据，并依据相关数据，实现对油罐统一管理，趋势预测，智能调度，报警预警；同时实现对拉油任务下发、司机信息的认证等工作。

智能终端：是基于Android系统的手持终端，实现对智能锁的开闭、无网环境下Effice-E312系统回传数据，拉油过程的流程控制、关键环节拍照等功能。

2　软件系统设计

2.1　智能调度系统

原油拉运智能安防调度系统由智能调度平台以及配套的软件服务(监测与分析，短信，数据驱动等)、数据库服务构成。具有以下功能：

(1) 储油罐油量检测与分析

在网络环境良好的条件下，储油罐液位计数据通过Effice-E312定时回传至调度平台，平台接收并根据油罐的物理信息计算并存储储油罐油量。

在不具备实时通信的条件下，储油罐液位计数据由Effice-E312定时监测并存储，在拉油罐司机到达储油罐处，使用手持终端APP，使用Wifi的方式连接Effice-E312，将历史液位计数据带回，上传至数据库。储油罐油量分析服务会根据该储油罐的历史液位数据，智能化推断下一次拉油时间，为下一次智能通报，提供根据。

(2) 油罐油量智能通报

当储油罐油量达到储油罐容量的X%，其中X由系统统一或根据储油罐物理信息单独设置。通过短信通报，手持终端APP提醒，智能调度平台列表提醒具有接收通报权限的组成员。

(3) 实时与历史数据管理

实时数据：在执行的任务，包括任务起始时间，参与的调度人员，司机，车辆，手持终端，储油罐，智能锁，摄像头(执法仪)，当前任务执行阶段，任务相关记录(照片，描述等)；储油罐液位数据实时上传。

历史数据：历史任务管理，包括任务起止时间，各阶段执行时间，参与的调度人员，司机，车辆，手持终端，储油罐，智能锁，摄像头(执法仪)，任务相关记录(照片，描述等)；储油罐液位历史数据管理。

(4) 数据统计与分析

根据历史和基础数据，提供定制化的统计和分析数据。包括司机和调度人员的业务能力评估和绩效考核等。

2.2　软件设计

系统软件主要包含：基础数据、生产数据、任务调度、系统管理及统计报表、GIS服务六个功能模块和实时数据采集驱动、APP接口、视频监控回传驱动等三个服务端口，如图2所示。

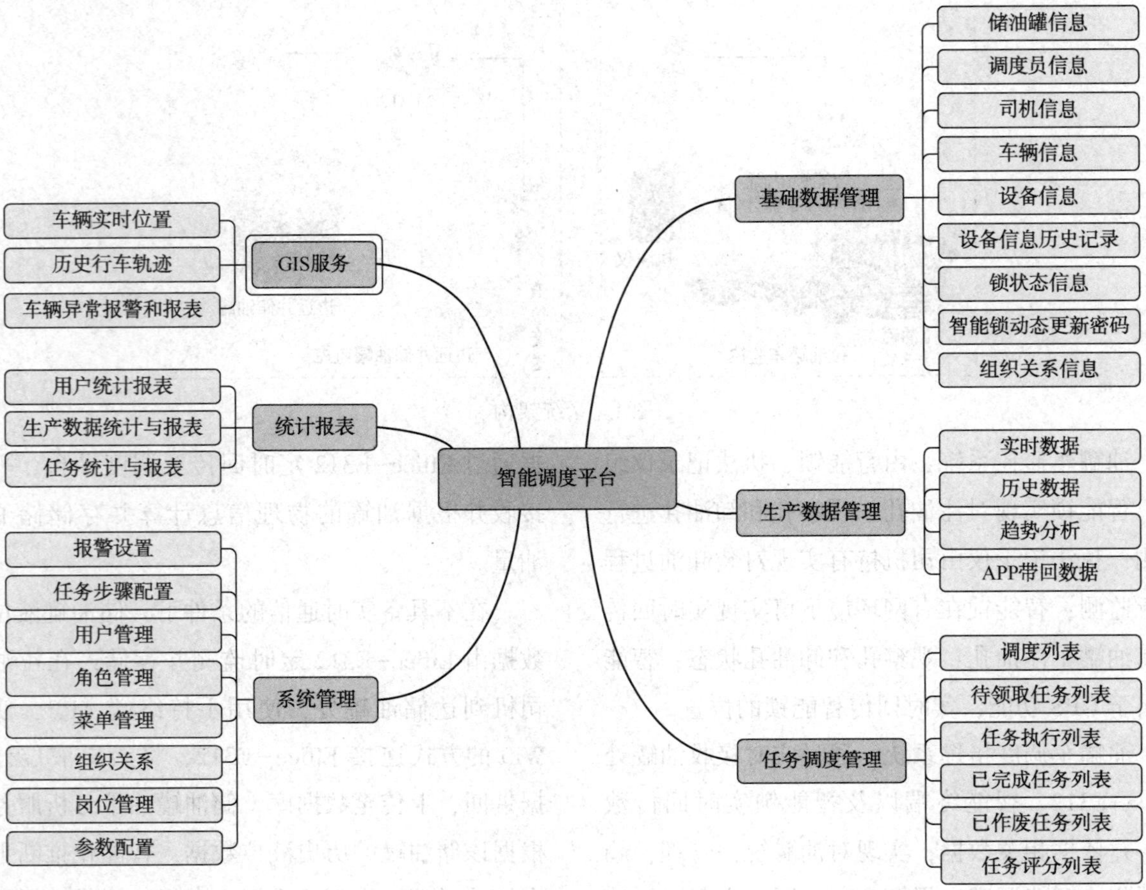

图2　系统软件结构图

(1) 基础数据管理

主要涵盖管理员用户、调度人员、司机、车辆、手持终端、储油罐、智能锁、摄像头(执法仪)等其他相关的基础数据的管理维护。

(2) 生产数据管理

主要涵盖实时数据、历史数据、趋势分析、APP数据带回等。显示油罐最新的液位信息，包括增长率，容量，调度百分比等信息，方便管理者实时跟进掌握油井生产状态，并根据APP带回数据，逐条计算液位占比，增长率，存入储油罐液位历史数据，通过历史数据进行趋势分析预计下次拉油时间。

(3) 任务调度管理

当液位达到调度液位后，该油罐信息显示在调度列表内，等待下发成任务。管理员可对液位比进行排序，优先对液位比高的储油罐下发任务，任务下发后由调度员领取和后续的执行。

(4) GIS服务

实时跟踪车辆位置，基于定位设备的坐标实时回传，展示车辆实际位置。通过历史轨迹回放，可以了解车辆的行驶情况，便于管理部门查看、监督车辆和驾驶员的工作情况，便于了解原油运输情况。用户可以设定各种发出警报条件，如偏离路线报警、超速报警、停留时间过长报警、故障报警等，当车辆状态超出设定范围时系统自动向用户发送警报信息，如车辆位置、报警原因等，以便管理员更快掌握车辆和原油当前信息，对突发状况尽快提出解决方案。

（5）统计报表

该模块主要包括用户统计报表、生产数据统计报表、任务统计报表三部分。主要对调度人员、驾驶员参与任务、完成任务、任务评价等进行统计，并对每个储油罐的产液量，平均拉油次数，平均拉油周期等各项生产数据进行统计，方便管理人员掌握各岗位人员工作情况及储油罐井生产情况。

（6）系统管理

该模块主要用于设置各种报警条件及相关参数配置，报警内容包括：监测对象、报警类型、监测范围、是否报警等。并可配置展示拉油过程需要完成的步骤：每一步骤是否需要开始时间、完成时间、持续时间、以及其图片、重量、金额、是否完成等参数的可视化展示，管理者可根据相关规定对拉油过程中的每一步骤进行增删改一系列操作。

2.3 油罐车拉油流程监控

油罐车进入联合站泄油台后，由站内工作人员向油罐车分配智能锁，并对油罐装油口和观察口以及泄油口三处位置加锁，给油罐车司机分配开锁智能终端及操作记录仪。油罐车进入拉油点后，司机使用智能终端开启智能锁，开锁后对罐车进行装油操作，通过手持终端读取储罐液位，返回泄油点后上报油罐动态信息。装油完毕，司机关闭截止阀并加装智能锁；车辆返回联合站泄油点，由站内工作人员进行检查，确定拉油过程完整、操作规范；站内工作人员操作智能终端对智能锁解锁，泄油操作完成，联合站工作人员回收智能终端、锁具、行动记录仪，并且通过智能终端上报本次拉油全程操作记录，数据入库存储。行动记录仪通过数据线或者无线方式，将本次拉油视频传输到系统平台。该阶段拉油流程的可定制化实现，用户可依据现场实际需求，更改拉油流程，如图3所示。

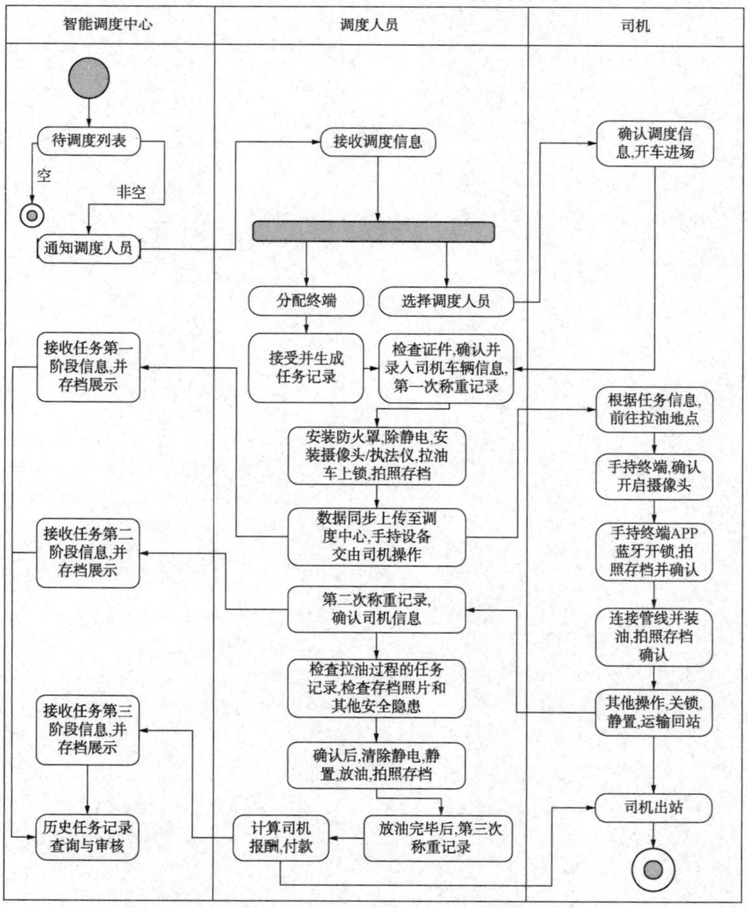

图3 油罐车拉油流程图

3 总结

该系统涵盖了拉油罐车全流程管控，使装油、运输、卸油关键环节形成闭环管理，全过程信息化节点化，充分利用信息化技术手段，解决了偏远油区的信息采集问题，消除系统间信息孤岛，实现整个原油储存、运输过程数据可追溯，轨迹可查控，从减少生产事故发生、提升油田本质安全、降低生产环境风险、提升业务管理效率等方面，实现了人员、车辆安全作业行为规范化，安全生产管理数字化，形成智能、高效、安全的油田油罐车原油运输新的管理模式。

该系统应用后，通过原油运输全过程管控，生产数据更新共享、工作流程可控追溯、原油盗抢智能防范等功能，实现智能化拉油预测，科学安排装油时间。相比于传统油田拉油管理方式，取消了放油工，可缩减单井巡检次数，缩减人力薪金费用，达到减员增效目的，推进油田生产管理模式创新发展。

参 考 文 献

[1] 雷壮吉．成品油公路运输的防盗方法[J]．石油库与加油站，2013，22(06)：11-13+1.

[2] 章坚．成品油公路运输防盗无线视频监控技术[J]．电子技术与软件工程，2018，(05)：79.

安全文化对安全行为的控制策略

何多春

（中国石油新疆油田公司）

摘　要　从安全文化与安全行为的概念及关系、安全文化对安全行为的影响、安全文化与安全行为控制策略、安全文化与安全行为协同模式的建立等4个方面，对企业安全文化和安全行为管理模式异同点的比较和对两者协同机制分析，提出了安全文化对提升安全行为、预防事故、保障安全生产和生活的巨大作用。同时，基于安全文化对安全行为的影响，分析协同模式在安全管理中的优势，探索降低人的行为引发事故的方法。

关键词　安全行为；安全文化；控制；策略；协同

美国杜邦公司统计了近10年来全世界发生的事故，通过分析显示，企业绝大部分的事故是由人的不安全行为而导致的。2020年，我国发生各类伤亡事故共死亡27412人，其中约80%是因为人的不安全行为导致的。通过技术、设备、监管等“硬件”措施来规范人的不安全行为存在边际效益递减的问题，并且大量实践数据表明，仅通过“硬件”投入很难达到预期安全管理目标。学者认为，安全文化的不健全是种种事故发生的根本原因，任何事故都可以追溯到管理上的原因，而通过安全文化引导和规范员工的行为可以大幅减少事故的发生。因此，从安全文化对安全行为的影响出发，探讨安全行为减少人为事故的机制，以及预防和控制生产安全事故发生的有效方法。

1　安全文化与安全行为的概念及关系

通过人的安全生产活动所创造的精神、观念、行为、环境与物理状态的总和就是安全文化。它通过具体的形式、制度和实体表现出来，强调“安全第一”，提倡爱护关心员工，其特点是一种以物质为基础的复杂社会现象，由物质安全文化、制度安全文化、行为安全文化和思想安全文化组成。

安全行为是个体在生产活动过程中执行的与控制风险相关的行为，是实现安全绩效的一系列约束性措施的集合。它的特点是如果行为缺陷的因素不能消除，就不能确保事故不发生。

安全文化和安全行为的概念完全不同，两者之间的管理要素也存在显著差异。安全文化旨在通过宣传和教育，树立员工的安全意识，以爱惜生命为核心，通过关爱他人、爱护他人以及尊重他人，并依靠全体员工的安全承诺和自律，树立长久的安全发展机制。安全行为强调通过消除行为缺陷的因素，配合奖惩、沟通等手段的使用，以限制员工参与安全生产过程的行为，并最终实现人的本质安全。从表面上看，两者似乎是对立的，但内在联系密切。安全文化是安全行为实施的前提条件，安全行为则是构建安全文化的一种有力保障，他们用相互影响的方式矫正不安全行为，推动安全管理水平的提高。

2　安全文化对安全行为的影响

人的安全行为是一个相对的观点，是指与不安全行为相比较不会引起事故发生的人的行为。因此，对不安全行为的探讨是认识安全行为的有效手段。通过对照《企业职工伤亡事故分类标准》中不安全行为的定义，分析总结不安全行为因素，可将人的不安全行为分为4个类别，见表1。

表 1　不安全行为原因分类以及预防措施

分类	不安全行为原因	预防措施	归类
1	精力不集中、身体素质缺陷等原因造成的行为失误；	由于身体素质原因造成的不安全行为主要能过管理方式，如根据不同岗位对人能力的要求，设置相应的岗位人员标准，如年龄，性别，技能等等，并通过适当的培训和学习提高能力，同时研究和尊重人的生物钏(如人在下午 2-4 点，困意最浓，成年人的注意力时间一般不超过 45 分钟等等)，从而减少行为失误。 或者通过技术手段改善安全生产条件，降低岗位对人身体素质功能的要求，使人与岗位相适应。	管理 技术
2	由于人对行为的后果缺少完整的认识，造成后果的失控，其严重性往往超出预期，或不知道自已的能力超出可承担的后果，这种情况有的是掌握的环境信息不够，有的是知识和经验缺乏，也有的是未经过认真的分析判断，即麻痹思想；	通过培训让员工了解企业可能出现哪些事故，造成事故的原因及具体情况是什么，以及通过一些具体的事故案例来加深认识，特别是优秀的安全管理人员，将各种可能的后果考虑全面。加强员工的基本知识和技能的提升，在遇到新问题和新情况时可以做出正确判断，及时识别危险和响应。 从人的视听和感知范围研究，提高信息的感知敏感度，如采取显眼的色彩，灯光，音效等等，减少行为人对周围环境的感知失误。 提高员工的安全意识，提高员工安全需要水平，增强安全动机，使员工在各种行动之前首先考虑安全问题。	管理 管理 文化
3	知道可能出现什的后果，但在可见的收益和损失之间有倾向，即为了省力、省时或逞能等而产生侥幸、冒险心理；	提高安全的重要性。从需要理论上来说，省力、省时是人的生理需要，逞能是希望被尊重的心理需求，如果不提高安全的重要性，这些生理需求和心理需求就会占据主导地位，影响人的行为安全。	文化
4	对制度不认同，制度制定者与制度遵守守者之间的信息沟通不畅。	提升员工的归属感，增强企业的凝聚力。 加强制度制定者和制度遵从者之间的信息交流。	文化 管理

通过表 1 看出，在上述措施中无法通过管理和技术完全控制人的不安全行为，这就需要引入安全文化对不安全行为进行控制。安全文化对安全行为有三个方面的作用：

(1) 激发安全意识。人的认知、思想、专注力、反应能力、应激行为等心理品质都能通过培训来提高。人的行为特征是通过观察、指导、教育和其他方法对各种行为进行归纳总结，建立行为与后果之间的联系，阐明行为的后果，从而有效激发人的安全动力，促进人的安全意识形成和行为习惯优化，减少甚至消除不安全行为。因此，安全文化对树立和增强员工安全意识以及养成员工优良安全习惯方面，有极大的促进作用。

(2) 完善安全保障机制。安全文化有一种无形的力量，可以控制和改变每位员工的行为方式，有效提高员工的安全能力，通过无形或有形的渠道，正式或非正式的方法，将安全知识、安全概念和安全技能渗透到每个人的行为中，形成自我约束，从而规范每个人的行为，有力促进安全保障机制的建设。

(3) 构建人本的企业安全文化。安全行为是通过统计行为数据来分析不安全行为的内部原因，而不是简单地将事故归因于个体，这也是人本安全文化的体现。安全文化可以正确处理企业组织中“人-机-环境”间的关系，通过引入人的心理活动，结合人的安全行为，制定以人为本的安全规章制度和预防措施，以促进安全行为形成。

3　安全文化与安全行为控制策略

3.1　安全行为控制方法

通过现场观察、沟通与总结，在以某种特定的协调机制，督促员工认识到不安全行为的后果，阻止并消除不安全行为是安全行为控制的核心。据资料显示：陶氏公司共计减少了 82% 的个人安全与健康事故；杜邦公司在推行安全行为管理模式以来，大约减少了 50% 的伤害和意外事件。安全行为控制方法包括：任务行为的控制、情景行为的控制、决策和执行行为的控制、意识行为的控制。

(1) 任务行为的控制。任务行为是组织精心安排或规定的行为，是被动的、必须要遵从的行为，在实施的前期已经进行了某些组织上的权衡，其控制措施包括：第一，认真辨识潜在关键风险，通过制定详尽的防范措施切断事故发展链条，降低事故的发生几率和后果严重性；第二，根据任务的具体内容和要求，提出工作所需条件，使执行者的身心条件达到任务需求；第三，根据任务难易程度确定能力条件，比较现有能力与员工能力之间的差距，制定培训提升计划。

(2) 情境行为的控制。相对于任务行为来说，情境行为是不安全行为的多发区，它不要求人必须遵从某项行为，是一种不可预见的行为，因此对情境行为的控制主要做好以下工作：第一，分析可能的不安全行为，编制不安全行为清单；第二，分析各种不安全行为的条件和原因，消减不安全行为的因素；第三，制定相关的监督管理制度，及时制止和纠正不安全行为。

(3) 决策和执行行为的控制。人的行为取决于决策，行为的影响和后果是通过具体的某个个体或团体来实现的。因此，决策时决策者必须具备一定的能力、知识、智慧和前瞻性，其在决策和执行行为方面的控制措施包括：第一，安全生产知识培训；第二，安全生产技能培训；第三，减少环境危害因素，例如噪音，高温，湿度等因素的影响。

(4) 意识行为的控制。意识行为是指综合分析人们在生产活动中的行为以及可能产生的后果所采取的行动，通常是因为行为者缺乏相关的知识和经验导致事故发生，因此，采取的预防和控制措施包括：第一，分析梳理不同行为的可能后果，制定安全生产培训大纲，针对不同岗位进行内容不同的安全教育培训；第二，进行典型事故案例的研判和学习，以了解企业中可能发生的各种事故、事故原因以及事故的危害。

3.2 安全文化对安全行为控制形式

从安全文化建设的角度来看，简单谴责员工的不安全行为绝对不是解决问题的好方法。相反，解决问题的方法应着眼于根本原因的分析，识别那些关键部位的不安全行为，采取量化指标的方式，制定相应的具体控制措施，通过安全文化增益作用，促进员工不安全行为的转变。安全文化从诸如人的需求，欲望，动机，目标等心理因素的角度来控制安全行为，特别是通过人的属性与规律性研究来预测和控制人员的行为，以期实现工作效率的提高并达成组织目标。

安全文化建设在控制人的安全行为方面体现为四种力，即影响力、激励力、约束力和引导力：第一，影响力是通过安全文化的建立来影响管理层和员工对安全的态度和认识，提升每个人的安全素质，从而促进优良行为习惯的培养；第二，激励力是通过构建安全文化和安全行为来激发每个人对安全行为的意识，对于决策者，必须重视安全生产投入，对员工而言，则是安全生产运营时自觉遵守法规和纪律；第三，约束力是通过提高全员的共同意识和安全认知，规范决策者的管理行为，限制员工的不安全行为，减少不安全行为的发生；第四，引导力是通过构建安全文化来引导每个人的安全意识、态度和行为。

4 安全文化与安全行为协同模式的建立

4.1 协同模式的建立方法

协同模式就是安全文化与安全行为协调同步发展模式。在安全管理过程中运用协同的概念，并从安全生产所处现实状态的角度建立安全文化和安全行为的协同安全管理模式，如图1所示。

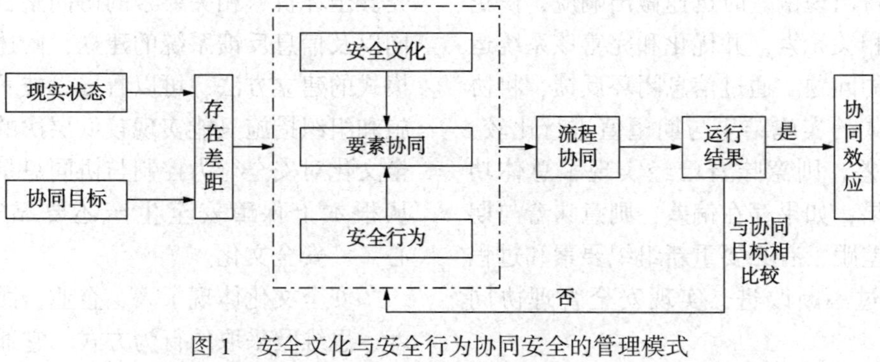

图1 安全文化与安全行为协同安全的管理模式

(1) 进行安全预评价。安全预评价是对不安全生产行为的预测性评价，以充分了解企业目前的安全业绩水平，这是构建安全文化和安全生产的基石。企业要构建特色的符合自身条件的安全文化，定制符合自身发展的道路，首要任务是提前评价企业当前的安全生产状况和安全管理水平。其目的是为了有一个精准而完整的问题总结，为实现协同安全管理模式的目标和预期效果找出差距，同时为构建协同安全管理模式坚强基础。

(2) 协同整合各要素。安全文化建设的7个要素：安全承诺，行为规范与程序，安全行为激励，安全信息传播与沟通，自主学习与改进，安全事务参与和审核与评估，这7个要素构成了安全文化建设的总体框架。安全行为管理的要素包括重点行为识别、安全评估、不安全行为要素的分析和建立、方案设计的反馈与参与、激励措施的制定、培训与改进等。安全文化和安全行为的协同整合是为了减少无效流程，避免某些环节内部摩擦，在实施过程中提高协同相关要素的执行效率，最终实现两者优势互补和协调发展。

(3) 建立流程管理协同机制。流程管理协同是从提高工作效率、减少资源内耗的目出发优化两者重复的流程。从单方面看，实施安全行为管理和构建安全文化体系，都体现了全要素的操作机制。从整体方面看，每个部门在其工作中都形成了自己的管理方法，从而使他们的安全价值观、管理方法和运行方式有所不同。因此，通过安全文化和安全行为的协调，同时将安全文化和安全行为的管理流程进行整合，是确保安全文化与安全行为协同模式顺利实施的保障。

(4) 建立多通道信息反馈系统。协同安全管理模式可以形成良好、健康的安全文化，减少企业人为事故的发生。但是，如何衡量这种安全文化的实施效果仍然需要依靠多通道信息反馈系统。多通道信息反馈系统的运用可以使协同安全管理模式的运行出现偏差时迅速做出响应，修正运行模型中的相关元素，并优化和完善该系统运行过程中产生的问题。通过信息闭环反馈，将协同安全管理模式的实施结果与期望值进行比较，如果不存在偏差，则意味着已经实现了总体功能，即协同效果；如果存在偏差，则意味着与期望值仍然存在差距，有必要重新组织要素和过程的梳理，并通过不断改进，实现安全管理协同目标。

4.2 协同模式的优势

(1) 保障安全管理的短期目标和长期计划有机结合。实施安全行为管理可以在短期内提高公司的安全水平，但是不安全行为具有很大的惯性，克服了原来的不安全行为之后，又会产生新的不安全行为。而企业安全文化可以使人自主地将这种安全行为融入到日常行为中，在成年累月的重复中使新的行为方式占据主导地位。协同模式可以使每个人都能意识到对安全的责任、应具有的素质，从而能自觉地规范自己的行为，也能自主地帮助他人规范行为。由此可见，安全管理短期目标和长远规划实现的最佳途径就是通过协同安全管理模式的建立。

(2) 许多企业将领导表态、开会、造势等当做安全文化建设，对于真正的安全文化建设工作敷衍了事，无视安全文化对安全行为的促进作用，迫使安全文化无法有效地开展和执行，产生了和生产实践脱节的现象。协同安全管理模式是实现安全文化建设与实际有机结合的有效手段，它将安全文化具象化、指标化，提高企业安全文化建设的可操作性，可以有效解决实践过程存在的现实问题。

(3) 实现安全管理的增效。单一执行安全文化建设或安全行为管理两种要素中的任意一种都不能有力实现安全管理的增效，它们受各自运行方式、自身功能、分析手段和运行环境等方面的影响，往往在运行过程中会出现各种偏差和不足。通过协同安全管理模式的实施则可以避免这些问题的出现，能够使两者各方面优势互补并有机结合，形成统一的目标，达到各要素之间相互作用之和大于总体的目的。

5 总结

安全文化建设与安全行为管理两种模式各有所长，但两者都存在一定程度的缺陷，通过对预先安全评价、相关要素的协同整合、实施流程协同以及信息反馈系统的建立，阐述协同安全管理模式的建立方法，可以看出，技术措施、工程措施和组织措施只能实现较低层次的安全目标，安全文化对安全行为控制与协同只是一种手段，要从根本上保障安全生产还要靠安全管理的核心——安全文化。

安全文化体现了人、企业、团体对安全的态度、思维及采取的行为方式，它通过日常生产活动过程中长期的沉淀和渗透，使员工在不自觉中产生了某种自我约束倾向以及潜在行为规范，当这种约束倾向和行为规范被普遍认同的时候，就标志着企业“安全第一”的安全生产集体意识已经形成。优秀的安全文化可以使企业的生产运行环境长期处于安全稳定的状态，更重要的是通过安全文化的建设，使企业拥有蓬勃生机。

参考文献

[1] 赵德顺．企业安全文化与行为基础安全协同安全管理模式探讨[J]．工业安全与环保，2011，(2)：60-61.

[2] 于广涛．不良安全文化的特征：事故报告再分析[J]．中国安全科学学报，2006，(10)：21-26.

[3] 贾明涛．行为安全管理在施工中的应用分析[J]．中国安全生产科学技术，2012，(7)：169-173.

[4] 王志瑞．行为安全体系在石化企业安全文化中的应用探讨[J]．安全、健康和环境，2019，(10)：56-58.

[5] 杨月江．强化安全文化理念是预防事故之根本[J]．煤矿安全，2007，(5)：87-89，93.

[6] 葛安卡．行为安全管理与安全文化的协同效应分析[J]．现代职业安全，2018，(5)：39-41.

[7] 龚佳．组织行为理论在以人为本管理实践中的应用途径[J]．新财经(理论版)，2012，(11)：178.

[8] 杨璇．“标准”使安全文化不再抽象——访首都经济贸易大学安全与环境工程学院教授毛海峰[J]．劳动保护，2010，(5)：12-13.

[9] 霍婷．运用人本原理促进安全生产[J]．企业导报，2010，(8)：75-76.

[10] 赵鲁刚．浅析建设企业安全文化建设的必要性及其途径[J]．黑龙江科技信息，2011，(9)：111.

天然气集输场站安全标准化建设与实践

高树生　刘海波

[陕西延长石油(集团)有限责任公司油气勘探公司]

摘　要　天然气集输场站是天然气开采一个重要环节，承担着保障下游安全平稳供气的重要使命。受到设计缺陷以及长期使用造成的设备老化、日常维护保养缺失、人员操作不当等不利影响，其安全运行还存在诸多问题，存在着火灾爆炸、中毒窒息等事故风险。我们将6S管理与HSE管理深度融合，完善集输场站安全管控措施，探索出一套天然气集输场站安全标准化管理新模式。

关键词　集输场站；安全标准化；建设与实践

1　推行天然气集输场站安全标准化意义

随着国家石油天然气增储扩能战略的持续推进，延长石油油气勘探公司不断加大天然气的勘探开发力度，产量效益逐年攀升、产业规模持续做大，保持了健康、快速发展态势，但天然气集输项目产建周期的缩短、进度的加快，难免会造成工程项目、设备设施缺陷较多，加之日常管理标准不高、要求不严，基础管理抓得不实，运行过程中部分干部职工责任心不强，现场“脏乱差”“低老坏”问题较为普遍，存在较多风险隐患。为了解决天然气集输场站安全管理面临的突出问题，近年来公司把场站安全管理作为实现企业目标的有力武器，上升到战略高度来抓，探索6S管理与HSE管理深度融合，建立了一套完整的考核细则，从小处入手、细处着眼，全面实行场站安全标准化管理，以此筑牢现场安全生产根基，全面提高天然气集输场站事故风险预防能力。

2　强化顶层设计

公司将所有集输场站各个环节全部纳入标准化管理，作为夯实基础管理的有力推手，不搞花架子、不做表面文章，确保“全覆盖、无死角”。一是编制气田地面工程标准化设计导则32册，从顶层设计上规范地面工程设计标准，为产建项目统一设计、统一模式、统一标准提供根本遵循。二是制定《场站标准化管理实施方案》《场站标准化管理手册》等5项管理制度167条实施细则，修订现场管理标准739项、技术操作规范45项，确保现场管理有章可循。三是组织公司、厂部、队站三级管理人员学文件、谈认识、树理念，为推进集输场站安全标准化奠定“理念先行、标准为基、制度保障”的工作基础。四是邀请专家现场点评、案例分析，使基层各单位深刻认识到与先进标杆的差距，形成对标先进、竞相赶超的浓厚氛围。五是按照“先树立标杆、后复制推广、再综合提升”的思路，抓两头带中间，督促先进更前进，鞭策后进赶先进，目前公司95座场站全部通过安全标准化达标验收。

3　注重集输场站本质安全建设

一是实施地面集输工程项目标准化建设，推行安全文明智慧工地建设，形成“设计标准化、设备橇装化、工厂预制化、施工模块化、运行数字化”的项目建设模式，为集输场站安全运行打下基础。二是加强信息化技术应用，以智能化改造、数字化转型赋能安全管理，大力推行“机械化换人、自动化减人”，开展老旧集输场站安全智能化改造，在风险管控难度较大的管段试点应用光纤预警技术，建设净化厂智能安防一体化系统及集输管道智能巡线平台，在净化厂引进应用危险作业智能化监控车等。三是健全特种设备管理制度，制定设施完整性配套标准，统一同类型设备的配套管理标准，不断进行设备的更新改造，使设备本质安全水平不断提升。

4　推行岗位人员“一述两清”

组织各采气厂制定《岗位描述及手指口述》管理手册，全面推行“一述两清”，开展生产现场安全应知应会、一图两清单、手指口述等各项安全管理活动，通过写、背、说、画全方位训练，使员工达到对岗位职责和内容、安全操作规程、风险及控制措施、应急处置等各项内容熟练掌握。一是充分利用“师带徒”活动，成立“一述两清”专项帮扶小组，坚持每周开展业务讲解与培训，辐射带动全员学习氛围，实现业务技能的快速提升。二是录制工艺流程绘图教学视频，并采用“磨耳朵”听力训练，使职工随时随地听音频，形成记忆模块。三是利用“VR 安全宣教室”开展“一述两清”培训工作，覆盖教学互动、应急演练、隐患排查辨识、违规模拟等内容，科学引导职工理解性掌握岗位操作技能和应急处置知识。

5　创新全员参与的管理机制

一是通过“321”管理建议平台(全员安全环保建议上报平台)，累计征集现场管理建议 2700 余条，让员工肯于动脑，积极参与管理，共同找问题、出主意、想办法，在提高现场管理水平的同时，使员工把心思放在工作上，增强了工作的积极性和“爱厂如家”的主人翁意识，提出“执行制度标准一以贯之、设备完整性一件不落、设施物品一尘不染”的“三个一”管理要求。二是采取先评差再创优的方式，起步阶段，先进行评差，让基层都动起来。大家都动起来了、整体好起来了，再开始创优，并通过优中评差、优中选优持续推进，以此调动全员争先进位的积极性、主动性。三是将安全标准化与党建工作有机融合，一同部署、一体推进。全面践行“强根固魂、引领发展”特色党建工作体系，大力推进扎实开展党员示范岗、青年先锋岗、职工模范岗“三岗”创建，把集输场站标准化管理中涌现出来的先进分子、革新能手优先推选到“三岗”上；狠抓干部人才和骨干员工“两支队伍”建设，把党员培养成集输场站标准化管理的主力军和业务骨干。

6　构建全方位责任考核体系

一是严格落实责任，落实“一把手”主体责任，集输场站达不达标公司直接向各单位主要领导“收账”，层层压担子、夯责任、问成效。实施现场“干部走动式”管理，公司班子成员分片包抓，机关 63 名部门负责人包达标、盯现场、抓落实，结果列入个人业绩档案。二是严格检查考核，开展“四级”检查考核，公司每季抽查、厂级每月检查、净化厂和采气队每周核查、班组每日自查，累计检查上千次，充分发挥“盯问题”工作法的作用，将发现的问题及时记录和处理，拍摄问题照片两万余张，整改各类问题 14770 条。三是严格奖惩兑现，评选出最差集气站和最差净化厂，主要负责人在大会上领黄牌、作检查，以实际行动体现了“制度的绝情、管理的无情、执行的合情”。

6　结语

总之，通过集输场站安全标准化管理实践，我们深刻认识到：一是推进集输场站安全标准化管理，既是树标杆、创品牌的“面子工程”，更是夯基础、强管理的“里子工程”，要坚决克服“运动化”“形式化”的模糊认识，坚定不移抓下去，切实发挥出基础性、长远性、关键性作用。二是抓好集输场站安全标准化管理看似一件简单容易的小事，其实并不然。正如张瑞敏所说：把每一件简单的事做好就是不简单，把每一件平凡的事做到极致就是不平凡。抓好集输场站安全标准化管理，重在坚持、贵在保持，靠的是管理层的“下茬”，执行层的“下苦”，只要用心、用情、用功实干苦干，就会取得实效。三是集输场站安全标准化管理是领导干部作风和责任心的试金石，是员工日常随手而为的基本功，是素质改善提升永无止境的长青树，是检验企业综合管理能力水平的集中体现，必须常抓不懈、坚持执行。在抓集输场站安全标准化管理过程中，得出以下两点启示：一是项目建设规范性至关重要。集输场站项目前期论证必须要充分，设计必须科学规范、标准统一，施工质量必须严格把关。从建设“毛坯房”向“精装房”转变，从根本上保证安全管理目标实现。二是突出本质安全管理。通过“严查、细管”构筑起安全生产屏障，通过固化设备设施管理标准，推行全员手指口述及岗位描述，建立了良好的企业安全文化，真正实现“打造本质安全企业、塑造本质安全员工”目标。

第三篇　环保技术与管理篇

生态环境保护是我国基本国策，党和国家将“加强环境生态保护、建设美丽中国”的战略目标。随着“水十条”“气十条”“土十条”的颁布和实施，我国的生态环境保护工作取得了长足的进步，尤其是环保治理和污染防控技术成果显著。本篇着重介绍了石油石化行业在废水、废气、固体废物、土壤和地下水、噪声等领域治理技术取得的新突破、新进展，并依次介绍了生态补偿、废水处理与资源化、碳排放管控、清洁生产、智慧化管控、危险废物减量化等技术。

页岩气井场土壤微生物网络物种共生结构模型及其生存 K–策略

许　洁[1]　王尔笑[1]　刘　毅[1]　唐春凌[1]　霍小鹏[1]　杨　冰[2]　代　锋[3]　喻伟婕[1]

(1. 中国石油天然气股份有限公司西南油气田分公司安全环保与技术监督研究院；
2. 西南石油大学化工学院；3. 四川长宁天然气开发有限责任公司)

摘　要　基于 16S rRNA 测序和实时定量聚合酶链式反应 real–time qPCR 用于评估土壤微生物中存在石油碳氢化合物降解能力的微生物，应用共生网络(co–occurrence network)的生态策略分析了页岩气井场土壤微生物群落的分布。结果表明：页岩气井场的土壤微生物群落表现出更高稳定性以及更强的生态性，土壤中的 Keystone 物种与土壤群落中物种协调了页岩气井场土壤的生态系统过程，OTU11572、OTU14908 和 OTU11976 是主要群落形成的驱动力，OTU8845、OTU13035 和 OTU8962 与微生物群落的其他物种和关键物种形成互惠共生关系。因此，页岩气井场土壤微生物的物种倾向于选择 K–策略物种来生存和表达，同时，页岩气井场土壤微生物群落表征也表明了存在降解碳氢化合物的能力。本研究作为土壤生物修复的参考，同时也为油气田环境保护工作提供了技术支撑。

关键词　页岩气；土壤；实时定量 PCR；共生网络；生态策略

四川盆地页岩气开采坚持保护优先，科学开发的原则，页岩气环保工作重点在于提高清洁生产水平，提高对油基岩屑的综合利用效率，由于川渝地区地理位置特点，暴雨等自然灾害的发生，易使井场中废水外泄和遗漏引起环境突发事件，而且，岩屑长时间的暂存也提高了井场土壤环境风险。土壤微生物是土壤的重要组成，页岩气开采造成的土壤污染间接性的影响了井场土壤微生物群落，导致土壤微生物数量和多样性发生变化。

四川盆地南部，页岩气资源较大，页岩气开采发展迅速，2009 年以来先后落成了长宁—威远、泸州深层两个万亿方储量区，已建成 146 亿方/年生产能力，建成了千万吨页岩气大气田，长宁工区构造位置位于川西南低褶构造带，长宁工区地表条件复杂，以山地地形为主，沟壑纵横，江河纵横、人口众多，水源保护区等环境敏感区分布较多，页岩气的井场土壤微生物群落多样性特征的研究对于指导该区域的土壤生物修复、生态环境保护具有重要意义。

自然衰减可以通过监测场地的地球化学指标来评估，同时也可以通过分析中间降解产物来确定，研究人员在被二氯乙烷污染的地下水中检测到脱卤基因 dhlA、tceA 和 bvcA 的存在，证实了二氯乙烷可以被降解，分子生物学技术可以提供更多关于自然衰减降解机制的解释。因此，在本研究中，采用了实时定量 real–time qPCR 和微生物共生网络 co–occurrence network 来分析页岩气井场微生物群落的功能，目的是为了探讨页岩气井场土壤微生物群落的共生网络模式，确定维持土壤中关键物种群落结构，并分析与自然衰减相关的物种生态策略，旨在为石油污染土壤的生物修复方案的制定提供技术支持。

2　材料和方法

2.1　样品采集

土壤样品采集点位于长宁区块页岩气场站区域(兴文、洪县)如图 1 所示，均采用五点取样法采集土壤表层 5–20cm 土壤，土壤样品采集好后，储存在装有干冰袋的遮光容器中，并运到实验室进行进一步分析。根据 ISO 5667–11：2009

和 ISO10381-2：2002 对样品进行收集、运输、储存和分析，以最大限度地减少成分变化。抵达后在实验室里，放入-80℃冰箱中储存，立即对样品进行理化性质和微生物群落多样性进行分析，然后测定其他参数。

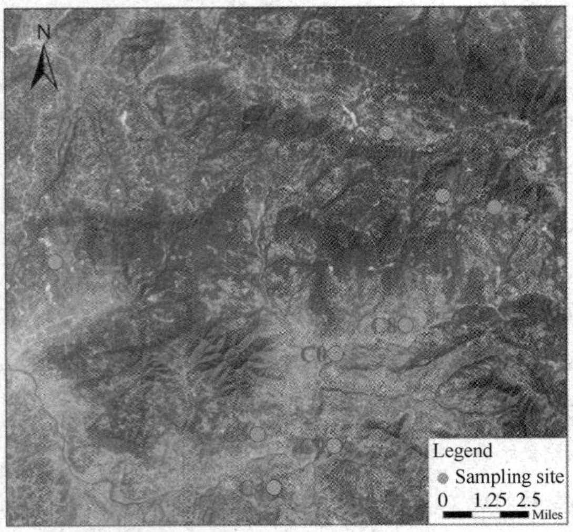

图 1　土壤样品采样点位置图

2.2　理化性质

pH 与电导仪测定：使用标准缓冲溶液对 pH 计(PHS-3C)进行校正后测试；使用 KCl 标准溶液进行 EC 测试计算电极常数，每个样本做三个平行，最终取平均值。

土壤样品离子测定方法：土壤阳离子 K^+、Na^+、Mg^{2+}、Ca^{2+}测定采用北京普析通用有限公司 Super 990F 型原子吸收分光光度计进行。土壤阴离子 Cl^-、SO_4^{2-}、NO_3^- 的测定采用美国戴安公司 DX-300型离子色谱仪(AS4A-SC 阴离子色谱柱，CDM-II 电导检测器，淋洗液碳酸钠/碳酸氢钠溶液 1.7/1.8mol · L^{-1}，流速 2.0mL · min^{-1})。

2.3　样品 DNA 抽提

根据 E. Z. N. A. Ⓡ soil DNA kit (Omega Bio-tek，Norcross，GA，U. S.)说明书进行微生物群落总基因组 DNA 抽提，使用 1%的琼脂糖凝胶电泳检测抽提的基因组 DNA 的质量，使用 NanoDrop2000(美国 Thermo Scientific 公司)测定 DNA 浓度和纯度。

2.4　PCR 扩增和测序文库构建以及实时定量 qPCR

以上述提取的 DNA 为模板，使用携带 Barcode 序列的上游引物 338F（5’-ACTCCTACGGGAGGCAGCAG-3’）和下游引物 806R（5’-GGACTACHVGGGTWTCTAAT-3’）对 16S rRNA 基因 V3-V4 可变区进行 PCR 扩增，PCR 反应体系为：5×TransStart FastPfu 缓冲液 4μL，2.5mM dNTPs 2μL，上游引物(5uM)0.8μL，下游引物(5uM)0.8μL，TransStart FastPfu DNA 聚合酶 0.4μL，模板 DNA10ng，补足至 20μL。扩增程序如下：95℃预变性 3min，27 个循环(95℃变性 30s，55℃退火 30s，72℃延伸 30s)，然后 72℃稳定延伸 10min，最后在 4℃进行保存(PCR 仪：ABI GeneAmp Ⓒ 9700 型)。每个样本 3 个重复。将同一样本的 PCR 产物混合后使用 2%琼脂糖凝胶回收 PCR 产物，利用 AxyPrep DNA Gel Extraction Kit（Axygen Biosciences，Union City，CA，USA）进行回收产物纯化，2%琼脂糖凝胶电泳检测，并用 Quantus™ Fluorometer（Promega，USA）对回收产物进行检测定量。

使用 NEXTFLEX® Rapid DNA-Seq Kit 对纯化后的 PCR 产物进行建库，利用 Illumina 公司的 Miseq PE300/NovaSeq PE250 平台进行测序(上海美吉生物医药科技有限公司)。

采用实时荧光定量聚合酶链式反应(Real Time-qPCR)技术对功能基因进行绝对定量分析。

2.5　共生网络模型与统计分析

探讨页岩气井场土壤微生物的共生模式与石油烃相关的群落，系统发育分子生态网络(pMENs)用于识别基于随机矩阵理论(RMT)。数据使用分子生态网络分析平台进行分析(MENA，http：//ieg4. rccc. ou. edu/mena/)，使用基于 RMT 的方法。网络图使用 Cytoscape 3.2.1 进行可视化。每个节点代表一种具有一定生态功能的微生物，边缘表明微生物之间存在显著的相关性。网络图表征了不同网络结构的拓扑性质使用不同的索引，包括节点、边、节点度、介数中心性、连通性、平均聚类系数、平均距离和模块性。在共生网络中，关键物种具有高节点和低介数中心性的节点中的特征值。

Origin 2022 用于分析和可视化功能基因丰度

与物理和化学指标。基于曼特尔检验和非度量多维尺度方法 NMDS 以确定微生物群落和理化性质参数。使用美吉生物云 Majorbio Cloud 平台分析了 α 和 β 多样性(www. majorbio. com)。

3 结果和讨论

3.1 土壤中微生物样品的对比分析

为了进一步分析不同采样点土壤样本群落特征，采用了非度量多维标度(NMDS)和相似性分析(ANOSIM)。ANOSIM 结果显示土壤样本之间存在显著差异(统计值：0.325，P = 0.039)，NMDS1 群落在-0.4 到 0.7 之间，而 NMDS2 群落在-0.25-0.35 之间(如图 2 所示)。微生物群落样品分布在所有象限，表现出不同的群落的微生物多样性。土壤微生物群落集中在第一、三象限中，因此，群落之间存在明显的差异。如图 3 所示土壤微生物群落和前 20 个 OTU 的土壤样本经过 Welch's 的 t 检验得出，样品在所有 OTU 中表现出显著差异 OTU1204(Pseudomonadaceae)、OTU120(Sulfobacillus)、OTU322(Acidibacter)和 OTU201(Salinicola)(P<0.05)。结果表明：仅仅是监测微生物的多样性和种群并不能完全代表井场土壤微生物的生物降解潜力，其中，核心种群和关键功能基因可能是微生物降解污染物的主要驱动力。

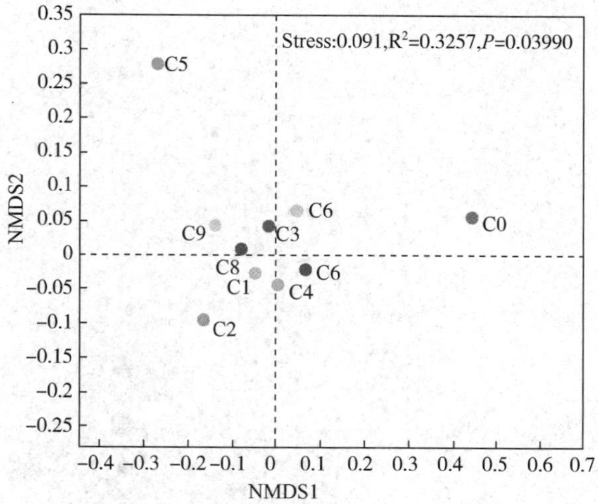

图 2 基于非度量多维尺度方法(NMDS)对土壤细菌结构分析

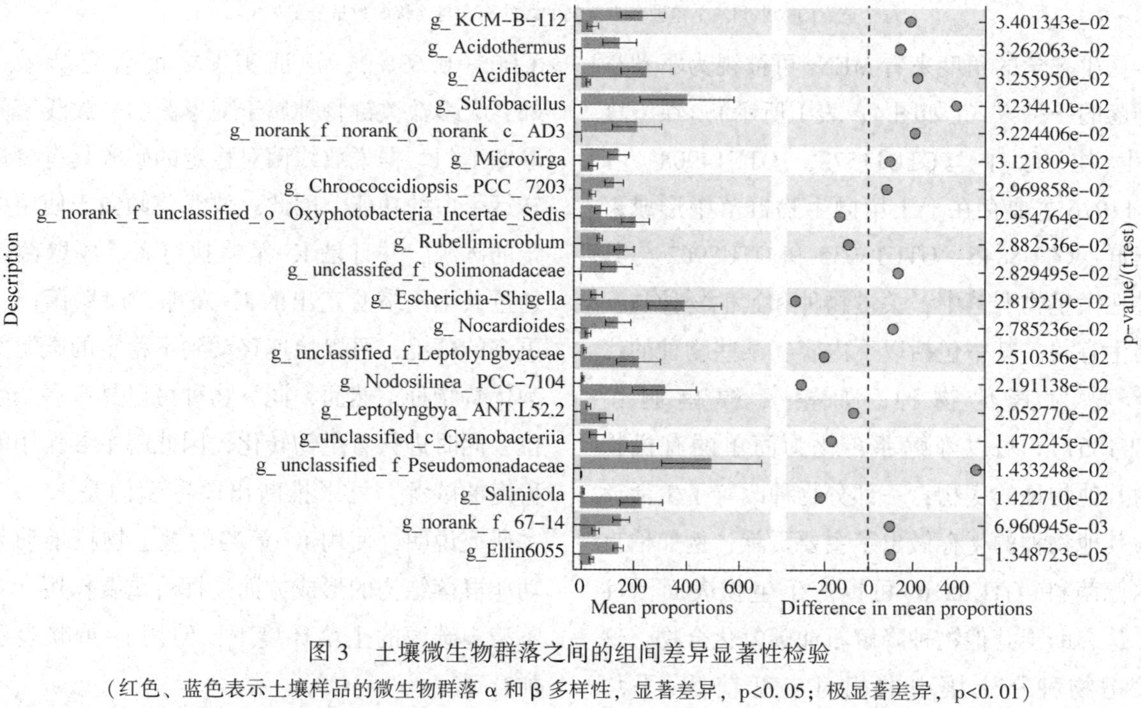

图 3 土壤微生物群落之间的组间差异显著性检验

(红色、蓝色表示土壤样品的微生物群落 α 和 β 多样性，显著差异，p<0.05；极显著差异，p<0.01)

3.2 土壤微生物群落关键物种的识别

为了建立微生物群落的共生模型，在本研究中，我们使用了分子生态网络(MENs)构建和网络拓扑参数(如图 4 所示)。网络拓扑结构符合幂律分布(土壤样本 R^2 = 0.77)，表明网络中更少的微生物有更多的连接。土壤微生物的 MENs 中的模块化值(M 为 0.786)高于相应的随机网络(M 为 0.27)。因此土壤中的 MENs 比随机网络具有更加明显的高聚合和模块化。本研究结果也证实了土壤样本微生物之间的强耦合。同时，土壤微生物群落更为聚集性和稳定性(土壤样本的平均度=24，平均路径距离=5.295，平均聚类系数=0.439)。在土壤生态环境中的随机过程演化中，例如地下水的流动，能显著提高微生物群落的模块性，我们的研究中模块化的程度显示出比较高的数值，能看出土壤样品中存在较大的生态位差异，研究表明：页岩气井场土壤微生物群落的生态位重叠物种之间存在更激烈的竞争。

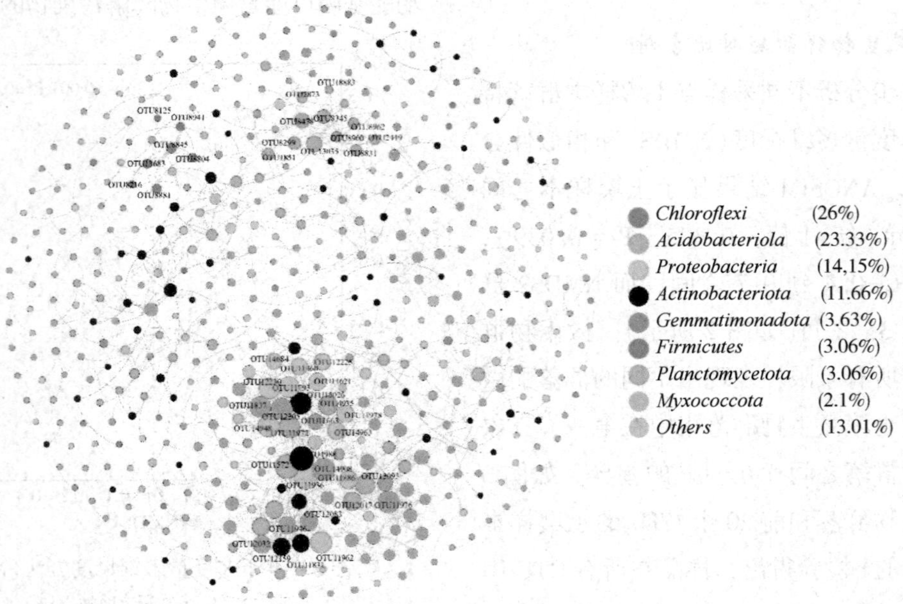

图4　基于成对 Spearman 相关性的土壤样品中具有官能团的可操作分类单元(OTU)共生网络图

(每个节点的大小和两个单独节点之间的线的厚度与连接的数量呈正相关)

从生态学的角度来看 MENs 可被视为驱动整个群落的一种方式(如图4，表1所示)。在土壤微生物组中，OTU11572，OTU14908 和 OTU11976 主要存在于土壤微生物群落中形成聚类集群，OTU8845、OTU13035 和 OTU8962 与其他种在微生物群落中，关键物种和其他物种与互惠共生有关，其中包括以下内容：某些物种的代谢产物为其他物种，如鞘氨醇单胞菌(OTU1851)，可以降解非转化为简单的有机物作为其他物种的底物；一部分物种改善了生活环境为其他物种的生存做出了主要贡献，例如伯克霍尔德菌科(OTU8216)可以产生生物表面活性剂，这有助于其他物种降解石油碳氢化合物。这些关键物种在土壤中的相对丰度较低(平均0.005-0.63%)，这证实了之前研究结果。此外，大多数关键物种属于变形菌门、放线菌门和厚壁菌门。据说放线菌对稳定的碳源具有少量的转运蛋白的功能。因此，放线菌倾向于使用更稳定的碳源，并且是K-策略执行者。厚壁菌门是通过共生网络鉴定出的K-策略，厚壁菌门，有更多的鞭毛，可以快速移动到不稳定的碳源并成为优势物种，然而，同一物种可以具有多个生态位，同时进行着生物转化，因此起主导作用的是稳定的碳源。可以推断出厚壁菌门是K-策略。本研究说明，使用K-策略的微生物在推动某种功能群落结构的形成方面发挥着重要作用。对于不稳定碳源的土壤环境下，使用r-策略表示更加合适。

表1　K-策略的微生物群落关键物种信息表

名称	门水平　phylum	纲水平 class	属水平 family	种 genus	度 degree
OTU11572	Acidobacteriota	Acidobacteriae	Subgroup	Granulicella	24
OTU14908	Chloroflexi	Ktedonobacteria	Ktedonobacterales	FCPS473	22

续表

名称	门水平 phylum	纲水平 class	属水平 family	种 genus	度 degree
OTU11976	Chloroflexi	Ktedonobacteria	Ktedonobacterales	JG30a-KF-32	21
OTU14948	Proteobacteria	Alphaproteobacteria	Beijerinckiaceae	1174-901-12	21
OTU11962	Proteobacteria	Alphaproteobacteria	Elsterales	Elsterales	21
OTU12230	Proteobacteria	Alphaproteobacteria	Beijerinckiaceae	1174-901-12	21
OTU4935	Acidobacteriota	Acidobacteriae	Solibacteraceae	Solibacter	18
OTU11886	Proteobacteria	Alphaproteobacteria	Alphaproteobacteri	Micropepsaceae	17
OTU4893	Acidobacteriota	Acidobacteriae	Subgroup	Occallatibacter	16
OTU11831	Actinobacteriota	Actinobacteriota	Acidothermaceae	Acidothermus	16

3.3 微生物降解石油烃的功能基因分析

通过实时定量 qPCR 对 nirS、nirK 和 dsrAB 基因的定量分析(如表 2 所示)。结果表明，土壤中微生物只有在硝酸盐、硫酸盐和金属盐含量低的时候产生还原功能，因此，如果没有这些基因编码的酶，石油烃(TPHs)的降解就无法完成。nirS、nirK 和 dsrAB 是微生物的关键基因参与到土壤中脱氮和硫酸盐还原反应中，脱氮是微生物的主要呼吸方式。反硝化作用具有对石油碳氢化合物具有更高的耐受性，微生物可通过共代谢降解石油碳氢化合物，并且优先使用其他有机物质完成代谢反应。

表 2 功能基因的标准曲线以及相关系数

功能基因	扩增效率	标曲方程	R^2
nirS	100. 7%	y=-3. 495x+41. 914	0. 9977
drsAB	100. 7%	y=-3. 373x+39. 225	0. 9992
nirK	100. 8%	y=-3. 12x+37. 748	0. 9980

3.4 土壤微生物群落与理化性质相关性分析

电导率、Cl^-、NO_3^- 等对土壤中多种细菌的相对丰度有着显著的影响(如图 5，表 3 所示)。表明土壤中的细菌群落对于这些理化性质变化具有显著响应。土壤中相对丰度最高的鞘氨醇单胞菌属(Sphingamonax)存在对于土壤中的细菌群落具有稳定性，且与离子无显著的相关关系，但是与电导率呈现出显著的正相关性；鞘氨醇单胞菌属对于维持页岩气井场土壤微生物群落的稳定性具有重要的作用。此外，离子对页岩气井场土壤微生物群落结构变异的解释量从大到小依次为 Ca^{2+}、NO_3^-、Mg^{2+}、SO_4^{2-}、Cl^-。

表 3 土壤中因子简单效应及显著性

因子 Factor	群落 Community	Explains(%)	Pseudo-F	P
Cl^-	a	2. 5	0. 7	0. 536
	b	9. 2	1. 3	0. 288
$SO_4{}^{2-}$	a	7. 5	2. 5	0. 09
	b	5. 5	0. 8	0. 336
Mg^{2+}	a	16. 6	3. 8	0. 01
	b	20. 4	4	0. 044
Ca^{2+}	a	31. 5	6	0. 004
	b	9. 4	1	0. 338
NO_3	a	8. 2	4. 1	0. 074
	b	11. 7	1. 7	0. 164

注：(a)不同采样点共有细菌群落；(b)不同采样点特有细菌群落；

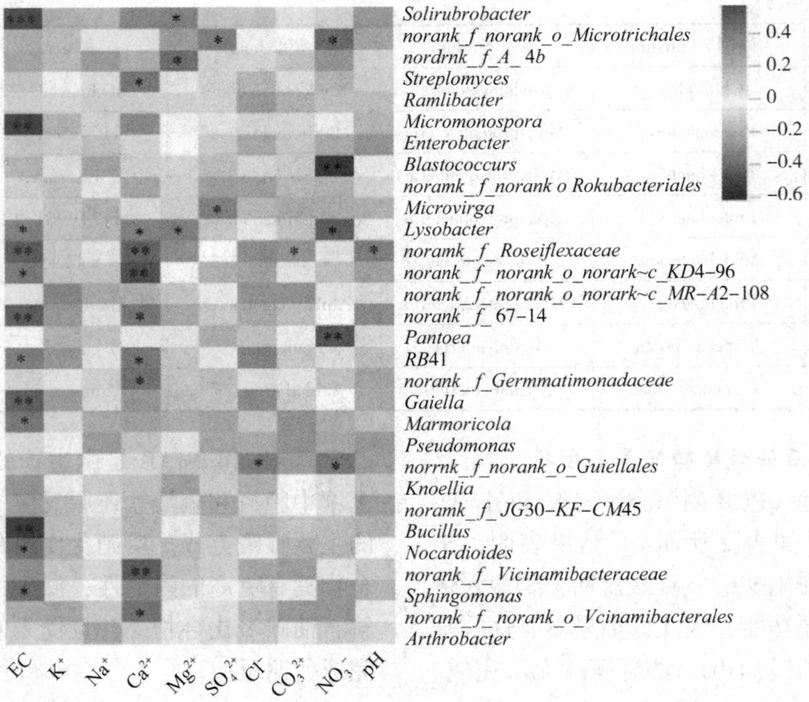

图 5　土壤微生物群落与离子参数之间的相关性分析(Spearman Correlation Heatmap)

4　讨论

页岩气井场土壤微生物群落组成呈现出显著差异($P<0.05$)。土壤样本的生物学群落具有更高的效率、稳定性和更好的生态作用在土壤微生物群落中，OTU11572，OTU14908 和 OTU11976 是主要群落形成的驱动力，OTU8845、OTU13035 和 OTU8962 与其他种在微生物群落中，关键物种和其他物种与互惠共生有关，所有这些关键物种采用 K-策略生存。

土壤中细菌群落 α 和 β 多样性指数差异性大，原因是井场的土壤环境可能存在的有机物质的差异，在属水平上，土壤中丰度较高的优势菌属主要分枝杆菌属(Mycobacterium)、鞘氨醇单胞菌属(Sphingomonas)、分枝杆菌属(Mycobacterium)、链烷烃菌属(Alkanindiges)等，土壤中丰度较高的优势菌为绿弯菌门(Chloroflexi)、酸杆菌门(acidobacteriota)、变形菌门(Proteobacteria)、放线菌门(Actinobacteria)，页岩气井场不同采样点的土壤微生物组成也存在一定差别，有机质种类的复杂性，可诱导产生相当数量的稀有菌属。

环境因子是微生物群落变化的主要推动力，比如土壤 pH 值、硝态氮、阳离子和阴离子等都能够明显影响微生物群落分布，起到优化土壤微生物群落组成，促进细菌生长的作用。

参 考 文 献

[1] 徐威，徐猛．四川省页岩气开采土壤污染防治现状[J]．资源节约与环保，2018(11)：114-115.

[2] 张媛媛．浅谈四川省页岩气开采土壤污染防治现状[J]．中国技术，2014(30).

[3] 李敏．论四川省页岩气开采土壤污染防治措施[J]．学术界，2014(21).

[4] 饶维，刘文士，黄庆等．四川页岩气开发压裂返排液和油基岩屑处理处置探析[J]．环境影响评价，2019，41(01)：15-19.

[5] Ren，Hong-Yang Wei，Zi-Jing Wang. Effects of biochar properties on the bioremediation of the petroleum-contaminated soil from a shale-gas field [J]. Environmental Science and Pollution Research，2020，27(29). doi：10.1007/s11356-020-09715-y.

[6] 雍锐，陈更生，杨学锋，等．四川长宁—威远国家级页岩气示范区效益开发技术与启示[J]．天然气工业，2022，42(08)：136-147.

[7] Topinkova，B.，Nesetril，K.，Datel，J.，Nol，O.，Hosl，P. Geochemical heterogeneity and isotope geochemistry of natural attenuation processes in a gasoline-contaminated aquifer at the Hnevice site，Czech Republic. Hydrogeol. J. 2007，15 (5)，961-976. https：//doi.org/10.1007/s10040-007-0179-8.

[8] He，J.，Li，Y.，Liu，S.，Chen，H.. Chlorinate solvents natural biodegradation in shallow groundwater. Huanjing Kexue. 2005，26 (2)，121-125. https：//

doi. org/10. 13227/j. hjkx. 2005. 02. 025.

[9] Abena, M. T. B., Li, T., Shah, M. N., Zhong, W. Biodegradation of total petroleum hydrocarbons (TPH) in highly contaminated soils by natural attenuation and bioaugmentation. Chemosphere. 2019, 234, 864-874. https://doi. org/10. 1016/j. chemosphere. 2019. 06. 111.

[10] Bruckberger, M. C., Morgan, M. J., Bastow, T. P., Walsh, T., Prommer, H., Mukhopadhyay, A., Kaksonen, A. H., Davis, G. B., Puzon, G. J. Investigation into the microbial communities and associated crude oil-contamination along a Gulf war impacted groundwater system in Kuwait. Water Res. 2020, 170, 115314 https://doi. org/10. 1016/j. watres. 2019. 115314.

[11] Liu C, Zhao D, Ma W, et al. Denitrifying sulfide removal process on high-salinity wastewaters in the presence of Halomonas sp[J]. Applied microbiology and biotechnology, 2016, 100 (3): 1421-1426. doi: 10. 1007/s00253-015-7039-6.

[12] Wang Q. Naive Bayesian classifier for rapid assignment of rRNA sequences into the new bacterial taxonomy [J]. Appl. Environ. Microbiol, 2007, 73. doi: 10. 1128/AEM. 00062-07.

[13] Xu, R., Yu, Z., Zhang, S., Meng, F. Bacterial assembly in the bio-cake of membrane bioreactors: stochastic vs. deterministic processes. Water Res. 2019, 157, 535-545. https://doi. org/10. 1016/j. watres. 2019. 03. 093.

[14] Yan, Z., Hao, Z., Wu, H., Jiang, H., Yang, M., Wang, C. Co-occurrence patterns of the microbial community in polycyclic aromatic hydrocarbon-contaminated riverine sediments. J. Hazard. Mater. 2019, 367, 99-108. https://doi. org/10. 1016/j. jhazmat. 2018. 12. 071.

[15] Han, X., Wang, F., Zhang, D., Feng, T., Zhang, L. Nitrate-assisted biodegradation of polycyclic aromatic hydrocarbons (PAHs) in the water-level-fluctuation zone of the three Gorges Reservoir, China: insights from in situ microbial interaction analyses and a microcosmic experiment. Environ. Pollut. 2020, 268 (B), 115693 https://doi. org/10. 1016/j. envpol. 2020. 115693.

[16] Segata N, Izard J, Waldron L, et al. Metagenomic biomarker discovery and explanation[J]. Genome Biology, 2011, 12: R60. doi: 10. 1186/gb-2011-12-6-r60.

[17] Zhang, B., Ning, D., Yang, Y., Van Nostrand, J. D., Zhou, J., Wen, X. Biodegradability of wastewater determines microbial assembly mechanisms in full-scale wastewater treatment plants. Water Res. 2020, 169, 115276 https://doi. org/ 10. 1016/j. watres. 2019. 115276.

[18] Zhang, Z., Guo, H., Sun, J., Wang, H. Investigation of anaerobic phenanthrene biodegradation by a highly enriched co-culture, PheN9, with nitrate as an electron acceptor. J. Hazard. Mater. 2020, 383, 121191 https://doi. org/ 10. 1016/j. jhazmat. 2019. 121191.

[19] Tao, X., Lu, G., Dang, Z., Yang, C., Yi, X. The phenanthrene-degrading strain Sphingomonas sp. GY2B isolated from contaminated soils. Process Biochem. 2007, 42 (3), 401-408. https://doi. org/10. 1016/j. procbio. 2006. 09. 018.

[20] Zhang, C., Liu, Q., Li, X., Wang, M., Liu, X., Yang, J., Xu, J., Jiang, Y. Spatial patterns and co-occurrence networks of microbial communities related to environmental heterogeneity in deep-sea surface sediments around Yap Trench, Western Pacific Ocean. Sci. Total Environ. 2021, 759, 143799 https://doi. org/10. 1016/j. scitotenv. 2020. 143799.

[21] Berlemont, R., Martiny, A. C. Phylogenetic distribution of potential cellulases in bacteria. Appl. Environ. Microbiol. 2013, 79 (5), 1545-1554. https://doi. org/10. 1128/AEM. 03305-12.

[22] Jeewani, P. H., Gunina, A., Tao, L., Zhu, Z., Kuzyakov, Y., Van Zwieten, L., Guggenberger, G., Shen, C., Yu, G., Singh, B. P., Pan, S., Luo, Y., Xu, J. Rusty sink of rhizodeposits and associated keystone microbiomes. Soil Biol. Biochem. 2020, 147, 107840. https://doi. org/10. 1016/j. soilbio. 2020. 107840.

[23] Barabote, R. D., Saier, M. H. J. Comparative genomic analyses of the bacterial phosphotransferase system. Microbiol. Mol. Biol. Rev. 2005, 69 (4), 608-634. https://doi. org/10. 1128/MMBR. 69. 4. 608-634. 2005.

[24] Yuting Li, Baiping Zheng, Yinghuan Yang Soil microbial ecological effect of shale gas oil-based drilling cuttings pyrolysis residue used as soil covering material [J], Journal of Hazardous Materials, 2022, 436 (129231), doi: 10. 1016/j. jhazmat. 2022. 129231.

[25] Sivakumar, S., Y. C. Song, S. H. Kim and S. H. Jang. 2015. Cultivation of a bacterial consortium with the potential to degrade total petroleum hydrocarbon using waste activated sludge. J. Envir Bio. 36(6): 1373-1380.

液化石油气装车接头余气回收技术探索

曹建平　孟玉强　李福成　线绍德　梁　宵

（中国石油庆阳石化公司）

摘　要　炼化企业大多通过槽车拉运，外销液化石油气，在液化气装入槽车的过程中，鹤管的装车控制阀与槽车进罐控制阀之间有约0.45米的管道，装车完成后，两阀门之间的管道内充满液态石油气，我们称为液化气余气，这部分余气因无法回收或利用，在装车结束后，操作人员会打开泄压阀，将这部分余气排到装车现场，进入空气，当压力降至0时，拆除鹤管，完成装车。这样，排放的余气，不但造成液化气的损失，还增加了油气装车现场的安全隐患。

关键词　液化石油气；就地排放；损失；安全隐患

炼化企业在石油炼制过程中，会产生一定比例的液化气，炼厂自身会消耗利用一部分液化气，剩余的液化气以液态形式贮存在压力球罐中，通过槽车拉运，以合格产品出售，液化石油气在装入槽车的过程中，要通过专用设备-液化石油气装车鹤管，鹤管与槽车通过快速接头密闭连接，进行充装，在液化气充装过程中，鹤管的装车控制阀与槽车进罐控制阀之间有约0.45米的管道，装车结束后，槽车进罐控制阀和鹤管控制阀同时关闭，两阀之间的管道内充满液态石油气，我们称为液化气余气(计算约0.9升)，这部分余气无法装入槽车中，且处于带压状态，操作人员会打开泄压阀，将这部分余气排到到装车现场，进入空气中，当压力降至0时，拆除鹤管与槽车的连接快速接头，完成装车。这样，两台阀门之间的液化气余气，就地进行排放，不但造成了液化石油气的损失，还增加了油气装车现场的安全风险。

1　液化石油气就地排放的危害

1.1　液化石油气的特性

液化石油气主要组成成分为丙烷、丙烯、丁烷、丁烯中的一种或者几种，而且其还掺杂着少量戊烷、戊烯和微量的硫化物杂质，它是一种无色挥发性液体。极易自燃，当其在空气中的含量达到了一定的浓度范围后，它遇到明火就能爆炸。

液化石油气排入大气后，体积膨胀300倍，急速向四周扩散，且其密度比空气大，会沉降聚积在地面，不易流走，极易引发着火或爆炸。

1.1.1　对人体的健康危害

液化气石油气在急速流入到大气中时，因压力突然降低，会大量汽化吸热，造成环境和接触物急剧降温，可引起操作人员严重冻伤，当液化气急速膨胀时，会挤走空气，造成环境缺氧，造成操人员窒息。

1.1.2　对安全的危害

液化气石油气的爆炸极限很大，着火能量小，极易燃烧或爆炸，空气中的含量达到了一定的浓度范围后，它遇到明火就能爆炸，引发安全事故。

1.1.3　对环境危害

液化气石油气在空气中，可导致空气污染，引发温室效应。

1.1.4　液化石油气就地排放的损失

液化石油气是一种高效燃料，也是化工合成的原料，排入空气中，无疑是一种损失

2　改进措施

2.1　总体思路

（1）在常温常压下，液化石油气处于气体状态，只有经过加压，将其压缩成液态，才能贮存在球罐中，在充装过程中，球罐通过压力管道、装车鹤管与槽车密封连接，装车动力源于球罐，罐内压力0.8MPa。

（2）液化气装车过程中，如果槽车出现故障，控制阀门故障，以及管道检测检修等时，必

须将其内的液化气清理干净，因此火炬系统是装车栈台必备的安全设施，当出现异常时，启闭相关控制阀，打开火矩流程，将液化气排入火炬系统压力(压力0.02MPa)。

(3) 液化石油气在装车过程中产生的余气，压力高达0.8MPa，远远高于火炬系统压力的0.02MPa，将其排入火炬，不但施工简单，改造费用低，而且便于操作。

2.2　改进方案

(1) 液化气装卸区属于甲级防爆区，在该区域内进行流程改进，必须要考虑动焊问题，因为动焊就必须动火，动火作业，对周围环境要求非常严格，稍有不慎，极易引发燃烧，甚至爆炸，其次，动火作业过程中，就不能进行装车作业，影响液化石油气的销售。

(2) 火炬总线沿管架布置，支线进入到每一个装车鹤管，在鹤管接入口处设有一个压力表，压力表阀门采用法兰式(DN20法兰连接)，拆装方便。

(3) 在火炬线不动焊的情况下，利用火炬线压力表法兰，安装回收软管一根，接至槽车存气排气阀，装车结束后，打开排气阀(液化气槽车装气进罐控制阀前)，余气进入金属软管，再到压力表三通、经过法兰，最后进入火炬系统，进行回收。改进流程如图1所示。

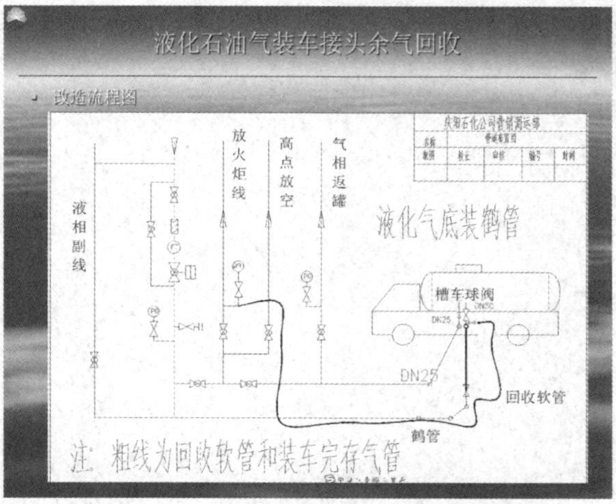

图1

2.3　改造材料及过程

2.3.1　改造材料及说明

金属回收软管：DN15PN4.0，长度3米，金属回收软管一端：配制快速接头与槽车放空阀连接(槽车放空阀后需安装1个DN15的快速接口)；金属回收软管另一端螺纹连接于压力表三通的引出线。

2.3.2　DN15PN5.0球阀，接于压力表三通引出管上

2.3.3　DN15PN5.0快速接头，接于槽车放空阀后

2.3.2　改造过程

(1) 关掉放火炬压力表引出管线控制阀门，拆除压力表法兰，厂外焊接三通，三通引出线安装DN15螺纹连接球阀。

(2) 回装压力表法兰，将金属回收软管安装在球阀上(如图2所示)

(3) 槽车放空阀后安装DN15快速接头1个(如图3所示)

图2

图3

4　使用效果

(1) 当液化石油气装车结束后，槽车进罐控

制球阀和鹤管控制球阀同时关闭，此时两阀门之间的管道内充满液化石油气余气，且处于带压状态，此时，操作人员将回收软管的快速接头接在槽车放空阀的快接上，然后打开放火炬球阀，打开槽车放空阀，液化气余气经回收软管全部收入火矩系统，如图 4 所示。(该改造技术受到庆阳石公司的奖励)。

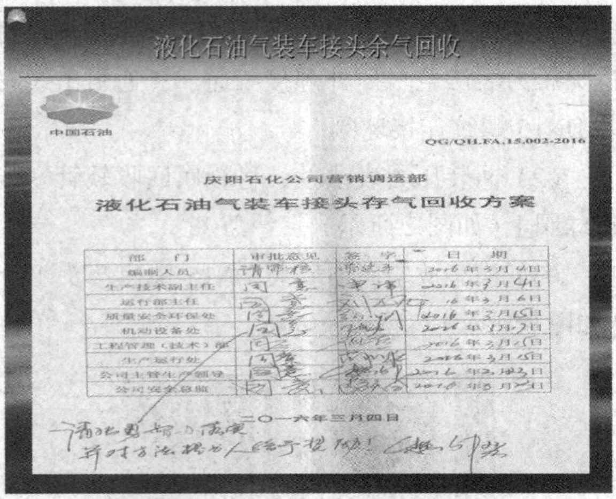

液化石油气装车接头余气回收

中国石油

QG/QH.FA.15.002-2016

庆阳石化公司营销调运部

液化石油气装车接头存气回收方案

部门	审批意见	签字	日期
编制人员	[illegible]	[illegible]	[illegible]
生产技术副主任	[illegible]	[illegible]	[illegible]
运行部主任	[illegible]	[illegible]	[illegible]
质量安全环保处	[illegible]	[illegible]	[illegible]
机动设备处	[illegible]	[illegible]	[illegible]
工程管理（技术）部	[illegible]	[illegible]	[illegible]
生产运行处	[illegible]	[illegible]	[illegible]
公司主管生产领导	[illegible]	[illegible]	[illegible]
公司安全总监	[illegible]	[illegible]	[illegible]

二〇一六年三月四日

图 4

(2) 此时，取下回收软管，挂在回软管固定架上，拆下鹤管，装车过程完成。

(3) 经计算，每年余气回收的液化气收益 2.2 万元：

液化石油气装车采用 DN50 管道，鹤管控制球阀与槽车进罐控制球阀间距 0.45 米，液化石油气密度 0.55，按每天平均发售 30 车，每吨 4000 元计算如下：存气体积：V = 0.785D2 · L = 0.785×0.5×0.5×4.5 = 0.9 升，每天回收量：M = 0.9 升×0.55 千克/升×30 车次/天 = 14.85 千克，每年效益：14.85 千克/天×365 天×4 千克/元 = 2.2 万元

5　结语

加强装车现场易燃易爆气体管理，提高作业过程中的安全性，对确保储油储气库及油气装卸过程安全平稳运行，有重要的作用，因此，对设计不合理，老旧设备存在的安全漏洞，结合设备工艺特点，运行程序，深度分析，然而进行合规合理的改进或更新，消除一切安全隐患。

液化气装车接头余气回收改造，打破原设计模式，充分利用火炬系统及三联合气柜回收资源，合理配资，做到以最小的投资，排除最大的安全隐患和环境风险，并取了一定的收益，从根本上解决了现场排放，完全消除了安全隐患 .

周围多家兄弟炼厂，曾来我庆阳石化装卸车栈台学习。

油气田企业甲烷管控探索与实践

胡艳峰 王海生

（中国石化中原油田分公司）

摘 要 本文为油气田企业在保障国家能源安全的基础上，针对油气生产过程中甲烷温室气体管控问题，以“建设一流绿色生态油气田”为目标，以对甲烷气体排放总量和强度实施双控为导向，通过统筹规划部署，全面开展甲烷排放监测，实施油气勘探开发全流程甲烷排放一体化管控治理，构建绿色低碳长效机制，甲烷排放得到有效管控，助力实现碳达峰目标，促进油田可持续高质量发展。

关键词 油气田企业；温室气体；甲烷排放；管控措施；治理技术

在我国甲烷是仅次于二氧化碳的第二大温室气体，能源行业是最主要的人为甲烷排放源。当甲烷的泄漏率超过了2.7%时，其碳排放的特性甚至不如煤电，能源企业的甲烷控排不仅能够提升天然气低碳质量，而且关系到我国的生态文明建设和全人类的生存环境保护。

2020年9月22日习近平主席在第七十五届联合国大会一般性辩论上宣布我国二氧化碳排放力争于2030年前达到峰值，努力争取2060年前实现碳中和的双碳目标。2021年10月26日，国务院发布了《2030年前碳达峰行动方案》。2021年5月18日，中国油气企业甲烷控排联盟正式成立，中国石油、中国石化、中国海油、国家管网等联盟成员共同发表了《中国油气企业甲烷控排联盟倡议宣言》，表示将携手努力，开展甲烷排放管控相关标准的研究和推广，分享中国油气企业甲烷管控的优秀实践。中国石化制定了《2030年前碳达峰行动方案》《甲烷控排行动方案》，提出到2025年甲烷排放强度比2020年降低50%的目标。

中原油田主要生产经营地涉及长江、黄河生态环保范围内，属于国家重点管控的生态环境区域；油田碳排放总量和强度在集团公司油田板块相对较高；“十四五”期间，面临油气生产扩能、储气库建设等温室气体增长等不利形势，亟需对油气勘探开发、开采、储运、处理全流程甲烷逸散监测，攻关甲烷减排技术，制定甲烷减排任务清单，控制甲烷温室气体排放，增加企业效益，减少温室气体排放总量。

2 甲烷排放现状

2.1 甲烷排放情况

2022年油田生产天然气66.16亿立方米，甲烷排放总量1329万立方米，甲烷排放强度20.09立方米/万立方米。与2020年相比，甲烷排放总量下降28.2%，甲烷排放强度下降30.5%，见表1。

表1 2020-2022年甲烷排放情况表

年份	天然气产量（万立方米）	甲烷排放总量（万立方米）	甲烷排放强度（立方米/万立方米）	累计降幅，%
2020	640499	1851	28.9	—
2021	694487	1806	26	-10.03
2022	661631	1329	20.09	-30.5

2.2 甲烷排放构成

主要由油品工艺、工业(生活)废水、化石燃料燃烧排放构成见(表2)。

(1) 油品工艺排放：1316万立方米占99%。主要为油气井、计量(中转)站、增压站等油气生产设施及天然气集输处理过程中甲烷排放。按照《中国石油天然气生产企业温室气体核算方法与报告指南(试行)》(以下简称《国家指南》)核算。

(2) 工业(生活)废水排放：12万立方米占0.9%。主要为工业废水、生活废水有机物生化厌氧反应过程中产生的甲烷气。

(3) 化石燃料燃烧排放：1万立方米占0.1%。主要为天然气、汽(柴)油等化石燃料燃烧过程产生的甲烷气。

表2　2022年甲烷排放构成情况表

排放类别	甲烷排放(万立方米)	占比%
油品工艺	1316	99.02
工业(生活)废水	12	0.90
化石燃料燃烧	1	0.08
合计	1329	100.00

3　甲烷控排主要工作

3.1 健全甲烷控排管理体系

3.1.1　加强组织领导

油田碳达峰、碳中和工作领导小组负责甲烷控排相关工作整体部署推进，安全环保部负责整体统筹协调和监督管理，生产、技术、设备等专业部门负责对各单位行动方案相关内容进行审查，并督导落实、形成协调联动、各负其责、齐抓共管、运转高效的工作机制、保证各项目标任务的有效落实。

3.1.2　完善管理制度

油田印发了《中原油田甲烷控排行动方案》，将甲烷控排行动融入碳达峰行动方案，制定落实工作措施及目标任务，从油气勘探开发、系统配套及运维管理全过程进行甲烷排放管控；修订完善《节能低碳检查与考核管理办法》，将甲烷排放管理纳入各级经营绩效考核，为实现2025年甲烷排放强度下降50%的目标提供制度保障。

3.1.3　夯实管理基础

油田设置节能技术监测机构—中原油田节能监测站，通过了国家实验室认可和计量认证复评审，目前共有专业技术人员30人，新增便携式固定源甲烷/非甲烷总烃分析仪等监测仪器4台，满足油田甲烷逸散监测任务需要。同时围绕甲烷排放监测、治理技术等方面开展培训，选拔储备甲烷减排治理人才，提升油田甲烷减排能力水平。

3.2 全面开展甲烷排放监测

依据国家生态环境部《关于印发<碳监测评估试点工作方案>的通知》(环办监测函〔2021〕435号)及集团公司要求，中原油田被列入生态环境部甲烷逸散监测试点监测单位，中国石化节能监测中心与油田监测机构从监测方案、测试环境准备等方面紧密结合，每季度监测采油厂3个，站库23座，抽油机井100口，单拉井15口，天然气净化厂1座，集气站2座，确保高质量完成生态环境部甲烷逸散试点监测任务。

油田全面开展全流程甲烷逸散监测。加强甲烷监测技术体系建设，开展油气田生产全过程甲烷逸散检测方法和核算技术研究，结合酸性气田的特殊性，创建了甲烷逸散点建档方法，建立了5种典型甲烷逸散检测方法，填补了气田空白。开展全流程甲烷排放监测，制定监测计划，每3年一轮对油田生产环节进行全覆盖甲烷逸散监测。2022年，共测试112座站库、905口抽油机井、12口气井、50个单拉罐，测试点位69372个，发现泄漏点位481个(≥2000μmol/mol)，占测试点位0.69%。通过测试结果分析，原油生产过程占总逸散量94.56%，其中单拉罐逸散量占40%，井口装置逸散量占38%；天然气生产过程占总逸散量5.44%。做好实测因子与缺省因子比对，与国家指南的缺省因子对比后，目前除边远单拉井甲烷逸散实测因子高于国家指南缺省因子，其他均较国家指南缺省因子低(见表3)。如按实测逸散因子计算，甲烷排放量下降20%以上。

表 3 甲烷逸散实测因子与指南因子对比表 单位：Nm^3/年·个

类型	设施	实测平均值	指南缺省值	差异
采油	单井	166.75	320.78	-154.03
	单拉罐	2863.09	529.99	2333.1
	计量站	3.9	251.05	-247.15
	中转站/处理站	1133.73	1952.58	-818.85
	单拉罐装油作业	17.43	—	—
	单拉罐卸油作业	3.85	—	—
采气	东濮采气井	73.29	3486.75	-3413.46
	东濮集气站	22.28	38912.13	-38889.85
	东濮配气站	3173.2	11813.11	-8639.91
	东濮增压站	8080.25	118619.25	-110539
	东濮集气站	22.28	38912.13	-38889.85
	普光集气站	2849.26	38912.13	-36062.87
	普光净化厂	28.55	56262.2	-56233.65

3.3 甲烷减排技术研究

3.3.1 酸性气田火炬安全低耗减排技术

持续对酸性气田安全保障装置-火炬开展技术攻关和运行管控，集输系统结合普光复杂山地气候特点，综合各站场火炬不同地理位置、不同风力等级、不同降雨级别等多种情形，分类分级细化每台火炬标杆参数，优化最佳运行范围，研究应用“一站一策”多工况能耗优化定额管控技术，对15座集气站火炬配套吹扫气流量自动控制改造，对23座集气站应用高能点火系统，吹扫气量较设计值下降70%；净化系统通过放空管道吹扫气加装限流孔板，设置火炬专班实行专项管控，建立火炬用气量竞赛机制，实现火炬精细化管理，用气量较设计值降幅22.3%。

3.3.2 油井伴生气回收利用技术

油套联通收气技术，对油气集输管网辐射范围内的油井伴生气，通过在油管和套管之间加装油套联通（单流阀），一旦套管压力高时伴生气进入油管流程，在保证油井正常生产压力的同时，避免伴生气放空排放。边远井伴生气发电技术，利用伴生气作为天然气发电机或发动机动力来源，为抽油机提供驱动力、运转，进行抽油井生产或用于油井生产用电、加热、照明等。CNG制备技术，配装一台天然气压缩机，伴生气通过气液分离后形成CNG产品。

3.3.3 储气柜收气技术

针对气体处理厂工艺放空气火炬长年燃烧既不环保，也不节能的问题，新建一座2000立方米火炬气回收气柜，将生产装置产生正常工艺放空火炬气送入干式气柜（内部为气囊结构），并通过螺杆压缩机加压将其送入原料气管网加以回收再处理，熄灭常规火炬。

3.3.4 原油密闭装车工艺技术

针对柳屯中心处理站原油装车系统人工控制装车过程中流速难以控制，产生油气挥发排放的问题，建设定量装车系统、油气回收装置、集中管控系统，实现现场定量密闭装车。其中油气回收采用冷凝吸附技术，挥发油气通过三级冷凝：预冷冷凝级（0～5℃）、中冷冷凝级（-30～-35℃）、深冷冷凝级（-60～-75℃）后，形成轻质原油回收至储液罐，未被冷凝处理的低浓度油气通过吸附罐吸附和脱附，合格的尾气排放至大气，消除了装车区的安全和环保隐患。

3.3.5 污水污油池甲烷与VOCs协同治理技术

污水污油池通过密闭改造，密闭废气经管网系统收集后进入废气处理装置，采用“一级喷淋+二级喷淋+光氧催化”的组合工艺，对有机性挥发物进行化学分解，减少甲烷及VOCs排放，综合处理效率达到83%，排放浓度低于80毫克/立方米。

3.4 甲烷排放专项治理

3.4.1 系统整体优化治理

严格产能建设、储气库建设等项目能评、碳评，建设项目可行性研究报告（方案）、设计、施工、验收全过程落实甲烷控排措施，源头管控甲烷排放增量。推进地面整合优化，通过实施"串、撤、并、分、简"等技术措施，推进东濮老区地面系统提质增效优化改造，完成东濮老区原油稳定系统集中优化、濮城油区、文卫油区、胡状油田北区等油藏地面系统优化归集工程，在柳屯油库新建1套原油稳定装置，关停各联合站原稳装置6座，停用拱顶罐17座，撤并计量站(增注站)127座，撤减加热炉108台，合并油水干支线576条，4个采油区实现燃气设备清零等，减少甲烷气消耗290万立方米，油集输综合能耗下降3.29%。

3.4.2　重点排放专项治理

a. 试油试气治理推广实施短流程试气技术，敷设临时集输流程、优化缩短防喷时间，减少试气求产甲烷气放空。普光气田对15口建产井试气放喷优化，井口气经二级节流、水套炉加热、分离器三相分离试气流程，运行压力稳定在设计压力后进系统生产，较设计试气天数平均提前3-4天，节气278万立方米。

b. 井口回收治理实施井口油套联通监测修复、单拉井进系统改造，无法进系统的单井应用中压多功能罐等回收天然气。对文留、胡状油区121口单拉井优化改造进集输干线生产，对产气量低的153口边远井应用中压多功能罐回收天然气，就地利用加热温油用于罐车转运，对井下能量充足、泄压周期长的37口作业井配套带压作业装置减少作业放空气外排，3000余口油井油套联通完好率常年保持在99%以上，年回收甲烷气120万立方米。

c. 集输处理工艺治理应用LDAR(泄漏检测及修复)技术，修复工艺装置动静设备密封点及工艺管线，应用储气柜、旁路流程降压或抽空等措施，回收检维修、应急处置等过程中装置及管线留存的放空气，关停东濮老区常规火炬。组织对阀门、法兰、开口管线、套管、光杆等481个甲烷泄漏点位，通过更换阀门、盘根及密封件，紧固法兰螺栓等措施进行修复，减少甲烷排放27万立方米。完成柳屯中心处理站原油装车密闭回收示范项目建设，实施20座污水池密闭改造，有效控制甲烷与挥发性有机物排放，实现减污降碳协同治理，年减少甲烷排放47万立方米。实施文留、濮城增压站压缩机燃料气改电、濮三中转站、文二中中转站余热+光伏综合利用，压减燃气压缩机2台，锅炉和加热炉6台，减少甲烷排放设备，替代甲烷气482万立方米。

3.5　治理效果效益

通过油气田全流程生产环节甲烷排放治理，年减少甲烷排放472万立方米，甲烷排放强度下降30.5%，折合二氧化碳当量7.1万吨，回收甲烷气增加收入1095万元。

4　结论与认识

甲烷控排是油气企业低碳转型的必然选择，非二氧化碳温室气体减排是实现碳中和的关键问题，管控油气系统甲烷排放是非二氧化碳减排的重要切入点。油田通过开展甲烷减排行动，持续改进甲烷泄漏检测技术，加大放空气回收利用和密闭流程改造，科学准确开展甲烷监测核算，有效提升了甲烷排放管控水平，经济和社会效益显著。但仍然存在甲烷排放监测标准和治理技术缺乏，现有方法学难以准确核算甲烷排放量等问题，需要持续改进提升。

4.1持续开展甲烷控排科技攻关。加快监测技术攻关，建立甲烷排放监测和管控标准体系，研究安全高效取样用具和检测用品，小气量甲烷排放监测、火炬在线监测等技术，加快研发试油试气及作业环节油气分离计量、撬装密闭回收工艺装置等低成本高效甲烷回收技术。

4.2持续实施重点排放环节治理。结合地面工程系统提质优化改造，对边远单拉井逐步改进系统，撤简计量站、压减燃气设备，推广应用污水罐呼吸口安全收气技术，减少储罐和拉油过程排放。

4.3持续加强甲烷排放监测修复。做好重点排放环节监督测试，摸清油田甲烷排放现状，修复消除泄漏点，及时更新发布油气田差异化实测排放因子，精准核算甲烷排放量，为重点生产环节甲烷排放因子下降提供技术支撑。

4.4持续提升甲烷控排基础能力。完善天然气计量，推动甲烷在线智能信息化技术进步；配套测试仪器，充实甲烷管理及监测人员；加强日常监督考核，及时检查监督甲烷减排措施落实情况，奖优罚劣提升甲烷减排管理水平。

粉煤灰中微量有害元素淋滤析出特性与钝化研究

王晓兵　李　浩　曲文涛

（昆仑数智科技有限责任公司）

摘　要　为研究粉煤灰淋滤过程中微量有害元素的析出特性及钝化剂对元素的钝化效果，本文以神华宁煤宁东煤化工基地原煤与粉煤灰为实验原料，以砷和铅为研究对象，利用逐级化学提取研究了元素的赋存形态；在淋滤实验中研究了 pH 和时间对元素析出的影响；在钝化实验中研究了腐植酸和沸石对元素的钝化效果。结果表明，砷和铅在粉煤灰中主要赋存形态是不溶态，而在原煤中主要是不溶态、有机质结合态及铁锰氧化物结合态。风险评价指数法表明原煤中砷、铅和粉煤灰中砷属于低风险范围。砷和铅在粉煤灰中以不溶态为主的赋存形态是导致其在粉煤灰中最大析出率、阶段析出率和析出强度均低于其在原煤的主要原因。腐植酸和沸石对粉煤灰中砷和铅钝化效果明显，且钝化剂用量越大，其析出率越低；腐植酸比沸石对砷有更好的钝化效果，两种钝化剂对铅的钝化效果类似。

关键词　粉煤灰；微量有害元素；赋存形态；淋滤；钝化

近年来，煤燃烧产物受到广泛关注。粉煤灰又称作飞灰，是燃煤发电过程中从烟气中捕集的细灰，是燃煤电厂排放的主要固体废弃物。据 BP 世界能源统计，2021 年我国发电用煤量为 5.34 亿吨，占当年全球发电用煤总量的 52.1%。大量的粉煤灰在燃煤发电过程中产生。中国生态环境部发布的《2022 年全国大、中城市固体废物污染环境防治年报》显示，2021 年我国粉煤灰年产量约为 4.6 亿吨。目前粉煤灰主要用于生产水泥、砖等建筑材料及土壤改良等。尽管粉煤灰利用率逐年增加，但仍有大量的粉煤灰进行堆积和填埋处理。这些粉煤灰在风化和降雨淋滤等作用下，含有的微量有害元素将会迁移到土壤和水体中，对周围生态环境造成污染。

研究粉煤灰中微量有害元素的淋滤析出特性对于减少它们在有益利用或处置过程中对人类健康和生态系统的不利影响至关重要。针对粉煤灰中微量有害元素的淋滤析出行为，国内外已开展大量研究。相关研究主要集中在淋滤条件（如 pH、温度、固液比、淋滤时间等）对元素的影响，鲜有将元素淋滤行为与它们在粉煤灰及原煤中的赋存形态相联系。

当土壤受有害元素污染后，需对其进行修复。化学钝化修复法是土壤修复的常用方法，主要原理是通过添加化学钝化剂，使土壤中的有害元素发生吸附、沉淀、氧化还原和络合等一系列反应过程，改变有害元素在土壤中的赋存形态并降低它们的可迁移性和生物可利用性，从而使受污染土壤得到修复。腐植酸和沸石是两种常用的钝化剂。腐植酸主要是由动植物遗骸经过微生物的分解和转化产生的一类有机物质，具有良好的吸收、络合、交换等功能。沸石具有硅（铝）氧四面体三维空间结构，比表面积大，对金属离子的交换吸附能力强。利用腐植酸、沸石等钝化剂修复受污染土壤，国内外也有较多研究。但上述研究主要对已污染土壤进行修复处理，没有从源头解决土壤污染问题。

针对粉煤灰中有害微量元素淋滤析出特性与钝化研究不足，本论文选取神华宁煤宁东煤化工基地的原煤和粉煤灰为实验样品，选择对人类和环境危害较大的砷和铅两种微量有害元素为研究对象，利用逐级化学提取法研究原煤和粉煤灰中砷和铅的赋存形态；在不同淋滤条件下研究砷和铅的淋滤析出特性；在相同淋滤条件下研究腐植酸和沸石两种钝化剂对粉煤灰中砷和铅的钝化效果。上述研究期望为中西部煤化工基地粉煤灰的绿色环保处置提供一定理论支撑。

1　实验部分

1.1　实验样品

实验所用样品为神华宁煤宁东煤化工基地的原煤(Raw coal)和燃烧后收集的粉煤灰(Fly ash)。两种实验样品均按照国标《煤样的制备方法》(GB 474-2008)要求进行采集制备。

样品的工业分析依照《煤的工业分析方法》(GB/T 212-2008)测定，元素分析采用元素分析仪(Vario EL cube)测定，硫分分析采用一体化定硫仪(YX-DL8300)测定。使用X射线荧光光谱仪(ARLAdvantX IntellipowerTM3600)分析样品中的灰成分，结果见表1。原煤经燃烧后，水分、挥发分、固定碳和全硫含量大幅减少，粉煤灰中灰分含量极高。原煤和粉煤灰的灰成分主要是SiO_2、Al_2O_3、Fe_2O_3、CaO。利用电感耦合等离子质谱仪(Agilent ICPMS 7800)测定样品中砷(As)和铅(Pb)的含量，其结果见表1。

表1　样品基本性质

Properties	Raw coal	Fly ash
Proximate analysis w/%		
M_{ad}	9.08	2.76
A_d	21.94	95.73
V_d	26.52	2.68
FC_d	51.54	1.59
Ultimate analysis w/%		
C_d	61.89	2.72
H_d	4.15	0.23
O_d	9.92	1.07
N_d	0.89	0.10
$S_{t,d}$	1.21	0.15
Ash composition w_d/%		
SiO_2	49.05	54.04
Al_2O_3	20.90	20.83
Fe_2O_3	5.77	6.34
CaO	8.58	8.79
Na_2O	1.68	1.72
MgO	2.76	2.59
TiO_2	1.52	1.86

续表

Properties	Raw coal	Fly ash
K_2O	1.88	2.20
SO_3	7.62	1.23
Concentration of element/(μg/g)		
As	35.30	42.52
Pb	7.75	31.51

1.2　X射线衍射分析

利用智能箱式电阻炉(DC-B-1)，在250℃下对样品低温灰化，采用X射线衍射仪(BRUCKER D8 ADVANCE)分析低温灰化后样品的矿物组成。扫描角度2θ为5~80°，扫描速率4°/min，步长0.02°，利用软件Jade6.0对衍射结果进行分析。原煤和粉煤灰的X射线衍射(XRD)结果见图1。原煤主要含有石英、方解石、黑云母、黄铁矿、高岭石、钙长石、微斜长石等矿物，粉煤灰主要含有石英、黄铁矿、微斜长石、黑云母、钙柱石等矿物。经高温燃烧后，粉煤灰中碳酸盐矿物和黄铁矿明显减少。

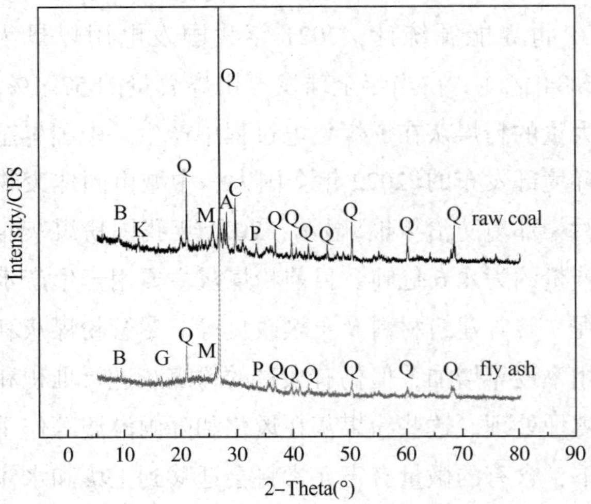

图1　样品的XRD图谱

A：钙长石类矿物特征峰；B：黑云母矿物特征峰；
C：方解石矿物特征峰；G代表钙柱石矿物特征峰；
K：高岭石矿物特征峰；M：微斜长石矿物特征峰；
P：黄铁矿类矿物特征峰；Q：石英类矿物特征峰

1.3　逐级化学提取

逐级化学提取是指在不同浸提阶段使用不同试剂从样品中选择性地去除一种或多种元素的方法。作为定量测定元素赋存形态的一种有效方法，该方法最初设计用于研究土壤中元素的赋存形态。经一些学者改进之后，该方法已被广泛应用于煤地球化学、煤洗选产物、燃烧产物等化学成分的研究中。

本实验采用逐级化学提取将原煤和粉煤灰中As和Pb的赋存形态分为可交换态(exchangeable mode，M1)、碳酸盐结合态(carbonate-bound mode，M2)、铁锰氧化物结合态(Fe-Mn oxide-bound mode，M3)、有机质结合态(organic-bound mode，M4)和不溶态(insoluble mode，M5)，提取流程见图2。可交换态主要是可溶于水的元素形态，与有机质吸附及与无机质吸附的元素；碳酸盐结合态主要包括碳酸盐类矿物、单硫化物、硫酸盐、磷酸盐和氧化物；铁锰氧化物结合态主要是与铁锰氧化物、铁硫化物结合的元素以及成煤期沼泽阶段氢氧化铁吸附的元素；有机质结合态主要是与有机质以共价键结合形成内部络合物的元素和进入煤大分子结构中的元素；不溶态主要包括进入硅酸盐矿物、硅铝酸盐矿物晶格中的元素，类质同象替代矿物晶格和独立矿物中的元素，还有小部分锆石和二氧化钛。

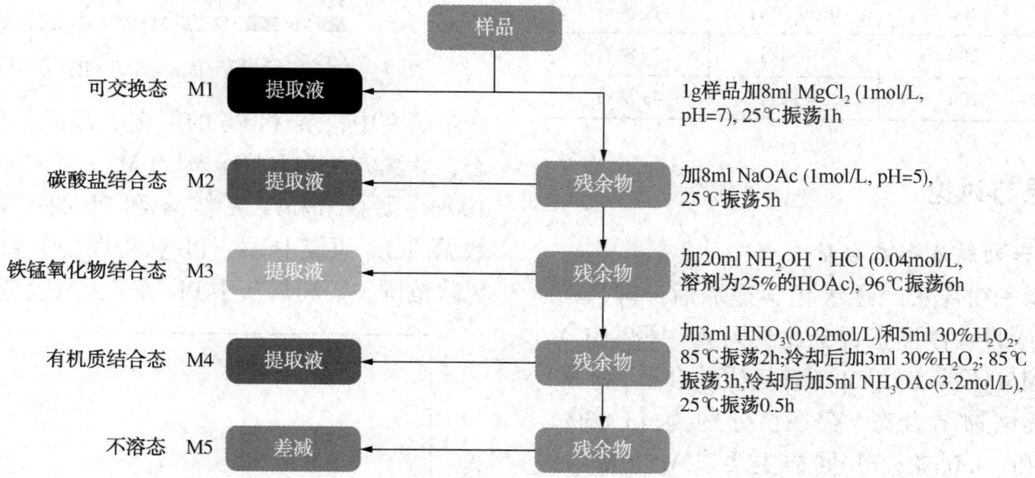

图2　逐级化学提取实验

1.4　淋滤实验

图3为淋滤实验装置示意图。淋滤装置是由高位槽、淋滤柱两部分组成。高位槽置于顶端较高处，用于盛放淋滤液；淋滤柱是由高35cm、内径4cm的PVC有机玻璃定制而成，淋滤柱底端距出水口大约5cm处装有3mm孔的多孔垫板，可在下端倒锥形处形成一个出水缓冲区；高位槽与淋滤柱之间连接一个液体流量计，用来控制进水的速度，连接处接了一个小花洒充当淋滤器，以保证均匀出水；淋滤柱内固体废渣用粗砂(石英砂)作为承托层隔开。

本研究设定淋滤时间间隔为开始后的4h、8h、16h、32h、64h；根据酸雨及矿区地表水的pH设定淋滤液的pH为3、5、7、9；根据宁夏当地的降雨量换算出淋滤液的进水速度为20ml/h，在此条件下分析As和Pb的淋滤析出特征。每次实验样品为200g，实验前往淋滤柱中加入200ml超纯水并关闭出水阀门；淋滤柱下端用烧杯收集，收集的淋出液经过滤后，使用电感耦合等离子质谱仪ICP-MS测定元素浓度。

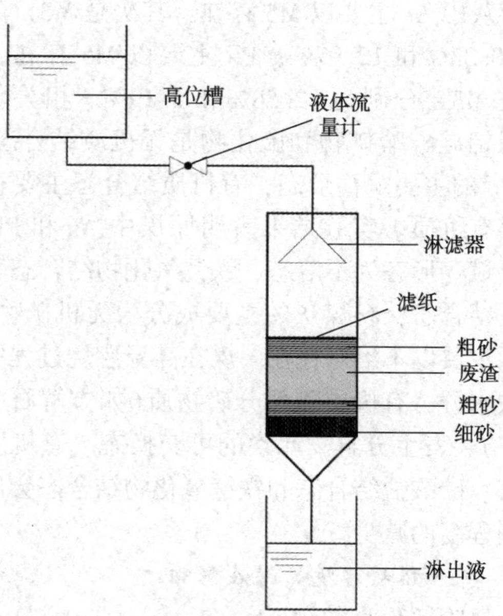

图3　淋滤装置示意图

1.5　钝化实验

查阅资料得知酸雨的pH一般在4~5.5之间，且粉煤灰的淋出液pH在4.9左右，故本实验选取pH为5的淋滤液，每隔4h、8h、16h、32h、64收集一次淋滤液。分别称取200g粉煤灰，分别添加 0g、1g、2g、4g 腐植酸或沸石，见表 2。用玻璃棒搅拌均匀，然后将其装入淋滤柱中，同样加入 200ml 超纯水，控制水流速度为 20ml/h，实验装置见图 3。

表 2　钝化剂添加种类及用量

序号	粉煤灰质量/g	钝化剂比例/%	钝化剂质量/g
1	200	0	0
2	200	0.5%腐植酸	1g 腐植酸
3	200	1%腐植酸	2g 腐植酸
4	200	2%腐植酸	4g 腐植酸
5	200	0.5%沸石	1g 沸石
6	200	1%沸石	2g 沸石
7	200	2%沸石	4g 沸石

2　结果与讨论

2.1　砷和铅赋存形态分析

原煤和粉煤灰经逐级化学提取后，砷(As)和铅(Pb)的赋存形态百分比见图 4。原煤中 As 主要以 M5(不溶态)、M4(有机质结合态)和 M3(铁锰氧化物结合态)存在，分别为 43.85%、31.75%和 19.05%；Pb 同样主要以 M5、M4 和 M3 存在，分别为 41.90%、30.39%和 20.68%。粉煤灰中 As 主要以 M5 存在，其次是 M3，分别为 80.33%和 12.97%；Pb 主要以 M5 存在，其次是 M3，分别为 82.58%和 8.19%。相关研究表明铝硅酸盐矿物和硫化物是无机质结合态 As 和 Pb 的主要赋存形态，有机质结合态主要存在于煤有机质。实验结果表明原煤中 As 和 Pb 的主要赋存形态为不溶态、铁锰氧化物结合态和有机质结合态，粉煤灰的主要成分为无机矿物质，元素主要以不溶态存在。煤在高温燃烧过程中会失去水分，有机质和部分矿物质(如方解石、黄铁矿)会发生分解，元素的可交换态、有机质结合态、碳酸盐结合态和铁锰氧化物结合态会出现不同程度的减少。

2.2　砷和铅对环境的潜在影响

风险评价指数(Risk assessment code，RAC)通常用于评估有害元素的不稳定形态对环境的危害程度，有害元素的不稳定形态占比越高，其迁移性越强，对环境的危害越大。根据易迁移形态的比例，有害元素可分为 5 个风险级别：无风险小于 1%，低风险为 1~10%，中风险为 11~30%，高风险为 31~50%，极高风险大于 50%。

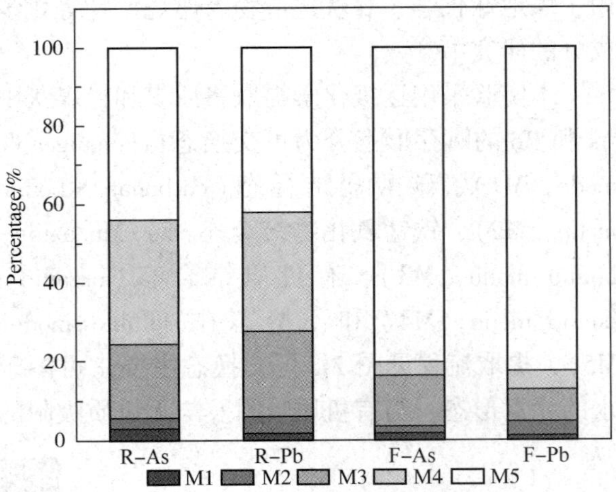

图 4　原煤和粉煤灰中 As 和 Pb 的赋存形态

在本研究中，As 和 Pb 的可交换态属于不稳定形态，计算方法为 RAC=M1/(M1+M2+M3+M4)×100%。原煤和粉煤灰中 As 和 Pb 的风险评价指数见图 5。原煤中 As、Pb 和粉煤灰中 As 属于低风险范围，而粉煤灰中 Pb 属于无风险范围。

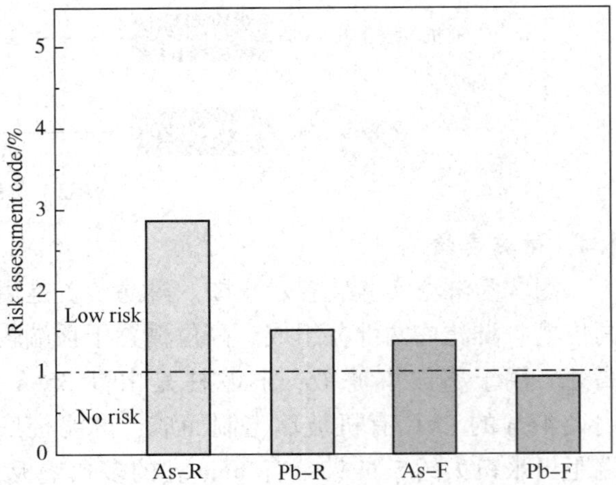

图 5　原煤和粉煤灰中 As 和 Pb 的风险评价指数

2.3　砷和铅的淋滤析出特性分析

最大析出率代表整个淋滤周期内样品中元素的绝对迁移量，是评价元素迁移能力及污染土壤和地下水的重要参数。所有淋出液中元素的绝对含量与样品中该元素的绝对含量之比即为元素的最大析出率，计算公式如下：

$$L_{imax} = \frac{\sum_{n=1}^{5} L_{ni} \times V_{ni}}{A_i} \times 100\% \tag{1}$$

式中：L_{imax}为元素 i 的最大析出率，%；L_{ni}为元素 i 第 n 次淋滤的阶段析出率，%；V_{ni}为元素 i 在第 n 次淋滤的淋出液体积，L；A_i为元素 i 在样品中的含量，μg/g。

原煤和粉煤灰淋出液中 As 和 Pb 的含量见表 3。见图 6 为原煤和粉煤灰在不同 pH 淋滤液下淋滤 124h 后，As 和 Pb 的最大析出率。表 1. 1 显示原煤中 As 和 Pb 的含量均低于粉煤灰中的含量，但 As 和 Pb 在原煤中的最大析出率均高于其在粉煤灰中的最大析出率，相关研究也证实了类似结果。这主要是由 As 和 Pb 在原煤和粉煤灰中赋存形态的差异造成的。煤中有机质、碳酸盐类矿物和黄铁矿不稳定，高温条件下易分解，而铝硅酸盐矿物较稳定。煤中元素的有机质结合态、碳酸盐结合态、部分铁锰氧化物结合态及可交换态等在高温燃烧过程中会分解挥发。因此，赋存于粉煤灰中的 As 和 Pb 更稳定，其最大析出率均低于原煤。原煤和粉煤灰中 As 和 Pb 的最大析出率均随着淋滤液 pH 的增大而减小。研究表明，淋滤液 pH 是影响元素析出率的重要因素。大多数金属氧化物都能溶解在酸性溶液中，溶液的酸性越强，元素的析出率就越大。

表 3　原煤和粉煤灰淋出液中砷和铅的含量(μg/ml)

Element	Raw coal					Fly ash					
	Leaching time/h					Leaching time/h					
	4	12	28	60	124	4	12	28	60	124	
As	pH=3	1. 111	0. 738	0. 613	0. 408	0. 301	0. 201	0. 267	0. 110	0. 168	0. 129
	pH=5	0. 797	0. 650	0. 444	0. 400	0. 213	0. 118	0. 108	0. 182	0. 145	0. 085
	pH=7	0. 345	0. 331	0. 408	0. 261	0. 173	0. 120	0. 093	0. 107	0. 074	0. 057
	pH=9	0. 419	0. 376	0. 382	0. 351	0. 206	0. 139	0. 095	0. 146	0. 098	0. 077
Pb	pH=3	0. 020	0. 013	0. 009	0. 007	0. 005	0. 022	0. 019	0. 015	0. 009	0. 006
	pH=5	0. 019	0. 011	0. 008	0. 005	0. 003	0. 020	0. 013	0. 010	0. 007	0. 004
	pH=7	0. 015	0. 010	0. 006	0. 004	0. 002	0. 019	0. 012	0. 008	0. 005	0. 003
	pH=9	0. 019	0. 010	0. 009	0. 006	0. 004	0. 021	0. 013	0. 009	0. 005	0. 004

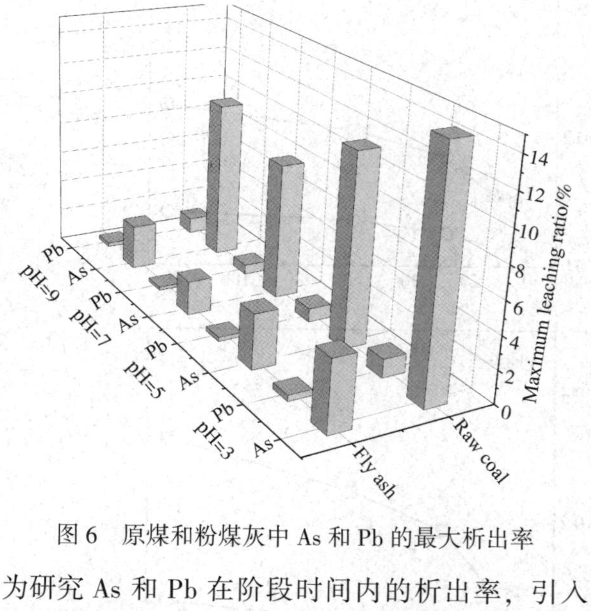

图 6　原煤和粉煤灰中 As 和 Pb 的最大析出率

为研究 As 和 Pb 在阶段时间内的析出率，引入阶段析出率(L_i)概念，即在阶段时间间隔内样品淋出液中元素的绝对含量占样品中元素总含量的百分比。通过各个阶段内析淋出液中元素的浓度计算该元素在不同时间阶段、不同淋出液中的实际析出的含量，进而计算出元素阶段析出率的大小，其计算公式如下：

$$L_i = \frac{a_i \times v \times t}{10^3 \times A_i \times m} \times 100\% \qquad (2)$$

式中：L_i为元素 i 阶段析出率,%；a_i为淋出液中元素 i 的浓度，μg/ml；v 为淋滤液的进水速度，ml/L；A_i为元素 i 在样品中的含量，μg/g；t 为淋滤间隔时间，h；m 为待淋滤试样的质量，kg。

图 7 和图 8 分别为原煤和粉煤灰中 As、Pb 在不同 pH 淋滤液下的阶段析出率。As 和 Pb 在原煤和粉煤灰中的阶段析出率均随淋滤时间的延长而增大，并在 60h 之后逐步趋于平缓。在淋滤时间内，As 和 Pb 在原煤中的析出率均高于其在粉煤灰中的析出率，这同样与两种元素在原煤和粉煤灰中的赋存形态差异有关。酸性和碱性淋滤液均会增大 As 和 Pb 的析出率，但酸性溶液效果更明显。

为对比原煤和粉煤灰中元素在淋滤过程中的析出速率和析出程度，引入析出强度概念。析出强度是指在单位时间内元素的析出率(I_i)，公式表达如下：

$$I_i \frac{L_i}{t} \times 100\% \qquad (2)$$

式中：I_i为元素 i 的析出强度,%；L_i为元素 i 的阶段析出率,%；t为淋滤时间，h。

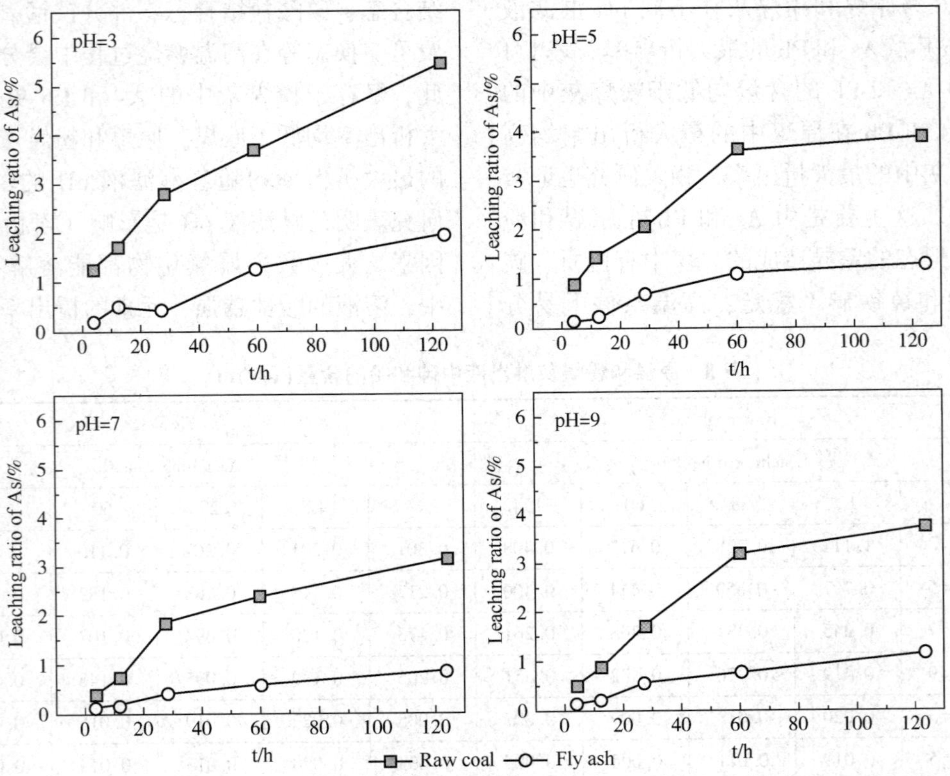

图 7　原煤和粉煤灰中 As 的阶段析出率

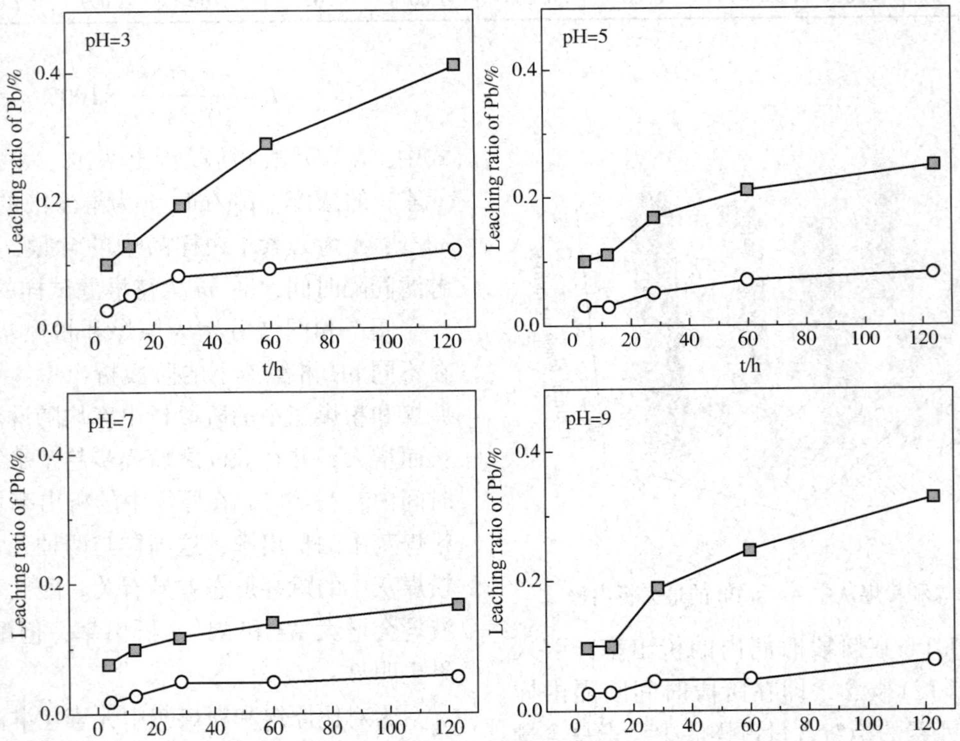

图 8　原煤和粉煤灰中 Pb 的阶段析出率

图 9 为 As 和 Pb 在原煤和粉煤灰淋滤过程中的析出强度。在 4 种不同 pH 淋滤液中，元素的析出强度是随着时间的延长呈下降趋势，而后趋于平缓。粉煤灰在堆存填埋的时候，有害元素从

其中迁移到周边环境中，主要受雨水 pH、淋滤时间的影响。在酸性水体中，粉煤灰中的有害元素则更易析出迁移，随水体进入生态环境中，对环境及人类的健康构成严重的威胁。

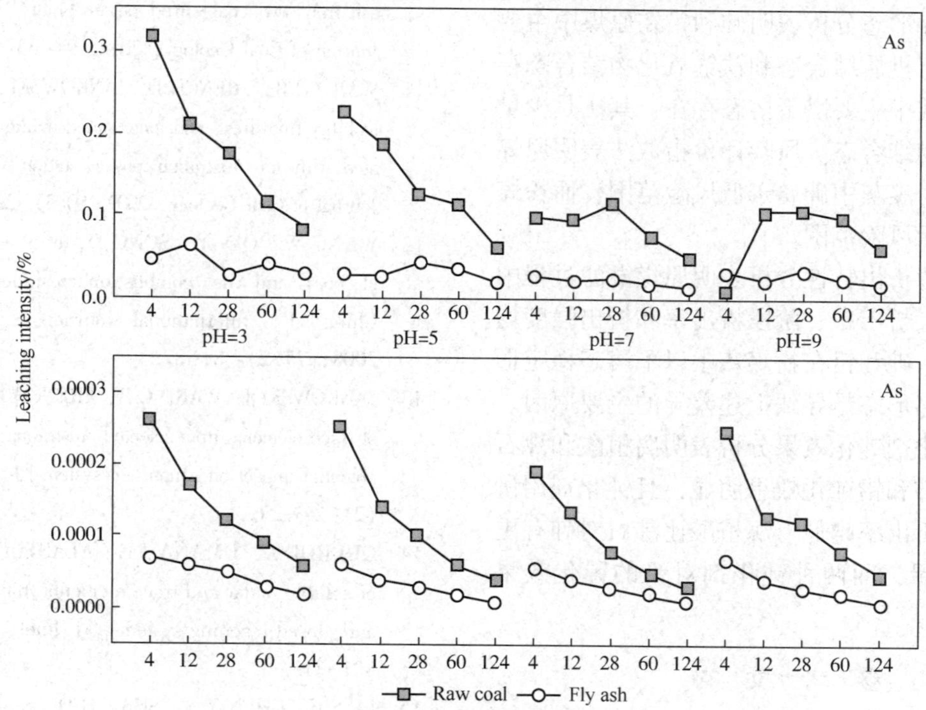

图 9　原煤和粉煤灰中 As 和 Pb 的析出强度

2.4　钝化剂钝化效果分析

图 10 为添加不同钝化剂的粉煤灰经淋滤后淋出液中 As 和 Pb 的含量。在图 10(a)中，在不添加钝化剂的情况下，淋滤 105h 后，粉煤灰淋出液中 As 浓度达到《地表水环境质量标准》(GB3838-2002)中规定的第五类水标准限值(As 为 0.1mg/L)。As 的钝化效果与钝化剂的添加比例呈正相关。当加入钝化剂后，淋淋滤初期就达标的有 2%的沸石和 2%的腐植酸，可见相同添加比例的沸石与腐植酸在淋滤初期的钝化效果相似。淋滤 12h 后，所有添加钝化剂的粉煤灰的淋出液中 As 浓度均低于 0.1μg/ml，达标第五类水的规定标准。整个淋滤期间，添加 2%腐植酸的粉煤灰淋出液中 As 浓度最低，其他添加不同含量腐植酸的粉煤灰的淋出液中 As 的浓度均低于添加沸石，表明腐植酸比沸石对 As 有更好的钝化效果。

图 10(b)中，在纯粉煤灰整个淋滤过程中，淋出液中 Pb 的浓度一直低于 0.1μg/ml，满足国标第五类水的要求。Pb 的钝化效果与钝化剂的添加比例呈正相关。腐植酸和沸石两种钝化剂对 Pb 的钝化效果类似。在整个淋滤过程中，添加钝化剂的粉煤灰其淋出液中 Pb 含量明显降低。

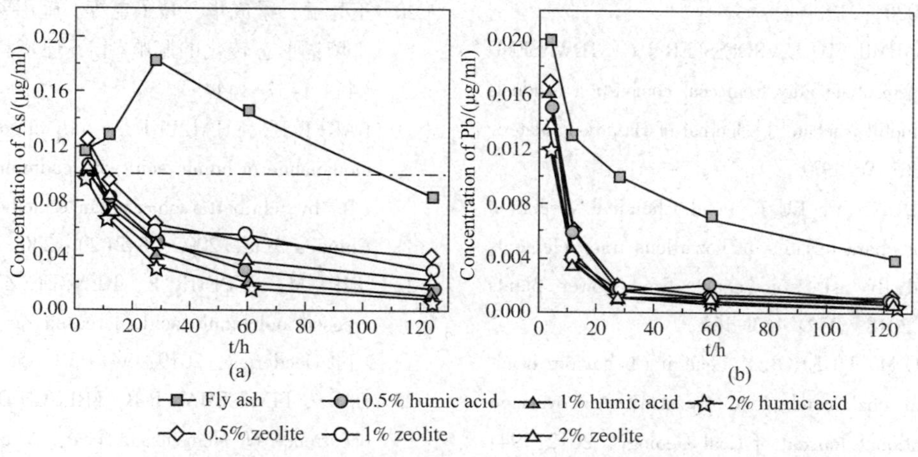

图 10　钝化剂对粉煤灰中 As 和 Pb 的钝化效果

3 结论

（1）赋存形态分析表明砷和铅在原煤中主要以不溶态、有机质结合态和铁锰氧化物结合态存在，在粉煤灰中主要以不溶态存在，其次是少量的铁锰氧化物结合态。风险评价指数法表明原煤中砷、铅和粉煤灰中砷属于低风险范围，而粉煤灰中铅属于无风险范围。

（2）淋滤析出特性分析表明原煤淋滤过程中砷和铅的最大析出率、阶段析出率和析出强度均高于粉煤灰。砷和铅在粉煤灰中以不溶态稳定形态为主的赋存形态是导致上述差异的主要原因。

（3）钝化剂钝化效果分析表明腐植酸和沸石对粉煤灰中砷和铅钝化效果明显，且钝化剂用量越大，元素析出率越低。腐植酸比沸石对砷有更好的钝化效果，而两种钝化剂对铅的钝化效果类似。

参 考 文 献

[1] 胡志伟．粉煤灰/气化炉渣未燃炭表面疏水性改善研究[D]．中国矿业大学，2020.

[2] 2022 年 BP 全球能源统计年鉴[J]. 2022.

[3] 黄加兴．粉煤灰制备轻质多孔保温材料的研究[D]．大连理工大学，2022.

[4] LI J，ZHUANG X，QUEROL X，et al. A review on the applications of coal combustion products in China [J]. International Geology Review，2017：1-46.

[5] ZTY A，XSJ B，PKS C，et al. A comprehensive review on the applications of coal fly ash [J]. Earth-Science Reviews，2015，141：105-121.

[6] LEI Z，SDA B，RBFA C，et al. Leaching behavior of trace elements from fly ashes of five Chinese coal power plants - ScienceDirect [J]. International Journal of Coal Geology，2020，219.

[7] MONROY SARMIENTO L，ROESSLER J G，TOWNSEND T G. Trace element mobility from coal combustion residuals exposed to landfill leachate[J]. Journal of Hazardous Materials，2019，365：962-970.

[8] ZHAO S，DUAN Y，LU J，et al. Chemical speciation and leaching characteristics of hazardous trace elements in coal and fly ash from coal - fired power plants [J]. Fuel，2018，232：463-469.

[9] IZQUIERDO M，QUEROL X. Leaching behaviour of elements from coal combustion fly ash：An overview [J]. International Journal of Coal Geology，2012，94：54-66.

[10] JONES K B，RUPPERT L F，SWANSON S M. Leaching of elements from bottom ash，economizer fly ash，and fly ash from two coal-fired power plants [J]. International Journal of Coal Geology，2012，94：337-348.

[11] WARD C R，FRENCH D，JANKOWSKI J，et al. Element mobility from fresh and long-stored acidic fly ashes associated with an Australian power station [J]. International Journal of Coal Geology，2009，80(3)：224-236.

[12] WANG W，QIN Y，SONG D，et al. Column leaching of coal and its combustion residues，Shizuishan，China [J]. International Journal of Coal Geology，2008，75(2)：81-87.

[13] JANKOWSKI J，WARD C R，FRENCH D，et al. Mobility of trace elements from selected Australian fly ashes and its potential impact on aquatic ecosystems[J]. Fuel，2006，85 (2)：243-256.

[14] QUEROL X，UMANA J C，ALASTUEY A. Extraction of soluble major and trace elements from fly ash in open and closed leaching systems[J]. Fuel，2001，80(6)：801-813.

[15] LU S G，CHEN Y Y，SHAN H D，et al. Mineralogy and heavy metal leachability of magnetic fractions separated from some Chinese coal fly ashes [J]. Journal of Hazardous Materials，2009，169(1)：246-255.

[16] 李倩．镉锌污染土壤化学固定—土壤生物质改良耦合修复效应及生态安全评价[D]．中南大学，2012.

[17] 武瑞平．风化煤腐植酸对重金属铅污染土壤修复作用的研究[D]．山西大学环境工程，2010.

[18] 丁爱芳，刘存丽，吴晓霞．生物炭与沸石复配对碱性土壤铅镉有效性的影响[J]．土壤通报，2023，54(02)：454-461.

[19] MAHABADI A A，HAJABBASI M A，KHADEMI H，et al. Soil cadmium stabilization using an Iranian natural zeolite [J]. Geoderma，2007，137 (3)：388-393.

[20] 王秀丽，梁成华，马子惠等．施用磷酸盐和沸石对土壤镉形态转化的影响[J]．环境科学，2015，36(4)：1437-1444.

[21] BAKER H，KHALILI F. A study of complexation thermodynamic of humic acid with cadmium (II) and zinc (II) by Schubert's ion-exchange method[J]. Analytica Chimica Acta，2005，542(2)：240-248.

[22] PIRI M，SEPEHR E，RENGEL Z. Citric acid decreased and humic acid increased Zn sorption in soils [J]. Geoderma，2019，341：39-45.

[23] DAI S，FINKELMAN R B，FRENCH D，et al. Modes of occurrence of elements in coal：A critical evaluation [J]. Earth-Science Reviews，2021，222：103815.

[24] KIM N D, FERGUSSON J E. Effectiveness of a commonly used sequential extraction technique in determining the speciation of cadmium in soils[J]. Science of The Total Environment, 1991, 105: 191-209.
[25] DAI S, LI D, REN D, et al. Geochemistry of the late Permian No. 30 coal seam, Zhijin Coalfield of Southwest China: influence of a siliceous low-temperature hydrothermal fluid[J]. Applied Geochemistry, 2004, 19(8): 1315-1330.
[26] GRIGORE M, SAKUROVS R. Inorganic matter in Victorian brown coals[J]. International Journal of Coal Geology, 2016, 154-155: 257-264.
[27] 付彪. 煤加工利用过程中有害微量元素的迁移转化行为研究[D]. 中国科学技术大学, 2019.
[28] DAHL O, NURMESNIEMI H, POEYKIOE R. Sequential extraction partitioning of metals, sulfur, and phosphorus in bottom ash from a coal-fired power plant[J]. International Journal of Environmental Analytical Chemistry, 2008, 88(1): 61-73.
[29] FU B, LIU G, SUN M, et al. Emission and transformation behavior of minerals and hazardous trace elements (HTEs) during coal combustion in a circulating fluidized bed boiler[J]. Environmental Pollution, 2018, 242: 1950-1960.
[30] 郭瑞霞. 煤热解过程中若干微量有害元素转化行为的研究[D]. 中国科学院山西煤炭化学研究所化学工艺, 2003.
[31] 冉洲, 刘文礼, 潘永泰等. 温度对煤矸石动态淋溶特性的影响[J]. 煤炭学报, 2019, 44(04): 1239-1246.
[32] ZHOU C C, ZHANG N N, PENG C B, et al. Arsenic in Coal: Modes of Occurrence, Distribution in Different Fractions, and Partitioning Behavior during Coal Separation—A Case Study[J]. Energy & Fuels, 2016, 30(4): 3233-3240.
[33] RILEY K W, FRENCH D H, FARRELL O P, et al. Modes of occurrence of trace and minor elements in some Australian coals[J]. International Journal of Coal Geology, 2012, 94: 214-224.
[34] GUO R, YANG J, LIU D, et al. The fate of As, Pb, Cd, Cr and Mn in a coal during pyrolysis[J]. Journal of Analytical and Applied Pyrolysis, 2003, 70(2): 555-562.
[35] HAO Y, LI Q, PAN Y, et al. Heavy metals distribution characteristics of FGD gypsum samples from Shanxi province 12 coal-fired power plants and its potential environmental impacts[J]. Fuel, 2017, 209: 238-245.
[36] WANG W, QIN Y, SONG D, et al. Column leaching of coal and its combustion residues, Shizuishan, China[J]. International Journal of Coal Geology, 2008, 75(2): 81-87.
[37] DAS S K, DAN A K, BEHERA U, et al. A novel approach on leaching study for removal of toxic elements from thermal power plant-based fly ash using natural bio-surfactant[J]. Case Studies in Chemical and Environmental Engineering, 2021, 4: 100156.

催化裂化再生器烟气NO_x浓度影响因素和控制措施

余　璐　梁晓伟　徐梦飞

(中国石油长庆石化公司)

摘　要　催化裂化装置在生产运行中再生烟气氮氧化物(NO_x)浓度偏高，带来烟气外排不达标的重大环保风险。本文从再生器结构、催化裂化原料、操作条件和和环境温度4个方面分析引起再生烟气NO_x浓度升高的原因，相应提出降低再生烟气NO_x浓度的具体措施：(1)改造再生器为低NO_x结构；(2)降低原料油氮含量；(3)调整反再系统操作条件；(4)使用脱硝助剂，减小一氧化碳助燃剂用量。

关键词　催化裂化装置；氮氧化物；原料油；烧焦负荷；气温

大气中氮氧化物过多会破坏植物、臭氧层和环境，对人类呼吸系统、免疫系统、心血管系统等造成破坏性影响。因此，必需采取有效措施防止过多氮氧化物(NO_x)进入大气，控制大气NO_x污染。催化裂化装置是石油炼制工业中重要的二次加工装置，在装置烧焦过程中产生的再生烟气含有大量NO_x等污染物，是炼化行业主要的大气污染物排放源。在人类环境问题的驱使下，国家政策陆续出台，炼化行业的超低排放已成为大势所趋，因此各个炼化行业应提前采取措施，有效降低再生烟气NO_x排放量。目前，催化裂化装置通常采用选择性催化还原(SCR)技术降低再生烟气中NO_x的浓度，但该技术存在设备腐蚀堵塞等问题，严重影响装置长周期运行。还可利用源头控制、改变操作条件、应用助剂等措施于再生器内部控制烟气NO_x浓度，这对于装置经济效益提高和长周期运行具有重要意义。

1　装置运行现状

中国石油天然气股份有限公司长庆石化分公司催化裂化装置设计加工量为140万t/a。如图1所示，采用烧焦罐再生型完全再生方式，两器高低并列式布置。目前生产运行中，因再生器烧焦负荷不足，存在尾燃问题，烟气NO_x含量偏高，导致余热锅炉需持续喷NH_3，省煤器结盐堵塞，引起余热锅炉无法长周期运行问题，进而带来因余热锅炉检修导致烟气外排不达标的重大环保风险。

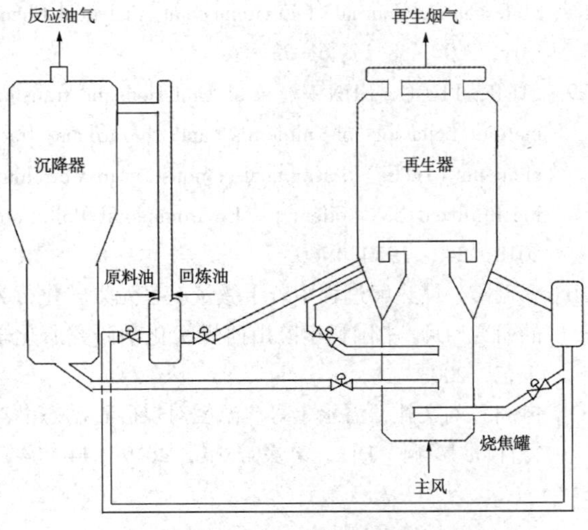

图1　催化裂化装置反再系统示意图

2　影响因素

2.1　再生器结构

如图1所示，沉降器汽提段中含焦炭的待生催化剂进入再生器的前置烧焦罐烧焦时，外循环催化剂、待生催化剂和外取热器催化剂分别由高至低进入前置烧焦罐的下部与主风接触，各路催化剂所得到的氧含量和接触时的烧焦温度均不相同，导致沿床层高度烧焦过程产生一氧化碳(CO)，氨(NH_3)，一氧化氮(NO)等化合物的浓度分布不能匹配，而且几乎无法调节，CO将NO还原为氮气(N_2)的反应不能有效进行。

2.2　催化裂化原料

原料中的氮化物是再生烟气中的NO_x的主要

来源。原料中约50%的氮化物随待生催化剂进入再生器，其中5%-20%被氧化成 NO_x，其他转化为 N_2。因此，原料油性质变化对催化裂化烟气 NO_x 具有较大影响。长庆石化公司1.4Mt/a催化裂化装置加工的混合原料油由热渣和冷渣组成，热渣的组合比例为：52.3%脱沥青油、28.8%减压渣油，18.9%减四线油。冷渣由部分蜡油、脱沥青油、常压渣油和加氢尾油组成。原料中氮化物大部分为残炭，占原料油残炭的63%~81%。2021年12月至2022年11月期间原料油残炭量与再生器烟气 NO_x 浓度关系如图2所示，二者呈极显著的正相关关系，即表明烟气中 NO_x 浓度随原料油残炭值和进料量的增加而增加。

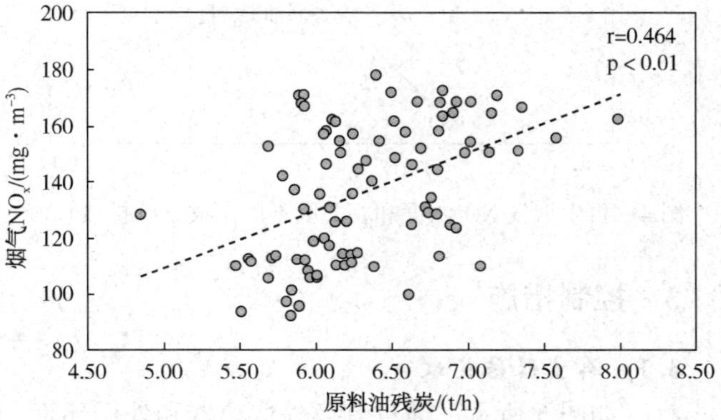

图2　原料油残炭和烟气 NO_x 的关系

原料油性质受上游装置影响较大。原料油重要组成部分脱沥青油是长庆石化0.8Mt/a溶剂脱沥青装置是以丁烷为溶剂、以减压渣油为原料得到的。当丁烷中的 C_5 含量增大，溶剂溶解性增加，沥青收率降低，当沥青收率低于14%后，脱沥青油组分残炭值增加，导致催化裂化再生器烟气 NO_x 浓度大幅升高，有时甚至超过200mg/m^{-3}。

2.3　操作条件

可通过改变操作参数影响再生器烧焦负荷，改变烟气 NO_x 浓度。原料油和回炼油加工量小、原料油残炭值低引起待生催化剂生焦量和氮化物含量降低，直接引起再生烟气 NO_x 浓度降低，同时降低再生器烧焦负荷。关小外循环管滑阀和外取热器下滑阀，烧焦罐二密相和外取热器藏量升高，此时外取热器中催化剂处于流速较慢的状态，进入烧焦罐的催化剂减少，降低了烧焦罐起燃温度，再生器烧焦负荷相应降低。烧焦负荷降低使得烧焦罐中下部有足够的CO产生，NO_x 得到还原，降低烟气 NO_x 浓度。相反，原料油和回炼油量提高、原料油残炭值增加、再生器二密相和外取热器催化剂藏量降低使再生器处于高烧焦负荷工况，最终引起烟气 NO_x 浓度升高。如表1所示，再生器在高烧焦负荷工况下运行比较典型的操作参数为：再生器烧焦罐起燃温度位于660-665℃，二密相温度位于685-690℃，烟气集合管温度位于680-685℃之间，稀密相温差(即二密相温度和烟气集合管温度之差)≧10℃。此时，可观察到再生烟气 NO_x 浓度明显增加。

表1　催化裂化再生器不同烧焦负荷操作参数

操作参数	低烧焦负荷	高烧焦负荷
原料油进料量(t/h)	155-165	175-185
回炼油进料量(t/h)	12-13	16-18
原料油残碳(%)	2.9-3.8	3.8-4.7
烧焦罐起燃温度(℃)	635-645	660-665
二密相温度(℃)	675-685	685-690
烟气集合管温度(℃)	670-675	680-685
烧焦罐藏量(t)	70-80	80-90
二密相藏量(t)	30-32	25-30
外取热器藏量(t)	50-53	40-45

主风量是影响再生烟气 NO_x 浓度的重要因素之一，主风量增加会引起再生烟气 NO_x 浓度增加。如表2所示，2022年1月为满足当地政府冬季减排政策，降低主风量，将其控制在165116Nm^3/h-176516Nm^3/h。2022年3月主风量较1月显著增加($p<0.05$)，相应的烟气 NO_x 浓度也得到显著增加($p<0.05$)，烟气CO浓度显著降低($p<0.05$)。这是由于在生焦量不变的情况下，增加主风量使得再生器中形成富氧燃烧的环境，相应的再生器中CO浓度下降，作为 NO_x 重要还原剂的CO的减少使得再生烟气 NO_x 浓度增加。

表 2　2022 年 1 月和 3 月再生系统主风量和 NO_x 浓度等数据对比

	主风量(Nm^3/h)	NO_x(mg/m^3)	O_2(%)	CO(mg/m^3)
1月	171130±2178a	108.94±4.74a	4.05±1.45a	15.40±1.63b
3月	179261±3772b	128.23±7.04b	3.54±0.65a	14.06±1.29a

注：表中数据为(平均值±标准差)；数据右上角字母不同表示数据之间差异显著($n=31$，$p<0.05$)。

2.4　环境温度

因气温升高而额外增加的热量对再生器烧焦具有较大影响。空气预热温度每提高 100℃，燃烧温度可提高 30～40℃。如图 3 所示，2021 年冬季平均气温为 2.2℃，2022 年夏季平均气温为 27.2℃，较冬季显著增高($p<0.01$)。随着气温的增加，空气经过主风机进入再生器时空气预热温度升高，夏季再生器烧焦罐温度(684.1±3.9℃)较冬季(677.5±2.6℃)显著增加($p<0.01$)。燃烧温度升高，碳氧化物中 CO_2 的排放随着温度的升高而升高，CO 的排放却随之减少。夏季再生烟气 CO 含量(15.6±2.4%)较冬季(12.3±3.0%)显著降低($p<0.01$)，这直接导致再生过程中 CO 对 NO_x 的还原作用减弱，再生烟气 NO_x 浓度显著增加($p<0.01$)。

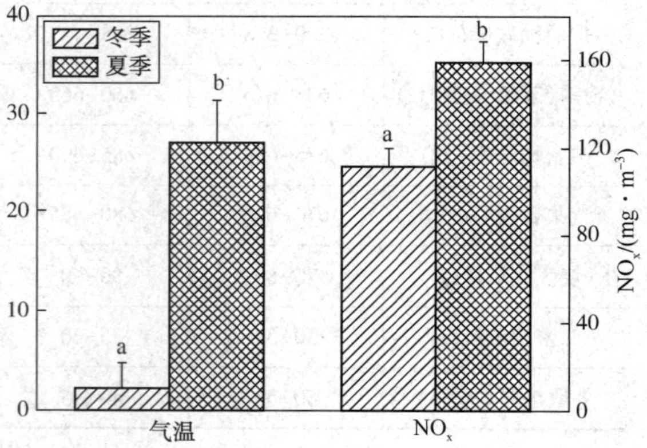

图 3　冬季和夏季气温及再生烟气 NO_x 浓度变化
(注：图种字母不同表示数据之间存在极显著差异($n=90$，$p<0.01$)。)

2.5　PCA 分析

采用 PCA 进一步研究有关因素对再生烟气 NO_x 的影响。如图 4 所示，原料油进料量、回炼油进料量和原料油残碳对再生烟气 NO_x 存在正影响，即原料油进料量增加、回炼油进料量增加或原料油残碳值升高均会引起再生烟气 NO_x 浓度增加。气温和烧焦罐起燃温度对再生烟气 NO_x 存在正影响，即气温升高和烧焦罐温度升高促使再生烟气 NO_x 浓度增加。主风量对再生烟气 NO_x 存在正影响，氧气(O_2)浓度和 CO 浓度对再生烟气 NO_x 存在负影响，即主风量增加后烧焦罐呈富养燃烧，CO 浓度相应降低，使得再生烟气 NO_x 浓度增加。

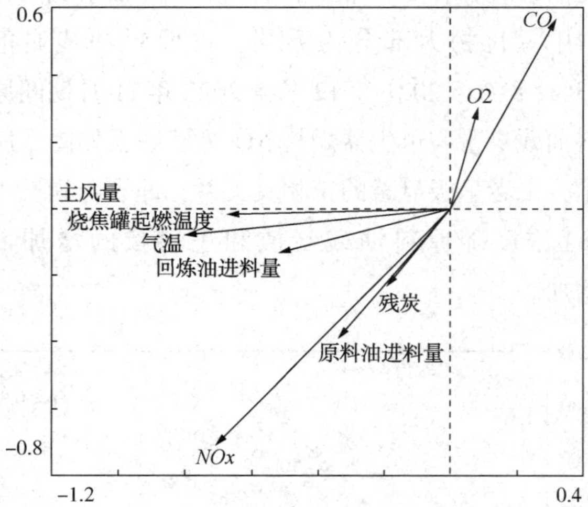

图 4　再生烟气 NO_x 浓度和相关因素的主成分分析(PCA)

3　控制措施

3.1　再生器结构改造

如图 5 所示，通过调换外取热器和外循环管进入烧焦罐的位置改变再生器结构，各路催化剂按特定的高度和次序进入床层。另外，采用优化设计的分布器，每路催化剂配合适量的主风进行调控，同时调整工艺参数，使床层由下到上不同阶段烧焦过程中产生的 CO 及 NO 浓度分布匹配，从而在再生器内形成降低 NO_x 的反应区间。在 NO_x 得到显著降低后剩余的 C 和 CO 继续在床层上部转化为 CO_2，实现催化剂完全再生。

3.2　原料油性质控制

在原料油的选择上，尽量控制原料油的氮含量，从源头上直接降低 NO_x 的前驱物。严格控制催化裂化原料上游装置的操作条件。脱沥青油是催化裂化原料重要组分，若将溶剂脱沥青装置提高沥青拔出率至 14% 以上，催化裂化原料油残炭值将大幅降低。含氮化合物主要存在于残碳中，原料中残碳降低直接减少 NO_x 的前驱物。残碳降低还可减少待生催化剂上的生焦量，降低再生器烧焦负荷，减少再生器 NO_x 的生成。另外，可通过增加催化裂化原料加氢预处理装置降低催化裂化原料氮含量。

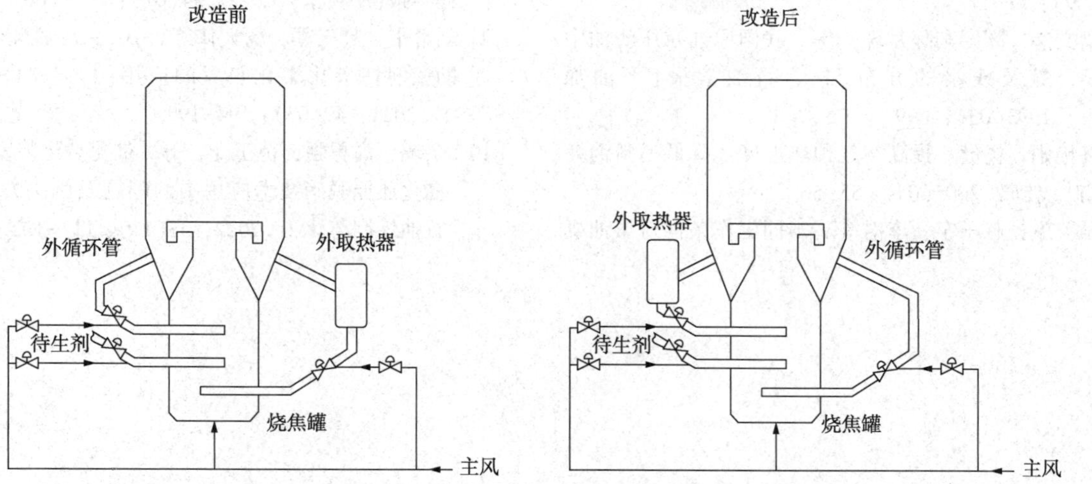

图 5　低 NO_x 再生器改造前后示意图

3.3　操作条件控制

通过调整再生器操作参数，控制再生器系统氧化还原环境，可有效降低再生烟气 NO_x。操作调整方法：(1)减少进入烧焦罐的主风量，在保证三路催化剂分布器和二密相环形床流化正常的情况下，减少相应的流化风量，使得再生器内过剩氧体积分数降低，同时烧焦罐烧焦强度也得到降低，催化再生器床层上 CO 浓度增加，使 CO 对 NO_x 的还原反应可以有效进行，达到了降低再生烟气 NO_x 浓度的目的。(2)适当降低原料油和回炼油加工量，同时适当关小外循环管滑阀和外取热器下滑阀，烧焦器二密相和外取热器藏量升高，使得外取热器中催化剂处于流速较慢的状态，进入烧焦罐的催化剂减少，烧焦罐起燃温度降低，最终降低再生器烧焦负荷。烧焦负荷降低使烧焦罐中下部产生的 CO 增加，NO_x 得到还原，再生烟气 NO_x 浓度降低。

3.4　助剂的应用

为防止再生烟气尾燃，影响后路设烟机设备使用寿命，再生器通过加入 CO 助燃剂减缓尾燃。但再生系统中过量的 CO 助燃剂消耗了烟气中的 CO，减少 CO 对 NO_x 的还原反应，造成再生烟气 NO_x 浓度大幅升高。因此，应在保证烟机入口温度不超标的情况下尽量减少 CO 助燃剂的使用。另外，可通过向再生器加注高效的脱硝助剂来控制再生烟气中的 NO_x 浓度。加入的脱硝助剂可利用不同的金属元素对碳(C)、CO、NH_3/胺(NR_3)等还原剂和 NO_x 的吸附、配位和化合能力，将烟气中的 NO_x 还原为 N_2 排放，无二次污染，使用方便，环保及经济效益显著。应用表明 SDJF-A1 型脱硫脱硝助剂使用后反再系统中 NO_x 转化率高达 69.08%－81.27%，催化裂化烟气 NO_x 浓度降至 100mg/m^3 左右。

4　结论

催化裂化再生器烟气 NO_x 浓度影响因素有：再生器结构、原料进料量和原料性质、操作条件和环境温度。原料油进料量增加、回炼油进料量增加、原料油残碳值升高、烧焦罐温度升高、主风量增加、气温升高均会引起再生烟气 NO_x 浓度增加。可以通过改造再生器结构、控制原料油性质、减少进入烧焦罐的主风量、适当降低原料油和回炼油加工量、适当关小外循环管滑阀和外取热器下滑阀、减小 CO 助燃剂用量、使用脱硝助剂来降低再生器烟气 NO_x 浓度。

参 考 文 献

[1] 肖飞. 氮氧化物的危害及其卫生检测方法研究[J]. 检验检疫学刊. 2020, 30(02): 95-97.

[2] 李磊，李欣，刘忠生等. FCC 再生烟气超低排放技术路线分析[J]. 炼油技术与工程. 2020, 50(09): 7-12.

[3] 高海山. FCC 烟气 SCR 脱硝装置运行问题分析及解决方案[J]. 石油化工腐蚀与防护. 2021, 38(04): 39-41.

[4] 郭伟，李宁，白锐等. 影响催化裂化烟气 NO_x 浓度的因素及控制方法[J]. 石油炼制与化工. 2020, 51(01): 97-100.

[5] 吴宇，郭本强，刘艳苹. 催化裂化装置低 NO_x 再生

技术的工业应用[J]. 炼油技术与工程 . 2019，49(09)：14-17.

[6] 梁文杰，阙国和陈月珠，等 . 我国原油减压渣油中镍、氮及残炭的分布[J]. 石油学报(石油加工). 1993(03)：1-9.

[7] 佟艳娟，杨健 . 提高空气预热温度　降低燃料消耗[J]. 玻璃 . 2005(04)：55-56.

[8] 吴美璇，赵子宇，李浩等 . 不同工作条件对柴油机尾气污染物排放特性的影响综述[J]. 土木与环境工程学报(中英文). 2022，44(01)：197-206.

[9] 刘喜平，高庆军，杨大伟等 . SDJF-A1 脱硫脱硝 CO 助燃剂在催化裂化装置的应用[J]. 齐鲁石油化工 . 2021，49(03)：194-199.

[10] 余璐，高勇强，范玉龙，等 . 催化裂化装置选择性催化还原脱硝技术应用中的问题及解决方案[J]. 石油炼制与化工 . 2022，53(11)：117-122.

海上凝析油泄漏生态环境影响及应急处置机制探究

汪金明[1] 李跃喜[1] 康国强[1] 程嘉熠[2]

(1. 中海石油(中国)有限公司海南分公司; 2. 国家海洋环境监测中心)

摘 要 近年来，国家为缓解石油供需矛盾、落实能源可持续发展战略，开始探索凝析油开采加工业。但凝析油以独特的理化特性和生物毒性，一旦泄漏将对海洋环境造成较大影响。全球范围来看，针对凝析油的环境行为、环境风险、溢油应急处置措施等的研究不充分。因此，本文针对凝析油环境行为，阐述其泄漏后的环境影响；并基于国内外既有泄漏事故案例，围绕应急处置措施有效性等方面开展分析研究，旨在为凝析油溢油应急防控措施有效建立提供启迪。

关键词 凝析油；应急处置；环境行为；影响评估；案例分析

凝析油是指凝析气田或者油田伴生天然气凝析出来的液相组分，主要成分是 C_5 至 $C_{11}{}^+$ 烃类混合物。凝析油是工业炼化、能源利用的理想燃料，近年来，国家为进一步缓解石油供需矛盾、落实环境保护和能源可持续发展战略要求，逐步开始探索凝析油开采加工业。然而，因凝析油独特的理化特性及一定的生物毒性，一旦发生泄漏或将对较大范围的海洋生态环境造成影响和损害，致使其开采开发、运输和贮存具有较高的环境风险。目前，从全球范围来看，针对凝析油的环境行为、环境风险、溢油处置措施等方面的研究尚处于初步阶段，不够充分。因此，有效开展凝析油泄露对海洋生态环境影响及应急处置机制研究对于实现我国能源健康绿色可持续发展具有重要意义。

研究表明，凝析油极易挥发、闪点低、易爆燃，其蒸汽与空气混合形成爆炸性混合物，遇热源明火具有较强爆炸风险。大量泄漏后还能在海面较低处发生扩散，遇热便会复燃，产生大量有毒有害气体。因此，一旦在海上发生凝析油泄漏起火事故，将对消防灭火、溢油处置等应急工作造成较大困难。

本文基于国内外凝析油溢油事故处置案例，围绕凝析油泄露后对海洋生态环境的影响及应急处置措施等方面开展研究，旨在为强化凝析油开采环境风险管控、减低事故环境影响，深化凝析油开采溢油应急防控管控措施的有效实施提供启迪。

2 凝析油泄漏的海洋生态环境影响

2.1 凝析油泄漏后的环境行为

与原油相类似，凝析油在海洋中的环境行为也主要包括扩散、蒸发、乳化、溶解和沉降等五个过程。但由于凝析油理化性质较一般原油特殊，因此，其环境行为较原油差异性明显。

2.1.1 扩散过程

扩散过程是海上凝析油泄漏后于水面发生的首要过程。当凝析油于海面泄漏时，在风和海流的驱动作用下，形成大小不等的块状或带状薄膜。与一般原油相比，凝析油在海面所形成的油膜厚度通常较小，多为“彩虹膜”形态。除外界因素外，凝析油的组分含量对于扩散速率也有影响，油品粘度和密度越高，扩散速率越低。但整体来说，外界因素是决定凝析油扩散速率的主要因素。

2.1.2 蒸发过程

蒸发过程是海上凝析油泄漏后于水气界面发生的首要过程，并伴随扩散过程同时进行。凝析油在海上的蒸发性随水面温度、风速的增加而加快。有实验分析结果显示，通常凝析油在空气中暴露 1.5 小时后便会蒸发 30%~50%的量，3 小时后，蒸发损失量可达 60－75 %，密度从

$0.945g/cm^3$ 增加到 $0.986g/cm^3$，随后蒸发速率有所降低。

2.1.3　乳化过程

海上凝析油乳化机制与一般原油一致，可在湍流和海浪等的作用下分解形成胶体液滴与水中气泡混合。但从凝析油实验分析结果来看，凝析油的乳化通常只在低温、高能海况下发生，且乳化物十分不稳定，很难在低温高能海况下维持，甚至很快就被破碎返回至油膜液滴状态。

2.1.4　溶解过程

一般意义上认为，凝析油中低碳烷烃的含量较原油高，因此其溶解性理论上要强于原油。但相比于蒸发和扩散过程，凝析油的溶解作用十分有限，两者速率相差 10-1000 倍。

2.1.5　沉降过程

凝析油在发生蒸发或燃烧过程后，会出现少量残留物密度超过海水水体的现象，进而发生沉降。此外，凝析油在分散或溶解过程中还会被黏土矿物颗粒、叶绿体、浮游生物、有机碎屑等吸附，进而沉降至海底。但研究显示，凝析油的密度通常小于 $0.8g/cm^3$，且重质组分含量少，因此，自然沉降的概率和数量均较小。

2.2　凝析油泄漏对生态环境的影响

上文阐述了凝析油在海上泄漏后所发生的扩散、蒸发、乳化、溶解和沉降等五个过程，其中最为主要的是扩散过程和蒸发过程。因此，从环境行为上不难看出凝析油泄漏势必对表层海水、大气和生态状况造成更为严重的影响。具体来说主要包括以下三个方面。

(1) 对海水水质的影响

凝析油泄漏后会迅速扩散并在海面形成油膜，在一定程度上阻断了大气与海水的气体交换，在一定时期内致使海水中 O_2 因被消耗，并无法由大气补充，造成溶解氧浓度降低，且妨碍海洋从大气中吸收 CO_2 形成 HCO_3^-、CO_3^{2-} 盐，对缓冲海洋 pH 值功能造成破坏。另一方面，油膜阻碍了海水-大气交换界面通道，从而客观上导致海洋藻类光合作用受到削弱，同时伴随凝析油中的非烃和芳香烃组分会不同程度地溶解于水中，整体上引起海水水质的下降或恶化。

(2) 对大气环境的影响

凝析油挥发性极高，挥发后的烷烃组分可吸附于大气中颗粒物，并最终沉降再次进入海洋环境中。同时，凝析油具有易燃性、闪点底等特性，其蒸汽与空气混合能能够形成爆炸性混合物，一旦遇到热源和明火便会有爆燃的风险。燃烧后的 NO_x、SO_2、颗粒物等物质还会再次对环境造成影响。此外，由于凝析油挥发组分比空气重，主要分布在海水表面的较低区域，在海风的推动下进一步扩散，一旦遇到火源，存在二次复燃的风险。

(3) 对海洋生物生态的影响

在发生凝析油泄漏后，沿途和区域内的鸟类和海洋哺乳动物毛皮会迅速触碰并将凝析油溢油吸附到毛皮表面，这对于其维持的防水保温功能是极具破坏性的。

同时，凝析油中的有毒物质会侵入海洋生物的表皮或皮肤，使其经系统受损，尤其是对生物幼体，鱼卵、仔鱼的伤害性更大。有研究显示，处在鱼苗期的鱼类一旦受到石油烃的污染其存活的几率将会大幅度下降。若溢油事故发生于鱼类的繁殖期间，则对该水域养殖业所造成的渔业损失将会是正常情况下损失的数倍甚至数十倍。此外，凝析油中的苯、甲苯等有毒化合物还会通过食物链传递，对海洋哺乳动物甚至人类产生毒害作用。

3　凝析油溢油事故与应急处置案例研究

3.1　国际层面

从全球范围来看，除“桑吉”轮事件外，目前罕有单一的海上凝析油泄漏事故，大多为不同组分的原油(包括轻质油、中油、重油和下沉油等)混合泄漏，这也间接导致人们对于凝析油泄漏危害及影响程度认知不足。本文着重梳理研究以轻质油(凝析油)组分占溢油主体的泄漏事故，其中主要包括：英国阿尔法平台爆炸事故、澳大利亚蒙塔拉井口平台溢油泄漏事故和法国埃尔金油气平台的溢油事故，三例事件作为研究对象。

3.1.1　英国阿尔法平台爆炸事故

1988年，英国北海海域帕玻尔·阿尔法(Piper Alpha)平台发生爆炸事故，是有史以来海上采油行业发生的最严重的灾难，造成了大量的人员伤亡和巨大的经济损失。平台上的226人中，167人死亡，59人生还，导致英国北海油田减产12%。阿尔法平台的爆炸事故促成了英国海上油气安全局的设立。同时，爆炸事故的调查促成了世界级HSE(健康、安全、环境)标准体系的建立。

根据本次事故原因调查分析报告调查结果显示，这场爆炸事故是由于钻井平台下方凝析油泄漏，形成的天然气云团遇明火发生爆炸引起的，见图1。

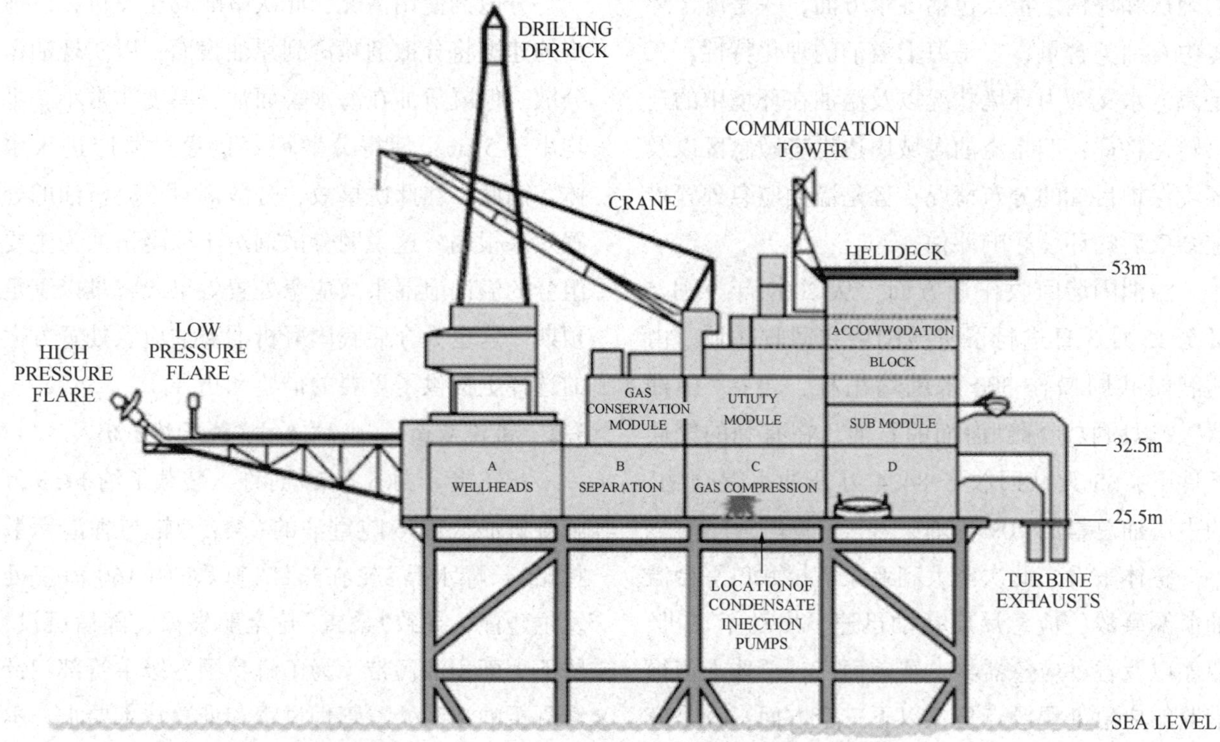

图1　“火花”所在模块位置可能为凝析油初始泄漏位置

发生本次事故后，英国海上石油环保和安全管理部门针对海上油气开发提出了百余项改进要求和管理措施，以完善英国对于海上重大环境风险项目的管控。截至目前，这些要求均被采纳，并沿用至今。具体内容可分为以下三方面：一是，海上安全管理部门应从英国能源部调整至安全与健康监督管理机构；二是，运营商必须采取有效的措施，预防海上油气开发气体泄漏、爆燃等事故，并建立应急处置方案和措施；三是，要求海上油气平台的作业者应及时向安全监管机构提交全部装置的安全示例和案例，包括项目实施过程中所有可能存在的隐患和风险，如何防范和管控，并给出科学有效的将这些风险降低到合理可行最低水平的方案。

3.1.2　澳大利亚蒙塔拉井口平台溢油泄漏事故，见图2

图2　蒙塔拉井口平台泄漏事故图

2009年8月21日上午七时许，位于澳大利亚西北海岸140海里的蒙塔拉井口平台某井口发生碳氢化合物失控泄漏，发生持续强烈井喷。据统计，每天泄漏原油数量在400-1500桶以及一定数量的凝析油。此次溢油泄漏事故持续了七十余天，累计溢油泄漏影响范围高达9万平方公里。

事故发生后，采取了实地监测、现场分析和GIS遥感甄别等手段，完成了溢油事故情况信息的确认和评估。重点包括五个方面，一是海洋环境中石油类含量；二是海上溢油的理化特性；三是海洋水文动力环境状况以及溢油在环境中的迁移转化特征；四是溢油海域周边生态敏感区以及环境保护目标的分布情况；五是溢油应急处置措施结束后的环境影响评估。

溢油围堵回收作业方面，从2009年9月5日至12月3日进行了机械围堵和回收作业。由两艘船共同操作300米围堵吊杆，包括“撇油器”，以回收泄漏到海面的石油。在有利的气候条件下，35天共回收了84.4万升油水混合物，约占溢油总量的10%左右。

整体来看，此次澳大利亚蒙塔拉井口平台溢油泄漏事故，应急反应行动迅速，出动了飞机、船舶以及各种应急器材，覆盖面广，总体上值得借鉴的应急处置要点包括以下三个方面：一是应急方响应决策环节考虑较为周全，充分考虑溢油活动对海域周边生态敏感区和环境保护目标的影响；二是溢油处置应对措施选择了喷洒化学分散剂法，并对使用的化学分散剂的净环境效益进行评估，以避免对环境造成额外的损害；三是采取机械溢油围堵回收作业，取得了良好收效。

3.1.3 法国埃尔金油气平台的溢油事故

2012年3月25日，位于欧洲北海海域的法国埃尔金油气平台，发生天然气、凝析油泄漏事故。此次事故发生后，油气作业单位立即启动应急措施，借助邻近钻井平台、船只进行压井作业，钻探减压井，在海床下切断泄漏油井源头，并通过灌浆水泥彻底封闭泄漏油井。

溢油应急监测方面启用了航空监测和卫星监测。其中，航空监测共使用了三架飞机，每天进行两次飞行，所有飞机都配备转塔摄像系统、红外图像视频捕获，并配备经过专业训练的溢油应急响应观察员。航空监测主要用于计算油污面积大小、性质、迁移轨迹以及监测气体释放，验证预测模拟结果的准确性；卫星遥感监测从较大尺度范围开展海面溢油监测，在不受海况和气象条件影响优势下，可快速获取海面油膜位置、面积、漂移趋势等信息。

分散剂使用情况，此次事故利用飞机，以适当的速度将分散剂喷洒到浮油表面，以实现油污分散。但凝析油在海水表面油膜厚度非常小，平均小于5μm，使得分散剂直接穿过薄层进入水体。因此，在此次事故，分散剂对于凝析油的处置效果很弱。这说明分散剂对于以凝析油为主要组分的溢油泄漏事故应急处置效果或将难以满足预期。这也为今后我国凝析油溢油应急处置方案的选择上提供了重要的借鉴和指导。

3.2 国内层面——以“桑吉”轮事件为例

2018年1月6日20时许，装载了约11.3万吨凝析油、1956吨重油的“桑吉”轮与香港籍散货船“长峰水晶”轮在长江口以东约160海里处发生碰撞，导致“桑吉”轮全船失火，随后沉没，留下大面积油污带。为了解我国各级主管部门针对凝析油溢油处置管理过程和处置技术要求，本文从溢油处置管理过程、溢油监测技术要求等几个方面对“桑吉”轮碰撞事故进行回顾和分析。

3.2.1 应急处置管理程序，见图3

“桑吉”轮发生碰撞沉没后，党中央、国务院高度重视，多位中央政治局领导先后作出重要批示指示；国家各级主管部门高度重视应急事故处置工作，随即建立了“桑吉”轮溢油应急处置管理委员会。

3.2.2 应急处置技术要点

（1）应急救助和保障通航安全

事故发生后，溢油应急处置委员会立即指定国家有关部门持续协调现场力量及过往商渔船开展失踪人员搜寻工作。派出扫测船对沉船位置及沉船姿态进行扫测。考虑到难船沉没仍具有一定的危险性，为保障海上船舶航行安全，设置了航行管制区，以难船为中心10海里为半径设置警戒线，持续不间断播发航行警告，提醒过往船舶注意安全，避免引发次生灾害。

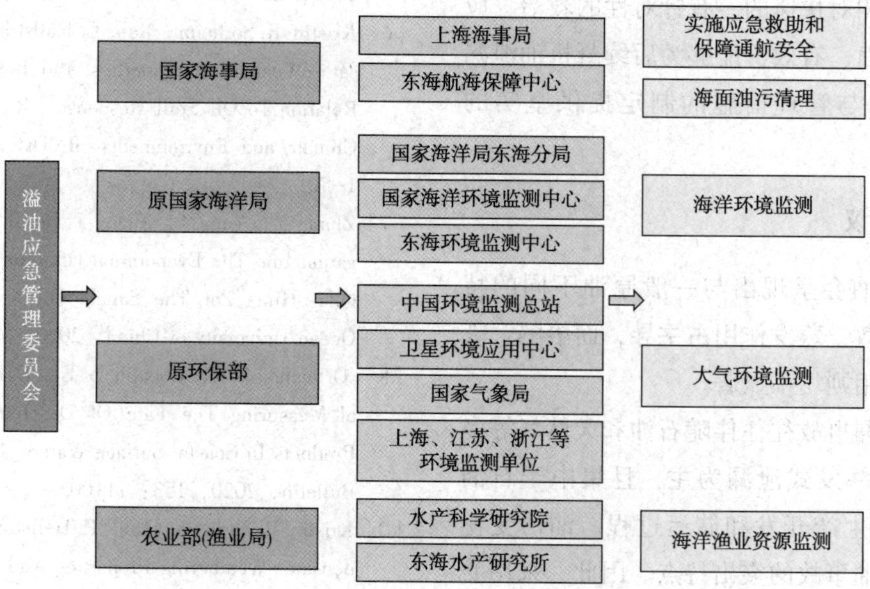

图3 “桑吉”轮溢油事故应急处置管理情况

（2）海面油污清理方面

发生溢油事故后，应急委员会立即协调力量开展海上防污清污行动，并协调国家气象部门对溢油漂移情况和现场天气海况进行预测。根据油污分布及漂移状态，使用消油剂、围油栏、吸油毡以及喷洒消防水等方式回收并促进油膜分散和挥发。并根据卫星云图规划整体清污区域、按照空巡飞机通报油污分布实际情况，结合现场船艇监测情况，对发现的油污调整清污策略，分阶段开展对现场油污的清除作业工作。

（3）海洋环境监测方面

海洋环境监测结果显示，溢油已对事故海域造成一定生态环境影响，累计有11个站位的水样石油类物质浓度超第四类海水水质标准，最高时达到1261μg/L。整体来看，凝析油溢油事故归纳具有以下三方面特征。

a. 时效性特别强。从事故发生到爆燃、漂移、沉没短短几天，再加上沉船发生的溢油扩散变化非常快，对海上环境监视监测提出了一个非常高的要求。

b. 应急处置难度大。事故现场离岸边比较远，应急处置期间风浪比较大，在风浪作用下，海上作业难度非常高。

c. 监测范围广。船舶从事故发生到沉没，漂移300多公里。随着沉船溢油范围不断扩散漂移，必须不断调整监测方案，扩大监测范围。

（4）海洋渔业资源监测

溢油事故发生后，农业部门组织相关技术单位开展现场调查监测，同时，为加强事发海域渔船管控，确保水产品质量安全，在“桑吉”轮沉没点半径30海里的范围划定为渔船临时管控区，实行动态监控，要求渔船不得进入上述海域作业。

（5）大气环境监测

事故发生后，生态环境部组织中国环境监测总站、卫星环境应用中心以及上海、江苏、浙江等环境监测单位和部门持续开展沿岸敏感点环境空气、卫星遥感等应急监测工作。并通过卫星遥感监测溢油区面积，结合气象、洋流等信息，利用数据模型，模拟下一步污染迁移、扩散方向，为工作提供决策依据。此外，通过《西北太平洋行动计划区域溢油与有毒有害物质泄漏事故应急计划》合作机制，及时将相关信息通报了周边国家。

综上所述，通过“桑吉”轮凝析油溢油事故分析可见，凝析油溢油事故具有时效强、应急处置难度大、影响范围广等特点。从此次溢油事故应急处置成效和环境保护措施有效性方面来看，在我国各级管理部门多方力量的协同配合下，溢油事故得到了相对快速的、有针对性的救治。应急处置措施全面、有效，能够为后续凝析油泄漏应急处置技术与管理措施的制定提供坚实的基础。

4 结论与建议

凝析油溢油会呈现出与一般原油不同的特征，体现在扩散、蒸发作用占主导，而溶解、乳化和沉降等作用则均不显著。

凝析油泄漏事故往往伴随石油和天然气等多种碳氢化合物并发式泄漏为主，且集中于石油(天然气)平台生产开发和储运过程。油污变化快是凝析油溢油事故的突出特点。因此，采用船舶、飞机、卫星等监视监测的手段，以快速获得现场情况，通过对溢油海域天-空-海进行全方位监测监视，不失为良好的应对手段。

由于凝析油挥发速率较快，因此，对海洋环境的影响周期较短。但对于溢油事故点周边存在生态敏感区、环境保护目标的，则应密切关注溢油事故的发展和影响，并根据环保要求及时补充落实环保措施。

参 考 文 献

[1] 中国石油勘探开发研究院．全球油气勘探开发形势及油公司动态[M]．北京：石油工业出版社，2020.

[2] 张兆康，韩明，张祝启．天然气管线破裂应对和海上凝析液、凝析油处置[J]．中国海事，2013(07)：30-36.

[3] 童晓光，张光亚，王兆明等．全球油气资源潜力与分布[J]．石油勘探与开发，2018，45(4)：727-736.

[4] Kristin R. Sørheim，Oddveig M. Bakken，Kaja C. Hellstrøm. Visund Sør Condensate And Visund Crude Oil-Weathering Properties And Behaviour At Sea-In Relation To Oil Spill Response [R]. SINTEF Ocean / Climate and Environment：SINTEF Ocean AS，2020：1-83.

[5] Chen L，Yang J，Wu L. Modeling The Dispersion Of Dissolved Natural Gas Condensates From The Sanchi Incident[J]. Journal of Geophysical Research：Oceans，2019，124(11)：8439-8454.

[6] Kristin R. Sørheim，Kaja C. Hellstrøm. Utgard Condensate-Weathering Properties And Behaviour At Sea-In Relation To Oil Spill Response [R]. SINTEF Ocean / Climate and Environment：SINTEF Ocean AS，2021：1-70.

[7] Zhang Y，Yang T，Zhang J，et al. Laboratory Investigation Into The Evaporation Of Natural-Gas Condensate Oils：Hints For The Sanchi Oil Spill[J]. Journal of Ocean University of China，2020，19(3)：633-642.

[8] Ortmann A C，Cobanli S E，Wohlgeschaffen G，et al. Measuring The Fate Of Different Diluted Bitumen Products In Coastal Surface Waters[J]. Marine Pollution Bulletin，2020，153：111003.

[9] Kristin R. Sørheim，Kaja C. Hellstrøm. Kvitebjørn Condensate-Weathering Properties And Behaviour At Sea-In Relation To Oil Spill Response[R]. SINTEF Ocean/ Climate and Environment：SINTEF Ocean AS，2019：1-56.

[10] Negri A P，Brinkman D L，Flores F，et al. Acute Ecotoxicology Of Natural Oil And Gas Condensate To Coral Reef Larvae [J]. Scientific Reports，2016，6：21153.

[11] Negri A P，Brinkman D L，Flores F，et al. Derivation Of Toxicity Thresholds For Gas Condensate Oils Protective Of Tropical Species Using Experimental And Modelling Approaches [J]. Marine pollution bulletin，2021，172：112899.

[12] Gissi F，Strzelecki J，Binet M T，et al. A Comparison Of Short-Term And Continuous Exposures In Toxicity Tests Of Produced Waters，Condensate And Crude Oil To Marine Invertebrates And Fish [J]. Environmental Toxicology and Chemistry，2021，40(9)：2587-2600.

[13] Cullen W D. The Public Inquiry Into Piper Alpha Disaster [R]. England，1990.

[14] PSM CDBA. Report of the Montara Commission of Inquiry [R]. Australia：Commonwealth of Australia，2010.

[15] Wilson G，Dale M，Keown R. Following The Safe Evacuation Of All Offshore Personnel. the Environmental Response Takes Primacy：Learning From The Elgin G4 Well Major Incident. [M]. SPE Offshore Europe Oil and Gas Conference and Exhibition. 2013.

胜利油田页岩油钻井大宗固废综合利用技术实践

刘均一 宋 华 夏 晔 牛洪波 刘滨 李培丽

（中石化胜利石油工程有限公司）

摘 要 胜利油田页岩油资源丰富、勘探开发潜力大，“十四五”期间将建成济阳陆相断陷盆地页岩油国家级开发示范区，页岩油新建产能100万吨。但胜利油田广泛分布于环境敏感的黄河三角洲，钻井固废总量大、成分杂、毒性高，严重威胁油田生态环境和人类身体健康。为此，“十四五”以来，精准聚焦胜利油田页岩油钻井大宗固废综合利用技术难题，以“减量化、无害化、资源化”为目标，在基于选择性絮凝剂的钻井液净化再利用技术、水基钻屑分类分质综合利用技术、油基钻屑原位减量化处理技术等方面取得了重要进展、完成了规模应用，为保障胜利油田页岩油的绿色低碳开发提供了扎实有效的技术支撑，同时也为我国陆上油气田的绿色低碳开发提供了有益借鉴。

关键词 胜利油田；页岩油；环境保护；钻井大宗固废；减量化；资源化

胜利油田作为我国东部老油田的典型代表，主要开发区块广泛分布于中国最广阔、最年轻的湿地生态系统黄河三角洲，辖区内水系发达，且存在湿地和自然保护区，生态环境敏感脆弱。随着胜利油田的密集滚动勘探开发，钻井废弃物总量急剧增加，且成分复杂、毒性高，极易对油区土壤、水体环境产生不可逆损害。尤其是“十四五”以来，胜利油田页岩油的勘探开发力度持续提升，预计到“十四五”末，胜利济阳页岩油探明地质储量1亿吨，新建产能100万吨，年产页岩油当量50万吨，建成胜利油田济阳陆相断陷湖盆页岩油国家级示范区，成为中国石化油气资源规模化“增储建产”的现实接替新领域。

前期胜利油田钻井固废的污染控制集中于末端治理，现场采用固化埋存处理技术，钻井固废的资源化利用程度低、处置成本高，存在固化强度低、重金属浸出污染等环保风险，未从根本上解决钻井固废的环保治理难题。因此，在当前国家“双碳”战略背景下，精准聚焦胜利油田页岩油绿色、低碳、可持续发展的战略要求，先后研发了基于选择性絮凝剂的钻井液净化再利用技术、水基钻屑分类分质综合利用技术、油基钻屑原位减量化处理技术等，并在胜利油区形成了工程示范区，有力地支撑了胜利油田页岩油的绿色低碳开发。

1 基于选择性絮凝剂的钻井液净化再利用技术

由于常规振动筛、离心机等固控设备难以有效清除亚微米（<2μm）劣质固相，完钻后水基或油基钻井液的亚微米劣质固相含量普遍大于10%，钻井液黏度切力偏高、滤失性能迅速恶化，显著影响机械钻速与储层保护效果，导致钻井液回收再利用率小于50%，大幅增加了钻井固废总量与处置成本。因此，针对完钻后水基或油基钻井液的成分复杂、劣质固相含量高、重复利用率低等难题，创新研发了水基钻井液用选择性絮凝剂SFL-W、油基钻井液用选择性絮凝剂SFL-O，形成了基于选择性絮凝剂的钻井液净化再利用技术，实现了胜利油区“全覆盖”推广。

1.1 水基钻井液净化再利用技术

研究表明，部分水解聚丙烯胺等高分子有机絮凝剂同时絮凝清除劣质固相与有用固相（膨润土与重晶石等），不具备选择性絮凝作用；硫酸亚铁、聚合氯化铝等无机絮凝剂极易破坏钻井液的胶体稳定性，难以满足钻井液重复利用性能要求，国内外未见亚微米劣质固相的选择性絮凝剂。

基于带电吸附官能团的比例与类型、分子链伸展度、分子量等优化研究，研发了一种基于“静电中和、选择吸附”的亚微米劣质固相选择性絮凝剂 SFL-W，具有良好的钻井液配伍性能，可通过静电中和、选择吸附、架桥网捕、改变颗粒电性等作用，提高亚微米劣质固相的清除效率，并尽可能地降低对膨润土和重晶石等有用固相的絮凝作用，满足水基钻井液净化再利用性能要求。见图 1 可知，现场钻井液样品的亚微米(<2μm)劣质固相含量达 31.76%，加入 0.8%选择性絮凝剂 SFL-W 后，采用高速离心(3000r/min)辅助处理后，亚微米劣质固相清除率最高可达 91.69%。

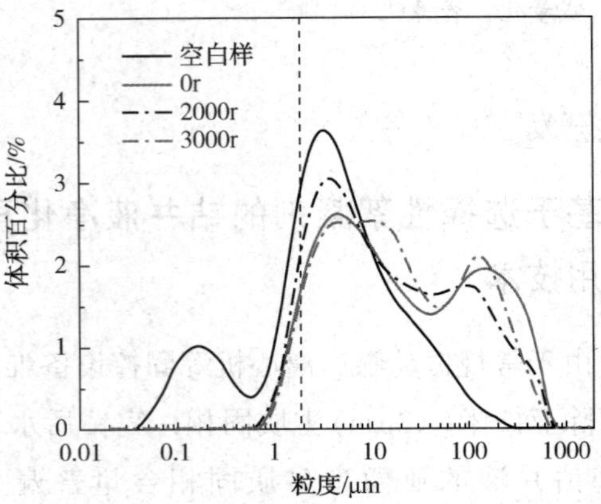

图 1　选择性絮凝作用前后钻井液粒径分布曲线

1.2　油基钻井液净化再利用技术

为保证页岩油井壁稳定与储层保护效果，储层水平井段普遍采用油基钻井液体系。但在钻井过程中侵入的劣质固相粒径小，难以被固控设备清除，且由于缺少油基钻井液专用絮凝剂，完钻后油基钻井液的劣质固相含量偏高，钻井液黏度升高、终切增大、泥饼虚厚，极易造成起下钻压力激动，影响井壁稳定与机械钻速。

基于有机土、重晶石等有益固相与劣质固相的表面电性不同，研发了一种油基钻井液用选择性絮凝剂 SFL-O，利用极性基团选择性吸附劣质固相，而对重晶石、有机土等有益固相不吸附或少吸附；进一步通过聚合长链搭桥作用，实现劣质固相的选择性絮凝见图 2。评价结果表明，现场完钻油基钻井液($1.95g/cm^3$)的劣质固相含量达 18.9%，加入 1%选择性絮凝剂 SFL-O 后，采用高速离心(3000r/min)辅助处理后，亚微米劣质固相含量降至 7.1%，劣质固相清除率可达 62.43%，满足油基钻井液净化再利用性能要求。

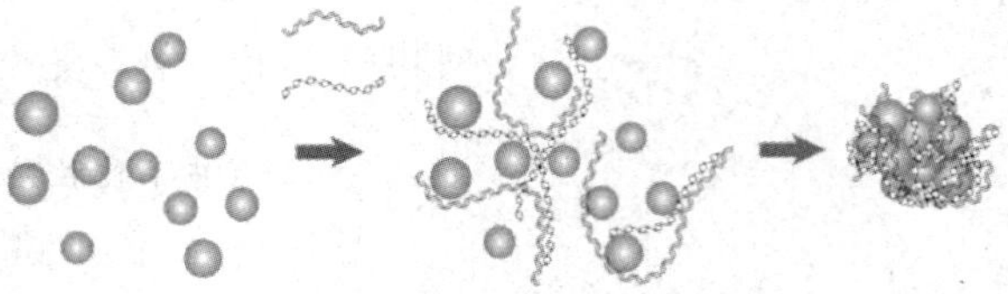
图 2　选择性絮凝作用机理

1.3　钻井液回收再利用网络调剂管理平台

目前已在胜利油区建成了河口、孤东、东安、滨南等 10 座钻井液回收处理站，开发了钻井液回收再利用网络调剂管理平台，见图 3。制定了胜利石油管理局标准《钻井液回收再利用推荐做法》(Q/SH1020 2679-2019)。近五年来，胜利油区钻井液回收再利用率由<50%提高至 100%，钻井液回收再利用量累计超过 15 万方，实现了胜利油区钻井液回收再利用“全覆盖”，大幅减少了钻井固废总量，降低了处置成本。

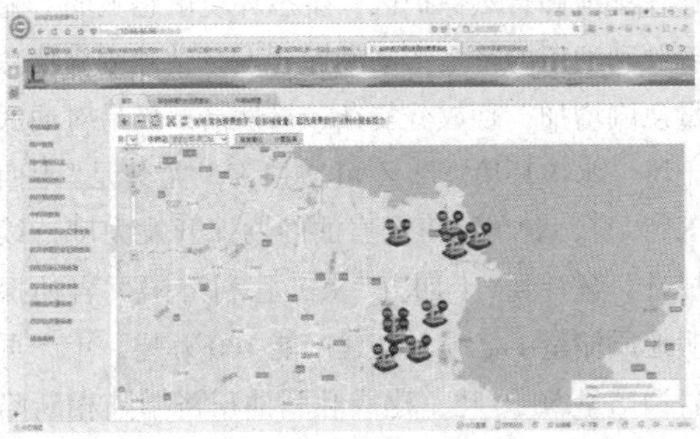
图 3　钻井液回收再利用网络调剂管理平台

2　水基钻屑分类分质综合利用技术

胜利油田页岩油钻井普遍采用三开制井身结构，一开、二开采用聚合物水基钻井液，产生的水基钻屑属于一般固废，三开采用油基钻井液，产生的油基钻屑属于危险废物。因此，针对一开与二开水基钻屑的资源化利用难题，基于“分层处理、经济处置”原则，集成创新了水基钻屑分类分质综合利用技术系列，无害化率达 100%，处理成本降低 30%以上，突破了水基钻屑低成本处理处置技术瓶颈，实现水基钻屑的低成本综合利用。

2.1 微乳液常温清洗技术

针对常用微乳液体系的清洗温度较高(>50℃)，难以循环利用，存在处理成本高、易产生二次污染物等问题，选用超两亲分子表面活性剂DOA和阴离子表面活性剂AEC，采用Shah法制备了一种单相水包油型微乳液体系，具有界面张力低、增溶能力强、易于润湿翻转等特点，可有效地清洗水基钻屑中油相等有机污染物。

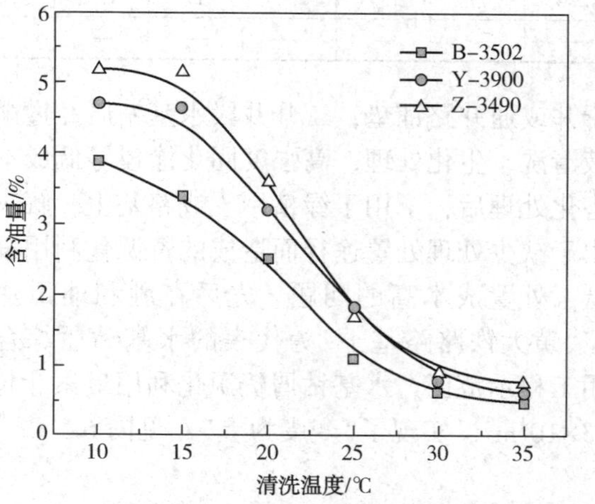

图4 不同温度下的微乳液清洗效果

评价结果表明，胜利油田现场水基钻屑的含油量平均在4%以上，属于高含油水基钻屑。经过微乳液清洗之后，3种现场水基钻屑的含油量均可降至1%以下(见图4)，说明该单相水包油型微乳液体系在常温条件下，即可有效地清洗水基钻屑中油相等有机污染物。此外，通过调整微乳液的相态变化，微乳液与油相分离后，可实现微乳液的循环利用，进一步降低了处理成本。

2.2 电化学氧化-微生物处理一体化技术

针对中含油(含油量1-3%)水基钻屑的微生物修复周期长、成本高等难题，采取高通量菌株筛选方法，培育了适合于水基钻屑修复的生物碳固定化复合靶向菌株。进一步引入电芬顿(DEF)高级氧化处理技术，通过将电芬顿氧化处理与微生物处理进行串联耦合，电芬顿(DEF)预先氧化处理6h后，有效地改善了有机污染物的可生化性，后续微生物菌种的适应期明显缩短，且菌种群落多样性明显增加，有利于提高有机污染物的去除效率。

形成了以电化学氧化和微生物降解为核心的水基钻屑微生物处理一体化技术(见图5)，工业化试验结果表明，在微生物菌剂加量为0.5%-1.5%情况下，电化学氧化、微生物降解、植物修复等耦合处理90d后，钻屑含油量降至1%以下，浸出液COD小于100mg/L，较常规微生物处理时间缩短50%以上，处理成本降低30%以上。

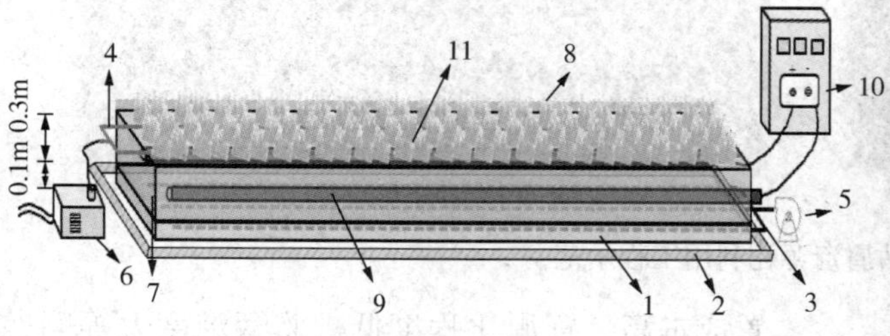

图5 电化学氧化-微生物处理工业化试验

1—碎石导气层；2—渗滤液沟楼；3—通风管道；4—液体补给管道；5—风机；6—水泵；7—堆体；7—堆体挡板；9—卧式电极；10—电配箱；12—超积累植物

2.3 高强度固化涂覆技术

前期胜利油田低含油(含油量<1%)水基钻屑以现场固化处理为主，但固化物浸水后强度迅速降低、可溶性盐与重金属容易二次浸出污染环境。因此，在高强度固化配方研究基础上，研发了适合于低含油水基钻屑的高强度固化涂覆技术，通过喷涂等方式即可在高强度固化物表面形成均匀密实的氟碳树脂涂覆层，接触角增大至

79.56°，连续浸泡 7d、抗压强度保留率达 85% 以上，具有良好耐水性能；浸出液 COD 值仅为 56.6mg/L，重金属均未检出，满足国家污水综合排放一级标准(GB 8978-1996)。高强度固化涂覆技术适用于免烧砖的表面涂覆，可杜绝可溶性盐、重金属的浸出污染风险，实现污染物的高强度长效封固，见表 1。

表 1　固化物的浸出液测试结果

项目	色度/倍	浊度/FTU	pH	COD/(mg/L)	重金属离子含量/(mg·L^{-1})						
					Cd	Cu	Ni	Pb	Zn	Mn	Cr
二级标准	80	150	6-9	150	1.0	100	5	5	100	2.0	15
水基钻屑	500	735	9.5	549	2.4	77	1.7	—	17	1.8	28
固化涂覆	2	10	7	56.6	—	—	—	—	—	—	—

2.4　水基钻屑综合利用技术集成

前期由于缺少合法依规的处理处置途径，胜利油区水基钻屑以集中存放处置为主，资源化利用程度低、处置成本高。按照《土壤环境质量 建设用地土壤污染风险管控标准》(GB 36600-2018)、《绿化种植土壤》(CJ T 340-2016)等国家或行业标准，基于“分层处理、经济处置”原则，形成了水基钻屑综合利用集成技术，一开井段水基钻屑的组分简单，经过干化处理后直接用于井或通井路铺垫；二开井段水基钻屑经过微乳液清洗、生化处理、高强度固化涂覆等低成本无害化处理后，了用于绿植用土或路基土，解决了由于缺少处理处置途径而造成的资源化利用程度低、处置成本高的问题。先后在胜利油田建成了“黄大铁路路基土”为代表的水基钻屑综合利用工程示范区，水基钻屑资源化利用量累计超过 $23\times10^4m^3$，实现了“变废为宝”，见图 6。

绿植用土

黄大铁路路基土

图 6　水基钻屑资源化利用工程示范

3　油基钻屑原位减量化处理技术

油基钻井液现场施工过程中，不断产生混杂着钻井液、地层流体等复杂构成的油基钻屑，以水平井段 2500m 页岩油井为例，单井累计可产生油基钻屑 600t 以上，含油量达 8-20%，在自然环境条件下难降解、易扩散、高生物毒性，可通过扩散、迁移等途径破坏土壤理化性质、污染水质等，被列入国家危险废物名录(HW-08)。

前期胜利油区油基钻屑以统一收集、集中焚烧等末端无害化处置为主，存在钻屑总量大、处置成本高、资源化程度低、监管难度大等问题，对页岩油的绿色开发、清洁生产提出了新挑战。因此，研发了油基钻屑原位减量化装备见图 7。与配套工艺技术，实现油基钻屑的井场原位减量化处理，显著减少油基钻屑总量、降低处置成本。此外，在原位减量化基础上，正在攻关以油基钻屑为原材料的钻井液堵漏剂、水泥浆外掺料、压裂支撑剂、石棉纤维等资源化利用技术，加快构建油基钻屑“体内循环”综合利用新模式。

依托国家“十三五”科技重大专项、中石化集团公司攻关项目，研发的“模块化、撬装化”的油基钻屑原位减量化装备，主要包括高效分离处理模块、液相净化处理模块、收集输送模块、应急贮存模块等组成。井筒返出夹杂钻屑的钻井液，经振动筛初步分离或离心机净化后产生的含油废弃物，进入高效分离处理模块，通过离心甩干，快速高效完成固液分离；分离出的油基钻井液进入液相净化处理模块，有效地清除含油液相中劣质固相，满足钻井液重复利用性能要求。

油基钻屑原位减量化装备见图7。已在胜利济阳页岩油国家级示范区示范应用20口井，在不改变钻井液固相控制工艺流程的前提下，即可与现场固相控制设备进行无缝衔接，装备处理能力提升至40t/h，一套装备可同时满足“井工厂”两部钻机的油基钻屑处理需求，处理后钻屑含油量降至5%以下，回收的油基钻井液（≤1.2g/cm^3）可进入循环系统重复利用，或配制储备重浆或堵漏浆，实现油基钻屑井场原位减量化处理，以及油基钻井液的回收利用。

图7　油基钻屑原位减量化装备

4　结论与认识

（1）研发了水基钻井液用选择性絮凝剂SFL-W、油基钻井液用选择性絮凝剂SFL-O，创新了基于选择性絮凝剂的钻井液净化再利用技术，实现了胜利油区“全覆盖”推广。

（2）基于“分层处理、经济处置”原则，集成创新了水基钻屑分类分质综合利用技术系列，无害化率达100%，处理成本降低30%以上，突破了水基钻屑低成本处理处置技术瓶颈。

（3）研发了油基钻屑原位减量化装备与配套工艺技术，处理后钻屑含油量降至5%以下，回收的油基钻井液（≤1.2g/cm^3）可重复利用，显著减少油基钻屑总量、降低处置成本。

参　考　文　献

[1] 黄贤斌，蒋官澄，万伟等．含油钻屑微乳状液除油剂的研制及机理[J]．石油学报，2016，37(6)：815-820.

[2] CUI Zhisong, LUAN Xiao, LI Shujun, et al. Genotoxicity detection of oil-containing drill cuttings by comet assay based on a demersal marine fish mugilogobius chulae [J]. Ecotoxicology and Environmental Safety, 2021, 208: 111665.

[3] 蔡利山．石油钻井废弃物环境污染特征的分析与评价[J]．西部探矿工程，2003，81(2)：54-57.

[4] HUANG Weian, LEI Ming, LI Gongrang, et al. Surface coating on solidified water-based drilling waste materials and its mechanism for resource reuse[J]. Journal of Chemical Technology and Biotechnology, 2020, 95 (8): 2149-2158.

[5] 韩来聚，李公让．胜利油田钻井环保技术进展及发展方向[J]．石油钻探技术，2019，47(3)：89-94.

[6] 许毓，邓皓，孟国维等．钻井液环保性能评价与分析方法研究[J]．油气田环境保护，2007，17(1)：43-46.

[7] 于雷，张敬辉，李公让等．低活度强抑制封堵钻井液研究与应用[J]．石油钻探技术，2018，46(1)：44-48.

[8] LIU Junyi, GUO Baoyu, LI Gongrang, et al. Synthesis and performance of environmental-friendly starch-based filtrate reducers for water-based drilling fluids [J]. Fresenius Environmental Bulletin, 2019, 28(7): 5618-5623.

[9] 刘均一，郭保雨，王勇等．环保型水基钻井液在胜利油田的研究与应用[J]．钻井液与完井液，2020，37(1)：64-70.

[10] 徐云龙，徐堆，张晓明等．钻井液不落地技术在白鹭湖井工厂的应用[J]．钻井液与完井液，2016，33(6)：63-67.

[11] 周佰刚，马孟磊，杨暕暕等．废弃水基钻井液不落地高效处理技术研究[J]．钻采工艺，2021，44(3)：108-111.

[12] 董怀荣，李宗清，郭振．胜利油田钻井液不落地处理工艺研究[J]．西部探矿工程，2017，29(11)：50-51.

[13] 李新亮，蒋官澄，彭双磊等．长链烷烃季铵盐DODMAC对钻井液中劣质固相的絮凝作用[J]．油田化学，2017，34(3)：397-401.

[14] 蒋官澄，李新亮，彭双磊等．一种亚微米固相絮凝剂的合成及性能评价[J]．钻井液与完井液，2017，34(4)：15-19.

[15] 王永超，黄维安，王晓强等．钻井固化废弃物表面涂覆工艺的正交实验优化及效果评价[J]．环境保护科学，2021，47(3)：68-73.

页岩气开发区地下水流及溶质运移数值模拟研究——以长宁 H2 平台为例

唐　攀[1,2]　杨晓敏[1,2]　叶秀茹[1,2]

(1. 中国石油西南油气田公司；2. 四川长宁天然气开发有限责任公司)

摘　要　页岩气的开采给社会带来巨大利益的同时，也产生了一些不可忽视的生态环境问题。为进一步分析研究场地尺度页岩气开发平台对浅层地下水的影响，明确特定时间节点浅层地下水特征指示物空间上分布情况，本文采用 FEFLOW 软件对长宁页岩气开发区长宁 H2 平台开展三维非稳定水流和地下水中 COD 运移的模拟。结果表明：泄漏 365 天时，最大影响范围为 943.3m^2，此时地下水中 COD 已经低于Ⅲ类水标准限值，无超标范围，最大迁移距离为 103.91m。泄漏 5 000d 后 COD 可至排泄基准面汉村河中，但由于 COD 浓度早已恢复至背景浓度值，对汉村河水质以及下游村民住户不会产生水质安全影响。

关键词　页岩气开发；数值模拟；地下水；溶质运移

近年来，非常规能源页岩气的勘探开发成为全球油气资源发展的亮点。四川页岩气资源丰富，建成了长宁-威远国家级页岩气示范区，实现了页岩气的工业化生产，页岩气的开发技术、装备、效益运作模式及排放标准等严格按照相关法律、法规与标准实施，环境保护工作效果显著。但随着我国对环境保护要求日益提高，对页岩气开发环境保护提出更高要求与挑战。由于页岩气特殊的储存方式，其在开发的各个环节如钻井、压裂以及返排液处置等多个环节均可能对生态环境造成影响。众所周知，地下水不同于工业废水与地表水，一旦受到污染，在长时间内将无法得到完全修复，治理难度大，甚至将直接影响周边居民健康安全及生态环境。因此页岩气的勘探开发过程中，钻井、压裂等环节对开发场地地下水环境可能造成的潜在污染风险备受关注。

随着地下水影响问题的日益严重，研究者不断深化对浅层地下水污染物迁移转化行为和规律的研究，并利用数值模拟软件研究污染物的迁移模式、滞后润湿性和渗透规律等。张森等人借助 FEFLOW 软件对宁波某印染厂建立了地下水模型，对场地地下水 COD 污染进行了模拟。党志文等人通过 MODFLOW-CFP 研究了贵州大井流域的岩溶水资源，提出了可持续的水资源开发利用方式。张静等人将污染物浓度模型、渗漏率模型和溶质运移模型相结合，研究城市垃圾填埋场对地下水质量的影响。国外学者 A. Ashraf 等在巴基斯坦印度河流域建立了 FEFLOW 的地下水流模型用于检测该区域地下水流含水层的行为信息。Brijesh K. Yadav 等人利用经典平流弥散方程和 Richard's 方程在不同点位进行数值模拟，以评估河谷的内在脆弱性。Ryan T. Bailey 利用 APEX-MODFLOW-Salt 模拟沙漠地区高浓度盐的运移。故本文以长宁 H2 平台为研究对象，拟构建符合页岩气开发实际情况的 FEFLOW 地下水系统数值模型。研究结果以期预防页岩气开发场地地下水污染及为防控措施提供恰当的科学依据。

1　研究区概况

1.1　地理位置

研究区地处四川盆地西南部，横跨四川省宜宾市、乐山市、泸州市，云南昭通市，共 4 市 18 县，见图 1。整体地面海拔 300～2100m，地形以中-高山为主，山高林密，沟壑纵横，岩溶地貌发育。开发区内五峰组-龙马溪组为现阶段页岩气开发目的层，属深水陆棚相沉积，富有机质页岩大面积连续稳定分布，Ⅰ+Ⅱ类储层厚度30~60m，品质好，分布稳定；大断裂不发育，保存条件好，压力系数高，埋藏适中，在埋深4500m 以浅可工作区内资源量达 1.8 万亿方。

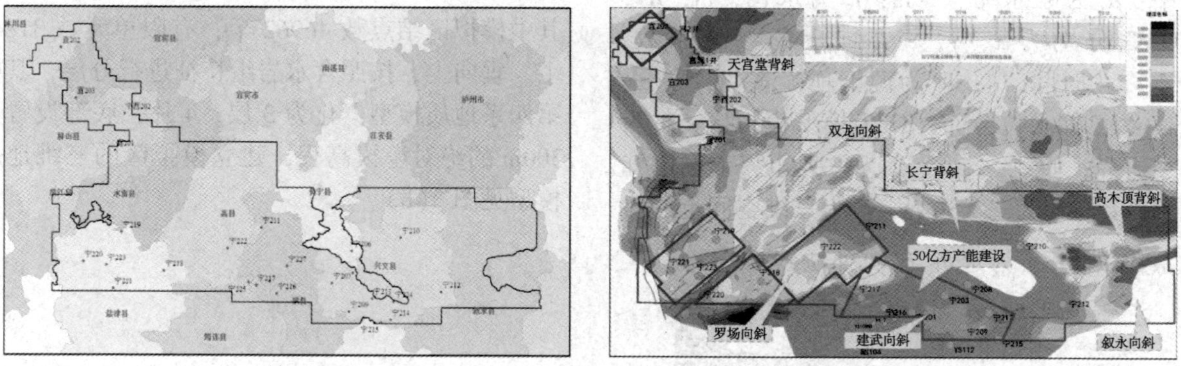

(a)　　(b)

图 1　研究区地理位置图

2　地下水流数值模拟

2.1　水文地质概念模型

长宁 H2 平台场地上覆地层为第四系全新统（Q4）粉质粘土，厚度 0.5~4.55m。南侧南广河、汉村河两岸一级阶地第四系更新统（Q2-3）松散堆积物因其厚度小、组织疏松、透水性好，厚度 0~15m 不等，长宁 H2 平台地质剖面模型见图 2(a)。综合分析区内水文地质条件的基础上研究区北部、南部为给定水头边界，上边界为降水补给、蒸发边界，其余为零通量边界，见图 2(b)。

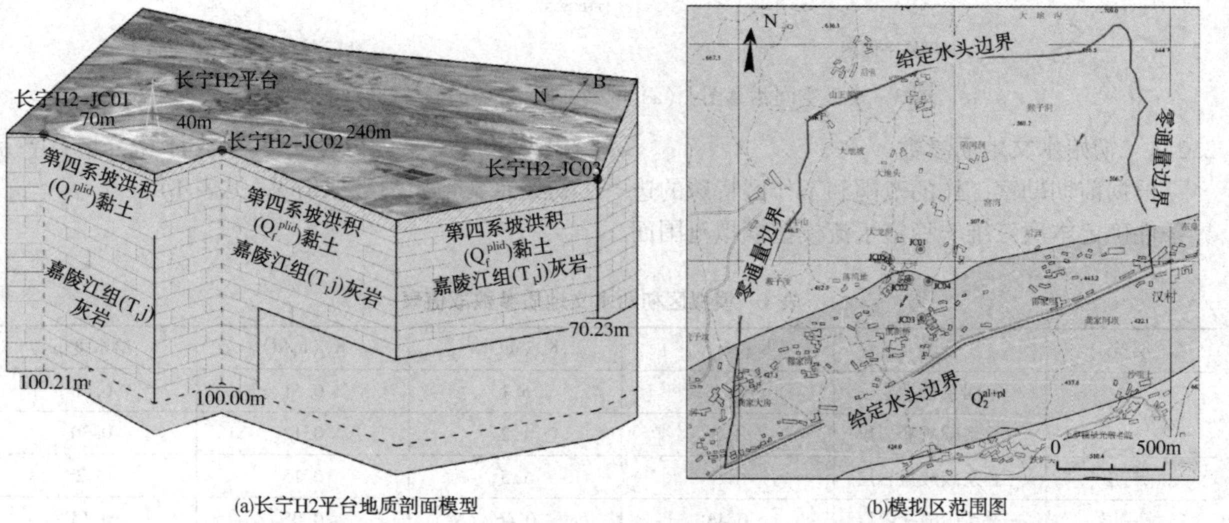

图 2　概念模型示意图：(a) 长宁 H2 平台地质剖面模型；(b) 模拟区范围图

2.2　地下水渗流模型

2.2.1　数学模型

通过对水文地质概念模型的分析，依据渗流连续性方程和达西定律，建立模拟区地下水系统水文地质概念模型相对应的三维非稳定流数学模型[19]：

$$\mu_s \frac{\partial h}{\partial t} = \frac{\partial}{\partial x}\left(K_x \frac{\partial h}{\partial x}\right) + \frac{\partial}{\partial y}\left(K_y \frac{\partial h}{\partial y}\right) + \frac{\partial}{\partial z}\left(K_z \frac{\partial h}{\partial z}\right) + W \tag{2-1}$$

$$h(x,\ y,\ z,\ t) = h_0(x,\ y,\ z) \quad (x,\ y,\ z) \in \Omega,\ t=0 \tag{2-2}$$

$$h(x,\ y,\ z,\ t)\mid_{\Gamma_1} = h_0(x,\ y,\ z) \quad (x,\ y,\ z) \in \Gamma_1,\ t \geqslant 0 \tag{2-3}$$

$$K\frac{\partial h}{\partial \vec{n}}\Big|_{\Gamma_2}=q(x,\ y,\ z,\ t)\ (x,\ y,\ z)\in\Gamma_2,\ t>0 \tag{2-4}$$

式中：μ_s 为贮水率，1/m；h 为水位，m；Kx，Ky，Kz 分别为 x，y，z 方向上的渗透系数，m/d；t 为时间，d；W 为源汇项，m^3/d；$h_0(x,\ y,\ z)$为已知水位分布；Ω 为模型模拟区；Γ_1为一类边界；$h(x,\ y,\ z,\ t)$为一类边界上的已知水位函数；Γ_2为二类边界；K 为三维空间上的渗透系数张量；$\vec{n}$为边界 Γ_2 的外法线方向；$q(x,\ y,\ z)$为二类边界上已知流量函数。

2.2.2　网格剖分及地质模型

将模拟区域采用 TMesh 离散为不规则三角剖分网格。得到模拟区二维剖分结果见图 3(a)，其中模拟区结点数 46962 个，有限单元数 31840 个。垂向上，按照含水岩组特征进行分层，其中第四系地质模型概化为 3 层，4 片，底部设置为 300m 的绝对海拔高程，建立模拟区的三维地质模型见图 3(b)。

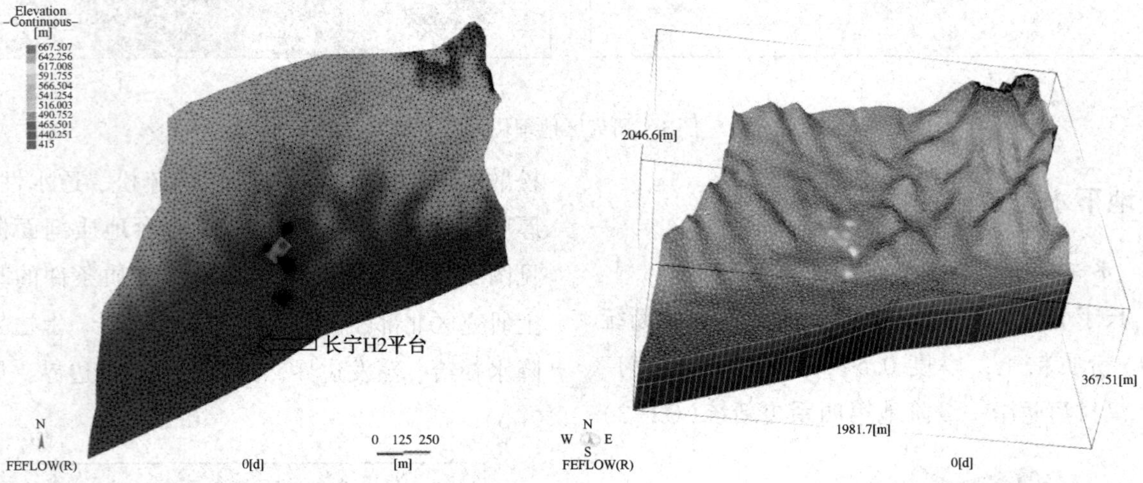

(a)网格平面图　　(b)三维网格离散图

图 3　模型空间示意图：(a) 网格平面图；(b) 三维网格离散图

2.2.3　初始水文地质参数

根据前期勘察工作的范围和工作区特殊的边界条件确定本次三维非稳定水流模型模拟范围面积为 $2.3km^2$，划分地下水参数计算分区，各层初始水文地质参数取值见(见表 1)。

表 1　模拟区初始水文地质参数取值表

层位	分区	K_{xx}(m/d)	K_{yy}(m/d)	K_{zz}(m/d)	给水度 μ
第一层	第四系松散层	5.1	5.1	0.51	0.30
	三叠系碳酸盐岩层	1.2	1.2	0.12	0.30
第二层	三叠系碳酸盐岩层	1.5	1.5	0.15	0.2
第三层	三叠系碳酸盐岩层	0.46	0.46	0.05	0.15

2.2.4　地下水流模型识别

本次模拟预测评价中将稳定流条件下识别校正后的天然流场作为非稳定流的初始流场，模型识别期为 2019 年 1 月。通过各观测孔实际观测的水位(2019 年 1 月)和模型计算水位的拟合结果进行对比分析，本次识别后的模拟区稳定地下水流场见图 4，识别后的水文地质参数取值见表 2、3。见图 5 可以看到，模拟水位值基本均匀分布在标准线附近，反应了模拟值与实际值之间总体趋势是一致的，而所有值基本都分布在 98%置信区间内，可以认为模拟值与实际值拟合情况较好。通过上述拟合分析，可以看到本次模拟建立的 2019 年 1 月地下水稳定流模型基本符合模拟区地下水的流场特征，所建立的水文地质概念模型和数学模型是比较科学可靠的。

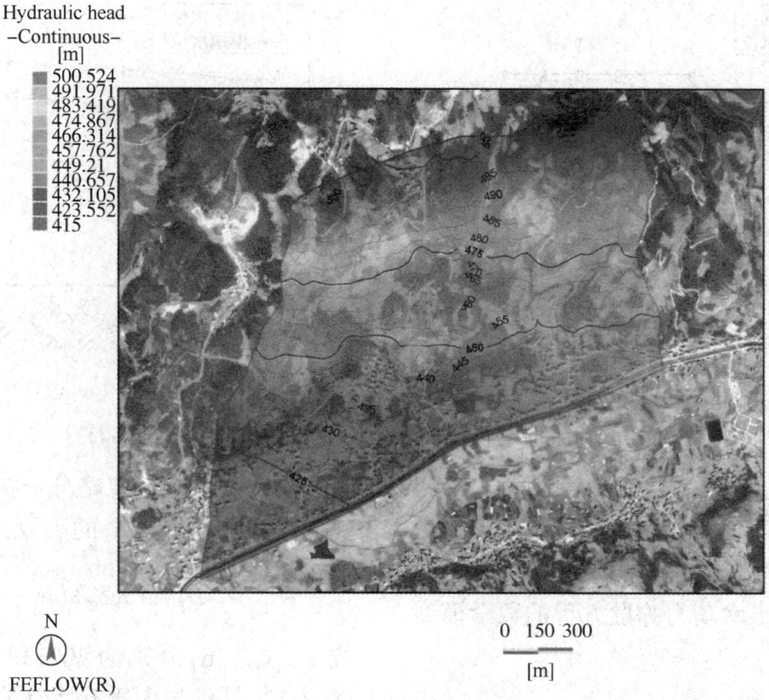

图 4　识别后的稳定流地下水流场图(2019. 1)

表 2　识别后降雨入渗系数和蒸发系数取值表

层位	分区	降水入渗系数	蒸发系数
第一层	第四系松散层	0. 32	0. 08
	三叠系碳酸盐岩层	0. 21	0

表 3　识别后模型水文地质参数取值表

层位	分区	K_{xx}(m/d)	K_{yy}(m/d)	K_{zz}(m/d)	给水度 μ
第一层	第四系松散层	5. 1	5. 1	0. 51	0. 30
	三叠系碳酸盐岩层	1. 2	1. 2	0. 12	0. 30
第二层	三叠系碳酸盐岩层	1. 5	1. 5	0. 15	0. 2
第三层	三叠系碳酸盐岩层	0. 46	0. 46	0. 05	0. 15

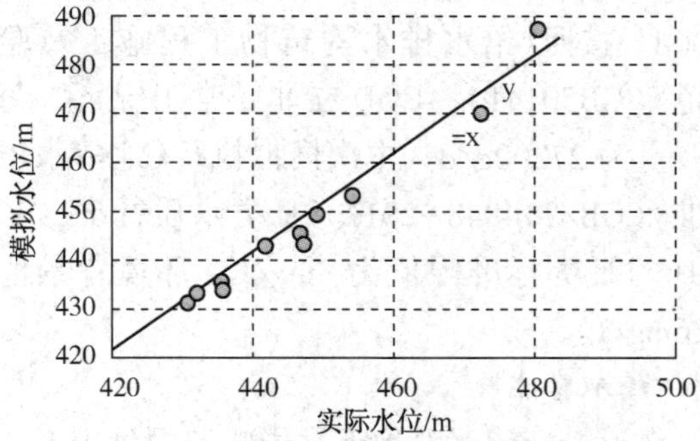

图 5　天然流场水位拟合散点分布图

2. 2. 5　地下水流模型校正

利用前文建立的 2019 年 1 月枯水期的稳定流地下水流场作为初始条件，输入识别后的降雨入渗补给量、水文地质参数以及边界条件等，计算 2019 年 1 月至 2019 年 12 月间的非稳定流地下水流场，同时通过工作区已有的地下水动态监测孔对建立的非稳定地下水流场进行校正，见图 6 可以看出两个监测井模拟水位与实测水位具有相同的变化趋势，拟合程度较好，因此上述建立的非稳定流模型符合工作区地下水的动态变化特征，可以用其来建立地下水的溶质运移模型。

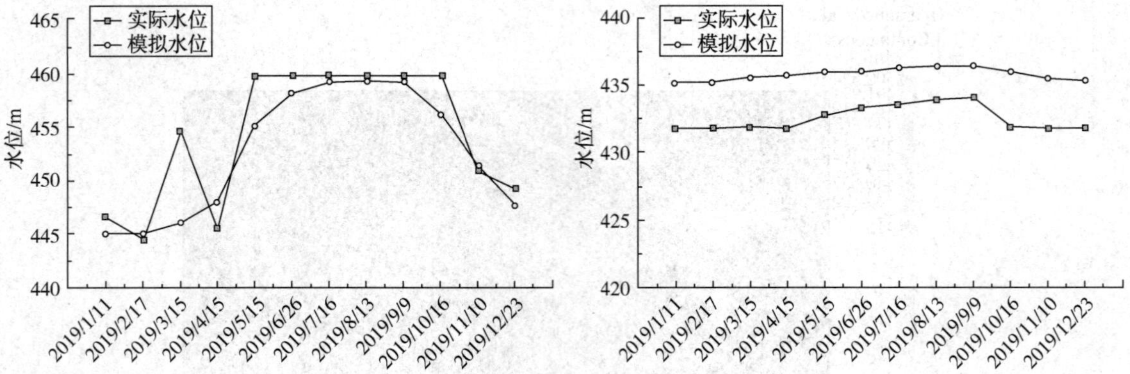

(a)JC02　　(b)JC03

图 6　实测水位与模拟水位对比图：(a) JC02；(b) JC03

3　地下水溶质运移

3.1　数学模型

溶质运移的三维水动力弥散方程的数学模型可以表示为：

$$R\theta\frac{\partial h}{\partial t}=\frac{\partial h}{\partial x_i}\left(\theta D_{ij}\frac{\partial C}{\partial x_j}\right)-\frac{\partial h}{\partial x_i}(\theta v_i C)-WC_S-WC-\lambda_1\theta C-\lambda_2\rho_b\overrightarrow{C} \tag{3-1}$$

$$C(x, y, z, t)=C_0(x, y, z)(x, y, z)\in\Omega_1,\ t=0 \tag{3-2}$$

$$C(x, y, z, t)\mid_{\Gamma_1}=c(x, y, z)(x, y, z)\in\Gamma_1,\ t\geqslant0 \tag{3-3}$$

$$\theta D_{ij}\frac{\partial C}{\partial x_j}\mid_{\Gamma_2}=f_i(x, y, z, t)(x, y, z)\in\Gamma_2,\ t\geq0 \tag{3-4}$$

式中：R 为迟滞系数，无量纲，$R=1+\frac{\rho_b\partial\overrightarrow{C}}{\theta\partial C}$；$\rho_b$ 为介质密度，kg/(dm)^3；θ 为介质孔隙度，无量纲；C 为组分的浓度，g/L；$\overrightarrow{C}$为介质骨架吸附的溶质浓度，g/kg；t 为时间，d；x，y，z 为空间位置坐标，m；D_{ij}为水动力弥散系数张量，m^2/d；Vi 为地下水渗流速度张量，m/d；W 为水流的源和汇，1/d；C_s为组分的浓度，g/L；λ_1为溶解相一级反应速率，1/d；λ_2为吸附相反应速率；$C_0(x, y, z)$为已知浓度分布；Ω_1为模型模拟区域；Γ_1为表示给定浓度边界；$C(x, y, z, t)$为定浓度边界上的浓度分布；Γ_2为通量边界；$f_i(x, y, z, t)$为边界Γ_2上已知的弥散通量函数。

3.2　模型参数

水动力弥散系数 D 是表征含水层介质弥散特征的综合参数，忽略分子扩散时，它仅是介质弥散度和孔隙流速 V 的函数，可表示为：

$$D_{ij}=\alpha_T V\delta_{ij}+(\alpha_L-\alpha_T)\frac{V_iV_j}{V} \tag{3-5}$$

式中：α_T，α_L分别为纵向和横向孔隙尺度弥散度(m)，是仅与介质特性有关的参数。实际弥散度要比理论计算出的弥散度大的多，所以模型按照偏保守原则，最终确定的溶质运移模型参数见表 4。

表 4　溶质运移模型参数表

层位	分区	纵向弥散度(m)	横向弥散度(m)	有效孔隙度 ne
第一层	第四系松散层	12	1.2	0.32
	三叠系碳酸盐岩层	8	0.8	0.32
第二层	三叠系碳酸盐岩层	8	0.8	0.22
第三层	三叠系碳酸盐岩层	5	0.5	0.15

3.3　源强设置

设置在 30 天内发现返排液 COD 泄漏并进行处理，预测时段包括污染发生后 100d、1000d、5000d。按照《给水排水构筑物工程施工及验收规范》(GB50141)，COD 在非正常工况下，每天泄漏量为 27200g/d。本次模拟执行《地下水质量标准》(GB/T14848-2017) Ⅲ类水质标准，其中 COD 的Ⅲ类标准限值为 3mg/L，环境背景值为 1.36mg/L。

3.4　模拟结果

在返排液渗漏对地下水影响范围见表 5。

表 5　返排液渗漏对地下水影响范围表

影响时限(d)	污染晕最高浓度(mg/L)	污染晕中心迁移距离(m)	影响范围(m^2)	超标范围(m^2)	最大迁移距离(m)	备注
50	17.38	4.86	802.5	461.58	17.9	受到污染、水质超标
100	8.72	10.15	1 209.04	552.2	32.3	受到污染、水质超标
365	2.1	36.1	943.3	0	103.91	受到污染、水质合格
1 000	1.36	60.5	0	0	145.91	恢复背景值
5 000	1.36	167.22	0	0	690.54	恢复背景值

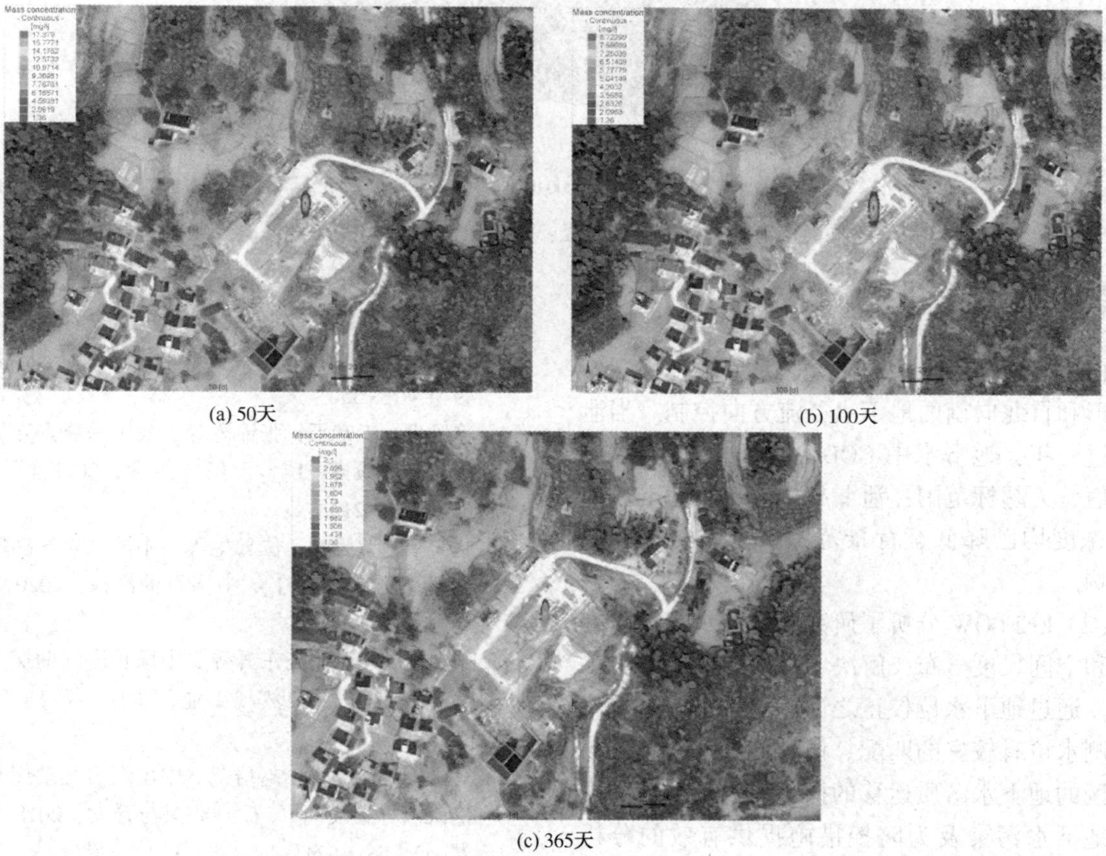

(a) 50天　(b) 100天　(c) 365天

图 7　不同时段污染物泄露影响范围：(a) 50 天；(b) 100 天；(c) 365 天

模拟结果显示，返排液积液池泄漏会对周边一定范围内的潜水含水层造成影响，并存在超标现象。30d 泄漏得到处理，污染物对含水层的影响范围仍然逐渐扩大，但污染物在地下水扩散迁移下浓度逐渐降低，见图 7。

根据模拟结果，返排液集液池造成的地下水中 COD 浓度呈现先升高后逐渐降低趋势，泄漏 365d 后，地下水中 COD 浓度已经低于Ⅲ类水标准限值，无超标范围，泄漏 1000d 后，地下水中 COD 浓度均已降低至背景范围，对地下水水质无影响；泄漏 5000d 后泄漏溶质可至排泄基准面汉村河中(见图 8)，但由于在地下水混合、弥散、对流迁移等水动力作用下早已恢复至背景浓度值，对汉村河水质以及下游村民住户不会产生水质安全风险。

(a)1000 d

(b)3000 d

(c)5000 d

图 8　不同时段泄漏点溶质迁移路径：(a) 1000d；(b) 3000d；(c) 5000d

4　结果与讨论

(1) 模拟结果显示，研究区污染物迁移主要受地形和自北向南的地下水径流方向控制。当泄漏超过一年，地下水中 COD 已经低于Ⅲ类水标准限值，无超标范围；泄漏超过三年，地下水中 COD 浓度均已降低至背景范围，对地下水水质无影响。

(2) FEFLOW 分析了研究区地下水中溶质的运移和空间尺度分布，解决了数值分析的计算工作量。通过地下水位校正之后的模型，模拟水位与实测水位有较好的匹配。说明该方法适用于该研究区的地下水溶质运移的探究，为页岩气开发场地地下水污染及为防控措施提供有效的分析工具。

参 考 文 献

[1] 邹才能，赵群，丛连铸等．中国页岩气开发进展、潜力及前景[J]．天然气工业，2021，第 41 卷(1)：1-14.

[2] Hung Tien Pham; Wolfram Rühaak; Valerian Schuster; Ingo Sass. Fully hydro - mechanical coupled Plug - in (SUB+) in FEFLOW for analysis of land subsidence due to groundwater extraction (Article) [J]. SoftwareX, 2019, Vol. 9: 15-19.

[3] 聂海宽，何治亮，刘光祥等．中国页岩气勘探开发现状与优选方向[J]．中国矿业大学学报，2020，第 49 卷：13-35.

[4] 徐凤生，王富平，张锦涛等．我国深层页岩气规模效益开发策略[J]．天然气工业，2021，第 41 卷(1)：205-213.

[5] 赵文智，贾爱林，位云生等．中国页岩气勘探开发进展及发展展望[J]．中国石油勘探，2020，第 25 卷(1)：31-44.

[6] 张金川，史淼，王东升等．中国页岩气勘探领域和发展方向[J]．天然气工业，2021，第 41 卷(8)：69-80.

[7] 马永生，蔡勋育，赵培荣．中国页岩气勘探开发理论认识与实践[J]．石油勘探与开发，2018，第 45 卷(4)：561-574.

[8] Hidayat, H. N. Permana, M. G. Geothermal reservoir simulation of hot sedimentary aquifer system using FEFLOW © [J]. IOP Conference Series: Earth and Environmental Science, 2018, Vol. 103(1): 012002.

[9] 胡健，张祥达，魏志诚．基于 FEFLOW 在地下水数值模拟中的应用综述[J]．地下水，2020，第 42 卷(1)：9-13.

[10] 刘玲，陈坚，牛浩博等．基于 FEFLOW 的三维土壤-地下水耦合铬污染数值模拟研究[J]．水文地质工程地质，2022，第 49 卷(1)：164-174.

[11] 张森，潘杰，刘生财，陆柯延．基于 Feflow 的地下水污染数值模拟及预测——以宁波某印染厂为例[J]．绍兴文理学院学报(自然科学版)，2017，(1)：21-27.
[12] 党志文，邵景力，崔亚莉等．基于 MODFLOW-CFP 的贵州大井流域岩溶地下水数值模拟[J]．中国岩溶，
[13] Jing Zhang；Jian-Min Zhang；Bing Xing. Study on the effect of municipal solid landfills on groundwater by combining the models of variable leakage rate, leachate concentration, and contaminant solute transport[J]. Journal of environmental management, 2021, Vol. 292：112815.
[14] A. Ashraf；Z. Ahmad. Regional groundwater flow modelling of Upper Chaj Doab of Indus Basin, Pakistan using finite element model (Feflow) and geoinformatics [J]. Geophysical Journal International, 2008, Vol. 173(1)：17-24.
[15] Yadav, Brijesh K；Junaid, Syed M. Groundwater Vulnerability Assessment to Contamination Using Soil Moisture Flow and Solute Transport Modeling. [J]. Journal of Irrigation & Drainage Engineering, 2015, Vol. 141(7)：1-11.
[16] Bailey, Ryan T.；Jeong, Jaehak；Park, Seonggyu；Green, Colleen Heather Machado. Simulating salinity transport in High-Desert landscapes using APEX-MODFLOW-Salt [J]. Journal of Hydrology, 2022, Vol. 610.
[17] 天工．四川长宁—威远国家级页岩气示范区建成[J]．天然气工业，2016，第 36 卷(1)：114.
[18] 刘莎，郑钰．四川长宁页岩气开采区上地壳各向异性及其变化特征[J]．地球物理学报，2022，第 65 卷(6)：2035-2046.
[19] 郑锦一．基于 FEFLOW 模拟铅锌尾矿-地下水重金属运移影响因素研究[D]．桂林理工大学，2019.
[20] 穆中奇，宁正福，吕方涛等．页岩气多层吸附的分子模拟与理论模型[J]．西安石油大学学报(自然科学版)，2023，第 38 卷(1)：69-76，84.
[21] Monninkhoff, Bertram L；Zhijia Li. Coupling FEFLOW and MIKE11 to optimise the flooding system of the Lower Havel polders in Germany. [J]. International Journal of Water, 2009, Vol. 5(2)：6.
[22] 梁聪，咸玉建，赵燕容等．基于 FEFLOW 的某深埋长隧洞典型段涌水量预测[J]．勘察科学技术，2020，(3)：32-37.
[23] Ma, L (Ma, Lan)；Wei, XM (Wei, XiaoMei)；Bao, AM (Bao, AnMing)；Wang, SF (Wang, ShiFei). Simulation of groundwater table dynamics based on Feflow in the Minqin Basin, China [J]. JOURNAL OF ARID LAND, 2012, Vol. 4 (2)：123-131.
[24] GB 50141-2008. 给水排水构筑物工程施工及验收规范[S]. CN-GB, 2008. 01. 01.
[25] GB/T 14848-2017. 地下水质量标准[S]. 2017-10-14.
[26] 谢维扬，朱怡晖，刘沙，等．页岩气水平井两相渗流规律及返排评价[J]．天然气工业，2022，第 42 卷(201)：51-59.
[27] 郑有成，赵志恒，曾波等．川南长宁区块页岩气高密度完井+高强度加砂压裂探索与实践[J]．钻采工艺，2021，第 44 卷(2)：43-48.

静电纺丝法制备聚乳酸纳米纤维膜工艺优化及其油水分离性能研究

段　艺[1,2]　李　辉[1,2]　杜国勇[3]　谯国军[1,2]　龙　啸[1,2]　冯晓辉[1,2]

(1. 中国石油集团川庆钻探工程有限公司；2. 四川科特检测技术有限公司；3. 西南石油大学)

摘　要　采用静电纺丝法制备了 PLA 纳米纤维膜材料。探究了不同溶剂配比、纺丝液浓度及纺丝距离对纳米纤维膜形貌、润湿性及纤维直径的影响，确定静电纺丝 PLA 纳米纤维膜的最优工艺条件为：纺丝液浓度为 8%，纺丝距离为 16，溶剂配比为二氯甲烷(DCM)：N，N-二基甲酰胺(DMF)＝5：5。该工艺条件下制备出的 PLA 纳米纤维膜油通量为 63.9L/m^2·h，油水分离效率为 92.2%。

关键词　静电纺丝；聚乳酸；疏水；油水分离

随着工业技术的发展，在纺织、食品、皮革、石化、金属涂饰等生产过程中产生的油水混合物日益增多，油类污染物具有难降解、危害大和环境风险高等特性。因此，从环境保护的角度出发，石油化工行业和环保机构正在寻找处理这类问题有效的油水分离方法。聚乳酸(PLA)具有制备生物可降解材料的潜力，被认为是最具发展前景的材料之一。由于酯基的存在，PLA 是一种疏水性的物质，因此它也能用于制备具有特殊润湿性的材料，然而采用静电纺丝法制备 PLA 纳米纤维膜材料常常被用在生物医学领域，如载药、组织工程及手术伤口敷料等，在油水分离领域研究较少。

静电纺丝法是制备纳米纤维膜的一种方法，具有操作简单、价格低廉的优点。采用静电纺丝法所制备的纳米纤维膜结构及组成可控，且拥有较大的比表面积和高孔隙率，它易于加入其他组分来修饰纳米纤维膜的润湿性及油水分离等性能。在静电纺丝制备油水分离膜时，可以通过改变纤维膜的表面能及粗糙度，以制备出具有特殊润湿性的纳米纤维膜材料，进而实现更快速有效的油水分离。静电纺丝的过程会受到许多因素的影响，如纺丝液参数、纺丝装置及环境参数等，这些因素会对纳米纤维膜的结构与形貌造成一定的影响，进而改变膜材料的润湿性。

本文以 PLA 为原料，采用静电纺丝法制备了 PLA 纳米纤维膜，探究不同溶剂配比、纺丝液浓度和纺丝距离对 PLA 纳米纤维膜的纤维形貌、润湿性及纤维直径的影响，以确定静电纺丝 PLA 纳米纤维膜的最佳工艺条件。

2　实验

2.1　实验药品与仪器(见表 1、表 2)

表 1　实验药品的规格和生产商

药品名称	规格	生产商
二氯甲烷	分析纯(AR)	成都科龙化工试剂厂
N,N-二甲基甲酰胺	分析纯(AR)	成都科龙化工试剂厂
聚乳酸	M＝16 万	Naturework

表 2　实验用的仪器型号和生产商

仪器及设备名称	型号或规格	生产商
精密电子分析天平	SQP	沈阳龙腾电子有限公司
静电纺丝仪	SS-2535 型	江苏永康乐业有限公司
一次性吸管	3mL	江苏康健医疗用品有限公司
无菌注射器	5mL	上海正邦医疗科技有限公司
烧杯	50mL	蜀牛玻璃仪器有限公司
VGA 工业相机	RY003	上海韧跃电子科技有点公司
场发射扫描电子显微镜	FEI Quanta FEG	FEI Czech Republic

2.2 PLA 纳米纤维膜的制备

见图 1(a)、图 2(b)为静电纺丝的装置图与原理图。具体实验步骤如下：在室温下，将一定质量 PLA 缓慢加入到二氯甲烷(DCM)与 N,N-二甲基甲酰胺(DMF)的混合溶剂中，磁力搅拌 12h 后制得纺丝前驱液，通过静电纺丝法制备 PLA 纳米纤维膜。采用平板接收器，且在接收器上的平板上覆盖住锡纸，以便揭下纺出的纳米纤维膜。

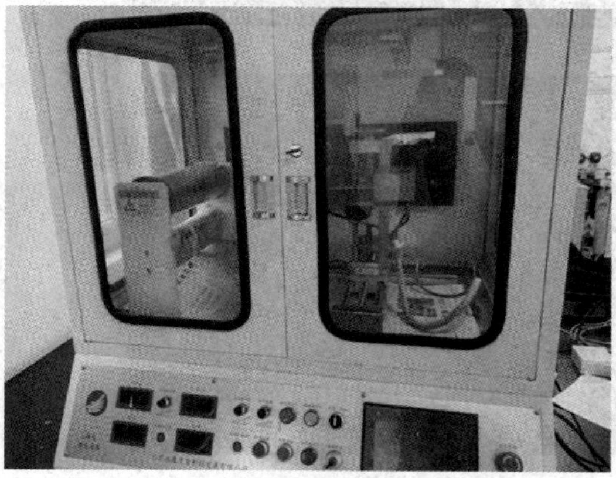

图 1 静电纺丝装置图

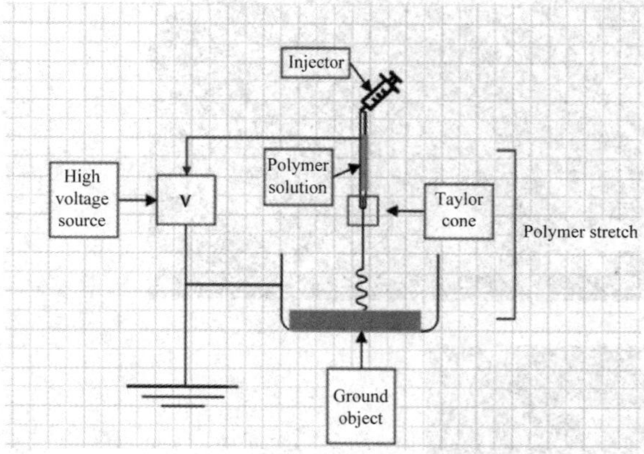

图 2 静电纺丝原理图

2.3 PLA 纳米纤维膜表征与测试

(1) 扫描电镜表征

采用场发射扫描电镜(FEI Quanta FEG)对 PLA 纳米纤维膜进行形貌表征。

(2) 润湿性表征

在室温下，在 PLA 纳米纤维膜上滴定一定大小的去离子水，采用 VGA 工业相机进行表征，使用 ImageJ 来计算纳米纤维膜的接触角大小。

(3) 纤维直径测量

采用 Nano Measurer 软件对纳米纤维膜的纤维直径进行测量。

(4) 油水分离性能表征

采用四氯乙烯作为油相，用罗丹明 B 对其进行染色。采用纯水作为水相，用甲基蓝对水进行染色。采用砂芯过滤器进行油水分离试验。具体实验步骤如下：各取 50mL 油相与 50mL 水相倒入 200mL 的烧杯中，将膜固定在过滤器中，将油水混合物同时倒入过滤装置中，在油滴下的第一滴时开始计时，测试三次，取平均值。

$$F=\frac{V}{\Delta S\Delta T} \qquad (2-1)$$

式中：F 为油通量($L/m^2\cdot h$)；V 为通过膜的油的体积(L)；ΔS 为膜的表面积(m^2)；ΔT 为过滤时间(h)。

$$\eta=\frac{V2}{V1}\times 100\% \qquad (2-2)$$

式中：η 为分离效率(%)；V_1 为过滤前的体积(L)；V_2为过滤后的体积(L)。

采用以上公式 2-1 与公式 2-2 来计算油通量与分离效率。

3 结果与讨论

3.1 溶剂配比对 PLA 纳米纤维膜结构与性能的影响

3.1.1 纳米纤维膜的形貌

对不同溶剂配比的 PLA 纳米纤维膜进行了扫描电镜表征。见图 3，随着二氯甲烷(DCM)比例的增加，PLA 纳米纤维中的串珠状纤维逐渐减少，纤维形态更加均匀良好。这是由两种溶剂之间的沸点和黏度差异造成的。首先，DCM 的沸点为 39.8℃，而 N，N-二甲基甲酰胺(DMF)的沸点为 153℃，DMF 比 DCM 的沸点高了 3.8 倍，两种溶剂的沸点差异较大，当 DCM 占比较少时，在纺丝过程中会出现溶剂挥发慢、不完全的现象，因此在 PLA 纳米纤维膜的扫描电镜图上会观察到串珠形状的纤维。其次，常温下 DMF 的黏度为 0.92mPa · s，DCM 的黏度为 0.44mPa · s，当 DMF 占比较大时，纺丝液的黏度随之变大，在纺丝的过程中限制了高分子链的运动，使其在电场下更难被拉伸成纤维，纺丝液会直接沉积在接收板上，因此也会出现串珠形状的纤维。然而随着 DMF 比例的减小，溶液黏度较低，分子链缠结不够，不能有效抵抗电场力作用而发生断裂。从纳米纤维膜的可纺性看来，随着 DCM 占比的增大，由于 DCM 的沸点较低，在纺丝时 PLA 纺丝液挥发较快，针头处容易发生堵塞的现象，无法形成形态良好的纤维，接收板上的 PLA 纳米纤维膜为不均匀的网状结构，纳米纤维膜的可纺性变差。

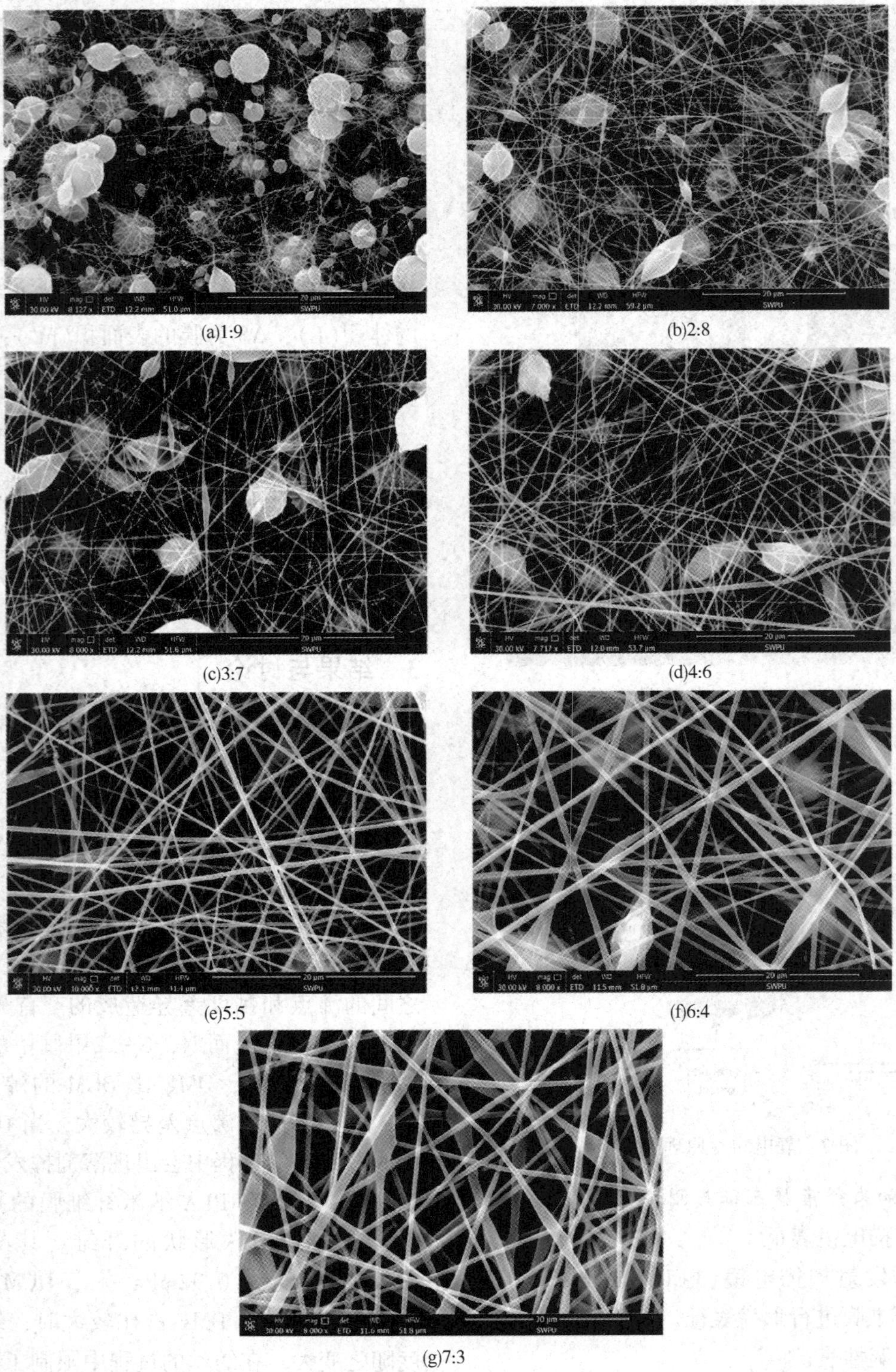

(a)1:9　(b)2:8　(c)3:7　(d)4:6　(e)5:5　(f)6:4　(g)7:3

图 3　不同溶剂配比 PLA 纳米纤维膜的扫描电镜图 1：9(a)；2：8(b)；3：7(c)；4：6(d)；5：5(e)；6：4(f)；7：3(g)

3.1.2　纳米纤维膜的润湿性

见图 4 为不同溶剂配比的 PLA 纳米纤维膜的水接触角。随着 DCM 比例的增大，纳米纤维膜的接触角先增大后减小，在 DCM：DMF = 5：5时，PLA 膜的接触角达到最大值 118.8°。这是由于 DMF 占比较大时，PLA 纳米纤维膜的表面更为光滑，即膜的表面粗糙度低。同时因为纺丝液体系中 DCM 占比较小，射流上含有的 DCM 挥发速率变慢，导致热力学不稳定现象不明显，从而阻碍了热致相分离而制孔。随着 DCM 比例的增大，膜的成孔性更好，这有利于纳米纤维膜粗糙度的提高，因此 PLA 纳米纤维膜的水接触角变大，疏水性增强。然而随着DCM比例的进一步增大，PLA纳米纤维膜的表面出现了网状结构，膜表面的微纳米结构较差，膜的接触角变小，疏水性变差。

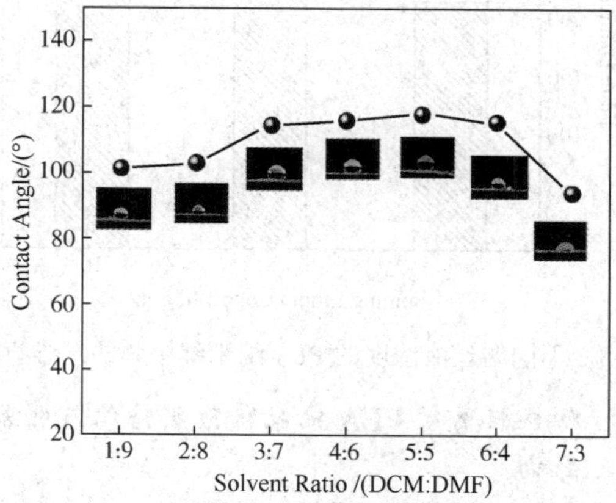

图4　不同溶剂配比的PLA纳米纤维膜的水接触角

3.1.3　纳米纤维膜的纤维直径

见图5展示了不同溶剂配比的PLA纳米纤维膜平均纤维直径，可见随着DCM比例的增大，PLA纳米纤维膜的平均纤维直径先减小后增大，在DCM：DMF＝5：5时，PLA纳米纤维膜的纤维直径最小。这是由于DMF是一种极性较高的有机溶剂，且DMF与DCM相比，它的黏度较高，在电压一定的情况下，纺丝液的黏度较高则拉伸成的纤维直径就更粗，因此在DMF占比较高时，纳米纤维膜的纤维直径也就更大。然而随着DCM比例进一步的增大，纺丝液中携带的电荷变少，纺丝液中的电荷密度变低，不利于纤维细化，纤维直径随之变大。

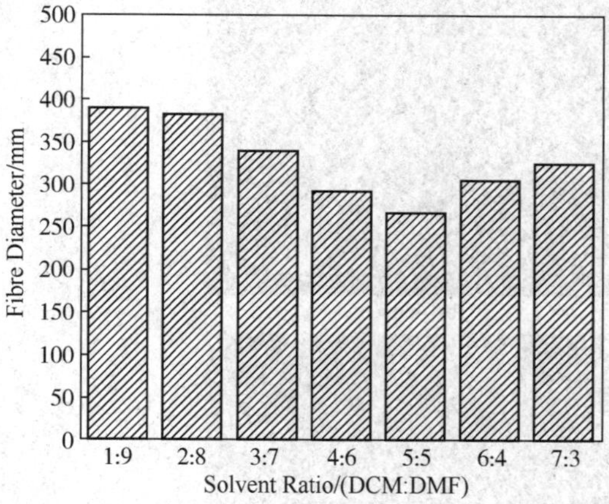

图5　不同溶剂配比的PLA纳米纤维膜的纤维直径

3.2　纺丝液浓度对PLA纳米纤维膜结构与性能的影响

3.2.1　纳米纤维膜的形貌

见图6为不同纺丝液浓度的PLA纳米纤维膜的扫描电镜图，可见随着纺丝液浓度的增加，纳米纤维膜内部的单根纤维粗细均匀，纤维的形貌更优异。当PLA纺丝液浓度为6%时，纳米纤维膜的纤维形态杂乱无序，且存在大量串珠形态的纤维，纤维的成型效果较差，这是由于当PLA纺丝液浓度较低时，纺丝液的黏度较低无法完全挥发，亦无法在高压电场下被拉伸成均匀的纤维。同时射流中的分子链之间缠绕不够，有效纤维也很难形成。当纺丝液浓度为8%时，此时纤维的形态最好，纺丝液在高压电场下被拉伸成了非常均匀的单根纤维，这些形态良好的纤维所构成的纳米纤维膜也比浓度为6%的纳米纤维膜力学性能更好。在纺丝液浓度为10%时，与浓度为8%时相比，纤维变粗，此时纳米纤维膜的表面粗糙度变小，不利于油水分离的应用。

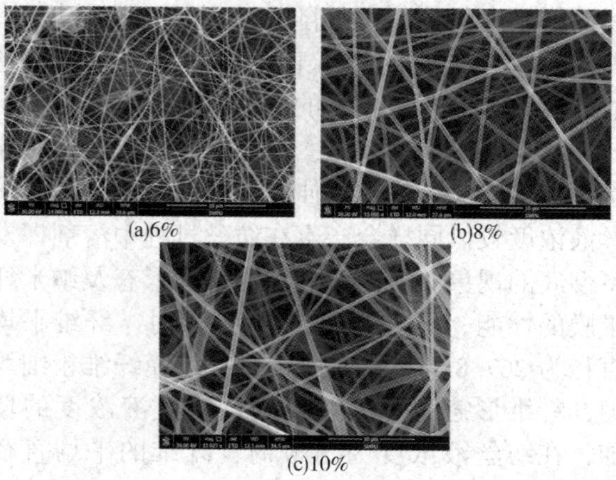

图6　不同纺丝液浓度6%(a)；8%(b)；10%(c)的PLA纳米纤维膜的扫描电镜图

3.2.2　纳米纤维膜的润湿性

见图7为不同纺丝液浓度的PLA纳米纤维膜的水接触角，可见随着纺丝液浓度的增加，PLA纳米纤维膜的水接触角先增大后减小，在纺丝液浓度为8%时，PLA纳米纤维膜的水接触角最大，疏水性能最优。这一现象的产生归因于纺丝过程中膜表面粗糙度的变化。在纺丝液浓度较低时，纳米纤维膜的纤维内部有大量的串珠结构，串珠结构的纤维会使膜的表面粗糙度变小，不利于膜的疏水性，因此膜的接触角较小。随着纺丝液浓度的增加，PLA纳米纤维膜的纤维结构变得均匀良好，膜的表面粗糙度变大，其水接触角也随之变大。然而当纺丝液浓度增加到10%时，由于纤维直径的增大，膜的孔隙度也随之增大，这会导致PLA纳米纤维膜的表面粗糙度变小，因此水接触角变小。

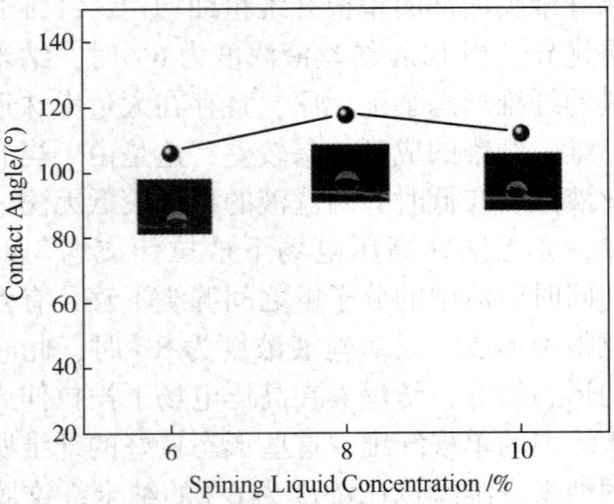

图7　不同纺丝液浓度的PLA纳米纤维膜的水接触角

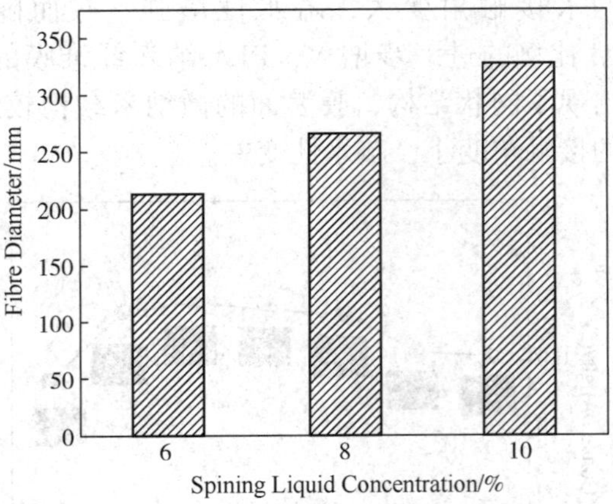

图8　不同纺丝液浓度的PLA纳米纤维膜的纤维直径

3.2.3　纳米纤维膜的纤维直径

见图8为不同纺丝液浓度的PLA纳米纤维膜的纤维直径图，可见随着纺丝液浓度的增加，PLA纳米纤维膜的纤维直径逐渐增大。当纺丝液浓度为6%时，纤维的平均直径为213.4nm，此时纺丝液的黏度较低，在纺丝过程中泰勒锥非常明显，因此更易被拉伸成较细的纤维，然而纺丝液浓度较低同样会产生在纺丝过程中溶剂挥发不彻底的现象，从而影响到纤维的形态及纳米纤维膜的性能。当纺丝液浓度为8%时，纤维平均直径为267.8nm，此时的纳米纤维膜纤维粗细均匀，纤维形态良好。然而随着纺丝液浓度的增加，在纺丝液浓度为10%时，纤维的平均直径为327.2nm，直径变大，膜的表面粗糙度变小，这不利于PLA纳米纤维膜的疏水性。

3.3　纺丝距离对PLA纳米纤维膜结构与性能的影响

3.3.1　纳米纤维膜的形貌

见图9为不同纺丝距离的PLA纳米纤维膜的扫描电镜图，可见纺丝距离的改变对纳米纤维膜的纤维形态影响较小，但在纺丝距离较小时，可以观察到PLA纳米纤维膜的纤维形态仍有一定程度的不同。当纺丝距离在12和14时，PLA纳米纤维膜上有少许缠绕状的纤维，这主要是由于接收距离过小，PLA纺丝液中的溶剂无法完全挥发导致的。随着纺丝距离的增大，当纺丝距离为16时，PLA纳米纤维膜中的纤维形态更优异，纤维之间没有出现曲折缠绕的现象，这样的纤维形态更有利于支撑纳米纤维膜的力学性能，使得其在后续油水分离应用时有着更优异的物性基础。

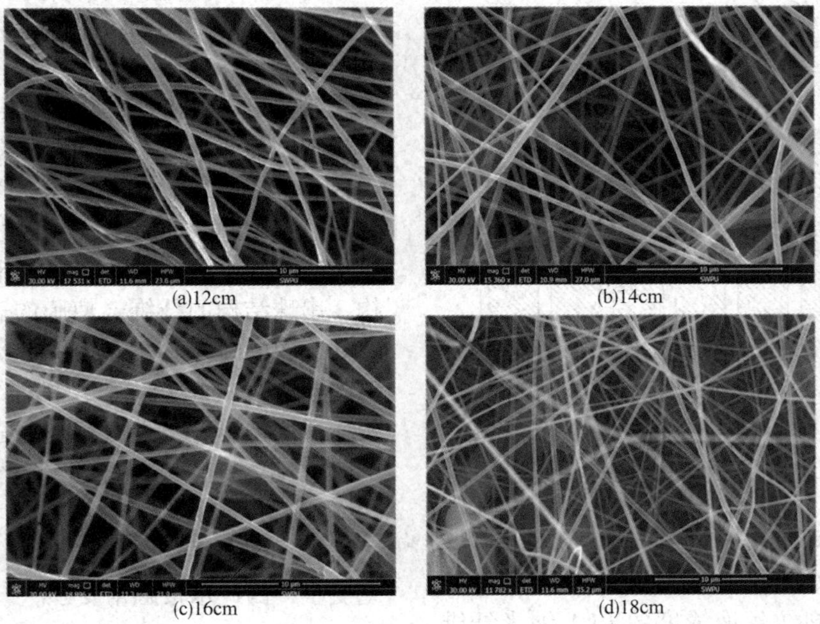

图9　不同纺丝距离12cm(a)；14cm(b)；16cm(c)；18cm(d)的PLA纳米纤维膜的扫描电镜图

3.3.2　纳米纤维膜的润湿性

见图10展示了在不同纺丝距离的情况下PLA纳米纤维膜的水接触角，可见PLA纳米纤维膜的水接触角随着纺丝距离的增大而有少许增大，但总体上看接触角的变化并不明显。纳米纤维膜的疏水性不仅与膜表面的粗糙程度有关，还与纤维堆砌的微结构有关。一般来说纤维直径越小，纳米纤维膜的疏水性越好，从上一节的扫描电镜图可以看出，在不同纺丝距离的情况下，PLA纳米纤维膜的纤维形态差别不大，纤维的均匀性良好，仅在纺丝距离较近时，纤维之间会产生少许的缠绕现象，这样的纤维结构会使得膜的表面粗糙度减小。因此在纺丝距离为12和14时，纳米纤维膜的接触角相对较小，但这些少量黏结在一起的纤维对纳米纤维膜的整体润湿性影响较小，因此PLA纳米纤维膜的接触角并没有发生较大的变化。

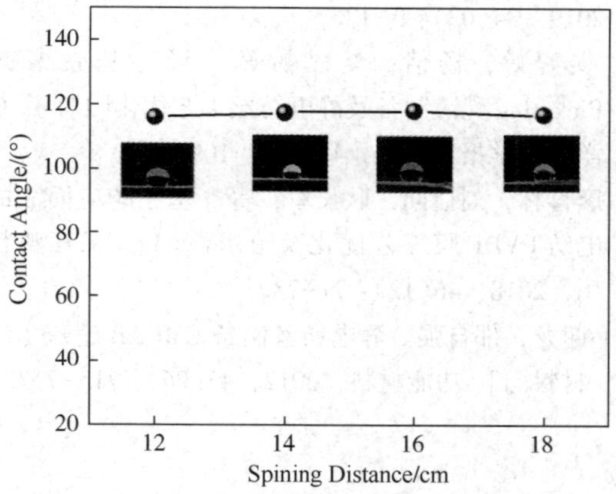

图10　不同纺丝距离的PLA纳米纤维膜的水接触角

3.3.3　纳米纤维膜的纤维直径

见图11展示了不同纺丝距离的PLA纳米纤维膜的纤维直径，可见随着纺丝距离的增大，PLA纳米纤维膜的纤维直径先减小后增大。当纺丝距离变大时，纺丝液中的溶剂能够得到进一步的挥发，使得纤维直径变小。然而随着纺丝距离的进一步增大，在电压一定的情况下，纺丝距离的变化会使得电场对针头处射流的拉伸作用也发生变化，当针头离接收板过远时，射流受到的电场力会减小，射流处的拉伸作用会减弱，因此纳米纤维膜的纤维直径会变大。

3.4　PLA纳米纤维膜的油水分离性能表征

根据前三节实验表征的结果，确定了静电纺丝PLA纳米纤维膜的最佳工艺条件为：纺丝液浓度为8%，纺丝距离为16，溶剂配比DCM：DMF=5：5。

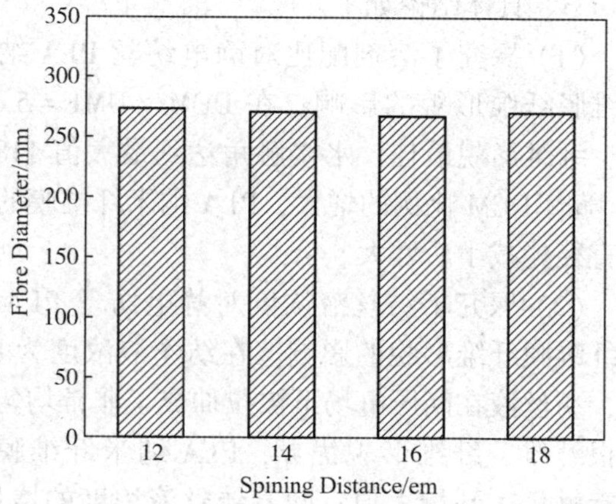

图11　不同纺丝距离的PLA纳米纤维膜的纤维直径

在此工艺条件下制备了PLA纳米纤维膜材料。该工艺条件下制备出的PLA纳米纤维膜材料的纤维形貌良好粗细均匀，且无串珠状纤维形成，其水接触角达到了118.8°，具有一定的疏水性，且该膜的纤维直径分布在200-300nm，越小的直径分布更有利于PLA纳米纤维膜表面粗糙度提高，这也有利于膜材料疏水性能，且纤维直径的大小也会影响纳米纤维膜的油水分离性能。对该膜材料进行了油水分离性能表征，实验发现，仅在重力的作用下，该工艺条件下制备出的PLA纳米纤维膜的油通量为63.9L/m^2·h，油水分离效率为92.2%，即该膜能够对油水混合物进行有效的油水分离，见图12。

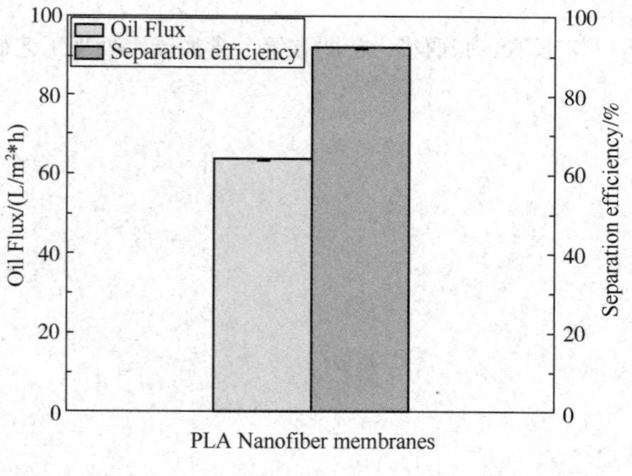

图12　PLA纳米纤维膜的油水分离效率与油通量

4　结论

对静电纺丝PLA纳米纤维膜制备过程中的影响因素：溶剂比例、纺丝液浓度及纺丝距离进行了实验表征，通过对比PLA纳米纤维膜的纤维形貌、润湿性和纤维直径，探究出了静电纺丝PLA纳米纤维膜的最佳工艺条件为：纺丝液浓度为8%，纺丝距离为16，溶剂配比DCM：DMF

=5∶5。具体结论如下：

(1) 探究了溶剂配比对静电纺丝 PLA 纳米纤维膜纤维形貌的影响。在 DCM∶DMF=5∶5 时，纤维形貌最佳，水接触角达到最大值 118.8°；随着 DCM 比例的增大，PLA 纳米纤维膜的纤维直径先减小后增大。

(2) 探究了纺丝液浓度对静电纺丝 PLA 纳米纤维膜纤维形貌的影响。在纺丝液浓度为 8% 时，纺丝液在高压电场下被拉伸成了非常均匀的单根纤维，纤维形貌优异，PLA 纳米纤维膜的水接触角达到最大值；随着纺丝液浓度的增加，PLA 纳米纤维膜的纤维直径逐渐增大。

(3) 探究了纺丝距离对静电纺丝 PLA 纳米纤维膜纤维形貌的影响，当纺丝距离为 16 时，PLA 纳米纤维膜中的纤维形貌最好，纳米纤维膜的纤维直径最小，膜的水接触角随着纺丝距离的增大有略微增大。

(4) 对最佳工艺条件下制备的 PLA 纳米纤维膜材料进行了油水分离性能表征，表征发现，仅在重力的作用下，该工艺条件下制备出的 PLA 纳米纤维膜油通量为 63.9L/m^2·h，油水分离效率为 92.2%，该膜能够对油水混合物进行有效的油水分离。

参 考 文 献

[1] 王长青，张西华，宁朋歌等．含油废水处理工艺研究进展及展望[J]．化工进展，2021，40(01)：451-462.

[2] Liu Y，Su Y，Guan J，et al. 2D Heterostructure membranes with sunlight-driven self-cleaning ability for highly efficient oil-water separation [J]. Advanced Functional Materials，2018，28(13)：1706545.

[3] Kintisch E. Anaudacious decision in crisis gets cautious praise[J]. Science，2010，329(5993)：735-736.

[4] 邓凌越，赵燕，赵玲等．聚偏氟乙烯电纺纤维膜的制备及其热释电性能研究[J]．功能材料，2012，43(19)：2680-2684.

[5] 曹进，顾海宏，顾家态等．溶剂对聚氨酯纳米纤维膜的影响[J]．现代纺织技术，2018，26(02)：7-12.

[6] 刀家普，冯焱，曾建等．纳米多孔抗菌纤维的制备及其纺丝工艺的优化[J]．云南民族大学学报(自然科学版)，2021，30(04)：334-342+354.

[7] 朱莎莎，章安东，查刘生．静电纺丝法制备聚碳酸酯基聚氨酯纳米纤维的研究[J]．聚氨酯工业，2019，34(03)：9-12.

[8] 侯婷婷，杨倩，李程鹏等．羟乙基壳聚糖基 Pickering 乳液制备及静电纺丝工艺优化[J]．广东海洋大学学报，2021，41(04)：109-119.

[9] 廖喜林，刘让同，耿长军，等．基于响应面法的静电纺 PVDF 膜工艺优化及疏水性[J]．工程塑料应用，2018，46(12)：71-78.

[10] 谢龙，邵自强．静电纺丝制备 CMCAB 超疏水纤维材料[J]．功能材料，2012，43(06)：715-717.

废弃钻井泥浆的亚临界处理和资源化利用研究

敬玉娟

（中国石油川庆钻探工程有限公司）

摘　要　在HSE管理体系的要求下，国内各油田开发多种废弃钻井泥浆的处理和再利用技术。“三磺体系泥浆”经钻井后产生的废弃泥浆组分复杂、色度高、化学需氧量(COD)高，其相应的处理技术难度大。本论文以环境影响最为严重的废弃高密度聚磺钻井泥浆为研究对象，分析某区块产生的废弃聚磺钻井泥浆中重金属类、有机类污染物等环境指标的含量。采用亚临界处理技术，对有机类和重金属类污染物进行检测分析。同时，对处理后的产物采用水泥和粉煤灰固化处理，固化物的无限侧抗压强度可达5.4MPa，可满足《公路路面基层施工技术细则》(JTG/T F20-2015)规定的极重、特重交通高速公路和一级公路的基层材料。

关键词　废弃钻井泥浆；亚临界；资源化利用

目前，加快建立健全绿色低碳循环发展的经济体系，统筹推进“碳达峰、碳中和”，推动我国绿色发展迈上新台阶是党中央做出的重大战略部署。在石油钻井作业中，HSE管理体系对健康、安全和环境保护做出要求，对风险因素进行预防与控制，提前制定应急措施，将风险控制在最低界限。国内各油气田对废弃钻井泥浆也逐渐采用不落地处理，依托钻机的多级固控系统，现场随钻收集钻井废弃泥浆和岩屑，把分离出来的废弃液相泥浆，通过泥浆不落地处理设备以“物理分离”为主体工艺，实现泥浆再生就地回用于钻井，节约重新配制钻井液成本；把分离出来的固相岩屑等废弃物，添加泥浆固化剂，就地实现固化和无害化。

“三磺体系泥浆”油气田钻井在川渝、新疆等地区广泛应用，比如川东北酸性气田、新疆轮台和塔里木油田，这些区域的深井和超深井已得到有效开发。“三磺体系泥浆”因其具有优异的抑制性、耐温性、抗盐能力和良好的流变性，在钻井作业中有持续开发应用的需求。但是，该泥浆体系经钻井后产生的废弃泥浆，对其处理要求的技术难度较大，通常处理前废弃泥浆组分复杂、色度高、COD高（一般高达10000毫克/升）。经处理后环保指标要求其浸出液的COD小于100毫克/升，以及满足一定的固化强度、浸出液酸碱性、石油类含量、重金属含量等要求。这些指标能否达到，也直接影响着废弃泥浆能否进一步资源化，由此可知，废弃泥浆无害化处理技术对后续废弃泥浆的能否资源化具有主导性作用。

本论文以对环境影响最为严重的高密度聚磺钻井泥浆体系为研究对象，分析某区块产生的废弃聚磺钻井泥浆中重金属、COD等环境指标的含量。提出亚临界技术处理该废弃泥浆，对有机类和重金属类污染物进行检测，分析其处理效果。同时，对处理后的产物进行资源化探索，发现采用水泥和粉煤灰固化处理后可达到《公路路面基层施工技术细则》(JTG/T F20-2015)里面的规定，极重、特重交通高速公路和一级公路的基层材料。本论文提出的亚临界下处理废弃聚磺钻井泥浆技术，可以应用于废弃泥浆的规模化集中处理。

1　实验部分

1.1　实验材料和仪器

材料：废弃聚磺钻井泥浆从某油田区块收集，过硫酸钾($K_2S_2O_8$，分析纯)购自成都市科龙化工试剂厂，普通硅酸盐水泥(PO.42.5)购自郑州天瑞水泥有限公司，粉煤灰(二级)购自河南锦源环保科技有限公司。

仪器：高温高压反应釜(CJK-型，威海新元化工机械有限公司)，X 射线衍射仪(XRD，X'pert Pro MPD 型，荷兰 PANalytical 公司)，场发射扫面电子显微镜(SEM，JSM-7500F 型，日本电子)，水质分析仪(DR6100A，上海昕瑞仪器有限公司)，快速消解器(DR100，上海昕瑞仪器有限公司)，电感耦合等离子体发射光谱仪(Agilent5110，安捷伦技术有限公司)，原子吸收分光光度计(240FS-AA，安捷伦技术有限公司)，水环境碳氮综合测定仪(TOC-LCP，SSM-5000AH，日本岛津)。

1.2 实验步骤

在 2L 的反应釜中，倒入 200 mL 废弃聚磺钻井泥浆，加入 5 g 过硫酸钾，密封反应釜，并设定转速为 120 转/分钟、温度 280℃，升温 1 小时至 280℃，保持反应 2 小时，完成处理，待自然降温至室温。打开反应釜，取出反应后的固液混合物，并加入 20g 水泥和 12g 粉煤灰进行搅拌均匀，并置入模具在室内进行固化 7 天。

1.3 实验方法

对样品进行 COD_{Cr}、BOD_5、TOC、TN、重金属、pH 和石油类含量等指标测定，每个样品测试进行三次，获得平均值作为实验数据。COD_{Cr}去除率R_{COD}的计算公式(1)如下：

$$R_{COD}(\%)=\frac{I_{COD}-E_{COD}}{I_{COD}}\times 100\% \qquad (1)$$

式中：R_{COD}为 COD_{Cr}的去除率；I_{COD}为处理前的 COD_{Cr}值，E_{COD}为处理后的 COD_{Cr}值，单位均为 mg/L。

TOC 去除率的计算公式(2)如下：

$$R_{TOC}(\%)=\frac{I_{TOC}-E_{TOC}}{I_{TOC}}\times 100\% \qquad (2)$$

式中：R_{TOC}为 TOC 的去除率；I_{TOC}为处理前的 TOC 值，E_{TOC}为处理后的 TOC 值，单位为 mg/kg。

重金属全量分析检测方法：采用原子吸收光谱法(AAS)法进行测试，对样品进行消解后再测试，具体操作如下：将样品混匀后，准确称取样品至消解容器中加入王水 6-8mL，双氧水 1mL，高氯酸 1mL 放入石墨加热板 120-200℃消解 40-120 分钟，中途不间断加上述酸至样品消解完全，赶酸，冷却后过滤、定容，得到澄清的消解液，使用原子吸收分光光度仪进行测试。

2 实验结果与讨论

2.1 废弃钻井泥浆的环境污染分析

对选用的废弃钻井泥浆进行环境污染物分析，首先对其进行重金属含量的检测，其结果如表 1 所示。与《污水综合排放标准》(GB 8978-1996)中的一级标准限值对比发现，只有重金属 Hg 和 Cd 的含量在排放标准以下，重金属 As 的含量较少(4.64mg/L)，但超过一级排放标准限值 0.5mg/L，重金属 T-Cr、Cr^{6+}、Ni 和 Pb 含量较高，分别为 23.77mg/L、12.12mg/L、7.03mg/L、16.01mg/L，该含量远远超过一级排放标准限值(T-Cr：1.5mg/L、Cr6+：0.5mg/L、Ni：1.0mg/L、Pb：1.0mg/L)。这些超标的重金属对环境具有极大的危害，尤其重金属 Cr、As 和 Pb。重金属 Cu、Mn 和 Zn 含量较多，分别为 19.91mg/L、136.20mg/L 和 136.19mg/L，这也远远超过了一级排放标准限值。对其它重金属也进行了检测，由表 1 可知重金属 Co 的含量最少，仅有 0.65mg/L，重金属 Mo 含量较多，为 63.83mg/L，而重金属 Fe 和 Ba 的含量最高，分别达到了 4000.11mg/L 和 3354.16mg/L，这应该与废弃聚磺钻井泥浆的主要固相成份(膨润土、重晶石、岩石钻屑)有关。总之，从检测的结果来看，废弃泥浆中存在大量的重金属，如何对重金属实施有效地处置将成为关键。

表 1　废弃聚磺钻井泥浆中的重金属含量

重金属	汞	镉	总铬	六价铬	砷	铅	镍
	Hg	Cd	T-Cr	Cr6+	As	Pb	Ni
含量(mg/L)	--	0.01	23.77	12.12	4.64	16.01	7.03
标准值(mg/L)	0.05	0.1	1.5	0.5	0.5	1.0	1.0
金属	铜	铁	钴	锰	钼	锌	钡
	Cu	Fe	Co	Mn	Mo	Zn	Ba
含量(mg/L)	19.91	4000.11	0.65	136.20	63.83	136.19	3354.16
一级标准值(mg/L)	0.5	/	/	2.0	/	2.0	/

注："--"表示未检测出，"/"表示标准未要求。

对废弃泥浆中的有机污染指标进行检测，其结果如表 2 所示。由表 2 数据可以看出，TOC 和 COD_{Cr}的指标分别达到 22652mg/L 和 113000mg/L，测定的 COD_{Cr}和 TOC 数据值之比约为 4.98，这与已报道的排除氯离子影响 COD 测试后，$COD_{Cr}=4.98TOC$ 的结果一致。结合上述 TOC 和 COD_{Cr}数据表明废弃泥浆中含有大量的有机物。BOD_5检测结果为 19170mg/L，可生物降解性指标(BOD_5/COD_{Cr})为 0.17，可以判断该废弃泥浆很难被微生物降解。TN 为 673mg/L，说明废弃泥浆中含有大量的含氮物质。石油类含量为 176mg/L，虽然含量较低，但也超过一级标准限。测试出 pH 值为 11.0，说明废弃泥浆属于强碱性体系。色度值达到 2000 倍，降低色度也将是处理废弃聚磺钻井泥浆的关键。

表 2　废弃聚磺钻井泥浆中第二类污染的指标

指标	COD_{Cr} (mg/L)	BOD_5 (mg/L)	TN (mg/L)	pH	色度 (倍)	TOC (mg/L)	石油类 (mg/L)
含量	113000	19170	673	11	2000	22652	176
一级标准值	60	20	/	6~9	50	20	5

注："/"表示标准未要求。

2.2　废弃钻井泥浆的亚临界处理

2.2.1　废弃钻井泥浆处理后的外观分析

通过亚临界条件下处理废弃泥浆，对固液分离后的固相和液相的外观进行拍照，如图 1 所示。图 1(a)能够发现废弃泥浆处理后已经失去原有的黏稠和易流动特性，颜色为黑色。干燥后的固相为浅黑色(图 1(b))。分离后的液相如 1(c)所示，为棕色液体(色度为 500 倍)，相比处理前废弃泥浆的色度(2000 倍)已经得到大幅度的改善。此外，液相的 pH 值也大幅度地降低(减小至 8.5)，这可能是因为亚临界条件下的处理是典型的水热反应过程，反应中不断释放氢原子，与氢氧根离子结合；同时产生的羟基自由基与氢氧根离子可以反应，不断消耗氢氧根离子，最终使处理前后液体的 pH 值由最初的 11.0 降低至 8.5。

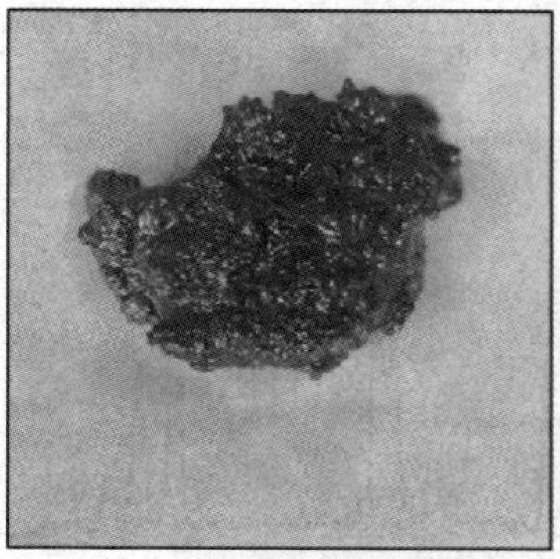

(a)处理后的样品

(b)固液分离后干燥的固相

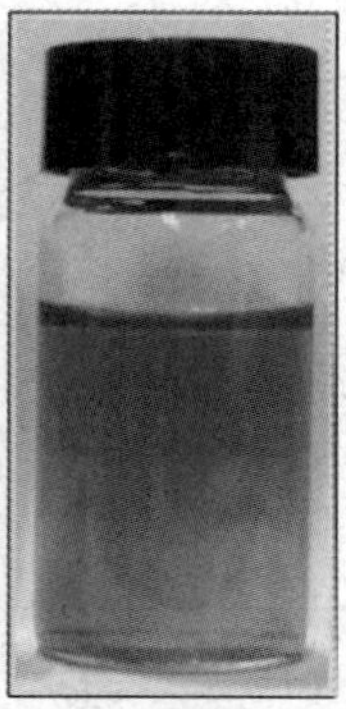

(c)固液分离后的液相

图 1　亚临界处理废弃聚磺钻井泥浆：(a)处理后的样品；(b)固液分离后干燥的固相；(c)固液分离后的液相

2.2.2　废弃钻井泥浆的亚临界处理有机物污染的分析

亚临界下处理废弃钻井泥浆后，就产生的液相进行了 COD_{Cr}、BOD_5、TOC 和 TN 等污染指标的测试，其结果如表 3 所示。由表 3 数据可以看出，液相中 COD_{Cr}、BOD_5、TOC 和 TN 分别为 2036mg/L、1104mg/L、1082mg/L 和 16mg/L，与处理前废弃钻井泥浆相关指标比较，有了明显的改善。计算去除率 R_{COD} 和 R_{TOC} 分别为 98.20% 和 95.22%，这说明废弃钻井泥浆中有机污染物经亚临界处理后能够得到有效地去除。

表 3　亚临界处理废弃钻井泥浆后液相中污染物的指标

检测指标	COD_{Cr}	BOD_5	TOC	TN
含量(mg/L)	2036	1104	1082	16

为了探究废弃钻井泥浆在 280℃下的热解情况，对干燥后的废弃钻井泥浆在氮气环境下进行热失重检测分析，结果如图 2 所示。在 100℃以下有明显的失重，这可能是由于废弃钻井泥浆中含有大量带有亲水性官能团的聚合物，在受热后内部失水所致；在 100℃～280℃之间，废弃钻井泥浆有一定的失重，且在 280℃附近的失重率(DTG)加快，这可能是由于废弃泥浆中一些有机物分解而引起。对亚临界处理后产生的固相测试 TOC 含量为 12666 mg/kg，而干燥后的废弃泥浆固体的 TOC 为 25667 mg/kg，TOC 去除率 R_{TOC} 为 50.65%，这是由于废弃钻井泥浆中的有机添加剂在高温水热条件下会发生脱水、脱羧、聚合等碳化过程，结合处理后的固体外观颜色(浅黑色)，表明废弃泥浆中部分有机物被碳化，从而导致残留一定量的碳材料。

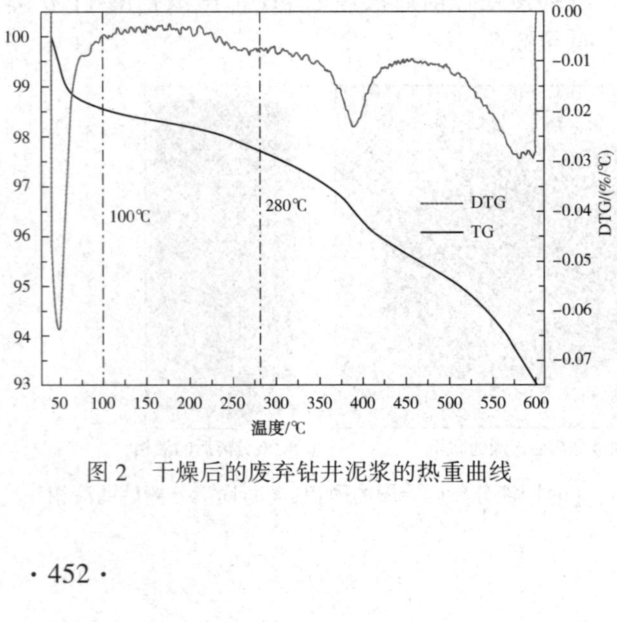

图 2　干燥后的废弃钻井泥浆的热重曲线

经亚临界处理前后的样品进行干燥，进行微观结构分析。如图 3(a)所示为废弃钻井泥浆经干燥后的微观形貌，可以观察到较大的固体颗粒物，其表面平整；如图 3(b)所示为亚临界下处理后产生的固体微观形貌，发现大颗粒物表面附着有大量的细小物质。对其表面(黄色标记处)进行 EDS 检测元素含量，其结果如图 4 所示，对应的部分元素比率结果如表 4 所示，可以发现大量的碳元素都能被检测出，但经处理后固体表面的碳元素含量比例明显增加，结合处理前后固相中 TOC 的检测结果，可以进一步表明经亚临界处理后固体表面附着物可能是一些含碳物质。以上结果表明废弃钻井泥浆的亚临界处理存在水热碳化过程。

图 3　废弃钻井泥浆经亚临界处理前(a)和处理后(b)的 SEM

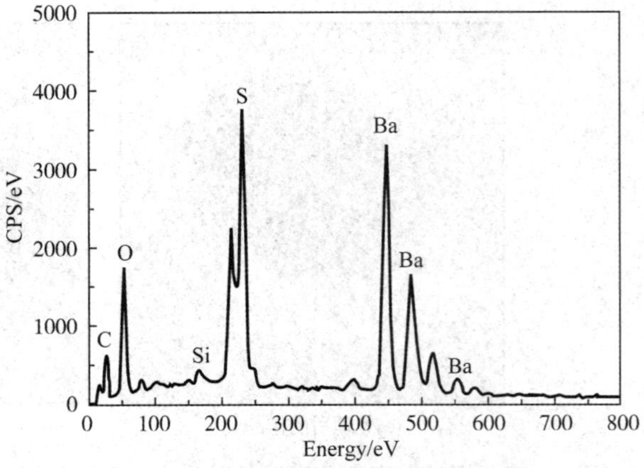

(a)废弃钻井泥浆经亚临界处理前EDS能谱

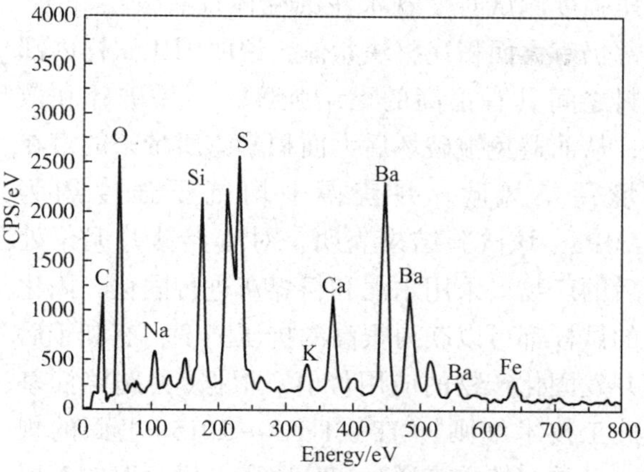

(b)废弃钻井泥浆经亚临界处理后EDS能谱

图 4　废弃钻井泥浆经亚临界处理前(a)和处理后(b)的 EDS 能谱

2.2.3　废弃钻井泥浆处理后重金属污染分析

在亚临界条件下处理废弃钻井泥浆后，对固液分离后的液相进行重金属含量的检测，其结果如表 5 所示。从检测结果可以看出，检测的所有重金属在液相中含量都很少，由于原钻井液本身不含有 Hg，故未检测出；Cr^{6+} 在液相中也未检测到；环境毒性较大的重金属 Cd、T-Cr、Pb 和 Ni 在液相中含量极少；毒性较小的重金属 Cu、Mn、Zn 含量不高；检测的 Fe、Co、Mo、Ba 在液相中的含量也很低；但发现重金属 As 和 Mo 的含量偏高，分别为 1.61mg/L 和 2.18mg/L。以上检测结果表明在液相中的重金属得到有效去除。

表 4　废弃钻井泥浆经亚临界处理前后的部分元素比率

元素(At%)	C	O	Na	Si	S	K	Ca	Ba	Fe
废弃钻井泥浆	31.58	29.68	—	2.18	15.39	—	0	21.17	--
处理后的固相	36.92	37.37	2.54	1.35	10.37	0.76	2.89	6.64	1.16

表 5　亚临界处理废弃聚磺钻井泥浆后固相和液相中重金属的含量

重金属	汞 Hg	镉 Cd	总铬 T-Cr	六价铬 Cr^{6+}	砷 As	铅 Pb	镍 Ni
处理后的液相(mg/L)	--	0.0003	0.02	--	1.61	0.0078	0.03
重金属	铜 Cu	铁 Fe	钴 Co	锰 Mn	钼 Mo	锌 Zn	钡 Ba
处理后的液相(mg/L)	0.11	0.57	0.0008	0.0058	2.18	0.0034	0.05

注："--"表示未检测出。

采用亚临界技术处理废弃钻井泥浆的过程中，随着釜体内温度的升高，部分以吸附方式存在于固相中的重金属经过解吸附后释放进入液相中；以及高温液体会增大重金属盐的溶解性，使大量不稳定态的重金属进入液相。当温度维持在亚临界条件时，水的解离度增大，会产生高浓度的氢离子和氢氧根离子，以及废弃泥浆为强碱性体系，会促进液相中的重金属转化为相应的金属氧化物颗粒，这将使重金属形成稳定的键合；此外，存在于液相中的重金属离子(M^{n+})还会与 SO_4^{2-}、CO_3^{2-}、OH^- 和 PO_4^{3-} 等阴离子相结合，产生相应的金属盐沉淀；而类金属离子如 As 可与钙离子形成沉淀，有机物降解产生的碳还能对 As 取得一定的吸附去除，以上过程均能促使废弃钻井泥浆中不稳定态的重金属向稳定态迁移、转化。因此，这将使废弃钻井泥浆经亚临界处理后，液相中重金属的含量很低。

2.2.4　亚临界处理废弃钻井泥浆的机制分析

在亚临界的高温下，水热体系中通常会发生亚临界氧化过程，废弃钻井泥浆中的溶解氧、吸附氧和无机矿物中的晶格氧可以生成过氧自由基，过氧自由基可以和水反应生成羟基自由基(·OH)，最终发生自由基的氧化反应。此外，部分重金属的迁移、转化过程类似于水热合成纳米催化剂的反应，如 Ni、Fe、Zn、Cr、Co、Cu、Mn 等金属在水热环境中转化为氧化物(MO_x)或纳米颗粒，而且这些物质是典型的亚临界氧化反应的高效催化剂，将催化产生更多·OH，这将加速有机物及其裂解的中间产物被·OH 氧化降解而去除。在废弃钻井泥浆中不稳定的重金属离子将转化为氧化物或无机盐沉淀，使其从液相向固相迁移、转化；类金属离子如 As 将以沉淀或吸附的方式去除。

总之，废弃钻井泥浆的亚临界处理，对有机污染物主要通过亚临界氧化和水热碳化降解去除，并存在重金属转化产生金属氧化物作为亚临界氧化的催化剂，进一步促进液相中的有机污染物被氧化降解，而有机物经水热碳化后的残碳物质可加强对重金属(如类金属离子 As)的吸附作用。因此，亚临界下处理废弃钻井泥浆，重金属的迁移转化与有机污染物的碳化和降解去除之间存在协同作用机制。

2.3　废弃钻井泥浆的资源化利用

对亚临界处理后废弃聚磺钻井泥浆进行固化，并在室温下进行养护 7 天。然后进行无侧限抗压强度测试，如图 5 所示，经固化后的试样外观质地坚硬，没有出现肉眼可见裂缝。在无限侧抗压强度测试时发现水泥圆柱体仅有表层碎裂，内部仍有大面积完整块状体，说明固化试样内部材料之间具有很高的黏结强度，不易破碎和散裂，从而避免被破坏后大面积暴露所带来的潜在环境污染风险。并获得平均抗压强度约为 5.4MPa，该试验结果表明，对废弃钻井泥浆处理后的产物，采用水泥和粉煤灰进行固化，固化后的试样都可以获得很高的抗压强度，有利于后期开发固化产物的应用价值。根据《公路路面基层施工技术细则》(JTG/T F20－2015)里面的规定，极重、特重交通高速公路和一级公路的基层材料，以水泥粉煤灰稳定材料的 7 天龄期无侧限抗压强度应达到 4.0~5.0MPa。根据固化试样的无侧限抗压强度值完全可作为极重、特重交通高速公路和一级公路的基层材料，实现废弃物的回收再利用价值。

图 5　油井水泥压力试验机、经固化 1 天、7 天后的固化试样照片

3　结论

(1) 对某油田区块的废弃聚磺钻井泥浆进行环境污染分析，其重金属总铬、六价铬、砷、铅和镍分别为 23.77mg/L、12.12mg/L、4.64mg/L、16.01mg/L、7.03mg/L，COD_{Cr}、BOD_5 和 TN 分别达到 113000mg/L、19170mg/L 和 673mg/L，色度为 2000 倍，污染指标已远远大于《污水综合排放标准》(GB 8978-1996)中的一级标准值。

(2) 对废弃钻井泥浆在 280℃、2h 的亚临界条件下处理后，其色度得到大幅度的改善，降至 500 倍，COD_{Cr} 去除率达到 98.20%，有机污染物得到有效地去除。在液相中残留的重金属极少，几乎全部迁移转化至固相。

(3) 废弃钻井泥浆的亚临界处理，重金属的迁移转化与有机污染物的碳化和降解去除之间存在协同作用机制。有机污染物主要通过亚临界氧化和水热碳化降解去除，重金属转化产生金属氧化物可作为亚临界氧化的催化剂，增强亚临界氧化作用，水热碳化后的残碳物质可加强对重金属的吸附作用。

(4) 采用粉煤灰和水泥对固化产物进行固化处理，其无限侧抗压强度达到 5.4MPa，可满足《公路路面基层施工技术细则》(JTG/T F20－2015)里面的规定，极重、特重交通高速公路和一级公路的基层材料。

参 考 文 献

[1] 王中华. 国内外超高温高密度钻井液技术现状与发展趋势 [J]. 石油钻探技术，2011，39(2)：7.

[2] 魏云峰，于涛，陈晨等．塔里木油田钻井废物处理技术研究[J]．油气田环境保护，2012，22(02)：39-44+76.

[3] 云雪．氯离子对化工废水 COD 测定的影响及消除[J]．石油石化物资采购，2020，(33).

[4] Kruse A，Funke A，Titirici M-M. Hydrothermal conversion of biomass to fuels and energetic materials [J]. Current Opinion in Chemical Biology，2013，17(3)：515-521.

[5] Patterson D A，Metcalfe I S，Xiong F，et al. Wet air oxidation of linear alkylbenzene sulfonate 2. effect of pH [J]. Industrial & Engineering Chemistry Research，2001，40(23)：5517-5525.

[6] Wang L，Chang Y，Li A. Hydrothermal carbonization for energy - efficient processing of sewage sludge：A review [J]. Renewable and Sustainable Energy Reviews，2019，108：423-440.

[7] Appels L，Degrève J，Van der Bruggen B，et al. Influence of low temperature thermal pre - treatment on sludge solubilisation，heavy metal release and anaerobic digestion [J]. Bioresource Technology，2010，101(15)：5743-5748.

[8] Kosari M，Golmohammadi M，Towfighi J，et al. Decom position of tributhyl phosphate at supercritical water oxidation conditions：non - catalytic，catalytic，and kinetic reaction studies [J]. The Journal of Supercritical Fluids，2018，133：103-113.

[9] Chen Z，Tong K，Xu F，et al. Development of supercritical water oxidation technology for application to hazardous waste treatment：An extreme case study [J]. Journal of Environmental Chemical Engineering，2021，9(4)：105296.

[10] Gong Y，Guo Y，Sheehan J D，et al. Oxidative degradation of landfill leachate by catalysis of $CeMnO_x/TiO_2$ in supercritical water：Mechanism and kinetic study [J]. Chemical Engineering Journal，2018，331：578-586.

[11] Hassan M A，Miyao T，Komiyama M. Catalytic oxidative coupling of methane in supercritical water：investigations on a catalytically active species [J]. The Journal of Supercritical Fluids，2019，144：8-13.

[12] 许超．城市污泥水热提质及重金属析出特性研究[D]；东南大学，2017.

[13] Adriano D C. Arsenic [M]. Trace Elements in Terrestrial Environments：Biogeochemistry，Bioavailability，and Risks of Metals. New York，NY；Springer New York. 2001：219-261.

[14] Lee D-K，Kim D-S. Catalytic wet air oxidation of carboxylic acids at atmospheric pressure [J]. Catalysis Today，2000，63(2)：249-255.

[15] Walling S A，Um W，Corkhill C L，et al. Fenton and Fenton - like wet oxidation for degradation and destruction of organic radioactive wastes [J]. npj Materials Degradation，2021，5(1)：50.

[16] Abdpour S，Santos R M. Recent advances in heterogeneous catalysis for supercritical water oxidation/gasification processes：insight into catalyst development [J]. Process Safety and Environmental Protection，2021，149：169-184.

石油石化行业智慧化生态环境管控的思考与探究

唐智和　栾　辉　何　为　王若尧　张　璇

(中国石油集团安全环保技术研究院有限公司)

摘　要　新《环境保护法》颁布实施以来，排污单位生产运行所面临的环境法治形势呈现高压严管新常态。新颁布的法律法规强化了“损害担责”、排污许可的企业责任，极大提高了环境违法的成本。国家对企业环境监管的重心由事后监管，向全过程转变、向日常监管转移，要求建立一套“职责清、底线明、上限升、保障实、动力足、参与广、推动强、真执行”，能够自证清白的生态环境监管体系，全面提升污染源监管及环境风险管控水平。

关键词　石油石化；智慧化；生态环境；管控

国务院办公厅印发的《生态环境监测网络建设方案》提出了我国生态环境监测网络建设的主要目标，要求全国生态环境监测网络基本实现环境质量、重点污染源、生态状况监测全覆盖，各级各类监测数据系统互联共享，监测预报预警、信息化能力和保障水平明显提升，监测与监管协同联动，初步建成陆海统筹、天地一体、上下协同、信息共享的生态环境监测网络。

近年来，石油石化企业深入贯彻党中央关于推动高质量发展的决策部署，不断跟进国家要求，超前部署环保工作，在环境体系建设、环境信息化建设和环境管理制度建设等方面都取得了长足的进步。但是，在生态环境监管方面还存在监管力度不够、环保信息化水平不高等问题，没有实现全环境要素的信息化监管，数据孤岛现象明显，缺乏对环境风险的监控和事件临界的预判，对决策层的支持力度不够。

1　现状与问题

1.1　生态环境监管的新要求和发展趋势

2015年1月1日，被称为史上最严的《环境保护法》颁布实施以来，排污单位生产运行所面临的环境法治形势呈现高压严管新常态。新的《大气污染防治法》、《环境评价法》、《环境保护税法》等法律法规的实施，强化了“损害担责”、排污许可的企业责任，极大提高了环境违法的成本。“两高”、生态环境部、公安部等多部门，从刑事、民事和行政等多个方面，加大了对违法排放、污染环境等违法行为的惩治力度。

2017年9月1日，中共中央办公厅、国务院办公厅联合印发《关于深化环境监测改革提高环境监测数据质量的意见》，对于不当干预环境监测行为、环境监测数据不一致、排污单位监测数据弄虚作假等数据质量问题提出了综合性预防和惩罚措施。国务院2016年11月24日印发的《“十三五”生态环境保护规划的通知》及2017年6月1日开始实施的《排污单位自行监测技术指南》等文件要求，排污单位应在“十三五”期间建设覆盖全环境要素的实时在线环境监测监控网络，加快生态环境大数据平台建设，实现生态环境质量、污染源排放、自然生态等数据整合集成、动态更新，建立信息公开和共享平台，建立天地一体化的生态环境监测系统，对排污单位废水、废气、噪声以及周边环境质量开展全环境要素监测。

总体上，国家进一步强化了排污单位环境保护的主体责任，加大了对环境违法行为的追责力度，提高了企业环境违法成本。国家对企业环境监管的重心由事后监管，向全过程转变，向日常监管转移，要求企业对自身的排放行为“说得清、查得出、管得住、能持续”，建立一套“职责清、底线明、上限升、保障实、动力足、参与广、推动强、真执行”，能够自证清白的生态环境监管体系。

1.2 生态环境管控体系现状

石油石化企业作为国家重点关注的支柱性企业，需要扛起生态环境保护的重任，加快加强环境监管能力、监管体系、监管机制、技术手段等各方面工作，迅速适应国家环境法治形势发生的变化及政策要求。

目前，石油石化能源型企业在环境监测体系和环境应急监测体系建设方面，基本建成了环境监测网络、环境应急监测网络以及污染源在线监测网络，基本实现了重点污染源及主要风险源的识别、监控和管理。但是，普遍存在各环保业务系统相互独立、管控要素不全和污染源还仅限于末端排放管控等问题。

2017 年 9 月 1 日，中共中央办公厅、国务院办公厅联合印发的《关于深化环境监测改革提高环境监测数据质量的意见》中，特别强调环境监测是保护环境的基础工作，是推进生态文明建设的重要支撑，环境监测数据是客观评价环境质量状况、反映污染治理成效、实施环境管理与决策的基本依据。但是，目前石油石化企业所建各环保业务系统缺少顶层规划，存在以下几个方面问题：一是多套数据共存，且统计口径不一致；二是数据缺少严格的质量控制；三是数据孤岛，相关数据难以融合应用。

急需通过智慧化生态环境监管体系建设，统一环境信息及数据，提升数据质量，消除数据孤岛，提升石油石化行业生态环境保护管理整体的工作水平。

2 对策与建议

2.1 强化全环境要素管控顶层设计

通过“理念创新、制度完善、经验推广、技术融合”的规划设计思路开展进行顶层设计。识别石油石化行业环境管理现状及问题，建立以环境风险管控为主线的覆盖水、气、声、危废/固废、土壤和地下水、周边环境质量的全环境要素的智慧型综合管控预警体系，将生态状况环境监测与污染源监测相统一、空间立体监测与污染源在线监测相补充，实现“一张网、一套数、一平台、一张图”4 个“一”的体系搭建，全面提升石油石化企业污染源监管及环境风险管控水平，打造独具石油石化特色的智慧化生态环境管控机制。

按照“以建助管、以管促用，管用结合”的实施策略，使机制成为指导石油石化公司各级环保人员开展工作的白皮书，更好地服务于各级环境管理部门的日常污染源监管和风险管控工作。通过业务数据整合和大数据分析应用，不断提升污染源全面感知能力、环境风险预报预警能力、环境风险综合应对能力和环境科学决策能力，确保环境风险可测、可查、可控，提高系统的智能化水平，为石油石化企业可持续发展保驾护航。

结合环保业务分层管理要求，建立全方位、广覆盖、分层次的智慧环保架构体系。建设立足全局，着眼未来，在全面考虑未来环境信息化建设方向的基础上，搭建多维度、多视角的环保业务平台，为全环境要素监管、环境应急监测等提供全方位的服务。

2.2 建立污水处理全过程智能化动态管控机制

污水处理场是石油石化企业重要的组成部分，相对城镇污水处理场及其他工业污水处理场，普遍存在处理单元多、流程长、系统工艺复杂，水质复杂，前后工序之间存在连锁关系。通过建立石油石化污水处理设施运行管控综合决策方法，有效助力污水处理场全流程实时动态工艺诊断、关键工艺参数智能反控，为污水处理场长周期稳定运行、长周期稳定达标、长周期低碳运行提供技术、管理和制度保障，具体实施流程如下：

2.2.1 对来水水质和水量进行分析判断和评估决策，建立综合处置策略并依据关键工艺参数和关键污染物的关联关系，厘清特征污染物与处理效果及运行工艺参数的关联关系，形成污水处理设施运行管控综合决策方法，实现各处理单元运行状况的实时评价，完成运行过程的诊断。

2.2.2 收集污水处理场生产运行的大量专业

知识信息和问题解决经验信息，形成知识库、推理机、数据库、解释机构和人机交互端口，构建污水处理场的专家系统，形成专家诊断模型。

2.2.3 结合来水水质水量情况和污水处理场工艺调整的实际情况，构建综合污染物浓度、物耗、能耗为一体的经济运行评价的目标决策体系，依托专家决策模型发现的诊断问题，进行分析、诊断并给出解决对策，提出进水、曝气、加药等关键工艺单元和工艺参数自动控制的决策信息，形成综合决策模型。

2.2.4 企业污水处理控制系统的过程控制层、中央控制层和生产管理层数据通讯的模式，开发下位机控制系统，实现决策信息的实施，形成自动控制模块。

2.2.5 开展平台综合集成研究，构建集污水处理场全流程运行效果评估、监控设备感知、专家诊断、综合决策、智能控制、综合管理于一体的处理场智能化管控机制，实现对污水处理场全流程健康诊断、漏损控制、减污降碳。

2.3 建立废气污染源7×24小时动态管控机制

生态环境部于2022年11月14日发布的《臭氧污染防治攻坚行动方案》中确立了2025年氮氧化物排放总量比2020年下降10%以上的攻坚目标，我们在日常生产过程中过多关注的是VOCs，往往忽略氮氧化物对臭氧的贡献，特别是近期生态环境部部长级检查、专项督导中均关注了脱硝方面问题，因此需要强化氮氧化物等多污染物协同减排，进一步提升减排能力。废气是石油石化行业生产过程中不可避免的外排污染物，废气的超标排放也成为近年来生态环境执法的重点。通过建立智慧化废气污染排放管控体系，可以有效保证监测数据的真实、准确、全面，有效规避污染排放超标造成的违法风险，具体实施流程如下：

2.3.1 建立重点排污单位名录动态管理，按照国家、地方政府管理要求，建立并动态更新管理废气排污单位名录，年度发布废气污染源在线监测安装联网计划，按照“PDCA”的科学方法动态跟踪、调度安装联网计划执行情况。

2.3.2 全面掌握了重点废气污染源排放状况，通过开展数据分析，对异常、缺失数据进行监控管理，借助信息化系统分析废气污染源在线监测的数据趋势，对可能超标的监测点进行预警，及时发现问题并帮助企业提供解决问题的方案，有效规避了重点废气污染源排放超标的隐患。

2.3.3 对关键装置开展专项研究，通过烟气污染物全组分分析，掌握典型装置烟气中主要污染物组成与分布规律，摸清主要污染物产生来源及迁移转化过程，解决现场实际问题，有效降低环境事件发生的概率。

2.3.4 开展智慧化管控技术攻关，通过引入机器学习、深度学习等人工智能技术，开展废气监测数据的净化，提升监测数据的质量。在废气管控中引入典型装置废气排放实时预测方法模型，超前预判排放浓度，有效避免超标违法风险。

2.4 建立固体废物全生命周期动态管控机制

“3·21”江苏响水特别重大爆炸事故以来，国家将危险废物规范化、安全化管理作为三年重点整治攻坚以及日常监管的必查项之一，陆续修订出台的固废法、危废名录、贮存标准等将危险废物监管提升到前所未有的高度，生态环境部2022年公开了两批次16件危废违法典型案例，需要我们时刻警惕危废“红线”，持续强化危废规范化管理。通过建立全生命周期固体废物管控体系，可以有效规避违法风险，具体实施流程如下：

2.4.1 制定固体废物管控工作年度重点管理计划，开展固体废物管控系统运行管理和数据分析，对于产生一般工业固体废物和危险废物的企业，按月全方位的分析产生情况、处置情况、利用情况、贮存情况，并与国家的管控系统相关联。

2.4.2 借鉴PDCA管理经验，开展固体废物全过程动态监管，对填报数据及相关支撑材料进行分析、审核、研判。

2.4.3 建章立制，优化固体废物管理流程，组织开展了固体废物管控运行管理模式研究与实践，通过法规政策梳理、文献查阅等方式，对现目前国家和地方固体废物管理有关政策要求及经验做法等进行调研，摸清了我国危险废物全过程管理制度体系、固体废物信息化管控等现状，制定适应石油石化企业的固体废物信息化管控措施。

3 展望

通过开展石油石化行业智慧化生态环境管控体系建设，建立形成以排污许可管理、环境风险管控为主线，覆盖全部生态环境要素、全部环境风险、全产业链条的石油石化行业智慧化生态环境管控体系，形成“发现问题、分析问题、解决问题”的动态处置机制，构建了基于PDCA流程的“周调度、月总结、闭环管理”现场核查规则，实现生态环境管控工作由人海战术向智慧战术的转变、由粗放型向精细化转变、由被动应对向主动预见转变、由经验判断向科学决策转变，构建了生态环境保护管理的“一张网、一套数、一平台、一张图”的大格局。以科学化、规范化、程序化的管理方法和经营理念，强化管理、规范经营，推动石油石化企业整体的“生态绿”建设。

3.1 实现全环境要素信息化监管

通过建立覆盖水、气、渣等要素的动态管控系统，实现对石油石化行业上、中、下游全产业链的环境风险的智慧化管控，形成污染源“点、线、面”全覆盖的“一张网”，实现重点环境要素的信息化监管。

3.2 建设成为各级环保人员的工作平台

充分融合石油石化公司环保业务工作人员的实际业务需求，根据岗位职责和环境管理要素进行权限配置，实现分级管理和分级使用。真正“渗透”进环保业务工作中去，成为各级环保人员日常的工作平台。

3.3 提升环境管理自动化、智能化水平

通过开展数据应用分析研究，综合运用大数据分析、人工智能、无人机测绘、生态遥感、5G通讯、移动应用等先进技术手段，实现环境管理工作自动化和智能化，确保体系的先进性。

3.4 构建大数据中心

以排污许可和污染源普查为基础构建一企一档，形成环境大数据中心，实现污染源管理“一套数”。综合运用大数据分析和综合展示等技术，实现科学决策分析，达到“一张图”的综合展示。

3.5 从“监测”到“监管”

通过建立智慧化生态环境管控体系，以企业环保主体责任落实为出发点，提升各层级环境管理能力，全面实现“PDCA”循环的高效环保管理模式，实现由人海战术向智慧战术的转变，由粗放型向精细化转变，由被动应对向主动预见转变，由经验判断向科学决策转变。

4.6 健全机制体系，做到“三个”说清

通过机制建设，实现石油石化行业全环境要素、全环境风险管控，通过“监测数据”说清污染排放情况，通过“趋势分析”说清污染物排放对周边环境质量的影响，通过“预测预警预报”说清企业潜在的环境风险。

参考文献

[1] 李春佳．智慧城市内涵、特征与发展途径研究——以北京智慧城市建设为例[J]．现代城市研究，2015(05).

[2] 孙旭东．智慧与生态相融的新城概念性总体规划编制——以徐州市西部新城概念性总体规划为例[J]．规划师，2015(05).

[3] 蒋明华；吴运建；丁有良．智慧城市系统及项目的投资运营模式研究[J]．电子政务，2014(12).

[4] 周成虎．信息社会下的智慧城市新解读[J]．中国信息界，2014(11).

[5] 林建华．论企业内部财务控制体系的构建[J]．财经界(学术版)，2014(16).

[6] 许庆瑞；张素平；张军．人才战略和智慧城市的建设[J]．西安电子科技大学学报(社会科学版)，2013(02).

[7] 孙中亚；甄峰．智慧城市研究与规划实践述评[J]．规划师，2013(02).

[8] 邢文杰．基于人力资本维度的企业家特质探析[J].

生产力研究，2012(12).
[9] 郝雅丽．刍议新形势下现代企业内部财务控制体系的完善[J]．经济研究导刊，2012(13).
[10] 王世福．智慧城市研究的模型构建及方法思考[J]．规划师，2012(04).
[11] 蔡阳；成建国；曾焱等．大力推进智慧水利建设[J]．水利发展研究，2021(09).
[12] 王亦宁．提供服务支撑 水利助力构建新发展格局的思考[J]．水利发展研究，2021(05).
[13] 涂扬举．智慧企业建设引领水电企业创新发展[J]．企业文明，2017(01).
[14] 涂扬举．水电企业如何建设智慧企业[J]．能源，2016(08).

石油石化企业危险废物全流程信息化管控的探索与展望

翟小娟　栾　辉　王若尧

（中国石油安全环保技术研究院有限公司）

摘　要　自固废法修订以来，国家持续推进危险废物信息化监管的能力建设，石油石化企业纷纷建立危险废物全流程信息化管理平台，对危险废物全过程从严监管，随着物联网技术、云技术等新科技的应用，为危险废物全流程信息化管理的提升优化赋予了新的机遇。本文结合石油石化企业危险废物信息化管控水平，探索全流程信息化管控新模式，提出危险废物全流程信息化监管的展望：石油石化企业危险废物监管应顺应现在科技技术发展的趋势，统筹推进信息化软硬件升级，提升企业危险废物信息化管理的融合，打通数据屏障，不断提升危险废物基础大数据分析能力，落实企业危险废物污染防治主体责任，建立适应信息化发展配套管理制度，提升相应决策管理水平，为打造“无废集团”的建设提供切实可靠的工作抓手。

关键词　危险废物；全流程；信息化

自固废法修订以来，国家先后发布多项政策文件，持续推进危险废物信息化监管的能力建设。2020年《固废法》提出建立信息化监管体系，2022年6月，生态环保部发布《关于进一步推进危险废物环境管理信息化有关工作的通知》，进一步明确了固体废物全流程监控和信息化追溯的详细要求，石油石化企业纷纷建立了企业危险废物信息化管控系统，基本能够实现固体废物动态监管、跟踪和溯源，随着物联网技术、云技术等信息化监管技术的应用，企业危险废物信息化管理需要进一步的提升优化。

1　危险废物信息化管理现状

1.1　国家危险废物信息化管理现状

目前国家建立了固体废物信息化系统，各省级也有建立了固体废物管理信息系统，全国固体废物管理信息系统包括6个业务模块，分别是固体废物产生源管理、固体废物进口管理、危险废物转移联单管理、危险废物经营许可证管理、危险废物出口核准管理和危险废物事故应急管理等，国家固废信息化系统够实现固体废物产生源数据逐级申报登记、全国危险废物经营许可证信息及时共享等功能、省内转移和跨省转移电子联单的应用，形成了对固体废物特别是危险废物的全过程管理，自2020年1月1日起，原则上停止了纸质危险废物转移联单，通过国家信息系统全面实现危险废物省内转移和跨省转移全面运行电子联单，部分地区也建设了省、市级自建固体废物管理信息系统，实现了危险废物动态管理、业务流转、数据分析、预测预警和科学决策等功能，还有的省市与交通部、税务部、环境执法等建立了信息连动，为各地环境监管和管理决策提供技术支撑。

随着信息化科技技术的发展，物联网技术、云技术、5G网络等技术为危险废物全流程信息化管理的提升赋予了新的机遇。基于物联网技术，湖北省建立了危险废物监管物联网系统，通过使用电子五联单、自动化信息采集存储及读取、视频数据采集、实时视频监控及定位、远程化可视化管理等功能，等技术，实现了危险废物产生、贮存、转移、处置及利用等环节的全过程的监管，有效提升了当地危险废物管理的科学化、精细化和信息化水平。

1.2　石油石化企业危险废物信息化管理现状

以某石油石化企业危险废物管控平台为例，危险废物系统具备3个功能模块17个功能项，建立了“基层填报、企业审核、总部抽查”及“分批逐笔填报”等原则，系统设计按照组织机构的四级审核程序以及危险废物流转的逐级审核程序，能够有效保证危险废物量和信息的全面、准确、有效统计。

通过基础配置模块，建立危险废物的产生点位、废物名称、点位、贮存、处置、利用、外委企业、审批人员的信息动态管理档案，能够有效支撑危险废物管理，不同类别信息实现了一次录入、自动建档、动态更新，在系统应用管理过程中，可随时调用核查信息档案，有效减少数据填报管理效率。

通过废物填报模块配置，企业按照产生、贮存、利用、处置各环节分批填报、审批，使监管着力点有效延伸至每个环节，实现了危险废物全过程监管。实现了危险废物全生命周期监管。可以及时掌握每批、每笔危险废物的产生处理过程，一旦出现问题，可以实现精准溯源。

通过统计和可视化模块，危险废物各层级管理部门能够对危险废物数据灵活、快捷的查询统计、汇总分析、集中展示，实现了根据需求查看危险废物监管情况，调阅到危险废物全流程的数据，快速掌握危险废物产生、贮存、转移、利用、处置情况，管理效率和效能大大提升，为危险废物环保决策提供支撑，见图1。

1.3　石油石化产废单位信息化管理情况

目前有石油石化部分产废单位建立了危险废物转移信息化管理平台，主要用来记录单位内部危险废物过程的系统，以某产废单位为例，建立环保一体化平台，固体废物管理作为其中的一个模块，将产生的危险废物的基层单位全部纳入管控，可通过批量上传数据达到固废全流程的管理，设置了贮存超期、贮存超量等预警功能，有效的提升了石油石化企业危险废物全流程管控的信息化水平，见图2。

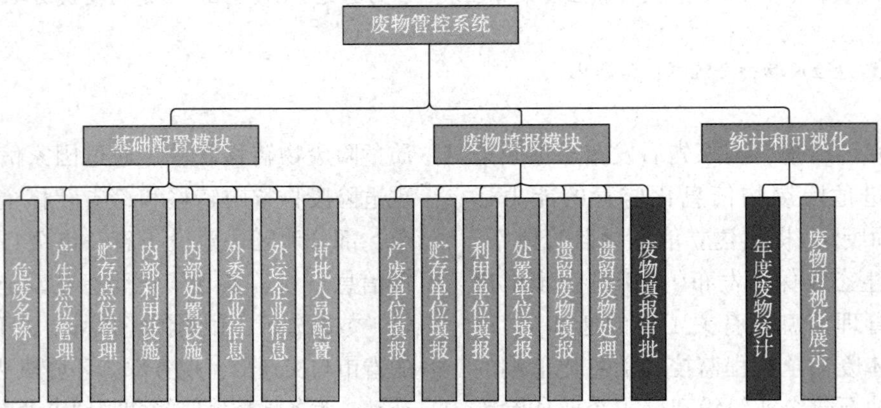

图1

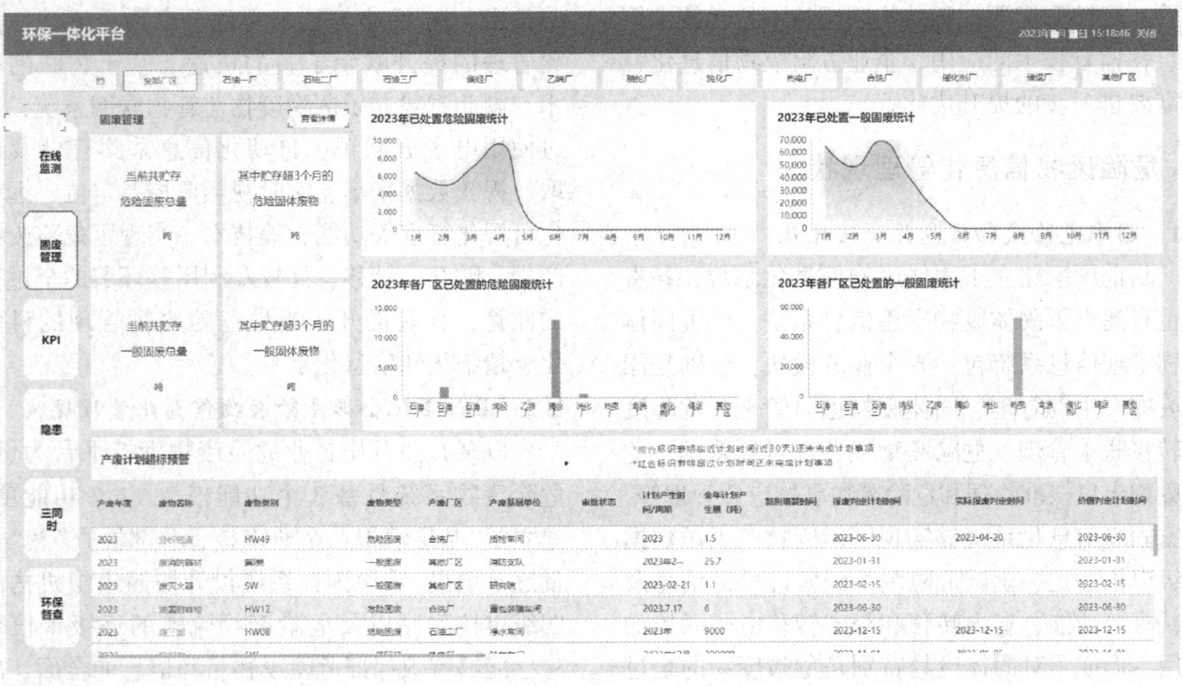

图2

2 存在的不足

2.1 信息化管理平台存在差距

石油石化企业危险废物信息化管理工具还存在诸多问题，大多危险废物信息化系统虽基本能够实现固体废物动态监管、跟踪和溯源，但与信息化跟踪溯源的要求还存在差距。一是平台在信息填报、数据统计等功能方面存在一些问题，比如存在自动化程度低、填报流程冗余，在信息填报、数据统计、可视化展示等方面经常出现影响填报的问题；二是大多企业危险废物管控系统的数据是人工填报、逐级审批制度，部分产废单位填报的数据量大，漏填、错填等问题时有发生，部分有审批不及时，导致数据不能及时统计，危险废物数据的真实性、准确性、全面性难以得到有效保证。

2.2 信息化技术上亟待升级和换代

国家信息化的政策要求越来越精细化、规范化，将于2023年7月1日实施的《危险废物识别标志设置技术规范》(HJ 1276—2022)，特别提出危险废物“电子标签”的相关技术要求，在危险废物标签上设置危险废物数字识别码和标签二维码，实现“一物一码”，可以为危险废物全过程追踪和溯源提供基础的身份信息，提升信息化监管效率。现有石油石化企业固体废物信息化管控平台大都是人工填报，还未实现电子自动识别、获取信息、上传等功能，平台数据采集端较为单一，与国家提出的全过程监控和信息化追溯的要求还存在差距，平台整体架构和技术手段缺少与新一代信息化技术架构、物联网、云技术等科技技术的融合，危险废物信息化平台需进一步应用新技术升级换代，实现危险废物监管全过程信息的高速获取、自动识别及处理。

2.3 多业务部门数据不互通

目前企业需要维护多个危险废物信息化管理平台，包括国家固废信息化平台、大多省份自建危废系统、企业自建的固体废物信息化监管平台、各个二级单位自建危险废物信息化模块，这些危险废物信息化平台监管部门不同，数据共享难，造成诸多不利，一是企业固体废物管理人员维护多个危险废物管理平台，增添很多无用的工作量；二是多个部门数据来源不一，部分数据存在平台不一致，数据的真实性不能保证；三是危险废物大数据分析能力、数据挖潜应用能力有待提升，还不能满足信息化大数据支撑政府、企事业单位监管的需求。

2.4 企业制度不健全

目前危险废物信息化监管是一个相对较新的概念，危险废物信息化管理本身也是多层次、多维度的信息化建设，涉及到石油石化企业危险废物各层级的管理，特别是危险废物的转移的信息化监管，要实现危险废物全流程信息化监管，需要明确企业不同层级的职责，建立危险废物产废、贮存、利用、处置、转移、运输等各个环节的信息化管理要求，统一信息化管理考核标准，规范危险废物监管数据应用，目前石油石化企业危险废物信息化管理的相关制度体系不健全，对于各层级固废信息化管理的职能职责不够明确，相关信息化监管要求无法得到有效落实。

3 建议

3.1 统筹推进信息化软硬件升级

统筹推进石油石化企业危险废物信息化软硬件优化升级，拓宽现有固体废物信息化系统的整体架构，对接新一代信息化技术架构、物联网设备、视频监控等技术，逐步实现危险废物信息化自动化上传系统；可积极稳妥开展试点，选取环境监管重点单位，增设移动终端录入、电子标签、电子二维码扫描、GPS跟踪、视频监控、5G网络等现场端设备，对危险废物产生、贮存、转移、利用、处置等全流程信息资料多层次识别、获取，利用物联网、视频监控等技术，赋能危险废物全流程的监管，实现危险废物全流程信息化跟踪溯源管理。充分调动石油石化企业各方参与固体废物信息化建设和管理的积极性，优化和完善信息化软硬件升级，进一步实现危险废物全生命周期“一码流转、实时感知、数据共享、全程监控、预测预警”，促进提升危险废物全过程监控、精准溯源的管理水平。

3.2 提升数据资源融合，加强数据应用

未来持续提升石油石化企业危险废物信息化系统的兼容性，鼓励企业产废单位建立危险废物信息化监管的同时，指导产废单位通过自建的固废系统与企业固废管控平台实时对接，确保对接数据的真实性、准确性和完整性，建立石油石化企业危险废物信息化管理的新模式，让危险废物全生命周期得到监管。积极探索建立与国家、地方危险废物系统的数据共享，探索国家项目资金

引导，社会资金参与的多渠道投融资模式，研究信息化对管理模式的促进和倒逼作用，逐步实现与国家、地方管理平台之间的融合，打破现在的数据不互通现状，并逐步实现与国家固废信息系统基础数据互联互通，形成石油石化企业危险废物基础数据库，不断提升危险废物大数据基础分析能力，为石油石化危险废物合规监管提供支撑。

3.3 建立适应信息化发展配套管理制度

建立石油石化企业危险废物信息化管理相关制度，时刻关注国家危险废物信息化管理政策导向，总结借鉴危险废物全过程监控和信息化追溯有关要求和先进经验，开展石油石化行业危险废物管控的调研，研究石油石化企业危险废物管理机制模式，结合石油石化行业危险废物管理特点，完善固体废物信息化管理制度，明确企业危险废物管理不同层级的职责，规范危险废物全过程监管和信息化追溯的具体要求、目标、考核标准、数据应用等方面的管理要求。将危险废物信息化管理工作要求统一化、考核标准一致化，确保企业危险废物管理有据可依、有章可循，整体提升石油石化企业危险废物信息化、规范化的管理水平。

4 展望

石油石化企业危险废物监管应顺应现在科技技术发展的趋势，统筹推进信息化软硬件升级，提升企业危险废物信息化管理的融合，打通数据屏障，不断提升危险废物基础大数据分析能力，落实企业危险废物污染防治主体责任，建立适应信息化发展配套管理制度，提升相应决策管理水平，为打造“无废集团”的建设提供切实可靠的工作抓手。

参 考 文 献

[1] 周强，靳晓琴，郭瑞等. 我国危险废物全过程管理制度体系现状及展望[J]. 环境与可持续发展，2020，5：43-46.

[2] 孙京楠，顾芮冰. 我国固体废物信息化管理现状与展望[C]. 中国环境科学学会技术年会论文集，2018，3234-3240.

[3] 林万畅. 广西危险废物监管信息系统架构与应用[J]. 大众科技，2019，21(10)：22-24.

[4] 官昕. 福建省固体废物环境监管平台应用探索[J]. 海峡科学，2018，(3)：22-23.

[5] 凌江，王波，温雪峰. 以大数据驱动固体废物管理创新的思考[J]. 中国环境管理，2016，8(4)：29-32.

[6]朱静，吴晨波，潘泽满. 物联网在危险废物监管信息化建设中的应用[J]. 技术与工程应用，2016，(9)：56-60.

基于林业碳汇的项目开发与运行机制研究

达虹鞠　唐智和　张　璇　许德刚　栾　辉　何　为

（中国石油集团安全环保技术研究院有限公司）

摘　要　气候变暖给全球生态系统和人类经济系统带来巨大影响。森林作为陆地生态系统的主体之一，具有吸收并固定二氧化碳的能力。林业碳汇作为推动以森林碳汇为主的生态产品交易，对碳中和目标的实现具有重要意义。本文通过对林业碳汇的发展历程、国内外林业碳汇项目类型和机制进行梳理，从项目周期、项目成本角度对不同林业碳汇项目进行对比，进一步提出企业参与林业碳汇交易的未来发展趋势，并对林业碳汇开发与运营相关意见，以期为油气企业参与林业碳汇领域活动提供依据。

关键词　林业碳汇；运行机制；油气企业；气候变化

到2030年自然气候解决方案（森林、草地、湿地碳汇等）将贡献全球三分之一的减排需求，森林保护、管理和恢复是一个关键的途径和最具成本效益的解决方案之一。近年来，我国林业碳汇越来越受到国家重视，成为一项重要的碳减排措施。2021年9月中共中央办公厅、国务院办公厅印发的《关于深化生态保护补偿制度改革的意见》明确提出了鼓励各类社会资本参与林草碳汇减排行动，助力重点区域、大型活动组织者、自愿减排企业、社会公众等利用林草碳汇实现碳中和，逐步完善林草碳汇多元化、市场化价值实现机制。本文主要对林业碳汇的发展历程、国内外林业碳汇项目类型和机制进行梳理，从项目周期、项目成本角度对不同林业碳汇项目进行对比，进一步提出企业未来参与林业碳汇开发与运营相关意见，以期为油气企业参与林业碳汇领域活动提供依据。

1　林业碳汇概述

1.1　林业碳汇的提出

“碳汇”的概念源于上世纪90年代初，1992年5月，联合国政府间气候变化专门委员协商通过了《联合国气候变化公约》（UNFCCC）。同年6月在巴西里约热内卢召开的世界环境与发展大会上进行签署。我国于1993年1月5日将UNFCCC的批准书交存联合国秘书长处。缔约方会议（Conferences of the Parties）是公约的最高管理机构。1997年12月，在日本京都举行的第三次缔约方会议上，通过了UNFCCC的第一个附加协议《京都议定书》，该议定书的核心内容是要求各国限制或减少温室气体排放，并设定了减排目标，其第3条第3款和第7款中提出了基于“源”排放和“汇”清除基础上的温室气体净排放（Net Emission）概念，其中认定森林、植被等为二氧化碳的汇，并将通过光合作用将二氧化碳和根部输送上来的水分转化为糖和氧气，最后以有机质的形式储存在植被或土壤中，从而减少大气中二氧化碳的浓度的过程定义为“森林碳汇”，这一概念更突出森林吸收碳的物理特性，属于自然科学范畴。而林业碳汇将进一步利用森林的储碳能力，通过造林、再造林和森林管理，减少毁林等活动，吸收和固定大气中的二氧化碳，并按照相关规则与碳汇交易相结合的过程、活动机制。更注重人为活动的参与，与碳汇交易结合，与碳汇交易机制相关，见表1。

1.2　林业碳汇储碳能力

森林每生长出1m^3的蓄积量，平均要吸收1.83吨CO_2，释放出1.62吨O_2。单位面积森林吸收固定CO_2能力达到每公顷150.47吨。中国在哥本哈根世界气候大会承诺到2020年中国森林面积要比2005年增加4000万hm^2，森林蓄积量增加13亿m^3，受到各国赞扬。Emergent公司研究表明，避免砍伐森林带来的碳减排是种植新树林的9倍，同时为产生与保护现有森林相同的气候缓解效果，每年需要50倍以上的土地来重新造林。世界自然基金会发现，保护1公顷成熟的、富含碳和生物多样性的森林，通常能够减少大约100吨碳排放。

1.3　林业碳汇交易的发展

《京都议定书》起初并未将“林业碳汇”纳入

交易市场，但提出允许森林茂密的发达国家(如加拿大、澳大利亚、日本和俄罗斯等)用林业碳汇抵消温室气体的减排义务，并对抵消占比设定了上限。林业碳汇对减缓气候变暖的贡献首次得到了国际条约的认可。2001 年 7 月，公约第六次缔约方大会(COP 6)上达成的《波恩政治协议》将造林、再造林等林业活动纳入 CDM 机制。2001 年 10 月，公约第七次缔约方大会(COP 7)达成了《马拉喀什协定》，继续落实了清洁发展机制(CDM)、土地利用、土地利用变化和林业(LULUCF)、资金机制等，并同意将造林再造林项目作为第一承诺期内唯一合格的林业碳汇领域CDM 项目，其中 LULUF 决议对森林、造林、再造林、毁林等做出了明确定义；2003 年 12 月，公约第九次缔约方大会(COP 9)讨论了 CDM、土地利用、LULUF 的操作指南、CDM 机制下的造林与再造林的计划程序与模式、登记系统的建立、公约承诺的充分性、资金机制等，由于此次会议在森林相关议题有相当的进展与成果，被称为“缔约国森林会议”。其中 CDM 下的造林与再造林的计划程序与模式内容包括定义、《公约》缔约方会议的作用、执行理事会、认证和制定经营实体、参与要求、批准与登记、监测、核查与认证、临时可认证减排量(tCERs)与长期可认证减排量(lCERs)的发放等，同时还通过了《清洁发展机制下造林、再造林计划活动相关的经营实体认证标准》、《清洁发展机制下造林、再造林计划活动的计划设计书》等重要文件，这些文件的设立为实施造林、再造林碳汇项目的正式启动创造了条件；2007 年 COP 13 达成《巴厘路线图》，将减少毁林和森林退化(REDD)作为合格的林业碳汇项目；2009 年 COP15 达成《哥本哈根协议》，同意在采取各种政策方法和积极激励措施，帮助发展中国家减少森林砍伐和森林退化，同时将森林保护和森林可持续经营增汇(REDD+)作为合格的林业碳汇项目。REDD+的提出是一个新的突破，除了造林和再造林外，森林的可持续经营管理也可作为增汇部分来交易。通过以上不同的项目类型，将森林吸收并固定二氧化碳这一生态系统的无形服务有形化，将二氧化碳变成了看得见、摸得着、可以计量的商品。

表 1　国际社会针对林业碳汇发展出台系列政策

时间	政　策	具体内容
1997	《京都议定书》	首次提及“碳汇”一词，要求发达国家缔约方提出减排目标和措施，支持通过“造林、再造林、森林可持续经营管理”增加碳汇
2001	《联合国气候变化框架公约》	《联合国气候变化框架公约》第六次缔约方会议续会和第七次缔约方会议，分别通过《波恩政治协议》和《马拉喀什协定》，提出土地、土地利用变化和林业(LULUCF)活动对气候变化的影响，允许发达国家通过开展造林、再造林行动，将吸收的碳汇量用于抵消一部分工业活动排放的二氧化碳
2007	《巴厘行动计划》	把减少毁林和林地退化(REDD)纳入林业碳汇项目范畴
2009	《哥本哈根协议》	必须通过建立激励政策和机制，促使发展中国家尽快采取行动减少排放和增加碳汇，包括减少发展中国家毁林、森林退化，以及保护森林、可持续森林经营。
2010	《坎昆协议》	要对经过核算的森林管理活动产生的碳汇用于抵消工业、能源排放的总量设定上限
2013	采纳 REDD+行动	为发展中国家采取 REDD+行动提供激励机制，包括实施减少毁林排放、减少森林退化排放、保护森林碳储量、森林可持续经营、提高森林碳储量等 5 项具体行动
2015	《巴黎协定》	单设森林相关条款，确定了 2020 年后全球共同应对气候变化的框架性安排，特别是从 2018 年开始，对各国提出的目标进展情况进行预评估

2015 年 11 月，习近平主席在巴黎气候变化大会上提出森林蓄积量比 2005 年增加 45 亿平方米左右。根据第七次、八次、九次森林清查数据显示，我国的森林蓄积量从 2004 年的 137.21 亿立方米上升至 2018 年的 175.60 亿立方米，增加了 38.39 亿立方米，在 10 年间完成到 2030 年达到 85.3%的预期目标，其中，森林累积吸收二氧化碳总量从 251.09 亿吨上升至 321.35 亿吨，净增 70.26 亿吨，完成同期 183.0%的预期目标，超过中国“国家自主贡献”2005 年增加 45 亿立方米左右。为积极应对气候变化，国家林草系统服务大局，配合国家战略部署，积极主动开展工作。

2　国内外林业碳汇机制

2.1　国际林业碳汇开发与交易机制

2.1.1　清洁发展机制

《京都议定书》引入了三种灵活的国际合作机制，试图采用市场手段解决气候变化问题，包括联合履约机制（Joint Implementation，JI）、清洁发展机制（Clean Development Mechanism，CDM）、排放权交易机制（Emission Trading，ET）。其中，JI和CDM是两个或多个国家之间项目级合作的履约机制。JI主要针对附件一国家共同实现减排目标而制定；CDM是指发展中国家减排项目（单边项目-申报时未确定国外买方的项目和合作项目）获得的核证减排量（Certified Emission Reduction，“CER”）信用额，可以被发达国家缔约方用于实现在《京都议定书》中所承诺的限排或减排目标。每个信用额相当于一吨二氧化碳，即发达国家购买经核证的发展中国家减排项目的减排量，作为减排目标实现的补充手段，CDM是针对发达国家与发展中国家的履约机制；ET是指已经达到减排目标的发达国家把温室气体的排放权出卖给他国的“排放权贸易”。三种合作机制的提出为全球碳市场的建立奠定了基础，也为林业碳汇交易的实现提供了契机。其中CDM是以上三种全球林业碳汇开发机制中最成熟的体系。

《京都议定书》第12条确立了CDM，《波恩政治协议》和《马喀拉什协协议》同意将造林再造林作为《京都议定书》第一承诺期内唯一合格的CDM林业碳汇项目，由此，CDM林业碳汇项目在中国、印度、巴西等反占中国家广泛开展。通过联合国CDM官方网站查询的结果显示，联合国CDM执行理事会（EB，Executive Board）注册的中国CDM碳汇项目有：促进珠江流域广西流域管理植树造林、中国四川西北部退化土地上的造林和再造林、广西北部退化土地植树造林、内蒙古海灵阁尔退化盛乐生态区造林、中国四川西南部退化土地上的造林/再造林。由于CDM林业碳汇项目在国际件展开合作，审查交易严格，开发周期很长，在实践中应受土地合格性、交易程序复杂等因素限制，真正开发成功的项目并不多，截止2018年5月，全球范围内仅66个林业碳汇项目获得批准注册，不到CDM项目注册总数的1%。

随着2012年年底京都议定书第一阶段结束，CDM机制发生很大变化，其中欧盟规定2013年后将严格限制减排量大的CDM项目进入EU ETS，并只接受LDC（最不发达国家）新注册的CDM项目。联合国清洁发展机制官方网站显示，自2014年之后再没有我国CDM项目的注册，当然也就不再有林业碳汇项目。

2.1.2　国际核证减排标准（VCS）

VCS（Verified Carbon Standard）计划由非营利组织VERRA建立，是一种较为完善的国际自愿碳市场补偿标准。VERRA是气候组织（CG）、国际排放交易协会（IETA）及世界经济论坛（WEF）联合于2005年共同领导开发的，其目的是通过制定和管理有助于私营部门、国家和民间团体实现可持续发展和气候行动目标的标准，来帮助解决世界上最棘手的环境问题和社会挑战。

VCS计划是目前全球使用最广泛的自愿性资源温室气体减排计划，允许认证的项目将其温室气体减排量和清除量转化为可交易的碳信用额（Verified Carbon Unit，“VCU”），依据VCS可开发的林业碳汇项目有造林、森林管理、减少毁林等类型。一个VCU代表从大气中减少或清除一吨温室气体。VCU由最终用户购买和退役，作为抵消其排放，履行社会责任、提升企业形象的一种手段。通过Verra官网查询显示，VCS计划截止2022年11月已注册项目1860个，共认证发行10亿VCU。2016年，使用VCS开发的林业碳汇项目约占自愿市场林业碳汇项目总数的82%，主要用于企业资源减排，履行社会责任，提升企业形象。

根据VCS计划开发的项目必须遵循严格的评估流程才能获得认证，主要包括选择项目方法及项目描述、公示，项目验证与注册、减排监测与核证、签发VOU四个步骤。特别说明的是，VCS计划无须和CDM一样获得国家主管机关的批准。

量化项目收益的方法学是所有Verra标准计划的关键组成部分。该方法学为真实和准确地量化项目的温室气体效益及开发VCU方法提供了确定项目边界、确定基线、评估额外性、监测相关参数及最终量化温室气体减排量或清除量等过程的要求和程序。需要注意的是，VCU只能发放给企业或组织，个人无法注册账户，无法获得VCU。企业或组织可以将账户中的VCU用于交易，但交易只能在Verra的注册账户之间进行，无法转移到其他数据库或作为纸质证书交易。同时，Verra 在 VCU 交易中保持中立，不持有、交易或招揽 VCU 交易。进行 VCU 交易的各方需要自行进行尽职调查，自主评估交易风险。

VCS 项目涵盖多个领域，包括能源、化工、交通、可再生能源等。林业碳汇项目被纳入在农业、林业和其他土地利用(Agriculture Forestry and other land Use，AFOLU)领域中。从 Verra 的注册网页查询显示，我国已注册的林业碳汇项目有江西省安乐县林场碳汇项目、青海省植树造林项目、四川省荥经县植树造林项目、贵州省西关造林项目、湖南省北区和西北区造林项目等几十个项目。5 月 26 日，贵阳市林业碳汇试点项目也开启了 VCS 的开发。未来 VCS 项目是油气行业参与国际碳汇交易的重要途径。

2.1.3　黄金标准(GS)

黄金标准(Gold Standard，GS)也是国际自愿碳市场常用的标准之一，由世界自然基金会和其他国际非政府组织于 2003 年发起实施，旨在确保减少碳排放的项目具有最高水平的环境完整性，并为可持续发展做出贡献。尽管没有地理限制，但是依据 GS 标准开发的林业碳汇项目通常都在低收入或中等收入国家实施，主要实施类型为造林项目，规模普遍较小，2016 年占碳市场份额仅为 4%。黄金标准认证的类型包括对新发起的项目、从联合国清洁发展机制或其他标准转到黄金标准的项目进行认证，以及对其他标准发布的项目进行可持续发展影响认证。

黄金标准认证标准较严苛，主要流程包括项目规划及利益相关者咨询、初步审查、第三方评估、设计审查、项目监控、第三方验证、认证审查七个步骤。黄金标准项目的交易可以直接在黄金标准官方网站中进行，选定项目及数量添加到购物车后可便可结算，收益直接归属于开发商。然而，黄金标准认证的项目经济成本较高，项目注册需支付年度注册费 1000 美元、初步审查费 900 美元、设计审查费 1000 美元、认证审查费 1000 美元，还有项目监控等其他费用。

黄金标准项目涵盖领域包括废物管理、可再生能源、土地利用活动和基于自然的(气候)解决方案等。碳汇项目属于土地利用活动和基于自然的解决方案。黄金标准官网显示，我国已通过认证的碳汇项目有内蒙古通辽造林工程，已通过设计审查的项目有云南山区造林项目、中国广东北部山区退化土地植树造林项目。可见，碳汇项目在我国参与的黄金标准项目中的占比非常小，这可能也和它的认证成本有关。黄金标准项目是我国参与国际碳汇交易的重要途径，具有发展前景。

2.1.4　REDD+

随着 REDD+机制的推出，未来基于 REDD+机制的林业碳汇项目将会不断增加，并成为林业碳汇项目的主流，但目前由于针对 REDD+项目的方法学及监测、报告与核查(MRV)机制尚不完善，主要还是通过转移支付等非市场机制对碳汇开发进行激励。

2.2　国内林业碳汇开发与交易机制

2.2.1　国家自愿核证减排量(CCER)

国家自愿核证减排量(CCER)是指对我国境内特定项目的温室气体减排效果进行量化核证，并在国家温室气体自愿减排交易注册登记系统中登记的温室气体减排量，可用于控排企业抵消自身的碳排放。作为中国资源减排市场重要的组成部分，CCER 林业碳汇项目开发受到广泛关注。目前，CCER 林业碳汇项目开发主要有 4 种类型，分别为碳汇造林项目、森林经营碳汇项目、竹子造林碳汇项目和竹林经营碳汇项目，其中碳汇造林项目无论是项目数量还是年减排量都居第 1 位。

2012 年发改委出台了《温室气体自愿减排交易管理暂行办法》，明确备案核证后的 CCER 项目可参与交易。但 2017 年为了规范碳市场，CCER 项目相关的业务审批被暂停，至今仍未重启。根据相关统计显示，在 CCER 市场暂停之前，全国总计有 97 个林业项目进入项目审定阶段，13 个项目进入备案阶段，3 个碳汇项目实现减排量备案。

2020 年 12 月，生态环境部颁布了《碳排放权交易管理暂行办法(试行)》，明确在全国碳排放市场中重点排放单位每年可以使用国家核证自愿减排量抵消碳排放配额的清缴。而在此之前，各地方试点市场也均以 CCER 作为碳排放抵消指标，只是抵消比例存在差异。CCER 市场的未来发展前景仍值得期待，CCER 林业碳汇项目也将是我国未来发展的重点和焦点。双碳背景下，CCER 项目的备案和减排量的签发有望快速重启，生态环境部也将接替发改委制定新的 CCER 备案、交易规则。

2.2.2　中国全球保护基金(CGCF)

CGCF于2010年7月正式注册成立，以应对气候变化、增汇减排为主要目的，为企业、团体和个人搭建了一个能够通过参与植树造林、森林经营保护等林业活动践行低碳生活、履行社会责任的重要平台。目前，基金会已先后在全国20多个省(市、区)成立了近30个不同层面的绿色碳基金专项，碳汇造林面积超过10万hm^2(150万亩)。

2.2.3　地方核证减排量(BFCER、PHCER、FFCER)

除了国家层面的CCER，碳排放权交易试点地区也依托本地碳排放权市场，积极探索林业碳汇权交易。北京市发改委、园林绿化局于2014年9月1日颁布了《北京市碳排放权抵消管理办法(试行)》，用于规范北京市重点排放单位使用经审定的碳减排量抵消其部分碳排放量的活动。办法规定，重点排放单位可用于抵消的林业碳减排量(BFCER)项目为北京市辖区内的碳汇造林项目(2005.2.16无林地)和森林经营碳汇项目(2005.2.16开始实施)。从绿色环境交易所公布的碳市场交易报告来看，BFCER的交易并不乐观，2021年仅成交0.2万吨，成交额11.44万元。

广东省发改委于2015年7月17日颁布了《广东省碳普惠制试点工作实施方案》，明确将在广东省内开展碳普惠制试点和减碳行为的量化核证工作。2017年4月14，发改委颁布了《关于碳普惠制核证减排量管理的暂行办法》，用于规范纳入广东省碳普惠制试点地区的相关企业或个人自愿参与实施的减少温室气体排放和增加绿色碳汇等低碳行为所产生的核证自愿减排量(PHCER)的管理和使用活动，广东省正式将PHCER作为碳排放权交易的补充机制纳入广东省碳市场，其林业碳汇项目主要进行森林保护和森林经营，产生的减排量原则上等同于本省的CCER。暂行办法特别规定，相关企业或个人申请参与碳普惠试点活动后，应承诺不再重复申报国家核证自愿减排量(CCER)。广州碳排放交易所官网显示，截止2021年年末PHCER已成交534.26万吨。

福建省2017年颁布了《福建省林业碳汇交易试点方案》，推出了FFCER(福建林业核证减排量)，选择在省内20个县(市、区)、林场开展林业碳汇交易试点，FFCER林业碳汇项目产生的减排量在本省的抵消比率可达10%，而其他类型项目的抵消量仅为5%。但福建省人民政府于2021年10月28日已将该方案废止。海峡股权交易中心官网显示，截止2022年4月30日，FFCER累计成交370.69万吨，合计5447.81万元。

BFCER、FFCER、PHCER都仅限于在各自省内碳市场进行交易，有不同的核证和交易规则，本地化明显。随着CCER全国交易市场的建设，地方核证自愿减排量的发展将未可知。

2.2.4　其他(林业单株碳汇、林业碳票等)

除了核证减排量项目，各地管理部门为充分发挥林业在推动实现碳中和愿景中的重要作用，根据当地实际探索了多种不同类型的碳汇开发项目。

贵州利用地区丰富的林业碳汇资源，开展单株碳汇精准扶贫试点工作，探索“互联网+生态建设+精准扶贫”的扶贫新模式，助力贵州扶贫工作和生态建设。贫困户林地中的每一棵树吸收的二氧化碳被作为产品，通过单株碳汇精准扶贫平台，面向全社会进行销售。福建省三明市、贵州省毕节市等地探索开发了“林业碳票”，并制定了林业碳票的管理办法。管理办法明确，林业碳票是指行政区域内权属清晰的林地、林木，经第三方机构监测核算、专家审查、林业主管部门审定、生态环境主管部门备案签发的碳减排量而制发的具有收益权的凭证，赋予交易、质押、抵消等权能。同时，管理办法中特别说明，已备案签发或拟策划申报中国核证减排量(CCER)、地方核证减排量、核证减排标准(VCS)的林地、林木，不得重复申请制发林业碳票。林业碳票主要用于自愿参与减排活动的机关、企事业单位、个人等进行碳排放抵消，无法用于控排企业的排放抵消。

2.3　国内外林业碳汇项目对比

林业碳汇作为重要的交易标的，已在国内外主要项目市场的碳交易体系中频繁出现，并已形成多种类型的林业碳汇项目，但全球不同类型的林业碳汇项目产生机制、开发技术标准、核证流程和交易规则等存在较大差异，见表2。且同一个碳汇项目不能重复开发，项目业主在进行碳汇项目开发机制选择时应当格外慎重，要结合项目开发周期、开发条件的符合程度、交易需求、机制的发展前景等等进行综合考虑，从而能使得林业碳汇项目的开发、交易的边际成本尽可能低、边际收益尽可能大，以保证项目持续健康运营。

2.3.1　项目周期

因项目开发程序及其审核要求不同，各类林业碳汇项目从立项到签发所需时间和成本也存在较大差异。签发耗时直接关系到项目投资回收周期与资金成本以及项目可能面临的不确定性与风险。从项目签发时间来看，国际性林业碳汇项目平均耗时要长于国内项目，全国性项目要长于省级层面项目。签发相关的交易成本支出对项目开发成本支出及其投资回报有直接影响。

表2　不同机制下的林业碳汇项目汇总

项目类型	启动时间	发起者	主要目的	范围	类别	土地合格性要求	平均签发时长
CDM	2001	联合国气候变化框架公约	帮助发达国家完成《京都议定书》确定的强制减排目标	全球	造林再造林	造林：50年以来的无林地；再造林：1989年底前为无林地	5年左右
VCS	2006	气候组织、国际排放交易协会、世界经济论坛	降低申请者的费用、时间及精力以提高项目申请的成功率	全球	造林再造林和植被恢复、改进森林管理、减少毁林和森林退化	造林再造林和植被恢复：项目开始前的至少10年内是无林地（或证明土地未被破坏原有生态系统）；减少毁林和森林退化：项目开始前至少10年内符合森林的资格	2~5年
GS	2003	世界自然基金会及其他国际非政府组织	提高减排项目质量，增强项目的可持续性	全球	造林再造林	项目开始前至少10年内是无林地	2~5年
CCER	2013	中国发展改革委	作为国内碳排放配额交易的补充用于企业履约	中国	碳汇造林、森林经营、竹子造林、竹林经营	碳汇造林：2005年2月16日以来的无林地；森林经营：人工中、幼龄林	1~3年
CGCF	2010	中国绿色碳汇基金会	提高公众应对气候变化的意识和能力，鼓励全社会参与	中国	碳汇造林、森林经营、竹子造林、竹林经营	造林项目：至少自2000年1月1日以来一直是无林地，特殊情况可放宽到2005年1月1日以前；森林经营：人工种、幼龄林	1~3年
FFCER	2016	福建省发展改革委	推进本省碳交易，丰富本省重点排放单位履约方式	中国	碳汇造林、森林经营、竹林经营	碳汇造林：2005年2月16日以来的无林地；森林经营：人工种、幼龄林	1年左右
PHCER	2017	广东省发展改革委	促进本省碳减排进程	中国	森林保护、森林经营	森林保护：林种为生态公益林的林地；森林经营：林种为商品林的林地	1年左右

2.3.2　项目开发成本分析

目前，对于林业碳汇市场交易费用的界定还没有一致的意见。一种是将成本分为搜寻信息成本、讨价还价与决策成本、监测和强制实施成本等3种，也可进一步将成本划分为搜寻成本、谈判成本、批准成本、监测成本、强制实施成本以及保险成本等6种成本。根据CDM项目实施程序，可将项目交易成本划分为搜寻成本、谈判成本、项目文件成本、批准成本、证实生效成本、注册成本、监测成本、核实成本、认证成本、强制实施成本、转让成本、登记成本和最小固定成本等。基于交易成本理论，可将林业碳汇市场服务成本分为事前交易费用和事后交易费用。事前交易费用是指从寻找林业碳汇项目及合作伙伴到签订林业碳汇项目合同及注册的费用，包括搜寻林业碳汇项目买卖双方信息的费用、买卖双方讨价还价确定交易合同的费用、准备项目文件设计费用、报批清洁发展机制主管部门及执行董事会审定和注册费用。事后交易费用是指从碳汇造林再造林开始施行到买方最终购买通过经核证的碳信用指标所发生的一切费用，包括项目监测费用、检查与核证碳效益的费用、风险管理费用、强制施行费用。通过分析成本影响因素，表明市场边界范围越大，交易费用数额越高，森林覆盖多位于边远山区的发展中国家，信息技术水平较低，找到合适的交易主体和经纪人佣金较高，另外成本也会受到监测与检测技术水平、买卖双方收益差值、自然环境、碳汇数量、政策变动及市场有效性的影响。

林业碳汇交易的固定成本占项目成本的比重较大。总体上，国际性项目签发相关的交易成本《国内项目》省级项目。每个 CDM 林业碳汇项目在一个签发周期内的相关交易总成本通常在 100 万元以上，其中 CDM 项目的基准线和评估、证实生效、注册、核实及认证的行业报价为 43 万元，约占行业报价中总交易费用的 77%。Axel Michaelowa 等人研究表明 CDM 项目的最小固定交易成本为 111 万元，假设 CDM 造林再造林碳汇交易价格(CO_2)为 22 元/t，由于固定交易成本的存在，碳汇信用量(CO_2)为 5 万吨的碳汇项目将无利可图，交易将终止。这些费用的产生主要原因在于交易程序复杂，从寻找合作伙伴的经纪人租金、项目文件设计到最后报送、审批、碳汇信用量的核准等都需要花费时间和成本。

相比之下，CCER 林业碳汇项目的签发相关交易成本在 35 万~65 万元，VCS 与 GS 林业碳汇项目签发相关交易成本介于前两者之间。需要指出的是，签发相关交易成本高低除受开发程序复杂程度影响外，也与项目本身规模大小有关。

3 趋势与建议

3.1 林业碳汇发展趋势

在严格的减排目标控制下，减排成本较高的企业由于自身成本最小化考虑，将在自主减排、购买减排成本较低企业的超额减排和购买林业碳汇抵减碳排放之间决策。减排成本较低的企业处于自身收益考虑，其出售减排量的数量和金额不仅受减排成本较高的企业购买碳排放取权的数量有关，还收林业碳汇提供的价格和数量有关。在目前减排技术还不成熟的情况下，林业碳汇是成本较低的减排手段，购买林业碳汇抵减企业碳排放将是减排成本较高的企业的最优选择。通过市场机制设计，减排成本较高的企业向减排成本较低的企业或林业碳汇部门购买碳排放权，减排成本较低的碳源企业出售部分自己超额减排量，林业碳汇供给者向碳源企业出售林业碳汇，使减排成本较高的企业承担起应有的减排责任和排放代价，减排成本较低的企业和林业碳汇供给者获得利益激励，森林生态价值补偿在市场机制中实现，有利于约束企业行为，激励林业碳汇行为，其结果是企业减排单位 CO_2 的成本支出更低。但植树造林增加林业碳汇受土地、气候的影响较大，不可能无限供给，随着企业抵减碳排放对林业碳汇的需求日益增加，林业碳汇价格必持续上涨。

3.2 建议

(1) 加强林业基础数据与信息化建设

由于林业碳汇项目设计、监测等程序复杂，签发交易成本高，极大地制约了林业碳汇项目的开发，需要加强林业基础数据和信息化建设，基于林业基础数据与信息技术，对森林经营动态变化与碳汇损益进行实时监测，从而降低林业碳汇项目开发交易成本，为促进林业碳汇项目交易提供数据与技术支撑。

(2) 协同参与不同碳市场

积极参与国内多层级、多元化林业碳汇项目开发，以及国际林业碳汇开发与合作，学习借鉴国外林业碳汇市场发展的相关经验，并充分利用国内国外 2 个市场资源，为我国油气行业林业碳汇发展提供支持。

(3) 加强技术体系建设

林业碳汇服务市场边界大，搜寻信息成本高，而林业多属于山区，信息技术水平存在一定的差距；同时，林业碳汇的项目边界、泄露问题、基线确定、及额外性、监测、核证等方面都需要技术支撑，技术水平的提升有利于确定实际可核证的减排量，节约交易过程中的技术成本。

(4) 建立风险管理体系

林业碳汇市场是在《京都议定书》机制下衍生出来的市场体系，本身就体现着政治要求，如果由于政策变动使原来符合额外性的碳汇项目不再符合标准，就会给碳汇供给双方造成一定损失。另外，由于土地政策及林地政策变动也会导致林业碳汇交易的不确定性。风险成本的过高会降低林业碳汇供给量，提高林业碳汇交易价格，最终影响到林业碳汇服务市场的交易水平，因此油气企业在参与林业碳汇交易时，需要建立专门的风险管理技术团队，实时跟踪政策变化与宏观层面的市场供需变化。

(5) 加强林业项目的统筹标准化管理

虽然每个林业碳汇项目会存在差异，但会有

很多共同的方面，如责任分配、损失补偿、风险负担、强制施行等内容，在项目开发设计中尽量把这些做标准化处理，会减少谈判费用。对项目基线确定、监测计划等要进行技术标准化认定，会节约审批、核证等成本。同时应该减少审批及核证减排量等手续费用，降低固定交易成本费用。从经济学角度看，分摊固定成本的有效措施就是实行规模经济。因此，在企业层面，应注意统筹项目开发，大规模的碳汇信用项目的设计实施，能提高碳汇项目交易的经济性。

参 考 文 献

[1] Kim, Y.; Tanaka, K.; Matsuoka, S., Environmental and economic effectiveness of the Kyoto Protocol. *PLoS One* 2020, 15(7), e0236299.

[2] Verde, S. F.; Borghesi, S., The International Dimension of the EU Emissions Trading System: Bringing the Pieces Together. *Environmental and Resource Economics* 2022, 83(1), 23-46.

[3] Liu, L.; Stephane, K.; Zhang, W., Country variation of Clean Development Mechanism project registration time: an exploratory analysis by the Cox model. *Procedia Computer Science* 2018, 131, 573-578.

[4] Zhu, R.; Long, L.; Gong, Y., Emission Trading System, Carbon Market Efficiency, and Corporate Innovations. *Int J Environ Res Public Health* 2022, 19(15).

[5] Needelman, B. A.; Emmer, I. M.; Emmett-Mattox, S.; Crooks, S.; Megonigal, J. P.; Myers, D.; Oreska, M. P.; McGlathery, K., The science and policy of the verified carbon standard methodology for tidal wetland and seagrass restoration. *Estuaries and Coasts* 2018, 41, 2159-2171.

[6] Von Avenarius, A.; Devaraja, T. S.; Kiesel, R., An empirical comparison of carbon credit projects under the Clean Development Mechanism and Verified Carbon Standard. *Climate* 2018, 6(2), 49.

[7] Elwell, C. K., Brief history of the gold standard(GS) in the United States. 2011.

[8] Adams, P. S.; Brauer, R. L.; Karas, B., Professional certification. *Professional Safety* 2004, 49(12), 26-31.

[9] Drupp, M. A., Does the Gold Standard label hold its promise in delivering higher Sustainable Development benefits? A multi-criteria comparison of CDM projects. *Energy Policy* 2011, 39(3), 1213-1227.

[10] Shin, S.; Park, M. S.; Lee, H.; Baral, H., The structure and pattern of global partnerships in the REDD + mechanism. *Forest Policy and Economics* 2022, 135, 102640.

[11] Michaelowa, A.; Jotzo, F., Transaction costs, institutional rigidities and the size of the clean development mechanism. *Energy Policy* 2005, 33(4), 511-523.

典型延迟焦化装置苯并[a]芘、挥发性有机物(VOCs)排放特征研究及清洁生产评估

张　璇　唐智和　达虹鞠　李巨峰　栾　辉　许德刚　何　为

(中国石油集团安全环保技术研究院有限公司)

摘　要　通过文献调研、典型装置现场调查，研究分析了延迟焦化装置工艺概况、国内外生产情况；针对延迟焦化装置工艺特点，制定了包含苯并[a]芘、挥发性有机物(VOC)在内的环境监测方案，并按照方案对典型延迟焦化装置现场开展了监测研究，获取了延迟焦化装置界区大气环境中苯并[a]芘浓度、污水中苯并[a]芘浓度、石油焦中的苯并[a]芘含量、VOC排放情况等监测数据，同时分析评估了多套典型延迟焦化装置的清洁生产水平。研究表明：延迟焦化工艺技术成熟，是重油加工的重要装置；延迟焦化装置界区大气环境中苯并[a]芘、VOC、硫化氢、氨、TSP浓度达标；石油焦中苯并[a]芘含量为5.66~187mg/kg；VOC主要来自冷焦水中；酸性水中石油类、COD、TOC、氨氮浓度高，不外排，装置内处理后循环利用；冷焦水、切焦水水质较好，全部循环利用；延迟焦化装置清洁生产均能达到一级或二级水平。通过研究，同时提出了加强装置封闭性设计和管理的建议。

关键词　延迟焦化；炼油；环境监测；清洁生产；环境保护

政府和环境公益组织一直高度关注对石油焦生产过程的排污情况及生产过程是否清洁。本研究针对国内延迟焦化装置的生产工艺、排放情况等进行了广泛的文献调研，对国内典型延迟焦化装置开展了包含苯并[a]芘、挥发性有机物(VOC)指标在内的全面环境监测，并按照中华人民共和国环境保护行业标准《清洁生产标准　石油炼制业》(HJ/T125-2003)对国内多套延迟焦化装置的清洁生产水平进行了分析评估，旨在客观展示延迟焦化装置的排放情况及清洁生产水平。

1　延迟焦化生产工艺、应用情况

1.1　延迟焦化生产工艺概述

延迟焦化是一种石油二次加工技术，主要用来深度加工渣油，是指以贫氢的重质油为原料，在高温(约500℃)进行深度的热裂化和缩合反应，生产富气、粗汽油、柴油、蜡油和焦炭的技术。延迟焦化与热裂化相似，只是在短时间内加热到焦化反应所需温度，控制原料在炉管中基本上不发生裂化反应，而延缓到专设的焦炭塔中进行裂化反应，“延迟焦化”也正是因此得名。一般都是一炉(加热炉)二塔(焦化塔)或二炉四塔，加热炉连续进料，焦化塔轮换操作，是一种半连续工艺过程。

延迟焦化装置主要由焦化、分馏、焦化气体回收和脱硫、水力除焦、焦炭的脱水和储运、吹气放空系统、蒸汽发生部分、焦炭焙烧等8个部分组成。延迟焦化的主要工艺过程是：原料油(减压渣油或其他重质油如脱油沥青、澄清油甚至污油)经加热到495~505℃进入焦炭塔，热原料油在焦炭塔内进行焦化反应，生成的轻质产物从顶部出来进入分馏塔，分馏出富气、粗汽油、柴油和重馏分油。待焦炭陆续装满(留一定的空间)后，原料改进入另一焦炭塔，残留在焦炭塔中的焦炭以水力除焦卸出。

石油焦是延迟焦化过程的产品之一，收率为15.0%~24.6%，可用做电极、冶金及燃料等。焦化气体经脱硫处理后可作为制氢原料或送燃料管网做燃料使用。

1.2　延迟焦化应用概况

重质油加工工艺分为脱碳和加氢2类。脱碳工艺包括减粘裂化、热裂化、焦化、溶剂脱沥青和FCC技术。重质油加氢工艺包括固定床、沸腾床、悬浮床等加氢裂化技术。焦化技术是国外大部分炼油厂进行重质油加工的主要手段，尤其在美国，重质油加工能力的2/3为焦化技术，其中延迟焦化过程占绝大部分。国内焦化采用的全

是延迟焦化工艺，我国延迟焦化能力占原油加工能力的比例在10%以上，居世界第2位，其中最大的1套延迟焦化装置在抚顺，其加工能力已达到2.4×10^6吨/年。2013年，全球延迟焦化装置总加工能力达到4×10^9吨/年以上，渣油加氢总能力只有1.54×10^9吨/年。未来10年，延迟焦化加工能力将增长55%。

1.3　延迟焦化与渣油加氢的比较

与全加氢流程对比，延迟焦化工艺具有以下优势：

(1) 增强原油适应性。原料的性质不同会很大程度上决定了如何选择渣油加工工艺。例如，对于固定床渣油加氢处理工艺，目前国内外最先进的催化剂加工的混合原油的性质要求为康氏残碳≯18w%，重金属含量≯140ppm，而延迟焦化装置一般要求康氏残碳≯34w%。增加延迟焦化装置，可以有效应对原油性质小范围内的变化。

(2) 加工催化油浆，能够将渣油“吃干榨尽”。延迟焦化装置可以完全加工催化裂化装置生产的高硫催化油浆，如果没有延迟焦化装置，催化油浆一般都作为燃料，不利于从整体上减少SO_2等污染物的排放水平。

(3) 延迟焦化在平衡炼油厂渣油和提高轻油收率等方面具有优势，投资和成本较其他渣油加工工艺相对较低。

2　焦化装置环境监测

2.1　延迟焦化装置的主要排放点

延迟焦化装置的污染问题，从理论和实际现场情况判断，与其他炼油装置并没有特别之处，但焦炭的堆存、装卸、运输环节，如果密闭措施不好，扬尘污染会比一般装置严重。关于延迟焦化装置会产生较严重的苯并[a]芘、VOC等，目前国内外并没有监测数据可以证明。美国空气质量计划和标准办公室2015年4月《石油炼制工业排放估算协议》第三版中，描述延迟焦化装置会产生苯并[a]芘、VOC，但只给出了VOC的排放因子，而没有给出苯并[a]芘的排放因子。近年来，随着延迟焦化清洁生产技术的发展，特别是采用了焦炭塔密闭放空、污水循环处理、以及石油焦闭路输送等技术，排放状况改善很大。

延迟焦化装置的排放点主要集中在：

(1) 冷焦水、切焦水和酸性水及其收集、储存、处理系统。

(2) 石油焦的储存、运输、装车等过程多为敞开式操作，焦油的挥发和焦粉的飞扬造成装置区的环境污染。

(3) 加热炉烟气。

(4) 无组织排放。

2.2　环境监测方案

2.2.1　苯并[a]芘

在装置A界区四周设4个监测点位测定大气中的苯并[a]芘，其中1个靠近焦化塔及焦炭堆料场、污水池。连续24小时采样，泵流量100升/分钟。

采集酸性水、冷焦水、切焦水三种水样，测定废水中的苯并[a]芘。

采集焦炭，粉碎研细，100目的筛子筛分，分别用乙腈萃取、清水浸泡，通过测定萃取或浸泡液中的苯并[a]芘浓度，计算出焦炭中苯并[a]芘含量。

萃取或浸泡液中的苯并[a]芘浓度使用液相色谱进行分析。

2.2.2　VOC

在装置A界区四周设4个监测点位测定大气中的VOC，其中1个靠近焦化塔及焦炭堆料场、污水池。

在冷焦水罐、切焦水罐采样口、出焦口、塔顶、堆料场、切焦水池、脱硫塔、焦炭塔顶采样测定大气中的VOC。

VOC气体样品用活性碳管和气袋两种方法同时采样。吸收管采集的样品，用色谱-质谱联机进行检测，确定VOC种类和含量；气袋采集的样品，用气相色谱检测甲烷烃、非甲烷总烃、总烃。

采集酸性水、冷焦水、切焦水三种水样，用色谱-质谱联机测定废水中的VOC。

2.2.3　硫化氢、氨、总悬浮颗粒物

在装置A界区四周设4个监测点位测定大气中的硫化氢、氨、总悬浮颗粒物，其中1个靠近焦化塔及焦炭堆料场、污水池。

2.2.4　废水中pH值、石油类、硫化物、挥发酚、化学需氧量、氨氮、总有机碳

采集装置A酸性水、冷焦水、切焦水三种水样测定。

2.2.5　加热炉烟气监测

主要监测加热炉烟气烟尘、SO_2、NO_x 3个指标。

2.3 环境监测结果

2.3.1 苯并[a]芘

2.3.1.1 装置界区苯并[a]芘

装置A界区四周4个点环境空气中苯并[a]芘浓度分别是 1.35×10^{-6}、2.07×10^{-6}、1.44×10^{-6}、$1.35\times10^{-6}mg/m^3$，均低于《石油炼制工业污染物排放标准》(GB 31570—2015)企业边界苯并[a]限值 $8\times10^{-6}mg/m^3$。浓度最高的点位靠近焦炭堆场、焦炭塔及切焦水沉淀池，由于4个点苯并[a]浓度比较接近，说明焦炭堆场、焦炭塔及切焦水沉淀池对大气环境中苯并[a]芘的浓度没有显著贡献。

2.3.1.2 污水中苯并[a]芘

焦化装置A冷焦水、切焦水、酸性水苯并[a]芘浓度分别是1.84、0.35、0.03μg/L。冷焦水中苯并[a]芘浓度显著高于切焦水中苯并[a]芘浓度；切焦水中苯并[a]芘浓度又显著高于酸性水中苯并[a]芘浓度；酸性水中苯并[a]芘浓度极低，接近0。

2.3.1.3 焦炭中苯并[a]芘

除装置A外，另外在不同时间采集了不同地区炼油厂不同规模的5套延迟焦化所产焦炭样品(简称为装置B、C、D、E、F)，所有焦炭样品粉末经清水充分浸泡搅拌24小时以上，浸出液中苯并[a]均不能检出，说明焦炭中的苯并[a]不会被水浸出。

焦炭粉经乙腈萃取、测定萃取液中的苯并[a]芘浓度，计算出焦炭中苯并[a]芘含量见表1。

同一焦炭装置所产焦炭中苯并[a]芘含量基本稳定；装置A焦炭中苯并[a]芘含量最高，为103.82~187.55mg/kg，其他延迟焦化装置石油焦产品苯并[a]芘含量5.49~38.64mg/kg。

表1 各种石油焦碳中苯并[a]芘含量

(mg/kg)

延迟焦化装置编号	1#样品	2#样品	3#样品	4#样品	5#样品	6#样品
装置A	187.55	151.84	103.82	128.32	–	–
B	27.26	31.29	28.82	30.09	38.64	34.93
C	7.19	7.52	8.04	9.11	–	–
D	5.49	7.51	5.66	5.80	–	–
E	10.78	10.13	11.73	11.24	–	–
F	10.83	10.71	12.23	12.20	–	–

2.3.2 VOC

2.3.2.1 气体样品(吸收管采样，色谱-质谱联机检测)

(1) 延迟焦化装置A东南、西南、西北、东北、堆料场里侧、堆料场、污水池、切焦水罐采样口、脱硫塔、焦化塔顶出焦口等10个采样点均未检出VOC。

(2) 冷焦水罐顶采样点检出VOC，共定性出2大类73种物质。一类为C4~C13的烃类气体，包括烷烃、烯烃、环烷烃等多种烃类的同分异构体，共计60种；另一类为苯系物，包括苯、甲苯、二甲苯、乙苯等多种苯系物的同分异构体，共计13种。使用54种挥发性有机物标准溶液对检出物进行半定量检测，在定量检出限以上的有6种，分别是苯 $0.016mg/m^3$，甲苯 $0.058mg/m^3$，乙苯 $0.012mg/m^3$，间、对二甲苯 $0.016mg/m^3$，邻二甲苯 $0.008mg/m^3$。

2.3.2.2 气体样品VOC(气袋采样，气相色谱检测)

监测结果见表2。监测表明，冷焦水罐浓度是各点中最高的；塔顶出焦口、堆料场浓度相对也较高。

表2 延迟焦化装置烃类检测结果

编号	采样位置	甲烷浓度(以碳计 mg/m^3)	非甲烷浓度(以碳计 mg/m^3)	总烃浓度(以碳计 mg/m^3)
1	塔顶出焦1	469.3119	140.5902	609.9021
2	塔顶出焦2	66.9880	6.0593	73.0473
3	东南角1	2.2841	0.9045	3.1887
4	东南角2	2.1495	0.5729	2.7224
5	西南角1	3.5501	0.6791	4.2292
6	西南角2	0.8581	0.3046	1.1628
7	西北角1	1.8756	0.2621	2.1376
8	西北角2	3.2650	0.8105	4.0756

续表

编号	采样位置	甲烷浓度(以碳计 mg/m^3)	非甲烷浓度(以碳计 mg/m^3)	总烃浓度(以碳计 mg/m^3)
9	东北角 1	3.0905	0.4297	3.5202
10	东北角 2	1.3808	0.2005	1.5813
11	堆料场	2.5158	8.0362	10.5520
12	冷焦水罐	3553.0694	119.4346	3672.5040
13	切焦水罐	5.8250	8.5641	14.3891
14	沉降池	1.8711	1.3207	3.1918
15	堆料场	2.7611	0.3723	3.1335
16	堆料场	20.1827	28.3499	48.5327
17	脱硫塔	0.7956	0.4005	1.1960

2.3.2.3　污水 VOC(气相色谱-质谱检测)

(1) 切焦水内，未检出挥发性有机物。

(2) 冷焦水内检出 15 种芳香族化合物，包括常见的苯、甲苯、乙苯、二甲苯等苯系物，与冷焦水罐内气体中甲烷烃、非甲烷烃、总烃浓度很高呈对应关系。冷焦水中可以定性出苯、甲苯、乙苯、间二甲苯、对二甲苯、邻二甲苯、异丙苯、正丙苯、1,3,5-三甲基苯、叔丁基苯、3-甲基-乙苯、萘等 11 种物质。

(3) 酸性水中共定性出 4 大类 71 种物质。一类为无机物硫化氢，一类为 C4~C13 的烃类化合物，包括烷烃、烯烃、环烷烃等多种烃类的同分异构体，共计 55 种；一类为苯系物，包括苯、甲苯、二甲苯、乙苯等多种苯系物的同分异构体，共计 13 种；一类为丙酮、丁酮等酮类化合物，共计 2 种。

2.3.3　硫化氢、氨、总悬浮颗粒物

监测结果见表 3。

(1) 焦化装置界区大气环境中硫化氢、氨、TSP 浓度达标且很低；

(2) 靠近焦炭堆场的焦化车间西北角点，总悬浮颗粒物浓度高于其他 3 个点，系堆焦场地及装卸车作业不封闭引起，与实际情况相符。

2.3.4　废水中 pH 值、石油类、硫化物、挥发酚、化学需氧量、氨氮、总有机碳

监测结果见表 4。

表 3　装置界区大气环境监测结果

采样地点	总悬浮颗粒物/($\mu g/m^3$)	标准 1/($\mu g/m^3$)	硫化氢/($\mu g/m^3$)	标准 2/($\mu g/m^3$)	氨/($\mu g/m^3$)	标准 3/($\mu g/m^3$)
装置 A 西北角	473	1000	18	10000	126	30000
装置 A 西南角	175	1000	20	10000	287	30000
装置 A 东南角	52.6	1000	17	10000	167	30000
装置 A 东北角	70.1	1000	13	10000	200	30000

备注：

标准 1 指《石油炼制工业污染物排放标准》(GB 31570—2015 2015-07-01 实施)企业边界污染物浓度限值，1.0mg/m^3；

标准 2 指《工业企业设计卫生标准》](TJ36—79)车间空气中有害物质最高容许浓度，硫化氢 10 mg/m^3；

标准 3 指《工业企业设计卫生标准》](TJ36—79)车间空气中有害物质最高容许浓度，氨 30mg/m^3。

表 4　焦化装置污水监测结果　　单位：mg/L(除 pH 值)

采样地点	pH 值	石油类	硫化物	挥发酚	化学需氧量	氨氮	总有机碳
酸性水	9.17	107	10.4	0.026	7.75×10^3	748	1.38×10^3
冷焦水	8.91	16.2	1.76	0.746	149	8.53	28.4
切焦水	7.91	0.64	0.040	0.537	66.1	4.68	9.31

备注：

(1) 酸性水系进酸性水气提装置前由蒸汽冷却后经油水分离后的废水，密闭输送，不直接外排；

(2) 除焦水、切焦水全部循环利用，不外排。

2.3.5 加热炉烟气监测

加热炉废气出口烟尘、二氧化硫折算浓度最大值分别为 11mg/m³、18mg/m³，烟气黑度<1，二氧化硫排放浓度达到《工业炉窑大气污染物排放标准》(GB 9078—1996)中表 4 二级限值的要求，烟尘、烟气黑度均符合前述标准表 2 二级限值的要求。

监测结果见表 5。

表 5 焦化装置加热炉废气监测结果 单位：mg/m³

项目		周期一			周期二			标准限值	达标情况
		1	2	3	1	2	3		
标干烟气流量/(m³/h)		72804	71657	74642	75981	75651	76913	—	—
实测过量空气系数		1.2	1.2	1.2	1.2	1.2	1.2	—	—
标准过量空气系数		1.7	1.7	1.7	1.7	1.7	1.7	—	—
烟气黑度		<1	<1	<1	<1	<1	<1	1	达标
烟尘	实测浓度	15	9	11	15	13	10	—	—
	折算浓度	11	6	7	10	10	7	200	达标
SO_2	实测浓度	20	21	23	23	26	24	—	—
	折算浓度	14	15	16	16	18	17	850	达标
NO_x	实测浓度	40	41	40	41	41	40	—	—
	折算浓度	28	29	28	29	29	28	—	—

3 清洁生产水平评估

详细调查了 5 套延迟焦化装置，对照 2003 年 4 月 18 日国家环境保护总局发布的《清洁生产标准 石油炼制业》(HJ/T 125—2003)标准，除 2 套焦化装置不符合“处理部分污水处理厂废渣”要求外，5 套焦化装置其他其他指标均符合“生产工艺与装备要求”；2 套装置的“综合能耗”达到二级标准要求，3 套装置达到一级标准要求；5 套装置“新鲜水用量”均达到一级标准要求；获得数据的 2 套装置“原料加工损失率”达到二级标准要求；“污染物产生指标”中的污水中石油类含量达到一级或二级指标要求，但所有污水不外排，全部循环使用；因加热炉全部以瓦斯气做燃料，“加热炉烟气中的 SO_2 含量”全部达到一级指标要求。总体上，延迟焦化工艺技术成熟，新建或新改造的延迟焦化装置的清洁生产水平都很高。见表 6。

表 6 焦化装置清洁生产水平评估

指标	清洁生产指标			装置 1	装置 2	装置 3	装置 4	装置 5
	一级	二级	三级					
一、生产工艺与装备要求								
	焦化塔采用密闭式冷焦、除焦工艺			√	√	√	√	√
	冷焦水密闭循环处理工艺			√	√	√	√	√
	采用 DCS 仪表控制系统			√	√	√	√	√
	设密闭采样设施			√	√	√	√	√
	设雨水系统			√	√	√	√	√
	处理部分污水处理厂废渣					√	√	√
二、资源能源利用指标								
1. 综合能耗，kg 标油/t 原料	≤30.0	≤32.0	≤35.0	31.44	23.37	24.4	22.45	31.5
2. 新鲜水用量，t 水/t 原料	≤0.12	≤0.2	≤0.3	0.063	0.022	≤0.12	0.031	0.084
3. 原料加工损失率,%	≤0.5	≤0.8	≤1.2			≤0.5	0.58	

续表

指标		清洁生产指标			装置1	装置2	装置3	装置4	装置5
		一级	二级	三级					
三、污染物产生指标									
1. 含油污水	单排量，kg/t 原料	≤130	≤150	≤180	18.7		35.3	148	67.2
	石油类含量，mg/L	≤200	≤300	≤500	16.2	0.8~60	300	96.8	300
2. 含硫污水	单排量，kg/t 原料	≤50	≤100	≤180	77.8		35.3	45	67.2
	石油类含量，mg/L	≤400	≤800	≤1100	107	138~350	390	710	250
3. 加热炉烟气中的 SO_2 含量，mg/Nm^3		≤500	≤600	≤750	20	30	27.93	19.25	222.22

＊注：(1)表中标准为2003年4月18日国家环境保护总局发布的《清洁生产标准　石油炼制业》(HJ/T 125—2003)；(2)含油污水、含硫污水均不外排，全部循环使用。

4　结论与建议

延迟焦化装置界区空气中苯并[a]芘浓度达标，污水中基本不含苯并[a]芘，石油焦中苯并[a]芘含量为每千克中含数毫克至一百八十毫克，石油焦中的苯并[a]芘不溶于水。

延迟焦化装置界区四周VOC浓度为未检出至0.9mg/m^3，堆焦场区域VOC浓度明显大于装置界区浓度，达到50mg/m^3左右。塔顶出焦口、冷焦水罐采样口内VOC浓度高，是装置区VOC的主要排放点。冷焦水罐采样口VOC共73种，其中6种物质可以进行定量，浓度为0.008~0.058mg/m^3。

切焦水中未检出挥发性有机物，冷焦水中检出15种芳香族化合物，酸性水中检出4大类71种物质。

焦化装置界区大气环境中硫化氢、氨、TSP浓度达标。

延迟焦化装置冷焦水、切焦水水质较好，酸性水水质差。所有污水不外排，循环利用。

延迟焦化装置加热炉废气中二氧化硫、氮氧化物、烟尘等污染物排放浓度达标。

延迟焦化装置的清洁生产水平能达到清洁产生标准中的二级或一级标准要求

建议在以后建设延迟焦化装置时，一要注意加强堆焦场、焦炭装卸和运输、切焦水处理池的封闭性的设计和管理；二要加强冷焦水的密闭循环使用的设计和管理；三要加强冷焦水罐的采样口和呼吸阀的密闭性的设计和管理。

参考文献

[1] 中国正默默燃烧一种比煤炭更肮脏的燃料. 国际煤炭网(来源：福布斯中文网). 2015-07-19.

[2] 石油焦渐成严重污染源却被忽视. 经济参考报. 2015年08月03日.

[3] 谷振生，王晓明. 国内外重油加工技术新进展[J]. 炼油与化工，2010，21(1)：6-8.

[4] 钟英竹，靳爱民. 渣油加工技术现状及发展趋势[J]. 石油学报(石油加工)，2015(02)：436-443.

[5] 缪超，杨维军，王皓. 全球主要地区石油焦供需现状及趋势分析——主要地区石阿格斯亚太石油焦会议"集粹[J]. 国际石油经济，2014，(5)：15-20.

第四篇　职业健康保护篇

近年来，我国国民经济一直保持着稳定高速的增长态势。但职业健康安全管理工作却远滞后于经济发展的步伐，重大恶性工伤事故频发，职业病人数居高不下。本篇重点介绍了健康风险分级管控、职业病危害控制与防护、智能健康管理体系等方面的应用范例。

炼化企业苯系物作业员工血常规异常及影响因素

于如玉　安　然　王　鹏

（中国石油大连石化公司）

摘　要　本文对某企业2020年至2022年参加健康检查员工的血常规检测结果进行统计，按照性别、年龄、工龄、所处车间不同分析苯系物作业对员工血常规的影响，探讨影响血常规的因素及企业健康干预效果，为日后健康监护及目标干预等提供科学依据与建议。结果显示，性别、年龄与工龄、车间的不同，接触苯系物员工的血常规异常检出率存在差异，且企业健康干预对降低血常规异常率有一定作用。

关键词　苯系物作业员工；血常规；异常

苯系物是指全部芳香族化合物，代表化合物有苯、甲苯、乙苯、二甲苯等。炼化企业存在一些苯系物（主要为苯、甲苯、二甲苯）作业场所，例如催化重整车间是以直馏石脑油为原料可以生产高纯度的苯；酮苯脱油脱蜡车间利用甲苯丁酮为溶剂，对石油中的油和蜡进行分离；质量检验车间利用苯系物作为化验试剂；油气储运车间存在苯系物装车装船作业；检维修车间在设备维修保养时涉及储存苯系物的设备打开作业等情况。为了解炼化企业苯系物作业对员工健康影响特点，对某企业2020至2022年健康检查结果进行统计分析。

1　对象与方法

1.1　对象

以2020年至2022年参加健康检查的员工为对象，2020年5292人、2021年5238人、2022年5477人；其中苯系物作业员工依次为1063、1047、1038人。年龄段分布18至60岁，具体划分为30岁以下、31-40岁、41-50岁和51-60岁共四个年龄段；工龄分布1至40年，具体划分为1-5年、6-10年、11-20年和20年以上共四组。苯系物作业员工分别属于催化重整车间、酮苯脱油脱蜡车间、质量检验车间、油气储运车间、检维修车间。另外，选取接触其他有害因素的员工、不接害员工作为对照组，分析苯系物对员工血常规的影响。

1.2　判定标准

《职业性苯中毒诊断标准》（GB Z68—2022）要求，血细胞技术参考范围依据《血细胞分析参考区间》（WS/T405-2012），白细胞计数（WBC）$<3.5\times10^9/L$、中性粒细胞计数（N）$<1.8\times10^9/L$、血小板计数（PLT）$<125\times10^9/L$等均为血常规异常。血常规异常检出率=（血常规指标中≥1项指标异常人数/检测人数）×100%。

2　结果

2.1　不同性别血常规结果的比较

除2020年的中性粒细胞计数（N）外，女性白细胞计数（WBC）、中性粒细胞计数（N）、血小板计数（PLT）异常检出率均高于男性，血小板计数（PLT）检出率最为明显，见表1。

表1　不同性别血常规异常率的比较

项　目	年度	2020年	2021年	2022年
血常规异常	男	10.44%	9.59%	9.14%
	女	15.43%	17.10%	15.85%
白细胞计数异常（WBC）	男	6.57%	5.26%	5.53%
	女	5.20%	5.48%	5.69%
中性粒细胞计数异常（N）	男	5.37%	4.72%	4.76%
	女	6.30%	6.45%	7.69%
血小板计数异常（PLT）	男	3.07%	3.27%	2.76%
	女	8.82%	9.68%	7.85%

2.2　不同年龄血常规结果的比较

血常规、白细胞计数（WBC）、中性粒细胞计数（N）异常检出率随年龄增加整体呈上升的趋势，血小板计数（PLT）异常率随年龄增加先增后降，见表2。

表 2　不同年龄血常规异常率的比较

项　目	年龄段	2020 年	2021 年	2022 年
血常规异常	30 岁以下	5.66%	8.00%	7.78%
	31-40 岁	9.35%	12.96%	10.28%
	41-50 岁	9.30%	10.00%	10.64%
	51-60 岁	10.64%	9.48%	7.28%
白细胞计数异常(WBC)	30 岁以下	5.66%	4.00%	4.44%
	31-40 岁	5.48%	6.31%	4.26%
	41-50 岁	5.43%	4.47%	5.60%
	51-60 岁	7.82%	6.16%	4.92%
中性粒细胞计数异常(N)	30 岁以下	3.77%	4.00%	3.33%
	31-40 岁	4.84%	4.32%	3.19%
	41-50 岁	4.13%	4.21%	2.24%
	51-60 岁	6.89%	4.27%	3.54%
血小板计数异常(PLT)	30 岁以下	0.00%	4.00%	3.33%
	31-40 岁	2.90%	5.65%	4.96%
	41-50 岁	3.36%	4.74%	5.88%
	51-60 岁	0.47%	2.69%	2.36%

2.3　不同工龄血常规结果的比较

血常规、白细胞计数(WBC)、中性粒细胞计数(N)异常检出率随工龄增加整体呈上升的趋势，血小板计数(PLT)异常检出率在 6~10 年工龄最高，见表 3。

表 3　不同工龄血常规异常率的比较

项　目	工龄段	2020 年	2021 年	2022 年
血常规异常	0-5 年	7.41%	8.00%	7.69%
	6-10 年	9.32%	12.17%	9.35%
	11-20 年	9.19%	10.83%	9.30%
	20 年以上	10.06%	10.09%	8.96%
白细胞计数异常(WBC)	0-5 年	5.56%	4.00%	4.40%
	6-10 年	4.24%	4.35%	1.87%
	11-20 年	6.01%	5.78%	5.04%
	20 年以上	7.07%	5.86%	5.38%
中性粒细胞计数异常(N)	0-5 年	5.56%	6.00%	4.40%
	6-10 年	3.39%	5.22%	0.93%
	11-20 年	4.95%	3.25%	3.49%
	20 年以上	6.00%	4.34%	3.07%
血小板计数异常(PLT)	0-5 年	0.00%	2.00%	2.20%
	6-10 年	5.08%	6.96%	6.54%
	11-20 年	1.77%	4.33%	3.49%
	20 年以上	2.36%	3.58%	4.10%

2.4　不同车间血常规结果的比较

2020 年血常规及白细胞计数(WBC)、中性粒细胞计数(N)异常检出率最高的都是检维修车间，血小板计数(PLT)异常检出率最高的是质量检验车间。2021 年血常规及白细胞计数(WBC)、血小板计数(PLT)异常检出率最高的都是酮苯脱油脱蜡车间，中性粒细胞计数(N)异常检出率最高的是储运车间。2022 年各项指标异常检出率都在酮苯脱油脱蜡车间。

催化重整车间、储运车间、检维修车间各项指标异常检出率都逐年下降；质量检验车间除血小板计数(PLT)呈上涨趋势外，其他指标异常检出率均逐年下降；酮苯脱油脱蜡装置各项指标异常检出率均逐年上升，见表 4。

表 4　不同车间血常规异常率的比较

项　目	年　度	2020 年	2021 年	2022 年
血常规异常	催化重整车间	9.46%	4.11%	5.41%
	酮苯脱油脱蜡车间	9.38%	15.63%	17.43%
	储运车间	9.02%	9.92%	6.45%
	质量检验车间	9.17%	8.26%	7.69%
	检维修车间	11.00%	9.48%	8.93%
白细胞计数异常(WBC)	催化重整车间	5.41%	4.11%	4.05%
	酮苯脱油脱蜡车间	6.25%	8.33%	11.01%
	储运车间	5.64%	5.16%	2.76%
	质量检验车间	4.59%	3.67%	1.71%
	检维修车间	7.92%	6.19%	5.36%
中性粒细胞计数异常(N)	催化重整车间	5.41%	4.11%	1.35%
	酮苯脱油脱蜡车间	2.08%	4.17%	6.42%
	储运车间	6.02%	4.76%	2.76%
	质量检验车间	3.67%	2.75%	2.56%
	检维修车间	6.37%	4.64%	3.17%
血小板计数异常(PLT)	催化重整车间	2.70%	4.11%	2.70%
	酮苯脱油脱蜡车间	3.13%	6.25%	9.17%
	储运车间	2.26%	3.17%	2.76%
	质量检验车间	4.59%	4.59%	5.13%
	检维修车间	2.12%	2.90%	3.17%

2.5　苯系物作业员工与其他员工血常规结果比较

苯系物作业员工与接触其他有害因素员工的血常规白细胞计数(WBC)、中性粒细胞计数(N)、血小板计数(PLT)异常率相比无明显规律，但几乎都比不接害员工异常率高，见表 5。

表5　苯系物作业员工与其他员工血常规异常率的比较

项　目	员工类别	2020年	2021年	2022年
血常规异常	苯系物作业员工	10.07%	9.65%	8.91%
	接触其他有害因素员工	12.01%	12.71%	11.61%
	不接害员工	9.86%	8.07%	8.17%
白细胞计数异常（WBC）	苯系物作业员工	6.68%	5.73%	4.90%
	接触其他有害因素员工	7.21%	6.21%	6.62%
	不接害员工	3.54%	3.84%	4.43%
中性粒细胞计数异常（N）	苯系物作业员工	5.55%	4.39%	3.23%
	接触其他有害因素员工	6.38%	5.95%	5.85%
	不接害员工	3.68%	3.90%	5.13%
血小板计数异常（PLT）	苯系物作业员工	2.54%	3.53%	3.92%
	接触其他有害因素员工	3.37%	4.94%	4.14%
	不接害员工	5.42%	3.13%	1.98%

3　企业健康干预效果

3.1　企业干预措施

近年来，人们健康意识也逐渐增强，企业职业健康管理体系、安全文化也逐渐健全，企业对生产性毒物的管控、人员的健康监护更加严格。

3.1.1　源头控制措施

对产生化学反应的涉苯系物设备、储存苯系物储罐、中间罐及输送管道等采取严格密闭，对装卸车、船环节采用油气回收设施，减少生产环节苯系物的扩散。

3.1.2　个体防护措施

个人防护用品是企业职业病防治的最后一道防线，企业为员工配备有效的个人防护用品（防毒面罩等）并严格规范个人防护用品的检查与使用。

3.1.3　健康监护措施

对有苯系物禁忌的员工采取调整工作岗位等干预措施。

3.2　企业干预效果

数据显示，企业苯系物作业员工血常规异常的检出率逐年下降，由2020年的10.07%下降至2022年的8.91%，可见健康干预有明显效果，见表6。

表6　2020年－2022年苯系物作业员工血常规异常人数及检出率

年　度	2020年	2021年	2022年
苯系物作业员工人数（人）	1063	1047	1021
血常规异常人数（人）	107	101	91
血常规异常率	10.07%	9.65%	8.91%

4　结论

苯系物可通过呼吸道、消化道和皮肤等途径进入人体，其中苯已被国际癌症研究组织（International Agency for Research on Cancer，IARC）确认为I类致癌物，苯中毒、甲苯中毒、二甲苯中毒和苯所致白血病均被列为我国法定职业病。

本研究显示，苯系物作业员工女性的血常规异常检出率高于男性，说明女性在苯系物作业人员中更易受到影响，与大多数研究一致。研究表明，女性苯的排泄较男性慢，同时苯系物会损害女性生殖功能。应注重苯系物作业人群的保护，且应更注重女性的保护。

随着年龄及工龄的增加，血常规异常率呈上升趋势，说明苯系物对员工造成的身体伤害具有累积效应，应格外注重年龄较大、工龄较长员工的健康监护与个人防护。从不同车间上看，催化重整车间、储运车间、质量检验车间的各类异常检出率与不接害员工基本持平，可以得出这几个车间的苯系物作业对血常规健康影响不大。整体来看，2020年检维修车间异常检出率较高，主要因为检维修车间相比于生产车间，接触的是管线、设备检维修打开时暴露的苯系物，若防护不当则极容易造成苯系物中毒。除酮苯脱油脱蜡车间外，其他苯系物作业车间异常检出率逐年下降，一部分原因是公司的健康干预与员工个人健康意识的提高、个体防护措施的有效佩戴起到作用。酮苯脱油脱蜡车间异常检出率逐年增加、且相对于其他车间高出较多，在2022年超出其他车间17%。分析发现主要因丁酮与甲苯做为溶剂有极强的腐蚀性，易造成设备管线腐蚀泄漏，使甲苯暴露在空气中，从而对同时间出现在周边的员工造成影响。应加强对检维修、酮苯脱油脱蜡车间岗位员工防护用品佩戴的监督，按时进行职业健康体检对其检查结果动态管理，实时跟踪异常指标。同时，必须加强对职业卫生防护的培训与宣贯，进一步引导员工重视自身健康水平，提高对苯系物作业危害的重视，正确使用个体防护用品，最大限度保障劳动者的职业健康。

总体来说苯系物作业岗位员工与接触其他职业病危害因素作业的岗位员工就血常规指标对比结果观察，苯系物作业岗位员工异常率高于不接害员工，证明苯系物作业对血常规有一定影响，但影响血常规的职业病危害因素不仅限于苯系物作业，其他职业病危害因素作业也会导致员工健康指标的异常。企业应继续采取干预措施，提高对苯系物的防护控制效果，守护员工健康。

参 考 文 献

[1] 项莹，余向东，王锐. 苯系物对职业健康的危害研究[J]. 现代矿业，2021，37(03)：223-225.

[2] 吴维权，柯伟奕，曾细嫦，等. 深圳市电子行业企业中苯系物的职业健康风险评估[J]. 职业与健康，2022，38(11)：1450-1454+1459. DOI：10.13329/j.cnki.zyyjk.2022.0306.

[3] 陈健聪，陈惠文，杨绿舜. 深圳市宝安区某街道苯作业人员血常规结果分析[J]. 中国当代医药，2015，22(17)：164-167.

[4] 王建，林莺，胡玉琴，等. 温州市苯作业人员血常规结果分析[J]. 现代实用医学，2011，23(01)：26-28.

[5] 林艳，戴欧欢，沈波，等. 鞋业苯作业工人血常规异常及影响因素[J]. 浙江预防医学，2015，27(12)：1270-1272. DOI：10.19485/j.cnki.issn1007-0931.2015.12.026.

[6] 许欣欣，程琮，张钦凤，等. 苯对作业女工健康及细胞遗传损伤的职业危害调查[J]. 泰山医学院学报，2003(01)：35-37.

[7] 冷瀚冰，向修传. 泄漏检测与修复(LDAR)技术在酮苯装置的应用[J]. 当代化工，2021，50(10)：2475-2478. DOI：10.13840/j.cnki.cn21-1457/tq.2021.10.044.

HSE 管理体系审核问题质量评估方法研究

陈　涛　卢　静　罗嫣丽

（中国石油玉门油田公司）

摘　要　为切实提升审核工作质量，针对当前审核问题普遍存在的描述不清、追溯不及、质量不高、深度不够、依据不对、判标不准等突出问题，玉门油田分公司组织审核员技术团队，对2021年下半年审核问题进行了分析，开发了审核问题质量评估标准，期望对HSE管理体系审核持续提高审核工作质量有所帮助。

关键词　审核问题；评估标准；质量评估

HSE审核作为目前有效提升HSE管理体系持续改进的有效手段，在国内外油气行业的HSE管理中得到了广泛的应用，全要素审核、专项审核、量化审核和指导审核等审核方式日渐成熟，但由于审核员主观能力意识、审核技巧、审核方法及对HSE相关法律法规、标准规范、规章制度的理解和掌握不一致，未能区分审核和检查的本质性区别，导致审核问题质量存在差异，影响整体审核质量。如何提高审核问题质量已成为制约HSE体系审核质量的关键性因素。

1　建立审核问题质量评估标准

针对HSE审核问题质量存在的问题，评估小组经过研讨及量化分析，从六个维度采取分档记分的方式对审核问题的质量进行评估，并建立了《审核问题质量评估标准》具体如下：

（1）问题描述：主要评估问题描述是否做到了事实清楚、内容具体、描述完整、简洁准确、理解一致、无歧异。

（2）标准判定：主要评估标准判定是否准确、可靠、具体到条款。需要特别说明的是评估标准在编制时，不允许使用量化审核标准进行判定。

（3）问题价值：主要评估问题是否是低老坏问题，或者是一般性问题，或者是对地区公司、专业公司、集团公司层面是否具有借鉴意义。

（4）主题判定：主要评估问题在对应进行主题判定时是否准确。

（5）内容判定：主要评估问题在对应进行内容判定时是否准确。

（6）体系追溯：主要评估问题在追溯时是否准确，并且是否追溯到足够深度。

（7）现场问题及管理问题归类评判：根据历次审核的数据统计来看，存在为满足管理问题数量及比例要求，将现场问题错误地判定为管理问题的情况比较突出。本次评估过程中，评估组对现场问题和管理问题进行了定义，并重新进行了评估。具体定义如下：

① 现场问题：主要指的是作业现场设备设施、作业环境及作业行为方面存在的问题。

② 管理问题：主要指的是体制机制、组织机构、规章制度、教育培训、资源保障、应急管理、事故事件管理、承包商管理、监督检查、奖惩考核等管理方面存在的问题。

（8）评分标准，见表1。

① 问题描述：从事实清楚、内容具体、描述准确、理解一致、无歧义方面赋分，分值1–5分。

② 标准判定：从准确度、具体程度赋分，分值1–5分。

③ 问题价值：从问题是否能够发现重大风险和管理缺项，是否有借鉴意义赋分，分值1–5分。

④ 主题判定：从问题主题判定是否准确方面赋分，分值1–3分。

⑤ 内容判定：从问题判定是否准确方面赋分，分值1–3分；

⑥ 体系追溯：从是否追溯，追溯程度进行赋分，分值1–3分。

表1　审核问题质量评估标准

评估项目	评估得分				
	5	4	3	2	1
问题描述	事实清楚、内容具体 完整、简洁、准确 理解一致、无歧异	较清楚、较具体 较完整、较流畅 容易理解、无歧异	基本清楚、基本具体 基本完整、基本流畅 可以理解、无歧异	不够清楚、不够具体 不够完整、准确 不好理解、会产生歧义	不清楚、不具体 不完整、存在明显错误 大多数人无法理解
标准判定	准确、可靠 具体到条款	较准确、较可靠 但未具体到条款	判定依据模糊 未具体到条跨	使用量化审核标准判定	无相关标准依据 或判定出现错误
问题价值	发现重大风险或 管理缺陷 对集团公司具有 借鉴意义	发现重大风险或 管理缺陷 对专业公司具有 借鉴意义	发现较大风险或 管理缺陷 对地区公司具有 借鉴意义	一般性问题	低、老、坏问题

评估项目	评估得分		
	3	2	1
主题判定	准确	不准确	明显错误
内容判定	准确	不准确	明显错误
体系追溯	追溯到体系	追溯到管理	无追溯

2　审核问题评估标准应用

评估组对2021年下半年油气和新能源分公司审核的3640个问题逐一按照审核问题评估标准的六个维度进行了量化评分。因涉及具体油气田单位审核数据，本文仅对审核总体情况进行列举。

2.1　审核问题描述质量评估情况，见表2

表2

单　位	总体得分	得分分布情况(%)				
		5	4	3	2	1
总体得分	3.44	8.54	35.22	41.57	11.68	0.58

从统计数据可以看出，审核问题描述的总体得分为3.44分，审核问题描述比较清楚的占35.22%，基本清楚的占41.57%，不够准确或完全不清楚的占12.26%，说明审核问题描述较为规范，但还有较大的提升空间。

2.2　审核标准判定质量评估情况，见表3

表3

单　位	总体得分	得分分布情况(%)				
		5	4	3	2	1
总体得分	3.65	37.25	20.71	17.34	18.82	5.88

从统计数据可以看出，审核标准判定的总体得分为3.65分，判定依据完全准确的占37.25%，较准确的占20.71%，较模糊的占17.34，使用量化审核标准判标或无审核判定依据的24.7%，说明部分单位对判标不够重视，简单的使用量化审核标准或没有判标。

2.3　审核问题价值质量评估情况，见表4

表4

单　位	低老坏问题比例(%)
总体比例	24.40

从统计数据可以看出，审核问题中低老坏问题总体比例为24.40%，“低老坏”问题占比较高很大程度上降低了审核问题的质量，说明一方面现场HSE管理亟需提升，另一方面，审核员审核深度不够，没有通过现场“低老坏”问题发现背后的管理问题。

2.4　审核问题主题及内容判定质量评估情况，见表5

表5

单　位	准确比例(%)
总体比例	66.18

从统计数据可以看出，审核问题主题及内容判定的准确总体比例为66.18%。说明审核员对量化审核标准不够熟悉，审核主题和内容判定准确率不高。

2.5 审核问题追溯质量评估情况，见表6

表6

单　位	无追溯比例(%)
总体比例	68.57

从统计数据可以看出，审核问题无追溯的总体比例为68.57%。说明审核问题没有追溯到职责、制度规程、培训宣贯、资源配置、检查与考核上，更谈不上追溯到体系上，没有发现问题产生的根本原因，整改也就成了“治标不治本”。

2.6 审核问题中管理问题占比情况，见表7

表7

单　位	管理问题比例(%)	
	审查前	审查后
总体比例	64.92	51.46

从统计数据可以看出，审核问题中管理问题总体比例审查前为64.92%，审查后为51.46%，表明部分油气田存在为完成管理问题比例指标而将现场问题判定为管理问题的情况。

3 审核描述典型问题分类

3.1 拼凑拆分型

主要特点是为减少问题数量，将多个问题拼凑成一个问题，使问题描述失去重点；或者是为满足问题数量要求，将同一个地点、相同性质的问题拆分成多个问题。

3.2 描述不清型

主要特点是语言描述不够简洁清晰，事实不够具体，不便于理解，容易产生歧义，或者是描述问题过于拖沓、简单问题复杂化。

3.3 随意结论性

主要特点是在发现一般事实的基础上，未经追溯获得确凿证据就随意下结论，否定工作，扩大打击面。

3.4 主观色彩性

主要特点是依据审核员自己的理解和认识以及本单位的做法对问题做出判断，经不起推敲，带有严重的主观色彩，不符合普遍的认知和理解。

3.5 缺乏依据型

主要特点是依据审核员的主观经验做出判断，或以量化审核标准为判定依据，找不到可靠的依据或者无明显的风险。

4 存在的突出问题及改进建议

4.1 审核等同于检查

存在问题：审核工作截至目前已经开展11年，由于对审核工作的认识和理解存在偏差，加之审核员素质的影响，将审核工作等同于安全大检查的问题十分突出，诸多审核员仅仅掌握专业知识，不掌握不理解HSE体系运行及管理工作，审核工作仅仅停留在发现问题的层面上，把发现问题找到标准作为审核工作的终点，没有能站在体系管理的角度，查找体系管理方面存在的问题，审核组在审核工作结束后没有综合审核发现对体系运行情况进行综合评价。

改进建议：要回归体系审核工作的本质，强化审核员HSE管理体系标准的学习、体系审核方法的学习，按照体系审核的思路来开展审核工作。

4.2 描述的标准化问题

存在问题：由于未接受过系统的审核培训，加之不同企业的要求不同，也未建立起审核问题的标准描述方式，导致审核员描述问题的方式不统一，部分问题描述不清晰，给后期的综合判断带来很大的困难。

改进建议：油气和新能源公司统一问题的描述方式，按照审核通行的做法进行问题描述。建议问题描述方式如下：问题描述=事实描述+不符合法律法规、标准规范、规章制度的条款描述+不符合HSE体系标准的条款描述。

4.3 问题归类的标准化途径

存在问题：现在我们对审核问题的归类方法不够准确和科学，一是由于HSE体系量化审核标准的编制没有做到审核主题与体系要素全面对应，导致归类出现偏差；二是审核员在进行归类时没有按照体系审核的方法归类，如对承包商现场发现的问题，全部都归类到承包商管理中，其实这是不合理的。

改进建议：对归类方法进行调整，实行双序列归类方法或者多序列归类方法，按照后期分析需求进行分类，但是要注意作为体系审核必须保留体系要素的归类方法。同时，要强化审核归类方法的解释工作，强化审核员的培训，以确保正确归类。

4.4 问题追溯的标准化途径

存在问题：尽管在HSE审核助手系统里，

提供了一个审核问题追溯的途径，但是在执行过程中，审核员受时间限制或者个人能力限制，往往做不到现场追溯，且追溯的方法不对，大多数都是事后根据经验做出的判断，严重影响了原因追溯的准确性，得出的结论可信度不高。

改进建议：改变过去对每个问题都需要进行追溯的方式，改成重点问题追溯，审核员仅仅对审核发现的认为有价值追溯的重点问题进行追溯，确保审核员有足够的时间和精力完成追溯任务。同时，一般性问题的追溯交给被审核单位进行原因分析时追溯。

4.5　低老坏问题偏多、管理问题偏少

存在问题：由于受传统的现场安全检查思维的影响，大多数审核员侧重于发现现场的问题，而忽略了背后的管理问题，尽管数据显示好像是管理问题，但是实际上是为了满足管理问题的数量而将现场问题判定的管理问题。同时，对问题性质的判定也存在问题，主要体现在为减少严重问题数量，将很多本应该判定为严重问题的问题，判定为一般问题。

改进建议：建立健全现场问题与管理问题的判定标准，准确定义现场问题和管理问题；设置专门的专家委员会，统一判定严重问题。

4.6　对普遍存在的问题，未从总部层面进行分析和改进

存在问题：油气和新能源分公司未对各油气田审核过程中发现的普遍性问题，或者需要油气和新能源分公司层面采取管控措施的问题，进行分析和采取改进措施。如各油田普遍存在的缺乏操作规程管理的规章制度，操作规程无归口管理部门的问题，油气和新能源分公司应组织制定相关的规章制度和标准，明确主管部门。

改进建议：油气和新能源分公司加强相关问题的分析和收集，针对突出问题建立健全规章制度和管理标准，采取管控措施，以利于长期积累的突出问题得到有效解决。

5　结论

本文中的 HSE 审核问题质量评估方法可以用于评价各油气田企业油田审核问题的质量，对于发现审核提升改进方向具有一些作用。开展 HSE 管理体系建设是一项长期性的系统工程。规范审核问题的描述，明确审核问题质量判定标准，对 HSE 审核质量的持续提升起到关键性的作用，从而达到通过体系审核全面提升企业的安全管理水平的目的。

参 考 文 献

[1] 郭立杰. 持续提升 HSE 管理体系审核质量的路径探索[J]，油气田环境保护. 2023(01)：51-53.

[2] 郭璐，孟雨，马俊等. 提升油气田企业 QHSE 审核质量的探讨[J]. 油气田环境保护，2021，31(5)：58-62.

承包商职业卫生管理及对策的研究

李明学

（中国石油集团测井有限公司）

摘　要　承包商在建筑工地、石油化工、电力等领域的作用越来越重要，但其职业卫生管理的问题也日益凸显。本研究通过文献综述和案例分析，深入探讨了承包商职业卫生管理的现状、存在的问题以及对策。本研究的结论表明，承包商职业卫生管理的问题是当前职业健康领域亟待解决的难题，需要各方共同努力，建立完善的职业卫生管理体系，切实保障职工身心健康和企业可持续发展。

关键词　承包商；职业卫生；管理

1　研究背景和意义

承包商在建筑、制造、采矿等行业中扮演着重要的角色，是各行业中不可或缺的一部分。然而，这些承包商工人的工作环境却往往缺乏职业卫生保护，容易受到职业病的侵害，对他们的健康和生命安全构成威胁。因此，承包商职业卫生管理的必要性日益凸显。

在承包商职业卫生管理的现状中，许多承包商缺乏职业卫生意识，没有为工人提供必要的卫生保护措施，也没有对工人进行职业卫生培训和教育。这些缺陷导致承包商工人更容易受到职业病的侵害，例如：尘肺病、化学中毒、噪声性聋等，这些职业病在某些情况下甚至会导致工人残废或死亡。同时，承包商职业卫生管理的问题也影响到了企业的形象和竞争力。

因此，对于承包商职业卫生管理问题的深入研究和探讨，具有重要的现实意义和社会价值。在这方面的研究将有助于深入了解承包商职业卫生管理的现状、存在的问题以及影响因素，探讨如何对承包商的职业卫生进行更有效的管理和保护。这也有助于提升承包商的职业卫生意识，减少职业病的发生，提高工人的健康水平和安全保障，增强企业的社会责任感和竞争力。

2　承包商职业卫生管理的现状和问题

2.1　承包商职业卫生管理的现状和存在的问题

2.1.1　缺乏职业卫生意识

许多承包商缺乏对职业卫生的认识和意识，对工人的职业卫生保护重视不够。这导致承包商在施工和生产过程中没有采取必要的卫生保护措施，例如，没有提供充足的通风设施，没有使用适当的防护装备等。

2.1.2　卫生保护设施不完善

在承包商的工作场所中，卫生保护设施不完善，缺乏必要的设备和工具。例如，没有足够的通风系统、没有粉尘控制装置、没有噪声隔离设备等。

2.1.3　职业卫生培训不足

承包商没有对工人进行必要的职业卫生培训和教育，导致工人缺乏必要的职业卫生知识和技能，不知道如何自我保护。

2.1.4　职业病高发率

由于上述问题的存在，承包商工人易受到各种职业病的侵害，例如尘肺病、化学中毒、噪声性聋等。这些职业病在某些情况下甚至会导致工人残废或死亡。

2.1.5　法律法规落实不到位

承包商对职业卫生管理的法律法规落实不到位，缺乏足够的监管和制度保障，导致承包商没有充分履行自身职业卫生保护的责任。

2.2　承包商与传统企业在职业卫生管理方面存在的差异

2.2.1　人员流动性差异

承包商的工人人员流动性比传统企业要高。在施工过程中，承包商往往需要调配大量工人，这些工人往往是临时工或兼职工，他们之间的工作关系和职业卫生保护的要求较为复杂。

2.2.2　作业环境差异

承包商的工作环境相对不稳定，作业环境也不如传统企业稳定。承包商往往需要在各种复杂的作业环境中工作，例如高空、深水、地下等，而传统企业的作业环境则相对稳定。

2.2.3 卫生设施差异

承包商往往缺乏必要的职业卫生保护设施，例如缺乏通风设备、噪音隔离设施等，而传统企业则有完善的职业卫生保护设施。

2.2.4 管理体系差异

承包商的职业卫生管理体系相对较为简单，缺乏必要的职业卫生管理制度和规范，而传统企业则有较为完善的职业卫生管理制度和规范。

2.2.5 法律法规落实差异

承包商的职业卫生管理法律法规落实不到位，缺乏足够的监管和制度保障，而传统企业则有较为完善的法律法规体系和监管机制。

针对承包商与传统企业在职业卫生管理方面存在的差异，需要在职业卫生管理的实践中，制定不同的职业卫生管理策略和措施，以保护员工的职业健康和安全。

3 承包商职业卫生管理的影响因素及对策

3.1 影响因素

3.1.1 法律法规的约束

法律法规是职业卫生管理的重要保障，对承包商职业卫生管理的影响程度较大。相关法律法规的完善与落实，能够有效地规范承包商的职业卫生管理行为，保障工人的职业健康和安全。

3.1.2 职业卫生管理的投入

职业卫生管理的投入是影响承包商职业卫生管理的重要因素。职业卫生管理需要一定的投资，例如购置职业卫生保护设备、组织职业卫生培训等。对于职业卫生管理投入不足的承包商，职业卫生管理的水平和效果较差。

3.1.3 职业卫生文化的影响

职业卫生文化是影响职业卫生管理的重要因素。对于重视职业卫生的承包商，他们的职业卫生管理水平相对较高，反之则相对较低。

3.1.4 人员素质和管理水平

承包商的人员素质和管理水平也是影响职业卫生管理的重要因素。高素质的管理人员和工人，能够有效地保障职业卫生管理的质量和效果。

承包商职业卫生管理的影响因素较为复杂。在职业卫生管理实践中，需要综合考虑这些因素，制定针对性的职业卫生管理策略和措施，提高职业卫生管理的水平和效果。

3.2 应对策略

3.2.1 建立科学的职业卫生管理体系

承包商应建立科学的职业卫生管理体系，包括职业健康风险评估、职业病防治措施、职业卫生设备的选购和使用、职业卫生培训和教育等方面。同时，应将职业卫生管理体系与企业管理体系相结合，实现职业卫生管理的全面覆盖。

3.2.2 加强法律法规的学习和遵守

承包商应加强法律法规的学习和遵守，按照相关法律法规要求，制定相应的职业卫生管理措施和标准，加强职业卫生管理的落实和监督。

3.2.3 加强职业卫生投入

承包商应加强职业卫生管理的投入，制定科学的职业卫生管理预算，充分考虑职业卫生设备的选购和更新、职业卫生培训和教育等方面的投入，提高职业卫生管理的水平和效果。

3.2.4 建立职业卫生文化

承包商应重视职业卫生文化的建设，通过各种方式，提高员工的职业卫生意识和防护能力。建立健全的职业卫生教育和宣传机制，培养良好的职业卫生管理文化。

3.2.5 提高人员素质和管理水平

承包商应加强管理人员和工人的职业卫生培训和教育，提高职业卫生防护的意识和能力。同时，加强管理人员的职业卫生管理经验积累，提高职业卫生管理的科学性和有效性。

承包商职业卫生管理的对策主要包括建立科学的职业卫生管理体系、加强法律法规的学习和遵守、加强职业卫生投入、建立职业卫生文化和提高人员素质和管理水平等方面。只有在这些方面得到全面的关注和实施，才能有效保障工人的职业健康和安全。

4 承包商职业卫生管理对策的可行性分析

4.1 建立科学的职业卫生管理体系

可行性：建立科学的职业卫生管理体系是职业卫生管理的基础，对于提高职业卫生管理的水平和效果具有重要的意义。承包商可以结合企业实际情况，制定符合法律法规要求的职业卫生管理体系。

实施难点：建立科学的职业卫生管理体系需要充分调研和评估，需要投入大量的人力、物力和财力。此外，建立科学的职业卫生管理体系需要建立相应的管理机制和监督体系，确保职业卫生管理的全面覆盖和有效实施。

4.2　加强法律法规的学习和遵守

可行性：加强法律法规的学习和遵守是保障职业健康和安全的重要保障措施。承包商可以通过聘请专业的职业卫生管理人员，加强对法律法规的学习和解读，并制定相应的管理措施和标准。

实施难点：加强法律法规的学习和遵守需要管理人员和工人共同努力，需要加强法律法规的宣传和教育。此外，法律法规的制定和执行需要与相关部门的密切合作，确保法律法规的及时更新和有效执行。

4.3　加强职业卫生投入

可行性：加强职业卫生投入是提高职业卫生管理水平的关键举措。承包商可以制定科学的职业卫生管理预算，加强职业卫生设备的选购和更新，提高职业卫生培训和教育的投入。

实施难点：加强职业卫生投入需要保障企业的资金和人力资源，需要与企业的经济状况相适应。此外，职业卫生投入需要与企业管理体系相结合，确保投入的科学性和有效性。

4.4　建立职业卫生文化

可行性：建立职业卫生文化是提高职业卫生管理水平的重要举措，可以提高工人的职业卫生意识和防护能力。承包商可以通过制定职业卫生文化宣传计划、加强职业卫生知识的培训和普及，以及开展职业卫生文化建设活动等方式，逐步建立起企业内部的职业卫生文化。

实施难点：建立职业卫生文化需要引导工人树立正确的职业卫生观念，需要加强宣传和教育力度，让工人认识到职业卫生与个人健康、家庭幸福的紧密联系。此外，建立职业卫生文化需要长期的时间和努力，需要企业高层的支持和参与。

总的来说，承包商职业卫生管理对策的可行性较高，但在实施过程中也存在一些难点，需要加强相关的宣传、教育和管理。同时，各方面的合作与配合也是提高职业卫生管理水平的重要保障措施。

5　承包商职业卫生管理的实践案例

（1）大庆市某石油企业公司实施了一系列承包商职业卫生管理措施，如强制承包商按要求使用个人防护装备、严格执行作业规程等，同时加强承包商职业卫生知识的培训和普及。通过这些措施，该公司取得了良好的职业卫生管理效果，大幅度减少了职业病和工伤事故发生的概率。

（2）深圳市某建筑工程公司针对承包商的职业卫生管理问题，实施了包括培训、考核、监管等多种措施。在职业卫生知识的培训方面，该公司邀请专家开展培训，培训内容包括了职业卫生法律法规、职业病防治等方面。同时，该公司还定期对承包商进行职业卫生知识考核，并对考核结果作为评价承包商绩效的重要指标。此外，该公司还实施了定期巡查、专人监管等措施，确保承包商的职业卫生管理得到有效的执行。

（3）苏州某制造企业采取了多种方式进行承包商职业卫生管理，如定期开展职业卫生文化宣传活动、设立职业卫生知识学习班等，提高承包商的职业卫生管理水平。此外，该企业还针对承包商作业中存在的职业卫生问题，制定了专门的作业规程和安全操作规程，确保承包商的作业得到有效的控制和管理。通过这些措施，该企业成功地提高了承包商的职业卫生管理水平，降低了职业病和工伤事故的发生率。

以上列举的承包商职业卫生管理实践案例中，都采用了一系列的措施，如职业卫生知识培训、制定作业规程、定期监管等，以提高承包商的职业卫生管理水平。其中，关键因素可以总结为以下几点：

领导重视：企业领导高度重视职业卫生管理工作，将其作为企业的重要管理内容，为职业卫生管理工作提供了坚实的支持和保障。

专家支持：企业邀请专业人士为承包商进行职业卫生知识培训，制定职业卫生管理方案等，为承包商的职业卫生管理提供了专业的支持。

规章制度：企业建立了相应的职业卫生管理制度，明确了承包商的职责和义务，规范了作业流程和操作规程，从而有效地降低了职业病和工伤事故的发生率。

职业卫生培训：企业针对承包商开展了职业卫生知识培训，提高承包商的职业卫生意识和管理能力，有效地降低了职业病和工伤事故的发生率。

监管措施：企业建立了定期巡查和专人监管等措施，加强了对承包商的职业卫生管理监管，确保承包商的职业卫生管理得到有效执行。

通过案例可以看出有效管理的实现路径和关键因素在于企业对承包商职业卫生管理重视程度、职业卫生专家支持、职业卫生管理规章制度、职业卫生知识培训以及监管措施的完善。企业应当在这些方面不断加强和优化，可以有效地提高承包商的职业卫生管理水平，减少职业病和工伤事故的发生率，从而保障员工的身体健康和企业的稳定发展。

6　结论和建议

6.1　研究结论

承包商职业卫生管理存在问题严重，而且与传统企业职业卫生管理存在差异，主要表现在承包商缺乏职业卫生管理意识和能力，企业对承包商职业卫生管理的监管不到位等方面。承包商职业卫生管理的影响因素有领导重视程度、专家支持、规章制度、职业卫生培训和监管措施等，其中职业卫生培训的影响程度最大，规章制度的影响程度次之。承包商职业卫生管理的对策主要包括加强职业卫生知识培训、制定职业卫生管理规章制度、定期巡查和专人监管等，这些对策的可行性较高，但实施难点在于企业需要在资源投入、培训内容和方法等方面加强。

6.2　研究建议

（1）加强职业卫生知识培训，包括职业病防护知识、安全操作规程等方面，提高承包商的职业卫生管理能力。

（2）制定职业卫生管理规章制度，明确承包商的职责和义务，规范作业流程和操作规程。

（3）加强监管措施，定期巡查和专人监管承包商的职业卫生管理情况，确保职业卫生管理得到有效执行。

（4）加强资源投入，包括资金、人力和物资等方面，为承包商的职业卫生管理提供保障。

（5）运用现代科技手段，如物联网、人工智能等，提高职业卫生管理的智能化水平。

承包商职业卫生管理的重要性在于其直接关系到员工的身体健康和企业的长远发展。在现代企业中，承包商已成为企业的重要组成部分，企业需要通过承包商来完成一些非核心业务或者突发性任务，这些任务通常涉及到高风险、高难度的操作环境，而职业卫生管理的不完善或者不到位，往往会导致职业病的发生、员工的伤亡事故等问题，给企业带来不必要的经济和声誉损失。

同时，随着社会的不断发展和进步，职业卫生管理的重要性也越来越被人们所重视。政府对职业卫生管理的监管力度也越来越加强，企业需要主动适应和引领这一变化，加强职业卫生管理工作，积极参与职业卫生管理的规划和建设。承包商职业卫生管理的发展前景也很广阔，一方面，承包商数量的不断增加，意味着职业卫生管理面临着更加复杂多变的问题；另一方面，随着科技的不断发展，如智能化、数字化等技术的应用，为职业卫生管理提供了更加便捷、快速、高效的手段，提高了职业卫生管理的水平和效率。

因此，承包商职业卫生管理不仅是企业的重要责任和义务，也是企业实现可持续发展的必要条件之一。加强承包商职业卫生管理的工作，有利于提高员工的职业健康水平，提高企业的生产效率和经济效益，同时也有助于企业提升品牌形象，获得更多的社会认可和信任。

参　考　文　献

[1] 陈金林，王宝龙. 关于如何加强工程施工总承包管理与控制[J]. 城市建设，2012(5)：54.

[2] 吕晓青，毛甲鑫. 基于总承包模式的核电工程管理风险识别与响应[J]. 中国工程咨询，2020(06)：95-98.

[3] 沈红彦，薛怀林，崔文凯. 建筑承包商职业健康安全管理现状调研与对策研究[J]. 建筑经济，2014，35(5)：81-83.

[4] 王远飞，李素秋，王刚. 建筑工程承包商职业健康管理的探讨[J]. 中国安全生产科学技术，2015，11(7)：52-57.

[5] 李广娜，张贺，汪泽波. 给予职业健康风险评估的建筑承包商职业健康管理研究[J]. 职业卫生与应急救援，2016，34(5)：67-70.

[6] 王琴，刘晓明，贺永杰. 建筑工程承包商职业卫生管理现状调查与对策研究[N]. 安全与环境学报，2018，18(3)：789-793.

[7] 张光光，赵磊，张传明. 基于协同管理的建筑工程承包商职业健康安全管理模式研究[J]. 中国安全生产科学技术，2019，15(5)：165-170.

[8] 梁雪峰，陈宜均，章春华. 建筑工程承包商职业健康管理体系建设[J]. 工业安全与环保，2020，46(9)：95-98.

员工心理健康在企业安全管理中的作用研究

江　山

（中国石油乌鲁木齐石化公司）

摘　要　员工的健康安全是企业安全生产的重要基础和保证，而安全管理是企业生存发展之本，是开展各项工作的前提。员工心理健康安全与企业安全管理，相辅相成，辩证统一，缺一不可。本文科学分析了目前企业员工心理健康存在问题的影响因素、产生问题的根本原因，以及员工心理健康安全与企业安全管理的关系等问题，尤其对企业安全文化建设在员工心理健康安全中的重要作用进行了重点研究与探讨。

关键词　心理健康；安全管理；健康体系；安全环境

作为高危的石油化工企业，健康与安全联系更紧密，可以说，安全是企业的生命，员工健康是企业的财富，更是维系成千上万家庭幸福的纽带。因此，加强对员工心理健康安全的研究与探讨，努力培养员工积极向上的人格和心态，对促进企业安全生产与员工的全面发展有着重要的现实意义。

1　加强员工心理健康安全的必要性和紧迫性

1.1　健康概念与员工心理健康安全问题的提出

世界卫生联合会将心理健康定义为：身体、智力、情绪十分调和；适应环境，人际关系中能谦让；有幸福感；在工作和职业中能发挥自己的能力，过着有效率的生活。

企业员工心理健康，主要是指员工在劳动关系领域里心理机能处于正常状态，没有疾病和缺陷；能够经受住任何挫折和打击，始终保持积极向上和旺盛的情绪；热爱企业，热爱生活，健康而快乐的工作。当今社会，人们越来越关注心理健康问题。一方面，市场经济的发展，要求所有的参与者具有更健康的生理和心理状态，能够以一种更加饱满的精神状态投入到经济建设之中；另一方面，经济的快速发展导致人们的生活节奏得到提速，使人的身心健康，适应能力等变得更具有挑战性，给员工工作与生活带来巨大压力，由此而引发的各种不安全因素也与日俱增，所有这一切将促使企业和社会更加关注员工心理健康安全问题。

1.2　员工心理健康存在的主要问题及隐患

（1）由职业危害因素而引发的各种职业病个案逐日增多，令员工产生严重心理担忧。如各种有毒有害、易燃易爆、粉尘污染等特殊作业都会对员工的健康带来不利影响，易使员工产生疲劳感觉、情绪急躁、思维混乱、注意力不集中等现象，目前职业健康危害已成为影响员工心理健康的重大隐患。

（2）由安全事故和突发事件因素而引发的员工对生产安全的恐惧心理倍增。员工在工作中精神高度紧张、焦虑困惑突出、遇事反应过急、心理过度疲劳、工作能力下降，易产生严重的心理障碍，这是目前企业安全生产面临的严重隐患。

（3）职场竞争日趋激烈，心理压力困扰加大，已成为影响员工绩效和健康安全的又一大隐患。导致员工职场压力增大的主要因素有：工作岗位竞争激烈、预期目标不能实现、工作前景不乐观、个人与工作要求不匹配、工作环境对顺利开展工作不利等。员工产生巨大的职场压力，如不及时排忧解难，必将导致身心健康受损，没有上进的动力，影响业绩和人际关系。对于企业内部而言，会导致员工士气低落，消极情绪相互传染，降低了生产效率和质量。

（4）个体因素影响日趋严重，情绪困扰比较突出。如家庭矛盾、感情纠纷、身体疾病、心理承受力脆弱等。这是目前制约和影响员工身心健康安全的重大问题，也是最大的难题，更是容易引发社会问题的不安全因素。如果不能正确引导和妥善解决，必将给企业和社会带来潜在隐患和不稳定因素。

现代科学研究证明：绝大部分的疾病与心理因素有关，其中大部分的病因与精神压力过大有直接关系。据有关资料证实，目前企业发生的安全事故近90%与人的健康因素和不安全行为有关。据不完全估算，全国每年因为员工心理健康等原因而造成的企业各项经济损失超过数十亿人民币。综上所述，目前员工心理健康安全形势不容乐观，已经影响到了员工的心理健康安全，影响到了企业正常的生产活动，更影响到了社会的和谐稳定。所以，加强员工心理健康安全势在必行且意义深远。

2 影响员工心理健康的主要因素及根本原因

2.1 员工心理不健康行为外在因素分析

在企业日常生产与管理中，员工对来自外部环境的影响相对敏感，尤其是面对与员工生命安全息息相关的生产安全、技能要求、风险识别等因素，员工的思想情绪对企业安全生产的影响就显得更加突出。

2.1.1 工作方面

首先，由于企业岗位任职要求严，岗位津贴差别大，部分员工对优越岗位的需求和向往更为迫切，易使员工产生失衡心理。其次，随着企业生产和管理模式程序化及标准化程度的提高，员工主动开展工作研究的行为在下降，引发工作创新不足，易产生懒惰心理。再次，部分管理者管理方法简单，缺乏有效的管理方法和手段，最易引发各种矛盾和问题，使员工产生严重逆反心理。

2.1.2 社会因素

如长期受到排斥和压抑、生活挫折和压力、周围环境不良刺激、严重缺乏关爱、理想和现实脱节、前途迷茫等，更易引发心理健康疾病。尤其是对一些不良的社会现象，缺乏正确的认识和理解，产生抱怨和抵触情绪，易造成个人和社会之间的矛盾和冲突加剧。而这种矛盾和冲突，从某种程度上是个人本身心理不健康的表现，如这种矛盾和冲突长期得不到解决，则会进一步加重个体的心理不健康，进而影响到工作与生活质量。

2.1.3 人际关系

人际关系问题既有同事之间，也有上下级之间，还有业务活动中遇到的不顺畅等问题，由此而产生的各种压力负担，往往造成员工思维受阻、行为受控，易产生强迫、焦虑、抑郁、恐怖、疑病、神经衰弱等神经症状，给工作、生活带来严重影响。

2.2 员工心理不健康行为内在因素分析

一般来说，心理健康内在因素主要与生理的、心理的诸多因素有关，同时也与个体的思想意识、工作心态、生活态度等因素有关，尤其是各种不健康心态，直接威胁着企业的安全生产。

2.2.1 从众心理

主要表现为，工作随大流，没主见，易产生不思进取、苛求偷安心理。如在工作中，看到个别员工省略程序，违章操作，不去立即阻止，而是也跟着去学等。这些现象目前比较普遍，是造成不安全行为的重要内在因素。

2.2.2 应付心理

部分员工认为，企业开展的各项安全检查活动，主要是做给上级领导看，只要在检查时不出问题，就万事大吉了，平时岗检不岗检都无关紧要。往往是平时工作不努力，遇到检查临时抱佛脚，出现问题尽量绕着走，结果是既害单位形象又损个人利益。

2.2.3 侥幸心理

认为多年来自己一直从事某一岗位工作，一切尽在掌控之中，就算是违章也不一定有事，有事不一定伤人，伤人更不一定是我等。结果是把自己时刻置于高风险的环境之中，大大增加了安全事故的不可预测性。

2.2.4 不健康生活方式

往往表现为，娱乐过度，只求过瘾；饮酒过量，只图痛快；家庭观念淡漠，关心呵护家庭成员不够等。导致随心所欲放纵自己，挥霍健康，透支生命，给企业生产和社会稳定带来难以预测的不稳定因素。

2.3 员工心理不健康问题的根本原因

(1) 对石油化工企业的员工而言，高污染、高风险的特殊工作环境，是造成员工心理不健康的重要原因之一，也是导致各种职业病频发的罪魁祸首。因为对于石油化工企业来讲，装置生产具有易燃、易爆、易腐蚀的特点，再加上一线岗位粉尘、油气污染严重，最易引发员工的安全恐惧和心理不安。

(2) 企业在开展生产过程中，往往注重安全管理，而忽视了员工心理健康安全的教育与引导；往往注重用行政手段强化管理，而忽视了用经常性的思想政治教育开展疏导，这也是造成员工心理不健康的关键原因所在。

(3) 员工自身对心理健康安全理念认识淡

薄，在思想和行为上没有养成良好的生活心态和积极向上的人格品德，尤其是长期以来对自身心理健康不重视，再加上对健康的透支太多，是造成员工心理不健康的主要原因。

分析可见，影响员工心理健康因素是社会环境的、工作环境的、心理的诸多因素综合影响的结果，尤其是员工对健康与安全理念认识的淡薄，是造成员工心理不健康的思想根源所在。

3 正确认识员工心理健康安全与企业安全管理的关系

3.1 员工心理健康安全是企业安全管理的前提和基础

员工作为企业的主人，从入厂那天起，生命与企业的命运就紧紧联系在一起，不再是独立的自由个体，而是有组织、有纪律的团队成员；工作、学习、生活中的一言一行，也不仅仅代表个人，而是企业整体；因此，员工的心理健康安全与否，也不仅仅是代表员工个体自己，而是涉及企业的安全生产与健康发展之路。

心理健康是提高学习和工作效率的重要前提，只有心理健康的人才会对学习和工作的目的、意义、作用有正确的认识。在实际工作中，对于企业出台的各项管理规定和要求，心理健康的员工都知道那不只是要求与责任，它更是丰富多彩的生活内容之一，是体现自我能力、实现自我价值、获得成就感和幸福感的重要渠道。员工有了这样的认识与观念，才能更自觉的服从、服务于企业安全管理，才能全身心投入企业安全生产之中。可见，员工的健康不仅是企业的巨大财富，而且是企业安全管理的根本所在。企业要安全健康发展，离不开每一位员工的努力工作，而员工爱岗敬业、快乐工作，最基本的就是心理健康。

3.2 企业安全管理是员工心理健康的重要保障

管理的主体是人，客体也是人，管理的动力和最终目标还是人。在安全生产系统中，人的素质(心理与生理、安全能力、文化素质)是占主导地位的，人的行为贯穿企业生产的每一个环节。因此，在安全管理过程中，必须坚持“以人为本”，采取必要措施，提高员工对安全生产工作的积极性和创造性，全面提高人的综合安全技能，确保员工身心健康安全，从而使广大员工在安全管理中找到真正归属感，最终形成安全管理“命运共同体”，推动安全管理工作向纵深发展。

企业安全管理对员工的安全意识和能力的基本要求是：对本职工作认真负责，遵章守纪；在异常紧急情况下，头脑清醒、处置果断，有较强的应急处理和应变能力；能正确分析和解决生产操作和工艺设备问题；有较强的HSE意识，能自觉做好安全工作；能正确使用消防救护器材等，有较强的抢险救灾能力和自救互救能力；取得安全法规要求的上岗资质，经过必要的安全技术培训，证件齐全、持证上岗。

近年来，企业以安全生产为主开展的各项安全管理与安全教育活动，在企业整个安全生产过程中起到了非常重要的作用，大大促进了员工的心理健康与安全。但在企业实际的安全管理中，对员工的心理健康因素把握和引导还不够，出现问题往往过分强调“责任心事故”，而忽视了行为背后的心理因素，比如：家庭矛盾、生活困难、工作受挫，朋友误解等。这些看不见、摸不着的心理障碍，往往带来情绪波动，引发异常行为，给安全生产带来潜在隐患。

实践证明：员工心理健康安全与企业安全管理同等重要。员工的健康安全是企业安全生产的重要基础和保证，而安全管理是企业生存发展之本，是开展各项工作的前提。员工心理健康安全与企业安全管理，相辅相成，辩证统一，缺一不可。如果单纯强调安全管理工作而忽视了员工心理健康安全，就会导致“以人为本”理念的偏失；如果只强调员工心理健康安全而轻视了生产中的安全，其后果更是不堪设想。只有将二者有机地结合起来，才能促进“以人为本”理念更好地贯彻落实，才能促进企业安全健康发展。

4 正确理解企业核心价值观在员工心理健康安全中的重要地位

4.1 充分认清企业安全文化建设在员工心理健康安全中的作用

安全文化建设是现代安全管理的一种新思路、新策略。企业安全文化要求在人的安全知识、安全技能、安全意识以外，还应正视健康、观念、态度、品行、道德、伦理、修养等更为基本和深层的人文因素和人文背景。它全面、深刻地影响着人的观念、思维和行为，从而形成客观的物态和环境的安全质量。

石化企业作为高危生产行业，企业安全文化

建设在员工健康与安全管理中的作用显得更加重要。其一，以人为本的安全文化环境，能使员工耳濡目染，直接起到潜移默化的导向作用，从而影响到每个员工的思想品德、工作态度、工作行为乃至员工的人生价值观，对促进安全管理工作意义重大。其二，先进的安全文化理念，是员工心理健康的重要保证。“高高兴兴上班来，平平安安回家去”这条经典标语，很好地诠释了健康与安全的幸福真谛，揭示了员工心理健康与企业安全生产过程的本质关联。可以说、企业安全文化是搭建在企业与员工之间一座重要的沟通桥梁，是维系员工心理健康安全与企业安全管理的重要纽带，更是培育企业核心价值观的关键所在。

4.2　科学认识 HSE 体系“以人为本”的安全核心价值理念

HSE 管理体系最重要的理念就是将安全作为企业的核心价值观，把安全当做最大的以人为本，它是实现企业安全发展、绿色发展、高质量发展的重要保障，是实现企业安全生产长治久安的迫切需要。

近年来，企业在抓 HSE 管理体系建设中，突出员工安全主体地位、强化落实有感领导、直线责任和属地管理理念、持续改进总体业绩，将企业安全管理与人的全面发展有机统一起来。通过过程识别和控制规范管理，严格目标责任制，建立和完善制度建设，确保人人在制度管理之中，各项工作符合岗位任职安全要求；通过风险控制避免各类事故，重点抓好风险分级管控和隐患排查治理，实施污染减排计划，加强对环境污染的治理投入和整治力度，加大对员工职业病防治的预防和管理，确保员工在安全的环境中，身心健康，人身安全，各项指标符合人的心理健康的安全要求。在 HSE 管理体系运行中，重点在人，难点也在人，而员工的心理安全健康与否，直接影响到安全管理过程的落实和 HSE 管理体系的运行质量。

5　加强员工心理健康安全的建议和对策

5.1　积极构建员工心理健康安全工作体系

5.1.1　员工心理健康安全体系主要内容

该体系主要以专业的角度为企业提供心理诊断，找到管理中的主要问题和原因；为企业的员工引进和辞退、提拔和任用提供心理学依据；为员工提供心理评估、心理教育和培训咨询服务，帮助员工有效进行情绪管理和压力管理；针对员工的不良情绪和不良行为进行提前预防和正向引导；组建心理保健专业队伍，开通咨询绿色通道，为广大员工提供高效优质的心理健康服务。

5.1.2　实现员工心理健康安全体系的主要途径与方法

5.1.2.1　建立企业员工心理咨询与服务的平台

结合石油化工高危险行业的实际，结合企业职业病防治的特点，结合员工心理健康的实际需求，充分利用企业内部网络优势，广泛开展员工心理健康咨询服务和员工健康培训工作；充分利用宝石花医院的医疗卫生优势，积极开展员工心理健康服务活动；加强与有关心理健康机构的对接合作，定期与不定期邀请心理专家到企业进行讲座；对超出自身服务范围的严重心理问题，介绍其到相应的专业医疗机构接受治疗，确保员工心理健康问题能得到尽快解决。

5.1.2.2　全方位注重员工的职业心理健康

进一步完善企业内部员工职业健康档案，搞好经常性的员工心理健康评估；结合实际，适当引进和培育企业心理学人才，着力培育综合型员工心理健康人才队伍；要加强沟通与交流，形成管理层与部门领导、部门领导与普通员工、管理层与普通员工、普通员工之间的多层次交流对话机制，保持内部沟通渠道的畅通。

5.1.2.3　努力培养员工的积极人格和生活心态

企业员工要学会自我调节，增加个人的心理承受能力；要培养良好的生活作风，坚持健康的生活方式；注重讲究心理卫生，防止不健康因素的侵入；不断增强情绪的自我调控能力，及时排除各种负面情绪；崇尚社会道德与职业道德理念，努力培养和完善健全的人格品德；积极参与社会活动，扩大人际交往；在实际工作与生活中，要及时排解不良情绪，摒弃不切实际的想法，以积极的态度树立切实可行的目标。

分析研究表明，构建员工心理健康安全体系，不仅是企业 HSE 管理体系和管理人性化、高效化的需要，也是企业安全生产与管理的需要，更是员工幸福感、获得感、归属感的重要保证。

5.1.3　努力创造良好的员工安全健康环境

5.1.3.1　安全生产环境

从石油化工生产的实际出发，重点美化工作

环境。从人体舒适度的需要出发，如关注空气、噪声、光线、温度、整洁、绿化等方面，给员工提供良好的工作空间，提高员工的安全感和舒适感。从对污染源整治做起，重点对危害员工身心健康的有毒有害源进行整改，确保各项指标符合人体安全要求。

5.1.3.2　政治工作环境

充分发挥企业党政工团的政治工作优势，深入细致地做好员工的思想政治工作，广泛开展人文关怀和心理疏导活动，最大限度地为员工化解矛盾、排忧解难，引导员工心无旁骛地专注于安全生产与身心健康。

5.1.3.3　企业内部文化环境

各级群团组织积极开展丰富多彩的文化体育活动，如：文艺演出、体育比赛、知识讲座、读书演讲、知识竞赛、户外活动等。着力培养员工团队合作精神，提高企业文化理念，提升员队伍工士气，凝聚企业合力。

5.1.4　健全完善员工心理健康安全管理机制

无论是工作中的安全，还是员工心理健康安全，归根到底都离不开家庭、企业的积极预防和共育共治。家庭作为员工生活的重要领域，是员工健康安全重要的基础把手；企业作为员工工作与学习的重要领地，是员工健康安全的主战场。二者之间相互联系，相互监督，相互促进，组成员工心理健康安全的共同体。

在实际工作中，要突出“共管”意识，将安全管理与员工健康安全有机结合起来。通过采取外部干预、内部管控、引导教育等手段，实现信息资源共享、群策群力共育、齐心协力共治，使员工更加具有正确的人生观、价值观和企业安全生产的理念。

6　结语

总而言之，员工心理健康安全问题，已严重影响到了企业的安全发展。面对未来的严峻挑战，只有不断加强企业安全管理，才能确保员工心理健康安全；只有不断地培养员工积极向上的人格和心态，才能确保企业生产安全和社会高度稳定；只有将 HSE 管理体系、企业安全管理、企业安全文化建设与员工心理健康安全活动有效地结合起来，才能促进人与社会、家庭、企业的和谐共处和可持续发展。

疫情期间海外员工身心健康管理提升的探索

孙继辉　王中秋　石金定

(中油国际管道公司)

摘　要　海外某项目在当地新冠肺炎疫情暴发后，针对员工面临的身心健康风险，对疫情形势进行综合研判，积极开展应对，探索员工身心健康管理流程与应急响应机制，及时成立项目疫情防控领导小组，加强员工身体健康保护措施制定与心理健康疏导，最大限度保障了项目员工身心健康，确保高效推进新冠肺炎防控工作的同时，保障工作有序进行；新冠疫情未结束前，项目仍需不断完善身心健康管理方案与应急响应机制，与此同时，总结疫情过后得以保留沿用的身心健康管理机制与相关措施，促进项目长效发展。

关键词　新冠疫情；海外员工身心健康；探索

全球新冠肺炎疫情大流行，给海外员工生活和工作带来极大的不便，员工网格化管理，减少不必要的外出，在驻地线上办公，与外部相对隔离，体育活动减少，日常面对面交流减少；同时面对疫情的严峻形势，员工感染新冠病毒的风险加大，既要开展疫情防控，又要保证生产经营活动有序开展，各方面因素叠加，对员工的身心健康产生一定的负面影响。为保障员工的身心健康，在科学开展疫情防控的前提下，采取一系列针对性的健康管理措施，加强组织领导，组织开展体育锻炼活动和心理辅导，增强员工抗疫必胜的信心。

1　该地区疫情背景

自 2020 年 3 月 15 日，该国出现第一例新冠肺炎确诊病例后，新增病例在各地陆续出现，政府虽然出台了一系列防疫要求，但在疫情爆发初期，由于当地没有充足的医用口罩以及更高防护级别的口罩供给防疫专业人员与该国公民使用，且该国公民也未能科学地认识到疫情传播的严重性，导致大多数公民不能正确做好个人防护，多种复杂因素导致疫情形势日益严峻，虽未出现恐慌情绪，但未能有效应对疫情的扩散。

疫情的爆发也暴露出了该国医疗体系的不完善。医务人员、床位、医疗设备都存在短缺问题，不能充分保障感染人员的有效看护和及时救治，面对前期新冠肺炎感染人数的持续增加以及重症患者数量增多的情况，只能通过保障必需药品与食品供应与完善急救体系来组织无症状患者居家治疗。

2021 年后随着全球各地出现第二波、第三波疫情增长，该国也没能独善其身，单日新增确诊病例数量不断攀升，并且发现有康复者再次感染的病例，英国、南非、印度等世界各国变异种病毒毒株也在该国和传播。

通过该国疫情发展趋势、国家所采取的政策以及民众在疫情期间的意识和表现来看，该国疫情防控与国内存在很大的差别，疫情期间海外项目员工身心健康管理面临严峻的考验。

2　项目员工面临的身心健康风险

2.1　身体健康风险

新冠病毒的传播给项目员工生活带来了极大的不便，对员工的正常生活造成很多影响，至今员工必须每天佩戴口罩，以减少感染病毒的风险。吃穿用方面都要注意消毒，尤其是在吃的方面，因为新冠病毒的传播，让大家对食品安全非常担忧，从外部采购的各类食材，特别是冷链食品，要严格加工处理，做好处理过程中的防护与消杀。同时，疫情为生活物资的采购带来很大的不便，能够采购的食材种类较疫情之前有大幅缩减。

面对疯狂传播的病毒，个人抵抗力或者说免疫力成了是否患病或者预后的重要决定因素。而健康素质则来源于平时的健康风险管理，由于疫情造成人员不能正常外出活动，不能开展聚集性体育项目，长期在宿舍的狭小空间内工作和生活所带来的健康风险突显。

2.2 心理健康风险

新冠疫情爆发后，隔离所带来的副作用引起各方重视，特别是在心理方面的影响受到广泛关注。世界卫生组织欧洲区域负责人汉斯·克鲁格表示，在欧洲，伴随严峻的新冠疫情形势，心理健康问题也逐渐显现。心理健康问题的显现是各国艰苦抗击疫情过程中所留下的“一个毁灭性印记”。他表示：“精神疾病不仅给那些已经处于疫情风险之中的人带来伤害，而且给那些从未寻求过心理健康支持的人造成更为巨大的伤害。”克鲁格指出，据国际劳工组织统计，新冠疫情使得半数18—29岁年轻人出现抑郁或焦虑的症状，高达20%的医护人员正遭受焦虑和抑郁的痛苦，心理健康问题是和新冠肺炎共同并行的危机。

疫情发展3个多月后，两国间允许通过包机方式安排中国人往返，但包机本身受很多因素影响，且随时面临熔断的风险，在政策持续的8个月时间内仅有3班包机成功往返。随后包机政策也被取消，而只能通过双方政府特批的方式乘坐指定航班往返，但熔断以及降低乘坐率的情况已经出现过多次。疫情终结的信号始终没有显现，两国正常商业航班往来的恢复遥遥无期，这完全超出了大家对疫情影响的原有认知，受此影响，项目员工不能正常轮休，在岗时间严重超期，生活规律被完全打破，因疫情蔓延产生的不确定性的迷茫及焦虑情绪加剧，因社会隔离及不能按时休假产生的负面心理效应日益显现，由此而引发的心理问题随时都有可能出现。

3 疫情期间危机应对与员工身心健康守护模式与流程

3.1 积极响应，成立项目疫情防控领导小组

项目成立了以总经理为组长的疫情防控领导小组，全面组织和部署项目疫情防控工作，建立了项目疫情防控工作组和项目疫情防控信息报送微信群，层层落实，责任到人，负责疫情防控文件宣贯、工作交流和信息报送工作。

疫情发生后，项目先后发布了《关于加强新型冠状病毒防控工作的通知》、《关于提高政治站位，强化担当意识，全力以赴打好新型冠状病毒疫情防控阻击战的通知》等文件，对疫情防控措施、信息收集上报、疫情期间总体工作安排等工作进行了部署，号召项目全体员工坚定信心，齐心协力，共同打赢疫情防控狙击战。同时，编制了项目新型冠状病毒疫情防控方案，发布了员工健康管理规定、员工健康专项应急预案，并根据疫情发展情况，持续对方案、规定、预案进行完善和更新。

3.2 加强员工身体健康保护

自2020年1月份以来，项目未雨绸缪，快速启动防疫物资的市场调研，很快完成了可以维持半年使用的N95等级口罩、医用口罩、酒精、消毒液、防护手套、护目镜等防疫物资采购工作；有针对性地采购了一批常备药品，保证项目人员在出现感冒等常见病时的用药。按照防疫药品推荐清单采购连花清瘟胶囊、阿比多尔等防疫药品；采购了呼吸机、血氧仪等医疗物资，保证了项目医疗物资储备满足需要，提高了员工健康风险的防控能力。

除防疫物资储备外，项目GH发挥自身员工关爱职能，积极行动，为各驻地配备健身器材，引入一些新的活动项目，如健步走、工间操、跑步等，员工逐渐养成了运动的习惯，并感受到了其中的乐趣，经历了一个从强制活动到自觉运动的过程，截止目前，项目员工运动的频次明显增加，大部分员工已将运动变成了生活的一部分。另外，在遵守防疫规定的条件下，项目GH积极组织集体活动，通过开展球类、棋类、跑步接力等趣味活动与竞赛，丰富了员工锻炼形式，在很大程度上起到了缓解员工情绪、提振信心与鼓舞士气的作用。

3.3 加强员工心理健康疏导

自2020年2月1日起，该国宣布中断与中国之间定期商业航班的往来，并在该国COVID-19病毒疫情爆发之后，形势持续严峻，疫情防控工作呈现长期化、常态化态势。员工无法按照疫情前的休假管理规定按时休假，对其身心造成了不同程度的影响。项目高度重视员工身心健康，严格落实各级领导责任，采用一对一方式与员工谈心谈话，了解员工身心状况，按照“一人一策”、“一人一案”原则，制订针对性措施保障员工身心健康，确保队伍稳定。

了解员工身心实际状况是做好员工身心关爱工作的基础。2020年4月16日，项目以“一级对一级，面对面”方式着手，由各层级负责人与直接下属进行一对一谈心，坦诚交流。围绕员工与家人当前身体健康状况，员工到项目

以来心理状况，特别是超过正常工作时间之后，是否有过不同程度的负面情绪；员工是否存在需长期服药控制的基础病，如高血压、糖尿病，正在服用那些特殊药品，药品保障情况如何，是否存在需要短期用药治疗的病患，药品保障情况；本轮工作期是否有过短期病患，现是否已康复；是否坚持锻炼，每周平均锻炼次数和时间；睡眠质量情况；是否希望通过短期调岗调休或其他方式来调整身心状况；参加本单位组织的体育文化活动的兴趣；当前最关心或最期待的事情；是否使用心理咨询热线；员工对身心健康方面的意见和建议等问题进行了全面了解，深度谈心。

在2020年4月28日，完成第一轮项目海外在岗95名员工的身心综合情况摸排工作，主要数据和情况统计，见图1至图4。

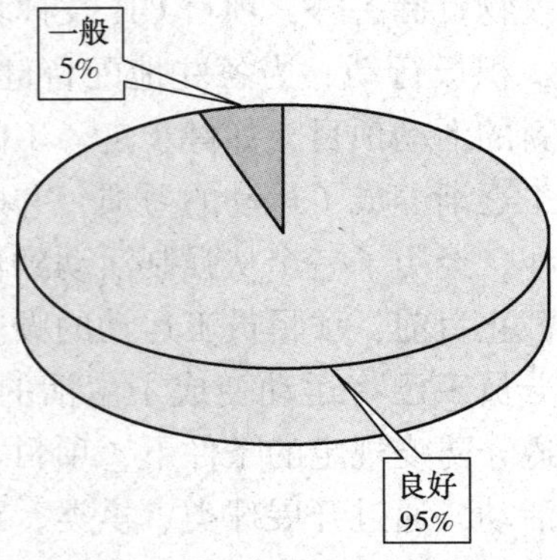

图1　员工身体健康状况

90人身体健康状况良好。5人身体健康状况一般。

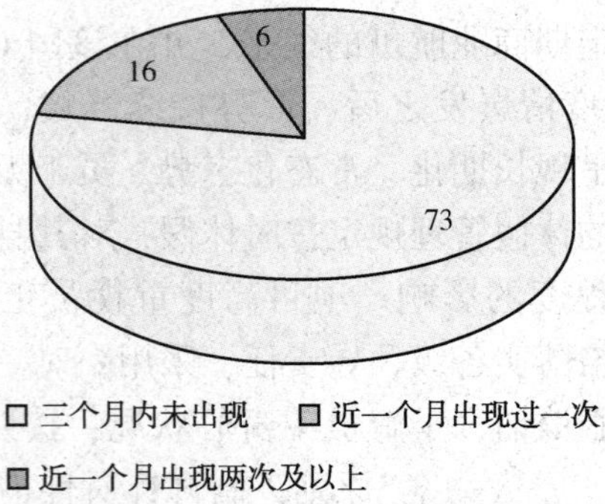

图2　员工负面情绪与行为出现频次

本次调查中设置的“负面情绪及行为”指焦虑、急躁、失眠、抑郁、易怒、精力不集中、易疲倦、敏感、恐惧等表现，调查表明：其中6人近一个月出现过两次及以上，16人近一个月出现过一次，73人三个月内未出现过。

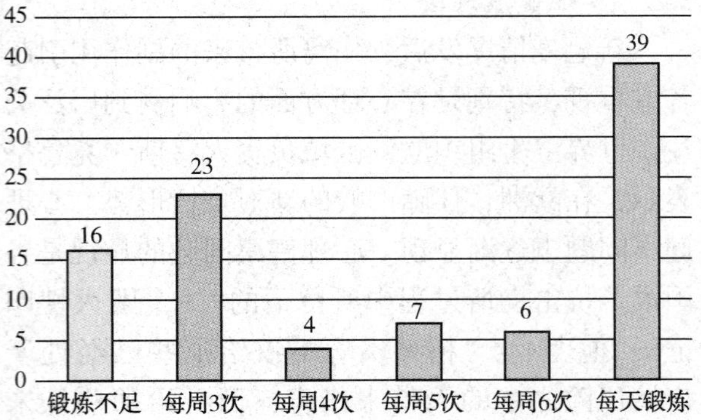

图3　锻炼情况

39人每天坚持锻炼，40人能保证每周锻炼3次以上，16名员工锻炼不足。

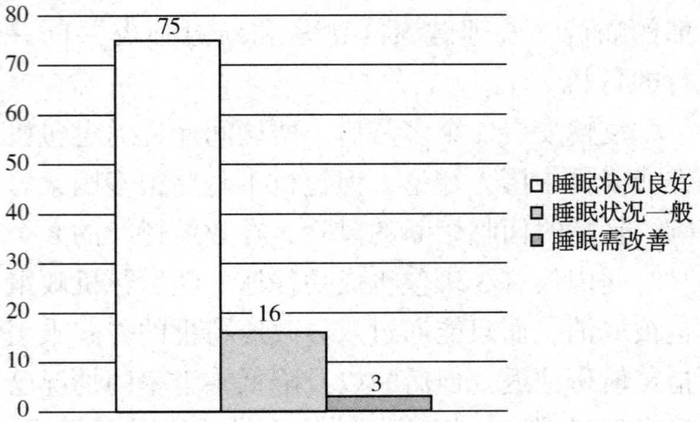

图4　睡眠质量情况

75人良好，16人状况一般，有3人睡眠较差。

按照访谈结果完成《COVID-19病毒疫情期间项目人员身心综合情况表》，据此对员工身心情况进行初步分析评价，形成报告。并在上述员工身心综合情况摸底基础上，DZGT协同制定针对性的员工身心健康关爱措施，帮助员工疏解、克服身心问题并持续保持良好工作生活状态。

3.4　员工身心健康保障主要措施

项目管理层、部门经理和现场负责人要每两周至少一次与直接下属进行沟通，了解其工作和生活情况，帮助协调、解决其员工国内家庭的困难，并通过经常性的谈话，密切关注下属人员身心情况，及时掌握相关信息，动态更新员工身心综合情况档案。各级负责人发挥表率作用，积极组织或参加各类放松身心、增强体质的文体活动。

项目各驻点实施关爱互助结对方案，“一对一”加强沟通，监督防疫措施的落实与彼此心理压力情况，适时地进行疏导，并提醒加强身体锻炼，让对方保持愉悦的心情。在条件具备情况下的短期调岗调休、变化伙食品种等方式调节员工情绪，稳定员工队伍。

员工出现心理负面情绪时及时做好心理干预工作。组织心理学培训，开展积极心理学讲座，疏导员工心理压力，改变员工固有视角，打破思维局限性，提升员工抗压能力，正视疫情所带来的影响，化解疫情带来的心理压力，积极面对当下的生活与工作。为解决员工后顾之忧，疫情期间，项目 GH 积极解决在岗员工家庭困难，为那些处于疫情高风险区的员工家庭购置防疫物资；与总部 DQ 工作部、质量安全环保部等部门密切沟通，积极协调解决在岗员工家属就诊需求。通过一系列暖人心的方式，缓解了在岗员工的心理压力。

4　海外员工身心健康管理机制的沿用与探索

新冠疫情肆虐全球，无论个人还是企业，都对健康有了重新的认识，并且比以往更加关注和重视，员工不仅提高了个人的健康意识，养成了良好的个人卫生习惯，同时，企业也意识到员工身心健康也是极大的生产力，保障员工健康安全一直也必须是企业运营的第一要务，只有将员工身心健康保护到位，才能全面推动复工复产，并真正有效利用员工的最大价值。

截止目前，该国疫情形势仍然严峻，项目仍需不断探索并完善项目疫情防控方案与应急响应机制，较疫情之前，身心健康管理方案中增添了应对疫情的元素，其中，不仅更新了较为详尽的预防疫情的方案，对员工身心健康保护与干预较之疫情前更加完善，不仅在物资储备、员工饮食管理上，而且对员工身心健康动态关注上，都有一套完整的流程与体系。并补充完善了应对危机的一套完备机制，丰富了海外员工健康管理机制的内容。

4.1　领导团队积极关注员工身心健康

疫情期间，项目全体领导身体力行，持续作为，自身生活态度积极向上，在各方面均起到了引领作用。为使项目高效长足发展，仍需在各个领域不断地发挥积极作用，在工作及日常生活中加大对员工身心健康的关注力度，始终将员工的身心健康放在第一位，特别是在政策上要向一线员工倾斜，在行动上要持续落实目前建立的与现场定期交流沟通的机制，并根据情况合理调整沟通频次，聆听一线员工心声，保证他们的正当需求，从而增加员工对项目的归属感。

4.2　持续完善项目健康管理机制

以回国休假为例，中国疫情爆发之后，该国也参照各国做法关闭了与各国往来航班，员工无法正常休假，活动范围受限，员工身心健康遭受到了前所未有的挑战。虽然大家齐心协力、团结一致，以坚强的意志力，必胜的信念面对这场战疫，但是较为单一的工作生活环境、对家人的思念与牵挂和对海外严峻的疫情形势的担忧交织在一起，海外员工需要一个身心都需要休息的假期。项目领导与疫情防控领导小组办公室深知员工休假的重要性，在第一时间得知包机有望成型的消息之后，立刻组织制定方案，构建联系通道，编制休假人员名单与休假批次，持续加强员工身心健康管理，最终成功实现员工分批分次回国休假。

由于使馆、航司出台的各类回国要求中各类检测指标非常严苛，导致个人体质问题造成的指标异常，无法取得 HS 国际版健康码问题，部分员工休假计划多次滞后，此类问题有可能对员工的身心健康造成负面影响，进而影响到工作效率及质量，一旦员工身心健康出现问题，势必造成更大的影响。因此将员工身心健康关爱放在第一位，不断完善项目员工健康管理机制，才能为项目长远发展奠定稳定的基础。

项目 HSE 与 GH 管理方面接下来应该更多地进行思考，留存已完善的相关措施与研究问题的方式方法。应对如此重大的疫情，很多思路与做法对项目、对员工都是第一次，从初期的探索到目前程式化的应对经历了一个渐入佳境的过程，值得参考与借鉴，并最终梳理总结出一套应对疫情常态化的身心健康管理流程或者是应对类似传染病的有效应对机制。疫情缓和并结束之后，项目疫情防控领导小组将会解散，而项目在面临此类流行性疾病、传染病等突发紧急状况时，这一套成熟并且行之有效的应急机制同样受用。值得注意的是，在人员分配管理、部门之间协作上都要井然有序，按部就班，确保责任到人，在应急机制启动后所有工作不受影响，保障项目员工健康安全。

4.3　员工身心健康管理的留存与沿用

员工自身方面，健康意识有所提升，形成了良好的卫生习惯，公司层面，有必要通过讲座、会议、邮件等形式坚持对员工进行提示提醒，不断地唤起大家对健康生活的意识，做好常态化下的疫情防控工作。秋冬季节进入流感高发期时，提倡员工接种流感疫苗，沿用分时分餐制，对员工进行有效的防护的同时节约员工时间。

疫情期间，项目各驻点以居家办公为主，生活与工作融为一体，所以，当下关注更多地是生活环境，项目及时成立生活委员会对行政事务部进行工作支持，征求员工对餐饮、住宿、驻地条件改善、员工福利落实的意见与建议，并根据员工反馈情况加以落实，这种意见征集与反馈机制在未来要持续保留，同时，工作场所与生活场所坚持定期消杀，并加强密闭场所的空气流通。疫情过后，工作环境按照类似的机制加以改善与优化，使之成为每位员工彼此珍爱的“家园”。

在遵守疫防管理规定的前提下，定期开展活动，并不断丰富运动形式，除了在周末组织各项活动之外，周中根据员工时间灵活组织各项体育活动。类似此类的集体活动在疫情后可以持续开展，在完全没有病毒传播风险之后，增加集体活动的频率可以使员工身心得到全面放松，从而以更加充沛的精力投入到工作当中，最终有利于增加团队凝聚力，提高业务上的交流效率，并为项目创造更大的收益。

同时，加大对员工的心理关注度，疫情期间员工的心理状况得到重视，心理咨询热线和渠道长期开放，业务负责人通过加强与下属员工之间的沟通，有利于增进彼此了解，以便在员工，尤其是现场员工遇到困难时能够及时发现并给予一定的帮助与支持。由于现场存在网络信号差、地理位置偏远、与外方人员接触的频率较高导致疫情防控风险加大等情况，他们需要更多地关注与关怀。

5　结语

疫情作为促进项目对员工健康管理不断调整优化的催化剂，从长远意义上讲，员工的身心健康得到了长效的关注与保障。员工身心健康管理对于项目来说，已不再是单向投入，更能实现“反哺效应”。优秀的管理方式既可以提升员工对项目的认同感、归属感，又能提高其工作的投入度，从而有利于提升项目整体的工作效率，进而增加实际的效益。疫情更是一面镜子，侧面反映项目以往身心健康管理方式的漏洞，并在疫情期间通过不断地探索进而完善优化。与此同时，思考总结可以沿用的身心健康管理流程与应急响应机制，将不断促进项目可持续发展。

参考文献

[1] 练铭祥. 某石化企业境外员工身心健康状况调查分析及管理建议[J]. 北京：中国石化国际合作部，2019，19(2).

[2] 赵宏展，贺晓珍，杨意峰等. 员工健康适岗管理框架及实施——某油田项目在海外欠发达地区健康管理的探索和实践[J]. 职业卫生，2019.

[3] 笑维. 基于大数据的个人健康管理系统[J]. 电脑编程技巧与维护，2018，15(3).

[4] 毛慧，李金城，李伟等. 基于“互联网+”的海外员工健康管理平台设计及应用. 油气田环境保护，2020(4).

[5] 李思，王巍，宋宁宏等. 新冠肺炎疫情期间医务人员健康管理和综合保障实践探讨. 江苏卫生事业管理. 2020，31(10).

[6] 顾一阳，杨琴凤，傅茂英等. 加强职工健康管理，推动医院高质量发展[J]. 江苏卫生事业管理. 2019(12).

[7] 湘威，段孟岐，张杨等. 抗击新冠肺炎医疗队员个人健康及驻地管理实践探讨[J]. 中国医院管理. 2020(03).

海外项目派驻心理健康服务在企业健康管理中的实践应用

陈　鑫　王　玮　任硕仪

（中国石油（伊拉克）哈法亚公司）

摘　要　本研究以中国石油(伊拉克)哈法亚公司在现场派驻EAP为案例，探讨了心理健康管理体系在企业健康管理中的应用实践。经第三方对项目现场心理健康管理体系进行的全面分析和评估，哈法亚现场心理健康管理体系涵盖了多个关键要素和流程，这些要素和流程的有机结合，为员工提供了全面的心理健康支持和服务，有效改善了员工的心理健康状况，提高了工作效率和员工满意度。

然而，本研究也指出了一些挑战和改进的方向。随着员工的多样化需求和技术的不断发展，项目现场仍需不断创新和优化心理健康管理体系，持续加强对海外派驻员工的心理健康关注和支持。同时，企业还需进一步丰富完善心理健康培训和宣传推广的形式和渠道，提高员工对心理健康管理的认知和参与度。

关键词　心理健康管理体系；EAP(员工援助计划)；海外派驻员工

中国石油（伊拉克）哈法亚公司（以下简称“哈法亚公司”）的海外派驻心理健康服务（以下简称“海外派驻EAP”）实践是一个针对员工心理健康服务的创新实践，通过与国际SOS（健康安全风险预防和援助机构）的强强联合，共同制定了一套完整的海外派驻EAP实践方案。针对哈法亚公司及承包商员工在伊拉克高风险、高强度、高压力的极端工作环境中所面临的突发或长期心理问题，哈法亚公司于2018年动迁国际SOS派驻专业心理咨询师到油田现场，在提供面对面心理咨询服务的基础上，同时也对员工的心理状态持续进行系统、长期的监测、调查和研究。此文，我们将对哈法亚公司在海外派驻EAP实践过程中所取得的初步成果进行分析和展示。

1　公司运营环境背景介绍和面临的挑战

哈法亚油田是中国石油天然气集团公司在伊拉克开展的一项油气勘探开发项目。该项目位于伊拉克南部城市米桑省，是伊拉克政府推行的国家重点油气开发项目之一。

哈法亚项目面临着多种挑战。首先，伊拉克政局极不稳定，安全形势严峻，恐怖主义和民间武装活动极为频繁，给企业的生产经营和员工的人身安全带来极大的威胁。其次，伊拉克的基础设施和医疗服务水平相对较低，企业在开展生产经营活动时可能会面临各种意想不到的困难和阻碍。此外，伊拉克的文化、社会、宗教等方面的差异也给企业的经营管理带来了较大的挑战。因此，哈法亚公司需要采取一系列有效措施来应对这些挑战，确保企业的正常运营和员工健康安全。

2　海外派驻EAP的概念和意义

海外派驻EAP是指企业将心理健康服务（EAP）扩展到海外派驻员工的工作地点，由专业心理咨询师在现场面对面为员工提供心理健康服务。相比传统在线EAP，海外派驻EAP在以下四个方面有更加积极的意义：

2.1　及时、高效的提高海外派驻员工的心理健康水平

海外派驻员工面临诸如文化冲击、生活适应、语言障碍、远离家人、内心孤独等多种心理压力，而这些心理问题可能会对员工的工作表现和生活产生不良影响。相比传统远程EAP，海外派驻EAP在现场直接为员工提供专业的心理咨询服务，一方面可以避免不同时差的困扰，另一方面因心理咨询师与员工所处环境相同，咨询师更能设身处地的代入并理解现场员工面临的挑战，进而更容易得到员工的信任，从而及时、高效的帮助员工，并提供更加积极、主动的心理干预与支持。

2.2　改善企业的组织效益

心理健康问题可能会导致员工的工作效率下降、工作满意度降低，严重的甚至会引起伤人或者自残等问题，间接或者直接影响到企业的组织效益。海外派驻 EAP 可以根据现场实际特点，在现场提供有针对性的心理健康培训，开展有针对性的心理工作坊以及心理在线测评，及时了解并掌握员工的心理健康程度与状态，提前预警，通过前期风险防控、危机干预手段，积极帮助员工解决心理问题，提高员工工作表现和生活质量，避免严重心理危机事件的发生。通过前期以较小的成本投入，实现较高的企业组织效益的目标。

2.3　增强企业的 HSE 管理业绩

海外派驻员工的心理健康状况与企业的 HSE 管理息息相关，心理健康问题可能会对员工的言语行为、工作表现、身体健康等各方面产生影响，从而可能会导致各类 HSE 事件的发生，进而影响企业的 HSE 业绩表现。海外派驻 EAP，专业的心理咨询师可以在现场及时评估、识别“高风险”的员工心理状态，早期进行干预，提供心理咨询、疏导等服务，帮助员工调整心理状态，进一步改善员工的行为，降低 HSE 的事故率，最终助益企业的 HSE 管理。

2.4　增强企业的国际竞争力

随着中资企业在海外业务的不断扩展，海外派驻 EAP 逐渐成为提高中资企业国际竞争力的重要手段。中资企业通过海外派驻 EAP，为企业员工在海外现场提供心理健康服务，促进海外派驻员工留任率，提高中资企业的良好雇主品牌形象和声誉，进而提升中资企业的国际竞争力。

3　心理健康管理体系的建立

3.1　理论背景和实践意义

心理健康管理体系的建立是企业健康管理中至关重要的一环。它的理论背景源于对员工心理健康状况的认识和对企业可持续发展的需求。

心理健康管理体系是以心理健康为核心，以科学管理为基础，以完整的组织结构和管理体系为保障，建立起来的一套完整的管理体系。在实践中，心理健康管理体系的建立需要企业管理层的支持，专业的心理健康管理人员和专业机构的参与。对于企业来说，建立心理健康管理体系需要不断的探索、优化、实践、完善，发挥出最大效益。

3.2　哈法亚公司心理健康的体系框架和组成部分

3.2.1　领导关注和支持

企业领导层的支持和关注是心理健康管理体系建设的重要保障。在哈法亚公司中，领导层制定并推动了心理健康管理计划，充分展现了企业对员工心理健康的重视。

3.2.2　危机干预(心理急救)

是海外派驻 EAP 重要的组成部分。在自然灾害、战争动乱、疾病流行、暴力事件、意外事故等紧急情况下，员工可能会面临各种心理创伤。派驻专业心理咨询师在现场为员工及时提供专业的心理危机干预服务，帮助员工缓解紧张情绪，减轻焦虑和恐慌，避免极端事件的发生。

3.2.3　员工心理健康评估

哈法亚公司通过问卷调查(包括线上和线下)、主动面谈、心理工作坊等多种心理健康评估方法，全面了解员工的心理健康状况。

3.2.4　心理健康教育和培训

哈法亚公司通过心理健康知识普及、压力管理、情绪调节、沟通技巧等多种方法帮助员工提高心理健康意识和心理调适能力，更好地应对职业压力和挑战。

3.2.5　心理咨询和治疗服务

心理咨询和治疗服务由专业心理咨询师提供，包括个体心理咨询、团体心理咨询、家庭咨询等多种形式。

4　哈法亚公司的心理危机干预实践的步骤和方法

危机干预(心理急救)是哈法亚公司心理健康管理的重要组成部分。共有六项具体工作实施：建立应急响应机制；制定危机干预计划；建立心理急救团队；设立心理咨询室；全方位实施心理干预；定期开展心理健康培训。

从 2018 年海外派驻 EAP 项目开始至今，哈法亚公司发生了约十几起不同类型的心理危机干预事件，如中国籍承包商员工乘坐防弹车辆在油田换班期间，遭遇当地武装人员的袭击，枪击导致人员受伤的事件；有中国籍承包商员工因语言障碍被伊拉克海关误抓进当地监狱的事件；还有全球新冠疫情大流行期间，航班多次取消，大量员工长期滞留伊拉克无法与亲人团聚，甚至亲人身故无法回国送别的多种情况。这些严重的心理危机事件都会对员工造成极大影响，现场心理咨询师在心理干预领导小组的协调安排下，及时有效对相关员工进行心理急救，快速帮助员工疏导过激情绪，并且定期回访、监测相关员工的心理状态。在上述危机干预事件中的相关员工，没有人产生负面影响和问题扩大的趋势，干预均达到了预期效果。

由此哈法亚公司成功地实现了对员工心理健康的保障和支持，使员工能够更好地应对紧急情况，提高了员工的工作效率和生产效益，进一步提升了中石油在伊拉克的形象和声誉，为企业的可持续发展奠定了坚实的基础。

5　哈法亚公司的心理咨询服务实践

员工对 EAP 的咨询服务使用率一直是 EAP 服务的重要衡量标准之一，据调查数据显示，全球范围内大约有 10%至 15%的员工会主动寻求 EAP 咨询服务。

哈法亚公司从 2018 年开始的时候就已经能够达到 14.78%使用率(见图 1)，随着每年心理咨询相关的培训及教育，员工使用 EAP 咨询有逐年递增的趋势，尤其到了新冠疫情的几年里，使用率更是远远高出了国际标准。一方面是新冠疫情阻断了通航，员工长时间滞留海外无法回家，同时员工家属也面临着同样的心理压力，进而促进员工及家属同时使用 EAP 服务，另一方面，面对新冠疫情的反复爆发，员工更加关注自己的身体和心理健康，也让员工使用 EAP 咨询服务的可能性大大提高。现如今，随着员工对疫情的适应以及疫情的缓和，咨询使用也恢复到了合理的水平。另外，哈法亚公司的 EAP 服务有一个很重要的亮点就是家属服务，对直系亲属的免费服务是非常重要的服务延展。对于海外派驻员工，工作与家庭的冲突本就很大，因此稳定家庭也是帮助员工稳定内心的重要手段。

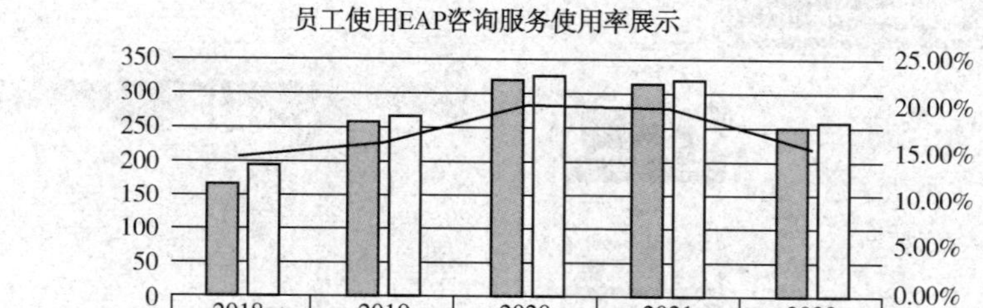

	2018	2019	2020	2021	2022
人次	168	258	322	317	251
时长	196	270.5	328	321	260
使用率	14.78%	16.20%	20.30%	19.81%	15.69%

人次　时长　使用率

图 1　哈法亚员工使用 EAP 咨询服务使用率展示

在咨询类别方面，哈法亚员工的主要咨询议题有以下三个方面(见图 2)：

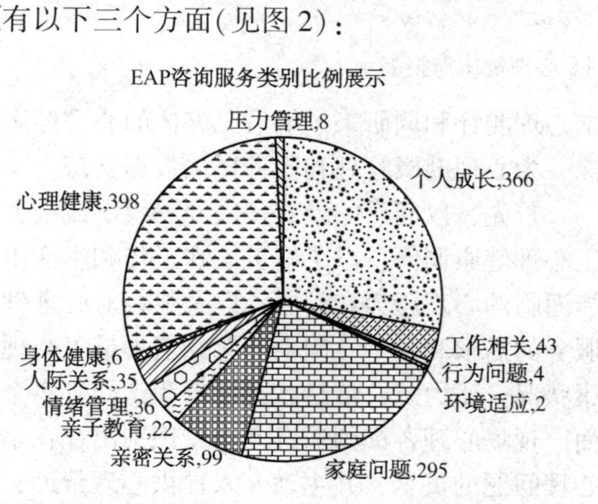

图 2　哈法亚员工使用 EAP 咨询服务类别比例展示

第一类是心理健康类咨询，这里面涉及到心理韧性、稳定性、安全感、心理亚健康状态等，相对比较核心又底层的心理状态，因为身处在伊拉克这样自然环境和社会环境都非常恶劣的地方，很难不会有各种各样的内心动荡，对员工的整体稳定性和绩效表现造成了挑战。

第二类是个人成长类咨询，这类咨询并不是以特定目标为方向，更多是在性格培养、关系问题、工作表现等多方面、多层面的深入咨询。旨在帮助来访者拥有更多的幸福感，对自我有更深入的了解，有更加灵活的人格状态。形象来说，这类咨询更像是在健身房锻炼身体一样来锻炼我们的人格。

第三类是家庭问题，海外派驻工作对个人影响最大的应该是家庭问题，婆媳矛盾、子女教育、离异问题、还有时代背景下的原生家庭问题，这些都可能导致员工出现工作-家庭之间的矛盾，导致工作状态差，专心度不够，产生潜在的行为风险，从而对企业造成了潜在的风险。

6　哈法亚公司的心理健康培训实践

在实践中，哈法亚公司采取了多种形式的心理健康培训，包括面对面培训、在线培训、研讨会和工作坊等。其中，面对面培训，是针对不同岗位和职能的员工提供有针对性的培训。在线培训则以互联网和移动应用为平台，通过视频、文字、图片等多种方式传达心理健康知识和技能。研讨会和工作坊则更加灵活，以小组形式开展，通过讨论、互动、角色扮演等方式，帮助员工加深理解和应用心理健康知识。期间共开展中英文各类培训 20 多场次，参与人数达 3000 多人次。

7　哈法亚公司的心理健康宣传推广实践

哈法亚公司由专业心理咨询师开展了多种形式的心理健康宣传推广活动，旨在提高员工对心理健康的关注度和认识水平，加强心理健康知识的普及和推广，帮助员工提升心理素质，减轻工作和生活带来的心理压力。具体实践如下：

7.1　发放宣传资料

针对伊拉克恶劣的自然和社会环境，以及公司员工来源复杂(40 多个国家)的情况，哈法亚公司制作了各种有针对性的中英阿文心理健康月刊 71 期，心理健康海报 24 张(见图 3)，内容涵盖心理健康常识、心理疾病防治知识、心理压力管理技巧等，有效提高了员工的心理韧性。

图 3　中英阿文心理健康月刊及心理健康海报展示

7.2　发放联络卡

哈法亚公司建立了心理咨询热线，同时制作联络卡，并在安全教育培训中进行宣贯，便于员工在有需求的时候可以随时使用心理健康服务。

7.3　组织心理健康活动

哈法亚公司定期组织心理健康主题月活动，通过茶话沟通、角色扮演、冥想等丰富多彩的活动形式，增强员工对心理健康的关注和认识。

8　哈法亚公司的心理测评与调研实践

哈法亚公司每年都会开展不同侧重点的大样本心理测评和调研来了解员工整体的心理健康状况，为心理健康管理和服务提供数据支持。

首先，以问卷的形式多次开展线下或线上员工心理健康调研，以了解员工在工作和生活中可能面临的心理压力和问题，以及他们对心理健康服务的需求和期望。问卷问题涵盖了员工心理健康状况、压力源、情绪状况、自我认知等多个方面。现场心理咨询师通过问卷，识别出存在早期心理问题的员工，并主动介入提供心理帮助，改善了这些员工的心理健康状况。同时调研结果也显示，哈法亚员工对心理健康服务的需求和期望较高，这对 EAP 咨询师进一步开展多元和个性化的心理健康服务提出了要求。

其次，哈法亚公司使用优化的心理评测工具（包含了 DISC 人格测评、焦虑量表、抑郁量表等），以更加准确地了解不同区域员工的人格特点，心理特点和问题，并针对性地提供心理健康服务和健康宣讲。

最后，深度分析过去 5 年的心理调研数据，从隶属部门、工作岗位、教育经历、员工国籍、婚姻状态、年龄阶段等方面入手，疲劳管理、心理韧性、运动状态、工作家庭增益、疫情期间的心理状态调研（见图 4、图 5 和图 6），都给管理层提供了全面的数据反馈，这对项目调整休假制度、工时管理、文娱活动增设、住宿条件改善等各个方面都起到了非常重要的参考价值。

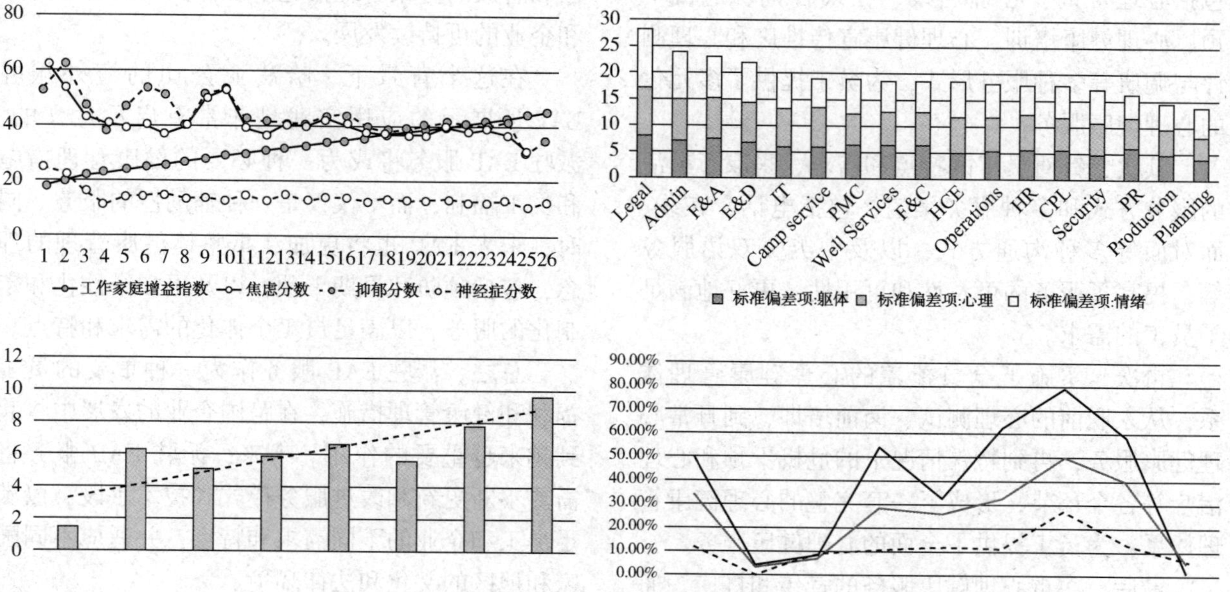

图 4　工作家庭增益与心理健康的关系表

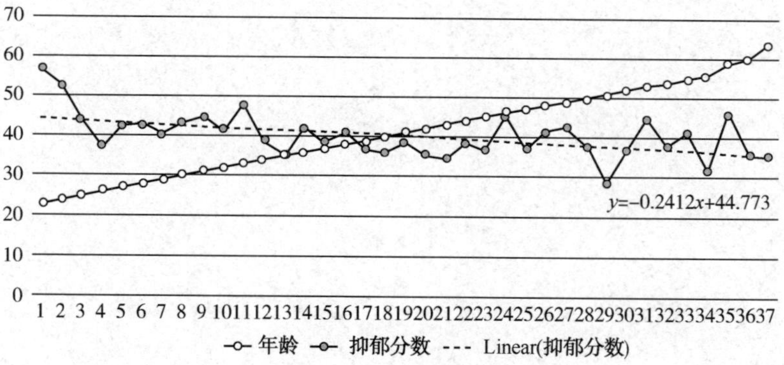

图 5　年龄分布与心理健康

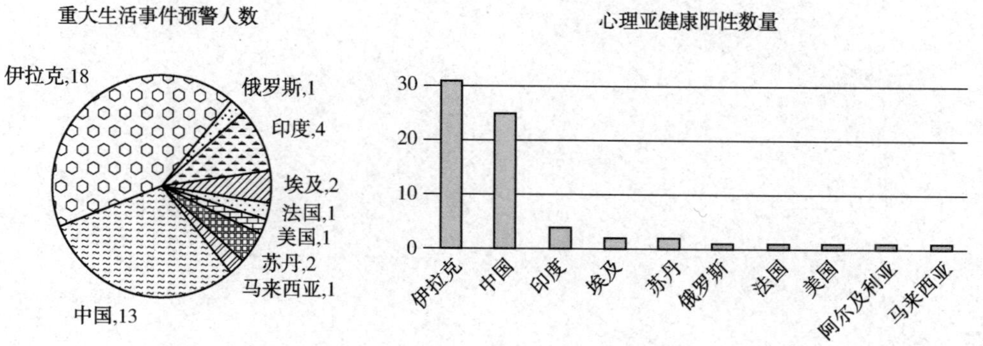

图 6　各国籍雇员心理状况评析

9 结论

9.1 总结哈法亚公司的海外派驻 EAP 在企业健康管理中的应用实践

哈法亚公司的海外派驻 EAP 是一个非常成功的健康管理实践，主要特点包括：

首先，采用了全方位的心理健康服务模式，包括心理咨询、心理热线、在线咨询、危机干预、心理健康培训、心理健康宣传推广和心理测评与调研等多种服务形式，为员工提供了多元化的心理健康服务。

其次，针对员工的特点和需求，采取了灵活的服务方式和多种服务渠道，包括电话、在线、面对面等多种沟通方式，以及中英文双语服务等，提高了服务的可及性和可用性，更好地满足了员工的需求。

再次，实施了全员覆盖的心理健康管理体系，从入职前的心理测试、岗前培训，到日常心理健康服务，再到特殊情况下的危机干预和心理治疗等各个环节，形成了一套完整的心理健康管理体系，为员工提供了全面的心理健康服务。

最后，注重心理健康服务的宣传和推广，通过各种渠道和方式进行宣传推广，提高员工对心理健康服务的认知度和参与度，促进了员工心理健康水平的提升。

9.2 展望未来的发展趋势和挑战

随着全球化的不断推进和经济的快速发展，跨国企业的数量和规模不断扩大，跨国企业将面临更加复杂多变的环境和竞争压力，需要更加全面和有效的健康管理措施来确保员工的身心健康和企业的可持续发展。

在这个背景下，哈法亚公司的海外派驻 EAP 所展示的应用实践是非常有启示意义的。派驻 EAP 服务将成为一种必要的健康管理措施和员工福利，而不仅仅是一种辅助性的服务。同时，未来 EAP 也将更加注重整体健康管理的理念，包括预防和早期干预，以及更加个性化和定制化的服务，以满足员工个体化的需求和特点。

总之，派驻 EAP 服务作为一种重要的员工福利和健康管理措施，在跨国企业的发展中将起到越来越重要的作用。未来，派驻 EAP 服务将需要不断更新和改进服务模式和技术手段，以满足员工和企业的不同需求和特点，并适应不同国家和地区的文化和法律环境。

健康企业创建探索与实践

侯春生　陶　建　高　俞　翟志刚

（中国石油塔里木油田公司）

摘　要　塔中采油气管理区以习近平新时代中国特色社会主义思想为指导，牢固树立以员工为中心的发展思想，秉承"关注员工健康，从员工健康时开始"健康观，将抓好员工健康与"依靠员工办企业，办好企业为员工"紧密结合，把健康理念融入管理区管理运行全过程，以高度的责任感和紧迫感推进健康企业建设，加大员工健康投入力度，努力培育边疆荒漠地区特色的健康文化，在健康企业创建中积极探索与实践，实现油田建设与员工健康协调发展。

关键词　健康企业；健康保障；健康服务；健康文化

按照集团公司统一安排部署和健康管理体系要求，塔中采油气管理区秉持"关注员工健康，从员工健康时开始"健康观，加大员工健康投入力度，积极向"生产安全和员工健康并重"转变，树立"健康至上，以人为本"的健康管理方针。倡导健康生活，建设健康环境，优化健康服务，完善健康保障，营造健康文化，全员共建共享，实现企业建设与员工健康协调发展。

1　塔中管理区健康管理背景

塔中采油气管理区成立于1996年，是塔里木油田的重要油气生产单元，主要从事生产经营、安全环保、党的建设、产建工程、硫磺生产等业务，东西长220公里，南北宽20~40公里，横跨巴州、和田、阿克苏三个地区，距库尔勒市500公里，民丰县275公里，且末县225公里，医疗点可提供的医疗支撑有限，发生紧急情况时极大影响应急救援时效。。

油田生产作业业务链长、作业类型复杂，涵盖物探、工程技术、地面建设、开发储运等多个业务领域，存在硫化氢、一氧化碳、噪声、苯、甲苯、二甲苯等29种职业病危害因素，职业病危害防护难度大。

现有员工209人，其中35岁以下110人，40岁以上63人，平均年龄36.8岁，2017-2020年，随着45岁以上员工总数的上升，"高血糖、高血脂、高血压、高尿酸"人群比例逐步增长，中高风险人群已达到员工总数的23%，健康风险日益凸显。

2　健康企业创建探索与实践

2.1　总体规划

以习近平新时代中国特色社会主义思想为指导，以全方位全周期保障员工健康为核心，践行"每个人是自身健康的第一责任人"理念，坚持员工健康和安全生产并重，压实保障员工健康主体责任，健全健康责任体系、建设健康环境、优化健康服务、提高员工身心健康素养、践行健康工作生活方式、营造健康幸福文化，实现全员共建共享，为实施"健康塔里木2030"奠定坚实基础，为油田高质量发展提供动力。

2.2　明确目标责任

明确健康企业创建整体规划及目标，建立"一把手"为负责人的工作小组，将健康管理作为"天字号"工程，将健康企业建设纳入"十四五"发展规划，充分分析实际，落实三步走创建方式，第一步建立完善健康企业管理体系，达到健康企业建设标准，顺利通过集团健康企业验收；第二步总结创建经验，形成验收标准与技术指导文件；第三步员工健康素养和健康水平大幅提高，全员养成健康生活习惯，形成良好的健康企业文化氛围。

明确使用"五定"工作方法，推进健康企业建设，定方向：主要领导负责，定期召开专题会议，解决健康企业创建过程中存在的问题；定时间：制定健康企业创建方案，细化工作计划，明确每项任务时间节点；定责任：细化各部门职责分工，明确牵头部门及负责人；定标准：梳理规章制度、职业标准规范，规范健康企业建设；定措施：细化创建措施、完善基础设施、提升管理服务、保障健康等措施。通过以上措施在顶层设计上统筹考虑健康企业创建中各层次和各要素，追根溯源，统揽全局，夯实健康企业创建基础和提供资源保障。

最终形成身体健康、身心健康、团队健康、文化健康"四位一体"共同推进的建设路径，明确"完善制度体系，实施9项措施"建设任务，形成"个性化体检、精准化筛查、专业化指导、针对性管控、常态化监测、数字化档案"的闭环管理机制和"专业机构指导、单位跟踪督促、员工执行落实"三层级高风险人群健康管理模式。

3　创建措施与取得成效

3.1　夯实管理基础

以《中华人民共和国职业病防治法》为基准，细化编制《健康企业建设规范汇编》4册，涵盖文件纲要29项、法律法规与条例17项、职业健康标准规范20项，完善制度体系；梳理职业健康、员工健康、心理健康、公共卫生、食品卫生等制度36项。基层单位开展无烟单位创建、女员工保护等健康促进与教育工作相关制度，岗位修订操作规程402项，补充完善操作中职业健康保护要求。通过建立一套完善的健康基础管理制度，构建了严密的健康责任体系，培育了全员健康意识，夯实了健康管理的根基，见图1。

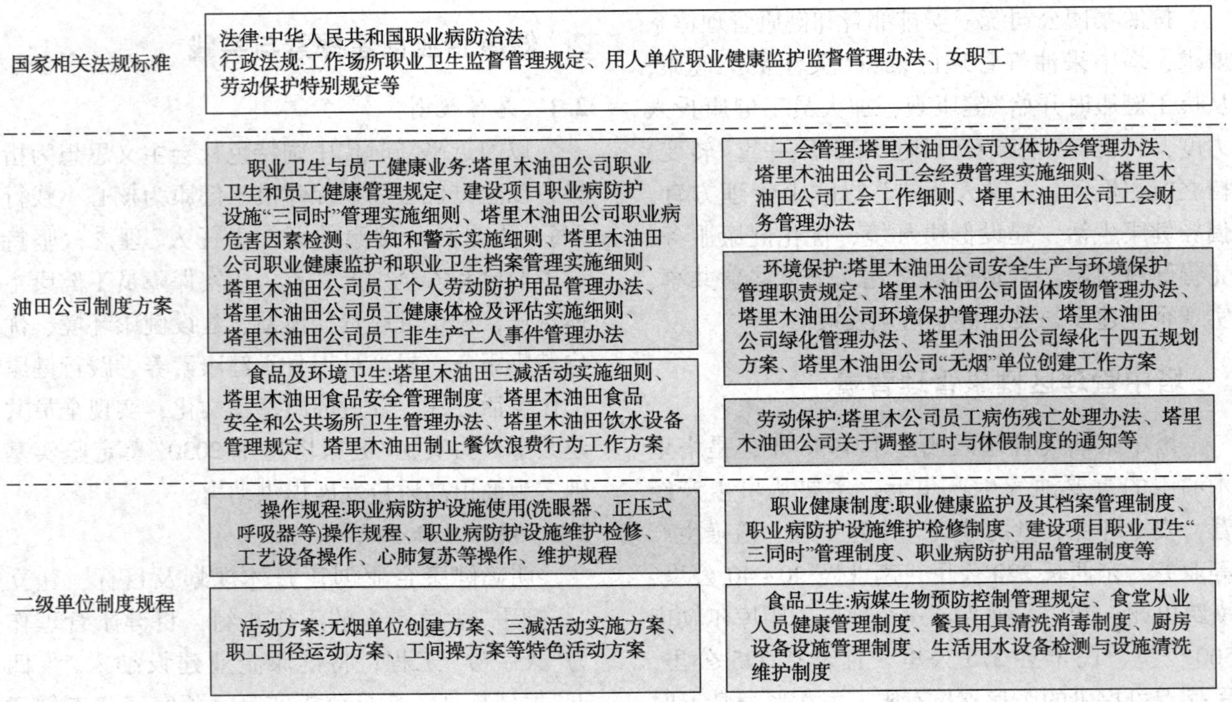

图1　管理体系分层图

3.2　健康环境改善

健康企业创建过程中积极投入资源，打造"宜居沙漠"，改进生产工艺，严控运行参数，实现"水的循环利用"，实施降噪工程，噪声危害有效控制，固废合规处置，实现"资源利用"，严格疫情防控，实现"双零目标"。

积极投入资源，在"死亡之海"打造"生命绿洲"，建成世界唯一沙漠腹地植物园，总面积300亩，培育植物200多种，分沙生植物、盐生植物、荒漠珍稀植物等8个植物引种区，"世界干极"建造"绿色走廊"，建成沙漠公路生态防护林，长达400余公里，种植约2000万株拐柳、沙拐枣等固沙植物，总面积3128公顷，治理了沙漠化危害，荣获世界吉尼斯记录、国家环境友好工程奖和国家科学技术进步二等奖。

"生命禁区"建造"花园小区"，筛选白杜、杜梨等10余种作为驯化和试养观赏植物，公寓附近种植水蜜桃、西梅、红枣、核桃、香梨等13种1165株水果树，改善了员工工作生活环境。

"沙漠腹地"建造"温馨家园"：在沙漠职工公寓和办公楼设有3套净水装置及完备的给排水系统；搭建定时水雾喷淋系统，将公寓内部湿度由10%提高到40%以上；建成体育馆3座、健身房2间、电影院等，配备了跑步机、哑铃等健身器材以及乒乓球、羽毛球场、篮球场等全套体育健身设施。

同时开展“无烟办公场所”建设，开展照度、噪声等检测，确保采光、通风、保温、隔热、隔声、污染物控制等方面符合设计要求，每日开展卫生清洁、防疫消杀、垃圾分类处理工作，确保蚊、蝇、鼠、蟑密度得到有效控制，定期开展饮用水检测、更换饮用水滤芯，各项检测值均符合标准要求。

确保“三废”达标排放。全年废水、废气达标排放率100%，固体废物合规处置率100%，生产污水处理达标后全部回注地层，生活污水全部用于沙漠隔戈壁植物绿化，切实把绿色发展融入油气勘探开发全过程。

装置设计上采用密闭处理排放，生产废水废气、生活污水不外排，对钻井废弃物开展现场固液分离及回用处理，建成环保站监测系统与地方实时联网，危废处置还原土检测全部达标，对检修放空气、大罐挥发性有机物应收尽收，对生产废水进行分层回收污油，坚决做到源头减量化，过程规范化，末端资源化。

3.3 健康服务

积极实施健康提升管理与服务“五大”工程，健康服务设施配置齐全，精准实施健康体检干预，开展“三减”膳食平衡，严格职业健康检测评估，用心打造精品职工小家，全方位保障员工健康。在油田一线站点配套医务室，覆盖主要生活工作点。医务室由巴州人民医院医务人员轮值，提供日常医疗保障、紧急情况医疗救治、急救及健康知识培训等服务，做到员工看病小病不出园区，大病处置不隔夜。建成覆盖一线生产场所的健康小屋；配套建设健康小屋，畅通一线员工健康咨询和专家问诊通道，缓解作业现场医疗支持匮乏困局。设备配置全面：配备血糖、血压、尿酸胆固醇检测一体机，除颤仪、吸氧机、理疗设备等13项设备，利用健康小屋开展血糖、血脂、胆固醇等常规健康指标自检自测，特殊人群血压、心电24小时连续监测和线上诊疗预警：健康小屋管理平台提供7＊12小时线上健康诊疗、远程救护指导等服务。通过小屋管理平台进行监测数据远程分析及健康预警，线上医疗团队及时对高风险人员进行电话、微信指导，线下跟踪落实。依据预警提示及评估结果跟踪风险人群健康改善状况，预防健康风险扩大，形成线上线下一体化闭环管理模式，为健康管理提供有效抓手和服务依托。

从医疗应急救治能力、院前紧急救援能力、医疗设备配置、人员自救互救能力、作业现场医疗应急响应能力等5个方面，完成生活点的医务室医疗应急救护能力评估，形成《医务室、急救站设置参考标准》《医务室设备、人员、药品配置标准》，为前线建设标准化医务室提供指导，为提升现场专业化医疗救护服务提供标准。

充分考虑员工个体健康差异，推进将统一的标准化套餐优化为“必查+自选”的个性化体检方案。由油田健康系统根据历史体检数据、健康问卷推送建议方案，经员工自主选择后，生成一人一案的个性化套餐，实现针对性进行健康隐患排查目的，为健康指导提供数据基础。

启动高风险人群风险级别细分工作，将健康高风险人员细分为易发急症（发病后难救治）、已患病风险不受控、已患病风险受控、指标超高未患病人群，建立台帐分类施策、及时跟踪干预。依托专业医疗机构，完成全油田员工筛查，结合近3年数据进行全员综合健康风险评估及风险变化分析，油田健康风险分布及变化原因，形成员工完整健康档案。开展全员心脑血管疾病专项评估，建立心脑血管疾病高风险人群档案。

2022年共开设12期心脑血管疾病高风险人群健康必修课。启动心脑血管疾病人群专项评估并建立档案，重点指标月检测、季评估，评估结果定向推送至所在单位领导、健康联系人，动态调整干预方案，做到健康隐患早发现、早干预。

强化心理辅导服务。党工团引领，压实各级支部书记职责，突出温暖帮扶、畅通心理疏导渠道、构建EAP工作体系，建设文明健康身心环境，广大员工归属感和认同感不断增强。

严格落实职业健康体检要求，职业健康体检率100%，对存在职业禁忌的员工及时调整岗位；完成职业病危害因素检测，检测率100%，整改超标点位；现场职业病防护设施齐全，职业危害场所公告栏设置率100%，有效防控职业危害，充分保障员工健康权益。

3.4 健康文化

把甲乙方全员共建共享、关心关爱员工、丰富健康人文环境、培育健康达人、参与社会环境改造作为推进健康文化建设的重要抓手，提升员工健康综合素养，持续提升企业健康软环境，构建全方位健康文化，助力健康企业建设稳步推进。设置宣传橱窗、开设宣传栏目，开展“学健康懂防治，提升意识促健康”答题，开展健康案例分享，持续提升员工健康意识，引导建立健康生活方式。开展健康达人评选，评选出油田优秀集体、先进个人，积极引导员工普及了解健康知识、倡导健康生活方式。

开展“夏季送清凉、冬季送温暖”“送健康到一线”活动，为甲乙方员工送去党工委关怀。征集关心关爱民生建议，开展广场舞、健康防疫“云”健身等各类文体活动，杜绝暴力、歧视和性骚扰等不和谐事件，营造出健康和谐、积极向上的文化氛围。

弘扬“沙漠有域，爱心无价”精神，牢记使命彰显担当，开展“送肥下乡保春耕，爱心惠农到村头”活动，近三年捐赠化肥530多吨，志愿购买贫困地区农产品累计8万余元，为贫困农村学校捐助小课桌200余件。保障周边民生用气，每年为地方和周边团场提供天然气500多万方，组织献血活动12次，累计36人参与献血，通过系列公益活动的开展，员工展现出勇于承担、无私奉献的精神风貌。

4 结语

健康企业建设是油田为员工群众办实事、办好事的具体实践，是依靠员工办企业、办好企业为员工的具体表现，也是践行“两个一切为了”理念的重要举措，在不断提高员工健康管理水平的同时，让甲乙方员工获得感、幸福感、安全感更加充实、更有保障、更可持续，为油田公司率先建成中国式现代化世界一流能源企业夯牢了基石、贡献了力量。

健康企业创建工作，促进并切实落实了企业维护员工健康权益、保障员工身心健康的主体责任，培育健康文化、提升健康自觉、普及健康生活、优化健康服务、完善健康保障、建设健康环境、加强健康管理，全方位、全周期保障劳动者身心健康，为实施健康中国战略奠定坚实基础。就其意义而言，开展健康企业建设，从小处说是保障员工身心健康、促进企业良性可持续高质量发展的需要；从大处讲是践行习近平总书记以人民为中心重要发展思想的需要、是建设健康中国的需要、是促进经济社会高质量发展的需要，更是实现中国梦的需要。

参 考 文 献

[1]《“健康中国2030”规划纲要》.

大五人格在外派员工负性事件与心理健康间的调节效应

赵成斌[1]　齐　睿[1]　于佳禾[1]　刘丽萍[1]　谷红军[1]　郑博文[2]　牟伟莉[2]　陈　玲[2]

（1. 中国石油国际勘探开发有限公司；2. 北京盛心技术发展集团有限公司）

摘　要　[目的/意义]探讨不同负性事件对外派员工心理健康的影响，并分析人格在两者间的调节效应。[方法/过程]采用问卷法收集 2021 和 2022 年某企业 5 个海外地区 5573 名员工的数据，使用一般心理健康量表（General Health Questionnaire-GHQ）和中国大五人格问卷简版（Chinese Big Five Personality Inventory Brief Version，CBF-PI-B）。采用 SPSS 20.0 对数据进行描述性统计、相关性分析、回归分析和调节作用分析。[结果/结论]负性事件中情感家庭关系冲突、家属重病、子女学习困难、工作关系冲突、睡眠明显变差影响外派员工心理健康水平。神经质在睡眠明显变差（$\beta=-1.5899$，$P<0.01$）、情感家庭关系冲突（$\beta=-1.1191$，$P<0.01$）、工作关系冲突（$\beta=-1.3639$，$P<0.01$）、子女学习困难（$\beta=-1.0131$，$P<0.01$）、家属重病（$\beta=-0.5181$，$P<0.01$）和心理健康之间存在显著的调节效应。外向性维度在睡眠明显变差（$\beta=0.9723$，$P<0.01$）、工作关系冲突（$\beta=0.8972$，$P<0.01$）、子女学习困难（$\beta=0.8117$，$P<0.05$）和心理健康之间存在显著的调节效应。严谨性在睡眠明显变差（$\beta=1.1876$，$P<0.01$）、情感家庭关系冲突（$\beta=0.9546$，$P<0.01$）、家属重病（$\beta=5866$，$P<0.01$）和心理健康之间存在显著的调节效应。睡眠明显变差影响、情感家庭关系冲突、工作关系冲突、家属重病和子女学习困难影响外派员工心理健康水平，神经质、外向性和严谨性在其中起到调节作用。

关键词　外派员工；心理健康；负性事件；大五人格特质

“一带一路”倡议促进沿途国家各领域交流合作，海外项目增多，员工外派日益频繁。外派的成功不仅关系公司的跨国发展，还涉及公司名誉、人才发展等诸多方面。外派员工也因此成为企业国际化的核心竞争力。外派员工较国内员工压力更大，不仅要适应新的生活、工作、人际环境，还要适应不同国家的风俗文化；其社会支持系统也因远离家国而更加脆弱。这些都会降低其应对负性事件的能力，增加心理健康风险。再结合其生活经历、家庭结构、教育背景、人格特质等差异，外派员工的生产工作管理和心理健康管理都较国内更为复杂。关于外派员工的已有研究主要集中在探究外派员工的心理问题、压力和职业倦怠对心理健康的影响、管理模式、心理服务形式建议、心理健康管理模式。缺少负性事件对外派员工心理健康影响的探究。

负性事件指会诱发负性情绪、问题行为，甚至影响工作表现的生活事件。关于负性事件的过往研究主要集中在学生群体、新兵群体和医护群体，研究结果都表明负性事件与心理健康存在明确相关。

人格是性格、气质、能力等的总和，具有一定稳定性和跨情景一致性，在复杂多变的环境中仍具有较强参考性，故在本次研究中将其作为调节变量。大五人格模型目前具有广泛的使用性和较好的接受度，五种类型为：神经质、严谨性、宜人性、外向性和开放性。神经质得分越低情绪调节能力越强，严谨性得分越高自我控制能力越强，宜人性得分越高亲和力越强，外向性得分越高个体寻求亲友支持的意愿越高，开放性越高个体创造能力越强。神经质得分越低、严谨性得分越高，个体发生心理障碍的可能性越低。外向性得分越高，个体发生心理障碍的可能性越低。

本次研究将探究不同负性事件对外派员工心理健康的影响，以及何种人格特质员工经历负性事件后心理健康水平更稳定。为组织定位需要重点关注的负性事件和外派员工，并为外派员工遴选提供参考。

1　对象与方法

1.1　研究对象

运用问卷调查法收集 2021 和 2022 年某企业

5个海外地区的员工数据。

1.2 调查工具

1.2.1 人口学信息

人口学信息包括：性别、年龄、职位、学历、婚姻状况。

1.2.2 一般心理健康量表

研究使用李虹、梅锦荣修订的20题版的一般心理健康量表(General Health Questionnaire-GHQ)，共3个维度20道题。该量表信效度良好，心理健康总分及各维度Cronbach α系数在0.60到0.82之间，重测信度在0.51-0.90之间，效标关联效度为0.67。

1.2.3 大五人格量表

研究使用王孟成编制的中国大五人格问卷简版(Chinese Big Five Personality Inventory Brief Version，CBF-PI-B)，共5个维度40道题。该量表信效度良好，各维度Cronbach α系数在0.76-0.81之间，重测系数在0.67-0.81之间，效标关联效度均在0.88以上。

1.3 调查方法

本研究使用问卷调查方法，共收回问卷5821份，有效问卷5573份，问卷有效率95.7%。

1.4 统计学分析

采用SPSS 20.0进行统计分析，包括描述性统计、斯皮尔曼相关性分析、多元线性回归以及调节作用分析。调节分析使用Hayes编写的PROCESS宏进行，数据用于绘制“简单斜率”，其中负性事件为自变量，大五人格为调节变量，$P<0.05$则具有统计学上的显著性差异。

2 结果

2.1 人口学信息

研究共纳入5573名外派员工的测评结果。其中男性占比88.3%，女性占比11.7%。年龄30岁及以下占比5.9%，31-40岁占比32.5%，41-50岁占比33.9%，50岁以上占比27.6%。管理者占比43.1%，普通员工占比56.9%。中专高中及以下占比3.5%，大专占比7.2%，本科占比41.2%，研究生及以上48.2%。未婚占比9.1%，已婚占比86.8%，离婚或丧偶占比4.1%。人口学信息见表1。

2.2 负性事件基本情况

外派员工负性事件中职场压力占比38.3%，睡眠明显变差占比24.6%，遗失重要物品占比20.4%，情感家庭关系冲突占比19.6%，家属重病占比17.8%，亲友去世占比14%，子女学习困难占比12%，工作关系冲突占比11.7%，重病外伤占比3.4%。负性事件基本情况见表2。

表1 人口学信息

	分类	人数	比例
性别	男性	4923	88.3%
	女性	650	11.7%
年龄	30岁及以下	331	5.9%
	31-40岁	1814	32.5%
	41-50岁	1887	33.9%
	50岁以上	1541	27.6%
职位	管理者	2400	43.1%
	普通员工	3173	56.9%
学历	中专高中及以下	194	3.5%
	大专	399	7.2%
	本科	2296	41.2%
	研究生及以上	2684	48.2%
婚姻状况	未婚	510	9.1%
	已婚	4837	86.8%
	离婚或丧偶	226	4.1%

表2 负性事件基本情况

	分类	人数	比例
负性事件类型	职场压力	2137	38.3%
	睡眠明显变差	1369	24.6%
	遗失重要物品	1138	20.4%
	情感家庭关系冲突	1093	19.6%
	家属重病	994	17.8%
	亲友去世	781	14.0%
	子女学习困难	669	12.0%
	工作关系冲突	651	11.7%
	重病外伤	190	3.4%

2.3 负性事件与外派员工心理健康水平的相关性分析

问卷中九种负性事件均与心理健康水平显著相关。相关性结果见表3。

表3 负性事件与心理健康水平的相关性

负性事件	相关系数
睡眠明显变差	-0.344**
情感家庭关系冲突	-0.261**

续表

负性事件	相关系数
工作关系冲突	-0.207＊＊
职场压力	-0.201＊＊
亲友去世	-0.193＊＊
子女学习困难	-0.190＊＊
家属重病	-0.184＊＊
遗失重要物品	-0.170＊＊
重病外伤	-0.101＊＊

注：＊表示 $P<0.05$，＊＊表示 $P<0.01$。

2.4 外派员工心理健康水平对负性事件的多元线性回归分析

九种负性事件为自变量，心理健康水平为因变量的模型拟合度良好（$F=119.785$，$P<0.01$）。

睡眠明显变差、情感家庭关系冲突、工作关系冲突、子女学习困难和家属重病对心理健康水平负向影响显著；职场压力、亲友去世、遗失重要物品和重病外伤对心理健康水平影响不显著。多元线性回归结果见表4。

表4　心理健康水平对负性事件的多元线性回归

	β	t
睡眠明显变差	-1.662	-19.372＊＊
情感家庭关系冲突	-0.592	-6.079＊＊
工作关系冲突	-0.394	-3.385＊＊
子女学习困难	-0.637	-6.244＊＊
家属重病	-0.215	-2.399＊
职场压力	-0.08	-1.04
亲友去世	-0.2	-1.833
遗失重要物品	0.123	1.337
重病外伤	0.07	0.377

注：＊表示 $P<0.05$，＊＊表示 $P<0.01$。

2.5 筛出的负性事件与外派员工心理健康各维度的相关性分析

筛出的负性事件均与心理健康各维度显著相关。相关性结果见表5。

表5　筛出的五种负性事件与心理健康各维度的相关性

	自我肯定	抑郁	焦虑
睡眠明显变差	-0.306＊＊	-0.174＊＊	-0.308＊＊
情感家庭关系冲突	-0.236＊＊	-0.136＊＊	-0.208＊＊
工作关系冲突	-0.199＊＊	-0.132＊＊	-0.154＊＊
家属重病	-0.181＊＊	-0.086＊＊	-0.146＊＊
子女学习困难	-0.176＊＊	-0.076＊＊	-0.134＊＊

注：＊表示 $P<0.05$，＊＊表示 $P<0.01$。

2.6 外派员工心理健康各维度对筛出的负性事件的多元线性回归分析

以筛出的负性事件为自变量，分别以自我肯定维度（$F=169.989$，$P<0.01$）、抑郁维度（$F=52.698$，$P<0.01$）、焦虑维度（$F=170.732$，$P<0.01$）为因变量的模型拟合度良好。

睡眠明显变差不利于自我肯定（“大致说来样样事情都开心”、“很满意自己做事情的方式”）、抑郁（“觉得很不开心及闷闷不乐”）和焦虑（“整天觉得人生好似战场一样”“心情烦躁睡得不好”）维度。情感家庭关系冲突不利于自我肯定（“大致说来样样事情都开心”、“很满意自己做事情的方式”）、抑郁（“觉得很不开心及闷闷不乐”）和焦虑（“整天觉得人生好似战场一样”“觉得整天有精神压力”）维度。工作关系冲突不利于自我肯定（“大致说来样样事情都开心”、“很满意自己做事情的方式”）和抑郁（“觉得很不开心及闷闷不乐”）维度。家属重病不利于自我肯定（“大致说来样样事情都开心”、“很满意自己做事情的方式”）维度。子女学习困难不利于自我肯定（“大致说来样样事情都开心”、“做事情都能集中精神”）、抑郁（“觉得很不开心及闷闷不乐”）和焦虑（“整天觉得人生好似战场一样”“觉得整天有精神压力”）维度。多元线性回归结果见表6。

表6　筛出的负性事件与心理健康各维度的多元线性回归分析结果

	自我肯定		抑郁		焦虑	
	β	t	β	t	β	t
睡眠明显变差	-0.769	-16.46＊＊	-0.173	-8.269＊＊	-0.744	-20.971＊＊
情感家庭关系冲突	-0.362	-6.904＊＊	-0.095	-4.051＊＊	-0.167	-4.197＊＊
工作关系冲突	-0.227	-3.561＊＊	-0.129	-4.54＊＊	/	/
家属重病	-0.175	-3.548＊＊	/	/	/	/
子女学习困难	-0.349	-6.136＊＊	-0.065	-2.545＊	-0.226	-5.221＊＊

注：＊表示 $P<0.05$，＊＊表示 $P<0.01$。

2.7 外派员工大五人格各维度对筛出的负性事件和心理健康间的调节作用分析

神经质分别对睡眠明显变差($\beta=-1.5899$，$P<0.01$)、情感家庭关系冲突($\beta=-1.1191$，$P<0.01$)、工作关系冲突($\beta=-1.3639$，$P<0.01$)、子女学习困难($\beta=-1.0131$，$P<0.01$)和家属重病($\beta=-0.5181$，$P<0.01$)与心理健康水平间的调节作用显著。神经质得分越低，负性事件对心理健康产生的负性影响越小。以神经质对睡眠明显变差与心理健康间的调节作用为例，在低($\beta=-1.6461$，$P<0.01$)、高($\beta=-0.4537$，$P<0.01$)神经质水平上均有显著调节作用，见图1。

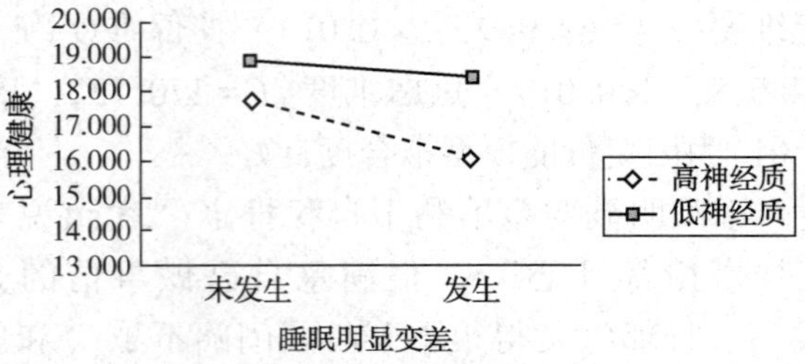

图1　低、高神经质在睡眠明显变差和心理健康间的调节作用

严谨性对睡眠明显变差($\beta=1.1876$，$P<0.01$)、情感家庭关系冲突($\beta=0.9546$，$P<0.01$)和家属重病($\beta=5866$，$P<0.01$)与心理健康水平间的调节作用显著。严谨性得分越高，负性事件对心理健康产生的负性影响越小。以严谨性对情感家庭关系冲突与心理健康间的调节作用为例，在低($\beta=-1.7016$，$P<0.01$)、高($\beta=-1.3484$，$P<0.01$)严谨性水平上均有显著调节作用，见图2。

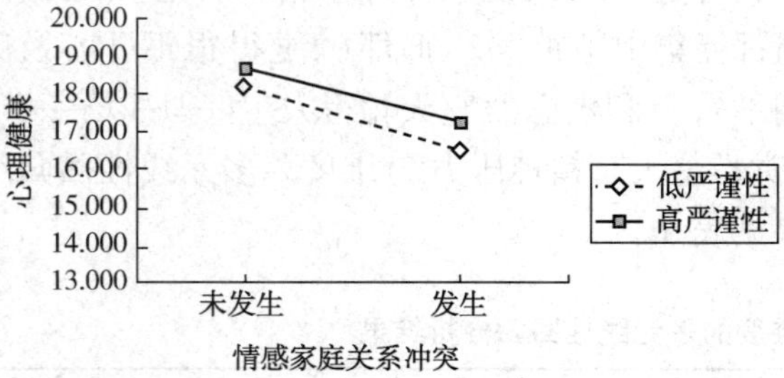

图2　低、高严谨性在情感家庭关系冲突和心理健康间的调节作用

外向性对睡眠明显变差($\beta=0.9723$，$P<0.01$)、工作关系冲突($\beta=0.8972$，$P<0.01$)和子女学习困难($\beta=0.8117$，$P<0.05$)与心理健康水平间的调节作用显著。外向性得分越高，负性事件对心理健康产生的负性影响越小。以外向性对工作关系冲突与心理健康间的调节作用为例，在低($\beta=-2.0673$，$P<0.01$)、高($\beta=-1.5134$，$P<0.01$)外向性水平上均有显著调节作用，见图3。

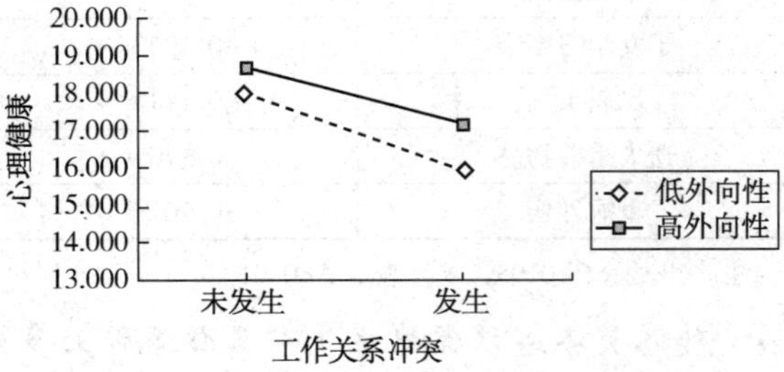

图3　低、高外向性在工作关系冲突和心理健康间的调节作用

3 结论

3.1 负性事件对心理健康间的影响

睡眠明显变差、情感家庭关系冲突、工作关系冲突、家属重病和子女学习困难均不利于外派员工心理健康，不利于员工心理健康，甚至出现负面情绪泛化到工作生活中。睡眠明显变差还将导致烦躁和紧张；情感家庭关系冲突和子女学习困难还将导致紧张，已有研究也支持家庭关系与心理健康间的关系。根据研究结果，影响外派员工心理健康的负性事件呈现多样性。这代表很难通过干预某一方面，如调解工作关系，来提升外派员工心理健康水平。综合自身和关系、身体和情感、生活和工作的系统观对外派员工心理健康建设尤为重要。

3.2 神经质、严谨性和外向性在负性事件和心理健康间的调节作用

在负性事件对心理健康的影响过程中，神经质在睡眠明显变差、情感家庭关系冲突、工作关系冲突、家属重病和子女学习困难中起到调节作用，严谨性在睡眠明显变差、情感家庭关系冲突和家属重病中起到调节作用，外向性在睡眠明显变差、工作关系冲突和子女学习困难中起到调节作用。神经质得分越低、严谨性得分越高、外向性得分越高负性事件的负面影响越小。

根据研究结果和大五人格各维度特质，神经质得分越低情绪调节能力越强，代表这五种负性事件均会影响外派员工的情绪状态。情绪关怀可以作为外派员工心理健康帮助计划的核心。严谨性得分越高自我控制能力越强，代表身体状况和家庭关系会影响我们日常表现，且自我控制在一

定程度上影响自我表现。通过自控力和自我管理知识的科普和培训，帮助员工正确认识自控力、提升自控能力。外向性得分越高个体寻求亲友支持的意愿越高，研究结果也显示外向性在除家庭关系外的负性事件与海外员工心理健康之间存在调节效应。这与外派员工在国外求助对象较多局限在家庭成员有关，也代表家庭成员对海外员工心理健康有更重要的支持作用。

对护士群体的研究显示神经质、外向性和开放性在负性事件和心理健康之间起到调节作用。外派员工外向性调节作用不显著可能由于外派员工生活环境较为封闭，很难拓展兴趣或尝试新事物。公司可以通过个性化员工活动室让高开放性外派员工更好地应对负性事件。

外向性在情感家庭关系冲突和家属重病中未起到调节作用，这是由于员工远离家庭，难以发挥高外向性优势调节情感家庭关系冲突、安慰重病家属。压力则源于员工失去家庭支持时需独自面对生活工作事件。公司可以举办沙龙为员工提供经验分享渠道。

4 讨论

4.1 外派管理者的培训和选拔

外派管理者不仅要适应复杂的海外环境，其管理方式还会影响到外派员工的心理健康以及工作适应。因此除外派准备度评估外，还应对外派管理者进行业务和组织管理能力的培训和选拔。

业务能力的培训和选拔均要求管理者熟悉负责领域的相关业务。在相对封闭的海外环境中，管理者是员工最直接的指导专家，若管理者不熟悉相关业务会降低整个团队的工作效率。

组织管理培训包括团队领导、差异化管理和员工心理健康管理。组织管理选拔除以上三种能力外，还应参考管理者特质和品格。其中低神经质和高严谨性的管理者能更好地承受、管理员工的情绪。

4.2 心理健康下沉行动

党的二十大报告第九部分提出推进健康中国建设是增进民生福祉、提高人民生活品质的重要举措，指出推进健康中国建设要重视心理健康和精神卫生。《健康中国行动(2019-2030)年》心理健康促进行动目标到 2030 年将居民心理健康素养水平提升到 30%。

公司健康企业行动开展较早。2008 年就开始关注外派员工心理健康，推广健康理念，取得一定成效。但因外派员工轮换频繁、缺少对自身心理的认识等，健康行动推进效率有所下降。

公司应加强心理健康宣传的下沉力度，深化心理健康文化，树立员工健康第一责任人意识，建设企业员工双引擎。心理健康下沉行动可分为三步走。第一步帮助员工了解自身个性特质、家庭环境和工作环境，以更好了解自身在生活工作中的情绪和行为。第二步帮助员工了解整个自身系统容易引发的心理问题以及应对方式，建立从心理援助到援助自助相结合的预防体系。第三步以亲身经历心理自助的员工为核心组建员工心理互助小组，以老带新的方式建设心理健康员工引擎。

4.3 建立员工心理健康支持大系统

外派准备度会受现场风险、员工情绪、家庭、外派意愿、身体健康等影响，其中家庭因素不仅是影响员工外派意愿的主要因素，还是影响外派成败的主要因素。面临工作家庭冲突时，欧美外派员工通常会选择离职；中国外派员工虽然会坚守岗位，但可能会产生反生产行为。员工心理健康支持大系统旨在统合公司和家庭一同为员工提供心理支持。除外派员工心理健康外，公司还应关注其家庭工作冲突和家庭状况。

外派遴选时可以将员工家庭生命周期、婚姻状况、家庭结构、经济状况、家庭困难纳入考量。邀请家庭成员参加外派前培训，让其熟悉外派地文化和生活，避免因不了解而担心、反对外派。为外派员工家庭成员提供与公司、与其他外派员工家庭成员的沟通渠道，方便公司及时给予帮助以及不同家庭间交流经验。

4.4 增加弹性休假制度

研究显示负性事件显著影响外派员工心理健康。一刀切式的休假制度使得员工难以有效应对身边发生的负性事件，这既不利于员工心理健康，也不利于工作产出。未来可以根据不同家庭困难情况(如老人生病)和家庭生命周期(如新生儿出生、夫妻离异)增加弹性休假，以确保员工个体心理健康和组织的可持续发展。

4.5 海外基地心理支持系统

除心理咨询和团体辅导外，公司还可以通过以下方式建立多层级海外基地心理支持系统。

建立个性化员工活动室和减压室。陌生、枯燥的工作环境不利于外派员工的心理健康。个性化员工活动室旨在方便外派员工从事兴趣爱好、尝试新活动和运动，这一方法对于高开放性员工效果更好；减压室则可以帮助员工缓解紧绷身心，改善睡眠状况，助力心理健康。

组织外派员工团建活动。外派员工工作环境封闭，人员流动量大，彼此间不熟悉，难以相互支持。团建活动等可以较快增进外派员工关系，使员工关系成为除亲友关系外的心理支持资源。团建活动可交由低神经质、高外向性员工组织。这样即有利于营造活跃气氛，又有助于这类员工的自身幸福感。

根据不同负性事件举办主题沙龙。员工可以在沙龙中围绕主题负性事件倾诉自己的困扰、介绍自己的方法，分享自身经验的同时吸取他人经验。这也会增进员工间感情，让员工间更了解彼此有哪方面困扰、需要哪方面帮助以及自己可以提供哪方面帮助。这一方法对于高外向性员工效果更好。

外派员工工作关系培训。通过收集海外常见工作关系冲突并按地点和类型归类，进一步探究常见工作关系冲突中员工与工作流程、管理者与普通员工、普通员工间的矛盾点，再针对地域、类型、职位进行培训。

5 局限

未来研究可收集除外派员工外的负性事件其他当事人信息，以从系统观角度立体分析负性事件对心理健康的影响；也可结合地域探究负性事件的地域一致性，从风俗文化、管理制度、团队氛围、管理者风格等角度剖析地域因素，为外派员工营造更安全稳定的外派环境。

参考文献

[1] Mendenhall, M., Oddou, G.. The Dimensions of Expatriate Acculturation: A Review [J]. Academy of Management Review, 1985, 10(1): 39-47.

[2] Bauer, T. N., Taylor, S.. When Managing Expatriate Adjustment, Don't Forget the Spouse [J]. Academy of Management Executive, 2015, 15(4): 135-137.

[3] 于瑞，胥宝雪. 如何开展海外员工心理健康指导——ESAP 基于员工心理保障的安全生产促进模式[J]. 中国安全生产科学技术，2009(S1)：25-27.

[4] 高峰，王芳. 海外石油员工压力、职业倦怠与心理健康的相关研究[J]. 北华航天工业学院学报，2021，31(04)：13-15.

[5] 王旭，赵勇，朱健刚等. 石油石化海外项目员工心理健康管理初探[J]. 安全、健康和环境，2011，11(10)：39-41.

[6] 陈庚，李丽芬. 伊拉克地区员工心理健康分析及对策[J]. 中国安全生产科学技术，2014，10(S2)：114-116.

[7] 郭春华. 外派员工心理健康分析[J]. 中国安全生产科学技术，2012，8(S2)：48-51.

[8] 尹泽红. 海外企业员工心理健康管理实践探索[J]. 中国安全生产科学技术，2017，13(S1)：174-176.

[9] 冯小光. 海外核电工程员工心理健康问题分析及对策[J]. 中国核电，2021，14(05)：758-762.

[10] 韩海峰. 浅谈海外工程建设项目员工心理健康管理[J]. 石油化工建设，2019，41(S1)：13-15.

[11] 肖惠玲. 海外钻井员工心理健康管理探索[J]. 西部探矿工程，2022，34(12)：164-167.

[12] 胡化刚，尤黎明，郑晶等. 中国医院护士负性事件的调查研究[J]. 护士进修杂志，2012，27(17)：1588-1593.

[13] 代维祝，张卫，李董平等. 压力性生活事件与青少年问题行为：感恩与意向性自我调节的作用[J]. 中国临床心理学杂志，2010，18(06)：796-798+801.

[14] 余婷，胡爱玲，温瑞娟等. 广州市急诊护士遭受工作场所暴力后应激障碍发生状况及相关因素分析[J]. 中国实用护理杂志，2013(12)：41-44.

[15] 汪立夏，舒曼. 大学生心理健康状况、负性事件及求助行为趋势分析——基于江西省十年大学生心理健康状况调查[J]. 教育学术月刊，2013，No. 250(05)：24-27.

[16] 赖丽足，任志洪，陶嵘. 过度“分享”负性事件与性别、心理健康和关系质量：对共同反刍的元分析[J]. 心理科学进展，2018，26(01)：42-55.

[17] 徐慧敏，张娜，元国豪等. 新兵生活事件对心理健康的影响：负性认知加工偏向的中介作用[J]. 解放军医学杂志，2020，45(02)：200-205.

[18] 熊秀娥，肖晓玲，张东华. 经历负性事件护士心理健康水平与其应对方式及社会支持的相关性[J]. 现代临床护理，2016，15(11)：19-22.

[19] 祁珍华，陈珺，江虹等. 大学生的归因方式及灵活性与心理健康[J]. 中国心理卫生杂志，2012，26(04)：310-314.

[20] Mccrae R R, Costa P T. Personality trait structure as a human universal[J]. American Psychologist, 1997, 52(5): 509-516.

[21] Goodwin R D, Fergusson D M, Horwood L J. Neuroticism in adolescence and psychotic symptoms in adulthood [J]. Psychological medicine, 2003, 33(6): 1089.

[22] Goodwin R D. Health Status and the Five-factor Personality Traits in a Nationally Representative Sample [J]. Journal of Health Psychology, 2006, 11(5): 643-654.

[23] Bienvenu O J, Nestadt G, Samuels J F, et al. Phobic, panic, and major depressive disorders and the five-factor model of personality[J]. The Journal of Nervous and Mental Disease, 2001, 189(3): 154-161.

[24] 李虹，梅锦荣. 测量大学生的心理健康问题：GHQ-20的结构及其信度与效度[J]. 心理发展与教育，2002(01)：75-79.

[25] 王孟成，戴晓阳，姚树桥. 中国大五人格问卷的初步编制Ⅲ：简式版的制定及信效度检验[J]. 中国临床心理学杂志，2011，19(4)：454-457.

[26] Ong HL, Vaingankar JA, Abdin E, et al. Resilience and Burden in Caregivers of Older Adults: Moderating and Mediating Effects of Perceived Social Support[J]. BMC Psychiatry, 2018, 18(1): 27.

[27] 姜雨，连玉龙，刘波等. 新疆大型国有企业员工心理健康状况与睡眠质量关系的研究[J]. 环境与职业医学，2014，31(02)：122-125.

[28] 诸建军，崔静静，张文武等. 某司法机关员工睡眠质量与心理健康状况调查[C]//中国睡眠研究会睡眠障碍专业委员会. 第六届中国睡眠医学论坛暨中国睡眠研究会睡眠障碍专业委员会成立十周年论文汇编. 首都医科大学宣武医院：2015：228-229.

[29] 王茜. 员工家庭关系对其心理资本影响的理论初探[J]. 企业导报，2013，(03)：236-237.

[30] 唐爱琼. 心理资本与心理健康的关系综述[J]. 学术论坛，2012，35(04)：185-188.

[31] 宋冬华. 肿瘤科护士睡眠质量与正念水平、大五人格的相关性研究[D]. 济南：山东大学，2016.

[32] Harvey, M. Addressing the Dual-Career Expatriation Dilemma[J]. Human Resource Planning, 1996, (4): 18-39.

[33] Kempen, R., Pangert, B., Hattrup, K, et al. Beyond conflict: The role of life-domain enrichment for expatriates [J]. The International Journal of Human Resource Management, 2015, (1): 1-22.

[34] 林忠，鞠蕾，陈丽. 工作—家庭冲突研究与中国议题：视角、内容和设计[J]. 管理世界，2013(09)：154-171.

[35] 何蓓婷，安然. 高压之下缘何坚守？中方外派人员的工作——家庭平衡机理研究[J]. 南开管理评论，2020，23(03)：141-154.

[36] 曾玲芸，江帆，曹长安. 深圳市某企业员工睡眠状况与心理状况及其关系[J]. 四川精神卫生，2014，27(02)：126-127.

健康风险分级管控在企业健康管理中的建设与实践

师文静

(国家管网西部管道塔里木输油气分公司)

摘　要　国家管网集团联合管道有限责任公司西部塔里木输油气分公司(简称西部管道塔里木分公司)紧紧围绕员工健康管理提升的目标，巧妙利用安全风险分级管控的管理方法，以“预防为主、防治结合”为指导思想，以“快乐工作，健康生活”为目标，探索出了一种有效的健康分级管理方式，并通过三年的不断探索实践，中高风险人数得到下降，全员健康水平稳步提升，员工幸福感和归属感得到增强，企业效益得到进一步促进和提高。

关键词　企业健康管理；健康风险；风险分级；健康提升

“现代化最重要的指标还是人民健康，这是人民幸福生活的基础。把这件事抓牢，人民至上、生命至上应该是全党全社会必须牢牢树立的一个理念。”党的十八大以来，以习近平同志为核心的党中央把维护人民健康摆在更加突出的位置，塔里木分公司党委深入贯彻落实习近平总书记关于健康中国的重要论述，始终将健康管理作为每位员工的头等大事，但鉴于健康管理的医学专业性，导致在管理过程中存在管理知识缺乏、管理方法生硬、管理效果不佳的现象。本文将对西部管道塔里木分公司的健康风险分级管理方法在实践中的应用进行详细介绍。

塔里木分公司健康管理工作起源于企业安全文化体系的建设。分公司秉承“民主之家、文化之家、暖心之家、进步之家”的“家文化”的安全文化体系，将企业比拟为大家庭，将家庭中一些有利于企业发展的价值观和行为方式应用于企业的一种文化管理方法。“家文化”的建设目塑造了温情和谐的组织氛围，打破以往传统企业采取的硬性管理束缚，实现了企业与内部员工的和谐融洽。

健康管理工作的推进正是企业安全文化体系中建设“暖心之家”的充分体现，企业对员工健康工作的规划实施，将员工的健康作为企业的重要工作之一，使员工在工作的同时感受到企业的关怀与温暖，并通过健康改善措施的配合执行，员工收获了健康和幸福，企业收获了员工健康水平提升给安全生产带来的优异成绩。

1　需要解决的问题

(1) 解决员工对体检报告的认知及解读，帮助员工了解自身健康现状。

(2) 解决指导员工如何进行健康改善，逐步降低健康风险，提升员工幸福指数。

(3) 解决企业对员工健康的全面掌握及控制管理，指导企业对症下药解决中高风险员工健康问题。

2　主要目标

探索有效的员工健康管理制度，使员工健康问题能够得到及时的关注和治疗改善，使全员的健康知识、健康意识、健康能力、健康素质得到普遍提高，营造良好的健康文化氛围，着力打造以人为本的企业形象，努力推动健康管理由“要我健康”到“我要健康”的转变，实现“快乐工作、健康生活”的健康管理目标。

3　指导方法

将安全风险分级管控的做法经验应用于员工健康管理，将健康领域复杂难懂的医学术语转变为清晰明了的高中低风险，使管理者能够抓住重点人群开展健康干预，给健康管理工作带来便利。

4　健康风险分级管控的实施

4.1　组建管理小组

2019 年，国家管网西部管道塔里木输油气分公司党委结合员工健康发展实际情况，成立了以分公司主要负责人为组长，职能科室、属地基层站队为主体的健康提升管理工作小组，创办健康室，确定“快乐工作、健康生活”的健康管理工作目标，压实各级职责，理清思路，精准掌控健康中高风险人群，抓实健康管理基础，制定健康提升管理方案，以创新的思路探索健康水平提升的管理方法，见图1。

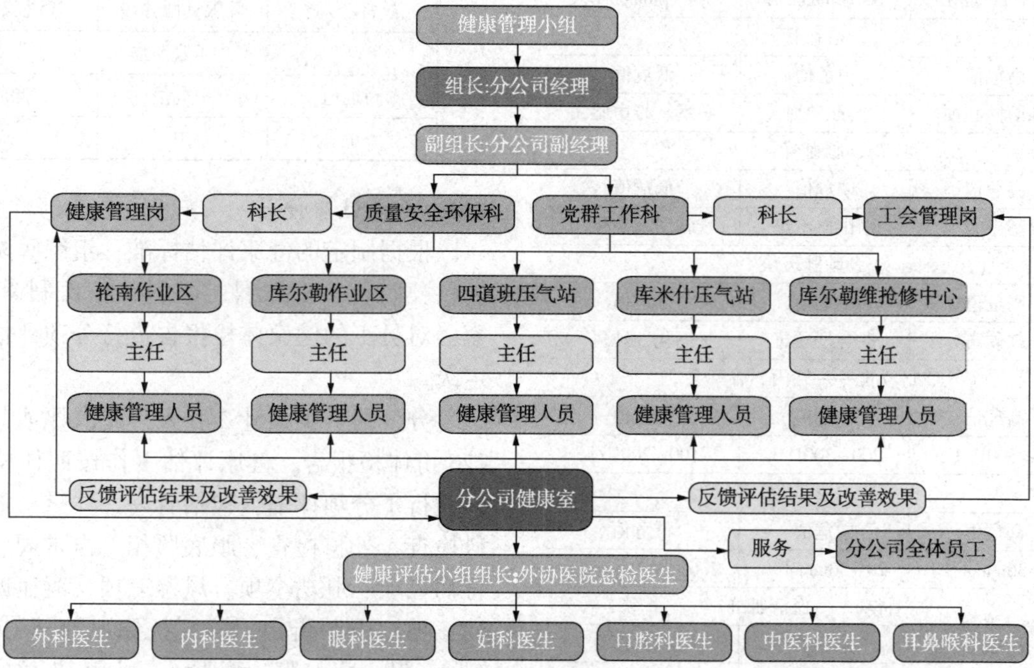

图1　分公司健康管理小组

4.2　创新管理方法

企业健康管理如何做实，员工健康与否怎么判断？面对分公司健康管理上的短板问题，塔里木分公司以创新的思维开展健康管理工作，将安全风险管理中的高中低风险分级方法运用于健康管理当中，将复杂难懂的体检结果运用风险分级的方法转变为简单的分级管控台账，根据员工不同的健康风险等级制定针对性的改善建议，开展健康跟踪，与员工家庭建立有效的沟通机制，联合工会及家庭对员工健康形成全面关怀。组织基层工会结合员工实际制定落实健康改善及运动计划，逐步提升分公司员工健康水平，见图2。

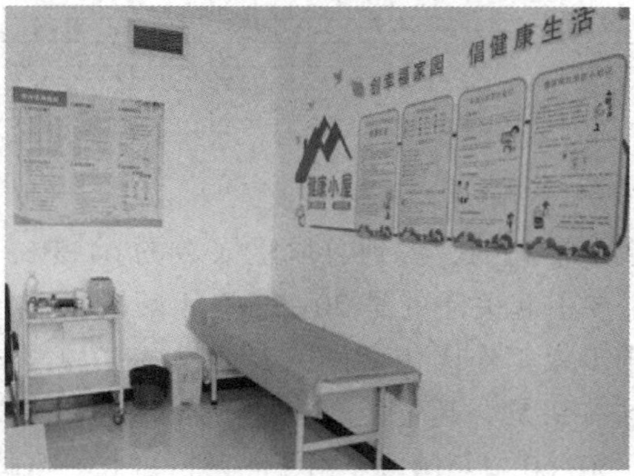

图2　健康室一角

4.3　制定健康风险分级标准

根据体检结果中的常见问题，组织医学专家制定健康综合评估分级标准，分级目录涵盖了体重与体质指数(BMI)、血压、血糖、血酯(总胆固醇、甘油三酯)、心血管、脑血管、劲动脉斑块、肝功能(尿素氮、血清肌酐)、肾功、男性前列腺、女性乳腺、女性妇科共计14项健康分级标准，见表1。

表1　健康分级标准

序号	疾　病　分　级　标　准		
1	体重与体质指数(BMI)		
	高危值	中危值	低危值
	≥30kg/m²	27～29.9kg/m²	24～27kg/m²
2	血压		
	高危值	中危值	低危值
	≥180/ ≥110mmHg	160～180/ 100～109mmHg	140～160/ 90～99mmHg
3	血糖		
	高危值	中危值	低危值
	≥15mmol/L	12～15mmol/L	8～12mmol/L
4	血酯——总胆固醇		
	高危值	中危值	低危值
	≥8mmol/L	6.20～8mmol/L	5.18～6.19mmol/L

续表

序号	疾病分级标准		
5	血酯——甘油三酯		
	高危值	中危值	低危值
	≥10mmol/L	6～10mmol/L	4～6mmol/L
6	心血管		
	高危值	中危值	低危值
	陈旧性心梗	心肌缺血	心室、心房肥大
7	脑血管		
	高危值	中危值	低危值
	脑卒中病史	脑供血不足	脑动脉硬化
8	劲动脉斑块		
	高危值	中危值	低危值
	软硬斑	混合型硬斑	钙化性硬斑
9	肝功能——谷丙、谷草		
	高危值	中危值	低危值
	≥300U/L	200～300U/L	100～200U/L
10	肾功——尿素氮		
	高危值	中危值	低危值
	≥36mmol/L	20～36mmol/L	7.6～19.9mmol/L
11	肾功——血清肌酐		
	高危值	中危值	低危值
	≥700umol/l	350～700umol/l	135～349umol/l
12	男性前列腺增生		
	高危值	中危值	低危值
	Ⅲ度	Ⅱ度	Ⅰ度

续表

序号	疾病分级标准		
13	乳腺B超		
	高危值	中危值	低危值
	异常/可能	乳腺良性肿块	乳腺增生
14	子宫肌瘤		
	高危值	中危值	低危值
	重	中	轻

4.4 开展健康评估

根据制定的健康评估标准，组织医院心血管内科、妇科、泌尿科、眼科、中医科等医学专家，对员工的健康体检报告进行分项评估与综合定级。

分公司员工共计240人，此次评估共收集到226份体检报告，健康评估工作按照体检项目分别进行了分项评估，包括身高、体重、血压、内科检查、外科检查、眼底照相、血常规、尿常规肾功三项、肝功全项、风湿三项、凝血四项、甲功三项、甲胎蛋白、癌胚抗原、肺部CT、超声(肝、胆、脾、胰、双肾)、乳腺超声、阴道超声、血糖(空腹)、血脂全项、心肌酶、糖化血红蛋白、生化微量元素、头颅核磁血管成像MRA、心脏超声的健康筛查检查内容，见图3。

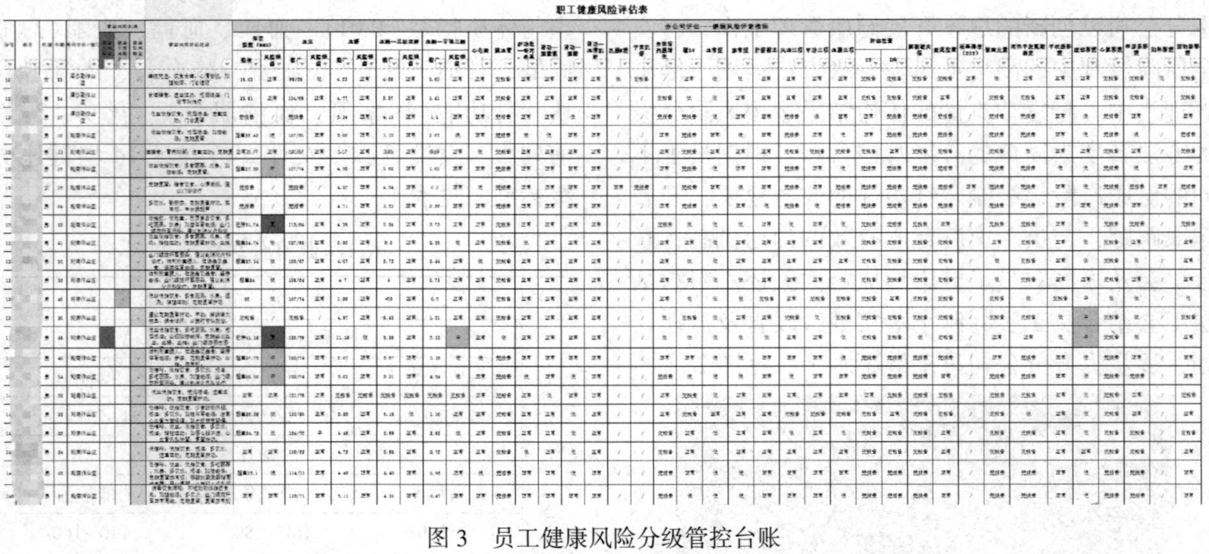

图3　员工健康风险分级管控台账

评估结果显示，2019-2020年分公司共有高风险人群7人，中风险人群36人，低风险人群185人。

根据中高风险人群的年龄来看，见图4、图5，目前30-40岁年龄段为主要人群，其次为40-50岁年龄段。这两个年龄段中的中高风险人数也是最高的，占到总风险人数的64.5%；其次需要引起关注的是20-30岁年龄段人群，处于刚步入工作岗位期间，人数仅占17%，发病率已占9.52，超过了30-40人群8.75%的发病率。50-60岁年龄段，由于年龄的增长，身体机能的下降，发病率迅速增高，更应对健康引起足

够的重视。(本文中的发病率指该年龄段中高风险人数占该年龄段总人数的比例，见图6)

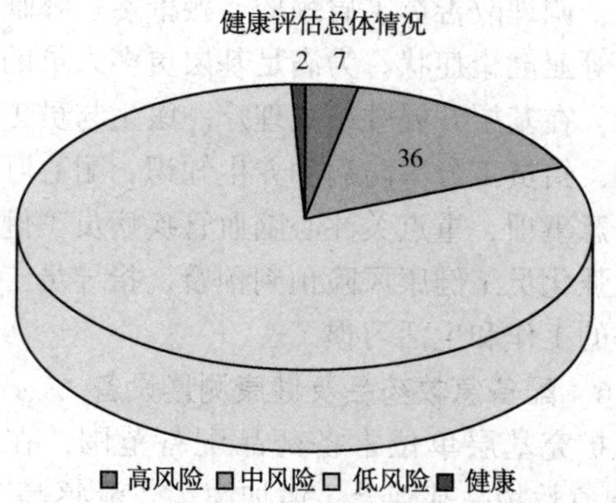

图4 健康风险综合评估结果分布图

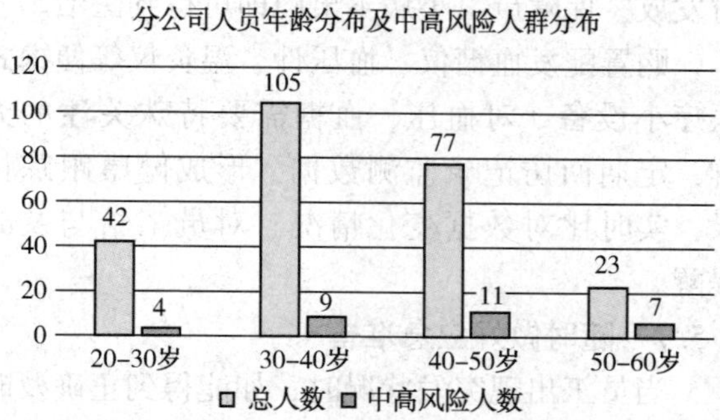

图5 分公司人员年龄分布及中高风险人群分布

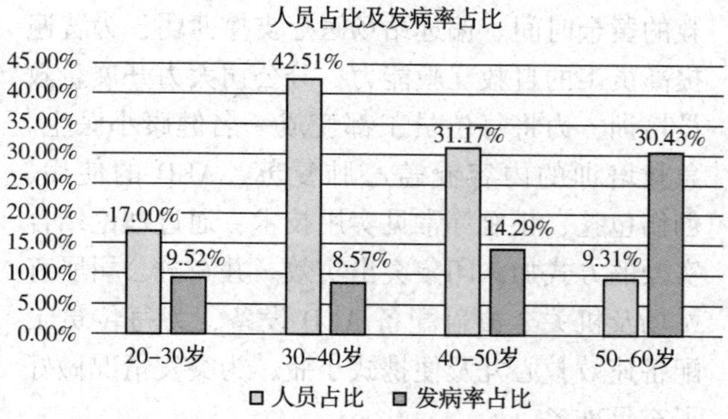

图6 人员占比及发病率占比图

4.5 实施健康干预

根据健康风险分级结果，重点狠抓中高风险人员健康管理，由专业医学团队分别对2019-2020年体检中发现的中高风险人群制定详细的健康改善建议，分公司健康小组制定健康提升活动计划，扎实推进各项提升活动。

4.5.1 从细节入手提升员工健康意识

建立家庭微信群，向家属发放节日贺卡，通过家人的帮助和鼓励，让员工从家庭的角度重新树立健康意识；通过微信等软件向员工发送健康饮食建议，对日常饮食提供指导，帮助员工建立健康、合理的饮食习惯；通过健康巡诊活动，邀请营养学专家实地考察基层单位食堂食品加工情况，给予针对性的改善指导；结合健康室基层巡诊工作，开展基层站队健康专项检查，对检查出的问题制定针对性的改善措施，(见图7、图8)。

图7 基层巡诊提供健康指导

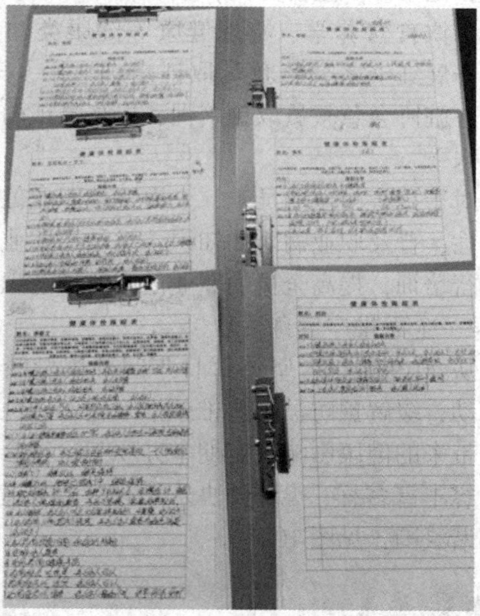

图8 基层巡诊开展健康监测

4.5.2 精细化制定健康体检方案

制定健康及职业健康体检计划，根据费用标准，结合各个年龄段常发易发症状，制定健康体检套餐；送体检下基层，根据员工去年健康体检结果一对一、面对面跟踪疾病的改善情况，给员工提出更好的健康改善建议，让基层员工足不出户享受VIP式的医疗健康服务；对于体检发现的器质性病变等问题，及时督促员工到医院进行复查，给住院员工提供生活帮助。及时了解病情治疗情况，留存相关检查报告，持续完善健康档案，见图9。

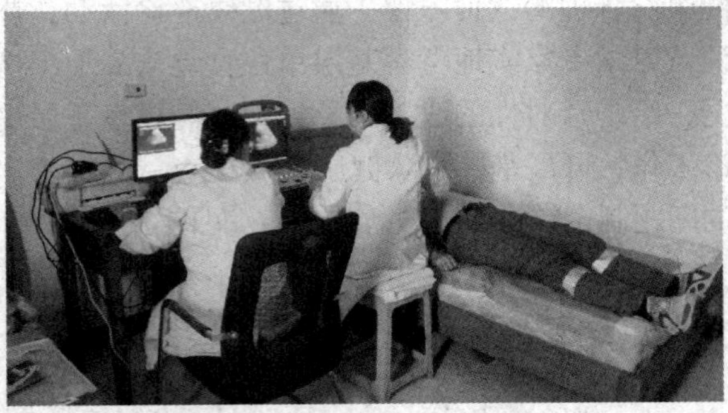

图9　员工健康跟踪记录

4.5.3　大力开展健康知识宣传培训

为疏导员工心理压力，确保员工始终保持良好的精神状态，多次邀请健康专家在分公司机关及基层开展心理健康讲座及心理辅导咨询活动，对职场人士工作生活平衡、家庭育儿等心理健康问题进行重点讲解，使员工身体及心理的焦虑情绪问题得到了倾诉和解决。

在健康知识宣传方面，组织开展甲状腺健康知识、饮食营养学、心理健康等健康类知识培训，开展红十字会急救员取证培训，以及AHA美国心脏协会急救员取证培训，提高员工的应急救护水平。

对于接害岗位的员工，大力宣传职业健康的重要性，普及职业病防护知识，对员工职业病防治进行培训，提高全员的职业健康防护意识。

4.5.4　全面推广健身活动

从2019年至今坚持每日午间开展健康工间操活动，缓解预防员工腰椎颈椎问题，避免久坐办公带来的健康影响。定期举办职工运动会，比赛内容丰富多样，营造"快乐工作、健康生活"的和谐氛围，见图10。

图10　开展健身操比赛

4.5.5　大力开展中医理疗等特色服务

中医有着几千年的悠久历史，是我国的国粹之一。分公司的健康管理理念中坚持贯彻中医"未病先治"的理念，邀请当地医院资深中医开展艾灸、泥灸、温灸、针灸、拔罐、推拿等特色服务，调理改善员工肩颈酸、腰椎疼、睡眠质量不好等亚健康症状。为满足基层更多人员的理疗需求，在基层开展驻站式理疗。医生与员工同吃同住，给员工分享防病和养生知识，耐心叮嘱日常注意事项，重点关注心脑血管疾病员工健康状况，强化员工健康风险预判预警，指导员工养成良好的工作和生活习惯。

4.5.6　配备急救药品及健康测量设备

扩充基层单位常备药品配备范围，在公司44种急救物品基础上，增加腹泻、流感等30余种常见病症应对药品，并在春秋季流感爆发前及时发放，保障员工小病不出门即可得到医治。

购置配发血糖仪、血压计、温灸仪等便携式医疗小设备。对血压、血糖需要特殊关注的人群，定期回访记录监测数据，形成健康跟踪记录，实时比对数据变化情况，对员工给与及时提醒。

4.5.7　随时做好应急准备

当员工出现突发状况时，如能得到正确及时的救治，将会大大提升患者抢救的成功率。如果心脏骤停，要开展心肺复苏，4分钟之内就是抢救的黄金时间。偏远站场医疗支撑薄弱，为普遍提高员工的自救互救能力，分公司大力开展急救员培训，力将每位员工都变成一名健康小医生。急救培训的内容涵盖心肺复苏、AED的使用、创伤包扎、止血等常见实用技术，通过理论结合实操的方式加深印象突出实效。并在分公司所有站场及机关全覆盖配备AED设备，为每位员工配备速效救心丸及便携式小瓶，为突发情况做好了充足准备。

5　健康管理提升成果

通过三年来分公司持续开展一系列健康提升措施，员工的健康情况有了普遍的提高。在通过对比分析2020-2022年员工健康体检报告及健康风险分级评估结果，从2020年到2022年，分公司高风险人群由7人下降为2人，中风险人群由24人下降为16人，低风险人群基本持平，健康状况良好的人群在持平的基础上略有上升，而且成功提前发现并处置了4起员工突发心梗的事件，为企业和员工以及家庭创造了不可估量的健康财富，见图11。

根据中高风险人群的年龄来看，见图 12、13，35 岁以下年龄段人群，处于刚步入工作岗位期间，身体素质较好，在通过健康管理提升活动后，身体素质有了明显的提升。

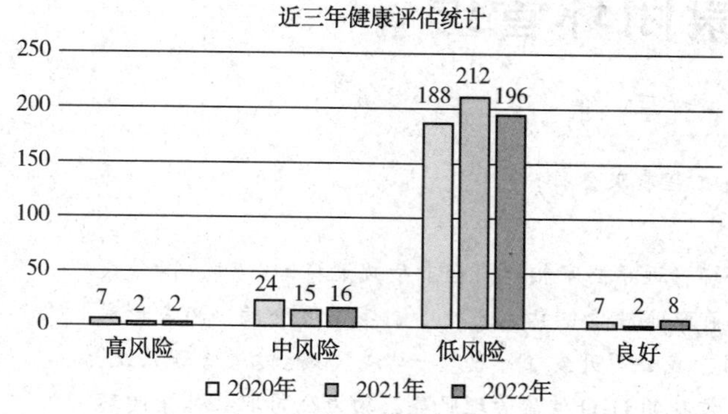

图 11　健康风险综合评估结果分布图

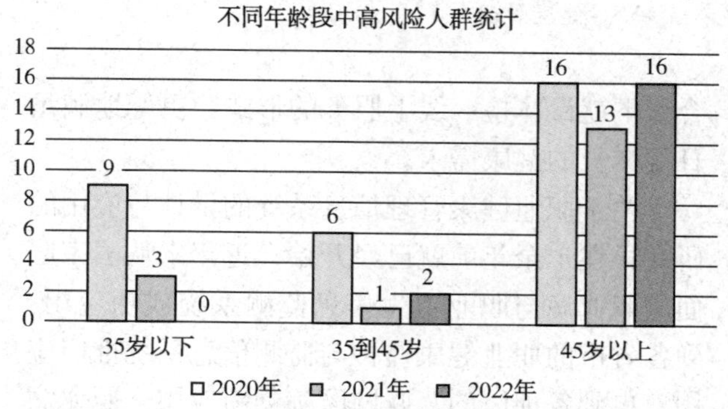

图 12　分公司不同年龄段中高风险人群统计

图 13　分公司不同年龄段中高风险人群占比统计

35-45 岁年龄段人群健康风险也有较好的下降趋势。因此目前 45 岁以上年龄段为风险主要人群。45 岁以上人群，由于年龄的增长，身体机能的下降，发病率增高，且改善效果不佳，更应对健康引起足够的重视。(本文中的发病率指该年龄段中高风险人数占该年龄段总人数的比例)

6　改进措施及管理建议

通过分公司健康管理提升工作的持续性开展，对比近三年的健康情况，员工的身体素质有了明显提高，但同时也发现了目前潜在的健康隐患问题。

6.1　甲状腺健康危机开始慢慢呈现

通过对近三年员工甲状腺 B 超的检查情况进行统计分析发现，甲状腺异常人员在 2022 年增长幅度最大，男性发病率为 12.09%，女性发病率更是高达 20.93%，此问题目前虽还未对员工健康产生威胁，但应引起重视，避免后期继续发展。

6.2　女性乳腺健康状况出现滑坡

经过对近三年的检查发现，分公司女员工的乳腺健康情况呈现出滑坡现象，低风险人数虽有下降，但中高风险人数上涨了 7 人，应引起女员工的重视。

6.3　心脑血管健康仍为重中之重

心脑血管问题虽然在近三年的努力中得到了有效的控制，但此类疾病隐匿性强，且发病快，必须予以长期的坚持控制才能达到良好的效果。

7　总结

塔里木分公司以“预防为主、防治结合”的指导思想，利用风险分级管控的管理方法，以中高风险人群作为健康管理工作的重中之重，将健康管理工作贯穿于安全生产实际当中，切实发挥健康风险分级对健康管理工作的引领和推动作用，逐步将健康文化理念渗透到每位员工思想中，使全员的健康知识、健康意识、健康能力、健康素质得到普遍提高，营造了良好的健康文化氛围。

在经过三年多的不断坚持与巩固，实现了中高风险人群 5%的下降比例，及时成功处理了 4 起员工心梗紧急送医抢救的事件，员工健康状况得到明显提升。

员工健康是企业的根基，分公司将会利用好“健康风险分级管控”的健康管理方法，不断改善员工的亚健康状态，为实现“快乐工作、健康生活”、员工与企业双赢的美好局面做出贡献。

参考文献

[1] 中国石油天然气集团有限公司质量安全环保部. 安全风险分级防控和隐患排查治理[M]. 石油工业出版社，2020，06.

[2] 郭姣. 健康管理学[M]. 人民卫生出版社，2017，08.

“一站式”智能健康管理系统助力职业健康闭环管理

张修竹　黄小祥　朱祥军　张　羽

(中国石油川庆钻探工程有限公司)

摘　要　职业健康管理是企业QHSE管理的重要一环，近年国家相继出台多项政策推动“互联网+健康管理”的发展，并在各省市、地区取得初步成果。而目前职业健康信息化还处于初步发展阶段，尚未形成线上闭环管理的解决方案。借助大数据、物联网等技术，我公司开发了一套“一站式”智能健康管理系统，基本解决了闭环管理中的若干难题，为广大员工提供了便捷的O2O健康管理服务，助力公司职业健康闭环管理。随着数据沉淀，更多的大数据分析将被引入。

关键词　职业健康；闭环管理；“一站式”智能系统；互联网+健康管理

对员工职业健康的管理是企业HSE管理的重要一环，落实落细职业健康管理体系是推动健康企业建设的基础。建立健全管理机制，通过健康监测、疾病干预、健康教育等措施开展科学的职场健康管理，有效预防和控制职业病危害，切实保障广大员工的健康权益，是企业健康管理的主要目标。

职业健康管理的服务对象多为亚健康人群、特殊工种人群、慢性患者群和康复人群等，服务过程中需要时刻关注员工身体健康情况，建立完善的员工健康档案，提供针对性的健康干预。职业健康管理是一个长期、连续不断、周而复始过程，但脱离了信息化技术的传统职业卫生管理体系较难形成全生命周期的健康陪伴，无法提供个性化的健康跟踪诊疗服务。

近年来政府部门对民生健康和卫生信息化高度重视，随着《基于健康档案的区域卫生信息平台建设指南》、《“健康中国2030”规划纲要》、《国务院关于实施健康中国行动的意见》、《国务院办公厅关于促进“互联网+医疗健康”发展的意见》等多项政策相继出台，国家鼓励通过信息技术把不同来源、不同类型的大量健康数据输入信息系统中并将它们科学地管理起来，健康信息逐步互联互通，在不同时间、不同空间和不同方式上实现实时更新与共享，提高健康服务效率，改善健康服务质量。而后疫情时代，“互联网+健康管理”的远程、便捷、专业、高效等优势凸显，这使健康服务不再局限于诊疗环节，而是结合线下就诊体检、线上服务的形式，更好地满足日益增长的健康需求。

关于职业健康管理信息系统的设计与应用的研究早在十余年前就已经开始。近年来从国家层面的职业病与职业卫生信息监测系统成功应用，到各省市的职业健康监护与监测信息系统推广应用，再到各地区的互联网医院创新应用，职业病防治的信息化进程已初见成果。随着信息化技术进一步渗透，职业健康管理将进入到数字化、智能化的新篇章。

1　职业健康管理难题

职业病健康管理信息化是职业病防治、职业健康监测的需求所驱使，然而在职业健康信息化的进程中往往存在线下数据采集，线上数据存储、分析，线上线下资源调动等难题。

一方面，由于在职业健康管理过程中会产生大量非结构化数据，如体检报告、纸质健康档案、健康信息统计报表等，这些非结构化数据通常种类繁杂、形式多样，容易形成数据孤岛，出现数据割裂，非结构数据很难通过非信息化技术进行处理和应用。

另一方面，基础的职业健康管理系统功能相对单一，难以建立线上线下医疗资源联动、突破员工与医务人员的沟通壁垒，缺少智能化的健康管理流程，无法实现“一站式”健康管理和服务，更难形成职业健康管理闭环。

下面列举三个具体的职业健康管理难题：

1.1 员工健康档案缺乏长期统一的管理和维护

员工的历史健康数据多以纸质形式存储，这导致归档易、查询难，人工查询档案花费的时间成本高且查询准确率低。随着时间的推移，纸质版档案的数量剧增，查询、调取、归档的工作难度也随之增大。纸质版健康档案的管理方式已经无法满足大数据时代企业对人员健康数据的管理要求。

这些纸质版档案包含大量非结构化数据，无法支撑企业职业健康管理人员开展数据统计和分析工作，更不用说基于个人历史数据进行疾病预测，制定个性化干预方案。

1.2 重点人群健康监测数据管理

员工健康的分级管理是指对企业中健康人群、高危疾病人群、职业禁忌症人群等进行分级管理，对高危疾病、职业禁忌症人群进行相对更密集的健康状态监测、干预等管理。

一方面，由于油气勘探开发行业的特殊性，公司对一线生产人员的健康高度重视，因此对从事井下、高空、高温、重体力劳动等特殊工种的人员进行长期的健康监测是员工健康分级管理的重点之一。另一方面，为了减少非生产事故造成的亡人事件，应针对高血压、高血脂、高血糖等高危疾病人群实行更严密的健康监测，评估其健康状态是否与所在岗位的工作强度匹配。

而如何实现特殊工种人员、高危人员的健康监测，实现监测数据的采集、管理、分析，进一步实现异常数据预警是当前油气企业职业健康管理普遍面临的难点。

1.3 个性化干预、治疗管理

职业卫生分级管理要求企业对已患有职业病的员工提供治疗、康复手段，我公司在各生产经营场所设立了健康小屋、心理咨询室，解决员工简单的健康咨询需求，但由于医疗资源有限，公司很难建立医疗团队为各基层站队、生产一线的患病员工提供线下的问诊、就医、治疗等服务。

2 解决方案——打造"一站式"智能健康管理系统

近年来，越来越多研究表明借助互联网、大数据等信息化技术，能帮助企业实现更高效、更精准的职业健康管理。建设智能化的健康管理服务平台也是大数据时代职业健康管理的趋势所在。

借助互联网、区块链、大数据、物联网等信息化技术，我公司以全方位的线上线下优质医疗健康管理资源为核心，开发了以档案管理、患者管理、健康咨询、健康干预、报告管理、问卷管理、知识库管理、医生团队管理、统计分析、就医协助等为基础的"一站式"智能健康管理系统，搭建了患者端、企业/健康管理人员端、医生端，形成在线化智能管理流程，向员工、医生、健康管理人员、健康管理团队提供全方位服务，见图1。

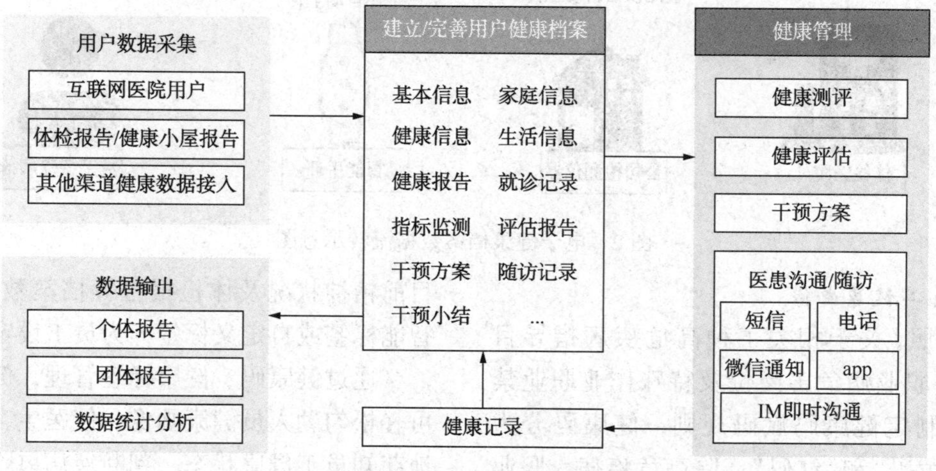

图1　健康服务在线化智能管理流程

"一站式"智能健康管理系统基本解决了传统职业健康管理中存在的典型难题，实现互联网信息技术与职业健康管理的深度融合，为公司员工打造了全新的O2O健康管理服务模式：

2.1 员工电子健康档案管理

电子健康档案以员工健康为核心，是互联网时代健康管理的基础，健康管理系统结合多种模式实现员工电子健康信息的快速采集。

一是系统目前已经与宝石花医院以及川渝地区主要的体检医院进行了合作，医院方可直接将公司员工体检、就医、问诊等数据上传至系统形成电子档案，实现“一人一档”。二是公司主要工作场所都搭建了健康小屋，小屋配置了血压测量仪、体脂仪、血糖尿酸仪、血压计、肝功能测试仪、血氧探头等设备，还配备了医生定期坐诊。健康管理系统与健康小屋的检测设备进行了数据对接，员工的检测数据可自动上传至个人档案，而问诊记录也通过坐诊医生录入到档案。三是公司为高危人群配备了智能手环，手环可监测员工心率、睡眠质量、运动量等，系统实现了智能手环的数据对接，手环佩戴者的健康数据可自动上传至个人档案。四是员工可通过 APP 端自助完善既往史、家族史、遗传史、职业病史、所在岗位、工作环境等个人基本信息。

一方面，员工健康档案不仅能让医生及时全面地掌握员工最新健康数据，为员工提供更具有针对性、个性化的干预方案，还能让员工看到一份属于自己的健康管理过程数据记录，进一步帮助员工正确认识自身健康等级。另一方面，电子健康档案中汇聚海量结构化数据，系统根据个人健康档案的信息建立员工健康画像，可以为智能健康分析报告提供数据基础，使得医生、健康管理人员可以科学地进行健康指导工作。真正让医疗健康服务做到从建档开始陪伴用户一生，并通过健康管理过程中汇聚的各类数据不断更新、完善用户健康档案的全链路健康管理闭环，见图 2。

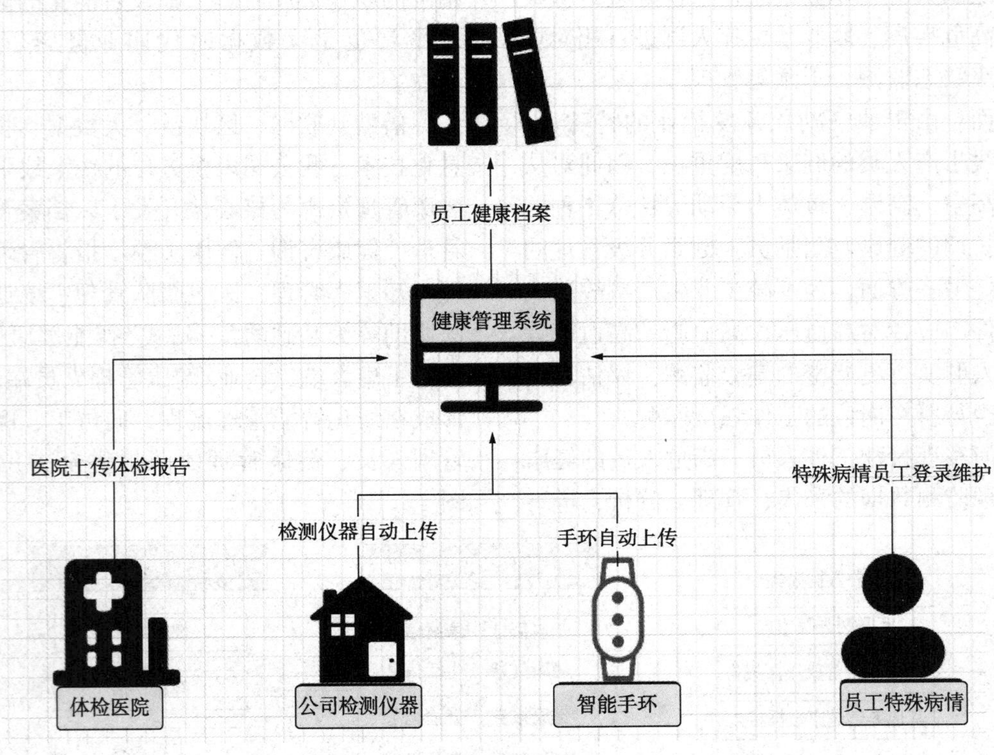

图 2　电子健康档案数据流转示意图

2.2　构建员工健康画像

系统按照《关于相关工种高危疾病指导目录》、《主要职业病危害岗位及特殊作业职业禁忌》等标准制定健康码赋码规则，健康码分为“绿码”、“黄码”和“红码”。除高危疾病、职业禁忌症人群以外，“黄码”、“红码”的赋码对象主要以心脑血管疾病人群为重点、兼顾多种慢病人群。

系统支持用户的标签化管理，可基于员工健康信息、病史、家族史、生活习惯、饮食习惯、目前精神状况及体检报告等档案数据，借助 AI 智能标签或自定义标签，为员工设定健康标签。

通过健康码、健康标签管理，健康管理人员可轻松勾勒人员健康画像，使医生在会诊时快速地获知员工健康状态，判断疾病风险，辅助医生制定治疗方案、健康干预方案，有效提升医生工作效率。

2.3　重点人群健康监测及评估预警

针对“黄码”、“红码”人员，公司给予智能手环等穿戴式设备进行健康状态的实时监测，监测数据自动上传至系统。健康管理人员通过系统就医协助模块分配专业医生对高危人群进行健康数据跟踪、在线咨询、用药指导等。在出现禁忌症后立即进行调岗、合同退回等处理，避免进一步损害员工健康，增加生产安全风险。

在采集重点人群健康监测数据的基础上，还建立了多种风险评估模型综合计算员工患病风险概率，可自动发送模型计算结果到员工 APP 端，帮助员工了解自身健康风险。除此之外，系统中的健康预警模型可识别异常监测数据，当实时监测数据超过设定阈值时，自动触发预警机制，将预警信息发送至员工所在组织的健康管理人员，使管理人员能在第一时间确认员工生命状态，实施急救或协助就医，排除生产安全隐患。

2.4 健康干预及线上医疗支持

医生可根据不同标签人群制定个性化膳食、运动、生活、心理等健康干预方案，并设置用户标签匹配规则，将个性化方案共享至目标用户群，实现智能的健康干预。在服务过程中医生可不断调整标签，形成对人员的动态认知。

对于需要健康咨询、远程会诊的员工，系统搭建了 IM 即时通讯互动平台，提供在线咨询渠道。员工可以 APP 端与健康管理端医生直连，医生可以在电脑端进行视频、语音、图文等在线咨询、远程会诊服务。通过 IM 即时通讯互动平台，员工可随时随地与医生进行沟通交流，享受专业的健康指导。

针对突发健康事件，系统还搭建了就医绿色通道，患病员工可通过系统申请线下就医挂号、手术预约、住院预约等，为患者得到救治赢得黄金时间。

2.5 职业健康科普宣传

为加强员工对职业病、慢性病的认知，提升对个人健康的关注度，系统搭建了科普宣传公共栏，定期更新疾病预防、疾病治疗、疾病预后、国家医保政策等相关科普知识，促使员工主动学习，用户还可将浏览的内容进行线上分享，促进科普知识传播，见图 3。

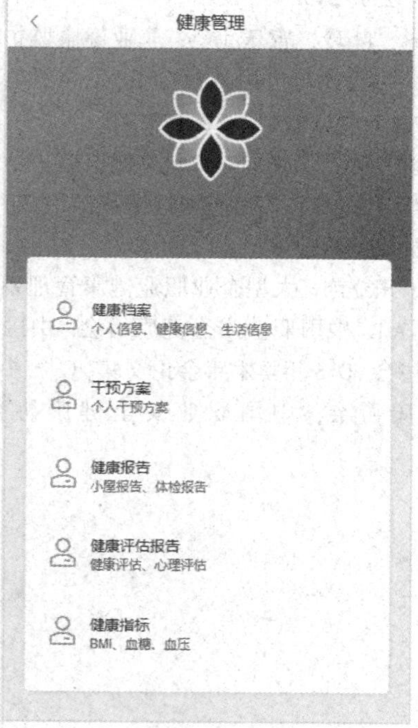

图 3 健康管理系统员工端

3 结语

“一站式”智能健康管理系统突破了以电子档案管理、个人基础信息维护等功能为主的传统职业健康监测平台建设瓶颈，融合了例如重点人群监测、健康评估预警、在线咨询、就医协助、科普宣传等的健康辅助类功能，为公司员工提供了一站式、顾问式、跟踪式、方案式的健康管理服务，为公司职业健康闭环管理提供强有力的技术支撑。

为了更好地服务广大职工，提升企业职业健康管理水平，系统还需不断迭代优化，更贴合公司健康管理要求和员工的健康服务需求，系统下一步优化方向可考虑一下两方面：

（1）随着系统应用的推进，在形成大量数据沉淀后，应积极开展健康大数据的挖掘分析，利用多种机器学习算法建立疾病早期预测诊断、检测指标曲线拟合、疾病危害因素关联关系挖掘等模型，加强模型训练，提升模型计算准确率，为职业病早期诊断、干预方案制定、疾病危害因素防治等提供数据支撑，降低职业病发生率，提升员工生命质量。

（2）目前系统缺少对一线生产场所环境信息的采集，无法实时监测特殊工种人员的工作环境条件，识别工作环境中的健康危害因素，进而细化各岗位人员的职业病防治管理。今后可考虑在特殊生产场所安装环境监测传感器，将传感器数据接入系统，实现员工工作环境中健康危害因素的识别。

参 考 文 献

[1] 李其锋，黄汉林，杨爱初等. 职业健康监护信息管理系统平台建设探讨[J]. 中国职业医学，2009，36

(03)：239-240.
[2] 姚惠琳，叶玲，曾玉宇等. 职业健康监护信息化管理系统的设计与应用初探[J]. 公共卫生与预防医学，2010，21(01)：122-123.
[3] 崔维琪，曾强，张磊等. 职业健康监护信息系统的设计与开发[J]. 医疗卫生装备，2013，34(05)：53-56+68.
[4] 张键，宋立崧. 大型企业职业健康管理系统研究与应用[A]. 中国职业安全健康协会. 中国职业安全健康协会2013年学术年会论文集[C]. 中国职业安全健康协会：中国职业安全健康协会，2013：338-344.
[5] 张鸽. 职业病防治信息化内涵、现状和对策[J]. 中国职业医学，2020，47(01)：100-104.
[6] 王戎，冒亚明，栗玉华. 大数据推动职业健康精准管理[J]. 劳动保护，2017，No. 510(12)：35-37.
[7] 陈琳，李旭东，瞿红鹰等. 大数据在职业病防治工作中的开发与应用[J]. 中国职业医学，2017，44(04)：469-472.
[8] 卢耀勤，刘继文. 数据挖掘在职业卫生领域的研究现状[J]. 中国职业医学，2019，46(02)：243-246.

油田技术服务企业健康企业建设成果探讨

——“1245”创新成果对油服企业健康建设的启示

朱俞霖　彭　锌　赖　翔

（中国石油川庆钻探有限公司）

摘　要　员工身心健康是油田技术服务企业（以下简称油服企业）稳定发展的根本，更是高质量发展的核心，鉴于此，油服企业在健康管理方面投入了大量的人力、物力资源，对健康管理给予了高度重视。辨识企业所存在的健康风险，并结合健康企业建设案例分析，探讨建立具有企业特色的健康建设典型做法，通过健康企业建设全面实施健康干预，促进企业实现健康可持续发展。

关键词　健康企业；健康风险；健康促进；建设成果

国内经济由高速增长阶段转向高质量发展阶段，社会持续进步、生活节奏不断加快，员工对健康和生活质量的关注程度不断提高。伴随《“健康中国2030”规划纲要》的逐步推进，将健康企业建设任务提升至国家战略发展位置上，越来越多的企业开始关注健康企业建设。健康企业建设对构建健康中国具有强有力的推动作用，中国石油集团公司致力于推进健康中国战略的实施。2020年，集团公司发布了《贯彻落实〈“健康中国2030”规划纲要〉实施方案》（以下简称《方案》），其中明确了方案12个主要任务、38个具体工作。2021年发布了《建设健康企业十项措施》，健康企业建设步伐进一步加快。措施要求抓实健康企业创建、全员定期健康检查、增强员工健康责任意识等十项措施，正式拉开中国石油集团公司健康企业建设的序幕。

重视健康企业建设是推进健康中国建设的时代要求，不同行业的健康企业建设存在显著差异，需根据企业规模、行业特点、企业文化和员工需求等多重因素，及时调整建设工作要点。因此，本文主要就油服企业健康企业建设工作思路、特色建设做法以及对建设工作的启示进行了深入的分析，以期为油服企业的健康企业建设提供理论依据和实践参考，促进员工健康水平的提高和企业可持续发展。

1　健康企业建设的意义

近年来，在《职业病防治法》有效实施的背景下，油服企业在强化主体责任，营造良好工作环境等方面取得了明显进步。但以及工业化、城镇化、人口老龄化，职业性疾病谱、生态环境、生活方式的不断变化，职业人群的健康面临多重疾病威胁并存、多种健康影响因素交织的复杂局面。

员工身心健康状况对企业生产经营起关键作用，集团公司提出要把员工健康与安全生产放在同等重要的位置，加强责任担当，把建立完善管理制度，建设健康安全环境，优化健康管理服务，打造健康文化作为工作重点，从多个角度，多个维度进行构建。要重视职业病防治工作，重视职业人群健康影响因素，抓好员工健康状况与岗位匹配度的管理工作，规范健康风险评估及干预工作，根据边疆、高原及其他艰苦地区的实际情况编制专项规划，切实提高作业现场生产生活条件。

2　油服企业面临的主要健康风险

油服企业对我国社会经济发展起着至关重要的作用，油服企业员工具有人数众多，类型多样，涉及面广，技术性和难度较大等特点，涵盖了起重车辆司机，锅炉水处理工，压力容器操作工，司炉工和电焊工等诸多特种作业。然而，伴随着高质量，绿色可持续发展理念不断深化，低耗能，低污染，低排放新工艺新技术层出不穷，油服企业无论是传统产能还是落后产能的淘汰都有新的突破，产业集聚程度不断提高。自动化、智能化、信息化新技术被广泛运用于油服企业，员工作业方式也随之发生很大变化，危害员工身体健康的危险因素也发生根本性转变，职业病确诊病例逐年减少，而健康体检中异常指标检出率与慢性病所致死亡率却呈现总体增长态势。当下企业的传统职业卫生工作思路必须要作出有效调整，以健康企业建设为契机，探索创新意识和特色健康管理模式，全面提升企业的健康管理水平，确保员工生命安全与身心健康。

3　企业概述

井下作业公司(原四川石油管理局井下作业处)成立于1964年，是毛主席生前唯一视察过的石油基地。目前在四川、重庆、新疆、内蒙古设有8个作业基地，作业队伍46支，用工总量2941人，男员工2562人，女员工379人，平均年龄42岁，管理人员1045人，操作员工1896人，一线作业人员占比64.5%。作为荣获2022年度成都市健康企业的十五家企业之一，该公司于2021年启动健康单位创建工作，随着健康工作的不断深入推进，形成了“1245”健康企业建设创新成果。

4　健康企业建设典型做法

油服企业应聚焦基层，关注员工健康，在各项政策中渗透预防措施，落实预防为主思想，提倡健康的生活方式，降低疾病的发病率，强化早期诊断和治疗，有效提升员工健康素养，增强个人健康责任并对影响身体健康的生活行为因素进行有效管控，开展健康预警干预，全面维护员工健康，全面有序推进健康企业建设。

4.1　建立健全健康规章制度

4.1.1　明确目标落实责任

建立健康企业建设工作领导小组，配备专(兼)职健康管理人员，编制《健康企业建设方案》，明确健康企业建设“三年计划”，将建设工作分解为4类52项168个点并落实责任部门，定期召开健康企业推进会细化落实建设措施确保阶段性目标按时完成，确保“事事有人管、件件有落实”。

4.1.2　健全制度全员参与

发布《员工健康管理实施细则》《职业健康管理实施细则》《病媒生物防制管理制度》等20余项健康规章制度，采取健康问卷、知识答题等措施，发动全员积极参与健康企业建设。建立健康企业建设专款专用工作经费，依法与员工签订劳动，按时足额为员工缴纳工伤保险保费，投保大病保险。初步构建"以人为本、全员参与、共建共享”的建设格局。

4.2　扎实推进健康环境建设

4.2.1　打造标准化施工作业环境

按照“三标一规范”要求规范各施工现场和后勤生产车间，配备基础医疗物资和环保设施，作业环境、设备设施工效学符合相关要求。开展专项作业环境改善工作，通过移动视觉Al安全预警系统、自动供液控制系统、排气降温系统等智能化设备的应用，加速了传统设备与智能化设备的转换，持续减轻员工劳动强度。

4.2.2　生产环境布局合理

工作场所生产区、非生产区和辅助生产区分区明确、布局合理，环境干净整洁，实施垃圾分类，区域的目视化标识齐全醒目，基地内全面控烟，打造区级“无烟单位”。

4.2.3　基础设施完善

厂区道路硬化平坦，整洁卫生，无违章搭建。在办公生活区域提供健身房，配备跑步机、椭圆机、划船机、卧推架、动感单车等健身器材，建立健身活动中心，涵盖桌球室、乒乓球室、瑜伽室等健身活动，积极营造“热爱运动，健身强体”的环境氛围。设立心理咨询室、母婴室，加强心理疏导，关心关爱女工。

4.2.4　打造健康食堂建设

参照食品卫生监督量化分级管理B级评分标准，推行砧板、刀具生熟分类。以“食不厌精，脍不厌细”为目标，由专职营养师精心设置每日菜谱。设立“营养健康角”，开展三减三健、平衡膳食、光盘行动等健康知识宣传，放置测量体重、腰围和血压等指标的工具，引导员工平衡饮食。

4.2.5　争创区级“无烟单位”

党员干部带头控烟、禁烟，开展监督检查，做好督促提醒，倡导健康行为方式，大力营造无烟办公环境。共享绿水青山，垃圾桶桶身清晰地印有具体收集垃圾的类别，并以图形方式列举了可投入的垃圾名称，便于员工准确投放，养成主动分类投放的行为习惯。

4.3　持续深化健康管理服务

4.3.1　完善健康管理服务体系

制定员工年度健康检查计划，实行全员差异化健康体检，使体检项目更具针对性。为2941

名员工建立“一人一档”健康档案，适时开展健康讲座，为员工提供健康咨询，传授健康知识，引导员工改善不良生活方式，实现主动健康管理。

4.3.2　强化职业健康管理

定期开展主要负责人和专职健康管理人员职业卫生培训，并通过卫生行政部门考核取证。开展职业病危害场所定期监测和评价，落实31个职业病危害作业场所的定期监测和14个点位的日常监测，对不符合的检测点位及项目落实整改。合规开展职业健康监护，对1117人开展年度职检，因听力和血压等身体原因确诊职业禁忌的员工，及时调整岗位，保护员工身体健康。

4.3.3　积极推动健康干预

公司员工年龄老龄化趋势明显，平均年龄42岁，患心血管疾病、脑血管疾病、精神类疾病等中高风险人员占比11%。主动建立单位、医院、家庭健康干预“三道屏障”，开展全员健康风险测评、心理测评，对中高风险员工建立健康“小档案”，制定个性化的干预方案，实现“一对一”健康指导。截止2023年3月，中高风险人员持续减少，高体重、高尿酸、高血脂、脂肪肝等异常指标人员分别降低3.5%、3.5%、3%、2.6%，员工健康状况持续改善。

4.3.4　深化落实健康服务保障

全面推进智慧健康小屋建设，配备健康检测一体机、按摩椅、AED(自动体外除颤器)等设施，与员工管理系统健康数据共享互通，配有专业管理人员及咨询医生，实现常态化健康检测、在线问诊、驻点诊疗、应急救护、知识宣教等健康服务功能，与医疗机构设立绿色医疗服务通道，保障突发疾病和工伤员工得到及时有效救治。

4.4　积极营造健康文化氛围

4.4.1　树立健康理念、传播健康文化

开展《职业病防治法》的宣教活动，组织职业健康传播作品的征集工作，2人获评成都市“职业健康达人”，形成人人重视职业病防治工作的浓厚气氛。丰富员工业余体育和文化活动，定期组织乒乓球、羽毛球、广播操比赛，开展演讲、摄影、书法、云走长征路等活动，增强凝聚力，促进企业健康文化建设。

4.4.2　生产基地配置完善的健康基础设施

健身活动中心内设乒乓球室、桌球室、瑜伽室等健身活动场所，配置椭圆机、划船机、综合训练器等11类健身器材。组建摄影，书法，羽毛球，跑步6大类兴趣活动小组，组织开展辩论赛、乒乓球、篮球、户外拓展等17类文体活动，积极营造"人人热爱体育，快乐健身强体"的健康文化氛围。

4.4.3　开展“两癌”筛查，筑牢妇女健康防线

征求员工对体检医院的意见建议，新增甲状腺功能、肿瘤标志物筛查，不断优化体检套餐，增设母婴室、瑜伽室，努力提升女工获得感、幸福感和安全感。

4.4.4　常态化开展健康教育活动

建立年度健康培训计划，邀请市疾控、医院专家医师定期开展心脑血管疾病、心理疾病等健康讲座，联系红十字会、蓝天救援队进行AED操作、心肺复苏急救知识等应急救援培训，利用“报、册、网、端、屏”等媒体平台进行宣贯，开展健康知识、职业健康素养答题、健康企业建设感知度调查等健康促进活动，有效落实“防、治、管、教、建”五字策略，累计举办职业卫生培训、健康大讲堂等健康主题宣讲活动30余场，惠及员工及承包商累计四千余人，指导员工做好健康管理的第一责任人，营造关注重视职业病防治的良好氛围环境。五是积极参与社会环境营造，切实履行社会责任。在捐资助学工作中，对口帮扶学生十余人；响应社会号召开展青年志愿者、疫情防控志愿者服务；持续开展“学雷锋”系列活动，引导广大员工积极践行绿色、低碳、可持续发展的生活，充分履行企业的社会责任。

5　健康企业建设成效及思路探讨

5.1　“1245”建设创新成果

该企业结合多专业特点形成“1245”健康企业创新成果：

“1大主题”：以“共建共享、全员健康”作为健康企业的建设主题，核心是以大健康为中心，立足企业员工、健康管理流程全覆盖，与地方政府、社会团体、医疗机构及油服企业共建共享，形成维护和促进健康的强大合力，实现更高水平的全员健康。

“2大路线”：路线一：严格对照集团公司、四川省健康企业建设验收标准统建，逐项开展对标分析、查漏补缺，夯实健康基础。路线二：围绕所属压裂、固井、连油、机械、油化五大专业

实际需求，以创新为动力，构建健康环境，改善优化健康服务保障，不断促进健康水平提升。

“4 大板块”：健全管理制度、建设健康环境、完善服务保障、营造健康文化。

“5 大特色”：结合各专业健康危害因素特点，形成压裂酸化防护、固井作业除尘、连油拆安控险、机械降温吸尘、油化产研防护“5 大特色”。

5.2　油服企业健康建设工作思路新启示

根据全国爱卫办等 7 部门印发的《健康企业建设规范(试行)》，从管理制度、健康环境、健康管理与服务、健康文化 4 方面对健康企业建设提出了要求，不仅针对职业健康，还对企业的慢性病防治、传染病防控和心理健康等提出了新要求。在此基础上，结合国家“十三五”规划纲要中关于“推进全民健身计划实施”的相关精神，提出了以提升员工身体健康水平和生活质量，持续改善员工的作业环境的全覆盖健康企业建设思路。由单一职业病防治提高到全员身心健康和不断改善员工作业环境。健康企业建设是一项复杂的系统工程，需要政府和社会各方共同参与，油服企业应稳步扎实推进下列健康企业建设工作。

5.2.1　职业健康方面

在按照有关规定进行职业病防治的同时，要积极开展职业健康风险评估，针对不同作业现场，装置设备和岗位员工按照评估结果进行分级，制定了针对性的防护措施，加强了职业健康管理的科学性与针对性。

5.2.2　心理健康方面

应结合生产工作实际制定员工帮助计划(EAP)，缓解员工压力，建立疏导员工心理问题长效机制，将更加人性化的因素融入到安全生产管理中。如优化施工作业环境、开展健康相关的劳动竞赛等。充分发挥党支部作用，在党群工作中融入员工心理健康教育，普及心理健康知识，强化员工心理健康意识，进一步提高心理健康水平，预防心理健康危机事件发生，增强员工自我预防和治疗心理疾病的能力。

5.2.3　慢性病防治方面

(1) 开展健康危险因素辨识和分析，落实慢性病防治。建立健康危险因素清单，制定相关技术规范和标准，使基层单位能够自主开展健康监护和健康干预；

(2) 探索开展网格化健康管理工作，成立由领导干部带头的网格化健康管理团队，以建立健全员工健康档案与全周期健康管理为切入点，搭建健康管理网络，实施高危人群健康帮扶，构建健康管理闭环，建立起全方位、全周期健康管理服务体系；

(3) 建立基于健康监测和健康评估的智能健康管理系统，配置智能监测手环，通过健康管理系统收集高危人群健康信息，运用大数据开展员工健康评估分析；

(4) 完善一线作业场所急救设施设备配备标准，同时根据实际情况，在人员密集的一线施工作业场所设置紧急救护点，配备自动体外除颤器(AED)及足量急救药品、器材和设施。

5.2.4　传染病防控方面

根据企业的实际情况对传染病防控应急救援预案进行制修订，强化传染病防控知识健康教育培训，提高员工的公共卫生意识，做到“早发现、早诊断、早治疗”，形成系统的“公共健康意识”，实现传染病防控的关口前移。

5.2.5　倡导健康生活方式

开展“三减+三健，健康新动力”专项活动，围绕“减盐、减油、减糖”和“健康口腔、健康体重、健康骨骼”的主题，倡导全民形成健康生活意识，进一步传播和普及健康文明的生活方式，营造良好社会氛围。

6　结语

建设健康企业是一项长期性、系统性的工程，需要在实践中不断探索、学习、巩固和提升。油服企业应以“健康企业”创建为抓手，在健康管理制度、健康管理服务、健康环境、健康文化等四个方面加大工作力度，全面推进具有专业特色健康企业建设，以人为本、凝心聚力，全员参与，确保员工身体健康和生命安全，营造平稳健康的经营环境，促进公司健康高质量发展，共同推动健康中国建设。

参 考 文 献

[1] 李涛. 新时期职业病防治形势分析及对策建议[J]. 中国职业医学，2018，45(5)：6.

[2] 郭强之，党文义，张昌运等. 石化行业开展健康企业建设思路探讨[J]. 安全. 健康和环境，2020，20(4)：4.

评估分析地质勘探开发研究院员工健康风险

吴泽柏　李昌杰　郑　丹

（中国石油川庆钻探工程有限公司）

摘　要　为全面了解企业职工的身体健康状况，分析影响职工健康的危险因素，增强健康管理水平。对全院职工的健康体检进行收集，将体检数据录入 Excel 软件形成数据库，利用 SPSS 软件和川庆健康管理平台，结合《健康问卷调查》统计分析全院职工健康数据，得到 1234 名职工未来 10 年糖尿病、缺血性心血管病、肺癌的发病风险分别为 26.42%、41.57%、45.06%；未来 4 年高血压的发病风险为 37.60%。1234 名职工 11 种风险因素分布从高到低依次为腰围过大、蔬果摄入不足、缺乏运动、肉类摄入过多、吸烟、超重肥胖、谷类摄入过多、血脂异常、血糖高、血压高、饮酒过量，分别占 58.83%、57.86%、53.65%、51.62%、51.54%、41.82%、30.15%、28.77%、17.91%、12.56%、8.10%，不同性别各因素分布差异有统计学意义（$P<0.05$）；高危疾病人员 100 人，14 人同时患有两种以上疾病，2 人同时患有三种以上疾病。基层一线患病人员占患病总数人 57.63%，后辅单位患病人数占 33.9%，机关患病人数占 8.47%。结论　企业应在健康服务、健康文化、健康环境建设、分类干预管理等方面开展工作，应重点加强对男性职工的健康管理，特别是一线员工的健康管理。

关键词　健康；风险；评估；分析

地质勘探开发研究院（简称地研院），主要从事油气田地质研究、油气田勘探开发方案编制与研究、综合录井、地质导向等技术服务及施工作业。已发展成为一个多学科、跨国际、科研生产一体化的综合性研究院，在诸多研究领域独具特色，处于国内外先进水平。本课题组于 2022 年 4 月至 2023 年 4 月对地研院的职工进行预防性健康体检和健康风险评估，现将结果报告如下。

1　对象与方法

1.1　对象

2022 年 4 月至 2023 年 4 月地研院参加体检员工 1234 名职工，其中男性 951 人，占比 77.07%，女性 283 人，占比 22.93%；年龄 20-30 岁 101 人，占 8.18%，年龄 30-40 岁 545 人，占 44.17%，年龄 40-50 岁 287 人，占 23.26%，年龄 50-60 岁 301 人，占 24.39%。

1.2　方法

1.2.1　体检

委托四川省华西医院体检中心、四川省华西天府医院体检中心、四川省省医院体检中心、美年大健康体检中心对 1234 名职工分年龄段及性别开展体检工作，体检项目包括体格检查、实验室检查和其他辅助检查等，体检内容包括：身高、体重、血压、心电图、腹部多普勒超声、CT 等项目。体检组织按照差异化、个性化体检原则，在 35~45 岁年龄段体检项目中增加“同型半胱氨酸”、“甲功五项”，在 45 岁及以上年龄段体检项目中增加肿瘤标记物、急性冠脉综合征风险评估、经颅多普勒超声 TCD 等用于判断脑卒中风险、甲状腺异常、心脑血管疾病风险、恶性肿瘤等相关指标。员工还可结合自身健康情况，增加个性化体检项目。

1.2.2　问卷调查

综合应用川庆健康管理平台提供的职工个人主页线上问卷调查和健康管理人员线下制定的《健康风险评估问卷》和《膳食习惯评估问卷》开展调查，内容包括：个人疾病史、吸烟、膳食、运动和睡眠、心理情况、居住环境、个人习惯等。

1.2.3　健康风险评估

将所有职工体检数据录入 Excel 软件形成数据库，结合健康管理平台、《健康风险评估问卷》、《膳食习惯评估问卷》的数据进行分析。评估出全院职工健康风险及相关因素。

1.3　风险分级标准

根据《中国成人高血压防治指南》、《中国

成人血脂异常防治指南》、《中国成人超重和肥胖症预防控制指南》、《中国2型糖尿病防治指南》进行风险分级。(1)超重：$24kg/m^2 \leq$ 体质指数(BMI)$<28kg/m^2$；肥胖：$BMI \geq 28kg/m^2$。(2)腰围过大：男性腰围≥85cm，女性腰围≥80cm。(3)高正常血压：收缩压为120~139mm Hg或舒张压80~89mm Hg；高血压：收缩压≥140mm Hg或舒张压≥90mm Hg。(4)高正常血糖：空腹血糖为6.1~7.0mmol/L；可疑糖尿病：空腹血糖高于7.0mmol/L。(5)血脂异常：总胆固醇≥5.18mmol/L，或甘油三酯≥1.82mmol/L、或低密度脂蛋白胆固醇≥3.37mmol/L、或高密度脂蛋白胆固醇≤1.04mmol/L。

1.4 统计学处理

使用SPSS软件对数据进行统计分析，包括描述变量分布情况，采用 X^2 检验率的比较，$p<0.05$ 为差异性有统计学意义。

2 结果

2.1 未来发病风险

1234名职工未来10年糖尿病、缺血性心血管病、肺癌的发病风险分别为26.42%、41.57%、45.06%；未来4年高血压的发病风险为37.60%，见表1。

表1 1234名职工糖尿病、缺血性心血管病、肺癌、高血压未来发病风险

风险等级	糖尿病[a]		缺血性心血管病[a]		肺癌[a]		高血压未来发病风险[b]	
	人数	发病风险(%)	人数	发病风险(%)	人数	发病风险(%)	人数	发病风险(%)
现患	18	1.46	21	1.70	1	0.08	51	4.13
极高风险	35	2.84	117	9.48	284	23.01	9	0.73
高风险	114	9.24	216	17.50	227	18.40	189	15.32
中等风险	159	12.88	159	12.88	44	3.57	215	17.42
合计	326	26.42	513	41.57	556	45.06	464	37.60

注：a：未来10年发病风险；b：未来4年发病风险。

2.2 风险因素分布

1234名职工11种风险因素分布从高到低依次为腰围过大、蔬果摄入不足、缺乏运动、肉类摄入过多、吸烟、超重肥胖、谷类摄入过多、血脂异常、血糖高、血压高、饮酒过量，分别占58.83%、57.86%、53.65%、51.62%、51.54%、41.82%、30.15%、28.77%、17.91%、12.56%、8.10%，见图1，不同性别各因素分布差异有统计学意义($P<0.05$)，见表2。

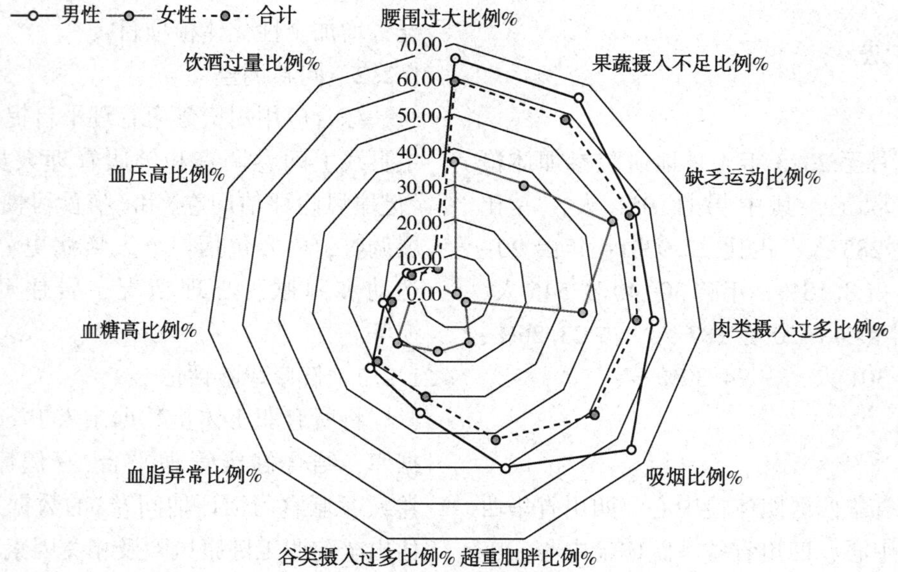

图1 1234名职工风险因素性别分布

表 2　1234 名职工风险因素性别分布[人数]

性别	人数	果蔬摄入不足	肉类摄入过多	血压高	缺乏运动	腰围过大	血脂异常	超重肥胖	吸烟	谷类摄入过多	血糖高	饮酒过量
男性	951	612	534	142	526	621	296	476	626	325	187	100
女性	283	102	103	36	136	105	59	40	10	47	34	0
合计	1234	714	637	178	662	726	355	516	636	372	221	100
X^2 值	/	245.39	34.08	18.22	4.62	71.60	11.24	115.65	338.83	34.08	8.68	32.38
P 值	/	<0.05	<0.05	<0.05	<0.05	<0.05	<0.05	<0.05	<0.05	<0.05	<0.05	<0.05

2.3　高危疾病人员分布

1234 名职工患高血压、心脏病、糖尿病、癌症、精神疾病等高危疾病分布情况如下：院高血压、心脏病、糖尿病等高危人数呈增加趋势，统计高危疾病人员 100 人，其中高血压 51 人，心脏病 21 人，糖尿病 18 人，癌症 20 人，精神疾病 8 人，14 人同时患有两种以上疾病，2 人同时患有三种以上疾病。基层一线患病人员占患病总数人 58.62%，后辅单位患病人数占 32.67%，机关患病人数占 8.62%，见表 3。

表 3　1234 名职工五类疾病患病分布

	2 级及以上高血压人数	心脏病人数	癌症人数	精神疾病人数	糖尿病人数	合计	比例/%
单位机关	3	2	3	0	2	10	8.47
后辅单位	19	5	10	1	5	40	33.90
基层一线	29	14	7	7	11	68	57.63
合计	51	21	20	8	18	118	

3　结论

3.1　健康管理必要性

随着我国社会经济快速发展，能源的需求量逐步提高。为了满足能源供给需求，我国大部分石油化工企业转变管理模式，将企业的社会效益与经济效益放在发展的首位，很大程度上忽视了健康的管理。众所周知，石油行业是一个高危行业，对安全的重视程度非常高，针对事故隐患采取了大量的财力、人力进行防范管理，并且，严格制定相关的制度与规范进行管理。然而，相比于严重事故的发生，健康问题的隐蔽性较强，这导致对于职工的健康问题关注的程度较低，特别是基础一线员工的健康关注。医学研究成果已经确定不健康的生活方式和各种风险因素将导致各种疾病和亚健康状态，这些疾病和亚健康状态是导致企业员工医疗保健开支增加的主要原因，同时也是导致职工生产工作效率下降的最主要原因之一。

因企业施工作业地点涉及多省市，施工区域地形地貌、气候特点、环境差异大，现场医疗保障设施少、可直接依托的医疗资源不足。且目前院 50 岁以上员工达 60 余人，这些因素造成员工健康管理难度较大。自 2021 年以来，院发生的员工非生产亡人事件 4 起，3 起为癌症、1 起为心脑血管突发疾病。员工健康问题已经成为影响院高质量发展因素的主要因素之一。

3.2　健康风险评估结果

从本次评估量化的 1234 名职工健康指标分析得到：缺血性心血管病、肺癌两项未来发病风险均达到 40%以上；风险因素分布集中在饮食、运动等日常习惯方面，且男性各类风险均高于女性；目前已患高危疾病人员中基层一线患病人员占患病总数人接近 60%。且未来发病因素、风险因素、高危疾病各项指标显示，院男性比例均高于女性，针对院工作性质特点，应着重加强对男性职工的健康管理，且要针对基层一线员工、50 岁以上员工制定相应的健康管理措施。

3.3　健康管理改善措施

自 2019 年以来，国家实施健康中国行动计划以来，以习近平新时代中国特色社会主义思想为指导，坚持以人民为中心的发展思想，牢固树立“大卫生、大健康”理念，把人民健康放在优先发展的战略地位，坚持预防为主、防治结合，普及健康知识，完善健康保障，建设健康环境。2021 年中石油集团公司发布关于推进健康企业建设方案的相关通知，2022 年发布员工健康管理办法，标志着企业对健康管理的理念与服务的不断深入和规范。针对我院职工目前健康风险评估结果制定以下几方面健康干预对策：

3.3.1　分类开展人员管理

基于年度健康体检数据对未来发病风险的预测和健康管理系统对体检数据异常人群监测预警及赋码管理等的应用，将现有员工健康状况分为健康人群、亚健康人群(中等及以上风险人群)、患病人群对应开展适宜的健康管理工作。对风险及患病人员，采取股级、科级、院级三级跟踪干预，组织各单位定期开展风险分析并对高风险员工定期开展健康风险提示。

3.3.2 配备监测设备设施

通过为固定办公作业场所购置健康一体机、建设“健康小屋”，聘请专业医师开展驻点服务。为一线队伍配备血压仪、可穿戴式健康智能监测设备等，为员工日常健康监测创造条件。

3.3.3 实施差异化体检

体检管理作为健康管理的数据来源和依据，应根据年龄、性别安排体检项目，同时结合员工实际状况及疾病风险，设置心血管疾病筛查、消化系统疾病筛查、内分泌疾病筛查等个性化自选项目，利用体检数据全面真实反映员工目前健康状况，更好应用于后期的分析评估干预工作。

3.3.4 提供绿色健康服务

建立绿色就医通道，为急特病员工提供挂号咨询、陪诊服务；开展巡回健康讲座，对员工易患疾病的预防和控制、急救知识、营养知识等开展培训；开展各地健康食堂创建，对食堂人员开展健康饮食培训，落实“三减三减”活动。以多样化的、满足员工真正所需的健康服务和教育工作推动健康教育的逐步优化，提升员工健康素养。

3.3.5 开展健康文化宣传

加强组织领导，组织各部室、各单位，协调各方资源共同参与，开展身边的“职业健康达人”评选、科学生活方式、健康饮食习惯知识宣贯，利用公众号、网站广泛宣传。针对一线员工作业特点，制作野外施工作业突发疾病和意外事故的现场急救处置卡，对骨折、中毒窒息、脑出血、中暑、心脏病等常见多发型疾病及意外伤害的症状和应急处置措施进行详细解读。

3.3.6 创建健康工作环境

通过对各办公区域垃圾科学分类，病媒生物防治，打造无烟环境、水质卫生管理等，为员工提供设施完善、舒适优美、整洁卫生、绿色环保的工作环境。

4 结语

我院目前在健康管理方面存在一定不足，主要包括企业及员工个人对健康管理的重视程度不够，健康管理人员的专业水平有待提高，健康管理体系体制机制不够完善，健康基础服务项目较单一。为企业获得更好的经济效益与长久可持续发展，首先，企业应通过开展非生产亡人事件分析、高危疾病患病分析、高风险人员分析等工作，明确目前员工健康管理面临的严峻形势，从而提高企业全员健康管理重视程度。充分发挥企业主导作用和员工个人管理作用，企业要从健康制度、环境、服务、文化等关键环节着手，逐步建立以预防为中心的健康管理体系，员工个人要树立个人是自身健康第一责任人的意识。其次，通过培训、宣教、健康专项活动等从根本上提高企业员工整体健康素养，引导员工远离影响健康的生活方式，确保健康管理要求的顺利实施，助力企业高质量发展。第三，逐步建立良好的健康管理机制体制，深化结合健康工作与 QHSE 体系工作，加大健康管理在 QHSE 考核中的比重，将健康相关管理要求纳入审核重点，通过开展内部量化审核和专项审核等方式，实现从上至下的健康监督管理全覆盖。最后从硬件、软件两个方面逐步完善健康服务内容，通过配备健康监测设备、体外除颤仪等硬件设备对员工健康状况进行监测，通过开展高危疾病员工绿色就医服务、健康风险干预、健康环境监测等工作促进健康服务多元化发展。通过以上方面的持续改进，从根本上改善企业健康管理工作，实现健康管理与企业发展相互促进的良性循环。

参 考 文 献

[1] 中国高血压防治指南修订委员会. 中国高血压防治指南 2021[J]. 中华心血管病杂志，2011，39(7)：579-616.
[2] 中国成人血脂异常防治指南制定联合委员会. 中国成人血脂异常防治指南[J]. 中华心血管病杂志，2007，39(5)：390-413.
[3] 中国肥胖问题工作组. 中国成人超重和肥胖症预防控制指南(节录)[J]. 营养学报，2004，26(1)：1-4.
[4] 中华医学会糖尿病学分会. 中国 2 型糖尿病防治指南(2021 版)[J]. 中国糖尿病杂志，2012，20(1)：S1-S37.
[5] 刘晓好. 我国石油职业健康问题的若干思考[J]. 化工管理，2014，29(30)：45.
[6] 姜云杰. 化工企业职业健康管理现状及措施分析[J]. 石化技术，2017，24(3)：273.
[7] 陈君石，黄建始. 健康管理师[M]. 北京：中国协和医科大学出版社，2007：34-62.